Eucaristia:
teologia e celebração

Antonio Francisco Lelo (org.)

Eucaristia:
teologia e celebração

**Documentos pontifícios, ecumênicos e da CNBB
1963-2005**

Dados Internacionais de Catalogação na Publicação (CIP)
(Câmara Brasileira do Livro, SP, Brasil)

Eucaristia : teologia e celebração : documentos pontifícios, ecumênicos
e da CNBB, 1963-2005 / Antonio Francisco Lelo (org.). — São
Paulo : Paulinas, 2006. — (Coleção fonte viva)

Bibliografia.
ISBN 85-356-1677-2

1. Encíclicas papais 2. Eucaristia – Igreja Católica 3. Eucaristia
– Igreja Católica – Documentos papais I. Lelo, Antonio Francisco.
II. Série.

05-8577   CDD-264.02036

Índice para catálogo sistemático:

1. Eucaristia : Igreja Católica : Cristianismo 264.02036

1ª edição – 2006
1ª reimpressão – 2017

Direção-geral: *Flávia Reginatto*
Editora responsável: *Vera Ivanise Bombonatto*
Copidesque: *Cristina Paixão Lopes*
Coordenação de revisão: *Andréia Schweitzer*
Revisão: *Patrizia Zagni*
Direção de arte: *Irma Cipriani*
Gerente de produção: *Felício Calegaro Neto*
Capa e editoração eletrônica: *Telma Custódio*
Imagem de capa: *Arquivo Paulinas*

Nenhuma parte desta obra poderá ser reproduzida ou transmitida
por qualquer forma e/ou quaisquer meios (eletrônico ou mecânico,
incluindo fotocópia e gravação) ou arquivada em qualquer sistema ou
banco de dados sem permissão escrita da Editora. Direitos reservados.

Paulinas
Rua Dona Inácia Uchoa, 62
04110-020 – São Paulo – SP (Brasil)
Tel.: (11) 2125-3500
http://www.paulinas.org.br – editora@paulinas.com.br
Telemarketing e SAC: 0800-7010081
© Pia Sociedade Filhas de São Paulo – São Paulo, 2006

Dedico este trabalho

Aos insígnes professores de eucaristia,
Pe. Antonio Haddad, sss (*in memoriam*), e Pe. Gregório Lutz, cssp.

Àquele que encontrou o Cristo no sacramento do pobre,
D. Hélder Câmara.

A Lucas Vezzaro, que aos 12 anos consumou plenamente o dom de si após salvar,
um a um, três colegas do ônibus escolar em que estavam e que veio a cair
na represa em 17 de setembro de 2004, em Erechim (RS).
Viveu a máxima oferta eucarística: *ninguém tem maior amor
do que aquele que dá a vida pelos amigos.*

Estrutura geral da obra

Parte I
A teologia da eucaristia a partir dos documentos do Concílio Vaticano II e do magistério pontifício

Documentos do Concílio Vaticano II
    Lumen gentium – Constituição dogmática sobre a Igreja
    Unitatis redintegratio – Decreto sobre o ecumenismo
    Christus Dominus – Decreto sobre o múnus pastoral dos bispos na Igreja
    Dei verbum – Constituição dogmática sobre a revelação divina
    Gaudium et spes – Constituição pastoral sobre a Igreja no mundo de hoje
    Presbyterorum ordinis – Decreto sobre o ministério e a vida dos presbíteros
Mysterium fidei – Carta encíclica sobre o culto da sagrada eucaristia
Dominicae cenae – Carta apostólica sobre o mistério e o culto da santíssima eucaristia
Sacerdotium ministeriale – Carta aos bispos da Igreja Católica sobre algumas questões concernentes ao ministro da eucaristia
Catecismo da Igreja Católica (O sacramento da eucaristia)
Dies Domini – Carta apostólica sobre a santificação do domingo
Ecclesia de Eucharistia – Carta encíclica sobre a eucaristia na sua relação com a Igreja

Parte II
Princípios da reforma da celebração eucarística e as introduções rituais

Sacrosanctum concilium – Constituição sobre a sagrada liturgia
Instrução Geral sobre o Missal Romano
Inter Oecumenici – Instrução para executar retamente a constituição conciliar da sagrada liturgia
Tres abhinc annos – Segunda instrução para a exata aplicação da constituição conciliar sobre a liturgia
Memoriale Domini – Instrução sobre o modo de distribuir a comunhão
Elenco das leituras da missa

Liturgicae instaurationes – Terceira instrução para a aplicação da constituição conciliar sobre a liturgia
A sagrada comunhão e o culto do mistério eucarístico fora da missa

Parte III
Orientações para a celebração e o culto da eucaristia

Eucharisticum mysterium – Instrução sobre o culto do mistério eucarístico
Sacramentali communione – Instrução sobre a mais ampla faculdade de poder administrar a sagrada comunhão sob as duas espécies
Immensae caritatis – Instrução para facilitar a comunhão sacramental
Diretório para missas com crianças
Pastoral dos Sacramentos da Iniciação Cristã
Diretório para missas com grupos populares
Inaestimabile donum – Instrução sobre algumas normas relativas ao culto da santíssima eucaristia
Animação da vida litúrgica no Brasil
Redemptionis sacramentum – Instrução sobre algumas coisas que devem ser observadas e evitadas a respeito da santíssima eucaristia
Código de Direito Canônico (Livro IV – Do múnus de santificar da Igreja)

Parte IV
A pastoral eucarística por ocasião do Ano da Eucaristia

Mane nobiscum Domine – Carta apostólica para o Ano da Eucaristia – outubro 2004 /outubro 2005
Ano da Eucaristia – Sugestões e propostas

Parte V
Diretório para as celebrações dominicais na ausência do presbítero e orientações da CNBB

Diretório para as celebrações dominicais na ausência do presbítero
Orientações para a celebração da Palavra de Deus

Parte VI
Documentos ecumênicos

Guia ecumênico
Católicos e protestantes de acordo sobre a eucaristia
Declaração anglicano-católica sobre a eucaristia
Declaração comum sobre a doutrina do ministério e ordenação
Batismo, eucaristia e ministério (Accra, 1974)
A ceia do Senhor
Batismo, eucaristia e ministério (Lima, 1982)

Apresentação cronológica dos documentos

Concílio Vaticano II

4/12/1963   Constituição *Sacrosanctum concilium*
21/11/1964 Constituição dogmática *Lumen gentium*
21/11/1964 Decreto *Unitatis redintegratio*
28/10/1965 Decreto *Christus Dominus*
18/11/1965 Constituição dogmática *Dei verbum*
7/12/1965   Constituição pastoral *Gaudium et spes*
7/12/1965   Decreto *Presbyterorum ordinis*

Documentos pontifícios

26/9/1964   *Inter oecumenici*: Instrução para executar retamente a constituição conciliar da sagrada liturgia – Sagrada Congregação dos Ritos
27/1/1965   Instrução Geral sobre o Missal Romano (apresentamos a 3. ed., 20/4/2000) – Congregação para o Culto Divino e a Disciplina dos Sacramentos
3/9/1965   *Mysterium fidei*: Carta encíclica sobre o culto da sagrada eucaristia – Paulo VI
4/5/1967   *Tres abhinc annos*: Segunda instrução para a exata aplicação da constituição conciliar sobre a liturgia – Sagrada Congregação dos Ritos
25/5/1967   *Eucharisticum mysterium*: Instrução sobre o culto do mistério eucarístico – Sagrada Congregação dos Ritos

25/5/1969 *Ordo lectionum missae* (elenco das leituras da missa) (apresentamos a 2. ed., 21/1/1981) – Sagrada Congregação para os Sacramentos e o Culto Divino

29/5/1969 *Memoriale Domini*: Instrução sobre o modo de distribuir a comunhão – Sagrada Congregação para o Culto Divino

29/6/1970 *Sacramentali communione*: Instrução sobre a mais ampla faculdade de poder administrar a sagrada comunhão sob as duas espécies – Sagrada Congregação para o Culto Divino

5/9/1970 *Liturgicae instaurationes*: Terceira instrução para a aplicação da constituição conciliar sobre a liturgia – Sagrada Congregação para o Culto Divino

29/1/1973 *Immensae caritatis*: Instrução para facilitar a comunhão sacramental – Sagrada Congregação para a Disciplina dos Sacramentos

21/6/1973 A sagrada comunhão e o culto do mistério eucarístico fora da missa – Sagrada Congregação para o Culto Divino

1/11/1973 Diretório para missas com crianças – Sagrada Congregação para o Culto Divino

24/2/1980 *Dominicae cenae*: Carta apostólica sobre o mistério e o culto da santíssima eucaristia – João Paulo II

17/4/1980 *Inaestimabile donum*: Instrução sobre algumas normas relativas ao culto da santíssima eucaristia – Sagrada Congregação para os Sacramentos e o Culto Divino

25/1/1983 Código de Direito Canônico (Livro IV – Do múnus de santificar da Igreja) – João Paulo II

6/8/1983 *Sacerdotium ministeriale*: Carta aos bispos da Igreja Católica sobre algumas questões concernentes ao ministro da eucaristia – Sagrada Congregação para a Doutrina da Fé

2/6/1988 Diretório para as celebrações dominicais na ausência do presbítero – Congregação do Culto Divino

11/10/1992 Catecismo da Igreja Católica: O sacramento da eucaristia – João Paulo II

31/5/1998 *Dies Domini*: Carta apostólica sobre a santificação do domingo – João Paulo II

17/4/2003 *Ecclesia de Eucharistia*: Carta encíclica sobre a eucaristia na sua relação com a Igreja – João Paulo II

25/3/2004 *Redemptionis sacramentum*: Instrução sobre algumas coisas que devem ser observadas e evitadas a respeito da santíssima eucaristia – Congregação para o Culto Divino e a Disciplina dos Sacramentos

7/10/2004 *Mane nobiscum Domine*: Carta apostólica para o Ano da Eucaristia: outubro 2004/outubro 2005 – João Paulo II

15/10/2004 Ano da Eucaristia: sugestões e propostas – Congregação para o Culto Divino e a Disciplina dos Sacramentos

Documentos ecumênicos

1971 Católicos e protestantes de acordo sobre a eucaristia – Grupo de Dombes, França

1971 Declaração anglicano-católica sobre a eucaristia – Comissão Mista Permanente, Windsor

1973 Declaração comum sobre a doutrina do ministério e ordenação – Comissão Internacional Anglicano-Católico-Romana, Cantuária

1974 Batismo, eucaristia e ministério – Comissão Fé e Constituição, Accra

1978 A ceia do Senhor – Comissão Mista Nacional Católico-Luterana

1982 Batismo, eucaristia e ministério – Conselho Mundial de Igrejas/Comissão Fé e Constituição, Lima

2003 Guia ecumênico – Conferência Nacional dos Bispos do Brasil

Documentos da CNBB

26/11/1974 Pastoral dos Sacramentos da Iniciação Cristã

17/2/1977 Diretório para missas com grupos populares

14/4/1989 Animação da vida litúrgica no Brasil

22/4/1994 Orientações para a celebração da Palavra de Deus

Siglas

AAS	*Acta Apostolicae Sedis*
AG	Decreto *Ad gentes*
CCE	*Catechismus Catholicae Ecclesiae* (Catecismo da Igreja Católica)
CCSG	*Corpus Christianorum Series Graeca*
CCSL	*Corpus Christianorum Series Latina*
CD	Decreto *Christus Dominus*
CEBs	Comunidades Eclesiais de Base
CELAM	Conselho Episcopal Latino-Americano
CIC	*Codex Iuris Canonici* (Código de Direito Canônico)
CNBB	Conferência Nacional dos Bispos do Brasil
CV II	Concílio Vaticano II
DC	Carta apostólica *Dominicae cenae*
DCDAP	Diretório para as celebrações dominicais na ausência do presbítero
DD	Carta apostólica *Dies Domini*
DMCr	Diretório para missas com crianças
DP	Conclusões da Conferência de Puebla
Doc.	Documentos da CNBB
Doc. Pont.	Documentos Pontifícios
DV	Constituição dogmática *Dei verbum*
Dz ou Denz.	Denzinger

EE	Carta encíclica *Ecclesia de Eucharistia*
EM	Instrução *Eucharisticum mysterium*
EN	Exortação Apostólica *Evangelii nuntiandi*
Est.	Estudos da CNBB
GS	Constituição pastoral *Gaudium et spes*
IGLH	Introdução Geral à Liturgia das Horas
IGLR	Instrução Geral do Lecionário Romano
IGMR	Instrução Geral sobre o Missal Romano
LCL	Instrução sobre a Liberdade Cristã e a Libertação
LG	Constituição dogmática *Lumen gentium*
MC	Exortação apostólica *Marialis cultus*
MD	Instrução *Memoriale Domini*
Md ou Med	Conclusões de Medellín
MF	Carta encíclica *Mysterium fidei*
MND	Carta apostólica *Mane nobiscum Domine*
MR	Missal Romano
MS	Instrução *Musicam sacram*
NGALC	Normas gerais do ano litúrgico e calendário
PG	Patrologia grega
PL	Patrologia latina
PO	Decreto *Presbyterorum ordinis*
RB	Ritual de bênçãos
SC	Constituição *Sacrosanctum concilium*
SM	Carta *Sacerdotium ministeriale*
UR	Decreto *Unitatis redintegratio*

Apresentação

A eucaristia, centro da sacramentalidade da Igreja, foi, sempre, objeto de reflexão e solicitude por parte do magistério, que, no Concílio Vaticano II, alcançou uma das suas mais altas expressões. A Assembléia Geral Ordinária do Sínodo dos Bispos, que se realizará de 2 a 23 de outubro de 2005, com o tema *Eucaristia: fonte e ápice da vida e missão da Igreja,* com certeza estimulará ainda mais esta reflexão.

As inúmeras iniciativas, por ocasião do ano da eucaristia que estamos vivendo, também fizeram redescobrir e viver a beleza e a fecundidade do mistério eucarístico, o que, aliás, era o seu objetivo, expresso pelo saudoso papa João Paulo II, em seis pontos, na sua carta apostólica *Mane nobiscum domine*:

1) Preparar e valorizar a proclamação da Palavra de Deus, feita durante a celebração da eucaristia (*MND*, n. 13).
2) Descobrir e viver plenamente o domingo como dia do Senhor e da Igreja (*MND*, n. 23).
3) Pôr em destaque a relação que existe entre a participação na eucaristia e a urgência de testemunhar e evangelizar (*MND*, n. 24).
4) Testemunhar com mais vigor a presença de Deus no mundo (*MND*, n. 26).
5) Viver a eucaristia como uma grande escola de paz, em que homens e mulheres se façam tecedores do diálogo e da comunhão (*MND*, n. 22).
6) Fazer que as dioceses e paróquias se comprometam, de modo especial, a ir, com operosidade fraterna, ao encontro de alguma das muitas pobrezas do nosso mundo — fome, doença, solidão dos idosos, desemprego, fenômeno das migrações e tantas outras (*MND*, n. 28).

APRESENTAÇÃO

A publicação, em um só volume, dos documentos mais importantes sobre eucaristia, de 1963 a 2004, com certeza, contribuirá para que esses objetivos sejam alcançados e colocados no coração da vida das comunidades.

A Comissão Episcopal Pastoral para a Liturgia congratula-se com Paulinas Editora por tão feliz iniciativa, expressa seus agradecimentos e, ao mesmo tempo, alegra-se pelo que este subsídio trará de enriquecimentos para os agentes de pastoral, os presbíteros e todo o Povo de Deus.

Brasília, 29 de setembro de 2005,
festa dos arcanjos Miguel, Rafael e Gabriel.

Dom MANOEL JOÃO FRANCISCO
Bispo de Chapecó
Presidente da Comissão Episcopal Pastoral para a Liturgia

Introdução

A obra apresenta os principais documentos sobre a eucaristia publicados no período pós-conciliar. Possibilita a leitura sincrônica da teologia e da celebração do sacramento a partir da reforma do Missal e das principais contribuições conciliares. O Concílio não traz um documento específico sobre a eucaristia, mas os vários pronunciamentos registram sua centralidade na vida da Igreja, como cume e fonte de toda ação eclesial. Tal leitura faz perceber como a compreensão teológica do sacramento orienta sua expressão celebradora.

Na primeira parte, apresentamos a teologia da eucaristia segundo os documentos do Concílio Vaticano II, das cartas encíclicas e apostólicas. Preferimos conservar na primeira parte as encíclicas de caráter teológico e agrupar na terceira parte as correspondentes instruções que têm a finalidade precisa de orientar a celebração e o culto da eucaristia fora da missa.

Nesta primeira parte, pode-se analisar como os textos conciliares ressaltam com maior clareza a integração da celebração memorial do sacrifício com a presença de Cristo no sacramento, sacerdócio comum dos fiéis, participação ativa, consciente e frutuosa, devoção, sacramento do sacrifício, unidade das duas dimensões.

Na segunda parte, apresentamos os princípios para a reforma da celebração eucarística e as introduções rituais.

O leitor poderá facilmente refazer o caminho da reforma litúrgica da missa, desde seu ponto inicial nas orientações da *Sacrosanctum concilium*, seguido das três instruções para a aplicação da constituição conciliar, da *Instrução Geral sobre o Missal Romano* e da introdução do *Elenco das leituras da missa*. A complementaridade dessas duas introduções faz emergir a importância e a unidade entre as duas mesas e compreender a eucaristia como *verbum visibile*.

Na terceira parte, apresentamos as orientações para a celebração e o culto da eucaristia. As orientações para a celebração da eucaristia contam com as preciosas indicações da CNBB voltadas mais diretamente para a realidade de nossas assembléias. Destacamos a segunda parte do Documento 43 — *Animação da vida litúrgica no Brasil*, que apresenta os passos preparatórios para a celebração da missa e oferece sugestões para cada uma de suas partes.

Com a mesma sensibilidade, não podemos deixar passar despercebido o *Diretório para missas com crianças*.

Na quarta parte, apresentamos a pastoral eucarística por ocasião do Ano da Eucaristia e, na quinta, as orientações da CNBB e o *Diretório para as celebrações dominicais na ausência do presbítero*.

A sensibilidade para a situação pastoral brasileira levou-nos a compilar os documentos referentes à celebração do domingo na ausência do presbítero. Nessa situação, as comunidades se reúnem na fé no dia do Senhor, cumprem o preceito dominical, estão organizadas como assembléias em comunhão plena com a Igreja local, escutam a Palavra e orientam suas vidas na esperança e na caridade. O grande número dessas celebrações que ocorrem de norte a sul do País faz-nos refletir a excepcionalidade com que é compreendida pelo magistério e prosseguir a pesquisa teológica sobre o exercício do ministério ordenado para que o povo de Deus possa usufruir sempre mais da eucaristia, fonte e raiz da vida de toda a comunidade cristã.

Na sexta parte, trazemos os documentos ecumênicos. Sempre impelidos pela oração do Mestre: *que todos sejam um*, reunimos os documentos que marcam a reflexão ecumênica com a Igreja Reformada e nos alegramos pelo consenso alcançado em torno do tema do memorial, pelo aprofundamento da compreensão da presença do Senhor no sacramento e da convivialidade da ceia. Por outro lado, não omitimos os pontos mais difíceis do diálogo, por exemplo: a necessidade do ministro ordenado para a realização do sacramento — *Sacerdotium ministeriale* e *Ecclesia de Eucharistia*.

A reunião dos textos possibilita, com relativa facilidade, a leitura diacrônica para acompanhar a evolução de certos temas ao longo desse período. Torna-se interessante perceber as preocupações do magistério em cada época, que o levam a se pronunciar sobre esta ou aquela dimensão do mistério eucarístico. De forma transversal, será frutuoso o estudo do sacerdócio comum dos fiéis e da participação litúrgica, da comunhão dos fiéis, da Palavra e da eucaristia, da vida cristã, das dimensões escatológica, social, ontológica e outros assuntos correlacionados.

Para uma abordagem integral, poder-se-ia pensar em uma coleção das homilias eucarísticas dos dois últimos papas falecidos. Mesmo assim, abarcar todo o ensinamento magisterial e litúrgico pós-conciliar sobre o sacramento central é algo que ultrapassa nosso intento e sempre corremos o risco de deixar algo para trás. Esperamos que esta primeira edição seja bem acolhida e as futuras, mais completas.

ANTONIO FRANCISCO LELO
Presbítero da diocese de Bragança Paulista (SP)
Editor assistente de Catequese e Liturgia na Paulinas Editora
Professor de Liturgia e Sacramentos na Faculdade Dehoniana de Taubaté (SP)

PARTE I

A teologia da eucaristia a partir dos documentos do
Concílio Vaticano II e do magistério pontifício

Documentos do Concílio Vaticano II

**LUMEN GENTIUM —
CONSTITUIÇÃO DOGMÁTICA SOBRE A IGREJA**

(21 de novembro de 1964)

A missão e a obra do Filho

3. Veio o Filho, enviado pelo Pai que, através dele, nos escolheu desde antes da criação e nos predestinou à adoção filial, pois havia decidido nele ordenar tudo a si (cf. Ef 1,4-5,10). Cristo cumpriu a vontade do Pai, inaugurou na terra o reino dos céus, revelou-nos o seu mistério pessoal e realizou a redenção pela obediência.

A Igreja, reino de Cristo, desde já misteriosamente presente no mundo, cresce pela força de Deus. Sua origem e desenvolvimento são simbolizados pelo sangue e pela água que jorraram do lado aberto de Jesus crucificado (cf. Jo 19,34), como foi predito pela palavra do Senhor a respeito de sua morte na cruz: "Levantado da terra, atrairei a mim todas as coisas" (Jo 12,32).

Todas as vezes que se celebra no altar o sacrifício da cruz, em que se "imola Cristo, nossa Páscoa" (1Cor 5,7), realiza-se a obra da redenção. Representa-se, ao mesmo tempo, e se realiza, pelo sacramento do pão eucarístico, a unidade dos fiéis, que constituem um só corpo em Cristo (cf. 1Cor 10,17).

Todos os homens, aliás, são chamados a esta união com Cristo, que é a luz do mundo, de quem procedemos, por quem vivemos e para quem tendemos.

A Igreja, corpo de Cristo

7. Ao se unir com a natureza humana e ao superar a morte, com a própria morte e ressurreição, o Filho de Deus resgatou a humanidade e a transformou em uma nova criatura (cf. Gl 6,15; 2Cor 5,17). Ao comunicar assim seu Espírito a seus irmãos, provenientes de todos os povos, constituiu, misticamente, um corpo para si.

Nesse corpo, a vida de Cristo, que sofreu e foi glorificado, comunica-se aos fiéis, pelos sacramentos, de maneira não perceptível, mas real.[1]

Pelo batismo nos tornamos semelhantes a Cristo: "De fato, fomos todos batizados em um único Espírito, para constituir um só corpo" (1Cor 12,13). O rito batismal representa e realiza nossa comunhão na morte e na ressurreição de Cristo: "Fomos sepultados com ele pelo batismo, na morte"; se, pois, "fomos enxertados em sua morte, participaremos também de sua ressurreição" (Rm 6,4-5).

Ao participarmos do pão eucarístico, que é realmente corpo do Senhor, entramos todos em comunhão com ele e entre nós. "Há um só pão, nós, embora muitos, somos um só corpo, pois todos participamos desse único pão" (1Cor 10,17). Tornamo-nos membros desse corpo (cf. 1Cor 12,27) e "membros uns dos outros" (Rm 12,5).

Assim como são muitos os membros do corpo humano, mas o corpo é um só, também os fiéis (cf. 1Cor 12,12). Na edificação do corpo de Cristo, há igualmente diversidade de membros e de funções. O Espírito é sempre o mesmo, que distribui os seus dons segundo sua generosidade, as necessidades do ministério e a utilidade da Igreja (cf. 1Cor 12,1-11).

Dentre esses dons está, em primeiro lugar, a graça dos apóstolos, a cuja autoridade o próprio Espírito submeteu todos os outros carismas (cf. 1Cor 14).

Esse mesmo Espírito, com seu vigor, entretém e anima o amor, princípio de unidade do corpo e garantia da articulação interna dos membros. Assim, quando um sofre, todos sofrem; quando um é gratificado, todos se alegram com ele (cf. 1Cor 12,26).

A cabeça do corpo é Cristo. Imagem do Deus invisível, nele foram criadas todas as coisas. Existe antes de tudo e tudo nele subsiste. Ele é a cabeça do corpo, que é a Igreja. É o princípio. O primogênito dentre os que morreram, que detém o primado sobre todos (cf. Cl 1,15-18). Domina as coisas do céu e da terra, com a grandeza de seu poder. Com a supereminente perfeição de sua atuação, cumula todo o corpo com a plenitude de seus bens (cf. Ef 1,18-23).[2]

---

[1]   S. Tomás de Aquino. *Summa theologica* III, 62, a.5, ad I.

[2]   Pio XII. Encíclica *Mystici corporis*, 29.6.1943, AAS 35 (1943), p. 208, n. 16.

Todos os membros devem assemelhar-se a ele, até que Cristo neles se forme (cf. Gl 4,19). Por isso, revivemos os mistérios de sua vida, assemelhando-nos a ele, morrendo com ele e ressuscitando, até chegarmos a reinar com ele (cf. Fl 3,21; 2Tm 2,11; Ef 2,6; Cl 2,12 etc.). Sendo ainda peregrinos na terra, seguimos as suas pegadas na tribulação e na perseguição, associamo-nos a seus sofrimentos como o corpo à cabeça, participando da paixão para participar também de sua glorificação (cf. Rm 8,17).

A partir de Cristo, dele "recebendo o alimento e a coesão, através de todos os laços e articulações, o corpo inteiro cresce para Deus" (Cl 2,19). O próprio Cristo distribui ininterruptamente os dons do ministério a seu corpo, a Igreja, graças aos quais prestamos serviço uns aos outros, para crescer em direção a ele, nossa cabeça, praticando a verdade, no amor (cf. Ef 4,11-16).

Para nos renovarmos constantemente nele (cf. Ef 4,23), deu-nos o seu Espírito, o mesmo e único Espírito que anima a cabeça e os membros dá vida, unifica e move o corpo inteiro, a ponto de os santos padres chegarem a compará-lo à alma, princípio da vida que dá consistência ao corpo.[3]

Cristo amou sua Igreja como sua esposa, tornando-se modelo do esposo virtuoso que ama sua esposa como ao próprio corpo (cf. Ef 5,25-28). A Igreja, por sua vez, é submissa à sua cabeça (Ib. 23-24). Como "a plenitude da divindade habita em Cristo, corporalmente" (Cl 2,9), ele dota a Igreja, seu corpo e complemento (cf. Ef 1,22-23), com seus dons divinos, a fim de que progrida e alcance a plenitude de Deus (cf. Ef 3,19).

O exercício do sacerdócio comum nos sacramentos

11. A índole sagrada e a constituição orgânica da comunidade sacerdotal se efetivam nos sacramentos e na prática cristã. Incorporados à Igreja pelo batismo, os fiéis recebem o caráter que os qualifica para o culto. Por outro lado, renascidos como filhos de Deus, devem professar a fé que receberam de Deus, por intermédio da Igreja.[4]

O sacramento da confirmação os vincula ainda mais intimamente à Igreja e lhes confere, de modo especial, a força do Espírito Santo. Daí a obrigação

---

[3] Leão XIII. Encíclica *Divinum illud munus*, 9.5.1897: AAS 29 (1896-1897), p. 650, nn.13-15. Pio XII, Encíclica *Mystici corporis*, pp. 219-220, nn. 50-51. Sto. Agostinho. *Sermão* 268, 2: PL 38, p. 1232. S. João Crisóstomo. *Sobre Efésios, Homilia* 9, 3: PG 62, p. 72. Dídimo de Alexandria. *Sobre a Trindade* 2,1: PG 39, p. 449. S. Tomás de Aquino. *Sobre Colossenses* 1,18, lição 5: ed. Marietti II, 46: "Assim como a unidade do corpo vem da alma, a unidade da Igreja vem do Espírito Santo".

[4] S. Tomás. *Summa theologica*, III, 63, 2.

Documentos do Concílio Vaticano II

maior de difundir e defender a fé, pela palavra e pelas obras, como verdadeiras testemunhas de Cristo.[5]

Participando do sacrifício eucarístico, fonte e ápice de toda a vida cristã, os fiéis oferecem a Deus a vítima divina e se oferecem com ela.[6] Juntamente com os ministros, cada um a seu modo, têm todos um papel específico a desempenhar na ação litúrgica, tanto na oblação como na comunhão. Alimentando-se todos com o corpo de Cristo, demonstram de maneira concreta a unidade do povo de Deus, proclamada e realizada pelo sacramento da eucaristia.

Os fiéis que procuram o sacramento da penitência obtêm da misericórdia de Deus o perdão da ofensa que lhe fizeram. Ao mesmo tempo, reconciliam-se com a Igreja, que ofenderam ao pecarem e que contribui para sua conversão pelo amor, pelo exemplo e pelas orações.

Pela sagrada unção dos enfermos e pela oração dos sacerdotes, a Igreja inteira recomenda os doentes ao Senhor, para seu alívio e salvação (cf. Tg 5,14). Exorta-os a se unirem livremente à paixão e à morte de Cristo (cf. Rm 8,17; Cl 1,24; 2Tm 2,11-12; 1Pd 4,13), dando, assim, sua contribuição para o bem do povo de Deus.

Os fiéis marcados pelo sacramento da ordem são igualmente constituídos, em nome de Cristo, para conduzir a Igreja pela palavra e pela graça de Deus.

Finalmente, os fiéis se dão o sacramento do matrimônio, manifestação e participação da unidade e do amor fecundo entre Cristo e sua Igreja (cf. Ef 5,32). Ajudam-se mutuamente a se santificar na vida conjugal, no acolhimento e na educação dos filhos. Contam, por isso, com um dom específico e um lugar próprio ao seu estado de vida, no povo de Deus.[7] A família procede dessa união. Nela nascem os novos membros da sociedade humana que, batizados, se tornarão filhos de Deus pela graça do Espírito Santo e perpetuarão o povo de Deus através dos séculos. A família é uma espécie de Igreja doméstica. Os pais são os primeiros anunciadores da fé e devem cuidar da vocação própria de cada um dos filhos, especialmente da vocação sagrada.

Todos os fiéis, de qualquer estado ou condição, de acordo com o caminho que lhes é próprio, são chamados pelo Senhor à perfeição da santidade, que é a própria perfeição de Deus e, por isso, dispõem de tais e de tantos meios.

---

[5] S. Cirilo de Jerusalém. *Catequese* 17, sobre o Espírito Santo, II, 35-37: PG 33, pp. 1009-1012. Nicolau Cabasilas. *A vida em Cristo*, livro 3, sobre a utilidade do crisma: PG 150, pp. 569-580. S. Tomás. *Summa theologica*, III, 65, 3 e III, 72, 1 e 5.

[6] Pio XII. Encíclica *Mediator Dei*, 20.11.1947: AAS 39 (1947), especialmente p. 552 (76).

[7] 1Cor 7,7: "Cada um tem de Deus o seu próprio dom (*ídion chárisma*), um de um modo, outro de outro". Sto. Agostinho. *De dono persev.*, 14, 37: PL 45, p. 1015: "Como a continência, também a castidade dos casados é um dom de Deus".

A função de santificar

26. O bispo possui a plenitude do sacramento da ordem. É chamado "administrador da graça do sacerdócio supremo"[8] especialmente quando oferece ou cuida que seja oferecida[9] a eucaristia, que alimenta e faz crescer continuamente a Igreja. São Igreja de Cristo todas as comunidades legítimas de fiéis, espalhadas por toda parte, em torno de seus respectivos pastores. No Novo Testamento, merecem o nome de Igrejas.[10] Lá onde estão, são, em plenitude, o novo povo chamado por Deus, no Espírito Santo (cf. 1Ts 1,5). Os fiéis se reúnem em igrejas pela pregação do Evangelho de Cristo e celebram o mistério da ceia do Senhor "de maneira que a fraternidade de todos se concretize pela comida e pela bebida do corpo do Senhor".[11] No altar de cada comunidade, reunida pelo santo ministério do bispo,[12] oferece-se o símbolo da caridade e "da unidade do corpo místico, sem as quais não pode haver salvação".[13] Tendo consigo a Igreja una, santa, católica e apostólica, Cristo está presente em todas essas comunidades, por pequenas e pobres que sejam, mesmo quando vivem no isolamento,[14] pois "a participação no corpo e no sangue de Cristo nos transforma naquilo que tomamos".[15]

Toda celebração legítima da eucaristia é dirigida pelo bispo, a quem foi confiado o culto da religião cristã, que deve ser prestado a Deus, administrado conforme os preceitos do Senhor e as leis da Igreja, segundo as determinações do bispo, em sua diocese [...].

O lugar dos sacerdotes na Igreja

28. O Pai santificou e enviou ao mundo Jesus Cristo (cf. Jo 10,36), que constituiu os apóstolos e seus sucessores, os bispos, participantes de sua própria consagração e missão. Os bispos,[16] por sua vez, outorgam legitimamente a outras pessoas diversos graus de participação no seu ministério. Por isso, o

---

8   Oração da consagração episcopal no rito bizantino: *Euchologion to mega*, Roma, 1873, p. 139.

9   S. Inácio de Antioquia. *Aos smirnenses*, 8,1: ed. Funk, I, p. 282.

10 At 8,1; 14,22-23; 20,17.

11 Oração moçárabe: PL 96, 759B.

12 S. Inácio de Antioquia. *Aos smirnenses*, 8,1: ed. Funk, I, p. 282.

13 S. Tomás. *Summa theologica*, III, 73,3.

14 Sto. Agostinho. *Contra Fausto*, 12, 20: PL 42, p. 265.

15 S. Leão Magno. *Sermão* 63,7: PL 54, 357C.

16 S. Inácio de Antioquia. *Aos efésios*, 6,1: ed. Funk, I, p. 218.

DocuMENTOS DO CONCÍLIO VATICANO II

ministério eclesiástico, divinamente instituído, se exerce, desde a Antigüidade, através de diversas ordens denominadas episcopado, presbiterato e diaconato.[17]

Os presbíteros, a quem chamamos de sacerdotes ou, simplesmente, padres, não têm a plenitude do pontificado. Dependem dos bispos no exercício de seu ministério. Participam, entretanto, com ele da honra do sacerdócio[18] e foram consagrados pelo sacramento da ordem.[19] São verdadeiros sacerdotes do Novo Testamento[20] à imagem de Cristo, sacerdote supremo e eterno (cf. Hb 5,1-10; 7,24; 9,11-28), para a pregação do Evangelho, o cuidado do rebanho e a celebração do culto. Pelo seu ministério específico, os sacerdotes participam da função de Cristo, único mediador (cf. 1Tm 2,5) e devem anunciar a todos a Palavra de Deus. Exercem a plenitude de suas funções no culto ou assembléia eucarística, em que agem em nome de Cristo,[21] proclamam o seu mistério, unem ao seu sacrifício como cabeça as preces dos fiéis e renovam e aplicam, até a vinda do Senhor (cf. 1Cor 11,26), na missa,[22] o único sacrifício do Novo Testamento, em que Cristo se ofereceu uma vez por todas ao Pai como hóstia imaculada (cf. Hb 9,11-28).

O sacerdócio espiritual dos leigos

34. Jesus Cristo, sacerdote supremo e eterno, quer continuar seu testemunho e seu serviço por meio dos leigos. Por isso os anima constantemente com seu Espírito e os induz a tudo que é bom e perfeito.

Quis, então, que todos aqueles que tão intimamente associou à sua vida e missão participassem também de sua função sacerdotal, em um culto espiritual, para a glória de Deus e a salvação do gênero humano. Por isso, os leigos, como consagrados a Cristo e ungidos pelo Espírito Santo, são chamados e dotados de tudo que é preciso para que o mesmo Espírito produza neles frutos cada vez mais abundantes.

Realizando no Espírito Santo todas as suas obras, orações, iniciativas apostólicas, vida conjugal e familiar, trabalho cotidiano, descanso espiritual e cor-

---

[17] CONCÍLIO DE TRENTO. Sobre o sacramento da ordem, cap. 2: Dz 958 (1765) e can. 6: Dz 966 (1766).

[18] INOCÊNCIO I. Carta a Decêncio: PL: 20, p. 554A; Mansi 3, 1029; Dz 98 (215); S. CIPRIANO. Carta 61, 3: ed. Hartel, p. 696.

[19] CONCÍLIO DE TRENTO. Dz 956a-968 (1763-1778); PIO XII, Constituição apostólica Sacramentum ordinis: Dz 2301 (3857-3861).

[20] INOCÊNCIO I. Carta a Decêncio: PL: 20, p. 554A; Mansi 3, 1029; S. GREGÓRIO NAZIANZENO. Apol. II, 22; PG 35, p. 432B; PSEUDO-DIONÍSIO. Hierarquia eclesiástica, 1, 2: PG 3, p. 372D.

[21] CONCÍLIO DE TRENTO. Sessão XXII: Dz 940 (1743); PIO XII. Encíclica Mediator Dei, 20.11.1947: AAS 39 (1947), p. 553: Dz 2300 (3850).

[22] CONCÍLIO DE TRENTO. Sessão 22: Dz 938 (1739-1740).

poral, ou mesmo suportando os aborrecimentos da vida com paciência, tornam-se os leigos hóstias espirituais, agradáveis a Deus por Jesus Cristo (cf. 1Pd 2,5), apresentadas piedosamente ao Pai, na eucaristia, com o oferecimento do corpo do Senhor. Agindo em toda parte como adoradores de Deus, os leigos consagram o mundo a Deus.

A Igreja da terra em relação à do céu

50. [...] Nossa união com a Igreja do céu é particularmente notável na sagrada liturgia, em que o Espírito Santo age sobre nós através dos sinais sacramentais; em que concelebramos com a Igreja do céu, glorificando juntos a majestade divina[23] e em que todos os remidos pelo sangue de Cristo, de todas as tribos, línguas e povos (cf. Ap 5,9), congregados em uma única Igreja, cantam louvor a Deus uno e trino. Essa união com o culto da Igreja celestial atinge seu ponto máximo na celebração do sacrifício eucarístico em que comungamos com ela e veneramos a memória, em primeiro lugar, de Maria, sempre virgem, de São José, dos santos apóstolos, dos mártires e de todos os santos.[24]

UNITATIS REDINTEGRATIO — DECRETO SOBRE O ECUMENISMO

(21 de novembro de 1964)

2. O amor de Deus se manifestou a nós por intermédio do envio do Filho de Deus ao mundo, unigênito do Pai, para que, como homem, renovasse o gênero humano, que necessitava de redenção, e o reunisse na unidade.[25] Pouco antes de se oferecer como hóstia imaculada, no altar da cruz, Jesus orou ao Pai pelos fiéis, dizendo: "Para que todos sejam um. Assim como tu, Pai, estás em mim e eu em ti, sejam também eles um, em nós, a fim de que o mundo creia que tu me enviaste" (Jo 17,21). Também instituiu na Igreja o admirável sacramento da eucaristia, significando e efetuando a unidade da Igreja. Deu a seus discípulos o novo mandamento do amor recíproco[26] e lhes prometeu, de maneira definitiva, enviar o Espírito Santo,[27] Senhor e doador da vida.

---

[23] Concílio Vaticano II. SC, 104.
[24] *Missal Romano, cânon de missa.*
[25] 1Jo 4,9; Cl 1,18-20; Jo 11,52.
[26] Jo 13,34.
[27] Jo 16,7.

Exaltado na cruz e glorificado, o Senhor Jesus derramou o Espírito prometido, pelo qual o povo da Nova aliança, que é a Igreja, é chamado à unidade e reunido na fé, na esperança e no amor, como ensina o apóstolo: "Um corpo e um espírito, como vocês foram chamados, na unidade de uma mesma esperança. Um Senhor, uma fé, um batismo" (Ef 4,4-5). "Quem se batizou em Cristo vestiu Cristo... Todos vocês são um em Cristo" (Gl 3,27-28). O Espírito Santo que habita nos fiéis enche e orienta a Igreja, perfaz a comunhão entre os fiéis e os une a todos tão intimamente em Cristo que pode ser considerado o princípio da unidade. É ele quem dita a divisão das graças e dos ministérios[28] entre as várias funções da Igreja de Jesus Cristo, "para aperfeiçoar os santos, em vista do ministério, para edificação do corpo de Cristo" (Ef 4,12). [...]

A tradição litúrgica e espiritual dos orientais

15. Todos sabemos com que amor de Cristo os orientais celebram as realidades sagradas, na liturgia, especialmente a eucaristia, fonte da vida da Igreja e penhor da glória futura. Unidos ao bispo, os fiéis todos, "participantes da natureza divina" (2Pd 1,4), ascendem a Deus Pai e comungam com a Trindade no Espírito Santo, por intermédio do Filho, Verbo encarnado, que sofreu e foi glorificado.

Assim, a Igreja de Deus é edificada e cresce[29] graças à celebração da eucaristia do Senhor em cada uma das Igrejas, e a comunhão entre elas é manifestada pela concelebração.

Maria, sempre virgem, foi proclamada solenemente mãe santíssima de Deus, no concílio ecumênico de Éfeso, para reconhecer que, segundo as Escrituras, Cristo é realmente Filho de Deus e Filho do homem. Na liturgia, os orientais cantam-na com hinos belíssimos, com os santos, que são, ao mesmo tempo, padres da Igreja universal.

Embora separadas, essas Igrejas conservam os sacramentos, especialmente por causa da sucessão apostólica, o sacerdócio e a eucaristia, mais uma razão para uma estreita união conosco. Por isso, não só é possível, como até recomendável, uma certa intercomunhão (*communicatio in sacris*) com as Igrejas orientais, sempre de acordo com as circunstâncias e com a aprovação da autoridade eclesiástica. [...]

---

[28]   1Cor 12,4-11.

[29]   S. João Crisóstomo. *Homilias sobre o evangelho de João*, n. 46: PG 59, pp. 260-262.

A vida sacramental

22. [...] As denominações eclesiais separadas, embora não estejam unidas conosco segundo a unidade plena, radicada no batismo, e embora acreditemos, sobretudo pela falta do sacramento da ordem, que não tenham conservado integralmente a substância do mistério eucarístico, ao celebrarem a santa ceia, fazem efetivamente memória da morte e da ressurreição do Senhor, manifestam, pela comunhão, a vida em Cristo e testemunham esperar a sua vinda gloriosa. Por isso a doutrina a respeito da ceia do Senhor, dos outros sacramentos, do culto e do ministério da Igreja deve necessariamente ser objeto de diálogo.

CHRISTUS DOMINUS — DECRETO SOBRE O MÚNUS PASTORAL DOS BISPOS NA IGREJA

(28 de outubro de 1965)

A função de santificar

15. Ao exercerem sua função de santificar, os bispos devem se lembrar de que são homens como os outros, colocados a serviço dos seres humanos no que diz respeito a Deus, para oferecer dons e sacrifícios pelo pecado. Os bispos têm a plenitude do poder de ordem. Deles dependem os padres, cooperadores da ordem episcopal e verdadeiros sacerdotes do Novo Testamento. Dependem igualmente deles os diáconos, ordenados para o serviço do povo de Deus, em comunhão com o bispo e seus padres. Os bispos são, portanto, os principais ministros dos mistérios de Deus e de toda a vida litúrgica da Igreja, de que são responsáveis como moderadores, promotores e vigilantes.[30]

Empenhem-se, portanto, sem descanso, para que os fiéis aprofundem o conhecimento do mistério pascal de Cristo e o vivam cada vez mais intensamente, na eucaristia, formando um só corpo estreitamente unido na unidade da caridade de Cristo.[31] "Assíduos na oração e no serviço da palavra" (At 6,4), trabalhem para que todos os que lhes são confiados cresçam em graça e testemunhem fielmente o Senhor, na oração unânime[32] e na recepção dos sacramentos. [...]

---

[30] Concílio Vaticano II. SC 22 e 41; Paulo VI. *Motu proprio Sacram liturgiam*, 25.1.1964: AAS 56 (1964), p. 139.
[31] Pio XII. Encíclica *Mediator Dei*, 20.11.1942: AAS 39 (1947), pp. 521s; Paulo VI. Carta encíclica *Mysterium fidei*, 3.9.1965: AAS 57 (1965), pp. 753-774.
[32] At 1,14; 2,46.

Os párocos

30. Os párocos são os principais cooperadores do bispo. Como pastores, têm a responsabilidade da cura das almas em um determinado território da diocese colocado sob sua autoridade.

1) Nesse trabalho, exerçam com seus auxiliares as funções de ensinar, santificar e governar, de tal maneira que os fiéis e as comunidades paroquiais se sintam membros tanto da diocese como da Igreja universal. [...]

No exercício da função de santificação, os párocos procurem tornar o sacrifício eucarístico centro e ápice de toda a vida da comunidade cristã. Estimulem os fiéis a se aproximar do alimento espiritual, recebendo devota e freqüentemente os sacramentos e participando de maneira consciente e ativa na liturgia. [...]

DEI VERBUM — CONSTITUIÇÃO DOGMÁTICA SOBRE A REVELAÇÃO DIVINA

(18 de novembro de 1965)

A veneração devida às Escrituras

21. A Igreja sempre honrou as Escrituras como corpo do Senhor, especialmente na santa liturgia, em cuja mesa não deve faltar nem a Palavra de Deus, nem o corpo do Senhor, para serem dados aos fiéis.

A Igreja sempre considerou e considera as Escrituras, juntamente com a sagrada tradição, sua suprema regra de fé. Inspiradas por Deus e definitivamente escritas, nos comunicam de maneira imutável a palavra do próprio Deus e nos fazem ouvir a voz do Espírito Santo, através dos escritos proféticos e apostólicos.

Toda a pregação eclesial, como a própria religião cristã, deve-se alimentar e ser orientada pela Escritura. Nos livros sagrados, o Pai que está no céu vem amorosamente falar a seus filhos. É tão grande a força e a virtude da Palavra de Deus, que ela sustenta e dá vigor à Igreja, corrobora a fé de seus filhos, alimenta a alma, jorra como fonte pura e perene da vida espiritual.

Aplica-se à Escritura o que se lê: "A Palavra de Deus é viva e eficaz" (Hb 4,12); "tem o poder de edificar e de dar a vocês a herança entre todos os santificados" (At 20,32; cf. 1Ts 2,13).

GAUDIUM ET SPES — CONSTITUIÇÃO PASTORAL SOBRE A IGREJA NO MUNDO DE HOJE

(7 de dezembro de 1965)

A *atividade humana e o mistério pascal*

38. [...] Todos, entretanto, libertados pela renúncia ao amor próprio, assumem corajosamente a vida humana na perspectiva da vida futura, quando a humanidade tornar-se-á toda ela oblação pura, aceita por Deus.[33]

Como penhor dessa esperança e sustento no caminho, o Senhor nos legou o sacramento da fé, em que os elementos naturais, fruto do trabalho humano, convertem-se no seu corpo e sangue gloriosos, antecipando a festa da comunhão fraterna e a ceia celestial.

PRESBYTERORUM ORDINIS — DECRETO SOBRE O MINISTÉRIO E A VIDA DOS PRESBÍTEROS

(7 de dezembro de 1965)

O presbiterato

2. [...] Tendo enviado os apóstolos, como ele mesmo fora enviado pelo Pai,[34] Cristo, através dos apóstolos, estabeleceu os bispos sucessores de sua consagração e de sua missão.[35] Estes, por sua vez, atribuíram uma participação subordinada de seu ministério aos padres,[36] os quais, pela ordenação, tornam-se cooperadores dos bispos no cumprimento da missão a eles confiada pelos apóstolos.[37]

---

[33] Rm 15,16.
[34] Jo 20,21; Concílio Vaticano II. LG 18;
[35] Concílio Vaticano II. LG 28.
[36] Concílio Vaticano II. LG 28
[37] Pontifical Romano. *Ordenação dos Presbíteros*, Prefácio. Essas palavras já se encontram no *Sacramentário veronese* (ed. Möhlberg, Roma, 1956, p. 122); no *Missal dos francos* (ed. Möhlberg, Roma, 1957, p. 9); também no *Livro dos sacramentos da Igreja romana* (ed. Möhlberg, Roma, 1965, p. 25); e, ainda, no *Pontifical romano-germânico* (ed. Vogel-Elze, Vaticano, 1963, v. I, p. 34).

A função dos padres, em união com a ordem episcopal, torna-os, pois, participantes da autoridade com que Jesus Cristo constitui seu corpo, santifica-o e o governa. Por isso, o sacerdócio dos padres, ou presbiterato, supõe os sacramentos da iniciação cristã e é conferido por um sacramento específico. Ao receberem a unção do Espírito Santo, os presbíteros são marcados com um caráter especial, que os configura a Cristo sacerdote e os faculta agir em lugar de Cristo cabeça.[38]

Aos padres, como participantes da missão dos apóstolos, servidores do Evangelho, é dada por Deus a graça de serem ministros de Cristo Jesus junto a todos os povos, para que o culto prestado a Deus por todos seja aceito e santificado pelo Espírito Santo.[39] Pelo anúncio apostólico do Evangelho, o povo de Deus é convocado e reunido, de tal maneira que todos os que pertencem a esse povo, santificados pelo Espírito Santo, ofereçam-se como *hóstias vivas, santas e agradáveis a Deus* (Rm 12,1).

Pelo ministério sacerdotal, o sacrifício espiritual dos fiéis se realiza em união com o sacrifício de Cristo, mediador único, que pela mão dos sacerdotes, em nome de toda a Igreja, é oferecido incruenta e sacramentalmente na eucaristia, até que o Senhor venha.[40]

Para tanto, tende e nisto se completa o ministério dos padres: começa com o anúncio do Evangelho, tira toda a sua força e vigor do sacrifício de Cristo, e visa a que *todos os que foram salvos, isto é, a comunhão e a sociedade dos santos, ofereçam a Deus um sacrifício universal, pelo sumo sacerdote, no qual ele se dá por nós na paixão, a fim de que nos tornemos corpo de tão eminente cabeça.*[41]

O objetivo do ministério e da vida dos padres é a promoção da glória de Deus em Cristo, a qual consiste em que os seres humanos acolham consciente e livremente, com gratidão, a obra de Deus realizada em Cristo e a manifestem em toda a sua vida.

Os padres contribuem para a glória de Deus e para a promoção da vida divina entre os seres humanos quando se dedicam à oração e à adoração, quando pregam, quando oferecem o sacrifício ou administram os sacramentos ou, ainda, quando exercem qualquer ministério em favor do povo. Tudo promana de Cristo, em seu mistério pascal, e se orienta para sua vinda gloriosa, quando entregará o reino a Deus, o Pai.[42]

---

[38] Concílio Vaticano II. LG 10.

[39] Rm 15,16.

[40] 1Cor 11,26.

[41] Sto. Agostinho. *A cidade de Deus*. 10,6; PL 41, 284.

[42] 1Cor 15,24.

Ministro dos sacramentos, em particular, da eucaristia

5. Deus, que somente é santo e santificador, quis colocar humildes associados e auxiliares a serviço da obra de santificação. Nesse sentido, os sacerdotes são consagrados a Deus, por ministério do bispo, como participantes, a título especial, do sacerdócio de Cristo, para que atuem, nas celebrações sagradas, como ministros daquele que exerce incessantemente, por nós, na liturgia, seu papel sacerdotal, no Espírito.[43]

Os sacerdotes introduzem os seres humanos, pelo batismo, no povo de Deus. Reconciliam os pecadores pelo sacramento da penitência. Aliviam os doentes com a unção. Oferecem na missa, sacramentalmente, o sacrifício de Cristo. Desde os tempos primitivos, como mostra santo Inácio, mártir,[44] os padres estão associados ao bispo em todos os sacramentos e o representam de diversas maneiras em cada uma das assembléias de fiéis.[45]

Os sacramentos, todos os ministérios eclesiásticos e todas as obras apostólicas estão ordenados à eucaristia formando um só todo.[46] Na eucaristia reside todo o bem espiritual da Igreja,[47] que é Cristo, nossa páscoa. Pão vivo, em sua carne, vivificada e vivificante, no Espírito Santo, é fonte de vida para os homens, convidados a se unirem a ele, com todos os seus sofrimentos e toda a criação, em um único oferecimento.

Por isso, a eucaristia é fonte e cume de toda a evangelização. Os catecúmenos são progressivamente admitidos à eucaristia, enquanto os fiéis batizados e confirmados, pela recepção da eucaristia, se inserem cada vez mais profundamente no corpo de Cristo.

A assembléia eucarística, presidida pelo padre, é o centro de todas as reuniões de fiéis. Os sacerdotes ensinam o povo a oferecer a Deus Pai a vítima divina no sacrifício da missa, em união com sua própria vida.

No espírito de Cristo pastor, os sacerdotes procurarão levar os fiéis contritos a submeterem seus pecados ao sacramento da penitência, para melhor se converterem ao Senhor, recordando-se de sua palavra: "Façam penitência, aproxima-se o reino dos céus" (Mt 4,17).

---

[43] Concílio Vaticano II. SC, n. 7, pp. 100-101; Pio XII. Encíclica *Mystici corporis*, 29.6.1943: AAS 35 (1943), p. 230.

[44] S. Inácio de Antioquia. *Aos smirnenses*, 8,1-2, ed. Funk, p. 240; Constituições dos apóstolos, VIII,12,3, ed. Funk, p. 496 Constituições dos apóstolos, VIII, 12,3, ed. Funk, p. 496; Constituições dos apóstolos, VIII, 29,2, p. 532.

[45] Concílio Vaticano II. LG 28.

[46] S. Tomás. *Suma teológica*, III, 73, a.3c; III, 65, a.3.

[47] S. Tomás. *Suma teológica*, III, 65, a.3.

Habituem-nos igualmente a participar da liturgia sagrada, para se iniciarem na oração e se exercitarem a praticar, em toda a vida, de maneira cada vez mais perfeita, o espírito de oração, segundo as graças e necessidades de cada um. Orientem todos a viver segundo as exigências do seu estado, estimulando os mais perfeitos à prática dos conselhos evangélicos. Ensinem os fiéis a cantarem ao Senhor, em seu coração, hinos e cânticos espirituais, dando sempre graças a Deus Pai por tudo, em nome de nosso Senhor Jesus Cristo.[48]

Os louvores e ações de graça da celebração eucarística se prolonguem pelas diversas horas do dia através da recitação do ofício divino, que os padres devem dizer em nome da Igreja, do seu povo e de todos os seres humanos.

Para consolo e satisfação dos fiéis, a casa de oração, em que se celebra e se guarda a santíssima eucaristia, deve ser objeto de respeito e veneração, pois é o lugar da reunião dos fiéis e da presença do Filho de Deus, nosso salvador, que se oferece no altar por nós. Ela deve estar sempre limpa e ser reservada à oração e às celebrações solenes,[49] pois, nesse lugar, pastores e fiéis são convidados a corresponder ao dom daquele que, por sua humanidade, infunde incessantemente a vida em seu corpo.[50]

Cultivem os sacerdotes a ciência e arte litúrgicas, para que seu ministério junto às comunidades que lhe são confiadas seja cada dia mais perfeito no louvor a Deus Pai, Filho e Espírito Santo.

O padre, educador do povo de Deus

6. [...] A comunidade cristã se edifica a partir da eucaristia, em que fixa suas raízes e apóia sua estrutura. É a base de todo trabalho pedagógico.[51] A celebração eucarística, quando autêntica e plena, leva à prática de todas as obras de caridade, à ação missionária, ao auxílio às missões e a todas as múltiplas formas de testemunho cristão. [...]

Relações com o bispo

7. Os padres, em conjunto com os bispos, participam todos do mesmo sacerdócio e ministério de Cristo. Essa unidade de consagração e de missão requer

---

48   Ef 5,19-20.
49   S. Jerônimo. *Carta* 114, 2; Concílio Vaticano II, SC 122-127.
50   Paulo VI. *Mysterium fidei*, 3 de setembro de 1965. AAS 57 (1965), p. 771.
51   Didascália II, 59,3; Paulo VI. *Alocução ao clero italiano presente no XIII Encontro Semanal de Renovação Pastoral*, em Orvíeto V, 6.9.1963. AAS 55 (1963), p. 750.

a comunhão hierárquica com a ordem episcopal.⁵² A liturgia da concelebração o manifesta claramente, reunindo a todos em torno da mesa eucarística.⁵³

Em virtude de sua ordenação, os padres sejam considerados pelos bispos como auxiliares e conselheiros indispensáveis no ministério, na função de ensinar, de santificar e de governar o povo de Deus.⁵⁴ [...]

O exercício do sacerdócio e a santidade

13. [...] Como ministros sagrados, especialmente no sacrifício da missa, os sacerdotes agem em nome de Cristo, que se entregou como vítima para a santificação dos homens. São, então, convidados a praticar aquilo que fazem: celebrando o mistério da morte do Senhor, mortifiquem, nos seus membros, todo vício e concupiscência.⁵⁵

No mistério do sacrifício eucarístico, em que o papel principal é do padre, opera-se incessantemente a obra de nossa redenção.⁵⁶ Recomenda-se, por isso, a celebração cotidiana. Cristo e a Igreja nela atuam, mesmo na ausência dos

---

⁵² Concílio Vaticano II. LG 28.
⁵³ Cf. a chamada Constituição eclesiástica dos apóstolos, XVIII, os presbíteros são *synmustai* (co-mistagogos) e *sunepimachoi* (cooperadores) dos bispos, ed. Th. Schermann, *Die allgemeine Kirchenordnung*, I, Paderborn, 1914, p. 26; A. Harnack, *Die Quellen der sog. apostolischen Kirchenordnung*, T.u.U., II, 5, p. 13, n. 18: "Para a ordenação de um presbítero, o (discípulo) bem-amado do Senhor, eu prescrevo isto, a todos vocês, bispos: quando forem ordenar um presbítero, ó bispo, você mesmo, assistido pelos presbíteros e pelos diáconos, o ordenará impondo as mãos sobre sua cabeça, rezando assim: 'Senhor, todo-poderoso, nosso rei, que por Cristo criaste todas as coisas, e as chamou a existência, e suprindo todas as necessidades, de todos e de cada um dos seres, de forma diferenciada porque em Cristo criaste a diversidade dos seres, cuidando também de suas necessidades específicas por ele, ó Deus, cuidaste de todas as suas necessidades, tanto dos simples seres imortais na atualidade quanto dos seres mortais, assegurando seu sustento: para as almas, o cuidado das leis, e para os corpos, a satisfação de suas necessidades. Agora, tu mesmo, coloca o teu olhar sobre a Santa Igreja, fazendo-a crescer, se multiplicar. E a quem a preside, dá-lhe paciência para agir segundo a tua palavra e trabalhar para a edificação de teu povo'".
Cf. Pseudo-Jerônimo. *As sete ordens da Igreja: quanto à consagração, participam da dos bispos*, ed. Kalff, Würzburg, 1937, p. 45.
S. Isidoro de Espanha, *Os ofícios da Igreja*, II.
⁵⁴ Didascália, II, 28,4 (ed. Funk, p. 108); Constituições dos apóstolos, II, 28, 4; p. 109; II, 34,3, p. 117
⁵⁵ Pontifical romano, *Ordenação dos presbíteros*: "Recebe a oferenda do povo santo para apresentá-la a Deus. Toma consciência do que vais fazer e põe em prática o que vais celebrar, conformando tua vida ao mistério da cruz do Senhor".
⁵⁶ *Missal Romano, IX domingo depois de Pentecostes*, oração sobre as ofertas: "Fazei, Senhor, que participemos dignamente destes mistérios, pois, todas as vezes que se repete a imolação desta hóstia, recebemos os frutos de nossa redenção. Por Nosso Senhor".

fiéis.[57] Unidos a Cristo pela ação sacerdotal, os sacerdotes se oferecem cotidianamente a Deus e são alimentados pelo corpo de Cristo, participando, no coração, do amor com que se dá em alimento aos fiéis.

A unidade da vida sacerdotal

14. [...] Na realidade, é através de sua Igreja, pelo trabalho de seus ministros, que Cristo cumpre, no mundo, a vontade do Pai, que é, de fato, a fonte de unidade para a vida sacerdotal. Para alcançar essa unidade de vida, os padres devem se unir a Cristo no reconhecimento da vontade do Pai e na generosidade do dom de si mesmos ao rebanho que lhes é confiado.[58]

Dessa forma, agindo como o Bom Pastor, encontram no próprio exercício da caridade pastoral o caminho da perfeição sacerdotal que os leva à unidade entre a vida e a ação. A caridade pastoral[59] provém, principalmente, do sacrifício eucarístico, centro e raiz de toda a vida do padre, que deve procurar viver o que faz no altar. Mas isso só é possível se os sacerdotes penetrarem a fundo no mistério da oração de Cristo. [...]

---

[57] Paulo VI. *Mysterium fidei*, 3.12.1965, AAS 57 (1965), pp. 761-762. Concílio Vaticano II, SC, nn. 26-27: "26. As ações litúrgicas não são ações privadas, mas celebrações da Igreja, *sacramento da unidade*, povo santo reunido ordenadamente em torno do bispo. São, pois, ações de todo o corpo da Igreja, que lhe dizem respeito e o manifestam, interessando a cada um dos membros de maneira diversa, segundo a variedade das ordens, das funções e da participação efetiva.

27. Sempre que o rito, por natureza, comportar uma celebração comum, com a presença e efetiva participação dos fiéis, deve-se estimulá-la, na medida do possível, dando-lhe preferência à celebração privada. Isso vale para a administração dos sacramentos e, sobretudo, para a celebração da missa, sem que se conteste a natureza pública e social, mesmo da missa privada".

[58] 1Jo 3,16.

[59] Santo Agostinho. *Tratado sobre João*, 123, 5; PL 35, p. 1967.

Mysterium fidei – Carta encíclica sobre o culto da sagrada eucaristia

Paulo VI
(3 de setembro de 1965)
Veneráveis irmãos.

INTRODUÇÃO

1. Sempre a Igreja Católica conservou religiosamente, como tesouro preciosíssimo, o mistério inefável da fé que é o dom da eucaristia, recebido do seu Esposo, Cristo, como penhor de amor imenso; a ele tributou, no Concílio Vaticano II, nova e soleníssima profissão de fé e de culto.

2. Na verdade, tratando da restauração da sagrada liturgia, os padres do Concílio, pensando no bem da Igreja universal, tiveram sobretudo a peito exortar os fiéis a que participem ativamente, com fé íntegra e com a maior piedade, na celebração deste sacrossanto mistério, oferecendo-o a Deus como sacrifício, juntamente com o sacerdote, pela salvação própria e de todo o mundo, recorrendo a ele para encontrarem o alimento da alma.

3. Porque, se a sagrada liturgia ocupa o primeiro lugar na vida da Igreja, o mistério eucarístico é, podemos dizer, o coração e o centro da sagrada liturgia, constituindo a fonte de vida que nos purifica e robustece, de modo que já não vivamos para nós, mas para Deus, e nos unamos uns com os outros pelo vínculo mais íntimo da caridade.

4. E para que ficasse bem claro o nexo indissolúvel entre a fé e a piedade, os padres do Concílio, confirmando a doutrina sempre defendida e ensinada pela Igreja e definida solenemente pelo Concílio de Trento, julgaram dever

iniciar a matéria do sacrossanto mistério eucarístico por esta síntese de verdades: "O nosso Salvador, na última ceia, na noite em que foi traído, instituiu o sacrifício eucarístico do seu corpo e do seu sangue, para perpetuar o sacrifício da cruz pelos séculos afora, até a sua vinda, deixando deste modo à Igreja, sua dileta Esposa, o memorial da sua morte e ressurreição: sacramento de piedade, sinal de unidade, vínculo de caridade, banquete pascal, em que se recebe Cristo, se enche a alma de graça e é dado o penhor da glória futura".[1]

5. Com estas palavras, exaltam-se ao mesmo tempo não só o sacrifício, que pertence à essência da missa, que todos os dias é celebrada, mas também o sacrossanto, no qual os fiéis comem, pela sagrada comunhão, a carne de Cristo e bebem o seu sangue, recebendo assim a graça, antecipação da vida eterna e "remédio da imortalidade", segundo as palavras do Senhor: "Quem come a minha carne e bebe o meu sangue, tem a vida eterna e eu o ressuscitarei no último dia".[2]

6. Da restauração da sagrada liturgia esperamos, firmemente, que hão de brotar frutos copiosos de piedade eucarística, para que a Igreja santa, elevando esse sinal de salvação e piedade, cada dia mais se aproxime da unidade perfeita[3] e convide para a unidade da fé e caridade todos quantos se gloriam do nome de cristãos, atraindo-os suavemente sob o impulso da graça divina.

7. Estes frutos parece-nos entrevê-los e quase contemplar-lhes as primícias, tanto na alegria exuberante e na prontidão de ânimo, que os filhos da Igreja Católica manifestaram ao receberem a constituição que restaurou a sagrada liturgia, como em muitas e notáveis publicações, destinadas a investigar melhor e a tornar mais frutuosa a doutrina da sagrada eucaristia, especialmente no tocante à sua relação com o mistério da Igreja.

8. Tudo isto é motivo, para nós, de não pequena consolação e alegria. Com muito gosto queremos comunicá-las a vós, veneráveis irmãos, para que, conosco, agradeçais a Deus, doador de todo o bem, que com o seu Espírito governa a Igreja e com novos graus de virtude a fecunda.

MOTIVOS DE SOLICITUDE PASTORAL E DE ANSIEDADE

9. Não faltam, todavia, veneráveis irmãos, precisamente na matéria de que estamos falando, motivos de grave solicitude pastoral e de ansiedade. A consciência do nosso dever apostólico não nos permite passá-los em silêncio.

---

[1] Constit. *De sacra liturgia*, n. 47: AAS 56, 1964, p. 113.
[2] Jo 6,55.
[3] Cf. Jo 17,23.

10. Bem sabemos que, entre os que falam e escrevem sobre este sacrossanto mistério, alguns há que, a respeito das missas privadas, do dogma da transubstanciação e do culto eucarístico, divulgam opiniões que perturbam o espírito dos fiéis, provocando notável confusão quanto às verdades da fé, como se fosse lícito, a quem quer que seja, passar em silêncio a doutrina já definida da Igreja ou interpretá-la de tal maneira, que percam o seu valor o significado genuíno das palavras ou o alcance dos conceitos.

11. Não é lícito, só para aduzirmos um exemplo, exaltar a missa chamada "comunitária", a ponto de se tirar a sua importância à missa privada; nem insistir tanto sobre o conceito de sinal sacramental, como se o simbolismo — que todos, é claro, admitimos na sagrada eucaristia — exprimisse, única e simplesmente, o modo da presença de Cristo neste sacramento; ou, ainda, discutir sobre o mistério da transubstanciação sem mencionar a admirável conversão de toda a substância do pão no corpo e de toda a substância do vinho no sangue de Cristo, conversão de que fala o Concílio Tridentino; limitam-se apenas à transignificação e à transfinalização, conforme se exprimem. Nem é lícito, por fim, propor e generalizar a opinião que afirma não estar presente Nosso Senhor Jesus Cristo nas hóstias consagradas que sobram, depois da celebração do sacrifício da missa.

12. Quem não vê que, em tais opiniões ou em outras semelhantes postas a correr, sofrem não pouco a fé e o culto da divina eucaristia?

13. Do Concílio originou-se a esperança de vir a percorrer toda a Igreja nova luz de piedade eucarística. Para que essa luz não sofra nem morra com essas sementes já espalhadas de falsas opiniões, resolvemos dirigir-nos a vós, veneráveis irmãos, para vos comunicarmos com apostólica autoridade o nosso pensamento sobre assunto de tanta importância.

14. Longe estamos de negar que exista, naqueles que divulgam tais idéias extravagantes, o desejo incensurável de perscrutar tão alto mistério, desentranhando as suas inexauríveis riquezas e desvelando-lhes o sentido, diante dos homens do nosso tempo. Esse desejo o reconhecemos até como legítimo e o aprovamos. O que não quer dizer que aprovemos as opiniões a que eles conduzem. Do grave perigo que elas representam para a fé autêntica, sentimos o dever de vos premunir.

A SAGRADA EUCARISTIA É UM MISTÉRIO DE FÉ

15. Primeiro que tudo, queremos recordar uma verdade, que muito bem conheceis e é absolutamente necessária no combate a qualquer veneno de

racionalismo. Verdade que muitos mártires selaram com o próprio sangue e célebres padres e doutores da Igreja professaram e ensinaram constantemente. É a seguinte: a eucaristia é um mistério altíssimo, é propriamente o mistério da fé, como se exprime na sagrada liturgia: "Nele só estão concentradas, com singular riqueza e variedade de milagres, todas as realidades sobrenaturais", como muito bem diz o nosso predecessor Leão XIII de feliz memória.[4]

16. Sobretudo deste mistério é necessário que nos aproximemos com humilde respeito, não dominados por pensamentos humanos que devem emudecer, mas atendo-nos firmemente à revelação divina.

17. São João Crisóstomo, que, como sabeis, tratou com tanta elevação de linguagem e tão iluminada piedade o mistério eucarístico, exprimiu-se nos seguintes termos precisos, ao ensinar aos seus fiéis esta verdade: "Inclinemonos sempre diante de Deus sem o contradizermos, embora o que ele diz possa parecer contrário à nossa razão e à nossa inteligência; sobre a nossa razão e a nossa inteligência, prevaleça a sua palavra. Assim nos comportemos também diante do mistério (eucarístico), não considerando só o que nos pode vir dos nossos sentidos, mas conservando-nos fiéis às suas palavras. Uma palavra sua não pode enganar".[5]

18. Idênticas afirmações encontramos freqüentemente nos doutores escolásticos. Estar presente neste sacramento o verdadeiro corpo e o verdadeiro sangue de Cristo, "não é coisa que se possa descobrir com os sentidos", diz santo Tomás, "mas só com a fé, baseada na autoridade de Deus". Por isso — comentando a passagem de são Lucas, 22: "Isto é o meu corpo que será entregue por vós — diz são Cirilo: 'Não ponhas em dúvida se é ou não verdade, aceita com fé as palavras do Salvador; sendo ele a Verdade, não mente'".[6]

19. Repetindo a expressão do mesmo doutor Angélico, assim canta o povo cristão: "Enganam-se em ti a vista, o tato e o gosto. Com segurança só no ouvido cremos: creio tudo o que disse o Filho de Deus. Nada é mais verdadeiro do que esta palavra de verdade" (*Visus, tactus, gustus in te fallitur. Sed auditu solo tuto creditur: credo quidquid dixit Dei filius: nil hoc verbo veritatis verius*).

20. Mais ainda: É são Boaventura quem afirma: "Estar Cristo no sacramento como em um sinal, nenhuma dificuldade tem; estar no sacramento verdadeiramente, como no céu, tem a maior das dificuldades: é, pois, sumamente meritório acreditá-lo".[7]

---

[4]   Carta encíclica *Mirae caritatis*; *Acta Leonis* XIII, XXII, 1902-103, p. 122.
[5]   *In Matth*. hom. 8, 4; PG 58, 473.
[6]   *Summa Theol*. III, q. 75, a. I.
[7]   In *IV Sent*., X, P. I, a. un., q. I; *Opera Omnia* IV, 217.

21. O mesmo dá a entender o Evangelho ao contar que muitos discípulos de Cristo, ao ouvirem falar de comer carne e beber sangue, voltaram as costas e abandonaram o Senhor, dizendo: "Duras são estas palavras! Quem pode escutá-las?" Perguntando, então, Jesus se também os doze queriam se retirar, Pedro afirmou, com decisão e firmeza, a fé sua e a dos apóstolos, com esta resposta admirável: "A quem iremos, Senhor? Tu tens palavras de vida eterna!".[8]

22. Ao Magistério da Igreja confiou o Redentor divino a Palavra de Deus, tanto escrita como transmitida oralmente, para que a guardasse e interpretasse. É esse magistério que devemos seguir, como estrela orientadora, na investigação desse mistério, convencidos de que "embora não esteja ao alcance da razão e embora se não explique com palavras, continua sempre a ser verdade aquilo que há muito se proclama com fé católica genuína e é objeto de crença em toda a Igreja".[9]

23. Ainda não é tudo. Salva a integridade da fé, é necessário salvar também a maneira exata de falar. Não aconteça que, usando nós palavras ao acaso, entrem em nosso espírito — o que Deus não permita — idéias falsas como expressão da crença nos mais altos mistérios. Vem a propósito a advertência de santo Agostinho sobre o modo diverso como falam os filósofos e os cristãos: "Os filósofos", escreve o santo, "falam livremente, sem medo de ferir os ouvidos das pessoas religiosas em coisas muito difíceis de entender. Nós, porém, devemos falar segundo uma regra determinada, para evitar que a liberdade de linguagem venha causar maneiras de pensar ímpias, mesmo quanto ao sentido das palavras".[10]

24. Donde se conclui que se deve observar religiosamente a regra de falar, que a Igreja, durante longos séculos de trabalho, assistida pelo Espírito Santo, estabeleceu e foi confirmando com a autoridade dos Concílios, regra que, muitas vezes, se veio a tornar sinal e bandeira da ortodoxia da fé. Ninguém presuma mudá-la, a seu arbítrio ou a pretexto de nova ciência. Quem há de tolerar que fórmulas dogmáticas, usadas pelos Concílios Ecumênicos a propósito dos mistérios da Santíssima Trindade e da Encarnação, sejam acusadas de inadaptação à mentalidade dos nossos contemporâneos, e outras lhes sejam temerariamente substituídas? Do mesmo modo, não se pode tolerar quem pretenda expungir, a seu talante, as fórmulas usadas pelo Concílio Tridentino ao propor a fé no mistério eucarístico. Essas fórmulas, como as outras que a Igreja usa para enunciar os dogmas de fé, exprimem conceitos que não estão

---

[8] Jo 6,61-69.
[9] Santo Agostinho. *Contra Iulianum*, VI, 5, II; PL 44, 823.
[10] *De civit. Dei*, X, 23; PL 41, 300.

ligados a uma forma de cultura, a determinada fase do progresso científico, a uma ou outra escola teológica, mas apresentam aquilo que o espírito humano, na sua experiência universal e necessária, atinge da realidade, exprimindo-o em termos apropriados e sempre os mesmos, recebidos da linguagem vulgar ou erudita. São, portanto, fórmulas inteligíveis em todos os tempos e lugares.

25. Pode haver vantagem em explicar essas fórmulas com maior clareza e em palavras mais acessíveis, nunca, porém, em sentido diverso daquele em que foram usadas. Progrida a inteligência da fé, contanto que se mantenha a verdade imutável da fé. O Concílio Vaticano I ensina que nos dogmas "se deve conservar perpetuamente aquele sentido que, de uma vez para sempre, declarou a santa Madre Igreja, e que nunca é lícito nos afastarmos desse sentido, alegando e invocando maior penetração".[11]

O MISTÉRIO EUCARÍSTICO REALIZA-SE NO SACRIFÍCIO DA MISSA

26. Para comum edificação e conforto, apraz-nos, veneráveis irmãos, recordar a doutrina que a Igreja Católica recebeu da tradição e ensina com consenso unânime.

27. Convém recordar primeiramente aquilo que é, por assim dizer, a síntese e o ponto mais sublime desta doutrina: que no mistério eucarístico é representado de modo admirável o sacrifício da cruz, consumado uma vez para sempre no Calvário; e que nele se relembra perenemente a sua eficácia salutar na remissão dos pecados que todos os dias cometemos.[12]

28. Nosso Senhor Jesus Cristo, ao instituir o mistério eucarístico, sancionou com o seu sangue o Novo Testamento de que é mediador, do mesmo modo que Moisés sancionara o Velho com o sangue dos vitelos.[13] Segundo contam os evangelistas, na última ceia, tomando o pão, deu graças, partiu-o e distribuiu-o dizendo: "Isto é o meu corpo, que por vós é entregue: fazei isto em memória de mim". Do mesmo modo, o cálice, depois da ceia, dizendo: "Este é o cálice do Novo Testamento no meu sangue, que será derramado por vós".[14] E mandando aos apóstolos que fizessem isso em sua memória, mostrou a vontade de que esse mistério se renovasse. Na realidade, foi o que

---

[11] Constit. dogmática *De fide catholica*. c. 4.

[12] Cf. CONC. TRID. *Doctr. de sacros. missae sacrificio*, c. I.

[13] Cf. Ex 24,8.

[14] Lc 22,19-20; cf. Mt 26,26-29; Mc 14,22-24.

a Igreja primitiva realizou fielmente, perseverando na doutrina dos apóstolos e reunindo-se para celebrar o sacrifício eucarístico. Perseveravam, como testemunha são Lucas, na doutrina dos apóstolos, na comunhão da fração do pão e nas preces.[15] E assim, chegavam a tal fervor, que deles se podia dizer: "Da multidão dos crentes, era um só coração e uma só alma".[16]

29. O apóstolo são Paulo, que com toda a fidelidade nos transmitiu aquilo que recebera do Senhor,[17] fala claramente do sacrifício eucarístico, ao mostrar que os cristãos não podem tomar parte nos sacrifícios dos pagãos, exatamente porque já participavam da mesa do Senhor. Assim se exprime:

> O cálice de bênção que abençoamos não é a comunhão do sangue de Cristo? E o pão que partimos, não é a comunhão do corpo de Cristo?[...] Não podeis beber o cálice de Cristo e juntamente o cálice dos demônios; não podeis participar da mesa do Senhor e da mesa dos demônios.[18]

Esta nova oblação do Novo Testamento, que Malaquias profetizara,[19] sempre a ofereceu a Igreja, ensinada pelo Senhor e pelos apóstolos, "não só pelos pecados, penas, expiações e outras necessidades dos fiéis vivos, mas também em sufrágio dos defuntos em Cristo, ainda não de todo purificados".[20]

30. Passando em silêncio outros testemunhos, queremos recordar apenas o de são Cirilo de Jerusalém. Instruindo os neófitos na fé cristã, pronunciou estas palavras memoráveis: "Depois de terminado o sacrifício espiritual, rito incruento, pedimos a Deus, sobre esta hóstia de propiciação, pela paz universal da Igreja, pela justa ordem do mundo, pelos imperadores, pelos nossos soldados e pelos aliados, pelos doentes, pelos aflitos, e todos nós rogamos por todos, em geral, quantos precisam de ajuda; oferecemos esta vítima... e depois recomendamos também os santos padres e bispos, e em conjunto todos os nossos defuntos, convencidos como estamos que esta será a maior ajuda para as almas, por quem se oferece a oração, enquanto está presente a Vítima santa que infunde o maior respeito". Confirmando o fato com o exemplo da coroa, que se tece ao imperador, para que ele conceda perdão aos exilados, o mesmo santo doutor conclui: "Do mesmo modo também nós, oferecendo orações a Deus pelos defuntos, mesmo pecadores, não lhe tecemos uma co-

---

[15] At 2,42.
[16] At 4,32.
[17] 1Cor 11,23.
[18] 1Cor 10,16 e 21.
[19] 1,11.
[20] Conc. Trid. Decr. de S. missae sacr., c. 2.

roa, mas oferecemos-lhe Cristo imolado pelos nossos pecados, procurando conciliar a clemência de Deus em nosso favor e em favor deles".[21] Este costume, de oferecer "o sacrifício do nosso preço" também pelos defuntos, vigorava na Igreja Romana, como testemunha santo Agostinho,[22] que declara ser, além disso, observado por toda a Igreja, como herança recebida dos padres.[23]

31. Mas há outra coisa, que nos apraz acrescentar, por ser muito útil para aclamar o mistério da Igreja: desempenhando esta, em união com Cristo, as funções de sacerdote e de vítima, é ela toda que oferece o sacrifício da missa, como também ela toda é oferecida no mesmo. Admirável doutrina, já ensinada pelos padres,[24] exposta recentemente pelo nosso predecessor Pio XII de feliz memória,[25] que foi expressa ultimamente pelo Concílio Vaticano II na Constituição *De Ecclesia*, ao tratar do povo de Deus.[26] Muito desejamos que seja cada vez mais explicada e mais profundamente inculcada no ânimo dos fiéis, salva, contudo, a justa distinção, não só de grau, mas também de essência, entre o sacerdócio dos fiéis e o sacerdócio hierárquico.[27] Muito ajuda essa doutrina a alimentar a piedade eucarística e a tornar conhecida a dignidade de todos os fiéis, e não menos a estimular a alma para que suba até a mais alta santidade. Esta não consiste senão em pormo-nos inteiramente ao serviço da divina Majestade, com generosa oblação de nós mesmos.

32. É necessário recordar ainda a conclusão, que deriva desta doutrina, acerca da "natureza pública e social de toda e qualquer missa".[28] Toda missa, ainda que celebrada privadamente por um sacerdote, não é ação privada, mas ação de Cristo e da Igreja. Esta, no sacrifício que oferece, aprende a oferecer-se a si mesma como sacrifício universal e aplica, pela salvação do mundo inteiro, a única e infinita eficácia redentora do sacrifício da cruz. Na realidade, qualquer missa celebrada oferece-se não apenas pela salvação de alguns, mas pela salvação do mundo inteiro. Donde se conclui: se muito convém que da celebração da missa, quase por sua natureza, participe ativamente grande número de fiéis, não se deve condenar, mas sim aprovar, a missa que um sacerdote, por justa causa e segundo as prescrições e tradições legítimas da Santa Igreja, reza privadamente, embora haja apenas um acólito para ajudar e responder; de tal missa

---

[21] Catech. 23 (mist. 5), 8, 18; PG 33, 1116.

[22] *Confess.* 9, 12,32; PL 32, 777; cf. ibid. 9, 11, 27; PL 32, 775.

[23] Cf. *Serm.* 172, 2; PL 38, 936; cf. *De cura gerenda pro mortuis*, 13; PL 40, 593.

[24] Cf. Santo Agostinho. *De civit. Dei*, X, 6; PL 41, 284.

[25] Cf. Carta encíclica *Mediator Dei*: AAS 39, 1947, p. 552.

[26] Cf. Const. dogmática *De Ecclesia*, c. 2, n. 11; AAS 57, 1965, p. 15.

[27] Cf. ibidem, c. 2, n. 10: AAS 57, 1965, p. 14.

[28] Const. *De sacra liturgia*, c. 1, n. 27; AAS 56, 1964, p. 107.

deriva grande abundância de graças particulares, para o bem tanto do sacerdote como do povo fiel e de toda a Igreja, e mesmo do mundo inteiro, graças estas que não se obtêm em igual medida só por meio da sagrada comunhão.

33. Os sacerdotes, que são mais que ninguém a nossa alegria e a nossa coroa no Senhor, lembram-se do poder que receberam do bispo ordenante para oferecer a Deus o sacrifício e celebrar missas tanto pelos vivos como pelos defuntos no nome do Senhor.[29] Recomendamos-lhes com paternal insistência que celebrem todos os dias com dignidade e devoção, a fim de que, eles mesmos e os outros cristãos em geral, se beneficiem da aplicação dos frutos copiosos que provêm do sacrifício da cruz. Deste modo, contribuirão muito para a salvação do gênero humano.

NO SACRIFÍCIO DA MISSA CRISTO TORNA-SE PRESENTE SACRAMENTALMENTE

34. O pouco que, a propósito do sacrifício da missa, expusemos leva-nos a dizer também alguma coisa do sacramento da eucaristia. Um e outro, sacrifício e sacramento, fazem parte do mesmo mistério, tanto que não é possível separar um do outro. O Senhor imola-se de modo incruento no sacrifício da missa, que representa o sacrifício da cruz, e lhe aplica a eficácia salutar, no momento em que, pelas palavras da consagração, começa a estar sacramentalmente presente, como alimento espiritual dos fiéis, sob as espécies de pão e de vinho.

35. Bem sabemos todos que vários são os modos da presença de Cristo na sua Igreja. Esta verdade muito consoladora, que a Constituição da sagrada liturgia expôs brevemente,[30] é útil que a lembremos com mais demora. Cristo está presente à sua Igreja enquanto esta ora, sendo ele quem "roga por nós, roga em nós e por nós é rogado; roga por nós como nosso Sacerdote; roga em nós como nossa Cabeça; é rogado por nós como nosso Deus";[31] Ele mesmo prometeu: "Onde estão dois ou três reunidos em meu nome, aí estou eu no meio deles",[32] ele está presente à sua Igreja enquanto ela pratica as obras de misericórdia; isto não só porque, quando nós fazemos algum bem a um dos seus irmãos mais humildes, o fazemos ao mesmo Cristo,[33] mas também por-

---

[29] Cf. Pontifical Romano.
[30] Cf. AAS 56, 1964, pp. 100-101.
[31] Santo Agostinho. In Ps. 81, 1; PL 37, 1081.
[32] Mt 18,20.
[33] Cf. Mt 25,40.

que Cristo é quem faz essas obras por meio da sua Igreja, não deixando nunca de socorrer os homens com a sua divina caridade. Está presente à sua Igreja enquanto esta peregrina e anseia por chegar ao porto da vida eterna: habita nos nossos corações por meio da fé,[34] e neles difunde a caridade por meio da ação do Espírito Santo, que nos dá.[35]

36. Doutro modo, também verdadeiríssimo, está ele presente à sua Igreja enquanto ela prega, sendo o Evangelho, assim anunciado, Palavra de Deus; esta pregação só se realiza em nome de Cristo, Verbo de Deus encarnado, e com a sua autoridade e assistência; pretende levar a que haja "um só rebanho, cuja segurança virá de ser um só o pastor".[36]

37. Está presente à sua Igreja, enquanto esta dirige e governa o povo de Deus, porque de Cristo deriva o poder sagrado, e Cristo, "Pastor dos pastores", assiste os pastores que o exercem,[37] segundo a promessa feita aos apóstolos: "Eu estarei convosco todos os dias, até o fim do mundo".[38]

38. Além disso, de modo ainda mais sublime, está Cristo presente à sua Igreja enquanto esta, em seu nome, celebra o sacrifício da missa e administra os sacramentos. Quanto à presença de Cristo na oferta do sacrifício da missa, apraz-nos recordar o que são João Crisóstomo, cheio de admiração, diz com verdade e eloqüência: "Quero acrescentar uma coisa verdadeiramente estupenda, mas não vos espanteis nem vos perturbeis. Que coisa é? A oblação é a mesma, seja quem for o oferente, chame-se ele Pedro ou Paulo; é a mesma que Jesus Cristo confiou aos discípulos e agora realizam os sacerdotes: esta última não é menor que a primeira, porque não são os homens que a tornam santa, mas Aquele que a santificou. Como as palavras pronunciadas por Deus são exatamente as mesmas que agora diz o sacerdote, assim a oblação é também a mesma".[39]

39. E ninguém ignora serem os sacramentos ações de Cristo, que os administra por meio dos homens. Por isso, são santos por si mesmos e, quando tocam nos corpos, infundem, por virtude de Cristo, a graça nas almas.

40. Estas várias maneiras de presença enchem o espírito de assombro e levam-nos a contemplar o mistério da Igreja. Outra é, contudo, e verdadeiramente sublime, a presença de Cristo na sua Igreja pelo sacramento da eucaristia. Por causa dela, é este sacramento, comparado com os outros, "mais suave

---

[34] Cf. Ef 3,17.
[35] Cf. Rm 5,5.
[36] Santo Agostinho. *Contra Litt. Petiliani* 3, 10; PL 43, p. 353.
[37] Santo Agostinho. In Ps. 86, 3; PL 37, 1102.
[38] Mt 28,20.
[39] In *Ep. sec. ad Tim.*, hom. 2, 4; PG 62, p. 612.

para a devoção, mais belo para a inteligência, mais santo pelo que encerra";[40] contém, de fato, o próprio Cristo e é "como que a perfeição da vida espiritual e o fim de todos os sacramentos".[41]

41. Esta presença chama-se "real", não por exclusão como se as outras não fossem "reais", mas por antonomásia, porque é substancial, quer dizer, por ela está presente, de fato, Cristo completo, Deus e homem.[42] Erro seria, portanto, explicar esta maneira de presença imaginando uma natureza "pneumática", como lhe chamam, do corpo de Cristo, natureza esta que estaria presente em toda parte; ou reduzindo a presença a puro simbolismo, como se tão augusto sacramento consistisse apenas em um sinal eficaz "da presença espiritual de Cristo e da sua íntima união com os fiéis, membros do corpo místico".[43]

42. É certo que do simbolismo eucarístico, especialmente em relação com a unidade da Igreja, muito trataram os padres e os doutores escolásticos, cuja doutrina resumiu o Concílio de Trento, ensinando que o nosso Salvador deixou a eucaristia à sua Igreja "como símbolo... da unidade desta e da caridade que ele quis unisse intimamente todos os cristãos uns com os outros", "mais ainda, como símbolo daquele corpo único, de que ele é a Cabeça".[44]

43. Logo nos primórdios da literatura cristã, assim escrevia o autor desconhecido da "Didaquê ou Doutrina dos doze apóstolos": "Quanto à eucaristia, dai graças deste modo: ... como este pão, agora partido, estava antes disperso pelos montes, mas, ao ser reunido, se tornou um só, do mesmo modo se reúna a tua Igreja, dos confins da terra, no teu reino".[45]

44. Escreve igualmente são Cipriano, ao defender a unidade da Igreja contra o cisma:

> Por fim, os mesmos sacrifícios do Senhor põem em evidência a unanimidade dos cristãos, cimentada em caridade firme e indivisível. Pois, quando o Senhor chama seu corpo ao pão — composto de muitos grãos juntos —, indica o nosso povo reunido, por ele sustentado; e quando chama seu sangue ao vinho — espremido de muitos cachos e bagos, reduzidos a um só todo —, indica de maneira semelhante o nosso rebanho, composto de uma multidão reduzida à unidade.[46]

---

[40] Egídio Rom., *Theoremata de Corpore Christi*, theor. 50; Venetiis 1521, p. 127.

[41] Santo Tomás. *Summa Theol.* III, q. 73, a. 3 c.

[42] Cf. Concílio Tridentino. Decr. *De SS. Euchar.*, c. 3.

[43] Pio XII. Carta Enc. *Humani generis*; AAS 42, 1950, p. 578.

[44] Decr. *De SS. Euchar.*, Proem e c. 2.

[45] Didaquê, 9, 1; Funk, *Patres apostolici*, 1, 20.

[46] Ep, *ad Magnum*, 6; 69, 5; PL 3, p. 1189.

45. Antes que ninguém, já o dissera o apóstolo são Paulo, dirigindo-se aos coríntios: "Muitos, somos um só pão, um só corpo — todos os que participamos de um só pão".[47]

46. O simbolismo eucarístico, se nos faz compreender bem o efeito próprio do sacramento, que é a unidade do corpo místico, não explica, todavia, nem exprime a natureza que distingue este sacramento dos outros. A instrução dada constantemente pela Igreja aos catecúmenos, o sentido do povo cristão, a doutrina definida pelo Concílio Tridentino e as mesmas palavras que usou Cristo ao instituir a sagrada eucaristia vão mais longe: obrigam-nos a professar "que a eucaristia é a carne do nosso Salvador Jesus Cristo, a qual sofreu pelos nossos pecados e foi ressuscitada pelo Pai na sua benignidade".[48] Às palavras do mártir santo Inácio apraz-nos acrescentar as de Teodoro de Mopsuéstia, neste particular testemunha fiel da crença da Igreja: "O Senhor não disse: 'Isto é o símbolo do meu corpo e isto é o símbolo do meu sangue', mas: 'Isto é o meu corpo e o meu sangue', ensinando-nos a não considerar a natureza visível que os sentidos atingem, mas a (crer) que ela, pela ação da graça, se mudou em carne e sangue".[49]

47. O Concílio Tridentino, baseando-se nesta fé da Igreja, "afirma clara e simplesmente que, no augusto sacramento da santa eucaristia, depois da consagração do pão e do vinho, Nosso Senhor Jesus Cristo, verdadeiro Deus e verdadeiro Homem, está presente verdadeira, real e substancialmente, sob a aparência destas realidades sensíveis". Portanto, o nosso Salvador, está presente com a sua humanidade não só à direita do Pai, segundo o modo de existir natural, mas também no sacramento da eucaristia "segundo um modo de existir, que nós, com palavras, mal conseguimos exprimir, mas com a inteligência iluminada pela fé podemos reconhecer como possível a Deus, modo que muito constantemente devemos aceitar como real".[50]

CRISTO SENHOR NOSSO ESTÁ PRESENTE NO SACRAMENTO DA EUCARISTIA PELA TRANSUBSTANCIAÇÃO

48. Todavia, para que ninguém entenda mal este modo de presença que supera as leis da natureza e constitui no seu gênero o maior dos milagres,[51] é

---

[47] 1Cor 10,17.

[48] Santo Inácio M. *Ep. ad Smyrn.* 7, 1; PG 5, p. 713.

[49] In *Matth. Comm.*, c. 26; PG 66, p. 714.

[50] Decr. *De SS. Euchar.*, c. 1.

[51] Cf. Carta encíclica *Mirae caritatis*; Acta Leonis XIII, vol. XXII, 1902-1903, p. 123.

necessário escutar com docilidade a voz da Igreja docente e orante. Essa voz, que repete continuamente a voz de Cristo, ensina-nos que neste sacramento Cristo se torna presente pela conversão de toda a substância do pão no seu corpo e de toda a substância do vinho no seu sangue; conversão admirável e sem paralelo, que a Igreja Católica chama, com razão e propriedade, "transubstanciação".[52] Depois da transubstanciação, as espécies do pão e do vinho tomam nova significação e nova finalidade, deixando de pertencer a um pão usual e a uma bebida usual para se tornarem sinal de uma coisa sagrada e sinal de um alimento espiritual; mas só adquirem nova significação e nova finalidade por conterem nova realidade, a que chamamos com razão ontológica. Com efeito, sob as ditas espécies já não há o que havia anteriormente, mas outra coisa completamente diversa: isto não só porque assim julga a fé da Igreja, mas porque é uma realidade objetiva, pois — convertida a substância ou natureza do pão e do vinho no corpo e no sangue de Cristo — nada fica do pão e do vinho, além das espécies; debaixo destas está Cristo completo, presente na sua realidade física, mesmo corporalmente, se bem que não do mesmo modo como os corpos se encontram presentes localmente.

49. Por isso, tanto recomendaram os santos padres que os fiéis, ao considerarem este augustíssimo sacramento, não se fiassem nos sentidos, que testemunham as propriedades do pão e do vinho, mas sim nas palavras de Cristo, que têm poder de mudar, transformar e "trans-elementar" o pão e o vinho no seu corpo e sangue; na verdade, como repetem os mesmos padres, a força que opera este prodígio é a própria força de Deus Onipotente, que no princípio do tempo criou do nada todo o universo.

50. Diz são Cirilo de Jerusalém, ao concluir o discurso acerca dos mistérios da fé:

> Assim instruído e acreditando com a maior certeza que aquilo que parece pão não é pão — apesar do sabor que tem —, mas sim o corpo de Cristo; e que o que parece vinho não é vinho — apesar de assim parecer ao gosto —, mas sim o sangue de Cristo... tu fortaleces o teu coração, comendo aquele pão como coisa espiritual, e alegras a face da tua alma.[53]

51. Insiste são João Crisóstomo:

> Quem faz que as coisas oferecidas se tornem o corpo e o sangue de Cristo não é o homem, é Cristo que foi crucificado por nós. Como representante, pronuncia

---

[52] Cf. Concílio Tridentino. Decr. *De SS. Euchar.*, c. 4 e cn. 2.
[53] *Catech.* 22,9 (myst. 4); PG 33, p. 1103.

o sacerdote as palavras rituais; a eficácia e a graça vêm de Deus. Diz isto é o meu corpo: esta palavra transforma as coisas oferecidas.[54]

52. E com o celebérrimo bispo de Constantinopla está em perfeito acordo Cirilo, bispo de Alexandria, ao escrever no comentário ao evangelho de são Mateus:

[Cristo] afirmou de maneira categórica isto é o meu corpo e isto é o meu sangue, não vás tu julgar que as realidades visíveis são figura, mas fiques sabendo que Deus Onipotente transforma, de modo misterioso, algumas das coisas oferecidas, no corpo e no sangue de Cristo; quando destes participamos, recebemos a força vivificante e santificadora de Cristo.[55]

53. O bispo de Milão, santo Ambrósio, assim descreve a conversão eucarística: "Persuadamo-nos que já não temos o que a natureza formou, mas o que a bênção consagrou; e que a força da bênção é maior que a força da natureza, porque a bênção, até a natureza muda". E querendo confirmar a verdade do mistério, exemplifica com muitos milagres contados na Sagrada Escritura, como Jesus que nasce da Virgem Maria, e depois, passando a falar da obra da criação, assim conclui: "A palavra de Cristo, que pode fazer do nada aquilo que não existia, não poderá mudar as coisas que existem naquilo que não eram? Criar coisas não é menos que mudá-las".[56]

54. Mas não é necessário multiplicar testemunhos. Mais útil será recordar a firmeza da fé que mostrou a Igreja, ao resistir muito unânime a Berengário. Levado pelas dificuldades que sugere a razão humana, foi ele quem primeiro se atreveu a negar a conversão eucarística; a Igreja condenou-o repetidamente, se não se retratasse. Gregório VII, nosso predecessor, obrigou-o a prestar um juramento nestes termos:

Creio de coração e confesso de palavra que o pão e o vinho, colocados sobre o altar, se convertem substancialmente, pelo mistério da oração sagrada e das palavras do nosso Redentor, na verdadeira, própria e vivificante carne e no sangue de nosso Senhor Jesus Cristo; e que, depois de consagrados, são o verdadeiro corpo de Cristo, que nascido da Virgem e oferecido pela salvação do mundo, esteve suspendido na cruz e agora está assentado à direita do Pai; como também o verdadeiro sangue de Cristo, que saiu do seu peito. Não está Cristo somente em figura e em virtude do sacramento, mas na sua natureza própria e na sua verdadeira substância.[57]

---

[54] *De prodit. Iudae, homil.* 1, 6; PG 49, 380; cf. *In Matth.*, homil. 82, 5; PG 58, p. 744.

[55] *In Matth.* 26, 27; PG 72, p. 451.

[56] *De myster.* 9, 50-52; PL 16, pp. 422-424.

[57] Mansi, *Coll. ampliss.* Concil. 20,524 D.

55. Com estas palavras concordam (admirável exemplo da firmeza da fé católica!) os Concílios Ecumênicos de Latrão, de Constança, de Florença e, por fim, de Trento, naquilo que ensinaram acerca do mistério da conversão eucarística, quer expusessem a doutrina da Igreja, quer condenassem erros.

56. Depois do Concílio Tridentino, o nosso predecessor Pio VI, opondo-se aos erros do Sínodo de Pistoia, recomendou seriamente aos párocos, encarregados de ensinar, que não deixassem de falar da transubstanciação, que figura entre os artigos da fé.[58] Na mesma linha, o nosso predecessor Pio XII, de feliz memória, recordou quais são os limites que não devem ultrapassar aqueles que aprofundam o mistério da transubstanciação.[59] E nós mesmos, no recente Congresso Eucarístico Nacional italiano, realizado em Pisa, demos, em obediência ao nosso dever apostólico, testemunho público e solene da fé da Igreja.[60]

57. Esta mesma Igreja não só ensinou, mas viveu, a fé na presença do corpo e do sangue de Cristo na eucaristia, adorando sempre tão grande sacramento com culto latrêutico, que só a Deus compete. Deste culto escreve santo Agostinho: "A mesma carne, com que andou (o Senhor) na terra, essa mesma nos deu a comer para nossa salvação; ninguém come aquela carne sem primeiro a adorar [...]; não só não pecamos adorando-a, mas pecaríamos se a não adorássemos".[61]

O CULTO LATRÊUTICO DEVIDO AO SACRAMENTO EUCARÍSTICO

58. Este culto latrêutico devido ao sacramento eucarístico, professou-o e professa-o a Igreja Católica, não só durante a missa, mas também fora dela, conservando com o maior cuidado as hóstias consagradas, expondo-as à solene veneração dos fiéis e levando-as em procissão vistoriadas por grandes multidões.

59. Temos muitos testemunhos desta veneração nos antigos documentos eclesiásticos. Sempre pastores da Igreja exortaram os fiéis a conservar com o

---

[58] Constit. *Auctorem fidei*, 28 de agosto de 1794.
[59] Alocução de 22 de set. de 1956; AAS 48, 1956, p. 720.
[60] AAS 57, 1965, pp. 588-592.
[61] In *Ps.* 98, 9; PL 37, 1264.

maior respeito a eucaristia que levavam para casa. "O corpo de Cristo é para se comer e não para se desprezar", lembrava judiciosamente santo Hipólito.[62]

60. Os fiéis julgavam-se culpados e com razão, conforme lembra Orígenes, se, recebendo o corpo do Senhor e conservando-o com a maior cautela e veneração, apesar disso deixavam cair algum fragmento.[63]

61. E que os pastores reprovavam energicamente qualquer falta da reverência devida mostra-o Novaciano (nisto digno de fé): julga merecedor de condenação aquele que, "saindo da celebração dominical e levando ainda consigo a eucaristia, como é costume..., fez dar voltas ao santo corpo do Senhor", não se dirigindo logo para casa, mas correndo aos espetáculos.[64]

62. Mais ainda, são Cirilo de Alexandria rejeita como loucura a opinião dos que afirmavam que, para nos santificarmos, nada serve a eucaristia no caso de haver apenas algum resto conservado do dia anterior. Assim escreve: "Nem se altera Cristo, nem se muda o seu santo corpo; perseveram sempre nele a força e o poder de bênção, e a graça constante que vivifica".[65]

63. Nem devemos esquecer que antigamente os fiéis, quer se encontrassem sujeitos à violência da perseguição, quer vivessem no ermo por amor da vida monástica, costumavam alimentar-se mesmo diariamente da eucaristia, tomando a sagrada comunhão com as próprias mãos, no caso de faltar um sacerdote ou diácono.[66]

64. Isto não o dizemos para que se altere, seja no que for, o modo de conservar a eucaristia ou de receber a sagrada comunhão, segundo foi estabelecido mais tarde pelas leis eclesiásticas ainda em vigor, mas somente para todos juntos nos alegrarmos por ser sempre a mesma a fé da Igreja.

65. Desta fé única nasceu a festa do corpo de Deus (*Corpus Domini*), celebrada pela primeira vez na diocese de Liège, graças, sobretudo, aos esforços da beata Juliana de Mont Cornillon, festa que o nosso predecessor Urbano IV estendeu a toda a Igreja; e nasceram igualmente muitas outras instituições de piedade eucarística, que por inspiração da graça divina foram sempre em progresso. Com elas se empenha a Igreja Católica, quase à porfia, não sabemos se mais em honrar a Cristo, em lhe dar graças por dádiva tão extraordinária, ou em implorar a sua misericórdia.

---

[62]   Tradit. Apost., ed. Botte, *La tradition apostolique de St. Hippolyte*, Münster, 1963, p. 84.

[63]   Cf. *In Exod*, fragm.; PG 12, 391.

[64]   *De spectaculis*; CSEL 3, p. 8.

[65]   *Epist. ad Calosyrium*; PG 76, p. 1075.

[66]   Cf. BASIL. *Epist.* 93; PG 32, pp. 483-486.

EXORTAÇÃO PARA QUE SE PROMOVA O CULTO EUCARÍSTICO

66. A nossa fé ambiciona apenas manter fidelidade perfeita à palavra de Cristo e dos apóstolos, rejeitando decididamente qualquer opinião errônea e perniciosa. Pedimo-vos, veneráveis irmãos, que, no povo confiado aos vossos cuidados e vigilância, a conserveis pura e íntegra e, sem quererdes poupar palavras e canseiras, promovais o culto eucarístico. Este deve ser, para todas as outras formas de piedade, o ponto de convergência último.

67. Consiga a vossa insistência que os fiéis conheçam cada vez melhor e experimentem em si mesmos o que diz santo Agostinho:

> Quem quer viver, tem onde viva e donde viva: aproxime-se, creia, incorpore-se na Igreja, para ser vivificado. Não renuncie à união com os outros membros, não seja membro pobre a merecer corte, não passe pela vergonha de ser membro aleijado: seja membro belo, perfeito e são; conserve-se ligado ao corpo, viva para Deus e de Deus; trabalhe agora na terra, para depois reinar no céu.[67]

68. Como é desejável, participem os fiéis ativamente, cada dia e em grande número, no sacrifício da missa, vindo alimentar-se da sagrada comunhão, com intenção pura e santa, e dando graças a Cristo Senhor Nosso por tão grande dom. Recordem-se destas palavras:

> O desejo de Jesus Cristo e da Igreja, de que todos os fiéis se aproximem cotidianamente da sagrada mesa, consiste sobretudo nisto: em que os fiéis, unindo-se a Deus pelo sacramento, dele recebam força para dominar a concupiscência, lavar as culpas leves cotidianas e prevenir as faltas graves, a que está sujeita a fragilidade humana.[68]

Durante o dia, não deixem de visitar o Santíssimo Sacramento, que se deve conservar nas igrejas e honrar, no lugar mais digno, segundo as leis litúrgicas; cada visita é prova de gratidão, sinal de amor e dever de adoração.

69. Quem não vê que a divina eucaristia confere ao povo cristão dignidade incomparável? Cristo é verdadeiramente "Emmanuel", isto é, "o Deus conosco", não só durante a oferta do sacrifício e a realização do sacramento, mas também depois, enquanto a eucaristia se conserva em igrejas ou oratórios. Dia e noite, está no meio de nós, habita conosco, cheio de graça e de verdade;[69] morigera

---

[67] Santo Agostinho. *In Ioann.*, tract. 26, 13; PL 35, 1613.
[68] Decr. S. Congr. Concil. de 20 de dez. de 1905, aprovado por S. Pio X; AAS 38, 1905, p. 401.
[69] Cf. Jo 1,14.

os costumes, alimenta as virtudes, consola os aflitos, fortifica os fracos; atrai à sua imitação quantos dele se abeiram, para que aprendam com o seu exemplo a ser mansos e humildes de coração, e a procurar não os seus interesses, mas os de Deus. Todos os que dedicam particular devoção ao augusto sacramento eucarístico e se esforçam por corresponder com prontidão e generosidade ao amor infinito de Cristo por nós, todos esses experimentam e se alegram de compreender quanto é útil e preciosa a vida oculta com Cristo em Deus[70] e quanto importa que o homem se demore a falar com Cristo. Nada há mais suave na terra, nada mais eficaz para nos conduzir pelos caminhos da santidade.

70. Bem sabeis também, veneráveis irmãos, que a eucaristia se conserva nos templos e oratórios como centro espiritual de comunidades, ou religiosas ou paroquiais; mais ainda, como centro da Igreja universal e da humanidade inteira, porque, debaixo do véu das sagradas espécies, está Cristo, Cabeça invisível da Igreja, Redentor do mundo, Centro de todos os corações: por meio do qual existem todas as coisas e existimos nós também.[71]

71. Donde se segue que o culto eucarístico promove muito nas almas o amor "social",[72] que nos leva a antepor o bem comum ao bem particular, a fazer nossa a causa da comunidade, da paróquia e da Igreja universal, e a dilatarmos a caridade até abraçarmos o mundo inteiro; sabemos que em toda a parte há membros de Cristo.

72. Como, veneráveis irmãos, o sacramento eucarístico é sinal e causa da comunidade do corpo místico, e produz nas pessoas mais fervorosas um espírito eclesial ativo, não deixeis nunca de persuadir os vossos fiéis a que, aproximando-se do mistério eucarístico, aprendam a tomar como própria a causa da Igreja, a dirigir-se a Deus sem descanso, a oferecer a si mesmos ao Senhor, como sacrifício agradável, pela paz e unidade da Igreja; a fim de que todos os filhos da Igreja sejam uma só coisa e tenham um mesmo sentimento, nem haja entre eles divisões, mas sejam perfeitos em um mesmo espírito e mentalidade, como manda o apóstolo;[73] e também para que todos aqueles que não estão ainda perfeitamente unidos à Igreja Católica, mas, embora dela separados, se gloriam do nome de cristãos, cheguem quanto antes a gozar conosco, pela graça divina, aquela unidade de fé e de comunhão, que Jesus Cristo deseja constitua sinal distintivo dos seus discípulos.

73. O desejo de orar e de consagrar-se a Deus pela unidade da Igreja, devem sobretudo os religiosos e religiosas considerá-lo como muito próprio,

---

[70] Cf. Cl 3,3.

[71] 1Cor 8,6.

[72] Cf. Santo Agostinho. *De Gen. ad litt.* XI,15, 20; PL 34, 437.

[73] Cf. l Cor 1,10.

dada a vocação particular que têm de adorar o Santíssimo Sacramento e formar-lhe coroa na terra, como pedem os votos que pronunciaram.

74. Todavia, os anelos da unidade de todos os cristãos — tudo quanto há de mais profundo e suave no coração da Igreja — queremos nós exprimi-los mais uma vez, usando as mesmas palavras do Concílio Tridentino na conclusão do Decreto sobre a sagrada eucaristia:

> Por último, no seu afeto paternal, o Sagrado Sínodo adverte, exorta, pede e roga, pelas entranhas da misericórdia de nosso Deus,[74] que todos e cada um dos cristãos acabem já agora por se reunir e concordar neste sinal da unidade, neste vínculo da caridade, neste símbolo de concórdia; e que — lembrados da grande majestade e do tão alto amor de nosso Senhor Jesus Cristo, que deu a sua dileta alma como preço da nossa salvação e deu a sua carne como alimento[75] — creiam e venerem estes sagrados mistérios de seu corpo e sangue com tal constância e firmeza de fé, com tal devoção, piedade e culto, que possam receber freqüentemente aquele pão supersubstancial.[76] Deveras seja para eles vida verdadeira da alma e saúde perene do espírito, tanto que, "robustecidos pelo seu vigor",[77] possam da miserável peregrinação da terra passar à pátria celeste, onde sem nenhum véu venham a comer o mesmo "pão dos anjos"[78] que presentemente comem oculto por sagrados véus.[79]

75. O nosso bondosíssimo Redentor, pouco antes da morte, pediu ao Pai que todos aqueles, que viessem a crer nele, se tornassem uma só coisa, como ele e o Pai são uma só coisa.[80] Oxalá que este voto, que é também nosso e da Igreja inteira, ele se digne ouvi-lo quanto antes, para que todos celebremos, com uma voz única e uma fé única, o mistério eucarístico, e, tomados participantes do corpo de Cristo, formemos um só corpo,[81] unido com os mesmos vínculos que ele determinou.

76. E dirigimo-nos com paternal amor também aos que pertencem às veneráveis Igrejas do Oriente, nas quais floriram tantos e tão célebres padres, cujos testemunhos, a respeito da eucaristia, recordamos com tanto gosto na

---

[74] Lc 1,78.
[75] Jo 6,48ss.
[76] Mt 6,11.
[77] 3Rs 19,8.
[78] Sl 77,25.
[79] Decr. *De SS. Euchar.*, c. 8.
[80] Cf. Jo 17,20-21.
[81] Cf. 1Cor 10,17.

presente Carta. Enorme alegria nos invade, quando recordamos a vossa fé a respeito da eucaristia, fé que não diverge da nossa, quando ouvimos as orações litúrgicas com que celebrais tão alto mistério, quando admiramos o vosso culto eucarístico e lemos os vossos teólogos, ao expordes e defenderdes a doutrina a respeito deste augustíssimo sacramento.

77. A Santíssima Virgem Maria — de quem Cristo Senhor Nosso tomou a carne que neste sacramento, sob as espécies do pão e do vinho, "está presente, se oferece e se recebe"[82] — e todos os santos e santas de Deus, especialmente aqueles que sentiram devoção mais ardente para com a divina eucaristia, intercedam junto do Pai das Misericórdias, para que a fé comum e o culto eucarístico produzam e façam prosperar a unidade perfeita de comunhão entre todos os cristãos. Temos impressas em nosso espírito as palavras de santo Inácio Mártir, ao prevenir os fiéis de Filadélfia contra o mal das divisões e dos cismas, cujo remédio está na eucaristia: "Procurai, diz o santo, ter uma só eucaristia: porque uma só é a carne de nosso Senhor Jesus Cristo, e um só é o cálice na unidade do seu sangue, um o altar e um o bispo…".[83]

78. Animado pela dulcíssima esperança de ver derivarem, do aumento do culto eucarístico, muitos bens para toda a Igreja e para todo o mundo, a vós, veneráveis irmãos, aos sacerdotes, aos religiosos, a todos aqueles que vos prestam colaboração, e a todos os fiéis confiados aos vossos cuidados, concedemos, com grande efusão de amor, a bênção apostólica, como penhor das graças celestiais.

Dado em Roma, junto de são Pedro, na festa de são Pio X, 3 de setembro de 1965, ano terceiro do nosso pontificado.

---

[82] CIC. Cân. 801.
[83] Santo Inácio. *Epist. ad Philad.* 4; PG 5,700.

Dominicae cenae –
Carta apostólica sobre o mistério e o culto da santíssima eucaristia

João Paulo II
(24 de fevereiro de 1980)
Veneráveis e meus amados irmãos.

1. Também este ano vos dirijo a todos uma Carta, para a próxima Quinta-Feira Santa; ela tem um nexo imediato com aquela que recebestes no ano passado, pela mesma ocasião, juntamente com a Carta para os sacerdotes. Desejo, antes de mais nada, agradecer-vos cordialmente por terdes acolhido as minhas Cartas precedentes, com aquele espírito de unidade que o Senhor estabeleceu entre nós, e igualmente por haverdes transmitido aos vossos presbitérios os pensamentos que eu desejava exprimir no início do meu pontificado.

Durante a liturgia eucarística da Quinta-Feira Santa, renovastes, juntamente com os próprios sacerdotes, as promessas e os compromissos assumidos no momento da ordenação. E muitos de vós, veneráveis e caros irmãos, houveram por bem dar-me conhecimento disso em seguida, acrescentando pessoalmente também palavras de agradecimento e, mais ainda, enviando em bom número as que foram expressas pelos próprios presbitérios. Além disso, muitos sacerdotes manifestaram a sua alegria, quer pelo motivo do caráter penetrante e solene da Quinta-Feira Santa, a qual é a anual "festa dos sacerdotes", quer também por motivo da importância dos problemas tratados na Carta que lhes foi dirigida.

Tais respostas, que constituem uma rica coleção, demonstram, mais uma vez, quanto é estimado pela enorme maioria do presbitério da Igreja Católica o caminho da vida sacerdotal, pelo qual esta Igreja vem seguindo há séculos:

quanto por eles é amado e apreciado esse caminho e quanto eles desejam prosseguir por ele para o futuro.

Devo aqui recordar, entretanto, que na Carta aos sacerdotes encontram eco somente alguns problemas, o que, de resto, foi claramente salientado no seu início.[1] Depois, foi posto em evidência, principalmente, o caráter pastoral do ministério sacerdotal, o que não quer dizer, certamente, que não tenham sido tomados em consideração também aqueles grupos de sacerdotes que não desenvolvem uma atividade diretamente pastoral. E reporto-me, a este propósito, ainda uma vez ao magistério do Concílio Vaticano II, como também às enunciações do Sínodo dos bispos de 1971.

O caráter pastoral do ministério sacerdotal não deixa nunca de acompanhar a vida de cada um dos sacerdotes, ainda que as tarefas quotidianas, que alguns executam, não estejam orientadas explicitamente para a pastoral dos sacramentos. Neste sentido, a Carta escrita aos sacerdotes, por ocasião da Quinta-Feira Santa de 1979, foi dirigida a todos, sem exceção alguma, muito embora, como já aludi, ela não tenha tratado de todos os problemas da vida e da atividade dos sacerdotes. Julguei útil e oportuno este esclarecimento ao iniciar a presente Carta.

O MISTÉRIO EUCARÍSTICO NA VIDA DA IGREJA E DO SACERDOTE

Eucaristia e sacerdócio

2. A presente Carta, que hoje vos dirijo, veneráveis e meus amados irmãos do episcopado — a qual, como já disse, é, de alguma maneira, a continuação da precedente —, está também ela intimamente relacionada com o mistério da Quinta-Feira Santa, como está em relação com o sacerdócio. É minha intenção, de fato, dedicá-la à eucaristia e, de modo particular, a alguns aspectos do mistério eucarístico e da sua incidência na vida de quem é seu ministro: por isso, os destinatários diretos desta Carta sois vós, bispos da Igreja; e juntamente convosco, todos os sacerdotes; e ainda, no seu grau próprio, também os diáconos.

Na realidade, o sacerdócio ministerial ou hierárquico, o sacerdócio dos bispos e dos presbíteros e, ao lado deles, o ministério dos diáconos — mi-

---

[1]   Cf. cap. 2: AAS 71 (1979), pp. 395s.

nistérios que iniciam normalmente com o anúncio evangélico — estão em relação muito íntima com a eucaristia. Esta é a principal e central razão de ser do sacramento do sacerdócio, que nasceu efetivamente no momento da instituição da eucaristia e com ela.[2] Não é sem motivo que as palavras "Fazei isto em memória de mim" são pronunciadas imediatamente depois das palavras da consagração eucarística, e que nós as repetimos todas as vezes que celebramos o santo sacrifício.[3]

Mediante a nossa ordenação — cuja celebração está vinculada à santa missa, como consta desde o primeiro testemunho litúrgico[4] —, nós estamos unidos de modo singular e excepcional à eucaristia. Somos aquilo que somos, de certo modo, "a partir dela" e "para ela". Somos também, e de modo particular, responsáveis "por ela" — quer todos e cada um dos sacerdotes nas próprias comunidades, quer todos e cada um dos bispos, em virtude do cuidado de todas as comunidades que lhes estão confiadas baseado naquela *sollicitudo omnium ecclesiarum* de que fala são Paulo.[5] Está-nos confiado, portanto, a nós, bispos e sacerdotes, o grande "ministério da fé"; e se é verdade que ele foi também dado a todo o povo de Deus, a todos os que crêem em Cristo, a nós, todavia, foi-nos confiada a eucaristia também "para" os outros, os quais esperam de nós um particular testemunho de veneração e de amor para com este sacramento, a fim de poderem também eles sentir-se edificados e animados "para oferecerem sacrifícios espirituais".[6]

Deste modo, o nosso culto eucarístico, quer na celebração da santa missa, quer para com o santíssimo Sacramento, é como uma corrente vivificadora, que une o nosso sacerdócio ministerial ou hierárquico ao sacerdócio comum dos fiéis, apresentando-o na sua dimensão vertical e com o seu valor central. O sacerdote desempenha a sua missão principal e manifesta-se em toda a sua plenitude ao celebrar a eucaristia;[7] e tal manifestação é mais completa quando ele próprio deixa transparecer a profundidade de tal mistério, para que este irradie somente a sua luz nos corações e nas consciências humanas, através do

---

[2]   Cf. Concílio Ecuménico Tridentino. Sess. XXII, cân. 2: *Conciliorum Oecumenicorum Decreta*, 3. ed., Bologna, 1973, p. 735.

[3]   Uma liturgia eucarística etiópica, por motivo de tal preceito do Senhor, recorda: os apóstolos "estabeleceram para nós, patriarcas, arcebispos, presbíteros e diáconos, para celebrarem o rito da vossa Igreja santa": *Anaphora S. Athanasii: Prex Eucharistica, Haenggi-Pahl, Fribourg* (Suisse), 1968, p. 183.

[4]   Cf. *La tradition apostolique de saint Hippolyte*, nn. 2-4, ed. Botte, Münster-Westfalen, 1963, pp. 5-17.

[5]   2Cor 11,28.

[6]   1Pd 2,5.

[7]   Cf. Concílio Ecuménico Vaticano II. Const. dogmática sobre a Igreja *Lumen gentium*, n. 28: AAS 57 (1965), pp. 33s.; Decr. sobre o ministério e a vida dos sacerdotes *Presbyterorum ordinis*, nn. 2 e 5: AAS 58 (1966), pp. 993 e 998; Decr. sobre a atividade missionária da Igreja *Ad gentes*, n. 39: AAS 58 (1966), p. 986.

seu ministério. Esse ministério é o exercício supremo do "sacerdócio real", a "fonte e o ápice de toda a vida cristã".[8]

Culto do mistério eucarístico

3. Tal culto é dirigido a Deus Pai por Jesus Cristo no Espírito Santo. Antes de mais nada, culto ao Pai que, como afirma o evangelho de são João, "amou tanto o mundo que deu o seu Filho unigênito, para que todo aquele que crê nele não pereça, mas tenha a vida eterna".[9]

Dirige-se também no Espírito Santo àquele Filho encarnado, na economia de salvação, sobretudo naquele momento de suprema entrega e de abandono total de si mesmo, ao qual se referem às palavras pronunciadas no Cenáculo: "Isto é o meu corpo entregue por vós" [...] "Este é o cálice do meu sangue [...] derramado por vós".[10] A aclamação litúrgica "Anunciamos, Senhor, a vossa morte" leva-se exatamente àquele momento; e com o proclamar a sua ressurreição, abrangemos no mesmo ato de veneração Cristo ressuscitado e glorificado "à direita do Pai", bem como a perspectiva da sua "vinda gloriosa". Todavia é o aniquilamento voluntário, grato ao Pai e glorificado com a ressurreição que, celebrado de modo sacramental, simultaneamente com a ressurreição, nos leva à adoração daquele Redentor que se fez "obediente até à morte, e à morte de cruz".[11]

E esta nossa adoração encerra ainda uma outra característica particular. Ela é compenetrada pela grandeza desta morte humana, na qual o mundo, isto é, cada um de nós, foi amado "até ao extremo".[12] Assim, tal adoração é também uma resposta que intenta retribuir aquele amor imolado até à morte na cruz: é a nossa "eucaristia", quer dizer, o nosso dar-lhe graças e louvá-lo por nos ter redimido com a sua morte e tornado participante da vida imortal por meio da sua ressurreição.

Este culto, que se dirige à Santíssima Trindade do Pai, do Filho e do Espírito Santo, acompanha e permeia, antes de mais nada, toda a celebração da liturgia eucarística. Mas ele há de encher também os nossos templos em outros

---

[8] Concílio Ecumênico Vaticano II. Const. dogm. sobre a Igreja *Lumen gentium*, n. 11: AAS 57 (1965), p. 15.

[9] Jo 3,16; é interessante notar que estas palavras são referidas pela liturgia de são João Crisóstomo, imediatamente antes das palavras da consagração, e como que servem de introdução à mesma consagração: cf. *La divina liturgia del santo padre Giovanni Crisostomo*, Roma-Grottaferrata, 1967, pp. 104s.

[10] Cf. Mt 26,22ss.; Mc 14,22ss.; Lc 22,28ss.; 1Cor 11,23ss.; e cf. também as preces eucarísticas da liturgia.

[11] Fl 2,8.

[12] Jo 13,1.

momentos para além do horário das santas missas. Na verdade, uma vez que o mistério eucarístico foi instituído pelo amor, e nos torna Cristo sacramentalmente presente, ele é digno de ação de graças e de culto.

E este nosso culto há de sobressair em cada um dos nossos encontros com o santíssimo sacramento, quer quando visitamos as nossas igrejas, quer quando as sagradas espécies são levadas e administradas aos enfermos.

A adoração de Cristo neste sacramento de amor deve encontrar depois a sua expressão em diversas formas de devoção eucarística: orações pessoais diante do Santíssimo, horas de adoração, exposições breves, prolongadas, anuais (quarenta horas), bênçãos eucarísticas, procissões eucarísticas e congressos eucarísticos.[13] Merece uma particular recordação, aqui neste ponto, a solenidade do "corpo e sangue de Cristo" (corpo de Deus), como ato de culto público prestado a Cristo presente na eucaristia, estabelecida pelo meu predecessor Urbano IV em memória da instituição deste grande mistério.[14] Tudo isto corresponde, portanto, aos princípios gerais e às normas particulares já de há muito existentes, mas formuladas de novo durante ou após o Concílio Vaticano II.[15]

A animação e o aprofundamento do culto eucarístico são prova daquela autêntica renovação, que o mesmo Concílio se propôs como finalidade e dele são os pontos centrais. E isto, veneráveis e caros irmãos, merece uma reflexão à parte. A Igreja e o mundo têm grande necessidade do culto eucarístico. Jesus espera por nós neste sacramento do amor. Não nos mostremos avaros com o nosso tempo para ir encontrar-nos com ele na adoração, na contemplação cheia de fé e pronta para reparar as grandes culpas e os crimes do mundo. Não cesse nunca a nossa adoração.

Eucaristia e Igreja

4. Graças ao Concílio nós nos demos conta, com vigor renovado, desta verdade: assim como a Igreja "faz a eucaristia", assim "a eucaristia constrói"

---

[13] Cf. João Paulo Pp. II, Discurso pronunciado no "Phoenix Park" de Dublin, n. 7: AAS 71 (1979), pp. 1074ss.; S. Congregação dos Ritos, Instrução *Eucharisticum mysterium*: AAS 59 (1967), pp. 539-573; Rituale romanum. *De sacra communione et de cultu mysterii eucharistici extra missam*, ed. Typica, Romae, 1973. Deve-se realçar que o valor do culto e força de santificação dessas formas de devoção para com a eucaristia não dependem tanto das mesmas formas, quanto sobretudo das atitudes interiores.

[14] Cf. Bula *Transiturus de hoc mundo* (11 de agosto de 1264); *Aemilii Friedberg, Corpus Iuris Canonici*, Pars II. *Decretalium collectiones*, Leipzig, 1881, pp. 1174-1177; *Studi eucaristici*, VII Centenário della Bolla Transiturus, 1264-1964 Orvieto, 1966, pp. 302-317.

[15] Cf. Paulo Pp. VI. Encíclica *Mysterium fidei*: AAS 57 (1965), pp. 753-774; S. Congregação dos Ritos. Instrução *Eucharisticum mysterium*: AAS 59 (1967), pp. 539-573; Rituale romanum. *De sacra communione et de cultu mysterii eucharistici extra missam*, ed. typica, Romae, 1973.

a Igreja;[16] e esta verdade está intimamente ligada ao mistério da Quinta-Feira Santa. A Igreja foi fundada, como comunidade nova do povo de Deus, na comunidade apostólica daqueles doze que, durante a última ceia, se tornaram participantes do corpo e do sangue do Senhor sob as espécies do pão e do vinho. Cristo tinha-lhes dito: "Tomai e comei...", "tomai e bebei...". E eles, cumprindo esta sua ordem, entraram, pela primeira vez, em comunhão sacramental com o Filho de Deus, comunhão que é penhor de vida eterna. E a partir daquele momento até ao fim dos séculos, a Igreja se constrói mediante a mesma comunhão com o Filho de Deus, que é penhor de Páscoa eterna.

Como mestres e guardas da verdade salvífica da eucaristia, nós devemos, caros e veneráveis irmãos no episcopado, manter sempre e em toda a parte este significado e esta dimensão do encontro sacramental e da intimidade com Cristo. É isso precisamente que constitui, de fato, a própria substância do culto eucarístico. O sentido desta verdade que temos exposto não diminui, de modo algum, antes, pelo contrário, facilita o caráter eucarístico de aproximação espiritual e de união entre os homens, que participam do sacrifício, o qual, depois, na comunhão se torna para eles o banquete. Esta aproximação e esta união, cujo protótipo é a união dos apóstolos em torno de Cristo durante a última ceia, exprimem e realizam a Igreja.

No entanto, a Igreja não se realiza somente mediante o fato da união entre os homens, através da experiência da fraternidade, a que dá ocasião o banquete eucarístico. A Igreja realiza-se quando naquela fraterna união e comunhão celebramos o sacrifício da cruz de Cristo, quando anunciamos "a morte do Senhor até que ele venha";[17] e, depois, quando profundamente compenetrados do mistério da nossa salvação, nos aproximamos comunitariamente da mesa do Senhor, para alimentar-nos, de modo sacramental, dos frutos do santo sacrifício propiciatório. Na comunhão eucarística, pois, recebemos Cristo, o próprio Cristo; a nossa união com ele, que é dom e graça para cada um de nós, faz com que nele sejamos também associados à unidade do seu corpo que é a Igreja.

Só assim, mediante uma tal fé e uma tal disposição de alma, se torna realidade aquela construção da Igreja que, conforme é conhecida expressão do

---

[16] João Paulo Pp. II. Encíclica *Redemptor hominis*, n. 20: AAS 71 (1979), p. 311; cf. Concílio Ecumênico Vaticano II. Cons. dogm. sobre a Igreja *Lumen gentium*, n. 11: AAS 57 (1965), pp. 15s.; e ainda, a nota 57 ao n. 20 do II Esquema da mesma Constituição dogmática, em *Acta Synodalia Sacrosancti Concilii Oecumenici Vaticani II*, vol. II, periodus 2ª, pars I, sessio publica II, pp. 251s.; Paulo Pp. VI, Discurso na Audiência Geral de 15 de setembro de 1965: *Insegnamenti di Paolo VI*, III (1965), p. 1036; H. De Lubac, *Méditation sur l'Eglise*, 2. ed., Paris, 1963, pp. 129-137.

[17] 1Cor 11,26.

Concílio Vaticano II, tem na santíssima eucaristia a sua "fonte e ápice".[18] Esta verdade, que graças ao mesmo Concílio tem vindo a conhecer um novo e vigoroso relevo,[19] deve ser tema freqüente das nossas reflexões e do nosso ensino. Dela se alimente toda a atividade pastoral, e que ela seja sustento para nós próprios e para todos os sacerdotes que colaboram conosco, e enfim para as inteiras comunidades que nos estão confiadas. Assim, nesta prática há de revelar-se, quase a cada passo, aquela íntima relação existente entre a vitalidade espiritual e apostólica da Igreja e a eucaristia, entendida no seu significado profundo e sob todos os pontos de vista.[20]

Eucaristia e caridade

5. Antes de passar a observações mais pormenorizadas sobre o tema da celebração do santo sacrifício, desejo aqui reafirmar, ainda que brevemente, que o culto eucarístico constitui a alma de toda a vida cristã. Se é verdade que a vida cristã se exprime no cumprimento do maior mandamento, ou seja, no amor de Deus e do próximo, este amor tem a sua fonte exatamente no santíssimo sacramento, que comumente é chamado: sacramento do amor.

A eucaristia significa esta caridade e, por isso, a recorda, a torna presente e ao mesmo tempo a realiza. Todas as vezes que nela participamos de modo consciente, abre-se na nossa alma uma dimensão real daquele amor imperscrutável que em si contém tudo aquilo que Deus fez para nós, homens, e que continuamente faz, segundo as palavras de Cristo: "O meu Pai opera sempre e também eu opero".[21] Juntamente com este dom insondável e gratuito, que é a caridade revelada, até ao extremo, no sacrifício do Filho de Deus, de que a eucaristia é sinal indelével, nasce também em nós uma resposta de amor. Não

---

[18] Cf. Concílio Ecumênico Vaticano II. Constituição dogmática sobre a Igreja *Lumen gentium*, n. 11: AAS 57 (1965), pp. 15s.; Const. sobre a sagrada liturgia *Sacrosanctum conciclium*, n. 10: AAS 56 (1964), p. 102; Decr. sobre o ministério e a vida dos sacerdotes *Presbyterorum ordinis*, n. 5: AAS 58 (1966), pp. 997s.; Decr. sobre o múnus pastoral dos bispos na Igreja *Chistus Dominus*, n. 30: AAS 58 (1966), pp. 688s.; Decr. sobre a atividade missionária da Igreja *Ad gentes*, n. 9: AAS 58 (1966), pp. 957s.

[19] Cf. Concílio Ecumênico Vaticano II. Const. dogmática sobre a Igreja *Lumen gentium*, n. 26: AAS 57 (1965), pp. 31s.; Decr. sobre o ecumenismo *Unitatis redintegratio*, n. 15: AAS 57 (1965), pp. 101s.

[20] É isso o que se pede na coleta da Quinta-Feira Santa: "(Senhor), que deste tão grande mistério possamos haurir a plenitude do amor e da vida": *Missale Romanum*, ed. Typica, Romae, 1975, p. 244; do mesmo modo, no momento das "intercessões" (dos "communicantes") do Missal romano se implora: "Humildemente vos suplicamos que, participando do corpo e sangue de Cristo, sejamos pelo Espírito Santo congregados na unidade. Lembrai-vos, Senhor, da vossa Igreja, dispersa por todo o mundo... Tornai-a perfeita na caridade": *Oração eucarística* II: ibid, pp. 458s.; cf. *Oração eucarística* III, ibidem, p. 463.

[21] Jo 5,17.

só conhecemos o amor, mas também nós próprios começamos a amar. Nós entramos, por assim dizer, no caminho do amor e por esse caminho fazemos progressos. O amor que em nós nasce da eucaristia, também em nós se desenvolve, se aprofunda e se reforça, graças a ela.

O culto eucarístico, pois, é exatamente expressão de tal amor, que é a autêntica e mais profunda característica da vocação cristã. Este culto brota do amor e serve ao amor, para o qual todos nós fomos chamados em Jesus Cristo.[22] E fruto vivo deste mesmo culto é o aperfeiçoamento da imagem de Deus que trazemos em nós, imagem que corresponde àquela que Cristo nos revelou. Tornando-nos, assim, "adoradores do Pai em espírito e em verdade",[23] nós maturamos em uma cada vez mais plena união com Cristo, estamos mais unidos a ele e — se é permitida usar esta expressão — estamos cada vez mais solidários com ele.

A doutrina da eucaristia, sinal da unidade e vínculo da caridade, ensinada por são Paulo,[24] foi em seguida aprofundada pelos escritos de muitos santos, que são para nós um exemplo vivo do culto eucarístico. Devemos ter sempre diante dos olhos esta realidade e, ao mesmo tempo, devemos esforçar-nos continuamente por fazer com que também a nossa geração junte àqueles maravilhosos exemplos do passado exemplos novos, não menos vivos e eloqüentes, em que se reflita a época à qual nós pertencemos.

Eucaristia e próximo

6. O autêntico sentido da eucaristia torna-se, por si mesmo, escola de amor ativo para com o próximo. Nós sabemos que é assim a ordem verdadeira e integral do amor que o Senhor nos ensinou: "Nisto precisamente todos reconhecerão que sois meus discípulos: se tiverdes amor uns pelos outros".[25] E a eucaristia educa-nos para este amor de maneira mais profunda; ela demonstra, de fato, qual o valor que têm aos olhos de Deus todo os homens, nossos irmãos e irmãs, uma vez que Cristo se oferece a si mesmo de igual modo a

---

[22]   Cf. Oração depois da comunhão do XXII domingo comum: "Saciados com o pão do céu, nós vos pedimos, Senhor: o amor com que vós nos alimentastes fortifique os nossos corações e nos leve a servir-vos nos nossos irmãos: *Missale Romanum,* ed. cit., p. 361.

[23]   Jo 4,23.

[24]   Cf. 1Cor 10,17; comentado por santo Agostinho, In *Evangelium Joannis tract.* 31,13: PL 35, 1613, e pelo Concílio Ecumênico Tridentino, Sess. XIII, c. 8: *Conciliorum oecumenicorum decreta,* 3. ed., Bologna, 1973, p. 697; cf. Concílio Ecumênico Vaticano II. Const. dogmática sobre a Igreja *Lumen gentium,* n. 7: AAS 57 (1965), p. 9.

[25]   Jo 13,35.

cada um deles, sob as espécies do pão e do vinho. Se o nosso culto eucarístico for autêntico, deve fazer crescer em nós a conscientização da dignidade de todos e de cada um dos homens. A consciência dessa dignidade, depois, torna-se o motivo mais profundo da nossa relação com o próximo.

Devemos também tornar-nos particularmente sensíveis a todos os sofrimentos e misérias humanas, a todas as injustiças e arbitrariedades, buscando a maneira de a isso remediar de forma eficaz. Aprendamos a descobrir com respeito a verdade sobre o homem interior, porque é precisamente esse íntimo do homem que se torna morada de Deus presente na eucaristia. Cristo vem aos corações e visita as consciências dos nossos irmãos e irmãs. Como se modifica a imagem de todos e de cada um dos homens quando tomamos consciência desta realidade, quando a tornamos objeto das nossas reflexões! O sentido do mistério eucarístico impele-nos ao amor para com o próximo, ao amor para com todos e cada um dos homens.[26]

Eucaristia e vida

7. Sendo, portanto, fonte de caridade, a eucaristia esteve sempre no centro da vida dos discípulos de Cristo. Ela tem o aspecto de pão e de vinho, ou seja, de comida e de bebida, e por isso é tão familiar para o homem, conexa de modo tão íntimo com a sua vida, como o são precisamente a comida e a bebida. A veneração de Deus que é amor, no culto eucarístico, nasce daquela espécie de intimidade com que ele próprio, analogamente à comida e à bebida, enche o nosso ser espiritual, assegurando-lhe, de modo semelhante àquelas, a vida. Tal veneração "eucarística" de Deus corresponde estritamente, portanto, aos seus planos salvíficos. Ele mesmo, o Pai, quer que "os verdadeiros adoradores"[27] o adorem precisamente assim; e Cristo é intérprete desse querer; e isso, com as suas palavras e, simultaneamente, com este sacramento, no qual nos torna possível a adoração do Pai, da maneira mais conforme com a sua vontade.

De tal conceito do culto eucarístico se origina, depois, todo o estilo sacramental da vida do cristão. Efetivamente, levar uma vida baseada nos sacra-

---

[26] Exprimem isto mesmo numerosas orações do *Missale Romanum*: a oração sobre as oferendas da missa *"pro iis qui opera misericordiae exercuerunt"*: "para que sejamos confirmados no vosso amor e no amor do próximo, pelo exemplo dos vossos santos": *Missale Romanum*, ed. cit., p. 721; igualmente, na oração depois da comunhão da missa *"pro educatoribus"*: "para que... testemunhemos nos pensamentos e nas obras o amor para com os irmãos e a luz da vossa verdade": ibid., p. 723; cf. também "Oração depois da comunhão" da missa do XXII domingo comum, anteriormente citada, na nota 22.

[27] Jo 4,23.

mentos, animada pelo sacerdócio comum, quer dizer, antes de mais nada, da parte do cristão, desejar que Deus aja nele para o fazer chegar ao Espírito "à plena estatura de Cristo".[28] E Deus, da sua parte, não o toca somente através dos acontecimentos e com a sua graça interna, mas age nele, com maior certeza e vigor, através dos sacramentos. Estes conferem à vida do cristão um estilo sacramental.

Pois bem: dentre todos os sacramentos, é a santíssima eucaristia que faz chegar à plenitude a sua iniciação de cristão e que confere ao exercício do sacerdócio comum esta forma sacramental e eclesial que o põe em conexão — como já aludi em precedência[29] — com o exercício do sacerdócio ministerial. Deste modo, o culto eucarístico é centro e fim de toda a vida sacramental.[30] Repercutem continuamente nele, com um eco profundo, os sacramentos da iniciação cristã: batismo e confirmação. Onde é que se expressa melhor a verdade de não somente "nos chamarmos", mas também de que "realmente o somos, filhos de Deus",[31] em virtude do sacramento do batismo, se não no fato precisamente de que na eucaristia nos tornamos participantes do corpo e do sangue do unigênito Filho de Deus? E o que é que melhor nos predispõe para sermos "verdadeiras testemunhas de Cristo",[32] perante o mundo, como há de resultar do sacramento da confirmação, senão a comunhão eucarística, em que Cristo se nos dá em testemunho a nós e nós damos testemunho dele?

É impossível passar aqui em análise, de modo mais pormenorizado, os vínculos que existem entre a eucaristia e os outros sacramentos, em particular as relações com o sacramento da vida familiar e o sacramento dos enfermos. Quanto à íntima ligação existente entre o sacramento da penitência e o sacramento da eucaristia, já chamei a atenção para isso na encíclica *Redemptor hominis*.[33] Não é somente a penitência que conduz à eucaristia, mas é também a eucaristia que leva à penitência. Quando de fato nos damos bem conta de quem é Aquele que recebemos na comunhão eucarística, nasce em nós quase espontaneamente um sentido de indignidade, junto com a dor pelos nossos pecados e com a necessidade interior de purificação.

No entanto, devemos estar sempre vigilantes, para que este grande encontro com Cristo na eucaristia não se torne para nós um fato rotineiro, a fim de

---

[28]   Ef 4,13.

[29]   Cf. anteriormente, n. 2.

[30]   Cf. Concílio Ecumênico Vaticano II. Decr. sobre a atividade missionária da Igreja *Ad gentes*, nn. 9 e 13: AAS 58 (1966), pp. 958 e 961s.; Decr. sobre o mistério e a vida dos sacerdotes *Presbyteorum ordinis*, n. 5: AAS 58 (1966), p. 997.

[31]   1Jo 3,1.

[32]   Concílio Ecumênico Vaticano II. Const. dogmática sobre a Igreja *Lumen gentium*, n. 11: AAS (1965), p. 15.

[33]   Cf. n. 20: AAS 71 (1979), pp. 313s.

evitarmos recebê-lo indignamente, isto é, em estado de pecado mortal. A prática da virtude da penitência e o sacramento da penitência são indispensáveis para manter em nós e para aprofundarmos continuamente aquele espírito de veneração, que o homem deve ao próprio Deus e ao seu amor tão admiravelmente revelado.

Estas palavras têm em vista introduzir algumas reflexões gerais sobre o culto do mistério eucarístico, as quais poderiam ser desenvolvidas mais longamente e de forma mais ampla. Poder-se-ia, em particular, relacionar tudo aquilo que foi dito anteriormente dos efeitos da eucaristia sobre o amor para o homem, e aquilo que acabamos agora de realçar quanto aos compromissos contraídos para com o homem e para com a Igreja na comunhão eucarística, e, como conseqüência, delinear a imagem daquela "nova terra"[34] que nasce da eucaristia através de cada "homem novo".[35] Efetivamente, neste sacramento do pão e do vinho, da comida e da bebida, tudo o que é humano sofre uma singular transformação e elevação. O culto eucarístico não é tanto o culto da inacessível transcendência, quanto o culto da divina condescendência, e é também misericordiosa e redentora transformação do mundo no coração do homem.

Ao recordar tudo isso, apenas brevemente, é meu desejo, não obstante a concisão, criar um contexto mais amplo para as questões que em seguida devo tratar: estas estão intimamente ligadas à celebração do santo sacrifício. Com efeito, é nesta celebração que se exprime de modo mais direto o culto da eucaristia. Ele emana do coração, como uma homenagem preciosíssima, inspirada pela fé, pela esperança e pela caridade, infundidas em nós no batismo. É precisamente sobre isso que desejo hoje escrever-vos, de modo particular — a vós, veneráveis e queridos irmãos, no episcopado, e, ao mesmo tempo, também aos sacerdotes e aos diáconos — nesta Carta, a que a Sagrada Congregação para os Sacramentos e o Culto Divino fará seguir indicações mais pormenorizadas.

SACRALIDADE DA EUCARISTIA E SACRIFÍCIO

Sacralidade

8. A celebração da eucaristia, a começar do Cenáculo e da Quinta-Feira Santa, tem uma longa história, tão longa quanto a história da Igreja. No de-

---

[34] 2Pd 3,13.
[35] Cl 3,10.

correr desta história os elementos secundários sofreram certas mudanças; todavia, permaneceu imutável a essência do *mysterium*, instituído pelo Redentor do mundo, durante a última ceia. Também o Concílio Vaticano II trouxe algumas modificações, em virtude das quais a atual liturgia da missa se diferencia, de alguma maneira, da liturgia conhecida antes do mesmo Concílio. Não é minha intenção, porém, falar dessas diferenças; por agora, convém determonos em tudo aquilo que é essencial e imutável na liturgia eucarística.

É com isso que é essencial e imutável que está intimamente ligado o caráter de *sacrum* da eucaristia, ou seja, da ação santa e sagrada. Santa e sagrada, porque nela está continuamente presente e age Cristo, o "Santo" de Deus,[36] Aquele que "Deus ungiu com o Espírito Santo",[37] "consagrado pelo Pai"[38] para dar livremente e de novo tomar a sua vida,[39] o "Sumo Sacerdote" da nova aliança.[40] É ele, de fato, que, representado pelo celebrante, faz o seu ingresso no santuário e anuncia o seu Evangelho; é ele que "é o oferente e o oferecido, o consagrante e o consagrado".[41] Ação santa e sagrada porque é constitutiva das sagradas espécies, de *santa sanctis*, isto é, de coisas santas — Cristo, o Santo — dadas aos santos, como cantam todas as liturgias do Oriente, no momento em que se eleva o pão eucarístico para convidar os fiéis para a ceia do Senhor.

O *sacrum* da missa não é, pois, uma "sacralização", ou seja, um acréscimo do homem à ação de Cristo no Cenáculo, uma vez que a ceia da Quinta-Feira Santa foi um rito sagrado, liturgia primária e constitutiva com a qual Cristo, empenhando-se em dar a vida por nós, celebrou sacramentalmente, ele próprio, o mistério da sua paixão e ressurreição, coração de todas as missas. Derivando-se desta liturgia, as nossas missas de *per se* revestem-se de uma forma litúrgica completa, que, embora diversificada, conforme as famílias rituais que a celebram, permanece substancialmente idêntica. O *sacrum* da missa é uma sacralidade instituída por ele, Cristo. As palavras e a ação de cada um dos sacerdotes, às quais corresponde a participação consciente e ativa de toda a assembléia eucarística, são eco das palavras e da ação da Quinta-Feira Santa.

---

[36] Lc 1,35; Jo 6,69; At 3,14; Ap 3,7.

[37] At 10,38; Lc 4,18.

[38] Jo 10,36.

[39] Cf. Jo 10,17.

[40] Hb 3,1; 4,15 etc.

[41] Assim se exprimia a liturgia bizantina do século IX. Segundo o códice mais antigo, outrora *Barberino di San Marco* (Florença), hoje na Biblioteca Apostólica Vaticana, *Barberini greco* 336, fº. 8 verso, linhas 17-20, publicado pelo que se refere a esta parte por F. E. Brightman, *Liturgies Eastern and Western*, I. *Eastern Liturgies*, Oxford, 1896, pp. 318, 34-35.

O sacerdote oferece o santo sacrifício *in persona Christi*, o que quer dizer "em nome", ou então "nas vezes" de Cristo. *In persona*: isto é, na específica e sacramental identificação com o "Sumo e Eterno Sacerdote",[42] que é o Autor e o principal sujeito deste seu próprio sacrifício, no que não pode, na verdade, ser substituído por ninguém. Só ele — somente Cristo — podia e sempre pode ser verdadeira e efetivamente "propiciador pelos nossos pecados; e não só pelos nossos, mas também pelos do mundo inteiro".[43] Somente o seu sacrifício — e o de mais ninguém — podia e pode ter "valor propiciatório" diante de Deus, da Trindade e da sua transcendental santidade. A tomada de consciência desta realidade lança certa luz sobre o caráter e o significado do sacerdote-celebrante; este, ao perfazer o santo sacrifício e ao agir *in persona Christi*, é — de modo sacramental e ao mesmo tempo inefável — introduzido e inserido nesse estritíssimo *sacrum*, ao qual o mesmo sacerdote, por sua vez, associa espiritualmente todos os participantes na assembléia eucarística.

A um tal *sacrum*, atuado sob formas litúrgicas variadas, pode faltar algum elemento secundário; mas não pode, de nenhum modo, estar desprovido da sua sacralidade e sacramentalidade essenciais, porque queridas por Cristo, e transmitidas e verificadas pela Igreja. Um tal *sacrum* não pode sequer ser instrumentalizado para outros fins. O mistério eucarístico, separado da própria natureza sacrifical e sacramental, deixa simplesmente de ser tal. Ele não admite nenhuma imitação "profana", a qual se tornaria muito facilmente (se não mesmo como regra) uma profanação. É preciso recordar isso sempre, e sobretudo no nosso tempo, talvez, quando observamos uma tendência para cancelar a distinção entre o *sacrum* e o *profanum*, dada a geral e difundida tendência (pelo menos em certas partes) para a dessacralização de todas as coisas.

Em tal conjuntura, a Igreja tem o particular dever de assegurar e corroborar o *sacrum* da eucaristia. Na nossa sociedade pluralista, e muitas vezes deliberadamente secularizada, a fé viva da comunidade cristã — fé consciente também dos próprios direitos em relação a todos aqueles que não compartilham a mesma fé — garante a esse *sacrum* o direito de cidadania. O dever de respeitar a fé de cada um é concomitante e correlativo ao direito natural e civil da liberdade de consciência e de religião.

A sacralidade da eucaristia encontrou e encontra sempre a sua expressão na terminologia teológica e litúrgica.[44] E um sentido assim da sacralidade objetiva do mistério eucarístico é de tal forma constitutivo da fé do povo de

---

[42] Coleta da missa votiva *De SS. Eucharistia* B: *Missale Romanum*, ed. cit., p. 858.

[43] 1Jo 2,2; cf. ibidem, 4,10.

[44] Falamos, efetivamente, do *"divinum Mysterium"*, do *"Sanctissimum"* ou do *"Sacrosanctum"*, isto é, do "Sagrado" e do "Santo" por excelência. Por sua vez, as Igrejas Orientais chamam à missa "raza", ou seja

Deus, que esta por ele se tem vindo a enriquecer e a robustecer.[45] Por isso, os ministros da eucaristia, sobretudo nos nossos dias, devem ser iluminados pela plenitude desta fé viva e, à luz dela, devem compreender e realizar tudo aquilo que faz parte do seu ministério sacerdotal, por vontade de Cristo e da sua Igreja.

"Sacrificium"

9. A eucaristia é, acima de tudo, um sacrifício: sacrifício da redenção e, ao mesmo tempo, sacrifício da nova aliança,[46] como nós acreditamos e claramente professam as Igrejas do Oriente: "o sacrifício hodierno — afirmou alguns séculos atrás a Igreja grega — é como aquele que um dia ofereceu o Unigênito Verbo Encarnado; e é (hoje como então) por ele oferecido, sendo o mesmo e único sacrifício".[47] Por isso, e precisamente com o tornar presente este único sacrifício da nossa salvação, o homem e o mundo são restituídos a Deus por meio da novidade pascal da redenção. E tal restituição a Deus não pode vir a falhar: ela é fundamento da "nova e eterna aliança" de Deus com o homem e do homem com Deus. Se viesse a faltar tal restituição, dever-se-ia pôr em questão quer a excelência do sacrifício da redenção, o qual, no entanto, foi

---

"*mysterium*", "*hagiasmós*", "*quddasa*". *Qedasse* quer dizer "consagração" por excelência. Fazem sentir a sua presença, ainda, os ritos litúrgicos que, no intento de inspirar aquele sentido do sagrado, exigem: por um lado, o silêncio e o estar de pé ou de joelhos; e por outro lado, as profissões de fé, a incensação do altar, do celebrante e das sagradas espécies. Depois, acontece até que tais ritos apelam para o auxílio dos seres angélicos, criados para o serviço de Deus Santo: com o *sacrum* das nossas Igrejas latinas e com o "*trisagion*" e o "*sancta sanctis*" das liturgias do Oriente.

[45] Por exemplo, no convite para fazer a comunhão, esta fé é formada para descobrir aspectos complementares da presença de Cristo Santo: o aspecto epifânico realçado pelos bizantinos ("Bendito aquele que vem em nome do Senhor: o Senhor é Deus e *apareceu-nos!*": *La divina liturgia del santo nostro padre Giovanni Crisostomo*, Roma-Grottaferrata, 1967, pp. 136s.); o aspecto relacional e unitivo, cantado pelos armênios ("Um único Pai santo *conosco*, um único Filho santo *conosco*, um único Espírito Santo *conosco*": *Die Anaphora des heiligen Ignatius von Antiochien*, übersetzt von A. Rücker, *Oriens Christianus*, 3ª ser., 5 [1930], (p. 76) e, ainda, o aspecto recôndito e celeste, celebrado pelos caldeus e pelos malabareses (cf. o hino antifonário, cantado alternadamente pelo sacerdote e pela assembléia, depois da comunhão: F. E. Brightman, op. cit., p. 299).

[46] Cf. Concílio Ecumênico Vaticano II. Const. sobre a sagrada liturgia *Sacrosanctum concilium*, nn. 2 e 47: AAS 56 (1964), pp. 83s. e 113; Const. dogm. sobre a Igreja *Lumen gentium*, nn. 3 e 28: AAS 57 (1965), pp. 6 e 33s.; Decr. sobre o ecumenismo *Unitatis redintegratio*, n. 2: AAS 57 (1965), p. 91; Decr. sobre o ministério e a vida dos sacerdotes *Presbyterorum ordinis*, n. 13: AAS 58 (1966), pp. 1011s.; Concílio Ecumênico Tridentino. *Sessio XXII*, caps. I e II: *Conciliorum oecumenicorum decreta*, 3. ed., Bologna, 1973, pp. 732ss., especialmente: "uma e a mesma é a hóstia, é o mesmo o oferente, agora pelo ministério dos sacerdotes, que outrora se ofereceu na cruz; só é diferente a forma de oferecer" (ibidem, p. 733).

[47] *Synodus Constantinopolitana adversus Sotericum* (janeiro de 1156 e maio de 1157): Ângelo Mai, *Spicilegium romanum*, t. X, Romae, 1844, p. 77; PG 140, 190; cf. Martin Jugie, *Dict. Théol. Cath.*, t. X, 1338; *Theologia dogmatica christianorum orientalium*, Paris, 1930, pp. 317-320.

perfeito e definitivo, quer o valor sacrifical da santa missa. A eucaristia, por conseguinte, sendo verdadeiro sacrifício, opera esta restituição a Deus.

Daqui se segue que o celebrante, enquanto ministro daquele sacrifício, é o autêntico sacerdote, que opera — em virtude do poder específico da sagrada ordenação — um verdadeiro ato sacrifical que reconduz os seres a Deus. Por outro lado, todos aqueles que participam da eucaristia, sem sacrificar como o celebrante, oferecem com ele, em virtude do sacerdócio comum, os seus próprios sacrifícios espirituais, representados pelo pão e pelo vinho, desde o momento da apresentação destes ao altar. Um tal ato litúrgico, efetivamente solenizado por quase todas as liturgias, "tem o seu valor e o seu significado espiritual".[48] O pão e o vinho tornam-se, em certo sentido, símbolo de tudo aquilo de que a assembléia eucarística é portadora, por si mesma, em oferta a Deus e que oferece em espírito.

É importante que este primeiro momento da liturgia eucarística, no sentido estrito, tenha a sua expressão no comportamento dos participantes. A isso corresponde a chamada procissão com as ofertas, prevista pela recente reforma litúrgica[49] e acompanhada, segundo a antiga tradição, por um salmo ou por um cântico. É preciso certo espaço de tempo, para que todos possam tomar consciência daquele ato, expresso simultaneamente pelas palavras do celebrante.

A consciência de apresentar as ofertas deveria ser mantida durante toda a missa. Mais ainda, deve ser levada à plenitude no momento da consagração e da oblação "anamnéstica", como o exige o valor fundamental do momento do sacrifício. Para demonstrar isso mesmo servem as palavras da oração eucarística que o sacerdote pronuncia em voz alta. Parece útil retomar aqui algumas expressões da terceira oração eucarística, que manifestam particularmente o caráter sacrifical da eucaristia e conjugam a oferta das nossas pessoas com a de Cristo:

> Olhai benigno para a oblação da vossa Igreja: vede nela a vítima que nos reconciliou convosco; e fazei que, alimentando-nos do corpo e sangue de vosso Filho, e cheios do seu Espírito Santo, sejamos em Cristo um só corpo e um só espírito. O mesmo Espírito Santo faça de nós uma oferenda permanente.

Um tal valor sacrifical é também expresso já em todas as celebrações, pelas palavras com que o sacerdote conclui a apresentação das oferendas, ao pedir

---

[48] *Institutio generalis missalis romani*, n. 49 c: *Missale Romanum*, ed. cit., p. 39; cf. Concílio Ecumênico Vaticano II, Decr. sobre o ministério e a vida dos sacerdotes *Presbyterorum ordinis*, n. 5: AAS 58 (1966), pp. 997s.

[49] *Ordo missae cum populo*, n. 18: *Missale Romanum*, ed. cit., p. 390.

aos fiéis para orarem a fim de que "o meu e vosso sacrifício seja aceito por Deus Pai todo-poderoso". Tais palavras têm um valor compromissivo, na medida em que exprimem o caráter de toda a liturgia eucarística e a plenitude do seu conteúdo tanto divino como eclesial.

Todos aqueles que participam com fé na eucaristia se dão conta de que ela é *sacrificium*, ou seja, uma "oferta consagrada". Com efeito, o pão e o vinho, presentes no altar e acompanhados da devoção e dos sacrifícios espirituais dos participantes, são finalmente consagrados, de tal modo que se tornam verdadeira, real e substancialmente o corpo entregue e o sangue derramado do próprio Cristo. Assim, em virtude da consagração, as espécies do pão e do vinho tornam presente,[50] de modo sacramental e incruento, o sacrifício cruento e propiciatório oferecido pelo mesmo Cristo na cruz ao Pai pela salvação do mundo. Somente ele, de fato, entregando-se como vítima propiciatória, em um ato de suprema doação e imolação, reconciliou a humanidade com o Pai; unicamente mediante o seu sacrifício foi "cancelado o documento escrito contra nós, com as suas disposições a nós desfavoráveis".[51]

Para tal sacrifício sacramental, as ofertas do pão e do vinho, acompanhadas da devoção dos fiéis, prestam, todavia, sua contribuição insubstituível, uma vez que, com a consagração sacerdotal, elas se tornam as sagradas espécies. Isto se torna patente no comportamento do sacerdote durante a oração eucarística, sobretudo durante a consagração, e depois quando a celebração do santo sacrifício e a participação neste são acompanhadas pela consciência de que "o Mestre está ali e te chama".[52] Esse chamamento do Senhor, a nós dirigido mediante o seu sacrifício, abre os corações, a fim de que estes — purificados no mistério da nossa redenção — se unam a ele na comunhão eucarística, que confere à participação na missa um valor maturo, pleno e compromissivo da humana existência:

> a Igreja deseja que os fiéis, não somente ofereçam a vítima imaculada, mas que aprendam também a oferecer a si mesmos; e assim vão aperfeiçoando de dia para dia mais, por meio de Cristo Mediador, a sua união com Deus e com os irmãos, para que Deus finalmente seja tudo em todos.[53]

---

[50] Cf. Concílio Ecumênico Tridentino. *Sess.* XXII, cap. I: *Conciliorum oecumenicorum decreta*, 3. ed., Bologna, 1973, pp. 732s.

[51] Cl 2,14.

[52] Jo 11,28.

[53] *Institutio generalis missalis romani*, n. 55 f: *Missale Romanum*, ed. cit., p. 40.

É sobremaneira conveniente e necessário mesmo, portanto, que se procure perfazer uma renovada e intensa educação, tendo em vista descobrir todas as riquezas que encerra a nova liturgia. Com efeito, a renovação litúrgica que se verificou depois do Concílio Vaticano II deu ao sacrifício eucarístico, por assim dizer, maior visibilidade. Entre outras coisas, contribuem para isso as palavras da oração eucarística recitadas em voz alta pelo celebrante e, em particular, as palavras da consagração e a aclamação da assembléia imediatamente depois da elevação.

Se tudo isso nos há de encher de alegria, devemos também recordar que essas mudanças exigem uma nova consciência e maturidade espiritual, quer da parte do celebrante — sobretudo hoje, que celebra "voltado para os fiéis" — quer da parte dos mesmos fiéis. O culto eucarístico matura e cresce quando as palavras da oração eucarística, e especialmente as palavras da consagração, são pronunciadas com grande humildade e simplicidade, de maneira compreensível, bela e digna, correspondente à sua santidade; quando esse ato essencial da liturgia eucarística é feito sem pressa; quando há aplicação em um recolhimento e em uma devoção tais, que os participantes advirtam na grandeza do mistério que se está realizando e o manifestem com o próprio comportamento.

AS DUAS MESAS DO SENHOR E O BEM COMUM DA IGREJA

Mesa da Palavra de Deus

10. Nós sabemos bem que a celebração da eucaristia, desde os tempos mais antigos, esteve unida não somente à oração, mas também à leitura da Sagrada Escritura e ao canto de toda a assembléia. Graças a isso, já desde há muito tempo, foi possível referir à missa a comparação com as duas mesas feitas pelos santos padres; sobre tais mesas a Igreja prepara para os seus filhos a Palavra de Deus e a eucaristia, isto é, o pão do Senhor. Devemos, portanto, voltar à primeira parte do sagrado mistério que, com mais freqüência, presentemente se vai chamando liturgia da Palavra e dedicar-lhe um pouco de atenção.

A leitura dos trechos da Sagrada Escritura, escolhidos para cada dia, foi submetida pelo Concílio a critério e a exigências novas.[54] No prosseguimento

---

[54] Cf. Const. sobre a sagrada liturgia *Sacrosanctum concilium*, nn. 35 e 51: AAS 56 (1964), pp. 109 e 114.

de tais normas conciliares, obteve-se uma nova coletânea de leitura, em que foi aplicado, em certa medida, o princípio da continuidade dos textos e também o princípio de tornar acessível o conjunto dos Livros Sagrados. A introdução dos salmos com os responsórios na liturgia torna familiar aos participantes as mais belas riquezas da oração e da poesia do Antigo Testamento. Depois, o fato de os aludidos textos serem lidos ou cantados nas próprias línguas faz com que todos possam participar com mais plena compreensão.

Não deixa de haver hoje, todavia, aqueles que, educados ainda em base à antiga liturgia em latim, sentem a falta desta "língua una", a qual constitui, no mundo inteiro, também uma expressão da unidade da Igreja; e, mediante o seu caráter decoroso, ela suscitou um sentido profundo do mistério eucarístico. É necessário, pois, demonstrar não somente compreensão, mas também pleno respeito para com estes sentimentos e desejos, e, na medida do possível, ir ao encontro deles, como está previsto, ademais, nas novas disposições.[55] A Igreja romana tem particulares obrigações para com o latim, a esplêndida língua de Roma antiga, e deve manifestar isso mesmo todas as vezes que se lhe apresente a ocasião.

As possibilidades criadas pela renovação pós-conciliar são muitas vezes utilizadas de modo a tornar-nos testemunhas e participantes da autêntica celebração da Palavra de Deus. Vai aumentando também o número das pessoas que tomam parte ativa em tal celebração. Assim, surgem grupos de leitores e de cantores, muitas vezes ainda *scholae cantorum* masculinas e femininas, que com grande zelo se dedicam a tal aspecto da liturgia. A Palavra de Deus, a Sagrada Escritura, começa a pulsar com nova vida no seio de muitas comunidades cristãs. Os fiéis, congregados pela liturgia, preparam-se com o canto para ouvirem, com a devida devoção e com amor, o Evangelho que lhes é anunciado.

Ao verificar tudo isso, com grande apreço e gratidão, não se pode esquecer, todavia, que uma plena renovação litúrgica continua ainda a apresentar outras novas exigências. Estas consistem em uma nova responsabilidade para com a Palavra de Deus transmitida mediante a liturgia, em línguas diversas, o que corresponde certamente ao caráter universal e às finalidades do Evangelho. A mesma responsabilidade abrange também a execução das relativas ações litúrgicas, a leitura ou o canto, que devem estar em harmonia também com

---

[55] Cf. S. Congregação dos Ritos, Instrução *In edicendis normis*, VI 17-18; VII, nn. 19-20: AAS 57 (1965), pp. 1012s.; Instrução *Musicam sacram*, IV, n. 48: AAS 59 (1967), p. 314; Decr. *De titulo basilicae minoris*, II, 8: AAS 60 (1968), p. 538; S. Congregação para o Culto Divino. Notif. *De missali romano, liturgia horarum et calendario*, I, 4: AAS 63 (1971), p. 714.

os princípios de arte. A fim de preservar tais ações de qualquer artificialismo, é necessário que nela se exprimam uma capacidade, uma simplicidade e ao mesmo tempo uma dignidade tais, que façam resplandecer, já no próprio modo de ler ou de cantar, o caráter peculiar do texto sagrado. Por conseguinte, tais exigências, que promanam da nova responsabilidade para com a Palavra de Deus na liturgia,[56] vão também elas até ao mais profundo e tocam o âmago da disposição interior com que os ministros da Palavra exercem a sua função na assembléia litúrgica.[57]

A mesma responsabilidade se estende, ainda, à escolha dos textos. Essa escolha já foi feita pela competente autoridade eclesiástica, a qual previu também os casos em que se podem escolher leituras mais adaptadas a uma particular situação.[58] Além disso, é necessário ter sempre presente que no quadro dos textos das leituras da missa pode entrar somente a Palavra de Deus. A leitura da Sagrada Escritura não pode ser substituída pela leitura de outros textos, mesmo quando estes porventura contiverem indubitáveis valores religiosos e morais. Tais textos poderão, no entanto, ser utilizados, com grande proveito, nas homilias. A homilia, na verdade, é sumamente idônea para a utilização desses textos, contanto que eles correspondam às condições requeridas de conteúdo, na medida em que pertence à natureza da homilia, entre outras coisas, demonstrar as convergências da sapiência divina revelada e do nobre pensamento humano, que busca a verdade por vários caminhos.

Mesa do pão do Senhor

11. A segunda mesa do mistério eucarístico, ou seja, a mesa do pão do Senhor, exige também ela uma reflexão apropriada sob o ponto de vista da renovação litúrgica hodierna. Está nisto um problema da máxima importância, tratando-se de um ato particular de fé viva, ou melhor ainda — como é atestado desde os primeiros séculos[59] —, de uma manifestação de culto a Cristo,

---

[56] Cf. PAULO PP. VI. Const. apost. *Missale Romanum:* "Com esta nova ordenação (do missal), alimentamos a mais viva esperança de que isso irá tornar possível aos sacerdotes e aos fiéis prepararem em comum mais santamente o espírito para a celebração da Ceia do Senhor; e através de uma meditação mais aprofundada da Sagrada Escritura, em assembléia, que eles se alimentem dia a dia mais abundantemente da palavra do Senhor": AAS 61 (1969), pp. 220ss.; *Missale Romanum,* ed. cit., p. 15.

[57] Cf. PONTIFICALE ROMANUM. *De institutione lectorum et acolythorum,* ed. typica, Romae, 1972, pp. 19s.

[58] Cf. *Institutio generalis missalis romani,* nn. 319-320: *Missale Romanum,* ed. cit., p. 87.

[59] Cf. FR J. DOLGER. *Das Segnem der Sinne mit dr Eucharistie. Eine altchristliche Kommunionsitte: Antike und Christentum,* t. 3 (1932), pp. 231-244; *Das Kultvergehen der Donatistin Lucilla von Karthago. Reliquienkuss vor dem Kuss der Eucharistie,* ibidem, pp. 245-252.

que na comunhão eucarística se confia a si próprio a cada um de nós, ao nosso coração, à nossa consciência, aos nossos lábios e à nossa boca, sob a forma de alimento. E por isso mesmo, em relação a este problema, é particularmente necessária a vigilância de que fala o Evangelho, quer da parte dos pastores responsáveis pelo culto eucarístico, quer da parte do povo de Deus, cujo "sentido da fé"[60] deve ser precisamente aqui neste ponto muito sensível e perspicaz.

É meu desejo, pois, confiar também este problema ao coração de cada um de vós, veneráveis e amados irmãos no episcopado. E vós deveis, sobretudo, inseri-lo na vossa solicitude por todas as Igrejas, a vós confiadas. Eu vo-lo peço em nome daquela unidade que recebemos em herança dos apóstolos: a unidade colegial. Esta unidade, em certo sentido, nasceu à mesa do pão do Senhor, na Quinta-Feira Santa. Com auxílio dos vossos irmãos no sacerdócio, fazei tudo aquilo que fordes capazes de fazer, a fim de assegurar a dignidade sacral do mistério eucarístico e aquele profundo espírito da comunhão eucarística, que é um bem peculiar da Igreja como povo de Deus e, ao mesmo tempo, a particular herança que nos foi transmitida pelos apóstolos, por várias tradições litúrgicas e por tantas gerações de fiéis, muitas vezes heróicas testemunhas de Cristo, educadas na "escola da cruz" (redenção) e na escola da eucaristia.

Tenha-se sempre presente, portanto, que a eucaristia, qual mesa do pão do Senhor, é um contínuo convite, como resulta do sinal litúrgico do celebrante no momento do "Eis o Cordeiro de Deus! Felizes os convidados para a ceia do Senhor",[61] bem como da parábola do Evangelho sobre os convidados para o grande banquete.[62] Recordemos que nesta parábola há muitos que se desculpam para não aceitar o convite, por motivo de circunstâncias diversas.

Nas nossas comunidades católicas também não faltam, certamente, aqueles que poderiam participar da comunhão eucarística, e que dela não participam, apesar de não terem na própria consciência impedimento de pecado grave. Tal atitude, que para alguns está ligada a uma exagerada severidade, modificou-se no nosso século, para dizer a verdade, embora aqui e além faça ainda sentir a sua presença. Na realidade, mais freqüentemente do que o sentido da indignidade, verifica-se certa falta de disponibilidade interior — se assim podemos nos exprimir —, falta de "fome" e de "sede" eucarística, por detrás da qual se esconde também a falta de uma adequada sensibilidade e compreensão da natureza do grande sacramento do amor.

---

[60] Cf. Concílio Ecumênico Vaticano II, Const. dogmática sobre a Igreja *Lumen gentium*, nn. 12 e 35: AAS 57 (1965), pp. 16 e 40.

[61] Cf. Jo 1,29; Ap 19,9.

[62] Cf. Lc 14,16ss.

Todavia, nestes últimos anos, somos testemunhas também de um outro fenômeno. Algumas vezes, ou melhor, em casos bastante numerosos, todos os participantes na assembléia eucarística se apresentam à comunhão; mas, certas vezes, como confirmam pastores avisados, não houve a devida preocupação de aproximar-se do sacramento da penitência para purificar a própria consciência. Isto, naturalmente, pode significar que aqueles que se apresentam à mesa do Senhor não encontram, na própria consciência e segundo a lei objetiva de Deus, nada que lhes impeça aquele sublime e jubiloso ato da sua união sacramental com Cristo. Mas pode também aqui esconder-se uma outra convicção, pelo menos algumas vezes: a convicção de considerar a missa apenas como um banquete,[63] no qual se participa recebendo o corpo de Cristo, para manifestar sobretudo a comunhão fraterna. E a esses motivos podem facilmente vir juntar-se uma certa consideração humana e um simples "conformismo". Este fenômeno exige, da nossa parte, uma vigilante atenção e uma análise teológica e pastoral, iluminada pelo sentido de uma suma responsabilidade. Nós não podemos permitir que na vida das nossas comunidades se vá dispersando aquele bem que é a sensibilidade da consciência cristã. Dirigida unicamente pelo respeito a Cristo que, ao ser recebido na eucaristia, deve encontrar no coração de cada um de nós uma morada digna. Esse problema está intimamente ligado não só à prática do sacramento da penitência, mas também a um reto sentido de responsabilidade perante o depósito de toda a doutrina moral e perante a distinção precisa entre bem e mal, a qual se torna em seguida, para cada um dos participantes na eucaristia, base de correto juízo de si mesmo no íntimo da própria consciência. São bem conhecidas as palavras de são Paulo: "Examine-se, pois, cada qual a si mesmo",[64] tal juízo é condição indispensável para uma decisão pessoal, em vista de se apresentar à comunhão eucarística, ou então de dela se abster.

A celebração da eucaristia põe-nos diante as muitas outras exigências, pelo que se refere ao ministério da mesa eucarística, as quais dizem respeito: algumas, somente aos sacerdotes e aos diáconos; e as outras, a todos aqueles que participam da liturgia eucarística. Aos sacerdotes e aos diáconos é necessário recordar que o serviço da mesa do pão do Senhor lhes impõe obrigações particulares, que se referem: em primeiro lugar, ao próprio Cristo presente na eucaristia; e depois a todos os atuais e potenciais participantes na eucaristia. Quanto ao primeiro ponto, talvez não seja supérfluo recordar que no dia da ordenação o bispo dirige ao novo sacerdote — ao mesmo tempo que lhe en-

---

[63] Cf. *Institutio generalis missalis romani*, nn. 7-8: *Missale Romanum*, ed. cit., p. 29.
[64] 1Cor 11,28.

trega sobre a patena e no cálice o pão e o vinho, oferecidos pelos fiéis e preparados pelo diácono — estas palavras: "Recebe a oblação do povo santo que há de ser oferecida a Deus. Repara bem no que fazes, imita o que irás tratar e conforma a tua vida ao mistério da cruz do Senhor".[65] Esta última admoestação, que lhe é feita pelo bispo, há de permanecer para o sacerdote como uma das normas mais válidas do seu ministério eucarístico.

Em tal norma deve o sacerdote inspirar a sua atitude ao tratar o pão e o vinho, que se tornaram corpo e sangue do Redentor. É preciso, pois, que todos nós que somos ministros da eucaristia, examinemos com atenção as nossas ações ao altar, em especial: o modo como tratamos aquela comida e aquela bebida, que são o corpo e o sangue do Senhor Nosso Deus nas nossas mãos; o modo como distribuímos a sagrada comunhão; e o modo como fazemos as purificações.

Todos esses atos têm o seu significado. Importa, naturalmente, evitar a escrupulosidade; mas, que Deus nos preserve de um comportamento destituído de respeito, de uma pressa inoportuna e de uma impaciência escandalosa. A nossa maior honra consiste — além da aplicação no desempenho da devida missão evangélica — no exercitar esse poder misterioso sobre o corpo do Redentor; e assim, tudo em nós deve estar decididamente ordenado para isso. Devemos ter sempre presente, ainda, que fomos sacramentalmente consagrados para este poder ministerial e que fomos escolhidos de entre os homens e para "benefício dos homens".[66] Devemos pensar nisso, em particular nós, os sacerdotes da Igreja Romana latina, a cujo rito de ordenação, no decorrer dos séculos, veio juntar-se o uso de ungir as mãos do neo-sacerdote.

Em alguns países entrou em uso a comunhão na mão. Tal prática foi pedida por algumas Conferências Episcopais, singularmente, e obteve a aprovação da Sé Apostólica. Contudo, chegam informações sobre casos de deploráveis faltas de respeito para com as espécies eucarísticas, faltas que pesam não somente sobre as pessoas culpáveis de tal modo de comportar-se, mas também sobre os pastores da Igreja, que terão sido pouco vigilantes quanto à compostura dos fiéis em relação à eucaristia. Acontece ainda que, por vezes, não é tomada em consideração a livre escolha e vontade daqueles que, mesmo naquelas partes onde foi autorizada a distribuição da comunhão na mão, preferem ater-se ao uso de a receber na boca. Seria difícil, pois, no contexto da presente Carta, deixar de aludir aos dolorosos fenômenos de que acima se faz menção. Ao escrever isso, não se quer de maneira nenhuma fazer referência àquelas pesso-

---

[65] Cf. Pontificale Romanum. *De ordinatione diaconi, presbyteri et episcopi*, ed. typica, Romae, 1968, p. 93.

[66] Hb 5,1.

as que, recebendo o Senhor Jesus na mão, o fazem com espírito de profunda reverência e devoção, nos países onde tal prática foi autorizada.

É preciso, todavia, não esquecer o múnus primário dos sacerdotes, que foram consagrados na sua ordenação para representar Cristo Sacerdote: as suas mãos, assim como a sua palavra e a sua vontade, por isso, tornaram-se instrumento direto de Cristo. Por tal motivo, ou seja, como ministros da santíssima eucaristia, eles têm sobre as sagradas espécies uma responsabilidade primária, porque total: oferecem o pão e o vinho, consagram-nos, em seguida distribuem as sagradas espécies aos participantes na assembléia eucarística que desejam recebê-las. Os diáconos podem somente levar ao altar as oferendas dos fiéis, e uma vez consagradas pelos sacerdotes, distribuí-las. Quão eloqüente, por conseguinte, embora não seja primitivo, é o rito da unção das mãos na nossa ordenação latina, exatamente como se para estas mãos fosse necessária doravante uma particular graça e força do Espírito Santo!

O tocar nas sagradas espécies e a distribuição destas com as próprias mãos são um privilégio dos ordenados, que indica uma participação ativa no ministério da eucaristia. Como é óbvio, a Igreja pode conceder tal faculdade a pessoas que não sejam sacerdotes nem diáconos, como é o caso quer dos acólitos no exercício do seu ministério, especialmente quando destinados à futura ordenação, quer de outros leigos para isso habilitados, por uma justa necessidade, e sempre depois de uma adequada preparação.

Bem comum da Igreja

12. Não podemos esquecer, nem sequer por um instante, que a eucaristia é um bem peculiar de toda a Igreja. Ela é o dom maior que, na ordem da graça e dos sacramentos, o divino Esposo ofereceu e oferece incessantemente à sua Esposa. E precisamente porque se trata de um dom assim, todos nós, com espírito de profunda fé, devemos deixar-nos guiar pelo sentido de uma responsabilidade verdadeiramente cristã. Um dom obriga-se sempre mais profundamente porque nos fala, não tanto com a força de um estrito direito, quanto com a força de uma prova de confiança pessoal; e assim — sem obrigações legais — exige confiança e gratidão. A eucaristia é exatamente tal dom; ela é um bem deste gênero. Devemos permanecer fiéis, mesmo nos pormenores, àquilo que ela exprime em si mesma e àquilo que requer de nós, ou seja, a ação de graças.

A eucaristia é um bem comum de toda a Igreja, como sacramento da sua unidade. E por isso a Igreja tem o rigoroso dever de determinar bem tudo

aquilo que diz respeito à participação e à celebração da mesma eucaristia. Por conseguinte, nós devemos agir em conformidade aos princípios estabelecidos pelo último Concílio, que, na Constituição sobre a sagrada liturgia, definiu as autorizações e as obrigações quer de cada um dos bispos nas próprias dioceses, quer das Conferências Episcopais, dado que tanto aqueles com estas agem em unidade colegial com a Sé Apostólica.

Depois devemos seguir as disposições emanadas pelos diversos dicastérios quanto a este assunto: quer em matéria litúrgica, ou seja, as normas estabelecidas pelos livros litúrgicos respeitantes ao mistério eucarístico, e as contidas nas Instruções dedicadas ao mesmo mistério,[67] quer também pelo que se refere à *"communicatio in sacris"*, ou seja, as normas contidas no *"Directorium de re oecumenica"*[68] e na *"Instructio de peculiaribus casibus admittendi alios christianos ad communionem eucharisticam in Ecclesia catholica"*.[69] E embora nesta fase de renovação tenha sido admitida a possibilidade de uma certa autonomia "criativa", esta, todavia, deve respeitar estritamente as exigências da unidade substancial. Pelas vias desse pluralismo (que se origina, entre outras coisas, já da introdução das diversas línguas vernáculas na liturgia), nós podemos prosseguir só até aquele ponto em que não sejam canceladas as características essenciais da celebração da eucaristia e até onde forem respeitadas as normas prescritas pela recente reforma litúrgica.

Importa, pois, empregar o esforço indispensável, em toda parte, para que no pluralismo do culto eucarístico, programado pelo Concílio Vaticano II, se manifeste a unidade de que a eucaristia é sinal e causa.

Um tal empenho, quanto ao qual deve vigiar, por força das coisas, a Sé Apostólica, deveria ser assumido não somente pelas Conferências Episcopais, mas também por todos os ministros da eucaristia, sem exceção. Além disto, cada um deve recordar-se de que é responsável pelo bem comum de toda a Igreja. O sacerdote como ministro, como celebrante e como quem preside à assembléia eucarística dos fiéis deve ter um particular sentido do bem comum da Igreja, que ele representa mediante o seu ministério, mas ao qual deve também estar subordinado, atendo-se a uma reta disciplina da fé. O sacerdote não pode considerar-se "proprietário", que disponha livremente dos textos

---

[67] S. Congregação dos Ritos. Instrução *Eucharisticum mysterium*, AAS 59 (1967), pp. 539-573; Rituale Romanum. *De sacra communione et de cultu mysterii eucharistici extra missam*, ed. typica, Romae, 1973; S. Congregação para o Culto Divino. *Litterae circulares ad Conferentiarum Episcopalium praesides de precibus eucharisticis:* AAS 65 (1973), pp. 340-347.

[68] Nn. 38-63: AAS 59 (1967), pp. 586-592.

[69] AAS 64 (1972), pp. 518-525; cf. também a *"Communicatio"* publicada no ano seguinte para a reta aplicação da sobredita instrução: AAS 65 (1973), pp. 616-619.

litúrgicos e dos ritos sagrados, como de um bem seu peculiar, de tal modo que lhes dê um estilo pessoal e arbitrário. Isto pode afigurar-se, algumas vezes, de maior efeito, pode mesmo corresponder melhor a uma piedade subjetiva; contudo, será sempre objetivamente uma traição daquela união que há de ter, sobretudo no sacramento da unidade, a própria expressão.

Cada sacerdote que oferece o santo sacrifício deve recordar-se de que, durante esse sacrifício, não é só ele com a sua comunidade que está a orar, mas ora toda a Igreja, exprimindo assim, também com o uso do texto litúrgico aprovado, a sua unidade espiritual neste sacramento. Se alguém pretendesse chamar a tal posição "uniformismo", isso comprovaria somente a ignorância das exigências objetivas da unidade autêntica e seria sintoma de um prejudicial individualismo.

A subordinação assim do ministro, do celebrante, ao *mysterium* que lhe foi confiado pela Igreja, para o bem de todo o povo de Deus, deve ter a sua expressão também na observância das exigências litúrgicas relativas à celebração do santo sacrifício. Essas exigências dizem respeito, por exemplo, ao vestuário e, em particular, aos paramentos que o celebrante reveste. É natural que tenha havido e que haja ainda hoje circunstâncias em que as prescrições não obrigam; pudemos ler, com emoção, em livros escritos por sacerdotes ex-prisioneiros dos campos de extermínio, descrições de celebrações eucarísticas sem se observarem às sobreditas regras, ou seja, sem paramentos. No entanto, se isso em tais condições era prova de heroísmo e devia suscitar uma estima profunda, em condições normais o transcurar as prescrições litúrgicas, ao contrário, pode ser interpretado como falta de respeito para com a eucaristia, ditada pelo individualismo ou por uma carência de sentido crítico quanto às opiniões correntes, ou ainda por certa falta de espírito de fé.

Pesa de modo particular sobre todos nós, os que somos, por graça de Deus, ministros da eucaristia, a responsabilidade pelas idéias e pelas atitudes dos nossos irmãos e irmãs, confiados ao nosso cuidado pastoral. A nossa vocação comporta em primeiro plano o ter de suscitar, antes de mais nada com o exemplo pessoal, todas as sãs manifestações de culto para um Cristo presente e operante neste sacramento de amor. Deus nos livre de agir diversamente, de enfraquecer um tal culto, "desabituando-nos" das várias manifestações e formas de culto eucarístico, em que se exprime uma "tradicional", mas sã piedade e, sobretudo, aquele "sentido da fé", que todo o povo de Deus possui, como recordava o Concílio Vaticano II.[70]

---

[70] Cf. Concílio Ecumênico Vaticano II. Const. dogmática sobre a Igreja *Lumen gentium*, n. 12: AAS 57 (1965), pp. 16s.

Prestes a terminar estas minhas considerações, quereria antes pedir perdão — em meu nome pessoal e no de todos vós, veneráveis e amados irmãos no episcopado — por tudo aquilo que, por qualquer motivo e por qualquer espécie de humana fraqueza, impaciência ou negligência, em conseqüência também de uma aplicação algumas vezes parcial, unilateral ou errônea das prescrições do Concílio Vaticano II, possa ter causado escândalo ou mal-estar quanto à interpretação da doutrina e à veneração devida a este grande sacramento. E elevo as minhas preces ao Senhor Jesus para que no futuro seja evitado, no nosso modo de tratar este sagrado mistério, aquilo que possa debilitar ou desorientar de qualquer maneira o sentido de reverência e de amor nos nossos fiéis.

E que o mesmo Cristo nos ajude a prosseguir pelas vias da verdadeira renovação, no sentido daquela plenitude de vida e de culto eucarístico, por meio do qual se constrói a Igreja naquela unidade que ela já possui e que deseja realizar ainda mais, para a glória de Deus vivo e para a salvação de todos os homens.

CONCLUSÃO

13. Seja-me permitido, veneráveis e amados irmãos no episcopado, acrescentar mais uma palavra, como conclusão destas minhas reflexões, que se limitaram a aprofundar somente algumas questões. Ao tomar a iniciativa de vo-las transmitir, tive diante do meu olhar toda a obra desenvolvida pelo Concílio Vaticano II e tive bem presente na memória a encíclica do sumo pontífice Paulo VI, *Mysterium fidei*, promulgada durante o mesmo Concílio, assim como todos os documentos emitidos após a conclusão da Assembléia conciliar, com a finalidade de pôr em prática a renovação litúrgica pós-conciliar. Existe, efetivamente, uma ligação muito íntima e orgânica entre a renovação da liturgia e a renovação de toda a vida da Igreja.

A Igreja não só age, mas também se exprime na liturgia, vive da liturgia e vai haurir na liturgia as energias para a vida. E por isso, a renovação litúrgica, atuada de maneira acertada e conforme ao espírito do recente Concílio, constitui, em certo sentido, o padrão e a condição para se porem em prática os ensinamentos daquele mesmo Concílio Vaticano II, que nós queremos aceitar com fé profunda, convencidos de que mediante ele, o Espírito Santo "disse à Igreja" as verdades e lhe deu as indicações que servem para a realização da sua missão para com os homens de hoje e de amanhã.

E também daqui por diante há de ser nossa particular solicitude promover e dar seguimento à renovação da Igreja, segundo a doutrina do Concílio

Vaticano II, no espírito de uma sempre viva tradição. Pertence, efetivamente, à substância da tradição, corretamente entendida, também uma justa releitura dos "sinais dos tempos", segundo os quais importa tirar do rico tesouro da revelação "coisas novas e coisas velhas".[71] Agindo com este espírito e segundo este conselho do Evangelho, o Concílio Vaticano II realizou um esforço providencial para renovar a face da Igreja na sagrada liturgia, concatenando-se o mais das vezes àquilo que é "antigo", àquilo que provém como herança dos santos padres e que é expressão de fé e de doutrina da Igreja unida de há tantos séculos para cá.

Para se poder continuar a pôr em prática, daqui para o futuro, as diretrizes do Concílio no campo da liturgia, e em particular no campo do culto eucarístico, é necessária uma estreita colaboração entre o respectivo organismo da Santa Sé competente e cada uma das Conferências Episcopais: colaboração vigilante e criativa ao mesmo tempo, com os olhos fixos na grandeza do santíssimo mistério e, simultaneamente, nos processos espirituais e nas mudanças sociais, tão significativos para a nossa época, dado que estes não são somente origem de dificuldades, por vezes, mas também dispõem para um modo novo de participar naquele grande mistério da fé.

Está-me muito a peito, sobretudo, frisar bem que os problemas da liturgia, em particular da liturgia eucarística, não podem ser uma ocasião para dividir entre si os católicos e para ameaçar a unidade da Igreja. Exige-o a elementar compreensão daquele sacramento que Cristo nos deixou como fonte de unidade espiritual. E então como poderia exatamente a eucaristia, que é para a Igreja "sacramento de piedade, sinal de unidade e vínculo de caridade",[72] constituir neste momento um ponto de divisão entre nós e uma fonte de diversidade de pensamentos e de comportamentos, em vez de ser centro focal e constitutivo, como é verdadeiramente na sua essência, da unidade da mesma Igreja?

Somos todos igualmente devedores para com o nosso Redentor. E todos juntos devemos prestar ouvidos àquele Espírito de verdade e de amor, que ele prometeu à Igreja e que nela opera. Em nome desta verdade e deste amor, em nome do próprio Cristo Crucificado e de sua Mãe, eu vos peço e suplico que, deixando de parte quaisquer oposições e divisões, nos unamos bem, todos, nesta grande missão salvífica, que é preço e ao mesmo tempo fruto da nossa redenção. A Sé Apostólica fará todo o possível por buscar, também daqui por diante, os meios que possam assegurar aquela unidade de que estamos falan-

---

[71]   Mt 13,32.

[72]   Cf. Santo Agostinho, In *Evangelium Ioannis tract.* 26, 13: PL 35, pp. 1612s.

do. Que cada um procure evitar, com o próprio modo de agir, "contristar o Espírito Santo de Deus".[73]

A fim de que esta unidade, bem como a colaboração constante e sistemática que a ela conduz, possa continuar com perseverança, eu imploro de joelhos para todos nós a luz do Espírito Santo, por intercessão de Maria, sua santa Esposa e Mãe da Igreja. E a todos abençoando, de todo o coração, recomendo-me uma vez mais a vós, veneráveis e meus amados irmãos no episcopado, com fraternas saudações e com plena confiança. Nesta colegial unidade, de que somos participantes, envidemos todos os esforços para que a eucaristia se torne cada vez mais fonte de vida e luz das consciências de todos os nossos irmãos e irmãs de todas as comunidades, na unidade universal da Igreja de Cristo sobre a terra.

Em espírito de caridade fraterna, é-me grato dar-vos, e a todos os irmãos no sacerdócio, a bênção apostólica.

Vaticano, aos 24 de fevereiro — primeiro domingo da Quaresma — do ano de 1980, segundo do meu pontificado.

---

[73] Ef 4,30.

Sacerdotium ministeriale — Carta aos bispos da Igreja Católica sobre algumas questões concernentes ao ministro da eucaristia[1]

Sagrada Congregação para a Doutrina da Fé
(6 de agosto de 1983)

INTRODUÇÃO

1. Quando o Concílio Vaticano II ensinou que o sacerdócio ministerial ou hierárquico difere essencialmente, e não apenas em grau, do sacerdócio comum dos fiéis, exprimiu a certeza de fé de que somente os bispos e presbíteros podem realizar o mistério eucarístico. Com efeito, embora todos os fiéis participem do único e idêntico sacerdócio de Cristo e concorram para a oblação da eucaristia, só o sacerdote ministerial está habilitado, em virtude do sacramento da ordem, para realizar o sacrifício eucarístico *in persona Christi* (personificando Cristo) e para o oferecer em nome de todo o povo cristão.[2]

2. Nos últimos anos, porém, começaram a ser difundidas e, por vezes, a ser postas em prática opiniões que, negando esses ensinamentos, ferem no mais íntimo a vida da Igreja. Tais opiniões, divulgadas sob formas e com argumentos diversos, começam a aliciar os simples fiéis, quer pelo fato de se afirmar que elas possuem certa base científica, quer pelo fato de se apresenta-

---

[1] Tradução do original latino publicada pelo *L'Osservatores Romano*, ed. Port., de 11.9.1983.
[2] Concílio Ecumênico Vaticano II. Const. dogmática *Lumen gentium*, nn. 10, 17, 26, 28; Const. *Sacrosanctum concilium*, n. 7; Decr. *Christus dominus*, n. 15; Decr. *Presbyterorum ordinis*, nn. 2 e 3; cf. também Paulo VI. Enc. *Mysterium fidei*, de 3 de set. de 1965: AAS 57 (1965), pp. 761s.

rem como solução para as necessidades do serviço pastoral das comunidades cristãs e da vida sacramental.

3. Por isso, esta Sagrada Congregação para a Doutrina da Fé, movida pelo desejo de prestar aos pastores de almas os próprios serviços, com espírito de afeto colegial, propõe-se a chamar a atenção, com a presente Carta, para alguns pontos essenciais da doutrina da Igreja acerca do ministro da eucaristia, os quais têm vindo a ser transmitidos pela tradição viva e a ser expressos em precedentes documentos do Magistério.[3] Supondo aqui a visão integral do ministério sacerdotal, como é apresentada pelo Concílio Vaticano II, a Congregação considera urgente, na situação atual, uma intervenção esclarecedora sobre essa função essencial e peculiar do sacerdote.

OPINIÕES ERRÔNEAS

1. Os autores das novas opiniões afirmam que toda e qualquer comunidade cristã, pelo fato de se reunir em nome de Cristo e, portanto, de se beneficiar da sua presença (cf. Mt 18,20), estaria dotada de todos os poderes que o Senhor quis conceder à sua Igreja.

Opinam ainda que a Igreja é apostólica no sentido de que todos aqueles que pelo santo batismo foram purificados e nela incorporados e tornados partícipes do múnus sacerdotal, profético e real de Cristo, seriam também realmente sucessores dos apóstolos. E uma vez que nos mesmos apóstolos está prefigurada toda a Igreja, seguir-se-ia daí que também as palavras da instituição da eucaristia, a eles dirigidas, seriam destinadas a todos.

2. Daqui se seguiria igualmente que, por muito necessário que seja para a boa ordem da Igreja o ministério dos bispos e dos presbíteros, ele não se diferenciaria do sacerdócio comum por um motivo de participação do sacerdócio de Cristo no sentido estrito, mas somente em razão do exercício. O chamado ofício de dirigir a comunidade – o qual inclui também o múnus de pregar e de presidir à sagrada "Sinaxe" – seria um simples mandato conferido tendo em vista o bom funcionamento da mesma comunidade, mas não deveria ser "sa-

---

[3] Cf. Pio XII, Enc. *Mediator Dei*, de 20 de nov. de 1947: AAS 39 (1947), p. 553; Paulo VI. Exort. apost. *Quinque iam Anni*, de 8 de dez. de 1970: AAS 63 (1971), p. 99; Documentos dos Sínodos dos Bispos de 1971: *De sacerdotio ministeriali*, primeira parte: AAS 63 (1971), pp. 903-908; Sagrada Congregação para a Doutrina da Fé. Decl. *De duobus operibus professoris Joannis Kung*, de 15 de fev. de 1975: AAS 67 (1975), p. 204; Decl. *Inter insigniores*, de 15 de out. de 1976, n. V: AAS 69 (1977) pp. 108-112; João Paulo II. Carta *Novo incipiente nostro*, a todos os sacerdotes da Igreja, de 8 de abril de 1979, nn. 2-4: AAS 71 (1979), pp. 395-400; ibidem, Carta *Dominicae cenae*, a todos os bispos da Igreja, de 24 de fev. de 1980, nn. I-II: AAS 72 (1980), pp. 115-134.

cralizado". O chamamento a tal ministério não acrescentaria uma nova capacidade "sacerdotal" no sentido estrito – e é por isso que a maior parte das vezes se evita até o termo "sacerdócio" – nem imprimiria um caráter que constitua alguém ontologicamente na condição de ministro, mas tão-somente expressaria diante da comunidade que a capacidade inicial conferida no sacramento do batismo se torna efetiva.

3. Em virtude da apostolicidade de cada comunidade local, em que Cristo estaria presente não menos do que na estrutura episcopal, qualquer comunidade, por menor que seja, se viesse a encontrar-se privada durante muito tempo daquele seu elemento constitutivo que é a eucaristia, teria a possibilidade de "reapropriar-se" do seu poder originário e teria o direito de designar o próprio presidente e animador, outorgando-lhe todas as faculdades necessárias para ele passar a ser o guia da mesma comunidade, sem excluir a de presidir e de consagrar a eucaristia. Ou, então – afirma-se ainda –, o próprio Deus não se recusaria a conceder, em semelhantes circunstâncias, mesmo sem o sacramento, o poder que normalmente concede mediante a ordenação sacramental.

Leva também à mesma conclusão o fato de que a celebração da eucaristia muitas vezes é entendida simplesmente como um ato da comunidade local reunida para comemorar a última ceia do Senhor mediante a fração do pão. Seria, por conseguinte, mais um convívio fraterno, no qual a comunidade se reúne e se exprime, do que a renovação sacramental do sacrifício de Cristo, cuja eficácia salvífica se estende a todos os homens, presentes e ausentes, vivos e defuntos.

4. Por outro lado, em algumas regiões as opiniões errôneas sobre a necessidade de ministros ordenados para a celebração da eucaristia induziram alguns a atribuir cada vez menor valor à catequese sobre os sacramentos da ordem e da eucaristia.

A DOUTRINA DA IGREJA

1. Embora sejam propostas de formas bastante diversas e matizadas, as referidas opiniões convergem todas na mesma conclusão: que o poder de realizar o sacramento da eucaristia não está necessariamente ligado à ordenação sacramental. E é evidente que esta conclusão não pode coadunar-se de maneira nenhuma com a fé transmitida, dado que não só nega o poder confiado aos sacerdotes, mas também deprecia toda a estrutura apostólica da Igreja e deforma a própria economia sacramental da salvação.

Sacerdotium ministeriale – Carta aos bispos da Igreja Católica sobre algumas questões concernentes ao ministro da eucaristia

2. Segundo o ensino da Igreja, a Palavra do Senhor e a vida divina por ele proporcionada estão destinadas, desde o princípio, a ser vividas e participadas em um único corpo, que o próprio Senhor para si edifica ao longo dos séculos. Este corpo, que é a Igreja de Cristo, dotado continuamente por ele com os dons dos ministérios "bem alimentado e bem coeso por meio de junturas e de ligamentos, recebe o desenvolvimento desejado por Deus" (Cl 2,19).[4] Esta estrutura ministerial na sagrada tradição concretiza-se nos poderes outorgados aos apóstolos e aos seus sucessores de santificar, de ensinar e de governar em nome de Cristo.

A apostolicidade da Igreja não significa que todos os fiéis sejam apóstolos,[5] nem sequer de um modo coletivo; e nenhuma comunidade tem o poder de conferir o ministério apostólico, que fundamentalmente é outorgado pelo próprio Senhor. Quando a Igreja se professa apostólica nos símbolos da fé, portanto, exprime, além da identidade doutrinal do seu ensino com o ensino dos apóstolos, a realidade da continuação do múnus dos apóstolos mediante a estrutura da sucessão, por meio da qual a missão apostólica deverá perdurar até o fim dos séculos.[6]

Esta sucessão dos apóstolos que faz com que toda a Igreja seja apostólica constitui parte da tradição viva, que foi, desde o princípio, e continua a ser para a mesma Igreja a sua forma de vida. Por isso, afastam-se do reto caminho aqueles que opõem a esta tradição viva algumas partes isoladas da Escritura, das quais pretendem deduzir o direito a outras estruturas.

3. A Igreja Católica, que cresceu no decorrer dos séculos e continua a crescer pela vida que lhe doou o Senhor com a efusão do Espírito Santo, manteve sempre a sua estrutura apostólica, sendo fiel à tradição dos apóstolos, que nela vive e perdura. Ao impor as mãos aos eleitos com a invocação do Espírito Santo, ela está cônscia de administrar o poder do Senhor, o qual torna participantes de modo peculiar os bispos, sucessores dos apóstolos, da sua tríplice missão sacerdotal, profética e real. E os bispos, por sua vez, conferem, em grau diferente, o ofício do seu ministério a diversos outros na Igreja.[7]

Portanto, ainda que os batizados possuam a mesma dignidade diante de Deus, na comunidade cristã, que o seu divino Fundador quis hierarquicamente estruturada, existem desde os seus primórdios poderes apostólicos específicos que dimanam do sacramento da ordem.

---

4   Cf. Concílio Ecumênico Vaticano II. Const. dogm. *Lumen gentium*, nn. 7, 18, 19, 20; Decr. *Christus dominus*, nn. 1 e 3; Decr. *Presbyterorum ordinis*, n. 2.

5   Cf. Concílio Ecumênico de Trento. *Doctrina de sacramento ordinis*, cap. 4; DS 1767.

6   Cf. Concílio Ecumênico Vaticano II. Const. dogm. *Lumen gentium*, n. 20.

7   Cf. Concílio Ecumênico Vaticano II. Const. dogm. *Lumen gentium*, n. 28.

4. Entre esses poderes, que Cristo confiou de maneira exclusiva aos apóstolos e aos seus sucessores, figura o de realizar a eucaristia. Somente aos bispos e aos presbíteros, a quem os mesmos bispos tornaram participantes do próprio ministério, está reservada a faculdade para renovar no ministério eucarístico aquilo mesmo que Cristo fez na última ceia.[8]

A fim de poderem exercer as próprias funções, especialmente a tão importante função de realizar o mistério eucarístico, Cristo Senhor marca espiritualmente aqueles que chama ao episcopado e ao presbiterato com um sigilo, chamado também, em documentos solenes do Magistério,[9] "caráter", e configura-os de tal modo consigo próprio que, ao pronunciarem as palavras da consagração, não agem por mandato da comunidade, mas sim *in persona Christi*, o que quer dizer algo mais do que "em nome de Cristo" ou "fazendo as vezes de Cristo"... dado que o celebrante, por uma razão sacramental particular, se identifica com o "Sumo e Eterno Sacerdote", que é o Autor e o principal Agente do seu próprio sacrifício, no que não pode, na realidade, ser substituído por ninguém.[10]

Uma vez que faz parte da própria natureza da Igreja que o poder de consagrar a eucaristia seja outorgado somente aos bispos e aos presbíteros, os quais são constituídos ministros para isso, mediante a recepção do sacramento da ordem, a mesma Igreja professa que o mistério eucarístico não pode ser celebrado em nenhuma comunidade a não ser por um sacerdote ordenado, conforme ensinou expressamente o Concílio Ecumênico Lateranense IV.[11]

A cada um dos fiéis ou às comunidades que por motivo de perseguição ou por falta de sacerdotes se vejam privadas da celebração da sagrada eucaristia, durante breve tempo ou mesmo durante um período longo, não faltará, de alguma maneira, a graça do Redentor. Se estiverem animados intimamente pelo voto do sacramento e unidos na oração com toda a Igreja, invocarem o Senhor e elevarem para ele os próprios corações, tais fiéis e comunidades vivem, por virtude do Espírito Santo, em comunhão com a Igreja, corpo vivo de Cristo, e com o mesmo Senhor. Mediante o voto do sacramento em união com a Igreja,

---

[8] Confirma-se isso pelo uso que prevaleceu na Igreja de chamar aos bispos e aos presbíteros sacerdotes do culto sagrado, sobretudo porque só a eles foi reconhecido o poder de realizar o mistério eucarístico.

[9] Cf. Concílio Ecumênico Vaticano II. Const. dogmática *Lumen gentium*, n. 21; decr. *Presbyterorum ordinis*, n. 2.

[10] João Paulo II. Carta *Dominicae cenae*, n. 8: AAS 72 (1980), pp. 128-129.

[11] Concílio Ecumênico Lateranense IV. Const. de fé católica *Firmiter credimus*: "Una vero est fidelium universalis Ecclesia, extra quam nullus omnino salvatur, in qua idem ipse sacerdos est sacrificium Iesus Christus, cuius corpus et sanguis in sacramento altaris sub speciebus panis et vini veraciter continetur, transubstantiatis pane in corpus e vino in sanguinem potestate divina: ut ad perficiendum mysterium unitatis accipiamus ipsi de suo, quod ipse accepit de nostro. Et hoc utique sacramentum nemo potest conficere, nisi sacerdos, qui rite fuerit ordinatus, secundum claves Ecclesiae, quas ipse concessit Apostolis eorumque sucessoribus Iesus Christus" (DS 802).

ainda que estejam muito afastados externamente, estão unidos a ela íntima e realmente e, por isso, recebem os frutos do sacramento; ao passo que aqueles que procuram atribuir-se indevidamente o direito de realizar o mistério eucarístico acabam por fechar em si mesma a própria comunidade.[12]

A consciência disto não dispensa, contudo, os bispos, os sacerdotes e todos os membros da Igreja do dever de pedir ao "Senhor da messe que mande trabalhadores" segundo as necessidades dos homens e dos tempos (cf. Mt 9,37s), e de se aplicarem com todas as forças para que seja ouvida e acolhida, com humildade e generosidade, a vocação do Senhor ao sacerdócio ministerial.

EXORTAÇÃO À VIGILÂNCIA

Ao propor à atenção dos pastores sagrados da Igreja estes pontos, a Sagrada Congregação para a Doutrina da Fé tem o desejo de prestar-lhes um serviço no seu ministério, de apascentar a grei do Senhor com o alimento da verdade, de guardar o depósito da fé e de conservar íntegra a unidade da Igreja. É necessário resistir, firmes na fé, ao erro, mesmo quando este se apresenta sob as aparências de piedade, para poder abraçar com a caridade do Senhor os que erram, professando a verdade na caridade (cf. Ef 4,15). Os fiéis que atentam à celebração da eucaristia à margem do vínculo da sucessão apostólica, estabelecido com o sacramento da ordem, excluem a si mesmos da participação na unidade do único corpo do Senhor e, por conseqüência, não nutrem nem edificam a comunidade, mas destroem-na.

Incumbe, pois, aos pastores de almas o múnus de vigiar, para que na catequese e no ensino da Teologia não continuem a ser difundidas as opiniões errôneas anteriormente mencionadas, e especialmente para que elas não encontrem aplicação concreta na prática; e se porventura se dessem casos do gênero, incumbe-lhes o sagrado dever de os denunciar como totalmente estranhos à celebração do sacrifício eucarístico e ofensivos da comunhão eclesial. E têm o mesmo dever em relação àqueles que diminuem a importância central dos sacramentos da ordem e da eucaristia para a Igreja. Também a nós, efetivamente, são dirigidas estas palavras: "Prega a palavra, insiste a tempo e fora de tempo, confuta, exorta com toda a longanimidade e desejo de instruir...

---

[12] Cf. João Paulo II. Carta *Novo incipiente nostro*, n. 10: AAS 71 (1979), pp. 411-415; Sobre o valor do voto do sacramento cf. Conc. Ecumênico de Trento. Decr. *De iustificatione*, cap. 4: DS 1524; Decr. *De sacramentis*, can. 4: DS 1604; Concílio Ecumênico Vaticano II. Const. dogmática *Lumen gentium*, n. 14; S. Officium. *Epist. ad Archiepiscopum Bostoniensem*, de 8 de agosto de 1949: DS 3870 e 3872.

Vigia atentamente, resiste à provocação, prega o Evangelho e cumpre o teu ministério" (2Tm 4,2-5).

Que a solicitude colegial encontre, pois, nestas circunstâncias, uma aplicação concreta, de modo que a Igreja, mantendo-se indivisa, mesmo dada a sua variedade de igrejas locais que colaboram conjuntamente,[13] guarde o depósito que lhe foi confiado por Deus através dos apóstolos. A fidelidade à vontade de Cristo e a dignidade cristã exigem que a fé transmitida permaneça a mesma e assim proporcione a todos os fiéis a paz na fé (cf. Rm 15,13).

O sumo pontífice João Paulo II, em audiência concedida ao abaixo assinado cardeal prefeito, aprovou a presente Carta, decidida na reunião ordinária desta S. Congregação, e ordenou a sua publicação.

Roma, da Sede da Sagrada Congregação para a Doutrina da Fé, aos 6 dias do mês de agosto, Festa da Transfiguração do Senhor, do ano de 1983.

Joseph Card. Ratzinger, prefeito
Jérôme Hamer, op, arcebispo titular de Lorium, secretário

---

[13] Cf. Concílio Ecumênico Vaticano II. Const. dogm. *Lumen gentium*, n. 23.

Catecismo da Igreja Católica

OS SETE SACRAMENTOS DA IGREJA

1210. Os sacramentos da nova lei foram instituídos por Cristo e são sete, a saber: o batismo, a confirmação, a eucaristia, a penitência, a unção dos enfermos, a ordem e o matrimônio. Os sete sacramentos atingem todas as etapas e todos os momentos importantes da vida do cristão: dão à vida de fé do cristão origem e crescimento, cura e missão. Nisto existe certa semelhança entre as etapas da vida natural e as da vida espiritual.[1]

1211. Seguindo esta analogia, exporemos primeiramente os três sacramentos da iniciação cristã (Capítulo I), em seguida os sacramentos de cura (Capítulo II) e, finalmente, os sacramentos que estão a serviço da comunhão e da missão dos fiéis (Capítulo III). Sem dúvida, esta disposição não é a única possível, mas permite ver que os sacramentos formam um organismo no qual cada um especificamente tem seu lugar vital. Neste organismo, a eucaristia ocupa um lugar único por ser "sacramento dos sacramentos": "todos os demais sacramentos estão ordenados a este como a seu fim".[2]

O SACRAMENTO DA EUCARISTIA

1322. A santa eucaristia conclui a iniciação cristã. Os que foram elevados à dignidade do sacerdócio régio pelo batismo e configurados mais profun-

---

[1] Cf. STO. TOMÁS DE AQUINO. *Summa Theologica*, III, 65,1.

[2] STO. TOMÁS DE AQUINO. *Summa Theologica*, III, 65,3.

damente a Cristo pela confirmação, estes, por meio da eucaristia, participam com toda a comunidade do próprio sacrifício do Senhor.

1323. "Na última ceia, na noite em que foi entregue, nosso Salvador instituiu o sacrifício eucarístico de seu corpo e sangue. Por ele, perpetua pelos séculos, até que volte, o sacrifício da cruz, confiando destarte à Igreja, sua dileta esposa, o memorial de sua morte e ressurreição: sacramento da piedade, sinal da unidade, vínculo da caridade, banquete pascal em que Cristo é recebido como alimento, o espírito é cumulado de graça e nos é dado o penhor da glória futura."[3]

I. A eucaristia – Fonte e ápice da vida eclesial

1324. A eucaristia é "fonte e ápice de toda a vida cristã".[4] "Os demais sacramentos, assim como todos os ministérios eclesiásticos e tarefas apostólicas, se ligam à sagrada eucaristia e a ela se ordenam. Pois a santíssima eucaristia contém todo o bem espiritual da Igreja, a saber, o próprio Cristo, nossa Páscoa."[5]

1325. "A comunhão de vida com Deus e a unidade do povo de Deus, pelas quais a Igreja é ela mesma, a eucaristia as significa e as realiza. Nela está o clímax tanto da ação pela qual, em Cristo, Deus santifica o mundo, como do culto que no Espírito Santo os homens prestam a Cristo e, por ele, ao Pai.[6]"

1326. Finalmente, pela celebração eucarística já os unimos à liturgia do céu e antecipamos a vida eterna, quando Deus será tudo em todos (1Cor 15,28).

1327. Em sua palavra, a eucaristia é o resumo e a suma de nossa fé: "Nossa maneira de pensar concorda com a eucaristia, e a eucaristia, por sua vez, confirma nossa maneira de pensar".[7]

II. Como se chama este sacramento?

1328. A riqueza inesgotável deste sacramento exprime-se nos diversos nomes que lhe são dados. Cada uma destas designações evoca alguns de seus aspectos. Ele é chamado:

Eucaristia, porque é ação de graças a Deus. As palavras *"eucharistein"* (Lc 22,19; 1Cor 11,24) e *"eulogein"* (Mt 26,26; Mc 14,22) lembram as bênçãos

---

[3]   SC 47.
[4]   LG 11.
[5]   PO 5.
[6]   S. Congregação dos Ritos. Instrução *Eucharisticum mysterium*, n. 6: AAS 69 (1967), pp. 539-573.
[7]   Sto. Irineu, *Ad. Haer.* 4,18,5.

judaicas que proclamam – sobretudo durante a refeição – as obras de Deus: a criação, a redenção e a santificação;

1329. *Ceia do Senhor*, pois se trata da *ceia* que o Senhor fez com seus discípulos na véspera de sua paixão e da antecipação da *ceia das bodas do Cordeiro* na Jerusalém celeste.

Fração do Pão, porque este rito, próprio da refeição judaica, foi utilizado por Jesus quando abençoava e distribuía o pão como presidente da mesa, sobretudo por ocasião da última ceia.[8] É por esse gesto que os discípulos o reconhecerão após a ressurreição, e é com esta expressão que os primeiros cristãos designarão suas assembléias eucarísticas. Com isso querem dizer que todos os que comem do único pão partido, Cristo, entram em comunhão com ele e já não formam senão um só corpo nele.

Assembléia eucarística (*synaxxis*, pronuncie "sináxis"), porque a eucaristia é celebrada na assembléia dos fiéis, expressão visível da Igreja.[9]

1330. *Memorial* da Paixão e da Ressurreição do Senhor.

Santo sacrifício, porque atualiza o único sacrifício de Cristo Salvador e inclui a oferenda da Igreja: ou também *santo sacrifício da missa*, "sacrifício de louvor" (Hb 13,15),[10] *sacrifício espiritual*,[11] *sacrifício puro*[12] e *santo*, pois realiza e supera todos os sacrifícios da antiga aliança.

Santa e divina liturgia, porque toda a liturgia da Igreja encontra seu centro e sua expressão mais densa na celebração deste sacramento; é no mesmo sentido que se chama também celebração dos *Santos Mistérios*. Fala-se também do *Santíssimo Sacramento*, porque é o sacramento dos sacramentos. Com esta denominação designam-se as espécies eucarísticas guardadas no tabernáculo.

1331. *Comunhão*, porque é por este sacramento que nos unimos a Cristo, que nos torna participantes de seu corpo e de seu sangue para formarmos um só corpo; denomina-se ainda as *"coisas santas: ta hagia* (pronuncia-se "ta háguia" e significa "coisas santas"); *sancta* (coisas santas)" – este é o sentido primeiro da "comunhão dos santos" de que fala o Símbolo dos Apóstolos – *pão dos anjos, pão do céu, remédio de imortalidade, viático...*

1332. *Santa Missa*, porque a liturgia na qual se realizou o mistério da salvação termina com o envio dos fiéis (*"missio"*: missão, envio) para que cumpram a vontade de Deus em sua vida cotidiana.

---

[8]   Cf. Mt 26,26; 1Cor 11,24.
[9]   Cf. 1Cor 11,17-34.
[10]   Cf. Sl 116,13.17.
[11]   Cf. 1Pd 2,5.
[12]   Cf. Ml 1,11.

III. A eucaristia na economia da salvação

Os sinais do pão e do vinho

1333. Encontram-se no cerne da celebração da eucaristia o pão e o vinho, os quais, pelas palavras de Cristo e pela invocação do Espírito Santo, se tornam o corpo e o sangue de Cristo. Fiel à ordem do senhor, a Igreja continua fazendo, em sua memória, até a sua volta gloriosa, o que ele fez na véspera de sua paixão: "Tomou o pão... Tomou o cálice cheio de vinho..." Ao se tornarem misteriosamente o corpo e o sangue de Cristo, os sinais do pão e do vinho continuam a significar também a bondade da criação. Assim, no ofertório damos graças ao Criador pelo pão e pelo vinho,[13] fruto "do trabalho do homem", mas antes "fruto da terra" e "da videira", dons do Criador. A Igreja vê neste gesto de Melquisedec, rei e sacerdote, que "trouxe pão e vinho" (Gn 14,18), uma prefiguração de sua própria oferta.[14]

1334. Na antiga aliança, o pão e o vinho são oferecidos em sacrifício entre as primícias da terra, em sinal de reconhecimento ao Criador. Mas eles recebem também um novo significado no contexto do êxodo: os pães ázimos que Israel come cada ano na Páscoa comemoram a pressa da partida libertadora do Egito; a recordação do maná do deserto há de lembrar sempre a Israel que ele vive do pão da Palavra de Deus.[15] Finalmente, o pão de todos os dias é o fruto da terra prometida, penhor da fidelidade de Deus às suas promessas. O "cálice de bênção" (1Cor 10,16), no fim da refeição pascal dos judeus, acrescenta à alegria festiva do vinho uma dimensão escatológica: da espera messiânica do restabelecimento de Jerusalém. Jesus instituiu sua eucaristia dando um sentido novo e definitivo à bênção do pão e do cálice.

1335. O milagre da multiplicação dos pães, quando o Senhor proferiu a bênção, partiu e distribuiu os pães a seus discípulos para alimentar a multidão, prefigura a superabundância deste único pão de sua eucaristia.[16] O sinal da água transformada em vinho em Caná[17] já anuncia a hora da glorificação de Jesus. Manifesta a realização da ceia das bodas do Reino do Pai, onde os fiéis beberão o vinho novo,[18] transformado no sangue de Cristo.

---

[13] Cf. Sl 104,13-15.
[14] Cf. MR. *Cânon Romano* 95: "*Supra quae*".
[15] Cf. Dt 8,3.
[16] Cf. Mt 14,13-21; 15,32-39.
[17] Cf. Jo 2,11.
[18] Cf. Mc 14,25.

1336. O primeiro anúncio da eucaristia dividiu os discípulos, assim como o anúncio da paixão os escandalizou: "Essa palavra é dura! Quem pode escutá-la?" (Jo 6,60). A eucaristia e a cruz são pedras de tropeço. É o mesmo mistério, e ele não cessa de ser ocasião de divisão. "Vós também quereis ir embora?" (Jo 6,67). Esta pergunta ao Senhor ressoa através dos séculos como convite de seu amor a descobrir que só ele tem "as palavras da vida eterna" (Jo 6,68) e que acolher na fé o dom de sua eucaristia é acolher a ele mesmo.

A instituição da eucaristia

1337. Tendo amado os seus, o Senhor amou-os até o fim. Sabendo que chegara a hora de partir deste mundo para voltar a seu Pai, no decurso de uma refeição lavou-lhes os pés e deu-lhes o mandamento do amor.[19] Para deixar-lhes uma garantia deste amor, para nunca afastar-se dos seus e para fazê-los participantes de sua Páscoa, instituiu a eucaristia como memória de sua morte e de sua ressurreição, e ordenou a seus apóstolos que a celebrassem até a sua volta, "constituindo-os então sacerdotes do Novo Testamento".[20]

1338. Os três evangelhos sinóticos e são Paulo nos transmitiram o relato da instituição da eucaristia; por sua vez, são João nos relata as palavras de Jesus na sinagoga de Cafarnaum, palavras que preparam a instituição da eucaristia: Cristo designa-se como o pão da vida, descido do céu.[21]

1339. Jesus escolheu o tempo da Páscoa para realizar o que tinha anunciado em Cafarnaum: dar a seus discípulos seu corpo e seu sangue:

> Veio o dia dos ázimos, quando devia ser imolada a Páscoa. Jesus enviou então Pedro e João, dizendo: "Ide preparar-nos a Páscoa para comermos" [...] Eles foram [...] e prepararam a Páscoa. Quando chegou a hora, ele se pôs à mesa com seus apóstolos e disse-lhes: "Desejei ardentemente comer esta Páscoa convosco antes de sofrer; pois eu vos digo que já não a comerei até que ela se cumpra no Reino de Deus" [...] E tomou um pão, deu graças, partiu-o e distribuiu-o a eles dizendo: "Isto é o meu corpo que é dado por vós. Fazei isto em minha memória". E, depois de comer, fez o mesmo com o cálice, dizendo: "Este cálice é a nova aliança em meu sangue, que é derramado em favor de vós" (Lc 22,7-20).[22]

---

[19] Cf. Jo 13,1-17.
[20] CONC. DE TRENTO. DS 1740.
[21] Cf. Jo 6.
[22] Cf. Mt 26,17-29; Mc 14,12-25; 1Cor 11,23-25.

1340. Ao celebrar a última ceia com seus apóstolos durante a refeição pascal, Jesus deu seu sentido definitivo à Páscoa judaica. Com efeito, a passagem de Jesus a seu Pai por sua morte e ressurreição, a Páscoa nova, é antecipada na ceia celebrada na eucaristia que realiza a Páscoa judaica e antecipa a Páscoa final da Igreja na glória do Reino.

"Fazei isto em memória de mim"

1341. O mandamento de Jesus de repetir seus gestos e suas palavras "até que ele volte" não pede somente que se recorde de Jesus e do que ele fez. Visa à celebração litúrgica, pelos apóstolos e seus sucessores, do *memorial* de Cristo, de sua vida, de sua morte, de sua ressurreição e de sua intercessão junto ao Pai.

1342. Desde o início, a Igreja foi fiel ao mandato do Senhor. Da Igreja de Jerusalém se diz:

> Eles eram perseverantes ao ensinamento dos apóstolos, à comunhão fraterna, à fração do pão e às orações. [...] Dia após dia, unânimes, mostravam-se assíduos no templo e partiam o pão pelas casas, tomando o alimento com alegria e simplicidade de coração (At 2,42.46).

1343. Era sobretudo "no primeiro dia da semana", isto é, no domingo, o dia da ressurreição de Jesus, que os cristãos se reuniam "para partir o pão" (At 20,7). Desde aqueles tempos até os nossos dias, a celebração da eucaristia perpetuou-se, de sorte que hoje a encontramos em toda parte na Igreja, com a mesma estrutura fundamental. Ela continua sendo o centro da vida da Igreja.

1344. Assim, de celebração em celebração, anunciando o mistério pascal de Jesus "até que ele venha" (1Cor 11,26), o povo de Deus em peregrinação "avança pela porta estreita da cruz"[23] em direção ao banquete celeste, quando todos os eleitos se sentarão à mesa do Reino.

---

[23] AG 1.

IV. A celebração litúrgica da eucaristia

A missa de todos os séculos

1345. Desde o século II temos o testemunho de são Justino Mártir sobre as grandes linhas do desenrolar da celebração eucarística, que permaneceram as mesmas até os nossos dias para todas as grandes famílias litúrgicas. Assim escreve, pelo ano de 155, para explicar ao imperador pagão Antonino Pio (138-161) o que os cristãos fazem:

> No dia "do sol", como é chamado, reúnem-se em um mesmo lugar os habitantes, quer das cidades, quer dos campos.
>
> Lêem-se, na medida em que o tempo o permite, ora os comentários dos apóstolos, ora os escritos dos profetas.
>
> Depois, quando o leitor terminou, o que preside toma a palavra para aconselhar e exortar à imitação de tão sublimes ensinamentos. A seguir, pomonos de pé e elevamos nossas preces[24] por nós mesmos [...] e por todos os outros, onde quer que estejam, a fim de sermos de fato justos por nossa vida e por nossas ações, e fiéis aos mandamentos, para assim obtermos a salvação eterna.
>
> Quando as orações terminaram, saudamo-nos uns aos outros com um ósculo. Em seguida, leva-se àquele que preside aos irmãos pão e um cálice de água e de vinho misturados.
>
> Ele os toma e faz subir louvor e glória ao Pai do universo, no nome do Filho e do Espírito Santo e rende graças (em grego: *eucharistía*, que significa "ação de graças") longamente pelo fato de termos sido julgados dignos destes dons.
>
> Terminadas as orações e as ações de graças, todo o povo presente prorrompe em uma aclamação, dizendo: Amém.
>
> Depois de o presidente ter feito a ação de graças e o povo ter respondido, os que entre nós se chamam diáconos distribuem a todos os que estão presentes pão, vinho e água "eucaristizados" e levam (também) aos ausentes.[25]

1346. A liturgia da eucaristia desenrola-se segundo uma estrutura fundamental que se conservou ao longo dos séculos até nossos dias. Desdobra-se em dois grandes momentos que formam uma unidade básica:

---

[24] São Justino. *Apol.* 1,65: CA 1,184-186 (PG 6,429).
[25] Ibidem: CA 1,176-180 (PG 6,428).

- a convocação, a *liturgia da Palavra*, com as leituras, a homilia e a oração universal;
- a *liturgia eucarística*, com a apresentação do pão e do vinho, a ação de graças consecratória e a comunhão.

Liturgia da Palavra e Liturgia Eucarística constituem juntas "um só e mesmo ato do culto",[26] com efeito, a mesa preparada para nós na eucaristia é ao mesmo tempo a da Palavra de Deus e a do corpo do Senhor.[27]

1347. Por acaso não é exatamente esta a seqüência da ceia pascal de Jesus ressuscitado com seus discípulos? Estando a caminho, explicou-lhes as Escrituras e, em seguida, colocando-se à mesa com eles, "tomou o pão, abençoou-o, depois partiu-o e distribuiu-o a eles".[28]

A seqüência da celebração

1348. *Todos se reúnem.* Os cristãos acorrem a um mesmo lugar para a assembléia eucarística, encabeçados pelo próprio Cristo, que é ator principal da eucaristia. Ele é o Sumo Sacerdote da nova aliança. É ele mesmo quem preside invisivelmente toda celebração eucarística. É representando-o que o bispo ou o presbítero (agindo "em representação de Cristo-cabeça") preside a assembléia, toma a palavra depois das leituras, recebe as oferendas e profere a oração eucarística. *Todos* têm sua parte ativa na celebração, cada um a seu modo: os leitores, os que trazem as oferendas, os que dão a comunhão e todo o povo, cujo amém manifesta a participação.

1349. *A liturgia da Palavra* comporta "os escritos dos profetas", isto é, o Antigo Testamento, e "as memórias dos apóstolos", isto é, as epístolas e os evangelhos; depois da homilia, que exorta a acolher esta palavra como ela verdadeiramente é, isto é, como Palavra de Deus,[29] e a pô-la em prática, vêm as intercessões por todos os homens, de acordo com a palavra do apóstolo: "Eu recomendo, pois, antes de tudo, que se façam pedidos, orações, súplicas e ações de graças por todos os homens, pelos reis e todos os que detêm a autoridade" (1Tm 2,1-2).

1350. *A apresentação das oferendas* (o ofertório): trazem-se, então, ao altar, por vezes em procissão, o pão e o vinho que serão oferecidos pelo sacerdote

---

[26] SC 56.
[27] Cf. DV 21.
[28] Cf. Lc 24,13-35.
[29] Cf. 1Ts 2,13.

em nome de Cristo no sacrifício eucarístico e ali se tornarão o corpo e o sangue de Cristo. Este é o próprio gesto de Cristo na última ceia, "tomando pão e um cálice". "Esta oblação, só a Igreja a oferece, pura, ao Criador, oferecendo-lhe com ação de graças o que provém de sua criação."[30] A apresentação das oferendas ao altar assume o gesto de Melquisedec e entrega os dons do Criador nas mãos de Cristo. É ele que, em seu sacrifício, leva à perfeição todos os intentos humanos de oferecer sacrifícios.

1351. Desde os inícios, os cristãos levam, com o pão e o vinho para a eucaristia, seus dons para repartir com os que estão em necessidade. Esse costume da *coleta*,[31] sempre atual, inspira-se no exemplo de Cristo que se fez pobre para nos enriquecer.[32]

> Os que possuem bens em abundância e o desejam, dão livremente o que lhes parece bem, e o que se recolhe é entregue àquele que preside. Este socorre os órfãos e viúvas e os que, por motivo de doença ou qualquer outra razão, se encontram em necessidade, assim como os encarcerados e os imigrantes; em uma palavra, ele socorre todos os necessitados.[33]

1352. *A anáfora.* Com a oração eucarística, oração de ação de graças e de consagração, chegamos ao coração e ao ápice da celebração.

No *prefácio*, a Igreja rende graças ao Pai, por Cristo, no Espírito Santo, por todas as suas obras, pela criação, a redenção, a santificação. Toda a comunidade junta-se então a este louvor incessante que a Igreja celeste, os anjos e todos os santos cantam ao Deus três vezes santo.

1353. Na *epiclese*, ela pede ao Pai que envie seu Espírito Santo (ou o poder de sua bênção[34]) sobre o pão e o vinho, para que se tornem, por seu poder, o corpo e o sangue de Jesus Cristo, e para que aqueles que tomam parte na eucaristia sejam um só corpo e um só espírito (certas tradições litúrgicas colocam a epiclese depois da anamnese).

No *relato da instituição*, a força das palavras e da ação de Cristo e o poder do Espírito Santo tornam sacramentalmente presentes, sob as espécies do pão e do vinho, o corpo e o sangue de Cristo, seu sacrifício oferecido na cruz uma vez por todas.

---

[30] STO. IRINEU. *Ad. Haer.*, 4,18,4; cf. Ml 1,11.

[31] Cf. 1Cor 16,1.

[32] Cf. 2Cor 8,9.

[33] S. JUSTINO. *Apol.*, 1,67: CA 1,186-188 (PG 6,429).

[34] Cf. MR, *Cânon Romano* 90.

1354. Na *anamnese* que segue, a Igreja faz memória da Paixão, da ressurreição e da volta gloriosa de Cristo Jesus; ela apresenta ao Pai a oferenda de seu Filho que nos reconcilia com ele.

Nas *intercessões*, a Igreja exprime que a eucaristia é celebrada em comunhão com toda a Igreja do céu e da terra, dos vivos e dos falecidos, e na comunhão com os pastores da Igreja, o papa, o bispo da diocese, seu presbítero e seus diáconos, e todos os bispos do mundo inteiro com suas igrejas.

1355. Na *comunhão*, precedida pela oração do Senhor e pela fração do pão, os fiéis recebem "o pão do céu" e "o cálice da salvação", o corpo e o sangue de Cristo, que se entregou "para a vida do mundo" (Jo 6,51):

> Porque este pão e este vinho foram, segundo a antiga expressão, "eucaristizados",[35] chamamos este alimento de *eucaristia*, e a ninguém é permitido participar na eucaristia senão àquele que, admitindo como verdadeiros os nossos ensinamentos e tendo sido purificado pelo batismo para a remissão dos pecados e para o novo nascimento, levar uma vida como Cristo ensinou.[36]

V. O sacrifício sacramental: ação de graças, memorial, presença

1356. Se os cristãos celebram a eucaristia desde as origens, e sob uma forma que, em sua substância, não sofreu alteração através da grande diversidade dos tempos e das liturgias, é porque temos consciência de estarmos ligados ao mandato do Senhor, dado na véspera de sua paixão: "Fazei isto em memória de mim" (1Cor 11,24-25).

1357. Cumprimos esta ordem do Senhor celebrando o *memorial de seu sacrifício*. Ao fazermos isto, *oferecemos ao Pai* o que ele mesmo nos deu: os dons de sua criação, o pão e o vinho, que pelo poder do Espírito Santo e pelas palavras de Cristo se tornaram o corpo e o sangue de Cristo, o qual, assim, se torna real e misteriosamente *presente*.

1358. Por isso, temos que considerar a eucaristia:
 • como ação de graças e louvor *ao Pai*;
 • como memorial sacrifical de *Cristo* e de seu corpo;
 • como presença de Cristo pelo poder de sua palavra e de seu *Espírito*.

---

[35] Cf. S. Justino. *Apol.* 1,65: CA 1,180 (PG 6,428).
[36] Idem. *Apol.*, 1,66: CA 1,180 (PG 6,428).

A ação de graças e o louvor ao Pai

1359. A eucaristia, sacramento de nossa salvação realizada por Cristo na cruz, é também um sacrifício de louvor em ação de graças pela obra da criação. No sacrifício eucarístico, toda a criação amada por Deus é apresentada ao Pai por meio da Morte e da Ressurreição de Cristo. Por Cristo, a Igreja pode oferecer o sacrifício de louvor em ação de graças por tudo o que Deus fez de bom, de belo e de justo na criação e na humanidade.

1360. A eucaristia é um sacrifício de ação de graças ao Pai, uma bênção pela qual a Igreja exprime seu reconhecimento a Deus por todos os seus benefícios, por tudo o que ele realizou por meio da criação, da redenção e da santificação. Eucaristia significa, primeiramente, "ação de graças".

1361. A eucaristia é também o sacrifício de louvor por meio do qual a Igreja canta a glória de Deus em toda a criação. Este sacrifício de louvor só é possível através de Cristo: ele une os fiéis à sua pessoa, ao seu louvor e à sua intercessão, de sorte que o sacrifício de louvor ao Pai é oferecido *por* Cristo e *com* ele para ser aceito nele.

O memorial sacrifical de Cristo e de seu corpo, a Igreja

1362. A eucaristia é o memorial da Páscoa de Cristo, a atualização e a oferta sacramental de seu único sacrifício na liturgia da Igreja, que é o corpo dele. Em todas as orações eucarísticas encontramos, depois das palavras da instituição, uma oração chamada *anamnese* ou memorial.

1363. No sentido da Sagrada Escritura, o *memorial* não é somente a lembrança dos acontecimentos do passado, mas a proclamação das maravilhas que Deus realizou por todos os homens.[37] A celebração litúrgica desses acontecimentos torna-os de certo modo presentes e atuais. É desta maneira que Israel entende sua libertação do Egito: toda vez que é celebrada a Páscoa, os acontecimentos do êxodo tornam-se presentes à memória dos crentes, para que estes conformem sua vida a eles.

1364. O memorial recebe um novo sentido no Novo Testamento. Quando a Igreja celebra a eucaristia, rememora a Páscoa de Cristo, e esta se torna presente: o sacrifício que Cristo ofereceu uma vez por todas na cruz torna-se sempre atual.[38] "Todas as vezes que se celebra no altar o sacrifício da

---

[37] Cf. Ex 13,3.
[38] Cf. Hb 7,25-27.

cruz, pelo qual Cristo nessa Páscoa foi imolado, efetua-se a obra de nossa redenção."[39]

1365. Por ser memorial da Páscoa de Cristo, a *eucaristia é também um sacrifício*. O caráter sacrifical da eucaristia é manifestado nas próprias palavras da instituição: "Isto é o meu corpo que será entregue por vós", e "Este cálice é a nova aliança em meu sangue, que vai ser derramado por vós" (Lc 22,19-20). Na eucaristia, Cristo dá este mesmo corpo que entregou por nós na cruz, o próprio sangue que "derramou por muitos para remissão dos pecados" (Mt 26,28).

1366. A eucaristia é, portanto, um sacrifício porque *representa* (torna presente) o sacrifício da cruz, porque dele é *memorial* e porque *aplica* seus frutos:

> [Cristo] nosso Deus e Senhor ofereceu-se a si mesmo a Deus Pai uma única vez, morrendo como intercessor sobre o altar da cruz, a fim de realizar por eles (os homens) uma redenção eterna. Todavia, como sua morte não devia pôr fim ao seu sacerdócio (Hb 7,24-27), na última ceia, "na noite em que foi entregue" (1Cor 11,13), quis deixar à Igreja, sua esposa muito amada, um sacrifício visível (como o reclama a natureza humana) em que seria representado (feito presente) o sacrifício cruento que ia realizar-se uma vez por todas, uma única vez, na cruz, sacrifício este cuja memória haveria de perpetuar-se até o fim dos séculos (1Cor 11,23) e cuja virtude salutar haveria de aplicar-se à remissão dos pecados que cometemos cada dia.[40]

1367. O sacrifício de Cristo e o sacrifício da Eucaristia são *um único sacrifício*:

> É uma só e mesma vítima, é o mesmo que oferece agora pelo ministério dos sacerdotes, que se ofereceu a si mesmo então na cruz. Apenas a maneira de oferecer difere.[41] E porque neste divino sacrifício que se realiza na missa, este mesmo Cristo, que se ofereceu a si mesmo uma vez de maneira cruenta no altar da cruz, está contido e é imolado de maneira incruenta, este sacrifício é verdadeiramente propiciatório.[42]

1368. *A eucaristia é também o sacrifício da Igreja*. A Igreja, que é o corpo de Cristo, participa da oferta de sua Cabeça. Com Cristo, ela mesma é oferecida inteira. Ela se une à sua intercessão ao Pai por todos os homens. Na eucaristia,

---

[39] LG 3.
[40] Concílio de Trento. DS 1740.
[41] Conc. de Trento. Sessão XXII, *Doctrina de ss. Missae Sacrificio*, c. 2: DS 1743.
[42] Ibidem.

o sacrifício de Cristo se torna também o sacrifício dos membros de seu corpo. A vida dos fiéis, seu louvor, seu sofrimento, sua oração, seu trabalho são unidos aos de Cristo e à sua oferenda total, e adquirem assim um valor novo. O sacrifício de Cristo, presente sobre o altar, dá a todas as gerações de cristãos a possibilidade de estarem unidos à sua oferta.

> Nas catacumbas, a Igreja é muitas vezes representada como uma mulher em oração, com os braços largamente abertos em atitude de orante. Como Cristo que estendeu os braços na cruz, ela se oferece e intercede por todos os homens, por meio dele, com ele e nele.

1369. A Igreja inteira está unida à oferta e à intercessão de Cristo. Encarregado ao ministério de Pedro na Igreja, o *papa* está associado a cada celebração da eucaristia em que ele é mencionado como sinal e servidor da unidade da Igreja universal. O *bispo* do lugar é sempre responsável pela eucaristia, mesmo quando é presidida por um *presbítero*; seu nome é nela pronunciado para significar que é ele quem preside a igreja particular, em meio ao presbitério e com a assistência dos *diáconos*. A comunidade intercede assim por todos os ministros que, por ela e com ela, oferecem o sacrifício eucarístico:

> Que se considere legítima só esta eucaristia que se faz sob a presidência do bispo ou daquele a quem este encarregou.[43] É pelo ministério dos presbíteros que se consuma o sacrifício espiritual dos fiéis, em união com o sacrifício de Cristo, único mediador, oferecido em nome de toda a Igreja na eucaristia pelas mãos dos presbíteros, de forma incruenta e sacramental, até que o próprio Senhor venha.[44]

1370. À oferenda de Cristo unem-se não somente os membros que estão ainda na terra, mas também os que já estão na *glória do céu*: é em comunhão com a santíssima Virgem Maria e fazendo memória dela, assim como de todos os santos e santas, que a Igreja oferece o sacrifício eucarístico. Na eucaristia, a Igreja, com Maria, está como que ao pé da cruz, unida à oferta e à intercessão de Cristo.

1371. O sacrifício eucarístico é também oferecido pelos *fiéis defuntos* "que morreram em Cristo e não estão ainda plenamente purificados",[45] para que possam entrar na luz e na paz de Cristo:

---

[43]   Sto. Inácio de Antioquia. *Smyrn.*, 8,1.

[44]   PO 2.

[45]   Concílio de Trento. DS 1743.

Enterrai este corpo onde quer que seja! Não tenhais nenhuma preocupação por ele! Tudo o que vos peço é que vos lembreis de mim no altar do Senhor onde quer que estejais.[46]

Em seguida, oramos [na anáfora] pelos santos padres e bispos que faleceram, e em geral por todos os que adormeceram antes de nós, acreditando que haverá muito grande benefício para as almas, em favor das quais a súplica é oferecida, enquanto se encontra presente a santa e tão temível vítima. [...] Ao apresentarmos a Deus nossas súplicas pelos que adormeceram, ainda que fossem pecadores, nós [...] apresentamos a Cristo imolado por nossos pecados, tornando propício, para eles e para nós, o Deus amigo dos homens.[47]

1372. Sto. Agostinho resumiu admiravelmente esta doutrina que nos incita a uma participação cada vez mais completa no sacrifício de nosso redentor, que celebramos na eucaristia:

Esta cidade remida toda inteira, isto é, a assembléia e a sociedade dos santos, é oferecida a Deus como um sacrifício universal pelo Sumo Sacerdote que, sob a forma de escravo, chegou a ponto de oferecer-se por nós em sua paixão, para fazer de nós o corpo de uma Cabeça tão grande. [...] Este é o sacrifício dos cristãos: "Em muitos, ser um só corpo em cristo" (Rm 12,5). E este sacrifício, a Igreja não cessa de reproduzi-lo no sacramento do altar bem conhecido pelos fiéis, onde se vê que naquilo que oferece, se oferece a si mesma.[48]

A presença de Cristo pelo poder de sua palavra e do Espírito Santo

1373. "Cristo Jesus, aquele que morreu, ou melhor, que ressuscitou, aquele que está à direita de Deus e que intercede por nós" (Rm 8,34), está presente de múltiplas maneiras em sua Igreja:[49] em sua Palavra, na oração de sua Igreja, "lá onde dois ou três estão reunidos em meu nome" (Mt 18,20), nos pobres, nos doentes, nos presos,[50] em seus sacramentos, dos quais ele é o autor, no sacrifício da missa e na pessoa do ministro. Mas *"sobretudo [está presente] sob as espécies eucarísticas".*[51]

---

[46] Sta. Mônica, antes de sua morte, a sto. Agostinho e ao irmão dele; cf. 9,11,27.
[47] S. Cirilo de Jerusalém. *Catech. Myst.*, 5,9.10: PG 33,1116B-1117A.
[48] *De civ. Dei*, 10,6.
[49] Cf. LG 48.
[50] Cf. Mt 25,31-46.
[51] SC 7.

1374. O modo de presença de Cristo sob as espécies eucarísticas é único. Ele eleva a eucaristia acima de todos os sacramentos e faz com que ela seja "como que o coroamento da vida espiritual e o fim ao qual tendem todos os sacramentos".[52] No Santíssimo Sacramento da eucaristia estão "contidos *verdadeiramente, realmente e substancialmente* o corpo e o sangue juntamente com a alma e a divindade de Nosso Senhor Jesus Cristo e, por conseguinte, o *Cristo todo*".[53] "Esta presença chama-se 'real' não por exclusão, como se as outras não fossem 'reais', mas por antonomásia, porque é *substancial* e porque por ela Cristo, Deus e homem, se torna presente completo."[54]

1375. É pela *conversão* do pão e do vinho no corpo e no sangue de Cristo que este se torna presente em tal sacramento. Os padres da Igreja afirmaram com firmeza a fé da Igreja na eficácia da Palavra de Cristo e da ação do Espírito Santo para operar essa conversão. Assim, s. João Crisóstomo declara:

> Não é o homem que faz com que as coisas oferecidas se tornem corpo e sangue de Cristo, mas o próprio Cristo, que foi crucificado por nós. O sacerdote, figura de Cristo, pronuncia essas palavras, mas sua eficácia e a graça são de Deus. *Isto é o meu corpo*, diz ele. Estas palavras transformam as coisas oferecidas.[55]

E Sto. Ambrósio afirma acerca dessa conversão:

> Estejamos bem persuadidos de que isto não é o que a natureza formou, mas o que a bênção consagrou, e que a força da bênção supera a da natureza, pois pela bênção a própria natureza é mudada.[56] Por acaso a palavra de Cristo, que conseguiu fazer do nada o que não existia, não poderia mudar as coisas existentes naquilo que ainda não eram? Pois não é menos dar às coisas a sua natureza primeira do que mudar a natureza delas?[57]

1376. O Concílio de Trento resume a fé católica ao declarar:

> Por ter Cristo, nosso Redentor, dito que aquilo que oferecia sob a espécie do pão era verdadeiramente seu corpo, sempre se teve na Igreja esta convicção, que o santo Concílio declara novamente: pela consagração do pão e do vinho

---

52 Sto. Tomás de Aquino. *Summa Theologica*, III, 73,3.
53 Conc. de Trento. DS 1651.
54 MF.
55 *Prod. Jud.* 1,6: PG 49,380C.
56 Sto. Ambrósio. *De mysteriis* 9,50: CSEL 73,110 (PL 16,405).
57 *De mysteriis*, 9,50,52: PL 16,405-406.

opera-se a mudança de toda a substância do pão na substância do corpo de Cristo Nosso Senhor e de toda a substância do vinho na substância do seu sangue; esta mudança, a Igreja Católica denominou-a com acerto e exatidão *transubstanciação*.[58]

1377. A presença eucarística de Cristo começa no momento da consagração e dura também enquanto subsistirem as espécies eucarísticas. Cristo está presente inteiro em cada uma das espécies e inteiro em cada uma das partes delas, de maneira que a fração do pão não divide o Cristo.[59]

1378. *O culto da Eucaristia.* Na liturgia da missa, exprimimos nossa fé na presença real de Cristo sob as espécies do pão e do vinho, entre outras coisas, dobrando os joelhos, ou inclinando-nos profundamente em sinal de adoração do Senhor.

> A Igreja Católica professou e professa este culto de adoração que é devido ao sacramento da eucaristia não somente durante a missa, mas também fora da celebração dela, conservando com o máximo cuidado as hóstias consagradas, expondo-as aos fiéis para que as venerem com solenidade, levando-as em procissão.[60]

1379. A santa reserva (tabernáculo) era primeiro destinada a guardar dignamente a eucaristia para que pudesse ser levada, fora da missa, aos doentes e aos ausentes. Pelo aprofundamento da fé na presença real de Cristo em sua eucaristia, a Igreja tomou consciência do sentido da adoração silenciosa do Senhor presente sob as espécies eucarísticas. É por isso que o tabernáculo deve ser colocado em um local particularmente digno da igreja; deve ser construído de tal forma que sublinhe e manifeste a verdade da presença real de Cristo no santo sacramento.

1380. É altamente conveniente que Cristo tenha querido ficar presente à sua Igreja desta maneira singular. Visto que estava para deixar os seus em sua forma visível, Cristo quis dar-nos sua presença sacramental; já que ia oferecer-se na cruz para nos salvar, queria que tivéssemos o memorial do amor com o qual nos amou "até o fim" (Jo 13,1), até o dom de sua vida. Com efeito, em sua presença eucarística ele permanece misteriosamente no meio de nós como aquele que nos amou e que se entregou por nós,[61] e o faz sob os sinais que exprimem e comunicam este amor:

---

[58] DS 1642.
[59] Cf. Conc. de Trento. DS 1641.
[60] MF, 56.
[61] Cf. Gl 2,20.

A Igreja e o mundo precisam muito do culto eucarístico. Jesus nos espera neste sacramento do amor. Não regateemos o tempo para ir encontrá-lo na adoração, na contemplação cheia de fé e aberta a reparar as faltas graves e os delitos do mundo. Que a nossa adoração nunca cesse![62]

1381. A presença do verdadeiro corpo de Cristo e do verdadeiro sangue de Cristo neste sacramento "não se pode descobrir pelos sentidos", diz Sto. Tomás, "mas *só com fé*, baseada na autoridade de Deus". Por isso, comentando o texto de S. Lucas 22,19 ("Isto é o meu corpo que será entregue por vós"), são Cirilo declara: "Não perguntes se é ou não verdade; aceita com fé as palavras do Senhor, porque ele, que é a verdade, não mente".[63]

Com devoção te adoro,	*Adoro te devote,*
Latente divindade.	*latens deitas,*
Que, sob essas figuras,	*quae sub his figuris*
Te escondes na verdade;	*vere latitas.*
Meu coração de pleno	*Tibi se cor meum*
Sujeito a ti, obedece,	*totum subiicit,*
Pois que, em te contemplando,	*quia, te contemplans,*
Todo ele desfalece.	*Totum déficit.*
A vista, o tato, o gosto,	*Visus, tactus, gustus*
Certo, jamais te alcança;	*in te fallitur,*
Pela audição somente	*sed auditu solo*
Te crêem com segurança;	*tuto creditur.*
Creio em tudo o que disse	*Credo quidquid dixit*
De Deus Filho, o Cordeiro.	*Dei Filius:*
Nada é mais da verdade	*nil hoc verbo*
Que tal voz, verdadeiro.	*Veritatis verius.*[64]

VI. *O banquete pascal*

1382. A missa é ao mesmo tempo e inseparavelmente o memorial sacrifical no qual se perpetua o sacrifício da cruz e o banquete sagrado da comunhão

---

[62] João Paulo II. Carta *Dominicae cenae*, 3.

[63] Paulo VI. Enc. *Mysterium fidei*: AAS 57 (1965), p. 757; Sto. Tomás de Aquino. *Summa Theologica*, III, 75,1, ed. Leon. 12,156; S. Cirilo de Alexandria. *Commentarius in Lucam* 22,19: PG 72, p. 912.

[64] AHMA 50, 589.

no corpo e no sangue do Senhor. Mas a celebração do sacrifício eucarístico está toda orientada para a união íntima dos fiéis com Cristo pela comunhão. Comungar é receber o próprio Cristo que se ofereceu por nós.

1383. O *altar*, em torno do qual a Igreja está reunida na celebração da eucaristia, representa os dois aspectos de um mesmo mistério: o altar do sacrifício e a mesa do Senhor, e isto tanto mais porque o altar cristão é o símbolo do próprio Cristo, presente no meio da assembléia de seus fiéis, ao mesmo tempo como vítima oferecida por nossa reconciliação e como alimento celeste que se dá a nós. "Com efeito, que é o altar de Cristo senão imagem do corpo de Cristo?" – diz Sto. Ambrósio;[65] e alhures: "O altar representa o corpo [de Cristo], e o corpo de Cristo está sobre o altar".[66] A liturgia exprime esta unidade do sacrifício e da comunhão em muitas orações. Assim, a Igreja de Roma ora em sua anáfora:

> Nós vos suplicamos que ela seja levada à vossa presença, para que, ao participarmos deste altar, recebendo o corpo e o sangue de vosso Filho, sejamos repletos de todas as graças e bênçãos do céu.[67]

"Tomai e comei dele todos vós": a comunhão

1384. O Senhor nos convida insistentemente a recebê-lo no sacramento da eucaristia: "Em verdade, em verdade, vos digo: se não comerdes a carne do Filho do homem e não beberdes o seu sangue, não tereis a vida em vós" (Jo 6,53).

1385. Para responder a este convite, devemos preparar-nos para este momento tão grande e tão santo. S. Paulo exorta a um exame de consciência:

> Todo aquele que comer do pão ou beber do cálice do Senhor indignamente será réu do corpo e do sangue do Senhor. Por conseguinte que cada um examine a si mesmo antes de comer desse pão e beber desse cálice, pois aquele que come e bebe sem discernir o corpo, come e bebe a própria condenação (1Cor 11,27-29).

Quem está consciente de um pecado grave deve receber o sacramento da reconciliação antes de receber a comunhão.

---

[65] Sacr. 5,7.
[66] Sacr. 4,7.
[67] MR. *Prex eucharistica I seu Canon Romanus*, 96, Tipografia Poliglota Vaticana, 1970, p. 453.

CATECISMO DA IGREJA CATÓLICA

1386. Diante da grandeza deste sacramento, o fiel só pode repetir humildemente e com fé ardente a palavra do centurião?[68] *"Domine, non sum dignus ut intres sub tectum meum sed tantum dic verbo et sanabitur anima meã* – Senhor, eu não sou digno de que entreis em minha morada, mas dizei uma palavra e serei salvo".[69] E na divina liturgia de S. João Crisóstomo, os fiéis oram no mesmo espírito:

> Da vossa ceia mística fazei-me participar hoje, ó Filho de Deus. Pois não revelarei o mistério aos vossos inimigos, nem vos darei o beijo de Judas. Mas, como o ladrão, clamo a vós: "Lembrai-vos de mim, Senhor, no vosso reino".[70]

1387. A fim de se prepararem convenientemente para receber este sacramento, os fiéis observarão o jejum prescrito em sua Igreja.[71] A atitude corporal (gestos, roupa) há de traduzir o respeito, a solenidade, a alegria deste momento em que Cristo se torna nosso hóspede.

1388. É consentâneo com o próprio sentido da eucaristia que os fiéis, se tiverem as disposições requeridas,[72] *comunguem quando* participarem da missa:[73] "Recomenda-se muito aquela participação mais perfeita à missa, pela qual os fiéis, depois da comunhão do sacerdote, comungam o corpo do Senhor do mesmo sacrifício".[74]

1389. A Igreja obriga os fiéis "a participar da divina liturgia aos domingos e nos dias festivos"[75] e a receber a eucaristia pelo menos uma vez ao ano, se possível no Tempo pascal,[76] preparados pelo sacramento da reconciliação. Mas recomenda vivamente aos fiéis que recebam a santa eucaristia nos domingos e dias festivos, ou ainda com maior freqüência, e até todos os dias.

1390. Graças à presença sacramental de Cristo sob cada uma das espécies, a comunhão somente sob a espécie do pão permite receber todo o fruto de graça da eucaristia. Por motivos pastorais, esta maneira de comungar estabeleceu-se legitimamente como a mais habitual no rito latino. "A santa comunhão realiza-se mais plenamente sob sua forma de sinal quando se faz

---

[68] Cf. Mt 8,8.

[69] MR. *Ritus Communiones*, 133, Tipografia Poliglota Vaticana, 1970, p. 474.

[70] *Liturgia bizantina. Anaphora Iohannis Chrysostomi*, Prex ante Communionem: F. E. Brightman, *Liturgies Eastern and Western*, Oxford, 1896, p. 394 (PG 63,920).

[71] Cf. CIC, cân. 919.

[72] Cf. CIC, cân. 916-917: AAS 75 (1983 II), pp. 165-166.

[73] No mesmo dia, os fiéis podem receber a sagrada eucaristia só uma segunda vez. Pontificia Comissio Codici Iuris Canonici Authentici Interpertando, *Responsa ad proposita dubia*, 1: AAS 76 (1984), p. 746.

[74] SC 55.

[75] Cf. OE 15.

[76] Cf. CIC, cân. 920.

sob as duas espécies. Pois sob esta forma o sinal do banquete eucarístico é mais plenamente realçado."[77] Nos ritos orientais, esta é a forma habitual de comungar.

Os frutos da comunhão

1391. *A comunhão aumenta a nossa união com Cristo.* Receber a eucaristia na comunhão traz como fruto principal a união íntima com Cristo Jesus. Pois o Senhor diz: "Quem come a minha carne e bebe o meu sangue permanece em mim e eu nele" (Jo 6,56). A vida em Cristo tem seu fundamento no banquete eucarístico: "Assim como o Pai, que vive, me enviou e eu vivo pelo Pai, também aquele que de mim se alimenta viverá por mim" (Jo 6,57):

> Quando nas festas do Senhor os fiéis recebem o corpo do Filho, proclamam uns aos outros a Boa-Nova de que é dado o penhor da vida, como quando o anjo disse a Maria de Mágdala: "Cristo ressuscitou!". Eis que agora também a vida e a ressurreição são conferidas àquele que recebe o Cristo.[78]

1392. O que o alimento material produz em nossa vida corporal, a comunhão o realiza de maneira admirável em nossa vida espiritual. A comunhão da carne de Cristo ressuscitado, "vivificado pelo Espírito Santo e vivificante",[79] conserva, aumenta e renova a vida da graça recebida no batismo. Esse crescimento da vida cristã precisa ser alimentado pela comunhão eucarística, pão da nossa peregrinação, até o momento da morte, quando nos será dado como viático.

1393. *A comunhão separa-nos do pecado.* O Corpo de Cristo que recebemos na comunhão é "entregue por nós", e o sangue que bebemos é "derramado por muitos para remissão dos pecados". Por isso a eucaristia não pode unir-nos a Cristo sem purificar-nos ao mesmo tempo dos pecados cometidos e sem preservar-nos dos pecados futuros:

> "Toda vez que o recebermos, anunciamos a morte do Senhor."[80] Se anunciamos a morte do Senhor, anunciamos a remissão dos pecados. Se, toda vez que o seu sangue é derramado, o é para a remissão dos pecados, devo recebê-lo sempre,

---

[77] IGMR 240.
[78] Fanqîth, *Ofício siro-antioqueno*, v. I, Comum, 237 a-b.
[79] PO 5.
[80] Cf. 1Cor 11,26.

para que perdoe sempre os meus pecados. Eu que sempre peco, devo ter sempre um remédio.[81]

1394. Como o alimento corporal serve para restaurar a perda das forças, a eucaristia fortalece a caridade que, na vida diária, tende a arrefecer; e esta caridade vivificada *apaga os pecados veniais*.[82] Ao dar-se a nós, Cristo reaviva nosso amor e nos torna capazes de romper as amarras desordenadas com as criaturas e de enraizar-nos nele: ·

> Visto que Cristo morreu por nós por amor, quando fazemos memória de sua morte no momento do sacrifício, pedimos que o amor nos seja concedido pela vinda do Espírito Santo; pedimos humildemente que em virtude desse amor, pelo qual Cristo quis morrer por nós, nós também, recebendo a graça do Espírito Santo, possamos considerar o mundo como crucificado para nós e sejamos nós mesmos crucificados para o pecado e vivamos para Deus.[83]

1395. Pela mesma caridade que acende em nós, a eucaristia nos *preserva dos pecados mortais futuros*. Quanto mais participarmos da vida de Cristo e quanto mais progredirmos em sua amizade, tanto mais difícil de ele separarnos pelo pecado mortal. A eucaristia não é destinada a perdoar pecados mortais. Isso é próprio do sacramento da reconciliação. É próprio da eucaristia ser o sacramento daqueles que estão na comunhão plena da Igreja.

1396. *A unidade do corpo místico: a eucaristia faz a Igreja*. Os que recebem a eucaristia estão unidos mais intimamente a Cristo. Por isso mesmo, Cristo os une a todos os fiéis em um só corpo, a Igreja. A comunhão renova, fortalece, aprofunda essa incorporação à Igreja, realizada já pelo batismo. No batismo fomos chamados a constituir um só corpo.[84] A eucaristia realiza este apelo: "O cálice de bênção que abençoamos não é comunhão com o sangue de Cristo? O pão que partimos não é comunhão com o corpo de Cristo? Já que há um único pão, nós, embora muitos, somos um só corpo, visto que todos participamos desse único pão" (1Cor 10,16-17).

> Se sois o corpo e os membros de Cristo, é o vosso sacramento que é colocado sobre a mesa do Senhor, recebeis o vosso sacramento. Respondeis: "Amém" ("sim,

---

[81]   Sto. Ambrósio. *Sacr.* 4,28: PL 16,446A.
[82]   Cf. Conc. de Trento. DS 1638.
[83]   S. Fulgêncio de Ruspe. *Fab.* 28,17: CCL 91A, 813-814 (PL 65,789).
[84]   Cf. 1Cor 12,13.

é verdade!") àquilo que recebeis, e subscreveis ao responder. Ouvis esta palavra: "o corpo de Cristo", e respondeis: "Amém". Sede, pois, um membro de Cristo, para que o vosso Amém seja verdadeiro.[85]

1397. *A eucaristia se compromete com os pobres*. Para receber na verdade o corpo e o sangue de Cristo entregues por nós, devemos reconhecer o Cristo nos mais pobres, seus irmãos:[86]

> Degustaste o sangue do Senhor e não reconheces sequer o teu irmão. Desonras esta própria mesa, não julgando digno de compartilhar do teu alimento aquele que foi julgado digno de participar desta mesa. Deus te libertou de todos os teus pecados e te convidou para esta mesa. E tu, nem mesmo assim, te tornaste mais misericordioso.[87]

1398. *A eucaristia e a unidade dos cristãos*. Diante da grandeza deste mistério, Sto. Agostinho exclama: "Ó sacramento da piedade! Ó sacramento da unidade! Ó vínculo da caridade!".[88] Quanto mais dolorosas se fazem sentir as divisões da Igreja que rompem a participação comum à mesa do Senhor, tanto mais prementes são as orações ao Senhor para que voltem os dias da unidade completa de todos os que nele crêem.

1399. As Igrejas orientais que não estão em comunhão plena com a Igreja Católica celebram a eucaristia com um grande amor. "Essas Igrejas, embora separadas, têm verdadeiros sacramentos – principalmente em virtude da sucessão apostólica, o sacerdócio e a eucaristia –, que as unem intimamente a nós."[89] Por isso, certa comunhão *in sacris* na eucaristia é "não somente possível, mas até aconselhável, em circunstâncias favoráveis e com a aprovação da autoridade eclesiástica".[90]

1400. As comunidades eclesiais oriundas da Reforma, separadas da Igreja Católica, "em razão sobretudo da ausência do sacramento da ordem, não conservaram a substância própria e integral do mistério eucarístico".[91] Por esse motivo, a intercomunhão eucarística com essas comunidades não é possível para a Igreja Católica. Todavia, essas comunidades eclesiais, "quando fazem

---

[85] Sto. Agostinho. *Serm.*, 272: PL 38, 1247.
[86] Cf. Mt 25,40.
[87] S. João Crisóstomo. *Hom.* In 1Cor 27,5: PG 61,230.
[88] Sto. Agostinho, In Ev. Jo 26,13: CCL 36,266 (PL 35, 1613); cf. Concílio Vaticano II. SC 47: AAS 56 (1964), p. 113.
[89] UR 15.
[90] UR 15; cf. CIC, cân. 844, 3.
[91] UR 22.

memória, na santa ceia, da morte e da ressurreição do Senhor, professam que a vida consiste na comunhão com Cristo e esperam sua volta gloriosa".[92]

1401. Quando urge uma necessidade grave, a critério do ordinário, os ministros católicos podem dar os sacramentos (eucaristia, penitência, unção dos enfermos) aos outros cristãos que não estão em plena comunhão com a Igreja Católica, mas que os pedem espontaneamente: é preciso, então, que manifestem a fé católica no tocante a esses sacramentos e que apresentem as disposições exigidas.[93]

VII. A eucaristia – "penhor da glória futura"

1402. Em uma oração, a Igreja aclama o mistério da eucaristia: *"O sacrum convivium in quo Christus sumitur. Recolitur memória passionis eius; mens impletur gratia et futurae gloriae nobis pignus datur* – Ó sagrado banquete, em que de Cristo nos alimentamos. Celebra-se a memória de sua paixão, o espírito é repleto de graça e se nos dá o penhor da glória".[94] Se a eucaristia é o memorial da Páscoa do Senhor, se por nossa comunhão ao altar somos repletos "de todas as graças e bênçãos do céu",[95] a eucaristia é também a antecipação da glória celeste.

1403. Quando da última ceia, o Senhor mesmo dirigia o olhar de seus discípulos para a realização da Páscoa no Reino de Deus: "Desde agora não beberei deste fruto da videira até aquele dia em que convosco beberei o vinho novo no Reino de meu Pai" (Mt 26,29).[96] Toda vez que a Igreja celebra a eucaristia lembra-se desta promessa, e seu olhar se volta para "aquele que vem" (Ap 1,4). Em sua oração, suspira por sua vinda: *"Maran athá"* (1Cor 16,22), "Vem, Senhor Jesus" (Ap 22,20), "Venha vossa graça e passe este mundo!".[97]

1404. A Igreja sabe que, desde agora, o Senhor vem em sua eucaristia, e que ali ele está, no meio de nós. Contudo, esta presença é velada. Por isso, celebramos a eucaristia *"expectantes beatam spem et adventum Salvatoris nostri Jesu Christi* – aguardando a bem-aventurada esperança e a vinda de nosso Salvador

---

[92] UR 22.

[93] Cf. CIC, cân. 844, 4.

[94] *In Sollemnitate ss. mi corporis et sanguinis Christi*, Antiphona ad "Magnificat" in *II Vesperis liturgia Horarum*, v.3. Tipografia Poliglota Vaticana, 1973, p. 502.

[95] MR, Cânon romano: *Supplices te rogamus*.

[96] Cf. Lc 22,18; Mc 14,25.

[97] Didaché 10,6.

Jesus Cristo",[98] pedindo "saciar-nos eternamente da vossa glória, quando enxugardes toda lágrima dos nossos olhos. Então, contemplando-vos como sois, seremos para sempre semelhantes a vós e cantaremos sem cessar os vossos louvores, por Cristo, Senhor nosso".[99]

1405. Desta grande esperança, a dos céus novos e da terra nova nos quais habitará a justiça,[100] não temos penhor mais seguro, sinal mais manifesto do que a eucaristia. Com efeito, toda vez que é celebrado este mistério, "opera-se a obra da nossa redenção"[101] e nós "partimos um mesmo pão, que é remédio de imortalidade, antídoto não para a morte, mas para a vida eterna em Jesus Cristo".[102]

Resumindo

1406. Jesus disse: "Eu sou o pão vivo, descido do céu. Quem comer deste pão viverá eternamente. [...] Quem come a minha carne e bebe o meu sangue tem vida eterna. [...] permanece em mim e eu nele"(Jo 6,51.54.56)

1407. A eucaristia é o coração e o ápice da vida da Igreja, pois nela Cristo associa sua Igreja e todos os seus membros a seu sacrifício de louvor e de ação de graças oferecido uma vez por todas na cruz a seu Pai; por seu sacrifício ele derrama as graças da salvação sobre o seu corpo, que é a Igreja.

1408. A celebração eucarística comporta sempre: a proclamação da Palavra de Deus, a ação de graças a Deus Pai por todos os seus benefícios, sobretudo pelo dom de seu Filho, a consagração do pão e do vinho e a participação no banquete litúrgico pela recepção do corpo e do sangue do Senhor.

Esses elementos constituem um só e mesmo ato de culto.

1409. A eucaristia é o memorial da Páscoa de Cristo: isto é, da obra da salvação realizada pela vida, morte e ressurreição de Cristo, obra esta tornada presente pela ação litúrgica.

1410. É Cristo mesmo, sumo sacerdote eterno da nova aliança, que, agindo pelo ministério dos sacerdotes, oferece o sacrifício eucarístico. E é também o mesmo Cristo, realmente presente sob as espécies do pão e do vinho, que é a oferenda do sacrifício eucarístico.

---

[98] Embolismo do pai-nosso; cf. Tt 2,13.
[99] MR, Oração eucarística III, 116: oração pelos defuntos.
[100] Cf. 2Pd 3,13.
[101] LG 3.
[102] Sto. Inácio de Antioquia. *Eph.*, 20,2.

1411. Só os sacerdotes validamente ordenados podem presidir a eucaristia e consagrar o pão e o vinho para que se tornem o corpo e o sangue do Senhor.

1412. Os sinais essenciais do sacramento eucarístico são o pão de trigo e o vinho de uva, sobre os quais é invocada a bênção do Espírito Santo, e o sacerdote pronuncia as palavras da consagração ditas por Jesus durante a última ceia: "Isto é o meu corpo entregue por vós. [...] Este é o cálice do meu sangue [...]".

1413. Por meio da consagração opera-se a transubstanciação do pão e do vinho no corpo e no sangue de Cristo. Sob as espécies consagradas do pão e do vinho, Cristo mesmo, vivo e glorioso, está presente de maneira verdadeira, real e substancial, seu corpo e seu sangue, com sua alma e sua divindade.[103]

1414. Enquanto sacrifício, a eucaristia é também oferecida em reparação dos pecados dos vivos e dos defuntos, e para obter de Deus benefícios espirituais ou temporais.

1415. Quem quer receber a Cristo na comunhão eucarística deve estar em estado de graça. Se alguém tem consciência de ter pecado mortalmente, não deve comungar a eucaristia sem ter recebido previamente a absolvição no sacramento da penitência.

1416. A santa comunhão do corpo e do sangue de Cristo aumenta a união do comungante com o Senhor, perdoa-lhe os pecados veniais e o preserva dos pecados graves. Por serem reforçados os laços de caridade entre o comungante e Cristo, a recepção desse sacramento reforça a unidade da Igreja, corpo místico de Cristo.

1417. A Igreja recomenda vivamente aos fiéis que recebam a santa comunhão quando participam da celebração da eucaristia; impõe-lhes a obrigação de comungar pelo menos uma vez por ano.

1418. Visto que Cristo mesmo está presente no sacramento do altar, é preciso honrá-lo com um culto de adoração. "A visita ao santíssimo sacramento é uma prova de gratidão, um sinal de amor e um dever de adoração para com Cristo, nosso Senhor."[104]

1419. Tendo Cristo passado deste mundo ao Pai, dá-nos na eucaristia o penhor da glória junto dele: a participação no santo sacrifício nos identifica com o seu coração, sustenta as nossas forças ao longo da peregrinação desta vida, faz-nos desejar a vida eterna e nos une já à Igreja do céu, à santa Virgem Maria e a todos os santos.

---

[103] Cf. Conc. de Trento. DS 1640; 1651.

[104] MF.

Dies Domini — Carta apostólica sobre a santificação do domingo

João Paulo II
(31 de maio de 1998)
Veneráveis irmãos no episcopado e no sacerdócio.
Caríssimos irmãos e irmãs!

1. O dia do Senhor — como foi definido o domingo, desde os tempos apostólicos —,[1] mereceu sempre, na história da Igreja, uma consideração privilegiada devido à sua estreita conexão com o próprio núcleo do mistério cristão. O domingo, com efeito, recorda, no ritmo semanal do tempo, o dia da ressurreição de Cristo. É a *Páscoa da semana*, na qual se celebra a vitória de Cristo sobre o pecado e a morte, o cumprimento nele da primeira criação e o início da "nova criação" (cf. 2Cor 5,17). É o dia da evocação adorante e grata do primeiro dia do mundo e, ao mesmo tempo, da prefiguração, vivida na esperança, do "último dia", quando Cristo vier na glória (cf. At 1,11; 1Ts 4,13-17) e renovar todas as coisas (cf. Ap 21,5).

Ao domingo, portanto, aplica-se, com muito acerto, a exclamação do salmista: "Este é o dia que Senhor fez: exultemos e cantemos de alegria" (118[117],24). Este convite à alegria, que a liturgia de Páscoa assume como próprio, traz em si o sinal daquele alvoroço que se apoderou das mulheres — elas que tinham assistido à crucifixão de Cristo — quando, dirigindo-se ao sepulcro "muito cedo, no primeiro dia depois de sábado" (Mc 16,2), o encontraram vazio. É convite a reviver, de algum modo, a experiência dos dois discípulos de Emaús, que sentiram "o coração ardendo no peito", quando o

---

[1] Cf. Ap 1,10: "Kyriakē hēméra"; cf. também *Didaké* 14,1; S. Inácio de Antioquia. *Aos cristãos da Magnésia* 9,1-2: SC 10, pp. 88-89.

Ressuscitado caminhava com eles, explicando as Escrituras e revelando-se ao "partir do pão" (cf. Lc 24,32.35). É o eco da alegria, a princípio hesitante e depois incontida, que os apóstolos experimentaram na tarde daquele mesmo dia, quando foram visitados por Jesus ressuscitado e receberam o dom da sua paz e do seu Espírito (cf. Jo 20,1923).

2. A ressurreição de Jesus é o dado primordial sobre o qual se apóia a fé cristã (cf. 1Cor 15,14): estupenda realidade, captada plenamente à luz da fé, mas comprovada historicamente por aqueles que tiveram o privilégio de ver o Senhor ressuscitado; acontecimento admirável que não só se insere, de modo absolutamente singular, na história dos homens, mas que se coloca *no centro do mistério do tempo*. Com efeito, a Cristo "pertence o tempo e a eternidade", como lembra o rito de preparação do círio pascal, na sugestiva liturgia da noite de Páscoa. Por isso, a Igreja, ao comemorar, não só uma vez ao ano, mas em cada domingo, o dia da ressurreição de Cristo, deseja indicar a cada geração aquilo que constitui o eixo fundamental da história, ao qual fazem referência o mistério das origens e o do destino final do mundo.

Portanto, pode-se com razão dizer, como sugere a homilia de um autor do século IV, que o "dia do Senhor" é o "senhor dos dias".[2] Todos os que tiveram a graça de crer no Senhor ressuscitado não podem deixar de acolher o significado deste dia semanal, com o grande entusiasmo que fazia são Jerônimo dizer: "O domingo é o dia da ressurreição, é o dia dos cristãos, é o nosso dia".[3] Com efeito, ele é para os cristãos o "principal dia de festa",[4] estabelecido não só para dividir a sucessão do tempo, mas para revelar o seu sentido profundo.

3. A sua importância fundamental, reconhecida continuamente ao longo de dois mil anos de história, foi reafirmada vigorosamente pelo Concílio Vaticano II: "Por tradição apostólica, que nasceu do próprio dia da ressurreição de Cristo, a Igreja celebra o mistério pascal todos os oito dias, no dia que bem se denomina do Senhor ou domingo".[5] Paulo VI ressaltou novamente a sua importância quando aprovou o novo Calendário Geral romano e as Normas universais que regulam o ordenamento do ano litúrgico.[6] A iminência do terceiro milênio, ao solicitar aos crentes que reflitam, à luz de Cristo, sobre o caminho da história, convida-os também a redescobrir, com maior ímpeto, o

---

[2]   Pseudo-Eusébio de Alexandria. *Sermão* 16: PG 86, p. 416.

[3]   *In die dominica Paschae II*, 52: CCL 78, 550.

[4]   Concílio Ecumênico Vaticano II, Const. sobre a sagrada liturgia *Sacrosanctum concilium*, p. 106.

[5]   Ibidem, p. 106.

[6]   Cf. *Motu proprio Mysterii paschalis* (14 de fevereiro de 1969): AAS 61 (1969), pp. 222-226.

sentido do domingo: o seu "mistério", o valor da sua celebração, o seu significado para a existência cristã e humana.

Com satisfação, vou tomando conhecimento das inúmeras intervenções do Magistério e das iniciativas pastorais que, vós, veneráveis irmãos no episcopado, quer individualmente, quer em conjunto — coadjuvados pelo vosso clero —, realizastes sobre este tema importante nestes anos pós-conciliares. No limiar do Grande Jubileu do ano 2000, quis oferecer-vos esta Carta apostólica para alentar o vosso empenho pastoral em um setor tão vital. Mas, ao mesmo tempo, desejo dirigir-me a todos vós, caríssimos fiéis, tornando-me de algum modo presente espiritualmente nas várias comunidades onde, cada domingo, vos reunis com os vossos respectivos pastores para celebrar a eucaristia e o "dia do Senhor". Muitas das reflexões e sentimentos que animam esta Carta apostólica amadureceram durante o meu serviço episcopal em Cracóvia e, mais tarde, depois de ter assumido o ministério de bispo de Roma e sucessor de Pedro, nas visitas às paróquias romanas, realizadas com regularidade precisamente nos domingos dos diversos períodos do ano litúrgico. Deste modo, parece-me prosseguir o diálogo vivo que gosto de manter com os fiéis, refletindo convosco sobre o sentido do domingo e sublinhando as razões para vivê-lo como verdadeiro "dia do Senhor", inclusive nas novas circunstâncias do nosso tempo.

4. Ninguém desconhece, com efeito, que, em um passado relativamente recente, a "santificação" do domingo era facilitada, nos países de tradição cristã, por uma ampla participação popular e, inclusive, pela organização da sociedade civil, que previa o descanso dominical como ponto indiscutível na legislação relativa às várias atividades laborativas. Hoje, porém, mesmo nos países onde as leis sancionam o caráter festivo deste dia, a evolução das condições socioeconômicas acabou por modificar profundamente os comportamentos coletivos e, conseqüentemente, a fisionomia do domingo. Impôs-se amplamente o costume do "fim de semana", entendido como momento semanal de distensão, transcorrido, talvez, longe da morada habitual e caracterizado, com freqüência, pela participação em atividades culturais, políticas e desportivas, cuja realização coincide precisamente com os dias festivos. Trata-se de um fenômeno social e cultural que não deixa, por certo, de ter elementos positivos, na medida em que pode contribuir, no respeito de valores autênticos, para o desenvolvimento humano e o progresso no conjunto da vida social. Isto é devido não só à necessidade do descanso, mas também à exigência de "festejar" que está dentro do ser humano. Infelizmente, quando o domingo perde o significado original e se reduz a puro "fim de semana", pode acontecer que o homem permaneça fechado em um horizonte tão restrito, que não mais lhe

permita ver o "céu". Então, mesmo bem trajado, torna-se intimamente incapaz de "festejar".[7]

Aos discípulos de Cristo, contudo, é-lhes pedido que não confundam a celebração do domingo, que deve ser uma verdadeira santificação do dia do Senhor, com o "fim de semana" entendido fundamentalmente como tempo de mero repouso ou de diversão. Urge, a este respeito, uma autêntica maturidade espiritual, que ajude os cristãos a "serem eles próprios", plenamente coerentes com o dom da fé, sempre prontos a mostrar a esperança neles depositada (cf. 1Pd 3,15). Isto implica também uma compreensão mais profunda do domingo, para poder vivê-lo, mesmo em situações difíceis, com plena docilidade ao Espírito Santo.

5. Deste ponto de vista, a situação apresenta-se bastante diversificada. Por um lado, temos o exemplo de algumas Igrejas jovens que demonstram com quanto fervor é possível animar a celebração do domingo, tanto nas cidades como nas aldeias mais afastadas. Ao contrário, em outras regiões, por causa das dificuldades sociológicas mencionadas e talvez por falta de fortes motivações de fé, registra-se uma porcentagem significativamente baixa de participantes na liturgia dominical. Na consciência de muitos fiéis parece enfraquecer não só o sentido da centralidade da eucaristia, mas até mesmo o sentido do dever de dar graças ao Senhor, rezando a ele unido com os demais no seio da comunidade eclesial.

A tudo isto é preciso acrescentar que, não somente nos países de missão, mas também nos de antiga evangelização, pela insuficiência de sacerdotes, não se pode, às vezes, garantir a celebração eucarística dominical em todas as comunidades.

6. Diante deste cenário de novas situações e questões anexas, parece hoje mais necessário que nunca recuperar as *profundas motivações doutrinais* que estão na base do preceito eclesial, para que apareça bem claro a todos os fiéis o valor imprescindível do domingo na vida cristã. Agindo assim, prosseguimos no rasto da tradição perene da Igreja, evocada firmemente pelo Concílio Vaticano II quando ensinou que, ao domingo, "os fiéis devem reunir-se para participarem da eucaristia e ouvirem a Palavra de Deus, e assim recordarem a Paixão, Ressurreição e glória do Senhor Jesus" e darem graças a Deus que os "regenerou para uma esperança viva pela ressurreição de Jesus Cristo de entre os mortos" (1Pd 1,3).[8]

---

[7] Cf. nota pastoral da Conferência Episcopal Italiana, *"Il giorno del Signore"* (15 de julho de 1984), n. 5: *Ench.* CEI 3, 1398.

[8] Const. sobre a sagrada liturgia *Sacrosanctum concilium*, p. 106.

7. Com efeito, o dever de santificar o domingo, sobretudo com a participação na eucaristia e com um repouso permeado de alegria cristã e de fraternidade, é fácil de compreender se se consideram as múltiplas dimensões deste dia, que serão objeto da nossa atenção na presente Carta.

O domingo é um dia que está no âmago mesmo da vida cristã. Se, desde o início do meu pontificado, não me cansei de repetir: "Não tenhais medo! Abri, melhor, escancarai as portas a Cristo",[9] hoje neste mesmo sentido, gostaria de convidar vivamente a todos a redescobrirem o domingo: *Não tenhais medo de dar o vosso tempo a Cristo!* Sim, abramos o nosso tempo a Cristo, para que ele possa iluminá-lo e dirigi-lo. É ele quem conhece o segredo do tempo e o segredo da eternidade, e nos entrega o "seu dia", como um dom sempre novo do seu amor. É preciso implorar a graça da descoberta sempre mais profunda deste dia, não só para viver em plenitude as exigências próprias da fé, mas também para dar resposta concreta aos anseios íntimos e verdadeiros existentes em todo ser humano. O tempo dado a Cristo nunca é tempo perdido, mas tempo conquistado para a profunda humanização das nossas relações e da nossa vida.

DIES DOMINI — A CELEBRAÇÃO DA OBRA DO CRIADOR

"Tudo começou a existir por meio dele" (Jo 1,3)

8. O domingo, segundo a experiência cristã, é, sobretudo, uma festa pascal, totalmente iluminada pela glória de Cristo ressuscitado. É a celebração da "nova criação". Este seu caráter, porém, se bem entendido, é inseparável da mensagem que a Escritura, desde as suas primeiras páginas, nos oferece acerca do desígnio de Deus na criação do mundo. Com efeito, se é verdade que o Verbo se fez carne na "plenitude dos tempos" (Gl 4,4), também é certo que, em virtude precisamente do seu mistério de Filho eterno do Pai, ele é origem e fim do universo. Afirma-o S. João, no Prólogo do seu evangelho: "Tudo começou a existir por meio dele, e sem ele nada foi criado" (1,3). Também S. Paulo, ao escrever aos Colossenses, o sublinha: "Nele foram criadas todas as coisas, nos céus e na terra, as visíveis e as invisíveis [...]. Tudo foi criado por ele e para ele" (1,16). Esta presença ativa do Filho na obra criadora de Deus revelou-se plenamente no mistério pascal, no qual Cristo, ressuscitando como "primícia

---

[9] Homilia no início do pontificado (22 de outubro de 1978), 5: AAS 70 (1978), p. 947.

dos que morreram" (1Cor 15,20), inaugurou a nova criação e deu início ao processo que ele mesmo levará a cabo no momento do seu retorno glorioso, "quando entregar o Reino a Deus Pai [...], a fim de que Deus seja tudo em todos" (1Cor 15,24.28).

Portanto, já na aurora da criação, o desígnio de Deus implicava esta "missão cósmica" de Cristo. Esta *perspectiva cristocêntrica*, que se estende sobre todo o arco do tempo, estava presente no olhar complacente de Deus quando, no fim da sua obra, "abençoou o sétimo dia e santificou-o" (Gn 2,3). Nascia então — segundo o autor sacerdotal da primeira narração bíblica da criação — o "sábado", que caracteriza profundamente a primeira aliança e, de algum modo, preanuncia o dia sagrado da nova e definitiva aliança. O mesmo tema do "repouso de Deus" (cf. Gn 2,2) e do repouso por ele oferecido ao povo do êxodo, com o ingresso na terra prometida (cf. Ex 33,14; Dt 3,20; Js 21,44; Sl 95 [94],11), é relido no Novo Testamento sob uma luz nova, a do "repouso sabático" definitivo (cf. Hb 4,9), onde entrou Cristo com a sua ressurreição e também o povo de Deus é chamado a entrar, perseverando na senda da sua obediência filial (cf. Hb 4,3-16). É necessário, portanto, reler a grande página da criação e aprofundar a teologia do "sábado", para chegar à plena compreensão do domingo.

"No princípio, Deus criou os céus e a terra" (Gn 1,1)

9. O estilo poético da narração do Gênesis atesta a admiração sentida pelo homem diante da grandeza da criação e o sentimento de adoração que daí deriva por Aquele que, do nada, criou todas as coisas. Trata-se de uma página de intenso significado religioso, um hino ao Criador do universo, indicado como o único Senhor ante as freqüentes tentações de divinizar o próprio mundo, e ao mesmo tempo um hino à bondade da criação, toda ela plasmada pela mão forte e misericordiosa de Deus.

"Deus viu que isto era bom" (Gn 1,10.12 etc.). Este refrão, que acompanha a narração, *projeta uma luz positiva sobre cada elemento do universo*, deixando, ao mesmo tempo, vislumbrar o segredo para a sua justa compreensão e possível regeneração: o mundo é bom, na medida em que permanece ancorado à sua origem e, após a sua deturpação pelo pecado, torna a ser bom quando, com a ajuda da graça, volta Àquele que o criou. Esta dialética, certamente, não se refere às coisas inanimadas e aos animais, mas aos seres humanos, aos quais foi concedido o dom incomparável, mas também o risco da liberdade. A Bíblia, logo após a narração da criação, põe precisamente em evidência o contraste dramático entre a grandeza do homem, criado à imagem e semelhança de Deus, e a sua queda, que abre no mundo o cenário obscuro do pecado e da morte (cf. Gn 3).

10. Saído assim das mãos de Deus, o universo traz em si a imagem da sua bondade. É um mundo belo, digno de ser admirado e gozado, mas também destinado a ser cultivado e desenvolvido. O "completamento" da obra de Deus abre o mundo ao trabalho do homem. *Concluída, no sétimo dia, toda a obra que havia feito, Deus repousou no sétimo dia, do trabalho por ele realizado"* (Gn 2,2). Através desta evocação antropomórfica do "trabalho" divino, a Bíblia não somente nos oferece uma indicação sobre a misteriosa relação entre o Criador e o mundo criado, mas projeta também uma luz sobre a missão do homem para com o universo. O "trabalho" de Deus é, de certa forma, exemplo para o homem. Este é chamado, pois, não só a habitar, mas também a "construir" o mundo, tornando-se, assim, "colaborador" de Deus. Os primeiros capítulos do Gênesis, como escrevi na Encíclica *Laborem exercens*, constituem, de certa forma, o primeiro "evangelho do trabalho".[10] É uma verdade também ressaltada pelo Concílio Vaticano II: "O homem, criado à imagem de Deus, recebeu o mandamento de dominar a terra com tudo o que ela contém e governar o mundo na justiça e na santidade e, reconhecendo Deus como Criador universal, orientar-se a si e ao universo para ele; de maneira que, estando todas as coisas sujeitas ao homem, seja glorificado em toda a terra o nome de Deus".[11]

A realidade extraordinária do progresso da ciência, da técnica, da cultura nas suas diversas expressões — um progresso sempre mais rápido, e hoje até vertiginoso — é o fruto, na história do mundo, da missão com a qual Deus confiou ao homem e à mulher a tarefa e a responsabilidade de se multiplicarem por toda a terra e de a dominarem através do trabalho, observando a sua Lei.

O "shabbat": o repouso jubiloso do Criador

11. Se, na primeira página do Gênesis, o "trabalho" de Deus é exemplo para o homem, é igualmente o seu "repouso": "Deus repousou, no sétimo dia, do trabalho por ele realizado" (Gn 2,2). Também aqui nos encontramos diante de um antropomorfismo, denso de uma mensagem sugestiva.

---

[10] N. 25: AAS 73 (1981), 639.

[11] Const. past. sobre a Igreja no mundo contemporâneo *Gaudium et spes*, 34.

O "repouso" de Deus não pode ser interpretado de forma banal, como uma espécie de "inatividade" de Deus. Com efeito, o ato criador, que está na constituição do mundo, é permanente por sua própria natureza e Deus não cessa nunca de agir, como o próprio Jesus quis lembrar precisamente com referência ao preceito sabático: "Meu Pai trabalha continuamente e Eu também trabalho" (Jo 5,17). O repouso divino do sétimo dia não alude a um Deus inativo, mas sublinha a plenitude do que fora realizado, como que a exprimir que Deus descansou diante da obra "muito boa" (Gn 1,31) saída das suas mãos, para lançar sobre ela *um olhar repleto de jubilosa complacência*: um olhar "contemplativo", que não visa a novas realizações, mas sobretudo a apreciar a beleza de quanto foi feito; um olhar lançado sobre todas as coisas, mas especialmente sobre o homem, ponto culminante da criação. É um olhar no qual já se pode, de certa forma, intuir a dinâmica "esponsal" da relação que Deus quer estabelecer com a criatura feita à sua imagem, chamando-a a comprometer-se num pacto de amor. É o que ele realizará progressivamente, em vista da salvação oferecida à humanidade inteira, mediante a aliança salvífica estabelecida com Israel e culminada, depois, em Cristo: será precisamente o Verbo encarnado, através do dom escatológico do Espírito Santo e da constituição da Igreja como seu corpo e sua esposa, que estenderá a oferta de misericórdia e a proposta do amor do Pai a toda a humanidade.

12. No desígnio do Criador, existe certamente uma distinção, mas também uma íntima conexão entre as ordens da criação e da salvação. Já o Antigo Testamento o destaca quando põe o mandamento referente ao *"shabbat"* em relação não só com o misterioso "repouso" de Deus depois dos dias da atividade criadora (cf. Ex 20,8-11), mas também com a salvação oferecida por ele a Israel na *libertação da escravidão do Egito* (cf. Dt 5,12-15). O Deus que descansa ao sétimo dia comprazendo-se pela sua criação é o mesmo que mostra a sua glória ao libertar os seus filhos da opressão do faraó. Tanto em um caso como noutro poder-se-ia dizer, segundo uma imagem cara aos profetas, que *Ele se manifesta como o esposo diante da esposa* (cf. Os 2,16-24; Jr 2,2; Is 54,4-8).

De fato, para entrar no âmago do *"shabbat"*, do "repouso" de Deus, como sugerem precisamente alguns elementos da tradição hebraica.[12] "Para o meio dos fiéis do teu povo predileto vem, ó esposa, rainha do *shabbat*" (cf. *Prece vespertina do sábado*, de A. Toaff, Roma, 1968-69, p. 3.) é preciso captar a den-

---

[12] O sábado é vivido pelos nossos irmãos hebreus com uma espiritualidade "esponsal", como resulta, por exemplo, dos textos do *Génesis Rabbah* X, 9 e XI, 8 [cf. Jacob Neusner, *Genesis Rabbah*, v. I (Atlanta, 1985), pp. 107 e 117]. De tom nupcial, é também o cântico *Leka dôdi*: "O teu Deus se alegrará por ti, como é feliz o esposo com a esposa" [...].

sidade esponsal que caracteriza, do Antigo ao Novo Testamento, a relação de Deus com o seu povo. Assim a exprime, por exemplo, esta página maravilhosa de Oséias:

> Farei em favor dela, naquele dia, uma aliança, com os animais selvagens, com as aves do céu e com os répteis da terra: farei desaparecer da terra o arco, a espada e a guerra e os farei repousar em segurança. Então te desposarei para sempre; desposar-te-ei conforme a justiça e o direito, com misericórdia e amor. Desposar-te-ei com fidelidade, e tu conhecerás o Senhor (2,20-22).

"Deus abençoou o sétimo dia e santificou-o" (Gn 2,3)

13. O preceito do sábado, que na primeira aliança prepara o domingo da nova e eterna aliança, radica-se, portanto, na profundidade do desígnio de Deus. Precisamente por isso, não está situado junto das normas puramente cultuais, como é o caso de tantos outros preceitos, mas dentro do Decálogo, as "dez palavras" que delineiam os próprios pilares da vida moral, inscrita universalmente no coração do homem. Concebendo este mandamento no horizonte das estruturas fundamentais da ética, Israel e, depois, a Igreja mostram que não o consideram uma simples norma de disciplina religiosa comunitária, mas *uma expressão qualificante e imprescindível da relação com Deus*, anunciada e proposta pela revelação bíblica. É nesta perspectiva que tal preceito há de ser, também hoje, redescoberto pelos cristãos. Se possui também uma convergência natural com a necessidade humana de repouso é, contudo, à fé que é preciso fazer apelo para captar o seu sentido profundo, evitando o risco de banalizá-lo e traí-lo.

14. Portanto, o dia do repouso é tal primeiramente porque é o dia "abençoado" por Deus e por ele "santificado", isto é, separado dos demais dias para ser, de entre todos, o "dia do Senhor".

Para compreender plenamente o sentido desta "santificação" do sábado na primeira narração bíblica da criação, é necessário contemplar o texto no seu conjunto, que mostra com nitidez como toda a realidade, sem exceção, tem a ver com Deus. O tempo e o espaço pertencem-lhe. Ele não é Deus de um dia só, mas de todos os dias do homem.

Assim, pois, se Ele "santifica" o sétimo dia com uma bênção especial e faz dele o "seu dia" por excelência, isto há de entender-se precisamente na profunda dinâmica do diálogo de aliança, melhor, do diálogo "esponsal". É um diálogo de amor que, apesar de não conhecer interrupções, não é monótono:

com efeito, desenrola-se, de fato, valendo-se das diversas tonalidades do amor, desde as manifestações ordinárias e indiretas até as mais intensas, que as palavras da Escritura e, depois, os testemunhos de tantos místicos não temem descrever com imagens extraídas da experiência do amor nupcial.

15. Na verdade, a vida inteira do homem e todo o seu tempo devem ser vividos como louvor e agradecimento ao seu Criador. Mas a relação do homem com Deus *necessita também de momentos explicitamente de oração*, nos quais a relação se torna diálogo intenso, envolvendo toda a dimensão da pessoa. O "dia do Senhor" é, por excelência, o dia desta relação, no qual o homem eleva a Deus o seu canto, tornando-se eco da inteira criação.

Por isso mesmo, é também o *dia do repouso*: a interrupção do ritmo muitas vezes oprimente das ocupações exprime, com a linguagem figurada da "novidade" e do "desprendimento", o reconhecimento da dependência de nós mesmos e do universo de Deus. *Tudo é de Deus!* O dia do Senhor afirma continuamente este princípio. Assim, o "sábado" da revelação bíblica foi sugestivamente interpretado como um elemento qualificante naquela espécie de "arquitetura sagrada" do tempo que caracteriza a revelação bíblica.[13] Ele nos lembra que a *Deus pertencem o universo e a história*, e o homem não pode dedicar-se à sua obra de colaboração com o Criador, sem ter constantemente em consideração esta verdade.

"Recordar" para "santificar"

16. O mandamento do Decálogo, pelo qual Deus impõe a observância do sábado, tem, no livro do Êxodo, uma formulação característica: "Recorda-te do dia de sábado, para o santificares" (20,8). E mais adiante, o texto inspirado dá a razão disso mesmo, referindo-se à obra de Deus: "Porque em seis dias o Senhor fez o céu, a terra, o mar e tudo quanto contém, e descansou no sétimo; por isso o Senhor abençoou o dia de sábado e santificou-o" (v. 11). Antes de impor qualquer coisa a ser praticada, o mandamento indica algo a *recordar*. Convida a avivar a memória daquela grande e fundamental obra de Deus que é a criação. É uma memória que deve animar toda a vida religiosa do homem, para depois confluir no dia em que ele é chamado a *repousar*. O repouso assume, assim, um típico valor sagrado: o fiel é convidado a repousar não só *como* Deus repousou, mas a repousar *no* Senhor,

---

[13]   Cf. A. J. Heschel. *The sabbath. Its meaning for modern man*, ed. 22, 1995, pp. 3-24. [Publicação nacional: *O schabat; Seu significado para o homem moderno*. São Paulo, Perspectiva, 2004.]

devolvendo-lhe toda a criação, no louvor, na ação de graças, na intimidade filial e na amizade esponsal.

17. O tema da "lembrança" das maravilhas realizadas por Deus, posto em relação com o repouso sabático, aparece também no texto do Deuteronômio (5,12-15), onde o fundamento do preceito é visto não tanto na obra da criação como sobretudo na libertação realizada por Deus no Êxodo: "Recorda-te de que foste escravo no país do Egito, donde o Senhor, teu Deus, te fez sair com mão forte e braço poderoso. É por isso que o Senhor, teu Deus, te ordenou que guardasses o dia de Sábado" (Dt 5,15).

Esta formulação é complementar da precedente: consideradas juntas, elas revelam o sentido do "dia do Senhor" no âmbito de uma perspectiva unitária de teologia da criação e da salvação. O conteúdo do preceito não é, pois, primariamente uma *interrupção* do trabalho qualquer, mas a *celebração* das maravilhas realizadas por Deus.

Na medida em que esta "lembrança", *repleta de gratidão e louvor a Deus*, está viva, o *repouso* do homem, no dia do Senhor, assume o seu pleno significado. Por ele, o homem entra na dimensão do "repouso" de Deus para dele participar em profundidade, tornando-se assim capaz de experimentar aquele regozijo de alegria que o próprio Criador sentiu depois da criação, vendo que toda a sua obra "era coisa muito boa" (Gn 1,31).

Passagem do sábado ao domingo

18. Por esta dependência essencial que o terceiro mandamento tem da memória das obras salvíficas de Deus, os cristãos, apercebendo-se da originalidade do tempo novo e definitivo inaugurado por Cristo, assumiram como festivo o primeiro dia depois do sábado, porque nele se deu a ressurreição do Senhor. Com efeito, o mistério pascal de Cristo constitui a revelação plena do mistério das origens, o cume da história da salvação e a antecipação do cumprimento escatológico do mundo. Aquilo que Deus realizou na criação e o que fez pelo seu povo no Êxodo encontrou na morte e ressurreição de Cristo o seu cumprimento, embora este tenha a sua expressão definitiva apenas na parusia, com a vinda gloriosa de Cristo. Nele se realiza plenamente o sentido "espiritual" do sábado, como o sublinha S. Gregório Magno: "Nós consideramos verdadeiro sábado a pessoa do nosso Redentor, nosso Senhor Jesus Cristo".[14] Por isso, a

---

[14] "*Verum autem sabbatum ipsum redemptorem nostrum Iesum Christum Dominum habemus*": Epis. 13,1: CCL 140A, p. 992.

alegria com que Deus, no primeiro sábado da humanidade, contempla a criação feita do nada, exprime-se doravante pela alegria com que Cristo apareceu aos seus, no domingo de Páscoa, trazendo o dom da paz e do Espírito (cf. Jo 20,19-23). De fato, no mistério pascal, a condição humana e, com ela, toda a criação, que geme e sofre as dores de parto até o presente (cf. Rm 8,22), conheceu o seu novo "êxodo" para a liberdade dos filhos de Deus, que podem gritar, com Cristo, "Abba, Pai" (Rm 8,15; Gl 4,6). À luz deste mistério, o sentido do preceito veterotestamentário do dia do Senhor é recuperado, integrado e plenamente revelado na glória que brilha na face de Cristo Ressuscitado (cf. 2Cor 4,6). Do "sábado" passa-se ao "primeiro dia depois do sábado", do sétimo dia passa-se ao primeiro dia: o *dies Domini* torna-se o *dies Christi*!

DIES CHRISTI — O DIA DO SENHOR RESSUSCITADO E DO DOM DO ESPÍRITO

A Páscoa semanal

19. "Nós celebramos o domingo, devido à venerável ressurreição de nosso Senhor Jesus Cristo, não só na Páscoa, mas inclusive em cada ciclo semanal": assim escrevia o papa Inocêncio I, no início do século V,[15] testemunhando um costume já consolidado, que se vinha desenvolvendo logo desde os primeiros anos após a ressurreição do Senhor. S. Basílio fala do "santo domingo, honrado pela ressurreição do Senhor, primícia de todos os outros dias".[16] Sto. Agostinho chama o domingo "sacramento da Páscoa".[17]

Esta ligação íntima do domingo com a ressurreição do Senhor é fortemente sublinhada por todas as Igrejas, tanto do Ocidente como do Oriente. De modo particular na tradição das Igrejas Orientais, cada domingo é a *anastásimos heméra*, o dia da ressurreição,[18] e precisamente por esta sua característica, é o centro de todo o culto.

À luz desta tradição ininterrupta e universal, vê-se com toda a clareza que, embora o "dia do Senhor" tenha as suas raízes, como se disse, na mesma obra da criação, e mais diretamente no mistério do "repouso" bíblico de Deus, con-

---

[15] *Epistula ad Decentium* XXV, 4, 7: PL 20, p. 555.

[16] *Homiliae in Hexaemeron* II, 8: SC 26, p. 184.

[17] *In Io. ev. tractatus* XX, 20, 2: CCL 36, 203; *Epist.* 55, 2: CSEL 34, pp. 170-171.

[18] Esta referência à ressurreição é particularmente visível na língua russa, em que domingo se diz precisamente *voskresén'e*, "ressurreição".

tudo é preciso fazer referência especificamente à ressurreição de Cristo para se alcançar o pleno sentido daquele. É o que faz o domingo cristão, ao repropor cada semana à consideração e à vida dos crentes o evento pascal, de onde mana a salvação do mundo.

20. Segundo o unânime testemunho evangélico, a ressurreição de Jesus Cristo dentre os mortos aconteceu no "primeiro dia depois do sábado" (Mc 16,2.9; Lc 24,1; Jo 20,1). Naquele mesmo dia, o Ressuscitado manifestou-se aos dois discípulos de Emaús (cf. Lc 24,13-35) e apareceu aos onze apóstolos que estavam reunidos (cf. Lc 24,36; Jo 20,19). Passados oito dias — como testemunha o evangelho de S. João (cf. 20,26) —, os discípulos estavam novamente juntos, quando Jesus lhes apareceu e fez-se reconhecer por Tomé, mostrando os sinais da sua paixão. Era domingo, o dia de Pentecostes, primeiro dia da oitava semana após a páscoa judaica (cf. At 2,1), quando, com a efusão do Espírito Santo, se cumpriu a promessa feita por Jesus aos apóstolos depois da ressurreição (cf. Lc 24,49; At 1,4-5). Aquele foi o dia do primeiro anúncio e dos primeiros batismos: Pedro proclamou à multidão reunida que Cristo tinha ressuscitado, e "os que aceitaram a sua palavra receberam o batismo" (At 2,41). Foi a epifania da Igreja, manifestada como povo que congrega na unidade, independentemente de toda a variedade, os filhos de Deus dispersos.

O primeiro dia da semana

21. É nesta base que, desde os tempos apostólicos, "o primeiro dia depois do sábado", primeiro da semana, começou a caracterizar o próprio ritmo da vida dos discípulos de Cristo (cf. 1Cor 16,2). "Primeiro dia depois do sábado" era também aquele em que os fiéis de Trôade estavam reunidos "para partir o pão", quando S. Paulo lhes dirigiu o discurso de despedida e realizou um milagre para devolver a vida ao jovem Eutico (cf. At 20,7-12). O livro do Apocalipse testemunha o costume de dar a este primeiro dia da semana o nome de "dia do Senhor" (1,10). Doravante isto será uma das características que distinguirão os cristãos do mundo circunstante. Já o apontava, no início do segundo século, o governador da Bitínia, Plínio, o Jovem, constatando o hábito dos cristãos de "se reunirem em um dia fixo, antes da aurora, e entoarem juntos um hino a Cristo, como a um Deus".[19] Com efeito, quando os cristãos diziam "dia do Senhor", faziam-no atribuindo ao termo a plenitude de sentido que lhe vem da mensagem pascal: "Jesus Cristo é o Senhor" (Fl 2,11; cf. At 2,36;

---

[19] *Epistula* 10, 96, 7.

1Cor 12,3). Reconhecia-se, deste modo, Cristo com o mesmo título usado pelos Setenta para traduzirem, na revelação do Antigo Testamento, o nome próprio de Deus, JHWH, que não era lícito pronunciar.

22. Nestes primeiros tempos da Igreja, o ritmo semanal dos dias não era geralmente conhecido nas regiões onde o Evangelho se difundia, e os dias festivos dos calendários grego e romano não coincidiam com o domingo cristão. Isto comportava para os cristãos uma notável dificuldade para observar o dia do Senhor, com o seu caráter fixo semanal. Assim se explica por que os fiéis eram obrigados a reunirem-se antes do nascer do sol.[20] Todavia, a fidelidade ao ritmo semanal mantinha-se porque estava fundada no Novo Testamento e ligada à revelação do Antigo Testamento. Os Apologistas e os Padres da Igreja sublinham-no de bom grado nos seus escritos e na sua pregação. O mistério pascal era ilustrado através daqueles textos da Escritura que, conforme o testemunho de S. Lucas (cf. 24,27.44-47), o próprio Cristo ressuscitado devia ter explicado aos discípulos. Baseada nesses textos, a celebração do dia da ressurreição adquiria um valor doutrinal e simbólico, capaz de exprimir toda a novidade do mistério cristão.

Progressiva distinção do sábado

23. É precisamente sobre esta novidade que insiste a catequese dos primeiros séculos, procurando distinguir o domingo do sábado hebraico. O sábado, para os judeus, impunha o dever da reunião na sinagoga e exigia a prática do repouso prescrito pela Lei. Os apóstolos, e de modo particular S. Paulo, continuaram de início a freqüentar a sinagoga, para poderem anunciar lá Jesus Cristo, ao comentarem "as profecias que são lidas todos os sábados" (At 13,27). Em algumas comunidades, podia-se registrar a coexistência da observância do sábado com a celebração dominical. Bem cedo, porém, se começou a diferenciar os dois dias de forma cada vez mais nítida, sobretudo para fazer frente às insistências daqueles cristãos que, vindos do judaísmo, eram favoráveis à conservação da obrigação da Lei Antiga. Sto. Inácio de Antioquia escreve:

> Se os que viviam no antigo estado de coisas passaram a uma nova esperança, deixando de observar o sábado e vivendo segundo o dia do Senhor, dia em que a nossa vida despontou por meio dele e da sua morte [...], mistério do qual

---

[20]   Cf. ibidem. A propósito da referência feita pela carta de Plínio, também Tertuliano lembra os *coetus antelucani*, em *Apologeticum* 2,6: CCL 1, 88; *De corona* 3,3: CCL 2, p. 1043.

recebemos a fé e no qual perseveramos para sermos reconhecidos discípulos de Cristo, nosso único Mestre, como poderemos viver sem ele, se inclusive os profetas, que são seus discípulos no Espírito, o aguardavam como mestre?[21]

E Sto. Agostinho, por sua vez, observa: "Por isso, o Senhor também imprimiu o seu selo no seu dia, que é o terceiro após a paixão. Porém, no ciclo semanal, aquele é o oitavo depois do sétimo, isto é, depois do sábado, e o primeiro da semana".[22] A distinção entre o domingo e o sábado hebraico vai-se consolidando sempre mais na consciência eclesial, mas em certos períodos da história, devido à ênfase dada à obrigação do descanso festivo, registra-se uma certa tendência à "sabatização" do dia do Senhor. Não faltaram, inclusive, setores da cristandade em que o sábado e o domingo foram observados como "dois dias irmãos".[23]

O dia da nova criação

24. A comparação do domingo cristão com a concepção do sábado, própria do Antigo Testamento, suscitou também aprofundamentos teológicos de grande interesse. De modo particular, evidenciou-se a ligação especial que existe entre a ressurreição e a criação. Era, com efeito, natural para a reflexão cristã relacionar a ressurreição, acontecida "no primeiro dia da semana", com o primeiro dia daquela semana cósmica (cf. Gn 1,1-2,4) em que o livro do Gênesis divide o evento da criação: o dia da criação da luz (cf. 1,3-5). O relacionamento feito convidava a ver a ressurreição como o início de uma nova criação, da qual Cristo glorioso constitui as primícias, sendo Ele "o Primogênito de toda a criação" (Cl 1,15), e também "o Primogênito dos que ressuscitam dos mortos" (Cl 1,18).

25. O domingo, com efeito, é o dia em que, mais do que qualquer outro, o cristão é chamado a lembrar a salvação que lhe foi oferecida no batismo e que o tornou homem novo em Cristo. "Sepultados com Ele no batismo, foi também com ele que ressuscitastes pela fé no poder de Deus, que o ressuscitou dos mortos" (Cl 2,12; cf. Rm 6,4-6). A liturgia põe em evidência esta dimen-

---

[21] *Aos cristãos da Magnésia* 9, 1-2: *SC* 10, pp. 88-89.

[22] *Sermo 8 in octava Paschalis* 1, 4: PL 46, 841. Este caráter de "primeiro dia" próprio do domingo é evidente no calendário litúrgico latino, onde a segunda-feira se diz *feria secunda*, a terça, *feria tertia* etc. Tal denominação dos dias da semana encontra-se na língua portuguesa.

[23] S. Gregório de Nissa. *De castigatione*: PG 46, 309. Também na liturgia Maronita se sublinha a ligação entre o sábado e o domingo, a partir do "mistério do Sábado Santo" (cf. M. Hayek, *Maronite (Eglise)*: *Dictionnaire de spiritualité*, X (1980), pp. 632-644.

são batismal do domingo, quer exortando a celebrar os batismos, para além da Vigília Pascal, também neste dia da semana "em que a Igreja comemora a ressurreição do Senhor",[24] quer sugerindo, como oportuno rito penitencial no início da missa, a aspersão com a água benta, que evoca precisamente o evento batismal em que nasce toda a existência cristã.[25]

O oitavo dia, imagem da eternidade

26. Por outro lado, o fato de o sábado ser o sétimo dia da semana fez considerar o dia do Senhor à luz de um simbolismo complementar, muito apreciado pelos padres: o domingo, além de ser o primeiro dia, é também "o oitavo dia", ou seja, situado, relativamente à sucessão septenária dos dias, em uma posição única e transcendente evocatória, não só do início do tempo, mas também do seu fim no "século futuro". S. Basílio explica que o domingo significa o dia realmente único que virá após o tempo atual, o dia sem fim, que não conhecerá tarde nem manhã, o século imorredouro que não poderá envelhecer; o domingo é o prenúncio incessante da vida sem fim, que reanima a esperança dos cristãos e os estimula no seu caminho.[26] Nesta perspectiva do dia último, que realiza plenamente o simbolismo prefigurativo do sábado, Sto. Agostinho conclui as Confissões falando do *eschaton* como "paz tranqüila, paz do sábado, que não entardece".[27] A celebração do domingo, dia simultaneamente "primeiro" e "oitavo", orienta o cristão para a meta da vida eterna.[28]

O dia de Cristo-luz

27. Nesta perspectiva cristocêntrica, compreende-se um outro valor simbólico que a reflexão crente e a prática pastoral atribuíram ao dia do Senhor. De fato, uma perspicaz intuição pastoral sugeriu à Igreja para cristianizar, aplicando-a ao domingo, a conotação de "dia do sol", expressão esta com que os romanos denominavam este dia e que ainda aparece em algumas línguas

---

[24] *Ritual do batismo das crianças*, n. 9; cf. *Ritual da iniciação cristã dos adultos*, n. 59.

[25] Cf. Missal Romano, Rito para a aspersão dominical da água benta.

[26] Cf. Sobre o Espírito Santo, 27, 66: SC 17, pp. 484-485. Ver também *Epístola de Barnabé* 15, 8-9: SC 172, pp. 186-189; Justino. *Diálogo com Trifão* 24.138: PG 6,528 e 793; Orígenes. *Comentário sobre os Salmos, Salmo* 118 (119), 1: PG 12, p. 1588.

[27] "*Domine, praestitisti nobis pacem quietis, pacem sabbati, pacem sine vespera*": *Conf.*, 13, 50: CCL 27, 272.

[28] Cf. Sto. Agostinho. *Epist.* 55, 17: CSEL 34, p. 188: "*Ita ergo erit octavus, qui primus, ut prima vita sed aeterna reddatur*".

contemporâneas,[29] subtraindo os fiéis às seduções de cultos que divinizavam o sol e orientando a celebração deste dia para Cristo, verdadeiro "sol" da humanidade. S. Justino, escrevendo aos pagãos, utiliza a terminologia corrente para dizer que os cristãos faziam a sua reunião "no chamado dia do sol",[30] mas a alusão a esta expressão assume, já então, para os crentes um novo sentido perfeitamente evangélico.[31] Cristo é realmente a luz do mundo (cf. Jo 9,5; veja também 1,4-5.9), e o dia comemorativo da sua ressurreição é o reflexo perene, no ritmo semanal do tempo, desta epifania da sua glória. O tema do domingo, como dia iluminado pelo triunfo de Cristo ressuscitado, está presente na liturgia das horas[32] e possui uma ênfase especial na vigília noturna que, nas liturgias orientais, prepara e introduz o domingo. Reunindo-se neste dia, a Igreja, de geração em geração, torna própria a admiração de Zacarias, quando dirige o olhar para Cristo anunciando-o como "o sol nascente para iluminar os que jazem nas trevas e na sombra da morte" (Lc 1,78-79), e vibra em sintonia com a alegria experimentada por Simeão quando tomou em seus braços o Deus Menino enviado como "luz para iluminar as nações" (Lc 2,32).

O dia do dom do Espírito

28. Dia de luz, o domingo poderia chamar-se também, com referência ao Espírito Santo, dia do "fogo". A luz de Cristo, com efeito, liga-se intimamente com o "fogo" do Espírito, e ambas as imagens indicam o sentido do domingo cristão.[33] Mostrando-se aos apóstolos no entardecer do dia de Páscoa, Jesus soprou sobre eles e disse: "Recebei o Espírito Santo. Àqueles a quem perdoardes os pecados, ser-lhes-ão perdoados; àqueles a quem os retiverdes, ser-lhes-ão retidos" (Jo 20,22-23). A efusão do Espírito foi o grande dom do Ressuscitado aos seus discípulos no domingo de Páscoa. Era também domingo, quando, cinqüenta dias após a ressurreição, o Espírito desceu com força, como "vento impetuoso" e "fogo" (At 2,2-3) sobre os apóstolos reunidos com Maria. O Pentecostes não é

---

[29] No inglês, por exemplo, *Sunday*, e no alemão, *Sonntag*.

[30] *Apologia* I, 67: PG 6,430.

[31] Cf. S. Máximo de Turim. *Sermo* 44, 1: CCL 23, 178; Idem. *Sermo* 53, 2: CCL 12, 219; Eusébio de Cesaréia, *Comm. in Ps* 91: PG 23, pp. 1169-1173.

[32] Veja, por exemplo, o hino para o Ofício das Leituras: "*Dies aestasque ceteris octava splendet sanctior in te quam, Iesu, consecras primitiae surgentium*" (I sem.); e também: "*Salve dies, dierum gloria, dies felix Christi victoria, dies digna iugi laetitia dies prima. Lux divina caecis irradiat, in qua Christus infernum spoliat, mortem vincit et reconciliat summis ima*" (II sem.). Idênticas expressões aparecem em hinos adotados na liturgia das horas, de diversas línguas modernas.

[33] Cf. Clemente de Alexandria. *Stromates*, VI, 138, 1-2: PG 9,364.

só um acontecimento das origens, mas um mistério que anima perenemente a Igreja.[34] Se tal acontecimento tem o seu tempo litúrgico forte na celebração anual com que se encerra o "grande domingo",[35] ele permanece também inscrito, precisamente pela sua íntima ligação com o mistério pascal, no sentido profundo de cada domingo. A "Páscoa da semana" torna-se assim, de certa forma, "Pentecostes da semana", no qual os cristãos revivem a experiência feliz do encontro dos apóstolos com o Ressuscitado, deixando-se vivificar pelo sopro do seu Espírito.

O dia da fé

29. Por todas estas dimensões que o caracterizam, o domingo revela-se como o dia da fé por excelência. Nele, o Espírito Santo, "memória" viva da Igreja (cf. Jo 14,26), faz da primeira manifestação do Ressuscitado um evento que se renova no "hoje" de cada um dos discípulos de Cristo. Encontrando-o na assembléia dominical, os crentes sentem-se interpelados como o apóstolo Tomé: "Põe aqui o teu dedo e vê as minhas mãos; aproxima a tua mão e coloca-a no meu lado; e não sejas incrédulo, mas fiel" (Jo 20,27). Sim, o domingo é o dia da fé. Salienta-o o fato de a liturgia dominical, como de resto a das solenidades litúrgicas, prever a profissão de fé. O "Credo", recitado ou cantado, põe em relevo o caráter batismal e pascal do domingo, fazendo deste o dia em que, por título especial, o batizado renova a própria adesão a Cristo e ao seu Evangelho, em uma consciência mais viva das promessas batismais. Acolhendo a Palavra e recebendo o Corpo do Senhor, ele contempla Jesus ressuscitado, presente nos "sinais sagrados", e confessa com o apóstolo Tomé: "Meu Senhor e meu Deus!" (Jo 20,28).

Um dia irrenunciável!

30. Compreende-se, assim, por que mesmo no contexto das dificuldades do nosso tempo a identidade deste dia deva ser salvaguardada e, sobretudo, vivida profundamente. Um autor oriental, do início do século III, conta que em toda a região os crentes, já então, santificavam regularmente o domingo.[36] A prática espontânea tornou-se depois norma sancionada juridicamente: o dia do Se-

---

[34] Cf. João Paulo II. Carta enc. *Dominum et vivificantem* (18 de maio de 1986), 22-26: AAS 78 (1986), pp. 829-837.

[35] Sto. Atanásio de Alexandria. *Cartas dominicais*, 1,10: PG 26, p. 1366.

[36] Cf. Bardesane. *Diálogo sobre o destino*, 46: PS 2, pp. 606-607.

nhor ritmou a história bimilenária da Igreja. Como poder-se-ia pensar que ele deixe de marcar o seu futuro? Os problemas que, no nosso tempo, podem tornar mais difícil a prática do dever dominical não deixam de sensibilizar a Igreja permanecendo maternalmente atenta às condições de cada um dos seus filhos. De modo particular, ela sente-se chamada a um novo esforço catequético e pastoral, para que nenhum deles, nas condições normais de vida, fique privado do abundante fluxo de graças que a celebração do dia do Senhor traz consigo. Dentro do mesmo espírito, tomando posição acerca de hipóteses de reforma do calendário eclesial em concomitância com variações dos sistemas do calendário civil, o Concílio Ecumênico Vaticano II declarou que a Igreja "só não se opõe àqueles que conservem a semana de sete dias, e com o respectivo domingo".[37] No limiar do Terceiro Milênio, a celebração do domingo cristão, pelos significados que evoca e as dimensões que implica, relativamente aos fundamentos mesmos da fé, permanece um elemento qualificante da identidade cristã.

DIES ECCLESIAE — A ASSEMBLÉIA EUCARÍSTICA, ALMA DO DOMINGO

A presença do Ressuscitado

31. "Eu estarei sempre convosco, até ao fim do mundo" (Mt 28,20). Esta promessa de Cristo continua a ser ouvida pela Igreja, que dela colhe o segredo da sua vida e fonte da sua esperança. Se o domingo é o dia da ressurreição, ele não se reduz à recordação de um acontecimento passado: é a celebração da presença viva do Ressuscitado no meio de nós.

Para que esta presença seja anunciada e vivida adequadamente, não é suficiente que os discípulos de Cristo rezem individualmente e recordem interiormente, no segredo do coração, a morte e a ressurreição de Cristo. Com efeito, todos os que receberam a graça do batismo não foram salvos somente a título individual, mas enquanto membros do corpo místico, que entraram a fazer parte do povo de Deus.[38] Por isso, é importante que se reúnam, para exprimir em plenitude a própria identidade da Igreja, a *ekklesia*, assembléia convocada pelo Senhor ressuscitado, que ofereceu a sua vida "para trazer à unidade os filhos de Deus que andavam dispersos" (Jo 11,52). Estes se tornaram "um

---

[37] Const. sobre a sagrada liturgia *Sacrosanctum concilium*, Apêndice: Declaração sobre a reforma do calendário.

[38] Cf. Concílio Ecumênico Vaticano II. Const. dogmática sobre a Igreja *Lumen gentium*, n. 9.

só" em Cristo (cf. Gl 3,28), pelo dom do Espírito. Esta unidade manifesta-se exteriormente, quando os cristãos se reúnem: é então que adquirem consciência viva e dão ao mundo testemunho de serem o povo dos redimidos, formado por "homens de toda tribo, língua, povo e nação" (Ap 5,9). Através da assembléia dos discípulos de Cristo, perpetua-se no tempo a imagem da primeira comunidade cristã, descrita como modelo por S. Lucas nos Atos dos Apóstolos, quando diz que os primeiros batizados "eram assíduos ao ensino dos apóstolos, à união fraterna, à fração do pão e às orações" (2,42).

A assembléia eucarística

32. Esta realidade da vida eclesial possui, na eucaristia, não só uma especial intensidade expressiva, mas, de certo modo, o seu lugar "fontal".[39] A eucaristia nutre e plasma a Igreja: "Uma vez que há um só pão, nós, embora sendo muitos, formamos um só corpo, porque todos participamos do mesmo pão" (1Cor 10,17). Por esta ligação vital com o sacramento do corpo e do sangue do Senhor, o mistério da Igreja é anunciado, saboreado e vivido de modo supremo na eucaristia.[40]

A dimensão eclesial intrínseca da eucaristia realiza-se todas as vezes que esta é celebrada. Mas com maior razão, exprime-se no dia em que toda a comunidade é convocada para relembrar a ressurreição do Senhor. De modo significativo, o Catecismo da Igreja Católica ensina que "a celebração dominical do dia e da eucaristia do Senhor está no centro da vida da Igreja".[41]

33. Na verdade, é precisamente na missa dominical que os cristãos revivem, com particular intensidade, a experiência feita pelos apóstolos na tarde de Páscoa, quando, estando eles reunidos, o Ressuscitado lhes apareceu (cf. Jo 20,19). Naquele pequeno núcleo de discípulos, primícia da Igreja, estava, de algum modo, presente o povo de Deus de todos os tempos. Pelo seu testemunho, estende-se a cada geração de crentes a saudação de Cristo, transbordante do dom messiânico da paz, conquistada pelo seu sangue e oferecida juntamente com o seu Espírito: "A paz esteja convosco!" No fato de Cristo voltar ao meio deles "oito dias depois" (Jo 20,26), pode-se ver representado, na sua raiz, o costume da comunidade cristã de reunir todos os oito dias, no "dia do Senhor", o domingo, para professar a fé na sua ressurreição e recolher os frutos

---

[39] Cf. João Paulo II. Carta *Dominicae cenae*, n. 4, 24 de fevereiro de 1980: AAS 72 (1980), p. 120; Carta enc. *Dominum et vivificantem*, nn. 62-64, 18 de maio de 1986: AAS 78 (1986), pp. 889-894.

[40] Cf. João Paulo II. Carta ap. *Vicesimus quintus annus*, n. 9, 4 de dezembro de 1988: AAS 81 (1989), pp. 905-906.

[41] N. 2177.

da bem-aventurança prometida por ele: "Bem-aventurados os que, sem terem visto, acreditam!" (Jo 20,29). Esta íntima conexão entre a manifestação do Ressuscitado e a eucaristia é sugerida pelo evangelho de S. Lucas na narração dos dois discípulos de Emaús, aos quais Cristo mesmo fez companhia, servin-do-lhes de guia na compreensão da Palavra e depois sentando-se com eles à mesa. Reconheceram-no, quando ele "tomou o pão, pronunciou a bênção e, depois de o partir, o deu a eles" (24,30). Os gestos de Jesus, nesta narração, são os mesmos que ele realizou na última ceia, com clara alusão à "fração do pão", como é denominada a eucaristia na primeira geração cristã.

A *eucaristia dominical*

34. Não há dúvida de que a eucaristia dominical não possui, em si pró-pria, um estatuto diferente daquela que se celebra em qualquer outro dia, nem pode ser separada do conjunto da vida litúrgica e sacramental. Esta é, por sua natureza, uma epifania da Igreja,[42] que tem o seu momento mais significativo quando a comunidade diocesana se reúne em oração com o próprio pastor:

> A principal manifestação da Igreja se faz em uma participação perfeita e ativa de todo o povo santo de Deus na mesma celebração litúrgica, especialmente na mesma eucaristia, em uma única oração, ao redor do único altar a que preside o bispo rodeado pelos presbíteros e pelos ministros.[43]

A relação com o bispo e com a comunidade eclesial inteira está presente em cada celebração eucarística, mesmo sem ser presidida pelo bispo, em qual-quer dia da semana que for celebrada. Expressão disso é a menção do bispo na oração eucarística.

A eucaristia dominical, porém, com a obrigação da presença comunitária e a solenidade especial que a caracteriza precisamente por ser celebrada "no dia em que Cristo venceu a morte e nos fez participantes da sua vida imortal",[44] manifesta com maior ênfase a própria dimensão eclesial, tornando-se quase paradigmática para as demais celebrações eucarísticas. Cada comunidade, reu-

---

[42] Cf. João Paulo II. Carta ap. *Vicesimus quintus annus*, n. 9, 4 de dezembro de 1988: AAS 81 (1989), pp. 905-906.

[43] Concílio Ecumênico Vaticano II. Const. sobre a sagrada liturgia *Sacrosanctum concilium*, n. 41; cf. Decr. sobre o múnus pastoral dos bispos na Igreja *Christus dominus*, n. 15.

[44] São palavras do embolismo em diferentes línguas, formulado com esta ou outras expressões análogas, em algumas anáforas eucarísticas. Elas sublinham eficazmente o caráter "pascal" do domingo.

nindo todos os seus membros para a "fração do pão", sente-se como um lugar privilegiado onde o mistério da Igreja se realiza concretamente. Na própria celebração, a comunidade abre-se à comunhão com a Igreja universal,[45] rezando ao Pai que "se lembre da Igreja dispersa por toda a terra" e a faça crescer, na unidade de todos os crentes com o papa e com os pastores de cada Igreja Particular, até chegar à perfeição da caridade.

O dia da Igreja

35. Desta forma, o *dies Domini* é também o *dies Ecclesiae*. Assim se compreende por que a dimensão comunitária da celebração dominical há de ser especialmente sublinhada, no plano pastoral. Entre as numerosas atividades que uma paróquia realiza — como tive ocasião de recordar, em outra passagem — "nenhuma é tão vital ou formativa para a comunidade como a celebração dominical do dia do Senhor e da sua eucaristia".[46] Neste sentido, o Concílio Vaticano II chamou a atenção para a necessidade de trabalhar a fim de que "floresça o sentido da comunidade paroquial, especialmente na celebração comunitária da missa dominical".[47] Na mesma linha se colocam as orientações litúrgicas sucessivas, pedindo que, aos domingos e dias festivos, as celebrações eucarísticas, realizadas normalmente em outras igrejas e oratórios, sejam coordenadas com a celebração da igreja paroquial, precisamente para "fomentar o sentido da comunidade eclesial, que se alimenta e exprime especialmente na celebração comunitária do domingo, quer à volta do bispo, sobretudo na catedral, quer na assembléia paroquial, cujo pastor representa o bispo".[48]

36. A assembléia dominical é lugar privilegiado de unidade: ali, com efeito, se celebra o *sacramentum unitatis*, que caracteriza profundamente a Igreja, povo reunido "pela" e "na" unidade do Pai, do Filho e do Espírito Santo.[49] Nela, as famílias cristãs dão vida a uma das expressões mais qualificadas da

---

[45] Cf. CONGR. PARA A DOUTRINA DA FÉ. Carta aos bispos da Igreja Católica sobre alguns aspectos da Igreja entendida como comunhão *Communionis notio*, nn. 11-14, 28 de maio de 1992: AAS 85 (1993), pp. 844-847.

[46] Discurso ao terceiro grupo de bispos dos Estados Unidos da América (17 de março de 1998), n. 4: *L'Osservatore Romano* (ed. portuguesa de 28 de março de 1998), n. 8.

[47] Const. sobre a sagrada liturgia *Sacrosanctum concilium*, n. 42.

[48] S. CONGR. DOS RITOS. Instr. sobre o culto do mistério eucarístico *Eucharisticum mysterium*, n. 26, 25 de maio de 1967: AAS 59 (1967), p. 555.

[49] Cf. S. CIPRIANO. *De orat. dom.* 23: PL 4,553; Idem, *De cath. eccl. unitate*, 7: CSEL 3-1, p. 215; CONCÍLIO ECUMÊNICO VATICANO II. Const. dogm. sobre a Igreja *Lumen gentium*, n. 4; Const. sobre a sagrada liturgia *Sacrosanctum concilium*, n. 26.

sua identidade e "ministério" de "igreja doméstica", quando os pais tomam parte com os seus filhos na única mesa da Palavra e do pão de vida.[50] Convém lembrar, a este respeito, que compete primeiramente aos pais educar os seus filhos para a participação na missa dominical, ajudados pelos catequistas, que devem preocupar-se em inserir no caminho de formação das crianças que lhes são confiadas a iniciação à missa, ilustrando o motivo profundo da obrigatoriedade do preceito. Para isso contribuirá também, sempre que as circunstâncias o aconselharem, a celebração de missas para crianças, conforme as várias modalidades previstas pelas normas litúrgicas.[51]

Sendo a paróquia uma "comunidade eucarística",[52] é normal que se juntem, nas missas dominicais, os grupos, os movimentos, as associações e as comunidades religiosas menores que a integram. Isto lhes permite experimentar aquilo que lhes é mais profundamente comum, independentemente dos meios espirituais específicos que legitimamente os caracterizam, na obediência ao discernimento da autoridade eclesial.[53] É por isso que ao domingo, dia da assembléia, não se deve estimular as missas dos pequenos grupos: não se trata apenas de evitar que as assembléias paroquiais fiquem privadas do necessário ministério sacerdotal, mas também de fazer com que a vida e a unidade da comunidade eclesial sejam plenamente promovidas e salvaguardadas.[54] Compete aos pastores das igrejas particulares, depois de atento discernimento, autorizar derrogações, eventuais e bem delimitadas, a esta diretriz, tendo em consideração específicas exigências formativas e pastorais, e pensando no bem dos indivíduos e dos grupos e especialmente nos frutos que daí possam derivar para toda a comunidade cristã.

Povo peregrino

37. Na perspectiva do caminho da Igreja ao longo do tempo, a referência à ressurreição de Cristo e o ritmo semanal desta memória solene ajudam a lembrar

---

[50] Cf. João Paulo II. Exort. ap. *Familiaris consortio*, nn. 57 e 61, 22 de novembro de 1981: AAS 74 (1982), pp. 151 e 154.

[51] Cf. S. Congr. para o Culto Divino. *Diretório para as missas das crianças*, 1º de novembro de 1973: AAS 66 (1974), pp. 30-46.

[52] Cf. S. Congr. dos Ritos. Instr. sobre o culto do mistério eucarístico *Eucharisticum mysterium*, n. 26, 25 de maio de 1967: AAS 59 (1967), pp. 555-556; S. Congr. para os Bispos. Diretório para o ministério pastoral dos bispos *Ecclesiae imago*, n. 86c, 22 de fevereiro de 1973: *Enchiridion Vaticanum*, n. 4, 2071.

[53] Cf. João Paulo II. Exort. ap. pós-sinodal *Christifideles laici*, n. 30, 30 de dezembro de 1988: AAS 81 (1989), pp. 446-447.

[54] Cf. S. Congr. para o Culto Divino. Instr. *As missas para grupos particulares*, n. 10, 15 de maio de 1969: AAS 61 (1969), p. 810.

o caráter de peregrino e a dimensão escatológica do povo de Deus. Com efeito, domingo a domingo, a Igreja vai avançando para o último "dia do Senhor", o domingo sem fim. Na verdade, a expectativa da vinda de Cristo está incluída no mesmo mistério da Igreja[55] e faz-se visível em cada celebração eucarística. Mas, o dia do Senhor, com a sua memória específica da glória de Cristo ressuscitado, evoca, com maior intensidade também, a glória futura do seu "regresso". Isto faz do domingo o dia em que a Igreja, manifestando com mais clareza o seu caráter "esponsal", antecipa de algum modo a realidade escatológica da Jerusalém celeste. Ao reunir os seus filhos na assembléia eucarística e educá-los para a expectativa do "Esposo divino", ela realiza uma espécie de "exercício do desejo",[56] no qual saboreia antecipadamente a alegria dos novos céus e da nova terra, quando a cidade santa, a nova Jerusalém, descer do céu, de junto de Deus, "bela como uma esposa que se enfeitou para o seu esposo" (Ap 21,2).

Dia da esperança

38. Deste ponto de vista, se o domingo é o dia da fé, é igualmente o dia da esperança cristã. Com efeito, a participação na "ceia do Senhor" é antecipação do banquete escatológico das "núpcias do Cordeiro" (Ap 19,9). A comunidade cristã, ao celebrar o memorial de Cristo, ressuscitado e elevado ao céu, revigora a sua esperança na "vinda gloriosa de Jesus Cristo nosso Salvador".[57] A esperança cristã, vivida e alimentada com este intenso ritmo semanal, torna-se fermento e luz precisamente da esperança humana. Por isso, na oração "universal", enumeram-se juntamente as necessidades não só daquela comunidade cristã, mas da humanidade inteira; a Igreja, reunida na celebração eucarística, testemunha ao mundo que assume "as alegrias e as esperanças, as tristezas e as angústias dos homens de hoje, sobretudo dos pobres e de todos aqueles que sofrem".[58] E, coroando com a oferta eucarística do domingo o testemunho que, todos os dias da semana, seus filhos, empenhados no trabalho e nos vários compromissos da vida, se esforçam por oferecer com o anúncio do Evangelho e a prática da caridade, a Igreja manifesta com maior evidência ser "sacramento, ou sinal, e instrumento da íntima união com Deus e da unidade de todo o gênero humano".[59]

---

[55] Cf. Concílio Ecumênico Vaticano II. Const. dogm. sobre a Igreja *Lumen gentium*, nn. 48-51.

[56] *"Haec est vita nostra, ut desiderando exerceamur"*: Sto. Agostinho. *In prima Ioan. tract.* 4, 6: SC 75, p. 232.

[57] Missal Romano. Embolismo após o pai-nosso.

[58] Concílio Ecumênico Vaticano II. Const. past. sobre a Igreja no mundo contemporâneo, *Gaudium et spes*, n. 1.

[59] Concílio Ecumênico Vaticano II. Const. dogm. sobre a Igreja *Lumen gentium*, n. 1; cf. João Paulo II. Carta enc. *Dominum et vivificantem*, nn. 61-64, 18 de maio de 1986: AAS 78 (1986), pp. 888-894.

A mesa da Palavra

39. Na assembléia dominical, como, aliás, em toda celebração eucarística, o encontro com o Ressuscitado dá-se através da participação na dupla mesa da Palavra e do Pão da vida. A primeira continua a dar aquela compreensão da história da salvação e, especialmente, do mistério pascal que o próprio Jesus ressuscitado proporcionou aos discípulos: é ele que fala, presente como está na sua palavra, "ao ser lida na Igreja a Sagrada Escritura".[60] Na segunda mesa atualiza-se a presença real, substancial e constante do Senhor ressuscitado, através do memorial da sua paixão e ressurreição, e oferece-se aquele pão da vida que é penhor da glória futura. O Concílio Vaticano II lembrou que "estão tão intimamente ligadas entre si as duas partes de que se compõe, de algum modo, a missa — a liturgia da Palavra e a liturgia eucarística — que formam um só ato de culto".[61] O mesmo Concílio estabeleceu também que "se prepare para os fiéis, com maior abundância, a mesa da Palavra de Deus: abram-se mais largamente os tesouros da Bíblia".[62] Depois, ordenou que, nas missas do domingo e das festas de preceito, a homilia não seja omitida, a não ser por motivo grave.[63] Estas felizes disposições tiveram fiel expressão na reforma litúrgica, a respeito da qual Paulo VI, comentando a oferta mais abundante de leituras bíblicas ao domingo e dias festivos, escrevia: "Todo este ordenamento tem por finalidade despertar cada vez mais nos fiéis aquela fome da Palavra de Deus (cf. Am 8,11) que leve o povo da nova aliança a sentir-se como que impelido pelo Espírito Santo a realizar a perfeita unidade da Igreja".[64]

40. Passados mais de trinta anos do Concílio, ao refletirmos acerca da eucaristia dominical, é necessário verificar como a Palavra de Deus tem sido proclamada, e ainda o efetivo crescimento no povo de Deus do conhecimento e do amor pela Sagrada Escritura.[65] Os dois aspectos — o da *celebração* e o *da experiência real* — estão intimamente relacionados. Por um lado, a possibilidade oferecida pelo Concílio de proclamar a Palavra de Deus na própria língua da comunidade participante deve levar-nos a sentir por ela uma "nova responsabilidade", fazendo resplandecer "já no próprio modo de ler ou de cantar o caráter peculiar do texto sagrado".[66] Por outro, é preciso que a escuta da

---

[60] Concílio Ecumênico Vaticano I. Const. sobre a sagrada liturgia *Sacrosanctum concilium*, n. 7; cf. n. 33.

[61] Ibidem, 56; cf. *Ordo lectionum missae, Praenotanda*, n. 10.

[62] Const. sobre a sagrada liturgia *Sacrosanctum concilium*, n. 51.

[63] Cf. ibidem, 52; *Código de Direito Canônico*, cân. 767 § 2; *Código dos Cânones das Igrejas Orientais*, cân. 614.

[64] Const. ap. *Missale Romanum* (3 de abril de 1969): AAS 61 (1969), 220.

[65] Na Const. conciliar *Sacrosanctum concilium*, n. 24, fala-se de *"suavis et vivus Sacrae Scripturae affectus"*.

[66] João Paulo II. Carta *Dominicae cenae*, n. 10, 24 de fevereiro de 1980: AAS 72 (1980), p. 135.

Palavra de Deus proclamada seja bem preparada no espírito dos fiéis por um conhecimento apropriado da Escritura e, onde for pastoralmente possível, por *iniciativas específicas de aprofundamento dos trechos bíblicos*, especialmente os das missas festivas. Com efeito, se a leitura do texto sagrado, realizada em espírito de oração e na docilidade à interpretação eclesial,[67] não anima habitualmente a vida dos indivíduos e das famílias cristãs, é difícil que a mera proclamação litúrgica da Palavra de Deus possa dar os frutos esperados. São, pois, muito louváveis aquelas iniciativas com que as comunidades paroquiais, através do envolvimento de todos os que participam da eucaristia — sacerdote, ministros e fiéis —,[68] preparam a liturgia dominical durante a semana, refletindo antes sobre a Palavra de Deus que será proclamada. O objetivo a ser alcançado é que toda a celebração, enquanto oração, escuta, canto, e não só a homilia, exprima, de algum modo, a mensagem da liturgia dominical, para que possa influir eficazmente em todos os que dela participam. Muito depende, obviamente, da responsabilidade daqueles que exercem o ministério da Palavra. Cabe a eles o dever de prepararem com particular cuidado, pelo estudo do texto sagrado e pela oração, o comentário à palavra do Senhor, apresentando fielmente os seus conteúdos e atualizando-os à luz das questões e da vida dos homens do nosso tempo.

41. Além disso, convém não esquecer que a *proclamação litúrgica da Palavra de Deus*, sobretudo no contexto da assembléia eucarística, não é tanto um momento de meditação e de catequese, como sobretudo o *diálogo de Deus com o seu povo*, no qual se proclamam as maravilhas da salvação e se propõem continuamente as exigências da aliança. Por sua vez, o povo de Deus sente-se chamado a corresponder a este diálogo de amor, agradecendo e louvando, mas, ao mesmo tempo, verificando a própria fidelidade no esforço por uma contínua "conversão". A assembléia dominical compromete-se, assim, na renovação interior das promessas do batismo que estão, de algum modo, implícitas na recitação do credo e que a liturgia expressamente prevê na celebração da vigília pascal ou quando é administrado o batismo durante a missa. Nesta perspectiva, a proclamação da Palavra na celebração eucarística do domingo adquire o tom solene que já o Antigo Testamento previa para os momentos de renovação da aliança, quando era proclamada a Lei e a comunidade de Israel era chamada, como o povo do deserto aos pés do Sinai (cf. Ex 19,7-8; 24,3.7), a confirmar o seu "sim", renovando a opção de fidelidade a Deus e de adesão aos seus preceitos. De fato, Deus, quando comunica a sua Palavra,

---

[67] Cf. Concílio Ecumênico Vaticano II. Const. dogm. sobre a divina revelação *Dei verbum*, n. 25.
[68] Cf. *Ordo lectionum missae, Praenotanda*, cap. III.

espera a nossa resposta: resposta que Cristo já deu por nós com o seu "Amém" (cf. 2Cor 1,20-22) e que o Espírito Santo faz ressoar em nós, de modo que a palavra ouvida comprometa profundamente a nossa vida.[69]

A mesa do corpo de Cristo

42. A mesa da Palavra desemboca naturalmente na mesa do pão eucarístico e prepara a comunidade para viver as suas múltiplas dimensões, que assumem, na eucaristia dominical, um caráter particularmente solene. No ar de festa de toda a comunidade reunida no "dia do Senhor", a eucaristia apresenta-se, mais visivelmente do que nos outros dias, como a grande "ação de graças" com que a Igreja, repleta do Espírito, invoca o Pai, unindo-se a Cristo e fazendo-se voz da humanidade inteira. O ritmo semanal convida a repassar com grata lembrança os dias precedentes, para relê-los à luz de Deus, e dar-lhe graças pelos seus inúmeros dons, glorificando-o "por Cristo, com Cristo e em Cristo, na unidade do Espírito Santo". Desta forma, a comunidade cristã assume, com renovada consciência, o fato de que todas as coisas foram criadas por meio de Cristo (cf. Cl 1,16; Jo 1,3) e nele, que assumindo a forma de servo veio partilhar e redimir a nossa condição humana, aquelas foram recapituladas (cf. Ef 1,10), para serem oferecidas a Deus Pai, de quem todas as coisas têm origem e vida. Por fim, aderindo com o seu "Amém" à doxologia eucarística, o povo de Deus encaminha-se, na fé e na esperança, em direção à meta escatológica, quando Cristo "entregar o Reino a Deus Pai [...], a fim de que Deus seja tudo em todos" (1Cor 15,24.28).

43. Este movimento "ascendente" está presente em toda celebração eucarística tornando-a um evento jubiloso, permeado de reconhecimento e de esperança, mas é particularmente ressaltado na missa dominical, pela sua especial ligação com a memória da ressurreição. Por outro lado, a alegria "eucarística", que eleva os nossos "corações ao alto", é fruto do "movimento descendente" que Deus realizou vindo até nós e que permanece inscrito para sempre na essência sacrifical da eucaristia, suprema expressão e celebração do mistério da *kénosis*, ou seja, do despojamento mediante o qual Cristo "humilhou-se a si mesmo, e se fez obediente até a morte e morte de cruz" (Fl 2,8).

Com efeito, a missa é uma *atualização viva do sacrifício do Gólgota*. Debaixo das espécies do pão e do vinho, sobre as quais foi invocada a efusão do Espírito que opera com uma eficácia completamente singular nas palavras da con-

---

[69] Cf. ibidem, cap. I, n. 6.

sagração, Cristo oferece-se ao Pai com o mesmo gesto de imolação com que se ofereceu na cruz. "Neste divino sacrifício que se realiza na missa, está presente e é imolado de modo incruento aquele mesmo Cristo, que se ofereceu uma só vez de modo cruento sobre o altar da cruz".[70] E ao seu sacrifício, Cristo une o sacrifício da Igreja: "Na eucaristia, o sacrifício de Cristo torna-se também o sacrifício dos membros do seu corpo. A vida dos fiéis, o seu louvor, o seu sofrimento, a sua oração, o seu trabalho unem-se aos de Cristo e à sua total oblação, adquirindo assim um novo valor".[71] Esta participação da comunidade inteira assume uma visibilidade particular na assembléia dominical, que permite trazer ao altar a semana que passou com todo o peso humano que a caracterizou.

Banquete pascal e encontro fraterno

44. Este aspecto comunitário exprime-se de modo especial no caráter de banquete pascal, que é típico da eucaristia, onde o próprio Cristo se faz alimento. Na verdade,

> Cristo confiou à Igreja este sacrifício com o seguinte objetivo: para que os fiéis participassem dele, quer espiritualmente mediante a fé e a caridade, quer sacramentalmente com o banquete da sagrada comunhão. A participação na ceia do Senhor é sempre comunhão com Cristo, que por nós se oferece ao Pai em sacrifício".[72]

Por isso, a Igreja recomenda que os fiéis comunguem quando participam da eucaristia, desde que se encontrem nas devidas disposições. E, se a consciência os acusar de pecados graves, tenham antes recebido o perdão de Deus no sacramento da reconciliação,[73] lembrando aquilo que S. Paulo recordava à comunidade de Corinto (cf. 1Cor 11,27-32). O convite à comunhão eucarística torna-se particularmente insistente, como é óbvio, por ocasião da missa nos domingos e outros dias festivos.

Além disso, é importante ganhar uma viva consciência de quanto a comunhão com Cristo está profundamente ligada à comunhão com os irmãos.

---

[70] Conc. Ecum. de Trento. Sessão XXII, *Doutrina e cânones relativos ao santíssimo sacrifício da missa*, II: DS 1743; cf. *Catecismo da Igreja Católica*, 1366.

[71] *Catecismo da Igreja Católica*, 1368.

[72] S. Congr. dos Ritos. Instr. sobre o culto do mistério eucarístico *Eucharisticum mysterium*, n. 3b, 25 de maio de 1967: AAS 59 (1967), p. 541; cf. Pio XII. Carta enc. *Mediator Dei*, II, 20 de novembro de 1947: AAS 39 (1947), pp. 564-566.

[73] Cf. *Catecismo da Igreja Católica*, 1385; ver também Congr. da Doutrina da Fé. Carta aos bispos da Igreja Católica a respeito da recepção da comunhão eucarística por fiéis divorciados novamente casados, 14 de setembro de 1994: AAS 86 (1994), pp. 974-979.

A assembléia eucarística dominical é *um acontecimento de fraternidade*, que a celebração deve justamente fazer ressaltar, embora no respeito do estilo próprio da ação litúrgica. Para tal, contribuem o serviço de acolhimento e o estilo da oração, atenta às necessidades de toda a comunidade. A troca do sinal da paz, significativamente colocada no rito romano antes da comunhão eucarística, é um gesto particularmente expressivo, que os fiéis são chamados a realizar como manifestação do consenso que o povo de Deus presta a tudo o que se realizou na celebração[74] e do empenho de amor recíproco que se assume ao participar do único pão, lembrados daquela palavra exigente de Cristo: "Se fores apresentar uma oferta sobre o altar e ali te lembrares que teu irmão tem algo contra ti, deixa aí tua oferta diante do altar, e vai primeiro reconciliar-te com teu irmão; depois, volta para apresentares tua oferta" (Mt 5,23-24).

Da missa à "missão"

45. Recebendo o pão da vida, os discípulos de Cristo preparam-se para enfrentar, com a força do Ressuscitado e do seu Espírito, as obrigações que os esperam na sua vida ordinária. Com efeito, para o fiel que compreendeu o sentido daquilo que realizou, a celebração eucarística não pode exaurir-se no interior do templo. Como as primeiras testemunhas da ressurreição, também os cristãos, convocados cada domingo para viver e confessar a presença do Ressuscitado, são chamados, na sua vida cotidiana, a tornarem-se *evangelizadores e testemunhas*. A oração depois da comunhão e o rito de conclusão — a bênção e a despedida — hão de ser, sob este aspecto, mais bem entendidos e valorizados, para que todos os participantes da eucaristia sintam mais profundamente a responsabilidade que daí decorre. Terminada a assembléia, o discípulo de Cristo volta ao seu ambiente cotidiano, com o compromisso de fazer, de toda a sua vida, um dom, um sacrifício espiritual agradável a Deus (cf. Rm 12,1). Ele sente-se devedor para com os irmãos daquilo que recebeu na celebração, tal como sucedeu com os discípulos de Emaús que, depois de terem reconhecido Cristo ressuscitado na "fração do pão" (cf. Lc 24,30-32), sentiram a exigência de ir imediatamente partilhar com seus irmãos a alegria de terem encontrado o Senhor (cf. Lc 24,33-35).

---

[74] Cf. Inocêncio I. Epist. 25, 1, dirigida a Decêncio de Gúbio: PL 20, p. 553.

O preceito dominical

46. Sendo a eucaristia o verdadeiro coração do domingo, compreende-se por que razão, desde os primeiros séculos, os pastores não cessaram de lembrar aos seus fiéis a necessidade de participarem na assembléia litúrgica. "No dia do Senhor, deixai tudo" declara, por exemplo, o tratado do século III denominado *Didaskália dos apóstolos*, "e zelosamente correi à vossa assembléia, porque é o vosso louvor a Deus. Caso contrário, que desculpa terão junto de Deus aqueles que não se reúnem, no dia do Senhor, para ouvir a palavra de vida e nutrir-se do alimento divino que permanece eternamente?"[75] Geralmente o apelo dos pastores foi recebido na alma dos fiéis com uma convicta adesão, e, se não faltaram tempos e situações em que diminuiu a tensão ideal no cumprimento deste dever, não se pode, todavia, deixar de lembrar o autêntico heroísmo com que sacerdotes e fiéis observaram esta obrigação em muitas situações de perigo e restrição da liberdade religiosa, como se pode constatar desde os primeiros séculos da Igreja até aos nossos dias.

S. Justino, na sua primeira Apologia dirigida ao imperador Antonino e ao Senado, pôde descrever com ufania o costume cristão da assembléia dominical, que congregava no mesmo lugar os cristãos das cidades e das aldeias.[76] Quando, durante a perseguição de Diocleciano, viram as suas assembléias interditadas com a máxima severidade, foram muitos os corajosos que desafiaram o edito imperial, preferindo a morte a faltar à eucaristia dominical. É o caso daqueles mártires de Abitinas, na África proconsular, que assim responderam aos seus acusadores: "Foi sem qualquer temor que celebramos a ceia do Senhor, porque não se pode deixá-la; é a nossa lei"; "não podemos viver sem a ceia do Senhor". E uma das mártires confessou: "Sim, fui à assembléia e celebrei a ceia do Senhor com os meus irmãos, porque sou cristã".[77]

47. Esta obrigação de consciência, baseada em uma necessidade interior que os cristãos dos primeiros séculos sentiam tão intensamente, a Igreja nunca cessou de a afirmar, embora, em um primeiro tempo, não tenha julgado necessário prescrevê-la. Só mais tarde, face à tibieza ou à negligência de alguns, teve de explicitar o dever de participar na missa dominical: a maior parte das vezes o fez sob forma de exortação, mas às vezes recorreu também a disposições canônicas concretas. Assim aconteceu em diversos Concílios particulares, do século IV em diante (por exemplo, no Concílio de Elvira, do ano

---

[75] II, 59, 2-3 (ed. F. X. Funk, 1905), pp. 170-171.
[76] Cf. *Apologia* I, 67, 3-5: PG 6,430.
[77] *Ata SS. Saturnini, Dativi et aliorum plurimorum martyrum in Africa* 7, 9, 10: PL 8, pp. 707.709-710.

300, não se fala de obrigação, mas de conseqüências penais depois de três ausências)[78] e, sobretudo, a partir do século VI (como sucedeu no Concílio de Agde, em 506).[79] Estes decretos de Concílios particulares desembocaram em um costume universal de caráter obrigatório, como algo completamente óbvio.[80]

O Código de Direito Canônico, de 1917, compilou pela primeira vez a tradição em uma lei universal.[81] O Código atual confirma-a, dizendo que "no domingo e nos outros dias festivos de preceito, os fiéis têm obrigação de participar da missa".[82] Essa lei foi normalmente entendida como implicando obrigação grave: assim o ensina o Catecismo da Igreja Católica,[83] sendo fácil compreender o motivo, quando se considera a importância que o domingo tem para a vida cristã.

48. Hoje, como nos heróicos tempos iniciais, em muitas regiões do mundo, a situação apresenta-se difícil para muitos que desejam viver coerentemente a sua fé. Algumas vezes, o ambiente é abertamente hostil, outras vezes e com mais freqüência é indiferente e refratário à mensagem do Evangelho. O crente, para não ser vencido, deve poder contar com o apoio da comunidade cristã. Por isso, é necessário que ele se convença da importância decisiva que tem, para a sua vida de fé, o fato de se reunir aos domingos com os outros irmãos, para celebrar a Páscoa do Senhor no sacramento da Nova aliança. Pertence, aos bispos de modo particular, empenhar-se

> para fazer com que o domingo seja reconhecido, santificado e celebrado por todos os fiéis como verdadeiro "dia do Senhor", no qual a Igreja se reúne para renovar o memorial do seu mistério pascal, mediante a escuta da Palavra de Deus, a oferta do sacrifício do Senhor, e a santificação do dia através da oração, das obras de caridade e da abstenção do trabalho.[84]

---

[78] Cf. cân. 21: Mansi. *Conc.* II, 9.

[79] Cf. cân. 47: Mansi. *Conc.* VIII, col. 332.

[80] Veja a proposição contrária, condenada por Inocêncio XI em 1679, referente à obrigação moral de santificação da festa: DS 2152.

[81] Cân. 1248: *"Festis de præcepto diebus Missa audienda est"*; cân. 1247, § 1: "Dies festi sub præcepto in universa Ecclesia sunt [...] omnes et singuli dies dominici".

[82] *Código de Direito Canônico*, cân. 1247; o *Código dos Cânones das Igrejas Orientais*, cân. 881, § 1, prescreve que "os fiéis cristãos são obrigados, nos domingos e nas festas de preceito, a participar da divina liturgia ou, então, segundo as precrições ou o legítimo costume da própria Igreja *sui iuris*, às celebrações das laudes divinas".

[83] N. 2181: "Os que deliberadamente faltam a esta obrigação cometem pecado grave".

[84] S. Congr. para os Bispos. Diretório para o ministério pastoral dos bispos *Ecclesiæ imago*, n. 86a, 22 de fevereiro de 1973: *Enchiridion Vaticanum* 4, p. 2069.

49. Uma vez que a participação na missa é uma obrigação dos fiéis, a não ser que tenham um impedimento grave, impõe-se aos pastores o relativo dever de oferecer a todos a possibilidade efetiva de satisfazer o preceito. Nesta linha, colocam-se certas disposições do direito eclesiástico, como, por exemplo, a faculdade que o sacerdote, após autorização prévia do bispo diocesano, tem de celebrar mais de uma missa aos domingos e dias festivos,[85] a instituição das missas vespertinas,[86] e ainda a indicação de que o tempo útil para o cumprimento do preceito começa já na tarde de sábado em coincidência com as primeiras vésperas do domingo.[87] Do ponto de vista litúrgico, o dia festivo tem efetivamente início com as referidas vésperas.[88] Conseqüentemente, a liturgia da missa, designada às vezes "pré-festiva", mas que realmente é "festiva", para todos os efeitos, é a do domingo, tendo o celebrante a obrigação de fazer a homilia e de rezar com os fiéis a oração universal.

Além disso, os pastores hão de lembrar aos fiéis que, no caso de se ausentarem da sua residência habitual no dia de domingo, devem preocupar-se em participar da missa no lugar onde se encontram, enriquecendo assim a comunidade local com o seu testemunho pessoal. Será preciso, ao mesmo tempo, que estas comunidades exprimam um caloroso acolhimento aos irmãos chegados de fora, sobretudo em lugares que atraiam numerosos turistas e peregrinos, para os quais muitas vezes será necessário prever particulares iniciativas de assistência religiosa.[89]

Celebração jubilosa e animada pelo canto

50. Dado o caráter próprio da missa dominical e importância que ela tem para a vida dos fiéis, é necessário prepará-la com especial cuidado. Com as formas sugeridas pela sabedoria pastoral e pelos usos locais que estejam em harmonia com as normas litúrgicas, é preciso garantir à celebração aquele caráter festivo que convém ao dia comemorativo da ressurreição do Senhor. Com este objetivo, é importante dar a devida atenção ao canto da assembléia, já que este

---

[85] Cf. *Código de Direito Canônico*, cân. 905, § 2.

[86] Cf. Pio XII. Const. ap. *Christus dominus*, 6 de janeiro de 1953: AAS 45 (1953), pp. 15-24; *Motu proprio Sacram communionem*, 19 de março de 1957: AAS 49 (1957), pp. 177-178. Congr. S. Ofício. Instr. sobre a disciplina relativa ao jejum eucarístico, 6 de janeiro de 1953: AAS 45 (1953), pp. 47-51.

[87] Cf. *Código de Direito Canônico*, cân. 1248, § 1; *Código dos Cânones das Igrejas Orientais*, cân. 881, § 2.

[88] Cf. Missale Romanum. Normæ universales de anno liturgico et de calendario, 3.

[89] Cf. S. Congr. para os Bispos. Diretório para o ministério pastoral dos bispos *Ecclesiæ imago*, n. 86, 22 de fevereiro de 1973: *Ench. Vat.* 4, pp. 2069-2073.

é particularmente apto para exprimir a alegria do coração, faz ressaltar a solenidade e favorece a partilha da única fé e do mesmo amor. Por isso, é preciso ter a preocupação da sua qualidade, tanto no referente aos textos como às melodias, para que tudo aquilo que de criativo e original hoje se propõe, esteja de acordo com as disposições litúrgicas e seja digno daquela tradição eclesial que, em matéria de música sacra, se gloria de um patrimônio de valor inestimável.

Celebração cativante e participada

51. Além disso, é necessário fazer o máximo esforço para que todos os presentes — jovens e adultos — se sintam interessados, promovendo o seu envolvimento nas diversas formas de participação que a liturgia sugere e recomenda.[90] Compete, sem dúvida, apenas àqueles que exercem o sacerdócio ministerial a serviço dos seus irmãos realizar o sacrifício eucarístico e oferecê-lo a Deus em nome do povo inteiro.[91] Aqui se encontra o fundamento da distinção, de ordem bem mais que disciplinar, existente entre a tarefa própria do celebrante e a que é atribuída aos diáconos e aos fiéis não ordenados.[92] No entanto, os fiéis devem estar conscientes de que, em virtude do sacerdócio comum recebido no batismo, "concorrem para a oblação da eucaristia".[93] Eles, embora em funções distintas, "oferecem a Deus a vítima divina e a si mesmos juntamente com ela; assim quer pela oblação, quer pela sagrada comunhão, não indiscriminadamente, mas cada um a seu modo, todos tomam parte na ação litúrgica",[94] dela recebendo luz e força para viverem o seu sacerdócio batismal através da oração e do testemunho de uma vida santa.

Outros momentos do domingo cristão

52. Se a participação na eucaristia é o coração do domingo, seria contudo restritivo reduzir apenas a isso o dever de "santificá-lo". Na verdade, o dia do

---

[90] Cf. Concílio Ecumênico Vaticano II. Const. sobre a sagrada liturgia *Sacrosanctum concilium*, nn. 14.26; João Paulo II. Carta ap. *Vicesimus quintus annus*, nn. 4, 6, 12, 4 de dezembro de 1988: AAS 81 (1989), pp. 900-902.909-910.
[91] Cf. Concílio Ecumênico Vaticano II. Const. dogm. sobre a Igreja *Lumen gentium*, n. 10.
[92] Cf. Instr. interdicasterial acerca de algumas questões sobre a colaboração dos fiéis leigos no sagrado ministério dos sacerdotes *Ecclesiæ de mysterio*, nn. 6, 8, 15 de agosto de 1997: AAS 89 (1997), pp. 869-872.
[93] Concílio Ecumênico Vaticano II. Const. dogm. sobre a Igreja *Lumen gentium*, n. 10: "*in oblationem Eucharistiæ concurrunt*".
[94] Ibidem, n. 11.

Senhor é bem vivido, se todo ele estiver marcado pela lembrança agradecida e efetiva das obras de Deus. Ora, isto obriga cada um dos discípulos de Cristo a conferir, também aos outros momentos do dia passados fora do contexto litúrgico — vida de família, relações sociais, horas de diversão —, um estilo tal que ajude a fazer transparecer a paz e a alegria do Ressuscitado no tecido ordinário da vida. Por exemplo, o encontro mais tranqüilo dos pais e dos filhos pode dar ocasião não só para se abrirem à escuta recíproca, mas também para viverem juntos algum momento de formação e de maior recolhimento. Por que não programar, inclusive na vida laical, quando for possível, especiais iniciativas de oração — de modo particular a celebração solene das vésperas — ou então eventuais *momentos de catequese*, que, na vigília do domingo ou durante a tarde deste, preparem ou completem na alma do cristão o dom próprio da eucaristia?

Esta forma bastante tradicional de "santificação do domingo" tornou-se talvez mais difícil, em muitos ambientes; mas, a Igreja manifesta a sua fé na força do Ressuscitado e no poder do Espírito Santo mostrando, hoje mais do que nunca, que não se contenta com propostas minimalistas ou medíocres no plano da fé, e ajudando os cristãos a cumprirem aquilo que é mais perfeito e agradável ao Senhor. Aliás, a par das dificuldades, não faltam sinais positivos e encorajadores. Graças ao dom do Espírito, nota-se, em muitos ambientes eclesiais, uma nova exigência de oração na múltipla variedade das suas formas. Retomam-se também antigas formas de religiosidade, como, por exemplo, a peregrinação: muitas vezes os fiéis aproveitam o descanso dominical para irem aos santuários, talvez mesmo com a família inteira, passar mais algumas horas de intensa experiência de fé. São momentos de graça que é preciso alimentar com uma adequada evangelização e orientar com verdadeira sabedoria pastoral.

Assembléias dominicais, na ausência do sacerdote

53. Permanece o problema das paróquias que não podem usufruir do ministério de um sacerdote que celebre a eucaristia dominical. Isto sucede freqüentemente nas jovens igrejas, onde um único sacerdote tem a responsabilidade pastoral de fiéis dispersos por um vasto território. Podem-se verificar situações de emergência também nos países de secular tradição cristã, quando a escassez de clero já não permite assegurar a presença do sacerdote em cada uma das comunidades paroquiais. A Igreja, perante o caso de impossibilidade da celebração eucarística, recomenda a convocação de assembléias domini-

cais na ausência do sacerdote,[95] segundo as indicações e diretrizes emanadas pela Santa Sé e confiadas, para a sua aplicação, às Conferências Episcopais.[96] No entanto, o objetivo visado deve continuar a ser a celebração do sacrifício da missa, que é a única verdadeira atualização da Páscoa do Senhor, a única realização completa da assembléia eucarística que o sacerdote preside *in pérsona Christi*, repartindo o pão da Palavra e o da eucaristia. Portanto, hão de tomar-se todas as medidas necessárias, em nível pastoral, para que os fiéis, habitualmente privados da celebração eucarística, possam se beneficiar dela o maior número de vezes possível, quer garantindo a presença periódica de um sacerdote, quer valorizando todas as ocasiões de organizar o encontro em um lugar central e acessível aos diversos grupos distantes.

Transmissões radiofônicas e televisivas

54. Por fim, os fiéis que, por causa de doença, impedimento ou por qualquer outra razão grave, estão impedidos de participar da missa dominical, terão o cuidado de se unirem de longe à sua celebração, de preferência repassando as leituras e orações previstas no missal para aquele dia, e também através do desejo da eucaristia.[97] Em muitos países, a televisão e a rádio oferecem a possibilidade de unir-se a uma celebração eucarística na própria hora em que está se realizando em um lugar sagrado.[98] Obviamente, este gênero de transmissões não permite, por si mesmo, satisfazer o preceito dominical, que requer a participação na assembléia dos irmãos, congregando-se em um mesmo lugar, e a conseqüente possibilidade da comunhão eucarística. Mas, para aqueles que estão impedidos de participar da eucaristia e, por isso mesmo, dispensados de cumprir o preceito, a transmissão televisiva ou radiofônica constitui uma ajuda preciosa, sobretudo quando completada pelo generoso serviço dos ministros extraordinários que levam a eucaristia aos doentes, transmitindo-lhes também a saudação e a solidariedade de toda a comunidade. Assim, também para estes cristãos, a missa dominical produz abundantes frutos e eles podem viver o domingo como verdadeiro "dia do Senhor" e "dia da Igreja".

---

[95] Cf. *Código de Direito Canônico*, cân. 1248, § 2.

[96] Cf. S. CONGR. PARA O CULTO DIVINO. Diretório para as celebrações dominicais na ausência do sacerdote *Christi Ecclesia*, 2 de junho de 1988: *L'Osservatore Romano* (ed. portuguesa de 25 de dezembro de 1988), 6-8; Instr. interdicasterial acerca de algumas questões sobre a colaboração dos fiéis leigos no sagrado ministério dos sacerdotes *Ecclesiæ de mysterio*, 15 de agosto de 1997: AAS 89 (1997), pp. 852-877.

[97] Cf. Código de Direito Canônico, cân. 1248-§ 2; CONGR. PARA A DOUTRINA DA FÉ. Carta *Sacerdotium ministeriale*, III, 6 de agosto de 1983: AAS 75 (1983), p. 1007.

[98] Cf. PONT. COMISSÃO PARA AS COMUNICAÇÕES SOCIAIS. Instr. *Communio et progressio*, nn. 150-152.157, 23 de maio de 1971: AAS 63 (1971), pp. 645-647.

DIES HOMINIS — O DOMINGO: DIA DE ALEGRIA, REPOUSO E SOLIDARIEDADE

A "alegria plena" de Cristo

55. "Bendito seja Aquele que elevou o grande dia do domingo acima de todos os dias. Os céus e a terra, os anjos e os homens abandonam-se à alegria."[99] Estas loas da liturgia maronita testemunham bem as intensas aclamações de alegria que sempre caracterizaram o domingo, nas liturgias ocidental e oriental. Historicamente, ainda antes de ser vivido como dia de repouso, aliás, não previsto então no calendário civil — os cristãos viveram o dia semanal do Senhor ressuscitado sobretudo como dia de alegria. "Que todos estejam alegres, no primeiro dia da semana": lê-se na *Didaskália* dos apóstolos.[100] A manifestação da alegria era visível também no uso litúrgico, mediante a escolha de gestos apropriados.[101] Sto. Agostinho, fazendo-se intérprete da consciência geral da Igreja, põe em evidência tal caráter da Páscoa semanal: "Omitem-se os jejuns e reza-se de pé como sinal da ressurreição; também por isso se canta todos os domingos o aleluia".[102]

56. Para além das diversas expressões rituais que podem variar com o tempo segundo a disciplina eclesial, resta o fato de o domingo, eco semanal da primeira experiência do Ressuscitado, não poder deixar de conservar o tom da alegria com que os discípulos acolheram o Mestre: "Alegraram-se os discípulos, vendo o Senhor" (Jo 20,20). Cumpria-se neles, tal como se há de realizar em todas as gerações cristãs, aquilo que Jesus disse antes da paixão: "Vós estareis tristes, mas a vossa tristeza converter-se-á em alegria" (Jo 16,20). Porventura não tinha Ele mesmo rezado para que os discípulos tivessem "a plenitude da sua alegria"? (cf. Jo 17,13). O caráter festivo da eucaristia dominical exprime a alegria que Cristo transmite à sua Igreja através do dom do Espírito; a alegria é precisamente um dos frutos do Espírito Santo (cf. Rm 14,17; Gl 5,22).

57. Assim, para se apreender completamente o sentido do domingo, é preciso descobrir esta dimensão da nossa existência de crentes. É certo que a

---

[99] Proclamação diaconal em memória do dia do Senhor: cf. o texto siríaco no Missal próprio do rito da Igreja de Antioquia dos Maronitas (edição em siríaco e árabe), Jounieh (Líbano), 1959, p. 38.

[100] V, 20, 11: ed. F. X. Funk (1905), 298. Cf. também *Didaké* 14, 1: ed. F. X. Funk (1901), 32; Tertuliano. *Apologeticum* 16, 11: CCL 1, p. 116. Veja, em particular, a *Epístola de Barnabé*, nn. 15, 9, SC 172, pp. 188-189: "É por isso que celebramos como uma festa jubilosa o oitavo dia, no qual Jesus ressuscitou dos mortos e, depois de ter aparecido aos seus discípulos, subiu ao céu".

[101] Tertuliano, por exemplo, conta que era proibido ajoelhar-se aos domingos, porque, sendo esta posição considerada, então, sobretudo como gesto penitencial, parecia pouco adequada no dia da alegria: cf. *De corona* 3, 4: CCL 2, p. 1043.

[102] *Epistula* 55, 28: CSEL 342, p. 202.

alegria cristã deve caracterizar toda a vida, e não só um dia da semana. Mas o domingo, em virtude do seu significado de *dia do Senhor ressuscitado*, no qual se celebra a obra divina da criação e da "nova criação", é, a título especial, um dia de alegria, mais ainda um dia propício para educar à alegria, descobrindo novamente os seus traços autênticos e as suas raízes profundas. Na realidade, a alegria não deve ser confundida com vãos sentimentos de saciedade e prazer, que inebriam a sensibilidade e a afetividade por breves momentos, mas depois deixam o coração na insatisfação e talvez mesmo na amargura. Do ponto de vista cristão, ela é algo de muito mais duradouro e consolador, conseguindo mesmo, como o comprovam os santos,[103] resistir à noite escura da dor; de certo modo, é uma "virtude" a ser cultivada.

58. Não existe nenhuma oposição entre a alegria cristã e as verdadeiras alegrias humanas. Pelo contrário, estas ficam enaltecidas e encontram o seu fundamento último precisamente na alegria de Cristo glorificado (cf. At 2,24-31), imagem perfeita e revelação do homem segundo o desígnio de Deus. Na sua exortação apostólica sobre a alegria cristã, o meu venerado predecessor Paulo VI escreveu que, "por essência, a alegria cristã é participação espiritual na alegria insondável, ao mesmo tempo, divina e humana, que está no coração de Jesus Cristo glorificado".[104] E o referido sumo pontífice concluía sua exortação pedindo que, no dia do Senhor, a Igreja testemunhasse vigorosamente a alegria experimentada pelos apóstolos quando viram o Senhor na tarde do dia de Páscoa. Por isso, convidava os pastores a insistirem

na fidelidade dos batizados a celebrarem, com alegria, a eucaristia dominical. Como poderiam eles, pois, negligenciar este encontro, este banquete que Cristo nos prepara com o seu amor? Que a participação em tal celebração seja, ao mesmo tempo, digna e festiva! É Cristo, crucificado e glorificado, que passa entre os seus discípulos para conduzi-los todos juntos, consigo, na renovação da sua ressurreição. É o ápice, aqui neste mundo, da aliança de amor entre Deus e o seu povo: sinal e fonte de alegria cristã, preparação para a festa eterna.[105]

Nesta perspectiva de fé, o domingo cristão é verdadeiramente um "fazer festa", um dia dado por Deus ao homem para o seu pleno crescimento humano e espiritual.

---

[103] Cf. S. Teresa do Menino Jesus e da Santa Face. *Derniers entretiens* (5-6 de julho de 1897): *Oeuvres complètes*. Paris, Cerf-Desclée de Brouwer, 1992, pp. 1024-1025.

[104] Exort. ap. *Gaudete in Domino*, II, 9 de maio de 1975: AAS 67 (1975), p. 295.

[105] Ibidem, VII (conclusão): op. cit., p. 322.

O cumprimento do sábado

59. Este aspecto do domingo cristão põe especialmente em evidência a sua dimensão de cumprimento do sábado veterotestamentário. No dia do Senhor, que o Antigo Testamento — como foi dito — liga com a obra da criação (cf. Gn 2,1-3; Ex 20,8-11) e do êxodo (cf. Dt 5,12-15), o cristão é chamado a anunciar a nova criação e a nova aliança, realizadas no mistério pascal de Cristo. A celebração da criação, longe de ser anulada, é aprofundada em perspectiva cristocêntrica, ou seja, à luz do desígnio divino de "recapitular em Cristo todas as coisas que há no céu e na terra" (Ef 1,10). E ao memorial da libertação realizada no êxodo, é-lhe conferido também sentido pleno, tornando-se memorial da redenção universal operada por Cristo morto e ressuscitado. Portanto, mais do que uma "substituição" do sábado, o domingo constitui a sua perfeita realização e, de certa forma, o seu desenvolvimento e plena expressão no caminho da história da salvação, que tem o seu ponto culminante em Cristo.

60. Nesta perspectiva, a teologia bíblica do *shabbat* pode ser plenamente recuperada, sem causar dano ao caráter cristão do domingo. Ela leva-nos, sempre de novo e com uma maravilha cada vez maior, àquele início misterioso, quando a eterna Palavra de Deus, por livre decisão de amor, tirou do nada o mundo. Chancela da obra criadora foi a bênção e consagração do dia em que Deus repousou de "toda a obra da criação" (Gn 2,3). Deste dia do repouso de Deus brota o sentido do tempo, que assume, na sucessão das semanas, não apenas um ritmo cronológico, mas, por assim dizer, um respiro teológico. O constante retorno do *shabbat* salva efetivamente o tempo do risco de fechar-se sobre si mesmo, para que permaneça aberto ao horizonte da eternidade, através do acolhimento de Deus e dos seus *kairoì*, ou seja, dos tempos da sua graça e das suas iniciativas de salvação.

61. O *shabbat*, o sétimo dia abençoado e consagrado por Deus, ao mesmo tempo em que encerra toda a obra da criação, está em ligação imediata com a obra do sexto dia, quando Deus fez o homem "à sua imagem e semelhança" (cf. Gn 1,26). Esta relação mais direta entre o "dia de Deus" e o "dia do homem" não passou despercebida aos padres, na sua meditação sobre o relato bíblico da criação. A este propósito, Sto. Ambrósio diz:

> Demos, pois, graças ao Senhor nosso Deus, que fez uma obra onde ele pudesse encontrar descanso. Fez o céu, mas não leio que aí tenha repousado; fez as estrelas, a lua, o sol, e nem aqui leio que tenha descansado neles. Mas, ao

contrário, leio que ele fez o homem e que então repousou, tendo nele alguém a quem podia perdoar os pecados.[106]

Assim, o "dia de Deus" estará sempre diretamente relacionado com o "dia do homem". Quando o mandamento de Deus diz: "Recorda-te do dia de sábado, para o santificares" (Ex 20,8), a pausa prescrita para honrar o dia a ele dedicado não constitui de modo algum uma imposição gravosa para o homem, mas antes uma ajuda, para que se conscientize da sua dependência vital e libertadora do Criador e, ao mesmo tempo, da vocação para colaborar na sua obra e acolher a sua graça. Deste modo, honrando o "repouso" de Deus, o homem encontra-se plenamente a si próprio, e assim o dia do Senhor fica profundamente marcado pela bênção divina (cf. Gn 2,3) e, graças a ela, dir-se-ia dotado, como acontece com os animais e com os homens (cf. Gn 1,22.28), de uma espécie de "fecundidade". Esta se exprime não só no constante acompanhamento do ritmo do tempo, mas sobretudo no reanimar e, de certo modo, "multiplicar" o próprio tempo, aumentando no homem, com a lembrança do Deus vivo, a alegria de viver e o desejo de promover e dar a vida.

62. Assim, se é verdade que, para o cristão, decaíram as modalidades do sábado judaico, porque superadas pelo "cumprimento" dominical, ele deverá lembrar-se de que permanecem válidos os motivos de base que obrigam à santificação do "dia do Senhor", fixados pela solenidade do Decálogo, mas que hão de ser interpretados à luz da teologia e da espiritualidade do domingo:

> Guardarás o dia de sábado, para o santificares, como te ordenou o Senhor, teu Deus. Trabalharás durante seis dias, e neles farás todas as tuas obras; mas, no sétimo dia, que é o sábado do Senhor, teu Deus, não farás trabalho algum: tu, o teu filho ou a tua filha, o teu escravo ou a tua escrava, o teu boi, o teu jumento ou qualquer outro dos teus animais; nem o estrangeiro que está dentro das tuas portas, para que o teu servo e a tua serva descansem como tu. Recorda-te de que foste escravo no país do Egito, donde o Senhor, teu Deus, te fez sair com mão forte e braço poderoso. É por isso que o Senhor, teu Deus, te ordenou que guardasses o dia de sábado (Dt 5,12-15).

Aqui a observância do sábado aparece intimamente ligada à obra de libertação realizada por Deus em favor do seu povo.

63. Cristo veio para realizar um novo "êxodo", para dar a liberdade aos oprimidos. Ele realizou muitas curas ao sábado (cf. Mt 12,9-14 e paralelos),

---

[106] *Hex.* 6, 10, 76: CSEL 321, p. 261.

certamente não para violar o dia do Senhor, mas para realizar o seu pleno significado: "O sábado foi feito por causa do homem, e não o homem por causa do sábado" (Mc 2,27). Opondo-se à interpretação demasiado legalista de alguns dos seus contemporâneos e desenvolvendo o sentido autêntico do sábado bíblico, Jesus, "Senhor do sábado" (Mc 2,28), devolve o caráter libertador à observância deste dia, instituído ao mesmo tempo para a defesa dos direitos de Deus e dos homens. Compreende-se, assim, porque era justo que os cristãos, anunciadores da libertação realizada pelo sangue de Cristo, se sentissem autorizados a transpor o significado do sábado para o dia da ressurreição. Com efeito, a Páscoa de Cristo libertou o homem de uma escravidão muito mais radical do que aquela que se agrava sobre um povo oprimido: a escravidão do pecado, que afasta o homem de Deus, que o afasta também de si mesmo e dos outros, introduzindo continuamente na história novos gérmens de maldade e violência.

O dia do descanso

64. Durante alguns séculos, os cristãos viveram o domingo apenas como dia do culto, sem poderem juntar-lhe também o significado específico de descanso sabático. Só no século IV é que a lei civil do Império Romano reconheceu o ritmo semanal, fazendo com que, no "dia do sol", os juízes, os habitantes das cidades e as corporações dos diversos ofícios parassem de trabalhar.[107] Grande contentamento sentiram os cristãos ao verem assim afastados os obstáculos que, até então, tinham tornado por vezes heróica a observância do dia do Senhor. Podiam agora se dedicar à oração comum, sem qualquer impedimento.[108]

Por isso, seria um erro ver a legislação que defende o ritmo semanal como uma mera circunstância histórica, sem valor para a Igreja ou que esta poderia abandonar. Os Concílios não cessaram de manter, mesmo depois do fim do Império, as disposições relativas ao descanso festivo. Mesmo nos países onde os cristãos são um pequeno número e os dias festivos do calendário não coincidem com o domingo, este permanece sempre o dia do Senhor, o dia em que os fiéis se reúnem para a assembléia eucarística. Mas isto se verifica à custa de sacrifícios não pequenos. Para os cristãos, é anormal que o domingo, dia de festa e de alegria, não seja também dia de descanso, tornando-se para eles difícil "santificar" o domingo, já que não dispõem de tempo livre suficiente.

---

[107]   Veja o Édito de Constantino, de 3 de julho de 321: *Codex Theodosianus II*, 8, 1, ed. Th. Mommsen 12, 87; *Codex Iustiniani*, 3, 12, 2, ed. P. Krueger, p. 248.

[108]   Cf. Eusébio de Cesaréia. *Vida de Constantino*, 4, 18: PG 20, p. 1165.

65. Por outro lado, a ligação entre o dia do Senhor e o dia do descanso na sociedade civil tem uma importância e um significado que ultrapassam o horizonte propriamente cristão. De fato, a alternância de trabalho e descanso, inscrita na natureza humana, foi querida pelo próprio Deus, como se deduz da perícope da criação no livro do Gênesis (cf. 2,2-3; Ex 20,8-11): o repouso é coisa "sagrada", constituindo a condição necessária para o homem se subtrair ao ciclo, por vezes excessivamente absorvente, dos afazeres terrenos e retomar consciência de que tudo é obra de Deus. O poder sobre a criação, que Deus concede ao homem, é tão prodigioso que este corre o risco de esquecer-se de que Deus é o Criador, de quem tudo depende. Este reconhecimento é ainda mais urgente na nossa época, porque a ciência e a técnica aumentaram incrivelmente o poder que o homem exerce através do seu trabalho.

66. Por último, importa não perder de vista que o trabalho é, ainda no nosso tempo, uma dura escravidão para muitos, seja por causa das condições miseráveis em que é realizado e dos horários impostos, especialmente nas regiões mais pobres do mundo, seja por subsistirem, mesmo nas sociedades economicamente mais desenvolvidas, inúmeros casos de injustiça e exploração do homem pelo homem. Quando a Igreja, ao longo dos séculos, legislou sobre o descanso dominical,[109] teve em consideração sobretudo o trabalho dos criados e dos operários, certamente não porque este fosse um trabalho menos digno relativamente às exigências espirituais da prática dominical, mas sobretudo porque mais carente de uma regulamentação que aliviasse o seu peso e permitisse a todos santificarem o dia do Senhor. Nesta linha, o meu venerado predecessor Leão XIII, na encíclica *Rerum novarum*, apontava o descanso festivo como um direito do trabalhador, que o Estado deve garantir.[110]

E, no contexto histórico atual, permanece a obrigação de batalhar para que todos possam conhecer a liberdade, o descanso e o *relax* necessários à sua dignidade de homens, com as relativas exigências religiosas, familiares, culturais, interpessoais, que dificilmente podem ser satisfeitas, se não ficar salvaguardado pelo menos um dia semanal para gozarem *juntos* da possibilidade de repousar e fazer festa. Obviamente, este direito do trabalhador ao descanso pressupõe o seu direito ao trabalho, pelo que, ao refletirmos sobre esta problemática ligada à concepção cristã do domingo, não podemos deixar de recordar, com sentida solidariedade, a situação penosa de tantos homens e

---

[109] O documento eclesiástico mais antigo sobre este tema é o cân. 29 do Concílio de Laodicéia (segunda metade do séc. IV): Mansi, *Conc.*, t. II, pp. 569-570. Muitos Concílios, desde o século VI até ao IX, proibiram as *opera ruralia*. A legislação sobre os trabalhos proibidos, apoiada também pelas leis civis, foi se tornando sempre mais detalhada.

[110] Cf. Carta enc. *Rerum novarum*, 15 de maio de 1891: *Ata Leonis XIII* 11 (1891), pp. 127-128.

mulheres que, por falta de um emprego, se vêem constrangidos à inatividade mesmo nos dias úteis.

67. Graças ao descanso dominical, as preocupações e afazeres cotidianos podem reencontrar a sua justa dimensão: as coisas materiais, pelas quais nos afadigamos, dão lugar aos valores do espírito; as pessoas com quem vivemos recuperam, no encontro e diálogo mais tranqüilo, a sua verdadeira fisionomia. As próprias belezas da natureza — freqüentemente malbaratadas por uma lógica de domínio, que se volta contra o homem — podem ser profundamente descobertas e apreciadas. Assim o domingo, dia de paz do homem com Deus, consigo mesmo e com os seus semelhantes, torna-se também ocasião em que o homem é convidado a lançar um olhar regenerado sobre as maravilhas da natureza, deixando-se envolver por aquela estupenda e misteriosa harmonia que, como diz Sto. Ambrósio, por uma "lei inviolável de concórdia e de amor", une os diversos elementos do universo em um "vínculo de união e de paz".[111] Então, o homem torna-se mais consciente, segundo as palavras do apóstolo, de que "tudo o que Deus criou é bom, e não é para desprezar, contanto que se tome em ação de graças, pois é santificado pela Palavra de Deus e pela oração" (1Tm 4,4-5). Portanto, se depois de seis dias de trabalho — para muitos, na verdade, reduzidos já a cinco — o homem procura um tempo para relaxar e para cuidar melhor dos outros aspectos da própria vida, isso corresponde a uma real necessidade, em plena harmonia com a perspectiva da mensagem evangélica. Conseqüentemente, o crente é chamado a satisfazer esta exigência, harmonizando-a com as expressões da sua fé pessoal e comunitária, manifestada na celebração e santificação do dia do Senhor.

Por isso, é natural que os cristãos se esforcem para que, também nas circunstâncias específicas do nosso tempo, a legislação civil tenha em conta o seu dever de santificar o domingo. Em todo caso, têm a obrigação de consciência de organizar o descanso dominical de forma que lhes seja possível participar da eucaristia, abstendo-se dos trabalhos e negócios incompatíveis com a santificação do dia do Senhor, com a sua alegria própria e com o necessário repouso do espírito e do corpo.[112]

68. Uma vez que o descanso, para não se tornar vazio nem fonte de tédio, deve gerar enriquecimento espiritual, maior liberdade, possibilidade de contemplação e comunhão fraterna, os fiéis hão de escolher, de entre os meios da cultura humana e as diversões que a sociedade proporciona, aqueles que estão

---

[111] *Hex.* 2, 1, 1: CSEL 321, 41.

[112] Cf. *Código de Direito Canônico*, cân. 1247; *Código dos Cânones das Igrejas Orientais*, cân. 881, §§ 1.4.

mais de acordo com uma vida segundo os preceitos do Evangelho. Nesta perspectiva, o descanso dominical e festivo adquire uma dimensão "profética", defendendo não só o primado absoluto de Deus, mas também o primado e a dignidade da pessoa sobre as exigências da vida social e econômica, e antecipando de certo modo os "novos céus" e a "nova terra", onde a libertação da escravidão das necessidades será definitiva e total. Em resumo, o dia do Senhor, na sua forma mais autêntica, torna-se também o *dia do homem*.

Dia de solidariedade

69. O domingo deve dar oportunidade aos fiéis para se dedicarem também às atividades de misericórdia, caridade e apostolado. A participação interior na alegria de Cristo ressuscitado implica a partilha total do amor que pulsa no seu coração: não há alegria sem amor! O próprio Jesus no-lo explica, ao pôr em relação o "mandamento novo" com o dom da alegria:

> Se guardardes os meus mandamentos, permanecereis no meu amor, do mesmo modo que Eu tenho guardado os mandamentos de meu Pai, e permaneço no seu amor. Digo-vos isto para que a minha alegria esteja em vós, e a vossa alegria seja completa. O meu mandamento é este: "Que vos ameis uns aos outros como eu vos amei" (Jo 15,10-12).

Assim, a eucaristia dominical não só não desvia dos deveres de caridade, mas, pelo contrário, estimula os fiéis "a tudo o que seja obra de caridade, de piedade e apostolado, onde os cristãos possam mostrar que são a luz do mundo, embora não sejam deste mundo, e que glorificam o Pai diante dos homens".[113]

70. De fato, a reunião dominical constituiu para os cristãos, desde os tempos apostólicos, um momento de partilha fraterna com os mais pobres. "No primeiro dia da semana, cada um de vós ponha de parte, em sua casa, o que tiver podido poupar" (1Cor 16,2). Trata-se aqui da coleta organizada por S. Paulo em favor das Igrejas pobres da Judéia: na eucaristia dominical, o coração crente cresce até assumir as dimensões da Igreja. Mas, é preciso compreender profundamente o convite do apóstolo, que, longe de promover uma mentalidade mesquinha que se contente do "óbolo", faz apelo sobretudo a uma exigente *cultura da solidariedade*, concretizada tanto entre os próprios mem-

---

[113] Concílio Ecumênico Vaticano II. Const. sobre a sagrada liturgia *Sacrosanctum concilium*, n. 9.

bros da comunidade como em favor da sociedade inteira.[114] Há uma grande necessidade de escutar de novo as severas advertências que ele faz à comunidade de Corinto, culpada de ter humilhado os pobres no ágape fraterno que acompanhava a "ceia do Senhor":

> Deste modo, quando vos reunis, não o fazeis para comer a ceia do Senhor, pois cada um de vós se apressa a tomar a sua própria ceia; e, enquanto uns passam fome, outros se fartam. Porventura não tendes casas para comer e beber? Ou desprezais a Igreja de Deus e quereis envergonhar aqueles que nada têm? (1Cor 11,20-22).

E não é menos vigorosa esta palavra de S. Tiago:

> Porque, se entrar na vossa assembléia um homem com anel de ouro no dedo e com vestidos preciosos e entrar também um pobre sordidamente vestido, e atenderdes ao que está magnificamente vestido, dizendo-lhe: "Senta-te aqui, neste lugar de honra", e dizendo ao pobre: "Fica de pé aí", ou: "Senta-te abaixo de meu estrado", não é verdade que fazeis distinção entre vós mesmos e que sois juízes de pensamentos iníquos?" (2,2-4).

71. Estas indicações dos apóstolos foram solicitamente seguidas já desde os primeiros séculos e suscitaram apelos vigorosos na pregação dos padres da Igreja. Aos ricos que presumiam ter satisfeito suas obrigações religiosas freqüentando a igreja, mas sem partilharem os seus bens com os pobres ou mesmo oprimindo-os, Sto. Ambrósio dirige estas palavras ardentes: "Ouves, ó rico, o que diz o Senhor Deus!? E tu vens à igreja, não para dar qualquer coisa a quem é pobre, mas para te aproveitares".[115] Igualmente exigente é S. João Crisóstomo:

> Queres honrar o corpo de Cristo? Não permitas que seja desprezado nos seus membros, isto é, nos pobres que não têm que vestir, nem o honres aqui no templo com vestes de seda, enquanto lá fora o abandonas ao frio e à nudez. Aquele que disse: "Isto é o meu corpo", confirmando o fato com a sua palavra,

---

[114] E. S. Justino afirma: "Os que são ricos e querem dão, cada um conforme o que a si mesmo se impôs; o que se recolhe é entregue àquele que preside e ele, por seu turno, presta assistência aos órfãos, às viúvas, aos doentes, aos pobres, aos prisioneiros, aos estrangeiros de passagem, em uma palavra, a todos os que sofrem necessidade" (*Apologia* I, 67, 6: PG 6, p. 430).

[115] *De Nabuthae*, 10, 45: "*Audis, dives, quid Dominus Deus dicat? Et tu ad ecclesiam venis, non ut aliquid largiaris pauperi, sed ut auferas*" (in CSEL 32/2, p. 492).

também afirmou: "Vós me vistes com fome e não me destes de comer", e ainda: "Na medida em que o recusastes a um destes meus irmãos mais pequeninos, a mim o recusastes". [...] De que serviria, afinal, adornar a mesa de Cristo com vasos de ouro, se ele morre de fome na pessoa dos pobres? Primeiro dá de comer a quem tem fome, e depois ornamenta a sua mesa com o que sobra.[116]

São palavras que lembram, eficazmente, à comunidade cristã o dever de fazer da eucaristia o lugar onde a fraternidade se torne solidariedade concreta, onde os últimos sejam os primeiros na consideração e na estima dos irmãos, onde o próprio Cristo, através da doação generosa dos ricos aos pobres, possa de algum modo continuar ao longo dos tempos o milagre da multiplicação dos pães.[117]

72. A eucaristia é acontecimento e projeto de fraternidade. Da missa dominical parte uma onda de caridade destinada a estender-se a toda a vida dos fiéis, começando por animar o próprio modo de viver o restante do domingo. Se este é dia de alegria, é preciso que o cristão mostre, com as suas atitudes concretas, que não se pode ser feliz "sozinho". Ele olha ao seu redor, para individuar as pessoas que possam ter necessidade da sua solidariedade. Pode suceder que, entre os vizinhos ou no âmbito das suas relações, haja doentes, idosos, crianças, imigrantes, que, precisamente ao domingo, sentem ainda mais dura a sua solidão, a sua necessidade, a sua condição dolorosa. É certo que a atenção por eles não pode limitar-se a uma esporádica iniciativa dominical. Mas, suposta esta atitude de compromisso mais global, por que não dar ao dia do Senhor uma tonalidade maior de partilha, pondo em ação toda a capacidade inventiva da caridade cristã? Sentar à própria mesa alguma pessoa que viva sozinha, visitar os doentes, levar de comer a qualquer família necessitada, dedicar algumas horas a iniciativas específicas de voluntariado e de solidariedade, seria, sem dúvida, um modo de transferir para a vida a caridade de Cristo recebida na mesa eucarística.

73. Vivido assim, não só a eucaristia dominical, mas o domingo inteiro torna-se uma grande escola de caridade, de justiça e de paz. A presença do Ressuscitado no meio dos seus torna-se projeto de solidariedade, urgência de renovação interior, impulso para alterar as estruturas de pecado onde se encontram enredados os indivíduos, as comunidades e às vezes povos inteiros. Longe de ser evasão, o domingo cristão é antes "profecia" inscrita no tem-

---

[116] *Homilias sobre o evangelho de Mateus*, 50, 3-4: PG 58, pp. 508-509.

[117] Cf. S. Paulino de Nola. *Epistula* 13,11-12, dirigida a Pamáquio: CSEL 29, pp. 92-93. Aí Pamáquio, senador romano, é louvado precisamente por ter de certo modo reproduzido o milagre evangélico, unindo a participação na eucaristia com a distribuição de alimentos aos pobres.

po, profecia que obriga os crentes a seguir os rastos daquele que veio "para anunciar a Boa-Nova aos pobres, [...] para proclamar a libertação aos cativos e, aos cegos, a recuperação da vista; para libertar os oprimidos, e proclamar um ano de graça do Senhor" (Lc 4,18-19). Freqüentando a escola dele, na comemoração dominical da Páscoa, e recordando a sua promessa: "Deixo-vos a paz, a minha paz vos dou" (Jo 14,27), o crente torna-se, por sua vez, *agente de paz*.

DIES DIERUM — O DOMINGO: FESTA PRIMORDIAL, REVELADORA DO SENTIDO DO TEMPO

Cristo, Alfa e Ômega do tempo

74. "No cristianismo, o tempo tem uma importância fundamental. Dentro da sua dimensão, foi criado o mundo; no seu âmbito se desenrola a história da salvação, que tem o seu ponto culminante na 'plenitude do tempo' da encarnação e a sua meta no regresso glorioso do Filho de Deus no fim dos tempos. Em Jesus Cristo, Verbo encarnado, o tempo torna-se uma dimensão de Deus, que em si mesmo é eterno."[118]

À luz do Novo Testamento, os anos da existência terrena de Cristo constituem realmente o centro do tempo. Este centro tem o seu ápice na ressurreição. Com efeito, se é verdade que ele é Deus feito homem desde o primeiro instante da concepção no seio da Virgem Santa, é verdade também que somente com a ressurreição é que a sua humanidade foi totalmente transfigurada e glorificada, revelando assim plenamente a sua identidade e glória divina. No discurso feito na sinagoga de Antioquia da Pisídia (cf. At 13,33), Paulo aplica precisamente à ressurreição de Cristo a afirmação do Salmo 2: "Tu és meu Filho, Eu hoje te gerei" (v. 7). Por isso mesmo, na celebração da Vigília Pascal, a Igreja apresenta Cristo ressuscitado como "Princípio e Fim, Alfa e Ômega". Estas palavras, pronunciadas pelo celebrante na preparação do círio pascal que nele tem gravado o número do respectivo ano, põem em evidência que "Cristo é o Senhor do tempo; é o seu princípio e o seu cumprimento; cada ano, cada dia, e cada momento ficam abraçados pela sua encarnação e ressurreição, reencontrando-se assim na 'plenitude do tempo'".[119]

---

[118] João Paulo II. Carta ap. *Tertio millennio adveniente*, n. 10, 10 de novembro de 1994: AAS 87 (1995), n. 11.

[119] Ibidem, n. 10: op. cit., n. 11.

75. Sendo o domingo a Páscoa semanal que evoca e torna presente o dia em que Cristo ressuscitou dos mortos, ele é também o dia que revela o sentido do tempo. Não tem nenhuma afinidade com os ciclos cósmicos que, segundo a religião natural e a cultura humana, poderiam ritmar o tempo, fazendo crer talvez no mito do eterno retorno. O domingo cristão é diferente! Nascendo da ressurreição, ele sulca os tempos do homem, os meses, os anos, os séculos como uma seta lançada que os atravessa, orientando-os para a meta da segunda vinda de Cristo. O domingo prefigura o dia final, o da parusia, já antecipada de algum modo pela glória de Cristo no acontecimento da ressurreição.

Com efeito, tudo aquilo que suceder até ao fim do mundo será apenas uma expansão e explicitação do que aconteceu no dia em que o corpo martirizado do Crucificado ressuscitou pela força do Espírito e se tornou, por sua vez, a fonte do Espírito para a humanidade. Por isso, o cristão sabe que não deve esperar outro tempo de salvação, visto que o mundo, qualquer que seja a sua duração cronológica, já vive no *último tempo*. Não só a Igreja, mas o próprio universo e a história são continuamente dominados e guiados por Cristo glorificado. É esta energia de vida que impele a criação — esta "tem gemido e sofrido as dores do parto, até ao presente" (Rm 8,22) — para a meta do seu pleno resgate. Deste caminho, o homem pode ter apenas uma vaga percepção; mas os cristãos possuem a chave de interpretação e a certeza dele, constituindo a santificação do domingo um testemunho significativo que eles são chamados a dar, para que os tempos do homem sejam sempre sustentados pela esperança.

O domingo no ano litúrgico

76. Se o dia do Senhor, com o seu ritmo semanal, está radicado na tradição mais antiga da Igreja e é de importância vital para o cristão, muito cedo também começou a afirmar-se um outro ritmo: o ciclo anual. Na realidade, é próprio da psicologia humana celebrar os aniversários, associando à repetição das datas e das estações a lembrança de acontecimentos passados. E se, para além disso, se trata de fatos decisivos para a vida de um povo, é normal que a sua ocorrência gere um clima de festa que vem quebrar a monotonia dos dias.

Ora, os principais acontecimentos de salvação sobre os quais se fundamenta a vida da Igreja estiveram, por desígnio de Deus, intimamente ligados com festas anuais dos judeus — a Páscoa e o Pentecostes — e nelas foram prefigurados profeticamente. A partir do século II, a celebração da Páscoa anual feita pelos cristãos, juntando-se à celebração da Páscoa semanal, permitiu dar maior amplitude à meditação do mistério de Cristo morto e ressuscitado. Precedida por um jejum que a prepara, celebrada durante uma longa vigília, prolongada nos cinqüenta dias que vão até o Pentecostes, a festa da Páscoa — "a solenidade das solenidades" — tornou-se o dia por excelência da iniciação dos catecúmenos. Com efeito, se estes, pelo batismo, morrem para o pecado e ressuscitam para uma vida nova, é porque Cristo "foi entregue por causa das nossas faltas e ressuscitado para nossa justificação" (Rm 4,25; cf. 6,3-11). Intimamente unida com o mistério pascal, adquire relevo especial a solenidade de Pentecostes, na qual se celebra a vinda do Espírito Santo sobre os apóstolos, reunidos com Maria, e o início da missão ao encontro de todos os povos.[120]

77. A mesma lógica comemorativa presidiu à estruturação de todo o ano litúrgico. Como recorda o Concílio Vaticano II, a Igreja quis distribuir

> todo o mistério de Cristo pelo correr do ano, da encarnação e nascimento à ascensão, ao Pentecostes, à expectativa da feliz esperança e da vinda do Senhor. Com esta recordação dos mistérios da redenção, a Igreja oferece aos fiéis as riquezas das obras e merecimentos do seu Senhor, a ponto de os tornar como que presentes em todo o tempo, para que os fiéis, em contato com eles, se encham de graça.[121]

A celebração mais solene depois da Páscoa e do Pentecostes é, sem dúvida, o Natal do Senhor, quando os cristãos meditam o mistério da encarnação e contemplam o Verbo de Deus que se digna assumir a nossa humanidade para nos tornar participantes da sua divindade.

78. De igual modo, "na celebração deste ciclo anual dos mistérios de Cristo, a santa Igreja venera com especial amor, porque indissoluvelmente unida à obra de salvação do seu Filho, a bem-aventurada Virgem Maria, Mãe de Deus".[122] Da mesma forma, introduzindo no ciclo anual as memórias dos mártires e de outros santos, por ocasião do seu aniversário, a Igreja "proclama o mistério pascal realizado na paixão e glorificação deles com Cristo".[123] A recordação dos santos, se celebrada com o espírito autêntico da liturgia, não obscura a centralidade de Cristo, antes, pelo contrário, exalta-a, mostrando a força da sua redenção. Como canta S. Paulino de Nola, "tudo passa, mas a glória dos santos perdura em Cristo, que tudo renova, enquanto ele permanece

---

[120] Cf. *Catecismo da Igreja Católica*, pp. 731-732.
[121] Const. sobre a sagrada liturgia *Sacrosanctum concilium*, n. 102.
[122] Ibidem, n. 103.
[123] Ibidem, n. 104.

o mesmo".[124] Esta relação intrínseca da glória dos santos com a de Cristo está inscrita no próprio estatuto do ano litúrgico e encontra a sua expressão mais eloqüente precisamente no caráter fundamental e dominante do domingo como dia do Senhor. Seguindo os tempos do ano litúrgico com a observância do domingo que o ritma inteiramente, o compromisso eclesial e espiritual do cristão radica-se profundamente em Cristo, em quem encontra a sua razão de ser e de quem recebe alimento e estímulo.

79. Deste modo, o domingo constitui o modelo natural para se compreender e celebrar aquelas solenidades do ano litúrgico, cujo valor espiritual para a existência cristã é tão grande que a Igreja decidiu sublinhar a sua importância, impondo aos fiéis a obrigação de participar da missa e observar o descanso, mesmo quando coincidem em dia de semana.[125] O número destas festas foi variando ao longo das diferentes épocas, tendo em conta as condições sociais e econômicas, o arraigamento delas na tradição, e ainda o apoio da legislação civil.[126]

O ordenamento canônico-litúrgico atual prevê a possibilidade de cada Conferência Episcopal, em virtude de circunstâncias próprias do seu país, reduzir a lista dos dias de preceito. Uma eventual decisão nesse sentido, porém, precisa ser confirmada por uma aprovação especial da Sé Apostólica,[127] e, se fosse o caso da celebração de um mistério do Senhor, como a Epifania, a Ascensão ou a solenidade do corpo e sangue de Cristo, tal celebração deve passar para o domingo seguinte, segundo as normas litúrgicas, para que os fiéis não sejam privados da meditação do mistério.[128] Os pastores procurarão diligentemente encorajar os fiéis a participarem da missa também nas festas de certa importância que calham durante a semana.[129]

80. Merecem uma reflexão pastoral específica aquelas situações, freqüentes, em que tradições populares e culturais típicas de um ambiente ameaçam

---

[124] *Carm.* XVI, 3-4: *"Omnia prætereunt, sanctorum gloria durat in Christo qui cuncta novat, de um permanet ipsum"* (in: CSEL 30, p. 67).

[125] Cf. *Código de Direito Canônico*, cân. 1247; *Código dos Cânones das Igrejas Orientais*, cân. 881-§§ 1 e 3.

[126] Por direito comum, são festas de preceito, na Igreja latina, os dias do Natal de Nosso Senhor Jesus Cristo, Epifania, Ascensão, Santíssimo Corpo e Sangue de Cristo, Santa Maria Mãe de Deus, a sua Imaculada Conceição e Assunção, S. José, os apóstolos S. Pedro e S. Paulo, e Todos os Santos: cf. *Código de Direito Canônico*, cân. 1246. São festas de preceito comuns a todas as Igrejas Orientais os dias do Natal de Nosso Senhor Jesus Cristo, Epifania, Ascensão, Dormição de Santa Maria Mãe de Deus, os Santos Apóstolos Pedro e Paulo: cf. *Código dos Cânones das Igrejas Orientais*, cân. 880, § 3.

[127] Cf. *Código de Direito Canônico*, cân. 1246, § 2; para as *Igrejas Orientais*, cf. *Código dos Cânones das Igrejas Orientais*, cân. 880, § 3.

[128] Cf. S. CONGR. DOS RITOS. *Normæ universales de Anno Liturgico et de Calendario*, nn. 5, 7 , 21 de março de 1969: *Enchiridion Vaticanum* 3, pp. 895 e 897.

[129] Cf. *Cærimoniale Episcoporum*, ed. typica, 1995, n. 230.

invadir a celebração dos domingos e outras festas litúrgicas, incorporando no espírito da fé cristã autêntica elementos que lhe são alheios e poderiam desfigurá-la. Nestes casos, importa esclarecer as coisas através da catequese e de oportunas iniciativas pastorais, rejeitando tudo o que for incompatível com o Evangelho de Cristo. Porém, é preciso não esquecer que muitas vezes tais tradições — e o mesmo vale, analogamente, para as novas propostas culturais da sociedade civil — possuem valores que se harmonizam, sem dificuldade, com as exigências da fé. Compete aos pastores fazer um discernimento que salve os valores presentes na cultura de um determinado contexto social e, sobretudo, na religiosidade popular, de forma que a celebração litúrgica, sobretudo a dos domingos e dias festivos, não fique prejudicada, mas antes seja valorizada com eles.[130]

CONCLUSÃO

81. Verdadeiramente grande é a riqueza espiritual e pastoral do domingo, tal como a tradição no-la confiou. Vista na totalidade dos seus significados e implicações, constitui, de algum modo, uma síntese da vida cristã e uma condição necessária para bem vivê-la. Compreende-se, assim, por que razão a Igreja tenha particularmente a peito a observância do dia do Senhor, permanecendo ela uma verdadeira e própria obrigação no âmbito da disciplina eclesial. Mas, uma tal observância, antes ainda de ser sentida como preceito, deve ser vista como uma exigência inscrita profundamente na existência cristã. É de importância verdadeiramente capital que cada fiel se convença de que não pode viver a sua fé, na plena participação da vida da comunidade cristã, sem tomar parte regularmente na assembléia eucarística dominical. Se se realiza na eucaristia aquela plenitude de culto que os homens devem a Deus e que não tem comparação com nenhuma outra experiência religiosa, uma expressão particularmente eficaz disso verifica-se precisamente quando, ao domingo, se congrega toda a comunidade, obedecendo à voz do Ressuscitado que a convoca para lhe dar a luz da sua Palavra e o alimento do seu corpo, como fonte sacramental perene de redenção. A graça, que dimana dessa fonte, renova os homens, a vida, a história.

82. É com esta intensa convicção de fé, acompanhada pela consciência do patrimônio de valores, mesmo humanos, presentes na prática dominical, que, hoje, os cristãos devem olhar as solicitações de uma cultura que proveito-

---

[130]   Cf. ibidem, n. 233.

samente assumiu as exigências de repouso e tempo livre, mas vive-as amiúde de modo superficial e, às vezes, é seduzida por formas de divertimento que são moralmente discutíveis. O cristão condivide certamente com os outros homens o gozo do dia de descanso semanal; mas, ao mesmo tempo, tem viva consciência da novidade e originalidade do domingo, dia em que ele se sente chamado a celebrar a sua salvação e a da humanidade inteira. Se o domingo é dia de alegria e descanso, isso resulta precisamente do fato de ser o "dia do Senhor", o dia do Senhor ressuscitado.

83. Sentido e vivido assim, o domingo torna-se de algum modo a alma dos outros dias, como o supõe uma reflexão de Orígenes, segundo a qual o cristão perfeito "vive sempre no dia do Senhor, celebra sempre o domingo".[131] Este é uma autêntica escola, um itinerário permanente de pedagogia eclesial; pedagogia insubstituível, sobretudo nas condições da sociedade atual, sempre mais intensamente marcada pela fragmentação e pluralismo cultural, que põem continuamente à prova a fidelidade dos cristãos às exigências específicas da sua fé. Em muitas partes do mundo, desenha-se a condição de um cristianismo da "diáspora", isto é, provado por uma situação de dispersão tal que os discípulos de Cristo já não conseguem manter facilmente os contatos entre eles, nem gozam do apoio das estruturas e tradições próprias da cultura cristã. Neste contexto problemático, a possibilidade de se encontrar aos domingos com todos os irmãos da mesma fé, trocando entre si os dons da fraternidade, é uma ajuda imprescindível.

84. Instituído para amparo da vida cristã, o domingo adquire naturalmente também um valor de testemunho e anúncio. Dia de oração, de comunhão, de alegria, ele repercute sobre a sociedade, irradiando sobre ela energias de vida e motivos de esperança. O domingo é o anúncio de que o tempo, habitado por Aquele que é o Ressuscitado e o Senhor da história, não é o túmulo das nossas ilusões, mas o berço de um futuro sempre novo, a oportunidade que nos é dada de transformar os momentos fugazes desta vida em sementes de eternidade. O domingo é convite a olhar para frente, é o dia em que a comunidade cristã eleva para Cristo o seu grito: *"Maranatha*: Vinde, Senhor!" (1Cor 16,22). Com este grito de esperança e expectativa, ela faz-se companheira e sustentáculo da esperança dos homens. E domingo a domingo, iluminada por Cristo, caminha para o domingo sem fim da Jerusalém celeste, quando estiver completa em todas as suas feições a mística Cidade de Deus, que "não necessita de sol nem de lua para a iluminar, porque é iluminada pela glória de Deus, e a sua luz é o Cordeiro" (Ap 21,23).

---

[131] *Contra Celso* VIII, 22: SC 150, pp. 222-224.

85. Nesta tensão para a meta, a Igreja é sustentada e animada pelo Espírito. Este refresca a sua memória e atualiza para cada geração dos crentes o acontecimento da ressurreição. É o dom interior que nos une ao Ressuscitado e aos irmãos na intimidade de um único corpo, reavivando a nossa fé, infundindo no nosso coração a caridade, reanimando a nossa esperança. O Espírito está presente ininterruptamente em cada dia da Igreja, irrompendo, imprevisível e generoso, com a riqueza dos seus dons; mas, na assembléia dominical congregada para a celebração semanal da Páscoa, a Igreja coloca-se especialmente à escuta dele e com ele tende para Cristo, no desejo ardente do seu regresso glorioso: "O Espírito e a Esposa dizem: *Vem!*" (Ap 22,17). Foi precisamente em consideração do papel do Espírito que eu desejei que esta exortação para descobrir o sentido do domingo viesse à luz este ano que, dentro da preparação imediata para o Jubileu, é dedicado precisamente ao Espírito Santo.

86. Confio o acolhimento frutuoso desta carta apostólica pela comunidade cristã à intercessão da Virgem Santa. Sem nada tirar à centralidade de Cristo e do seu Espírito, Ela está presente em cada domingo da Igreja. Exige-o precisamente o mistério de Cristo: de fato, como poderia ela, *Mater Domini* e *Mater Ecclesiæ*, não estar presente a título especial no dia que é ao mesmo tempo *Dies Domini* e *Dies Ecclesiae*?

Para a Virgem Maria, olham os fiéis que escutam a Palavra proclamada na assembléia dominical, aprendendo com ela a conservá-la e meditá-la no seu coração (cf. Lc 2,19). Com Maria, aprendem a estar ao pé da cruz, para oferecer ao Pai o sacrifício de Cristo e associar a ele a oferta da própria vida. Com Maria, vivem a alegria da ressurreição, fazendo suas as palavras do *Magnificat* que cantam o dom inexaurível da misericórdia divina no fluxo inexorável do tempo: "A sua misericórdia estende-se de geração em geração sobre aqueles que o temem" (Lc 1,50). Domingo a domingo, o povo peregrino segue as pegadas de Maria, e a sua intercessão materna torna particularmente intensa e eficaz a oração que a Igreja eleva à Santíssima Trindade.

87. A iminência do Jubileu, queridos irmãos e irmãs, convida-nos a aprofundar o nosso compromisso espiritual e pastoral. De fato, é este o seu verdadeiro objetivo. No ano em que vai ser celebrado, muitas iniciativas o caracterizarão, dando-lhe aquele timbre singular que não pode deixar de ter a conclusão do segundo e do início do Terceiro Milênio da Encarnação do Verbo de Deus. Mas este ano e este tempo especial passarão, dando lugar à expectativa de outros jubileus e de outras datas solenes. O domingo, com a sua ordinária "solenidade", continuará ritmando o tempo da peregrinação da Igreja até o domingo sem ocaso.

Exorto-vos, portanto, amados irmãos no episcopado e no sacerdócio, a trabalhar incansavelmente, unidos com os fiéis, para que o valor deste dia sagrado seja reconhecido e vivido cada vez melhor. Isto produzirá frutos nas comunidades cristãs e não deixará de exercer uma benéfica influência sobre toda a sociedade civil.

Os homens e as mulheres do Terceiro Milênio, ao encontrarem a Igreja que cada domingo celebra alegremente o mistério de onde lhe vem toda a sua vida, possam encontrar o próprio Cristo ressuscitado. E os seus discípulos, renovando-se constantemente no memorial semanal da Páscoa, tornem-se anunciadores cada vez mais credíveis do Evangelho que salva e construtores ativos da civilização do amor.

A todos, a minha bênção!

Vaticano, 31 de maio, solenidade de Pentecostes, de 1998, vigésimo ano de pontificado.

Ecclesia de Eucharistia —
Carta encíclica sobre a eucaristia na sua relação com a Igreja

João Paulo II
(17 de abril de 2003)

INTRODUÇÃO

1. A Igreja vive da eucaristia. Esta verdade não exprime apenas uma experiência diária de fé, mas contém em síntese o próprio núcleo do mistério da Igreja. É com alegria que ela experimenta, de diversas maneiras, a realização incessante desta promessa: "Eu estarei sempre convosco, até ao fim do mundo" (Mt 28,20); mas, na sagrada eucaristia, pela conversão do pão e do vinho no corpo e no sangue do Senhor, goza desta presença com uma intensidade sem par. Desde o Pentecostes, quando a Igreja, povo da nova aliança, iniciou a sua peregrinação para a pátria celeste, este sacramento divino foi ritmando os seus dias, enchendo-os de consoladora esperança.

O Concílio Vaticano II justamente afirmou que o sacrifício eucarístico é "fonte e centro de toda a vida cristã".[1] Com efeito, "na santíssima eucaristia, está contido todo o tesouro espiritual da Igreja, isto é, o próprio Cristo, a nossa Páscoa e o pão vivo que dá aos homens a vida mediante a sua carne vivificada e vivificadora pelo Espírito Santo".[2] Por isso, o olhar da Igreja volta-se continuamente para o seu Senhor, presente no sacramento do altar, onde descobre a plena manifestação do seu imenso amor.

---

[1] Const. dogm. sobre a Igreja *Lumen gentium*, n. 11.

[2] CONCÍLIO ECUMÊNICO VATICANO II. Decr. sobre o ministério e a vida dos sacerdotes *Presbyterorum ordinis*, n. 5.

2. Durante o Grande Jubileu do ano 2000, pude celebrar a eucaristia no Cenáculo de Jerusalém, onde, segundo a tradição, o próprio Cristo a realizou pela primeira vez. O Cenáculo é o lugar da instituição deste Santíssimo Sacramento. Foi lá que Jesus tomou nas mãos o pão, partiu-o e deu-o aos seus discípulos, dizendo: "Tomai, todos, e comei: Isto é o meu corpo que será entregue por vós" (cf. Mt 26,26; Lc 22,19; 1Cor 11,24). Depois, tomou nas mãos o cálice com vinho e disse-lhes: "Tomai, todos, e bebei: 'Este é o cálice do meu sangue, o sangue da nova e eterna aliança, que será derramado por vós e por todos para remissão dos pecados'" (cf. Mc 14,24; Lc 22,20; 1Cor 11,25). Dou graças ao Senhor Jesus por me ter permitido repetir no mesmo lugar, obedecendo ao seu mandato: "Fazei isto em memória de mim" (Lc 22,19), as palavras por ele pronunciadas há dois mil anos.

Teriam os apóstolos, que tomaram parte na última ceia, entendido o significado das palavras saídas dos lábios de Cristo? Talvez não. Aquelas palavras seriam esclarecidas plenamente só no fim do *Triduum sacrum*, ou seja, aquele período de tempo que vai da tarde de Quinta-Feira Santa até à manhã do Domingo de Páscoa. Nestes dias, está contido o *mysterium paschale*; neles está incluído também o *mysterium eucharisticum*.

3. Do mistério pascal nasce a Igreja. Por isso mesmo a eucaristia, que é o sacramento por excelência do mistério pascal, está colocada no centro da vida eclesial. Isto é visível desde as primeiras imagens da Igreja que nos dão os Atos dos Apóstolos: "Eram assíduos ao ensino dos apóstolos, à união fraterna, à fração do pão e às orações" (2,42). Na "fração do pão" é evocada a eucaristia. Dois mil anos depois, continuamos a realizar aquela imagem primordial da Igreja. E, ao fazê-lo na celebração eucarística, os olhos da alma voltam-se para o tríduo pascal: para o que se realizou na noite de Quinta-Feira Santa, durante a última ceia, e nas horas sucessivas. De fato, a instituição da eucaristia antecipava, sacramentalmente, os acontecimentos que teriam lugar pouco depois, a começar da agonia no Getsêmani. Revemos Jesus que sai do Cenáculo, desce com os discípulos, atravessa a torrente do Cedron e chega ao Horto das Oliveiras. Existem ainda hoje naquele lugar algumas oliveiras muito antigas; talvez tenham sido testemunhas do que aconteceu junto delas naquela noite, quando Cristo, em oração, sentiu uma angústia mortal "e o seu suor tornou-se-lhe como grossas gotas de sangue, que caíam na terra" (Lc 22,44). O sangue que, pouco antes, tinha entregue à Igreja como vinho de salvação no sacramento eucarístico, começava a ser derramado; a sua efusão completar-se-ia depois no Gólgota, tornando-se o instrumento da nossa redenção: "Cristo, vindo como Sumo Sacerdote dos bens futuros [...] entrou uma só vez no Santo dos Santos, não com o sangue dos carneiros ou

dos bezerros, mas com o seu próprio sangue, tendo obtido uma redenção eterna" (Hb 9,11-12).

4. A hora da nossa redenção. Embora profundamente turvado, Jesus não foge ao ver chegar a sua "hora": "E que direi eu? Pai, salva-me desta hora? Mas por causa disto é que cheguei a esta hora!" (Jo 12,27). Quer que os discípulos lhe façam companhia, mas deve experimentar a solidão e o abandono: "Nem sequer pudestes vigiar uma hora comigo. Vigiai e orai para não cairdes em tentação" (Mt 26,40-41). Aos pés da cruz, estará apenas João ao lado de Maria e das piedosas mulheres. A agonia no Getsêmani foi o prelúdio da agonia na cruz de Sexta-Feira Santa. A hora santa, a hora da redenção do mundo. Quando se celebra a eucaristia na basílica do Santo Sepulcro, em Jerusalém, volta-se de modo quase palpável à "hora" de Jesus, a hora da cruz e da glorificação. Até aquele lugar e aquela hora se deixa transportar em espírito cada presbítero ao celebrar a santa missa, juntamente com a comunidade cristã que nela participa.

"Foi crucificado, morto e sepultado; desceu à mansão dos mortos; ressuscitou ao terceiro dia." Estes artigos da profissão de fé ecoam nas seguintes palavras de contemplação e proclamação: *Ecce lignum crucis in quo salus mundi pependit. Venite adoremus* — "Eis o madeiro da cruz, no qual esteve suspenso o Salvador do mundo. Vinde adoremos!". É o convite que a Igreja faz a todos na tarde de Sexta-Feira Santa. E, quando voltar novamente a cantar já no Tempo pascal, será para proclamar: *Surrexit Dominus de sepulcro qui pro nobis pependit in ligno. Alleluia* — "Ressuscitou do sepulcro o Senhor que por nós esteve suspenso no madeiro. Aleluia".

5. *Mysterium fidei!* — "Mistério da fé". Quando o sacerdote pronuncia ou canta estas palavras, os presentes aclamam: "Anunciamos, Senhor, a vossa morte e proclamamos a vossa ressurreição. Vinde, Senhor Jesus!".

Com estas palavras ou outras semelhantes, a Igreja, ao mesmo tempo em que apresenta Cristo no mistério da sua paixão, revela também o seu próprio mistério: *Ecclesia de Eucharistia*. Se é com o dom do Espírito Santo, no Pentecostes, que a Igreja nasce e se encaminha pelas estradas do mundo, um momento decisivo da sua formação foi certamente a instituição da eucaristia no Cenáculo. O seu fundamento e a sua fonte são todo o *Triduum Paschale*, mas este está de certo modo guardado, antecipado e "concentrado" para sempre no dom eucarístico. Neste, Jesus Cristo entregava à Igreja a atualização perene do mistério pascal. Com ele, instituía uma misteriosa "contemporaneidade" entre aquele *Triduum* e o arco inteiro dos séculos.

Este pensamento suscita em nós sentimentos de grande e reconhecido enlevo. Há, no evento pascal e na eucaristia que o atualiza ao longo dos séculos, uma "capacidade" realmente imensa, na qual está contida a história inteira, enquanto destinatária da graça da redenção. Este enlevo deve invadir sempre a assembléia eclesial reunida para a celebração eucarística; mas, de maneira especial, deve inundar o ministro da eucaristia, o qual, pela faculdade recebida na ordenação sacerdotal, realiza a consagração; é ele, com o poder que lhe vem de Cristo, do Cenáculo, que pronuncia: "Isto é o meu corpo que será entregue por vós"; "este é o cálice do meu sangue, [...] que será derramado por vós". O sacerdote pronuncia estas palavras ou, antes, coloca a sua boca e a sua voz à disposição daquele que as pronunciou no Cenáculo e quis que fossem repetidas de geração em geração por todos aqueles que, na Igreja, participam ministerialmente do seu sacerdócio.

6. É este "enlevo" eucarístico que desejo despertar com esta carta encíclica, que dá continuidade à herança jubilar que quis entregar à Igreja com a Carta apostólica *Novo millennio ineunte* e o seu coroamento mariano – a Carta apostólica *Rosarium Virginis Mariae*. Contemplar o rosto de Cristo e contemplá-lo com Maria é o "programa" que propus à Igreja na aurora do Terceiro Milênio, convidando-a a fazer-se ao largo no mar da história lançando-se com entusiasmo na nova evangelização. Contemplar Cristo implica saber reconhecê-lo onde quer que ele se manifeste, com as suas diversas presenças, mas sobretudo no sacramento vivo do seu corpo e do seu sangue. A Igreja vive de Jesus eucarístico, por ele é nutrida, por ele é iluminada. A eucaristia é mistério de fé e, ao mesmo tempo, "mistério de luz".[3] Sempre que a Igreja a celebra, os fiéis podem de certo modo reviver a experiência dos dois discípulos de Emaús: "Abriram-se-lhes os olhos e reconheceram-no" (Lc 24,31).

7. Desde quando iniciei o ministério de sucessor de Pedro, sempre quis contemplar a Quinta-Feira Santa, dia da eucaristia e do sacerdócio, com um sinal de particular atenção enviando uma carta a todos os sacerdotes do mundo. Neste vigésimo quinto ano do meu pontificado, desejo envolver mais plenamente a Igreja inteira nesta reflexão eucarística para agradecer ao Senhor especialmente pelo dom da eucaristia e do sacerdócio: "Dom e mistério".[4] Se, ao proclamar o Ano do Rosário, quis pôr este meu vigésimo quinto ano sob o signo da contemplação de Cristo na escola de Maria, não posso deixar passar esta Quinta-Feira Santa de 2003 sem me deter diante do "rosto eucarístico" de Jesus, propondo à Igreja, com renovado ardor, a centralidade da eucaristia. Dela vive a Igreja; nutre-se deste "pão vivo". Por isso senti a necessidade de exortar a todos a experimentá-lo sempre de novo.

---

[3] Cf. João Paulo II. Carta ap. *Rosarium Virginis Mariae*, n. 21, 16 de outubro de 2002: AAS 95 (2003), p. 19.
[4] Assim quis intitular um testemunho autobiográfico que escrevi por ocasião das bodas de ouro do meu sacerdócio.

Ecclesia de Eucharistia – Carta encíclica sobre a eucaristia na sua relação com a Igreja

8. Quando penso na eucaristia e olho para a minha vida de sacerdote, de bispo, de sucessor de Pedro, espontaneamente ponho-me a recordar tantos momentos e lugares onde tive a dita de celebrá-la. Recordo a igreja paroquial de Niegowi, onde desempenhei o meu primeiro encargo pastoral, a colegiada de São Floriano em Cracóvia, a catedral do Wawel, a basílica de S. Pedro e tantas basílicas e igrejas de Roma e do mundo inteiro. Pude celebrar a santa missa em capelas situadas em caminhos de montanha, nas margens dos lagos, à beira do mar; celebrei-a em altares construídos nos estádios, nas praças das cidades... Este cenário tão variado das minhas celebrações eucarísticas faz-me experimentar intensamente o seu caráter universal e, por assim dizer, cósmico. Sim, cósmico! Porque mesmo quando tem lugar no pequeno altar de uma igreja da aldeia, a eucaristia é sempre celebrada, de certo modo, sobre o altar do mundo. Une o céu e a terra. Abraça e impregna toda a criação. O Filho de Deus fez-se homem para, em um supremo ato de louvor, devolver toda a criação Àquele que a fez surgir do nada. Assim, ele, o Sumo e Eterno Sacerdote, entrando com o sangue da sua cruz no santuário eterno, devolve ao Criador e Pai toda a criação redimida. Fá-lo através do ministério sacerdotal da Igreja, para glória da Santíssima Trindade. Verdadeiramente este é o *mysterium fidei* que se realiza na eucaristia: o mundo saído das mãos de Deus criador volta a ele redimido por Cristo.

9. A eucaristia, presença salvífica de Jesus na comunidade dos fiéis e seu alimento espiritual, é o que de mais precioso pode ter a Igreja no seu caminho ao longo da história. Assim se explica a cuidadosa atenção que ela sempre reservou ao mistério eucarístico, uma atenção que sobressai com autoridade no magistério dos concílios e dos sumos pontífices. Como não admirar as exposições doutrinais dos decretos sobre a santíssima eucaristia e sobre o santo sacrifício da missa promulgados pelo Concílio de Trento? Aquelas páginas guiaram a teologia e a catequese nos séculos sucessivos, permanecendo ainda como ponto de referência dogmático para a incessante renovação e crescimento do povo de Deus na sua fé e amor à eucaristia. Em tempos mais recentes, há que mencionar três encíclicas: a encíclica *Mirae caritatis*, de Leão XIII (28 de maio de 1902),[5] a encíclica *Mediator Dei*, de Pio XII (20 de novembro de 1947),[6] e a encíclica *Mysterium fidei*, de Paulo VI (3 de setembro de 1965).[7]

---

[5]   *Leonis XIII Acta*, XXII (1903), pp. 115-136.
[6]   AAS 39 (1947), pp. 521-595.
[7]   AAS 57 (1965), pp. 753-774.

O Concílio Vaticano II, embora não tenha publicado nenhum documento específico sobre o mistério eucarístico, todavia ilustra os seus vários aspectos no conjunto dos documentos, especialmente na constituição dogmática sobre a Igreja *Lumen gentium* e na constituição sobre a sagrada liturgia *Sacrosanctum concilium*.

Eu mesmo, nos primeiros anos do meu ministério apostólico na Cátedra de Pedro, tive oportunidade de tratar alguns aspectos do mistério eucarístico e da sua incidência na vida daquele que é o seu ministro, com a Carta apostólica *Dominicae cenae* (24 de fevereiro de 1980).[8] Hoje retomo o fio daquele discurso com o coração transbordante de emoção e gratidão, dando eco às palavras do salmista: "Que darei eu ao Senhor por todos os seus benefícios? Elevarei o cálice da salvação invocando o nome do Senhor" (Sl 116/115,12-13).

10. A este esforço de anúncio por parte do magistério correspondeu um crescimento interior da comunidade cristã. Não há dúvida de que a reforma litúrgica do Concílio trouxe grandes vantagens para uma participação mais consciente, ativa e frutuosa dos fiéis no santo sacrifício do altar. Mais ainda, em muitos lugares, é dedicado amplo espaço à adoração do santíssimo sacramento, tornando-se fonte inesgotável de santidade. A devota participação dos fiéis na procissão eucarística da solenidade do corpo e sangue de Cristo é uma graça do Senhor que anualmente enche de alegria quantos nela participam. E mais sinais positivos de fé e de amor eucarísticos poder-se-iam mencionar.

A par destas luzes, não faltam sombras, infelizmente. De fato, há lugares onde se verifica um abandono quase completo do culto de adoração eucarística. Em um contexto eclesial ou outro, existem abusos que contribuem para obscurecer a reta fé e a doutrina católica acerca deste admirável sacramento. Às vezes transparece uma compreensão muito redutiva do mistério eucarístico. Despojado do seu valor sacrificial, é vivido como se em nada ultrapassasse o sentido e o valor de um encontro fraterno ao redor da mesa. Além disso, a necessidade do sacerdócio ministerial, que assenta na sucessão apostólica, fica às vezes obscurecida, e a sacramentalidade da eucaristia é reduzida à simples eficácia do anúncio. Aparecem depois, aqui e além, iniciativas ecumênicas que, embora bem intencionadas, levam a práticas na eucaristia contrárias à disciplina que serve à Igreja para exprimir a sua fé. Como não manifestar profunda mágoa por tudo isto? A eucaristia é um dom demasiado grande para suportar ambigüidades e reduções.

Espero que esta minha carta encíclica possa contribuir eficazmente para dissipar as sombras de doutrinas e práticas não aceitáveis, a fim de que a eucaristia continue a resplandecer em todo o fulgor do seu mistério.

---

[8] AAS 72 (1980), pp. 113-148.

MISTÉRIO DA FÉ

11. "O Senhor Jesus, na noite em que foi entregue" (1Cor 11,23), instituiu o sacrifício eucarístico do seu corpo e sangue. As palavras do apóstolo Paulo recordam-nos as circunstâncias dramáticas em que nasceu a eucaristia. Esta tem indelevelmente inscrito nela o evento da paixão e morte do Senhor. Não é só a sua evocação, mas presença sacramental. É o sacrifício da cruz que se perpetua através dos séculos.[9] Esta verdade está claramente expressa nas palavras com que o povo, no rito latino, responde à proclamação "mistério da fé" feita pelo sacerdote: "Anunciamos, Senhor, a vossa morte".

A Igreja recebeu a eucaristia de Cristo seu Senhor, não como um dom, embora precioso, entre muitos outros, mas como o dom por excelência, porque dom dele mesmo, da sua Pessoa na humanidade sagrada, e também da sua obra de salvação. Esta não fica circunscrita no passado, pois "tudo o que Cristo é, tudo o que fez e sofreu por todos os homens, participa da eternidade divina, e assim transcende todos os tempos e em todos se torna presente".[10]

Quando a Igreja celebra a eucaristia, memorial da morte e ressurreição do seu Senhor, este acontecimento central de salvação torna-se realmente presente e "realiza-se também a obra da nossa redenção".[11] Este sacrifício é tão decisivo para a salvação do gênero humano que Jesus Cristo realizou-o e só voltou ao Pai depois de nos ter deixado o meio para dele participarmos como se tivéssemos estado presentes. Assim cada fiel pode tomar parte nela, alimentando-se dos seus frutos inexauríveis. Esta é a fé que as gerações cristãs viveram ao longo dos séculos e que o Magistério da Igreja tem continuamente reafirmado com jubilosa gratidão por dom tão inestimável.[12] É esta verdade que desejo recordar mais uma vez, colocando-me convosco, meus queridos irmãos e irmãs, em adoração diante deste mistério: mistério grande, mistério de misericórdia. Que mais poderia Jesus ter feito por nós? Verdadeiramente, na eucaristia demonstra-nos um amor levado até ao "extremo" (cf. Jo 13, 1), um amor sem medida.

12. Este aspecto de caridade universal do sacramento eucarístico está fundado nas próprias palavras do Salvador. Ao instituí-lo, não se limitou a dizer:

---

[9] Cf. Concílio Ecumênico Vaticano II. Const. sobre a sagrada liturgia *Sacrosanctum concilium*, n. 47: "O nosso Salvador instituiu [...] o sacrifício eucarístico do seu corpo e do seu sangue para perpetuar pelo decorrer dos séculos, até ele voltar, o sacrifício da cruz".

[10] *Catecismo da Igreja Católica*, n. 1085.

[11] Concílio Ecumênico Vaticano II. Const. dogm. sobre a Igreja *Lumen gentium*, n. 3.

[12] Cf. Paulo VI. *Solene profissão de fé*, n. 24, 30 de junho de 1968: AAS 60 (1968), p. 442; João Paulo II. Carta ap. *Dominicae cenae*, n. 12, 24 de fevereiro de 1980: AAS 72 (1980), p. 142.

"Isto é o meu corpo", "isto é o meu sangue", mas acrescentou: "Entregue por vós [...] derramado por vós" (Lc 22,19-20). Não se limitou a afirmar que o que lhes dava a comer e a beber era o seu corpo e o seu sangue, mas exprimiu também o seu valor sacrificial, tornando sacramentalmente presente o seu sacrifício, que algumas horas depois realizaria na cruz pela salvação de todos. "A missa é, ao mesmo tempo e inseparavelmente, o memorial sacrificial em que se perpetua o sacrifício da cruz e o banquete sagrado da comunhão do corpo e sangue do Senhor."[13]

A Igreja vive continuamente do sacrifício redentor e tem acesso a ele não só através de uma lembrança cheia de fé, mas também com um contato atual, porque este sacrifício volta a estar presente, perpetuando-se, sacramentalmente, em cada comunidade que o oferece pela mão do ministro consagrado. Deste modo, a eucaristia aplica aos homens de hoje a reconciliação obtida de uma vez para sempre por Cristo para a humanidade de todos os tempos. Com efeito, "o sacrifício de Cristo e o sacrifício da eucaristia são um único sacrifício".[14] Já o afirmava em palavras expressivas são João Crisóstomo:

> Nós oferecemos sempre o mesmo Cordeiro, e não um hoje e amanhã outro, mas sempre o mesmo. Por este motivo, o sacrifício é sempre um só. [...] Também agora estamos a oferecer a mesma vítima que então foi oferecida e que jamais se exaurirá.[15]

A missa torna presente o sacrifício da cruz; não é mais um, nem o multiplica.[16] O que se repete é a celebração memorial, a "exposição memorial" (*memorialis demonstratio*),[17] de modo que o único e definitivo sacrifício redentor de Cristo se atualiza incessantemente no tempo. Portanto, a natureza sacrificial do mistério eucarístico não pode ser entendida como algo isolado, independente da cruz ou com uma referência apenas indireta ao sacrifício do Calvário.

13. Em virtude da sua íntima relação com o sacrifício do Gólgota, a eucaristia é sacrifício em sentido próprio, e não apenas em sentido genérico como se se tratasse simplesmente da oferta de Cristo aos fiéis para seu alimento

---

[13] *Catecismo da Igreja Católica*, n. 1382.

[14] Ibidem, n. 1367.

[15] *Homilias sobre a Carta aos Hebreus*, 17, 3: PG 63, p. 131.

[16] "Trata-se realmente de uma única e mesma vítima, que o próprio Jesus oferece pelo ministério dos sacerdotes, ele que um dia se ofereceu a si mesmo na cruz; somente o modo de oferecer-se é que é diverso": Conc. Ecum. de Trento, Sess. XXII, *Doctrina de ss. missæ sacrificio*, cap. 2: DS 1743.

[17] Pio XII, Carta enc. *Mediator Dei* (20 de novembro de 1947): AAS 39 (1947), p. 548.

espiritual. Com efeito, o dom do seu amor e da sua obediência até ao extremo de dar a vida (cf. Jo 10,17-18) é, em primeiro lugar, um dom a seu Pai. Certamente, é um dom em nosso favor, antes em favor de toda a humanidade (cf. Mt 26,28; Mc 14,24; Lc 22,20; Jo 10,15), mas primariamente um dom ao Pai: "sacrifício que o Pai aceitou, retribuindo esta doação total de seu Filho, que se fez 'obediente até à morte' (Fl 2,8), com a sua doação paterna, ou seja, com o dom da nova vida imortal na ressurreição".[18]

Ao entregar à Igreja o seu sacrifício, Cristo quis também assumir o sacrifício espiritual da Igreja, chamada por sua vez a oferecer-se a si própria juntamente com o sacrifício de Cristo. Assim no-lo ensina o Concílio Vaticano II: "Pela participação no sacrifício eucarístico de Cristo, fonte e centro de toda a vida cristã, [os fiéis] oferecem a Deus a vítima divina e a si mesmos juntamente com ela".[19]

14. A Páscoa de Cristo inclui, juntamente com a paixão e morte, a sua ressurreição. Assim o lembra a aclamação da assembléia depois da consagração: "Proclamamos a vossa ressurreição". Com efeito, o sacrifício eucarístico torna presente não só o mistério da paixão e morte do Salvador, mas também o mistério da ressurreição, que dá ao sacrifício a sua coroação. Por estar vivo e ressuscitado é que Cristo pode tornar-se "pão da vida" (Jo 6,35.48), "pão vivo" (Jo 6,51), na eucaristia. Santo Ambrósio lembrava aos neófitos esta verdade, aplicando às suas vidas o acontecimento da ressurreição: "Se hoje Cristo é teu, ele ressuscita para ti cada dia".[20] Por sua vez, são Cirilo de Alexandria sublinhava que a participação nos santos mistérios "é uma verdadeira confissão e recordação de que o Senhor morreu e voltou à vida por nós e em nosso favor".[21]

15. A reprodução sacramental na santa missa do sacrifício de Cristo coroado pela sua ressurreição implica uma presença muito especial, que – para usar palavras de Paulo VI – "chama-se 'real', não a título exclusivo como se as outras presenças não fossem 'reais', mas por excelência, porque é substancial, e porque por ela se torna presente Cristo completo, Deus e homem".[22] Reafirma-se assim a doutrina sempre válida do Concílio de Trento:

> Pela consagração do pão e do vinho opera-se a conversão de toda a substância do pão na substância do corpo de Cristo nosso Senhor, e de toda a substância do

---

[18] João Paulo II, Carta enc. *Redemptor hominis* (15 de março de 1979), 20: AAS 71 (1979), p. 310.

[19] Const. dogm. sobre a Igreja *Lumen gentium*, n. 11.

[20] *De Sacramentis*, V, 4, 26: CSEL 73, 70.

[21] *Comentário ao evangelho de João*, XII, 20: PG 74, 726.

[22] Carta enc. *Mysterium fidei*, 3 de setembro de 1965: AAS 57 (1965), p. 764.

vinho na substância do seu sangue; a esta mudança, a Igreja Católica chama, de modo conveniente e apropriado, transubstanciação.[23]

Verdadeiramente a eucaristia é *mysterium fidei*, mistério que supera os nossos pensamentos e só pode ser aceita pela fé, como lembram freqüentemente as catequeses patrísticas sobre este sacramento divino. "Não hás de ver", exorta são Cirilo de Jerusalém, "o pão e o vinho [consagrados] simplesmente como elementos naturais, porque o Senhor disse expressamente que são o seu corpo e o seu sangue: a fé assegura-te, ainda que os sentidos possam sugerir-te outra coisa".[24]

"*Adoro te devote, latens Deitas*": continuaremos a cantar com santo Tomás, o doutor angélico. Diante deste mistério de amor, a razão humana experimenta toda a sua limitação.

Compreende-se como, ao longo dos séculos, esta verdade tenha estimulado a teologia a árduos esforços de compreensão. São esforços louváveis, tanto mais úteis e incisivos se capazes de conjugarem o exercício crítico do pensamento com a "vida de fé" da Igreja, individuada especialmente "no carisma da verdade" do magistério e na "íntima inteligência que experimentam das coisas espirituais",[25] sobretudo os santos. Permanece o limite apontado por Paulo VI:

> Toda a explicação teológica que queira penetrar de algum modo neste mistério, para estar de acordo com a fé católica, deve assegurar que na sua realidade objetiva, independentemente do nosso entendimento, o pão e o vinho deixaram de existir depois da consagração, de modo que a partir desse momento são o corpo e o sangue adoráveis do Senhor Jesus que estão realmente presentes diante de nós sob as espécies sacramentais do pão e do vinho.[26]

16. A eficácia salvífica do sacrifício realiza-se plenamente na comunhão, ao recebermos o corpo e o sangue do Senhor. O sacrifício eucarístico está particularmente orientado para a união íntima dos fiéis com Cristo através da comunhão: recebemos a ele mesmo que se ofereceu por nós, o seu corpo entregue por nós na cruz, o seu sangue "derramado por muitos para a remissão dos pecados" (Mt 26,28). Recordemos as suas palavras: "Assim como o Pai, que vive, me enviou e eu vivo pelo Pai, assim também o que me come viverá por mim" (Jo 6,57). O próprio Jesus nos assegura de que tal união, por ele afir-

---

[23] Sess. XIII, *Decretum de ss. eucharistia*, cap. 4: DS 1642.

[24] *Catequeses mistagógicas*, IV, 6: SCh 126, 138.

[25] Concílio Ecumênico Vaticano II. Const. dogm. sobre a divina revelação *Dei verbum*, n. 8.

[26] *Solene profissão de fé*, n. 25, 30 de junho de 1968: AAS 60 (1968), pp. 442-443.

mada em analogia com a união da vida trinitária, se realiza verdadeiramente. A eucaristia é verdadeiro banquete, onde Cristo se oferece como alimento. A primeira vez que Jesus anunciou este alimento, os ouvintes ficaram perplexos e desorientados, obrigando o Mestre a insistir na dimensão real das suas palavras: "Em verdade, em verdade vos digo: se não comerdes a carne do Filho do Homem e não beberdes o seu sangue, não tereis a vida em vós" (Jo 6,53). Não se trata de alimento em sentido metafórico, mas "a minha carne é, em verdade, uma comida, e o meu sangue é, em verdade, uma bebida" (Jo 6,55).

17. Através da comunhão do seu corpo e sangue, Cristo comunica-nos também o seu Espírito. Escreve santo Efrém:

> Chamou o pão seu corpo vivo, encheu-o de si próprio e do seu Espírito. [...] E aquele que o come com fé, come Fogo e Espírito. [...] Tomai e comei-o todos; e, com ele, comei o Espírito Santo. De fato, é verdadeiramente o meu corpo, e quem o come viverá eternamente.[27]

A Igreja pede este dom divino, raiz de todos os outros dons, na epiclese eucarística. Assim reza, por exemplo, a Divina liturgia de são João Crisóstomo: "Nós vos invocamos, pedimos e suplicamos: 'enviai o vosso Santo Espírito sobre todos nós e sobre estes dons, [...] para que sirvam a quantos deles participarem de purificação da alma, remissão dos pecados, comunicação do Espírito Santo'".[28] E, no Missal Romano, o celebrante suplica: "Fazei que, alimentando-nos do corpo e sangue do vosso Filho, cheios do seu Espírito Santo, sejamos em Cristo um só corpo e um só espírito".[29] Assim, pelo dom do seu corpo e sangue, Cristo aumenta em nós o dom do seu Espírito, já infundido no batismo e recebido como "selo" no sacramento da confirmação.

18. A aclamação do povo depois da consagração termina com as palavras "Vinde, Senhor Jesus", justamente exprimindo a tensão escatológica que caracteriza a celebração eucarística (cf. 1Cor 11,26). A eucaristia é tensão para a meta, antegozo da alegria plena prometida por Cristo (cf. Jo 15, 11); de certa forma, é antecipação do paraíso, "penhor da futura glória".[30] A eucaristia é celebrada na ardente expectativa de alguém, ou seja, "enquanto esperamos a vinda gloriosa de Jesus Cristo nosso Salvador".[31] Quem se alimenta de Cristo na eucaristia não precisa esperar o além para receber a vida eterna: já a possui

---

[27] *Homilia IV para a Semana Santa*: CSCO 413 / *Syr.* 182, 55.

[28] *Anáfora.*

[29] *Oração eucarística III.*

[30] Antífona do *Magnificat* nas II vésperas da solenidade do ss. corpo e sangue de Cristo.

[31] Missal Romano. Embolismo depois do pai-nosso.

na terra, como primícias da plenitude futura, que envolverá o homem na sua totalidade. De fato, na eucaristia recebemos a garantia também da ressurreição do corpo no fim do mundo: "Quem come a minha carne e bebe o meu sangue tem a vida eterna e eu o ressuscitarei no último dia" (Jo 6,54). Esta garantia da ressurreição futura deriva do fato de a carne do Filho do Homem, dada em alimento, ser o seu corpo no estado glorioso de ressuscitado. Pela eucaristia, assimila-se, por assim dizer, o "segredo" da ressurreição. Por isso, santo Inácio de Antioquia justamente definia o pão eucarístico como "remédio de imortalidade, antídoto para não morrer".[32]

19. A tensão escatológica suscitada pela eucaristia exprime e consolida a comunhão com a Igreja celeste. Não é por acaso que, nas anáforas orientais e nas orações eucarísticas latinas, se lembra com veneração Maria sempre Virgem, Mãe do nosso Deus e Senhor Jesus Cristo, os anjos, os santos apóstolos, os gloriosos mártires e todos os santos. Trata-se de um aspecto da eucaristia que merece ser assinalado: ao celebrarmos o sacrifício do Cordeiro, unimo-nos à liturgia celeste, associando-nos àquela multidão imensa que grita: "A salvação pertence ao nosso Deus, que está sentado no trono, e ao Cordeiro" (Ap 7,10). A eucaristia é verdadeiramente um pedaço de céu que se abre sobre a terra; é um raio de glória da Jerusalém celeste, que atravessa as nuvens da nossa história e vem iluminar o nosso caminho.

20. Conseqüência significativa da tensão escatológica presente na eucaristia é o estímulo que dá à nossa caminhada na história, lançando uma semente de ativa esperança na dedicação diária de cada um aos seus próprios deveres. De fato, se a visão cristã leva a olhar para o "novo céu" e a "nova terra" (Ap 21, 1), isso não enfraquece, antes estimula o nosso sentido de responsabilidade pela terra presente.[33] Desejo reafirmá-lo com vigor ao início do novo milênio, para que os cristãos se sintam ainda mais decididos a não descurar os seus deveres de cidadãos terrenos. Têm o dever de contribuir com a luz do Evangelho para a edificação de um mundo à medida do homem e plenamente conforme ao desígnio de Deus.

Muitos são os problemas que obscurecem o horizonte do nosso tempo. Basta pensar quanto seja urgente trabalhar pela paz, colocar sólidas premissas de justiça e solidariedade nas relações entre os povos, defender a vida humana desde a concepção até seu termo natural. E também que dizer das mil contradições de um mundo "globalizado", onde parece que os mais débeis, os mais pequenos e os mais pobres pouco podem esperar? É neste mundo que tem de

---

[32] *Carta aos Efésios*, 20: PG 5, 661.
[33] Cf. Concílio Ecumênico Vaticano II. Const. past. sobre a Igreja no mundo contemporâneo *Gaudium et spes*, n. 39.

brilhar a esperança cristã! Foi também para isto que o Senhor quis ficar conosco na eucaristia, inserindo nesta sua presença sacrificial e comensal a promessa de uma humanidade renovada pelo seu amor. É significativo que, no lugar onde os sinóticos narram a instituição da eucaristia, o evangelho de João proponha, ilustrando assim o seu profundo significado, a narração do "lava-pés", gesto este que faz de Jesus mestre de comunhão e de serviço (cf. Jo 13,1-20). O apóstolo Paulo, por sua vez, qualifica como "indigna" de uma comunidade cristã a participação na ceia do Senhor que se verifique em um contexto de discórdia e de indiferença pelos pobres (cf. 1Cor 11,17-22.27-34).[34]

Anunciar a morte do Senhor "até que ele venha" (1Cor 11, 26) inclui, para os que participam da eucaristia, o compromisso de transformarem a vida, de tal forma que esta se torne, de certo modo, toda "eucarística". São precisamente este fruto de transfiguração da existência e o empenho de transformar o mundo segundo o Evangelho que fazem brilhar a tensão escatológica da celebração eucarística e de toda a vida cristã: "Vinde, Senhor Jesus!" (cf. Ap 22,20).

A EUCARISTIA EDIFICA A IGREJA

21. O Concílio Vaticano II veio recordar que a celebração eucarística está no centro do processo de crescimento da Igreja. De fato, depois de afirmar que "a Igreja, ou seja, o Reino de Cristo já presente em mistério, cresce visivelmente no mundo pelo poder de Deus",[35] querendo de algum modo responder à questão sobre o modo como cresce, acrescenta: "Sempre que no altar se celebra o sacrifício da cruz, no qual "Cristo, nossa Páscoa, foi imolado" (1Cor 5,7), realiza-se também a obra da nossa redenção. Pelo sacramento do pão eucarístico, ao mesmo tempo é representada e se realiza a unidade dos fiéis, que constituem um só corpo em Cristo (cf. 1Cor 10, 17)".[36]

Existe um influxo causal da eucaristia nas próprias origens da Igreja. Os evangelistas especificam que foram os Doze, os apóstolos, que estiveram reu-

---

[34] "Queres honrar o Corpo de Cristo? Não permitas que seja desprezado nos seus membros, isto é, nos pobres que não têm que vestir, nem o honres aqui no templo com vestes de seda, enquanto lá fora o abandonas ao frio e à nudez. Aquele que disse: "Isto é o meu Corpo", [...] também afirmou: "Vistes-me com fome e não me destes de comer", e ainda: "Na medida em que o recusastes a um destes meus irmãos mais pequeninos, a mim o recusastes. [...] De que serviria, afinal, adornar a mesa de Cristo com vasos de ouro, se ele morre de fome na pessoa dos pobres? Primeiro dá de comer a quem tem fome, e depois ornamenta a sua mesa com o que sobra": São João Crisóstomo. *Homilias sobre o evangelho de Mateus*, 50,3-4: PG 58, pp. 508-509; cf. João Paulo II. Carta enc. *Sollicitudo rei socialis*, n. 31, 30 de dezembro de 1987: AAS 80 (1988), pp. 553-556.

[35] Const. dogm. sobre a Igreja *Lumen gentium*, n. 3.

[36] Ibidem, n. 3.

nidos com Jesus na última ceia (cf. Mt 26,20; Mc 14,17; Lc 22,14). Trata-se de um detalhe de notável importância, porque os apóstolos "foram a semente do novo Israel e ao mesmo tempo a origem da sagrada hierarquia".[37] Ao oferecer-lhes o seu corpo e sangue como alimento, Cristo envolvia-os misteriosamente no sacrifício que iria consumar-se dentro de poucas horas no Calvário. De modo análogo à aliança do Sinai, que foi selada com um sacrifício e a aspersão do sangue,[38] os gestos e as palavras de Jesus na última ceia lançavam os alicerces da nova comunidade messiânica, povo da nova aliança.

No Cenáculo, os apóstolos, tendo aceito o convite de Jesus: "Tomai, comei [...]. Bebei dele todos" (Mt 26,26.27), entraram pela primeira vez em comunhão sacramental com ele. Desde então e até o fim dos séculos, a Igreja edifica-se através da comunhão sacramental com o Filho de Deus imolado por nós: "Fazei isto em minha memória [...]. Todas as vezes que o beberdes, fazei-o em minha memória" (1Cor 11,24-25; cf. Lc 22,19).

22. A incorporação em Cristo, realizada pelo batismo, renova-se e consolida-se continuamente através da participação no sacrifício eucarístico, sobretudo na sua forma plena que é a comunhão sacramental. Podemos dizer não só que cada um de nós recebe Cristo, mas também que Cristo recebe cada um de nós. Ele intensifica a sua amizade conosco: "Chamei-vos amigos" (Jo 15,14). Mais ainda, nós vivemos por ele: "O que me come viverá por mim" (Jo 6,57). Na comunhão eucarística, realiza-se de modo sublime a inabitação mútua de Cristo e do discípulo: "Permanecei em mim e eu permanecerei em vós" (Jo 15,4).

Unindo-se a Cristo, o povo da nova aliança não se fecha em si mesmo; pelo contrário, torna-se "sacramento" para a humanidade,[39] sinal e instrumento da salvação realizada por Cristo, luz do mundo e sal da terra (cf. Mt 5,13-16) para a redenção de todos.[40] A missão da Igreja está em continuidade com a de Cristo: "Assim como o Pai me enviou, também eu vos envio a vós" (Jo 20,21). Por isso, a Igreja tira a força espiritual de que necessita para levar a cabo a sua missão da perpetuação do sacrifício da cruz na eucaristia e da comunhão do corpo e sangue de Cristo. Deste modo, a eucaristia apresenta-se como fonte e simultaneamente vértice de toda a evangelização, porque o seu fim é a comunhão dos homens com Cristo e, nele, com o Pai e com o Espírito Santo.[41]

---

[37] Concílio Ecumênico Vaticano II. Decr. sobre a atividade missionária da Igreja *Ad gentes*, n. 5.
[38] "Moisés tomou o sangue e aspergiu com ele o povo, dizendo: 'Este é o sangue da aliança que o Senhor concluiu convosco mediante todas estas palavras'" (Ex 24,8).
[39] Concílio Ecumênico Vaticano II. Const. dogm. sobre a Igreja *Lumen gentium*, n. 1.
[40] Cf. ibidem, n. 9.
[41] Cf. Concílio Ecumênico Vaticano II. Decr. sobre o ministério e a vida dos sacerdotes *Presbyterorum ordinis*, n. 5. No n. 6 do mesmo decreto, lê-se: "Nenhuma comunidade cristã se edifica sem ter a sua raiz e o seu centro na celebração da santíssima eucaristia".

23. Pela comunhão eucarística, a Igreja é consolidada igualmente na sua unidade de corpo de Cristo. A este efeito unificador que tem a participação no banquete eucarístico alude são Paulo quando diz aos coríntios: "O pão que partimos não é a comunhão do corpo de Cristo? Uma vez que há um só pão, nós, embora sendo muitos, formamos um só corpo, porque todos participamos do mesmo pão" (1Cor 10,16-17). Concreto e profundo, são João Crisóstomo comenta:

> Com efeito, o que é o pão? É o corpo de Cristo. E em que se transformam aqueles que o recebem? No corpo de Cristo; não muitos corpos, mas um só corpo. De fato, tal como o pão é um só apesar de constituído por muitos grãos, e estes, embora não se vejam, todavia estão no pão, de tal modo que a sua diferença desapareceu devido à sua perfeita e recíproca fusão, assim também nós estamos unidos reciprocamente entre nós e, todos juntos, com Cristo.[42]

A argumentação é linear: a nossa união com Cristo, que é dom e graça para cada um, faz com que, nele, sejamos parte também do seu corpo total que é a Igreja. A eucaristia consolida a incorporação em Cristo operada no batismo pelo dom do Espírito (cf. 1Cor 12,13.27).

A ação conjunta e indivisível do Filho e do Espírito Santo, que está na origem da Igreja, tanto da sua constituição como da sua continuidade, opera na eucaristia. Bem ciente disto, o autor da liturgia de são Tiago, na epiclese da anáfora, pede a Deus Pai que envie o Espírito Santo sobre os fiéis e sobre os dons, para que o corpo e o sangue de Cristo "sirvam a todos os que deles participarem [...] de santificação para as almas e os corpos".[43] A Igreja é fortalecida pelo Paráclito divino através da santificação eucarística dos fiéis.

24. O dom de Cristo e do seu Espírito, que recebemos na comunhão eucarística, realiza plena e abundantemente os anseios de unidade fraterna que vivem no coração humano e ao mesmo tempo eleva esta experiência de fraternidade, que é a participação comum na mesma mesa eucarística, a níveis que estão muito acima da mera experiência de um banquete humano. Pela comunhão do corpo de Cristo, a Igreja consegue cada vez mais profundamente ser, "em Cristo, como que o sacramento, ou sinal, e o instrumento da íntima união com Deus e da unidade de todo o gênero humano".[44]

---

[42] *Homilias sobre a I Carta aos Coríntios*, 24,2: PG 61, 200; cf. *Didaké*, IX, 4: F. X. Funk, I, 22; são Cipriano, *Epistula LXIII*, 13: PL 4, 384.

[43] *Patrologia orientalis*, 26, 206.

[44] Concílio Ecumênico Vaticano II. Const. dogm. sobre a Igreja *Lumen gentium*, n. 1.

Aos germes de desagregação tão enraizados na humanidade por causa do pecado, como demonstra a experiência cotidiana, contrapõe-se a força geradora de unidade do corpo de Cristo. A eucaristia, construindo a Igreja, cria por isso mesmo comunidade entre os homens.

25. O culto prestado à eucaristia fora da missa é de um valor inestimável na vida da Igreja e está ligado intimamente com a celebração do sacrifício eucarístico. A presença de Cristo nas hóstias consagradas que se conservam após a missa – presença essa que perdura enquanto subsistirem as espécies do pão e do vinho[45] – resulta da celebração da eucaristia e destina-se à comunhão, sacramental e espiritual.[46] Compete aos pastores, inclusive pelo testemunho pessoal, estimular o culto eucarístico, de modo particular as exposições do santíssimo sacramento e também as visitas de adoração a Cristo presente sob as espécies eucarísticas.[47]

É bom demorar-se com ele e, inclinado sobre o seu peito como o discípulo predileto (cf. Jo 13,25), deixar-se tocar pelo amor infinito do seu coração. Se atualmente o cristianismo se deve caracterizar sobretudo pela "arte da oração",[48] como não sentir de novo a necessidade de permanecer longamente, em diálogo espiritual, adoração silenciosa, atitude de amor, diante de Cristo presente no santíssimo sacramento? Quantas vezes, meus queridos irmãos e irmãs, fiz esta experiência, recebendo dela força, consolação, apoio!

Desta prática, muitas vezes louvada e recomendada pelo magistério,[49] deram-nos o exemplo numerosos santos. De modo particular, distinguiu-se nisto santo Afonso Maria de Ligório, que escrevia: "A devoção de adorar Jesus sacramentado é, depois dos sacramentos, a primeira de todas as devoções, a mais agradável a Deus e a mais útil para nós".[50] A eucaristia é um tesouro inestimável: não só a sua celebração, mas também o permanecer diante dela fora da missa permite-nos beber na própria fonte da graça. Uma comunidade cristã que queira contemplar melhor o rosto de Cristo, segundo o espírito que sugeri nas Cartas apostólicas *Novo millennio ineunte* e *Rosarium Virginis Mariae*, não pode deixar de desenvolver também este aspecto do culto euca-

---

[45] Cf. Conc. Ecum. de Trento. Sess. XIII, *Decretum de ss. eucharistia*, cân. 4: DS 1654.

[46] Cf. Ritual Romano: *Sagrada comunhão e culto do mistério eucarístico fora da missa*, n. 80.

[47] Cf. ibidem, nn. 86-90.

[48] João Paulo II. Carta ap. *Novo millennio ineunte*, n. 3, 26 de janeiro de 2001: AAS 93 (2001), p. 288.

[49] "Durante o dia, os fiéis não deixem de visitar o santíssimo sacramento, que se deve conservar nas igrejas, no lugar mais digno e com as honras devidas segundo as leis litúrgicas; cada visita é prova de gratidão, sinal de amor e dever de adoração a Cristo ali presente": Paulo VI, Carta enc. *Mysterium fidei*, 3 de setembro de 1965: AAS 57 (1965), p. 771.

[50] *Visitas ao santíssimo sacramento e a Maria Santíssima*, Introdução: *Obras ascéticas* (Avelino 2000), p. 295.

Ecclesia de Eucharistia – Carta encíclica sobre a eucaristia na sua relação com a Igreja

rístico, no qual perduram e se multiplicam os frutos da comunhão do corpo e sangue do Senhor.

A APOSTOLICIDADE DA EUCARISTIA E DA IGREJA

26. Se a eucaristia edifica a Igreja e a Igreja faz a eucaristia, como antes recordei, conseqüentemente há entre ambas uma conexão estreitíssima, podendo nós aplicar ao mistério eucarístico os atributos que dizemos da Igreja quando professamos, no Símbolo niceno-constantinopolitano, que é "una, santa, católica e apostólica". Também a eucaristia é una e católica; e é santa, antes, é o santíssimo sacramento. Mas é principalmente sobre sua apostolicidade que agora queremos concentrar nossa atenção.

27. Quando o Catecismo da Igreja Católica explica em que sentido a Igreja se diz apostólica, ou seja, fundada sobre os apóstolos, individua na expressão um tríplice sentido. O primeiro significa que a Igreja "foi e continua a ser construída sobre o 'alicerce dos apóstolos' (Ef 2,20), testemunhas escolhidas e enviadas em missão pelo próprio Cristo".[51] Ora, no caso da eucaristia, os apóstolos também estão na sua base: naturalmente o sacramento remonta ao próprio Cristo, mas foi confiado por Jesus aos apóstolos e depois transmitido por eles e seus sucessores até nós. É em continuidade com a ação dos apóstolos e obedecendo ao mandato do Senhor que a Igreja celebra a eucaristia ao longo dos séculos.

O segundo sentido que o Catecismo indica para a apostolicidade da Igreja é este: ela "guarda e transmite, com a ajuda do Espírito Santo que nela habita, a doutrina, o bom depósito, as sãs palavras recebidas dos apóstolos".[52] Também neste sentido a eucaristia é apostólica, porque é celebrada de acordo com a fé dos apóstolos. Diversas vezes na história bimilenária do povo da nova aliança, o magistério eclesial especificou a doutrina eucarística, nomeadamente quanto à sua exata terminologia, precisamente para salvaguardar a fé apostólica neste excelso mistério. Esta fé permanece imutável, e é essencial para a Igreja que assim continue.

28. Por último, a Igreja é apostólica enquanto "continua a ser ensinada, santificada e dirigida pelos apóstolos até ao regresso de Cristo, graças àqueles que lhes sucedem no ofício pastoral: o Colégio dos Bispos, assistido pelos presbíteros, em união com o sucessor de Pedro, pastor supremo

---

[51] N. 857.
[52] Ibidem.

da Igreja".[53] Para suceder aos apóstolos na missão pastoral é necessário o sacramento da ordem, graças a uma série ininterrupta, desde as origens, de ordenações episcopais válidas.[54] Esta sucessão é essencial para que exista a Igreja em sentido próprio e pleno.

A eucaristia apresenta também este sentido da apostolicidade. De fato, como ensina o Concílio Vaticano II, "os fiéis por sua parte concorrem para a oblação da eucaristia, em virtude do seu sacerdócio real",[55] mas é o sacerdote ministerial que "realiza o sacrifício eucarístico fazendo as vezes de Cristo e oferece-o a Deus em nome de todo o povo".[56] Por isso se prescreve no Missal Romano que seja unicamente o sacerdote a recitar a oração eucarística, enquanto o povo se lhe associa com fé e em silêncio.[57]

29. A afirmação, várias vezes feita no Concílio Vaticano II, de que "o sacerdote ministerial realiza o sacrifício eucarístico fazendo as vezes de Cristo (*in persona Christi*)",[58] estava já bem radicada no magistério pontifício.[59] Como já tive oportunidade de esclarecer em outras ocasiões, a expressão *in persona Christi* "quer dizer algo mais do que 'em nome', ou então 'nas vezes' de Cristo. *In persona*, isto é, na específica e sacramental identificação com o Sumo e Eterno Sacerdote, que é o Autor e o principal sujeito deste seu próprio sacrifício, no que verdadeiramente não pode ser substituído por ninguém".[60] Na economia de salvação escolhida por Cristo, o ministério dos sacerdotes que receberam o sacramento da ordem manifesta que a eucaristia, por eles celebrada, é um dom que supera radicalmente o poder da assembléia e, em todo o caso, é insubstituível para ligar validamente a consagração eucarística ao sacrifício da cruz e à última ceia.

A assembléia que se reúne para a celebração da eucaristia necessita absolutamente de um sacerdote ordenado que a ela presida, para poder ser verdadeiramente uma assembléia eucarística. Por outro lado, a comunidade não é capaz de dotar-se por si só do ministro ordenado. Este é um dom que ela recebe através da sucessão episcopal que remonta aos apóstolos. É o bispo que

---

[53] Ibidem, n. 857.

[54] Cf. Congr. para a Doutrina da Fé. Carta sobre algumas questões concernentes ao ministro da eucaristia *Sacerdotium ministeriale*, III, 2, 6 de agosto de 1983: AAS 75 (1983), 1005.

[55] Const. dogm. sobre a Igreja *Lumen gentium*, n. 10.

[56] Ibidem, n. 10.

[57] Cf. *Institutio generalis* (editio typica tertia), n. 147.

[58] Cf. Const. dogm. sobre a Igreja *Lumen gentium*, nn. 10 e 28; Decr. sobre o ministério e a vida dos sacerdotes *Presbyterorum ordinis*, n. 2.

[59] "O ministro do altar age personificando Cristo cabeça, que oferece em nome de todos os membros": Pio XII, Carta enc. *Mediator Dei*, 20 de novembro de 1947: AAS 39 (1947), p. 556; cf. Pio X, Exort. ap. *Haerent animo*, 4 de agosto de 1908; Pio X, *Acta*, IV, 16; Pio XI, Carta enc. *Ad catholici sacerdotii*, 20 de dezembro de 1935: AAS 28 (1936), p. 20.

[60] Carta ap. *Dominicae cenae*, n. 8, 24 de fevereiro de 1980: AAS 72 (1980), pp. 128-129.

constitui, pelo sacramento da ordem, um novo presbítero, conferindo-lhe o poder de consagrar a eucaristia. Por isso, "o mistério eucarístico não pode ser celebrado em nenhuma comunidade a não ser por um sacerdote ordenado, como ensinou expressamente o Concílio Ecumênico Lateranense IV".[61]

30. Tanto esta doutrina da Igreja Católica sobre o ministério sacerdotal na sua relação com a eucaristia como a referente ao sacrifício eucarístico foram, nos últimos decênios, objeto de profícuo diálogo no âmbito da ação ecumênica. Devemos dar graças à Santíssima Trindade pelos significativos progressos e aproximações que se verificaram e que nos ajudam a esperar um futuro de plena partilha da fé. Permanece plenamente válida ainda a observação feita pelo Concílio Vaticano II acerca das comunidades eclesiais surgidas no Ocidente depois do século XVI e separadas da Igreja Católica:

> Embora falte às comunidades eclesiais de nós separadas a unidade plena conosco proveniente do batismo, e embora creiamos que elas não tenham conservado a genuína e íntegra substância do mistério eucarístico, sobretudo por causa da falta do sacramento da ordem, contudo, quando na santa ceia comemoram a morte e a ressurreição do Senhor, elas confessam ser significada a vida na comunhão de Cristo e esperam o seu glorioso advento.[62]

Por isso, os fiéis católicos, embora respeitando as convicções religiosas destes seus irmãos separados, devem abster-se de participar da comunhão distribuída nas suas celebrações, para não dar o seu aval a ambigüidades sobre a natureza da eucaristia e, conseqüentemente, faltar à sua obrigação de testemunhar com clareza a verdade. Isso acabaria por atrasar o caminho para a plena unidade visível. De igual modo, não se pode pensar em substituir a missa do domingo por celebrações ecumênicas da Palavra, encontros de oração comum com cristãos pertencentes às referidas comunidades eclesiais, ou pela participação no seu serviço litúrgico. Tais celebrações e encontros, em si mesmos louváveis quando em circunstâncias oportunas, preparam para a almejada comunhão plena incluindo a comunhão eucarística, mas não podem substituí-la.

Além disso, o fato de o poder de consagrar a eucaristia ter sido confiado apenas aos bispos e aos presbíteros não constitui nenhum rebaixamento para

---

[61] CONGR. PARA A DOUTRINA DA FÉ. Carta sobre algumas questões concernentes ao ministro da eucaristia *Sacerdotium ministeriale*, III, n. 4, 6 de agosto de 1983: AAS 75 (1983), p. 1006; cf. IV CONC. ECUM. DE LATRÃO. Const. sobre a fé católica *Firmiter credimus*, cap. 1: DS 802.

[62] Decr. sobre o ecumenismo *Unitatis redintegratio*, n. 22.

o resto do povo de Deus, já que na comunhão do único corpo de Cristo, que é a Igreja, este dom redunda em benefício de todos.

31. Se a eucaristia é centro e vértice da vida da Igreja, o é igualmente do ministério sacerdotal. Por isso, com espírito repleto de gratidão a Jesus Cristo nosso Senhor, volto a afirmar que a eucaristia "é a principal e central razão de ser do sacramento do sacerdócio, que nasceu efetivamente no momento da instituição da eucaristia e juntamente com ela".[63]

Muitas são as atividades pastorais do presbítero. Se depois se pensa às condições socioculturais do mundo atual, é fácil ver como grava sobre ele o perigo da dispersão pelo grande número e diversidade de tarefas. O Concílio Vaticano II individuou como vínculo, que dá unidade à sua vida e às suas atividades, a caridade pastoral. Esta – acrescenta o Concílio – "flui sobretudo do sacrifício eucarístico, que permanece o centro e a raiz de toda a vida do presbítero".[64] Compreende-se, assim, quão importante é para a sua vida espiritual, e depois para o bem da Igreja e do mundo, que o sacerdote ponha em prática a recomendação conciliar de celebrar diariamente a eucaristia, "porque, mesmo que não possa ter a presença dos fiéis, é ato de Cristo e da Igreja".[65] Deste modo, ele será capaz de vencer toda a dispersão ao longo do dia, encontrando no sacrifício eucarístico, verdadeiro centro da sua vida e do seu ministério, a energia espiritual necessária para enfrentar as diversas tarefas pastorais. Assim, os seus dias tornar-se-ão verdadeiramente eucarísticos.

Da centralidade da eucaristia na vida e no ministério dos sacerdotes deriva também a sua centralidade na pastoral em prol das vocações sacerdotais. Primeiro, porque a oração pelas vocações encontra nela o lugar de maior união com a oração de Cristo, Sumo e Eterno Sacerdote; e, depois, porque a solícita atenção dos sacerdotes pelo ministério eucarístico, juntamente com a promoção da participação consciente, ativa e frutuosa dos fiéis na eucaristia, constituem exemplo eficaz e estímulo para uma resposta generosa dos jovens ao apelo de Deus. Com freqüência, ele se serve do exemplo de zelosa caridade pastoral de um sacerdote para semear e fazer crescer no coração do jovem o germe da vocação ao sacerdócio.

32. Tudo isto comprova como é triste e anômala a situação de uma comunidade cristã que, embora se apresente quanto a número e variedade de fiéis como uma paróquia, todavia não tem um sacerdote que a guie. De fato, a

---

[63]   Carta ap. *Dominicae cenae*, n. 2, 24 de fevereiro de 1980: AAS 72 (1980), p. 115.

[64]   Decr. sobre o ministério e a vida dos sacerdotes *Presbyterorum ordinis*, n. 14.

[65]   Ibidem, n. 13; *Código de Direito Canônico*, cân. 904; *Código dos Cânones das Igrejas Orientais*, cân. 378.

paróquia é uma comunidade de batizados que exprime e afirma a sua identidade, sobretudo através da celebração do sacrifício eucarístico; mas isto requer a presença de um presbítero, o único a quem compete oferecer a eucaristia *in persona Christi*. Quando uma comunidade está privada do sacerdote, procurase justamente remediar para que de algum modo continuem as celebrações dominicais; e os religiosos ou os leigos que guiam os seus irmãos e irmãs na oração exercem de modo louvável o sacerdócio comum de todos os fiéis, baseado na graça do batismo. Mas tais soluções devem ser consideradas provisórias, enquanto a comunidade espera um sacerdote.

A deficiência sacramental destas celebrações deve, antes de mais nada, levar toda a comunidade a rezar mais fervorosamente ao Senhor para que mande trabalhadores para a sua messe (cf. Mt 9,38); e estimulá-la a pôr em prática todos os demais elementos constitutivos de uma adequada pastoral vocacional, sem ceder à tentação de procurar soluções que passem pela atenuação das qualidades morais e formativas requeridas nos candidatos ao sacerdócio.

33. Quando, devido à escassez de sacerdotes, foi confiada a fiéis não ordenados uma participação no cuidado pastoral de uma paróquia, eles tenham presente que, como ensina o Concílio Vaticano II, "nenhuma comunidade cristã se edifica sem ter a sua raiz e o seu centro na celebração eucarística".[66] Portanto, hão de pôr todo o cuidado em manter viva na comunidade uma verdadeira "fome" da eucaristia, que leve a não perder nenhuma ocasião de ter a celebração da missa, valendo-se nomeadamente da presença eventual de um sacerdote não impedido pelo direito da Igreja de celebrá-la.

A EUCARISTIA E A COMUNHÃO ECLESIAL

34. Em 1985, a assembléia extraordinária do Sínodo dos Bispos reconheceu a "eclesiologia da comunhão" como a idéia central e fundamental dos documentos do Concílio Vaticano II.[67] Enquanto durar a sua peregrinação aqui na terra, a Igreja é chamada a conservar e promover tanto a comunhão com a Trindade divina como a comunhão entre os fiéis. Para isso, possui a Palavra e os sacramentos, sobretudo a eucaristia; desta "vive e cresce",[68] e ao mesmo tempo exprime-se nela. Não foi sem razão que o termo comunhão se tornou um dos nomes específicos deste sacramento excelso.

---

[66] Decr. sobre o ministério e a vida dos sacerdotes *Presbyterorum ordinis*, n. 6.

[67] Cf. *Relação final*, II-C.1: *L'Osservatore Romano* (ed. port. de 22/XII/1985), p. 651.

[68] Concílio Ecumênico Vaticano II. Const. dogm. sobre a Igreja *Lumen gentium*, n. 26.

Daí que a eucaristia se apresente como o sacramento culminante para levar à perfeição a comunhão com Deus Pai através da identificação com o seu Filho Unigênito por obra do Espírito Santo. Com grande intuição de fé, um insigne escritor de tradição bizantina assim exprimia esta verdade: na eucaristia, "mais do que em qualquer outro sacramento, o mistério [da comunhão] é tão perfeito que conduz ao apogeu de todos os bens: nela está o termo último de todo o desejo humano, porque nela alcançamos Deus e Deus une-se conosco pela união mais perfeita".[69] Por isso mesmo, é conveniente cultivar continuamente na alma o desejo do sacramento da eucaristia. Daqui nasceu a prática da "comunhão espiritual" em uso na Igreja há séculos, recomendada por santos mestres de vida espiritual. Escrevia santa Teresa de Jesus: "Quando não comungais e não participais na missa, comungai espiritualmente, porque é muito vantajoso. [...] Deste modo, imprime-se em vós muito do amor de nosso Senhor".[70]

35. Entretanto a celebração da eucaristia não pode ser o ponto de partida da comunhão, cuja existência pressupõe, visando a sua consolidação e perfeição. O sacramento exprime esse vínculo de comunhão quer na dimensão invisível que em Cristo, pela ação do Espírito Santo, nos une ao Pai e entre nós, quer na dimensão visível que implica a comunhão com a doutrina dos apóstolos, os sacramentos e a ordem hierárquica. A relação íntima entre os elementos invisíveis e os elementos visíveis da comunhão eclesial é constitutiva da Igreja enquanto sacramento de salvação.[71] Somente neste contexto, tem lugar a celebração legítima da eucaristia e a autêntica participação nela. Por isso, uma exigência intrínseca da eucaristia é que seja celebrada na comunhão e, concretamente, na integridade dos seus vínculos.

36. A comunhão invisível, embora por natureza esteja sempre em crescimento, supõe a vida da graça, pela qual nos tornamos "participantes da natureza divina" (cf. 2Pd 1,4), e a prática das virtudes da fé, da esperança e da caridade. De fato, só deste modo se pode ter verdadeira comunhão com o Pai, o Filho e o Espírito Santo. Não basta a fé; mas é preciso perseverar na graça santificante e na caridade, permanecendo na Igreja com o "corpo" e o "coração";[72] ou seja, usando palavras de S. Paulo, é necessária "a fé que atua pela caridade" (Gl 5,6).

---

[69] Nicolau Cabasilas. *A vida em Cristo*, IV, 10: SCh 355, 270.

[70] *Caminho de perfeição*, c. 35.

[71] Cf. Congr. para a Doutrina da Fé. Carta sobre alguns aspectos da Igreja entendida como comunhão *Communionis notio*, n. 4, 28 de maio de 1992: AAS 85 (1993), pp. 839-840.

[72] Cf. Concílio Ecumênico Vaticano II. Const. dogm. sobre a Igreja *Lumen gentium*, n. 14.

A integridade dos vínculos invisíveis é um dever moral concreto do cristão que queira participar plenamente da eucaristia, comungando o corpo e o sangue de Cristo. Um tal dever, recorda-o o referido apóstolo com a advertência seguinte: "Examine-se cada qual a si mesmo e, então, coma desse pão e beba desse cálice" (1Cor 11,28). Com a sua grande eloqüência, são João Crisóstomo assim exortava os fiéis:

> Também eu levanto a voz e vos suplico, peço e esconjuro para não vos abeirardes desta mesa sagrada com uma consciência manchada e corrompida. De fato, uma tal aproximação nunca poderá chamar-se comunhão, ainda que toquemos mil vezes o corpo do Senhor, mas condenação, tormento e redobrados castigos.[73]

Nessa linha, o Catecismo da Igreja Católica estabelece justamente: "Aquele que tiver consciência de um pecado grave, deve receber o sacramento da reconciliação antes de se aproximar da comunhão".[74] Desejo, por conseguinte, reafirmar que vigora ainda e sempre há de vigorar na Igreja a norma do Concílio de Trento que concretiza a severa advertência do apóstolo Paulo, ao afirmar que, para uma digna recepção da eucaristia, "se deve fazer antes a confissão dos pecados, quando alguém está consciente de pecado mortal".[75]

37. A eucaristia e a penitência são dois sacramentos intimamente unidos. Se a eucaristia torna presente o sacrifício redentor da cruz, perpetuando-o sacramentalmente, isso significa que deriva dela uma contínua exigência de conversão, de resposta pessoal à exortação que são Paulo dirigia aos cristãos de Corinto: "Suplicamo-vos em nome de Cristo: reconciliai-vos com Deus" (2Cor 5,20). Se, para além disso, o cristão tem na consciência o peso de um pecado grave, então o itinerário da penitência através do sacramento da reconciliação torna-se caminho obrigatório para se abeirar e participar plenamente do sacrifício eucarístico.

Tratando-se de uma avaliação de consciência, obviamente o juízo sobre o estado de graça compete apenas ao interessado; mas, em casos de comportamento externo de forma grave, ostensiva e duradoura contrário à norma moral, a Igreja, na sua solicitude pastoral pela boa ordem comunitária e pelo

---

[73] *Homilias sobre Isaías*, 6, 3: PG 56, 139.

[74] N. 1385; cf. *Código de Direito Canônico*, cân. 916; *Código dos Cânones das Igrejas Orientais*, cân. 711.

[75] Discurso aos membros da Sagrada Penitenciária Apostólica e aos padres penitenciários das Basílicas Patriarcais de Roma, 30 de janeiro de 1981: AAS 73 (1981), p. 203; cf. Conc. Ecum. de Trento. Sess. XIII, *Decretum de ss. Eucharistia*, cap. 7 e cân 11: DS 1647, 1661.

respeito do sacramento, não pode deixar de sentir-se chamada em causa. A esta situação de manifesta infração moral se refere a norma do Código de Direito Canônico relativa à não-admissão à comunhão eucarística de quantos "obstinadamente perseverem em pecado grave manifesto".[76]

38. A comunhão eclesial, como atrás recordei, é também visível, manifestando-se nos vínculos elencados pelo próprio Concílio Vaticano II quando ensina:

> São plenamente incorporados à sociedade que é a Igreja aqueles que, tendo o Espírito de Cristo, aceitam toda a sua organização e os meios de salvação nela instituídos, e que, pelos laços da profissão da fé, dos sacramentos, do governo eclesiástico e da comunhão, se unem, na sua estrutura visível, com Cristo, que a governa por meio do sumo pontífice e dos bispos.[77]

A eucaristia, como suprema manifestação sacramental da comunhão na Igreja, exige, para ser celebrada, um contexto de integridade dos laços, inclusive externos, de comunhão. De modo especial, sendo ela "como que a perfeição da vida espiritual e o fim para que tendem todos os sacramentos",[78] requer que sejam reais os laços de comunhão nos sacramentos, particularmente no batismo e na ordem sacerdotal. Não é possível dar a comunhão a uma pessoa que não esteja batizada ou que rejeite a verdade integral de fé sobre o mistério eucarístico. Cristo é a verdade e dá testemunho da verdade (cf. Jo 14,6; 18,37); o sacramento do seu corpo e sangue não consente ficções.

39. Além disso, em virtude do caráter próprio da comunhão eclesial e da relação que o sacramento da eucaristia tem com ela, convém recordar que

> o sacrifício eucarístico, embora se celebre sempre em uma comunidade particular, nunca é uma celebração apenas dessa comunidade: de fato esta, ao receber a presença eucarística do Senhor, recebe o dom integral da salvação e manifesta-se assim, apesar da sua configuração particular que continua visível, como imagem e verdadeira presença da Igreja una, santa, católica e apostólica.[79]

Daí que uma comunidade verdadeiramente eucarística não possa fechar-se em si mesma, como se fosse auto-suficiente, mas deve permanecer em sintonia com todas as outras comunidades católicas.

---

[76] Cân. 915; cf. *Código dos Cânones das Igrejas Orientais*, cân. 712.

[77] Const. dogm. sobre a Igreja *Lumen gentium*, n. 14.

[78] Santo Tomás de Aquino. *Summa theologica*, III, q. 73, a. 3c.

[79] Congr. para a Doutrina da Fé, Carta sobre alguns aspectos da Igreja entendida como comunhão *Communionis notio*, n. 11, 28 de maio de 1992: AAS 85 (1993), p. 844.

A comunhão eclesial da assembléia eucarística é comunhão com o próprio bispo e com o romano pontífice. Com efeito, o bispo é o princípio visível e o fundamento da unidade na sua igreja particular.[80] Seria, por isso, uma grande incongruência celebrar o sacramento por excelência da unidade da Igreja sem uma verdadeira comunhão com o bispo. Escrevia santo Inácio de Antioquia: "Seja tida como legítima somente aquela eucaristia que é presidida pelo bispo ou por quem ele encarregou".[81] De igual modo, visto que "o romano pontífice, como sucessor de Pedro, é perpétuo e visível fundamento da unidade não só dos bispos, mas também da multidão dos fiéis",[82] a comunhão com ele é uma exigência intrínseca da celebração do sacrifício eucarístico. Esta grande verdade é expressa de vários modos pela liturgia:

> Cada celebração eucarística é feita em união não só com o próprio bispo, mas também com o papa, com a ordem episcopal, com todo o clero e com todo o povo. Toda a celebração válida da eucaristia exprime esta comunhão universal com Pedro e com toda a Igreja ou, como no caso das Igrejas cristãs separadas de Roma, assim a reclama objetivamente.[83]

40. A eucaristia cria comunhão e educa para a comunhão. Ao escrever aos fiéis de Corinto, são Paulo fazia-lhes ver como as suas divisões, que se davam nas assembléias eucarísticas, estavam em contraste com o que celebravam – a ceia do Senhor. E convidava-os, por isso, a refletirem sobre a verdadeira realidade da eucaristia, para fazê-los voltar ao espírito de comunhão fraterna (cf. 1Cor 11,17-34). Encontramos um válido eco desta exigência em santo Agostinho quando, depois de recordar a afirmação do apóstolo – "vós sois corpo de Cristo e seus membros" (1Cor 12,27) –, observava: "Se sois o corpo de Cristo e seus membros, é o vosso sacramento que está colocado sobre a mesa do Senhor; é o vosso sacramento que recebeis".[84] E daí concluía: "Cristo Senhor [...] consagrou na sua mesa o sacramento da nossa paz e unidade. Quem recebe o sacramento da unidade, sem conservar o vínculo da paz, não recebe um sacramento para seu benefício, mas antes uma condenação".[85]

---

[80] Cf. Concílio Ecumênico Vaticano II. Const. dogm. sobre a Igreja *Lumen gentium*, n. 23.

[81] *Carta aos cristãos de Esmirna*, 8: PG 5, 713.

[82] Concílio Ecumênico Vaticano II. Const. dogm. sobre a Igreja *Lumen gentium*, n. 23.

[83] Congr. para a Doutrina da Fé, Carta sobre alguns aspectos da Igreja entendida como comunhão *Communionis notio*, n. 14, 28 de maio de 1992: AAS 85 (1993), p. 847.

[84] *Sermo* 272: PL 38, 1247.

[85] Ibidem: op. cit., 1248.

41. Esta eficácia peculiar que tem a eucaristia para promover a comunhão é um dos motivos da importância da missa dominical. Já me detive sobre esta e outras razões que a tornam fundamental para a vida da Igreja e dos fiéis, na Carta apostólica sobre a santificação do domingo *Dies domini*,[86] recordando, para além do mais, que participar da missa é uma obrigação dos fiéis, a não ser que tenham um impedimento grave, pelo que aos pastores impõe-se o correlativo dever de oferecerem a todos a possibilidade efetiva de cumprirem o preceito.[87] Mais tarde, na Carta apostólica *Novo millennio ineunte*, ao traçar o caminho pastoral da Igreja no início do Terceiro Milênio, quis assinalar de modo particular a eucaristia dominical, sublinhando a sua eficácia para criar comunhão:

> É o lugar privilegiado, onde a comunhão é constantemente anunciada e fomentada. Precisamente através da participação eucarística, o dia do Senhor torna-se também o dia da Igreja, a qual poderá assim desempenhar de modo eficaz a sua missão de sacramento de unidade.[88]

42. A defesa e promoção da comunhão eclesial é tarefa de todo fiel, que encontra na eucaristia, enquanto sacramento da unidade da Igreja, um campo de especial solicitude. De forma mais concreta e com particular responsabilidade, a referida tarefa recai sobre os pastores da Igreja, segundo o grau e o ministério eclesiástico próprio de cada um. Por isso, a Igreja estabeleceu normas que visam promover o acesso freqüente e frutuoso dos fiéis à mesa eucarística e simultaneamente determinar as condições objetivas nas quais se deve abster de administrar a comunhão. O cuidado com que se favorece a sua fiel observância torna-se uma expressão efetiva de amor à eucaristia e à Igreja.

43. Quando se considera a eucaristia como sacramento da comunhão eclesial, há um tema que, pela sua importância, não pode ser transcurado: refiro-me à sua relação com o empenho ecumênico. Todos devemos dar graças à Santíssima Trindade porque, nestas últimas décadas em todo o mundo, muitos fiéis foram contagiados pelo desejo ardente da unidade entre todos os cristãos. O Concílio Vaticano II, ao princípio do seu decreto sobre o ecumenismo, considera isto como um dom especial de Deus.[89] Foi uma graça eficaz que fez caminhar pela senda ecumênica tanto a nós, filhos da Igreja Católica, como aos nossos irmãos das outras Igrejas e comunidades eclesiais.

---

[86] Cf. nn. 31-51: AAS 90 (1998), pp. 731-746.

[87] Cf. ibidem, nn. 48-49: op. cit., p. 744.

[88] N. 36: AAS 93 (2001), pp. 291-292.

[89] Cf. Decr. sobre o ecumenismo *Unitatis redintegratio*, n. 1.

A aspiração por chegar à meta da unidade impele-nos a voltar o olhar para a eucaristia, que é o sacramento supremo da unidade do povo de Deus, a sua condigna expressão e fonte insuperável.[90] Na celebração do sacrifício eucarístico, a Igreja eleva a sua prece a Deus, Pai de misericórdia, para que conceda aos seus filhos a plenitude do Espírito Santo de modo que se tornem em Cristo um só corpo e um só espírito.[91] Quando apresenta esta súplica ao Pai das luzes, do qual provêm toda boa dádiva e todo dom perfeito (cf. Tg 1,17), a Igreja acredita na sua eficácia, porque ora em união com Cristo, Cabeça e Esposo, o qual assume a súplica da Esposa unindo-a à do seu sacrifício redentor.

44. Precisamente porque a unidade da Igreja, que a eucaristia realiza por meio do sacrifício e da comunhão do corpo e sangue do Senhor, comporta a exigência imprescindível de uma completa comunhão nos laços da profissão de fé, dos sacramentos e do governo eclesiástico, não é possível concelebrar a liturgia eucarística enquanto não for restabelecida a integridade de tais laços. A referida concelebração não seria um meio válido, podendo mesmo revelar-se um obstáculo, para se alcançar a plena comunhão, atenuando o sentido da distância da meta e introduzindo ou dando aval a ambiguidades sobre algumas verdades da fé. O caminho para a plena união só pode ser construído na verdade. Neste ponto, a interdição na lei da Igreja não deixa espaço a incertezas,[92] atendo-se à norma moral proclamada pelo Concílio Vaticano II.[93]

No entanto, quero reafirmar as palavras que ajuntei, na Carta encíclica *Ut unum sint*, depois de reconhecer a impossibilidade da partilha eucarística: "E todavia nós temos o desejo ardente de celebrar juntos a única eucaristia do Senhor, e este desejo torna-se já um louvor comum, uma mesma imploração. Juntos dirigimo-nos ao Pai e fazemo-lo cada vez mais com um só coração".[94]

45. Se não é legítima em caso algum a concelebração quando falta a plena comunhão, o mesmo não acontece relativamente à administração da eucaristia, em circunstâncias especiais, a indivíduos pertencentes a Igrejas ou comunidades eclesiais que não estão em plena comunhão com a Igreja Católica. De

---

90   Cf. Const. dogm. sobre a Igreja *Lumen gentium*, n. 11.

91   "Fazei que, participando do único pão e do único cálice, permaneçamos unidos uns aos outros na comunhão do único Espírito Santo": *Anáfora da liturgia de são Basílio*.

92   Cf. *Código de Direito Canônico*, cân. 908; *Código dos Cânones das Igrejas Orientais*, cân. 702; Pont. Cons. para a Promoção da Unidade dos Cristãos. *Diretório para a aplicação dos princípios e das normas sobre o ecumenismo*, nn. 122-125.129-131, 25 de março de 1993: AAS 85 (1993), pp. 1086-1089; Congr. para a Doutrina da Fé. Carta *Ad exsequendam*, 18 de maio de 2001: AAS 93 (2001), p. 786.

93   "A comunicação nas coisas sagradas que ofende a unidade da Igreja ou inclui adesão formal ao erro ou perigo de aberração na fé, de escândalo e de indiferentismo, é proibida por lei divina": Decr. sobre as Igrejas católicas orientais *Orientalium ecclesiarum*, n. 26.

94   N. 45: AAS 87 (1995), p. 948.

fato, neste caso tem-se como objetivo prover a uma grave necessidade espiritual em ordem à salvação eterna dos fiéis, e não realizar uma intercomunhão, o que é impossível enquanto não forem plenamente reatados os laços visíveis da comunhão eclesial.

Nesta direção se moveu o Concílio Vaticano II ao fixar como comportar-se com os orientais que de boa-fé se acham separados da Igreja Católica, quando espontaneamente pedem para receber a eucaristia do ministro católico e estão bem preparados.[95] Tal modo de proceder seria depois ratificado por ambos os códigos canônicos, nos quais é contemplado também, com os devidos ajustamentos, o caso dos outros cristãos não orientais que não estão em plena comunhão com a Igreja Católica.[96]

46. Na encíclica *Ut unum sint*, manifestei a minha complacência por esta norma que consente prover à salvação das almas, com o devido discernimento:

> É motivo de alegria lembrar que os ministros católicos podem, em determinados casos particulares, administrar os sacramentos da eucaristia, da penitência e da unção dos enfermos a outros cristãos que não estão em plena comunhão com a Igreja Católica, mas que desejam ardentemente recebê-los, pedem-nos livremente e manifestam a fé que a Igreja Católica professa nestes sacramentos. Reciprocamente, em determinados casos e por circunstâncias particulares, os católicos também podem recorrer, para os mesmos sacramentos, aos ministros daquelas Igrejas onde eles são válidos.[97]

É preciso reparar bem nestas condições que são imprescindíveis, mesmo tratando-se de determinados casos particulares, porque a rejeição de uma ou mais verdades de fé relativas a estes sacramentos, contando-se entre elas a necessidade do sacerdócio ministerial para serem válidos, deixa o requerente impreparado para sua legítima recepção. E, vice-versa, também um fiel católico não poderá receber a comunhão em uma comunidade onde falte o sacramento da ordem.[98]

A fiel observância do conjunto das normas estabelecidas nesta matéria[99] é prova e simultaneamente garantia de amor por Jesus Cristo no santíssimo sacramento, pelos irmãos de outra confissão cristã aos quais é devido o testemunho da verdade, e ainda pela própria causa da promoção da unidade.

---

[95] Decr. sobre as Igrejas Católicas Orientais *Orientalium ecclesiarum*, n. 27.

[96] Cf. *Código de Direito Canônico*, cân. 844, §§ 3 e 4; *Código dos Cânones das Igrejas Orientais*, cân. 671, §§ 3 e 4.

[97] N. 46: AAS 87 (1995), p. 948.

[98] Cf. Concílio Ecumênico Vaticano II. Decr. sobre o ecumenismo *Unitatis redintegratio*, n. 22.

[99] Cf. *Código de Direito Canônico*, cân. 844; *Código dos Cânones das Igrejas Orientais*, cân. 671.

O DECORO DA CELEBRAÇÃO EUCARÍSTICA

47. Quando alguém lê o relato da instituição da eucaristia nos evangelhos sinóticos, fica admirado ao ver a simplicidade e simultaneamente a dignidade com que Jesus, na noite da última ceia, institui este grande sacramento. Há um episódio que, de certo modo, lhe serve de prelúdio: é a unção de Betânia. Uma mulher, que João identifica como sendo Maria, irmã de Lázaro, derrama sobre a cabeça de Jesus um vaso de perfume precioso, suscitando nos discípulos – particularmente em Judas (Mt 26,8; Mc 14,4; Jo 12,4) – uma reação de protesto contra tal gesto que, em face das necessidades dos pobres, constituía um "desperdício" intolerável. Mas Jesus faz uma avaliação muito diferente: sem nada tirar ao dever da caridade para com os necessitados, aos quais sempre se hão de dedicar os discípulos – "Pobres, sempre os tereis convosco" (Jo 12,8; cf. Mt 26,11; Mc 14,7) –, ele pensa no momento já próximo da sua morte e sepultura, considerando a unção que lhe foi feita como uma antecipação daquelas honras de que continuará a ser digno o seu corpo mesmo depois da morte, porque indissoluvelmente ligado ao mistério da sua pessoa.

Nos evangelhos sinóticos, a narração continua com o encargo dado por Jesus aos discípulos para fazerem uma cuidadosa preparação da "grande sala", necessária para comer a ceia pascal (cf. Mc 14,15; Lc 22,12), e com a descrição da instituição da eucaristia. Deixando entrever, pelo menos em parte, o desenrolar dos ritos hebraicos da ceia pascal até ao canto do "Hallel" (cf. Mt 26,30; Mc 14,26), o relato, de maneira tão concisa como solene, embora com variantes nas diversas tradições, refere as palavras pronunciadas por Cristo sobre o pão e sobre o vinho, assumidos por ele como expressões concretas do seu corpo entregue e do seu sangue derramado. Todos estes particulares são recordados pelos evangelistas à luz de uma prática, consolidada já na Igreja primitiva, da "fração do pão". O certo é que, desde o tempo histórico de Jesus, no acontecimento de Quinta-Feira Santa são visíveis os traços de uma "sensibilidade" litúrgica, modulada sobre a tradição do Antigo Testamento e pronta a "remodular-se" na celebração cristã em sintonia com o novo conteúdo da Páscoa.

48. Tal como a mulher da unção de Betânia, a Igreja não temeu "desperdiçar", investindo o melhor dos seus recursos para exprimir o seu enlevo e adoração diante do dom incomensurável da eucaristia. À semelhança dos primeiros discípulos encarregados de preparar a "grande sala", ela sentiu-se impelida, ao longo dos séculos e no alternar-se das culturas, a celebrar a eucaristia em um ambiente digno de tão grande mistério. Foi sob o impulso das palavras e gestos de Jesus, desenvolvendo a herança ritual do judaísmo, que

nasceu a liturgia cristã. Porventura haverá algo que seja capaz de exprimir de forma devida o acolhimento do dom que o Esposo divino continuamente faz de si mesmo à Igreja-Esposa, colocando ao alcance das sucessivas gerações de crentes o sacrifício que ofereceu uma vez por todas na cruz e tornando-se alimento para todos os fiéis? Se a idéia do "banquete" inspira familiaridade, a Igreja nunca cedeu à tentação de banalizar esta "intimidade" com o seu Esposo, recordando-se de que ele é também o seu Senhor e que, embora "banquete", permanece sempre um banquete sacrificial, assinalado com o sangue derramado no Gólgota. O banquete eucarístico é verdadeiramente banquete "sagrado", onde, na simplicidade dos sinais, se esconde o abismo da santidade de Deus: *O sacrum convivium, in quo Christus sumitur!* — "Ó sagrado banquete, em que se recebe Cristo!". O pão que é repartido nos nossos altares, oferecido à nossa condição de viandantes pelas estradas do mundo, é *panis angelorum*, pão dos anjos, do qual só é possível abeirar-se com a humildade do centurião do Evangelho: "Senhor, eu não sou digno que entres debaixo do meu teto" (Mt 8,8; Lc 6,6).

49. Movida por este elevado sentido do mistério, compreende-se como a fé da Igreja no mistério eucarístico se tenha exprimido ao longo da história não só através da exigência de uma atitude interior de devoção, mas também mediante uma série de expressões exteriores, tendentes a evocar e sublinhar a grandeza do acontecimento celebrado. Daqui nasce o percurso que levou progressivamente a delinear um estatuto especial de regulamentação da liturgia eucarística, no respeito pelas várias tradições eclesiais legitimamente constituídas. Sobre a mesma base se desenvolveu um rico patrimônio de arte. Deixando-se orientar pelo mistério cristão, a arquitetura, a escultura, a pintura, a música encontraram na eucaristia, direta ou indiretamente, um motivo de grande inspiração.

Tal é, por exemplo, o caso da arquitetura que viu a passagem, logo que o contexto histórico o permitiu, da sede inicial da eucaristia colocada na *domus* das famílias cristãs às solenes basílicas dos primeiros séculos, às imponentes catedrais da Idade Média, até às igrejas, grandes ou pequenas, que pouco a pouco foram constelando as terras aonde o cristianismo chegou. Também as formas dos altares e dos sacrários se foram desenvolvendo no interior dos espaços litúrgicos, seguindo não só os motivos da imaginação criadora, mas também os ditames de uma compreensão específica do mistério. O mesmo se pode dizer da música sacra; basta pensar nas inspiradas melodias gregorianas, nos numerosos e, freqüentemente, grandes autores que se afirmaram com os textos litúrgicos da santa missa. E não sobressai porventura uma enorme quantidade de produções artísticas, desde realizações de um bom artesanato até verdadeiras obras de arte, no âmbito dos objetos e dos paramentos utilizados na celebração eucarística?

Deste modo, pode-se afirmar que a eucaristia, ao mesmo tempo que plasmou a Igreja e a espiritualidade, incidiu intensamente sobre a "cultura", especialmente no setor estético.

50. Neste esforço de adoração do mistério, visto na sua perspectiva ritual e estética, empenharam-se, como se fosse uma "competição", os cristãos do Ocidente e do Oriente. Como não dar graças ao Senhor especialmente pelo contributo prestado à arte cristã pelas grandes obras arquitetônicas e pictóricas da tradição greco-bizantina e de toda a área geográfica e cultural eslava? No Oriente, a arte sacra conservou um sentido singularmente intenso do mistério, levando os artistas a conceberem o seu empenho na produção do belo não apenas como expressão do seu gênio, mas também como autêntico serviço à fé. Não se contentando apenas da sua perícia técnica, souberam abrir-se com docilidade ao sopro do Espírito de Deus.

Os esplendores das arquiteturas e dos mosaicos no Oriente e no Ocidente cristãos são um patrimônio universal dos crentes, contendo em si mesmos um voto e – diria – um penhor da desejada plenitude de comunhão na fé e na celebração. Isto supõe e exige, como na famosa pintura da Trindade, de Rublëv, uma Igreja profundamente "eucarística", na qual a partilha do mistério de Cristo no pão repartido esteja de certo modo imersa na unidade inefável das três Pessoas divinas, fazendo da própria Igreja um "ícone" da Santíssima Trindade.

Nesta perspectiva de uma arte que em todos os seus elementos visa exprimir o sentido da eucaristia segundo a doutrina da Igreja, é preciso prestar toda a atenção às normas que regulamentam a construção e o adorno dos edifícios sacros. A Igreja sempre deixou largo espaço criativo aos artistas, como a história o demonstra e como eu mesmo sublinhei na Carta aos artistas;[100] mas, a arte sacra deve caracterizar-se pela sua capacidade de exprimir adequadamente o mistério lido na plenitude de fé da Igreja e segundo as indicações pastorais oportunamente dadas pela competente autoridade. Isto vale tanto para as artes figurativas como para a música sacra.

51. O que aconteceu em terras de antiga cristianização no âmbito da arte sacra e da disciplina litúrgica está a verificar-se também nos continentes onde o cristianismo é mais jovem. Tal é a orientação assumida pelo Concílio Vaticano II a propósito da exigência de uma sã e necessária "inculturação". Nas minhas numerosas viagens pastorais, pude observar por todo lado a

---

[100] Cf. AAS 91 (1999), pp. 1155-1172.

grande vitalidade de que é capaz a celebração eucarística em contato com as formas, os estilos e as sensibilidades das diversas culturas. Adaptando-se a condições variáveis de tempo e espaço, a eucaristia oferece alimento não só aos indivíduos, mas ainda aos próprios povos, e plasma culturas de inspiração cristã.

Mas é necessário que tão importante trabalho de adaptação seja realizado na consciência constante deste mistério inefável, com que cada geração é chamada a encontrar-se. O "tesouro" é demasiado grande e precioso para se correr o risco de o empobrecer ou prejudicar com experimentações ou práticas introduzidas sem uma cuidadosa verificação pelas competentes autoridades eclesiásticas. Além disso, a centralidade do mistério eucarístico requer que tal verificação seja feita em estreita relação com a Santa Sé. Como escrevia na exortação apostólica pós-sinodal *Ecclesia in Asia*, "tal colaboração é essencial porque a liturgia sagrada exprime e celebra a única fé professada por todos e, sendo herança de toda a Igreja, não pode ser determinada pelas igreja locais isoladamente da Igreja universal".[101]

52. De quanto fica dito, compreende-se a grande responsabilidade que têm sobretudo os sacerdotes na celebração eucarística, à qual presidem *in persona Christi*, assegurando um testemunho e um serviço de comunhão não só à comunidade que participa diretamente da celebração, mas também à Igreja universal, sempre mencionada na eucaristia. Temos a lamentar, infelizmente, que sobretudo a partir dos anos da reforma litúrgica pós-conciliar, por um ambíguo sentido de criatividade e adaptação, não faltaram abusos, que foram motivo de sofrimento para muitos. Uma certa reação contra o "formalismo" levou alguns, especialmente em determinadas regiões, a considerarem não obrigatórias as "formas" escolhidas pela grande tradição litúrgica da Igreja e do seu magistério e a introduzirem inovações não autorizadas e muitas vezes completamente impróprias.

Por isso, sinto o dever de fazer um veemente apelo para que as normas litúrgicas sejam observadas, com grande fidelidade, na celebração eucarística. Constituem uma expressão concreta da autêntica eclesialidade da eucaristia; tal é o seu sentido mais profundo. A liturgia nunca é propriedade privada de alguém, nem do celebrante, nem da comunidade onde são celebrados os santos mistérios. O apóstolo Paulo teve de dirigir palavras ásperas à comunidade de Corinto pelas falhas graves na sua celebração eucarística, que tinham dado origem a divisões (*skísmata*) e à formação de facções (*'airéseis*) (cf. 1Cor 11,17-34). Atualmente também deveria ser redescoberta e valorizada a obediência às

---

[101] N. 22: AAS 92 (2000), p. 485.

normas litúrgicas como reflexo e testemunho da Igreja, una e universal, que se torna presente em cada celebração da eucaristia. O sacerdote, que celebra fielmente a missa segundo as normas litúrgicas, e a comunidade, que a elas adere, demonstram de modo silencioso, mas expressivo, o seu amor à Igreja. Precisamente para reforçar este sentido profundo das normas litúrgicas, pedi aos dicastérios competentes da Cúria Romana que preparem, sobre este tema de grande importância, um documento específico, incluindo também referências de caráter jurídico. A ninguém é permitido aviltar este mistério que está confiado às nossas mãos: é demasiado grande para que alguém possa permitir-se tratá-lo a seu livre-arbítrio, não respeitando o seu caráter sagrado nem a sua dimensão universal.

NA ESCOLA DE MARIA, MULHER "EUCARÍSTICA"

53. Se quisermos redescobrir em toda a sua riqueza a relação íntima entre a Igreja e a eucaristia, não podemos esquecer Maria, Mãe e modelo da Igreja. Na Carta apostólica *Rosarium Virginis Mariae*, depois de indicar a Virgem Santíssima como Mestra na contemplação do rosto de Cristo, inseri também entre os mistérios da luz a instituição da eucaristia.[102] Com efeito, Maria pode guiar-nos para o santíssimo sacramento porque tem uma profunda ligação com ele.

À primeira vista, o Evangelho nada diz a tal respeito. A narração da instituição, na noite de Quinta-Feira Santa, não fala de Maria. Mas sabe-se que ela estava presente no meio dos apóstolos, quando, "unidos pelo mesmo sentimento, se entregavam assiduamente à oração" (At 1,14), na primeira comunidade que se reuniu depois da ascensão à espera do Pentecostes. E não podia certamente deixar de estar presente, nas celebrações eucarísticas, no meio dos fiéis da primeira geração cristã, que eram assíduos à "fração do pão" (At 2,42).

Para além da sua participação no banquete eucarístico, pode-se delinear a relação de Maria com a eucaristia indiretamente a partir da sua atitude interior. Maria é mulher "eucarística" na totalidade da sua vida. A Igreja, vendo em Maria o seu modelo, é chamada a imitá-la também na sua relação com este mistério santíssimo.

54. *Mysterium fidei!* Se a eucaristia é um mistério de fé que excede tanto a nossa inteligência que nos obriga ao mais puro abandono à Palavra de Deus,

---

[102]   Cf. n. 21: AAS 95 (2003), p. 20.

ninguém melhor do que Maria pode servir-nos de apoio e guia nesta atitude de abandono. Todas as vezes que repetimos o gesto de Cristo na última ceia dando cumprimento ao seu mandato: "Fazei isto em memória de mim", ao mesmo tempo acolhemos o convite que Maria nos faz para obedecermos a seu Filho sem hesitação: "Fazei o que ele vos disser" (Jo 2,5). Com a solicitude materna manifestada nas bodas de Caná, ela parece dizer-nos:

> Não hesiteis, confiai na palavra do meu Filho. Se ele pôde mudar a água em vinho, também é capaz de fazer do pão e do vinho o seu corpo e sangue, entregando aos crentes, neste mistério, o memorial vivo da sua Páscoa e tornando-se assim "pão de vida".

55. De certo modo, Maria praticou a sua fé eucarística ainda antes de ser instituída a eucaristia, quando ofereceu o seu ventre virginal para a encarnação do Verbo de Deus. A eucaristia, ao mesmo tempo que evoca a paixão e a ressurreição, coloca-se no prolongamento da encarnação. E Maria, na anunciação, concebeu o Filho divino também na realidade física do corpo e do sangue, em certa medida antecipando nela o que se realiza sacramentalmente em cada crente quando recebe, no sinal do pão e do vinho, o corpo e o sangue do Senhor.

Existe, pois, uma profunda analogia entre o *fiat* pronunciado por Maria, em resposta às palavras do anjo, e o amém que cada fiel pronuncia quando recebe o corpo do Senhor. A Maria foi-lhe pedido para acreditar que Aquele que ela concebia "por obra do Espírito Santo" era o "Filho de Deus" (cf. Lc 1,30-35). Dando continuidade à fé da Virgem Santa, no mistério eucarístico é-nos pedido para crer que aquele mesmo Jesus, Filho de Deus e Filho de Maria, torna-se presente nos sinais do pão e do vinho com todo o seu ser humano-divino.

"Feliz daquela que acreditou" (Lc 1,45): Maria antecipou também, no mistério da encarnação, a fé eucarística da Igreja. E, na visitação, quando leva no seu ventre o Verbo encarnado, de certo modo ela serve de "sacrário" — o primeiro "sacrário" da história —, para o Filho de Deus, que, ainda invisível aos olhos dos homens, se presta à adoração de Isabel, como que "irradiando" a sua luz através dos olhos e da voz de Maria. E o olhar extasiado de Maria, quando contemplava o rosto de Cristo recém-nascido e o estreitava nos seus braços, não é porventura o modelo inatingível de amor a que se devem inspirar todas as nossas comunhões eucarísticas?

56. Ao longo de toda a sua existência ao lado de Cristo, e não apenas no Calvário, Maria viveu a dimensão sacrificial da eucaristia. Quando levou o menino Jesus ao templo de Jerusalém, "para o apresentar ao Senhor" (Lc 2,22), ouviu o velho Simeão anunciar que aquele Menino seria "sinal de con-

tradição" e que uma "espada" havia de trespassar também a alma dela (cf. Lc 2,34-35). Assim foi vaticinado o drama do Filho crucificado e de algum modo prefigurado o *"stabat Mater"* aos pés da cruz. Preparando-se dia a dia para o Calvário, Maria vive uma espécie de "eucaristia antecipada", dir-se-ia uma "comunhão espiritual" de desejo e oferta, que terá o seu cumprimento na união com o Filho durante a Paixão e manifestar-se-á depois, no período pós-pascal, na sua participação na celebração eucarística, presidida pelos apóstolos, como "memorial" da Paixão.

Impossível imaginar os sentimentos de Maria, ao ouvir dos lábios de Pedro, João, Tiago e demais apóstolos as palavras da última ceia: "Isto é o meu corpo que vai ser entregue por vós" (Lc 22,19). Aquele corpo, entregue em sacrifício e presente agora nas espécies sacramentais, era o mesmo corpo concebido no seu ventre! Receber a eucaristia devia significar para Maria quase acolher de novo no seu ventre aquele coração que batera em uníssono com o dela e reviver o que tinha pessoalmente experimentado junto da cruz.

57. "Fazei isto em memória de mim" (Lc 22,19). No "memorial" do Calvário está presente tudo o que Cristo realizou na sua paixão e morte. Por isso, não pode faltar o que Cristo fez para com sua Mãe em nosso favor. De fato, entrega-lhe o discípulo predileto e, nele, entrega cada um de nós: "Eis aí o teu filho". E de igual modo diz a cada um de nós também: "Eis aí a tua mãe" (cf. Jo 19,26-27).

Viver o memorial da morte de Cristo na eucaristia implica também receber continuamente este dom. Significa levar conosco — a exemplo de João — Aquela que sempre de novo nos é dada como Mãe. Significa ao mesmo tempo assumir o compromisso de nos conformarmos com Cristo, entrando na escola da Mãe e aceitando a sua companhia. Maria está presente, com a Igreja e como Mãe da Igreja, em cada uma das celebrações eucarísticas. Se Igreja e eucaristia são um binômio indivisível, o mesmo é preciso afirmar do binômio Maria e eucaristia. Por isso mesmo, desde a Antigüidade é unânime nas Igrejas do Oriente e do Ocidente a recordação de Maria na celebração eucarística.

58. Na eucaristia, a Igreja une-se plenamente a Cristo e ao seu sacrifício, com o mesmo espírito de Maria. Tal verdade pode-se aprofundar relendo o *Magnificat* em perspectiva eucarística. De fato, como o cântico de Maria, também a eucaristia é primariamente louvor e ação de graças. Quando exclama: "A minha alma glorifica ao Senhor e o meu espírito exulta de alegria em Deus meu Salvador", Maria traz no seu ventre Jesus. Louva o Pai "por" Jesus, mas louva-o também "em" Jesus e "com" Jesus. É nisto precisamente que consiste a verdadeira "atitude eucarística".

Ao mesmo tempo Maria recorda as maravilhas operadas por Deus ao longo da história da salvação, segundo a promessa feita aos nossos pais (cf. Lc 1,55), anunciando a maravilha mais sublime de todas: a encarnação redentora. Enfim, no *Magnificat* está presente a tensão escatológica da eucaristia. Cada vez que o Filho de Deus se torna presente entre nós na "pobreza" dos sinais sacramentais, pão e vinho, é lançado no mundo o germe daquela história nova, que verá os poderosos "derrubados dos seus tronos" e "exaltados os humildes" (cf. Lc 1,52). Maria canta aquele "novo céu" e aquela "nova terra", cuja antecipação e em certa medida a "síntese" programática se encontram na eucaristia. Se o *Magnificat* exprime a espiritualidade de Maria, nada melhor do que esta espiritualidade nos pode ajudar a viver o mistério eucarístico. Recebemos o dom da eucaristia, para que a nossa vida, à semelhança da de Maria, seja toda ela um *magnificat*!

CONCLUSÃO

59. "*Ave, verum corpus natum de Maria Virgine.*" Celebrei há poucos anos as bodas de ouro do meu sacerdócio. Hoje tenho a graça de oferecer à Igreja esta encíclica sobre a eucaristia, na Quinta-Feira Santa do meu vigésimo quinto ano de ministério petrino. Faço-o com o coração cheio de gratidão. Há mais de meio século, todos os dias, a começar daquele 2 de novembro de 1946 quando celebrei a minha missa nova na cripta de são Leonardo, na catedral do Wawel, em Cracóvia, os meus olhos concentram-se sobre a hóstia e sobre o cálice onde o tempo e o espaço de certo modo estão "contraídos" e o drama do Gólgota é representado ao vivo, desvendando a sua misteriosa "contemporaneidade". Cada dia pôde a minha fé reconhecer no pão e no vinho consagrados aquele Viandante divino que um dia se pôs a caminho com os dois discípulos de Emaús para abrir-lhes os olhos à luz e o coração à esperança (cf. Lc 24,13-35).

Deixai, meus queridos irmãos e irmãs, que dê com íntima emoção, em companhia e para conforto da vossa fé, o meu testemunho de fé na eucaristia: *Ave, verum corpus natum de Maria Virgine, vere passum, immolatum, in cruce pro homine!* "Eis aqui o tesouro da Igreja, o coração do mundo, o penhor da meta pela qual, mesmo inconscientemente, suspira todo homem". Mistério grande, que nos excede – é certo – e põe à dura prova a capacidade da nossa mente em avançar para além das aparências. Aqui os nossos sentidos falham – *visus, tactus, gustus in te fallitur*, diz-se no hino *Adoro te devote*; mas basta-nos simplesmente a fé, radicada na palavra de Cristo que nos foi deixada pelos

apóstolos. Como Pedro no fim do discurso eucarístico, segundo o evangelho de João, deixai que eu repita a Cristo, em nome da Igreja inteira, em nome de cada um de vós: "Senhor, para quem havemos nós de ir? Tu tens palavras de vida eterna" (Jo 6,68).

60. Na aurora deste Terceiro Milênio, todos nós, filhos da Igreja, somos convidados a progredir com renovado impulso na vida cristã. Como escrevi na Carta apostólica *Novo millennio ineunte*,

> não se trata de inventar um "programa novo". O programa já existe: é o mesmo de sempre, expresso no Evangelho e na tradição viva. Concentra-se, em última análise, no próprio Cristo, que temos de conhecer, amar, imitar, para nele viver a vida trinitária e com ele transformar a história até sua plenitude na Jerusalém celeste.[103]

A concretização deste programa de um renovado impulso na vida cristã passa pela eucaristia.

Cada esforço de santidade, cada iniciativa para realizar a missão da Igreja, cada aplicação dos planos pastorais deve extrair a força de que necessita do mistério eucarístico e orientar-se para ele como o seu ponto culminante. Na eucaristia, temos Jesus, o seu sacrifício redentor, a sua ressurreição, temos o dom do Espírito Santo, temos a adoração, a obediência e o amor ao Pai. Se transcurássemos a eucaristia, como poderíamos dar remédio à nossa indigência?

61. O mistério eucarístico – sacrifício, presença, banquete – não permite reduções nem instrumentalizações; há de ser vivido na sua integridade, quer na celebração, quer no colóquio íntimo com Jesus acabado de receber na comunhão, quer no período da adoração eucarística fora da missa. Então a Igreja fica solidamente edificada, e exprime-se o que ela é verdadeiramente: una, santa, católica e apostólica; povo, templo e família de Deus; corpo e esposa de Cristo, animada pelo Espírito Santo; sacramento universal de salvação e comunhão hierarquicamente organizada.

O caminho que a Igreja percorre nestes primeiros anos do Terceiro Milênio é também caminho de renovado empenho ecumênico. Os últimos decênios do segundo milênio, com o seu apogeu no Grande Jubileu do ano 2000, impeliram-nos nesta direção, convidando todos os batizados a corresponderem à oração de Jesus *"ut unum sint"* (Jo 17,11). É um caminho longo, cheio de obstáculos que superam a capacidade humana; mas temos a eucaristia e, na sua presença, podemos ouvir no fundo do coração, como que dirigidas a

---

[103] N. 29: AAS 93 (2001), p. 285.

nós, as mesmas palavras que ouviu o profeta Elias: "Levanta-te e come, porque ainda tens um caminho longo a percorrer" (1Rs 19, 7). O tesouro eucarístico, que o Senhor pôs à nossa disposição, incita-nos para a meta que é a sua plena partilha com todos os irmãos, aos quais estamos unidos pelo mesmo batismo. Mas para não desperdiçar esse tesouro, é preciso respeitar as exigências que derivam do fato de ele ser sacramento da comunhão na fé e na sucessão apostólica.

Dando à eucaristia todo o realce que merece e procurando com todo o cuidado não atenuar nenhuma das suas dimensões ou exigências, damos provas de estar verdadeiramente conscientes da grandeza deste dom. A isto nos convida uma tradição ininterrupta desde os primeiros séculos, que mostra a comunidade cristã vigilante na defesa deste "tesouro". Movida pelo amor, a Igreja preocupa-se em transmitir às sucessivas gerações cristãs a fé e a doutrina sobre o mistério eucarístico, sem perder qualquer fragmento. E não há perigo de exagerar no cuidado que lhe dedicamos, porque "neste sacramento se condensa todo o mistério da nossa salvação".[104]

62. Meus queridos irmãos e irmãs, vamos à escola dos santos, grandes intérpretes da verdadeira piedade eucarística. Neles, a teologia da eucaristia adquire todo o brilho de uma vivência, "contagia-nos" e, por assim dizer, nos "abrasa". Ponhamo-nos sobretudo à escuta de Maria Santíssima, porque nela, como em mais ninguém, o mistério eucarístico aparece como o mistério da luz. Olhando-a, conhecemos a força transformadora que possui a eucaristia. Nela, vemos o mundo renovado no amor. Contemplando-a elevada ao céu em corpo e alma, vemos um pedaço do "novo céu" e da "nova terra" que se hão de abrir diante dos nossos olhos na segunda vinda de Cristo. A eucaristia constitui aqui na terra o seu penhor e, de algum modo, antecipação: "*Veni, Domine Iesu!*" (Ap 22,20).

Nos sinais humildes do pão e do vinho transubstanciados no seu corpo e sangue, Cristo caminha conosco, como nossa força e nosso viático, e torna-nos testemunhas de esperança para todos. Se a razão experimenta os seus limites diante deste mistério, o coração, iluminado pela graça do Espírito Santo, intui bem como comportar-se, entranhando-se na adoração e em um amor sem limites.

Façamos nossos os sentimentos de santo Tomás de Aquino, máximo teólogo e ao mesmo tempo cantor apaixonado de Jesus eucarístico, e deixemos que o nosso espírito se abra também na esperança à contemplação da meta pela qual suspira o coração, sedento como é de alegria e de paz:

---

[104] Santo Tomás de Aquino. *Summa theologica*, III, q. 83, a. 4c.

"Bone Pastor, panis vere
Iesu, nostri miserere...".
"Bom Pastor, pão da verdade,
Tende de nós piedade,
Conservai-nos na unidade,
Extingui nossa orfandade
E conduzi-nos ao Pai.
Aos mortais dando comida
Dais também o pão da vida:
Que a família assim nutrida
Seja um dia reunida
Aos convivas lá do céu".

Dado em Roma, junto de são Pedro, no dia 17 de abril, Quinta-Feira Santa, do ano 2003, vigésimo quinto do meu pontificado e Ano do Rosário.

PARTE II

Princípios da reforma da celebração eucarística
e as introduções rituais

Sacrosanctum concilium — Constituição sobre a sagrada liturgia

Concílio Ecumênico Vaticano II
(4 de dezembro de 1963)

PREFERÊNCIA DADA À CELEBRAÇÃO COMUNITÁRIA

27. Sempre que o rito, por natureza, comportar uma celebração comum, com a presença e efetiva participação dos fiéis, deve-se estimulá-la, na medida do possível, dando-lhe preferência à celebração privada.

Isso vale para a administração dos sacramentos e sobretudo para a celebração da missa, sem que se conteste a natureza pública e social, mesmo da missa privada.

A VIDA LITÚRGICA NAS DIOCESES E PARÓQUIAS

41. O bispo seja tido como grande sacerdote, em seu rebanho, de que deriva e, de certa maneira, depende, a vida dos seus fiéis, em Cristo.

Todos devem dar a máxima importância à vida litúrgica da diocese, em torno do bispo, nas catedrais. Estejam persuadidos de que a principal manifestação da Igreja é a participação plena e ativa de todo o povo de Deus nessas celebrações litúrgicas, especialmente na mesma eucaristia, na mesma oração e em torno do mesmo altar, sob a presidência do bispo, cercado de seu presbitério e de seus ministros.[1]

---

[1] S. Inácio de Antioquia. *Aos magnésios*, 7,1-2; *Aos filadelfos*, 4; *Aos esmirenses*, 8,1-2: ed. F. X. Funk, cit. I, pp. 236, 266, 281.

Sacrosanctum concilium – Constituição sobre a sagrada liturgia

A MISSA, SACRIFÍCIO E BANQUETE PASCAL

47. Na última ceia, na noite em que seria traído, nosso Salvador instituiu o sacrifício eucarístico do seu corpo e sangue, que perpetuaria o sacrifício da cruz durante os séculos, até que voltasse. Legou assim à sua Igreja, como à esposa amada, o memorial de sua morte e ressurreição: sacramento de piedade, sinal de unidade, vínculo da caridade[2] e banquete pascal, em que se toma Cristo, em que a mente se enche de graça e em que nos é dado o penhor da glória futura.[3]

A PARTICIPAÇÃO ATIVA DOS FIÉIS

48. A Igreja procura fazer com que os fiéis estejam presentes a este mistério, não como estranhos ou simples espectadores, mas como participantes conscientes, piedosos e ativos. Devem entender o que se passa, instruir-se com a Palavra de Deus e alimentar-se da mesa do corpo do Senhor. Dar graças a Deus, sabendo que a hóstia imaculada, oferecida não só pelas mãos dos sacerdotes, mas também pelos fiéis, representa o oferecimento cotidiano de si mesmos até que se consuma, pela mediação de Cristo, a unidade com Deus e entre si,[4] e Deus venha, enfim, a ser tudo em todos.

49. Para que o sacrifício da missa alcance seus objetivos pastorais, inclusive na forma com que é celebrado, o concílio, tendo em vista, sobretudo, as missas a que acorre o povo, nos domingos e dias festivos, determina:

Reforma do ordinário da missa

50. As diversas partes da missa devem ser revistas de maneira a que a natureza de cada uma e sua íntima interconexão sejam mais claras, facilitando a participação piedosa e ativa de todos os fiéis.

Os ritos devem ser simplificados, mantendo-se a sua substância. Deixem-se de lado as repetições, que se introduziram com o tempo ou foram acrescentadas sem grande utilidade. Desde que sejam necessárias, ou mesmo, simplesmente, oportunas, recuperem-se algumas normas antigas dos santos padres, que foram aos poucos desaparecendo.

---

2   Sto. Agostinho. *Comentário ao evangelho de João*, tr. 26, c. 6, n. 13; PL 35, p. 1613.

3   Breviário Romano. *Festa do corpo de Deus*, II Vésperas, antífona do *Magnificat*.

4   S. Cirilo de Alexandria. *Comentário ao evangelho de João*, livro 11, capítulos 11-12: PG 74, pp. 557-565.

Ampliar o espaço da Bíblia

51. Quanto mais a Palavra de Deus for oferecida aos fiéis, maior acesso terão aos tesouros da Bíblia. Por isso, deve-se ler uma parte bem maior das Escrituras, nos espaços litúrgicos que lhe são reservados cada ano.

A HOMILIA

52. A homilia é a exposição dos mistérios sagrados e das normas da vida cristã, a partir dos textos sagrados, no decurso do ano litúrgico. Recomenda-se vivamente a sua prática, como parte integrante da liturgia. Nas missas dos domingos e festas de preceito, com a presença do povo, não se deve omiti-la.

A "ORAÇÃO DOS FIÉIS"

53. Restaure-se a oração comum ou dos fiéis, depois do Evangelho e da homilia, especialmente nos domingos e dias de festa. O povo que dela participa ore publicamente pela Igreja, pelos governantes, pelos que passam necessidade e pela salvação de todos os homens.[5]

O LATIM E O VERNÁCULO NA MISSA

54. As línguas vernáculas podem ser usadas nas missas celebradas com o povo, especialmente nas leituras e na oração comum. Também nas partes que dizem respeito ao povo, de acordo com as circunstâncias locais, conforme o artigo 36 desta constituição.

Não se abandone, porém, completamente a recitação ou o canto em latim, das partes do Ordinário da missa que competem aos fiéis.

Caso em alguns lugares seja recomendável ampliar o uso do vernáculo, observe-se o que foi prescrito no artigo 40 desta constituição.

---

[5] 1Tm 2,1-2.

A COMUNHÃO SOB AS DUAS ESPÉCIES

55. Recomenda-se vivamente a perfeita participação na missa, que inclui a comunhão do corpo do Senhor, consagrado no mesmo sacrifício, depois de o sacerdote haver comungado.

Mantidos os princípios doutrinários estabelecidos no Concílio de Trento,[6] pode-se conceder aos clérigos, religiosos e leigos a comunhão sob as duas espécies, nos casos a serem definidos pela Sé Apostólica e de acordo com o que estabelecerem os bispos, como, por exemplo, aos clérigos, nas missas em que são ordenados, aos religiosos, na missa de sua profissão, e aos neófitos, na missa logo depois do batismo.

A UNIDADE DA MISSA

56. A missa consta de duas partes: a liturgia da Palavra e a liturgia eucarística. Estão de tal maneira unidas entre si que constituem um único ato de culto. O concílio recomenda que os pastores, em sua catequese, insistam junto aos fiéis na importância de participar da missa inteira, nos domingos e dias festivos.

A CONCELEBRAÇÃO

57. § 1. Na concelebração se torna manifesta a unidade do sacerdócio. Ela permanece até hoje em uso tanto no Oriente como no Ocidente. Por isso, o Concílio decidiu estender o direito de concelebrar aos seguintes casos:

1º a) na Quinta-Feira Santa, tanto na missa do crisma como na missa vespertina;

b) nas missas conciliares, sinodais e nas assembléias episcopais;

c) na missa da bênção de um abade.

2º Além disso, com a anuência da autoridade a quem compete julgar da oportunidade da concelebração:

a) na missa conventual ou na missa principal de uma igreja, quando a utilidade dos fiéis não requer a celebração individual de todos os sacerdotes;

b) nas missas celebradas por ocasião de quaisquer reuniões de sacerdotes, religiosos ou leigos.

---

[6] Concílio de Trento. Sessão 21, 16.7.1562. *Doutrina da comunhão sob as duas espécies e das crianças pequenas*, caps.1-2, cân.1-3: Conc. Tridentino, ed. citada, t. 8, p. 98.

Princípios da reforma da celebração eucarística e as introduções rituais

§ 2. 1º Compete ao bispo estabelecer as normas para a concelebração na diocese.

2º Todo sacerdote tem, porém, o direito de celebrar individualmente, não porém ao mesmo tempo, na mesma igreja, nem na Quinta-Feira Santa.

58. Estabeleça-se o rito da concelebração tanto no pontifical como no Missal Romano.

Instrução Geral sobre o Missal Romano

Congregação para o Culto Divino e a Disciplina dos Sacramentos
(27 de janeiro de 1965; aqui apresentamos a 3. ed., 20 de abril de 2000)

PROÊMIO

1. Quando ia celebrar com seus discípulos a ceia pascal, onde instituiu o sacrifício do seu corpo e sangue, o Cristo Senhor mandou preparar uma sala ampla e mobiliada (Lc 22,12). A Igreja sempre julgou dirigida a si esta ordem, estabelecendo como preparar as pessoas, os lugares, os ritos e os textos, para a celebração da santíssima eucaristia. Assim, as normas atuais, prescritas segundo determinação do Concílio Vaticano II, e o Novo Missal, que a partir de agora será usado na Igreja de rito romano para a celebração da missa, são provas da solicitude da Igreja, manifestando sua fé e amor imutáveis para com o supremo mistério eucarístico e testemunhando uma contínua e ininterrupta tradição, ainda que algumas novidades sejam introduzidas.

Testemunho de fé inalterada

2. A natureza sacrifical da missa, que o Concílio de Trento solenemente afirmou,[1] em concordância com a universal tradição da Igreja, foi de novo proclamada pelo Concílio Vaticano II que proferiu sobre a missa estas significativas palavras: "O nosso Salvador na última ceia instituiu o sacrifício eucarístico

---

[1]   Conc. Tridentino. Sessão XXII, 17 de setembro de 1562: DS 1738-1759.

do seu corpo e sangue para perpetuar o sacrifício da cruz através dos séculos até a sua volta, e para confiar à Igreja, sua esposa muito amada, o memorial de sua morte e ressurreição".[2]

O que o Concílio ensinou com estas palavras encontra-se expresso nas fórmulas da missa. Com efeito, a doutrina já expressa concisamente nesta frase de antigo sacramentário, conhecido como Leoniano: "Todas as vezes que se celebra a memória deste sacrifício, renova-se a obra da nossa redenção",[3] é desenvolvida clara e cuidadosamente nas orações eucarísticas; nestas preces, ao fazer a anamnese, dirigindo-se a Deus em nome de todo o povo, dá-lhe graças e oferece o sacrifício vivo e santo, ou seja, a oblação da Igreja e a vítima por cuja imolação Deus quis ser aplacado,[4] e ora também para que o corpo e sangue de Cristo sejam um sacrifício agradável ao Pai e salutar para todo o mundo.[5]

Assim, no novo Missal, a regra da oração da Igreja corresponde à regra perene da fé, que nos ensina a identidade, exceto quanto ao modo de oferecer, entre o sacrifício da cruz e sua renovação sacramental na missa, que o Cristo Senhor instituiu na última ceia e mandou os apóstolos fazerem em sua memória. Por conseguinte, a missa é simultaneamente sacrifício de louvor, de ação de graças, de propiciação e de satisfação.

3. Igualmente, o admirável mistério da presença real do Senhor sob as espécies eucarísticas foi confirmado pelo Concílio Vaticano II[6] e por outros documentos do Magistério Eclesiástico,[7] no mesmo sentido e na mesma forma com que fora proposto à nossa fé pelo Concílio de Trento.[8] Este mistério é proclamado na celebração da missa, não apenas nas palavras da consagração, pelas quais o Cristo se torna presente através da transubstanciação, mas também no espírito e manifestação de sumo respeito e adoração que ocorrem na liturgia eucarística. Por este mesmo motivo, o povo cristão é levado a prestar a

---

[2] Concílio Ecuménico Vaticano II. Constituição sobre a sagrada liturgia *Sacrosanctum concilium*, n. 47, cf. Const. dogm. sobre a Igreja *Lumen gentium*, nn. 3, 28; Decreto sobre a vida e o ministério dos presbíteros, *Presbyterorum ordinis*, nn. 2, 4, 5.

[3] Missa vespertina na ceia do Senhor, oração sobre as oferendas; cf. *Sacramentarium veronense*, ed. L. C. Mohlberg, n. 93.

[4] Cf. Oração eucarística III.

[5] Cf. Oração eucarística IV.

[6] Concílio Ecuménico Vaticano II. Constituição sobre a sagrada liturgia *Sacrosanctum concilium*, nn. 7, 47; Decr. sobre a vida e o ministério dos presbíteros *Presbyterorum ordinis*, nn. 5, 18.

[7] Cf. Pio XII. Enc. *Humani generis*, n. 42, 12 de agosto de 1950: AAS (1950), pp. 570-571; Paulo VI. Enc. *Mysterium fidei*, 13 de setembro de 1965: AAS 57 (1965), pp. 762-769; *Solemnis professio fidei*, nn. 24-26, 30 de junho de 1968: AAS 60 (1968), pp. 442-443; S. Congr. dos Ritos. Instr. *Eucharisticum mysterium*, nn. 3f e 9, 25 de maio de 1967: AAS 59 (1967), pp. 543, 547.

[8] Cf. Conc. Ecum. Tridentino. Sessão XIII, 11 de outubro de 1551: DS 1635-1661.

este admirável sacramento na quinta-feira da ceia do Senhor e na solenidade do santíssimo corpo e sangue de Cristo um culto especial de adoração.

4. A natureza do sacerdócio ministerial, próprio do bispo e do presbítero que oferecem o sacrifício na pessoa de Cristo e presidem a assembléia do povo santo, evidencia-se no próprio rito, pela eminência do lugar e da função do sacerdote. As razões desta função são enunciadas e explicadas mais profusamente na ação de graças da missa crismal da quinta-feira da Semana Santa, dia em que se comemora a instituição do sacerdócio. Aquele texto celebra a transmissão, pela imposição das mãos, do poder sacerdotal que é a continuação do poder de Cristo, sumo pontífice do Novo Testamento, e enumera todas as suas funções.

5. Esta natureza do sacerdócio ministerial esclarece ainda outra realidade de grande importância: o sacerdócio régio dos fiéis, cujo sacrifício espiritual atinge a plena realização pelo ministério do bispo e dos presbíteros, em união com o sacrifício de Cristo, único Mediador.[9] Com efeito, a celebração da eucaristia é uma ação de toda a Igreja, em que cada um deve fazer tudo e só o que lhe compete, segundo o lugar que ocupa no povo de Deus. Por isso se deve prestar maior atenção a certos aspectos da celebração que, no decurso dos séculos, foram negligenciados. Na verdade, este povo é o povo de Deus, adquirido pelo sangue de Cristo, reunido pelo Senhor, alimentado por sua palavra; povo chamado para elevar a Deus as preces de toda a família humana e dar graças em Cristo pelo mistério da salvação, oferecendo o seu sacrifício; povo, enfim, que cresce na unidade pela comunhão do corpo e sangue de Cristo. Este povo, embora santo por sua origem, cresce continuamente em santidade pela participação consciente e frutuosa do mistério eucarístico.[10]

Testemunho de uma tradição ininterrupta

6. Ao enunciar as normas segundo as quais o ordinário da missa deveria ser reformado, o Concílio Vaticano II ordenou, entre outras coisas, que alguns ritos fossem restaurados "segundo a forma primitiva dos santos padres",[11] retomando assim as mesmas palavras com que S. Pio V, na constituição apostólica *Quo primum*, de 1570, promulgou o missal tridentino. Por esta coincidência de palavras pode-se observar como ambos os missais romanos, ainda que separados por quatro séculos, conservam uma única e mesma tradição. Porém,

---

[9] Cf. Concílio Ecumênico Vaticano II. Decr. sobre a vida e o ministério dos presbíteros *Presbyterorum ordinis*, n. 2.

[10] Cf. Concílio Ecumênico Vaticano II. Const. sobre a sagrada liturgia *Sacrosanctum concilium*, n. 11.

[11] Ibidem, n. 50.

ponderando-se os elementos internos desta tradição, verificam-se a sabedoria e a felicidade com que o segundo missal completa o primeiro.

7. Naqueles tempos, verdadeiramente difíceis, em que a fé católica corria perigo em relação à índole sacrifical da missa, o sacerdócio ministerial e a presença real e permanente do Cristo sob as espécies eucarísticas, era necessário que S. Pio V conservasse uma tradição mais recente, injustamente impugnada, introduzindo o mínimo de modificações nos ritos sagrados. Na verdade, aquele missal de 1570 pouco difere do primeiro missal impresso em 1474, que por sua vez reproduz com fidelidade o do tempo do papa Inocêncio III. Além disso, os manuscritos da Biblioteca Vaticana, ainda que sugerissem algumas correções, não permitiam que se fosse além dos comentários litúrgicos medievais, na investigação dos "antigos e provados autores".

8. Hoje, pelo contrário, aquela "norma dos santos padres" seguida pelos que corrigiram o missal de S. Pio V foi enriquecida por inúmeros trabalhos de eruditos. Depois do Sacramentário gregoriano, editado pela primeira vez em 1571, os antigos sacramentários romanos e ambrosianos foram publicados em numerosas edições críticas, assim como os antigos livros litúrgicos espanhóis e galicanos, trazendo assim à luz muitas preces de grande valor espiritual até então ignoradas.

Igualmente, as tradições dos primeiros séculos, anteriores à formação dos ritos do Oriente e do Ocidente, são mais bem conhecidas, depois que se descobriram tantos documentos litúrgicos.

Além disso, o progresso dos estudos patrísticos lançou sobre a teologia do ministério eucarístico a luz da doutrina dos padres mais eminentes da Antigüidade cristã, como santo Irineu, santo Ambrósio, são Cirilo de Jerusalém e são João Crisóstomo.

9. Por isso, "a norma dos santos padres" não exige apenas que se conserve o que os nossos antepassados mais recentes nos legaram, mas também que se assuma e se julgue do mais alto valor todo o passado da Igreja e todas as manifestações de fé, em formas tão variadas de cultura humana e de civilizações como as semitas, gregas e latinas. Esta visão mais ampla nos permite perceber como o Espírito Santo concede ao povo de Deus uma admirável fidelidade na conservação do imutável depósito da fé, apesar da enorme variedade de orações e ritos.

Adaptação às novas condições

10. O novo missal, portanto, dando testemunho da norma de oração da Igreja romana e conservando o depósito da fé legado pelos concílios mais

recentes, constitui por sua vez uma etapa de grande importância na tradição litúrgica.

Quando os padres do Concílio Vaticano II reafirmaram os dogmas do Concílio Tridentino, falaram em uma época da história bastante diferente; por isso formularam, em matéria pastoral, desejos e conselhos que há quatro séculos não se podiam prever.

11. O Concílio de Trento já reconhecera o grande valor catequético da celebração da missa, mas não pudera tirar todas as suas conseqüências para a vida prática. Muitos, na verdade, pediam que se permitisse o uso da língua vernácula na celebração do sacrifício eucarístico. Porém, por ocasião deste pedido, o Concílio, tendo em conta as circunstâncias daquele tempo, julgou dever reafirmar a doutrina tradicional da Igreja, segundo a qual o sacrifício eucarístico é antes de tudo uma ação do próprio Cristo, cuja eficácia não depende do modo de participação dos fiéis. Por isso, ele se exprimiu com estas palavras firmes e moderadas: "Ainda que a missa contenha um grande ensinamento para o povo fiel, os padres não julgaram oportuno que seja celebrada em língua vernácula indistintamente".[12] E condenou quem julgasse ser reprovável "o rito da Igreja romana, onde parte do Cânon e as palavras da consagração são proferidas em voz baixa; ou que a missa devesse ser celebrada somente em língua vernácula".[13] Contudo, ao proibir o uso da língua vernácula na missa, ordenou aos pastores de almas que o substituíssem pela catequese em momento oportuno:

> Para que as ovelhas de Cristo não sintam fome..., ordena o santo Sínodo aos pastores e a todos os que têm cura de almas que freqüentemente, durante a celebração da missa, por si mesmos ou por outrem, expliquem alguns dos textos que se lêem na missa e ensinem entre outras coisas algo sobre o mistério do santíssimo sacrifício, principalmente nos domingos e festas.[14]

12. O Concílio Vaticano II, reunido para adaptar a Igreja às necessidades de seu múnus apostólico nos nossos dias, examinou em profundidade, como o Concílio de Trento, o aspecto catequético e pastoral da sagrada liturgia.[15] E, como nenhum católico negue a legitimidade e a eficiência de um rito sagrado realizado em língua latina, ele pôde reconhecer que "não raro o uso da língua vernácula seria muito útil para o povo" e conceder a licença para usá-la.[16] O ardente entusiasmo com que esta deliberação foi acolhida por toda parte fez

---

[12] CONC. TRIDENTINO. Sessão XXII, Doutrina sobre o santo sacrifício da missa, cap. 8: DS 1749.

[13] Ibidem, cân. 9: DS 1759.

[14] Ibidem, cap. 8: DS 1749.

[15] Cf. CONCÍLIO ECUMÊNICO VATICANO II. Const. sobre a sagrada liturgia *Sacrosanctum concilium*, n. 33.

[16] Ibidem, n. 36.

PRINCÍPIOS DA REFORMA DA CELEBRAÇÃO EUCARÍSTICA E AS INTRODUÇÕES RITUAIS

com que logo, sob a direção dos bispos e da própria Sé Apostólica, todas as celebrações litúrgicas participadas pelo povo pudessem realizar-se em língua vernácula, para que mais plenamente se compreendesse o mistério celebrado.

13. Contudo, como o uso da língua vernácula na sagrada liturgia é apenas um instrumento, embora de grande importância, pelo qual mais claramente se realiza a catequese do mistério contido na celebração, o Concílio Vaticano II ordenou que algumas prescrições do Concílio de Trento, ainda não cumpridas em todos os lugares, fossem postas em prática, com a homilia nos domingos e dias de festa,[17] ou a introdução de algumas explicações durante os ritos sagrados.[18]

Mas o Concílio Vaticano II, aconselhando "aquela participação mais perfeita na missa, em que os fiéis, depois da comunhão do sacerdote, recebem o corpo do Senhor consagrado no mesmo sacrifício",[19] urgiu que se pusesse em prática um outro desejo dos padres de Trento, ou seja, que, para participar mais plenamente da sagrada eucaristia, "os fiéis presentes em cada missa não comunguem apenas espiritualmente, mas também pela recepção sacramental da eucaristia".[20]

14. Movido pelo mesmo desejo e zelo pastoral, o Concílio Vaticano II pôde reexaminar o que o Tridentino determinara a respeito da comunhão sob as duas espécies. Com efeito, como hoje já não se põem mais em dúvida os princípios doutrinários quanto à plena eficácia da comunhão recebida apenas sob a espécie de pão, permitiu ele que se dê algumas vezes a comunhão sob as duas espécies, a fim de que, através de uma apresentação mais elucidativa do sinal sacramental, haja uma oportunidade para se compreender melhor o mistério de que os fiéis participam.[21]

15. Deste modo, enquanto permanece fiel ao seu múnus de mestra da verdade, a Igreja, conservando "o que é antigo", isto é, o depósito da tradição, cumpre também o seu dever de julgar e de prudentemente assumir "o que é novo" (cf. Mt 13,52).

Na verdade, certa parte do novo missal relaciona mais claramente as preces da Igreja com as necessidades do nosso tempo. Isto acontece sobretudo com as missas rituais e as missas "para as diversas circunstâncias", nas quais a tradição e a inovação harmoniosamente se associam. Por isso, enquanto muitos textos hauridos na mais antiga tradição da Igreja e divulgados pelas diversas

---

[17] Ibidem, n. 52.
[18] Ibidem, n. 35,3.
[19] Ibidem, n. 55.
[20] CONC. ECUM. TRIDENTINO Sessão XXII, Doutrina sobre o santo sacrifício da missa, cap. 6: DS 1747.
[21] Cf. CONCÍLIO ECUMÊNICO VATICANO II. Const. sobre a sagrada liturgia, *Sacrosanctum concilium*, n. 55.

edições do Missal Romano permanecem inteiramente intactos, outros foram adaptados às aspirações e às condições hodiernas. Outros, finalmente, como as orações pela Igreja, pelos leigos, pela santificação do trabalho humano, pela comunidade de todos os povos e por algumas necessidades do nosso tempo, foram integralmente compostos a partir de pensamentos, e, muitas vezes, das próprias palavras dos documentos conciliares.

Igualmente, devido à consciência da nova situação do mundo de hoje, não se julgou comprometer o venerável tesouro da tradição, modificando-se algumas expressões de textos antiqüíssimos, para que melhor se adaptassem à atual linguagem teológica e correspondessem melhor à atual disciplina eclesiástica. Assim, foram mudadas algumas expressões referentes à estima e ao uso dos bens terrenos, como também algumas fórmulas que acentuavam certas modalidades de penitência externa, mais apropriadas a outros tempos da Igreja.

Deste modo, as normas litúrgicas do Concílio Tridentino foram em muitos pontos completadas e aperfeiçoadas pelas normas do Vaticano II, que levou a bom termo os esforços que visavam aproximar os fiéis da sagrada liturgia, empreendidos nos quatro últimos séculos, principalmente nos últimos tempos, graças, sobretudo, à estima pelos estudos litúrgicos, promovidos por S. Pio X e seus sucessores.

IMPORTÂNCIA E DIGNIDADE DA CELEBRAÇÃO EUCARÍSTICA

16. A celebração da missa, como ação de Cristo e do povo de Deus hierarquicamente ordenado, é o centro de toda a vida cristã, tanto para a Igreja universal como local e também para cada um dos fiéis.[22] Pois nela se encontra tanto o ápice da ação pela qual Deus santifica o mundo em Cristo, como o do culto que os homens oferecem ao Pai, adorando-o pelo Cristo, Filho de Deus.[23] Além disso, nela são de tal modo relembrados, no decorrer do ano, os mistérios da redenção, que eles se tornam de certo modo presentes.[24] As demais ações sagradas e todas as atividades da vida cristã a ela estão ligadas, dela decorrendo ou a ela sendo ordenadas.[25]

---

[22] Cf. Concílio Ecumênico Vaticano II. Const. sobre a sagrada liturgia *Sacrosanctum concilium*, n. 11; Decr. sobre o ministério e a vida dos presbíteros *Presbyterorum ordinis*, nn. 2, 5, 6; Decr. sobre o múnus pastoral dos bispos *Christus dominus*, n. 30; Decr. sobre o ecumenismo *Unitatis redintegratio*, n. 15; S. Congr. dos Ritos. *Eucharisticum mysterium*, nn. 3e, 6, 25 de maio de 1967: AAS 59 (1967), pp. 542, 544-545.

[23] Cf. Concílio Ecumênico Vaticano II. Const. sobre a sagrada liturgia *Sacrosanctum concilium*, n. 10

[24] Cf. ibidem, n. 102.

[25] Cf. Concílio Ecumênico Vaticano II. Const. sobre a sagrada liturgia *Sacrosanctum concilium*, n. 10; Decr. sobre o ministério e a vida dos presbíteros *Presbyterorum ordinis*, n. 5.

Princípios da reforma da celebração eucarística e as introduções rituais

17. É, por isso, de máxima conveniência dispor a celebração da missa ou ceia do Senhor de tal forma que os ministros sagrados e os fiéis, participando cada um conforme sua condição, recebam mais plenamente aqueles frutos[26] que o Cristo Senhor quis prodigalizar ao instituir o sacrifício eucarístico de seu corpo e sangue, confiando-o à sua dileta esposa, a Igreja, como memorial de sua paixão e ressurreição.[27]

18. Isto se conseguirá de modo adequado se, levando em conta a natureza e as circunstâncias de cada assembléia litúrgica, toda a celebração for disposta de tal modo que leve os fiéis à participação consciente, ativa e plena do corpo e do espírito, animada pelo fervor da fé, da esperança e da caridade. Esta é a participação ardentemente desejada pela Igreja e exigida pela própria natureza da celebração; ela constitui um direito e um dever do povo cristão em virtude do seu batismo.[28]

19. Embora às vezes não se possa contar com a presença dos fiéis e sua participação ativa, que manifestam mais claramente a natureza eclesial da celebração,[29] a celebração eucarística conserva sempre sua eficácia e dignidade, uma vez que é ação de Cristo e da Igreja, na qual o sacerdote cumpre seu múnus principal e age sempre pela salvação do povo.

Por isso, recomenda-se que ele, na medida do possível, celebre mesmo diariamente o sacrifício eucarístico.[30]

20. Realizando-se a celebração da eucaristia, como também toda a liturgia, por meio de sinais sensíveis que alimentam, fortalecem e exprimem a fé,[31] deve-se escolher e dispor com o maior cuidado as formas e elementos propostos pela Igreja que, em vista das circunstâncias de pessoas e lugares, promovam mais intensamente a participação ativa e plena dos fiéis, e que melhor respondam às suas necessidades espirituais.

21. A presente Instrução, portanto, visa apresentar as linhas gerais segundo as quais se deve ordenar a celebração da eucaristia, bem como expor as regras para cada forma particular de celebração.[32]

---

[26]   Cf. Concílio Ecumênico Vaticano II. Const. sobre a sagrada liturgia *Sacrosanctum concilium*, nn. 14, 19, 26, 28, 30.

[27]   Cf. ibidem, n. 47.

[28]   Cf. ibidem, n. 14.

[29]   Cf. ibidem, n. 41.

[30]   Cf. Concílio Ecumênico Vaticano II. Decr. sobre o ministério e a vida dos presbíteros *Presbyterorum ordinis*, n. 13; CIC, cân. 904.

[31]   Cf. Concílio Ecumênico Vaticano II. Const. sobre a sagrada liturgia *Sacrosanctum concilium*, n. 59.

[32]   Quanto às celebrações peculiares da missa, observe-se o que está prescrito: Cf. para as missas com grupos particulares: S. Congr. para o Culto Divino. Instr. *Actio pastoralis*, 15 de maio de 1969: AAS 61 (1969), pp. 806-811; para a missa com crianças: *Directorium de Missis cum pueris*, de 1º de novembro de 1973: AAS 66 (1974), pp. 30-46; sobre o modo de unir as horas do ofício com a missa: *Instrução geral sobre a liturgia das*

INSTRUÇÃO GERAL SOBRE O MISSAL ROMANO

22. De máxima importância é a celebração da eucaristia na igreja particular. O bispo diocesano, o principal dispenseiro dos mistérios de Deus na igreja particular a ele confiada, é o moderador, o promotor e guarda de toda a vida litúrgica.[33] Nas celebrações que se realizam sob a sua presidência, sobretudo na celebração eucarística realizada por ele, com a participação do presbitério, dos diáconos e do povo, manifesta-se o mistério da Igreja. Por isso, tais celebrações da missa devem ser tidas como modelares para toda a diocese. É, pois, seu dever esforçar-se para que os presbíteros, os diáconos e os fiéis cristãos leigos compreendam sempre mais profundamente o sentido autêntico dos ritos e dos textos litúrgicos e assim sejam levados a uma celebração ativa e frutuosa da eucaristia. Com a mesma finalidade cuide que cresça sempre a dignidade das próprias celebrações, para cuja promoção muito contribui a beleza do espaço sagrado, da música e da arte.

23. Além disso, para que a celebração atenda mais plenamente às normas e ao espírito da sagrada liturgia e aumente sua eficácia pastoral, apresentam-se nesta Instrução Geral e no ordinário da missa alguns ajustes e adaptações.

24. Estas adaptações, na maioria, consistem na escolha de alguns ritos ou textos, ou seja, de cantos, leituras, orações, monições e gestos mais correspondentes às necessidades, à preparação e à índole dos participantes, atribuídas ao sacerdote celebrante. Contudo, o sacerdote deve estar lembrado de que ele é servidor da sagrada liturgia e de que não lhe é permitido, por própria conta, acrescentar, tirar ou mesmo mudar qualquer coisa na celebração da missa.[34]

25. Além disso, no missal são indicadas, no devido lugar, certas adaptações que, conforme a Constituição sobre a sagrada liturgia, competem, respectivamente, ao bispo diocesano ou à Conferência dos Bispos[35] (cf. infra, nn. 387, 388-393).

26. No que se refere, porém, às diversidades e adaptações mais profundas, que atendam às tradições e à índole dos povos e regiões, a serem por utilidade ou necessidade introduzidas à luz do art. 40 da Constituição sobre a sagrada liturgia, observe-se o que se expõe na Instrução *De liturgia Romana et inculturatione*"[36] que vem exposto (nn. 395-399) mais adiante.

---

horas, nn. 93-98; sobre o modo como unir certas bênçãos e a coroação da imagem da Bem-aventurada Virgem Maria com a missa: Ritual romano, *De Benedictionibus*, Introdução Geral, n. 28; *Ordo coronandi imaginem beatae Mariae Virginis*, nn. 10, 14.

[33]   Cf. CONCÍLIO ECUMÊNICO VATICANO II. Decreto sobre o múnus pastoral dos bispos na Igreja *Christus dominus*, n. 15; cf. também Const. sobre a sagrada liturgia *Sacrosanctum concilium*, n. 41.

[34]   Cf. CONCÍLIO ECUMÊNICO VATICANO II. Const. sobre a sagrada liturgia *Sacrosanctum concilium*, n. 22.

[35]   Cf. tb. CONCÍLIO ECUMÊNICO VATICANO II. Const. sobre a sagrada liturgia *Sacrosanctum concilium*, nn. 38, 40; PAULO VI. Const. apost. *Missale romanum*, acima.

[36]   CONGR. PARA O CULTO DIVINO E A DISCIPLINA DOS SACRAMENTOS. Instr. *Varietates legitimae*, 25 de janeiro de 1994: AAS 87 (1995), pp. 288-314.

ESTRUTURA, ELEMENTOS E PARTES DA MISSA

I. Estrutura geral da missa

27. Na missa ou ceia do Senhor, o povo de Deus é convocado e reunido, sob a presidência do sacerdote que representa a pessoa de Cristo, para celebrar a memória do Senhor ou sacrifício eucarístico.[37] Por isso, a esta reunião local da santa Igreja aplica-se, de modo eminente, a promessa de Cristo: "Onde dois ou três estão reunidos no meu nome, eu estou no meio deles" (Mt 18,20). Pois na celebração da missa, em que se perpetua o sacrifício da cruz,[38] Cristo está realmente presente tanto na assembléia reunida em seu nome como na pessoa do ministro, na sua palavra e, também, de modo substancial e permanente, sob as espécies eucarísticas.[39]

28. A missa consta, por assim dizer, de duas partes, a saber, a liturgia da Palavra e a liturgia eucarística, tão intimamente unidas entre si que constituem um só ato de culto.[40] De fato, na missa se prepara tanto a mesa da Palavra de Deus como a do corpo de Cristo, para ensinar e alimentar os fiéis.[41] Há também alguns ritos que abrem e encerram a celebração.

II. Os diversos elementos da missa

Leitura e explanação da Palavra de Deus

29. Quando se lêem as Sagradas Escrituras na Igreja, o próprio Deus fala a seu povo, e Cristo, presente em sua palavra, anuncia o Evangelho.

Por isso todos devem escutar com veneração as leituras da Palavra de Deus, elemento de máxima importância da liturgia. Embora a palavra divina contida nas leituras da Sagrada Escritura se dirija a todos os homens de

---

[37] Cf. Concílio Ecumênico Vaticano II. Decr. sobre o ministério e a vida dos presbíteros *Presbyterorum ordinis*, n. 5; Const. sobre a sagrada liturgia *Sacrosanctum concilium*, n. 33.

[38] Cf. Conc. Ecum. Tridentino. Doutrina sobre o santo sacrifício da missa, cap. 1: DS 1740; cf. Paulo VI. *Solene profissão de fé*, n. 24, 30 de junho de 1968: AAS 60 (1968), p. 442.

[39] Cf. Concílio Ecumênico Vaticano II. Const. sobre a sagrada liturgia *Sacrosanctum concilium*, n. 7; Paulo VI. Enc. *Mysterium fidei*, 3 de setembro de 1965: AAS 57 (1965), p. 764.

[40] Cf. Concílio Ecumênico Vaticano II. Const. sobre a sagrada liturgia *Sacrosanctum concilium*, n. 56.

[41] Cf. Concílio Ecumênico Vaticano II. Const. sobre a sagrada liturgia *Sacrosanctum concilium*, nn. 48, 51; Const. dogm. sobre a revelação divina *Dei verbum*, n. 21; Decr. sobre o ministério e a vida dos presbíteros *Presbyterorum ordinis*, n. 4.

INSTRUÇÃO GERAL SOBRE O MISSAL ROMANO

qualquer época, e seja entendida por eles, a sua mais plena compreensão e eficácia é aumentada pela exposição viva, isto é, a homilia, que é parte da ação litúrgica.[42]

Orações e outras partes próprias do sacerdote

30. Entre as partes que competem ao sacerdote, ocupa o primeiro lugar a oração eucarística, cume de toda a celebração. A seguir vêm as orações, isto é, oração do dia (coleta), a oração sobre as oferendas e a oração depois da comunhão. O sacerdote, presidindo a comunidade como representante de Cristo, dirige a Deus estas orações em nome de todo o povo santo e de todos os circunstantes.[43] É com razão, portanto, que são chamadas "orações presidenciais".

31. Da mesma forma, cabe ao sacerdote, no desempenho da função de presidente da assembléia, proferir certas admoestações previstas no próprio rito. Quando estiver estabelecido pelas rubricas, o celebrante pode adaptá-las um pouco para que atendem à compreensão dos participantes; cuide, contudo, o sacerdote de manter sempre o sentido da exortação proposta no missal e a expresse em poucas palavras. Cabe ao sacerdote presidente também moderar a proclamação da palavra Deus e dar a bênção final. Pode, além disso, com brevíssimas palavras, introduzir os fiéis na missa do dia, após a saudação inicial e antes do ato penitencial, na liturgia da Palavra, antes das leituras; na oração eucarística, antes do prefácio, nunca, porém, dentro da própria oração; pode ainda encerrar toda a ação sagrada antes da despedida.

32. A natureza das partes "presidenciais" exige que sejam proferidas em voz alta e distinta e por todos atentamente escutadas.[44] Por isso, enquanto o sacerdote as profere, não haja outras orações nem cantos, e calem-se o órgão e qualquer outro instrumento.

33. Na verdade, o sacerdote, como presidente, reza em nome da Igreja e de toda a comunidade reunida e, por vezes, também somente em seu nome para cumprir o seu ministério com atenção e piedade. Estas orações, propostas antes da proclamação do Evangelho, na preparação das oferendas e antes e depois da comunhão do sacerdote, são rezadas em silêncio.

---

[42] Cf. Concílio Ecumênico Vaticano II. Const. sobre a sagrada liturgia *Sacrosanctum concilium*, nn. 7, 33, 52.

[43] Cf. ibidem, n. 33.

[44] Cf. S. Congr. dos Ritos. Instr. *Musicam sacram*, n. 14, 5 de março de 1967: AAS 59 (1967), p. 304.

Outras fórmulas que ocorrem na celebração

34. Sendo a celebração da missa, por sua natureza, de índole "comunitária",[45] assumem grande importância os diálogos entre o sacerdote e os fiéis reunidos, bem como as aclamações,[46] pois não constituem apenas sinais externos da celebração comum, mas promovem e realizam a comunhão entre o sacerdote e o povo.

35. As aclamações e respostas dos fiéis às orações e saudações do sacerdote constituem o grau de participação ativa que os fiéis congregados, em qualquer forma de missa, devem realizar, para que se promova e exprima claramente a ação de toda a comunidade.[47]

36. Outras partes, muito úteis para manifestar e fomentar a participação ativa dos fiéis e que competem a toda a assembléia convocada, são principalmente o ato penitencial, a profissão de fé, a oração universal e a oração do Senhor.

37. Por fim, entre as outras fórmulas:

a) algumas constituem um rito ou ato independente, como o hino do *Glória*, o salmo responsorial, o *Aleluia* e o versículo antes do Evangelho, o *Sanctus*, a aclamação da anamnese e o canto depois da comunhão;

b) algumas, porém, acompanham um rito, tais como o canto da entrada, das oferendas, da fração (*Agnus Dei*) e da comunhão.

Maneiras de proferir os diversos textos

38. Nos textos que o sacerdote, o diácono, o leitor ou toda a assembléia devem proferir em voz alta e distinta, a voz corresponda ao gênero do próprio texto, conforme se trate de leitura, oração, exortação, aclamação ou canto; como também à forma de celebração e à solenidade da assembléia. Além disso, levem-se em conta a índole das diversas línguas e o gênio dos povos.

Nas rubricas, portanto, e nas normas que se seguem, as palavras "dizer" ou "proferir" devem aplicar-se tanto ao canto como à recitação, observados os princípios acima propostos.

---

[45] Cf. Concílio Ecumênico Vaticano II. Const. sobre a sagrada liturgia *Sacrosanctum concilium*, nn. 26-27; S. Congr. dos Ritos. Instr. *Eucharisticum mysterium*, n. 3d, 25 de maio de 1967: AAS 59 (1967), p. 542.

[46] Cf. Concílio Ecumênico Vaticano II. Const. sobre a sagrada liturgia *Sacrosanctum concilium*, n. 30.

[47] Cf. S. Congr. dos Ritos. Instr. *Musicam socram*, 5 de março de 1967, n. 16a: AAS 59 (1967), p. 305.

INSTRUÇÃO GERAL SOBRE O MISSAL ROMANO

Importância do canto

39. O apóstolo aconselha os fiéis, que se reúnem em assembléia para aguardar a vinda do Senhor, a cantarem juntos salmos, hinos e cânticos espirituais (cf. Cl 3,16), pois o canto constitui um sinal de alegria do coração (cf. At 2,46). Por isso, dizia com razão santo Agostinho: "Cantar é próprio de quem ama",[48] e há um provérbio antigo que afirma: "Quem canta bem, reza duas vezes".

40. Portanto, dê-se grande valor ao uso do canto na celebração da missa, tendo em vista a índole dos povos e as possibilidades de cada assembléia litúrgica. Ainda que não seja necessário cantar sempre todos os textos de per si destinados ao canto, por exemplo nas missas dos dias de semana, deve-se zelar para que não falte o canto dos ministros e do povo nas celebrações dos domingos e festas de preceito.

Na escolha das partes que de fato são cantadas, deve-se dar preferência às mais importantes e, sobretudo, àquelas que o sacerdote, o diácono, o leitor cantam com respostas do povo; ou, então, àquelas que o sacerdote e o povo devem proferir simultaneamente.[49]

41. Em igualdade de condições, o canto gregoriano ocupa o primeiro lugar, como próprio da liturgia romana. Outros gêneros de música sacra, especialmente a polifonia, não são absolutamente excluídos, contanto que se harmonizem com o espírito da ação litúrgica e favoreçam a participação de todos os fiéis.[50]

Uma vez que se realizam sempre mais freqüentemente reuniões internacionais de fiéis, convém que aprendam a cantarem juntos em latim ao menos algumas partes do ordinário da missa, principalmente o símbolo da fé e a oração do Senhor, empregando-se melodias mais simples.[51]

Gestos e posições do corpo

42. Os gestos e posições do corpo, tanto do sacerdote, do diácono e dos ministros como do povo, devem contribuir para que toda a celebração res-

---

[48] STO. AGOSTINHO DE HIPONA. *Sermo 336*, 1: PL 38, 1472.

[49] Cf. S. CONGR. DOS RITOS. Instr. *Musicam sacram*, nn. 7, 16, 5 de março de 1967: AAS 59 (1967), pp. 302 e 305.

[50] Cf. CONCÍLIO ECUMÊNICO VATICANO II. Const. sobre a sagrada liturgia *Sacrosanctum concilium*, n. 116; cf. também ibidem, n. 30.

[51] Cf. CONCÍLIO ECUMÊNICO VATICANO II. Const. sobre a sagrada liturgia *Sacrosanctum concilium*, n. 54; S. CONGR. DOS RITOS. Instr. *Inter oecumenici*, n. 59, 26 de setembro de 1964: AAS 56 (1965), p. 891; Instr. *Musicam sacram*, n. 47, 5 de março de 1967: AAS 59 (1967), p. 314.

plandeça pelo decoro e nobre simplicidade, se compreenda a verdadeira e plena significação de suas diversas partes e se favoreça a participação de todos.[52] Deve-se, pois, atender às diretrizes desta Instrução geral e da prática tradicional do rito romano e a tudo que possa contribuir para o bem comum espiritual do povo de Deus, de preferência ao próprio gosto ou arbítrio.

A posição comum do corpo, que todos os participantes devem observar, é sinal da unidade dos membros da comunidade cristã, reunidos para a sagrada liturgia, pois exprime e estimula os pensamentos e os sentimentos dos participantes.

43. Os fiéis permaneçam de pé, do início do canto da entrada, ou enquanto o sacerdote se aproxima do altar, até a oração do dia inclusive; ao canto da *Aleluia* antes do Evangelho; durante a proclamação do Evangelho; durante a profissão de fé e a oração universal; e do convite *Orai, irmãos* antes da oração sobre as oferendas até o fim da missa, exceto nas partes citadas em seguida.

Sentem-se durante as leituras antes do Evangelho e durante o salmo responsorial; durante a homilia e durante a preparação das oferendas; e, se for conveniente, enquanto se observa o silêncio sagrado após a comunhão.

Ajoelhem-se, porém, durante a consagração, a não ser que por motivo de saúde ou falta de espaço ou o grande número de presentes ou outras causas razoáveis não o permitam. Contudo, aqueles que não se ajoelham na consagração, façam inclinação profunda enquanto o sacerdote faz genuflexão após a consagração.

Compete, porém, à Conferência dos Bispos adaptar, segundo as normas do direito, à índole e às legítimas tradições dos povos, os gestos e posições do corpo descritos no Ordinário da missa.[53] Cuide-se, contudo, que correspondam ao sentido e à índole de cada parte da celebração. Onde for costume o povo permanecer de joelhos do fim da aclamação do *Santo* até ao final da oração eucarística e antes da comunhão quando o sacerdote diz: *Eis o Cordeiro de Deus*, é louvável que ele seja mantido.

Para se obter a uniformidade nos gestos e posições do corpo em uma mesma celebração, obedeçam os fiéis aos avisos dados pelo diácono, por um ministro leigo ou pelo sacerdote, de acordo com o que vem estabelecido no missal.

44. Entre os gestos incluem-se também as ações e as procissões realizadas pelo sacerdote com o diácono e os ministros ao se aproximarem do altar; pelo diácono antes da proclamação do Evangelho ou ao levar o Livro dos evangelhos ao ambão; dos fiéis, ao levarem os dons e enquanto se aproximam da co-

---

[52] Cf. Concílio Ecumênico Vaticano II. Const. sobre a sagrada liturgia *Sacrosanctum concilium*, n. 30; cf. tb. ibidem, n. 21.
[53] Cf. ibidem, 40; Congr. para o Culto Divino e a Disciplina dos Sacramentos. Instr. *Varietates legitimae*, n. 41, 25 de janeiro de 1994: AAS 87 (1995), p. 304.

INSTRUÇÃO GERAL SOBRE O MISSAL ROMANO

munhão. Convém que tais ações e procissões sejam realizadas com dignidade, enquanto se executam cantos apropriados, segundo as normas estabelecidas para cada uma.

O silêncio

45. Oportunamente, como parte da celebração, deve-se observar o silêncio sagrado.[54] A sua natureza depende do momento em que ocorre em cada celebração. Assim, no ato penitencial e após o convite à oração, cada fiel se recolhe; após uma leitura ou a homilia, meditam brevemente o que ouviram. Após a comunhão, enfim, louvam e rezam a Deus no íntimo do coração.

Convém que já antes da própria celebração se conserve o silêncio na igreja, na sacristia, na secretaria e mesmo nos lugares mais próximos, para que todos se disponham devota e devidamente a realizarem os sagrados mistérios.

III. As partes da missa

A) Ritos iniciais

46. Os ritos que precedem a liturgia da Palavra, isto é, entrada, saudação, ato penitencial, *Kryre*, *Glória* e oração do dia, têm o caráter de exórdio, introdução e preparação.

Sua finalidade é fazer com que os fiéis, reunindo-se em assembléia, constituam uma comunhão e se disponham a ouvir atentamente a Palavra de Deus e celebrar dignamente a eucaristia.

Em certas celebrações que, de acordo com as normas dos livros litúrgicos, se ligam com a missa, omitem-se os ritos iniciais ou são realizados de um modo próprio.

Entrada

47. Reunido o povo, enquanto o sacerdote entra com o diácono e os ministros, começa o canto da entrada. A finalidade desse canto é abrir a celebração, promover a união da assembléia, introduzir no mistério do tempo litúrgico ou da festa, e acompanhar a procissão do sacerdote e dos ministros.

---

[54] Cf. Concílio Ecumênico Vaticano II. Const. sobre a sagrada liturgia *Sacrosanctum concilium*, n. 30; S. Congr. dos Ritos. Instr. *Musicam sacram*, n. 17, 5 de março de 1967: AAS 59 (1967), p. 305.

48. O canto é executado alternadamente pelo grupo de cantores e pelo povo, ou pelo cantor e pelo povo, ou só pelo grupo de cantores. Pode-se usar a antífona com seu salmo, do Gradual romano ou do Gradual simples, ou então outro canto condizente com a ação sagrada[55] e com a índole do dia ou do tempo, cujo texto tenha sido aprovado pela Conferência dos Bispos.

Não havendo canto à entrada, a antífona proposta no missal é recitada pelos fiéis, ou por alguns deles, ou pelo leitor; ou, então, pelo próprio sacerdote, que também pode adaptá-la a modo de exortação inicial (cf. n. 31).

Saudação ao altar e ao povo reunido

49. Chegando ao presbitério, o sacerdote, o diácono e os ministros saúdam o altar com uma inclinação profunda.

Em seguida, em sinal de veneração, o sacerdote e o diácono beijam o altar; e o sacerdote, se for oportuno, incensa a cruz e o altar.

50. Executado o canto da entrada, o sacerdote, de pé junto à cadeira, junto com toda a assembléia faz o sinal-da-cruz; a seguir, pela saudação, expressa à comunidade reunida a presença do Senhor. Esta saudação e a resposta do povo exprimem o mistério da Igreja reunida.

Feita a saudação do povo, o sacerdote, o diácono ou um ministro leigo, pode, com brevíssimas palavras, introduzir os fiéis na missa do dia.

Ato penitencial

51. Em seguida, o sacerdote convida para o ato penitencial, que, após breve pausa de silêncio, é realizado por toda a assembléia através de uma fórmula de confissão gera e concluído pela absolvição do sacerdote, absolvição que, contudo, não possui a eficácia do sacramento da penitência.

Aos domingos, particularmente, no Tempo pascal, em lugar do ato penitencial de costume, pode-se fazer, por vezes, a bênção e aspersão da água em recordação do batismo.[56]

Senhor, tende piedade

52. Depois do ato penitencial inicia-se sempre o *Senhor, tende piedade*, a não ser que já tenha sido rezado no próprio ato penitencial. Tratando-se de um canto em que os fiéis aclamam o Senhor e imploram a sua misericórdia, é

---

[55] Cf. João Paulo II. Carta apostólica *Dies domini*, n. 50, 31 de maio de 1998: AAS 90 (1998), p. 745.
[56] Cf. Missal Romano. 3. ed. típica latina, pp. 1249-1652.

executado normalmente por todos, tomando parte nele o povo e o grupo de cantores ou o cantor.

Via de regra, cada aclamação é repetida duas vezes, não se excluindo, porém, um número maior de repetições por causa da índole das diversas línguas, da música ou das circunstâncias. Quando o *Senhor* é cantado como parte do ato penitencial, antepõe-se a cada aclamação uma "inovação" ("tropo").

Glória a Deus nas alturas

53. O *Glória* é um hino antiqüíssimo e venerável, pelo qual a Igreja, congregada no Espírito Santo, glorifica e suplica a Deus Pai e ao Cordeiro. O texto deste hino não pode ser substituído por outro. Entoado pelo sacerdote ou, se for o caso, pelo cantor ou o grupo de cantores, é cantado por toda a assembléia, ou pelo povo que o alterna com o grupo de cantores ou pelo próprio grupo de cantores. Se não for cantado, deve ser recitado por todos juntos ou por dois coros dialogando entre si.

É cantado ou recitado aos domingos, exceto no tempo do Advento e da Quaresma, nas solenidades e festas e ainda em celebrações especiais mais solenes.

Oração do dia (coleta)

54. A seguir, o sacerdote convida o povo a rezar; todos se conservam em silêncio com o sacerdote por alguns instantes, tomando consciência de que estão na presença de Deus e formulando interiormente os seus pedidos. Depois o sacerdote diz a oração que se costuma chamar "coleta", pela qual se exprime a índole da celebração. Conforme antiga tradição da Igreja, a oração costuma ser dirigida a Deus Pai, por Cristo, no Espírito Santo[57] e por uma conclusão trinitária, isto é, com uma conclusão mais longa, do seguinte modo:

- quando se dirige ao Pai: *Por nosso Senhor Jesus Cristo, vosso Filho, na unidade do Espírito Santo;*
- quando se dirige ao Pai, mas no fim menciona o Filho: *Que convosco vive e reina, na unidade do Espírito Santo;*
- quando se dirige ao Filho: *Vós, que sois Deus com o Pai, na unidade do Espírito Santo.*

O povo, unindo-se à súplica, faz sua oração pela aclamação *Amém*.

Na missa sempre se diz uma única oração do dia.

---

[57] Cf. Tertuliano. *Adversus Marcionem*, IV, 9: CCSL 1, p. 560; Orígenes. *Disputatio cum Heracleida*, nn. 4, 24: SCh 67, p. 62; *Statuta Concilii Hipponensis Breviata*, 21: CCSL 149, p. 39.

B) Liturgia da palavra

55. A parte principal da liturgia da Palavra é constituída pelas leituras da Sagrada Escritura e pelos cantos que ocorrem entre elas, sendo desenvolvida e concluída pela homilia, a profissão de fé e a oração universal ou dos fiéis. Pois nas leituras explanadas pela homilia Deus fala ao seu povo,[58] revela o mistério da redenção e da salvação, e oferece alimento espiritual; e o próprio Cristo, por sua palavra, se acha presente no meio dos fiéis.[59] Pelo silêncio e pelos cantos o povo se apropria dessa Palavra de Deus e a ela adere pela profissão de fé; alimentado por essa palavra, reza na oração universal pelas necessidades de toda a Igreja e pela salvação do mundo inteiro.

O silêncio

56. A liturgia da Palavra deve ser celebrada de tal modo que favoreça a meditação; por isso deve ser de todo evitada qualquer pressa que impeça o recolhimento. Integram-na também breves momentos de silêncio, de acordo com a assembléia reunida, pelos quais, sob a ação do Espírito Santo, se acolhe no coração a Palavra de Deus e se prepara a resposta pela oração. Convém que tais momentos de silêncio sejam observados, por exemplo, antes de se iniciar a própria liturgia da Palavra, após a primeira e a segunda leitura, como também após o término da homilia.[60]

Leituras bíblicas

57. Mediante as leituras é preparada para os fiéis a mesa da Palavra de Deus e abrem-se para eles os tesouros da Bíblia.[61] Por isso, é melhor conservar a disposição das leituras bíblicas pela qual se manifesta a unidade dos dois Testamentos e da história da salvação; nem é permitido trocar as leituras e o salmo responsorial, constituídos da Palavra de Deus, por outros textos não bíblicos.[62]

58. Na celebração da missa com povo, as leituras são sempre proferidas do ambão.

59. Por tradição, o ofício de proferir as leituras não é função presidencial, mas ministerial. As leituras sejam, pois, proclamadas pelo leitor, o Evangelho seja anunciado pelo diácono ou, na sua ausência, por outro sacerdote. Na

---

[58] Cf. Concílio Ecumênico Vaticano II. Const. sobre a sagrada liturgia *Sacrosanctum concilium*, n. 33.

[59] Cf. ibidem, n. 7.

[60] Cf. Missale Romanum. *Ordo lectionum missae*, ed. típica, 1981, n. 28.

[61] Cf. Concílio Ecumênico Vaticano II. Const. sobre a sagrada liturgia *Sacrosanctum concilium*, n. 51.

[62] Cf. João Paulo II. Carta apostólica *Vicesimus quintus annus*, n. 13, 4 de dezembro de 1988: AAS 81 (1989), p. 910.

INSTRUÇÃO GERAL SOBRE O MISSAL ROMANO

falta, porém, do diácono ou de outro sacerdote, o próprio sacerdote celebrante leia o Evangelho; igualmente, na falta de outro leitor idôneo, o sacerdote celebrante proferirá também as demais leituras.

Depois de cada leitura, quem a leu profere a aclamação; por sua resposta, o povo reunido presta honra à Palavra de Deus, acolhida com fé e de ânimo agradecido.

60. A leitura do Evangelho constitui o ponto alto da liturgia da Palavra. A própria liturgia ensina que se lhe deve manifestar a maior veneração, uma vez que a cerca mais do que as outras, de honra especial, tanto por parte do ministro delegado para anunciá-la, que se prepara pela bênção ou oração; como por parte dos fiéis, que pelas aclamações reconhecem e professam que o Cristo está presente e lhes fala, e que ouvem de pé a leitura; ou ainda pelos sinais de veneração prestados ao Evangeliário.

Salmo responsorial

61. À primeira leitura segue-se o salmo responsorial, que é parte integrante da liturgia da Palavra, oferecendo uma grande importância litúrgica e pastoral, por favorecer a meditação da Palavra de Deus.

O salmo responsorial deve responder a cada leitura e normalmente será tomado do Lecionário.

De preferência, o salmo responsorial será cantado, ao menos no que se refere ao refrão do povo. Assim, o salmista ou cantor do salmo, do ambão ou outro lugar adequado profere os versículos do salmo, enquanto toda a assembléia escuta sentada, geralmente participando pelo refrão, a não ser que o salmo seja proferido de modo contínuo, isto é, sem refrão. Mas, para que o povo possa mais facilmente recitar o refrão salmódico, foram escolhidos alguns textos de refrões e de salmos para os diversos tempos do ano e as várias categorias de santos, que poderão ser empregados em lugar do texto correspondente à leitura, sempre que o salmo for cantado. Se o salmo não puder ser cantado, seja recitado do modo mais apto para favorecer a meditação da Palavra de Deus.

Em lugar do salmo proposto no Lecionário pode-se cantar também um responsório gradual do Gradual romano ou um salmo responsorial ou aleluiático do Gradual simples, como se encontram nesses livros.

Aclamação antes da proclamação do Evangelho

62. Após a leitura que antecede imediatamente o Evangelho, canta-se o *Aleluia* ou outro canto estabelecido pelas rubricas, conforme exigir o tempo litúrgico. Tal aclamação constitui um rito ou ação por si mesma, através do qual a assembléia dos fiéis acolhe o Senhor que lhe vai falar no Evangelho, saúda-o

235

e professa sua fé pelo canto. É cantado por todos, de pé, primeiramente pelo grupo de cantores ou cantor, sendo repetido, se for o caso; o versículo, porém, é cantado pelo grupo de cantores ou cantor.

a) O *Aleluia* é cantado em todo o tempo, exceto na Quaresma. O Versículo é tomado do Lecionário ou do Gradual.

b) No tempo da Quaresma, no lugar do *Aleluia*, canta-se o versículo antes do Evangelho proposto no Lecionário. Pode-se cantar também um segundo salmo ou trato, como se encontra no Gradual.

63. Havendo apenas uma leitura antes do Evangelho:

a) no tempo em que se diz o *Aleluia*, pode haver um salmo aleluiático, ou um salmo e o *Aleluia* com seu versículo;

b) no tempo em que não se diz o *Aleluia*, pode haver um salmo e o versículo antes do Evangelho ou somente o salmo;

c) o *Aleluia* ou o versículo antes do Evangelho podem ser omitidos quando não são cantados.

64. A seqüência que, exceto nos dias da Páscoa e de Pentecostes, é facultativa, é cantada antes do *Aleluia*.

Homilia

65. A homilia é uma parte da liturgia e vivamente recomendada,[63] sendo indispensável para nutrir a vida cristã. Convém que seja uma explicação de algum aspecto das leituras da Sagrada Escritura ou de outro texto do ordinário ou do Próprio da missa do dia, levando em conta tanto o mistério celebrado como as necessidades particulares dos ouvintes.[64]

66. A homilia, via de regra, é proferida pelo próprio sacerdote celebrante ou é por ele delegada a um sacerdote concelebrante ou, ocasionalmente, a um diácono, nunca, porém, a um leigo.[65] Em casos especiais e por motivo razoável, a homilia também pode ser feita pelo bispo ou presbítero que participa da celebração sem que possa concelebrar.

Aos domingos e festas de preceito haja homilia, não podendo ser omitida a não ser por motivo grave, em todas as missas celebradas com participação do povo; também é recomendada nos outros dias, sobretudo nos dias de se-

---

[63] Cf. Concílio Ecumênico Vaticano II. Const. sobre a sagrada liturgia *Sacrosanctum concilium*, n. 52; cf. CIC, cân. 767, § 1.

[64] Cf. S. Congr. dos Ritos. Instr. *Inter Oecumenici*, n. 54, 26 de setembro de 1964: AAS 56 (1964), p. 890.

[65] Cf. CIC, cân. 767, § 1; Pont. Comis. para a Interpretação Autêntica do Direito Canônico. *Resposta à dúvida acerca do cân. 767 § 1*: AAS 79 (1987), p. 1249; Instr. interdicasterialis de quibusdam quaestionibus circa fidelim laicorum cooperationem sacerdotum ministerium spectantem, *Ecclesiae de mysterio*, 15 de agosto de 1997, art. 3: AAS 89 (1997), p. 864.

mana do Advento, Quaresma e Tempo pascal, como ainda em outras festas e ocasiões em que o povo acorre à igreja em maior número.[66]

Após a homilia convém observar um breve tempo de silêncio.

Profissão de fé

67. O símbolo ou profissão de fé tem por objetivo levar todo o povo reunido a responder à Palavra de Deus anunciada da Sagrada Escritura e explicada pela homilia, bem como, proclamando a regra da fé através de fórmula aprovada para o uso litúrgico, recordar e professar os grandes mistérios da fé, antes de iniciar sua celebração na eucaristia.

68. O símbolo deve ser cantado ou recitado pelo sacerdote com o povo aos domingos e solenidades; pode-se também dizer em celebrações especiais de caráter mais solene.

Quando cantado, é entoado pelo sacerdote ou, se for oportuno, pelo cantor ou pelo grupo de cantores; é cantado por todo o povo junto, ou pelo povo alternando com o grupo de cantores.

Se não for cantado, será recitado por todos juntos, ou por dois coros alternando entre si.

Oração universal

69. Na oração universal ou oração dos fiéis, o povo responde de certo modo à Palavra de Deus acolhida na fé e, exercendo a sua função sacerdotal, eleva preces a Deus pela salvação de todos. Convém que normalmente se faça esta oração nas missas com o povo, de tal sorte que se reze pela Santa Igreja, pelos governantes, pelos que sofrem necessidades, por todos os seres humanos e pela salvação do mundo inteiro.[67]

70. Normalmente serão estas as séries de intenções:

a) pelas necessidades da Igreja;

b) pelos poderes públicos e pela salvação de todo o mundo;

c) pelos que sofrem qualquer dificuldade;

d) pela comunidade local.

No entanto, em alguma celebração especial, tal como confirmação, matrimônio, exéquias, as intenções podem referir-se mais estreitamente àquelas circunstâncias.

71. Cabe ao sacerdote celebrante, de sua cadeira, dirigir a oração. Ele a introduz com breve exortação, convidando os fiéis a rezarem e depois a conclui.

---

[66] Cf. S. Congr. dos Ritos. Instr. *Inter oecumenici*, n. 53, 26 de setembro de 1964: AAS 56 (1964), p. 890.

[67] Cf. Concílio Ecumênico Vaticano II. Const. sobre a sagrada liturgia *Sacrosanctum concilium*, n. 53.

As intenções propostas sejam sóbrias, compostas por sábia liberdade e breves palavras e expressem a oração de toda a comunidade.

As intenções são proferidas, do ambão ou de outro lugar apropriado, pelo diácono, pelo cantor, pelo leitor ou por um fiel leigo.[68]

O povo, de pé, exprime a sua súplica, seja por uma invocação comum após as intenções proferidas, seja por uma oração em silêncio.

C) Liturgia eucarística

72. Na última ceia, Cristo institui o sacrifício e as ceias pascais, que tornam continuamente presente na Igreja o sacrifício da cruz, quando o sacerdote, representante do Cristo Senhor, realiza aquilo mesmo que o Senhor fez e entregou aos discípulos para que o fizessem em sua memória.[69]

Cristo, na verdade, tomou o pão e o cálice, deu graças, partiu o pão e deu-o a seus discípulos dizendo: "Tomai, comei, bebei; isto é o meu corpo; este é o cálice do meu sangue. Fazei isto em memória de mim". Por isso a Igreja dispôs toda a celebração da liturgia eucarística em partes que correspondem às palavras e gestos de Cristo. De fato:

1) na preparação dos dons levam-se ao altar o pão e o vinho com água, isto é, aqueles elementos que Cristo tomou em suas mãos;

2) na oração eucarística rendem-se graças a Deus por toda a obra da salvação e as oferendas tornam-se corpo e sangue de Cristo;

3) pela fração do pão e pela comunhão os fiéis, embora muitos, recebem o corpo e o sangue do Senhor de um só pão e de um só cálice, do mesmo modo como os apóstolos, das mãos do próprio Cristo.

Preparação dos dons

73. No início da liturgia eucarística são levadas ao altar as oferendas que se converterão no corpo e sangue de Cristo.

Primeiramente, prepara-se o altar ou mesa do Senhor, que é o centro de toda a liturgia eucarística,[70] colocando-se nele o corporal, o purificatório, o missal e o cálice, a não ser que se prepare na credência.

---

[68] Cf. S. Congr. dos Ritos. Instr. *Inter oecumenici*, n. 56, 26 de setembro de 1964: AAS 56 (1964), p. 890.

[69] Cf. Concílio Ecumênico Vaticano II. Const. sobre a sagrada liturgia *Sacrosanctum concilium*, n. 47; S. Congr. dos Ritos. Instr. *Eucharisticum mysterium*, n. 3a, b, 25 de maio de 1967: AAS 59 (1967), pp. 540-541.

[70] Cf. S. Congr. dos Ritos. Instr. *Inter oecumenici*, n. 91, 26 de setembro de 1964: AAS 56 (1964), p. 898; Instr. *Eucharisticum mysterium*, n. 24, 25 de maio de 1967: AAS 59 (1967), p. 554.

Instrução Geral sobre o Missal Romano

A seguir, trazem-se as oferendas. É louvável que os fiéis apresentem o pão e o vinho que o sacerdote ou o diácono recebem em lugar adequado para serem levados ao altar. Embora os fiéis já não tragam de casa, como outrora, o pão e o vinho destinados à liturgia, o rito de levá-los ao altar conserva a mesma força e significado espirituais.

Também são recebidos os dinheiros ou outros donativos oferecidos pelos fiéis para os pobres ou para a igreja, ou recolhidos no recinto dela; serão, no entanto, colocados em lugar conveniente, fora da mesa eucarística.

74. O canto do ofertório acompanha a procissão das oferendas (cf. n. 37, b) e se prolonga pelo menos até que os dons tenham sido colocados sobre o altar. As normas relativas ao modo de cantar são as mesmas que para o canto da entrada (cf. n. 48). O canto pode sempre fazer parte dos ritos das oferendas, mesmo sem a procissão dos dons.

75. O pão e o vinho são depositados sobre o altar pelo sacerdote, proferindo as fórmulas estabelecidas; o sacerdote pode incensar as oferendas colocadas sobre o altar e, em seguida, a cruz e o próprio altar, para simbolizar que a oferta da Igreja e sua oração sobem, qual incenso, à presença de Deus. Em seguida, também o sacerdote, por causa do ministério sagrado, e o povo, em razão da dignidade batismal, podem ser incensados pelo diácono ou por outro ministro.

76. Em seguida, o sacerdote lava as mãos, ao lado do altar, exprimindo por esse rito o seu desejo de purificação interior.

Oração sobre as oferendas

77. Depositadas as oferendas sobre o altar e terminados os ritos que as acompanham, conclui-se a preparação dos dons e prepara-se a oração eucarística com o convite aos fiéis a rezarem com o sacerdote, e com a oração sobre as oferendas.

Na missa se diz uma só oração sobre as oferendas, que termina com a conclusão mais breve, isto é: *Por Cristo, nosso Senhor*; se, no fim, se fizer menção do Filho, a conclusão será: *Que vive e reina para sempre*.

O povo, unindo-se à oração, a faz sua pela aclamação *Amém*.

Oração eucarística

78. Inicia-se agora a oração eucarística, centro e ápice de toda a celebração, prece de ação de graças e santificação. O sacerdote convida o povo a elevar os corações ao Senhor na oração e ação de graças e o associa à prece que dirige a Deus Pai, por Cristo, no Espírito Santo, em nome de toda a comunidade. O sentido desta oração é que toda a assembléia se una com Cristo na procla-

mação das maravilhas de Deus e na oblação do sacrifício. A oração eucarística exige que todos a ouçam respeitosamente e em silêncio.

79. Podem distinguir-se do seguinte modo os principais elementos que compõem a oração eucarística:

a) ação de graças (expressa principalmente no Prefácio) em que o sacerdote, em nome de todo o povo santo, glorifica a Deus e lhe rende graças por toda a obra da salvação ou por um dos seus aspectos, de acordo com o dia, a festividade ou o tempo;

b) a aclamação pela qual toda a assembléia, unindo-se aos espíritos celestes, canta o *Santo*. Esta aclamação, parte da própria oração eucarística, é proferida por todo o povo com o sacerdote;

c) a epiclese, na qual a Igreja implora por meio de invocações especiais a força do Espírito Santo para que os dons oferecidos pelo ser humano sejam consagrados, isto é, se tornem o corpo e sangue de Cristo, e que a hóstia imaculada se torne a salvação daqueles que vão recebê-la em comunhão;

d) a narrativa da instituição e consagração, quando pelas palavras e ações de Cristo se realiza o sacrifício que ele instituiu na última ceia, ao oferecer o seu corpo e sangue sob as espécies de pão e vinho, e ao entregá-los aos apóstolos como comida e bebida, dando-lhes a ordem de perpetuar este mistério;

e) a anamnese, pela qual, cumprindo a ordem recebida do Cristo Senhor através dos apóstolos, a Igreja faz a memória do próprio Cristo, relembrando principalmente a sua bem-aventurada paixão, a gloriosa ressurreição e a ascensão aos céus;

f) a oblação, pela qual a Igreja, em particular a assembléia atualmente reunida, realizando esta memória, oferece ao Pai, no Espírito Santo, a hóstia imaculada; ela deseja, porém, que os fiéis não apenas ofereçam a hóstia imaculada, mas aprendam a oferecer-se a si próprios[71] e se aperfeiçoem, cada vez mais, pela mediação do Cristo, na união com Deus e com o próximo, para que finalmente Deus seja tudo em todos;[72]

g) as intercessões, pelas quais se exprime que a eucaristia é celebrada em comunhão com toda a Igreja, tanto celeste como terrestre, que a oblação é feita por ela e por todos os seus membros vivos e defuntos, que foram chamados a participar da redenção e da salvação obtidas pelo corpo e sangue de Cristo;

---

[71] Cf. Concílio Ecumênico Vaticano II. Const. sobre a sagrada liturgia *Sacrosanctum concilium*, n. 48; S. Congr. dos Ritos. Instr. *Eucharisticum mysterium*, n. 12, 25 de maio de 1967: AAS 59 (1967), pp. 548-549.

[72] Cf. Concílio Ecumênico Vaticano II. Const. sobre a sagrada liturgia *Sacrosanctum concilium*, n. 48; Decr. sobre o ministério e a vida dos presbíteros *Presbyterorum ordinis*, n. 5; S. Congr. dos Ritos. Instr. *Eucharisticum mysterium*, n. 12, 25 de maio de 1967: AAS 59 (1967), pp. 548-549.

h) a doxologia final, que exprime a glorificação de Deus, e é confirmada e concluída pela aclamação *Amém* do povo.

Ritos da comunhão

80. Sendo a celebração eucarística a ceia pascal, convém que, segundo a ordem do Senhor, o seu corpo e sangue sejam recebidos como alimento espiritual pelos fiéis devidamente preparados. Esta é a finalidade da fração do pão e dos outros ritos preparatórios, pelos quais os fiéis são imediatamente encaminhados à comunhão.

A oração do Senhor

81. Na oração do Senhor pede-se o pão de cada dia, que lembra para os cristãos, antes de tudo, o pão eucarístico, e pede-se a purificação dos pecados, a fim de que as coisas santas sejam verdadeiramente dadas aos santos. O sacerdote profere o convite, todos os fiéis recitam a oração com o sacerdote, e o sacerdote acrescenta sozinho o embolismo, que o povo encerra com a doxologia. Desenvolvendo o último pedido do pai-nosso, o embolismo suplica que toda a comunidade dos fiéis seja libertada do poder do mal.

O convite, a própria oração, o embolismo e a doxologia com que o povo encerra o rito são cantados ou proferidos em voz alta.

Rito da paz

82. Segue-se o rito da paz no qual a Igreja implora a paz e a unidade para si mesma e para toda a família humana e os fiéis exprimem entre si a comunhão eclesial e a mútua caridade, antes de comungar do sacramento.

Quanto ao próprio sinal de transmissão da paz, seja estabelecido pelas Conferências dos bispos, de acordo com a índole e os costumes dos povos, o modo de realizá-lo.*

Convém, no entanto, que cada qual expresse a paz de maneira sóbria apenas aos que lhe estão mais próximos.

Fração do pão

83. O sacerdote parte os pães eucarísticos, ajudado, se for o caso, pelo diácono ou um concelebrante. O gesto da fração realizado por Cristo na última ceia,

---

* A CNBB, na XI Assembléia Geral de 1970, decidiu que "o rito da paz seja realizado por cumprimento entre as pessoas do modo com que as mesmas se cumprimentam entre si em qualquer lugar público".

que no tempo apostólico deu o nome a toda a ação eucarística, significa que muitos fiéis, pela comunhão no único pão da vida, que é o Cristo, morto e ressuscitado pela salvação do mundo, formam um só corpo (1Cor 10,17). A fração se inicia terminada a transmissão da paz, e é realizada com a devida reverência, contudo, de modo que não se prolongue desnecessariamente nem seja considerada de excessiva importância. Este rito é reservado ao sacerdote e ao diácono.

O sacerdote faz a fração do pão e coloca uma parte da hóstia no cálice, para significar a unidade do corpo e do sangue do Senhor na obra da salvação, ou seja, do corpo vivente e glorioso de Cristo Jesus. O grupo dos cantores ou o cantor ordinariamente canta ou, ao menos, diz em voz alta a súplica *Cordeiro de Deus*, à qual o povo responde. A invocação acompanha a fração do pão; por isso, pode-se repetir quantas vezes for necessário até o final do rito. A última vez conclui-se com as palavras *dai-nos a paz*.

Comunhão

84. O sacerdote prepara-se por uma oração em silêncio para receber frutuosamente o corpo e sangue de Cristo. Os fiéis fazem o mesmo, rezando em silêncio.

A seguir, o sacerdote mostra aos fiéis o pão eucarístico sobre a patena ou sobre o cálice e convida-os ao banquete de Cristo; e, unindo-se aos fiéis, faz um ato de humildade, usando as palavras prescritas do Evangelho.

85. É muito recomendável que os fiéis, como também o próprio sacerdote deve fazer, recebam o corpo do Senhor em hóstias consagradas na mesma missa e participem do cálice nos casos previstos (cf. n. 283), para que, também através dos sinais, a comunhão se manifeste mais claramente como participação no sacrifício celebrado atualmente.[73]

86. Enquanto o sacerdote recebe o sacramento, entoa-se o canto da comunhão que exprime, pela unidade das vozes, a união espiritual dos comungantes, demonstra a alegria dos corações e realça mais a índole "comunitária" da procissão para receber a eucaristia. O canto prolonga-se enquanto se ministra a comunhão aos fiéis.[74] Havendo, porém, um hino após a comunhão, encerre-se em tempo o canto da comunhão.

Haja o cuidado para que também os cantores possam comungar com facilidade.

---

[73] Cf. S. Congr. dos Ritos. Instr. *Eucharisticum mysterium*, nn. 31-32, 25 de maio de 1967: AAS 59 (1967), pp. 558-559; S. Congr. para a Disciplina dos Sacramentos. Instr. *Immensae caritatis*, n. 2, 29 de janeiro de 1973: AAS 65 (1973), pp. 267-268.

[74] Cf. S. Congr. para os Sacramentos e o Culto Divino. Instr. *Inaestimabile domum*, n. 17, 3 de abril de 1980: AAS 72 (1980), p. 338.

INSTRUÇÃO GERAL SOBRE O MISSAL ROMANO

87. Para o canto da comunhão, pode-se tomar a antífona do Gradual romano, com ou sem o salmo, a antífona com o salmo do Gradual simples ou outros cantos adequados, aprovados pela Conferência dos Bispos. O canto é executado só pelo grupo dos cantores ou pelo grupo dos cantores ou cantor com o povo.

Não havendo canto, a antífona proposta no missal pode ser recitada pelos fiéis, por alguns dentre eles ou pelo leitor, ou então pelo próprio sacerdote, depois de ter comungado, antes de distribuir a comunhão aos fiéis.

88. Terminada a distribuição da comunhão, se for oportuno, o sacerdote e os fiéis oram por algum tempo em silêncio. Se desejar, toda a assembléia pode entoar ainda um salmo ou outro canto de louvor ou hino.

89. Para completar a oração do povo de Deus e encerrar todo o rito da comunhão, o sacerdote profere a oração depois da comunhão, em que implora os frutos do mistério celebrado.

Na missa se diz uma só oração depois da comunhão, que termina com a conclusão mais breve, ou seja:

- se for dirigida ao Pai: *Por Cristo, nosso Senhor*;
- se for dirigida ao Pai, mas no fim se fizer menção do Filho: *Que vive e reina para sempre*;
- se for dirigida ao Filho: *Que viveis e reinais para sempre*.

O povo, pela aclamação *Amém*, faz sua a oração.

D) Ritos de encerramento

90. Aos ritos de encerramento pertencem:

a) breves comunicações, se forem necessárias;

b) saudação e bênção do sacerdote, que em certos dias e ocasiões são enriquecidas e expressas pela oração sobre o povo, ou por uma fórmula mais solene;

c) despedida do povo pelo diácono ou pelo sacerdote, para que cada qual retorne às suas boas obras, louvando e bendizendo a Deus;

d) o beijo ao altar pelo sacerdote e o diácono e, em seguida, a inclinação profunda ao altar pelo sacerdote, o diácono e os outros ministros.

FUNÇÕES E MINISTÉRIOS NA MISSA

91. A celebração eucarística constitui uma ação de Cristo e da Igreja, isto é, o povo santo, unido e ordenado sob a direção do bispo. Por isso, pertence

243

a todo o corpo da Igreja e o manifesta e afeta; mas atinge a cada um dos seus membros de modo diferente, conforme a diversidade de ordens, ofícios e da participação atual.[75] Desta forma, o povo cristão, "geração escolhida, sacerdócio real, gente santa, povo de conquista", manifesta sua organização coerente e hierárquica.[76] Todos, portanto, quer ministros ordenados, quer fiéis leigos, exercendo suas funções e ministérios, façam tudo e só aquilo que lhes compete.[77]

I. Funções de ordem sacra

92. Toda celebração legítima da eucaristia é dirigida pelo bispo, pessoalmente ou através dos presbíteros, seus auxiliares.[78]

Quando o bispo está presente à missa com afluência do povo, é de máxima conveniência que ele celebre a eucaristia e associe a si os presbíteros na sagrada ação como concelebrantes. Isto se faz não para aumentar a solenidade exterior do rito, mas para manifestar mais claramente o mistério da Igreja, "sacramento da unidade".[79]

Se o bispo não celebra a eucaristia, mas delega outro para fazê-lo, convém que ele próprio, de cruz peitoral, de estola e revestido do pluvial sobre a alva, presida a liturgia da Palavra, e no fim da missa dê a bênção.[80]

93. O presbítero, que na Igreja tem o poder sagrado da ordem para oferecer o sacrifício em nome de Cristo,[81] também está à frente do povo fiel reunido, preside à sua oração, anuncia-lhe a mensagem da salvação, associa a si o povo no oferecimento do sacrifício a Deus Pai, por Cristo, no Espírito Santo, dá aos seus irmãos o pão da vida eterna e participa com eles do mesmo alimento. Portanto, quando celebra a eucaristia, ele deve servir a Deus e ao povo com dignidade e humildade, e, pelo seu modo de agir e proferir as palavras divinas, sugerir aos fiéis uma presença viva de Cristo.

94. Depois do presbítero, o diácono, em virtude da sagrada ordenação recebida, ocupa o primeiro lugar entre aqueles que servem na celebração eucarística. A sagrada ordem do diaconato realmente foi tida em grande apreço na

---

[75] Cf. Concílio Ecumênico Vaticano II. Const. sobre a sagrada liturgia *Sacrosanctum concilium*, n. 26.

[76] Cf. ibidem, n. 14.

[77] Cf. ibidem, n. 28.

[78] Cf. Concílio Ecumênico Vaticano II. Const. dogm. sobre a Igreja *Lumen gentium*, nn. 26 e 28; Const. sobre a sagrada liturgia *Sacrosanctum concilium*, n. 42.

[79] Cf. Concílio Ecumênico Vaticano II. Const. sobre a sagrada liturgia *Sacrosanctum concilium*, n. 26.

[80] Cf. *Caerimoniale episcoporum*, nn. 175-186.

[81] Cf. Concílio Ecumênico Vaticano II. Const. dogm. sobre a Igreja *Lumen gentium*, n. 28; Decr. sobre o ministério e a vida dos presbíteros *Presbyterorum ordinis*, n. 2.

Igreja já desde os inícios da era apostólica.[82] Na missa, o diácono tem partes próprias no anúncio do Evangelho e, por vezes, na pregação da Palavra de Deus, na proclamação das intenções da oração universal, servindo ao sacerdote na preparação do altar e na celebração do sacrifício, na distribuição da eucaristia aos fiéis, sobretudo sob a espécie do vinho e, por vezes, na orientação do povo quanto aos gestos e posições do corpo.

II. Funções do povo de Deus

95. Na celebração da missa os fiéis constituem o povo santo, o povo adquirido e o sacerdócio régio, para dar graças a Deus e oferecer o sacrifício perfeito, não apenas pelas mãos do sacerdote, mas também juntamente com ele, e aprender a oferecer-se a si próprios.[83] Esforcem-se, pois, por manifestar isto através de um profundo senso religioso e da caridade para com os irmãos que participam da mesma celebração.

Por isso, evitem qualquer tipo de individualismo ou divisão, considerando sempre que todos têm um único Pai nos céus e, por este motivo, são todos irmãos entre si.

96. Formem um único corpo, seja ouvindo a Palavra de Deus, seja tomando parte nas orações e no canto ou, sobretudo, na oblação comum do sacrifício e na comum participação da mesa do Senhor. Tal unidade se manifesta muito bem quando todos os fiéis realizam em comum os mesmos gestos e assumem as mesmas atitudes externas.

97. Os fiéis não se recusem a servir com alegria ao povo de Deus, sempre que solicitados para algum ministério particular ou função na celebração.

III. Ministérios particulares

O ministério do acólito e o do leitor instituídos

98. O acólito é instituído para o serviço do altar e para auxiliar o sacerdote e o diácono. Compete-lhe principalmente preparar o altar e os vasos

---

[82] Cf. Paulo VI. Carta apost. *Sacrum diaconatus ordinem*, 18 de junho de 1967: AAS 59 (1967), pp. 697-704; Pontificale Romanum, *De ordenatione episcopi, presbyterorum et diaconorum*, editio típica altera, 1989, n. 173.

[83] Cf. Concílio Ecumênico Vaticano II. Const. sobre a sagrada liturgia *Sacrosanctum concilium*, n. 48; S. Congr. dos Ritos. Instr. *Eucharisticum mysterium*, n. 12, 25 de maio de 1967: AAS 59 (1967), pp. 548-549.

sagrados, e, se necessário, distribuir aos fiéis a eucaristia, da qual é ministro extraordinário.[84]

No ministério do altar, o acólito possui partes próprias (cf. nn. 187-193) que ele mesmo deve exercer.

99. O leitor é instituído para proferir as leituras da sagrada Escritura, exceto o Evangelho. Pode igualmente propor as intenções para a oração universal e, faltando o salmista, proferir o salmo entre as leituras.

Na celebração eucarística, o leitor tem uma função própria (cf. nn. 194-198), que ele mesmo deve exercer.

As demais funções

100. Não havendo acólito instituído, podem ser delegados ministros leigos para o serviço do altar e ajuda ao sacerdote e ao diácono, que levem a cruz, as velas, o turíbulo, o pão, o vinho e a água, ou também sejam delegados como ministros extraordinários para a distribuição da sagrada comunhão.[85]

101. Na falta de leitor instituído, sejam delegados outros leigos, realmente capazes de exercer esta função e cuidadosamente preparados, para proferir as leituras da Sagrada Escritura, para que os fiéis, ao ouvirem as leituras divinas, concebam no coração um suave e vivo afeto pela Sagrada Escritura.[86]

102. Compete ao salmista proclamar o salmo ou outro cântico bíblico colocado entre as leituras. Para bem exercer a sua função é necessário que o salmista saiba salmodiar e tenha boa pronúncia e dicção.

103. Entre os fiéis, exerce sua função litúrgica o grupo dos cantores ou coral. Cabe-lhe executar as partes que lhe são próprias, conforme os diversos gêneros de cantos, e promover a ativa participação dos fiéis no canto.[87] O que se diz do grupo de cantores vale também, com as devidas ressalvas, para os outros músicos, sobretudo para o organista.

104. Convém que haja um cantor ou regente de coro para dirigir e sustentar o canto do povo. Mesmo não havendo um grupo de cantores, compete ao cantor dirigir os diversos cantos, com a devida participação do povo.[88]

---

[84] Cf. CIC, cân. 910, § 2; *Instructio interdicasterialis de quibusdam quaestionibus circa fidelium laicorum cooperationem sacerdotum ministerium spectantem Ecclesiae de mysterio*, 15 de agosto de 1997, art. 8: AAS 89 (1997), p. 871.

[85] Cf. S. Congr. para a Disciplina dos Sacramentos. Instr. *Immensae caritatis*, n. 1, 29 de janeiro de 1973: AAS 65 (1973), pp. 265-266; CIC, cân. 230, § 3.

[86] Cf. Concílio Ecumênico Vaticano II. Const. sobre a sagrada liturgia *Sacrosanctum concilium*, n. 24.

[87] Cf. S. Congr. dos Ritos. Instr. *Musicam sacram*, n. 19, 5 de março de 1967: AAS 59 (1967), p. 306.

[88] Cf. ilbidem, n. 21: AAS 59 (1967), pp. 306-307.

INSTRUÇÃO GERAL SOBRE O MISSAL ROMANO

105. Exercem também uma função litúrgica:
a) o sacristão, que dispõe com cuidado os livros litúrgicos, os paramentos e outras coisas necessárias para a celebração da missa;
b) o comentarista que, oportunamente, dirige aos fiéis breves explicações e exortações, visando a introduzi-los na celebração e dispô-los para entendê-la melhor. Convém que as exortações do comentarista sejam cuidadosamente preparadas, sóbrias e claras. Ao desempenhar sua função, o comentarista fica em pé em lugar adequado voltado para os fiéis, não, porém, no ambão;
c) os que fazem as coletas na igreja;
d) os que, em certas regiões, acolhem os fiéis às portas da igreja e os levam aos seus lugares e organizam as suas procissões.

106. É conveniente, ao menos nas igrejas catedrais e outras igrejas maiores, que haja algum ministro competente ou mestre de cerimônias, a fim de que as ações sagradas sejam devidamente organizadas e exercidas com decoro, ordem e piedade pelos ministros sagrados e os fiéis leigos.

107. As funções litúrgicas, que não são próprias do sacerdote ou do diácono e das quais se trata anteriormente (nn. 100-106), podem ser confiadas também pelo pároco ou reitor da igreja a leigos idôneos[89] com bênção litúrgica ou designação temporária. Quanto à função de servir ao sacerdote junto ao altar, observem-se as normas dadas pelo bispo para sua diocese.

IV. A distribuição das funções e a preparação da celebração

108. Um e o mesmo sacerdote deve exercer a função presidencial sempre em todas as duas partes, com exceção daquelas que são próprias da missa com a presença do bispo (cf. anterior, n. 92).

109. Achando-se presentes várias pessoas aptas a exercerem o mesmo ministério, nada impede que distribuam entre si e exerçam as diversas partes do mesmo ministério ou ofício. Por exemplo, um diácono pode ser destinado a proferir as partes cantadas e outro, ao ministério do altar; havendo várias leituras, é bom que sejam distribuídas entre diversos leitores; e assim por diante. Mas não convém de modo algum que várias pessoas dividam entre si um único elemento da celebração, por exemplo, a mesma leitura feita por dois, um após o outro, a não ser que se trate da paixão do Senhor.

110. Se na missa com o povo houver apenas um ministro, ele mesmo exerça diversas funções.

---

[89] Cf. Pont. Cons. de *Legum Textibus interpretandis, responsio ad propositum dubium circa can.* 230 § 2: AAS 86 (1994), p. 541.

111. A preparação prática de cada celebração litúrgica, com espírito dócil e diligente, de acordo com o missal e outros livros litúrgicos, seja feita de comum acordo por todos aqueles a quem diz respeito, seja quanto aos ritos, seja quanto ao aspecto pastoral e musical, sob a direção do reitor da igreja e ouvidos também os fiéis naquilo que diretamente lhes concerne. Contudo, ao sacerdote que preside a celebração fica sempre o direito de dispor sobre aqueles elementos que lhe competem.[90]

AS DIVERSAS FORMAS DE CELEBRAÇÃO DA MISSA

112. Na igreja local, deve-se dar o primeiro lugar, por causa de sua significação, à missa presidida pelo bispo, cercado de seu presbitério, diáconos e ministros leigos,[91] e na qual o povo santo de Deus participa plena e ativamente, visto que aí se dá a principal manifestação da Igreja.

Na missa celebrada pelo bispo, ou à qual ele se faz presente sem que celebre a eucaristia, observem-se as normas que se encontram no Cerimonial dos bispos.[92]

113. Dê-se igualmente grande valor à missa celebrada com uma comunidade, sobretudo a paroquial, uma vez que esta representa a Igreja universal, em determinado tempo e lugar, principalmente quando se trata da celebração comunitária do dia do Senhor.[93]

114. Entre as missas celebradas em certas comunidades, possui dignidade particular a missa conventual, que faz parte do ofício cotidiano, ou a missa chamada "da comunidade". Embora estas missas nada tenham de especial em sua celebração, é de suma conveniência que sejam celebradas com canto e, sobretudo, com a plena participação de todos os membros da comunidade, religiosos ou cônegos. Nessas missas, cada um exerça a sua função segundo a ordem ou o ministério que recebeu. Convém ainda que todos os sacerdotes, não obrigados a celebrar individualmente por motivo pastoral, concelebrem na medida do possível. Além disso, todos os membros da comunidade, isto é, os sacerdotes obrigados a celebrar individualmente para o bem pastoral dos fiéis, podem também concelebrar a missa conventual ou "da comunidade" no

---

[90] Cf. Concílio Ecumênico Vaticano II. Const. sobre a sagrada liturgia *Sacrosanctum concilium*, n. 22.

[91] Cf. ibidem, n. 41.

[92] Cf. *Caeremoniale episcoporum*, nn. 119-186.

[93] Cf. Concílio Ecumênico Vaticano II. Const. sobre a sagrada liturgia *Sacrosanctum concilium*, n. 42; Const. dogm. sobre a Igreja *Lumen gentium*, n. 28; Decr. sobre o ministério e a vida dos presbíteros *Presbyterorum ordinis*, n. 5; S. Congr. dos Ritos. Instr. *Eucharisticum mysterium*, n. 26, 25 de maio de 1967: AAS 59 (1967), p. 555.

mesmo dia.[94] Convém que os presbíteros que participam da celebração eucarística, a não ser que estejam escusados por justa causa, exerçam normalmente a função da própria ordem, participando de preferência como concelebrantes, revestidos das vestes sagradas. Caso contrário, portam a veste coral própria ou sobrepeliz sobre a veste talar.

I. A missa com povo

115. Entende-se por missa com povo a que é celebrada com participação de fiéis. Convém, na medida do possível, que a celebração, sobretudo nos domingos e festas de preceito, se realize com canto e conveniente número de ministros,[95] pode, porém, ser realizada sem canto e com um ministro apenas.

116. Na celebração de qualquer missa em que esteja presente o diácono, este exerça a sua função. Convém, entretanto, que o sacerdote celebrante seja assistido normalmente por um acólito, um leitor e um cantor. O rito descrito em seguida prevê, porém, a possibilidade de maior número de ministros.

O que é necessário preparar

117. O altar seja coberto ao menos com uma toalha de cor branca. Sobre ele ou ao seu redor, coloquem-se, em qualquer celebração, ao menos dois castiçais com velas acesas, ou então quatro ou seis, sobretudo quando se trata de missa dominical ou festiva de preceito, ou, quando celebrar o bispo diocesano, colocam-se sete. Haja também sobre o altar ou em torno dele uma cruz com a imagem do Cristo crucificado. Os castiçais e a cruz, ornada com a imagem do Cristo crucificado, podem ser trazidos na procissão de entrada. Pode-se também colocar sobre o altar o Evangeliário, distinto do livro das outras leituras.

118. Preparem-se também:

a) junto à cadeira do sacerdote: o missal e, se for oportuno, um livro de cantos;

b) no ambão: o lecionário;

---

[94] Cf. S. Congr. dos Ritos. Instr. *Eucharisticum mysterium*, n. 47, 25 de maio de 1967: AAS 59 (1967), p. 565.

[95] Cf. ibidem, n. 26: AAS 59 (1967), p. 555; Instr. *Musicam sacram*, nn. 16 e 27, 5 de março de 1967: AAS 59 (1967), pp. 305 e 308.

c) na credência: cálice, corporal, purificatório e, se for oportuno, pala; patena e, se necessário, cibórios; pão para a comunhão do sacerdote que preside, do diácono, dos ministros e do povo; galhetas com vinho e água, a não ser que todas estas coisas sejam apresentadas pelos fiéis na procissão das oferendas; recipiente com água a ser abençoada se houver aspersão; patena para a comunhão dos fiéis; e o que for necessário para lavar as mãos.

O cálice, como convém, seja coberto com um véu, que pode ser da cor do dia ou de cor branca.

119. Na sacristia, conforme as diversas formas de celebração, preparem-se as vestes sagradas (cf. nn. 337-341) do sacerdote, do diácono e dos demais ministros:
a) para o sacerdote: alva, estola e casula ou planeta;
b) para o diácono: alva, estola e dalmática, que pode ser dispensada em sua falta, como também em celebrações menos solenes;
c) para os demais ministros: alva ou outras vestes legitimamente aprovadas.[96]

Quando se realiza a procissão da entrada, preparem-se também o Evangeliário; nos domingos e dias festivos, o turíbulo e a naveta com incenso, quando se usa incenso; cruz a ser levada na procissão e castiçais com velas acesas.

A) Missa sem diácono

Ritos iniciais

120. Reunido o povo, o sacerdote e os ministros, revestidos das vestes sagradas, dirigem-se ao altar na seguinte ordem:
a) o turiferário com o turíbulo aceso, quando se usa incenso;
b) os ministros que portam as velas acesas e, entre eles, o acólito ou outro ministro com a cruz;
c) os acólitos e os outros ministros;
d) o leitor, que pode conduzir um pouco elevado o Evangeliário, não, porém, o Lecionário;
e) o sacerdote que vai celebrar a missa.

Quando se usa incenso, antes de iniciar a procissão, o sacerdote põe incenso no turíbulo, abençoando-o com o sinal-da-cruz, sem nada dizer.

---

[96] Cf. *Instructio interdicasterialis de quibusdam quaestionibus circa fidelium laicorum cooperationem sacerdotum ministerium spectantem Ecclesiae de mysterio*, 15 de agosto de 1997, art. 6: AAS 89 (1997), p. 869.

INSTRUÇÃO GERAL SOBRE O MISSAL ROMANO

121. Enquanto se faz a procissão para o altar, canta-se o canto da entrada (cf. nn. 47-48).

122. Chegando ao altar, o sacerdote e os ministros fazem inclinação profunda.

A cruz, ornada com a imagem do Cristo crucificado, trazida eventualmente na procissão, pode ser colocada junto ao altar, de modo que se torna a cruz do altar, que deve ser uma só; caso contrário, ela será guardada em lugar adequado; os castiçais são colocados sobre o altar ou junto dele; o Evangeliário seja colocado sobre o altar.

123. O sacerdote sobe ao altar e beija-o em sinal de veneração. Em seguida, se for oportuno, incensa a cruz e o altar, contornando-o.

124. Em seguida, o sacerdote dirige-se à cadeira. Terminado o canto da entrada, e estando todos de pé, o sacerdote e os fiéis fazem o sinal-da-cruz. O sacerdote diz: *Em nome do Pai, e do Filho, e do Espírito Santo*. O povo responde: *Amém*.

Voltado para o povo e abrindo os braços, o sacerdote saúda-o com uma das fórmulas propostas. Ele mesmo ou outro ministro pode, com brevíssimas palavras, introduzir os fiéis na missa do dia.

125. Segue-se o ato penitencial. Em seguida, é cantado ou recitado o *Senhor, tende piedade*, conforme as rubricas (cf. n. 52).

126. Nas celebrações previstas, canta-se ou recita-se o *Glória* (cf. n. 53).

127. Em seguida, o sacerdote convida o povo a rezar dizendo, de mãos unidas: *Oremos*. E todos, juntamente com ele, oram um momento em silêncio. Então o sacerdote, abrindo os braços, diz a oração do dia. Ao terminar, o povo aclama: *Amém*.

Liturgia da Palavra

128. Concluída a oração do dia, todos se assentam. O sacerdote pode, com brevíssimas palavras, introduzir os fiéis na liturgia da Palavra. O leitor, por sua vez, dirige-se ao ambão, e do lecionário, já aí colocado antes da missa, proclama a primeira leitura, que todos escutam. No fim, o leitor profere a aclamação: *Palavra do Senhor*, respondendo todos: *Graças a Deus*.

Se for oportuno, pode-se, então, observar um breve espaço de silêncio, para que todos meditem o que ouviram.

129. Em seguida, o salmista ou o próprio leitor profere os versículos do salmo, ao que o povo normalmente responde com o refrão.

130. Se houver uma segunda leitura antes do Evangelho, o leitor a proclama do ambão, enquanto todos escutam, respondendo, no fim, com a acla-

mação, como se disse anteriormente (n. 128). Em seguida, se for oportuno, pode-se observar um breve espaço de silêncio.

131. Depois, todos se põem de pé e canta-se o *Aleluia* ou outro canto, conforme as exigências do tempo litúrgico (cf. nn. 62-64).

132. Enquanto se canta o *Aleluia* ou outro canto, o sacerdote, se usar incenso, coloca-o no turíbulo e o abençoa. A seguir, com as mãos unidas, e profundamente inclinado diante do altar, diz em silêncio: Ó *Deus todo-poderoso, purificai-me.*

133. Toma, então, o Evangeliário, se estiver no altar e, precedido dos ministros leigos, que podem levar o turíbulo e os castiçais, dirige-se para o ambão, conduzindo o Evangeliário um pouco elevado. Os presentes voltam-se para o ambão, manifestando uma especial reverência ao Evangelho de Cristo.

134. No ambão, o sacerdote abre o livro e, de mãos unidas, diz: *O Senhor esteja convosco,* respondendo o povo: *Ele está no meio de nós,* e, a seguir, *Proclamação do Evangelho,* fazendo com o polegar o sinal-da-cruz sobre o livro e sobre si mesmo, na fronte, na boca e no peito, acompanhado nisso por todos. O povo aclama, dizendo: *Glória a vós, Senhor.* O sacerdote incensa o livro, se usar incenso (cf. nn. 276-277). A seguir, proclama o Evangelho e, ao terminar, profere a aclamação: *Palavra da Salvação,* respondendo todos: Glória a vós, Senhor. O sacerdote beija o livro, dizendo em silêncio: *Pelas palavras do Santo Evangelho.*

135. Se não houver leitor, o próprio sacerdote, de pé ao ambão, diz todas as leituras bem como o salmo. Também aí, se usar incenso, ele o coloca e abençoa e, profundamente inclinado, diz: Ó *Deus todo-poderoso, purificai-me.*

136. O sacerdote, de pé junto à cadeira ou no próprio ambão, ou ainda, se for oportuno, em outro lugar adequado, profere a homilia; ao terminar, pode-se observar um tempo de silêncio.

137. O símbolo é cantado ou recitado pelo sacerdote com o povo (cf. n. 68), estando todos de pé. Às palavras *E se encarnou pelo Espírito Santo,* todos se inclinam profundamente, mas nas solenidades da Anunciação do Senhor e do Natal do Senhor todos se ajoelham.

138. Terminado o símbolo, o sacerdote, de pé junto à cadeira e de mãos unidas, com breve exortação, convida os fiéis à oração universal. A seguir, o cantor, o leitor ou outra pessoa, do ambão ou de outro lugar apropriado e voltado para o povo, propõe as intenções, às quais o povo, por sua vez, responde suplicante. Por fim, o sacerdote, de mãos estendidas, conclui a prece por uma oração.

Liturgia eucarística

139. Terminada a oração universal, todos se assentam e tem início o canto do ofertório (cf. n. 74).

O acólito ou outro ministro leigo coloca sobre o altar o corporal, o purificatório, o cálice, a pala e o missal.

140. Convém que a participação dos fiéis se manifeste através da oferta do pão e vinho para a celebração da eucaristia, ou de outras dádivas para prover às necessidades da Igreja e dos pobres.

As oblações dos fiéis são recebidas pelo sacerdote, ajudado pelo acólito ou outro ministro. O pão e o vinho para a eucaristia são levados para o celebrante, que as depõe sobre o altar, enquanto as outras dádivas são colocadas em outro lugar adequado (cf. n. 73).

141. Ao altar, o sacerdote recebe a patena com pão e a mantém levemente elevada sobre o altar com ambas as mãos, dizendo em silêncio: *Bendito sejais, Senhor*. E depõe a patena com o pão sobre o corporal.

142. Em seguida, de pé, no lado do altar, derrama vinho e um pouco d'água no cálice, dizendo em silêncio: *Por esta água*, enquanto o ministro lhe apresenta as galhetas. Retornando ao centro do altar, com ambas as mãos mantêm um pouco elevado o cálice preparado, dizendo em silêncio: *Bendito sejais, Senhor*; e depõe o cálice sobre o corporal, cobrindo-o com a pala, se julgar oportuno.

Contudo, se não houver canto de preparação das oferendas ou não houver música de fundo do órgão, na apresentação do pão e do vinho, o sacerdote pode proferir em voz alta as fórmulas prescritas, respondendo o povo: *Bendito seja Deus para sempre*.

143. Depois de colocado o cálice sobre o altar, o sacerdote, profundamente inclinado, diz em silêncio: *De coração contrito*.

144. A seguir, se usar incenso, o sacerdote o coloca no turíbulo, abençoa-o sem nada dizer e incensa as oferendas, a cruz e o altar. O ministro, de pé, ao lado do altar, incensa o sacerdote e, em seguida, o povo.

145. Após a oração *De coração contrito*, ou depois da incensação, o sacerdote, de pé ao lado do altar, lava as mãos, dizendo em silêncio: *Lavai-me, Senhor*, enquanto o ministro derrama a água.

146. Outra vez no centro do altar, o sacerdote, de pé e voltado para o povo, estendendo e unindo as mãos, convida o povo a rezar, dizendo: *Orai, irmãos e irmãs* etc. O povo põe-se de pé e responde, dizendo: *Receba o Senhor*. Em seguida, o sacerdote, de mãos estendidas, diz a oração sobre as oferendas. No fim o povo aclama: *Amém*.

147. O sacerdote inicia a oração eucarística. Conforme as rubricas (cf. n. 365), ele escolhe uma das orações eucarísticas do Missal Romano, ou aprovadas pela Sé Apostólica. A oração eucarística, por sua natureza, exige que somente o sacerdote, em virtude de sua ordenação, a profira. O povo, por sua vez, se associe ao sacerdote na fé e em silêncio e por intervenções previstas no decurso da oração eucarística, que são as respostas no diálogo do Prefácio, o *Santo*, a aclamação após a consagração, e a aclamação *Amém*, após a doxologia final, bem como outras aclamações aprovadas pela Conferência dos Bispos e reconhecidas pela Santa Sé.

É muito conveniente que o sacerdote cante as partes da oração eucarística, enriquecidas pela música.

148. Iniciando a oração eucarística, o sacerdote, estendendo as mãos, canta ou diz: *O Senhor esteja convosco*, e o povo responde: *Ele está no meio de nós*. Enquanto prossegue: *Corações ao alto*, eleva as mãos. O povo responde: *O nosso coração está em Deus*. O sacerdote, de mãos estendidas, acrescenta: *Demos graças ao Senhor, nosso Deus*, e o povo responde: *É nosso dever e nossa salvação*. Em seguida, o sacerdote, de mãos estendidas, continua o Prefácio; terminado este, une as mãos e, com todos os presentes, canta ou diz em voz alta: *Santo* (cf. n. 79,b).

149. O sacerdote continua a oração eucarística conforme as rubricas, que se encontram em cada uma dessas orações.

Se o celebrante é bispo, nas preces, após as palavras: *Pelo vosso servo o papa N.*, acrescenta: *E por mim, vosso indigno servo*. Quando o bispo celebra fora de sua diocese, após as palavras: *pelo vosso servo o papa N.*, acrescenta: *Por mim, vosso indigno servo e por meu irmão N., bispo desta igreja N.*; ou após as palavras: *De nosso papa N.*, acrescenta: *De mim, vosso indigno servo e de meu irmão N., bispo desta igreja N.*

O bispo diocesano, ou quem for de direito equiparado a ele, deve ser nomeado com esta fórmula: *Com o papa N., com o nosso bispo* (ou: *vigário, prelado, prefeito, abade*) *N.*

O bispo coadjutor e os auxiliares, não, porém, outros bispos eventualmente presentes, podem ser nomeados na oração eucarística. Quando vários devem ser nomeados, pode-se fazê-lo em forma geral: *e o nosso bispo N. e seus bispos auxiliares*.

Em cada oração eucarística, estas fórmulas se usam conforme exigirem as normas gramaticais.

150. Um pouco antes da consagração, o ministro, se for oportuno, adverte os fiéis com um sinal da campainha. Faz o mesmo em cada elevação, conforme o costume da região.

Se for usado incenso, ao serem mostrados ao povo a hóstia e o cálice após a consagração, o ministro os incensa.

151. Após a consagração, tendo o sacerdote dito: *Eis o mistério da fé*, o povo profere a aclamação, usando uma das fórmulas prescritas.

No fim da oração eucarística, o sacerdote, tomando a patena com a hóstia e o cálice, ou elevando ambos juntos, profere sozinho a doxologia: *Por Cristo*. Ao término, o povo aclama: *Amém*. Em seguida, o sacerdote depõe a patena e o cálice sobre o corporal.

152. Concluída a oração eucarística, o sacerdote, de mãos unidas, diz a exortação que precede a oração do Senhor e, a seguir, de mãos estendidas, proclama-a juntamente com o povo.

153. Terminada a oração do Senhor, o sacerdote, de mãos estendidas, diz sozinho o embolismo: *Livrai-nos de todos os males*, no fim do qual o povo aclama: *Vosso é o reino*.

154. Em seguida, o sacerdote, de mãos estendidas, diz em voz alta a oração do *Senhor Jesus Cristo, dissestes*; terminada esta, estendendo e unindo as mãos, voltado para o povo, anuncia a paz, dizendo: *A paz do Senhor esteja sempre convosco*. O povo responde: *O amor de Cristo nos uniu*. Depois, conforme o caso, o sacerdote acrescenta: *Meus irmãos e minhas irmãs, saudai-vos em Cristo Jesus*.

O sacerdote pode dar a paz aos ministros, mas sempre permanecendo no âmbito do presbitério, para que não se perturbe a celebração. Faça o mesmo se por motivo razoável quiser dar a paz para alguns poucos fiéis. Todos, porém, conforme as normas estabelecidas pela Conferência dos Bispos, expressam mutuamente a paz, a comunhão e a caridade. Enquanto se dá a paz, pode-se dizer: *A paz do Senhor esteja sempre contigo*, sendo a resposta: *Amém*.

155. A seguir, o sacerdote toma a hóstia, parte-a sobre a patena e deixa cair uma partícula no cálice, dizendo em silêncio: *Esta união*. Enquanto isso, o coral e o povo cantam ou dizem o *Cordeiro de Deus* (cf. n. 83).

156. Em seguida, o sacerdote, em silêncio, e com as mãos juntas, diz a oração da comunhão: *Senhor Jesus Cristo, Filho de Deus vivo*, ou *Senhor Jesus Cristo, o vosso corpo*.

157. Terminada a oração, o sacerdote faz genuflexão, toma a hóstia consagrada na mesma missa e, segurando-a um pouco elevada sobre a patena ou sobre o cálice, diz voltado para o povo: *Felizes os convidados* etc., e, juntamente com o povo, acrescenta uma só vez: *Senhor, eu não sou digno*.

158. De pé e voltado para o altar, o sacerdote diz em silêncio: *O corpo de Cristo me guarde para a vida eterna*, e comunga com reverência o corpo de Cris-

Princípios da reforma da celebração eucarística e as introduções rituais

to. A seguir, segura o cálice e diz em silêncio: *Que o sangue de Cristo me guarde para a vida eterna,* e com reverência bebe o sangue de Cristo.

159. Enquanto o sacerdote comunga o sacramento, entoa-se o canto da comunhão (cf. n. 86).

160. O sacerdote toma, então, a patena ou o cibório e se aproxima dos que vão comungar e que normalmente se aproximam em procissão.

Não é permitido aos fiéis receber por si mesmos o pão consagrado nem o cálice consagrado e muito menos passar de mão em mão entre si. Os fiéis comungam ajoelhados ou de pé, conforme for estabelecido pela Conferência dos Bispos. Se, no entanto, comungarem de pé, recomenda-se que, antes de receberem o sacramento, façam devida reverência, a ser estabelecida pelas mesmas normas.

161. Se a comunhão é dada sob a espécie do pão somente, o sacerdote mostra a cada um a hóstia um pouco elevada, dizendo: *O corpo de Cristo.* Quem vai comungar responde: *Amém,* recebe o sacramento, na boca ou, onde for concedido, na mão, à sua livre escolha. O comungante, assim que recebe a santa hóstia, consome-a inteiramente.

Quando a comunhão se fizer sob as duas espécies, observe-se o rito descrito no lugar próprio (cf. nn. 284-287).

162. Outros presbíteros eventualmente presentes podem ajudar o sacerdote na distribuição da comunhão. Se não houver e se o número dos comungantes for muito grande, o sacerdote pode chamar ministros extraordinários para ajudá-lo, ou seja, o acólito instituído bem como outros fiéis, que para isso foram legitimamente delegados.[97] Em caso de necessidade, o sacerdote pode delegar fiéis idôneos para o caso particular.[98]

Estes ministros não se aproximem do altar antes que o sacerdote tenha tomado a comunhão, recebendo sempre o vaso que contém as espécies da santíssima eucaristia a serem distribuídas aos fiéis, da mão do sacerdote celebrante.

163. Terminada a distribuição da comunhão, o próprio sacerdote, no altar, consome imediatamente todo o vinho consagrado que tenha sobrado; as hóstias que sobram, ele as consome ao altar ou as leva ao lugar destinado à conservação da eucaristia.

---

[97] Cf. S. Congr. para os Sacramentos e o Culto Divino. Instr. *Instr. Inaestimabile donum,* n. 10, 3 de abril de 1980: AAS 72 (1980), p. 336; *Instructio interdicasterialis de quibusdam quaestionibus circa fidelium laicorum cooperationem sacerdotum ministerium spectantem Ecclesiae de mysterio,* 15 de agosto de 1997, art. 8: AAS 89 (1997), p. 871.

[98] Cf. Missal Romano, 3. ed. típica latina. Apêndice, Rito de delegação de um ministro extraordinário da comunhão para um caso particular, p. 1253.

Tendo voltado para o altar, o sacerdote recolhe os fragmentos, se os houver; a seguir, de pé junto ao altar, ou junto à credência, purifica a patena ou o cibório sobre o cálice; depois, purifica o cálice dizendo em silêncio: *Fazei, Senhor*, e enxuga-o com o sanguinho. Se os vasos foram purificados sobre o altar, o ministro leva-os para a credência. Pode-se também deixar devidamente cobertos no altar ou na credência, sobre o corporal, os vasos a purificar, sobretudo quando são muitos, e purificá-los imediatamente após a missa, depois da despedida do povo.

164. Em seguida, o sacerdote pode voltar à cadeira. Pode-se guardar durante algum tempo um sagrado silêncio, ou entoar um salmo ou outro canto ou hino de louvor (cf. n. 88).

165. A seguir, de pé, junto à cadeira ou ao altar, voltado para o povo, o sacerdote diz, de mãos unidas, *Oremos*, e de mãos estendidas recita a oração depois da comunhão, que pode ser precedida de um momento de silêncio, a não ser que já se tenha guardado silêncio após a comunhão. No fim da oração, o povo aclama: *Amém*.

Ritos finais

166. Terminada a oração depois da comunhão, façam-se, se necessário, breves comunicações ao povo.

167. Em seguida, o sacerdote, estendendo as mãos, saúda o povo, dizendo: *O Senhor esteja convosco*, e o povo responde: *Ele está no meio de nós*. E o sacerdote, unindo novamente as mãos, acrescenta logo, recolhendo a mão esquerda sobre o peito e elevando a mão direita: *Abençoe-vos Deus todo-poderoso*, e traçando o sinal-da-cruz sobre o povo, prossegue: *Pai e Filho e Espírito Santo*. Todos respondem: *Amém*.

Em certos dias e ocasiões, esta bênção é enriquecida e expressa, conforme as rubricas, pela oração sobre o povo ou outra fórmula mais solene.

O bispo abençoa o povo com fórmula apropriada, traçando três vezes o sinal-da-cruz sobre o povo.[99]

168. Logo após a bênção, o sacerdote, de mãos unidas, acrescenta: *Ide em paz e o Senhor vos acompanhe*, e todos respondem: *Graças a Deus*.

169. O sacerdote beija o altar, como de costume, e, feita a ele com os ministros leigos profunda inclinação, com eles se retira.

170. Se houver depois da missa alguma ação litúrgica, omitem-se os ritos finais, isto é, a saudação, a bênção e a despedida.

---

[99] Cf. *Caeremoniole episcoporum*, nn. 1118-1121.

B) Missa com diácono

171. Quando está presente à celebração eucarística, o diácono, revestido das vestes sagradas, exerça seu ministério. Assim, o diácono:
a) assiste o sacerdote e caminha ao seu lado;
b) ao altar, encarrega-se do cálice e do livro;
c) proclama o Evangelho e, por mandado do sacerdote celebrante, pode fazer a homilia (cf. n. 66);
d) orienta o povo fiel através de oportunas exortações e enuncia as intenções da oração universal;
e) auxilia o sacerdote celebrante na distribuição da comunhão e purifica e recolhe os vasos sagrados;
f) se não houver outros ministros, exerce as funções deles, conforme a necessidade.

Ritos iniciais

172. Conduzindo o Evangeliário, pouco elevado, o diácono precede o sacerdote que se dirige ao altar; se não, caminha a seu lado.

173. Chegando ao altar, se conduzir o Evangeliário, omitida a reverência, sobe ao altar. E, tendo colocado respeitosamente o Evangeliário sobre o altar, com o sacerdote venera o altar com um ósculo.

Se, porém, não conduzir o Evangeliário, faz, como de costume, com o sacerdote profunda inclinação ao altar e, com ele, venera-o com um ósculo.

Por fim, se for usado incenso, assiste o sacerdote na colocação do incenso e na incensação da cruz e do altar.

174. Incensado o altar, dirige-se para a sua cadeira com o sacerdote, permanecendo aí ao lado do sacerdote e servindo-o quando necessário.

Liturgia da Palavra

175. Enquanto é proferido o *Aleluia* ou outro canto, o diácono, quando se usa incenso, serve o sacerdote na imposição do incenso. Em seguida, profundamente inclinado diante do sacerdote, pede, em voz baixa, a bênção, dizendo: *Dá-me a tua bênção*. O sacerdote o abençoa, dizendo: *O Senhor esteja em teu coração*. O diácono faz o sinal-da-cruz e responde: *Amém*. Em seguida, feita uma inclinação ao altar, toma o Evangeliário, que louvavelmente se encontra colocado sobre o altar e dirige-se ao ambão, levando o livro um pouco elevado, precedido do turiferário com o turíbulo fumegante e dos ministros com velas acesas. Ali, ele saúda o povo, dizendo de mãos unidas: *O Senhor esteja*

convosco, e, em seguida às palavras *Proclamação do Evangelho*, traça o sinal-da-cruz com o polegar sobre o livro e, a seguir, sobre si mesmo, na fronte, sobre a boca e o peito, incensa o livro e proclama o Evangelho. Ao terminar, aclama: *Palavra da Salvação*, respondendo todos: *Glória a vós, Senhor*. Em seguida, beija o livro, dizendo em silêncio: *Pelas palavras do santo Evangelho*, e volta para junto do sacerdote.

Quando o diácono serve ao bispo, leva-lhe o livro para ser osculado ou ele mesmo o beija, dizendo em silêncio: *Pelas palavras do santo Evangelho*. Em celebrações mais solenes, o bispo, conforme a oportunidade, abençoa o povo com o Evangeliário.

Por fim, o Evangeliário pode ser levado para a credência ou outro lugar adequado e digno.

176. Não havendo outro leitor preparado, o diácono profere também as outras leituras.

177. Após a introdução do sacerdote, o diácono propõe, normalmente do ambão, as intenções da oração dos fiéis.

Liturgia eucarística

178. Terminada a oração universal, enquanto o sacerdote permanece em sua cadeira, o diácono prepara o altar com a ajuda do acólito; cabe-lhe ainda cuidar dos vasos sagrados. Assiste o sacerdote na recepção das dádivas do povo. Entrega ao sacerdote a patena com o pão que vai ser consagrado; derrama vinho e um pouco d'água no cálice, dizendo em silêncio: *Pelo mistério desta água* e, em seguida, apresenta o cálice ao sacerdote. Ele pode fazer esta preparação do cálice também junto à credência. Quando se usa incenso, serve o sacerdote na incensação das oferendas, da cruz e do altar, e depois ele mesmo ou o acólito incensa o sacerdote e o povo.

179. Durante a oração eucarística, o diácono permanece de pé junto ao sacerdote, mas um pouco atrás, para cuidar do cálice ou do missal, quando necessário.

A partir da epiclese até a apresentação do cálice, o diácono normalmente permanece de joelhos. Se houver vários diáconos, um deles na hora da consagração pode colocar incenso no turíbulo e incensar na apresentação da hóstia e do cálice.

180. À doxologia final da oração eucarística, de pé ao lado do sacerdote, eleva o cálice, enquanto o sacerdote eleva a patena com a hóstia, até que o povo tenha aclamado: *Amém*.

181. Depois que o sacerdote disse a oração pela paz e: *A paz do Senhor esteja sempre convosco*, o povo responde: *O amor de Cristo nos uniu*, o diácono, se for o caso, faz o convite à paz, dizendo, de mãos juntas e voltado para o povo:

Meus irmãos e minhas irmãs, saudai-vos em Cristo Jesus. Ele, por sua vez, recebe a paz do sacerdote e pode oferecê-la aos outros ministros que lhe estiverem mais próximos.

182. Tendo o sacerdote comungado, o diácono recebe a comunhão sob as duas espécies do próprio sacerdote e, em seguida, ajuda o sacerdote a distribuir a comunhão ao povo. Sendo a comunhão ministrada sob as duas espécies, apresenta o cálice aos comungantes e, terminada a distribuição, consome logo com reverência, junto ao altar, todo o sangue de Cristo que tiver sobrado, com a ajuda, se for o caso, dos demais diáconos e dos presbíteros.

183. Concluída a distribuição da comunhão, o diácono volta com o sacerdote ao altar e reúne os fragmentos, se os houver. A seguir, leva o cálice e os outros vasos sagrados para a credência, onde os purifica e compõe como de costume, enquanto o sacerdote regressa à cadeira. Podem-se deixar devidamente cobertos na credência, sobre o corporal, os vasos a purificar e purificá-los imediatamente após a missa, depois da despedida do povo.

Ritos finais

184. Após a oração depois da comunhão, o diácono faz breves comunicações que se fizerem necessárias ao povo, a não ser que o próprio sacerdote prefira fazê-lo.

185. Se for usada a oração sobre o povo ou a fórmula da bênção solene, o diácono diz: *Inclinai-vos para receber a bênção.* Dada a bênção pelo sacerdote, o diácono despede o povo, dizendo, de mãos unidas e voltado para o povo: *Ide em paz e o Senhor vos acompanhe.*

186. A seguir, junto com o sacerdote, venera com um ósculo o altar e, feita uma inclinação profunda, retira-se como à entrada.

C) *Funções do acólito*

187. As funções que o acólito pode exercer são de diversos tipos; alguns deles podem ocorrer simultaneamente. Convém, por isso, que sejam oportunamente distribuídas entre várias pessoas; mas se estiver presente um único acólito, este execute o que for mais importante, distribuindo-se as demais entre outros ministros.

Ritos iniciais

188. Na procissão para o altar, o acólito pode levar a cruz, entre dois ministros que levam velas acesas. Depois de chegar ao altar, depõe a cruz perto

INSTRUÇÃO GERAL SOBRE O MISSAL ROMANO

do altar, de modo que se torne a cruz do altar; se não, guarda-a em lugar digno. Em seguida, ocupa o seu lugar no presbitério.

189. Durante toda a celebração, cabe ao acólito aproximar-se do sacerdote ou do diácono, para lhes apresentar o livro e ajudá-los em outras coisas necessárias. Convém, portanto, que, na medida do possível, ocupe um lugar do qual possa comodamente cumprir o seu ministério, quer junto à cadeira, quer junto ao altar.

Liturgia eucarística

190. Não havendo diácono, depois de concluída a oração universal, enquanto o sacerdote permanece junto à cadeira, o acólito põe sobre o altar o corporal, o purificatório, o cálice, a pala e o missal. A seguir, se for o caso, ajuda o sacerdote a receber os donativos do povo e, oportunamente, leva para o altar o pão e o vinho e os entrega ao sacerdote. Usando-se incenso, apresenta ao sacerdote o turíbulo e o auxilia na incensação das oferendas, da cruz e do altar. Em seguida, incensa o sacerdote e o povo.

191. O acólito legalmente instituído, como ministro extraordinário, pode, se for necessário, ajudar o sacerdote a distribuir a comunhão ao povo.[100] Se a comunhão for dada sob as duas espécies, na ausência do diácono, o acólito ministra o cálice aos comungantes, ou segura o cálice, se a comunhão for dada por intinção.

192. Do mesmo modo, o acólito legalmente instituído, terminada a distribuição da comunhão, ajuda o sacerdote ou o diácono a purificar e arrumar os vasos sagrados. Na falta de diácono, o acólito devidamente instituído leva os vasos sagrados para a credência e ali, como de costume, os purifica, enxuga e arruma.

193. Terminada a missa, o acólito e os demais ministros, junto com o sacerdote e o diácono, voltam processionalmente à sacristia, do mesmo modo e na mesma ordem em que vieram.

D) Funções do leitor

Ritos iniciais

194. Na procissão ao altar, faltando o diácono, o leitor, revestido de vestes aprovadas, pode levar o Evangeliário um pouco elevado; neste caso, caminha à frente do sacerdote; do contrário, com os demais ministros.

---

[100] Cf. Paulo VI. Carta apostólica *Ministeria quaedam*, 15 de agosto de 1972: AAS 64 (1972), p. 532.

261

195. Ao chegar ao altar, faz com os outros profunda inclinação. Se levar o Evangeliário, sobe ao altar e depõe o Evangeliário sobre ele. A seguir, ocupa com os demais ministros seu lugar no presbitério.

Liturgia da Palavra

196. O leitor profere, do ambão, as leituras que precedem o Evangelho. Não havendo salmista, pode proferir também o salmo responsorial depois da primeira leitura.

197. Na falta de diácono, depois que o sacerdote fez a introdução, pode proferir, do ambão, as intenções da oração universal.

198. Se não houver canto à entrada e à comunhão, e os fiéis não recitarem as antífonas propostas no missal, o leitor as pode proferir no momento oportuno (cf. nn. 48 e 87).

II. Missa concelebrada

199. A concelebração, que manifesta convenientemente a unidade do sacerdócio e do sacrifício, bem como a unidade de todo o povo de Deus, é prescrita pelo próprio rito: na ordenação de bispos e de presbíteros, na bênção de abade e na missa do crisma.

Além disso, se recomenda, a não ser que o bem pastoral dos fiéis exija ou aconselhe outra coisa:

a) na missa vespertina na ceia do Senhor;
b) na missa de Concílios, reuniões de bispos e de sínodos;
c) na missa conventual e na missa principal nas igrejas e oratórios;
d) nas missas de reuniões sacerdotais de qualquer tipo, seja de seculares, seja de religiosos.[101]

Contudo, a cada sacerdote é permitido celebrar a eucaristia de forma individual, mas não no mesmo tempo em que na mesma igreja ou oratório se realiza uma concelebração. No entanto, na quinta-feira, na ceia do Senhor e na missa da Vigília pascal não é permitido oferecer o sacrifício de modo individual.

200. Os presbíteros em peregrinação sejam acolhidos de bom grado para a concelebração eucarística, contanto que seja reconhecida sua condição sacerdotal.

201. Onde houver grande número de sacerdotes, a concelebração pode realizar-se várias vezes no mesmo dia, quando a necessidade ou utilidade pas-

---

[101] Cf. Concílio Ecumênico Vaticano II. Const. sobre a sagrada liturgia *Sacrosanctum concilium*, n. 57; CIC, cân. 902.

INSTRUÇÃO GERAL SOBRE O MISSAL ROMANO

toral o aconselhar; mas deve ser feita em momentos sucessivos ou em lugares sagrados diversos.[102]

202. Compete ao bispo, segundo as normas do direito, dirigir a disciplina da concelebração em todas as igrejas e oratórios de sua diocese.

203. Tenha-se em particular apreço a concelebração em que os presbíteros de uma diocese concelebram com o próprio bispo, na missa estacional, principalmente nas maiores solenidades do ano litúrgico, na missa de ordenação de um novo bispo da diocese ou do seu coadjutor ou auxiliar, na missa do crisma, na missa vespertina, na ceia do Senhor, nas celebrações do santo fundador da igreja local ou patrono da diocese, nos aniversários do bispo e por ocasião de um sínodo ou visita pastoral.

Pelo mesmo motivo, recomenda-se a concelebração todas as vezes em que os presbíteros se reúnem com o seu bispo, por ocasião dos exercícios espirituais ou de algum encontro. Nesses casos se manifesta de forma ainda mais clara a unidade do sacerdócio e da Igreja, que caracteriza cada concelebração.[103]

204. Por motivo especial, quer pela significação do rito, quer pela importância da festa, é permitido celebrar ou concelebrar mais vezes no mesmo dia, nos seguintes casos:

a) se alguém, na Quinta-Feira Santa, celebrou ou concelebrou a missa do crisma, pode celebrar ou concelebrar a missa vespertina, na ceia do Senhor;

b) se alguém celebrou ou concelebrou a missa da Vigília pascal, pode celebrar ou celebrar a missa do dia da Páscoa;

c) no Natal do Senhor, todos os sacerdotes podem celebrar ou concelebrar três missas, contanto que sejam celebradas em suas horas próprias;

d) na comemoração de todos os fiéis defuntos, todos os sacerdotes podem celebrar ou concelebrar três missas, contanto que as celebrações se façam em momentos diversos, e observado o que é prescrito a respeito da aplicação da segunda e da terceira missas;[104]

e) se alguém concelebra com o bispo ou seu delegado no sínodo, na visita pastoral ou em reuniões de sacerdotes, pode, para o bem dos fiéis, celebrar outra missa. O mesmo vale, com as devidas ressalvas, para os encontros de religiosos.

205. A missa concelebrada, nas suas diversas modalidades, segue as normas previstas (cf. nn. 112-198), observando-se, ou mudando-se o que vem exposto a seguir.

---

[102] Cf. S. Congr. dos Ritos. Instr. *Eucharisticum mysterium*, n. 47, 25 de maio de 1967: AAS 59 (1967), p. 566.
[103] Cf. ibidem, p. 565.
[104] Cf. Bento XV. Const. apost. *Incruentum altaris sacrificium*, 10 de agosto de 1915: AAS 7 (1915), pp. 401-404.

206. Ninguém se associe nem seja admitido a concelebrar, depois de já iniciada a missa.

207. Preparem-se no presbitério:
a) cadeiras e livretes para os sacerdotes concelebrantes;
b) na credência: cálice de tamanho suficiente ou vários cálices.

208. Se não houver diácono, suas funções serão desempenhadas por alguns dos concelebrantes.

Se também não houver outros ministros, partes que lhes são próprias podem ser confiadas a outros fiéis capacitados; caso contrário, serão desempenhadas por alguns dos concelebrantes.

209. Os concelebrantes vestem, na secretaria ou noutro lugar adequado, os paramentos que usam normalmente ao celebrarem a missa. Se houver motivo justo, como, por exemplo, grande número de concelebrantes e escassez de paramentos, podem os concelebrantes, exceto sempre o celebrante principal, dispensar a casula ou planeta, e usar apenas a estola sobre a alva.

Ritos iniciais

210. Estando tudo preparado, faz-se como de costume a procissão pela igreja até o altar. Os sacerdotes concelebrantes seguem à frente do celebrante principal.

211. Ao chegarem ao altar, os concelebrantes e o celebrante principal, feita profunda inclinação, veneram o altar com um ósculo e se encaminham para as suas cadeiras. O celebrante principal, se for oportuno, incensa a cruz e o altar e, em seguida, vai até a cadeira.

Liturgia da Palavra

212. Durante a liturgia da Palavra, os concelebrantes ocupam os seus lugares e levantam-se com o celebrante principal.

Iniciado o *Aleluia*, todos se levantam, exceto o bispo, que coloca incenso, sem nada dizer, e dá a bênção ao diácono ou, na sua ausência, ao concelebrante que vai proclamar o Evangelho. Contudo, na concelebração presidida por um presbítero, o concelebrante que, na ausência do diácono, proclama o Evangelho, não pede nem recebe a bênção do celebrante principal.

213. A homilia normalmente será feita pelo celebrante principal ou por um dos concelebrantes.

Liturgia eucarística

214. A preparação dos dons (cf. nn. 139-146) é feita pelo celebrante principal, enquanto os outros concelebrantes permanecem nos respectivos lugares.

215. Depois que o celebrante principal conclui a oração sobre as oferendas, os concelebrantes aproximam-se do altar e colocam-se em torno dele, mas de tal forma que não dificultem a realização dos ritos e a visão das cerimônias sagradas por parte dos fiéis, nem impeçam o acesso do diácono ao altar ao exercer a sua função.

O diácono exerce a sua função junto ao altar, ministrando, quando necessário, o cálice e o missal. Contudo, quanto possível, permanece de pé, um pouco atrás, após os sacerdotes concelebrantes, colocados em torno do celebrante principal.

O modo de proferir a oração eucarística

216. O Prefácio é cantado ou proclamado somente pelo sacerdote celebrante principal; mas o *Santo* é cantado ou recitado por todos os concelebrantes junto com o povo e o grupo de cantores.

217. Terminado o *Santo*, os sacerdotes concelebrantes prosseguem a oração eucarística na maneira como se determina a seguir. Só o celebrante principal fará os gestos indicados, caso não se determine outra coisa.

218. As partes que são proferidas conjuntamente por todos os concelebrantes e, sobretudo, as palavras da consagração, que todos devem expressar, quando forem recitadas, sejam ditas em voz tão baixa de tal modo que se ouça claramente a voz do celebrante principal. Dessa forma as palavras são mais facilmente entendidas pelo povo.

As partes a serem proferidas por todos os concelebrantes juntos, ornadas com notas no missal, são de preferência cantadas.

Oração eucarística I, ou Cânon romano

219. Na oração eucarística I, ou Cânon romano, o *Pai de misericórdia* é dito somente pelo celebrante principal, de mãos estendidas.

220. O *Lembrai-vos, ó Pai* e o *Em comunhão* convém que sejam confiados a um ou dois sacerdotes concelebrantes, que, cada um, em voz alta e de mãos estendidas, diz sozinho a sua parte.

221. O *Recebei, ó Pai* é dito novamente apenas pelo celebrante principal de mãos estendidas.

222. Do *Dignai-vos, ó Pai, aceitar* até o *Nós vos suplicamos*, o celebrante principal realiza os gestos, enquanto todos os concelebrantes dizem tudo juntos, da seguinte forma:
   a) o *Dignai-vos, ó Pai, aceitar*, com as mãos estendidas para as oferendas;
   b) *Na noite* e *Do mesmo modo*, de mãos unidas;
   c) as palavras do Senhor, com a mão direita estendida para o pão e o cálice, se parecer oportuno; à apresentação, olham para a hóstia e o cálice e depois se inclinam profundamente;
   d) o *Celebrando, pois, a memória* e o *Recebei, ó Pai, esta oferenda*, de mãos estendidas;
   e) o *Nós vos suplicamos*, inclinados e de mãos unidas até as palavras *recebendo o corpo e o sangue* e erguem-se fazendo o sinal-da-cruz às palavras *sejamos repletos de todas as graças e bênçãos do céu*.

223. O *Lembrai-vos, ó Pai* e o *E a todos nós pecadores* convém que sejam confiados a um ou dois sacerdotes concelebrantes, que, cada um, em voz alta e de mãos estendidas, diz sozinho a sua parte.

224. Às palavras *E a todos nós pecadores*, todos os concelebrantes batem no peito.

225. O *Por ele não cessais de criar* é dito apenas pelo celebrante principal.

Oração eucarística II

226. Na oração eucarística II, o *Na verdade, ó Pai, vós sois santo* é proferido apenas pelo celebrante principal, de mãos estendidas.

227. Desde o *Santificai, pois* até o *E nós vos suplicamos*, os concelebrantes proferem tudo juntos, da seguinte forma:
   a) o *Santificai, pois*, de mãos estendidas em direção às oferendas;
   b) o *Estudo para ser entregue* e *Do mesmo modo*, de mãos unidas;
   c) as palavras do Senhor, com a mão direita estendida para o pão e o cálice, se parecer oportuno; à apresentação, olham para a hóstia e o cálice e depois se inclinam profundamente;
   d) o *Celebrando, pois, a memória* e o *E nós vos suplicamos*, de mãos estendidas.

228. As intercessões pelos vivos: *Lembrai-vos, ó Pai*, e pelos falecidos: *Lembrai-vos também dos nossos irmãos*, convém que sejam confiadas a um ou dois sacerdotes concelebrantes, que, cada um, em voz alta e de mãos estendidas, diz sozinho a sua parte.

INSTRUÇÃO GERAL SOBRE O MISSAL ROMANO

Oração eucarística III

229. Na oração eucarística III, o *Na verdade, vós sois santo* é proferido apenas pelo celebrante principal, de mãos estendidas.

230. Do *Por isso, nós vos suplicamos* até o *Olhai com bondade*, todos os concelebrantes proferem tudo juntos, da seguinte maneira:

a) o *Por isso, nós vos suplicamos*, com as mãos estendidas para as oferendas;

b) o *Na noite em que ia ser entregue* e o *Do mesmo modo*, de mãos unidas;

c) as palavras do Senhor, com a mão direita estendida para o pão e o cálice, se parecer oportuno; à apresentação, olham para a hóstia e o cálice e depois se inclinam profundamente;

d) o *Celebrando agora* e o *Olhai com bondade*, de mãos estendidas.

231. As intercessões: *Que ele faça de nós*, o *E agora nós vos suplicamos* e o *Acolhei com bondade*, convém que sejam confiados a um ou dois sacerdotes concelebrantes, que, cada um, em voz alta e de mãos estendidas, diz sozinho a sua parte.

Oração eucarística IV

232. Na oração eucarística IV, *Nós proclamamos* até *levando à plenitude a sua obra* é proferido apenas pelo celebrante principal, de mãos estendidas.

233. Do *Por isso, nós vos pedimos* até o *Olhai com bondade*, todos os concelebrantes recitam tudo juntos, da seguinte maneira:

a) o *Por isso, nós vos pedimos*, de mãos estendidas para as oferendas;

b) o *Quando, pois, chegou a hora* e o *Do mesmo modo*, de mãos unidas;

c) as palavras do Senhor, com a mão direita estendida para o pão e o cálice, se parecer oportuno; à apresentação, olham para a hóstia e o cálice e depois se inclinam profundamente;

d) o *Celebrando agora* e o *Olhai com bondade*, de mãos estendidas.

234. Intercessões: o *E agora, ó Pai, lembrai-vos de todos*, o *Lembrai-vos também* e o *E a todos nós*, convém que sejam confiados a um ou mais concelebrantes, que as recita sozinho, em voz alta, de mãos estendidas.

235. Quanto a outras orações eucarísticas aprovadas pela Sé Apostólica, observem-se as normas estabelecidas para cada uma delas.

236. A doxologia final da oração eucarística é proferida somente pelo sacerdote celebrante principal e, se se preferir, junto com os demais concelebrantes, não, porém, pelos fiéis.

Rito da comunhão

237. A seguir, o celebrante principal, de mãos unidas, diz a exortação que precede a oração do Senhor e, com as mãos estendidas, reza a oração do Senhor com os demais concelebrantes, também de mãos estendidas e com todo o povo.

238. O *Livrai-nos* é dito apenas pelo celebrante principal, de mãos estendidas. Todos os concelebrantes dizem com o povo a aclamação final: *Vosso é o reino*.

239. Depois do convite do diácono ou, na sua ausência, de um dos concelebrantes: *Meus irmãos e minhas irmãs, saudai-vos em Cristo Jesus*, todos se cumprimentam. Os que se encontram mais próximos do celebrante principal recebem a sua saudação antes do diácono.

240. Durante o *Cordeiro de Deus*, os diáconos ou alguns dos concelebrantes podem auxiliar o celebrante principal a partir as hóstias para a comunhão dos concelebrantes e do povo.

241. Após depositar no cálice a fração da hóstia, só o celebrante principal, de mãos juntas, diz em silêncio a oração *Senhor Jesus Cristo, Filho do Deus vivo* ou *Senhor Jesus Cristo, o vosso corpo e o vosso sangue*.

242. Terminada a oração antes da comunhão, o celebrante principal faz genuflexão e afasta-se um pouco. Um após os outros, os concelebrantes se aproximam do centro do altar, fazendo genuflexão e tomam do altar, com reverência, o corpo de Cristo; segurando-o com a mão direita e colocando por baixo a esquerda, retornam a seus lugares. Podem, no entanto, permanecer nos respectivos lugares e tomar o corpo de Cristo da patena que o celebrante principal, ou um ou vários dos concelebrantes seguram, passando diante deles; ou então passam a patena de um a outro até o último.

243. A seguir, o celebrante principal toma a hóstia, consagrada na própria missa, e, mantendo-a um pouco elevada sobre a patena ou sobre o cálice, voltado para o povo, diz: *Felizes os convidados*, e continua com os concelebrantes e o povo, dizendo: *Senhor, eu não sou digno*.

244. Em seguida, o celebrante principal, voltado para o altar, diz em silêncio: *Que o corpo de Cristo me guarde para a vida eterna*, e comunga com reverência o corpo de Cristo. Os concelebrantes fazem o mesmo, tomando a comunhão. Depois deles, o diácono recebe das mãos do celebrante principal o corpo do Senhor.

245. O sangue do Senhor pode ser tomado diretamente do cálice, ou por intinção, ou ainda com uma cânula ou uma colher.

246. Quando a comunhão é feita diretamente do cálice, pode-se usar um dos seguintes modos:

a) O celebrante principal, de pé ao meio do altar, toma o cálice e diz em silêncio: *Que o sangue de Cristo me guarde para a vida eterna*, bebe um pouco do sangue e entrega o cálice ao diácono ou a um concelebrante. A seguir, distribui a comunhão aos fiéis (cf. nn. 160-162).

Os concelebrantes aproximam-se do altar, um a um, ou dois a dois quando se usam dois cálices, fazem genuflexão, tomam do sangue, enxugam a borda do cálice e voltam para a respectiva cadeira.

b) O celebrante principal, de pé, no centro do altar, toma normalmente o sangue do Senhor.

Os concelebrantes podem tomar o sangue do Senhor nos seus respectivos lugares, bebendo do cálice que o diácono ou um dos concelebrantes lhes apresenta; ou também passando sucessivamente o cálice uns aos outros. O cálice é sempre enxugado, seja por aquele que bebe, seja por aquele que apresenta o cálice. Cada um depois de ter comungado, volta à sua cadeira.

247. O diácono, junto ao altar, consome, com reverência, todo o sangue que restar, ajudado, se for preciso, por alguns dos concelebrantes; leva-o, em seguida, à credência, onde ele mesmo ou um acólito legitimamente instituído, como de costume, o purifica, enxuga e compõe (cf. n. 183).

248. A comunhão dos concelebrantes pode também se realizar de modo que um depois do outro comunguem, no altar, do corpo e, logo em seguida, do Senhor de Cristo.

Neste caso, o celebrante principal toma a comunhão sob as duas espécies, como de costume (cf. n. 158), observando-se o rito escolhido, em cada caso, para a comunhão do cálice, que os demais concelebrantes hão de seguir.

Assim, terminada a comunhão do celebrante principal, coloca-se o cálice em um lado do altar, sobre outro corporal. Um depois do outro, os concelebrantes aproximam-se do centro do altar, fazem genuflexão e comungam o corpo do Senhor; passam em seguida para o lado do altar e tomam o sangue do Senhor, conforme o rito escolhido para a comunhão do cálice, como se disse antes.

A comunhão do diácono e a purificação do cálice se realizam também como foi descrito anteriormente.

249. Se a comunhão dos concelebrantes se faz por intinção, o celebrante principal comunga, como de costume, o corpo e o sangue do Senhor, cuidando que fique ainda bastante do precioso sangue para a comunhão dos concelebrantes. A seguir, o diácono, ou um dos concelebrantes, dispõe o cálice, de modo conveniente, no meio do altar ou em um dos lados sobre outro corporal, junto com a patena com as partículas.

Os concelebrantes, um depois do outro, aproximam-se do altar, fazem genuflexão, tomam a partícula, mergulham-na parcialmente no cálice e, com a patena sob a boca, tomam a partícula embebida e voltam aos seus lugares como no início da missa.

O diácono também comunga por intinção, respondendo *Amém* ao concelebrante que lhe diz: *O corpo e o sangue de Cristo*.

O diácono, junto ao altar, consome, com reverência, todo o sangue que restar, ajudado, se for preciso, por alguns dos concelebrantes; leva-o, em seguida, à credência, onde ele mesmo ou um acólito legitimamente instituído, como de costume, o purifica, enxuga e compõe.

Ritos finais

250. O celebrante principal procede ao mais como de costume até o final da missa (cf. nn. 166-168), permanecendo os concelebrantes em suas cadeiras.

251. Os concelebrantes, antes de se afastarem do altar, fazem-lhe uma profunda inclinação. O celebrante principal, com o diácono, porém, como de costume, beija o altar em sinal de veneração.

III. Missa com assistência de um só ministro

252. Na missa celebrada por um sacerdote, ao qual assiste e responde um só ministro, observa-se o rito da missa com povo (cf. nn. 120-169), proferindo o ministro, quando for o caso, as partes do povo.

253. Se o ministro for diácono, ele exerce as funções que lhe são próprias (cf. nn. 171-186) e desempenha, outrossim, as outras partes do povo.

254. A celebração sem ministro ou ao menos de um fiel não se faça a não ser por causa justa e razoável. Neste caso, omitem-se as saudações, as exortações e a bênção no final da missa.

255. Os vasos sagrados necessários são preparados antes da missa, seja na credência perto do altar, seja sobre o altar, do lado direito.

Ritos iniciais

256. O sacerdote aproxima-se do altar e, feita profunda inclinação, o venera pelo ósculo e ocupa seu lugar na cadeira. Se preferir, o sacerdote pode permanecer ao altar; neste caso, prepara-se aí também o missal. Em seguida, o ministro ou o sacerdote diz a antífona da entrada.

INSTRUÇÃO GERAL SOBRE O MISSAL ROMANO

257. A seguir, o sacerdote com o ministro, de pé, faz o sinal-da-cruz, dizendo: *Em nome do Pai*; voltado para o ministro, saúda-o com uma das fórmulas propostas.

258. Em seguida, realiza-se o ato penitencial e, conforme as rubricas, se dizem o *Senhor* e o *Glória*.

259. A seguir, de mãos unidas, diz *Oremos* e, fazendo uma pausa conveniente, profere a oração do dia, com as mãos estendidas. Ao terminar, o ministro aclama: *Amém*.

Liturgia da Palavra

260. As leituras, na medida do possível, são proferidas do ambão ou da estante.

261. Depois da oração do dia, o ministro lê a primeira leitura e o salmo e, quando prescrita, a segunda leitura e o versículo do *Aleluia* ou outro canto.

262. Depois, inclinado, o sacerdote diz: *Ó Deus todo-poderoso, purificai-me*, e, em seguida, lê o Evangelho. Ao terminar, diz: *Palavra da salvação*, e o ministro responde: *Glória a vós, Senhor*. Em seguida, o sacerdote venera o livro, beijando-o e dizendo em silêncio: *Pelas palavras do santo Evangelho*.

263. A seguir, o sacerdote recita com o ministro o símbolo, de acordo com as rubricas.

264. Segue-se a oração universal, que também pode ser dita nesta missa. O sacerdote introduz e conclui a oração, ao passo que o ministro profere as intenções.

Liturgia eucarística

265. Na liturgia eucarística tudo é feito como na missa com povo, exceto o que se segue.

266. Feita a aclamação no final do embolismo, que segue a oração do Senhor, o sacerdote diz a oração *Senhor Jesus Cristo, dissestes*; em seguida, acrescenta: *A paz do Senhor esteja sempre convosco*, a que o ministro responde: *O amor de Cristo nos uniu*. Se for oportuno, o sacerdote saúda o ministro.

267. A seguir, enquanto diz com o ministro o *Cordeiro de Deus*, o sacerdote parte a hóstia sobre a patena. Terminado o *Cordeiro de Deus*, depõe no cálice a fração da hóstia, dizendo em silêncio: *Esta união*.

268. Em seguida, o sacerdote diz em silêncio a oração *Senhor Jesus Cristo, Filho do Deus vivo* ou *Senhor Jesus Cristo, o vosso corpo*; depois, faz genuflexão,

271

toma a hóstia e, se o ministro comungar, diz, voltado para ele e segurando a hóstia um pouco elevada sobre o cálice: *Felizes os convidados* e diz com ele uma só vez: *Senhor, eu não sou digno*. Em seguida, voltado para o altar, comunga o corpo de Cristo. Se o ministro não receber a comunhão, o sacerdote, tendo feito a genuflexão, toma a hóstia e, voltado para o altar, diz uma vez em silêncio: *Senhor, eu não sou digno* e *O corpo de Cristo me guarde* e comunga o corpo de Cristo. Depois toma o cálice e diz em silêncio: *O sangue de Cristo me guarde para a vida eterna*, e toma o sangue.

269. Antes de ser dada a comunhão ao ministro, é dita a antífona da comunhão pelo ministro ou pelo próprio sacerdote.

270. O sacerdote purifica o cálice na credência ou junto ao altar. Se o cálice for purificado no altar, pode ser levado para a credência pelo ministro ou ser colocado a um lado, sobre o altar.

271. Após a purificação do cálice, convém que o sacerdote observe algum tempo de silêncio; a seguir, diz a oração depois da comunhão.

Ritos finais

272. Os ritos finais são realizados como na missa com povo, omitindo-se, porém, o *Ide em paz*. O sacerdote, como de costume, venera o altar com um beijo e, feita inclinação profunda, retira-se com o ministro.

IV. Algumas normas mais gerais para todas as formas de missa

Veneração do altar e do Evangeliário

273. Conforme uso consagrado, a veneração do altar e do Evangeliário é feita pelo ósculo. Mas, onde esse sinal não se coadunar com as tradições ou a índole da região, compete à Conferência dos bispos estabelecer outro sinal para substituí-lo, com o consentimento da Sé Apostólica.

Genuflexão e inclinação

274. A genuflexão, que se faz dobrando o joelho direito até o chão, significa adoração; por isso, se reserva ao Santíssimo Sacramento e à santa cruz,

desde a solene adoração na ação litúrgica da Sexta-feira da Paixão do Senhor até o início da Vigília pascal.

Na missa, o sacerdote celebrante faz três genuflexões, a saber: depois da apresentação da hóstia, após a apresentação do cálice e antes da comunhão. As particularidades a serem observadas na missa concelebrada vêm indicadas nos respectivos lugares (cf. nn. 210-251).

Se, porém, houver no presbitério tabernáculo com o Santíssimo Sacramento, o sacerdote, o diácono e os outros ministros fazem genuflexão quando chegam ao altar e quando dele se retiram, não, porém, durante a própria celebração da missa.

Também fazem genuflexão todos os que passam diante do Santíssimo Sacramento, a não ser que caminhem processionalmente.

Os ministros que levam a cruz processional e as velas, em vez de genuflexão, fazem inclinação da cabeça.

275. Pela inclinação se manifesta a reverência e a honra que se atribuem às próprias pessoas ou aos seus símbolos. Há duas espécies de inclinação, ou seja, de cabeça e de corpo:

a) faz-se inclinação de cabeça quando se nomeiam juntas as três Pessoas Divinas, ao nome de Jesus, da Virgem Maria e do Santo em cuja honra se celebra a missa;

b) inclinação de corpo, ou inclinação profunda, se faz: ao altar; às orações *Ó Deus todo-poderoso, purificai-me* e *De coração contrito*; no símbolo, às palavras *E se encarnou*; no Cânon Romano, às palavras *Nós vos suplicamos*. O diácono faz a mesma inclinação quando pede a bênção antes de proclamar o Evangelho. Além disso, o sacerdote inclina-se um pouco quando, na consagração, profere as palavras do Senhor.

Incensação

276. A turificação ou incensação exprime a reverência e a oração, como é significada na Sagrada Escritura (cf. Sl 140,2; Ap 8,3).

O incenso pode ser usado facultativamente em qualquer forma de missa:

a) durante a procissão de entrada;

b) no início da missa, para incensar a cruz e o altar;

c) à procissão e à proclamação do Evangelho;

d) depostos o pão e o cálice sobre o altar, para incensar as oferendas, a cruz e o altar, bem como o sacerdote e o povo;

e) à apresentação da hóstia e do cálice, após a consagração.

277. Ao colocar o incenso no turíbulo, o sacerdote o abençoa com o sinal-da-cruz, sem nada dizer.

Antes e depois da turificação, faz-se inclinação profunda à pessoa ou à coisa que é incensada, com exceção do altar e das oferendas para o sacrifício da missa.

São incensados com três ductos do turíbulo: o Santíssimo Sacramento, as relíquias da santa cruz e as imagens do Senhor expostas para veneração pública, as oferendas para o sacrifício da missa, a cruz do altar, o Evangeliário, o círio pascal, o sacerdote e o povo.

Com dois ductos são incensadas as relíquias e as imagens dos santos expostas à veneração pública, mas somente uma vez no início da celebração, após a incensação do altar.

O altar é incensado, cada vez com um só icto, da seguinte maneira:
a) se o altar estiver separado da parede, o sacerdote o incensa, andando ao seu redor;
b) se, contudo, o altar não estiver separado da parede, o sacerdote, caminhando, incensa primeiro a parte direita do altar, depois a parte esquerda.

Se a cruz estiver sobre o altar ou junto dele, é turificado antes da incensação do altar; caso contrário, quando o sacerdote passa diante dele.

As oferendas são incensadas pelo sacerdote com três ductos do turíbulo, antes da incensação da cruz e do altar, ou traçando com o turíbulo o sinal-da-cruz sobre as oferendas.

Purificação

278. Sempre que algum fragmento da hóstia aderir aos dedos, principalmente após a fração ou a comunhão dos fiéis, o sacerdote limpe os dedos sobre a patena ou, se necessário, lave-os. Da mesma forma, recolha os fragmentos, se os houver fora da patena.

279. Os vasos sagrados são purificados pelo sacerdote ou pelo diácono ou pelo acólito instituído depois da comunhão ou da missa, na medida do possível junto à credência. A purificação do cálice é feita com água, ou com água e vinho, a serem consumidos por aquele que purifica o cálice. A patena seja limpa normalmente com o sanguinho.

Cuide-se que a sobra do sangue de Cristo que eventualmente restar após a distribuição da comunhão seja tomada logo, integralmente, junto ao altar.

280. Se a hóstia ou alguma partícula cair no chão, seja recolhida com reverência; se for derramado um pouco do sangue, lave-se com água o lugar onde caiu, e lance-se depois esta água na piscina construída na sacristia.

Comunhão sob as duas espécies

281. A comunhão realiza mais plenamente o seu aspecto de sinal quando sob as duas espécies. Sob esta forma se manifesta mais perfeitamente o sinal do banquete eucarístico e se exprime de modo mais claro a vontade divina de realizar a nova e eterna aliança no sangue do Senhor, assim como a relação entre o banquete eucarístico e o banquete escatológico no reino do Pai.[105]

282. Cuidem os pastores de lembrar, da melhor forma possível, aos fiéis que participam do rito ou a ele assistem, a doutrina católica a respeito da forma da Sagrada comunhão, segundo o Concílio Ecumênico Tridentino. Antes de tudo, advirtam os fiéis de que a fé católica ensina que, também sob uma só espécie, se recebe Cristo todo e inteiro, assim como o verdadeiro sacramento; por isso, no que concerne aos frutos da comunhão, aqueles que recebem uma só espécie não ficam privados de nenhuma graça necessária à salvação.[106]

Ensinem ainda que a Igreja, na administração dos sacramentos, tem o poder de determinar e mudar, salva a sua substância, o que julgar conveniente à utilidade dos que os recebem e à veneração dos mesmos sacramentos, em razão da diversidade das coisas, dos tempos e dos lugares.[107] Ao mesmo tempo exortem os fiéis a desejarem participar mais intensamente do rito sagrado pelo qual se manifesta do modo mais perfeito o sinal do banquete eucarístico.

283. Além dos casos previstos nos livros rituais, a comunhão sob as duas espécies é permitida nos seguintes casos:

a) aos sacerdotes que não podem celebrar ou concelebrar o santo sacrifício;

b) ao diácono e a todos que exercem algum ofício na missa;

c) aos membros da comunidade na missa conventual ou na missa chamada "da comunidade", aos alunos dos seminários, a todos os que fazem exercícios espirituais ou que participam de alguma reunião espiritual ou pastoral.

O bispo diocesano pode baixar normas a respeito da comunhão sob as duas espécies para a sua diocese, a serem observadas inclusive nas igrejas dos religiosos e nos pequenos grupos. Ao mesmo bispo se concede a faculdade de permitir a comunhão sob as duas espécies, sempre que isso parecer oportuno ao sacerdote a quem, como pastor próprio, a comunidade está confiada, contanto que os fiéis tenham boa formação a respeito e esteja excluído todo perigo de profanação do sacramento, ou o rito se torne mais difícil, por causa do número de participantes ou por outro motivo.

---

[105] Cf. S. Congr. dos Ritos. Instr. *Eucharisticum mysterium*, n. 32, 25 de maio de 1967: AAS 59 (1967), p. 558.

[106] Cf. Conc. Ecum. Tridentino, Sessão XXI, 16 de julho de 1562, Decr. sobre a comunhão eucarística, caps. 1-3: DS 1725-1729.

[107] Cf. ibidem, cap. 2: DS 1728.

Contudo, quanto ao modo de distribuir a sagrada comunhão sob as duas espécies aos fiéis, e à extensão da faculdade, as Conferências dos Bispos podem baixar normas, a serem reconhecidas pela Sé Apostólica.*

284. Quando a comunhão é dada sob as duas espécies:
a) quem serve o cálice é normalmente o diácono, ou, na sua ausência, o presbítero; ou também o acólito instituído ou outro ministro extraordinário da sagrada comunhão; ou outro fiel a quem, em caso de necessidade, é confiado eventualmente este ofício;
b) o que por acaso sobrar do precioso sangue é consumido no altar pelo sacerdote, ou pelo diácono, ou pelo acólito instituído, que serviu o cálice e, como de costume, purifica, enxuga e compõe os vasos sagrados.

Aos fiéis que, eventualmente, queiram comungar somente sob a espécie de pão, seja-lhes oferecida a sagrada comunhão dessa forma.

285. Para distribuir a comunhão sob as duas espécies, preparem-se:
a) quando a comunhão do cálice é feita tomando diretamente do cálice, prepare-se um cálice de tamanho suficiente (ou vários cálices), tendo-se sempre o cuidado de prever que não sobre mais do sangue de Cristo do que se possa tomar razoavelmente no fim da celebração;
b) quando a comunhão se realiza por intinção, preparem-se hóstias que não sejam demasiado finas nem pequenas, mas um pouco mais espessas que de costume, para que possam ser distribuídas comodamente depois de molhadas parcialmente no sangue.

286. Se a comunhão do sangue se faz bebendo do cálice, o comungando, depois de ter recebido o corpo de Cristo, aproxima-se do ministro do cálice e fica de pé diante dele. O ministro diz: *O sangue de Cristo*; o comungando res-

---

* Cf. CNBB, *Comunicado Mensal*, n. 500, ano 45 (1996), pp. 717-718: Conforme proposta da 33ª Assembléia Geral da CNBB, aprovada pela Sé Apostólica, a ampliação do uso da comunhão sob as duas espécies pode ocorrer nos seguintes casos: 1) A todos os membros dos institutos religiosos e seculares, masculinos e femininos, e a todos os membros das casas de formação sacerdotal ou religiosa, quando participarem da missa da comunidade. 2) A todos os participantes da missa da comunidade por ocasião de um encontro de oração ou de uma reunião pastoral. 3) A todos os participantes em missas que já comportam para alguns dos presentes a comunhão sob as duas espécies, conforme o n. 243 dos Princípios e normas para uso do *Missal Romano*: a) Quando há uma missa de batismo de adulto, crisma ou admissão na comunhão da igreja; b) quando há casamento na missa; c) na ordenação de diácono; d) na bênção da abadessa, na consagração das Virgens, na primeira profissão religiosa, na renovação da mesma, na profissão perpétua, quando feitas durante a missa; e) na missa de instituição de ministérios, de envio de missionários leigos e quando se dá na missa qualquer missão eclesiástica; f) na administração do viático, quando a missa é celebrada em casa; g) quando o diácono e os ministros comungam na missa; h) havendo concelebração; i) quando um sacerdote presente comunga na missa; j) nos exercícios espirituais e nas reuniões pastorais; l) nas missas de jubileu de sacerdócio, de casamento ou de profissão religiosa; m) na primeira missa de um neo-sacerdote; n) nas missas conventuais ou de uma "comunidade". 4) Na ocasião de celebrações particularmente expressivas do sentido da comunidade cristã reunida em torno do altar.

ponde: *Amém*, e o ministro lhe entrega o cálice, que o próprio comungando, com as mãos, leva à boca. O comungando toma um pouco do cálice, devolve-o ao ministro e se retira; o ministro, por sua vez, enxuga a borda do cálice com o purificatório.

287. Se a comunhão do cálice é feita por intinção, o comungando, segurando a patena sob a boca, aproxima-se do sacerdote, que segura o vaso com as sagradas partículas e a cujo lado tem o ministro sustentando o cálice. O sacerdote toma a hóstia, mergulha-a parcialmente no cálice e, mostrando-a, diz: *O corpo e o sangue de Cristo*; o comungando responde: *Amém*, recebe do sacerdote o sacramento, na boca, e se retira.

DISPOSIÇÃO E ORNAMENTAÇÃO DAS IGREJAS PARA A CELEBRAÇÃO DA EUCARISTIA

I. Princípios gerais

288. Para celebrar a eucaristia, o povo de Deus se reúne geralmente na igreja, ou, na falta ou insuficiência desta, em outro lugar conveniente, digno de tão grande mistério. As igrejas e os demais lugares devem prestar-se à execução das ações sagradas e à ativa participação dos fiéis. Além disso, os edifícios sagrados e os objetos destinados ao culto sejam realmente dignos e belos, sinais e símbolos das coisas divinas.[108]

289. Por isso, a Igreja não cessa de solicitar a nobre contribuição das artes e admite as expressões artísticas de todos os povos e regiões.[109] Ainda mais, assim como se esforça por conservar as obras e tesouros artísticos legados pelos séculos precedentes[110] e, na medida do necessário, adaptá-las às novas necessidades, também procura promover formas novas que se adaptem à índole de cada época.[111]

Portanto, nos programas propostos aos artistas, bem como na seleção de obras a serem admitidas na igreja, procure-se uma verdadeira qualidade artís-

---

[108] Cf. Concílio Ecumênico Vaticano II. Const. sobre a sagrada liturgia *Sacrosanctum concilium*, nn. 122-124; Decr. sobre o ministério e a vida dos presbíteros *Presbyterorum ordinis*, n. 5; Congr. dos Ritos. Instr. *Inter oecumenici*, n. 90, 26 de setembro de 1964: AAS 56 (1964), p. 897; Instr. *Eucharisticum mysterium*, n. 24, 25 de maio de 1967: AAS 59 (1967), p. 554; CIC, cân. 932, § 1.

[109] Cf. Concílio Ecumênico Vaticano II. Const. sobre a sagrada liturgia *Sacrosanctum concilium*, n. 123.

[110] Cf. Congr. dos Ritos. Instr. *Eucharisticum mysterium*, n. 24, 25 de maio de 1967: AAS 59 (1967), p. 554.

[111] Cf. Concílio Ecumênico Vaticano II. Const. sobre a sagrada liturgia *Sacrosanctum concilium*, nn. 123 e 129; S. Congr. dos Ritos. Instr. *Inter Oecumenici*, n. 13c, 26 de setembro de 1964: AAS 56 (1964), p. 880.

tica, para que alimentem a fé e a piedade e correspondam ao seu verdadeiro significado e ao fim a que se destinam.[112]

290. Todas as igrejas sejam dedicadas ou ao menos abençoadas. Contudo, as igrejas catedrais e paroquiais sejam solenemente dedicadas.

291. Para edificar, reformar e dispor convenientemente os edifícios sagrados, consultem os responsáveis a Comissão Diocesana de Liturgia e Arte Sacra. O bispo diocesano recorra também ao parecer e auxílio da mesma comissão, quando se tratar de estabelecer normas nesta matéria, de aprovar projetos de novos edifícios sagrados ou resolver questões de certa importância.[113]

292. A ornamentação da igreja deve visar mais à nobre simplicidade do que à pompa. Na escolha dessa ornamentação, cuide-se da autenticidade dos materiais e procure-se assegurar a educação dos fiéis e a dignidade de todo o local sagrado.

293. Para corresponder às necessidades de nossa época, a organização da igreja e de suas dependências requer que não se tenha em vista apenas o que se refere às ações sagradas, mas também tudo o que contribua para uma justa comodidade dos fiéis, como se costuma providenciar nos lugares onde se realizam reuniões.

294. O povo de Deus, que se reúne para a missa, constitui uma assembléia orgânica e hierárquica que se exprime pela diversidade de funções e ações, conforme cada parte da celebração. Por isso, convém que a disposição geral do edifício sagrado seja tal que ofereça uma imagem da assembléia reunida, permita uma conveniente disposição de todas as coisas e favoreça a cada um exercer corretamente a sua função.

Os fiéis e o grupo dos cantores ocuparão lugares que lhes favoreçam uma participação ativa.[114]

O sacerdote celebrante, o diácono e demais ministros tomarão lugar no presbitério. Aí se prepararão as cadeiras dos concelebrantes; se, porém, seu número for grande, as cadeiras serão dispostas em outro lugar da igreja, mas próximo do altar.

Tudo isso, além de exprimir a ordenação hierárquica e a diversidade das funções, deve constituir uma unidade íntima e coerente pela qual se manifeste com evidência a unidade de todo o povo de Deus. A natureza e beleza do local e de todas as alfaias alimentem a piedade dos fiéis e manifestem a santidade dos mistérios celebrados.

---

[112] Cf. Concílio Ecumênico Vaticano II. Const. sobre a sagrada liturgia *Sacrosanctum concilium*, n. 123.
[113] Cf. ibidem, n. 126; S. Congr. dos Ritos. Instr. *Inter oecumenici*, n. 91, 26 de setembro de 1964: AAS 56 (1964), p. 898.
[114] Cf. S. Congr. dos Ritos. Instr. *Inter oecumenici*, nn. 97-98, 26 de setembro de 1964: AAS 56 (1964), p. 899.

II. Disposição do presbitério para a assembléia sagrada

295. O presbitério é o lugar onde se encontra localizado o altar, é proclamada a Palavra de Deus, e o sacerdote, o diácono e os demais ministros exercem o seu ministério. Convém que se distinga do todo da igreja por alguma elevação, ou por especial estrutura e ornato. Seja bastante amplo para que a celebração da eucaristia se desenrole comodamente e possa ser vista por todos.[115]

O altar e sua ornamentação

296. O altar, onde se torna presente o sacrifício da cruz sob os sinais sacramentais, é também a mesa do Senhor na qual o povo de Deus é convidado a participar por meio da missa; é ainda o centro da ação de graças que se realiza pela eucaristia.

297. A celebração da eucaristia, em lugar destinado ao culto, deve ser feita em um altar; fora do lugar sagrado pode se realizar sobre uma mesa apropriada, sempre, porém, com toalha e corporal, cruz e castiçais.

298. Convém que em toda igreja exista um altar fixo, que significa de modo mais claro e permanente Jesus Cristo, Pedra viva (1Pd 2,4; cf. Ef 2,20); nos demais lugares dedicados às sagradas celebrações, o altar pode ser móvel.

Chama-se altar fixo quando é construído de tal forma que esteja unido ao pavimento, e não possa ser removido; móvel, quando pode ser removido.

299. O altar seja construído afastado da parede, a fim de ser facilmente circundado e nele se possa celebrar de frente para o povo, o que convém fazer em toda parte onde for possível. O altar ocupe um lugar que seja de fato o centro para onde espontaneamente se volte a atenção de toda a assembléia dos fiéis.[116] Normalmente seja fixo e dedicado.

300. Tanto o altar fixo como o móvel seja dedicado conforme o rito apresentado no Pontifical romano; contudo, o altar móvel pode também ser apenas abençoado.

301. Segundo tradicional e significativo costume da Igreja, a mesa do altar fixo seja de pedra, e mesmo de pedra natural. Contudo, pode-se também usar outro material digno, sólido e esmeradamente trabalhado, a juízo da Conferência dos Bispos. Os pés ou a base de sustentação da mesa podem ser feitos de qualquer material, contanto que digno e sólido.

---

[115] Cf. ibidem, n. 91: AAS 56 (1964), p. 898.
[116] Cf. ibidem.

O altar móvel pode ser construído de qualquer material nobre e sólido, condizente com o uso litúrgico e de acordo com as tradições e costumes das diversas regiões.

302. Se for oportuno, mantenha-se o uso de depositar sob o altar a ser dedicado relíquias de santos, ainda que não sejam mártires. Cuide-se, porém, de verificar a autenticidade de tais relíquias.

303. Nas novas igrejas a serem construídas, convém erigir um só altar, que na assembléia dos fiéis signifique um só Cristo e uma só eucaristia da Igreja.

Contudo, nas igrejas já construídas, quando o altar antigo estiver colocado de tal maneira que torne difícil a participação do povo, nem puder ser transferido sem detrimento de seu valor artístico, construa-se outro altar fixo com valor artístico e a ser devidamente dedicado; e somente nele se realizem as sagradas celebrações. Para não distrair a atenção dos fiéis do novo altar, o altar antigo não seja ornado de modo especial.

304. Em reverência para com a celebração do memorial do Senhor e o banquete em que se comungam o seu corpo e sangue, ponha-se sobre o altar onde se celebra ao menos uma toalha de cor branca, que combine, por seu formato, tamanho e decoração, com a forma do mesmo altar.

305. Na ornamentação do altar observe-se moderação.

No tempo do Advento se ornamente o altar com flores com moderação tal que convenha à índole desse tempo, sem, contudo, antecipar aquela plena alegria do Natal do Senhor. No tempo da Quaresma é proibido ornamentar com flores o altar. Excetuam-se, porém, o domingo *Laetare* (IV na Quaresma), solenidades e festas.

A ornamentação com flores seja sempre moderada e, em vez de se dispor o ornamento sobre o altar, de preferência seja colocado junto a ele.

306. Sobre a mesa do altar podem ser colocadas somente aquelas coisas que se requerem para a celebração da missa, ou seja: o Evangeliário, do início da celebração até a proclamação do Evangelho; desde a apresentação das oferendas até a purificação dos vasos sagrados, o cálice com a patena, o cibório, se necessário, e, finalmente, o corporal, o purificatório, a pala e o missal.

Além disso, se disponham de modo discreto os aparelhos que possam ajudar a amplificar a voz do sacerdote.

307. Os castiçais requeridos pelas ações litúrgicas para manifestarem a reverência e o caráter festivo da celebração (cf. n. 117) sejam colocados, como parecer melhor, sobre o altar ou junto dele, levando em conta as proporções do altar e do presbitério, de modo a formarem um conjunto harmonioso e que não impeça os fiéis de verem aquilo que se realiza ou se coloca sobre o altar.

INSTRUÇÃO GERAL SOBRE O MISSAL ROMANO

308. Haja também sobre o altar ou perto dele uma cruz com a imagem do Cristo crucificado que seja bem visível para o povo reunido. Convém que tal cruz, que serve para recordar aos fiéis a paixão salutar do Senhor, permaneça junto ao altar também fora das celebrações litúrgicas.

O ambão

309. A dignidade da Palavra de Deus requer na igreja um lugar condigno de onde possa ser anunciada e para onde se volte espontaneamente a atenção dos fiéis no momento da liturgia da Palavra.[117]

De modo geral, convém que esse lugar seja uma estrutura estável e não uma simples estante móvel. O ambão seja disposto de tal modo em relação à forma da igreja que os ministros ordenados e os leitores possam ser vistos e ouvidos facilmente pelos fiéis.

Do ambão são proferidos somente as leituras, o salmo responsorial e o precônio pascal; também se podem proferir a homilia e as intenções da oração universal ou oração dos fiéis. A dignidade do ambão exige que a ele suba somente o ministro da palavra.

Convém que o novo ambão seja abençoado antes de ser destinado ao uso litúrgico conforme o rito proposto no Ritual Romano.[118]

A cadeira para o sacerdote celebrante e outras cadeiras

310. A cadeira do sacerdote celebrante deve manifestar a sua função de presidir a assembléia e dirigir a oração. Por isso, o seu lugar mais apropriado é de frente para o povo no fundo do presbitério, a não ser que a estrutura do edifício sagrado ou outras circunstâncias o impeçam, por exemplo, se a demasiada distância torna difícil a comunicação entre o sacerdote e a assembléia, ou se o tabernáculo ocupar o centro do presbitério atrás do altar. Evite-se toda espécie de trono.[119] Antes de ser destinada ao uso litúrgico, convém que se faça a bênção da cadeira da presidência segundo o rito descrito no Ritual romano.[120]

---

[117] Cf. S. Congr. dos Ritos. Instr. *Inter oecumenici*, n. 96, 26 de setembro de 1964: AAS 56 (1964), p. 899.

[118] Cf. Ritual Romano. *Ritual de bênçãos*, ed. típica 1984, *Bênção de novo ambão*, nn. 900-918.

[119] Cf. S. Congr. dos Ritos. Instr. *Inter oecumenici*, n. 92, 26 de setembro de 1964: AAS 56 (1964), p. 898.

[120] Cf. Ritual Romano. *Ritual de bênçãos*, ed. típica 1984, *Bênção de cadeira de presidência*, nn. 880-899.

Disponham-se também no presbitério cadeiras para os sacerdotes concelebrantes, bem como para presbíteros que, revestidos de veste coral, participem da concelebração, sem que concelebrem.

A cadeira para o diácono esteja junto da cadeira do celebrante. Para os demais ministros, as cadeiras sejam dispostas de modo que se distingam claramente das cadeiras do clero e eles possam exercer com facilidade a função que lhes é confiada.[121]

III. A disposição da igreja

O lugar dos fiéis

311. Disponham-se os lugares dos fiéis com todo o cuidado, de sorte que possam participar devidamente das ações sagradas com os olhos e o espírito. Convém que haja habitualmente para eles bancos ou cadeiras. Mas, reprova-se o costume de reservar lugares para determinadas pessoas.[122] Sobretudo nas novas igrejas que são construídas, disponham-se os bancos ou as cadeiras de tal forma que os fiéis possam facilmente assumir as posições requeridas pelas diferentes partes da celebração e aproximar-se sem dificuldade da sagrada comunhão.

Cuide-se que os fiéis possam não só ver o sacerdote, o diácono ou os leitores, mas também, graças aos instrumentos técnicos modernos, ouvi-los com facilidade.

O lugar do grupo de cantores e dos instrumentos musicais

312. O grupo dos cantores, segundo a disposição de cada igreja, deve ser colocado de tal forma que se manifeste claramente sua natureza, isto é, que faz parte da assembléia dos fiéis, onde desempenha um papel particular; que a execução de sua função se torne mais fácil; e possa cada um de seus membros facilmente obter uma participação plena na missa, ou seja, participação sacramental.[123]

---

[121] Cf. S. Congr. dos Ritos. Instr. *Inter oecumenici*, n. 92, 26 de setembro de 1964: AAS 56 (1964), p. 898.

[122] Cf. Concílio Ecumênico Vaticano II. Const. sobre a sagrada liturgia *Sacrosanctum concilium*, n. 32.

[123] Cf. S. Congr. dos Ritos. Instr. *Musicam sacram*, n. 23, 5 de março de 1967: AAS 59 (1967), p. 307.

INSTRUÇÃO GERAL SOBRE O MISSAL ROMANO

313. O órgão e outros instrumentos musicais legitimamente aprovados sejam colocados em tal lugar que possam sustentar o canto do grupo de cantores e do povo e possam ser facilmente ouvidos, quando tocados sozinhos. Convém que o órgão seja abençoado antes de ser destinado ao uso litúrgico, segundo o rito descrito no Ritual Romano.[124]

No tempo do Advento, o órgão e outros instrumentos musicais sejam usados com moderação tal que convenha à índole desse tempo, sem, contudo, antecipar aquela plena alegria do Natal do Senhor.

No tempo da Quaresma, o toque do órgão e dos outros instrumentos é permitido somente para sustentar o canto. Excetuam-se, porém, o domingo *Laetare* (IV na Quaresma), as solenidades e as festas.

O lugar de conservação da santíssima eucaristia

314. De acordo com a estrutura de cada igreja e os legítimos costumes locais, o santíssimo sacramento seja conservado em um tabernáculo, colocado em lugar de honra na igreja, suficientemente amplo, visível, devidamente decorado e que favoreça a oração.[125]

Normalmente o tabernáculo seja um único, inamovível, feito de material sólido e inviolável não transparente, e fechado de tal modo que se evite ao máximo o perigo de profanação.[126] Convém, além disso, que seja abençoado antes de ser destinado ao uso litúrgico, segundo o rito descrito no Ritual Romano.[127]

315. Em razão do sinal, é mais conveniente que no altar em que se celebra a missa não haja tabernáculo onde se conserva a santíssima eucaristia.[128]

É preferível, pois, a juízo do bispo diocesano, colocar o tabernáculo:

a) no presbitério, fora do altar da celebração, na forma e no lugar mais convenientes, não estando excluído o altar antigo que não mais é usado para a celebração (n. 306);

---

[124] Cf. RITUAL ROMANO. *Ritual de bênçãos*, ed. típica 1984, nn. 1052-1067.

[125] Cf. S. CONGR. DOS RITOS. Instr. *Eucharisticum mysterium*, n. 54, 25 de maio de 1967: AAS 59 (1967), p. 568; Instr. *Inter oecumenici*, n. 95, 26 de setembro de 1964: AAS 56 (1964), p. 898.

[126] Cf. S. CONGR. DOS RITOS. Instr. *Eucharisticum mysterium*, n. 52, 25 de maio de 1967: AAS 59 (1967), p. 568; Instr. *Inter oecumenici*, n. 95, 26 de setembro de 1964: AAS 56 (1964), p. 898; S. CONGR. DOS SACRAMENTOS. Instr. *Nullo umquam tempore*, n. 4, 28 de maio de 1938; AAS 30 (1938), pp. 199-200; RITUAL ROMANO. *A sagrada comunhão e o culto do mistério eucarístico fora da missa*, ed. típica 1973, nn. 10-11; CIC, cân. 938, § 3.

[127] Cf. RITUAL ROMANO. *Ritual de bênçãos*, ed. típica 1984, *Bênção de novo tabernáculo eucarístico*, nn. 919-929.

[128] Cf. S. CONGR. DOS RITOS. Instr. *Eucharisticum mysterium*, n. 55, 25 de maio de 1967: AAS 59 (1967), p. 569.

b) ou também em uma capela apropriada para a adoração e oração privada dos fiéis,[129] que esteja organicamente ligada com a igreja e visível aos fiéis.

316. Conforme antiga tradição mantenha-se perenemente acesa uma lâmpada especial junto ao tabernáculo, alimentada por óleo ou cera, pela qual se indique e se honre a presença de Cristo.[130]

317. Além disso, de modo algum se esqueça tudo o mais que se prescreve, segundo as normas do direito, sobre a conservação da santíssima eucaristia.[131]

As imagens sagradas

318. Na liturgia terrena, antegozando, a Igreja participa da liturgia celeste, que se celebra na cidade santa de Jerusalém, para a qual, peregrina, se encaminha, onde Cristo está sentado à direita de Deus, e, venerando a memória dos santos, espera fazer parte da sociedade deles.[132]

Por isso, segundo antiqüíssima tradição da Igreja, as imagens do Senhor, da Bem-Aventurada Virgem Maria e dos santos sejam legitimamente apresentadas à veneração dos fiéis nos edifícios sagrados[133] e sejam aí dispostas de modo que conduzam os fiéis aos mistérios da fé que ali se celebram. Por isso, cuide-se que o seu número não aumente desordenadamente, e sua disposição se faça na devida ordem, a fim de não desviarem da própria celebração a atenção dos fiéis.[134] Normalmente, não haja mais de uma imagem do mesmo santo. De modo geral, procure-se na ornamentação e disposição da igreja, quanto às imagens, favorecer a piedade de toda a comunidade e a beleza e a dignidade das imagens.

---

[129] Cf. ibidem, n. 53: AAS 59 (1967), p. 568; Ritual Romano. *A sagrada comunhão e o culto eucarístico fora da missa*, ed. típica 1973, n. 9; CIC, cân. 938, § 2; João Paulo II. Carta *Dominicae cenae*, n. 3, 24 de fevereiro de 1980: AAS 72 (1980), pp. 117-119.

[130] Cf. CIC, cân. 940; S. Congr. dos Ritos. Instr. *Eucharisticum mysterium*, n. 57, 25 de maio de 1967: AAS 59 (1967), p. 569; cf. Ritual Romano. *A sagrada comunhão e o culto eucarístico fora da missa*, ed. típica 1973, n. 11.

[131] Cf. particularmente S. Congr. dos sacramentos. Instr. *Nullo umquam tempore*, 28 de maio de 1938: AAS 30 (1938), pp. 198-207; CIC, cân. 934-944.

[132] Cf. Concílio Ecumênico Vaticano II. Const. sobre a sagrada liturgia *Sacrosanctum concilium*, n. 8.

[133] Cf. Pontifical Romano. *Ritual da dedicação de igreja e de altar*, ed. típica 1977, cap. IV, n. 10; Ritual Romano. *Ritual de bênçãos*, ed. típica 1984, Bênção de imagens que são colocadas à veneração pública dos fiéis, nn. 984-1031.

[134] Cf. Concílio Ecumênico Vaticano II. Const. sobre a sagrada liturgia *Sacrosanctum concilium*, n. 125.

INSTRUÇÃO GERAL SOBRE O MISSAL ROMANO

REQUISITOS PARA A CELEBRAÇÃO DA MISSA

I. O pão e o vinho para a celebração da eucaristia

319. Seguindo o exemplo de Cristo, a Igreja sempre utilizou pão e vinho com água para celebrar o banquete do Senhor.

320. O pão para a celebração da eucaristia deve ser de trigo sem mistura, recém-feito e ázimo conforme antiga tradição da Igreja latina.

321. A verdade do sinal exige que a matéria da celebração eucarística pareça realmente um alimento. Convém, portanto, que, embora ázimo e com a forma tradicional, seja o pão eucarístico de tal modo preparado que o sacerdote, na missa com povo, possa de fato partir a hóstia em diversas partes e distribuí-las ao menos a alguns dos fiéis. Não se excluem, porém, as hóstias pequenas, quando assim o exigirem o número dos comungantes e outras razões pastorais. O gesto, porém, da fração do pão, que por si só designava a eucaristia nos tempos apostólicos, manifestará mais claramente o valor e a importância do sinal da unidade de todos em um só pão, e da caridade fraterna pelo fato de um único pão ser repartido entre os irmãos.

322. O vinho para a celebração eucarística deve ser de uva (cf. Lc 22,18), natural e puro, isto é, sem mistura de substâncias estranhas.

323. Cuide-se atentamente que o pão e o vinho destinados à eucaristia sejam conservados em perfeito estado, isto é, que o vinho não azede, nem o pão se corrompa ou se torne demasiado duro, difícil de partir.

324. Se depois da consagração ou quando vai comungar, o sacerdote percebe que no cálice não foi colocado vinho, mas água, derrame a água em algum recipiente, coloque vinho com água no cálice, consagrando-o com a parte da narração da instituição correspondente à consagração do cálice, sem ser obrigado a consagrar novamente o pão.

II. As sagradas alfaias em geral

325. Como na construção de igrejas, também em relação a todas as alfaias a Igreja admite as expressões artísticas de cada região, aceitando adaptações que concordem com a índole e as tradições de cada povo, contanto que tudo corresponda devidamente ao uso a que se destinam as alfaias.[135]

---

[135] Cf. Concílio Ecumênico Vaticano II. Const. sobre a sagrada liturgia *Sacrosanctum concilium*, n. 128.

285

Também neste ponto cuide-se atentamente de obter a nobre simplicidade que se coadune perfeitamente com a verdadeira arte.

326. Na escolha dos materiais para as alfaias, admitem-se igualmente, além dos tradicionais, aqueles que são considerados nobres pela mentalidade atual, são duráveis e se prestam bem para o uso sagrado. Compete à Conferência dos Bispos de cada região decidir a esse respeito (cf. n. 390).

III. Os vasos sagrados

327. Entre as coisas necessárias para a celebração da missa, honram-se especialmente os vasos sagrados e, entre eles, o cálice e a patena, onde se oferecem, consagram e consomem o vinho e o pão.

328. Os vasos sagrados sejam feitos de metal nobre. Se forem de metal oxidável ou menos nobres do que o ouro, sejam normalmente dourados por dentro.

329. A juízo da Conferência dos Bispos, com aprovação da Sé Apostólica, os vasos sagrados podem ser feitos também de outros materiais sólidos e considerados nobres em cada região, por exemplo, o ébano ou outras madeiras mais duras, contanto que convenham ao uso sagrado. Neste caso, prefiram-se sempre materiais que não se quebrem nem se alterem facilmente. Isso vale para todos os vasos destinados a receber as hóstias como patena, cibório, teca, ostensório e outros do gênero.

330. Os cálices e outros vasos destinados a receber o sangue do Senhor tenham a copa feita de matéria que não absorva líquido. O pé pode ser feito de outro material sólido e digno.

331. Para consagrar as hóstias é conveniente usar uma patena de maior dimensão, onde se coloca tanto o pão para o sacerdote e o diácono, bem como para os demais ministros e fiéis.

332. Quanto à forma dos vasos sagrados, o artista tem a liberdade de confeccioná-los de acordo com os costumes de cada região, contanto que se coadunem com o uso litúrgico a que são destinados e se distingam claramente daqueles destinados ao uso cotidiano.

333. Quanto à bênção dos vasos sagrados, observem-se os ritos prescritos nos livros litúrgicos.[136]

---

[136] Cf. Pontifical Romano. *Ritual da dedicação de igreja e de altar*, ed. típica 1977, *Rito da bênção de cálice e de patena*; Ritual Romano. *Ritual de bênçãos*, ed. típica 1984, *Bênção de objetos utilizados nas celebrações litúrgicas*, nn. 1068-1084.

334. Conserve-se o costume de construir na sacristia uma piscina em que se lance a água da purificação dos vasos sagrados e da lavagem das toalhas de linho (cf. n. 280).

IV. As vestes sagradas

335. Na Igreja, que é o corpo de Cristo, nem todos os membros desempenham a mesma função. Esta diversidade de funções na celebração da eucaristia manifesta-se exteriormente pela diversidade das vestes sagradas, que por isso devem ser um sinal da função de cada ministro. Importa que as próprias vestes sagradas contribuam também para a beleza da ação sagrada. As vestes usadas pelos sacerdotes, os diáconos, bem como pelos ministros leigos, são oportunamente abençoadas antes que sejam destinadas ao uso litúrgico, conforme o rito descrito no Ritual Romano.[137]

336. A alva é a veste sagrada comum a todos os ministros ordenados e instituídos de qualquer grau; ela será cingida à cintura pelo cíngulo, a não ser que o seu feitio o dispense. Antes de vestir a alva, põe-se o amito, caso ela não encubra completamente as vestes comuns que circundam o pescoço. A alva não poderá ser substituída pela sobrepeliz, nem sobre a veste talar, quando se deve usar casula ou dalmática, ou quando, de acordo com as normas, se usa apenas a estola sem a casula ou dalmática.

337. A não ser que se disponha de outro modo, a veste própria do sacerdote celebrante, tanto na missa como em outras ações sagradas em conexão direta com ela, é a casula ou planeta sobre a alva e a estola.

338. A veste própria do diácono é a dalmática sobre a alva e a estola; contudo, por necessidade ou em celebrações menos solenes, a dalmática pode ser dispensada.

339. Os acólitos, os leitores e os outros ministros leigos podem trajar alva ou outra veste legitimamente aprovada pela Conferência dos Bispos em cada região (cf. n. 390).

340. A estola é colocada pelo sacerdote em torno do pescoço, pendendo diante do peito; o diácono usa a estola a tiracolo sobre o ombro esquerdo, prendendo-a do lado direito.

341. A capa ou pluvial é usada pelo sacerdote nas procissões e outra ações sagradas, conforme as rubricas de cada rito.

---

[137] Cf. Ritual Romano. *Ritual de bênçãos*, ed. típica 1984, *Bênção de objetos utilizados nas celebrações litúrgicas*, n. 1070.

PRINCÍPIOS DA REFORMA DA CELEBRAÇÃO EUCARÍSTICA E AS INTRODUÇÕES RITUAIS

342. Quanto à forma das vestes sagradas, as Conferências dos Bispos podem definir e propor à Sé Apostólica as adaptações que correspondam às necessidades e costumes da região.[138]*

343. Na confecção das vestes sagradas, podem-se usar, além dos tecidos tradicionais, os materiais próprios de cada região e mesmo algumas fibras artificiais que se coadunem com a dignidade da ação sagrada e da pessoa a juízo da Conferência dos Bispos.[139]

344. Convém que a beleza e nobreza de cada vestimenta decorram não tanto da multiplicidade de ornatos, mas do material usado e da forma. Os ornatos apresentem figuras ou imagens ou, então, símbolos que indiquem o uso sagrado, excluindo-se os que não se prestam bem a esse uso.

345. As diferentes cores das vestes sagradas visam manifestar externamente o caráter dos mistérios celebrados e também a consciência de uma vida cristã que progride com o desenrolar do ano litúrgico.

346. Com relação à cor das vestes sagradas, seja observado o uso tradicional, a saber:

a) O branco é usado nos ofícios e missas do Tempo pascal e do Natal do Senhor; além disso, nas celebrações do Senhor, exceto as de sua Paixão, da Bem-Aventurada Virgem Maria, dos Santos Anjos, dos Santos não Mártires, nas solenidades de Todos os Santos (1º de novembro), de São João Batista (24 de junho), nas festas de São João Evangelista (27 de dezembro), da Cátedra de São Pedro (22 de fevereiro) e da Conversão de São Paulo (25 de janeiro).

b) O vermelho é usado no Domingo da Paixão e na Sexta-Feira da Semana Santa, no domingo de Pentecostes, nas celebrações da Paixão do Senhor, nas festas natalícias dos apóstolos e evangelistas e nas celebrações dos Santos Mártires.

c) O verde se usa nos ofícios e missas do tempo comum.

d) O roxo é usado no tempo do Advento e da Quaresma. Pode também ser usado nos ofícios e missas dos fiéis defuntos.

e) O preto pode ser usado, onde for costume, nas missas dos fiéis defuntos.

f) O rosa pode ser usado, onde for costume, nos domingos *Gaudete* (III do Advento) e *Laetare* (IV da Quaresma).

g) Em dias mais solenes podem ser usadas vestes sagradas festivas ou mais nobres, mesmo que não sejam da cor do dia.

---

[138] Cf. CONCÍLIO ECUMÊNICO VATICANO II. Const. sobre a sagrada liturgia *Sacrosanctum concilium*, n. 128.

* A CNBB (XII Assembléia Geral – 1971) aprovou a substituição do conjunto alva e casula por túnica ampla, de cor neutra, com estola da cor do tempo ou da festa.

[139] Cf. CONCÍLIO ECUMÊNICO VATICANO II. Const. sobre a sagrada liturgia *Sacrosanctum concilium*, n. 128.

No que se refere às cores litúrgicas, as Conferências dos Bispos podem determinar e propor à Sé Apostólica adaptações que correspondam às necessidades e ao caráter de cada povo.

347. As missas rituais são celebradas com a cor própria, a branca ou a festiva; as missas por diversas necessidades, com a cor própria do dia ou do tempo, ou com a cor roxa, se tiverem cunho penitencial, por exemplo, nn. 31, 33 e 38; as missas votivas, com a cor que convém à missa a ser celebrada, ou também com a cor própria do dia ou do tempo.

V. Outros objetos usados na igreja

348. Além dos vasos e das vestes sagradas, para os quais se prescreve determinado material, as demais alfaias destinadas ao culto litúrgico[140] ou a qualquer uso na igreja sejam dignas e condizentes com o fim a que se destinam.

349. Deve-se cuidar de modo especial que os livros litúrgicos, particularmente o Evangeliário e o Lecionário, destinados à proclamação da Palavra de Deus, gozando, por isso, de veneração peculiar, sejam na ação litúrgica realmente sinais e símbolos das realidades celestes, e, por conseguinte, verdadeiramente dignos, artísticos e belos.

350. Além disso, deve-se atender com todo o cuidado às coisas que estão ligadas diretamente com o altar e a celebração eucarística, como sejam, por exemplo, a cruz do altar e a cruz que é levada em procissão.

351. Tenha-se o cuidado de observar as exigências da arte também em coisas de menor importância e de sempre aliar uma nobre simplicidade a um apurado asseio.

A ESCOLHA DA MISSA E DE SUAS PARTES

352. A eficácia pastoral da celebração aumentará, certamente, se os textos das leituras, das orações e dos cantos corresponderem, na medida do possível, às necessidades, à preparação espiritual e à mentalidade dos participantes. Isto se obterá mais facilmente usando-se a múltipla possibilidade de escolha que se descreve adiante.

---

[140] Quanto à bênção dos objetos que nas igrejas são destinados ao uso litúrgico, cf. RITUAL ROMANO. *Ritual de bênçãos*, ed. típica 1984, III Parte.

Por conseguinte, na organização da missa, o sacerdote levará mais em conta o bem espiritual de toda a assembléia do que o seu próprio gosto. Lembre-se ainda de que a escolha das diversas partes deve se feita em comum acordo com os que exercem alguma função especial na celebração, sem excluir absolutamente os fiéis naquilo que se refere a eles de modo mais direto.

Sendo muito grande a possibilidade de escolha para as diversas partes da missa, é necessário que antes da celebração o diácono, os leitores, o salmista, o cantor, o comentarista, o grupo dos cantores saibam exatamente cada um quais os textos que lhes competem, para que nada se faça de improviso, pois a harmoniosa organização e execução dos ritos muito contribuem para dispor os fiéis à participação da eucaristia.

I. A escolha da missa

353. Nas solenidades, o sacerdote deve seguir o calendário da igreja em que celebra.

354. Nos domingos, nos dias de semana do Advento, do Natal, da Quaresma e da Páscoa, nas festas e nas memórias obrigatórias:

a) se a missa for celebrada com povo, o sacerdote siga o calendário da igreja em que celebra;

b) se a missa for celebrada com a participação de um só ministro, o sacerdote pode escolher tanto o calendário da igreja como o calendário próprio.

355. Nas memórias facultativas:

a) Nos dias de semana do Advento, de 17 a 24 de dezembro, nos dias da oitava da Páscoa e nos dias de semana da Quaresma, exceto Quarta-Feira de Cinzas e os dias de semana da Semana Santa, diz-se a missa do dia litúrgico que conste no calendário geral para aquele dia, exceto na Quarta-Feira de Cinzas ou em um dia de semana da Semana Santa. Nos dias de semana do Tempo pascal, a memória dos santos pode realizar-se integralmente conforme as rubricas.

b) Nos dias de semana do Advento anteriores a 17 de dezembro, nos dias de semana do tempo do Natal desde o dia 2 de janeiro e nos dias de semana do Tempo pascal, pode-se escolher tanto a missa do santo ou de um dos santos cuja memória se celebra, ou ainda de qualquer outro que conste do Martirológio naquele dia.

c) Nos dias de semana do tempo comum, pode-se escolher entre a missa do dia de semana, a da memória facultativa ocorrente, a de algum santo que conste do Martirológio naquele dia, uma das missas para diversas necessidades ou votiva.

Se o sacerdote celebra com povo, cuidará de não omitir, muitas vezes e sem razão suficiente, as leituras indicadas no Lecionário cada dia para os dias de semana, pois a Igreja deseja que a mesa da Palavra de Deus seja oferecida aos fiéis com maior riqueza.[141]

Pela mesma razão não tome com freqüência as missas dos fiéis defuntos, pois qualquer missa é oferecida tanto pelos vivos como pelos falecidos, e há um memento para eles em cada oração eucarística.

Onde os fiéis tiverem grande estima pelas memórias facultativas da Virgem Maria ou dos santos, satisfaça-se a legítima piedade do povo.

Quando houver liberdade de optar entre a memória do calendário universal e a do calendário diocesano ou religioso, dê-se preferência, em pé de igualdade e segundo a tradição, à memória particular.

II. A escolha das partes da missa

356. Ao escolher os textos das diversas partes da missa, tanto do tempo como dos santos, observem-se as normas que se seguem.

Leituras

357. Para os domingos e solenidades estão marcadas três leituras, isto é, do profeta, do apóstolo e do Evangelho, que levam o povo cristão a compreender a continuidade da obra da salvação, segundo a admirável pedagogia divina. Estas leituras sejam realmente feitas. No Tempo pascal, conforme a tradição da Igreja, em lugar do Antigo Testamento, a leitura tomada dos Atos dos Apóstolos.

Para as festas são previstas duas leituras. Mas, se a festa, segundo as normas, for elevada ao grau de solenidade, acrescenta-se uma terceira leitura, tirada do comum.

Na memória dos santos, a não ser que haja próprias, lêem-se normalmente as leituras indicadas para o dia de semana. Em alguns casos, propõem-se leituras apropriadas, ou seja, que realçam um aspecto peculiar da vida espiri-

---

[141] Concílio Ecumênico Vaticano II. Const. sobre a sagrada liturgia *Sacrosanctum concilium*, n. 51.

tual ou da atividade do santo. O uso destas leituras não deve ser urgido, a não ser que uma razão pastoral realmente o aconselhe.

358. No lecionário semanal, propõem-se leituras para cada dia da semana durante todo o ano. Por isso, via de regra, tais leituras serão tomadas nos dias em que estão marcadas, a não ser que ocorra uma solenidade ou festa ou memória que tenha leituras próprias do Novo Testamento, ou seja, nas quais se faça menção do santo celebrado.

Se, no entanto, a leitura contínua da semana for interrompida por alguma solenidade, festa ou celebração particular, poderá o sacerdote, considerando a disposição das leituras de toda a semana, juntar às outras as leituras omitidas, ou então decidir quais os textos que deverão ser preferidos.

Nas missas para grupos particulares, poderá o sacerdote escolher textos mais adaptados àquela celebração, contanto que sejam selecionados entre os que constem do Lecionário aprovado.

359. Existe também uma seleção especial de textos da Sagrada Escritura no Lecionário para as missas rituais em que ocorra a celebração de algum sacramento ou sacramental ou para as missas que são celebradas por alguma necessidade.

Estes lecionários foram compostos para levar os fiéis por uma audição mais adequada da Palavra de Deus, a compreender mais plenamente o mistério de que participam e estimar cada vez mais a Palavra de Deus.

Por isso, ao determinar os textos a serem proferidos na celebração, leve-se em conta as razões de ordem pastoral e a faculdade de opção concedida nesta matéria.

360. Por vezes se apresenta uma forma mais longa ou outra mais breve de um mesmo texto. Na escolha entre as duas formas tenha-se em vista o critério pastoral. No caso, é preciso atender à capacidade dos fiéis de ouvir com fruto a leitura mais ou menos longa; à sua capacidade de ouvir um texto mais completo a ser explicado pela homilia.[142]

361. Quando se concede a faculdade de escolher entre um ou outro texto já determinado, ou quando se deixa à escolha, será mister atender à unidade dos que participam. Isso pode acontecer quando se trata de usar um texto que seja mais fácil ou mais adequado à assembléia reunida, ou de um texto a ser repetido ou reposto, indicado como próprio em alguma celebração, ou seja, leitura de livre escolha, sempre que a utilidade pastoral o aconselhe.[143]

---

[142] MISSAL ROMANO. *Ordo lectionum missae*, ed típica 1981, Instr., n. 80.
[143] Ibidem, n. 81.

Isso pode acontecer quando o mesmo texto deva ser proclamado de novo dentro de alguns dias, por exemplo, no domingo e em um dia de semana que se segue imediatamente, ou quando se teme que algum dos textos escolhidos apresente dificuldades para a assembléia reunida. Cuide-se, porém, que na escolha dos textos da Sagrada Escritura algumas de suas partes sejam permanentemente excluídas.

362. Além das faculdades de escolher textos mais apropriados, conforme foi exposto anteriormente, dá-se às Conferências dos Bispos, em circunstâncias peculiares, a faculdade de indicar algumas adaptações relativas às leituras, mantendo-se, no entanto, o princípio de que os textos sejam escolhidos de lecionário devidamente aprovado.

Orações

363. Em cada missa, a não ser que se indique outra coisa, dizem-se as orações que lhe são próprias.

Nas memórias dos santos, diz-se a oração do dia própria ou, em sua falta, do comum correspondente; as orações sobre as oferendas e depois da comunhão, não sendo próprias, podem ser tomadas do comum ou dos dias de semana do tempo comum.

Nos dias de semana do tempo comum, porém, além das orações do domingo precedente, podem tornar-se as orações de outro domingo do tempo comum ou uma das orações para diversas necessidades consignadas no missal. Mas será sempre lícito tomar apenas a oração do dia das mesmas missas.

Desta maneira se oferece maior riqueza de textos, capazes de nutrir com maior abundância as preces dos fiéis.

Nos tempos mais importantes do ano, essa adaptação já é feita pelas orações que lhes são próprias, contidas no missal para cada dia da semana.

Oração eucarística

364. O grande número de prefácios com que o Missal Romano foi enriquecido tem por objetivo pôr em plena luz os temas da ação de graças na oração eucarística e realçar os vários aspectos do mistério da salvação.

365. A escolha entre as várias orações eucarísticas, que se encontram no ordinário da missa, segue, oportunamente, as seguintes normas:

a) a oração eucarística I, ou Cânon Romano, que sempre pode ser usada, é proclamada mais oportunamente nos dias em que a oração eucarística tem o *Em comunhão* próprio ou nas missas enriquecidas com o *Recebei, ó Pai*, próprio, como também nas celebrações dos apóstolos e dos santos mencionados na mesma oração; também nos domingos, a não ser que por motivos pastorais se prefira a terceira oração eucarística;

b) a oração eucarística II, por suas características particulares, é mais apropriadamente usada nos dia de semana ou em circunstâncias especiais. Embora tenha prefácio próprio, pode igualmente ser usada com outros prefácios, sobretudo aqueles que de maneira sucinta apresentem o mistério da salvação, por exemplo, os prefácios comuns. Quando se celebra a missa por um fiel defunto, pode-se usar a fórmula própria proposta no respectivo lugar, a saber, antes do *Lembrai-vos também*;

c) a oração eucarística III pode ser dita com qualquer prefácio. Dê-se preferência a ela nos domingos e festas. Se, contudo, esta prece for usada nas missas pelos fiéis defuntos, pode-se tomar a fórmula especial pelo falecido, no devido lugar, ou seja, após as palavras: *Reuni em vós, Pai de misericórdia, todos os vossos filhos e filhas dispersos pelo mundo inteiro*;

d) a oração eucarística IV possui um prefácio imutável e apresenta um resumo mais completo da história da salvação. Pode ser usada quando a missa não possui prefácio próprio, bem como nos domingos do tempo comum. Não se pode inserir nesta oração, devido à sua estrutura, uma fórmula especial por um fiel defunto.

Cantos

366. Não é lícito substituir os cantos colocados no Ordinário da missa, por exemplo, o *Cordeiro de Deus*, por outros cantos.

367. Na seleção dos cantos interlecionais e dos cantos da entrada, das oferendas e da comunhão, observem-se as normas estabelecidas nos respectivos lugares (cf. nn. 40-41, 47-48, 61-64, 74, 87-88).

MISSAS E ORAÇÕES PARA DIVERSAS CIRCUNSTÂNCIAS E MISSAS DOS FIÉIS DEFUNTOS

I. Missas e orações para diversas circunstâncias

368. Como a liturgia dos sacramentos e sacramentais obtém para os fiéis devidamente preparados que quase todos os acontecimentos da vida sejam

INSTRUÇÃO GERAL SOBRE O MISSAL ROMANO

santificados pela graça divina que flui do mistério pascal,[144] e como a eucaristia é o sacramento dos sacramentos, o missal fornece formulários de missas e orações que, nas diversas ocasiões da vida cristã, podem ser usadas pelas necessidades do mundo inteiro, da Igreja universal e da igreja local.

369. Tendo em vista a mais ampla faculdade de escolher leituras e orações, convém que as missas para as diversas circunstâncias sejam empregadas moderadamente, isto é, quando a oportunidade o exigir.

370. Em todas as missas para as diversas circunstâncias, a não ser que se disponha de outro modo, é permitido usar as leituras dos dias de semana bem como os seus cantos interlecionais, se combinarem com a celebração.

371. Entre essas missas contam-se as missas rituais, para diversas necessidades, para as diversas circunstâncias e votivas.

372. As missas estão unidas à celebração de certos sacramentos e sacramentais. São proibidas nos domingos do Advento, da Quaresma e da Páscoa, nas solenidades, nos dias da oitava da Páscoa, na Comemoração de Todos os Fiéis defuntos, na Quarta-Feira de Cinzas e nos dias de semana da Semana Santa, observando-se, além disso, as normas contidas nos livros rituais e nas próprias missas.

373. As missas para várias necessidades ou para diversas circunstâncias são usadas em algumas circunstâncias, que ocorrem de tempos em tempos, ou em épocas estabelecidas. Dentre elas a autoridade competente pode escolher as missas para as rogações, cuja celebração, no decorrer do ano, será decidida pela Conferência dos Bispos.*

374. Ao ocorrer uma necessidade mais grave ou por utilidade pastoral, pode celebrar-se em qualquer dia a missa conveniente com ordem ou permissão do bispo diocesano, exceto nas solenidades, nos domingos do Advento, da Quaresma e da Páscoa, nos dias da oitava da Páscoa, na Comemoração de Todos os Fiéis Defuntos, na Quarta-Feira de Cinzas e nos dias de semana da Semana Santa.

375. As missas votivas sobre os mistérios do Senhor ou em honra da Bem-Aventurada Virgem Maria, dos anjos, de algum santo ou de todos os santos podem ser celebradas para favorecer a devoção dos fiéis nos dias de semana do tempo comum, mesmo que ocorra uma memória facultativa. Contudo não podem ser celebradas como votivas as missas que se referem aos mistérios da vida do Senhor ou da Bem-Aventurada Virgem Maria, com exceção da missa

---

[144] Cf. Concílio Ecumênico Vaticano II. Const. sobre a sagrada liturgia *Sacrosanctum concilium*, n. 61.

* A CNBB (XII Assembléia Geral – 1971) decidiu que a regulamentação da celebração das têmporas e rogações fique a critério das Comissões Episcopais Regionais.

295

de sua Imaculada Conceição, pelo fato de a sua celebração estar unida ao círculo do ano litúrgico.

376. Nos dias em que ocorra uma memória obrigatória ou um dia de semana do Advento até ao dia 16 de dezembro, do tempo de Natal desde o dia 2 de janeiro, e do Tempo pascal depois da oitava da Páscoa, de per si são proibidas as missas para diversas necessidades e votivas. Se, porém, verdadeira necessidade ou utilidade pastoral o exigir, poderá ser usada na celebração com povo a missa que corresponda a tal necessidade ou utilidade, a juízo do reitor da igreja ou do próprio sacerdote celebrante.

377. Nos dias de semana do tempo comum em que ocorra uma memória facultativa ou se celebra o ofício semanal, é permitido celebrar qualquer missa ou usar qualquer oração para diversas circunstâncias, excetuando-se as missas rituais.

378. Recomenda-se de modo particular a memória de santa Maria no sábado, pelo fato de se tributar na liturgia da Igreja à Mãe do Redentor uma veneração acima e de preferência a todos os santos.[145]

II. Missas pelos fiéis defuntos

379. A Igreja oferece o sacrifício eucarístico da Páscoa de Cristo pelos defuntos, a fim de que, pela comunhão de todos os membros de Cristo entre si, o que obtém para uns o socorro espiritual traga aos outros a consolação da esperança.

380. Entre as missas dos fiéis defuntos ocupa o primeiro lugar a missa de exéquias, que pode ser celebrada todos os dias, exceto nas solenidades de preceito, na Quinta-Feira da Semana Santa, no Tríduo pascal e nos domingos do Advento, da Quaresma e da Páscoa, observado, além disso, tudo o que é de direito.[146]

381. A missa dos fiéis defuntos ao receber-se a notícia da morte, ou por ocasião da sepultura definitiva, ou no dia do primeiro aniversário, pode ser celebrada também nos dias dentro da oitava de Natal, nos dias em que ocorrer uma memória obrigatória ou um dia de semana, exceto Quarta-Feira de Cinzas e os dias de semana da Semana Santa.

As outras missas dos fiéis defuntos, ou missas "cotidianas", podem ser celebradas nos dias de semana do tempo comum, quando ocorre uma me-

---

[145] Cf. Concílio Ecumênico Vaticano II. Const. dogm. sobre a Igreja *Lumen gentium*, n. 54; Paulo VI. Exortação apostólica *Marialis cultus*, n. 9, 2 de fevereiro de 1974: AAS 66 (1974), pp. 122-123.

[146] Cf., sobretudo, CIC, cân. 1176-1185; Ritual Romano. *Ritual das exéquias*, edição típica 1969.

mória facultativa ou é rezado o ofício semana, contanto que realmente sejam celebradas em intenção dos falecidos.

382. Nas missas exequiais haja, normalmente, uma breve homilia, excluindo-se, no entanto, qualquer tipo de elogio fúnebre.

383. Os fiéis, sobretudo os da família do falecido, sejam convidados a participar *também* pela sagrada comunhão do sacrifício eucarístico oferecido por um falecido.

384. Se a missa exequial é imediatamente seguida pelo rito dos funerais, terminada a oração depois da comunhão e omitidos os ritos finais, realiza-se a última encomendação ou despedida. Este rito é celebrado apenas quando estiver presente o corpo.

385. Na organização e escolha das partes da missa dos fiéis defuntos, principalmente da missa exequial, que podem variar (por exemplo, orações, leituras e oração universal), convém levar-se em conta, por motivos pastorais, as condições do falecido, de sua família e dos presentes.

Além disso, os pastores levem especialmente em conta aqueles que por ocasião das exéquias comparecem às celebrações litúrgicas e escutam o Evangelho, tanto os não-católicos como católicos que nunca ou raramente participam da eucaristia, ou parecem ter perdido a fé, pois os sacerdotes são ministros do Evangelho de Cristo para todos.

ADAPTAÇÕES QUE COMPETEM AOS BISPOS E ÀS SUAS CONFERÊNCIAS

386. A renovação do Missal Romano, realizada segundo as exigências do nosso tempo, de acordo com as normas do Concílio Vaticano II, teve o máximo cuidado para que todos os fiéis pudessem garantir, na celebração eucarística, aquela plena, consciente e ativa participação que a própria natureza da liturgia exige e à qual os próprios fiéis, por força de sua condição, têm direito e obrigação.[147]

Para que a celebração corresponda mais plenamente às normas e ao espírito da sagrada liturgia, propõem-se nesta Instrução e no Ordinário da missa algumas adaptações, confiadas ao critério do bispo diocesano ou às Conferências dos Bispos.

387. O bispo diocesano, que deve ser tido como o sumo sacerdote de sua grei, do qual, de algum modo, deriva e depende a vida de seus fiéis em Cris-

---

[147] Cf. Concílio Ecumênico Vaticano II. Const. sobre a sagrada liturgia *Sacrosanctum concilium*, n. 14.

to,[148] deve fomentar, coordenar e vigiar a vida litúrgica em sua diocese. Conforme esta instrução, cabe a ele orientar a disciplina da concelebração (cf. nn. 202 e 374), estabelecer normas para o serviço do sacerdote ao altar (cf. n. 107), sobre a distribuição da sagrada comunhão sob as duas espécies (cf. n. 283) e sobre a construção e restauração de igrejas (cf. n. 291). Mas, cabe-lhe antes de tudo alimentar o espírito da sagrada liturgia nos presbíteros, diáconos e fiéis.

388. As adaptações, de que se trata abaixo, que pedem uma coordenação mais ampla, devem ser especificadas, conforme as normas do direito, pela Conferência dos Bispos.

389. Compete às Conferências dos Bispos, antes de tudo, preparar e aprovar a edição deste Missal Romano nas diversas línguas vernáculas, para que, reconhecidas pela Sé Apostólica, sejam usadas nas respectivas regiões.[149]

O Missal Romano deve ser publicado integralmente tanto no texto latino como nas versões em vernáculo legitimamente aprovadas.

390. Compete às Conferências dos Bispos definir as adaptações e introduzi-las no próprio missal, com a aprovação da Sé Apostólica e outros pontos indicados nesta Instrução geral e no Ordinário da missa, como:
- gestos e posições do corpo dos fiéis (cf. n. 43);
- gestos de veneração ao altar e ao Evangeliário (cf. n. 273);
- textos dos cantos da entrada, da preparação das oferendas e da comunhão (cf. nn. 48, 74 e 87);
- a escolha de leituras da Sagrada Escritura a serem usadas em circunstâncias peculiares (cf. n. 362);
- a forma de dar a paz (cf. n. 82);
- o modo de receber a sagrada comunhão (cf. nn. 160 e 283);
- o material para a confecção do altar e das sagradas alfaias, sobretudo dos vasos sagrados, bem como a forma e a cor das vestes litúrgicas (cf. nn. 301, 326, 329, 339, 342-346).

Contudo, diretórios ou instruções pastorais, consideradas úteis pelas Conferências dos Bispos, após prévia aprovação da Sé Apostólica, poderão ser introduzidas, em lugar apropriado, no Missal Romano.

391. Às mesmas Conferências compete cuidar com especial atenção das traduções dos textos bíblicos usados na celebração da missa. Pois, da Sagrada Escritura são lidas as lições e explicadas na homilia, e cantam-se os salmos, e é de sua inspiração e bafejo que surgiram as preces, orações e hinos litúrgicos, de modo que é dela que os atos e sinais recebem a sua significação.[150]

---

[148] Cf. ibidem, n. 41.
[149] Cf. CIC, cân. 838, § 3.
[150] Cf. Concílio Ecumênico Vaticano II. Const. sobre a sagrada liturgia *Sacrosanctum concilium*, n. 24.

INSTRUÇÃO GERAL SOBRE O MISSAL ROMANO

Use-se uma linguagem que corresponda à compreensão dos fiéis e que se adapte à proclamação em público, considerando, porém, as características próprias aos diversos modos de falar usados nos livros sagrados.

392. Compete, igualmente, às Conferências dos Bispos preparar com muito cuidado a versão dos demais textos, para que, garantida a índole de cada língua, se transmita plenamente e com fidelidade o sentido do texto original latino. Na execução deste empreendimento é preciso considerar os diversos gêneros literários usados no missal, como as orações presidenciais, as antífonas, as aclamações, as respostas, as preces litânicas etc.

Deve-se ter em mente que a tradução dos textos não visa primeiramente à meditação, mas, antes, à proclamação ou ao canto no ato da celebração.

Faça-se uso de uma linguagem adaptada aos fiéis da respectiva região, mas que seja nobre e dotada de valor literário, permanecendo sempre a necessidade de alguma catequese sobre o sentido bíblico e cristão de certas palavras ou frases.

É melhor que nas regiões em que se fala a mesma língua se tenha, na medida do possível, uma só versão para os textos litúrgicos, sobretudo para os textos bíblicos e para o Ordinário da missa.[151]

393. Tendo em vista o lugar proeminente que o canto recebe na celebração, como parte necessária ou integrante da liturgia,[152] compete às Conferências dos Bispos aprovar melodias adequadas, sobretudo para os textos do Ordinário da missa, para as respostas e aclamações do povo e para celebrações peculiares que ocorrem durante o ano litúrgico.

Cabe-lhes igualmente decidir quanto aos gêneros musicais, melodias e instrumentos musicais que possam ser admitidos no culto divino e até que ponto realmente são adequados ou poderão adaptar-se ao uso sagrado.

394. Convém que cada diocese tenha o seu calendário e o próprio das missas. A Conferência dos Bispos, por sua vez, prepare o calendário próprio da nação, ou, em colaboração com outras Conferências, um calendário mais amplo, a ser aprovado pela Sé Apostólica.[153]

Nesta iniciativa deve-se considerar e defender ao máximo o dia do Senhor, como dia de festa primordial, de modo que outras celebrações, a não ser que sejam de máxima importância, não se lhe anteponham.[154] Igualmente se cui-

---

[151] Cf. ibidem, n. 36, § 3.

[152] Cf. ibidem, n. 112.

[153] Cf. *Normas universais sobre o ano litúrgico e o calendário*, nn. 48-51; S. Congr. para o Culto Divino. Instr. *Calendaria particularia*, nn. 4, 8, 24 de junho de 1970: AAS 62 (1970), pp. 652-653.

[154] Cf. Concílio Ecumênico Vaticano II. Const. sobre a sagrada liturgia *Sacrosanctum concilium*, n. 106.

299

de que o ano litúrgico renovado por decreto do Concílio Vaticano II não seja obscurecido por elementos secundários.

Na elaboração do Calendário do país, sejam indicados (cf. n. 373) os dias das Rogações e das Quatro Têmporas do ano, bem como as formas e os textos para celebrá-las;[155] e tenham-se em vista outras determinações peculiares.

Convém que, na edição do Missal, as celebrações próprias de toda a nação ou de uma região mais ampla sejam inseridas no devido lugar entre as celebrações do calendário geral, ao passo que as celebrações próprias de uma região ou de uma diocese tenham lugar em apêndice particular.

395. Finalmente, se a participação dos fiéis e o seu bem espiritual exigirem variações e adaptações mais profundas, para que a sagrada celebração responda à índole e às tradições dos diversos povos, as Conferências dos Bispos podem propô-las à Sé Apostólica, segundo o art. 40 da Constituição sobre a sagrada liturgia, para introduzi-las com o seu consentimento, sobretudo em favor de povos a quem o Evangelho foi anunciado mais recentemente.[156] Observem-se atentamente as normas peculiares emanadas pela Instrução A liturgia romana e a inculturação.[157]

Quanto ao modo de proceder neste ponto, observe-se o seguinte:

Primeiramente se apresente um projeto pormenorizado à Sé Apostólica, para, com a devida autorização, proceder à elaboração de cada uma das adaptações.

Depois de estas propostas serem devidamente aprovadas pela Sé Apostólica, realizem-se experimentações nos períodos de tempos e lugares estabelecidos. Se for o caso, esgotado o tempo de experimentação, a Conferências dos Bispos determinará a continuação das adaptações, apresentando à apreciação da Sé Apostólica uma formulação madura sobre o assunto.[158]

396. Contudo, antes que se dê início a novas adaptações, sobretudo mais profundas, dever-se-á ter o grande cuidado de promover sábia e ordenadamente a devida formação do clero e dos fiéis; que as faculdades já previstas sejam levadas a efeito e as normas pastorais, correspondentes ao espírito da celebração, sejam plenamente aplicadas.

397. Observe-se também o princípio segundo o qual cada igreja particular deve estar de acordo com a Igreja universal não só quanto à doutrina da fé e os sinais sacramentais, mas também quanto aos usos universalmente aceitos pela

---

[155] Cf. *Normas universais sobre o ano litúrgico e o calendário*, n. 46; S. Congr. para o Culto Divino. Instr. *Calendaria particularia*, n. 38, 24 de junho de 1970: AAS 62 (1970), p. 660.
[156] Cf. Concílio Ecumênico Vaticano II. Const. sobre a sagrada liturgia *Sacrosanctum concilium*, nn. 37-40.
[157] Cf. Congr. para o Culto Divino e a Disciplina dos Sacramentos. Instr. *Varietates legitimae*, nn. 54, 62-69, 25 janeiro de 1994: AAS 87 (1995), pp. 308-309, 311-313.
[158] Cf. ibidem, nn. 66-68: AAS 87 (1995), p. 313.

INSTRUÇÃO GERAL SOBRE O MISSAL ROMANO

tradição apostólica e ininterrupta, que devem se observados não só para evitar os erros, mas também para transmitir a integridade da fé, visto que a regra da oração da Igreja corresponde à sua regra da fé.[159]

O rito romano constitui uma parte notável e preciosa do tesouro litúrgico e do patrimônio da Igreja Católica, cujas riquezas contribuem para o bem da Igreja universal, a tal ponto que sua perda gravemente a prejudicaria.

Tal rito, no decorrer dos séculos, não só conservou os usos litúrgicos originários da cidade de Roma, mas de modo profundo, orgânico e harmonioso integrou também em si muitos outros que se derivavam dos costumes e da índole de povos diversos e de diferentes igrejas particulares tanto do Ocidente como do Oriente, adquirindo assim um certo caráter supra-regional. Nos tempos atuais, a identidade e a expressão unitária deste rito encontram-se nas edições típicas dos livros litúrgicos promulgados pela autoridade do sumo pontífice e nos correspondentes livros litúrgicos aprovados pelas Conferências dos Bispos para suas dioceses e confirmados pela Sé Apostólica.[160]

398. A norma estabelecida pelo Concílio Vaticano II, segundo a qual as inovações na reforma litúrgica não se façam a não ser que a verdadeira e certa utilidade da Igreja o exija e tomando a devida cautela de que as novas formas de certo modo brotem como que organicamente daquelas que já existiam,[161] também devem aplicar-se à inculturação do próprio rito romano.[162] Além disso, a inculturação necessita de um tempo prolongado para que, na precipitação e imprudência, não se prejudique a autêntica tradição litúrgica.

Finalmente, a busca da inculturação não leva, de modo algum, à criação de novas famílias rituais, mas ao tentar dar resposta às necessidades de determinada cultura o faz de tal modo que as adaptações introduzidas no Missal ou nos outros livros litúrgicos não prejudiquem o caráter proporcionado, típico do rito romano.[163]

399. Assim, pois, o Missal Romano, ainda que na diversidade de línguas e em certa variedade de costumes,[164] para o futuro, deverá ser conservado como instrumento e sinal preclaro da integridade e unidade do rito romano.[165]

---

[159] Cf. ibidem, nn. 26-27: AAS 87 (1955), pp. 298-299.

[160] Cf. João Paulo II. Carta apostólica *Vicesimus quintus annus*, n. 16, 4 de dezembro de 1989: AAS 81 (1989), p. 912; Congr. para o Culto Divino e a Disciplina dos Sacramentos. Instr. *Varietates legitimae*, nn. 2, 36, 25 de janeiro de 1994: AAS 87 (1995), pp. 288, 302.

[161] Cf. Concílio Ecumênico Vaticano II. Const. sobre a sagrada liturgia *Sacrosanctum concilium*, n. 23.

[162] Cf. Congr. para o Culto Divino e a Disciplina dos Sacramentos. Instr. *Varietates legitimae*, n. 46, 25 de janeiro de 1994: AAS 87 (1995), p. 306.

[163] Cf. ibidem, n. 36: AAS 87 (1995), p. 302.

[164] Cf. ibidem, n. 54: AAS 87 (1995), pp. 308-309.

[165] Cf. Concílio Ecumênico Vaticano II. Const. sobre a sagrada liturgia *Sacrosanctum concilium*, n. 38; Paulo VI. Const. apostólica, *Missal Romano*, 3. ed. típica latina, 14.

Inter oecumenici — Instrução para executar retamente a constituição conciliar da sagrada liturgia

Sagrada Congregação dos Ritos
(26 de setembro de 1964)

A presente Instrução, preparada, por ordem do santo padre Paulo VI, pelo "Conselho" para a aplicação dos decretos da Constituição da sagrada liturgia, foi aprovada pela suprema autoridade do Pontífice, o qual a confirmou em todas e em cada uma de suas partes e ordenou que fosse observada por todos a quem diz respeito, a partir do dia 7 de março de 1965, primeiro domingo da Quaresma.

As referências numéricas dos subtítulos e do texto da presente Instrução são aquelas dos artigos da Constituição Conciliar, promulgada a 4 de dezembro de 1963.

INTRODUÇÃO

I. A natureza desta Instrução

1. A Constituição sobre a sagrada liturgia, com justificado motivo, se pode enumerar entre as primícias do Concílio Vaticano II, até porque regula também a parte mais nobre da atividade da Igreja. Os seus frutos serão tanto mais abundantes quanto mais profundamente os pastores de almas e os fiéis recolherem o seu espírito genuíno e com a melhor boa vontade o realizarem na prática.

INTER OECUMENICI – INSTRUÇÃO PARA EXECUTAR RETAMENTE A CONSTITUIÇÃO CONCILIAR DA SAGRADA LITURGIA

2. O "Conselho" para a aplicação da Constituição da sagrada liturgia, instituído pelo sumo pontífice Paulo VI, felizmente reinante, com as Letras apostólicas *Sacram Liturgiam*, logo iniciou alegremente o encargo que lhe foi entregue de executar fielmente as prescrições da Constituição e do *Motu Proprio* quer para interpretar, quer para executar esses mesmos documentos.

3. É da máxima importância que, desde o início, estes documentos se apliquem retamente em toda a parte, eliminando as possíveis dúvidas de interpretação. Por isso, "o Conselho", por ordem do sumo pontífice, preparou a presente Instrução, em que se definem, com maior clareza, os deveres das Conferências Episcopais em matéria litúrgica, se explicam com maior precisão alguns princípios expressos em termos genéricos nos mencionados documentos; por fim, permite ou estabelece que, desde já, ainda antes da reforma dos livros litúrgicos, se ponham em prática algumas coisas.

II. Princípios que se devem observar

4. As realizações práticas, que agora se estabelecem, procuram fazer com que a liturgia corresponda cada vez mais ao espírito do Concílio, ou seja, promover a participação ativa dos fiéis.

Além disso, a reforma geral da liturgia será mais bem recebida pelos fiéis se for realizada gradual e progressivamente e se for explicada por uma adequada catequese.

5. É necessário, todavia, que todos se convençam de que a Constituição Litúrgica do Concílio Vaticano II não deseja tanto mudar os ritos e os textos litúrgicos, quanto suscitar a formação dos fiéis e promover aquela ação pastoral que tem como centro e fonte a sagrada liturgia (cf. Const., art. 10). As mudanças já realizadas ou a realizar tendem para este fim.

6. O esforço desta ação pastoral, centrada na liturgia, deve orientar-se para se exprimir vivendo o mistério pascal, em que o Filho de Deus, encarnado e obediente até à morte na cruz, foi de tal maneira exaltado na ressurreição e na ascensão que pôde comunicar ao mundo a sua vida divina, pela qual os homens mortos para o pecado e conformados com Cristo "já não vivam para si mesmos, mas para Aquele que morreu e ressuscitou por eles" (2Cor 5,15).

Isto obtém-se pela fé e pelos sacramentos, principalmente pelo batismo (cf. Const. art. 6) e pelo santíssimo mistério da eucaristia (cf. Const., art. 47), ao qual se ordenam os outros sacramentos e sacramentais (cf. Const., art. 61), e o ciclo das festas, mediante o qual a Igreja desenrola, durante o ano, o mistério pascal de Cristo (cf. Const., arts. 102-107).

7. Por isso, embora a liturgia não absorva toda a atividade da Igreja (cf. Const., art. 9), deve, todavia, procurar-se cuidadosamente que toda as obras pastorais se conjuguem de modo devido com a sagrada liturgia e, ao mesmo tempo, que a pastoral litúrgica não se exerça separada e independentemente, mas em íntima união com as outras atividades pastorais.

É sobretudo necessário que vigore uma estreita união entre a liturgia e a catequese, a instrução religiosa e a pregação.

III. Os frutos que daqui se esperam

8. Os bispos, portanto, bem como os seus cooperadores no sacerdócio, ordenem cada vez mais para a liturgia o múnus pastoral. Desta maneira, os fiéis, por uma perfeita participação nas celebrações litúrgicas, poderão receber em abundância a vida divina e, tornados fermento de Cristo e sal da terra, irão anunciar e transmitir aos outros essa mesma vida.

ALGUMAS NORMAS GERAIS

I. A aplicação destas normas

9. As disposições práticas da Constituição e desta Instrução, assim como aquilo que a presente Instrução permite ou estabelece para ajudar desde já antes da reforma dos livros litúrgicos, referem-se unicamente ao rito romano. Podem, todavia, aplicar-se aos outros ritos latinos, conforme as normas do direito.

10. O que nesta Instrução é confiado à competente autoridade eclesiástica territorial só por essa mesma autoridade pode ser atuado por meio de legítimos decretos.

Estabeleçam-se sempre o tempo e as circunstâncias em que esses decretos devem entrar em vigor, deixando sempre um razoável espaço de tempo de vacância da lei para que, entretanto, os fiéis possam ser informados e instruídos na sua aplicação.

II. A formação litúrgica dos clérigos (Const., arts. 15, 16 e 18)

11. No que respeita à formação litúrgica dos clérigos:

a) as faculdades teológicas tenham uma cadeira de liturgia, a fim de que todos os alunos recebam a devida instrução litúrgica; os ordinários do lugar e os superiores maiores procurem que nos seminários e nos estudantados religiosos haja um especial professor de liturgia devidamente preparado;

b) os professores de liturgia sejam quanto antes formados, conforme se prescreve no artigo 15 da Constituição;

c) para uma ulterior formação dos clérigos, especialmente dos que já trabalham na vinha do Senhor, criem-se, em tempo oportuno, institutos litúrgico-pastorais.

12. O ensino da liturgia seja feito durante um tempo suficiente, a indicar pela competente autoridade que organiza os estudos, e seja feito com um método apropriado, conforme o artigo 16 da Constituição.

13. As celebrações litúrgicas façam-se do modo mais perfeito possível e por isso:

a) as rubricas sejam fielmente observadas e as cerimônias decorosamente executadas, sob a assídua vigilância dos superiores, fazendo-se antes os ensaios que forem necessários;

b) os clérigos exerçam freqüentemente os ofícios litúrgicos da própria ordem, isto é, do diaconato, subdiaconato, acólito, leitor e, além destes, o de comentador e de cantor;

c) as igrejas e os oratórios, todos os ornamentos em geral e as vestes sagradas, apresentem-se com formas de autêntica arte cristã, mesmo moderna.

III. A formação dos clérigos para participar plenamente (Const., art. 17)

14. Para formar os clérigos de modo a participarem plenamente das celebrações litúrgicas e para tirarem delas alimento para a própria vida espiritual e para a comunicarem aos outros, aplique-se em todos os seus aspectos a Constituição da sagrada liturgia, segundo as normas da Sé Apostólica, nos seminários e estudantados religiosos, com uma ação unânime e concorde de todos os superiores e mestres.

Os clérigos iniciem-se na sagrada liturgia com a ajuda de livros que tratem da liturgia, especialmente sob o aspecto teológico e espiritual; coloquem-nos à sua disposição em número suficiente na biblioteca; com meditações e pregações tiradas especialmente da Sagrada Escritura e da liturgia (cf. Const., art. 35, § 2); com a prática coletiva de quanto está ligado aos tradicionais costumes da vida cristã, em conformidade com o espírito dos vários períodos do ano litúrgico.

15. A eucaristia, centro de toda a vida cristã, celebre-se todos os dias, no modo mais idôneo e que melhor corresponda às condições dos participantes (cf. Const., art. 19).

Nos domingos e maiores solenidades, a missa seja cantada e tenha homilia, com a participação de todos os que estão em casa e, possivelmente, com a comunhão sacramental dos que não são sacerdotes. Os sacerdotes, porém, quando a utilidade dos fiéis não requeira a sua celebração individual e, especialmente, nos dias mais solenes, podem concelebrar, logo que seja publicado o novo rito da concelebração.

É bem que, ao menos nas maiores solenidades, os seminaristas participem da eucaristia, reunidos em volta do bispo na igreja catedral (cf. Const., art. 41).

16. É da máxima conveniência que os clérigos, ainda que não obrigados ao ofício divino, recitem ou cantem em comum todos os dias, de manhã, as laudes como oração da manhã e, à tarde, as vésperas como oração da tarde, ou então as completas ao fim do dia. Além disso, no horário preveja-se para os clérigos ordenados *in sacris* o tempo suficiente para a recitação do ofício divino.

É bem que, ao menos nas maiores solenidades, os seminaristas, onde for possível, cantem as vésperas na igreja catedral.

17. Os exercícios de piedade estabelecidos pelos costumes ou pelas leis próprias de cada lugar ou instituto tenham-se na devida honra. Atenda-se, porém, especialmente quando feitos em comum, a que estejam de harmonia com a sagrada liturgia, conforme o artigo 13 da Constituição, prestando-se também a atenção devida aos tempos do ano litúrgico.

IV. Formação litúrgica dos membros dos estados de perfeição

18. Tudo o que se disse nos números precedentes acerca da formação espiritual litúrgica dos clérigos deve aplicar-se, com as devidas proporções, aos membros dos Estados de perfeição, quer masculinos, quer femininos.

V. A educação litúrgica dos fiéis (Const., art. 19)

19. Esforcem-se os pastores de almas por atuar, com cuidado e paciência, quanto foi estabelecido na Constituição sobre a educação litúrgica dos fiéis e a sua ativa participação, interna e externa, que, todavia, deve ser promovida "segundo a idade, condição, gênero de vida e grau de cultura religiosa" (Const.

art. 19). Cuide-se, sobretudo, a educação litúrgica e a participação ativa dos que fazem parte das associações religiosas de leigos, não esquecendo que eles devem participar da vida da Igreja de um modo mais íntimo e ser de ajuda aos sagrados pastores na promoção conveniente da vida litúrgica da paróquia (Const., art. 42).

VI. A autoridade competente em matéria litúrgica (Const., art. 22)

20. A ordenação da sagrada liturgia compete à autoridade eclesiástica: ninguém, portanto, se intrometa neste campo de própria iniciativa, com prejuízo muitas vezes da própria liturgia e da sua reforma, que só a competente autoridade deve atuar.

21. É da competência da Sé Apostólica reformar e aprovar os livros gerais; ordenar a sagrada liturgia, quando se refere a toda a Igreja; aceitar, ou seja, confirmar as atas e as decisões da autoridade territorial e receber as propostas e pedidos dessa mesma autoridade.

22. É da competência do bispo regular a liturgia na sua diocese, segundo as normas e o espírito da Constituição conciliar da sagrada liturgia, as disposições da Sé Apostólica e da competente autoridade territorial.

23. Por assembléias territoriais episcopais de várias espécies, às quais compete, segundo o artigo 22, § 2, da Constituição, regular a liturgia, deve entender-se até nova disposição:

a) ou a assembléia de todos os bispos de uma nação, segundo quanto dispõe as Letras apostólicas *Sacram liturgiam*, no n. X;

b) a assembléia já legitimamente constituída pelos bispos, ou pelos bispos e outros ordinários do lugar, de várias nações;

c) a assembléia, a organizar-se mais tarde, com o consentimento da Santa Sé, composta dos bispos, ou então dos bispos e dos outros ordinários do lugar, de mais de uma nação, especialmente quando em cada uma das nações os bispos são tão poucos que se torne oportuna a sua reunião de diversas nações com a mesma língua ou com a mesma cultura.

Se ainda algumas circunstâncias particulares aconselharem outra solução, proponha-se o assunto à Santa Sé.

24. Para estas assembléias, devem ser convocados:

a) os bispos residenciais;

b) os abades e prelados *nullius*;

c) os vigários e prefeitos apostólicos;

d) os administradores apostólicos das dioceses, designados de modo estável;
e) todos os outros ordinários do lugar, excluídos os vigários gerais. Os bispos coadjutores e auxiliares podem ser convocados pelo presidente, com o consentimento da maioria dos que intervêm na reunião com voto deliberativo.

25. A convocação da conferência, desde que para alguns lugares por circunstâncias particulares não se tenha estabelecido de outra maneira, deve ser feita:
a) pelo respectivo presidente, se a assembléia já está legitimamente constituída;
b) pelo arcebispo ou bispo que, segundo as normas do direito, tenha a precedência, nos outros casos.

26. O presidente, com o consentimento dos outros padres, estabelece a ordem dos assuntos a tratar, abre, transfere, adia e fecha a assembléia.

27. O voto deliberativo compete a todos os que estão nomeados no número 24, não excetuados os bispos coadjutores e auxiliares, a não ser que no decreto da convocação se determine de outra maneira.

28. Para a legítima aprovação dos decretos, requerem-se dois terços dos votos secretos.

29. As atas da competente autoridade territorial a transmitir à Santa Sé para a necessária aceitação ou confirmação devem conter:
a) o nome dos que participaram da assembléia;
b) o relatório das questões tratadas;
c) o êxito das votações a respeito de cada decreto.

Estas atas, escritas em dois exemplares e assinadas pelo presidente e pelo secretário e regularmente carimbadas, devem ser enviadas ao Conselho para a aplicação da Constituição da sagrada liturgia.

30. Se, porém, se trata de atas que decretam a admissão e a extensão da língua vulgar na liturgia, além de quanto se indicou no número precedente, devem conter também, conforme a norma do artigo 36, § 3, da Constituição e do n. IX das Letras apostólicas *Sacram liturgiam*:
a) a indicação de cada uma das partes que se devem recitar em língua vulgar;
b) dois exemplares dos textos litúrgicos em língua vulgar: um deles será restituído à Conferência Episcopal;
c) um breve relatório sobre os critérios usados para a tradução.

31. Os decretos da autoridade territorial que exigem a aceitação ou confirmação da Sé Apostólica sejam promulgados e aplicados só depois da aceitação da Sé Apostólica.

VII. O ofício de cada um nas celebrações litúrgicas (Const., art. 28)

32. O celebrante não repita privadamente as partes próprias dos cantores e do povo, quando forem cantadas ou recitadas por eles.

33. Do mesmo modo não devem ser ditas em particular pelo celebrante as leituras que forem lidas ou cantadas pelo competente ministro ou acólito.

VIII. Evitar a acepção de pessoas (Const., art. 32)

34. Procure cada bispo, ou se parecer melhor, as Conferências nacionais e regionais, pôr em prática, nos seus territórios, as normas do Sacrossanto Concílio, que proíbem fazer acepção de pessoas privadas ou de condições sociais, quer nas cerimônias, quer nas solenidades externas.

35. Além disso, que os pastores empreguem, com prudência e caridade, todos os esforços para que, nas ações litúrgicas e de um modo especial na celebração da santa missa e na administração dos sacramentos e sacramentais, se realce, mesmo exteriormente, a igualdade dos fiéis e se evite toda e qualquer espécie de lucro.

IX. A simplificação de alguns ritos (Const., art. 34)

36. Para que nas ações litúrgicas mais sobressaia aquela nobre simplicidade que melhor corresponde à mentalidade dos nossos tempos:
   a) as saudações ao coro por parte do celebrante e dos ministros façam-se apenas no princípio e no fim da ação sagrada;
   b) a incensação do clero, exceto daqueles que possuem caráter episcopal, seja feita *per modum unius* a cada uma das partes do coro com tríplice ducto;
   c) a incensação deve fazer-se unicamente àquele altar em que se celebra a ação litúrgica;
   d) omitam-se os beijos das mãos e dos objetos que se entregam ou recebem.

X. As celebrações da Palavra de Deus (Const., art. 35,4)

37. Favoreça-se, a juízo do ordinário do lugar, a celebração da Palavra de Deus, presidida pelo diácono ou mesmo por um leigo para isso deputado,

naqueles lugares onde não há um sacerdote nem a possibilidade de aí ser celebrada a santa missa nos domingos e dias de preceito.

As normas desta celebração são as mesmas já preceituadas para a liturgia da palavra na missa: leia-se em vernáculo, no geral, a epístola e o Evangelho da missa do dia, antecedidos e intercalados com cânticos, tirados principalmente dos salmos. O presidente, se é diácono, faça homilia; se não é diácono, leia a homilia indicada pelo bispo ou pelo pároco; toda celebração termine com "a oração comum ou dos fiéis" e com a oração dominical.

38. É conveniente que a celebração da Palavra de Deus nas vigílias das festas mais solenes, nalgumas férias do Advento e da Quaresma e também nos domingos e dias festivos, seja feita segundo a liturgia da palavra na missa, ainda que nada impeça que haja uma só leitura.

Ao dispor as várias leituras, até para que se perceba mais claramente a história da salvação, a leitura do Antigo Testamento preceda geralmente a do Novo, de maneira que o Evangelho resulte como o coroamento de tudo.

39. As Comissões litúrgicas diocesanas procurem indicar e fornecer os elementos necessários para que digna e religiosamente se façam estas celebrações.

XI. *As traduções dos textos litúrgicos (Const., art. 36, § 3)*

40. Ao fazer as traduções dos textos litúrgicos, conforme o teor do art. 36, § 3, convém notar o seguinte:
   a) as traduções dos textos litúrgicos façam-se sobre o texto litúrgico latino. É necessário, porém, que a versão das perícopas bíblicas seja conforme ao próprio texto litúrgico latino, podendo, no caso de ser conveniente, confrontar-se aquela versão com o texto primitivo ou com outra versão mais segura;
   b) a preparação das traduções dos textos litúrgicos seja confiada, de um modo especial, à Comissão litúrgica a que se refere o artigo 44 da Constituição e o número 44 desta Instrução com a ajuda, na medida do possível, do Instituto de Liturgia Pastoral. Se tal comissão não existe, confie-se o encargo dessas traduções a dois ou três bispos, que, sem excetuar os leigos, se rodeie de peritos em assuntos bíblicos e litúrgicos, em línguas bíblicas e em latim, em língua vernácula e música. É necessário, na verdade, que uma perfeita tradução popular dos textos litúrgicos satisfaça simultaneamente a múltiplas exigências;
   c) essas traduções sejam feitas em conjunto com os bispos das regiões limítrofes da mesma língua, se tal for necessário;

d) nas nações com várias línguas, façam-se traduções populares para cada uma e submetam-se a um atento exame dos bispos interessados;

e) tenha-se em conta a dignidade dos livros a utilizar na leitura ao povo do texto litúrgico vernáculo, para que a dignidade do próprio livro excite os fiéis a maiores reverências para com a Palavra de Deus e as coisas sagradas.

41. Nas ações litúrgicas celebradas com a participação de fiéis de uma língua diversa, especialmente se estiver um grupo de emigrantes ou se tratar de uma paróquia pessoal, é permitido, com o consentimento do ordinário do lugar, usar a língua vulgar conhecida por aqueles fiéis, segundo o modo e a versão legitimamente aprovados pela competente autoridade territorial daquela língua.

42. As novas melodias para as partes que devem ser cantadas pelo celebrante ou ministros em língua vulgar devem ser aprovadas pela competente autoridade eclesiástica territorial.

43. Os livros litúrgicos particulares, convenientemente aprovados antes da promulgação da Constituição sobre a liturgia sagrada e os indultos concedidos até esse mesmo dia, permanecem em vigor, desde que não estejam em contraste com a Constituição e até que uma nova restauração litúrgica, feita no todo ou em parte, não preceitue outra coisa.

XII. A Comissão Litúrgica da Assembléia dos Bispos (Const., art. 44)

44. A Comissão litúrgica deve ser constituída pela autoridade territorial e, quanto possível, escolhida dentro da própria assembléia dos bispos, ou ao menos tenha como membros um ou dois bispos e alguns sacerdotes, peritos em questões litúrgicas e pastorais e expressamente para isso designados.

Convém que os membros desta comissão se reúnam algumas vezes por ano com os consultores para tratarem os assuntos em conjunto.

45. É conveniente que a autoridade territorial confie a esta comissão os seguintes encargos:

a) promover estudos e experiências, conforme a norma do artigo 40, 1) e 2) da Constituição;

b) desenvolver em todo o território iniciativas práticas com as quais se favoreça a vida litúrgica e a aplicação da Constituição sobre a sagrada liturgia;

c) preparar os estudos e os elementos que se tornem necessários para a aplicação dos decretos da assembléia plenária dos bispos;

d) a obrigação de orientar a ação litúrgica pastoral em todo o território, vigiar pela aplicação dos decretos da assembléia e de tudo isto informar a própria assembléia;
e) promover contatos freqüentes e iniciativas comuns com as associações que no mesmo território se ocupam da Bíblia, catecismo, pastoral, música, arte sacra e com todas as associações religiosas leigas.

46. Os membros e os peritos do Instituto Litúrgico de Pastoral prestem generosamente a sua colaboração mesmo a cada um dos bispos, para um mais eficaz incremento da ação litúrgica pastoral no seu território.

XIII. A Comissão Litúrgica Diocesana (Const., art. 45)

47. A Comissão Litúrgica Diocesana deve, sob a orientação do bispo:
a) conhecer a situação da ação litúrgica pastoral na diocese;
b) executar diligentemente tudo aquilo que em questões litúrgicas a competente autoridade estabelecer e dar conta dos estudos e iniciativas que sobre este assunto se fazem em outras regiões;
c) sugerir e promover todas as iniciativas práticas que possam contribuir para dar impulso à liturgia, sobretudo para ajudar os sacerdotes que já trabalham na vinha do Senhor;
d) sugerir oportunas e progressivas disposições de trabalho pastoral litúrgico para os casos concretos e até para toda a diocese; indicar ou mesmo chamar pessoas competentes que, em ocasião oportuna, possam ajudar os sacerdotes neste campo e propor os meios e os elementos aptos a tal fim;
e) procurar que na diocese as iniciativas litúrgicas se desenvolvam em concordância e ajuda das outras associações, como já foi dito para a comissão instituída junto da assembléia episcopal (n. 45 e).

O MISTÉRIO EUCARÍSTICO

I. O Ordinário da missa (Const., art. 50)

48. Até que o Ordinário da missa venha a ser integralmente restaurado, observe-se desde já o seguinte:
a) não sejam ditas privadamente pelo celebrante as partes do Próprio que são cantadas ou recitadas pelos cantores ou pelos fiéis;

b) o celebrante pode cantar ou recitar conjuntamente com o povo ou com os cantores as partes do Ordinário;

c) nas preces rezadas ao pé do altar, no início da missa, omite-se o Salmo 42. Sempre que imediatamente antes houver qualquer ação litúrgica, omitem-se todas as preces ao pé do altar;

d) na missa solene, o subdiácono não segura a patena que fica em cima do altar;

e) a secreta ou oração sobre as oferendas nas missas *in cantu* seja cantada, nas outras seja lida em voz alta;

f) a doxologia no fim do Cânon desde as palavras *Per ipsum* até *Per omnia saecula saeculorum, Amém* inclusive, seja cantada ou dita em voz alta. Durante toda a doxologia, o celebrante mantenha o cálice um pouco elevado com a hóstia, omitindo os sinais da cruz e no fim deve genuflectir só depois de o povo ter dado a resposta *Amém*;

g) nas missas rezadas pode ser dito o *Pater noster* em língua vulgar pelo povo e pelo celebrante em conjunto; nas missas *in cantu* pode ser cantado pelo povo em latim com o celebrante; se a autoridade eclesiástica territorial o decretar, pode cantar-se em língua vernácula com melodia aprovada pela mesma autoridade;

h) o embolismo, depois da oração dominical, seja cantado ou dito em voz alta;

i) na distribuição da sagrada comunhão use-se a fórmula *Corpus Christi*. O celebrante, ao dizer estas palavras, mostra a hóstia um pouco elevada sobre a píxide ao que vai comungar, que por sua vez responde *Amém*; então é-lhe dada a comunhão pelo celebrante, omitindo o sinal da cruz com a hóstia;

j) o último Evangelho omite-se e as preces leoninas suprimem-se;

l) é permitido celebrar a missa *in cantu* só com o diácono;

m) em caso de necessidade, é permitido aos bispos celebrar missa *in cantu*, como costumam fazer os presbíteros.

II. Leituras e cantos intermédios (Const., art. 51)

49. Nas missas com a participação do povo, as leituras, epístola e Evangelho sejam lidos ou cantados voltados para o povo:

a) nas missas solenes, no ambão ou junto das grades;

b) nas missas cantadas e na missa rezada: se são lidas ou cantadas pelo celebrante, este pode fazê-lo do altar, no ambão ou junto das grades, conforme for mais oportuno; se são lidas ou cantadas por outrem, no ambão ou junto das grades.

50. Nas missas não solenes, celebradas com a participação do povo, as leituras e a epístola, assim como os cânticos entre elas existentes, podem ser lidas por um leitor ou pelo acólito, enquanto o celebrante as ouve sentado; o Evangelho pode ser lido por um diácono ou por algum sacerdote que diz o *Munda cor meum*, pede a bênção e, no fim, apresenta o livro do Evangelho ao celebrante para ser osculado.

51. Nas missas *in cantu*, as leituras, a epístola e o Evangelho, se forem proferidos em vernáculo, podem ser lidos sem canto.

52. Para ler ou cantar as leituras, epístola, cânticos intermediários e o Evangelho proceda-se do seguinte modo:

a) na missa solene, o celebrante ouve sentado as leituras, epístola e ainda os cânticos que houver entre elas. Cantada ou lida a epístola, o subdiácono vai junto do celebrante e é por ele abençoado. Em seguida, o celebrante, sentado, impõe e benze o incenso, e, enquanto se canta o *Aleluia* com o respectivo versículo, ou quase no fim dos outros cânticos depois da epístola, levanta-se, abençoa o diácono e, junto da cadeira, ouve o Evangelho, beija o Evangeliário e, depois da homilia, entoa o credo, se o houver; terminado o credo, volta ao altar com os ministros, a não ser que presida à oração dos fiéis;

b) nas missas cantadas ou rezadas, nas quais as leituras, epístola, cânticos intermédios e Evangelho são cantados ou lidos pelo ministro de que se trata no n. 50, o celebrante atua da mesma maneira como foi exposto atrás;

c) nas missas cantadas ou rezadas, nas quais o Evangelho é cantado ou lido pelo celebrante, ele mesmo, enquanto é cantado ou lido o *Aleluia* com o seu versículo, ou perto do fim dos outros cânticos depois da epístola, aproxima-se do ínfimo degrau do altar e aí, profundamente inclinado, diz o *Munda cor meum* e, em seguida, dirige-se para o ambão ou para junto das grades a fim de ler ou cantar o Evangelho;

d) se na missa cantada ou rezada, todas as leituras forem cantadas ou lidas pelo celebrante, no ambão ou junto das grades, ele mesmo, se necessário, conservando-se aí de pé, lê também os cânticos ocorrentes depois das leituras e da epístola; diz o *Munda cor meum* voltado para o altar.

III. Homilia (Const., art. 52)

53. Deve fazer-se a homilia, nos domingos e festas de preceito, em todas as missas celebradas com concorrência de fiéis, nas missas conventuais, sem excetuar sequer as missas cantadas e pontificais.

Inter oecumenici – Instrução para executar retamente a constituição conciliar da sagrada liturgia

Nos dias da semana, recomenda-se que se faça a homilia, sobretudo nas férias do Advento e da Quaresma e em outras ocasiões em que o povo vier à igreja em maior número.

54. Por homilia, que deve fazer-se do texto sagrado, entende-se a explicação de algum aspecto da leitura da Sagrada Escritura ou de outro texto do Ordinário ou do Próprio da missa do dia, que tenha relação com o mistério que se celebra ou com as necessidades próprias dos ouvintes.

55. Se forem propostos esquemas de pregação a fazer na missa por algum tempo, deve guardar-se um íntimo nexo, em harmonia ao menos com os principais tempos e festas do ano litúrgico (cf. Const., arts. 102-104) ou com o mistério da redenção; a homilia é, com efeito, parte da liturgia do dia.

IV. *Oração comum ou dos fiéis (Const., art. 53)*

56. Onde já existe o costume de fazer a oração comum ou dos fiéis, antes do ofertório, depois do *Oremus*, continue a fazer-se, por enquanto segundo as fórmulas existentes em cada região; a essa oração preside o celebrante ou junto da cadeira ou do altar, ou no ambão ou junto das grades.

As intenções ou preces podem ser cantadas por um diácono, por um cantor ou por outro ministro idôneo, reservando-se, contudo, para o celebrante as palavras da introdução e a oração conclusiva que será, como é costume, a seguinte: *Deus refugium nostrum et virtus* (Missal Romano, Orações diversas, n. 20), ou uma outra especial que mais corresponda às necessidades particulares.

Naqueles lugares onde não é costume fazer-se esta oração comum ou dos fiéis, a competente autoridade territorial pode decretar que se faça, segundo a forma acima indicada, com fórmulas por enquanto aprovadas por tal autoridade.

V. *As partes que podem ser lidas em língua vulgar (Const., art. 54)*

57. A competente autoridade eclesiástica territorial, com a prévia aceitação e autorização da Santa Sé, pode autorizar o uso do vernáculo nas missas quer *in cantu*, quer rezadas que se celebrem com concorrência de fiéis:

a) especialmente nas leituras, epístola e Evangelho e ainda na oração comum ou dos fiéis;

b) também, conforme as condições dos lugares, nos cânticos do Ordinário da missa, isto é, *Kyrie, Gloria, Credo, Sanctus-Benedictus* e *Agnus Dei*; e nas antífonas do intróito, ofertório e comunhão e nos cânticos intermédios das leituras;

c) além disso, nas aclamações, nas expressões de saudação e nos diálogos; nas fórmulas: *Ecce Agnus Dei*; *Domine, non sum dignus* e *Corpus Christi* à comunhão dos fiéis; no *Pater noster* com a introdução e embolismo.

Os missais, que servem para o uso litúrgico, devem conter, além das traduções em língua vulgar, também o texto latino.

58. Somente à Sé Apostólica compete conceder o uso do vernáculo noutras partes da missa que são cantadas ou ditas apenas pelo celebrante.

59. Os pastores de almas cuidem com zelo que os fiéis, especialmente os membros das sociedades religiosas de leigos, também saibam dizer e cantar, em latim, as partes do Ordinário da missa que lhes competem com as melodias mais simples.

VI. Faculdades de repetir a comunhão no mesmo dia (Const., art. 55)

60. Os fiéis que tiverem comungado na missa da vigília pascal e na missa da noite de Natal podem voltar a comungar na segunda missa da Páscoa e em uma das missas que se celebram no dia de Natal.

A CONSTRUÇÃO DAS IGREJAS E DOS ALTARES DE MODO A FACILITAR A PARTICIPAÇÃO ATIVA DOS FIÉIS

I. Disposição das igrejas

90. Procure-se cuidadosamente que as igrejas a construir, restaurar ou adaptar fiquem aptas para a celebração das ações sagradas segundo a sua verdadeira natureza e para se obter a participação ativa dos fiéis (cf. Const. art. 124).

II. O altar-mor

91. É conveniente que o altar-mor seja separado da parede para se poder andar facilmente à sua volta e para se poder celebrar voltado para o povo; esteja de tal modo colocado no edifício sagrado que seja realmente o centro para onde se dirige espontaneamente a atenção da assembléia dos fiéis.

Na escolha da matéria para a construção e ornamentação do altar, observem-se as prescrições do direito.

Além disso, o presbitério à volta do altar tenha o espaço suficiente para a realização cômoda dos ritos sagrados.

III. A cadeira do celebrante e dos ministros

92. As cadeiras ou bancos destinados ao celebrante e aos ministros, de harmonia com a estrutura de cada igreja, sejam colocados em lugar que fique bem à vista dos fiéis, por maneira que o celebrante apareça realmente como o presidente da assembléia.

Se, porém, o lugar para o celebrante estiver colocado por trás do altar, deve-se evitar a forma de trono que é reservado unicamente ao bispo.

IV. Os altares menores

93. Os altares menores sejam em pequeno número e até, na medida em que o permitir a estrutura do edifício, é muito convenientemente que estejam colocados em capelas de algum modo separadas da parte principal da igreja.

V. Ornamentação dos altares

94. A cruz e os castiçais que se requerem no altar para as diversas funções litúrgicas podem, a juízo do ordinário do lugar, ser também colocados junto do mesmo altar.

VI. Conservação da santíssima eucaristia

95. A santíssima eucaristia seja conservada em um tabernáculo sólido e inviolável, colocado no meio do altar-mor ou de um menor, mas que seja realmente nobre, ou ainda, segundo os legítimos costumes e em casos particulares a aprovar pelo ordinários do lugar, em outra parte da igreja, verdadeiramente digna e devidamente ornamentada.

É lícito celebrar a missa voltado para o povo, mesmo se no altar estiver o tabernáculo, o qual deve ser de pequenas dimensões, mas conveniente.

VII. O ambão

96. É conveniente que exista um ambão ou os ambões para a proclamação das leituras sagradas, colocados de tal maneira que o ministro possa ser visto e ouvido comodamente pelos fiéis.

VIII. O lugar da "schola" e do órgão

97. O lugar ocupado pela *schola* e pelo órgão seja tal que se veja claramente que os cantores e o organista fazem parte da assembléia dos fiéis e que eles possam exercer do melhor modo as suas funções litúrgicas.

IX. O lugar dos fiéis

98. Os lugares dos fiéis sejam dispostos com cuidado especial, para que se possa participar de maneira devida nas sagradas celebrações com a vista e com o espírito. Convém que normalmente haja bancos ou assentos para eles. Contudo, conforme o artigo 32 da Constituição, é de reprovar o costume de reservar lugares para pessoas particulares.

Providencie-se também para que os fiéis não só vejam o celebrante e os outros ministros, mas ainda, com o auxílio dos meios técnicos atuais, os possam ouvir comodamente.

X. O batistério

99. Na construção e ornamentação do batistério, procure-se diligentemente pôr em evidência a dignidade do sacramento do batismo, e que o lugar seja apto para celebrações comunitárias (cf. Const., art. 27).

A presente Instrução, preparada, por ordem do santo padre Paulo VI, pelo "Conselho" para a aplicação da Constituição sobre a sagrada liturgia, foi apresentada à Sua Santidade pelo Exmo cardeal Tiago Lercaro, presidente do mesmo Conselho. O santo padre, tendo examinado esta Instrução com o devido cuidado, servindo-se para isso do supramencionado Conselho e desta Sagrada Congregação dos Ritos, na audiência concedida ao Exmo cardeal Arcádio Larraona, prefeito da mesma Sagrada Congregação dos Ritos, no dia 26 de setembro de 1964, em todas e em cada uma das suas partes, de modo especial

a aprovou e com a sua autoridade a confirmou e mandou que fosse publicada e observada por todos a quem diz respeito, a partir do dia 7 de março de 1965, primeiro domingo da Quaresma.

Não obstante qualquer coisa em contrário.

Roma, 26 de setembro de 1964.

Tiago Card Lercaro, arcebispo de Bolonha, presidente do Conselho para a aplicação da Constituição sobre a Sagrada Liturgia

Arcádio M. Card. Larraona, prefeito da Sagrada Congregação dos Ritos

Henrique Dante, arcebispo titular de Carpasia, secretário da Sagrada Congregação dos Ritos

Tres abhinc annos — Segunda instrução para a exata aplicação da constituição conciliar sobre a liturgia

Sagrada Congregação dos Ritos
(4 de maio de 1967)

Há três anos, com a Instrução *Inter oecumenici*, publicada por esta Sagrada Congregação a 26 de setembro de 1964, estabeleceu-se uma série de adaptações a serem introduzidas nos ritos sagrados que, como primícia da reforma litúrgica prevista pela Constituição sobre a sagrada liturgia, entraram em vigor a 7 de março de 1965.

Desta reforma apenas começada apareceram frutos abundantes, segundo a confirmação contida nas relações dos bispos, que confirmam também como a participação dos fiéis à sagrada liturgia, e de modo particular ao santo sacrifício da missa, cresceu em todos os lugares, tornando-se mais consciente e mais ativa.

Visando favorecer ulteriormente esta participação, especialmente à missa, e para tornar os sagrados ritos mais perspícuos e inteligíveis, os mesmos bispos sugeriram outras adaptações que, apresentadas ao *Consilium* para a aplicação da Constituição sobre a sagrada liturgia, foram examinadas atentamente e discutidas pelo mesmo *Consilium* e por esta Congregação.

Ao menos por enquanto, nem tudo o que foi sugerido se pôde realizar; mas pareceu oportuno aceitar propostas, válidas sob o aspecto pastoral, e não em contraste com a próxima reforma litúrgica definitiva. Estas servem para introduzir progressivamente na reforma definitiva, e podem ser aplicadas com simples disposições de rubricas, deixando inalterados os atuais livros litúrgicos.

Parece, porém, necessário, também nesta circunstância, recordar aquele princípio fundamental da disciplina da Igreja, reafirmado abertamente pela Constituição litúrgica que estabelece: "Compete unicamente à autoridade da Igreja regular a sagrada liturgia [...] Conseqüentemente, ninguém mais, mes-

mo se sacerdote, por sua própria iniciativa, ouse acrescentar, mudar ou tirar qualquer coisa em matéria litúrgica" (art. 22, § 1, 3).

Queiram os ordinários, quer diocesano, quer religiosos, ter bem presente o grave dever que lhes incumbe de vigiar sobre a observância desta norma tão importante na vida e na orientação da Igreja. E queiram os ministros sagrados e os fiéis conformarem-se de bom grado a ela. Exigem-no a edificação e o bem espiritual de cada um; a harmonia espiritual e o bom exemplo a ser dado mutuamente na comunidade local; o grave dever que incumbe a cada igreja local de cooperar com o bem de toda a Igreja, especialmente hoje, quando o que se realiza de bom ou de mau em cada comunidade particular repercute imediatamente sobre toda a família de Deus.

Por isso, cada um tenha presente a palavra do apóstolo: "Deus não é um Deus da desordem, mas da paz" (1Cor 14,33).

No quadro de uma realização mais plena e de um progressivo avançar da reforma litúrgica, apresentamos agora estas novas adaptações e estas novas variações.

I. ESCOLHA DO FORMULÁRIO DA MISSA

1. Nos dias de III classe, fora da Quaresma, pode-se rezar a missa do ofício do dia ou a missa da comemoração feita em laudes. Nesta missa se pode usar o paramento da cor do ofício do dia, segundo norma do artigo 323 do código das rubricas.

2. O Lecionário ferial, concedido pela Conferência Episcopal da própria nação para as missas com o povo, pode ser usado também nas missas sem a presença dos fiéis; e neste caso, as leituras podem ser feitas em língua vulgar.

O Lecionário ferial é usado em alguns dias de II classe em todas as missas de III e IV classes, do tempo, dos santos ou votivas, que não tenham leituras estritamente próprias, isto é, leituras em que se faça menção da pessoa ou do mistério que se celebra.

3. Nas férias *per annum*, quando se retoma a missa do domingo precedente, no lugar das orações do domingo se pode dizer: ou uma das orações *ad diversa*, existentes no missal, ou as orações de uma missa votiva *ad diversa*.

II. AS ORAÇÕES DA MISSA

4. Na missa, diga-se uma só oração. Não obstante, sob uma única conclusão, acrescente-se à oração da missa, segundo as rubricas:

a) a oração ritual (CR, n. 447);
- a oração da missa votiva da profissão de religiosos ou religiosas, quando esta for impedida (rub. esp. do missal);
- a oração da missa votiva dos esposos (CR, n. 530);

b) a oração da missa votiva de ação de graças (CR, n. 342);
- oração pelo aniversário do sumo pontífice ou do bispo (CR, nn. 449-450);
- oração pelo aniversário da própria ordenação sacerdotal (CR, nn. 451-452).

5. Se se devessem rezar várias orações sob uma única conclusão, tome-se somente aquela mais própria ao espírito da liturgia do dia.

6. No lugar da imperata, o bispo pode estabelecer que se intercalem na oração dos fiéis uma ou duas intenções correspondentes às necessidades locais.

Do mesmo modo, a Conferência Episcopal pode estabelecer que sejam inseridas na oração dos fiéis fórmulas particulares pelas autoridades do Estado ou pelas necessidades particulares da nação ou de uma região.

III. VARIANTES NO *ORDO MISSAE*

7. O celebrante faz apenas as seguintes genuflexões:
a) quando chega ao altar ou quando o deixa, se existir o tabernáculo com o santíssimo sacramento;
b) depois da elevação da hóstia e depois da elevação do cálice;
c) no fim do Cânon, depois da doxologia;
d) antes de dizer *Panem coelestem accipiam*, para comungar;
e) terminada a comunhão dos fiéis, depois de ter recolocado no tabernáculo as partículas restantes.

As demais genuflexões são omitidas.

8. O celebrante beija o altar somente no início da missa, enquanto diz a oração *Oramus te, Domine*; ou então quando sobe o altar, se forem omitidas as orações ao pé do altar, e no fim da missa, antes de dar a bênção e de despedir os fiéis.

Os outros beijos do altar são omitidos.

9. No ofertório, depois da oferta do pão e do vinho, o celebrante coloca a patena com a hóstia e o cálice sobre o corporal, omitindo os sinais da cruz com a patena e com o cálice.

A patena, tendo a hóstia em cima, fica sobre o corporal, tanto antes como depois da consagração.

TRES ABHINC ANNOS – SEGUNDA INSTRUÇÃO PARA A EXATA APLICAÇÃO DA CONSTITUIÇÃO CONCILIAR SOBRE A LITURGIA

10. Nas missas com a participação do povo, mesmo se não concelebradas, quando for oportuno, é permitido ao sacerdote recitar o Cânon em voz alta. Nas missas cantadas se podem cantar aquelas partes do Cânon que o rito da concelebração permite sejam cantadas.

11. Durante o Cânon, o celebrante:

a) inicia o *Te igitur* permanecendo ereto e com as mãos estendidas;

b) faz só um sinal-da-cruz sobre as oblatas às palavras: *benedicas haec dona, haec munera, haec sancta sacrificia illibita*, na oração do *Te igitur*. Os demais sinais-da-cruz sobre as oblatas são omitidos.

12. Depois da consagração, o celebrante pode não unir o polegar e o indicador; mas, se um fragmento fica preso em um dedo, faça-o cair sobre a patena.

13. O rito da comunhão do sacerdote e dos fiéis seja realizado assim: depois de ter dito: *Panem coelestem accipiam*, o celebrante toma a hóstia e, voltado para o povo, a eleva e diz: "Eis o Cordeiro de Deus", e acrescenta, por três vezes, juntamente com os fiéis: "Senhor, eu não digno". Comunga depois da hóstia e do cálice omitindo o sinal-da-cruz, e, em seguida, distribui, como de costume, a comunhão aos fiéis.

14. Os fiéis, que na Quinta-Feira Santa comungam na missa do santo crisma, podem comungar de novo na missa vespertina do mesmo dia.

15. Na missa com a participação do povo, antes do *postcommunio*, é oportuno, conforme as circunstâncias, ou fazer uma pausa, com um tempo sagrado de silêncio, ou cantar ou rezar um salmo ou canto de louvor: por exemplo, Salmo 33 ou 150 etc.

16. No fim da missa, a bênção do povo seja dada imediatamente antes da despedida. O *Placeat* pode ser louvavelmente recitado particularmente pelo sacerdote ao deixar o altar. Mesmo nas missas de defunto se dá a bênção e se despede o povo com a fórmula costumeira: "Ide em paz e o Senhor vos acompanhe", caso não se siga a absolvição, pois neste caso se diz "Bendigamos ao Senhor", omite-se a bênção e se procede à absolvição.

IV. ALGUNS CASOS PARTICULARES

17. Nas missas dos esposos, o celebrante diz as orações *Propitiare* e *Deus qui potestate*, não entrem o pai-nosso e o embolismo, mas antes do Cordeiro de Deus. Se a missa é celebrada em um altar voltado para o povo, o celebrante, julgando oportuno, genuflecte e, achegando-se aos esposos, recita as ditas orações. No fim delas, volta ao altar, faz genuflexão e continua a missa normalmente.

18. Na missa celebrada por um sacerdote cego ou enfermo que tenha a faculdade de dizer a missa votiva, regular-se-á deste modo:
a) o sacerdote diz as orações e o prefácio da missa votiva;
b) um outro sacerdote ou um diácono, um leitor ou um ministro lê as lições da missa do dia ou do Lecionário ferial.
Se há só o leitor ou o ministro, este pode ler também o Evangelho, omitindo a fórmula *munda cor meum, jube Domine benedicere*.
O celebrante, na leitura do Evangelho, recita antes o *Dominus vobiscum* e, no fim, beija o livro;
c) a *Schola*, o povo ou o leitor mesmo podem ler as antífonas do intróito, do ofertório e da comunhão, e os cantos entre as lições.

V. VARIAÇÕES NA CELEBRAÇÃO DO OFÍCIO DIVINO

19. Até a reforma geral do ofício divino, nos dias de I e II classes que possuem matinas de três noturnos, pode-se recitar um só noturno.
O *Te Deum* será recitado no fim da terceira leitura, segundo as rubricas.
No tríduo sacro sejam observadas as rubricas próprias do Breviário Romano.
20. Na recitação individual, omitem-se as absolvições e bênção antes das leituras e a conclusão *Tu autem* no fim delas.
21. Nas laudes e nas vésperas celebradas com a participação do povo, em lugar do capítulo poder-se-á fazer uma leitura mais ampla da Sagrada Escritura, tomando-se, por exemplo, uma leitura de matinas ou da missa do dia ou do Lecionário ferial. Poder-se-á acrescentar, se oportuno, uma breve homilia. Antes da oração poder-se-á fazer também a oração dos fiéis, a menos que se siga imediatamente a missa.
Quando forem inseridos estes elementos, poder-se-ão dizer três salmos, deste modo: às laudes, escolhe-se um dos primeiros três salmos e se fazem seguir o canto e o último salmo; às vésperas, poder-se-ão escolher livremente três dos cinco salmos.
22. Quando as completas forem recitadas com o povo, poder-se-ão dizer sempre os salmos do domingo.

VI. MODIFICAÇÕES NOS OFÍCIOS DOS DEFUNTOS

23. Nos ofícios e nas missas dos defuntos poder-se-á usar a cor roxa. As Conferências Episcopais, porém, podem adotar também outra cor litúrgica,

mais conforme à mentalidade do povo, que não ofenda à dor humana e indique a esperança cristã iluminada pelo mistério pascal.

24. Na absolvição do féretro, o responsório *Libera me, Domine* pode ser substituído por outros tirados das Matinas dos defuntos, isto é, *Credo quod Redemptor meus vivit; Cui Lazarum resuscitasti; Memento mei, Deus; Libera me, Domine, de viis inferni.*

VII. AS VESTES SAGRADAS

25. Pode-se deixar de usar o manípulo.

26. A aspersão da água benta antes da missa dominical, a bênção e imposição das cinzas no início da Quaresma, a absolvição do féretro podem ser feitas com a casula.

27. Todos os concelebrantes devem trazer as vestes sagradas prescritas para a celebração individual (*Ritus servandus in concelebratione missae*, n. 12).

Todavia, por justa causa, por exemplo, no caso de um número elevado de concelebrantes ou da falta de paramentos sagrados, os concelebrantes, com exceção sempre do celebrante principal, podem também não trazer a casula, mas jamais deixarão de usar a alva e a estola.

VIII. USO DA LÍNGUA VULGAR

28. A competente autoridade territorial, observando quanto prescreve o artigo 36, §§ 3 e 4, da Constituição litúrgica, pode estabelecer que nas celebrações litúrgicas com participação do povo, a língua falada possa ser usada também:

a) no Cânon da missa;

b) em todo o rito das ordenações;

c) nas leituras do ofício divino, também para a celebração coral.

Sua Santidade o papa Paulo VI, na audiência concedida a 13 de abril de 1967 ao subscrito cardeal Arcádio M. Larraona, prefeito da Sagrada Congregação dos Ritos, aprovou a presente Instrução em todas e em cada uma das partes, e com a sua autoridade a confirmou, ordenando que fosse publicada e observada por todos aqueles a quem diz respeito a partir do dia 29 de junho de 1967.

Roma, 4 de maio de 1967, Festa da Ascensão do Senhor.

Giacomo Card. Lercaro, arcebispo de Bolonha, presidente do Consilium para a execução da Constituição sobre a sagrada liturgia

Arcádio M. Card. Larraona, prefeito da Sagrada Congregação dos Ritos
Ferdinando Antonelli, arcebispo titular de Idicra, secretário da Sagrada Congregação dos Ritos
(Traduzida de *L'Osservatore Romano*, de 7-V-67.)

Memoriale Domini – Instrução sobre o modo de distribuir a comunhão

Sagrada Congregação para o Culto Divino
(29 de maio de 1969)

A presente Instrução, enviada às Conferências Episcopais para que dela fizessem objeto de um exame atento e aprofundado, está sendo publicada para que todos saibam muito claramente o fundamento e as circunstâncias que resplendem do modo de proceder da Sé Apostólica.

I. INSTRUÇÃO

Ao celebrar o memorial do Senhor, a Igreja atesta com o próprio rito a sua fé em Cristo e o adora: com efeito, ele está presente no sacrifício e é dado em alimento àqueles que participam da mesa eucarística.

É, pois, desejo da Igreja, que a eucaristia seja celebrada e que dela se participe no modo mais digno e mais frutuoso, em absoluta fidelidade à tradição, como se afirmou, com a rica variedade da sua expressão, na prática vivida da Igreja, e que chegou até nós em seu progressivo desenvolvimento. É um fato historicamente documentado que houve no passado uma variedade no modo de celebrar e de receber a eucaristia; mas também atualmente, em vista de uma bem entendida atualização do rito às exigências espirituais e psicológicas dos homens do nosso tempo, foram introduzidos na celebração da única e mesma eucaristia não poucos retoques rituais, também de certo relevo; como foi também retocada a disciplina que regula as modalidades da comunhão dos fiéis, com a reintrodução, em determinadas circunstâncias, da comunhão sob as duas espécies; era esse, no passado, o modo comum de fazer a comunhão, também no rito latino, que, aos poucos, entrou em desuso, tanto que o Concílio de Trento, tomando consciência da nova orientação prática já generalizada, o sancionou, sustentando com razões teológicas e demonstrando a sua oportunidade naquela particular contingência histórica.[1]

A antiga disciplina agora retomada serviu, sem dúvida, para dar maior realce ao sinal do banquete eucarístico e da dimensão plena do mandato de Cristo; entretanto, essa mesma mais completa participação na celebração eucarística, atuada no sinal da comunhão sacramental, fez surgir cá e lá, nos últimos anos, um outro desejo: o de retornar ao primitivo uso de depor o pão eucarístico na mão do fiel, para que ele mesmo o leve à boca e assim comungue diretamente.

Antes, em alguns lugares e em certas comunidades, esse rito já foi introduzido sem a prévia aprovação da Sé Apostólica, e, às vezes, sem que os fiéis fossem oportunamente preparados para isso.

É verdade que antigamente era consentido habitualmente aos fiéis receberem na mão o pão eucarístico e levá-lo diretamente à boca; e é verdade que nos primeiros tempos os fiéis podiam também levar o santíssimo do lugar da celebração, sobretudo para servir-se dele como viático, caso tivessem que correr algum risco pela aberta profissão da própria fé.

As prescrições da Igreja, porém, e os escritos dos padres documentam com grande riqueza de textos a veneração e o atento respeito que havia pela santa eucaristia. "Ninguém come daquela carne, sem fazer antes um ato de adoração", diz santo Agostinho;[2] e, para o momento da comunhão, faz-se a todos os fiéis esta recomendação: "... toma daquele alimento, e cuida para que nada dele seja perdido".[3] "É o corpo de Cristo."[4]

O cuidado e o ministério do corpo e do sangue de Cristo eram também confiados de modo todo particular aos ministros sacros ou a pessoas escolhidas e designadas diretamente para isso: "Quando aquele que preside concluiu as orações e o povo fez a sua aclamação, os que chamamos de diáconos distribuem a cada um dos presentes o pão, o vinho e a água sobre os quais foi pronunciada a oração de ação de graças, e a levam aos ausentes".[5]

Dessa forma, a tarefa de levar a santa eucaristia aos ausentes foi bem logo confiada apenas aos ministros sacros, com a finalidade de garantir, de um

---

[1] Cf. CONCÍLIO DE TRENTO. Sess. XXI, *Doctrina de communione sub utraque specie et parvulorum*: DS 1726-1727; Sess. XXII, *Decretum super petitionem concessionis calicis*: DS 1760.

[2] STO. AGOSTINHO. *Enarrationes in psalmos* 98, 9: PL 37, p. 1264.

[3] S. CIRILO DE JERUSALÉM. *Catecheses mystagogicae* V, 21: PG 33, p. 1126.

[4] HIPÓLITO. *Traditio apostolica*, n. 37: ed. B. Botte, 1963, p. 84.

[5] S. JUSTINO. *Apologia* I, 65: PG 6, p. 427.

MEMORIALE DOMINI – INSTRUÇÃO SOBRE O MODO DE DISTRIBUIR A COMUNHÃO

lado, a devida reverência para com o corpo de Cristo e, de outro, prover mais responsavelmente à necessidade dos fiéis. Com o andar do tempo, e com o progressivo aprofundamento da verdade do mistério eucarístico, da sua eficácia e da presença de Cristo nele, unido ao acentuado sentido de reverência para com o Santíssimo Sacramento e aos sentimentos de humildade com que dele se deve aproximar para recebê-lo, foi-se introduzindo o costume de o próprio ministro depor a partícula do pão consagrado sobre a língua dos comungantes.

Esse modo de distribuir a comunhão, tendo presente a atual situação da Igreja em seu conjunto, deve, sem mais, ser conservado, não só porque se apóia em uma tradição plurissecular, mas especialmente porque exprime e significa o respeito reverente dos fiéis para com a santa eucaristia. Não é de modo algum diminuída a dignidade da pessoa dos comungantes; antes, tudo entra no devido clima de preparação, necessário para que a comunhão do corpo do Senhor seja mais frutuosa.[6]

Este respeito significa que não se trata de "uma comida e de uma bebida comum",[7] mas da comunhão do corpo e do sangue do Senhor; em virtude dela, "o povo de Deus participa dos bens do sacrifício pascal, reconfirma o novo pacto sancionado uma vez por todas por Deus com os homens no sangue de Cristo e, na fé e na esperança, prefigura e antecipa o banquete escatológico no reino do Pai".[8]

Ao mesmo tempo, também com essa forma já tradicional, garante-se mais adequadamente a distribuição respeitosa, conveniente e digna da comunhão; evita-se o perigo de profanar as espécies eucarísticas, nas quais "está presente de modo único, substancial e ininterruptamente o Cristo total e inteiro, Deus e homem";[9] e pode-se observar com exatidão a recomendação sempre feita pela Igreja quanto ao respeito devido aos fragmentos do pão consagrado: "Se te deixas escapar algum fragmento, é como se perdesses um de teus próprios membros".[10]

Eis o motivo pelo qual, quando algumas Conferências Episcopais e também alguns bispos pediram que se lhes fosse permitido introduzir nos respectivos territórios o uso de depor o pão consagrado nas mãos dos fiéis, o sumo pontífice estabeleceu que fossem consultados todos e cada um dos bispos da Igreja latina, para que dessem o próprio parecer sobre a oportunidade

---

6   Cf. Sto. Agostinho. *Enarrationes in psalmos* 98, 9: PL 37, pp. 1264-1265.

7   Cf. S. Justino. *Apologia* I, 66: PG 6,427; S. Irineu. *Adversus haereses* 4, 18, 5: PG 7, pp. 1028-1029.

8   Sagrada Congregação dos Ritos. Instr. *Eucharisticum mysterium*, n. 3: AAS 59 (1967), p. 541; EV II, 1296.

9   Cf. ibidem, n. 9: AAS 59 (1967), p. 547; EV II, p. 1309.

10   S. Cirilo de Jerusalém. *Catecheses mystagogicae* V, 21: PG 33, p. 1126.

de introduzir este uso. Uma alteração em coisa de tal importância, baseada em tradição antiqüíssima e veneranda, não toca apenas a disciplina; poderia demonstrar-se fundado o temor de eventuais perigos derivantes desse novo modo de distribuir a comunhão: o perigo, por exemplo, de um menor respeito para com o Santíssimo Sacramento do altar, ou o da sua profanação ou ainda da alteração da doutrina eucarística.

Eis, então, as três questões postas aos bispos, e as relativas respostas vindas deles até o dia 12 de março passado.

1. Tem-se por oportuno acolher o pedido para que, além do modo tradicional de receber a comunhão, seja também permitido recebê-la na mão? Sim: 567. Não: 1233. Sim com reserva: 315. Fichas nulas: 20.

2. É favorável a eventuais experimentos deste novo rito em pequenas comunidades, com a permissão do ordinário do lugar? Sim: 751. Não: 1215. Fichas nulas: 70.

3. Acredita-se que os fiéis, depois de uma catequese preparatória bem-feita, aceitarão de boa vontade este novo rito? Sim: 835. Não: 1185. Fichas nulas: 128.

Das respostas dadas resulta claramente o pensamento da grande maioria dos bispos: a disciplina atual não deve sofrer mudanças; antes, uma eventual mudança resultaria em um grave desapontamento para a sensibilidade e a orientação espiritual dos bispos e de muitíssimos fiéis.

Tendo presentes, portanto, os relevos e as observações daqueles que "o Espírito Santo estabeleceu para reger como bispos as várias igrejas",[11] pela importância do assunto e o peso dos argumentos aduzidos, o sumo pontífice não teve como oportuno mudar o modo tradicional com que a santa comunhão é administrada aos fiéis.

A Sé Apostólica, portanto, exorta calorosamente bispos, sacerdotes e fiéis a observarem com amorosa fidelidade a disciplina em vigor, agora novamente confirmada; todos tenham presente o juízo expresso pela maior parte do episcopado católico, a forma atualmente em uso no rito litúrgico, o bem comum da Igreja.

Se, depois, em algum lugar já tivesse sido introduzido o uso contrário, ou seja, o de depor a santa comunhão nas mãos dos fiéis, a Sé Apostólica, no intento de ajudar as Conferências Episcopais a cumprirem o seu serviço pastoral, que não raramente se torna difícil devido à situação atual, confia às mesmas Conferências a tarefa de avaliar atentamente as eventuais circunstâncias particulares, desde que seja afastado qualquer perigo de falta de respeito à eucaristia ou de desvios doutrinais sobre o Santíssimo Sacramento, e qualquer outro inconveniente seja cuidadosamente eliminado.

---

[11] Cf. At 20,28.

Memoriale Domini – Instrução sobre o modo de distribuir a comunhão

Nesses casos, através de uma oportuna normativa do novo uso, as Conferências Episcopais, examinado o assunto com prudência, tomarão suas deliberações com votação secreta, com maioria de dois terços, e em seguida apresentarão tudo à Santa Sé, para ter a sua necessária confirmação, anexando-lhe uma cuidadosa exposição dos motivos que as levaram às mesmas deliberações. A Santa Sé avaliará cada caso com atenção, levando também em consideração as relações que unem as várias igrejas locais entre si, e cada uma delas com a Igreja universal, para o bem comum, para a comum edificação e para o incremento de fé e de piedade trazido e promovido pelo exemplo recíproco.

Esta instrução, preparada por mandato especial do sumo pontífice Paulo VI, foi por ele aprovada em virtude da sua autoridade apostólica, no dia 28 de maio de 1969. Ele dispôs, ainda, que através dos presidentes das Conferências Episcopais, ela fosse levada ao conhecimento de todos os bispos.

Não obstante qualquer coisa em contrário.

Roma, 19 de maio de 1969.

Benno Card. Gut, prefeito

A. Bugnini, secretário

A instrução é completada, em relação ao aspecto pastoral, por uma carta com a qual é concedido às Conferências Episcopais que o pedirem o indulto para distribuir aos fiéis a comunhão na mão, desde que existam todas as condições exigidas.

II. CARTA PASTORAL

Eminência,

Excelência,

Em resposta à questão apresentada pela sua Conferência Episcopal sobre a permissão de distribuir a comunhão depondo a hóstia na mão dos fiéis, estou em condições de lhe transmitir a seguinte comunicação: embora aludindo a quanto exposto na anexa instrução de 29 de maio de 1969 quanto à manutenção em vigor do uso tradicional, o santo padre levou em consideração as motivações apresentadas como apoio do seu pedido e os resultados do voto expresso a respeito. Ele concede que, no território de sua Conferência Episcopal, cada bispo, segundo a prudência e a consciência, possa autorizar na própria diocese a introdução do novo rito para distribuir a comunhão, desde que seja evitada qualquer ocasião de surpresa por parte dos fiéis e qualquer perigo de irreverência para com a eucaristia.

Por isso, serão levadas em consideração as seguintes normas:

Princípios da reforma da celebração eucarística e as introduções rituais

1. O novo modo de comungar não deverá ser imposto de maneira a excluir o uso tradicional. Ou seja, é preciso que cada fiel tenha a possibilidade de receber a comunhão na língua, nos lugares onde for legitimamente concedido o novo uso e quando forem comungar ao mesmo tempo outras pessoas que receberão a hóstia na mão. Com efeito, os dois modos de receber a comunhão podem coexistir sem dificuldade na mesma ação litúrgica. E isso para que ninguém veja no novo rito motivo de perturbação da sua sensibilidade espiritual para com a eucaristia e para que este sacramento, pela própria natureza fonte e causa de unidade, não se torne ocasião de desacordo entre os fiéis.

2. O rito da comunhão dada na mão do fiel não deve ser aplicado sem discrição. Com efeito, tratando-se de uma atitude humana, está ligada à sensibilidade e à preparação de quem a recebe. Convém, pois, introduzi-lo gradualmente, começando com grupos e ambientes qualificados e mais preparados. É necessário, sobretudo, fazer preceder esta introdução de uma catequese adequada, para que os fiéis compreendam exatamente o significado do gesto e o realizem com o devido respeito ao sacramento. O resultado dessa catequese deve ser excluir qualquer impressão de rebaixamento na consciência da Igreja sobre a fé na presença eucarística, como também qualquer perigo ou simplesmente aparência de perigo de profanação.

3. A possibilidade dada ao fiel de receber na mão e de levar à boca o pão eucarístico não lhe deve dar ocasião de considerá-lo um pão ordinário ou uma coisa sagrada qualquer; deve, porém, aumentar nele o sentido da própria dignidade de membro do corpo místico de Cristo, no qual é inserido através do batismo e através da graça da eucaristia e, além disso, aumentar a sua fé na grande realidade do corpo e do sangue do Senhor que ele toca com as próprias mãos. Sua atitude de respeito será proporcionada ao gesto que realiza.

4. Quanto ao modo de agir, podem-se seguir as indicações da tradição antiga, que realçava a função ministerial do presbítero e do diácono, fazendo com que estes depusessem a hóstia na mão de quem comungava. Poder-se-á adotar, ainda, também um modo mais simples, deixando que o fiel tome diretamente a hóstia do vaso sagrado.[12] Em todo caso o fiel deverá consumir a hóstia antes de retornar ao próprio lugar, e a assistência do ministro será sublinhada pela fórmula habitual: "O corpo de Cristo", à qual o fiel responderá: "Amém".

5. Qualquer que seja a forma adotada, tenha-se o cuidado de não deixar cair nem se dispersar fragmentos do pão eucarístico, como também em rela-

---

[12] Este segundo modo (*Poder-se-á... vaso sagrado*) não é mais consentido depois da publicação do decreto *Eucharistiae sacramentum* (21 de junho de 1973) com o qual foi promulgado o novo ritual *De sacra communione et de cultu mysterii eucharistici extra mMissam* (cf. *Praenotanda*, n. 21, pp. 13-14m).

ção à conveniente limpeza das mãos e à dignidade dos gestos segundo os usos dos vários povos.

6. No caso da comunhão sob as duas espécies distribuída por intinção, jamais é permitido depor na mão do fiel a hóstia molhada no sangue do Senhor.

7. Aos bispos que permitirão a introdução do novo modo de comunhão pede-se que enviem a esta Sagrada Congregação, dentro de seis meses, um relatório sobre o resultado da concessão.

Aproveito a ocasião para exprimir-lhe, reverendíssimo, os meus sentimentos de profunda estima.

Benno Card. Gut, prefeito
A. Bugnini, secretário

Elenco das leituras da missa

Sagrada Congregação para os Sacramentos e o Culto Divino
(25 de maio de 1969; aqui apresentamos a 2. ed., 21 de janeiro de 1981)

PRINCÍPIOS GERAIS PARA A CELEBRAÇÃO LITÚRGICA DA PALAVRA DE DEUS

1. Algumas premissas

a) Importância da Palavra de Deus na celebração litúrgica

1. O Concílio Vaticano II,[1] o magistério dos sumos pontífices[2] e os vários documentos promulgados depois do mesmo Concílio por diversas Congre-

---

[1] Cf. especialmente em Concílio Vaticano II. Constituição sobre a sagrada liturgia *Sacrosanctum concilium*, nn. 7, 24, 33, 35, 48, 51, 52, 56; Constituição dogmática sobre a revelação divina *Dei verbum*, nn. 1, 21, 25, 26; Decreto sobre atividade missionária da Igreja, *Ad gentes*, n. 6; Decreto sobre o ministério e a vida dos presbíteros *Presbyterorum ordinis*, n. 18.

[2] Cf. entre os pronunciamentos orais ou escritos dos sumos pontífices, principalmente de Paulo VI. Carta apostólica *Ministeria quaedam*, n. V, 15 de agosto de 1972: AAS 64 (1972), p. 532; Exortação apostólica *Marialis cultus*, n. 12, 2 de fevereiro de 1974: AAS 66 (1974), pp. 125-126; Exortação apostólica *Evangelii nuntiandi*, n. 28, 8 de dezembro de 1975: AAS 68 (1976), pp. 24-25; ibidem, n. 43, pp. 33-34; ibidem, n. 47, pp. 36-37; João Paulo II. Constituição apostólica *Scripturarum thesaurus*, 25 de abril de 1979, edição da *Nova Vulgata Bibliorum Sacrorum*, Tipografia Poliglota Vaticana, 1979, pp. V-VIII; Exortação apostólica *Catechesi tradendae*, n. 23, 16 de outubro de 1979: AAS 71 (1979), pp. 1296-1297; ibidem, n. 27, pp. 1298-1299; ibidem, n. 48, p. 1316; Carta *Dominicae cenae*, n. 10, 24 de fevereiro de 1980: AAS 72 (1980), pp. 134-137.

gações da Santa Sé[3] apontaram muitos aspectos sobre o valor da palavra de Deus e sobre a restauração do uso da Sagrada Escritura em toda celebração litúrgica. Além disso, na introdução do Elenco das leituras da missa, publicado em 1969, foram oportunamente propostos e brevemente ilustrados alguns princípios de especial importância.[4]

Mas agora, por ocasião desta nova edição do Elenco das leituras da missa, já que de diferentes lugares se pedia que se redigissem com mais precisão tais princípios, elaborou-se esta introdução de forma mais ampla e clara; nela, depois de uma afirmação genérica sobre a conexão entre a Palavra de Deus e a ação litúrgica,[5] tratar-se-á primeiramente da Palavra de Deus na celebração da missa e, depois, se apresentará a estrutura detalhada da ordem das leituras.

b) Termos que se utilizam para designar a Palavra de Deus

2. Ainda que para esta matéria possa parecer realmente necessária uma delimitação dos termos, para maior clareza e exatidão do sentido, nesta introdução, no entanto, utilizaremos as mesmas palavras usadas nos documentos conciliares e pós-conciliares, e chamaremos indistintamente Sagradas Escrituras ou Palavra de Deus aos livros inspirados pelo Espírito Santo, porém evitando toda confusão de nomes e coisas.[6]

c) Valor litúrgico da Palavra de Deus

3. Nas diferentes celebrações e nas diversas assembléias, das quais os fiéis participam de maneira admirável, exprimem-se os múltiplos tesouros da úni-

---

[3] Cf. Sagrada Congregação dos Ritos. Instrução *Eucharisticum mysterium*, n. 10, 25 de maio de 1967: AAS 59 (1967), pp. 574-548; Sagrada Congregação para o Culto Divino. Instrução *Liturgicae instaurationes*, n. 2, 5 de setembro de 1970: AAS 62 (1970), pp. 695-696; Sagrada Congregação para o Clero. *Directorium catechisticum generale*, 11 de abril de 1971: AAS 64 (1972), pp. 106-107; ibidem, n. 25, p. 114; Sagrada Congregação para o Culto Divino. *Instrução geral sobre o Missal Romano*, nn. 9, 11, 24, 33, 60, 62, 316, 320; Sagrada Congregação para a Educação Católica. Instrução sobre o ensino da liturgia nos seminários *In ecclesiasticam*, nn. 11, 52, 3 de junho de 1979; ibidem, Apêndice, n. 15; Sagrada Congregação para os Sacramentos e o Culto Divino. Instr. *Inaestimabile Donum*, nn. 1, 2, 3, 3 de abril de 1980: AAS 72 (1980), pp. 333-334.

[4] Cf. Missal Romano. *Elenco das leituras da missa* (Tipografia Poliglota Vaticana, 1969), IX-XII (Introdução); Decreto de promulgação: AAS 61 (1969), pp. 548-549.

[5] Cf. Concílio Vaticano II. Constituição sobre a sagrada liturgia *Sacrosanctum concilium*, nn. 35, 56; Paulo VI. Exortação apostólica *Evangelii nuntiandi*, nn. 28, 47, 8 de dezembro de 1975: AAS 68 (1976), pp. 24-25 e 36-37; João Paulo II. Carta *Dominicae cenae*, nn. 10, 11, 12, 24 de fevereiro de 1980: AAS 72 (1980), pp. 134-146.

[6] Assim, por exemplo, Palavra de Deus, Sagrada Escritura, Antigo e Novo Testamentos, Leitura(s) da Palavra de Deus, Leitura(s) da Sagrada Escritura, Celebração(ões) da Palavra de Deus etc.

ca Palavra de Deus, seja no transcorrer do ano litúrgico, em que se recorda o mistério de Cristo em seu desenvolvimento, seja na celebração dos sacramentos e sacramentais da Igreja, seja nas respostas de cada fiel à ação interna do Espírito Santo.[7] Desse modo, a mesma celebração litúrgica, que se sustenta e apóia principalmente na Palavra de Deus, converte-se em um acontecimento novo e enriquece a palavra com uma nova interpretação e eficácia. Por isso, a Igreja continua fielmente na liturgia o mesmo sistema que usou Cristo na leitura e interpretação das Sagradas Escrituras, visto que ele exorta a aprofundar o conjunto das Escrituras, partindo do "hoje" de seu acontecimento pessoal.[8]

2. Celebração litúrgica da Palavra de Deus

a) Característica própria da Palavra de Deus na ação litúrgica

4. Na celebração litúrgica, a Palavra de Deus não se exprime sempre do mesmo modo,[9] nem penetra sempre nos corações dos fiéis com a mesma eficácia; mas Cristo está sempre em sua Palavra[10] e, realizando o mistério da salvação, santifica os homens e presta ao Pai o culto perfeito.[11]

Mais ainda, a economia da salvação que a Palavra de Deus não cessa de recordar e prolongar alcança seu mais pleno significado na ação litúrgica, de modo que a celebração litúrgica se converta em uma contínua, plena e eficaz apresentação desta Palavra de Deus.

---

[7] Um só e mesmo texto, por isso, pode ser lido e usado sob diversos aspectos e em diversas ocasiões e celebrações litúrgicas da Igreja durante o ano. Isso se deve ter presente na homilia, na exegese pastoral e na catequese. Conforme os índices colocados no presente volume, todos podem usar, por exemplo, os caps. 6 ou 8 da Epístola aos Romanos, nos diversos tempos litúrgicos do ano C nas diversas celebrações de sacramentos e sacramentais.

[8] Cf. Lc 4,16-21; 24,25-35.44-49.

[9] Assim, por exemplo, proclamação ou leitura etc., na celebração da missa (cf. *Instrução Geral sobre o Missal Romano*, nn. 21, 23, 95, 131, 146, 234, 235); assim, sobretudo, as celebrações da Palavra de Deus no *Pontifical e Ritual Romano*, e na Liturgia das horas, instauradas pelo Decreto do Sacrossanto Concílio Ecumênico Vaticano II.

[10] Cf. Concílio Vaticano II. Constituição sobre a sagrada liturgia *Sacrosanctum concilium*, nn. 7, 33; Mc 16,19-20; Mt 28,20; Santo Agostinho. *Sermão* 85,1: "A boca de Cristo é o Evangelho. Está sentado no céu, mas não deixa de falar na terra" (PL 38, p. 520; cf. também In Jo Ev. Tract. XXX, 1: PL 35, p. 1632; CCL 36, p. 289) e do *Pontifical Romano Germânico* esta frase: "O Evangelho porém é lido, no qual Cristo fala ao povo com a sua boca, para que o Evangelho chame novamente como se o próprio Cristo falasse ao povo" (cf. Vogel, V. & Elze, R. (ed.). *Le Pontifical Romano-Germanique du dixieme siècle. Le Texte*, I. Cidade do Vaticano, 1963, XCIV, 18, p. 334) ou "Quando vem o próprio Cristo, isto é, o Evangelho, deixamos as muletas, porque não precisamos mais de ajuda humana" (op. cit., XCIV, 23, p. 335).

[11] Cf. Concílio Vaticano II. Constituição sobre a sagrada liturgia *Sacrosanctum concilium*, n. 7.

Assim, a Palavra de Deus, proposta continuamente na liturgia, é sempre viva e eficaz[12] pelo poder do Espírito Santo e manifesta o amor ativo do Pai, que nunca deixa de ser eficaz entre os homens.

b) A Palavra de Deus na economia da salvação

5. A Igreja anuncia o mesmo e único mistério de Cristo quando proclama, na celebração litúrgica, o Antigo e o Novo Testamentos. Com efeito, no Antigo Testamento está latente o Novo, e no Novo se faz patente o Antigo.[13] O centro e a plenitude de toda a Escritura e de toda celebração litúrgica é Cristo:[14] por isso deverão beber de sua fonte todos os que buscam a salvação e a vida.

Quanto mais profundamente se compreender a celebração litúrgica, mais profundamente também se estimará a importância da Palavra de Deus; e o que se diz de uma, pode-se afirmar da outra, visto que ambas lembram o mistério de Cristo e o perpetuam cada qual a seu modo.

c) A Palavra de Deus na participação litúrgica dos fiéis

6. Na ação litúrgica, a Igreja responde fielmente o mesmo "Amém" que Cristo, mediador entre Deus e os homens, pronunciou, de uma vez para sempre, ao derramar seu sangue, a fim de selar, com a força de Deus, a nova aliança no Espírito Santo.[15]

Quando Deus comunica a sua palavra, sempre espera uma resposta, que consiste em escutar e adorar "em espírito e verdade" (Jo 4,23). O Espírito Santo, com efeito, é quem faz que esta resposta seja eficaz, para que se manifeste na vida o que se escuta na ação litúrgica, segundo aquelas palavras: "Sede por isso executores da palavra, e não apenas ouvintes" (Tg 1,22).

As atitudes corporais, os gestos e palavras com que exprime a ação litúrgica e se manifesta a participação dos fiéis não recebem seu significado unicamente da experiência humana, de onde são tirados, mas também da Palavra de Deus

---

[12] Cf. Hb 4,12

[13] Cf. Santo Agostinho. *Quaestionum in Heptateuchum liber* 2,73 (PL 34, p. 623, CCL 33, p. 106); Concílio Vaticano II. Const. dogm. sobre a revelação divina *Dei verbum*, n. 16.

[14] Cf. S. Jerônimo: "Pois, se conforme o apóstolo Paulo (1Cor 1,24) Cristo é a força e a sabedoria de Deus, aquele que não conhece as Escrituras não conhece a força e a sabedoria de Deus. Quem ignora as Escrituras, ignora o Cristo" (*Commentarii in Isaiam prophetam, Prologus*: PL 24, p. 17 A; CCL 73, p. 1); Concílio Vaticano II. Constituição dogmática sobre a revelação divina *Dei verbum*, n. 25.

[15] Cf. 2Cor 1,20.22.

e da economia da salvação, à qual se referem. Por isso, os fiéis tanto mais participam da ação litúrgica quanto mais se esforçam, ao escutarem a Palavra de Deus nela proclamada, por aderir intimamente à Palavra de Deus em pessoa, Cristo encarnado. Assim, procurem que o que fizerem em sua vida se reflita na liturgia.[16]

3. A Palavra de Deus na vida do povo da "aliança"

a) A Palavra de Deus na vida da Igreja

7. A Igreja cresce e se constrói ao escutar a Palavra de Deus, e os prodígios que de muitas formas Deus realizou na história da salvação fazem-se presentes, de novo, nos sinais da celebração litúrgica, de um modo misterioso, mas real; Deus, por sua vez, vale-se da comunidade dos fiéis que celebra a liturgia, para que a sua palavra se propague e seja conhecida, e seu nome seja louvado por todas as nações.[17]

Portanto, sempre que a Igreja, congregada pelo Espírito Santo na celebração litúrgica,[18] anuncia e proclama a Palavra de Deus, se reconhece a si mesma como o novo povo, no qual a aliança antigamente travada chega agora à sua plenitude e perfeição. Todos os cristãos, que pelo batismo e confirmação no Espírito Santo se convertem em mensageiros da Palavra de Deus, depois de receberem a graça de escutar a palavra, devem anunciá-la na Igreja e no mundo, ao menos com o testemunho de sua vida.

Esta Palavra de Deus, que é proclamada na celebração dos divinos mistérios, não só se refere às circunstâncias atuais, mas também olha para o passado e penetra o futuro, e nos faz ver quão desejáveis são as coisas que esperamos, para que, no meio das vicissitudes do mundo, nossos corações estejam firmemente postos onde está a verdadeira alegria.[19]

---

[16] Cf. Concílio Vaticano II. Constituição sobre a sagrada liturgia *Sacrosanctum concilium*, n. 10.

[17] Cf. 2Ts 3,1

[18] Cf. Coletas pela Santa Igreja, in *Missal Romano*, São Paulo, Paulus, pp. 842, 843, 845 e Petrópolis, Vozes, pp. 698 e 700; S. Cipriano. *De oratione dominica* 23: PL 4, p. 553; CSEL 3/2, p. 285; CCL 3 A, p. 105; Santo Agostinho. *Sermão* 71, 20, 33: PL 38, pp. 463s.

[19] Cf. Oração do 21º domingo do tempo comum no *Missal Romano*, São Paulo/Petrópolis, Paulus/Vozes, p. 365.

ELENCO DAS LEITURAS DA MISSA

b) A Palavra de Deus na explicação que dela faz a Igreja

8. Por vontade de Cristo, o povo de Deus está formado por uma admirável variedade de membros; por esta razão, são também vários os ofícios e as funções que correspondem a cada um, no que se refere à Palavra de Deus. Os fiéis a escutam e a meditam, mas somente a explicam aqueles a quem, pela sagrada ordenação, corresponde a função do ministério, ou aqueles aos quais foi confiado este ministério.

Assim, em sua doutrina, vida e culto, a Igreja perpetua e transmite a todas as gerações tudo o que ela é e tudo no que ela crê, de tal modo que, ao longo dos séculos, vai caminhando continuamente para a plenitude da verdade divina, até que nela mesma se realize completamente a Palavra de Deus.[20]

c) Relação necessária entre a Palavra de Deus proclamada e a ação do Espírito Santo

9. Para que a Palavra de Deus realmente produza nos corações aquilo que se escuta com os ouvidos, requer-se a ação do Espírito Santo, por cuja inspiração e ajuda a Palavra de Deus se converte no fundamento da ação litúrgica e em norma e ajuda de toda a vida.

Assim, pois, a atuação do Espírito Santo não só precede, acompanha e segue toda a ação litúrgica, mas também sugere[21] ao coração de cada um tudo aquilo que, na proclamação da Palavra de Deus, foi dito para toda a comunidade dos fiéis; e, ao mesmo tempo em que consolida a unidade de todos, fomenta também a diversidade de carismas e a multiplicidade de atuações.

d) Íntima relação entre a Palavra de Deus e o mistério eucarístico

10. A Palavra de Deus e o mistério eucarístico foram honrados pela Igreja com a mesma veneração, embora com diferente culto. A Igreja sempre quis e determinou que assim fosse, porque, impelida pelo exemplo de seu Fundador, nunca deixou de celebrar o mistério pascal de Cristo, reunindo-se para ler "todas as passagens da Escritura que a ele se referem" (Lc 24,27) e realizando a obra da salvação, por meio do memorial do Senhor e dos sacramentos. Com efeito, "a pregação da palavra é necessária para o próprio ministério dos

---

[20]   Cf. CONCÍLIO VATICANO II. Constituição dogmatica sobre a revelação divina *Dei verbum*, n. 8.
[21]   Cf. Jo 14,15-17.25-26; 15,26–16,15.

PRINCÍPIOS DA REFORMA DA CELEBRAÇÃO EUCARÍSTICA E AS INTRODUÇÕES RITUAIS

sacramentos, visto que são sacramentos de fé, a qual nasce, da palavra e dela se alimenta".[22]

Espiritualmente alimentada nestas duas mesas,[23] a Igreja, em uma, instrui-se mais, e na outra, santifica-se mais plenamente; pois na Palavra de Deus se anuncia a aliança divina, e na eucaristia se renova esta mesma aliança nova e eterna. Em uma, recorda-se a história da salvação com palavras; na outra, a mesma história se expressa por meio dos sinais sacramentais da liturgia.

Portanto, convém recordar sempre que a Palavra divina que a Igreja lê e anuncia na liturgia conduz, como a seu próprio fim, ao sacrifício da aliança e ao banquete da graça, isto é, à eucaristia. Assim, a celebração da missa, na qual se escuta a Palavra e se oferece e se recebe a eucaristia, constitui um só ato de culto divino,[24] com o qual se oferece a Deus o sacrifício de louvor e se realiza plenamente a redenção do homem.

PRIMEIRA PARTE — A PALAVRA DE DEUS NA CELEBRAÇÃO DA MISSA

A *celebração da liturgia da palavra na missa*

1. Elementos e ritos da liturgia da Palavra

11. "As leituras tiradas da Sagrada Escritura, com os cânticos que se interca-lam, constituem a parte principal da liturgia da Palavra; a homilia, a profissão de fé e a oração universal ou oração dos fiéis a desenvolvem e concluem."[25]

a) As leituras bíblicas

12. Não é permitido que na celebração da missa as leituras bíblicas, junta-mente com os cânticos tirados da Sagrada Escritura, sejam suprimidas, nem abre-

---

[22] Concílio Vaticano II. Decreto sobre o mistério e a vida dos presbíteros *Presbyterorum ordinis*, n. 4.

[23] Cf. Concílio Vaticano II. Constituição sobre a sagrada liturgia *Sacrosanctum concilium*, n. 51; Decreto sobre o ministério e a vida dos presbíteros *Presbyterorum ordinis*, n. 18, e Constituição dogmática sobre a revela-ção divina *Dei verbum*, n. 21; Decreto sobre a atividade missionária da Igreja *Ad gentes*, n. 6. Cf. *Instrução geral sobre o Missal Romano*, n. 8, no livro *Reunidos em nome de Cristo*, São Paulo, Paulus, s/d.

[24] Concílio Vaticano II. Constituição sobre a sagrada liturgia *Sacrosanctum concilium*, n. 56.

[25] *Instrução geral sobre o Missal Romano*, n. 33. O texto completo da IGMR foi publicado pela Paulus Editora, sob o título *Reunidos em nome de Cristo*.

ELENCO DAS LEITURAS DA MISSA

viadas nem, coisa ainda mais grave, substituídas por outras leituras não bíblicas.[26] É por meio da própria Palavra de Deus, transmitida por escrito, que "Deus continua falando a seu povo",[27] e mediante o uso constante da Sagrada Escritura, o povo de Deus se faz mais dócil ao Espírito Santo por meio da luz da fé, e assim pode dar ao mundo, com sua vida e seus costumes, o testemunho de Cristo.

13. A leitura do Evangelho constitui o ponto alto da liturgia da Palavra, para o qual a assembléia se prepara com as outras leituras, na ordem indicada, isto é, a partir do Antigo Testamento até chegar ao Novo.

14. O que mais contribui para uma adequada comunicação da Palavra de Deus à assembléia por meio das leituras é a própria maneira de proclamar dos leitores, que devem fazê-lo em voz alta e clara, tendo conhecimento do que lêem. As leituras, tiradas de edições aprovadas,[28] segundo a índole dos diferentes idiomas, podem ser cantadas, mas de tal forma que o canto não obscureça as palavras, mas as esclareça. Se forem feitas em latim, observe-se o indicado no *Ordo cantus missae*.[29]

15. Na liturgia da Palavra, antes das leituras, e especialmente antes da primeira, podem-se fazer algumas admoestações breves e oportunas. É preciso levar muito em consideração o gênero literário dessas admoestações. Convém que sejam simples, fiéis ao texto, breves, bem preparadas e adaptadas em tudo ao texto, ao qual servem de introdução.[30]

16. Na celebração da missa com o povo, as leituras devem ser feitas sempre do ambão.[31]

17. Entre os ritos da liturgia da Palavra é preciso levar em consideração a veneração especial devida à leitura do Evangelho.[32] Quando se dispõe de um Evangelho, que nos ritos de entrada tenha sido levado processionalmente por um diácono ou por um leitor,[33] é conveniente que este mesmo livro seja tirado do altar por um diácono[34] ou, se não houver diácono, por um sacerdote e seja levado para o ambão, acompanhado pelos ministros que levam velas e incen-

---

[26] Cf. SAGRADA CONGREGAÇÃO PARA O CULTO DIVINO. Instrução *Liturgicae instaurationes*, n. 2, 5 de setembro de 1970: AAS 62 (1970), pp. 695-696; JOÃO PAULO II. Carta *Dominicae cenae*, n. 10, 24 de fevereiro de 1980: AAS 72 (1980), pp. 134-137; SAGRADA CONGREGAÇÃO PARA OS SACRAMENTOS E O CULTO DIVINO. Instr. *Inaestimabile Donum*, n. 1, 3 de abril de 1980: AAS 72 (1980), p. 333.

[27] CONCÍLIO VATICANO II. Constituição sobre a sagrada liturgia *Sacrosanctum concilium*, n. 33.

[28] Cf. abaixo, n. 111, p. 59.

[29] Cf. MISSAL ROMANO, *Ordo cantus missae*, ed. typ., 1972, Introdução, nn. 4, 6, 10.

[30] Cf. *Instrução geral sobre o Missal Romano*, n. 11.

[31] Cf. ibidem, n. 272, e abaixo, nn. 32 a 34, p. 25.

[32] Cf. *Instrução geral sobre o Missal Romano*, n. 35, p. 95.

[33] Cf. ibidem, nn. 82-84.

[34] Cf. ibidem, nn. 94, 131.

so ou outros sinais de veneração, conforme o costume. Os fiéis estão de pé e veneram o livro dos Evangelhos com suas aclamações ao Senhor. O diácono que vai anunciar o Evangelho, inclinado diante do presidente da assembléia, pede e recebe a bênção. No caso de não haver diácono, o sacerdote se inclina diante do altar e diz em voz baixa a oração: "Ó Deus todo-poderoso, purificai-me o coração e os lábios..."[35]

No ambão, aquele que proclama o Evangelho saúda os fiéis, que estão de pé, lê o título da leitura, faz o sinal-da-cruz na fronte, na boca e no peito; a seguir, se for utilizado incenso, incensa o livro e, finalmente, lê o Evangelho. Ao terminar, beija o livro, dizendo secretamente as palavras prescritas.

A saudação "Proclamação do Evangelho de Jesus Cristo" e a "Palavra da salvação" ao terminar, é bom que se cantem para que o povo, por sua vez, possa aclamar do mesmo modo, mesmo quando o Evangelho for lido. Dessa forma, exprime-se a importância da leitura evangélica e se promove a fé dos ouvintes.

18. No final das leituras, a conclusão "Palavra do Senhor" pode ser cantada por um cantor, diferente do leitor que proclamou a leitura, e todos dizem a aclamação. Desse modo, a assembléia honra a Palavra de Deus recebida com fé e com espírito de ação de graças.

b) O salmo responsorial

19. O salmo responsorial, chamado também gradual, dado que é "uma parte integrante da liturgia da Palavra",[36] tem grande importância litúrgica e pastoral. Por isso, é preciso instruir constantemente os fiéis sobre o modo de escutar a Palavra de Deus que nos é transmitida pelos salmos, e sobre o modo de converter este salmo em oração de Igreja. Isso "se realizará mais facilmente quando se promover com diligência, entre o clero, um conhecimento mais profundo dos salmos, segundo o sentido com que se cantam na sagrada liturgia, e quando se fizer que participem disso todos os fiéis com uma catequese oportuna".[37]

Também podem ajudar algumas breves admoestações, nas quais se indique o porquê daquele salmo determinado e da resposta, em sua relação com as leituras.

---

[35] Cf. *Ordinário da missa*, n. 11, São Paulo/Petrópolis, Paulus/Vozes, p. 400.

[36] *Instrução geral sobre o Missal Romano*, n. 36.

[37] Paulo VI. Constituição apostólica *Laudis canticum* na *Liturgia das horas*, instaurada pelo Decreto do Sacrossanto Concílio Ecumênico Vaticano II e promulgada pela autoridade do papa Paulo VI (Tipografia Poliglota Vaticana, 1971); cf. também Concílio Vaticano II. Constituição sobre a sagrada liturgia *Sacrosanctum concilium*, nn. 24, 90; Sagrada Congregação dos Ritos. Instrução sobre a música na sagrada liturgia *Musicam sacram*, n. 39, 5 de março de 1967: AAS 59 (1967), p. 311; *Liturgia das horas*, Introdução geral, nn. 23 e 109; Sagrada Congregação para a Educação Católica. *Ratio fundamentalis*, n. 53.

20. O salmo responsorial preferencialmente deve ser cantado. Há duas formas de cantar o salmo depois da primeira leitura: a forma responsorial e a forma direta. Na forma responsorial, que se deve preferir enquanto for possível, o salmista ou o cantor do salmo canta as estrofes do salmo, e toda a assembléia participa cantando a resposta. Na forma direta, o salmo é cantado sem que a assembléia intercale a resposta, e o cantam, ou o salmista ou o cantor do salmo sozinho, e a assembléia escuta, ou então o salmista e os fiéis juntos.

21. O canto do salmo ou da resposta contribui muito para compreender o sentido espiritual do salmo e para meditá-lo profundamente.

Em cada cultura deve-se utilizar tudo aquilo que possa favorecer o canto da assembléia, e especialmente as faculdades previstas no Elenco das leituras da missa,[38] referentes às respostas para cada tempo litúrgico.

22. O salmo que segue a leitura, se não for cantado, deve ser recitado da maneira mais adequada para a meditação da Palavra de Deus.[39]

O salmo responsorial é cantado ou recitado por um salmista ou por um cantor, estando no ambão.[40]

c) A aclamação antes da leitura do Evangelho

23. Também o "Aleluia" ou, segundo o tempo litúrgico, a aclamação antes do Evangelho "têm por si mesmos o valor de rito ou de ato",[41] mediante o qual a assembléia dos fiéis recebe e saúda o Senhor que vai falar e professa a sua fé cantando.

O "Aleluia" e as outras aclamações antes do Evangelho devem ser cantados, estando todos de pé, de modo que todo o povo cante unanimemente, e não somente o cantor que o inicia, ou o coro.[42]

d) A homilia

24. A homilia, como parte da liturgia da Palavra,[43] que ao longo do ano litúrgico expõe, a partir do texto sagrado, os mistérios da fé e as normas da vida cristã, a partir da Constituição litúrgica do Concílio Vaticano II, muitas vezes

---

[38]   Cf. abaixo, nn. 89-90.

[39]   Cf. *Instrução geral sobre o Missal Romano*, nn. 18 e 39.

[40]   Cf. Ibidem, n. 272, e abaixo, nn. 32ss., pp. 22-23.

[41]   Cf. *Instrução geral sobre o Missal Romano*, n. 39

[42]   Cf. também ibidem, nn. 37-39; Missal Romano. *Ordo cantus missae, Praenotanda*, nn. 7-9; *Gradual Romano*, 1974, *Praenotanda*, n. 7; *Graduale simplex*, 2. ed. tip. 1975, *Praenotanda*, n. 16.

[43]   Concílio Vaticano II. Constituição sobre a sagrada liturgia *Sacrosanctum concilium*, n. 52; cf. Sagrada Congregação dos Ritos. Instrução *Inter oecumenici*, n. 54, 26 de setembro de 1964: AAS 56 (1964), p. 890.

Princípios da reforma da celebração eucarística e as introduções rituais

e com muito interesse foi recomendada e até prescrita para certas ocasiões. Na celebração da missa, a homilia, que normalmente é feita pelo próprio presidente,[44] tem como finalidade que a Palavra de Deus anunciada, juntamente com a liturgia eucarística, seja como "uma proclamação das maravilhas realizadas por Deus na história da salvação ou mistério de Cristo".[45] Com efeito, o mistério pascal de Cristo, anunciado nas leituras e na homilia, realiza-se por meio do sacrifício da missa.[46] Cristo está sempre presente e operante na pregação de sua Igreja.[47]

Assim, pois, a homilia, quer explique as palavras da Sagrada Escritura que se acaba de ler, quer explique outro texto litúrgico,[48] deve levar a assembléia dos fiéis a uma ativa participação na eucaristia, a fim de que "vivam sempre de acordo com a fé que professaram".[49] Com essa explicação viva, a palavra de Deus que se leu e as celebrações que a Igreja realiza podem adquirir maior eficácia, com a condição de que a homilia seja realmente fruto de meditação, devidamente preparada, não muito longa e nem muito curta, e que se levem em consideração todos os presentes, inclusive as crianças e o povo, de modo geral as pessoas simples.[50]

Na concelebração, a homilia, ordinariamente, é feita pelo celebrante principal ou por um dos concelebrantes.[51]

25. Nos dias em que ela for prescrita, a saber, nos domingos e festas de preceito, deve-se fazer a homilia em todas as missas que se celebram com assistência do povo, sem excluir as missas que se celebram na tarde do dia precedente.[52] Também deve haver homilia nas missas celebradas para as crianças ou para grupos particulares.[53]

Recomenda-se muito a pregação da homilia nos dias de semana do Advento, da Quaresma e do Tempo pascal, para o bem dos fiéis que participam

---

[44] Cf. *Instrução geral sobre o Missal Romano*, n. 42.

[45] Concílio Vaticano II. Constituição sobre a sagrada liturgia *Sacrosanctum concilium*, n. 35,2.

[46] Cf. ibidem, nn. 6 e 47.

[47] Cf. Paulo VI. Encíclica *Mysterium fidei*, 3 de setembro de 1965: AAS 57 (1965), p. 753; Concílio Vaticano II. Decreto sobre a atividade missionária da Igreja *Ad gentes*, n. 9; Paulo VI. Exortação apostólica *Evangelii nuntiandi*, 8 dezembro de 1975: AAS 69 (1976), pp. 33-34.

[48] Cf. Concílio Vaticano II. Constituição sobre a sagrada liturgia *Sacrosantum concilium*, n. 35,2; *Instrução geral sobre o Missal Romano*, n. 41.

[49] Concílio Vaticano II. Constituição sobre a sagrada liturgia *Sacrosanctum concilium*, n. 10.

[50] Cf. João Paulo II. Exortação *Catechesi Tradendae*, n. 48, 16 de outubro de 1979: AAS (1979), p. 1316.

[51] Cf. *Instrução geral sobre o Missal Romano*, n. 165.

[52] Cf. ibidem, n. 42, e também Sagrada Congregação dos Ritos. Instrução *Eucharisticum mysterium*, n. 28, 25 de maio 1967: AAS 59 (1967), pp. 556-557.

[53] Cf. Sagrada Congregação para o Culto Divino. Instrução *Actio pastoralis*, n. 6g, 15 de maio de 1969: AAS 61 (1969), p. 809; Diretório para missas com crianças, n. 48, 1º de novembro de 1973: AAS 66 (1974), p. 44.

Elenco das Leituras da Missa

regularmente da celebração da missa; e também em outras festas e ocasiões nas quais há maior assistência de fiéis na Igreja.[54]

26. O sacerdote celebrante profere a homilia na cadeira, de pé ou sentado, ou no ambão.[55]

27. Não pertencem à homilia os breves avisos que se devam fazer à assembléia, pois seu lugar é em seguida à oração depois da comunhão.[56]

e) O silêncio

28. A liturgia da Palavra deve ser celebrada de tal maneira que favoreça a meditação; por isso, deve-se evitar a pressa, que impede o recolhimento. O diálogo entre Deus e os homens, que se realiza com a ajuda do Espírito Santo, requer breves momentos de silêncio, adequados à assembléia presente, para que neles a Palavra de Deus seja acolhida interiormente e se prepare uma resposta, por meio da oração. Podem-se guardar estes momentos de silêncio, por exemplo, antes de comentar a liturgia da Palavra, depois da primeira e da segunda leituras e ao terminar a homilia.[57]

f) A profissão de fé

29. O símbolo ou profissão de fé, dentro da missa, quando as rubricas o indicam, tem como finalidade que a assembléia reunida dê seu consentimento e sua resposta à Palavra de Deus ouvida nas leituras e na homilia, e traga à sua memória, antes de começar a celebração do mistério da fé na eucaristia, a norma de sua fé, segundo a forma aprovada pela Igreja.[58]

g) A oração universal ou oração dos fiéis

30. Na oração universal, a assembléia dos fiéis, iluminada pela Palavra de Deus, à qual de certo modo responde, pede normalmente pelas necessidades da Igreja universal e da comunidade local, pela salvação do mundo, pelos que se encontram em qualquer necessidade e por grupos determinados de pessoas.

Sob a orientação do celebrante, um diácono, um ministro ou alguns fiéis proporão oportunamente algumas breves petições compostas com sábia liber-

---

[54] Cf. *Instrução geral sobre o Missal Romano*, n. 42, p. 338; *Rito do matrimônio*, nn. 22, 42, 57; *Rito das exéquias*, nn. 41, 64.

[55] Cf. *Instrução geral sobre o Missal Romano*, n. 97.

[56] Cf. ibidem, n. 139.

[57] Cf. ibidem, n. 23.

[58] Cf. ibidem, n. 43.

dade, mediante as quais "o povo, exercendo o seu ofício sacerdotal, roga por todos os homens".[59] Dessa forma, recolhendo o fruto da liturgia da Palavra, a assembléia poderá passar mais adequadamente para a liturgia eucarística.

31. O sacerdote preside a oração universal estando na cadeira; e as intenções são enunciadas do ambão.[60]

A assembléia participa da oração de pé, dizendo ou cantando a invocação comum depois de cada intenção, ou então orando em silêncio.[61]

2. Coisas que ajudam a celebrar devidamente a liturgia da Palavra

a) O lugar onde se proclama a Palavra de Deus

32. No recinto da igreja deve existir um lugar elevado, fixo, adequadamente disposto e com a devida nobreza, que ao mesmo tempo corresponda à dignidade da Palavra de Deus e lembre aos fiéis que na missa se prepara a mesa da Palavra de Deus e do corpo de Cristo,[62] e que ajude da melhor maneira possível a que os fiéis ouçam bem e estejam atentos durante a liturgia da Palavra. Por isso se deve procurar, segundo a estrutura de cada igreja, que haja uma íntima proporção e harmonia entre o ambão e o altar.

33. Convém que o ambão, de acordo com a sua estrutura, seja adornado com sobriedade, ou de maneira permanente ou, ao menos ocasionalmente, nos dias mais solenes.

Dado que o ambão é o lugar de onde os ministros proclamam a Palavra de Deus, reserva-se por sua natureza às leituras, ao salmo responsorial e ao precônio pascal. A homilia e a oração dos fiéis podem ser pronunciadas do ambão, já que estão intimamente ligadas a toda a liturgia da Palavra. Mas não é conveniente que subam ao ambão outras pessoas, como o comentarista, o cantor, o dirigente do coro.[63]

34. Para que o ambão ajude, da melhor maneira possível, nas celebrações, deve ser amplo, porque em algumas ocasiões têm que estar nele vários ministros. Além disso, é preciso procurar que os leitores que estão no ambão tenham suficiente luz para ler o texto e, na medida do possível, bons microfones para que os fiéis possam escutá-los facilmente.

---

[59] Cf. ibidem, n. 45.
[60] Cf. ibidem, n. 99.
[61] Cf. ibidem, n. 47.
[62] Cf. nota 23.
[63] Cf. *Instrução geral sobre o Missal Romano*, n. 272.

b) Os livros para anunciar a Palavra de Deus nas celebrações

35. Os livros de onde se tiram as leituras da Palavra de Deus, assim como os ministros, as atitudes, os lugares e demais coisas lembram aos fiéis a presença de Deus que fala a seu povo. Portanto, é preciso procurar que os próprios livros, que são sinais e símbolos das realidades do alto na ação litúrgica, sejam verdadeiramente dignos, decorosos e belos.[64]

36. Sendo sempre o anúncio evangélico o ponto alto da liturgia da Palavra, as duas tradições litúrgicas, a ocidental e a oriental, mantiveram uma diferença entre o Evangelho e as demais leituras. Com efeito, o livro dos Evangelhos era elaborado com grande cuidado, adornado e venerado mais do que qualquer outro Lecionário. Assim, pois, é muito conveniente que também em nossos dias, nas catedrais, nas paróquias e igrejas maiores e mais concorridas, haja um Evangeliário, formosamente adornado e diferente do livro das demais leituras. Este é o livro entregue ao diácono na sua ordenação, e na ordenação episcopal é colocado e sustentado sobre a cabeça do eleito.[65]

37. Por último, os livros das leituras que se utilizam na celebração, pela dignidade que a Palavra de Deus exige, não devem ser substituídos por outros subsídios pastorais, por exemplo, pelos folhetos que se fazem para que os fiéis preparem as leituras ou as meditem pessoalmente.

Ofícios e ministérios na celebração da liturgia da Palavra na missa

1. Funções do presidente na liturgia da Palavra

38. Quem preside a liturgia da Palavra, ainda que escute a Palavra de Deus proclamada aos outros, continua sendo sempre o primeiro ao qual se confiou a função de anunciar a Palavra de Deus, compartilhando com os fiéis, sobretudo na homilia, o alimento que esta palavra contém. Embora ele deva cuidar por si mesmo ou por outros que a Palavra de Deus seja proclamada adequadamente, a ele corresponde, ordinariamente, preparar algumas admoestações que ajudem os fiéis a escutar com mais atenção e, principalmente, fazer a homilia, para facilitar-lhes uma compreensão mais profunda da Palavra de Deus.

---

[64] Cf. Concílio Vaticano II. Constituição sobre a sagrada liturgia *Sacrosanctum concilium*, n. 122.
[65] Cf. *Rito das ordenações*, n. 24, p. 62; n. 21, p. 92; n. 24, pp. 127s; n. 25, p. 108; n. 25, p. 174.

Princípios da Reforma da Celebração Eucarística e as Introduções Rituais

39. Em primeiro lugar, é necessário que quem deve presidir a celebração conheça perfeitamente a estrutura do Elenco das leituras da missa, a fim de que possa fazê-las frutificar nos corações dos fiéis; além disso, com oração e estudo compreenda muito bem a relação entre os diversos textos da liturgia da Palavra para que, aproveitando o *Ordo lectionum*, faça entender convenientemente o mistério de Cristo e sua obra salvífica.

40. Quem preside pode usar amplamente as diversas opções propostas no lecionário no que se refere às leituras, respostas, salmos responsoriais, aclamações antes do Evangelho,[66] mas de comum acordo[67] com todos os interessados, sem excluir os fiéis naquilo que lhes diz respeito.[68]

41. O presidente exerce, também, a sua função própria e o ministério da Palavra de Deus quando pronuncia a homilia.[69]

Com efeito, a homilia conduz os irmãos a uma compreensão saborosa da Sagrada Escritura; abre as almas dos fiéis à ação de graças pelas maravilhas de Deus; alimenta a fé dos presentes acerca da palavra que na celebração se converte em sacramento pela intervenção do Espírito Santo; finalmente, prepara os fiéis para uma comunhão fecunda e os convida a praticar as exigências da vida cristã.

42. Cabe ao presidente introduzir, ocasionalmente, os fiéis com alguma admoestação à liturgia da Palavra, antes da proclamação das leituras.[70] Estas admoestações poderão ser de grande ajuda para que a assembléia escute melhor a Palavra de Deus, já que promovem a fé e a boa vontade. Pode exercer essa função por meio de outras pessoas, por exemplo, o diácono ou um comentarista.[71]

43. O presidente, dirigindo a oração universal e, se for possível, relacionando as leituras daquela celebração e a homilia com a oração, por meio da admoestação inicial e da oração conclusiva, conduz os fiéis à liturgia eucarística.[72]

---

[66] Cf. abaixo, nn. 78-91.

[67] Cf. *Instrução geral sobre o Missal Romano*, nn. 318-320; 324-325.

[68] Cf. ibidem, n. 313.

[69] Cf. ibidem, n. 42; Sagrada Congregação para os Sacramentos e o Culto Divino. Instrução *Inaestimabile Donum*, n. 3, 3 de abril de 1980: AAS 72 (1980), p. 334.

[70] Cf. *Instrução geral sobre o Missal Romano*, n. 11.

[71] Cf. ibidem, n. 68.

[72] Cf. ibidem, nn. 33, 47.

ELENCO DAS LEITURAS DA MISSA

2. Função dos fiéis na liturgia da Palavra

44. A palavra de Cristo reúne, faz crescer e alimenta o povo de Deus;

isso vale especialmente para a liturgia da Palavra na celebração da missa, na qual o anúncio da morte e ressurreição do Senhor e a resposta do povo que escuta se unem inseparavelmente com a própria oblação, pela qual Cristo confirmou com o seu sangue a nova aliança, oblação de que participam os fiéis com o desejo e com a recepção do sacramento.[73]

Com efeito, "não somente quando se lê 'o que se escreveu para nosso ensinamento' (Rm 15,4), mas também quando a Igreja ora, canta ou age, a fé dos assistentes se alimenta e suas almas se elevam para Deus, a fim de tributar-lhe um culto espiritual e receber a sua graça com maior abundância".[74]

45. Na liturgia da Palavra, pela fé com que escuta, também hoje a assembléia dos fiéis recebe de Deus a palavra da aliança, e deve responder a esta palavra com fé, para que se vá convertendo cada vez mais em povo da nova aliança.

O povo de Deus tem o direito de receber abundantemente o tesouro espiritual da Palavra de Deus, o que se consegue com o uso do *Ordo lectionum*, com a homilia e com a ação pastoral. Na celebração da missa, os fiéis escutem a Palavra de Deus com tal devoção interior e exterior que cada dia neles aumente a vida espiritual e os introduza cada vez mais no mistério que se celebra.[75]

46. Para que possam celebrar vivamente o memorial do Senhor, lembrem-se os fiéis de que a presença de Cristo é uma só, tanto na Palavra de Deus, "pois quando se lê na Igreja a Sagrada Escritura, é ele quem fala", como "especialmente sob as espécies eucarísticas".[76]

47. A Palavra de Deus, para que seja acolhida e traduzida na vida dos fiéis, exige uma fé viva,[77] que cresce continuamente ao escutar a Palavra de Deus proclamada.

Com efeito, as Sagradas Escrituras são, sobretudo na proclamação litúrgica, uma fonte de vida e de força, segundo o que diz são Paulo, quando afirma que o Evangelho é uma força de salvação para todo o que crê,[78] por

---

[73] Cf. CONCÍLIO VATICANO II. Decreto sobre o ministério e a vida dos presbíteros *Presbyterorum ordinis*, n. 4.

[74] Cf. CONCÍLIO VATICANO II. Constituição sobre a sagrada liturgia *Sacrosanctum concilium*, n. 33.

[75] Cf. *Instrução geral sobre o Missal Romano*, n. 9.

[76] CONCÍLIO VATICANO II. Constituição sobre a sagrada liturgia *Sacrosanctum concilium*, n. 7.

[77] Cf. CONCÍLIO VATICANO II, Constituição sobre a sagrada liturgia *Sacrosanctum concilium*, n. 9.

[78] Cf. Rm 1,16.

isso, o amor às Escrituras contribui para o vigor e a renovação de todo o povo de Deus.[79] Portanto, é muito conveniente que todos os fiéis estejam sempre dispostos a escutar com alegria a Palavra de Deus.[80] A Palavra de Deus, quando é anunciada pela Igreja e levada à prática, ilumina os fiéis pela atuação do Espírito Santo e os impele a viver na totalidade o mistério do Senhor.[81] A Palavra de Deus, recebida com fé, move o homem, do fundo do seu coração, à conversão e a uma vida resplandecente de fé pessoal e comunitária,[82] visto que a Palavra de Deus é o alimento da vida cristã e a fonte de toda a oração da Igreja.[83]

48. A íntima relação entre a liturgia da Palavra e a liturgia eucarística na missa conduzirá os fiéis a estarem presentes, já desde o princípio,[84] e a participarem atentamente. Enquanto possível, eles se prepararão para escutar a Palavra de Deus, adquirindo de antemão um profundo conhecimento das Sagradas Escrituras. Além disso, terão o desejo de alcançar a compreensão litúrgica dos textos que se lêem e a vontade de responder por meio do canto.[85] Dessa forma, por meio da Palavra de Deus escutada e meditada, os fiéis podem dar uma resposta cheia de fé, esperança e amor, de oração e entrega de si mesmos, não somente durante a celebração da missa, mas também em toda a vida cristã.

3. Ministérios na liturgia da Palavra

49. A tradição litúrgica assinala a função de proclamar as leituras bíblicas, na celebração da missa, a ministros: leitores e diácono. Mas se não houver diácono nem outro sacerdote, o celebrante deve ler o Evangelho,[86] e no caso em que não haja leitor,[87] todas as demais leituras.

---

[79] Cf. CONCÍLIO VATICANO II. Constituição dogmática sobre a revelação divina *Dei verbum*. n. 21.

[80] Cit. in CONCÍLIO VATICANO II. Constituição dogmática sobre a revelação divina *Dei verbum*, n. 21.

[81] Cf. Jo 14,15-26; 15,26; 16,4.5-15.

[82] Cf. CONCÍLIO VATICANO II. Decreto sobre a atividade missionária da Igreja *Ad gentes*, nn. 6 e 15; e também Constituição sobre a revelação divina *Dei verbum*, n. 26.

[83] CONCÍLIO VATICANO II. Constituição sobre a sagrada liturgia *Sacrosanctum concilium*, n. 24, e também SAGRADA CONGREGAÇÃO PARA O CLERO. *Directorium Catechisticum generale*, n. 25, 11 de abril de 1971: AAS 64 (1972), p. 114.

[84] Cf. CONCÍLIO VATICANO II. Constituição sobre a sagrada liturgia *Sacrosanctum concilium*, n. 56; e também SAGRADA CONGREGAÇÃO PARA OS SACRAMENTOS E O CULTO DIVINO. Instrução *Inaestimabile donum*, n. 1, 3 de abril de 1980: AAS 72 (1980), pp. 333-334.

[85] Cf. CONCÍLIO VATICANO II. Constituição sobre a sagrada liturgia *Sacrosanctum concilium*, nn. 24 e 35.

[86] Cf. *Instrução geral sobre o Missal Romano*, n. 34.

[87] Cf. ibidem, n. 96.

ELENCO DAS LEITURAS DA MISSA

50. Na liturgia da Palavra da missa, cabe ao diácono anunciar o Evangelho, fazer de vez em quando a homilia, se parecer conveniente, e propor ao povo as intenções da oração universal.[88]

51. "Na celebração eucarística o leitor tem um ministério próprio, reservado a ele, ainda que haja outro ministro de grau superior."[89] É preciso dar a devida importância ao ministério do leitor, conferido por ato litúrgico. Os que foram instituídos como leitores, se os houver, devem exercer sua função própria, pelo menos nos domingos e festas, durante a missa principal. Além disso, pode-se confiar a eles o encargo de ajudar na organização da liturgia da Palavra e de cuidar, se for necessário, da preparação de outros fiéis que, por designação temporânea, devem fazer as leituras na celebração da missa.[90]

52. A assembléia litúrgica precisa ter leitores, ainda que não tenham sido instituídos para esta função. Por isso, é preciso procurar que haja alguns leigos, os mais aptos, que estejam preparados para desempenhar este ministério.[91] Se houver vários leitores e várias leituras a serem feitas, convém distribuí-las entre eles.

53. Se não houver diácono na missa, a função de propor as intenções da oração universal caberá a um cantor, especialmente quando estas intenções forem cantadas, ou a um leitor, ou a outra pessoa.[92]

54. O sacerdote diverso daquele que preside, o diácono e o leitor instituído, quando sobem ao ambão para ler a Palavra de Deus na missa, devem usar as vestimentas sagradas próprias de seu ofício. Porém os que ocasionalmente, e mesmo ordinariamente, desempenham o ofício de leitor podem subir ao ambão com sua roupa normal, mas respeitando os costumes das diversas regiões.

55. "Para que os fiéis cheguem a adquirir uma estima viva da Sagrada Escritura pela audição das leituras divinas, é necessário que os leitores que desempenham este ministério, embora não tenham sido oficialmente instituídos nele, sejam realmente aptos e estejam cuidadosamente preparados."[93]

Essa preparação deve ser em primeiro lugar espiritual, mas é necessária também a preparação técnica. A preparação espiritual supõe pelo menos du-

---

[88] Cf. ibidem, nn. 47, 61, 132; SAGRADA CONGREGAÇÃO PARA OS SACRAMENTOS E O CULTO DIVINO. Instrução *Inaestimabile donum*, n. 3, 3 de abril de 1980: AAS 72 (1980), p. 334.

[89] *Instrução geral sobre o Missal Romano*, n. 66.

[90] Cf. PAULO VI. Carta apostólica *Ministeria quaedam*, n. V, 15 de agosto de 1972: AAS 64 (1972), p. 532.

[91] Cf. SAGRADA CONGREGAÇÃO PARA OS SACRAMENTOS E O CULTO DIVINO. Instrução *Inaestimabile donum*, nn. 2 e 18, 3 de abril de 1980: AAS 72 (1980), p. 334; cf. também SAGRADA CONGREGAÇÃO PARA O CULTO DIVINO. *Diretório para missas com criança*, nn. 22, 24, 27, 1º de novembro de 1973: AAS 6 (1974), p. 43.

[92] Cf. *Instrução geral sobre o Missal Romano*, nn. 47, 66, 151; cf. também CONSELHO PARA EXECUÇÃO DA CONSTITUIÇÃO SOBRE A SAGRADA LITURGIA. *De oratione communi seu fidelium* (Cidade do Vaticano, 1966), n. 8.

[93] *Instrução geral sobre o Missal Romano*, n. 66.

pla instrução: bíblica e litúrgica. A instrução bíblica deve encaminhar-se no sentido de que os leitores possam compreender as leituras em seu contexto próprio e entender à luz da fé o núcleo central da mensagem revelada. A instrução litúrgica deve facilitar aos leitores certa percepção do sentido e da estrutura da liturgia da Palavra e a relação entre a liturgia da Palavra e a liturgia eucarística. A preparação técnica deve capacitar os leitores para que se tornem sempre mais aptos na arte de ler diante do povo, seja de viva voz, seja com a ajuda de instrumentos modernos para a aplicação da voz.

56. Cabe ao salmista, ou cantor do salmo, cantar de forma responsorial ou direta o salmo ou outro cântico bíblico, o gradual e o *Aleluia*, ou outro cântico interlecional. Ele mesmo pode iniciar o *Aleluia* e o versículo, se parecer conveniente.[94]

Para exercer esta função de salmista, é muito conveniente que em cada comunidade eclesial haja leigos dotados da arte de salmodiar e de uma boa pronúncia e dicção. O que se disse anteriormente sobre a formação dos leitores também se aplica aos salmistas.

57. Também o comentador exerce um verdadeiro ministério litúrgico quando, de um lugar adequado, propõe à comunidade dos fiéis explicações e admoestações oportunas, claras, sóbrias, cuidadosamente preparadas, normalmente escritas e antecipadamente aprovadas pelo celebrante.[95]

SEGUNDA PARTE — ESTRUTURA DO ELENCO DAS LEITURAS DA MISSA

Distribuição geral das leituras da missa

1. Finalidade pastoral do Elenco das leituras da missa

58. O Elenco das leituras da missa, tal como se encontra no lecionário do Missal Romano, foi realizado, em primeiro lugar, para obter um fim pastoral, seguindo o espírito do Concílio Vaticano II. Para conseguir esse fim, não só os princípios em que se baseia o novo *Ordo*, mas também a escolha dos próprios textos que se colocam a seguir, foram revistos e elaborados várias vezes, com

---

[94] Cf. ibidem, nn. 37a e 67.
[95] Cf. ibidem, n. 68.

ELENCO DAS LEITURAS DA MISSA

a cooperação de muitas pessoas de todo o mundo, versadas em matérias exegéticas, litúrgicas, catequéticas e pastorais. O Elenco das leituras da missa é o resultado desse trabalho comum.

Esperamos que uma contínua leitura e explicação da Sagrada Escritura ao povo cristão na celebração eucarística, segundo este Elenco das leituras da missa, seja muito eficaz para alcançar a finalidade exposta várias vezes pelo Concílio Vaticano II.[96]

59. Nessa reforma pareceu conveniente elaborar um só Elenco das leituras da missa, rico e abundante quanto possível, de acordo com a vontade e as normas do Concílio Vaticano II,[97] mas que, ao mesmo tempo, por sua forma se acomodasse aos determinados costumes e exigências das igrejas particulares e das assembléias celebrantes. Por essa razão, os encarregados de elaborar essa reforma se preocuparam em salvaguardar a tradição litúrgica do rito romano, sem detrimento de uma grande estima pelo valor de todas as formas de seleção, distribuição e uso das leituras bíblicas nas demais famílias litúrgicas e em algumas igrejas particulares, valendo-se daquilo que já havia sido comprovado por experiência e procurando ao mesmo tempo evitar alguns defeitos existentes na tradição precedente.

60. Portanto, o presente Elenco das leituras da missa é uma distribuição das leituras bíblicas que possibilita aos cristãos o conhecimento de toda a Palavra de Deus, conforme uma adequada explicação. Durante todo o ano litúrgico, mas sobretudo no tempo da Páscoa, da Quaresma e do Advento, a escolha e distribuição das leituras tende a que, de maneira gradual, os cristãos conheçam mais profundamente a fé que professam e a história da salvação.[98] Por isso, o Elenco das leituras da missa corresponde às necessidades e desejos do povo cristão.

61. Ainda que a ação litúrgica por si mesma não seja uma forma de catequese, inclui, não obstante, um caráter didático que se exprime também no

---

[96] Cf., por exemplo, PAULO VI, Constituição apostólica *Missale Romanum*: "Tudo isso foi assim ordenado para aumentar cada vez mais nos fiéis 'a fome da Palavra de Deus' que, sob a direção do Espírito Santo, deve levar o povo da nova aliança à perfeita unidade da Igreja. Por estas determinações esperamos que tanto os sacerdotes como os fiéis venham a se preparar mais santamente para a ceia do Senhor e ao mesmo tempo, meditando de maneira mais profunda as Sagradas Escrituras, se alimentem sempre mais com as palavras do Senhor. Assim, conforme as exortações do Vaticano II, as Sagradas Escrituras se tornarão para todos uma fonte perene de vida espiritual, o meio precípuo para a transmissão da doutrina cristã e, por fim, como que a medula de toda a formação teológica". No *Missal Romano*, São Paulo/Petrópolis, Paulus/Vozes, p. 20

[97] Cf. CONCÍLIO VATICANO II. Constituição sobre a sagrada liturgia *Sacrosanctum concilium*, nn. 35 e 51.

[98] Cf. PAULO VI. Constituição apostólica *Missale Romanum*: "Desta forma aparece mais claramente o desenvolvimento do mistério da salvação, a partir das palavras reveladas". In: *Missal Romano*, São Paulo/Petrópolis, Paulus/Vozes, p. 20

Princípios da reforma da celebração eucarística e as introduções rituais

lecionário do Missal Romano,[99] de maneira que com razão pode ser considerada um instrumento pedagógico para estímulo da catequese.

Com efeito, o Elenco das leituras da missa oferece os fatos e palavras principais da história da salvação, tomando-os da Sagrada Escritura, de tal modo que esta história da salvação, que a liturgia da Palavra vai recordando passo a passo, em seus diversos momentos e eventos, aparece diante dos fiéis como algo que tem uma continuidade atual, ao se fazer presente de novo o mistério pascal de Cristo, celebrado pela eucaristia.

62. Outra razão pela qual se compreende também a conveniência e a utilidade pastoral de um só Elenco das leituras do Lecionário da missa no rito romano é o fato de que todos os fiéis, principalmente aqueles que por diversos motivos nem sempre participam da mesma assembléia, ouçam em qualquer parte, em determinados dias e tempos, as mesmas leituras e as meditem aplicando-as às circunstâncias concretas, inclusive naqueles lugares em que, por falta de sacerdote, um diácono ou outra pessoa delegada pelo bispo dirige a celebração da Palavra de Deus.[100]

63. Os pastores que quiserem dar uma resposta mais apropriada, tirada da Palavra de Deus, às circunstâncias especiais de suas próprias comunidades, sem esquecer que eles devem ser antes de mais nada arautos da totalidade do mistério de Cristo e do Evangelho, podem usar, segundo a conveniência, as possibilidades que o mesmo Elenco das leituras da missa oferece, sobretudo por ocasião da celebração de alguma missa ritual, votiva, ou em honra dos santos ou para diversas circunstâncias. Levando em consideração as normas gerais, concedem-se faculdades particulares quanto às leituras da Palavra de Deus nas celebrações da missa para grupos particulares.[101]

2. Princípios na elaboração do Elenco das leituras da missa

64. Para alcançar a finalidade própria do Elenco das leituras da missa, a escolha e distribuição das perícopes foram feitas levando-se em consideração

---

[99] Cf. Concílio Vaticano II. Constituição sobre a sagrada liturgia *Sacrosanctum concilium*, nn. 9, 33; Sagrada Congregação dos Ritos. Instrução *Inter oecumenici*, n. 7, 26 de setembro de 1964: AAS 56 (1964), p. 878; João Paulo II. Exortação apostólica *Catechesi tradentae*, n. 23, 16 de outubro de 1979: AAS 71 (1979), pp. 1296–1299.

[100] Cf. Concílio Vaticano II. Constituição sobre a sagrada liturgia *Sacrosanctum concilium*, n. 35,4; Sagrada Congregação dos Ritos. Instrução *Inter oecumenici*, nn. 37-38, 26 de setembro de 1964: AAS 56 (1964), p. 884.

[101] Cf. Sagrada Congregação para o Culto Divino. Instrução *Actio pastoralis*, n. 6, 15 de maio de 1969: AAS 61 (1969), p. 809; *Diretório para missa com crianças*, nn. 41-47, 1º de novembro de 1973: AAS 66 (1974), p. 43; Paulo VI. Exortação apostólica *Marialis cultus*, n. 12, 2 de fevereiro de 1974: AAS 66 (1974), pp. 125-126.

ELENCO DAS LEITURAS DA MISSA

a sucessão dos tempos litúrgicos e também os princípios hermenêuticos que os estudos exegéticos de nosso tempo permitiram descobrir e definir.

Por isso, pareceu conveniente expor aqui os princípios observados na elaboração do Elenco das leituras da missa.

a) Seleção de textos

65. A sucessão de leituras do "próprio do tempo" foi disposta da seguinte maneira: nos domingos e festas propõem-se os textos mais importantes, para que, em um conveniente espaço de tempo, possam ser lidas diante da assembléia dos fiéis as partes mais relevantes da Palavra de Deus. A outra série de textos da Sagrada Escritura, que de certa forma completam o anúncio de salvação desenvolvido nos dias festivos, assinala-se para os dias de semana. No entanto, nenhuma das duas séries dessas partes principais do Elenco das leituras da missa, isto é, a dominical-festiva e a série dos dias de semana, depende uma da outra. Mais ainda, a ordem das leituras dominical-festiva desenvolve-se em um triênio, ao passo que a dos dias de semana o faz em um biênio. Por isso, a ordem das leituras dominical-festivas procede de maneira independente da dos dias de semana, e vice-versa.

A sucessão de leituras propostas para as demais partes do Elenco das leituras da missa, tais como a série de leituras para as celebrações dos santos, para as missas rituais ou por diversas necessidades, ou as votivas, ou as missas de defuntos, rege-se por normas próprias.

b) Distribuição das leituras nos domingos e festas

66. As características do Elenco das leituras da missa para os domingos e festas são as seguintes:
1. toda missa apresenta três leituras: a primeira, do Antigo Testamento; a segunda, do apóstolo (isto é, das epístolas dos apóstolos ou do Apocalipse, segundo os diversos tempos do ano); a terceira, do Evangelho. Com esta distribuição sublinha-se a unidade do Antigo e do Novo Testamentos, e da História da salvação, cujo centro é Cristo e seu mistério pascal que celebramos;
2. o fato de que para os domingos e festas se proponha um ciclo de três anos é para que haja uma leitura mais variada e abundante da Sagrada Escritura, já que os mesmos textos não voltarão a ser lidos, a não ser depois de três anos;[102]

---

[102] Os vários anos recebem as letras A, B, C. Para saber qual seja o ano A ou B ou C, se procede desta maneira: recebe a letra C aquele ano cujo número pode ser dividido por 3. Assim, contando do início da era cristã,

355

Princípios da reforma da celebração eucarística e as introduções rituais

3. os princípios que regulam a ordem das leituras dos domingos e festas são os chamados de "composição harmônica" ou de "leitura semicontínua". Emprega-se um ou outro princípio, segundo os diversos tempos do ano e as características especiais de cada tempo litúrgico.

67. A melhor composição harmônica entre as leituras do Antigo e Novo Testamentos tem lugar quando a própria Escritura a insinua, isto é, naqueles casos em que os ensinamentos e fatos expostos nos textos do Novo Testamento têm uma relação mais ou menos explícita com os ensinamentos e fatos do Antigo Testamento. No presente Elenco das leituras da missa, os textos do Antigo Testamento foram selecionados principalmente por sua congruência com os textos do Novo Testamento, especialmente com o Evangelho que se lê na mesma missa.

No tempo de Advento, Quaresma e Páscoa, isto é, naqueles tempos dotados de importância e característica especiais, a composição entre os textos das leituras de cada missa baseia-se em princípios especiais.

No entanto, nos domingos do tempo comum, que não têm uma característica peculiar, os textos da leitura das epístolas e do Evangelho se distribuem segundo a ordem da leitura semicontínua, ao passo que a leitura do Antigo Testamento se compõe harmonicamente com o Evangelho.

68. O que era conveniente para os tempos anteriormente citados não pareceu oportuno aplicá-lo também para os domingos do tempo comum, de modo que neles houvesse certa unidade temática que tornasse mais fácil a instrução das homilias. O genuíno conceito da ação litúrgica está em contradição, com efeito, com semelhante composição temática, já que tal ação litúrgica é sempre a celebração do mistério de Cristo e, por tradição própria, usa a Palavra de Deus, movida não só por algumas inquietações de ordem racional ou externa, mas pela preocupação de anunciar o Evangelho e levar os fiéis para a verdade plena.

c) Distribuição das leituras para os dias de semana

69. A distribuição das leituras para os dias de semana foi feita com estes critérios:

---

o ano 1 teria sido ano A, o ano 2, ano B, o ano 3, ano C, também os anos 6, 9, 12... de novo ano C. Por exemplo, o ano 1980 é ano C, o ano seguinte, 1981, ano A, 1982, ano B e 1983, de novo ano C. E assim por diante. Evidentemente, cada ciclo começa, com o ano litúrgico, com a primeira semana do Advento, que cai no ano civil anterior.

Os anos de cada ciclo são denominados pelo evangelho sinótico que é proclamado durante o tempo comum em uma leitura semicontínua. Assim, o primeiro ano do ciclo é chamado ano de Mateus, o segundo e o terceiro, anos de Marcos e de Lucas, respectivamente.

356

Elenco das Leituras da Missa

1. toda missa apresenta duas leituras: a primeira do Antigo Testamento ou do apóstolo (isto é, das epístolas dos apóstolos ou do Apocalipse), e no Tempo pascal, dos Atos dos Apóstolos; a segunda, do Evangelho;
2. o ciclo anual do tempo da Quaresma ordena-se segundo princípios peculiares que levam em consideração as características desse tempo, a saber, sua índole batismal e penitencial;
3. também nos dias de semana do Advento e dos tempos do Natal e da Páscoa, o ciclo é anual e, portanto, as leituras não variam;
4. nos dias de semana das 34 semanas do tempo comum, as leituras evangélicas se distribuem em um só ciclo que se repete cada ano. A primeira leitura, ao contrário, distribui-se em duplo ciclo que se lê em anos alternados. O ano primeiro emprega-se nos anos ímpares; o segundo, nos anos pares.

Desse modo, também no Elenco das leituras da missa para os dias de semana, da mesma forma que nos domingos e festas, põem-se em prática os princípios da composição harmônica e da leitura semicontínua, de maneira semelhante, quando se trata daqueles tempos que ostentam características peculiares ou do tempo comum.

d) As leituras para as celebrações dos santos

70. Para as celebrações dos santos oferece-se dupla série de leituras:
1. uma no Próprio, para as solenidades, festas e memórias, principalmente se para cada uma delas se encontram textos próprios. Ou, então, indica-se algum texto mais adequado, dentre os que se encontram no Comum, de preferência a outros;
2. outra série, mais ampla, encontra-se nos Comuns dos santos. Nesta parte, primeiro propõem-se os textos próprios para as diversas categorias de santos (mártires, pastores, virgens etc.); depois, uma série de textos que tratam da santidade em geral e que podem ser empregados à livre escolha, desde que se remeta aos Comuns para a escolha das leituras.

71. No que se refere à ordem em que estão colocados os textos nesta parte, ajudará saber que se encontram agrupados na ordem em que devem ser lidos. Assim, encontram-se primeiro os textos do Antigo Testamento, depois os textos do apóstolo, em seguida, os salmos e versículos interlecionais e, finalmente, os textos do Evangelho. Estão colocados dessa maneira para que o celebrante os escolha à vontade, levando em consideração as necessidades pastorais da assembléia que participa da celebração, a não ser que se indique expressamente algo diferente.

e) As leituras para as missas rituais, para diversas necessidades, votivas e de defuntos

72. Nessa mesma ordem são colocados os textos das leituras para as missas rituais, para diversas necessidades, votivas e de defuntos: oferecem-se vários textos juntos, como nos Comuns dos santos.

f) Principais critérios aplicados na seleção e distribuição das leituras

73. Além desses princípios, que regulam a distribuição das leituras em cada parte do Elenco das leituras da missa, há outros de caráter mais geral, que podem ser enunciados da seguinte maneira:

1. Reserva de alguns livros segundo os tempos litúrgicos

74. Pela importância intrínseca do assunto e por tradição litúrgica, no presente Elenco das leituras da missa alguns da Sagrada Escritura reservam-se para determinados tempos litúrgicos. Por exemplo, respeita-se a tradição, tanto ocidental (ambrosiana e hispânica) como oriental, de ler os Atos dos Apóstolos no Tempo pascal, já que este livro serve grandemente para fazer ver como a vida da Igreja encontra suas origens no mistério pascal. Conserva-se, também, a tradição, tanto ocidental como oriental, de ler o evangelho de são João nas últimas semanas da Quaresma e no Tempo pascal.

A leitura de Isaías, principalmente da primeira parte, é atribuída por tradição ao tempo do Advento. Não obstante, alguns textos desse livro são lidos no tempo do Natal. No tempo do Natal lê-se também a primeira carta de são João.

2. Extensão dos textos

75. Com relação à extensão dos textos guarda-se um termo médio. Fez-se uma distinção entre as narrações, que demandam certa extensão maior do texto e que geralmente os fiéis escutam com atenção, e aqueles textos que, pela profundidade de seu conteúdo, não podem ser muito extensos.

Para alguns mais longos, prevê-se dupla forma, a longa e a breve, segundo a conveniência. Essas abreviações foram feitas com grande cuidado.

3. Os textos mais difíceis

76. Por motivos pastorais, nos domingos e solenidades evitam-se os textos bíblicos realmente difíceis, seja objetivamente, porque suscitam árduos problemas de índole literária, crítica ou exegética, seja também, pelo menos até certo ponto, porque são textos que os fiéis dificilmente poderiam entender.

ELENCO DAS LEITURAS DA MISSA

Contudo, era inadmissível não proporcionar aos fiéis as riquezas espirituais de alguns textos pela simples razão de serem difíceis de entender, quando esta dificuldade deriva de uma insuficiente formação cristã, da qual nenhum fiel deve estar privado, ou de uma insuficiente formação bíblica, que todo pastor de almas deve possuir abundantemente. Algumas vezes, uma leitura difícil torna-se fácil por sua harmonia com outra leitura da mesma missa.

4. Omissão de alguns versículos

77. A tradição de algumas liturgias, sem excluir a própria liturgia romana, às vezes costumava omitir alguns versículos das leituras da Escritura. Certamente, deve-se admitir que essas omissões não podem ser feitas com superficialidade, para que não aconteça que fiquem mutilados o sentido do texto ou o espírito e o estilo próprios da Escritura. Contudo, salvando sempre a integridade do sentido no essencial, pareceu conveniente, por motivos pastorais, conservar também nesta ordem a tradição mencionada. Do contrário, alguns textos ficariam excessivamente longos, ou haveria a necessidade de omitir totalmente algumas leituras de não pouca importância para os fiéis, porque, ou contêm uns poucos versículos que, do ponto de vista pastoral, são menos proveitosos, ou incluem algumas questões realmente muito difíceis.

3. Princípios a serem aplicados no uso do Elenco das leituras da missa

a) Faculdade de escolher alguns textos

78. No Elenco das leituras da missa, às vezes se concede ao celebrante a faculdade de escolher a leitura de um ou outro texto, ou de escolher um texto entre os diversos propostos ao mesmo tempo para a mesma leitura. Isso raramente acontece nos domingos, solenidades e festas, para que não fique diluída a índole própria de algum tempo litúrgico, ou não se interrompa indevidamente a leitura semicontínua de algum livro; pelo contrário, essa faculdade dá-se com mais facilidade nas celebrações dos santos e nas missas rituais, para as diversas necessidades, votivas e de defuntos.

Essas faculdades, juntamente com outras, indicadas na Introdução geral sobre o Missal Romano e no *Ordo cantus missae*,[103] têm finalidade pastoral. O sacerdote, portanto, ao organizar a liturgia da Palavra,

---

[103] Cf. *Instrução geral sobre o Missal Romano*, nn. 36-40; *Ordo cantus missae* (Tipografia Poliglota Vaticana, 1972), nn. 5-9.

levará em consideração mais o bem espiritual de toda a assembléia do que as suas preferências pessoais. Além disso, deve ter presente que uma escolha desse tipo deverá ser feita de comum acordo com os que celebram com ele e com os outros que deverão tomar parte na celebração, sem excluir os próprios fiéis na parte que mais diretamente a eles se refere.[104]

1. As duas leituras antes do Evangelho

79. Nas missas em que se propõem três leituras é preciso fazer efetivamente três leituras. Não obstante, se a Conferência Episcopal, por motivos pastorais, permitir que em alguma parte se façam somente duas leituras,[105] a escolha entre as duas primeiras deve ser feita de modo que não se desvirtue o projeto de instruir plenamente os fiéis sobre o mistério da salvação.* Por isso, a não ser que em algum caso se indique de outro modo, entre as duas primeiras leituras é preciso preferir aquela que esteja mais diretamente relacionada com o Evangelho, ou aquela que, segundo o projeto antes mencionado, seja de mais ajuda para realizar durante algum tempo uma catequese orgânica, ou aquela que facilite a leitura semicontínua de algum livro.[106]

2. Forma longa ou breve

80. Ao escolher entre as duas formas em que se apresenta um mesmo texto, é preciso guiar-se também por um critério pastoral. Com efeito, às vezes se dá uma forma longa e outra breve do mesmo texto. Nesse caso é preciso atender a que os fiéis possam escutar com proveito a forma mais curta ou a mais extensa, e também à possibilidade de que escutem o texto mais completo, que depois será explicado na homilia.

3. Duplo texto proposto

81. Quando se concede a faculdade de escolha entre um ou outro texto já determinado, ou quando se deixa à escolha, será mister atender à utilidade

---

[104] *Instrução geral sobre o Missal Romano*, n. 313.

[105] Ibidem, n. 318; Sagrada Congregação para os Sacramentos e Culto Divino. Instrução *Inaestimabile donum*, n. 1, 3 de abril de 1980: AAS 72 (1980), pp. 333-334.

* A CNBB (XI Assembléia Geral – 1970) decidiu que, por motivos pastorais, podem ser feitas duas leituras apenas na celebração.

[106] P. ex.: no tempo da Quaresma, continuam as leituras do Antigo Testamento, propostas de acordo com a evolução da história da salvação; nos domingos do tempo comum é proposta a leitura semicontínua de uma Carta. Nestes casos, convém que o celebrante escolha uma ou outra leitura de maneira sistemática, durante vários domingos seguidos, para garantir uma seqüência na catequese; não convém de nenhum modo que se leia, sem obedecer a uma ordem, uma vez o Antigo Testamento, outra vez uma Carta, sem nexo entre os textos que se seguem.

dos que participam. Isso pode acontecer quando se teme que um dos textos escolhidos apresente dificuldades para a assembléia. Nesse caso, deve-se optar pelo texto mais fácil ou mais conveniente para a assembléia reunida. Pode também acontecer que o mesmo texto deva ser proclamado de novo dentro de alguns dias, no domingo ou em um dia de semana que seguem imediatamente, de maneira que uma vez ele seja leitura própria e a outra vez seja leitura de livre escolha por motivos pastorais. Nesse caso, deve-se ver se é melhor repetir esse texto ou substituí-lo por outro.

4. As leituras dos dias de semana ou feriais

82. Na ordem das leituras dos dias de semana, propõem-se alguns textos para cada dia de cada semana, durante todo o ano; portanto, como norma geral, tomar-se-ão essas leituras nos dias que lhes são assinalados, a não ser que coincida uma solenidade ou uma festa, ou uma memória que tenha leituras próprias.[107]

No Elenco das leituras da missa para os dias de semana, é preciso ver se durante aquela semana, em razão de alguma celebração que nela coincida, se deverá omitir alguma ou algumas leituras do mesmo livro. Verificando-se este caso, o sacerdote, tendo em vista a distribuição das leituras de toda a semana, deverá prever que parte omitirá, por serem de menor importância, ou a maneira mais conveniente de unir estas às demais, quando são úteis para uma visão de conjunto do assunto de que tratam.

5. As celebrações dos santos

83. Para as celebrações dos santos propõem-se, quando elas existem, leituras próprias, isto é, que tratam da mesma pessoa do santo ou do mistério que a missa celebra. Essas leituras, embora se trate de uma memória, devem ser feitas no lugar das leituras correspondentes ao dia de semana. Quando se dá esse caso em uma memória, o Elenco das leituras da missa o indica expressamente em seu lugar.

Às vezes, dá-se o caso de leituras apropriadas, isto é, que sublinham algum aspecto peculiar da vida espiritual ou da atividade do santo. Em tal caso, não parece que se deva impor o uso dessas leituras, a não ser que o motivo pastoral o aconselhe realmente. Em geral, indicam-se as leituras que existem nos Comuns, para facilitar a escolha. Trata-se apenas de sugestões: em vez da leitura apropriada ou simplesmente proposta, pode-se escolher qualquer outra dos Comuns indicados.

---

[107] Cf. *Instrução geral sobre o Missal Romano*, n. 319.

O sacerdote que celebra com participação do povo procurará em primeiro lugar o bem espiritual dos fiéis e evitará impor-lhes as próprias preferências. Procurará de maneira especial não omitir com freqüência e sem motivo suficiente as leituras indicadas para cada dia no Lecionário semanal, pois é desejo da Igreja que os fiéis disponham da mesa da Palavra de Deus ricamente servida.[108]

Há também leituras comuns, isto é, as que figuram nos Comuns para uma determinada categoria de santos (por exemplo, mártires, virgens, pastores) ou para os santos em geral. Como nestes casos se propõem vários textos para uma mesma leitura, cabe ao celebrante escolher o que mais convenha aos ouvintes.

Em todas as celebrações, além dos Comuns aos quais se remete em cada caso, sempre que o aconselhe algum motivo especial, as leituras podem ser escolhidas do Comum dos santos e santas.

84. Além disso, nas celebrações dos santos é preciso levar em consideração o seguinte:

a) nas solenidades e festas devem-se empregar sempre as leituras que se encontram no Próprio ou no Comum; nas celebrações do calendário geral indicam-se sempre leituras próprias;

b) nas solenidades dos calendários particulares devem propor-se três leituras: a primeira do Antigo Testamento (no Tempo pascal, dos Atos dos Apóstolos ou do Apocalipse), a segunda do apóstolo e a terceira do Evangelho, a não ser que a Conferência Episcopal tenha determinado que deve haver só duas leituras;[109]

c) nas festas e memórias em que há somente duas leituras, a primeira pode ser escolhida do Antigo Testamento ou do apóstolo, a segunda, do Evangelho. Todavia, no Tempo pascal, segundo o costume tradicional da Igreja, a primeira leitura deve ser do apóstolo, a segunda, na medida do possível, do evangelho de são João.

6. As outras partes do Elenco das leituras da missa

85. No Elenco das leituras da missa para as missas rituais, indicam-se os mesmos textos que já foram promulgados nos respectivos rituais, excetuando, como é natural, os textos pertencentes às celebrações que não se podem juntar com a missa.[110]

---

[108] Cf. *Instrução geral sobre o Missal Romano*, n. 316, c; CONCÍLIO VATICANO II. Constituição sobre a sagrada liturgia *Sacrosanctum concilium*, n. 51.

[109] Cf. *Instrução geral sobre o Missal Romano*, n. 318.

[110] Cf. *Rito da penitência*, "Introdução", n. 13.

86. O Elenco das leituras da missa para diversas necessidades, votivas e de defuntos, apresenta diversidade de textos que podem prestar uma valiosa ajuda para adaptar essas celebrações às características, às circunstâncias e aos problemas das diversas assembléias que delas participam.[111]

87. Nas missas rituais, para diversas necessidades, votivas e de defuntos, quando se propõem vários textos para a mesma leitura, a escolha se faz com os mesmos critérios anteriormente descritos para escolher as leituras do Comum dos santos.

88. Quando alguma missa ritual estiver proibida e, segundo as normas indicadas em cada rito, se permitir tomar uma leitura daquelas propostas para as missas rituais, deve-se atender ao bem comum espiritual dos que participam.[112]

b) O salmo responsorial e a aclamação antes da leitura do Evangelho

89. Entre esses cantos tem especial importância o salmo* que segue à primeira leitura. Como norma, deve-se tomar o salmo indicado para a leitura, a não ser que se trate de leituras do Comum dos santos, das missas rituais, para diversas necessidades, votivas ou de defuntos, já que nesses casos a escolha cabe ao sacerdote celebrante, que agirá segundo a utilidade pastoral dos participantes.

Entretanto, para que o povo possa mais facilmente dizer a resposta salmódica, o Elenco das leituras da missa assinala alguns textos de salmos e de respostas escolhidos para os diversos tempos do ano ou para as diversas categorias de santos, os quais poderão ser empregados em vez do texto que corresponde à leitura, sempre que o salmo for cantado.[113]

90. O outro canto, que se faz depois da segunda leitura, antes do Evangelho, é determinado em cada missa e está relacionado com o Evangelho, ou é deixado à livre escolha entre a série comum de cada tempo litúrgico ou do Comum.

91. No tempo da Quaresma pode-se empregar alguma das aclamações propostas mais adiante;[114] ela precede e segue o versículo antes do Evangelho.

Descrição do Elenco das leituras da missa

92. Para ajudar os pastores de almas a conhecer a estrutura do Elenco das leituras da missa, para que o usem de forma viva e com proveito dos fiéis,

---

[111] Cf. *Instrução geral sobre o Missal Romano*, n. 320.

[112] Cf. ibidem, n. 313.

[*] As melodias dos salmos responsoriais e das aclamações ao Evangelho encontram-se no *Hinário litúrgico*, volumes 1, 2 e 3. São Paulo, Paulus.

[113] Cf. *Elenco das leituras da missa*, 2. edição típica (Tipografia Poliglota Vaticana, 1981), nn. 173-174.

[114] Cf. ibidem, n. 223.

parece oportuno dar dele uma breve descrição, pelo menos no que se refere às principais celebrações e aos diversos tempos do ano litúrgico, em atenção aos quais se escolheram as leituras segundo as normas antes indicadas.

1. Tempo do Advento

a) Domingos

93. As leituras do Evangelho têm uma característica própria: referem-se à vinda do Senhor no final dos tempos (primeiro domingo), a João Batista (segundo e terceiro domingos), aos acontecimentos que preparam de perto o nascimento do Senhor (quarto domingo).

As leituras do Antigo Testamento são profecias sobre o Messias e o tempo messiânico, tiradas principalmente do livro de Isaías.

As leituras do apóstolo contêm exortações e ensinamentos relativos às diversas características deste tempo.

b) Dias de semana

94. Há duas séries de leituras, uma desde o princípio até o dia 16 de dezembro, a outra do dia 17 ao 24.

Na primeira parte do Advento, lê-se o livro de Isaías, seguindo a ordem do livro, sem excluir aquelas perícopes mais importantes que se lêem também aos domingos. Os Evangelhos destes dias estão relacionados com a primeira leitura.

A partir da quinta-feira da segunda semana começam as leituras do Evangelho sobre João Batista; a primeira leitura é uma continuação do livro de Isaías ou um texto relacionado com o Evangelho.

Na última semana antes do Natal, lêem-se os acontecimentos que prepararam imediatamente o nascimento do Senhor, tirados do evangelho de são Mateus (cap. 1) e de são Lucas (cap. 1). Para a primeira leitura foram selecionados alguns textos de diversos livros do Antigo Testamento, levando em consideração o Evangelho do dia; entre eles se encontram alguns vaticínios messiânicos de grande importância.

2. Tempo do Natal

a) Solenidades, festas e domingos

95. Na vigília e nas três missas do Natal, as leituras, tanto proféticas como as demais, foram tiradas da tradição romana.

No domingo dentro da oitava do Natal, festa da Sagrada Família, o Evangelho é da infância de Jesus; as outras leituras falam das virtudes da vida doméstica.

Na oitava do Natal e solenidade de santa Maria, Mãe de Deus, as leituras tratam da Virgem, Mãe de Deus, e da imposição do santíssimo nome de Jesus.

No segundo domingo depois do Natal, as leituras tratam do mistério da encarnação.

Na Epifania do Senhor, a leitura do Antigo Testamento e o Evangelho conservam a tradição romana; na leitura apostólica, lê-se um texto relativo à vocação dos pagãos à salvação.

Na festa do batismo do Senhor, os textos referem-se a esse mistério.

b) Dias de semana

96. Desde o dia 29 de dezembro, faz-se uma leitura contínua de toda a primeira carta de são João, que já se começou a ler no dia 27 de dezembro, festa do mesmo são João, e no dia seguinte, Festa dos Santos Inocentes. Os Evangelhos referem-se às manifestações do Senhor. Lêem-se os acontecimentos da infância de Jesus, tirados do evangelho de são Lucas (dias 29 e 30 de dezembro), o primeiro capítulo do evangelho de são João (31 de dezembro a 5 de janeiro), e as principais manifestações do Senhor, retiradas dos quatro evangelhos (7 a 12 de janeiro).

3. Tempo da Quaresma

a) Domingos

97. As leituras do Evangelho são distribuídas da seguinte maneira:

No primeiro e segundo domingos conservam-se as narrações das tentações e da transfiguração do Senhor, mas lidas segundo os três sinóticos.

Nos três domingos seguintes foram recuperados, para o ano A, os evangelhos da samaritana, do cego de nascença e da ressurreição de Lázaro; esses, por serem de grande importância em relação à iniciação cristã, podem ser lidos também nos anos B e C, sobretudo quando há catecúmenos.

Todavia, nos anos B e C há também outros textos, a saber: no ano B, alguns textos de são João sobre a futura glorificação de Cristo por sua cruz e ressurreição; no ano C, alguns textos de são Lucas sobre a conversão.

No Domingo de Ramos da paixão do Senhor, foram escolhidos para a procissão os textos que se referem à solene entrada do Senhor em Jerusalém, tirados dos três evangelhos sinóticos; na missa, lê-se o relato da paixão do Senhor.

As leituras do Antigo Testamento referem-se à história da salvação que é um dos temas próprios da catequese quaresmal. Cada ano há uma série de textos que apresentam os principais elementos dessa história, desde o princípio até a promessa da nova aliança.

As leituras do apóstolo foram escolhidas de tal forma que tenham relação com as leituras do Evangelho e do Antigo Testamento e haja, na medida do possível, uma adequada conexão entre elas.

b) Dias de semana

98. As leituras do Evangelho e do Antigo Testamento foram escolhidas de modo que tivessem uma relação mútua; elas tratam de diversos temas próprios da catequese quaresmal, em consonância com o significado espiritual desse tempo. Desde a segunda-feira da quarta semana, oferece-se uma leitura semicontínua do evangelho de são João, na qual se incluem aqueles textos deste evangelho que melhor correspondem às características da Quaresma.

Como as leituras da samaritana, do cego de nascença e da ressurreição de Lázaro agora se lêem aos domingos, mas somente no ano A (e nos outros anos de maneira opcional), previu-se que possam ser lidas também nos dias de semana; por isso, no começo da terceira, quarta e quinta semanas acrescentaram-se algumas "missas opcionais" que contêm esses textos; essas missas podem ser empregadas em qualquer dia da semana correspondente, em lugar das leituras do dia.

Nos primeiros dias da Semana Santa, as leituras consideram o mistério da paixão. Na missa do crisma, as leituras sublinham a função messiânica de Cristo e sua continuação na Igreja, por meio dos sacramentos.

4. Tríduo sacro e Tempo pascal

a) Sacro tríduo pascal

99. Na Quinta-Feira Santa, na missa vespertina, a recordação do banquete que precedeu o êxodo ilumina, de maneira especial, o exemplo de Cristo ao lavar os pés dos discípulos e as palavras de Paulo sobre a instituição da Páscoa cristã na eucaristia.

A ação litúrgica da Sexta-Feira Santa chega ao seu momento culminante no relato segundo são João da paixão daquele que, como o Servo do Senhor, anunciado no livro de Isaías, tornou-se realmente o único sacerdote a oferecer-se a si mesmo ao Pai.

Na vigília pascal da noite santa, propõem-se sete leituras do Antigo Testamento, que lembram as maravilhas de Deus na história da salvação, e duas do Novo, a saber, o anúncio da ressurreição, segundo os três evangelhos sinóticos, e a leitura apostólica sobre o batismo cristão como sacramento da ressurreição de Cristo.

Para a missa do dia da Páscoa propõe-se a leitura do evangelho de são João sobre o encontro do sepulcro vazio. Podem-se ler também, caso se prefiram, os textos dos evangelhos propostos para a noite santa, ou, quando houver missa vespertina, a narração de Lucas sobre a aparição aos discípulos que iam para Emaús. A primeira leitura é retirada dos Atos dos Apóstolos, que se lêem durante o Tempo pascal, em vez da leitura do Antigo Testamento. A leitura do apóstolo refere-se ao mistério da Páscoa vivido na Igreja.

b) Domingos

100. Até o terceiro domingo da Páscoa, as leituras do Evangelho relatam as aparições de Cristo ressuscitado. As leituras do bom Pastor são proclamadas no quarto domingo da Páscoa. No quinto, sexto e sétimo domingos da Páscoa, lêem-se passagens escolhidas do discurso e da oração do Senhor depois da última ceia.

A primeira leitura é tirada dos Atos dos Apóstolos, no ciclo dos três anos, de modo paralelo progressivo; dessa forma, em cada ano oferecem-se algumas manifestações da vida, testemunho e progresso da Igreja primitiva.

Para a leitura apostólica, no ano A, lê-se a primeira carta de são Pedro; no ano B, a primeira carta de são João, e no ano C, o Apocalipse; esses textos estão de acordo com o espírito de uma fé alegre e uma firme esperança, próprios desse tempo.

c) Dias de semana

101. A primeira leitura é tirada dos Atos dos Apóstolos, como nos domingos, de modo semicontínuo. No Evangelho, dentro da oitava da Páscoa, lêem-se os relatos das aparições do Senhor. Depois, faz-se uma leitura semicontínua do evangelho de são João, do qual se tiram, agora, os textos de cunho pascal, para completar assim a leitura já começada no tempo da Quaresma. Nesta leitura pascal ocupam uma grande parte o discurso e a oração do Senhor depois da ceia.

d) Solenidades da Ascensão e Pentecostes

102. A solenidade da Ascensão conserva como primeira leitura a narração do evento segundo os Atos dos Apóstolos, e esse texto é completado pelas

leituras apostólicas acerca do Cristo elevado à direita do Pai. Na leitura do Evangelho, cada ciclo apresenta o texto próprio segundo as variantes de cada evangelista.

Na missa que se celebra na tarde da vigília de Pentecostes oferecem-se quatro textos do Antigo Testamento, para que se escolha um deles, que ilustram o múltiplo significado da solenidade. A leitura apostólica explica como o Espírito realiza a sua função na Igreja. Finalmente, a leitura evangélica recorda a promessa do Espírito feita por Cristo, quando ainda não havia sido glorificado. Na missa do dia, toma-se como primeira leitura a narração que nos fazem os Atos dos Apóstolos do grande acontecimento de Pentecostes, ao passo que os textos do apóstolo manifestam os efeitos da atuação do Espírito na vida da Igreja. A leitura evangélica traz à memória como Jesus, na tarde do dia da Páscoa, torna os discípulos participantes do Espírito, ao passo que os outros textos opcionais tratam da ação do Espírito nos discípulos e na Igreja.

5. Tempo comum

a) Distribuição e seleção dos textos

103. O tempo comum começa na segunda-feira que segue o domingo depois do dia 6 de janeiro e termina na terça-feira antes da Quaresma, inclusive; recomeça na segunda-feira depois do domingo de Pentecostes e termina antes das primeiras vésperas do primeiro domingo do Advento.

O Elenco das leituras da missa contém leituras para os 34 domingos e as semanas que os seguem. Às vezes, porém, as semanas do tempo comum são apenas 33. Além disso, alguns domingos ou pertencem a outro tempo litúrgico (o domingo em que se celebra o batismo do Senhor e o domingo de Pentecostes), ou ficam impedidos por uma solenidade que coincide com eles (por exemplo: a Santíssima Trindade, Jesus Cristo Rei do Universo).

104. Para ordenar corretamente o uso das leituras estabelecidas para o tempo comum, deve-se observar o seguinte:

1) o domingo em que se celebra a festa do batismo do Senhor ocupa o lugar do primeiro domingo do tempo comum; portanto, as leituras da Semana I começam na segunda-feira depois do domingo após o dia 6 de janeiro. Se a festa do batismo do Senhor se celebra na segunda-feira depois do domingo em que se celebrou a Epifania, as leituras da Semana I começam na terça-feira;

2) o domingo que segue a festa do batismo do Senhor é o segundo do tempo comum. Os outros se numeram em ordem progressiva, até o domingo

que precede o início da Quaresma. As leituras da semana em que ocorre a Quarta-Feira de Cinzas interrompem-se depois do dia que precede essa quarta-feira;

3) ao recomeçar as leituras do tempo comum depois do domingo de Pentecostes, é preciso levar em consideração o seguinte:

- se os domingos do tempo comum são 34, toma-se a semana que segue imediatamente à semana cujas leituras foram lidas em último lugar antes da Quaresma;[115]
- se os domingos do tempo comum são 33, omite-se a primeira semana que se deveria tomar depois de Pentecostes, para conservar assim, no final do ano litúrgico, os textos escatológicos assinalados para as duas últimas semanas.[116]

b) Leituras para os domingos

105. 1) Leituras do Evangelho

O segundo domingo do tempo comum ainda se refere à manifestação do Senhor, celebrada na solenidade da Epifania, pela perícope tradicional das bodas de Caná e outras duas, também elas tiradas do evangelho de são João.

A partir do terceiro domingo começa a leitura semicontínua dos três evangelhos sinóticos; esta leitura se ordena de tal forma que apresenta a doutrina própria de cada Evangelho, à medida que se vão desenrolando a vida e a pregação do Senhor.

Além disso, graças a essa distribuição, consegue-se uma certa harmonia entre o sentido de cada Evangelho e a evolução do ano litúrgico. Com efeito, depois da Epifania, lêem-se os começos da pregação do Senhor, que têm uma estreita relação com o batismo e as primeiras manifestações de Cristo. No final do ano litúrgico chega-se espontaneamente ao tema escatológico, próprio dos últimos domingos, já que os capítulos do Evangelho que precedem o relato da paixão tratam deste tema, de maneira mais ou menos ampla.

No ano B intercalam-se, depois do 16º domingo, cinco leituras do capítulo 6 do evangelho de são João (o "discurso sobre o pão da vida"); esta intercalação faz-se de modo conatural, já que a multiplicação dos pães no evangelho

---

[115] Assim, por exemplo, quando forem seis semanas antes da Quaresma, na segunda-feira depois de Pentecostes começa a sétima semana. A solenidade da Santíssima Trindade ocupa o lugar de um domingo do tempo comum.

[116] Quando as semanas antes da Quaresma forem, por exemplo, cinco, omite-se a sexta e, na segunda-feira depois de Pentecostes, começa a sétima semana.

de são João substitui a mesma narração segundo são Marcos. Na leitura semicontínua de são Lucas do ano C antepõe-se ao primeiro texto (isto é terceiro domingo) o prólogo do Evangelho em que se explica a intenção do autor, e para o qual não se encontrava um espaço adequado em outro lugar.

106. 2) Leituras do Antigo Testamento

Estas leituras foram selecionadas em relação às perícopes evangélicas, com o fim de evitar uma excessiva diversidade entre as leituras de cada missa e sobretudo para evidenciar a unidade de ambos os Testamentos. A relação entre as leituras da missa torna-se evidente através da cuidadosa escolha dos títulos que se encontram no princípio de cada leitura.

Ao selecionar as leituras procurou-se, na medida do possível, fazer que fossem breves e fáceis. Mas previu-se também que nos domingos fosse lido o maior número possível dos textos mais importantes do Antigo Testamento. Estes textos foram distribuídos sem uma ordem lógica, atendendo apenas à sua relação com o Evangelho; todavia, o tesouro da Palavra de Deus ficará de tal forma aberto que todos os que participam da missa dominical conhecerão quase todas as passagens mais importantes do Antigo Testamento.

107. 3) Leituras do apóstolo

Para esta segunda leitura propõe-se uma leitura semicontínua das cartas de são Paulo e de são Tiago (as cartas de são Pedro e de são João são lidas no Tempo pascal e no tempo do Natal).

A primeira Carta aos Coríntios, por ser muito longa e tratar de diversos temas, foi distribuída nos três anos do ciclo, no princípio deste tempo comum. Também pareceu oportuno dividir a Carta aos Hebreus em duas partes, a primeira das quais se lê no ano B, e a outra, no ano C.

Convém advertir que foram escolhidas somente leituras bastante breves e não muito difíceis para a compreensão dos fiéis.

A Tabela II[117] indica a distribuição das cartas nos domingos do tempo comum para os três anos do ciclo.

c) Leituras para as solenidades do Senhor no Tempo comum

108. Para a solenidades da Santíssima Trindade, do santíssimo sacramento do corpo e do sangue de Cristo e do Sagrado Coração de Jesus escolheram-se alguns textos que correspondem às principais características dessas celebrações.

---

[117] Cf. Tabela II, *Elenco das leituras da missa*, p. 46.

As leituras do 34º e último domingo celebram Jesus Cristo, Rei do Universo, esboçado na figura de Davi, proclamado no meio das humilhações da paixão e da cruz, reinante na Igreja, e que deve voltar no fim dos tempos.

d) Leituras para os dias de semana

109. 1) Os evangelhos ordenam-se de tal modo que em primeiro lugar se lê o de são Marcos (semanas 1ª a 9ª), depois o de são Mateus (semanas 10ª a 21ª) finalmente, o de são Lucas (semanas 22ª a 34ª). Os capítulos 1-12 de são Marcos lêem-se integralmente, excetuando-se apenas duas perícopes do capítulo 6 que se lêem nos dias de semana de outros tempos. De são Mateus e são Lucas lê-se tudo aquilo que não se encontra em são Marcos. Aqueles versículos que no Evangelho têm uma índole totalmente própria ou que são necessários para entender adequadamente a continuidade do Evangelho lêem-se duas ou até três vezes. O discurso escatológico lê-se integralmente em são Lucas, e desse modo essa leitura coincide com o final do ano litúrgico.

110. 2) Na primeira leitura vão se alternando os dois Testamentos, várias semanas cada um, segundo a extensão dos livros que se lêem.

Dos livros do Novo Testamento lê-se uma parte bastante notável, procurando dar uma visão substancial de cada uma das cartas.

Quanto ao Antigo Testamento, não era possível oferecer mais do que aquelas passagens escolhidas que, na medida do possível, dessem a conhecer a índole própria de cada livro. Os textos históricos foram selecionados de modo que dêem uma visão de conjunto da história da salvação antes da encarnação do Senhor. Era praticamente impossível colocar os relatos muito extensos: em alguns casos foram selecionados alguns versículos, com a finalidade de abreviar a leitura. Além disso, algumas vezes se ilumina o significado religioso dos fatos históricos por meio de alguns textos tirados dos livros sapienciais, que se acrescentam em forma de proêmio ou de conclusão, a uma determinada série histórica.

No Elenco das leituras da missa para os dias de semana do Próprio do tempo entram quase todos os livros do Antigo Testamento. Omitiram-se unicamente alguns livros proféticos muito breves (Abdias, Sofonias) e um livro poético (o Cântico dos Cânticos). Entre aquelas narrações escritas com uma finalidade exemplar, que exigem uma leitura bastante extensa para que se entendam, lêem-se os livros de Tobias e de Rute; os outros são omitidos (Ester, Judite). Não obstante, encontram-se alguns textos deste livro nos domingos e nos dias de semana de outros tempos.

Princípios da reforma da celebração eucarística e as introduções rituais

A Tabela III[118] indica a distribuição em dois anos dos livros de ambos os Testamentos nos dias de semana do tempo comum.

No final do ano litúrgico, lêem-se os livros que estão em consonância com a índole escatológica deste tempo, a saber, Daniel e o Apocalipse.

Adaptações, traduções para a língua vernácula e indicações do elenco das leituras da missa

1. Adaptações e traduções

111. Na assembléia litúrgica, a Palavra de Deus deve ser proclamada sempre, ou com os textos latinos preparados pela Santa Sé ou com as traduções em língua vernácula aprovada para o uso litúrgico pelas Conferências Episcopais, segundo as normas vigentes.[119]

112. O Lecionário da missa deve ser traduzido integralmente, sem excetuar a introdução, em todas as suas partes. Se a Conferência Episcopal considerar necessário e oportuno introduzir algumas acomodações, estas devem obter antes a confirmação da Santa Sé.[120]

113. Devido ao tamanho do Lecionário, as edições dele constarão necessariamente de vários volumes, acerca dos quais não se prescreve nenhum gênero de divisão. Cada volume deverá incluir os textos em que se explicam a estrutura e a finalidade da parte correspondente.

Recomenda-se o antigo costume de editar separadamente o livro dos Evangelhos e das outras leituras do Antigo e do Novo Testamentos.

Mas, caso se julgue conveniente, poder-se-á editar separadamente o lecionário dominical – no qual se poderá incluir uma seleção do santoral – e o Lecionário ferial. O dominical poderá ser dividido acertadamente segundo o ciclo dos três anos, de modo que em cada ano se tenha tudo em seqüência.

---

[118] Cf. Tabela III, *Elenco das leituras da missa*, p. 47.

[119] Cf. Conselho para a Execução da Constituição sobre a Sagrada Liturgia. Instrução *De popularibus interpretationibus conficiendis*, 25 de janeiro de 1969: *Notitiae* 5 (1969), pp. 3-12; *Declaratio circa interpretationes textuum liturgicorum "ad interim" paratas!*: *Notitiae* 5 (1969), p. 69; Sagrada Congregação para o Culto Divino. *Declaratio de interpretatione textuum liturgicorum*: *Notitiae* 5 (1969), pp. 333-334 (cf. também *Responsiones ad dubia: Notitiae* 9 [1973], pp. 153-154); *De unica interpretatione textuum liturgicorum: Notitiae* 6 (1970), pp. 84-85; Sagrada Congregação para os Sacramentos e o Culto Divino. *Epistula ad Praesides Conferentiarum Episcopalium de linguis vulgaribus in S. Liturgiam inducendis: Notitiae* 12 (1976), pp. 300-302.

[120] Cf. Sagrada Congregação para o Culto Divino. Instrução *Liturgicae instaurationes*, n. 11, 5 de setembro de 1970: AAS 62 (1970), pp. 702-703; *Instrução geral sobre o Missal Romano*, n. 325.

Onde se encontrar alguma distribuição que pareça mais apta para o uso pastoral há liberdade para pô-la em prática.

114. Juntamente com as leituras devem colocar-se sempre os textos dos cantos; mas é permitido fazer livros que contenham somente os cantos. Recomenda-se que se imprima o texto dividido em estrofes.

115. Sempre que a leitura conste de partes diversas, essa estrutura do texto deverá manifestar-se claramente na disposição tipográfica. Recomenda-se também que os textos, inclusive os não poéticos, se imprimam em forma de verso, para facilitar a proclamação das leituras.

116. Quando uma mesma leitura apresenta as formas longa e breve, convém colocá-las separadamente, para que se possa ler com facilidade uma e outra; mas se essa separação não parecer oportuna, deve-se encontrar a maneira mais conveniente para que um e outro texto possam ser proclamados sem erro.

117. Nas traduções em línguas vernáculas não se deve omitir o título que precede o texto. A esse texto pode-se acrescentar, caso se julgue oportuno, uma admoestação que explique o sentido geral da perícope, com algum sinal adequado ou com caracteres tipográficos distintos, para que se veja claramente que se trata de um texto opcional.[121]

118. Em cada volume se acrescentará, oportunamente, um índice bíblico das perícopes, como se encontra no Elenco das leituras da missa,[122] para que se possam encontrar com facilidade nos lecionários da missa os textos necessários ou úteis para determinadas ocasiões.

2. Indicações para cada leitura em particular

Propõe-se para cada leitura a indicação do texto, do título e as palavras iniciais, com relação aos quais se deve observar o seguinte:

a) Indicação do texto

119. A indicação do texto (isto é, do capítulo e dos versículos) dá-se sempre segundo a edição da *Nova Vulgata*, excetuando os salmos;[123] às vezes se acrescenta uma indicação ao texto original (hebraico, aramaico ou grego), sempre

---

[121] Cf. *Instrução geral sobre o Missal Romano*, nn. 11, 29, 68a, 139.

[122] Cf. *Elenco das leituras da missa*, 2. edição típica (Tipografia Poliglota Vaticana, 1981), pp. 453-458.

[123] O número dos salmos é indicado na ordem em que se encontra no livro dos Salmos que a Pontifícia Comissão para a *Nova Vulgata* editou no ano de 1969 na Tipografia Poliglota Vaticana.

que houver discrepância. Nas traduções em língua vernácula, de conformidade com o que decretar a autoridade competente em cada língua, pode-se seguir a numeração que corresponde à versão aprovada pela mesma autoridade para o uso litúrgico. Mas convém que haja sempre uma cuidadosa indicação dos capítulos e versículos, que se colocará também dentro do próprio texto à margem dele, quando isso se julgar oportuno.

120. Daí se segue que nos livros litúrgicos deve haver a "indicação" do texto, que se deve ler na celebração, e que não se coloca no Elenco das leituras da missa. Essa indicação se fará segundo as seguintes normas que podem ser modificadas por decisão das autoridades competentes, segundo os costumes e conveniências de cada lugar ou de cada língua:

121. 1) Dir-se-á sempre "Leitura do livro..." ou "Leitura da Carta", ou "Proclamação do santo Evangelho", e não "Princípio" (a não ser que em alguns casos especiais pareça oportuno), ou "Continuação".

122. 2) Conservar-se-á o uso tradicional quanto ao nome dos livros, excetuando os seguintes casos:

a) quando houver dois livros do mesmo nome dir-se-á "primeiro livro" e "segundo livro" (por exemplo, dos Reis, dos Macabeus) ou então "primeira carta", "segunda carta";

b) empregar-se-á o nome mais usado na atualidade nos seguintes livros: "1º e 2º livros de Samuel", em vez de 1º e 2º livros dos Reis; "1º e 2º livros dos Reis", em vez de 3º e 4º livros dos Reis; "1º e 2º livros das Crônicas", em vez de 1º e 2º livros dos Paralipômenos; "Livros de Esdras e Neemias", em vez de 1º e 2º livros de Esdras.

c) É preciso distinguir entre si os livros sapienciais, com os seguintes nomes: Livro de Jó, dos Provérbios, do Eclesiastes ou Coelet, do Cântico dos Cânticos, da Sabedoria, do Eclesiástico ou Sirac.

d) Quanto aos livros que na nova Vulgata figuram entre os profetas, dir-se-á: "Leitura do Livro de Isaías, de Jeremias, de Baruc" e "Leitura da Profecia de Ezequiel, Daniel, Oséias... de Malaquias", inclusive naqueles livros que alguns consideram não verdadeiramente proféticos.

e) Dir-se-á "Lamentações" e "Carta aos Hebreus", sem mencionar Jeremias nem Paulo.

b) Título

123. Cada texto traz um título cuidadosamente estudado (formado quase sempre com palavras do mesmo texto), em que se indica o tema principal da leitura e, quando for necessário, a relação entre as leituras da missa.

c) As palavras iniciais

124. As palavras iniciais são como de costume: "Naquele tempo", "Naqueles dias", "Irmãos", "Caríssimos", "Diz o Senhor". Omitem-se, quando no texto houver uma suficiente indicação de tempo ou de pessoas ou quando pela própria natureza do texto essas palavras não forem oportunas. Nas traduções em línguas vernáculas, essas fórmulas poderão ser mudadas ou omitidas por decisão das autoridades competentes.

Depois dessas palavras, vem o começo da leitura propriamente dito, tirando ou acrescentando algumas palavras segundo for necessário para entender o texto separado de seu contexto. No Elenco das leituras da missa dão-se as convenientes indicações quando o texto consta de versículos descontínuos, se isso obrigar a introduzir alguma mudança no texto.

d) Aclamação final

125. No final das leituras, para facilitar a aclamação do povo, convém colocar as palavras que o leitor pronuncia: "Palavra do Senhor", ou outras do mesmo teor, segundo os costumes de cada lugar.

Liturgicae instaurationes — Terceira instrução para a aplicação da constituição conciliar sobre a liturgia

Sagrada Congregação para o Culto Divino
(5 de setembro de 1970)

As reformas até agora atuadas para a aplicação da Constituição do II Concílio do Vaticano, sobre a sagrada liturgia, referiam-se, principalmente, à celebração do mistério eucarístico. Com efeito,

> a santíssima eucaristia contém todo o bem espiritual da Igreja, ou seja, o próprio Cristo, nossa Páscoa e pão vivo, que dá vida aos homens, através da sua carne vivificada e vivificante pelo Espírito Santo. Desta forma os homens são convidados e levados a oferecerem-se a si próprios, os seus trabalhos e todas as coisas criadas, junto com ele.[1]

O renovamento da celebração do sacrifício da missa nas assembléias litúrgicas declara que ele é, de fato, o centro de toda a vida da Igreja, para o qual tendem todas as outras obras, e que o objetivo da reforma dos ritos é "promover uma ação pastoral que tenha como centro o mistério pascal de Cristo".[2]

Os seis anos, empregados neste trabalho de renovamento gradual, prepararam a passagem da liturgia anterior para a liturgia que agora se apresenta de maneira orgânica e completa com a publicação do Missal Romano, do *Ordo missae* e da *Institutio Generalis* que o acompanham, com os quais bem se pode dizer que se inicia um novo caminho, com grandes prospectivas para a pas-

---

[1] *Presbyterorum ordinis*, n. 5, AAS, 58, 1966, p. 997.

[2] Cf. S. Congr. Rituum. Instr. *Inter oecumenici*, nn. 5-6, 26 de setembro de 1964: AAS 56 (1964), p. 878.

toral litúrgica. Além disso, o Lecionário da missa, recentemente editado, e a abundância das fórmulas introduzidas no Missal Romano oferecem amplas e diversas possibilidades de escolha na celebração da eucaristia.

A multiplicidade das fórmulas e a flexibilidade das rubricas realmente permitem uma celebração viva, sugestiva e espiritualmente eficaz, porque são adaptadas à variedade das situações, das mentalidades e da preparação dos fiéis, sem que se torne necessário recorrer a iniciativas e opções pessoais, algumas vezes arbitrárias, que fariam diminuir o tom da celebração.

A passagem gradual para as recentes formas, que teve em consideração o plano geral dos trabalhos de reforma e a grande diversidade de situações do mundo, foi acolhida favoravelmente pela maior parte do clero e dos fiéis,[3] embora tenha encontrado, nalguns lados, qualquer resistência e manifestações de impaciência. Algumas pessoas, ancoradas ao passado, aceitaram de má vontade a reforma. Outras, ao invés, sob a pressão de necessidades pastorais, julgaram que não podiam esperar a publicação definitiva das reformas e começaram a realizar iniciativas pessoais, soluções apressadas e, algumas vezes, temerárias antecipações, criações e acréscimos ou simplificações do rito, muitas vezes em contraste com as normas fundamentais da liturgia. Este fato desorientou a consciência dos fiéis e prejudicou, ou tornou mais difícil, um verdadeiro renovamento.

Por estes motivos, muitos bispos, sacerdotes e leigos pediram repetidamente à Santa Sé que interviesse a fim de, finalmente, poder reflorescer, no setor da liturgia, aquela harmonia, tal fecunda e desejada, que se manifesta no encontro da "família" cristã com Deus.

O que não pareceu oportuno fazer, quando o *Concilium* trabalhava, com entusiasmo, na obra da restauração litúrgica, tornou-se agora possível, tendo por base o que foi estabelecido como seguro e definido.

Apela-se, antes de tudo, para a responsabilidade de cada um dos bispos, que o Espírito Santo constituiu pastores da Igreja de Deus.[4] Eles são "os principais dispensadores dos mistérios de Deus e, ao mesmo tempo, os moderadores, os promotores e os guardiães de toda a vida litúrgica na Igreja que lhes foi confiada".[5] Compete-lhes moderar, dirigir, incentivar e, às vezes, admoestar, mas, em todos os casos, esclarecer a atuação de um reto renovamento, fazendo com que todo o corpo eclesial proceda a compacto, na unidade da caridade, no plano diocesano, nacional e universal.

---

[3]   Cf. Paulo VI. Alocução na audiência geral de 20 de agosto de 1969.

[4]   Cf. At 20,28.

[5]   *Christus dominus*, n. 15: AAS 58 (1966), pp. 679-680; *Sacrosanctum concilium*, n. 22, AAS 56 (1964), p. 106.

Este trabalho dos bispos é tanto mais necessário e urgente neste setor quanto mais íntimas são as relações entre a liturgia e a fé, de modo que aquilo que for feito em favor de uma redunde em benefício da outra.

Os bispos, portanto, com a cooperação das comissões litúrgicas, devem ser cuidadosamente informados sobre a situação religiosa e social dos fiéis confiados aos seus cuidados, sobre as suas exigências religiosas e sobre o modo mais idôneo para os ajudar, usufruindo das possibilidades que lhes são oferecidas pelos novos ritos. Deste modo, poderão discernir os valores autênticos do renovamento ou as ambigüidades e promover uma ação sábia e prudente de persuasão e de orientação, para canalizar as exigências que forem razoáveis e, se for necessário, para determinar um retorno à normalidade, no caminho traçado pela nova legislação litúrgica.

Um conhecimento apropriado deste assunto, por parte dos bispos, serve de grande ajuda para os sacerdotes no seu ministério, que deve ser exercido em comunhão com a hierarquia,[6] e torna mais fácil a obediência, exigida em ordem a uma expressão mais perfeita do culto e à santificação das almas.

Portanto, para facilitar aos bispos a tarefa de aplicar com exatidão as normas litúrgicas, especialmente as que se referem à *Institutio Generalis* do Missal Romano, e de restituir a ordem e a disciplina à celebração eucarística, centro da vida eclesial, "sinal de unidade e vínculo de caridade",[7] ficam estabelecidas as normas a seguir.

1. As novas normas simplificaram muito as fórmulas, os gestos e os atos litúrgicos, segundo o princípio da Constituição sobre a sagrada liturgia: "As cerimônias resplandeçam de nobre simplicidade, sejam transparentes pela sua brevidade e evitem repetições inúteis, sejam adaptadas à compreensão dos fiéis e, em geral, não careçam de muitas explicações".[8] Não se deve ir além daquilo que foi estabelecido. Seria despojar a liturgia dos seus sinais sagrados e de sua beleza, elementos necessários para que o mistério da salvação possa atuar na comunidade cristã e esta o possa compreender sob o véu das realidades visíveis, por meio de uma catequese apropriada.

A reforma litúrgica não é, de fato, sinônimo de dessacralização, nem quer dar ocasião à chamada secularização do mundo. É preciso, porém, conservar a dignidade, a força e a sacralidade dos ritos.

---

[6] *Presbyterorum ordinis*, n. 15: AAS 58 (1966), pp. 1014-1015.

[7] *Sacrosanctum concilium*, n. 47: AAS 56 (1964), p. 113.

[8] Ibidem, n. 34: AAS 56 (1964), p. 109.

A eficácia das ações litúrgicas não consiste na contínua procura de novos ritos ou de ulteriores simplificações, mas no aprofundamento da Palavra de Deus e do mistério celebrado, cuja presença é assegurada pela observância dos ritos da Igreja e não pelos que são impostos segundo o gosto do sacerdote.

Tenha-se presente, além disso, que a imposição de reelaborações pessoais dos ritos sagrados, da parte do sacerdote, ofende a dignidade dos fiéis e abre caminho para o individualismo, e para o personalismo, na celebração de ações que, diretamente, pertencem a toda Igreja.

O ministério do sacerdote é o ministério da Igreja universal e só pode ser exercido em dependência e comunhão com a hierarquia e a serviço de Deus e dos irmãos.

O caráter hierárquico da liturgia, o seu valor sacramental e o respeito devido à comunidade dos fiéis exigem, sem dúvida, que o sacerdote realize o seu serviço cultual, como "fiel ministro e dispensador dos mistérios de Deus",[9] sem introduzir qualquer rito que não seja previsto e autorizado pelos livros litúrgicos.

2. Entre os textos sagrados que foram proclamados na assembléia litúrgica, a Sagrada Escritura possui particular dignidade: é Deus quem, por meio deles, fala ao seu povo e é Cristo, presente na sua palavra, que anuncia o Evangelho.[10] Por conseguinte:

a) atribua-se à liturgia da palavra a maior importância. Nunca se pode admitir sua substituição por outras leituras, tiradas de obras de escritores sagrados ou profanos, da Antigüidade ou dos tempos mais recentes. A homilia tem por finalidade tornar mais compreensível aos fiéis a Palavra de Deus, que eles ouvem, adaptando-a à sensibilidade de nossa época. É o sacerdote quem a deve fazer. Os fiéis não devem intervir com o diálogo, reflexões etc. Também não é licito proclamar uma só leitura.

b) A liturgia da palavra prepara e leva os fiéis para a liturgia eucaristia, com a qual forma um só ato de culto.[11] Não é lícito separar uma parte da outra, celebrando-as em tempos e lugares diferentes.

Normas especiais, dadas nos respectivos livros litúrgicos, proverão à união orgânica de qualquer ação litúrgica ou de parte do ofício divino, que precedem a missa, com a liturgia da palavra, quando for necessário.

---

[9] Cf. 1Cor 4,1.
[10] Cf. *Sacrosanctum concilium*, nn. 7, 33: AAS 56 (1964), pp. 100-101, 108.
[11] Ibidem, n. 56: AAS 56 (1964), p. 115.

3. Deve-se ter igualmente grande respeito pelos textos litúrgicos, compostos pela Igreja. Ninguém, pois, de própria iniciativa, é autorizado a modificá-los, a substituí-los, a tirar-lhes ou acrescentar-lhes qualquer coisa.[12]

a) Respeite-se, de modo particular, o Ordinário da missa. As fórmulas nele contidas, nas versões oficiais, não podem ser absolutamente alteradas, nem sequer com a desculpa de se tratar da missa *in canto*. Para algumas partes, como o ato penitencial, as anáforas, as aclamações e a bênção final, existe a possibilidade de escolher entre várias fórmulas, segundo é indicado oportunamente em cada um dos ritos.

b) As antífonas do intróito e da comunhão podem ser tiradas do Gradual Romano, do *Graduale simplex*, do Missal Romano e das coleções aprovadas pelas Conferências Episcopais. Estas, ao escolherem os cantos para a celebração da missa, tenham presente que eles devem estar em harmonia com os tempos, com o momento da ação litúrgica e, também, com as pessoas que os usam.

c) O canto litúrgico do povo deve ser promovido com todos os meios, mesmo quando são usadas as novas formas musicais, que correspondem à mentalidade dos vários povos e ao gosto atual.

As Conferências Episcopais podem estabelecer um repertório de cantos destinados às missas para grupos particulares, por exemplo, de jovens e de crianças de modo que não só as palavras, mas também as melodias, o ritmo e o uso dos instrumentos, sejam conformes com a dignidade e a santidade do lugar sagrado e do culto divino.

Embora a Igreja não exclua da liturgia qualquer gênero de música sacra,[13] contudo, nem todos os gêneros de música, de canto ou de instrumentos musicais podem ser considerados igualmente apropriados para alimentar a oração e exprimir o mistério de Cristo. Estas formas musicais estão subordinadas à celebração do culto divino e, portanto, é necessário que "possuam santidade e beleza",[14] que estejam em sintonia com o espírito da ação litúrgica e sejam conformes com a natureza de cada um dos momentos desta mesma ação, sem dificultarem a participação ativa de toda a comunidade,[15] e dirijam, para a ação sagrada, a atenção da mente e o fervor do espírito.

---

[12] Cf. Ibidem, n. 22,3: AAS 56 (1964), p. 106.
[13] Cf. S. Congr. Rituum. Instrução de música sacra *Musicam sacram*, n. 9, 5 de março de 1967: AAS 59 (1967), p. 303; *Sacrosanctum concilium*, n. 116: AAS 56 (1964), p. 131.
[14] Cf. S. Congr. Rituum. Instrução de música sacra *Musicam sacram*, n. 4: AAS 59 (1967), p. 301.
[15] Cf. *Sacrosanctum concilium*, nn. 119-120: AAS 56 (1964), p. 130.

Mas, a determinação prática deve ser feita pelas Conferências Episcopais e, quando faltarem normas gerais, pelos bispos, dentro dos limites das suas dioceses.[16] Escolham-se, com cuidado, os instrumentos musicais: sejam em número limitado, adequados ao lugar e à índole da assembléia, favoreçam a piedade e não sejam demasiado rumorosos.

d) É dada uma grande possibilidade para escolher as orações. Em particular, nos dias feriais, podem ser tiradas de qualquer domingo *per annum*, das missas *ad diversa*,[17] ou das missas votivas.

Além disso, na tradução dos textos, as Conferências Episcopais podem servir-se das normas especiais, dadas a este respeito, pela Instrução sobre a tradução dos textos litúrgicos em língua vernácula, para a celebração com o povo, emanada pelo Consilium, no dia 25 de janeiro de 1969, n. 34.[18]

e) Para as leituras, além das indicadas para cada domingo, festa ou dia ferial, existem outras preparadas para a celebração dos sacramentos ou para determinadas circunstâncias. Na missa para grupos particulares, também é lícito escolher as que mais se adaptam às circunstâncias, desde que a escolha seja feita em lecionários aprovados.[19]

f) O celebrante pode intervir brevemente durante a celebração: no início, antes das leituras, antes do prefácio e antes da despedida.[20] Excetuados estes momentos e, de modo particular, durante a liturgia eucarística, não é lícito introduzir explicações. Estas explicações devem ser breves, incisivas e preparadas com antecedência, para não tornar pesada a celebração.

Se forem necessárias outras intervenções, sejam confiadas à pessoa que dirige a assembléia, tendo-se o cuidado de não cair em exageros e de se limitar ao indispensável.

g) Na oração dos fiéis é oportuno acrescentar algumas intenções particulares, relativas à comunidade local, às intenções gerais pela Igreja, pelo mundo e pelos necessitados. Evite-se, por isso, introduzir outras intenções no "Memento dos vivos e dos mortos", no Cânon romano. Estas intenções devem ser preparadas e escritas antes da missa e devem estar de acordo com o estilo da oração dos fiéis.[21] A sua proclamação pode ser confiada a membros diversos da assembléia.

---

[16]   Cf. S. Congr. Rituum. Instrução de música sacra *Musicam sacram*, n. 9: AAS 59 (1967), p. 303.

[17]   Cf. *Institutio Generalis Missalis Romani*, n. 323.

[18]   Cf. *Notitiae* 5, 1969, pp. 9-10; cf. também nn. 21-24, ibid., pp. 7-8.

[19]   Cf. S. Congr. Pro Culto Divino. Instrução *De Missis pro Coetibus particularibus, Actio Pastoralis*, n. 6, 15 de março de 1969: AAS 61 (1969), p. 809.

[20]   Cf. *Institutio Generalis Missalis Romani*, n. 11

[21]   Cf. ibidem, nn. 45-46.

Estas possibilidades, conhecidas e usadas inteligentemente, dão uma flexibilidade tão vasta ao rito sagrado, que não é necessário recorrer a criações pessoais. Os sacerdotes devem habituar-se a preparar a celebração, tendo em conta a realidade e as necessidades espirituais dos fiéis, agindo com segurança dentro dos limites consentidos pela *Institutio*.

4. Compete exclusivamente ao sacerdote, em virtude do seu múnus, dizer, de preferência, a oração eucarística, em vez de qualquer outra oração.[22] Não é permitido, de modo algum, deixar que outro ministro inferior, a assembléia ou algum fiel recite uma parte dela. Isto seria contra a natureza hierárquica da liturgia, na qual cada um deve fazer tudo e só aquilo que lhe compete.[23] A oração eucarística deve ser proclamada exclusiva e integralmente pelo sacerdote.

5. O pão para a celebração da eucaristia, segundo o uso secular da Igreja latina, é o pão ázimo de trigo.[24]

Embora a verdade do sinal exija que este se apresente, realmente, como alimento, que seja repartido e dividido entre os irmãos, contudo deve ser preparada sempre segundo a forma tradicional prescrita pela *Institutio generalis* do Missal Romano,[25] tanto no caso das hóstias pequenas para a comunhão dos fiéis como no caso das hóstias grandes que, depois, são divididas em diversas partes.

A maior exigência de verdade deve estar ligada à cor, ao gosto e à consistência do pão, mais do que à sua forma. Sua preparação, porém, requer muito cuidado e atenção, para que sua confecção não redunde em detrimento da dignidade devida ao pão eucarístico, torne possível uma decorosa fração e não fira a sensibilidade dos fiéis ao receberem-no. É necessário evitar que o pão tenha gosto de massa malcozida ou que endureça muito depressa, de modo a não poder ser comido.

Além disso, efetue-se, com todo o respeito que o sacramento merece, tanto a fração do pão, como a consumação do pão e do vinho, quando se distribui a comunhão e quando se toma o que sobrou, no fim da distribuição da comunhão.[26]

6. Por causa do sinal, a mais perfeita participação dos fiéis realiza-se na comunhão sob as duas espécies.[27]

---

[22] Cf. ibidem, n. 10.

[23] Cf. *Sacrosanctum concilium*, n. 28: AAS 56 (1964), p. 107.

[24] Cf. *Institutio Generalis Missalis Romani*, n. 282.

[25] Cf. ibidem, n. 283.

[26] Cf. S. Congr. Rituum. Instr. *De cultu mysterii eucharistici, Eucharisticum mysterium*, n. 48, 25 de maio de 1967: AAS 59 (1967), p. 566.

[27] Cf. *Institutio Generalis Missalis Romani*, n. 240.

Este modo de receber a comunhão é permitido somente dentro dos limites estabelecidos pela *Institutio Generalis* do Missal Romano (n. 242) e segundo a Instrução da Sagrada Congregação para o Culto Divino, sobre as faculdades de distribuir a comunhão sob as duas espécies, *Sacramentali communione*, de 29 de junho de 1970.

Portanto:

a) Os ordinários não concedam esta faculdade de modo geral, mas estabeleçam, com precisão, os casos e a celebração, dentro dos limites estabelecidos pela Conferência Episcopal.

Evitem-se as ocasiões, em que há grande número de comungantes. Os grupos devem ser bem determinados, ordenados e homogêneos.

b) Instruam-se diligentemente os fiéis, antes de serem admitidos à comunhão sob as duas espécies, para compreenderem mais profundamente o seu significado.

c) Quando a comunhão for feita diretamente do cálice, este deve ser apresentado aos comungantes por sacerdotes, diáconos ou acólitos constituídos na ordem do acolitado. Se não houver estes ministros, o celebrante observe o rito descrito na *Institutio Generalis* do Missal Romano, n. 245.

Os comungantes não devem passar o cálice uns aos outros, nem devem pegar diretamente no cálice para comungar o preciosíssimo sangue. Neste caso, prefira-se a comunhão por intinção.

d) O ofício de distribuir a comunhão compete, antes de tudo, ao sacerdote celebrante, depois, ao diácono e, em alguns casos, ao acólito. A Santa Sé pode permitir que sejam designadas, para este fim, também outras pessoas dignas, que, para tanto, tenham recebido o mandato. Quem não recebeu este mandato não pode distribuir a sagrada comunhão ou levar os vasos sagrados com o santíssimo sacramento.

Sobre o modo de distribuir a sagrada comunhão, deve ser observada a *Institutio Generalis* do Missal Romano, nn. 244-252, e a citada Instrução de 29 de junho de 1970, publicada por esta Sagrada Congregação. Se, porém, for concedido um modo de distribuir a sagrada comunhão, diferente do tradicional, observem-se as condições estabelecidas pela Sé Apostólica.

e) Quando, na falta de sacerdotes, forem designadas pelo bispo, por concessão da Sé Apostólica, outras pessoas, como, por exemplo, os catequistas, especialmente nas missões, para celebrar a liturgia da palavra e para distribuir a comunhão, estes não devem, absolutamente, recitar a prece eucarística. Se, porém, julgar oportuno ler a narração da Instituição eucarística, usem-na como leitura, na liturgia da palavra. Portanto, nestas assembléias de fiéis, depois da celebração da liturgia da palavra, diga-se o pai-nosso e distribua-se a sagrada comunhão, segundo o rito prescrito.

f) Qualquer que seja o modo escolhido, procure-se distribuir a sagrada comunhão com dignidade, piedade e decoro, evitem-se os perigos de uma diminuição do respeito, tendo-se em consideração a índole de cada assembléia litúrgica, a idade, as condições e a preparação de quem a recebe.[28]

7. Segundo as normas litúrgicas da Igreja latina, não é permitido às mulheres (jovens, casadas e religiosas) servir ao altar, quer se trate de igreja, casas, conventos, colégios ou institutos femininos.

Segundo as normas dadas nesta matéria, às mulheres é lícito:

a) proclamar as leituras, exceto o Evangelho. Desempenhem este ofício servindo-se dos instrumentos técnicos modernos, para que sejam ouvidas por todos. As Conferências Episcopais podem determinar melhor o lugar conveniente para as mulheres anunciarem a Palavra de Deus na assembléia litúrgica;

b) propor as intenções da oração universal;

c) dirigir o canto da assembléia e tocar o órgão, ou outros instrumentos permitidos;

d) ler as admoestações ou explicações, para introduzir os fiéis em uma compreensão maior do rito;

e) desempenhar, ao serviço da assembléia dos fiéis, algumas tarefas que geralmente são confiadas a mulheres: por exemplo, receber os fiéis à porta da Igreja, conduzi-los aos lugares que lhes estiverem reservados, organizar as procissões e recolher as espórtulas na igreja.[29]

8. Devem-se particular respeito e cuidado aos vasos sagrados, aos paramentos e às alfaias sagradas. Se, atualmente, se concede uma liberdade maior no que se refere ao material e à forma de que são feitos, é para permitir que os diversos povos e artistas tenham maior possibilidade de dedicar, ao culto sagrado, as suas melhores energias.

Contudo, tenham-se presentes as seguintes normas:

a) os objetos destinados ao culto devem ser sempre "nobres, duradouros e muito apropriados ao uso sagrado".[30] Não é lícito, portanto, usar alfaias destinadas ao uso profano;

---

[28] Cf. S. Congr. Pro Cultu Divino. *Instr. de ampliore faculdade sacre communionis sub utraque specie administrandae, Sacrosanctum concilium*, 29 de junho de 1970 (*L'Osservatore Romano*, edição portuguesa de 13 de setembro de 1970).

[29] Cf. *Institutio Generalis Missalis Romani*, n. 68.

[30] Cf. ibidem, n. 288.

b) os cálices e as patentes, antes de serem usados, devem ser consagrados pelo bispo, que julgará se são aptos ao uso para o qual são destinados;

c) "A veste comum a todos os ministros, qualquer que seja o seu grau, é a alva."[31] Está reprovado o uso de celebrar ou, até, concelebrar, só com a estola em cima da cógula monástica, em cima da batina ou do traje civil. Também não é lícito realizar as outras ações sagradas, como impor as mãos durante as ordenações, administrar os outros sacramentos e dar as bênçãos só com a estola em cima do traje civil.

d) Compete às Conferências Episcopais estabelecer se é oportuno escolher, para as alfaias sagradas, outras matérias, além daquelas que são tradicionalmente usadas. Deve-se informar a Santa Sé sobre estas deliberações.[32]

No que se refere à forma das vestes sagradas, as Conferências Episcopais podem determinar, e propor à Sé Apostólica, as adaptações que corresponderem às necessidades e aos costumes de cada região.[33]

9. A eucaristia deve ser celebrada, normalmente, em um lugar sagrado.[34] Sem uma verdadeira necessidade, que deve ser julgada pelo ordinário, na sua jurisdição, não é permitido celebrar fora da igreja. E, quando o ordinário o permitir, tenha-se o cuidado de escolher um lugar digno e de realizar a ação sagrada em cima de uma mesa conveniente. Possivelmente não se celebre em refeitórios ou em mesas onde se tomam refeições.

10. Na aplicação da reforma da liturgia, os bispos tenham o cuidado especial de dar ao lugar sagrado, principalmente ao presbitério, uma disposição estável e digna, segundo as normas da *Institutio Generalis* do Missal Romano[35] e da Instrução *Eucharisticum mysterium*.[36]

Algumas soluções adotadas nestes últimos anos, provisoriamente, tendem, muitas vezes, a assumir uma forma estável. Algumas delas, já reprovadas pelo Consilium, continuam a ser empregadas, embora não condigam com o sentido litúrgico, com a estética e, também, com um fácil e decoroso andamento das celebrações sagradas.[37]

---

[31] Ibidem, n. 298.

[32] Cf. *Sacrosanctum concilium*, n. 128: AAS 56 (1964), pp. 132-133.

[33] Cf. *Institutio Generalis Missalis Romani*, n. 304.

[34] Cf. ibidem, n. 260.

[35] Cf. ibidem, nn. 253-280.

[36] Cf. S. Congr. Rituum. Instr. *De cultu mysterii eucharistici, Eucharisticum mysterium*, nn. 52-57: AAS 59 (1967), pp. 567-569.

[37] Cf. Epistola Em.mi Card. I. Lercaro. *Praesidis "Consilii ad exequiedam Constitutionem de Sacra liturgia" ad Praesides Conferentiarum Episcopalium*, 30 de junho de 1965 (*Notitiae* I, 1965, pp. 261-262).

Com a ajuda das Comissões Diocesanas de Liturgia e de Arte Sacra e, também, com o parecer, se for necessário, dos peritos e das competentes autoridades públicas, faça-se um atento exame dos projetos de novas construções e uma revisão das instalações provisórias, a fim de se chegar, em todas as igrejas, a uma disposição definitiva que respeite os monumentos de arte do passado, quando existirem, e, na medida do possível, condiga com as novas exigências.

11. A compreensão da liturgia restaurada ainda exige que seja envidado um grande esforço para uma decorosa tradução e publicação dos livros litúrgicos reformados. Devem ser traduzidos integralmente e substituir os outros livros rituais particulares, que eram usados precedentemente.

Se a Conferência Episcopal julgar necessário e oportuno acrescentar outras fórmulas ou introduzir algumas adaptações, estas devem ser aprovadas pela Santa Sé e apresentadas com particulares sinais tipográficos, para se distinguirem do texto típico latino.

Neste campo é necessário proceder sem pressa, pedindo a colaboração de diversas pessoas, não só de teólogos e liturgistas, mas também de literatos e estilistas, para que as traduções sejam documentos de reconhecida beleza, que desafiem a ação do tempo, pela sua propriedade, harmonia, elegância e riqueza de estilo, em plena correspondência com a profundidade do conteúdo.[38]

Na preparação dos livros litúrgicos em língua vernácula, observe-se a norma tradicional de publicar os textos sem a indicação do nome dos autores e dos tradutores. Os livros litúrgicos são destinados à comunidade cristã e devem ser preparados e difundidos somente por mandato da hierarquia e com sua autoridade.

Tudo isto não está ligado ao consenso de qualquer pessoa privada, pois, se o estivesse, seria uma ofensa à liberdade da autoridade e à dignidade da liturgia.

12. As experiências em matéria litúrgica, quando forem necessárias e parecerem oportunas, deverão ser concedidas somente por esta Sagrada Congregação, por escrito, com regras precisas e determinadas, sob a responsabilidade da autoridade local competente.

No que se refere à missa, cessam todas as faculdades, de fazer experiências, que tinham sido concedidas, em vistas da reforma do rito. Com a publicação do novo missal, as normas e a forma da celebração eucarística são as que foram dadas pela *Institutio Generalis* e pelo *Ordo missae*.

---

[38] Paulo VI. Alocução às Comissões litúrgicas da Itália, do dia 7 de fevereiro de 1969 (*L'Osservatore Romano*, edição cotidiana de 8 de fevereiro de 1969).

As Conferências Episcopais deverão definir com clareza as adaptações já previstas nos livros litúrgicos e submetê-las à aprovação da Santa Sé.

Quando forem necessárias adaptações maiores, segundo o que foi estabelecido pela Constituição *Sacrosanctum concilium*, n. 40, a Conferência Episcopal estude atentamente o assunto, considerando as tradições, a índole dos diversos povos e as exigências pastorais particulares. Se parecer oportuno fazer alguma experiência, sejam atentamente determinados os seus limites: realizem-se estas experiências em grupos preparados para isso, sob a responsabilidade de pessoas prudentes, designadas para esta tarefa com mandato especial. Não devem ser realizadas na altura de grandes celebrações, nem com publicidade. Sejam limitadas no número e não ultrapassem o período de um ano. Depois, informe-se a Santa Sé sobre as conclusões. Enquanto se espera a resposta da Santa Sé, não é lícito iniciar a aplicação das adaptações pedidas.

Quando se trata de mudar a estrutura dos ritos ou a disposição das partes previstas pelos livros litúrgicos, ou de introduzir textos e, até, outras partes inteiramente novas, antes de iniciar qualquer experiência é necessário apresentar o plano completo à Santa Sé.

Esta é a praxe requerida pela Constituição *Sacrosanctum concilium*[39] e exigida pela seriedade do assunto.

13. Tenha-se, por fim, presente, que na renovação litúrgica, requerida pelo Concílio, está interessada toda a Igreja. Mas, esta renovação requer um estudo teórico e prático de toda a matéria, nas reuniões pastorais, tendo-se em vista a educação do povo cristão, para que a liturgia se torne viva, capaz de tocar os sentimentos da alma e seja adaptada e eles.

A reforma atual procurou apresentar a oração litúrgica do modo como ela brotou da tradição viva de muitos séculos de espiritualidade. Na sua aplicação, também deve apresentar-se como uma "obra de todo o povo de Deus", estruturado nas suas diversas ordens e ministérios.[40]

Só nesta unidade de todo o corpo eclesial reside a garantia da sua eficácia e da sua autenticidade. Os pastores, de modo particular, na fidelidade generosa às normas e às diretrizes da Igreja, em espírito de fé, abandonando as próprias preferências e os particularismos, saibam ser "servidores da liturgia" comum, preparando com o seu exemplo, com um estudo profundo e com uma obra inteligente e paciente de catequese, a florescente primavera que se espera do renovamento litúrgico, que reflita as exigências hodiernas e fuja do secularismo e da arbitrariedade, que o comprometeriam seriamente.

---

[39]   Cf. *Sacrosanctum concilium*, n. 40: AAS 56 (1964), p. 111.

[40]   Cf. *Institutio Generalis Missalis Romani*, n. 58.

Esta Instrução, preparada por mandato do sumo pontífice, pela Sagrada Congregação para o Culto Divino, foi aprovada no dia 3 de setembro deste ano, pelo santo padre Paulo VI, que, confirmando-a com a sua autoridade, ordenou que fosse publicada e observada por todos.

Roma, 5 de setembro de 1970.

Benno Cardeal Gut, prefeito
Annibale Bugnini, secretário

A sagrada comunhão e o culto do mistério eucarístico fora da missa

Sagrada Congregação para o Culto Divino
(21 de junho de 1973)

DECRETO

Cristo confiou à Igreja, sua dileta esposa, o sacramento da eucaristia como alimento espiritual dos fiéis e penhor da vida eterna, e ela com fé e amor continuamente o recebe.

A celebração da eucaristia no sacrifício da missa é a origem e o fim do culto que lhe é prestado fora da missa. As sagradas espécies são conservadas após a missa principalmente para que os fiéis que dela não puderem participar, sobretudo os enfermos e pessoas idosas, se unam pela comunhão sacramental ao sacrifício de Cristo, imolado na missa.

Do costume de conservar as sagradas espécies para a santa comunhão originou-se o hábito de adorar este sacramento e tributar-lhe o culto de latria, devido a Deus. Este culto de adoração se apóia em fundamentos válidos e firmes; além disso, algumas de suas formas públicas e comunitárias foram instituídas pela própria Igreja.

Por isso, tendo sido restaurado o rito da missa e publicadas as normas "sobre a disposição prática do culto a esse sacramento após a missa, em harmonia com a celebração do sacrifício da missa conforme as prescrições do Concílio Vaticano II e outros documentos da Sé Apostólica sobre a matéria",[1] a Sagrada

---

[1] S. CONGR. DOS RITOS. Instrução *Eucharisticum mysterium*, n. 3g: AAS 59 (1967), p. 543.

Congregação para o Culto Divino reformou os ritos denominados *A sagrada comunhão* e o *Culto do mistério eucarístico fora da missa*.

Estes ritos, aprovados pelo papa Paulo VI, são publicados agora nesta edição declarada típica, para que substituam os ritos até hoje em vigor no Ritual Romano. Em latim, este ritual poderá ser usado imediatamente. Em vernáculo, a partir da data fixada pelas Conferências Episcopais nas respectivas regiões, depois que a tradução for confirmada pela Sé Apostólica.

Revogam-se as disposições em contrário.

Da Sede da Sagrada Congregação para o Culto Divino, dia 21 de junho de 1973, Solenidade do santíssimo sacramento do corpo e do sangue de Cristo.

Arturus Card. Tabera, prefeito

A. Bugnini, arceb. tit. de Dioclécia, secretário

INTRODUÇÃO GERAL

1. Relação entre o culto eucarístico fora da missa e a celebração eucarística

1. A celebração da eucaristia é o centro de toda a vida cristã, tanto da Igreja universal como de suas assembléias locais. Na verdade, "os demais sacramentos, bem como todos os ministérios eclesiásticos e as tarefas apostólicas, ligam-se estreitamente à sagrada eucaristia e a ela se ordenam. Pois, a santíssima eucaristia contém todo o bem espiritual da Igreja, a saber, o próprio Cristo, nossa Páscoa e pão vivo que dá vida ao ser humano por sua carne vivificada e vivificante por obra do Espírito Santo. Dessa forma, o ser humano é convidado a oferecer com Cristo a si próprio seus trabalhos e todas as coisas criadas".[2]

2. Além disso, "a celebração da eucaristia no sacrifício da missa é a origem e o fim do culto que lhe é prestado fora da missa".[3] O Cristo Senhor, que "se imola no próprio sacrifício da missa quando começa a estar sacramentalmente presente como alimento espiritual dos fiéis sob as espécies de pão e de vinho", é também "o Emanuel, isto é, o 'Deus conosco', como sacrifício oferecido, enquanto a eucaristia se conserva nas igrejas e oratórios. Dia e noite ele permanece no meio de nós, habitando conosco cheio de graça e de verdade".[4]

---

[2] Concílio Vaticano II. Decreto *Presbyterorum ordinis*, n. 5.
[3] S. Congr. dos Ritos. Instrução *Eucharisticum mysterium*, n. 3e: AAS 59 (1967), p. 542.
[4] Ibidem, n. 3b: loc. cit., p. 541; Paulo VI. Carta encíclica *Mysterium fidei*, pelo fim: AAS 57 (1965), p. 771.

A SAGRADA COMUNHÃO E O CULTO DO MISTÉRIO EUCARÍSTICO FORA DA MISSA

3. Não se pode pôr em dúvida que todos os cristãos, segundo o costume tradicional na Igreja, ao venerarem este santíssimo sacramento, lhe prestem o culto de latria, devido ao Deus verdadeiro. E, pelo fato de ter sido instituído pelo Cristo Senhor como alimento, não deve deixar de ser adorado.[5]

4. Para se organizar e fomentar a verdadeira devoção ao santíssimo sacramento da eucaristia, deve-se considerar o mistério eucarístico em toda a sua amplitude, tanto na celebração da missa como no culto das sagradas espécies, que se conservam depois da missa para prolongar a graça do sacrifício.[6]

2. As finalidades da conservação da eucaristia

5. A finalidade primária e primordial de conservar a eucaristia fora da missa é a administração do viático; são fins secundários a distribuição da comunhão e a adoração de nosso Senhor Jesus Cristo presente no sacramento. A conservação das sagradas espécies para os enfermos introduziu o louvável costume de adorar-se este alimento celeste conservado nas igrejas. Esse culto de adoração se apóia em fundamentos válidos e firmes, sobretudo porque a fé na presença real do Senhor tende a manifestar-se externa e publicamente.[7]

6. Na celebração da missa manifestam-se sucessivamente as principais modalidades da presença do Cristo em sua Igreja. Em primeiro lugar, ele está presente na própria assembléia dos fiéis, reunida em seu nome; depois, na sua palavra, quando se lêem na igreja e se explicam as Sagradas Escrituras e, por fim, de modo eminente sob as espécies eucarísticas. De fato, no sacramento da eucaristia, de modo todo singular, Cristo está presente todo e inteiro, Deus e homem, substancial e permanentemente. Esta presença de Cristo sob as espécies "chama-se 'real' não por exclusão, como se as outras não o fossem, mas por excelência".[8]

Assim, em razão do sinal, convém mais à natureza da celebração sagrada que o Cristo, na medida do possível, não esteja eucaristicamente presente desde o início da missa pela conservação das sagradas espécies no tabernáculo, sobre o altar onde se celebra a missa, pois esta presença é fruto da consagração e deve aparecer como tal.[9]

---

[5]   S. CONGR. DOS RITOS. Instrução *Eucharisticum mysterium*, n. 3f: AAS 57 (1967), p. 543.

[6]   Cf. ibidem, n. 3g: loc. cit., p. 543.

[7]   Cf. ibidem, n. 49: loc. cit., pp. 566-567.

[8]   PAULO VI. Carta encíclica *Mysterium fidei*: AAS 57 (1965), p. 764; cf. S. CONGR. DOS RITOS. Instrução *Eucharisticum mysterium*, n. 9: AAS 59 (1967), p. 547.

[9]   Cf. S. CONGR. DOS RITOS. Instrução *Eucharisticum mysterium*, n. 55: AAS 59 (1967), pp. 568-569.

Princípios da reforma da celebração eucarística e as introduções rituais

7. As hóstias, consagradas em quantidade suficiente para a comunhão dos enfermos e outros fiéis fora da missa, sejam com freqüência renovadas e conservadas em píxide ou cibório.[10]

8. Cuidem os pastores que, a não ser que obste motivo grave, as igrejas em que, segundo as normas do direito, se conserva a santíssima eucaristia, estejam abertas diariamente, ao menos por algumas horas, nos horários mais apropriados, para que os fiéis possam facilmente rezar diante do santíssimo sacramento.[11]

3. O lugar da conservação da eucaristia

9. O lugar onde se conserva a santíssima eucaristia seja realmente um lugar de destaque. Recomenda-se encarecidamente que este lugar seja ao mesmo tempo apropriado para a adoração e a oração particulares de modo que os fiéis com facilidade e proveito possam honrar individualmente o Senhor presente no sacramento.

Isso se conseguirá mais facilmente se a capela do Santíssimo estiver separada da nave central, principalmente nas igrejas onde com freqüência se celebram casamentos e exéquias, como também naquelas muito visitadas por peregrinações ou por causa de seus tesouros artísticos e históricos.

10. A santíssima eucaristia seja conservada em um tabernáculo inamovível e construído de matéria sólida e não transparente e, de tal modo fechado, que se evite o mais possível o perigo de profanação. Normalmente haja em cada igreja e oratório um único tabernáculo colocado em alguma parte da igreja ou oratório, que seja distinta, visível, ornada com dignidade e própria para a oração.

Quem tem o cuidado da igreja ou oratório providencie que seja guardada com o máximo cuidado a chave do tabernáculo onde se conserva a santíssima eucaristia.[12]

11. A presença da santíssima eucaristia no tabernáculo seja indicada pelo conopeu ou de outro modo determinada pela autoridade competente.

Diante do tabernáculo em que se conserva a santíssima eucaristia, brilhe continuamente uma lâmpada especial com a qual se indique e reverencie a presença de Cristo.

---

[10] Cf. *Missal Romano*, Instrução Geral, nn. 285 e 292.

[11] Cf. S. Congregação dos Ritos. Instrução *Eucharisticum mysterium*, n. 51: AAS 59 (1967), p. 567; CIC, cân. 937.

[12] Cf. S. Congregação dos Ritos. Instrução *Eucharisticum mysterium*, nn. 52-53: AAS 59 (1967), pp. 567-568; CIC, cân. 938.

Segundo antigo costume, a lâmpada, na medida do possível, seja alimentada com azeite ou cera.[13]

4. *Adaptações que competem às Conferências dos Bispos*

12. Na preparação dos rituais particulares, compete às Conferências Episcopais, em virtude da Constituição sobre a sagrada liturgia (n. 63b), adaptar este título do Ritual Romano às necessidades de cada região, para que, depois da aprovação da Santa Sé, seja usado nas respectivas regiões. Nesta matéria compete às Conferências dos Bispos:

a) considerar com cuidado e prudência os possíveis elementos provenientes dos costumes dos povos a serem mantidos ou admitidos, desde que se coadunem com o espírito da sagrada liturgia, propondo à aprovação da Sé Apostólica as adaptações que pareçam úteis ou necessárias;

b) preparar a tradução dos textos de modo a adaptá-los à índole das várias línguas e culturas, podendo, sobretudo para o canto, acrescentar outros textos com melodias apropriadas.

A SAGRADA COMUNHÃO FORA DA MISSA

1. *Relação entre a comunhão fora da missa e o sacrifício*

13. A participação mais perfeita na celebração eucarística consiste na comunhão sacramental recebida durante a missa. Isto é mais claramente significado quando os fiéis, após a comunhão do sacerdote, recebem do mesmo sacrifício o corpo do Senhor.[14] Por isso, normalmente, em cada celebração eucarística se consagre pão fresco para a comunhão dos fiéis.

14. Os fiéis sejam levados a comungar na própria celebração eucarística. Contudo, os sacerdotes não se neguem a dar a sagrada comunhão fora da missa aos fiéis que, por justa causa, o pedirem.[15]

Convém mesmo àqueles que se acharem impedidos de participar da celebração eucarística da comunidade serem cuidadosamente fortificados pela eu-

---

[13] Cf. S. Congregação dos Ritos. Instrução *Eucharisticum mysterium*, n. 57: AAS 59 (1967), p. 569; CIC, cân. 940.

[14] Cf. Concílio Vaticano II. Constituição *Sacrosanctum concilium*, n. 55.

[15] Cf. S. Congr. dos Ritos. Instrução *Eucharisticum mysterium*, n. 33a: AAS 59 (1967), pp. 559-560.

caristia, de maneira que não só se sintam unidos ao sacrifício do Senhor, mas também unidos à mesma comunidade e apoiados pela caridade dos irmãos.

Os pastores de almas cuidem que os enfermos e anciãos, ainda que não estejam gravemente doentes ou em perigo de morte, possam facilmente receber com freqüência a eucaristia, se possível todos os dias, sobretudo no Tempo pascal. Aos que não puderem recebê-la sob a espécie do pão, pode ser administrada apenas sob a espécie do vinho.[16]

15. Os fiéis sejam diligentemente instruídos de que, mesmo recebendo a comunhão fora da missa, se unem intimamente ao sacrifício em que se perpetua o sacrifício da cruz e que participam do banquete sagrado. Neste, pela comunhão do corpo e do sangue do Senhor, o povo de Deus participa dos bens do sacrifício pascal, renova a nova aliança entre Deus e os homens selada uma vez para sempre com o sangue de Cristo e prefigura e antecipa na fé e na esperança o banquete escatológico no reino do Pai, anunciando a morte do Senhor até que venha.[17]

2. Quando se dá a sagrada comunhão fora da missa

16. A sagrada comunhão fora da missa pode ser dada a qualquer dia e hora. Convém, no entanto, que se estabeleça um horário para a comunhão, de acordo com a utilidade dos fiéis, a fim de que a celebração se faça de modo mais perfeito, com maior proveito espiritual dos fiéis.

Contudo:

a) na quinta-feira da Semana Santa a comunhão só pode ser dada aos fiéis na própria missa, mas a qualquer hora pode ser levada aos doentes;

b) na Sexta-Feira Santa a sagrada comunhão só se distribui durante a celebração da paixão do Senhor, mas a qualquer hora poderá ser levada aos doentes que não possam participar da celebração;

c) no Sábado Santo a sagrada comunhão só pode ser dada como viático.[18]

3. O ministro da sagrada comunhão

17. Cabe em primeiro lugar ao sacerdote e ao diácono administrar a sagrada comunhão aos fiéis que o pedirem.[19] Convém, pois, que, segundo a

---

[16] Cf. ibidem, nn. 40-41: loc. cit., pp. 562-563.

[17] Ibidem, n. 3a: loc. cit., pp. 541-542.

[18] Cf. *Missal Romano*, Missa vespertina na Ceia do Senhor; Celebração da Paixão do Senhor, n. 3; Sábado Santo.

[19] Cf. S. Congr. dos Ritos. Instrução *Eucharisticum mysterium*, n. 31: AAS 59 (1967), pp. 557-558.

necessidade dos fiéis, dediquem tempo suficiente a este ministério que lhes é próprio.

Compete aos acólitos oficialmente instituídos distribuir, como ministros extraordinários, a sagrada comunhão todas as vezes em que não houver presbítero ou diácono ou estiverem impedidos por doença, idade avançada ou exigências do ministério pastoral, ou ainda quando o número de fiéis que se aproximam da sagrada mesa for tão elevado, que possa ocasionar demora excessiva da missa ou de outra ação litúrgica.[20]

O ordinário do lugar pode dar a outros ministros extraordinários a faculdade de distribuir a sagrada comunhão sempre que parecer necessário para o bem espiritual dos fiéis e não estejam presentes o sacerdote, o diácono nem o acólito.[21]

4. Onde distribuir a comunhão fora da missa

18. O lugar em que normalmente se distribui a comunhão fora da missa é a igreja ou oratório, onde habitualmente se celebra ou guarda a eucaristia, ou a igreja, oratório ou outro lugar em que a comunidade local se reúne normalmente aos domingos e outros dias para a assembléia litúrgica. Também em outros lugares, sem excluir as casas particulares, pode ser dada a sagrada comunhão quando se trata de doentes, presos e outros que sem perigo ou grave dificuldade não possam sair.

5. Normas a serem observadas na distribuição da sagrada comunhão

19. Quando a sagrada comunhão é administrada em igreja ou oratório, ponha-se o corporal sobre o altar coberto com uma toalha; sejam acesas duas velas em sinal de reverência e do caráter festivo do banquete.[22] Use-se a patena.

Quando, porém, a sagrada comunhão for administrada em outros lugares, prepare-se uma mesa digna coberta com toalha; providenciem-se também as velas.

20. O ministro da sagrada comunhão, se for presbítero ou diácono, usará estola, alva ou sobrepeliz sobre a veste talar. Os outros ministros usarão a veste litúrgica eventualmente em uso na região ou uma veste condizente com este ministério, aprovada pelo ordinário.

---

[20] Cf. Paulo VI. Carta apostólica *Ministeria quaedam*, 15 de agosto de 1972, n. VI: AAS 64 (1972), p. 532.

[21] Cf. S. Congr. para a Disciplina dos Sacramentos. Instrução *Immensae caritatis*, 29 de janeiro de 1973, 1, I e II.

[22] Cf. *Missal Romano*, Instrução geral, n. 269.

A eucaristia para comunhão fora da igreja seja levada em uma teca ou outro recipiente fechado. A veste e o modo de levá-la estejam de acordo com as circunstâncias do lugar.

21. Na distribuição da santa comunhão seja mantido o costume de se colocar a partícula do pão consagrado na língua dos que vão comungar, segundo tradição de vários séculos.

Contudo, as Conferências dos Bispos podem determinar com a devida confirmação da Santa Sé que em sua região a sagrada comunhão seja também distribuída colocando-se o pão consagrado nas mãos dos fiéis, contanto que se evitem qualquer falta de reverência ou opiniões errôneas sobre a Santíssima eucaristia.[23]

Além disso, é preciso ensinar aos fiéis que Jesus Cristo é o Senhor e Salvador e que se deve a ele, presente sob as espécies sacramentais, o mesmo culto de latria ou adoração devido a Deus.[24]

Em ambos os casos, a sagrada comunhão deve ser distribuída pelo ministro competente, que mostra e dá a partícula consagrada ao comungante, dizendo a fórmula "O corpo de Cristo", a que o fiel responde "Amém".

Quanto à distribuição da sagrada comunhão sob a espécie de vinho, observem-se as normas litúrgicas.[25]

22. Os fragmentos que restarem após a comunhão sejam respeitosamente recolhidos e depositados na âmbula ou em um recipiente com água.

Igualmente, se a comunhão for administrada sob a espécie de vinho, o cálice ou outro recipiente que se tenha usado seja purificado com água.

A água usada para as abluções seja bebida ou derramada em lugar conveniente.

6. Disposições para receber a sagrada comunhão

23. A eucaristia, que torna incessantemente presente no meio da comunidade humana o mistério pascal de Cristo, constitui a fonte de toda graça e da remissão dos pecados. Mas, para receber os efeitos do sacramento pascal, quem comunga o corpo de Cristo deve aproximar-se dele de consciência pura e com boas disposições.

---

[23] Cf. S. Congr. para o Culto Divino. Instrução *Memoriale Domini*, 29 de maio de 1969: AAS 61 (1969), pp. 541-555. No Brasil, a distribuição da comunhão na mão fica a critério do ordinário do lugar (cf. XIV Assembléia Geral da CNBB, de 1974).

[24] Cf. S. Congr. para a Disciplina dos Sacramentos. Instrução *Immensae caritatis*, n. 4, 29 de janeiro de 1973.

[25] Cf. *Missale Romanum, Institutio generalis*, n. 242; S. Congr. para o Culto Divino. Instrução *Sacramentali Communione*, n. 6, 29 de junho de 1970: AAS 62 (1970), pp. 665-666.

Por isso, a Igreja ordena que "ninguém se aproxime da sagrada eucaristia, tendo consciência de estar em pecado mortal, sem prévia confissão sacramental, por mais que se julgue contrito".[26] Por isso, se houver motivo grave e não havendo oportunidade de confessar, faça antes um ato de contrição perfeita com o propósito de confessar, o mais breve possível, todos os pecados mortais que no momento não pode confessar.

Quem costuma comungar todos os dias ou com freqüência, procure aproximar-se do sacramento da penitência com certa regularidade, de acordo com sua própria condição.

Além disso, considerem os fiéis a eucaristia também como remédio que os liberta das faltas cotidianas e preserva dos pecados mortais; saibam melhor valorizar as partes penitenciais da liturgia, sobretudo da missa.[27]

24. Os fiéis, antes de se aproximarem do sacramento, observem ao menos uma hora de jejum de qualquer comida ou bebida, com exceção de água e de remédio.

Pessoas idosas e pessoas que sofrem de alguma enfermidade, bem como as que cuidam delas, podem receber a santíssima eucaristia, mesmo se tiverem tomado algo no espaço da hora que antecedeu.[28]

25. A união com Cristo, objetivo do próprio sacramento, deverá estender-se a toda a vida cristã, de tal forma que os fiéis, contemplando continuamente na fé o dom recebido e guiados pelo Espírito Santo, transformem a vida cotidiana em ação de graças e produzam frutos mais abundantes de caridade.

A fim de permanecerem mais facilmente na sublime ação de graças que se rende a Deus na missa, recomenda-se que se demorem em oração por algum tempo todos os que se alimentaram da sagrada comunhão.[29]

7. Rito da sagrada comunhão fora da missa

a) Rito com uma celebração mais extensa da Palavra de Deus

26. Esta forma será usada principalmente quando não houver celebração da missa ou quando se distribuir a sagrada comunhão em horário preestabe-

---

[26] Cf. CONC. TRIDENTINO. Sessão XIII, *Decreto sobre a eucaristia*, n. 7: DS 1646-1647; ibidem, sessão XIV, *Cânones sobre o sacramento da penitência*, n. 9: DS 1709; S. CONGR. PARA A DOUTRINA DA FÉ. *Normae Pastorales circa absolutionem sacramentalem generali modo impertiendam*, 16 de junho de 1972, proêmio e n. VI: AAS 64 (1972), pp. 510 e 512.

[27] Cf. S. CONGR. DOS RITOS. Instrução *Eucharisticum mysterium*, n. 35: AAS 59 (1967), p. 561.

[28] Cf. CIC, cân. 919, § 1 e § 3.

[29] Cf. S. CONGR. DOS RITOS. Instrução *Eucharisticum mysterium*, n. 38: AAS 59 (1967), p. 562.

lecido, de modo que os fiéis se alimentem também da mesa da Palavra de Deus. Ouvindo a Palavra de Deus, os fiéis reconhecem que as maravilhas de Deus então anunciadas alcançam seu ponto culminante no mistério pascal, cujo memorial se celebra sacramentalmente na missa e do qual participam pela comunhão. Além disso, acolhendo a palavra do Senhor e alimentando-se dela, são conduzidos em ação de graças a uma participação frutuosa nos mistérios da salvação.

b) Rito com uma celebração mais breve da Palavra de Deus

42. Usa-se esta forma quando as circunstâncias desaconselharem uma celebração mais extensa da Palavra de Deus, sobretudo quando só uma ou duas pessoas forem comungar, por ser difícil neste caso organizar uma verdadeira celebração comunitária.

AS DIVERSAS FORMAS DE CULTO À SANTÍSSIMA EUCARISTIA

79. Sendo o sacrifício eucarístico fonte e ápice de toda a vida cristã, recomenda-se encarecidamente tanto a devoção particular como o culto público à santíssima eucaristia, mesmo fora da missa, em conformidade com as normas estabelecidas pela autoridade competente. Na organização destes piedosos e sacros exercícios, tenham-se em conta os tempos litúrgicos, de modo que se harmonizem com a sagrada liturgia, nela se inspirem e para ela encaminhem o povo.[30]

80. Os fiéis, ao cultuarem o Cristo presente no sacramento, lembrem-se de que esta presença decorre do sacrifício e tende à comunhão sacramental e espiritual.

Assim, a piedade que leva os fiéis à adoração da santíssima eucaristia move-os também a participar radicalmente do mistério pascal e corresponder agradecidos ao dom daquele que, por sua humanidade, infunde sem cessar a vida divina nos membros de seu corpo. Permanecendo diante do Cristo Senhor, gozam da íntima familiaridade com ele, e abrem-lhe o coração, pedindo por si mesmos e por todos os seus e orando pela paz e a salvação do mundo. Oferecendo com Cristo toda a sua vida ao Pai no Espírito Santo, haurem deste diálogo admirável um aumento de fé, de esperança e de caridade. Alimentam

---

[30] Cf. S. Congr. dos Ritos. Instrução *Eucharisticum mysterium*, n. 58: AAS 59 (1967), p. 569.

assim disposições que os levam a celebrar com a devida devoção o memorial do Senhor e a receber com freqüência o pão que nos foi dado pelo Pai.

Esforcem-se os fiéis, segundo suas condições de vida, a cultuarem o Cristo Senhor no sacramento. Os pastores os conduzam a isso com o exemplo e os exortem com as palavras.[31]

81. Lembrem-se, além disso, de que pela oração diante do Cristo Senhor presente na eucaristia prolongam a união obtida ao comungarem e renovam a aliança que os impele a viver de acordo com o que receberam pela fé e pelo sacramento na celebração da eucaristia. Procurem, pois, viver com gratidão toda a sua vida na força do alimento celeste, participando na morte e na ressurreição do Senhor. E assim sejam todos solícitos em praticar boas obras e agradar a Deus, propondo-se impregnar o mundo de espírito cristão e transformar-se em testemunhas de Cristo em tudo, no meio da comunidade humana.[32]

I. A exposição da santíssima eucaristia

a) Relação entre a exposição e a missa

82. A exposição da santíssima eucaristia, seja com o cibório ou ostensório, leva a reconhecer nela a admirável presença de Cristo e convida à íntima união com ele, união que alcança o seu ápice na comunhão sacramental. Por isso, a exposição é excelente meio de favorecer o culto em espírito e verdade devido à eucaristia.

Deve-se cuidar que nas exposições transpareça claramente a relação do culto do santíssimo sacramento com a missa. Evite-se na exposição todo aparato que de qualquer modo possa contrariar o desejo de Cristo ao instituir a santíssima eucaristia sobretudo para nos servir de alimento, remédio e conforto.[33]

83. Durante a exposição do santíssimo sacramento proíbe-se a celebração da missa no mesmo recinto da igreja ou oratório.

Pois, além das razões apresentadas no número 6, na celebração do mistério eucarístico realiza-se de modo mais perfeito a comunhão interior visada pela exposição.

Se a exposição se estender por um ou mais dias, deverá ser suspensa durante a celebração da missa, a não ser que seja celebrada em capela separada

---

[31]   Cf. ibidem, n. 50: loc. cit., p. 567.
[32]   Cf. ibidem, n. 13: loc. cit., p. 549.
[33]   Cf. ibidem, n. 60: loc. cit., p. 570.

da nave onde se faz a exposição, e ao menos alguns fiéis permaneçam em adoração.[34]

b) Normas para a exposição

84. Diante do santíssimo sacramento, faz-se genuflexão simples, quer esteja no tabernáculo, quer exposto para a adoração pública.

85. Na exposição do santíssimo sacramento com ostensório, acendem-se quatro ou seis velas, isto é, como se usa na missa. Usa-se também incenso. Na exposição com cibório haja ao menos duas velas e pode-se usar incenso.

1. Exposição prolongada

86. Nas igrejas e oratórios em que se conserva a eucaristia, recomenda-se realizar cada ano uma exposição solene do santíssimo sacramento que se prolongue por algum tempo, embora não rigorosamente contínua, a fim de que a comunidade local possa meditar sobre este mistério e adorá-lo de modo mais profundo.

Tal exposição, no entanto, só se fará prevendo-se conveniente assistência de fiéis.[35]

87. Em caso de necessidade grave e geral, o ordinário do lugar pode determinar que se promovam nas igrejas de maior freqüência preces mais prolongadas diante do santíssimo sacramento exposto.[36]

88. Onde, por falta de número conveniente de adoradores, não se puder realizar uma exposição ininterrupta, pode-se repor o santíssimo sacramento no tabernáculo em horário previamente divulgado, não porém mais de duas vezes ao dia, por exemplo, ao meio-dia e à noite.

Esta reposição pode ser feita de modo mais simples: o sacerdote ou diácono, revestido de alva ou sobrepeliz sobre a veste talar e com estola, repõe o santíssimo sacramento no tabernáculo após breve adoração e uma prece com os fiéis. Do mesmo modo, faz-se novamente a exposição na hora determinada.[37]

2. Exposição breve

89. Também as exposições breves do santíssimo sacramento sejam organizadas de tal modo que, antes da bênção com o santíssimo sacramento, se

---

[34] Cf. ibidem, n. 61: loc. cit., pp. 570-571.
[35] Cf. ibidem, n. 63: loc. cit., p. 571.
[36] Cf. ibidem, n. 64: loc. cit., p. 572.
[37] Cf. ibidem, n. 65: loc. cit., p. 572.

dedique tempo conveniente à leitura da Palavra de Deus, a cantos, preces e à oração silenciosa prolongada por algum tempo.

Proíbe-se a exposição feita unicamente para dar a bênção.[38]

3. A adoração nas comunidades religiosas

90. Às comunidades religiosas e outras pias associações que pelas constituições ou normas de seu Instituto se dedicam à adoração eucarística perpétua ou prolongada por mais tempo, pede-se encarecidamente que adaptem este piedoso costume ao espírito da liturgia. A adoração diante do Cristo Senhor se faça com participação de toda a comunidade, por meio de leituras da Sagrada Escritura, canto e sagrado silêncio, para que se alimente com mais eficácia a vida espiritual de toda a comunidade. Desse modo promover-se-á entre os seus membros o espírito de unidade e fraternidade de que a eucaristia é o símbolo e a fonte, realizando-se de forma mais excelente o culto devido ao sacramento.

É muito recomendável que se conserve a forma de adoração em que os membros da comunidade se sucedem um a um, ou dois a dois. Dessa forma, segundo a tradição do Instituto, aprovada pela Igreja, adoram e suplicam ao Cristo Senhor no sacramento, em nome de toda a comunidade e da Igreja.

c) O ministro da exposição da santíssima eucaristia

91. O ministro ordinário da exposição do santíssimo sacramento é o sacerdote ou o diácono que, no fim da adoração, antes de repor o sacramento, abençoa com ele o povo.

Na ausência do sacerdote e do diácono, ou estando legitimamente impedidos, poderão expor publicamente a santíssima eucaristia para a adoração dos fiéis e depois repô-la o acólito e outro ministro extraordinário da sagrada comunhão ou outra pessoa designada pelo ordinário do lugar.

Todos estes poderão fazer a exposição abrindo o tabernáculo, ou também, se for oportuno, colocando o cibório sobre o altar ou a hóstia no ostensório. No fim da adoração, repõem o sacramento no tabernáculo. Não lhes é permitido, porém, dar a bênção com o santíssimo sacramento.

92. O ministro, se for sacerdote ou diácono, vestirá alva ou sobrepeliz sobre a veste talar com estola de cor branca.

---

[38] Cf. ibidem, n. 66: loc. cit., p. 572.

Os outros ministros usarão a veste litúrgica eventualmente em uso na região, ou uma veste condizente com este ministério e aprovada pelo ordinário.

Para a bênção no fim da adoração, quando a exposição for com ostensório, o sacerdote e o diácono usarão também capa e o véu umeral de cor branca; se a exposição for com cibório, usarão só o véu umeral.

d) O rito da exposição e bênção eucarística

1. Exposição

93. Reunido o povo, o ministro aproxima-se do altar, ao som de um canto, se for oportuno. Se o sacramento não se encontrar no altar da exposição, o ministro, de véu umeral, vai buscá-lo, no lugar onde é conservado.

O cibório ou ostensório é colocado sobre a mesa do altar coberta com toalha. Se a exposição for mais prolongada e com ostensório, pode-se usar um trono em lugar bem destacado; cuide-se, porém, que não esteja demasiado alto e distante.[39] Feita a exposição, se for com ostensório, o ministro incensa o sacramento. Se a adoração se prolongar por mais tempo, o ministro pode retirar-se.

94. Se a exposição for mais solene e prolongada, a hóstia seja consagrada na missa que precede imediatamente a exposição e colocada no ostensório sobre o altar depois da comunhão. A missa terminará com a oração depois da comunhão, omitindo-se os ritos finais. Antes de se retirar, o sacerdote coloca o sacramento sobre o trono, se for o caso, e o incensa.

2. Adoração

95. Durante a exposição, as orações, cantos e leituras devem ser organizados de tal modo que os fiéis, recolhidos em fervorosa oração, se dediquem ao Cristo Senhor.

Para favorecer a oração interior usar-se-ão leituras da Sagrada Escritura com homilia ou breves exortações que despertem maior estima pelo mistério eucarístico. Convém ainda que os fiéis respondam à Palavra de Deus por meio do canto. É conveniente que em momentos apropriados se guarde um silêncio sagrado.

96. Durante a exposição mais prolongada do santíssimo sacramento, pode celebrar-se também alguma parte da liturgia das horas, sobretudo as horas

---

[39] Cf. S. Congr. dos Ritos. Instrução *Eucharisticum mysterium*, n. 62: AAS 59 (1967), p. 571.

A SAGRADA COMUNHÃO E O CULTO DO MISTÉRIO EUCARÍSTICO FORA DA MISSA

principais; na verdade, por ela os louvores e as ações de graças tributados a Deus na celebração da eucaristia estendem-se às diversas horas do dia, e as preces da Igreja se dirigem a Cristo e por Cristo ao Pai em nome de toda a humanidade.

3. Bênção

97. Ao término da adoração, o sacerdote ou diácono aproxima-se do altar, faz genuflexão e se ajoelha; entoa-se um hino ou outro canto eucarístico.[40] Enquanto isso, o ministro, de joelhos, incensa o santíssimo sacramento quando a exposição for com ostensório.

98. Em seguida, pondo-se de pé, diz: "Oremos".

II. *Procissões eucarísticas*

101. O povo cristão dá um testemunho público de fé e piedade para com o santíssimo sacramento nas procissões em que a eucaristia é levada pelas ruas em rito solene com canto.

Contudo, cabe ao bispo diocesano julgar sobre a oportunidade de tais procissões nos tempos atuais e também sobre o lugar e a organização para que sejam realizadas com dignidade e sem prejuízo da reverência devida ao santíssimo sacramento.[41]

102. Entre as procissões eucarísticas adquire importância e significado especiais na vida pastoral da paróquia ou da cidade a que costuma ser realizada cada ano na solenidade do corpo e do sangue de Cristo ou outro dia mais apropriado perto desta solenidade. Convém, pois, que, onde as circunstâncias dos tempos atuais o permitirem e onde puder ser realmente um sinal de fé e adoração da comunidade, esta procissão seja mantida, segundo a determinação do direito.

Se a cidade for muito grande e a necessidade pastoral o aconselhar, será lícito, a critério do bispo diocesano, promover outras procissões nos pontos principais da cidade. Onde não se puder fazer a procissão na solenidade do corpo e do sangue de Cristo, convém que haja outra celebração pública para toda a cidade, ou seus principais setores, na igreja catedral ou outros lugares mais adequados.

---

[40] Cf. SAGRADA CONGREGAÇÃO PARA O CULTO DIVINO. *A sagrada comunhão e o culto do mistério eucarístico fora da missa*, nn. 192-199.

[41] Cf. S. CONGR. DOS RITOS. Instrução *Eucharisticum mysterium*, n. 59: AAS 59 (1967), p. 570.

103. Convém que a procissão com o santíssimo sacramento se realize após a missa na qual se consagrará a hóstia a ser levada na procissão. Nada impede que a procissão seja feita também após uma adoração pública e prolongada depois da missa.

104. As procissões eucarísticas sejam organizadas segundo os costumes dos lugares, no que se refere à ornamentação das praças e ruas e no que diz respeito à ordem dos que delas participam. Durante o trajeto, se for costume e o bem pastoral o aconselhar, pode haver estações, inclusive com bênção eucarística. Os cantos e as orações deverão contribuir para que todos manifestem sua fé em Cristo, atentos somente ao Senhor.

105. O sacerdote que conduz o sacramento, se a procissão se realizar logo após a missa, pode manter os paramentos usados na celebração da missa ou revestir-se da capa de cor branca; se a procissão não for logo após a missa, use capa.

106. Sejam usados, segundo os costumes dos lugares, tochas, incenso e pálio sob o qual caminha o sacerdote que transporta o sacramento.

107. É conveniente que a procissão se dirija de uma igreja a outra. Contudo, se as circunstâncias dos lugares o aconselharem, pode voltar à igreja de onde partiu.

108. No final da procissão dar-se-á a bênção com o santíssimo sacramento na igreja ou outro lugar mais apropriado; em seguida, se repõe o santíssimo sacramento.

III. Congressos eucarísticos

109. Os congressos eucarísticos, introduzidos em época mais recente como peculiar manifestação do culto eucarístico na vida da Igreja, devem ser considerados como um "lugar" (*statio*) para o qual uma comunidade convida toda a igreja local, ou uma igreja local, as outras igrejas de uma região ou país, ou mesmo de todo o mundo para aprofundarem em conjunto algum aspecto do mistério da eucaristia, prestando-lhe um culto público no vínculo da caridade e da unidade.

Esses congressos devem ser um sinal de verdadeira fé e caridade pela plena participação da igreja local e pela expressiva concorrência das outras Igrejas.

110. Sobre lugar, temário e organização do congresso a ser celebrado, façam-se, tanto na igreja local como nas outras, oportunas pesquisas que revelem as reais necessidades a serem consideradas e favoreçam o progresso na investigação teológica e o bem da igreja local. Essa pesquisa seja feita com a ajuda de peritos em teologia, exegese, liturgia, pastoral e nas ciências humanas.

111. Na preparação do congresso promova-se, antes de tudo, o seguinte:

a) intensa catequese, adaptada à compreensão dos diversos grupos, sobre a eucaristia, principalmente como mistério de Cristo vivo e operante na Igreja;

b) mais ativa participação na sagrada liturgia, que fomenta ao mesmo tempo uma religiosa audição da Palavra de Deus e uma consciência da comunidade fraterna;[42]

c) investigação dos recursos e execução de obras sociais em vista da promoção humana e justa comunhão de bens, mesmo temporais, a exemplo da comunidade cristã primitiva,[43] para que o fermento do Evangelho, emanado da mesa eucarística, se difunda por toda parte como força propulsora da sociedade presente e garantia da sociedade futura.[44]

112. A celebração do congresso como tal deve reger-se pelos seguintes critérios:[45]

a) a celebração da eucaristia seja realmente o centro e o ápice para onde devem orientar-se todas as iniciativas, bem como as diversas formas de piedade;

b) as celebrações da Palavra de Deus, a catequese e as conferências devem investigar mais profundamente o tema proposto e expor com clareza seus aspectos práticos para que produzam efeito;

c) ofereça-se oportunidade de preces comunitárias e adoração mais prolongada diante do santíssimo sacramento exposto, em determinadas igrejas mais apropriadas para este exercício de piedade;

d) quanto à organização da procissão na qual se conduzirá o santíssimo sacramento publicamente pelas ruas da cidade com hinos e orações, observem-se as normas para as procissões eucarísticas,[46] tomando-se em consideração as condições sociais e religiosas do lugar.

---

[42]   Concílio Vaticano II. Constituição *Sacrosanctum concilium*, nn. 41-52; Constituição *Lumen gentium*, n. 26.

[43]   Cf. At 4,32.

[44]   Concílio Vaticano II. Constituição *Sacrosanctum concilium*, n. 47; Decreto *Unitatis redintegratio*, n. 15.

[45]   Cf. S. Congr. dos Ritos. Instrução *Eucharisticum mysterium*, n. 67: AAS 59 (1967), pp. 572-573.

[46]   Cf. nn. 101-108.

PARTE III

Orientações para a celebração e o culto da eucaristia

Eucharisticum mysterium —
Instrução sobre o culto do mistério eucarístico

Sagrada Congregação dos Ritos
(25 de maio de 1967)

INTRODUÇÃO

1. *Documentos recentes da Igreja sobre o mistério eucarístico.* O mistério eucarístico é verdadeiramente o centro da sagrada liturgia, ou melhor, de toda a vida cristã. Por isso, a Igreja, instruída pelo Espírito Santo, procura aprofundar-se nele, cada dia mais, e dele viver mais intensamente.

O Concílio Vaticano II expôs vários aspectos, de não pequeno alcance, a respeito desse mistério.

Depois de recordar, na Constituição sobre a sagrada liturgia, alguns conceitos sobre a natureza e a importância da eucaristia,[1] estabeleceu as normas para a revisão dos ritos do santo sacrifício da missa, a fim de que a maneira de celebração deste mistério favoreça a ativa e plena participação dos fiéis;[2] ainda ampliou a praxe da concelebração e a comunhão sob ambas as espécies.[3]

Na Constituição sobre a Igreja, ele expôs a íntima conexão que existe entre a eucaristia e o mistério da Igreja.[4] Em outros documentos, finalmente, pôs, diversas vezes, em evidência, a importância do mistério eucarístico na vida dos

---

[1] Cf. Concílio Vaticano II. Constituição sobre sagrada liturgia *Sacrosanctum concilium*, nn. 2, 41, 47.
[2] Cf. ibidem, nn. 48-54, 56.
[3] Cf. ibidem, nn. 55, 57.
[4] Cf. Concílio Vaticano II. Constituição dogmática sobre a Igreja *Lumen gentium*, nn. 3, 7, 11, 26, 28, 50.

fiéis,[5] assim como a sua eficácia em ilustrar o significado da atividade humana e de toda a natureza criada, visto que nele "se transformam os elementos naturais, cultivados pelo homem, no glorioso corpo e sangue de Jesus".[6]

Para estas numerosas afirmações do santo Concílio, abriu caminho o papa Pio XII, sobretudo pela encíclica *Mediator Dei*.[7] E o sumo pontífice Paulo VI, na encíclica *Mysterium fidei*,[8] lembrou a importância de alguns pontos da doutrina sobre a eucaristia, de modo particular dos que se referem à presença real de Cristo e ao culto devido a este sacramento, também fora da missa.

2. *Necessidade de considerar a doutrina destes documentos em seu conjunto.* Assim, pois, nestes últimos tempos, por toda a Igreja, diversos aspectos da doutrina tradicional deste mistério são considerados, com maior empenho, e propostos à piedade dos fiéis, com novo ardor, sendo que muito contribuem para isso, estudos e iniciativas de toda espécie, sobretudo litúrgicos e bíblicos.

Torna-se, pois, necessário que, de toda a doutrina que se encontra nesses documentos, se tirem normas práticas que indiquem ao povo cristão como ele deve comportar-se em face deste mistério a fim de conseguir aquele conhecimento e a santidade que o Concílio propôs à Igreja.

Com efeito, é importante que o mistério eucarístico seja considerado sob seus diversos aspectos, em sua totalidade, para poder resplandecer aos olhos dos fiéis na clareza que lhe convém, e que as conclusões provenientes, com objetividade, dos diversos aspectos deste mistério sejam reconhecidas pela doutrina da Igreja e encontrem carinhosa aceitação na vida e no espírito dos fiéis.

3. *Pontos mais importantes da doutrina, lembrados nestes documentos.* Entre os princípios doutrinais que, nos mencionados documentos da Igreja, versam sobre o mistério eucarístico, convém apontar os seguintes, visto que dizem respeito à atitude do povo cristão em relação a este mistério, e, por isso, referem-se diretamente ao objetivo desta Instrução.

a) "O Filho de Deus, na natureza humana unida a si, vencendo a morte por sua morte e ressurreição, remiu e transformou o homem em uma nova criatura (cf. Gl 6,15; 2Cor 5,17). Ao comunicar o seu Espírito, fez de seus irmãos, chamados de todos os povos, misticamente os componentes de seu próprio corpo. Nesse corpo difunde-se a vida de Cristo nos crentes que, pe-

---

[5] Cf. Concílio Vaticano II. Decreto sobre o ecumenismo *Unitatis redintegratio*, nn. 2, 15; Decreto sobre o múnus pastoral dos bispos *Christus dominus*, nn. 15, 30; Decreto sobre o ministério e a vida dos presbíteros *Presbyterorum ordinis*, nn. 2, 5-8, 13-14, 18.

[6] Cf. Concílio Vaticano II. Constituição pastoral sobre a Igreja no mundo de hoje *Gaudium et spes*, n. 38.

[7] AAS 39 (1947), pp. 547-572; cf. Alocução ao Congresso de Liturgia Pastoral de Assis, 22 de setembro de 1956: AAS 48 (1956), pp. 715-724.

[8] AAS 57 (1965), pp. 753-774.

ORIENTAÇÕES PARA A CELEBRAÇÃO E O CULTO DA EUCARISTIA

los sacramentos, de modo misterioso e real, são unidos a Cristo morto e glorificado".[9]

Por isso,

na última ceia, na noite em que foi entregue, nosso Salvador instituiu o sacrifício eucarístico de seu corpo e sangue. Por ele perpetua-se pelos séculos, até que volte, o sacrifício da cruz, confiando assim à Igreja, sua dileta esposa, o memorial de sua morte e ressurreição: sacramento de piedade, sinal de unidade, vínculo de caridade, banquete pascal, em que Cristo nos é comunicado em alimento, o espírito é repleto de graça e nos é dado o penhor da futura glória.[10]

Portanto, a missa, ou a ceia do Senhor, é, ao mesmo tempo e inseparavelmente:

- sacrifício pelo qual se perpetua o sacrifício da cruz;
- memorial da morte e da ressurreição do Senhor que diz: "Fazei isto em memória de mim" (Lc 22,19);
- um sagrado banquete no qual, pela comunhão do corpo e do sangue do Senhor, o povo de Deus participa dos bens do sacrifício pascal, renova a nova aliança, feita uma vez para sempre no sangue de Cristo entre Deus e os homens, e na fé e na esperança, prefigura e antecipa o banquete escatológico no reino do Pai, anunciando a morte do Senhor "até que venha".[11]

b) Na missa, portanto, o sacrifício e o sagrado banquete pertencem de tal modo ao mesmo mistério que um está ligado ao outro, no mais estreito vínculo.

Pois o Senhor se imola no próprio sacrifício quando "começa a estar presente, sacramentalmente, como alimento espiritual dos fiéis, sob as aparências de pão e vinho".[12] E foi para isso que Cristo confiou à Igreja esse sacrifício, para que os fiéis dele participassem tanto espiritualmente, pela fé e pela caridade, como sacramentalmente, pelo banquete da sagrada comunhão. Com efeito, a participação na ceia do Senhor é sempre comunhão com o Cristo que se oferece ao Pai em sacrifício por nós.[13]

c) A celebração eucarística, que se realiza na missa, é uma ação não somente de Cristo, mas também da Igreja. Nela, de fato, o Cristo, perpetuando,

---

[9]   Cf. CONCÍLIO VATICANO II. Constituição dogmática sobre a Igreja *Lumen gentium*, n. 7.
[10] Cf. CONCÍLIO VATICANO II. Constituição dogmática sobre a sagrada liturgia *Sacrosanctum concilium*, n. 47.
[11] Cf. ibidem, nn. 6, 11, 27, 47, 106; Decreto sobre o ministério e a vida dos presbíteros *Presbyterorum ordinis*, n. 4.
[12] PAULO VI. Encíclica *Mysterium fidei*: AAS 57 (1965), p. 762.
[13] Cf. PIO XII. Encíclica *Mediator Dei*: AAS 39 (1947), pp. 564-566.

de modo incruento, por todos os séculos, o sacrifício que realizou na cruz,[14] oferece-se ao Pai, pelo ministério dos sacerdotes[15] para a salvação do mundo. A Igreja, por sua vez, esposa e ministra de Cristo, exercendo junto com ele a função de sacerdote e de hóstia, oferece-o ao Pai e, ao mesmo tempo, ela se oferece toda, junto com ele.[16]

Desse modo, a Igreja, particularmente na grande oração eucarística, junto com Cristo, agradece ao Pai no Espírito Santo, por todos os bens que ele dá aos homens, na criação e, de modo admirável, no mistério pascal, e o implora pela vinda de seu reino.

d) Por conseguinte, nenhuma missa, assim como nenhuma ação litúrgica, é ação meramente individual, mas sim uma celebração da Igreja, enquanto ela é uma sociedade constituída em diversas ordens e ofícios, e na qual cada um age de acordo com a diversidade de sua função.[17]

e) A celebração eucarística no sacrifício da missa é, efetivamente, a origem e o fim do culto que lhe é prestado fora da missa. Pois não somente as sagradas espécies, que mesmo depois da missa permanecem, provêm dela, mas ainda se conservam depois da missa, principalmente para que os fiéis, que não podem participar da santa missa, se unam a Cristo, por uma comunhão sacramental, recebida com as devidas disposições, e ao seu sacrifício que na missa é celebrado.[18]

Por isso, o mesmo sacrifício eucarístico é a fonte e o ápice de todo o culto da Igreja e de toda a vida cristã.[19] Os fiéis participam de modo mais perfeito deste sacrifício de ação de graças, de propiciação, de impetração e de louvor, quando não somente oferecem ao Pai, de todo o seu coração, em união com o sacerdote, a sagrada vítima e nela também as suas pessoas, mas quando ainda recebem a mesma vítima no sacramento.

f) Ninguém pode duvidar

que todos os cristãos, segundo o uso sempre aceito pela Igreja Católica, prestam, na veneração a este sacratíssimo sacramento, o culto de latria, devido ao verdadeiro

---

[14] Cf. Concílio Vaticano II. Constituição sobre a sagrada liturgia *Sacrosanctum concilium*, n. 47.

[15] Cf. Trid. Sess. XXII, Decreto sobre a missa, 1º Cap.: Denz. 938 (1741).

[16] Cf. Concílio Vaticano II. Constituição dogmática sobre a Igreja *Lumen gentium*, n. 11; Constituição sobre a sagrada liturgia *Sacrosanctum concilium*, nn. 47-48; Decreto sobre o ministério e a vida dos presbíteros *Presbyterorum ordinis*, nn. 2, 5; Pio XII. Encíclica *Mediator Dei*, AAS 39 (1947), p. 552; Paulo VI. Encíclica *Mysterium fidei*, AAS 57 (1965), p. 761.

[17] Cf. Concílio Vaticano II. Constituição sobre a sagrada liturgia *Sacrosanctum concilium*, nn. 26-28.

[18] Cf. n. 49 da presente Instrução.

[19] Cf. Concílio Vaticano II. Constituição dogmática sobre a Igreja *Lumen gentium*, n. 11; Constituição sobre a sagrada liturgia *Sacrosanctum concilium*, n. 41; Decreto sobre o ministério e a vida dos presbíteros *Presbyterorum ordinis*, nn. 2, 5, 6; Decreto sobre o ecumenismo *Unitatis redintegratio*, n. 15.

Deus. Nem deveria, de fato, ser menos adorado, pela razão que foi instituído por Cristo Nosso Senhor para ser recebido.[20]

Dado que no sacramento que é conservado, ele mesmo deve ser adorado[21] visto que ali ele está substancialmente presente, em virtude daquela transformação do pão e do vinho que, conforme o Concílio de Trento, com toda a exatidão é chamada transubstanciação.[22]

g) Pois bem, o mistério eucarístico deve ser considerado em toda a sua amplitude, tanto na própria celebração da missa como no culto das sagradas espécies, que se conservam, depois da missa, para a extensão da graça do sacrifício.[23]

Destes princípios devem ser tiradas as normas para a organização prática do culto que se deve a este sacramento ainda depois da missa, em harmonia com a reta disposição do sacrifício da missa, segundo o espírito das prescrições do Concílio Vaticano II e dos outros documentos da Sé Apostólica a esse respeito.[24]

4. *Idéia geral desta Instrução*. Por isso, o sumo pontífice Paulo VI deu ordem ao Conselho encarregado de dar execução à Constituição sobre a sagrada liturgia, para preparar uma Instrução especial com o fim de publicar normas práticas desta natureza que fossem mais úteis nas circunstâncias atuais.

Tais normas, porém, devem ter especialmente a preocupação de não apresentar apenas princípios gerais no ensino catequético do povo sobre o mistério eucarístico, mas antes que se tornem mais inteligíveis os sinais com que a eucaristia é celebrada como memorial do Senhor e venerada como sacramento permanente da Igreja.

Se bem que neste mistério se encontra essa circunstância sublime e particular que o próprio autor da santidade nele está presente, contudo, é-lhe comum com os outros sacramentos ser símbolo de coisa sagrada e forma visível de uma graça invisível.[25] Por isso, penetrará, com maior segurança, no espírito

---

[20] Trid. Sess. XIII, Decreto sobre a eucaristia, cap. 5: Denz. 878 (1643).

[21] Cf. Paulo VI. Encíclica *Mysterium fidei*: AAS 57 (1965), pp. 769-770; Pio XII. Encíclica *Mediator Dei*: AAS 39 (1947), p. 569.

[22] Cf. Trid. Sess. XIII, Decreto sobre a eucaristia, cap. 4: Denz. 877 (1942); cân. 2: Denz. 884 (1652).

[23] Cf. documentos citados enquanto tratam do sacrifício da missa; sobre ambos os aspectos falam Concílio Vaticano II. Decreto sobre o ministério e a vida dos presbíteros *Presbyterorum ordinis*, nn. 5, 18; Paulo VI. Encíclica *Mysterium fidei*: AAS 57 (1965), p. 754; Pio XII. Encíclica *Mediator Dei*: AAS 39 (1947), pp. 547-572; Alocução ao Congresso Internacional de Liturgia em Assis, 22 de setembro de 1956: AAS 49 (1956), pp. 715-723.

[24] Cf. Paulo VI. Encíclica *Mysterium fidei*: AAS 57 (1965), pp. 769-772; Pio XII. Encíclica *Mediator Dei*: AAS 39 (1947), pp. 547-572; S. Congr. dos Ritos. Instrução sobre a música sacra, 3 de setembro de 1958: AAS 50 (1958), pp. 630-663; Instrução *Inter oecumenici*, 26 de setembro de 1964: AAS 56 (1964), pp. 877-900.

[25] Cf. Trid. Sess. XIII, Decreto sobre a eucaristia, cap. 3: Denz. 876 (1639); cf. também Sto. Tomás Aquino. *Summa theologica* III, q. 60, a. 1.

e na vida dos fiéis quanto mais apropriados e claros forem os sinais com que é celebrado e venerado.[26]

PRINCÍPIOS GERAIS A SEREM ESPECIALMENTE OBSERVADOS NA CATEQUESE DO POVO SOBRE O MISTÉRIO EUCARÍSTICO

5. *Condições exigidas nos pastores que devem ministrar catequese sobre este mistério.* Para que o mistério eucarístico penetre, pouco a pouco, na espiritualidade e na vida dos fiéis, é necessária uma adequada catequese.

Os pastores, porém, para que possam administrá-la devidamente, devem, antes de tudo, não somente ter presente o conjunto da doutrina da fé que se encontra nos documentos do Magistério, mas, sobre este assunto, devem também penetrar sempre mais profundamente, com o coração e com a vida, no espírito da Igreja.[27] Só então eles poderão descobrir facilmente, entre todos os aspectos deste mistério, o que mais convém aos fiéis, em cada caso.

Mas, tendo presente o que foi dito no número 3, deve-se dirigir a atenção particularmente aos pontos que seguem, além de outros.

6. *O mistério eucarístico, centro de toda a vida da Igreja.* A catequese sobre o mistério eucarístico deve ter em mira gravar no espírito dos fiéis que a celebração da eucaristia é verdadeiramente o centro de toda a vida cristã, tanto para a Igreja universal como para as comunidades locais dessa mesma Igreja. Pois

os demais sacramentos, como aliás todos os mistérios eclesiais e tarefas apostólicas, se ligam à sagrada eucaristia e a ela se ordenam. Com efeito, a Santíssima eucaristia contém todo o bem espiritual da Igreja, a saber, o próprio Cristo, nossa Páscoa e pão vivo, dando vida aos homens, mediante sua carne vivificante e vivificada pelo Espírito Santo. Desta forma são os homens convidados e levados a oferecer a si próprios, seus trabalhos e todas as coisas criadas, junto com ele.[28]

A comunhão da vida divina e a unidade do povo de Deus, que formam o fundamento da Igreja, são adequadamente simbolizadas e maravilhosamente produzidas pela eucaristia.[29] Nela se encontra o remate da ação com que Deus

---

[26] Cf. Concílio Vaticano II. Constituição sobre a sagrada liturgia *Sacrosanctum concilium*, nn. 33, 59.

[27] Cf. Ibidem, nn. 14, 17-18.

[28] Concílio Vaticano II. Decreto sobre o ministério e a vida dos presbíteros *Presbyterorum ordinis*, n. 5.

[29] Cf. Concílio Vaticano II. Constituição dogmática sobre a Igreja *Lumen gentium*, n. 11; Decreto sobre o ecumenismo *Unitatis redintegratio*, nn. 2, 15.

santifica o mundo em Cristo e do culto que os homens prestam a Cristo e, por meio dele, ao Pai no Espírito Santo;[30] e a sua celebração "contribui do modo mais excelente para que os fiéis exprimam em suas vidas e manifestem aos outros o mistério de Cristo e a genuína natureza da verdadeira Igreja".[31]

7. *O mistério eucarístico, centro da igreja local.* Pela eucaristia,

a Igreja vive e cresce continuamente. Esta Igreja de Cristo está verdadeiramente presente em todas as legítimas comunidades locais de fiéis, que, unidas com seus pastores, são também elas, no Novo Testamento, chamadas Igrejas. Estas são, em seu lugar, o povo novo chamado por Deus, no Espírito Santo e em grande plenitude (cf. 1Ts 1,5).

Nelas se reúnem os fiéis pela pregação do Evangelho de Cristo. Nelas se celebra o mistério da ceia do Senhor, "a fim de que, comendo e bebendo o corpo e o sangue do Senhor, os irmãos se unam intimamente".[32] Em comunidade de altar, unida para o sacrifício, sob o ministério sagrado do bispo[33] ou do sacerdote que faz as vezes de bispo,[34] manifesta-se o símbolo daquela caridade e "unidade do corpo místico, sem a qual não pode haver salvação".[35] Nestas comunidades, embora muitas vezes pequenas e pobres, ou vivendo na dispersão, está presente Cristo, por cuja virtude se consorcia a Igreja, una, santa, católica e apostólica. Pois "a participação do corpo e sangue de Cristo não faz outra coisa senão transformar-nos naquilo que tomamos".[36, 37]

8. *O mistério eucarístico e a unidade dos cristãos.* Além daquilo que respeita à comunidade eclesial e a cada fiel, os pastores dirijam a sua atenção, com desvelo, também para aquela parte da doutrina em que a Igreja ensina que o memorial do Senhor, celebrado conforme a sua própria vontade, significa e produz a unidade de todos os que nele crêem.[38]

De acordo com o Decreto sobre o ecumenismo[39] do Concílio Vaticano II, os fiéis devem ser orientados para a justa estima dos bens que são conservados na tradição eucarística, segundo a qual os irmãos de outras confissões cristãs

---

[30] Cf. Concílio Vaticano II. Constituição sobre a sagrada liturgia *Sacrosanctum concilium*, n. 10.

[31] Ibidem, n. 2.

[32] Oração mozarábica: PL 96, 759 B.

[33] Concílio Vaticano II. Constituição dogmática sobre a Igreja *Lumen gentium*, n. 26.

[34] Cf. Concílio Vaticano II. Constituição sobre a sagrada liturgia *Sacrosanctum concilium*, n. 42.

[35] Cf. Sto. Tomás Aquino. *Summa theologica* III, q. 73, a. 3.

[36] S. Leão M. *Serm.* 63, 7: PL 74, 357 C.

[37] Concílio Vaticano II. Constituição dogmática sobre a Igreja *Lumen gentium*, n. 26.

[38] Cf. ibidem, nn. 3, 7, 11, 26; Decreto sobre o ecumenismo *Unitatis redintegratio*, n. 2.

[39] Ibidem, nn. 15 e 22.

costumam celebrar a ceia do Senhor. Ora, "quando na santa ceia fazem a memória da morte e da ressurreição do Senhor, elas confessam ser significada a vida na comunhão de Cristo e esperam seu glorioso advento".[40] Mas os que conservaram o sacramento da ordem, na celebração da eucaristia

unidos ao bispo têm acesso a Deus Pai mediante o Filho, o Verbo encarnado, morto e glorificado, na efusão do Espírito Santo, e entram em comunhão com a Santíssima Trindade, feitos "participantes da natureza divina" (2Pd 1,4). Por isso, pela celebração da eucaristia do Senhor, em cada uma dessas Igrejas, a Igreja de Deus é edificada e cresce, e pela celebração se manifesta a comunhão entre elas.[41]

Sobretudo na celebração do mistério da unidade, convém que todos os cristãos sintam pesar pelas divisões que os separam. Dirijam, portanto, orações a Deus para que todos os discípulos de Cristo compreendam, cada dia mais profundamente, o mistério da eucaristia, em seu verdadeiro sentido, e que o celebrem de tal maneira que, tornados participantes do corpo de Cristo, constituam um só corpo (cf. 1Cor 10,17) "unido pelos mesmos laços, como ele mesmo quis que fosse formado".[42]

9. *Diversos modos da presença de Cristo.* A fim de que os fiéis possam conseguir uma compreensão mais completa do mistério eucarístico, sejam eles esclarecidos também a respeito dos principais modos pelos quais o próprio Cristo está presente à sua Igreja, nas celebrações litúrgicas.[43]

Ele está sempre presente na assembléia em que os fiéis estão reunidos em seu nome (cf. Mt 18,20). Ainda ele está presente na sua palavra, porque ele mesmo fala quando se lêem as Sagradas Escrituras, na Igreja.

No sacrifício eucarístico, ele está presente seja na pessoa do ministro, "pois quem agora oferece por meio do ministério dos sacerdotes é o mesmo que outrora se ofereceu na cruz",[44] seja — e isso em grau eminente — sob as espécies eucarísticas.[45] Pois, naquele sacramento, de modo singular, está Cristo todo e inteiro, Deus e homem, substancial e ininterruptamente. Esta presença de Cristo sob as espécies "é chamada real, não por exclusão, como se as outras não fossem reais, mas por excelência".[46]

---

[40] Ibidem, n. 22.

[41] Ibidem, n. 15.

[42] Paulo VI. Encíclica *Mysterium fidei:* AAS 57 (1965), p. 773.

[43] Cf. Concílio Vaticano II. Constituição sobre a sagrada liturgia *Sacrosanctum concilium*, n. 7.

[44] Trid. Sess. XXII, Decreto sobre a missa, cap. 2: Denz. 940 (1743).

[45] Cf. Concílio Vaticano II. Constituição sobre a sagrada liturgia *Sacrosanctum concilium*, n. 7.

[46] Paulo VI. Encíclica *Mysterium fidei:* AAS 57 (1965), p. 764.

ORIENTAÇÕES PARA A CELEBRAÇÃO E O CULTO DA EUCARISTIA

10. *Nexo entre a liturgia da palavra e a liturgia eucarística*. Os pastores, portanto, "instruam diligentemente os fiéis para que participem de toda a missa", ilustrando a íntima relação que existe entre a liturgia da palavra e a celebração da ceia do Senhor, de maneira que percebam claramente que as duas formam um único ato de culto.[47] Efetivamente, "a pregação da palavra faz-se necessária para o próprio ministério dos sacramentos, uma vez que são sacramentos da fé, e esta nasce e se alimenta da Palavra".[48] Isto deve-se afirmar, antes de tudo, a respeito da celebração da missa, na qual o objetivo da liturgia da palavra é estreitar, de modo especial, o íntimo vínculo que existe entre o anúncio e a escuta da Palavra de Deus e o mistério eucarístico.[49]

Os fiéis, com efeito, ao ouvirem a Palavra de Deus, compreendem que as suas maravilhas anunciadas atingem o seu ápice no mistério pascal cujo memorial é celebrado, sacramentalmente, na missa. Deste modo, os fiéis, recebendo a Palavra de Deus e nutridos por ela, são conduzidos na ação de graças, para uma participação frutuosa dos mistérios da salvação. Assim, a Igreja se alimenta do pão da vida, quer à mesa da Palavra de Deus, quer à do corpo de Cristo.[50]

11. *Sacerdócio comum e sacerdócio ministerial na celebração da eucaristia*. Na verdade, a participação ativa e própria da comunidade tornar-se-á tanto mais consciente e fecunda quanto mais claramente os fiéis conhecerem o lugar que lhes compete na assembléia litúrgica e o papel que devem executar na ação litúrgica.[51]

Portanto, explique-se, na catequese, a doutrina a respeito do sacerdócio real pelo qual os fiéis, em virtude da regeneração e da unção pelo Espírito Santo, são consagrados.[52]

Sejam ainda postos em evidência quer a função do sacerdócio ministerial na celebração eucarística, o qual se distingue do sacerdócio comum em sua essência e não somente pelo grau,[53] quer o papel desempenhado por outros que executam uma determinada função.[54]

12. *Natureza da participação ativa na missa*. Explique-se, pois, que todos os que se reúnem para a eucaristia formam aquele povo santo que toma parte na sagrada ação, junto com os ministros. Com efeito, somente o sacerdote,

---

[47] Cf. CONCÍLIO VATICANO II. Constituição sobre a sagrada liturgia *Sacrosanctum concilium*, n. 56.

[48] CONCÍLIO VATICANO II. Decreto sobre o ministério e a vida dos presbíteros *Presbyterorum ordinis*, n. 4.

[49] Cf. ibidem, n. 4.

[50] Cf. CONCÍLIO VATICANO II. Constituição dogmática sobre a revelação divina *Dei verbum*, n. 21.

[51] Cf. CONCÍLIO VATICANO II. Constituição sobre a sagrada liturgia *Sacrosanctum concilium*, nn. 14, 26, 30, 38.

[52] Cf. CONCÍLIO VATICANO II. Constituição dogmática sobre a Igreja *Lumen gentium*, n. 10. Decreto sobre o ministério e a vida dos presbíteros *Presbyterorum ordinis*, n. 2; PAULO VI. Encíclica *Mysterium fidei*: AAS 57 (1965), p. 761.

[53] Cf. CONCÍLIO VATICANO II. Constituição dogmática sobre a Igreja *Lumen gentium*, n. 10; Decreto sobre o ministério e a vida dos presbíteros *Presbyterorum ordinis*, nn. 2, 5.

[54] Cf. CONCÍLIO VATICANO II. Constituição sobre a sagrada liturgia *Sacrosanctum concilium*, nn. 28, 29.

enquanto representa a pessoa de Cristo, consagra o pão e o vinho. Contudo, a ação dos fiéis na eucaristia consiste em dar graças a Deus, recordando a sagrada paixão, a ressurreição e a glória do Senhor, e em oferecer a imaculada hóstia, não somente pelas mãos do sacerdote, mas também junto com ele. Diga-se, também, que, pela recepção do corpo do Senhor, realiza-se a sua união com Deus e entre si, que a participação na missa deve levar.[55] Pois a participação na missa torna-se mais perfeita quando eles, com a devida disposição, recebem, durante a missa, o corpo do Senhor sacramentalmente, obedecendo às suas palavras, quando diz: "Tomai e comei".[56]

Este sacrifício, porém, assim como a própria paixão de Cristo, embora oferecido por todos, "não tem efeito a não ser naqueles que se unem à paixão de Cristo pela fé e pela caridade... A estes, todavia, traz maior ou menor fruto, de acordo com o grau de devoção".[57] Tudo isso deve ser explicado aos fiéis, de tal modo que participem na missa ativamente, tanto no íntimo de seus corações como também nos ritos exteriores, conforme os princípios estabelecidos na Constituição sobre a sagrada liturgia,[58] mais amplamente determinados pela Instrução *Inter oecumenici*, do dia 26 de setembro de 1964, pela Instrução *Musicam sacram*, de 5 de março de 1967,[59] e pela Instrução *Tres abhinc annos*, de 4 de maio de 1967.

13. *Efeitos da celebração eucarística na vida cotidiana dos fiéis.* Os fiéis devem conservar, em seus costumes e em sua vida, o que receberam na celebração eucarística pela fé e pelo sacramento. Procurem, pois, passar toda a sua vida, com alegria e, na força do alimento celestial, participando da morte e ressurreição do Senhor. Por isso, depois de participar da missa, cada um seja "solícito em cumprir obras boas e em agradar a Deus e em comportar-se devidamente, dedicado à Igreja, executando o que aprendeu e progredindo na piedade",[60] propondo-se impregnar o mundo de espírito cristão, e ainda de "ser testemunha de Cristo em tudo, no meio da comunidade humana".[61]

De fato, "não se edifica nenhuma comunidade cristã se ela não tiver por raiz e centro a celebração da santíssima eucaristia. Por ela há de iniciar-se, pois, toda a educação do espírito comunitário".[62]

---

[55] Cf. ibidem, nn. 48, 106.

[56] Cf. ibidem, n. 55.

[57] Santo Tomás Aquino. *Summa theologica* III, q. 79, a. 7. ad 2.

[58] Cf. Concílio Vaticano II. Constituição sobre a sagrada liturgia *Sacrosanctum concilium*, nn. 26-32.

[59] Cf. S. Congr. dos Ritos. Instrução *Musicam Sacram*, 5 de março de 1967: AAS 59 (1967), pp. 300-320.

[60] Hipólito. *Traditio apostolica*, 21: ed. Botte, 1963, pp. 58-59; cf. Concílio Vaticano II. Constituição sobre a sagrada liturgia *Sacrosanctum concilium*, nn. 9, 10; Decreto sobre a atividade missionária dos leigos *Apostolicam actuositatem*, n. 3; Decreto sobre a atividade missionária da Igreja *Ad gentes divinitus*, n. 39; Decreto sobre o ministério e a vida dos presbíteros *Presbyterorum ordinis*, n. 5.

[61] Cf. Concílio Vaticano II. Constituição pastoral sobre a Igreja no mundo de hoje *Gaudium et spes*, n. 43.

[62] Concílio Vaticano II. Decreto sobre o ministério e a vida dos presbíteros *Presbyterorum ordinis*, n. 6.

ORIENTAÇÕES PARA A CELEBRAÇÃO E O CULTO DA EUCARISTIA

14. *A catequese da missa para crianças.* Os que cuidam da formação religiosa das crianças, especialmente os pais, o pároco e os professores, tenham cuidado de dar a devida importância à catequese sobre a missa, quando as introduzem gradativamente[63] no conhecimento do mistério da salvação. É óbvio que a catequese sobre a eucaristia, adaptada à idade e índole das crianças, deve transmitir, por meio dos principais ritos e orações, o significado da missa, mesmo no tocante à participação na vida da Igreja.

Tudo isso se deve ter presente, de modo particular, quando se trata da preparação de crianças à primeira eucaristia, de tal forma que esta realmente apareça como perfeita inserção do corpo de Cristo.[64]

15. *A catequese sobre a missa deve começar pelos ritos e orações.* O Concílio Ecumênico de Trento prescreve aos pastores que, freqüentemente, "exponham, seja pessoalmente, seja por outros, textos da missa, e que, entre outras coisas, expliquem um ou outro aspecto do mistério deste santíssimo sacrifício".[65]

Os pastores, portanto, conduzam os fiéis, por uma conveniente catequese, à completa compreensão deste mistério da fé, partindo dos mistérios do ano litúrgico e dos ritos e orações que coincidem com a celebração, de forma que ilustrem o seu sentido e, especialmente, o da grande oração eucarística, e levem à profunda compreensão do mistério que os ritos e as preces significam e realizam.

A CELEBRAÇÃO DO MEMORIAL DO SENHOR

I. *Normas gerais sobre a organização da celebração do memorial do Senhor na comunidade dos fiéis*

16. *Manifeste-se, na celebração, a unidade da comunidade.* Dado que, em virtude do batismo, "não há judeu nem grego, nem escravo, nem livre, nem homem, nem mulher", mas todos são um em Cristo Jesus (cf. Gl 3,28), a assembléia que mais perfeitamente manifesta a natureza da Igreja na eucaristia é aquela que coaduna entre si os fiéis de qualquer raça, idade e condição.

Todavia, a unidade desta comunidade que toma origem de um só pão do qual todos participam (cf. 1Cor 10,17) é hierarquicamente organizada e, por essa razão, exige que "cada qual, ministro ou fiel, ao desempenhar a sua

---

[63] Cf. Concílio Vaticano II. Declaração sobre a educação cristã *Gravissimum educationes,* n. 2.

[64] Cf. Concílio Vaticano II. Decreto sobre o ministério e a vida dos presbíteros *Presbyterorum ordinis,* n. 5.

[65] Trid. Sess. XXII, Decreto sobre a missa, cap. 8: Denz. 946 (1749).

Eucharisticum mysterium – Instrução sobre o culto do mistério eucarístico

função, faça tudo e só aquilo que, pela natureza da coisa ou pelas normas litúrgicas, lhe compete".[66]

O exemplo por excelência desta unidade encontra-se "na plena e ativa participação de todo o povo santo de Deus [...] na mesma eucaristia, em uma única oração, junto a um só altar, presidido pelo bispo, cercado de seu presbitério e ministros".[67]

17. *Evite-se a divisão da comunidade dos fiéis e a sua dispersão para diversas coisas.* Nas celebrações litúrgicas, evite-se a divisão da comunidade e a desatenção para diversas coisas. Por isso, cuide-se para que não haja, na mesma igreja, duas celebrações litúrgicas ao mesmo tempo, que atraem a atenção do povo para coisas diferentes.

Isso vale, antes de tudo, para a celebração da eucaristia. Por isso, aquela dispersão que costuma originar-se da celebração de diversas missas, ao mesmo tempo e na mesma igreja, deve-se evitar, com todo o cuidado, quando aos domingos e festas de guarda, é celebrada a missa para o povo.

A mesma coisa deve-se observar também nos outros dias, quanto for possível. A melhor maneira para se conseguir isso é, conforme a norma de direito, a concelebração dos sacerdotes que desejam celebrar a santa missa na mesma hora.[68]

Da mesma forma, deve-se evitar que, na mesma igreja e ao mesmo tempo, haja celebração do ofício divino no coro ou em comum, pregação, batizado, casamento e celebração da santa missa para o povo, conforme o horário oficial da igreja.

18. *Formação do espírito de comunidade universal e local.* Na celebração da eucaristia, fomente-se o espírito de comunidade de tal forma que cada um sinta-se unido com os irmãos na comunhão da Igreja, seja local, seja universal, e até, de certo modo, com todos os homens. Pois Cristo se oferece no sacrifício da missa pela salvação de todo o mundo; a assembléia dos fiéis é figura e sinal da união do gênero humano em Cristo, sua Cabeça.[69]

19. *Adaptação dos forasteiros à celebração da eucaristia.* Os fiéis, que fora de sua paróquia, tomam parte na celebração da eucaristia, devem associar-se à ação sagrada da mesma forma que está em uso na comunidade daquele lugar.

Os pastores tenham a solicitude de ajudar, com meios oportunos, os fiéis que vêm de outras regiões, para que consigam adaptar-se à assembléia local. Isto, sobretudo, nas igrejas das grandes cidades ou nos lugares onde muitos fiéis se reúnem por ocasião das férias.

---

[66] Concílio Vaticano II. Constituição sobre a sagrada liturgia *Sacrosanctum concilium*, n. 28.

[67] Ibidem, n. 41; cf. Constituição dogmática sobre a Igreja *Lumen gentium*, n. 26.

[68] Cf. n. 47 da presente Instrução.

[69] Cf. Concílio Vaticano II. Constituição dogmática sobre a Igreja *Lumen gentium*, n. 3.

Nos lugares, porém, onde se encontram em grande número forasteiros de outro idioma ou exilados, os pastores tenham o cuidado de lhes oferecer, pelo menos uma ou outra vez, a ocasião de participar na missa que é celebrada conforme os seus costumes. "Todavia, providencie-se que os fiéis possam juntamente rezar ou cantar, também em língua latina, as partes do ordinário que lhes compete".[70]

20. *Atenção especial dos ministros no modo de celebrar*. Para estimular a boa organização da sagrada celebração e a participação ativa dos fiéis, torna-se necessário que os ministros não somente exerçam bem a sua função, de acordo com as leis litúrgicas, mas que eles, por sua atitude, façam sentir o significado das coisas sagradas.

O povo tem o direito de ser alimentado, na missa, pelo anúncio e pela explicação da Palavra de Deus. Por conseguinte, os sacerdotes não só façam a homilia todas as vezes que é prescrita ou conveniente, mas ainda cuidem que tudo o que eles ou os ministros, em sua respectiva função, disserem, pronunciem ou cantem tão distintamente que os fiéis os entendam com clareza e compreendam o seu sentido, e sejam espontaneamente movidos para a resposta e para a participação.[71] Os ministros sejam preparados para isso, com exercícios próprios, especialmente nos seminários e nas casas religiosas.

21. *Cânon da missa*

a) Nas missas com o povo, mesmo sem concelebração, se for conveniente, o celebrante pode rezar o Cânon em voz inteligível. Nas missas cantadas, porém, é-lhe permitido cantar aquelas partes do Cânon que se podem cantar, conforme o rito da missa concelebrada, segundo a Instrução *Tres abhinc annos*, de 4 de maio de 1967, número 10.

b) Para a impressão das palavras da consagração, seja observada a praxe tradicional de imprimi-las em caracteres diferentes do restante do texto, para que apareçam com maior evidência.

22. *Transmissão da missa através do rádio e da televisão*. Onde, segundo o espírito do artigo 20 da Constituição sobre a sagrada liturgia, a missa for transmitida por meio de instrumentos radiofônicos ou de televisão, cuidem os ordinários do lugar que a oração e a participação dos fiéis presentes não sejam perturbadas por isso, e a celebração seja executada com tanta discrição e decoro que se torne modelo da celebração de sagrado mistério, conforme as leis da reforma litúrgica.[72]

---

[70] Concílio Vaticano II. Constituição sobre a sagrada liturgia *Sacrosanctum concilium*, n. 54.
[71] Cf. ibidem, n. 11.
[72] Cf. S. Congr. dos Ritos. Instrução sobre a música sacra, nn. 6, 8 e 11, 5 de março de 1967: AAS 59 (1967), pp. 302-303.

EUCHARISTICUM MYSTERIUM — INSTRUÇÃO SOBRE O CULTO DO MISTÉRIO EUCARÍSTICO

23. *Modo discreto de tirar fotografias durante as celebrações eucarísticas.* Com todo o cuidado deve-se impedir que o costume de tirar fotografias perturbe as funções litúrgicas, particularmente as missas. Onde, porém, houver um motivo razoável, faça-se tudo com discrição e de acordo com as prescrições do ordinário do lugar.

24. *Importância da disposição da igreja para a boa participação nas celebrações.*

A casa de oração — na qual se celebra e guarda a santíssima eucaristia, onde se congregam os cristãos e é venerada, para auxílio e consolação dos fiéis, a presença do Filho de Deus, nosso Salvador, oferecido por nós na ara sacrifical — deve mostrar-se iluminada e apta para a oração e as celebrações religiosas.[73]

Saibam, pois, os pastores que a própria disposição conveniente do lugar sagrado contribui muito para a própria celebração e a participação ativa dos fiéis.

Por essa razão, observem-se as regras e normas das Instruções *Inter oecumenici* (arts. 90-99): construção de igrejas e sua adaptação à reforma litúrgica, construção e ornamentação dos altares, escolha acertada do lugar para as cadeiras do celebrante e dos ministros, marcação do lugar apropriado para a leitura dos textos sagrados, disposição dos lugares reservados aos fiéis e aos cantores.

Em primeiro lugar, o altar-mor deve ser colocado e construído de maneira que apareça sempre como sinal do próprio Cristo, lugar onde se realizam os mistérios da salvação, e como centro da assembléia dos fiéis ao qual se deve o máximo respeito.

Evite-se, com cuidado, a dilapidação dos tesouros de arte religiosa, na adaptação das igrejas. Se, porém, se julgar necessário remover os tesouros dos lugares onde no momento se encontram, por causa da reforma litúrgica, a juízo do ordinário do lugar, depois de consultar a opinião de peritos e — se for o caso — com o consentimento de quem é de direito, então se faça isso com prudência e de tal forma que sejam colocados, nos novos lugares, de uma maneira digna e correspondente às obras.

Lembrem-se também os pastores de que o material e o feitio das vestes sagradas, que "visam antes a nobre beleza que a mera suntuosidade",[74] contribuem muito para as celebrações litúrgicas.

---

[73]   Concílio Vaticano II. Decreto sobre o ministério e a vida dos presbíteros *Presbyterorum ordinis*, n. 5.

[74]   Concílio Vaticano II. Constituição sobre a sagrada liturgia *Sacrosanctum concilium*, n. 124.

Orientações para a celebração e o culto da eucaristia

II. A *celebração nos domingos e dias feriais*

25. *A celebração da eucaristia no domingo.* Cada vez que a comunidade se reúne para a celebração eucarística, anuncia a morte e ressurreição do Senhor, na esperança de sua vinda gloriosa. Isso, todavia, é posto em evidência na reunião dominical, a saber, naquele dia da semana em que o Senhor ressuscitou dos mortos e o mistério pascal, por tradição apostólica, é celebrado na eucaristia, de maneira particular.[75]

Ora, para que os fiéis observem, com convicção, o preceito da santificação desse dia festivo e compreendam por que a Igreja os convoca para a celebração eucarística em cada domingo, desde o início da sua formação religiosa, o domingo lhes deve ser lembrado e inculcado como dia de festa primordial[76] em que devem reunir-se para ouvir a Palavra de Deus e participar do mistério pascal.

Ainda mais, favoreça-se a iniciativa de fazer do "domingo um dia de alegria e de descanso do trabalho".[77]

26. *A celebração dominical em torno do bispo e na paróquia.* Convém incentivar o espírito de comunidade eclesial que, de modo particular, na celebração comum da missa no domingo encontra alimento e expressão, seja em torno do bispo, principalmente na catedral, seja na assembléia paroquial, cujo pastor faz as vezes do bispo.[78]

É bom promover, com empenho, a participação ativa de todo o povo, na celebração dominical, que tem a sua expressão no canto; até é bom dar preferência, enquanto for possível, à forma da missa cantada.[79]

As celebrações, que se realizam em outras igrejas e oratórios, devem ser combinadas, especialmente nos domingos e festas, com as funções da igreja paroquial, de forma que ajudem a ação pastoral. Até seria bom que pequenas comunidades religiosas não clericais e outras semelhantes, especialmente as que prestam serviço na paróquia, participem da missa, naqueles dias, na igreja paroquial.

A respeito do horário e do número de missas a serem celebradas nas paróquias, deve ser tomada em consideração a utilidade da comunidade paro-

---

[75] Cf. ibidem, nn. 6 e 106.

[76] Cf. ibidem, n. 106.

[77] Ibidem.

[78] Cf. Concílio Vaticano II. Constituição sobre a sagrada liturgia *Sacrosanctum concilium*, nn. 41-42; Constituição dogmática sobre a Igreja *Lumen gentium*, n. 28. Decreto sobre o ministério e a vida dos presbíteros *Presbyterorum ordinis*, n. 5.

[79] Cf. S. Congr. dos Ritos. Instrução *Musicam sacram*, nn. 16 e 27, 5 de março de 1967: AAS 59 (1967), pp. 305 e 308.

quial: não se multiplique demais o número de missas, para não prejudicar a eficiência verdadeira da ação pastoral. Isso aconteceria, por exemplo, se, em conseqüência do número excessivo de missas, só se reunissem pequenas comunidades de fiéis para cada missa, nas igrejas em que poderiam caber muito mais; ou se, pela mesma razão, os sacerdotes viessem a ficar tão sobrecarregados de trabalho que somente com muita dificuldade pudessem desempenhar o seu ministério.

27. *Missas para grupos particulares.* A fim de que a unidade da comunidade paroquial, nos domingos e dias festivos, floresça na eucaristia, sejam as missas para grupos particulares, por exemplo, de associações, celebradas de preferência, enquanto for possível, nos dias feriais. Se não puderem ser transferidas para dias durante a semana, tome-se o cuidado de conservar a unidade da comunidade paroquial, colocando os grupos particulares nas celebrações paroquiais.

28. *Antecipação das missas dominicais e de festas no dia anterior.* Onde for permitido, em virtude de uma concessão da Sé Apostólica, que se possa satisfazer ao preceito de participar da missa dominical na tarde do sábado anterior, os pastores instruam os fiéis, com desvelo, a respeito do significado desta concessão e cuidem que o sentido do domingo, de forma alguma, se torne obscuro. Com efeito, essa concessão visa facilitar aos fiéis, nas circunstâncias atuais, a celebração do dia da ressurreição do Senhor.

Não obstante concessões ou costumes contrários, esta missa só pode ser celebrada na tarde do sábado, nas horas estabelecidas pelo ordinário do lugar.

Nesses casos, celebre-se a missa como está marcada no calendário para o domingo, sem se omitirem, de modo algum, a homilia e a oração dos fiéis.

A mesma coisa se diga também a respeito da missa que, pela mesma razão, em qualquer lugar for permitido antecipar na véspera de uma festa de preceito.

A missa antecipada do Domingo de Pentecostes é a atual missa da vigília com credo. Igualmente, a missa vespertina na véspera do Natal do Senhor é a missa da vigília, celebrada de modo festivo, com paramentos brancos, com Aleluia e prefácio de Natal. A missa vespertina antecipada do domingo da Ressurreição, porém, não é permitido começar antes do crepúsculo ou, certamente, antes do pôr-do-sol. Esta missa é sempre a da vigília pascal que, em virtude de seu especial significado no ano litúrgico, como também em toda a vida cristã, deve ser celebrada com a liturgia da santa noite, conforme o rito desta vigília.

Os fiéis que, do modo acima, começam a celebrar o domingo ou a festa de preceito na véspera do respectivo dia, podem receber a sagrada comunhão

ORIENTAÇÕES PARA A CELEBRAÇÃO E O CULTO DA EUCARISTIA

mesmo se, pela manhã, já comungaram. Quem tiver comungado na missa da vigília pascal e na missa de meia-noite do Natal do Senhor, poderá receber a comunhão de novo, na outra missa da Páscoa e em uma das missas do dia de Natal.[80] Também os fiéis que na Quinta-Feira Santa comungarem na missa de crisma, poderão outra vez aproximar-se da mesa da comunhão na missa vespertina do mesmo dia, segundo a Instrução *Tres abhinc annos*, de 4 de maio de 1967, número 14.

29. *Missa nos dias feriais.* Os fiéis sejam convidados a participar da santa missa muitas vezes, ou mesmo diariamente.

Recomenda-se isso, especialmente, nos dias feriais que devem ser celebrados com particular desvelo, como na Quaresma e no Advento, nas festas do Senhor, de importância secundária, em certas festas de Nossa Senhora ou de santos que gozam de uma veneração especial, na Igreja universal ou particular.

30. *Missas em reuniões de caráter espiritual.* É muito conveniente organizar reuniões ou encontros para fins da vida espiritual, ou de apostolado ou de estudos religiosos, como também retiros etc., de tal forma que tenham o seu ponto culminante na celebração eucarística.

III. A comunhão dos fiéis

31. *Comunhão dos fiéis na missa.* Os fiéis participam mais perfeitamente da celebração eucarística com a comunhão sacramental. Recomenda-se encarecidamente que eles a recebam normalmente durante a missa, no momento prescrito pelo rito da celebração, quer dizer, logo após a do celebrante.[81]

A fim de que, também por meio de sinais, a comunhão apareça mais claramente como participação no sacrifício que está sendo celebrado, cuide-se que os fiéis possam recebê-la com as partículas consagradas na missa.[82]

Compete, em primeiro lugar, ao sacerdote celebrante administrar a santa comunhão: nem deve continuar a missa antes de terminar a comunhão dos fiéis. Outros sacerdotes, porém, ou diáconos ajudem, se for oportuno, ao celebrante.[83]

32. *Comunhão sob ambas as espécies.* A comunhão, enquanto sinal, adquire uma forma mais perfeita quando é administrada sob ambas as espécies. Real-

---

[80] S. Congr. dos Ritos. Instrução *Inter oecumenici*, n. 60, 26 de setembro de 1964: AAS 56 (1964), p. 891.

[81] Cf. Concílio Vaticano II. Constituição sobre a sagrada liturgia *Sacrosanctum concilium*, n. 55.

[82] Cf. ibidem, n. 55; *Missal Romano*, Rito de celebrar a missa, n. 7, 27 de janeiro de 1965.

[83] Cf. S. Congr. dos Ritos. Rubricas do breviário e do *Missal Romano*, n. 502, 26 de julho de 1960: AAS 52 (1960), p. 680.

mente, sob esta forma (permanecendo firmes os princípios estabelecidos pelo Concílio de Trento,[84] segundo os quais se recebe Cristo todo e inteiro como verdadeiro sacramento sob qualquer uma das duas espécies), resplandece com maior perfeição o sinal do banquete eucarístico e exprime-se com maior clareza a vontade pela qual a nova e eterna aliança é ratificada no sangue do Senhor como também a relação entre o banquete eucarístico e o escatológico no reino do Pai (cf. Mt 26,27-29).

Portanto, doravante, a juízo dos bispos e após a devida catequese, é permitida a comunhão no cálice nos casos seguintes que em parte são concedidos pelo direito anterior,[85] em parte por força desta Instrução:

1) aos neófitos adultos na missa que segue ao batismo, aos adultos crismados na missa de sua confirmação, aos batizados que são recebidos na comunhão com a Igreja;

2) aos noivos na missa de seu casamento;

3) aos ordenandos na missa da ordenação;

4) à abadessa na missa de sua bênção; às virgens na missa de sua consagração; aos professos na missa de sua primeira profissão e de sua renovação, contanto que façam a profissão e a renovação dentro da missa;

5) aos coadjutores missionários leigos na missa de sua missão pública, como também a outros que, durante a missa, recebem uma missão na Igreja;

6) na administração do viático, ao enfermo e a todos os presentes, quando a missa é celebrada na casa do doente conforme o direito;

7) ao diácono, subdiácono e outros ministros que prestam seu serviço na missa pontifical ou solene;

8) quando há concelebração:

a) a todos os que exercem, na mesma concelebração, uma função de fato litúrgica, mesmo aos leigos, como também a todos os seminaristas que assistem;

b) em sua igreja, também a todos os membros de institutos que professam os conselhos evangélicos e aos membros de outras sociedades que se oferecem a Deus por votos religiosos, oblação ou promessa; e ainda a todos os que residem dia e noite na casa dos membros desses institutos e sociedades;

9) aos sacerdotes que assistem às grandes solenidades e não podem celebrar ou concelebrar;

10) a todos os que fazem exercícios espirituais, na missa que durante esse retiro é celebrada de modo particular para esse grupo que participa ativamente; a todos os que tomam parte na reunião de uma comissão pastoral, na missa que celebram em comum;

---

[84] Cf. Trid. Sess. XXI, Decreto sobre a comunhão eucarística, caps. 1-3: Denz. 930-932 (1726-1729).

[85] Cf. Rito de dar a sagrada comunhão sob ambas as espécies, n. 1, 7 de março de 1965.

11) na missa de seu jubileu, os enumerados em 2) e 4);

12) ao padrinho, madrinha, pais e cônjuge como aos catequistas leigos do batizado adulto, na missa de sua iniciação;

13) aos pais, familiares e benfeitores eminentes que participam da missa do neo-sacerdote.

33. *Comunhão fora da missa.*

a) Levem-se os fiéis à comunhão durante a missa. Os sacerdotes, porém, não recusem distribuir a sagrada comunhão fora da missa aos que a pedem por justa razão;[86] o que se pode fazer também à tarde, com licença do bispo do lugar, conforme o *Motu Proprio Pastoral Munus*, número 4, ou do superior maior de um instituto religioso, segundo a norma da Instrução *Cum admotae*, artigo 1, número 1.[87]

b) Quando a comunhão é distribuída em certas horas fora da missa, pode preceder, se for oportuno, uma breve celebração da Palavra de Deus, segundo a Instrução *Inter oecumenici* (nn. 37, 39).

c) Quando, por falta de sacerdotes, a missa não pode ser celebrada e a sagrada comunhão é distribuída só por um ministro que goza desta faculdade por indulto apostólico, seja observado o rito prescrito pela autoridade competente.

34. *Atitude na comunhão*

a) Conforme o costume da Igreja, os fiéis podem receber a comunhão de joelhos ou em pé. Seja escolhido um ou outro modo, segundo as normas prescritas pela Conferência dos Bispos, tomando em consideração as diversas circunstâncias, como especialmente a disposição do lugar e o número dos fiéis. Estes sigam de bom grado o modo indicado pelos pastores, a fim de que a comunhão seja verdadeiramente o sinal da união entre todos os comensais da mesma mesa do Senhor.

b) Quando os fiéis comungam de joelhos, não se exige deles outro sinal de reverência ao santíssimo sacramento, visto que a genuflexão por si já exprime a adoração.

Quando, porém, comungam em pé, recomenda-se encarecidamente que, aproximando-se processionalmente, façam a devida reverência antes de receber o sacramento, no lugar e na hora oportuna, sem perturbar o acesso e recesso dos fiéis.

35. *Sacramento da penitência e comunhão.* A eucaristia seja proposta aos fiéis também "como remédio para as faltas cotidianas e como prevenção contra os

---

[86] Cf. Pio XII. Encíclica *Mediator Dei*: AAS 39 (1947), pp. 565-566.
[87] Cf. AAS 56 (1964), p. 7; AAS 59 (1967), p. 374.

EUCHARISTICUM MYSTERIUM – INSTRUÇÃO SOBRE O CULTO DO MISTÉRIO EUCARÍSTICO

pecados mortais",[88] e seja-lhes indicado o modo conveniente de se servirem das partes penitenciais da liturgia da missa.

A quem quer comungar, lembre-se o preceito: "O homem examine-se a si mesmo" (1Cor 11,28). O costume, porém, da Igreja mostra que é necessário aquele exame para que ninguém, consciente de ter cometido um pecado grave, embora julgue estar arrependido, possa aproximar-se da sagrada eucaristia, sem antes ter participado do sacramento da penitência.[89]

"Se, porém, houver necessidade e lhe faltar a possibilidade de se confessar, procure fazer antes um ato de contrição perfeita."[90]

Os fiéis sejam insistentemente incitados ao costume de se confessarem fora da celebração da missa, de preferência em horário determinado, para que a confissão se faça com tranqüilidade e para o seu verdadeiro proveito, e que eles mesmos não sejam impedidos da participação ativa na missa. Os que comungam diariamente ou com freqüência sejam instruídos a procurar o sacramento da penitência a intervalos convenientes, conforme a condição de cada um.

36. *Comunhão em circunstâncias mais solenes.* É sumamente conveniente que os fiéis, quando começarem a trabalhar na vinha do Senhor de forma nova e em um novo estado de vida, participem do sacrifício pela comunhão sacramental e se consagrem de novo a Deus renovando sua aliança com ele.

Assim o fazem muito louvavelmente, por exemplo, a assembléia dos fiéis quando, na noite pascal, renova os votos batismais, os jovens que chegam à idade de o fazer publicamente na igreja, os noivos que se unem pelo sacramento do matrimônio, os que se oferecem a Deus por ocasião de seus votos ou da oblação, e os fiéis quando se dedicam a atividades apostólicas.

37. *Comunhão freqüente e cotidiana.* "É evidente que a sagrada eucaristia, recebida com freqüência ou mesmo diariamente, fortalece a união com Cristo, alimenta eficazmente a vida espiritual, enriquece a alma com inúmeras virtudes e confere, ao que comunga, o mais seguro penhor da felicidade eterna; por isso os párocos, os confessores e pregadores [...] convidem o povo cristão para esse piedoso e salutar costume, por muitas exortações e com zelo incansável".[91]

---

[88] TRID. Sess. XIII, Decreto sobre a sagrada eucaristia, cap. 2: Denz. 875 (1638); cf. sess. XXII, Decreto sobre a missa, caps. 1-2: Denz. 938 (1740), 940 (1743).

[89] TRID. Sess. XIII, Decreto sobre a sagrada eucaristia, cap. 7: Denz. 880 (1646-1647).

[90] CIC, cân. 859.

[91] S. C. CONC. Decreto sobre a comunhão diária, n. 6, 20 de dezembro de 1905: AAS 38 (1905-1906), pp. 401s; PIO XII. Encíclica *Mediator Dei*: AAS 39 (1947), p. 565.

Orientações para a celebração e o culto da eucaristia

38. *Oração particular depois da comunhão*. Pela participação do corpo e do sangue do Senhor derrama-se, com abundância, o dom do divino Espírito Santo como água viva (cf. Jo 7,37-39) sobre cada um, contanto que o recebam sacramentalmente e com a participação da alma, isto é, com fé viva que opera pelo amor.[92]

A união com Cristo, porém, a qual o sacramento se destina, não deve ser procurada apenas durante a celebração eucarística, antes, deve estender-se a toda a vida cristã, de modo que os fiéis contemplem continuamente, pela fé, o dom recebido e passem a vida diária sob o impulso do Espírito Santo, na ação de graças, e produzam frutos mais abundantes de caridade.

Para facilitar a perseverança nessa ação de graças, que é prestada a Deus na missa de modo sublime, recomenda-se a todos os que se confortaram pela sagrada comunhão permanecer, por algum tempo, em oração.[93]

39. *Viático*. A comunhão, recebida sob a forma de viático, deve ser considerada sinal particular da participação do mistério celebrado na missa, mistério da morte do Senhor e de sua passagem para o Pai. Nela o fiel, que está para deixar esta vida, confortado pelo corpo de Cristo, recebe o penhor da ressurreição.

Por isso, os fiéis em perigo de morte, que pode sobrevir por qualquer causa, estão obrigados, por preceito, a receber a sagrada comunhão.[94] Os pastores, porém, devem velar para que a administração deste sacramento não seja protelada e que os fiéis recebam este conforto ainda em pleno uso da razão.[95]

Ainda que os fiéis já tenham recebido a santa comunhão, deve-se aconselhar, encarecidamente, que comunguem de novo, no mesmo dia.

40. *Comunhão dos que não podem ir à igreja*. Os que estão impedidos de participar da celebração eucarística da comunidade deveriam receber, freqüentemente, a santa eucaristia e, deste modo, sentir-se unidos à comunidade e confortados pela caridade fraterna.

Os pastores de almas providenciem para que se ofereça aos enfermos e aos avançados em idade, ainda que não estejam gravemente doentes ou em perigo iminente de morte, a ocasião de receber a santa comunhão freqüentemente ou até, se possível, todos os dias, de modo particular no Tempo pascal: e isso pode ser a qualquer hora.

41. *A comunhão somente sob a espécie de vinho*. Em caso de necessidade e a critério do bispo, é permitido administrar a santa eucaristia somente sob a espécie de vinho aos que não a podem receber sob a espécie de pão.

---

[92] Cf. Trid. Sess. XIII, Decreto sobre a sagrada eucaristia, cap. 8: Denz. 881 (1648).

[93] Cf. Pio XII. Encíclica *Mediator Dei*: AAS 39 (1947), p. 566.

[94] Cf. CIC, cân. 864, 1.

[95] Cf. CIC, cân. 865.

Se, porém, a missa não é celebrada na casa do enfermo, conserve-se o sangue do Senhor, depois da missa, em um cálice coberto e colocado no sacrário; mas não pode ser levado ao enfermo a não ser em um vaso tão bem fechado que exclua qualquer perigo de derramar o sangue. Na administração do sacramento, escolha-se, em cada caso, o modo mais apto entre os que se encontram para dar a comunhão sob ambas as espécies. Se depois da comunhão sobrar algo do preciosíssimo sangue, seja este tomado pelo ministro que também cuidará de fazer as devidas abluções.

IV. Celebração da eucaristia na vida e no ministério do bispo e do presbítero

42. *Celebração da eucaristia na vida e no ministério do bispo.* A celebração da eucaristia exprime, de modo particular, a natureza pública e social das funções litúrgicas da Igreja "que é o 'sacramento da unidade', isto é, o povo santo, unido e ordenado sob a direção dos bispos".[96]

Por isso,

o bispo, que se distingue pela plenitude do sacramento da ordem, é o "administrador da graça do sacerdócio supremo", particularmente na eucaristia, que ele mesmo oferece ou cuida que seja oferecida... Mas toda celebração legítima da eucaristia é dirigida pelo bispo, a quem foi confiado o encargo de oferecer e administrar o culto da religião cristã à divina Majestade, segundo os preceitos do Senhor e as leis da Igreja, determinadas ulteriormente para a diocese, segundo seu critério particular.[97]

A celebração da eucaristia, com a participação ativa de todo o povo santo de Deus, presidida pelo bispo, cercado de seu presbitério e ministros, é tida como a principal manifestação da Igreja[98] hierarquicamente constituída.

43. *É justo que os presbíteros exerçam a sua própria função, quando participam da celebração da eucaristia.* Na celebração da eucaristia, também os presbíteros, em virtude de um sacramento especial, a ordem, sejam designados para uma função que lhes é própria. Pois também eles, "como ministros da liturgia, sobretudo no sacrifício da missa, representam, de maneira especial, a pessoa de Cristo".[99] Portanto, é conveniente que, por motivo do sinal, eles tomem

---

[96] Concílio Vaticano II. Constituição sobre a sagrada liturgia *Sacrosanctum concilium*, n. 26.

[97] Concílio Vaticano II. Constituição dogmática sobre a Igreja *Lumen gentium*, n. 26.

[98] Cf. Concílio Vaticano II. Constituição sobre a sagrada liturgia *Sacrosanctum concilium*, n. 41.

[99] Concílio Vaticano II. Decreto sobre o ministério e a vida dos presbíteros *Presbyterorum ordinis*, n. 13; cf. Constituição dogmática sobre a Igreja *Lumen gentium*, n. 28.

Orientações para a celebração e o culto da eucaristia

parte na santa eucaristia, exercendo a função de sua ordem, isto é, celebrando ou concelebrando a santa missa e não apenas recebendo a comunhão, como leigos.[100]

44. *Celebração diária da missa.* "No mistério do sacrifício eucarístico, em que os sacerdotes cumprem sua função principal, realiza-se continuamente a obra de nossa redenção. Por isso é que se recomenda, com muita insistência, sua celebração diária, pois mesmo que não se possa contar com a presença de fiéis, é ela um ato de Cristo e da Igreja",[101] no qual o sacerdote sempre age pela salvação do povo.

45. *Observância fiel das normas da Igreja na celebração da missa.* Sobretudo na celebração da eucaristia, não é permitido a ninguém, nem mesmo ao sacerdote, salvo a suprema autoridade da Igreja, ou conforme o Direito, o bispo e as Conferências dos Bispos, por própria conta, acrescentar, tirar ou mudar qualquer coisa na liturgia.[102] Por isso, os presbíteros tomem a peito presidir a celebração da eucaristia de tal forma que os fiéis percebam que não participam de um rito da autoridade particular,[103] mas de um culto público da Igreja, cuja organização foi confiada pelo próprio Cristo aos apóstolos e seus sucessores.

46. *Na escolha de várias formas de celebração, deve prevalecer a utilidade pastoral.* "Deve-se vigiar para que, na ação litúrgica, não só se observem as leis para a válida e lícita celebração, mas que os fiéis participem dela com conhecimento de causa, ativa e frutuosamente."[104] Por conseguinte, os sacerdotes cuidem de escolher, entre as formas permitidas por direito, as que, em cada caso, parecem mais apropriadas à necessidade ou ao proveito dos fiéis e à sua participação.

47. *A concelebração.* Pela concelebração da eucaristia manifesta-se, apropriadamente, a unidade do sacrifício e do sacerdócio, e cada vez que os fiéis participam ativamente aparece a unidade do povo de Deus de modo singular,[105] sobretudo quando o bispo preside.[106]

---

[100] Concílio Vaticano II. Constituição sobre a sagrada liturgia *Sacrosanctum concilium*, n. 28.

[101] Concílio Vaticano II. Decreto sobre o ministério e a vida dos presbíteros *Presbyterorum ordinis*, n. 13; cf. Paulo VI. Encíclica *Mysterium fidei*: AAS 57 (1965), p. 762.

[102] Cf. Concílio Vaticano II. Constituição sobre a sagrada liturgia *Sacrosanctum concilium*, n. 22, § 3.

[103] Cf. Santo Tomás de Aquino. *Summa theologica*, IIa IIae, q. 93, a. 1.

[104] Concílio Vaticano II. Constituição sobre a sagrada liturgia *Sacrosanctum concilium*, nn. 11 e 48.

[105] Cf. ibidem, n. 57: S. Congregação dos Ritos. Decreto geral *Ecclesiae semper*, 7 de março de 1965: AAS 57 (1965), pp. 410-412.

[106] Cf. Concílio Vaticano II. A mesma Constituição, n. 41; Constituição dogmática sobre a Igreja *Lumen gentium*, n. 28; cf. Decreto sobre o ministério e a vida dos presbíteros *Presbyterorum ordinis*, n. 7.

Além disso, a concelebração simboliza e estreita os vínculos fraternos entre os presbíteros, pois "em virtude da comum e sagrada ordenação e missão, estão unidos entre si por íntima fraternidade".[107]

Portanto, se a utilidade dos fiéis (que sempre deve ser levada em consideração com solicitude pastoral) não o desaconselhar, e permanecendo em vigor a faculdade para cada sacerdote rezar a santa missa sozinho, convém que os sacerdotes celebrem a eucaristia daquele modo sublime, quer nas comunidades de sacerdotes, quer em reuniões periódicas ou em outras circunstâncias semelhantes. Os que vivem em comum ou servem na mesma igreja, convidem de bom grado os sacerdotes hóspedes para a sua concelebração.

Os superiores competentes procurem facilitar e mesmo incentivar a concelebração sempre que a necessidade pastoral ou outro motivo razoável não exigirem algo diferente.

A permissão de concelebração vale também para as missas principais em igrejas, oratórios públicos e semipúblicos de seminários, colégios e institutos eclesiásticos, congregações e sociedades clericais de vida comum sem votos. Onde, porém, houver um número muito grande de sacerdotes, o superior competente pode permitir diversas concelebrações no mesmo dia, mas em horas e lugares sagrados diferentes.

48. *Preparação do pão para a concelebração.* Se para a concelebração for feita uma hóstia de tamanho maior, conforme o rito de concelebração da missa, número 17, torna-se necessário cuidar para que, segundo o costume tradicional, tenha forma e aspecto que convêm perfeitamente a tão grande mistério.

CULTO DA SANTÍSSIMA EUCARISTIA COMO SACRAMENTO PERMANENTE

I. Fins da conservação da eucaristia e oração diante do Santíssimo Sacramento

49. *Fins da conservação da eucaristia fora da missa.*

Não estará fora de propósito lembrar que o fim principal e originário da conservação das sagradas espécies, na igreja, fora da missa, é a administração do

---

[107] Concílio Vaticano II. Constituição dogmática sobre a Igreja *Lumen gentium,* n. 28; cf. Decreto sobre o ministério e a vida dos presbíteros *Presbyterorum ordinis,* n. 8.

Orientações para a celebração e o culto da eucaristia

viático; fins secundários são a distribuição da santa comunhão fora da missa e a adoração de Nosso Senhor Jesus Cristo presente sob as espécies.[108]

"A conservação das sagradas espécies para os enfermos [...] fez surgir o louvável costume de adorar este alimento celeste, que está guardado nos templos. E este culto de adoração apóia-se sobre uma firme e sólida base",[109] principalmente porque a fé na presença real do Senhor leva, por sua natureza, à manifestação externa e pública desta mesma fé.

50. *A oração diante do santíssimo sacramento.* Lembrem-se os fiéis, quando veneram o Cristo presente no sacramento, de que esta presença deriva do sacrifício e leva à comunhão a um tempo sacramental e espiritual.

A devoção que leva os fiéis a se prostrarem perante a santíssima eucaristia convida-os a participar plenamente do mistério pascal e a corresponder com gratidão ao dom daquele que, por sua humanidade, infunde continuamente a vida divina nos membros de seu corpo.[110] Permanecendo junto de Cristo Senhor, eles gozam de íntima familiaridade com ele, abrem seu coração perante ele e rezam por si mesmos e por todos os seus, pela paz e salvação do mundo. Oferecendo junto com Cristo toda a sua vida ao Pai no Espírito Santo, conseguem desta admirável permuta aumento de fé, de esperança e de caridade. Assim, alimentam aquelas retas disposições para celebrar, com a conveniente devoção, o memorial do Senhor e para receber freqüentemente este Pão que nos é dado pelo Pai.

Procurem, pois, os fiéis venerar a Cristo Senhor no sacramento, conforme o estado de sua vida. Os pastores, porém, os conduzam para isso com seu exemplo e os exortem com palavras.[111]

51. *Facilite-se aos fiéis o acesso às igrejas.* Cuidem os pastores que todas as igrejas e oratórios públicos, onde se conserva a santíssima eucaristia, estejam abertos pelo menos durante umas horas pela manhã e pela tarde, a fim de que os fiéis possam facilmente rezar diante do santíssimo sacramento.

II. O lugar para se conservar a santíssima eucaristia

52. *O sacrário.* Onde, pela norma do Direito, for permitido conservar a santíssima eucaristia, ela não poderá ser guardada contínua ou habitualmente

---

[108] S. C. Sacr. Instrução *Quam plurimum*, 1º de outubro de 1949: AAS 41 (1949), pp. 509-510; Trid. Sess. XIII, Decreto sobre a sagrada eucaristia, cap. 6: Denz. 879 (1645); Pio X. Decreto *Sacra Tridentina Synodus*, 20 de dezembro de 1905: Denz. 1981 (3375).

[109] Pio XII. Encíclica *Mediator Dei*: AAS 39 (1947), p. 569.

[110] Cf. Concílio Vaticano II. Decreto sobre o ministério e a vida dos presbíteros *Presbyterorum ordinis*, n. 5.

[111] Cf. ibidem, n. 18.

EUCHARISTICUM MYSTERIUM – INSTRUÇÃO SOBRE O CULTO DO MISTÉRIO EUCARÍSTICO

a não ser em um único altar ou lugar dessa mesma igreja.[112] Por isso, por via de regra, haja em cada igreja um só sacrário. Esse deve ser sólido e inviolável.[113]

53. *A capela do santíssimo sacramento.* O lugar da igreja ou do oratório onde se conserva a eucaristia no sacrário seja realmente nobre. Ao mesmo tempo, convém que ele seja também apropriado para a oração particular, de modo que os fiéis, com facilidade e proveito, continuem a venerar, em culto privado, o Senhor no santíssimo sacramento.[114] Por isso, recomenda-se que o sacrário, na medida do possível, seja colocado em uma capela separada da nave central da igreja, sobretudo naquelas igrejas onde há, com freqüência, casamentos ou funerais, ou naquelas que são freqüentadas por muita gente por causa dos tesouros artísticos e históricos.

54. *O sacrário no meio do altar ou em outra parte da igreja.* A santíssima eucaristia seja guardada em um sacrário sólido e inviolável, colocado no meio do altar-mor ou em um lateral, mas que seja deveras nobre, ou conforme costume legítimo e, em casos particulares, com a aprovação do ordinário do lugar, também em outra parte da igreja verdadeiramente nobre e devidamente ornado.

É permitido rezar missa de frente para o povo em um altar que tenha sacrário, embora pequeno, mas conveniente.[115]

55. *O sacrário em um altar onde se reza com assistência de povo.* Na celebração da missa tornam-se claros, sucessivamente, os principais modos[116] pelos quais Cristo está presente à sua Igreja, a saber: em primeiro lugar, está presente na assembléia dos fiéis em si, reunida em seu nome; depois, em sua Palavra, na leitura e explicação da Sagrada Escritura; depois, na pessoa do ministro; finalmente, de modo singular, debaixo das espécies eucarísticas. Conseqüentemente, por motivo do sinal, está mais de acordo com a natureza da sagrada celebração que, enquanto for possível, Cristo não esteja eucaristicamente presente no sacrário sobre o altar no qual vai ser celebrada a missa, desde o seu começo. De fato, a presença eucarística de Cristo é fruto da consagração, e como tal deve aparecer.

56. *O sacrário na construção de novas igrejas e na adaptação das igrejas e dos altares já existentes.* Convém tomar em consideração os princípios estabelecidos nos números 52 e 54 na construção de novas igrejas.

---

[112] Cf. CIC, cân. 1268, § 1.

[113] Cf. S. CONGR. RITOS. Instrução *Inter oecumenici*, 26 de setembro de 1964, n. 95: AAS 56 (1964), p. 898; S.C. SACR. Instrução *Nullo unquan tempore*, n. 4, 28 de maio de 1938: AAS 30 (1938), pp. 199-200.

[114] Cf. CONCÍLIO VATICANO II. Decreto sobre o ministério e a vida dos presbíteros *Presbyterorum ordinis*, n. 18; PAULO VI. Encíclica *Mysterium fidei*: AAS 57 (1965), p. 771.

[115] S. CONGR. RITOS. Instrução *Inter oecumenici*, n. 95, 26 de setembro de 1964: AAS 56 (1964), p. 898.

[116] Cf. n. 9.

As adaptações de igrejas, porém, e de altares já existentes só podem ser feitas de acordo com o número 24 desta Instrução.

57. *Modo de indicar a presença do santíssimo sacramento no sacrário.* Providencie-se que a presença da santíssima eucaristia no sacrário seja indicada aos fiéis pelo conopeu ou por outro meio idôneo, determinado pela autoridade competente.

Segundo o costume tradicional, seja continuamente acesa uma lâmpada diante do sacrário, como sinal de honra que se presta ao Senhor.[117]

III. Devoções eucarísticas

58. A Igreja recomenda, com carinho, a devoção ao santíssimo sacramento do altar, tanto privada como pública, também fora da missa, segundo as normas estabelecidas pela autoridade legítima e por esta Instrução, visto que o sacrifício eucarístico é a fonte e o cume de toda a vida cristã.[118]

Na disposição de tais piedosos e sagrados exercícios, devem ser tomadas em consideração as normas que o Concílio Vaticano II estabeleceu sobre a relação entre a liturgia e outras ações sagradas que não pertencem a ela. De modo peculiar, seja observada a norma que determinou: "considerando os tempos litúrgicos, estes exercícios devem ser organizados de tal maneira que condigam com a sagrada liturgia, dela de alguma forma derivem, para ela encaminhem o povo, pois que ela, por sua natureza, em muito os supera".[119]

IV. Procissões eucarísticas

59. O povo cristão presta testemunho público de sua fé e devoção a este sacramento, nas procissões em que a eucaristia é levada pelas ruas, em rito solene com canto, especialmente na festa do corpo de Deus.

Compete, porém, ao ordinário do lugar julgar tanto a respeito da conveniência nas condições do mundo moderno, como do itinerário de tais procissões, a fim de que se realizem com dignidade e sem diminuição da reverência que se deve ao santíssimo sacramento.

---

[117] Cf. CIC, cân. 1271.

[118] Cf. Concílio Vaticano II. Constituição dogmática sobre a Igreja *Lumen gentium*, n. 11.

[119] Concílio Vaticano II. Constituição sobre a sagrada liturgia *Sacrosanctum concilium*, n. 13.

V. A exposição da santíssima eucaristia

60. A exposição da santíssima eucaristia, quer com a âmbula, quer com o ostensório, conduz a mente dos fiéis a reconhecer nela a admirável presença de Cristo e convida à comunhão espiritual com ele. Por isso, alimenta excelentemente o culto devido a Cristo em espírito e verdade.

É preciso prestar atenção a que, em tais exposições, apareça com clareza, por meio de sinais, o culto do santíssimo sacramento em sua relação com a missa. Portanto, quando se trata de uma exposição mais solene e prolongada, convém que se faça no fim da missa na qual se consagra a hóstia que deve ser exposta. Esta missa termina com "Bendigamos ao Senhor" e sem bênção. No adorno da exposição,[120] evite-se cuidadosamente tudo o que possa ofuscar o desejo de Cristo, que instituiu a santíssima eucaristia principalmente para estar à nossa disposição como alimento, remédio e alívio.[121]

61. *Proibição de celebrar a missa diante do santíssimo sacramento exposto.* Fica proibida a celebração da missa durante a exposição do santíssimo sacramento, na mesma nave da igreja, não obstante as concessões e costumes em contrário até agora vigentes, mesmo se forem dignos de particular menção.

Realmente, além das razões expostas no número 55 desta Instrução, a celebração do mistério eucarístico inclui aquela comunhão interna, à qual a exposição procura conduzir os fiéis, e por isso não necessita de tal subsídio.

Se a exposição do santíssimo sacramento se prolongar por um ou mais dias seguidos, ela deve ser interrompida durante a celebração da missa, a não ser que a missa seja celebrada em uma capela separada do local da exposição, e pelo menos alguns fiéis permaneçam em adoração.

Se em algum lugar se levantar preocupação entre os fiéis, em conseqüência da cessação de antigo costume contrário, o ordinário do lugar estabeleça um prazo conveniente, no entanto não excessivamente longo, para instruir os fiéis, antes de pôr em prática esta norma.

62. *Organização do rito de exposição.* Se a exposição for breve, coloque-se a âmbula ou o ostensório sobre a mesa do altar; mas se ela se prolongar por mais tempo, pode servir-se de um trono que seja colocado em um lugar elevado; tome-se, porém, o cuidado que não seja alto e distante demais.

Durante a exposição, haja uma disposição de todas as coisas de maneira tal que os fiéis, entregues à oração, possam concentrar-se em Cristo Senhor.

---

[120] Cf. n. 62 da presente Instrução.
[121] Cf. Pio X. Decreto *Sacra Tridentina Synodus,* 20 de dezembro de 1905; Denz. 1981 (3375).

Para alimentar a oração interior, admitem-se leituras da Sagrada Escritura com uma homilia ou breves exortações que conduzam a uma melhor apreciação do mistério eucarístico. Recomenda-se também que os fiéis respondam, cantando, à Palavra de Deus. Convém observar, em momentos oportunos, um sagrado silêncio.

No fim da exposição, dá-se a bênção com o santíssimo sacramento.

Usando o vernáculo, pode-se tomar, em lugar do *Tantum ergo* que deve ser cantado antes da bênção, outro cântico eucarístico, a critério da Conferência dos Bispos.

63. *A solene exposição anual.* Nas igrejas em que se conserva habitualmente a eucaristia, pode haver, cada ano, uma solene exposição do santíssimo sacramento, que se prolonga por algum tempo, se bem que não estritamente contínua, a fim de que a comunidade local possa meditar e adorar este mistério mais intensamente.

No entanto, tal exposição só se fará, quando se possa prever um comparecimento suficiente de fiéis, com o consentimento do ordinário do lugar e segundo as normas estabelecidas.

64. *Exposição prolongada.* Por motivo de uma necessidade grave e geral, o ordinário do lugar pode ordenar uma súplica perante o santíssimo sacramento exposto, prolongada por mais tempo, podendo ser estritamente contínua, e isto em igrejas de maior freqüência de fiéis.

65. *Interrupção da exposição.* Quando, por falta de suficiente número de adoradores, não se pode proceder a uma exposição ininterrupta, é lícito repor o santíssimo sacramento no sacrário, em horas previamente estabelecidas e publicadas, que não seja mais que duas vezes por dia, por exemplo, pelo meio-dia e à noite.

Esta exposição pode ser feita de modo mais simples e sem canto: o sacerdote, de sobrepeliz e estola, repõe, após breve adoração, o santíssimo sacramento no sacrário. De modo semelhante, faz-se outra vez, em hora determinada, a exposição. A seguir, o sacerdote, após breve adoração, retira-se.

66. *Exposições breves.* Também as exposições breves do santíssimo sacramento, que são feitas conforme as normas do Direito, devem ser ordenadas de tal modo que, antes da bênção com o santíssimo sacramento, reserve-se, segundo a oportunidade, um tempo conveniente para leitura da Palavra de Deus, cantos, preces e orações em silêncio, prolongadas por certo tempo.

Cuidem os ordinários do lugar que semelhantes exposições sempre e em qualquer lugar sejam feitas com a devida reverência.

Fica proibida a exposição feita unicamente para dar a bênção depois da missa.

VI. Congressos eucarísticos

67. Nos congressos eucarísticos, os fiéis se apliquem ao profundo conhecimento deste sacrossanto mistério, em seus diversos aspectos (cf. n. 3 desta Instrução). Celebrem-no, então, segundo as normas do Concílio Vaticano II e o venerem privadamente, em oração prolongada e com exercícios piedosos, e sobretudo na procissão solene, de tal forma, no entanto, que todas as manifestações de piedade culminem na celebração solene da missa.

Durante o congresso eucarístico de toda uma região, convém que algumas igrejas fiquem reservadas para a adoração contínua.

Esta Instrução foi aprovada pelo santo padre Paulo VI, na audiência concedida a sua eminência, o cardeal Arcádio M. Larraona, prefeito desta Sagrada Congregação, em 13 de abril de 1967. O santo padre a confirmou com a sua autoridade e mandou que ela fosse publicada, determinando que entrasse em vigor no dia 15 de agosto de 1967, festa da Assunção da Bem-Aventurada Virgem Maria ao céu.

Roma, 25 de maio de 1967, festa do corpo de Deus.

Tiago Card. Lercaro, arcebispo de Bolonha, presidente do "Consilium" para a execução da Constituição sobre a sagrada liturgia

Arcádio M. Card. Larraona, prefeito da SCR

Fernando Antonelli, arcebispo titular de Idicra, secretário da SCR

Sacramentali communione — Instrução sobre a mais ampla faculdade de poder administrar a sagrada comunhão sob as duas espécies

Sagrada Congregação para o Culto Divino
(29 de junho de 1970)

A tradição constante da Igreja ensina que, por meio da comunhão sacramental, os fiéis inserem-se, de maneira mais perfeita, na celebração eucarística. Com efeito, deste modo eles participam plenamente do sacrifício da eucaristia ou, por outras palavras, não só se unem por meio da fé, da oração pública ou, simplesmente, do afeto espiritual, a Cristo oferecido sobre o altar, mas também o recebem sacramentalmente, para colherem frutos mais abundantes deste sacrifício santíssimo.

O II Concílio Ecumênico do Vaticano, com a intenção de fazer com que a plenitude do sinal no convívio eucarístico se manifestasse mais claramente aos fiéis,[1] permanecendo, contudo, inalterados, os princípios dogmáticos estabelecidos pelo Concílio de Trento, com os quais se ensina que se recebe Cristo todo e inteiro e o verdadeiro sacramento, mesmo só sob uma das duas espécies,[2] exprimiu o parecer favorável a que os mesmos fiéis pudessem receber a sagrada comunhão sob as duas espécies, em alguns casos que serão determinados pela Sé Apostólica.[3]

Esta decisão do Concílio foi atuada gradualmente,[4] à medida que os fiéis se preparavam para poder, realmente, colher mais abundantes frutos de pieda-

---

[1]   Cf. *Institutio generalis Missalis Romani*, n. 240.

[2]   Cf. Conc. de Trento. Sessão XXI, *Decreto acerca da comunhão eucarística*, cc. 1-3: Denz. 929-932 (1725-1729).

[3]   Cf. Constituição sobre a sagrada liturgia *Sacrosanctum concilium*, n. 55.

[4]   Sagrada Congregação dos Ritos. Decreto geral com o qual é promulgado o rito da concelebração e da comunhão sob as duas espécies *Ecclesiae semper*, 7 de março de 1965: AAS 57 (1965), pp. 411-412; Instrução sobre o culto do mistério eucarístico *Eucharisticum mysterium*, n. 32, 25 de março de 1967: AAS 59 (1967), n. 32, pp. 558-559; *Institutio generalis Missalis Romani*, nn. 76, 242.

Sacramentali communione – Instrução sobre a faculdade de administrar a sagrada comunhão sob as duas espécies

de e de proveito espiritual, permanecendo, porém, sem alteração, a disciplina da eucaristia.

Entretanto, manifestou-se, cada vez mais, o desejo de que os casos em que é permitido administrar a comunhão sob as duas espécies fossem multiplicados ulteriormente, em conformidade com as diversas circunstâncias de lugar e de pessoas.

Por isso, esta Sagrada Congregação para o Culto Divino, tomando em consideração os pedidos de muitos bispos, de muitas Conferências Episcopais e também de diversos superiores de famílias religiosas, estabeleceu, por mandato do sumo pontífice, as seguintes normas acerca da faculdade de administrar a sagrada comunhão sob as duas espécies:

1. a comunhão sob as duas espécies pode ser distribuída, segundo o critério do ordinário do lugar, em todos os casos já estabelecidos pela Sé Apostólica e enumerados no elenco anexo;

2. além desses casos, as Conferências Episcopais podem determinar até que ponto e com que critérios e condições os mesmos ordinários do lugar são autorizados a conceder a comunhão sob as duas espécies, noutras circunstâncias, em que esta forma de comunhão tenha grande importância para a vida espiritual de alguma comunidade ou de algum grupo de fiéis;

3. os ordinários do lugar podem, portanto, indicar esses casos particulares, tomando em consideração a mencionada cláusula e atendo-se à norma segundo a qual a faculdade de dar a comunhão sob as duas espécies não deve ser concedida indiscriminadamente e as celebrações devem ser bem determinadas, indicando-se com clareza o que deve ser evitado. Por isso, excluam-se as ocasiões em que é grande o número dos comungantes. Procure-se, igualmente, que os grupos, aos quais esta faculdade é concedida, sejam bem circunscritos, ordenados e homogêneos;

4. os ordinários do lugar podem conceder esta faculdade para todas as igrejas e oratórios situados dentro do território de sua jurisdição; os ordinários religiosos, por sua vez, para todas as suas casas.

Incumbe-lhes, no entanto, procurar que as normas estabelecidas pela Santa Sé e as emanadas pelas Conferências Episcopais sejam respeitadas. Por conseguinte, antes de concederem esta faculdade, devem estar certos de que as mencionadas normas serão observadas, a fim de que seja salvaguardada a santidade do sacramento;

5. procure-se que os fiéis, antes de serem admitidos à sagrada comunhão sob as duas espécies, recebam a devida catequese, que os elucide plenamente sobre o significado deste rito;

6. para que a comunhão sob as duas espécies seja convenientemente administrada, é preciso ter o máximo cuidado em observar com a devida reverência todos os ritos prescritos na Instrução geral do Missal Romano nn. 244-251 e tudo aquilo que se deve fazer nesta cerimônia

Na administração da comunhão sob as duas espécies, adotem-se uns modos dignos, piedosos e decorosos, evitando os perigos de uma eventual diminuição de reverência e tendo em conta a índole das diversas assembléias litúrgicas, a idade, as condições e a preparação dos que vão receber a comunhão.

Entre os modos estabelecidos na referida Instrução geral do Missal Romano, figura, em primeiro lugar, o da comunhão tomada do próprio cálice. Mas, esta maneira de proceder só deverá ser adotada quando o rito puder ser realizado com a devida ordem e sem nenhum perigo de irreverência para com o sangue de Cristo. Recorra-se, portanto, na medida do possível, à ajuda de outros sacerdotes, diáconos ou acólitos, além do celebrante, para que estes apresentem o cálice aos fiéis. Pelo contrário, não parece que possa ser aprovada aquela maneira de proceder com a qual os mesmos comungantes passam o cálice um ao outro, nem aquela com a qual os comungantes se aproximam diretamente do cálice, para tomarem o preciosíssimo sangue.

Nos casos em que não é possível ter à disposição os ministros antes mencionados, se os comungantes forem poucos e a comunhão sob a espécie do vinho se fizer diretamente do cálice, então o próprio sacerdote celebrante distribua, primeiramente, a comunhão sob a espécie do pão e, depois, sob a espécie do vinho.

Caso contrário, é preferível adotar o rito da comunhão "por intinção". Assim, as dificuldades práticas podem ser resolvidas mais satisfatoriamente e a reverência devida ao sacramento é mais aptamente garantida. Aliás, com este método, torna-se mais fácil e mais seguro o acesso dos fiéis, de qualquer idade ou condição, à comunhão sob as duas espécies, e, ao mesmo tempo, conserva-se a verdade da plenitude do sinal.

O sumo pontífice Paulo VI, no dia 29 de junho de 1970, aprovou e confirmou a presente Instrução e mandou que fosse publicada.

Palácio da Sagrada Congregação para o Culto Divino, dia 29 de junho de 1970.

Benno Card. Gut, prefeito
Annibale Bugnini, secretário

APÊNDICE

Casos estabelecidos pela Instrução geral do Missal Romano (n. 242), nos quais se pode administrar a comunhão sob as duas espécies.

SACRAMENTALI COMMUNIONE – INSTRUÇÃO SOBRE A FACULDADE DE ADMINISTRAR A SAGRADA COMUNHÃO SOB AS DUAS ESPÉCIES

A comunhão sob as duas espécies, a critério do ordinário e supondo que se tenha dado antes a devida catequese, é permitida nos seguintes casos:

1. aos neófitos adultos, na missa celebrada depois do seu batismo; aos crismados adultos, na missa em que lhes foi administrada a confirmação; aos que, já tendo sido batizados, foram acolhidos na comunhão da Igreja;

2. aos esposos, na missa do seu matrimônio;

3. aos ordenados, na missa da sua ordenação;

4. à abadessa, na missa da sua bênção; às virgens, na missa da sua consagração; aos professos e aos seus pais, familiares e irmãos de hábito, na missa da sua primeira profissão, da renovação dos votos e da profissão religiosa perpétua, contanto que os votos sejam emitidos ou renovados durante a missa;

5. aos auxiliares leigos, na missa em que são oficialmente enviados, e a todos os que recebem, durante a celebração da missa, qualquer missão eclesiástica;

6. ao enfermo e a todos os presentes, na administração do viático, quando a missa é celebrada, segundo as normas do Direito, na casa do enfermo;

7. ao diácono, subdiácono e ministros que prestam serviço na missa cantada;

8. quando há celebração:

a) a todos aqueles, mesmo leigos, que exercem na concelebração um verdadeiro ministério litúrgico, e a todos os alunos dos seminários que dela participam;

b) nas suas igrejas ou oratórios, a todos os membros dos institutos que professam os conselhos evangélicos e aos membros das outras sociedades que se consagram a Deus com votos religiosos, oblação ou promessas; e a todos aqueles que residem habitualmente nas casas destes institutos e sociedades;

9. aos sacerdotes presentes às grandes celebrações, quando não podem celebrar ou concelebrar;

10. a todos aqueles que tomam parte nos exercícios espirituais, na missa que, durante os mesmos exercícios, é celebrada expressamente para o grupo dos exercitantes que dela participam ativamente; a todos aqueles que tomam parte em reuniões de algum grupo pastoral, na missa celebrada em comum;

11. àqueles que são indicados nos números 2 e 4, na missa do seu jubileu;

12. ao padrinho, à madrinha, aos pais, ao cônjuge e aos catequistas leigos do adulto batizado, na missa da sua iniciação;

13. aos pais, aos familiares e aos benfeitores insignes, que participam da missa de um neo-sacerdote;

14. aos membros das comunidades, na missa conventual ou "da comunidade", segundo a norma exposta no número 76 da Instituição geral do Missal Romano.

A INSTRUÇÃO

A Constituição conciliar sobre a sagrada liturgia refere-se, no número 55, à restauração do rito da comunhão sob as duas espécies.

Indica, sob a forma de exemplo, três casos em que conviria restaurar o rito da comunhão sob as duas espécies:

a) aos recém-ordenados, na missa da sua ordenação;
b) aos professos, na missa da sua profissão;
c) aos neófitos, na missa pós-batismal.

Esses três casos foram escolhidos apenas como exemplos, estão ligados a determinados ritos e referem-se a três classes do povo de Deus: clérigos, religiosos e leigos.

A Constituição mencionada confiou à Sé Apostólica o encargo de determinar os casos em que poderia ser concedida, no futuro, a faculdade de administrar a comunhão sob as duas espécies.

A Santa Sé, ao publicar o Rito da comunhão sob as duas espécies (7 de março de 1965), determinou os onze casos seguintes:

1) aos recém-ordenados, na missa da sua ordenação;
2) aos ministros, na missa pontifical;
3) à abadessa, na missa da sua bênção;
4) às virgens, na missa da sua consagração;
5) aos professos, na missa da sua profissão;
6) aos esposos, no dia do seu matrimônio;
7) aos esposos, no dia do jubileu do seu matrimônio;
8) aos neófitos e crismados, no dia em que receberam o batismo ou a confirmação, respectivamente;
9) àqueles que, já tendo recebido validamente o batismo em outras confissões, são admitidos à plena comunhão da Igreja;
10) aos sacerdotes que tomam parte nas grandes concelebrações, sem poder celebrar;
11) aos irmãos coadjuntores que assistem à concelebração.
    Com a Instrução *Eucharisticum mysterium* (25 de maio de 1967), a Santa Sé multiplicou as possibilidades de aplicação da faculdade já concedida e elevou o número dos casos a treze, acrescentando os seguintes:
12) aos padrinhos, aos pais, ao cônjuge e aos catequistas leigos do adulto batizado, na missa da sua iniciação;
13) aos pais, aos familiares e aos benfeitores insignes, que participam da missa do recém-ordenado.

SACRAMENTALI COMMUNIONE – INSTRUÇÃO SOBRE A FACULDADE DE ADMINISTRAR A SAGRADA COMUNHÃO SOB AS DUAS ESPÉCIES

Muitos bispos de diversos países do mundo pediram à Santa Sé que estendesse a faculdade a outros casos.

Com a publicação do Missal Romano (25 de março de 1970), a Santa Sé elevou a quatorze o número dos casos, acrescentando o seguinte:

14) aos membros das comunidades na missa conventual ou "da comunidade", segundo a norma número 76 da Instrução Geral do Missal Romano.

Por fim, com a publicação da Instrução *Sacramentali communione* (3 de setembro de 1970), a Santa Sé regulamentou definitivamente a questão.

* * *

A regulamentação definitiva foi retardada por causa de alguns abusos que houve nesta matéria.

A Santa Sé só agora publicou a regulamentação definitiva da questão, não porque o perigo dos abusos deixou de existir, mas porque a consciência da dignidade e eficácia da celebração eucarística tornou-se mais profunda.

O legislador não pode prever todos os casos em que se poderá conceder a faculdade de dar a comunhão sob as duas espécies; só o pastor, avaliando as circunstâncias, pode dar um juízo mais exato sobre esses casos. Por isso, a Santa Sé decidiu confiar às Conferências Episcopais e depois aos bispos a regulamentação desta parte do rito eucarístico.

As Conferências Episcopais deverão estabelecer as normas para o território da sua competência ou, simplesmente, ater-se à legislação geral ou, enfim, determinar outros casos que se revistam de particular importância.

Os bispos podem determinar outros casos, dentro, porém, dos limites estabelecidos pela Conferência Episcopal a que eles pertencem.

A Instrução insiste, especialmente, nos seguintes pontos:

a) que se tenham em conta o respeito, a dignidade e a piedade;

b) que se evite dar a comunhão diretamente do cálice, quando são muitos os comungantes;

c) que o cálice deve ser apresentado por um ministro qualificado;

d) que se prefira dar a comunhão por "intinção", quando não for possível dá-la diretamente do cálice;

e) que a palavra "acólito" significa um clérigo que recebeu a ordem do acolitado;

f) que seja dada uma adequada catequese prévia e que esta tenha por fim preparar os fiéis para a comunhão sob as duas espécies e, também, para uma compreensão maior deste rito e para uma participação mais profunda no mistério eucarístico.

* * *

Na comunhão sob as duas espécies, revela-se com maior clareza a plenitude do sinal eucarístico.

Os sacerdotes devem procurar:

a) que a concessão desta faculdade seja apreciada pelos fiéis;
b) redunde em benefício espiritual para as almas;
c) contribua para uma participação mais intensa no mistério eucarístico.

A prática da comunhão sob as duas espécies foi restaurada sob os auspícios de dois grandes pastores da Igreja universal: são Pio X e são Gregório Magno, cujas festas e comemorações, respectivamente, se celebram a 3 de setembro, dia em que foi publicada a Instrução *Sacramentali communione*.

PRECEDENTES

A Constituição conciliar sobre a sagrada liturgia não dedica mais de cinco linhas à restituição integral ao povo de Deus de um dos ritos historicamente mais discutidos e contestados. E fá-lo quase de passagem, como se fosse uma questão pacífica, acrescentando um primeiro elenco exemplificativo de três casos, nos quais convinha restabelecer a comunhão sob as duas espécies. Leiamos novamente aquele memorável número 55 da mencionada Constituição:

> A comunhão sob as duas espécies, firmes os princípios dogmáticos estabelecidos pelo Concílio de Trento, pode ser permitida, quer aos clérigos e religiosos, quer aos leigos, nos casos a determinar pela Santa Sé e ao arbítrio do bispo, como seria o caso dos recém-ordenados, na missa da ordenação, dos professos, na missa da sua profissão religiosa e dos neófitos, na missa pós-batismal.

A Constituição, portanto, confia, à Sé Apostólica, o encargo de determinar os casos. Os já citados, como disse antes, são indicados só como exemplos. Na comissão preparatória, foram escolhidos propositadamente. Com efeito, trata-se de casos rituais, isto é, ligados a um rito, e, por isso, são os menos discutíveis. O primeiro refere-se ao clero: aos ordenados, no dia da sua ordenação. O segundo, à vida consagrada: aos religiosos, no dia da sua profissão. O terceiro, aos leigos: aos neófitos, na missa pós-batismal. Esta escolha dos casos, como se vê, tem, na sua extrema sobriedade, um significado bem determinado de amplidão e de universalidade.

No dia 7 de março de 1965, na edição oficial (típica) do "Rito da comunhão sob as duas espécies" (*Praenotanda*, n. 1), os casos considerados são onze: aos recém-ordenados; aos ministros, na missa pontifical; à abadessa, às

Sacramentali communione – Instrução sobre a faculdade de administrar a sagrada comunhão sob as duas espécies

virgens e às professas, respectivamente no dia da sua bênção, consagração ou profissão; aos esposos, no dia do seu matrimônio; aos mesmos, na missa do seu jubileu; aos neófitos e crismados, no dia em que receberam, respectivamente, o batismo e a confirmação; aos que, já tendo recebido o batismo, são admitidos à plena comunhão da Igreja; aos sacerdotes que tomam parte nas grandes concelebrações e não podem celebrar; e aos irmãos coadjutores que assistem à concelebração.

Dois anos depois, com a Instrução *Eucharisticum mysterium*, de 25 de maio de 1967, os casos passam a ser treze. O aumento parece pequeno no número, mas não o é na qualidade. Com efeito, a revisão feita, depois de dois anos de experiência pastoral, e os pedidos, cada vez mais freqüentes e insistentes, de todas as partes do mundo, levaram a uma reestruturação do elenco, que lhe deu uma amplidão maior. Quase em cada número foram multiplicadas as efetivas possibilidades de aplicação.

Entretanto, a prática da comunhão sob a espécie do vinho, o aumento da instrução religiosa do povo, a maior compreensão da vida litúrgica e da oração com a Igreja foram conquistando, pouco a pouco, grande número de fiéis, especialmente as famílias religiosas e os grupos mais preparados que, cotidiana ou periodicamente, se aproximavam da eucaristia, e levaram muitos bispos a pedirem que lhes fossem concedidas maiores faculdades, podendo eles mesmos julgar, caso por caso, a conveniência ou inconveniência de conceder o mencionado privilégio, sem necessidade de recorrer, cada vez, à Sé Apostólica. Só nos três primeiros meses de 1970, chegaram pedidos da África do Sul, da França, do Congo, dos Estados Unidos, de alguns centros da Espanha, de Ruanda, do Burundi, de algumas regiões do Norte e de alguns bispos da Itália.

A publicação do Missal, no dia 25 de março de 1970, pareceu que devia fazer maturar este problema, juridicamente já encaminhado para uma solução definitiva, incluindo, na Instrução geral, uma disposição de caráter conclusivo. Mas este fato não se verificou. Os treze casos passaram a quatorze, no número 242 da Instrução geral, e nada mais.

Por fim, uma avaliação mais atenta e circunstanciada da situação, por parte dos diversos órgãos da Santa Sé interessados no problema, levou à preparação da Instrução *Sacramentali communione*, publicada no dia 3 do corrente.

EXPLICAÇÕES NECESSÁRIAS

Quem considerar os fatos, serenamente e sem prevenções, deverá reconhecer que a autoridade procedeu nesta matéria com sabedoria, prudência e clareza de visão. E quem costuma olhar para os acontecimentos com os olhos da fé, como fazem os bons cristãos, não pode deixar de ver, em toda esta questão, o "dedo de Deus".

Não se deve, realmente, esquecer que, enquanto dos setores mais fervorosos e responsáveis, desde 1946, chegavam, constantemente, à Santa Sé pedidos insistentes para que estendesse a disciplina vigente a outros casos, os abusos verificados, precisamente neste ponto, foram muitos e, em certos casos, audazes. Basta recordar as ceias eucarísticas. Estas iniciativas excêntricas prejudicaram a boa causa e retardaram uma concessão que podia ter sido feita antes.

A Sé Apostólica, que é a primeira a quem incumbe o dever de salvaguardar a veneração e o respeito ao sacramento eucarístico e o decoro do seu rito, não podia deixar de considerar estes fatos.

Se, hoje, a Sé Apostólica decidiu fazer esta concessão, não é porque desapareceram os perigos denunciados, mas porque se tornou mais profunda nos fiéis a consciência de uma celebração digna e espiritualmente eficaz da eucaristia, e são bem fundadas as prospectivas de um culto eucarístico mais sentido e consciente.

Agora, passo a dar algumas explicações do texto da Instrução, já de si tão claro.

1. Além dos casos estabelecidos pela Sé Apostólica em sucessivas disposições, é preciso reconhecer que existem outros, igualmente interessantes, que merecem aquela peculiaridade litúrgica, mas que o legislador nem sempre pode prever e catalogar. Só o pastor, avaliando as várias circunstâncias, pode dar um juízo preciso e apropriado sobre eles. Por isso, a Santa Sé, por meio do órgão competente na matéria, que é a Sagrada Congregação para o Culto Divino, decidiu uma descentralização, confiando às Conferências Episcopais ou, individualmente, aos bispos, a regulamentação desta parte do rito eucarístico. É uma interpretação benigna, sugerida pelo sentido pastoral, do número 55 da Constituição conciliar sobre a sagrada liturgia ("nos casos a determinar pela Santa Sé e ao arbítrio do bispo"). Durante seis anos, insistiu-se sobre a primeira parte (a determinar pela Santa Sé); agora, sublinha-se um pouco mais a segunda (ao arbítrio do bispo).

2. As Conferências Episcopais deverão estabelecer normas (até que ponto, motivos e condições) para o território da sua competência; ater-se aos casos estabelecidos pela legislação geral; ou fixar outros casos, de particular importância espiritual, nos quais os ordinários (os bispos e, para as próprias casas, os superiores maiores das comunidades religiosas) possam conceder a comunhão sob as duas espécies.

SACRAMENTALI COMMUNIONE – INSTRUÇÃO SOBRE A FACULDADE DE ADMINISTRAR A SAGRADA COMUNHÃO SOB AS DUAS ESPÉCIES

3. Dentro dos limites fixados pela Conferência, os bispos podem determinar os casos em que se pode fazer a comunhão sob as duas espécies. Não se pode dar, indiscriminadamente, uma norma genérica. Além disso, os bispos e os superiores maiores das famílias religiosas deverão esperar as decisões da Conferência Episcopal, antes de tomarem qualquer medida. Só poderão agir tendo por base a decisão da Conferência Episcopal.

4. Nos números 3-6, o legislador insiste particularmente sobre três pontos:

a) Que tudo seja realizado com respeito, dignidade e piedade.

A Instrução repete cinco vezes esta recomendação e sempre com termos inequívocos: "(os ordinários) devem estar certos de que as mencionadas normas serão observadas, a fim de que seja salvaguardada a santidade do sacramento" (n. 4); "é preciso ter o máximo cuidado em observar com a devida reverência todos os ritos prescritos na Instituição Geral do Missal Romano e tudo aquilo que se deve fazer nesta cerimônia; na administração da comunhão sob as duas espécies, adote-se um modo digno, piedoso e decoroso, evitando os perigos de uma eventual diminuição de reverência; a comunhão, tomada do próprio cálice, só deverá ser adotada quando o rito puder ser realizado com a devida ordem e sem nenhum perigo de irreverência; proveja-se à reverência devida ao sacramento" (n. 6).

b) Que se evite o modo de fazer a comunhão diretamente do cálice, quando é grande o número dos comungantes. O motivo é claro: dificilmente o rito poderia ser realizado com respeito, ordem, dignidade e piedade, mesmo quando são numerosos os sacerdotes, diáconos ou acólitos que apresentam o cálice. A presença de um ministro qualificado, que apresente o cálice, é taxativamente requerida. Por isso, exclui-se, de modo absoluto, a possibilidade de os fiéis tomarem por si mesmos o cálice, ou passarem o cálice um ao outro, método que é alheio à liturgia, mesmo na ceia dos irmãos separados.

Se, por qualquer destes motivos, a comunhão diretamente do cálice não for possível, prefira-se a comunhão por intinção, que é mais segura, embora menos expressiva sob o ponto de vista do sinal.

Note-se que, quando se fala de "acólito", não se entende um ajudante que desempenha o papel de acólito, mas um seminarista, estudante de teologia, que recebeu a ordem do acolitado, em virtude da qual foi autorizado a levar a eucaristia e a dá-la aos fiéis, como ajudante do ministro ordinário, que é o sacerdote ou o diácono.

c) Que se dê antes uma oportuna e apta catequese ou, no caso em que isto já se faça, que se intensifique a instrução religiosa, a fim de que os fiéis sejam seriamente preparados não só para realizarem, dignamente, o rito, mas também para compreenderem o profundo significado, a plenitude do sinal eucarístico, e, em segundo lugar, participando plenamente do sacrifício, obtenham frutos mais abundantes de piedade e de proveito espiritual.

CONCLUSÃO

Este é um outro passo no caminho da aplicação progressiva, serena e segura da Constituição conciliar sobre a sagrada liturgia. O povo cristão, que mostrou compreender e desejar, ardentemente, a plenitude do sinal no ato de participação na eucaristia, acolherá, sem dúvida, esta facilitação, com profunda e legítima alegria. Agora, compete a nós, sacerdotes, fazer com que este dom seja avaliado na sua preciosidade, a extensão da disciplina eucarística a outros casos se converta em proveito espiritual das almas que têm fome e sede de Deus (nestes domingos de verão, temos precisamente na Palavra de Deus uma grande messe de considerações eucarísticas com relação à plenitude do sinal, oferecida pelas leituras da missa no novo Lecionário), a mesma extensão seja um caminho fácil que leve os fiéis a inserirem-se no mistério, com a finalidade de haurir nele, luz e força, para uma vida cristã responsável e coerente.

A 3 de setembro, dia em que foi publicada esta Instrução, celebra-se a festa de são Pio X, o papa da comunhão freqüente. Neste mesmo dia, o calendário estabelece a comemoração de são Gregório Magno (esta comemoração foi transferida do dia 12 de março, dia da sua morte que cai no período da Quaresma, para o dia 3 de setembro, dia da sua ordenação episcopal). São Pio X e são Gregório Magno são os dois grandes pastores sob cujo auspício foi restaurada, com plenitude de expressão, a participação de toda a Igreja no sacrifício eucarístico.

Annibale Bugnini, secretário da Sagrada Congregação para o Culto Divino

Immensae caritatis — Instrução para facilitar a comunhão sacramental

Sagrada Congregação para a Disciplina dos Sacramentos
(29 de janeiro de 1973)

INTRODUÇÃO

O testemunho de caridade infinita, que Cristo Senhor deixou à Igreja sua esposa, constituído pela eucaristia, dom inefável e o maior de todos os seus dons, exige que tão grande mistério seja cada dia mais profundamente conhecido e que se participe da sua virtude salvífica cada vez com maior intensidade. Nesse sentido, a Igreja, movida pela sua solicitude pastoral, repetidas vezes teve o cuidado e o zelo de promulgar normas adequadas e documentos oportunos, com o intuito de fomentar a piedade para com a santíssima eucaristia, ponto culminante e centro do culto cristão.

As novas circunstâncias dos nossos tempos, todavia, parecem exigir que — salvaguardado sempre o máximo respeito devido a este tão grande sacramento[1] — se proporcione uma possibilidade maior de acesso à sagrada comu-

---

[1] Cf. Conc. de Trento. Sess. 13, *Decretum de SS. Eucharistiae sacramento*, cap. 7: D. 880 (1646-1647): "Se não é decoroso que alguém tome parte em quaisquer funções sagradas, senão santamente, sem dúvida que, quanto mais a um cristão se tornam manifestas a santidade e divindade deste sacramento celeste, com tanta maior diligência deve ele evitar de se aproximar da sagrada mesa para o receber, sem uma grande reverência e santidade, tendo presentes especialmente aquelas palavras tremendas do apóstolo: 'Quem come e bebe sem fazer distinção deste corpo, come e bebe a própria condenação' (1Cor 11,29). Por conseqüência, a todo aquele que deseja comungar há de ser recordado o preceito dado ainda pelo mesmo apóstolo: 'Examine-se, pois, cada qual a si próprio' (1Cor 11,28). De fato, existe o costume estabelecido na Igreja de declarar que tal exame é necessário, a fim de que aqueles que tenham a consciência de estar

ORIENTAÇÕES PARA A CELEBRAÇÃO E O CULTO DA EUCARISTIA

nhão, a fim de que os fiéis, mediante uma participação mais freqüente e mais ampla nos frutos do santo ofício da missa, se dediquem, com maior disponibilidade e com zelo mais ativo, a Deus e ao bem da Igreja e da humanidade.

Deste modo, deve-se adotar as devidas providências, antes de mais nada, para evitar que, por falta de ministros, se torne impossível ou difícil receber a sagrada comunhão; depois, para evitar que os doentes que não estejam em condições de observar a lei acerca do jejum eucarístico, apesar desta se achar já muito mitigada, fiquem privados desse tão grande conforto espiritual, quer dizer, se vejam impedidos de receber a sagrada comunhão; por fim, parece haver conveniência em que, aos fiéis que o pedirem, seja permitido, em algumas circunstâncias, receber a comunhão sacramental uma segunda vez, no mesmo dia.

Assim, em anuência aos desejos expressos por algumas Conferências Episcopais, são emanadas as normas que seguem, referentes:

1. aos ministros extraordinários para a distribuição da sagrada comunhão;
2. à faculdade ampliada de comungar duas vezes no mesmo dia;
3. à mitigação das normas de jejum eucarístico, em favor dos doentes e das pessoas de idade avançada;
4. à piedade e respeito para com o santíssimo sacramento que se exige no caso de o pão eucarístico ser deposto na mão dos fiéis.

OS MINISTROS EXTRAORDINÁRIOS DA SAGRADA COMUNHÃO

São várias as circunstâncias em que pode dar-se a caso de não haver à disposição um número suficiente de ministros ordinários, para distribuírem a sagrada comunhão. Isso pode acontecer:

- durante a celebração da santa missa, devido a uma grande afluência de fiéis, ou por qualquer dificuldade particular da parte do celebrantes;
- fora da celebração da santa missa: quando, em virtude de longas distâncias que separam os lugares, se torna dificultoso levar as sagradas espécies, especialmente sob a forma de viático, aos doentes que se en-

---

em pecado mortal não ousem aproximar-se da santíssima eucaristia, ainda que lhes pareça estarem arrependidos, sem antes terem feito a confissão sacramental. Este sagrado Concílio decretou que essa norma deve ser sempre observada por todos os cristãos, mesmo pelos sacerdotes, aos quais incumbe o dever de celebrar, a menos que, neste caso, não possam ter à disposição confessor algum. Então, se por força de uma necessidade urgente, o sacerdote celebrar sem a prévia confissão sacramental, deve ele procurar confessar-se o mais depressa possível". S. CONGR. DO CONCÍLIO, Decreto *Sacra Tridentina Synodus*, 20 de dezembro de 1905: AAS 38 (1905-1906), pp. 400-406; S. CONGR. PARA A DOUTRINA DA FÉ. *Normae pastorales circa absolutionem generali impertiendam*, 31 de julho de 1972: AAS 64 (1972), p. 511.

Immensae caritatis – Instrução para facilitar a comunhão sacramental

contram em perigo de vida; ou, então, quando o número dos doentes é tal que exige a intervenção de vários ministros, o que pode suceder, sobretudo em hospitais ou em outras instituições similares. Assim, para que os fiéis que se encontram em estado de graça e desejam, animados de reta e piedosa intenção, participar do banquete eucarístico, não se vejam privados da ajuda e conforto espiritual deste sacramento, o sumo pontífice julgou oportuno instituir, para eles, ministros extraordinários, que possam comungar por si próprios e dar aos outros fiéis a sagrada comunhão, quando se verifiquem certas condições, que seguidamente se precisam.

1. É dada aos ordinários dos lugares a faculdade de permitirem que pessoas idôneas, individualmente escolhidas, possam, na qualidade de ministros extraordinários, em circunstâncias singulares (*ad actum*), ou por um período de tempo determinado, ou ainda de modo permanente, onde se apresentar a necessidade disso, alimentar-se por si próprias com o pão eucarístico, distribuí-lo aos demais fiéis e mesmo levá-lo aos doentes que se acham retidos em casa, quando:

a) faltem o sacerdote, o diácono ou o acólito para o fazer;

b) os mesmos se achem impedidos de distribuir a sagrada comunhão, por motivo de outras ocupações do ministério pastoral, por doença, ou por causa da idade avançada;

c) o número dos fiéis que desejam receber a sagrada comunhão é tão elevado que obrigaria a prolongar excessivamente o tempo da celebração da missa, ou o da distribuição da sagrada comunhão, fora da missa.

2. Os mesmos ordinários dos lugares gozam da faculdade de permitir a cada um dos sacerdotes no exercício do sagrado ministério o poder de delegar uma pessoa idônea, a qual, nos casos de verdadeira necessidade, *ad nuctum*, distribua a sagrada comunhão.

3. Poderão os mencionados ordinários dos lugares, ainda, delegar estas faculdades aos bispos auxiliares, aos vigários episcopais e aos delegados episcopais.

4. A pessoa idônea, de que se falam nos precedentes números I e II, será designada tendo presente a ordem que a seguir se indica, a qual, no entanto, poderá ser alterada, segundo o juízo prudente do ordinário do lugar: leitor, aluno de seminário maior, religioso, religiosa, catequista, simples fiel — homem ou mulher.

5. Nos oratórios das comunidades religiosas de ambos os sexos, a função de distribuir a sagrada comunhão, quando se verificarem as condições apontadas no precedente número 1, com acerto pode ser confiada ao superior,

451

Orientações para a celebração e o culto da eucaristia

privado embora da ordem sacra, ou à superiora, ou então aos vigários ou substitutos dos mesmos.

6. Se para isso houver tempo suficiente, será bom que a pessoa idônea para distribuir a sagrada comunhão, escolhida individualmente para o fazer, pelo ordinário do lugar, bem como a pessoa que for delegada para o mesmo múnus pelo sacerdote que tenha a faculdade de o fazer — conforme o disposto no número 2 — recebam o mandato segundo o rito próprio; depois, deverão fazer a distribuição da sagrada comunhão atendo-se às normas litúrgicas. Dado que estas faculdades foram concedidas unicamente em vista do bem espiritual dos fiéis e para os casos em que se verifica verdadeira necessidade, tenham os sacerdotes presente que, em virtude das mesmas, não ficam eximidos do dever de distribuir a santíssima eucaristia aos fiéis que legitimamente a desejam receber; e, de modo particular, do dever de a levar e ministrar aos doentes.

Importa que o fiel designado como ministro extraordinário da sagrada comunhão, devidamente preparado, se distinga pela vida cristã, pela sua fé e costumes exemplares. Assim, deverá ele envidar o melhor esforço para estar à altura desta alta função, cultivar a piedade para com a santíssima eucaristia, e ser sempre edificação para os outros fiéis, pela sua devoção e reverência para com o augustíssimo sacramento do altar. Não seja escolhido para tal função alguém cuja designação possa dar azo à perplexidade da parte dos fiéis.

FACULDADE DE RECEBER A SAGRADA COMUNHÃO DUAS VEZES NO MESMO DIA

Segundo as normas atualmente em vigor, os fiéis podem aproximar-se uma segunda vez da sagrada comunhão, no mesmo dia:

- na tarde de qualquer sábado ou da véspera de um dia festivo de preceito, quando desejam satisfazer a obrigação de assistir à santa missa, mesmo que já tenham comungado na parte da manhã;[2]
- na segunda missa da Páscoa, ou em uma das missas que se celebram no dia de Natal, mesmo que já tenham comungado na missa da vigília pascal, ou na missa da noite da natividade do Senhor;[3]

---

[2] Cf. S. Congr. dos Ritos. Instrução *Eucharisticum mysterium*, n. 28, 25 de maio de 1967: AAS 59 (1967), p. 557.
[3] Cf. ibidem, n. 1. c.

- do mesmo modo, na missa vespertina da Quinta-Feira Santa — *in Coena Domini* —, ainda que já tenham comungado na parte da manhã, na missa do crisma.[4]

Uma vez que, para além destes casos que acabam de ser elencados, se podem verificar outras circunstâncias similares, que aconselhem a recepção da sagrada comunhão uma segunda vez no mesmo dia, importa determinar bem as razões da nova faculdade que é concedida.

A norma, introduzida por um costume secular, pela providentíssima Mãe Igreja, e que foi recebida na legislação canônica, segundo a qual é permitido aos fiéis aproximarem-se da sagrada mesa apenas uma vez por dia, permanece íntegra; pelo que não é permitido descurá-la, por motivo de simples devoção. Deve ser contraposta a um desejo superficial de repetir a sagrada comunhão esta razão: será tanto maior a eficácia do sacramento, para alimentar, corroborar e exprimir a fé, a caridade e as restantes virtudes, quanto mais devotamente o comungante se aproximar da sagrada mesa.[5] É necessário, de fato, que os fiéis passem da celebração litúrgica às obras de caridade, de piedade e de apostolado, a fim de "testemunharem, com o próprio comportamento e com toda a sua vida, aquilo que receberam pela fé e pelo sacramento".[6]

Podem apresentar-se, todavia, algumas circunstâncias particulares, nas quais os fiéis, que nesse mesmo dia já tenham recebido a sagrada comunhão, assim como os sacerdotes que já tenham celebrado a santa missa, venham a encontrar-se para tomar parte em uma celebração comunitária. Em tal caso, a uns e a outros é permitido receber uma segunda vez a sagrada comunhão, nas circunstâncias que a seguir se elencam:

1. nas missas — com certos ritos apropriados — durante as quais são administrados os sacramentos do batismo, da confirmação, da unção dos enfermos, da ordem e do matrimônio, bem como nas missas durante as quais se dá a primeira comunhão;[7]

2. nas missas celebradas por ocasião da consagração de uma igreja ou de um altar, de profissões religiosas, ou da colação de uma "missão canônica";

3. nas seguintes missas pelos defuntos: missa das exéquias; missa que se celebra logo "após ter recebido a notícia da morte"; missa do dia da sepultura; missa no dia do primeiro aniversário;

---

[4] Cf. ibidem, n. 1. c.; S. Congr. dos Ritos. Instrução *Inter Oecumenici*, n. 60, 26 de setembro de 1964: AAS 56 (1964), p. 891; e Instrução *Três abhinc annos*, n. 14, 4 de maio de 1967: AAS 59 (1967), p. 445.

[5] Cf. S. Tomás de Aquino. *Summa theologica* III, q. 79, a. 7, ad 3; e a 8, ad 1.

[6] S. Congr. dos Ritos. Instrução *Eucharisticum mysterium*, n. 13, 25 de maio de 1967: AAS 59 (1967), p. 549.

[7] Cf. Missale Romanum. *Institutio Generalis Missalis Romani*, n. 329 a, ed. Typ. 1970, p. 90.

ORIENTAÇÕES PARA A CELEBRAÇÃO E O CULTO DA EUCARISTIA

4. durante a missa principal, celebrada na igreja catedral ou paroquial, no dia da Festa do Corpo de Deus e no dia da visita pastoral; igualmente, durante a missa celebrada por um superior maior religioso, por ocasião da visita canônica, de assembléias de um cunho particular, e, ainda, da reunião de capítulo;

5. durante a missa principal de um Congresso Eucarístico ou Mariano, quer ele seja internacional, quer seja nacional, regional ou mesmo diocesano;

6. durante a missa principal de qualquer concentração, piedosa peregrinação, ou de pregações ao povo;

7. por ocasião da administração do sagrado viático, durante a qual a comunhão pode ser dada aos familiares e aos amigos do doente que se encontrem presentes;

8. e, para além destes casos que acabam de ser enumerados, é permitido aos ordinários dos lugares conceder, *ad actum*, a faculdade de se receber duas vezes no mesmo dia a sagrada comunhão, quando, por motivo de circunstâncias verdadeiramente particulares, se retiver que é de fato justificável, à luz das normas da presente Instrução, a reiterada recepção da santíssima eucaristia.

O JEJUM EUCARÍSTICO: SUA MITIGAÇÃO EM FAVOR DOS DOENTES E DAS PESSOAS IDOSAS

Permanece firme e estável, antes de mais nada, a norma segundo a qual o fiel em perigo de vida, a quem é administrado o sagrado viático, não está obrigado a observar lei alguma sobre o jejum.[8] Continua igualmente em vigor a concessão feita pelo sumo pontífice Pio XII, em virtude da qual "os doentes, mesmo se não estiverem de cama, podem tomar bebidas não-alcoólicas e medicamentos, tanto líquidos como sólidos, antes da celebração da missa ou da recepção da sagrada comunhão, sem limite algum de tempo".[9]

Pelo que diz respeito à comida e às bebidas, que se tomam como alimento, é venerada a tradição, em virtude da qual a eucaristia — como diz Tertuliano — deve ser tomada "antes de quaisquer outros alimentos",[10] para significar a excelência deste manjar sacramental.

Em ato de reconhecimento da dignidade do sacramento e como meio de suscitar a alegria pela iminente vinda do Senhor, é oportuno aconselhar a

---

[8]   Cf. CIC, cân. 858, § 1.

[9]   *Motu proprio Sacram communionem*, n. 4, 19 de março de 1957: AAS 49 (1957), p. 178.

[10]   *Ad uxorem*, nn. 2, 5, em: PL 1, 1408.

quem comunga recolher-se por algum tempo, em silêncio e procurando concentrar-se, antes de receber a sagrada comunhão. Pelo que se refere aos doentes, porém, será suficiente demonstração da sua piedade e do seu respeito que eles volvam, por breves momentos, o seu pensamento para tão grande mistério. O período de tempo suficiente para o jejum eucarístico, isto é, para a abstinência da comida e das bebidas alcoólicas, é reduzido a um quarto de hora, aproximadamente, em favor:

1. dos doentes que se achem internados nos hospitais ou retidos na própria casa, mesmo que não estejam de cama;

2. dos fiéis de idade avançada, quer se achem retidos em casa, por motivo de velhice, quer estejam internados em asilos;

3. dos sacerdotes doentes, mesmo dos que não têm necessidade de estar de cama, e dos sacerdotes idosos, os quais queiram celebrar a santa missa ou receber a sagrada comunhão;

4. das pessoas adstritas ao serviço de assistência aos doentes ou pessoas idosas, e dos familiares dos mesmos, que desejam receber conjuntamente com eles a santíssima eucaristia, quando não puderem, sem um certo incômodo, observar o jejum durante uma hora.

PIEDADE E RESPEITO PARA COM O SANTÍSSIMO SACRAMENTO, QUANDO O PÃO EUCARÍSTICO É DEPOSTO NA MÃO DOS FIÉIS

A partir da publicação da Instrução *Memoriale domini*, portanto, de há três anos para cá, algumas Conferências Episcopais pediram à Santa Sé para permitir que os ministros da sagrada comunhão, quando a distribuem aos fiéis, possam depor as espécies eucarísticas nas mãos dos fiéis. Como a referida Instrução recorda, "as normas da Igreja e os documentos dos padres encerram abundantes testemunhos acerca do máximo respeito e da suma prudência que sempre se usaram para com a santíssima eucaristia",[11] e que se devem continuar a pôr em prática. Por conseguinte, de um modo particular pelo que se refere a esta possibilidade de receber a sagrada comunhão, hão de ser tidos sempre presentes alguns pontos, ditados pela própria experiência.

Assim, procure-se ter o máximo cuidado e atenção, especialmente quanto aos fragmentos, que porventura se separam das hóstias; e isto deve ser tido em

---

[11] S. Congr. para o Culto Divino. Instrução *Memoriale domini*, 29 de maio de 1969: AAS 61 (1969), p. 542, que ainda continua a vigorar.

conta tanto pelo ministro como pelos fiéis, quando as sagradas espécies são depostas na mão de quem comunga.

O método de dar a comunhão desta maneira, depondo-a na mão dos fiéis, necessariamente tem de ser acompanhado da formação adequada para isso; quer dizer, de uma catequese em que se insista na doutrina católica acerca da presença real e permanente de Cristo sob as espécies eucarísticas, e sobre a reverência devida a este sacramento.[12]

É necessário ensinar aos fiéis que Jesus Cristo é o Senhor e o Salvador, e que deve ser tributado a ele, presente sob as espécies sacramentais, o mesmo culto de latria ou de adoração prestado a Deus. Além disso, os fiéis deverão ser aconselhados a não transcurar uma sincera e oportuna ação de graças, após o banquete eucarístico, de acordo com as capacidades, o estado e as ocupações de cada um.[13]

Para que, enfim, a participação nesta mesa celeste seja digna sob todos os aspectos e portadora de frutos, devem ser apresentados aos fiéis os seus benefícios e os seus efeitos, quer para eles tomados individualmente, quer para a sociedade que formam; de tal modo que a familiaridade reflita sempre, ao mesmo tempo, a máxima reverência e possa servir para fomentar o íntimo amor para com o Pai de Família, que nos proporciona "o pão de cada dia",[14] e levar a uma união viva com Cristo, de cuja carne e sangue comungamos[15].

O sumo pontífice Paulo VI dignou-se a aprovar e confirmar, com a sua autoridade, a presente Instrução; e mandou que ela fosse publicada estabelecendo, ainda, que entre em vigor a partir do dia da sua publicação.

Roma, Sede da Sagrada Congregação para a Disciplina dos Sacramentos, 29 de janeiro de 1973.

Antonio, Card. Samoré, prefeito
Giuseppe Casoria, arcebispo titular de Fórum Novum, secretário

---

[12] Cf. Concílio Vaticano II. Constituição sobre a sagrada liturgia *Sacrosanctum concilium*, n. 7: AAS 56 (1964), pp. 100-101; S. Congr. dos Ritos. Instrução *Eucharisticum mysterium*, n. 9, 25 de maio de 1967: AAS 59 (1967), p. 547; S. Congr. para o Culto Divino. Instrução *Memoriale domini*, 29 de maio de 1969, na qual se lê: "... Evite-se todo e qualquer perigo de virem a difundir-se nos ânimos faltas de reverência ou opiniões falsas, acerca da santíssima eucaristia". AAS 61 (1969), p. 545.

[13] Paulo VI. *Alloc. Ad Membra Consilii Eucharisticis ex omnibus Nationibus Conventibus moderandis habita*: AAS 64 (1972), p. 287.

[14] Lc 11,3.

[15] Cf. Hb 2,14.

Diretório para missas com crianças

Sagrada Congregação para o Culto Divino
(1º de novembro de 1973)

INTRODUÇÃO

1. A Igreja deve, de modo especial, cuidar das crianças batizadas, cuja iniciação deve ainda ser completada pelos sacramentos da confirmação e da eucaristia, bem como das recém-admitidas à sagrada comunhão. Hoje, as circunstâncias em que se desenvolvem as crianças pouco favorecem o seu progresso espiritual.[1] Além disso, os pais, com freqüência, deixam de cumprir as obrigações da educação cristã, contraídas no batismo de seus filhos.

2. Quanto à formação das crianças na Igreja, surge uma dificuldade especial pelo fato de as celebrações litúrgicas, principalmente as eucarísticas, não poderem exercer nelas sua força pedagógica inata.[2] Embora já seja lícito, na missa, fazer uso da língua materna, contudo as palavras e os sinais não estão suficientemente adaptados à capacidade das crianças.

Na realidade, as crianças, na sua vida cotidiana, nem sempre compreendem tudo o que experimentam na convivência com os adultos, sem que isto lhes ocasione algum tédio. Por esse motivo, não se pode pretender que na liturgia todos e cada um de seus elementos lhes sejam compreensíveis. Po-

---

[1]   Cf. S. CONGREGAÇÃO PARA O CLERO. *Diretório catequético geral*, n. 5: AAS 64 (1972), pp. 101-102.
[2]   Cf. CONCÍLIO VATICANO II. Constituição sobre a sagrada liturgia *Sacrosanctum concilium*, n. 33.

Orientações para a celebração e o culto da eucaristia

der-se-ia, entretanto, causar às crianças um dano espiritual se, repetidamente e durante anos, elas não compreendessem quase nada das celebrações; pois recentemente a psicologia moderna comprovou quão profundamente podem as crianças viver a experiência religiosa, desde sua primeira infância, graças à especial inclinação religiosa de que gozam.[3]

3. A Igreja, seguindo o seu Mestre, que, "abraçando... abençoava" os pequeninos (Mc 10,16), não pode abandonar as crianças nesta situação, entregues a si mesmas. Por este motivo, imediatamente após o Concílio Vaticano II, que já na Constituição sobre a sagrada liturgia falara sobre a necessidade de uma adaptação da liturgia para os diversos grupos,[4] sobretudo no primeiro Sínodo dos bispos, realizado em Roma no ano de 1967, começou a considerar, com maior empenho, como as crianças poderiam participar mais facilmente da liturgia. Naquela ocasião, o presidente do Conselho Executor da Constituição sobre a sagrada liturgia, usando de palavras bem claras, disse que não se tratava, na verdade, de "elaborar um rito inteiramente especial, mas de consertar, abreviar ou omitir alguns elementos, ou de selecionar alguns textos mais adequados".[5]

Depois que a Instrução geral do Missal Romano restaurado, publicada em 1969, tudo resolveu para a celebração eucarística com o povo, esta Congregação, após considerar os freqüentes pedidos provenientes de todo o orbe católico, começou a preparar um diretório próprio para as missas com crianças como suplemento desta Instrução, com a colaboração de homens e mulheres peritos de quase todas as nações.

Esse Diretório, bem como a Instrução geral, reservou certas adaptações às Conferências dos Bispos ou a cada bispo em particular.[6]

As próprias Conferências devem propor à Sé Apostólica, para que sejam introduzidas com o seu consentimento, conforme artigo 40 da Constituição da sagrada liturgia, as adaptações que julgarem necessárias à missa para crianças segundo o seu parecer, visto que elas não podem constar de Diretório geral.

O Diretório visa às crianças que ainda não atingiram a idade chamada de pré-adolescência. De per si, não se refere às crianças com impedimentos físicos ou mentais, posto que para elas se requer geralmente uma adaptação mais profunda;[7] contudo, as normas seguintes se podem aplicar também a elas, com as devidas acomodações.

---

[3]   Cf. S. Congregação para o Clero. *Diretório catequético geral*, n. 78: AAS 64 (1972), pp. 146-147.

[4]   Cf. Concílio Vaticano II. Constituição da sagrada liturgia *Sacrosanctum concilium*, n. 38; cf. também a S. Congr. Para o Culto Divino. Instrução *Da Actio Pastoralis*, 15 de maio de 1969: AAS 61 (1969), pp. 806-811.

[5]   Cf. A liturgia no primeiro Sínodo dos Bispos: *Notitiae* 3 (1967), p. 368.

[6]   Cf. a seguir os números 19, 23 e 33.

[7]   Cf. Ordinário da missa para crianças surdas-mudas da região de língua alemã, 26 de junho de 1970, aprovado ou confirmado por esta Congregação (Prot. n. 1548/70).

No primeiro capítulo do Diretório (números 8 a 15), estabelece-se como que o fundamento onde se discorre sobre o variado encaminhamento das crianças para a liturgia eucarística; o outro capítulo trata brevemente do caso de missas com adultos (números 16 e 17) das quais as crianças também participam; finalmente, o terceiro capítulo (números 20 a 54) versa mais pormenorizadamente sobre as missas para crianças, das quais somente participam uns poucos adultos.

EDUCAÇÃO DAS CRIANÇAS PARA A CELEBRAÇÃO EUCARÍSTICA

Como não se pode cogitar de uma vida plenamente cristã sem a participação nas ações litúrgicas, em que, reunidos, os fiéis celebram o mistério pascal, a iniciação religiosa das crianças não pode ficar alheia a esta finalidade.[8] A Igreja, ao batizar as crianças e confiante nos dons inerentes a este sacramento, deve cuidar que os batizados cresçam em comunhão com Cristo e seus irmãos, cujo sinal e penhor é a participação da mesa eucarística, para a qual as crianças serão preparadas ou em cuja significação mais profundamente introduzidas. Esta formação litúrgica e eucarística não pode desvincular-se de sua educação geral tanto humana quanto cristã; e até seria nocivo se a formação litúrgica carecesse de tal fundamento.

Portanto, os que têm a seu cargo a educação das crianças, devem envidar todos os esforços para conseguirem tal empenho, a fim de que elas, embora já conscientes de um certo sentido de Deus e das coisas divinas, experimentem, segundo a idade e o progresso pessoal, os valores humanos inseridos na celebração eucarística, tais como: ação comunitária, acolhimento, capacidade de ouvir, bem como a de pedir e dar perdão, ação de graça, percepção das ações simbólicas, da convivência fraterna e da celebração festiva.[9]

É próprio da catequese eucarística, conforme o número 12, atualizar tais valores humanos de tal modo que as crianças gradativamente abram o espírito, segundo sua idade, condições psicológicas e sociais, para perceber os valores cristãos e celebrar o mistério do Cristo.[10]

A família cristã desempenha papel principal na transmissão desses valores humanos e cristãos.[11] Por este motivo, a formação cristã, que se oferece aos

---

[8]   Cf. Concílio Vaticano II. Constituição da sagrada liturgia *Sacrosantum Concilium*, nn. 14, 19.

[9]   Cf. S. Congregação para o Clero. *Diretório catequético geral*, n. 25: AAS 64 (1972), p. 114.

[10]   Cf. Concílio Vaticano II. Declaração sobre a educação cristã *Gravissimum Educationis*, n. 2.

[11]   Cf. ibidem, n. 3.

ORIENTAÇÕES PARA A CELEBRAÇÃO E O CULTO DA EUCARISTIA

pais ou a outras pessoas encarregadas da educação, deve ser bem aprimorada também se levando em conta a formação litúrgica das crianças.

Pela consciência do dever livremente aceito no batismo de seus filhos, os pais são obrigados a ensinar-lhes gradativamente a orar, rezando diariamente com eles e procurando fazer com que rezem sozinhos.[12] Se as crianças, assim preparadas desde tenra idade, participarem da missa com a família, todas as vezes que o desejarem, mais facilmente começarão a cantar e a rezar na comunidade litúrgica e até, de alguma maneira, poderão pressentir o mistério eucarístico.

Encontrando-se os pais arrefecidos na fé, se assim mesmo desejarem a instrução cristã dos filhos, pelo menos que eles sejam convidados a partilhar com as crianças dos valores humanos anteriormente referidos e, dada a ocasião, a tomar parte tanto nas reuniões de pais como nas celebrações não-eucarísticas que se fazem com as crianças.

Ademais, as comunidades cristãs, a que pertence cada uma das famílias ou em que vivem as crianças, têm um dever a cumprir para com as crianças batizadas na Igreja.

A comunidade cristã, apresentando o testemunho do Evangelho, vivendo a caridade fraterna, celebrando ativamente os mistérios do Cristo, é ótima escola de instrução cristã e litúrgica para as crianças que nela vivem.

No seio da comunidade cristã, os padrinhos ou qualquer pessoa zelosa que colabora na educação cristã, movida pelo ardor apostólico, pode proporcionar às famílias um grande auxílio para catequizar devidamente as crianças.

Particularmente os jardins-de-infância, as escolas católicas, bem como vários outros grupos de crianças, prestam-se para esses mesmos fins.

Embora a própria liturgia, por si mesma, já ofereça às crianças amplo ensinamento,[13] a catequese da missa merece um lugar de destaque dentro da instrução catequética, tanto escolar como paroquial,[14] conduzindo-as a uma participação ativa, consciente e genuína.[15] Esta catequese, "bem adaptada à idade e à capacidade das crianças, deve tender a que conheçam a significação da missa por meio dos ritos principais e pelas orações, inclusive o que diz respeito à participação da vida da Igreja";[16] isto se refere, principalmente,

---

[12] Cf. S. Congregação para o Clero. *Diretório catequético geral*, n. 78: AAS 64 (1972), p. 147.

[13] Cf. Concílio Vaticano II. Constituição sobre a sagrada liturgia *Sacrosanctum concilium*, n. 33.

[14] Cf. S. Congregação dos Ritos. Instrução *Eucharisticum mysterium*, n. 14, 25 de maio de 1967: AAS 59 (1967), p. 550.

[15] Cf. S. Congregação para o Clero. *Diretório catequético geral*, n. 25: AAS 64 (1972), p. 114.

[16] Cf. S. Congregação dos Ritos. Instrução *Eucharisticum mysterium*, n. 14, 25 de maio de 1967: AAS 59 (1967), p. 550; cf. também S. Congregação para o Clero. *Diretório catequético geral*, n. 57: AAS 64 (1972), p. 131.

aos textos da própria prece eucarística e às aclamações, por meio das quais as crianças dela participam.

Digna de especial menção é a catequese pela qual as crianças são preparadas para a primeira comunhão. Nesta preparação deverão aprender não só as verdades de fé sobre a eucaristia, mas também como poderão dela participar ativamente com o povo de Deus, plenamente inseridas no corpo de Cristo, tomando parte na mesa do Senhor e na comunidade dos irmãos, depois de serem preparadas pela penitência de acordo com a sua capacidade.

Celebrações de várias espécies também podem desempenhar um papel na formação litúrgica das crianças e na sua preparação para a vida litúrgica da Igreja. Por força da própria celebração, as crianças percebem, mais facilmente, certos elementos litúrgicos, com a saudação, o silêncio, o louvor comunitário, sobretudo se for cantado. Cuide-se, todavia, que estas celebrações não se revistam de uma índole demasiadamente didática.

A Palavra de Deus deve ocupar cada vez mais um lugar de destaque nestas celebrações, sempre adaptadas à capacidade das crianças. E ainda mais, segundo a capacidade espiritual, mais freqüentemente se façam com elas as sagradas celebrações propriamente ditas da Palavra de Deus, principalmente no tempo do Advento e da Quaresma.[17] Estas celebrações, junto às crianças, podem favorecer em grande escala o interesse pela Palavra de Deus.

Toda formação litúrgico-eucarística, feitas as devidas ressalvas, deve ser sempre orientada para que a vida das crianças corresponda cada vez mais ao Evangelho.

MISSAS DE ADULTOS DAS QUAIS TAMBÉM AS CRIANÇAS PARTICIPAM

Em muitos lugares, principalmente aos domingos e nos dias de festas, celebram-se missas paroquiais de que não poucas crianças participam juntamente com grande número de adultos. Nestas ocasiões, o testemunho dos fiéis adultos pode ter grande efeito junto a elas. Mas também eles recebem um proveito espiritual ao perceberem, em tais celebrações, o papel que as crianças desempenham na comunidade cristã. Se nestas missas participam as crianças junto com seus pais e outros parentes, fomenta-se grandemente o espírito cristão da família.

---

[17]   Cf. CONCÍLIO VATICANO II. Constituição sobre a sagrada liturgia *Sacrosanctum concilium*, n. 35,4.

As próprias criancinhas, que não podem ou não querem participar da missa, podem ser apresentadas ao final da mesma para receber a bênção juntamente com a comunidade, depois que, por exemplo, algumas pessoas auxiliares da paróquia as tenham entretido durante a missa, em lugar separado.

Entretanto, nas missas deste gênero, deve-se precaver cuidadosamente para que as crianças não se sintam esquecidas em virtude da incapacidade de participar e entender aquilo que se realiza e proclama na celebração. Leve-se, pois, em consideração a sua presença, por exemplo, dirigindo-se a elas com certas monições apropriadas no começo e no final da missa, em alguma parte da homilia etc.

Mais ainda, de vez em quando, se o permitirem as circunstâncias do lugar e das pessoas, pode ser conveniente celebrar com as crianças a liturgia da palavra com sua homilia, em lugar separado, mas não distante demais, e, logo ao iniciar-se a liturgia eucarística, sejam reunidas aos adultos, no lugar onde estes celebraram a liturgia da palavra.

Pode ser de grande utilidade confiar às crianças alguns ofícios nestas missas, como, por exemplo, levar as oferendas, executar um ou dois cantos da missa.

Algumas vezes, se são muitas as crianças que participam destas missas, convirá organizá-las de forma mais adequada a elas. Neste caso, a homilia será dirigida a elas, porém em forma que seja também proveitosa para os adultos. Além das adaptações previstas no Ordinário da missa, podem-se introduzir nas missas para adultos, com a participação também das crianças, algumas das que se indicarão no capítulo seguinte, se o bispo permitir.

MISSAS DE CRIANÇAS DAS QUAIS SOMENTE ALGUNS ADULTOS PARTICIPAM

Além das missas em que tomam parte as crianças junto com seus pais e alguns familiares, e que nem sempre e nem em qualquer lugar podem ser realizadas, recomendam-se, sobretudo durante a semana, celebrações de missas somente para crianças, com a participação apenas de alguns adultos. Desde o início da restauração litúrgica,[18] viu-se a necessidade de adaptações especiais para estas missas, de que se falará logo a seguir e de forma geral (nn. 38-54).

Deve-se ter sempre diante dos olhos que tais celebrações eucarísticas devem encaminhar as crianças para as missas de adultos, principalmente para

---

[18] Cf. n. 3.

DIRETÓRIO PARA MISSAS COM CRIANÇAS

a missa dominical, que reúne toda a comunidade cristã.[19] Portanto, afora as adaptações necessárias por causa da idade dos participantes, não se pode chegar a ritos completamente especiais que demasiadamente difiram do Ordinário da missa celebrada com o povo.[20] A finalidade de cada um dos elementos deve corresponder ao que se determina sobre eles na Instrução geral do Missal Romano, ainda que alguma vez, por razões pastorais, não se possa conservar sua igualdade absoluta.

1. Ofícios e ministérios da celebração

Os princípios da participação ativa e consciente valem, de certa maneira, *a fortiori*, se as missas são celebradas com crianças. Portanto, tudo se faça para fomentar e tornar mais viva e profunda esta participação. Para este fim, confiem-se ao maior número de crianças ofícios especiais na celebração, tais como: preparar o lugar e o altar (cf. n. 29), assumir o ofício de cantar (cf. n. 24), cantar no coral, tocar algum instrumento musical (cf. n. 32), proclamar as leituras (cf. nn. 24 e 47), responder durante a homilia (cf. n. 48), recitar as intenções da prece dos fiéis, levar as oferendas para o altar, e outras ações semelhantes segundo os costumes dos diversos povos (cf. n. 34).

Certas adições podem favorecer, algumas vezes, a participação, como, por exemplo: explicar as motivações para a ação de graças antes que o sacerdote inicie o diálogo do Prefácio. Em tudo isto, leve-se em conta que as ações externas podem tornar-se infrutuosas e até chegar a ser nocivas se não favorecerem a participação interna das crianças. Por isso, o sagrado silêncio também tem sua importância nas missas para crianças (cf. n. 37). Atenda-se, com grande cuidado, que as crianças não se esqueçam de que todas estas formas de participação têm seu ponto mais alto na comunhão eucarística, na qual o corpo e o sangue de Cristo são recebidos como alimento espiritual.[21]

O sacerdote que celebra a missa com as crianças esmere-se de todo o coração para fazer uma celebração festiva, fraterna e meditativa;[22] pois, mais que nas missas com adultos, estas disposições dependem da forma de celebrar do sacerdote, de sua preparação pessoal e mesmo de sua forma de atuar e de falar. Sobretudo, atenda à dignidade, clareza e simplicidade dos gestos. Ao falar às

---

[19] Cf. Concílio Vaticano II. Constituição sobre a sagrada liturgia *Sacrosanctum concilium*, nn. 42 e 106.

[20] Cf. A liturgia no primeiro Sínodo dos Bispos: *Notitiae* 3 (1967), p. 368.

[21] Cf. *Instrução geral do Missal Romano*, n. 56.

[22] Cf. n. 37.

463

criança, procurará expressar-se de tal maneira que o entendam facilmente, evitando, porém, expressões demasiadamente pueris.

As monições facultativas[23] hão de conduzir as crianças a uma participação litúrgica autêntica e não se tornem explicações meramente didáticas.

Para mover os corações das crianças, ajudará muito se o sacerdote empregar suas palavras nas monições, por exemplo, do ato penitencial, antes das orações sobre as oferendas, ao pai-nosso, ao dar a paz ou ao distribuir a comunhão.

Como a eucaristia é sempre uma ação de toda a comunidade eclesial, convém que participem da missa também alguns adultos, não como vigias, senão orando com as crianças e para prestar-lhes a ajuda que seja necessária.

Nada impede que um dos adultos que participam da missa com as crianças lhes dirija a palavra após o Evangelho, com a aprovação do pároco ou do reitor da Igreja, sobretudo se ao sacerdote se torna difícil adaptar-se à mentalidade das crianças. Sigam-se, neste assunto, as normas da Sagrada Congregação para o Clero.

Também nas missas para as crianças deve-se fomentar a diversidade de ministérios, a fim de que a celebração evidencie sua índole comunitária.[24] Os leitores e os cantores, por exemplo, podem ser escolhidos dentre as crianças ou os adultos. Desta sorte, pela variedade de vozes, evitar-se-á também a monotonia.

2. Lugar e tempo da celebração

A igreja é o lugar principal para a celebração eucarística com as crianças, porém, escolha-se nela um lugar à parte, se for possível, no qual as crianças, segundo o seu número, possam atuar com liberdade, de acordo com as exigências de uma liturgia viva e adequada à sua idade.

Se a igreja não corresponde a estas exigências, será preferível celebrar a eucaristia com as crianças em outro lugar que seja digno e apropriado para a celebração.[25]

Para as missas com as crianças, escolha-se o dia e a hora mais convenientes, segundo as circunstâncias em que vivem, de modo que estejam nas melhores condições para escutar a Palavra de Deus e para celebrar a eucaristia.

Durante a semana, as crianças podem participar com maior fruto e menor risco de aborrecimento na celebração da missa, se não se celebra todos os dias

---

[23] Cf. *Instrução geral do Missal Romano*, n. 11.

[24] Cf. Concílio Vaticano II. Constituição sobre a sagrada liturgia *Sacrosanctum concilium*, n. 28.

[25] Cf. *Instrução geral do Missal Romano*, n. 253.

(por exemplo, nos internatos); além disso, havendo mais tempo entre uma celebração e outra, pode-se preparar melhor.

Nos demais dias, é preferível uma oração em comum, em que as crianças possam participar com mais espontaneidade, ou uma meditação comunitária, ou uma celebração da Palavra de Deus que prolongue as celebrações eucarísticas anteriores e prepare a celebrar mais profundamente as seguintes.

Quando é muito grande o número das crianças que celebram a eucaristia, torna-se mais difícil uma participação atenta e consciente. Por isso, podem-se estabelecer vários grupos, não estritamente segundo a idade, mas levando-se em conta seu nível de formação religiosa e sua preparação catequética.

Durante a semana, será oportuno convidar os diversos grupos, em dias distintos, para a celebração do sacrifício da missa.

3. Preparação da celebração

Toda celebração eucarística com crianças, principalmente no que se refere às orações, cantos, leituras e intenção da prece dos fiéis, deve ser preparada a tempo e com diligência, em diálogo com os adultos e com as crianças que vão exercer algum ministério na celebração. Convém dar às crianças uma participação direta na preparação e ornamentação, tanto do lugar da celebração como dos objetos necessários, tais como o cálice, a patena, as galhetas etc. Tudo isto contribui, ademais, para fomentar o sentido comunitário da celebração, sem, contudo, dispensar uma justa participação interna.

4. Música e canto

O canto, de grande importância em todas as celebrações, sê-lo-á mais ainda nas missas celebradas com as crianças, dado o seu peculiar gosto pela música. Portanto, deve-se fomentá-lo de toda forma,[26] levando-se em conta a índole de cada povo e as aptidões das crianças presentes.

Sempre que possível, as aclamações, especialmente as que pertencem à prece eucarística, de preferência sejam cantadas pelas crianças; caso contrário, sejam recitadas.

Para facilitar a participação das crianças no canto do Glória, Creio, Santo e Cordeiro de Deus, é lícito adotar as composições musicais apropriadas com

---

[26] Cf. ibidem, n. 19.

versões populares aceitas pela autoridade competente, ainda que literalmente não estejam de acordo com o texto litúrgico.[27]

Também nas missas para crianças, "os instrumentos musicais podem ser de grande utilidade"[28] principalmente se tocados pelas próprias crianças. Eles contribuem para sustentar o canto ou para nutrir a meditação das crianças; ao mesmo tempo exprimem, à sua maneira, a alegria festiva e o louvor de Deus.

Sempre se deve tomar cuidado para que a música não predomine sobre o canto, ou sirva mais de distração que de edificação para as crianças; é preciso que corresponda à necessidade de cada momento em que se faz uso da música durante a missa.

Com as mesmas cautelas, com a devida seriedade e peculiar prudência, a música reproduzida por meios técnicos também pode ser adotada nas missas para crianças, conforme as normas estabelecidas pelas Conferências dos Bispos.

5. Os gestos

É necessário, nas missas para crianças, fomentar com diligência sua participação por meio dos gestos e das atitudes corporais, segundo a sua idade e os costumes locais. Isto é recomendado pela própria natureza da liturgia, como ação de toda a pessoa humana, e também pela psicologia infantil. Têm grande importância não só as atitudes e os gestos do sacerdote,[29] senão também, e mais ainda, a forma de se comportar de todo o grupo de crianças.

Se a Conferência dos Bispos adapta à índole de cada povo, segundo a norma da Instrução geral do Missal Romano, os gestos que são feitos na missa,[30] que leve em conta também a situação especial das crianças ou determine as adaptações feitas só para elas.

Entre os gestos, merecem menção especial as procissões e outras ações que implicam a participação do corpo.

A entrada processional do sacerdote junto com as crianças pode ser útil para fazê-las sentir melhor o vínculo de comunhão que então se estabelece;[31] a participação, ao menos de algumas crianças, na procissão do Evangelho, torna mais significativa a presença de Cristo que proclama a palavra a seu povo; a

---

[27] Cf. S. Congregação dos Ritos. Instrução *Musicam sacram*, n. 55, 5 de março de 1967: AAS 59 (1967), p. 316.
[28] Cf. ibidem, n. 62: AAS 59 (1967), p. 318.
[29] Cf. n. 23.
[30] Cf. *Instrução geral do Missal Romano*, n. 21.
[31] Cf. n. 24.

procissão das crianças com o cálice e as oferendas expressa melhor o sentido da preparação dos dons; a procissão da comunhão, bem organizada, ajudará a aumentar a piedade das crianças.

6. Elementos visuais

A própria liturgia da missa contém muitos elementos visuais a que se deve dar grande importância nas celebrações para crianças. Merecem especial menção certos elementos visuais próprios dos diversos tempos do ano litúrgico, por exemplo: a adoração da cruz, o círio pascal, as velas na festa da apresentação do Senhor, a variação de cores e ornamentações litúrgicas.

Além desses elementos visuais próprios da celebração e de seu ambiente, introduzam-se, oportunamente, outros que ajudem as crianças a contemplar as maravilhas de Deus na criação e na redenção e sustentem visualmente sua oração.

Nunca a liturgia deverá aparecer como algo árido e somente intelectual.

Por esta mesma razão, pode ser útil o emprego de imagens preparadas pelas próprias crianças, como, por exemplo, para ilustrar a homilia, as intenções de prece dos fiéis ou para inspirar a meditação.

7. O silêncio

Também nas missas para crianças "o silêncio, como parte da celebração há de ser guardado a seu tempo",[32] para que não se atribua parte excessiva à atividade externa; pois as crianças também, a seu modo, são realmente capazes de fazer meditação. Contudo, necessitam ser guiadas convenientemente a fim de que aprendam, de acordo com os diversos momentos (por exemplo, depois da comunhão[33] e depois da homilia), a concentrar-se em si mesmas, meditar brevemente, ou a louvar e rezar a Deus em seu coração.[34]

Além disso, deve-se procurar — precisamente com mais cuidado que nas missas com adultos — que os textos litúrgicos sejam proclamados sem precipitação, em forma clara e com as devidas pausas.

---

[32]   *Instrução geral do Missal Romano*, n. 23.

[33]   Cf. S. Congregação dos Ritos. Instrução *Eucharisticum mysterium*, n. 38, 25 de maio de 1967: AAS 59 (1967), p. 562.

[34]   Cf. *Instrução geral do Missal Romano*, n. 23.

8. As partes da missa

Respeitando sempre a estrutura geral da missa, que consta, de certa maneira, de duas partes, a saber: liturgia da palavra e liturgia eucarística, e também de alguns ritos que iniciam e concluem a celebração",[35] dentro das diversas partes da celebração parecem necessárias as seguintes adaptações para que as crianças realmente, "por meio dos ritos e das orações", segundo as leis da psicologia da infância, experimentem, à sua maneira, "o mistério da fé".[36]

A fim de que a missa para crianças não seja demasiadamente diferente da missa com adultos,[37] alguns ritos e textos nunca devem ser adaptados às crianças, como "as aclamações e respostas dos fiéis às saudações do sacerdote",[38] o pai-nosso, a fórmula trinitária na bênção final com que o sacerdote conclui a missa. Recomenda-se que, paulatinamente, as crianças vão se acostumando ao símbolo niceno-constantinopolitano, além do uso do símbolo dos apóstolos (vide n. 49).

a) Ritos iniciais

Uma vez que o rito inicial da missa tem por finalidade "que os fiéis reunidos constituam uma comunidade e se disponham a ouvir atentamente a Palavra de Deus e a celebrar dignamente a eucaristia",[39] deve-se procurar suscitar estas disposições nas crianças, evitando-se a dispersão na multiplicidade dos ritos propostos.

Por isso, é perfeitamente permitido omitir um ou outro elemento do rito inicial, ou talvez desenvolver mais um deles. Porém, sempre haja pelo menos um elemento introdutório que seja concluído pela coleta. Na escolha, cuide-se que cada elemento apareça a seu tempo e nenhum seja sempre desprezado.

b) Proclamação e explicação da Palavra de Deus

Como as leituras da Sagrada Escritura constituem "a parte principal da liturgia da palavra",[40] nunca pode faltar a leitura da Bíblia mesmo nas missas para crianças.

---

[35] Cf. ibidem, n. 8.

[36] Concílio Vaticano II. Constituição sobre a sagrada liturgia *Sacrosanctum concilium*, n. 48.

[37] Cf. acima n. 21.

[38] *Instrução geral do Missal Romano*, n. 15.

[39] Ibidem, n. 24.

[40] Idem, n. 38.

Com relação ao número das leituras para os domingos e dias de festa, devem ser observadas as normas dadas pelas Conferências Episcopais. Se as três ou as duas leituras previstas para os domingos ou dias da semana não puderem, senão com dificuldade, ser compreendidas pelas crianças, convém ler somente duas ou uma delas; entretanto, nunca falte a leitura do Evangelho.

Se todas as leituras determinadas para o dia não forem adequadas à compreensão das crianças, é permitido escolher as leituras ou a leitura seja do Lecionário do Missal Romano, seja diretamente da Bíblia, mas levando-se em conta os diversos tempos litúrgicos. Recomenda-se, porém, às Conferências Episcopais que elaborem lecionários próprios para as missas com crianças.

Se, por causa da capacidade das crianças, parecer necessário omitir um ou outro versículo da leitura bíblica, far-se-á com cautela e de tal maneira que "não se mutile o sentido do texto ou a mente e o estilo da Escritura".[41]

Entre os critérios de seleção dos textos bíblicos, há que se pensar mais na qualidade que na quantidade. Uma leitura breve nem sempre é por si mesma mais adequada à capacidade das crianças do que uma leitura mais prolongada. Tudo depende da utilidade espiritual que a leitura lhes pode proporcionar.

Evitem-se as paráfrases da Sagrada Escritura, uma vez que no próprio texto bíblico "Deus fala a seu povo... e o próprio Cristo, por sua palavra, se acha presente no meio dos fiéis".[42] Recomenda-se, entretanto, o uso de versões talvez existentes para a catequese das crianças e que tenham sido aprovadas pela autoridade competente.

Entre uma leitura e outra se devem cantar alguns versículos de salmos escolhidos cuidadosamente para a melhor compreensão das crianças, ou um canto ao estilo dos salmos, ou o *Aleluia* com um verso simples. Porém, as crianças sempre devem tomar parte nestes cantos. Nada impede que um silêncio meditativo substitua o canto.

Se for escolhida somente uma única leitura, o canto poderá ser executado depois da homilia.

Grande importância merecem os diversos elementos que servem para a melhor compreensão das leituras bíblicas, a fim de que as crianças possam assimilá-las e compreendam, cada vez melhor, a dignidade da Palavra de Deus.

Entre estes elementos estão as monições que precedem as leituras[43] e dispõem as crianças para ouvir atenta e frutuosamente, seja explicando o contexto, seja conduzindo ao próprio texto. Se a missa é do santo do dia, para

---

[41]   *Missal Romano*, "Lecionário I", *De ordine lectionum missae*, Introdução Geral, n. 7 d.

[42]   *Instrução geral do Missal Romano*, n. 33.

[43]   Cf. ibidem, n. 11.

a compreensão e ilustração das leituras da Sagrada Escritura, pode-se narrar algo referente à vida do santo não só na homilia, como também nas monições antes das leituras bíblicas.

Quando o texto da leitura assim o permitir, pode ser útil distribuir entre várias crianças suas diversas partes, tal como se costuma fazer para a proclamação da paixão do Senhor na Semana Santa.

Em todas as missas com crianças, deve-se dar grande importância à homilia, pela qual se explica a Palavra de Deus. A homilia destinada às crianças pode realizar-se, algumas vezes, em forma de diálogo com elas, a não ser que se prefira que escutem em silêncio.

Quando, ao final da liturgia da palavra, tem que se dizer o credo, pode-se empregar com as crianças o símbolo dos apóstolos, posto que faz parte de sua formação catequética.

c) Orações presidenciais

Para que as crianças possam realmente associar-se ao celebrante nas orações presidenciais, o sacerdote pode escolher os textos mais aptos do Missal Romano, levando em conta, entretanto, o tempo litúrgico.

Algumas vezes não basta esta livre escolha, para que as crianças possam considerar as orações como expressão de sua própria vida e de sua experiência religiosa,[44] pois as orações foram feitas para os fiéis adultos. Neste caso, nada impede que se adapte o texto do Missal Romano às necessidades das crianças, respeitando-se, entretanto, sua finalidade e, de certa maneira, sua substância, e evitando-se tudo o que é estranho ao gênero literário de uma oração presidencial, como, por exemplo, exortações moralizantes e formas de falar demasiado pueris.

Na eucaristia celebrada com as crianças, o mais importante deve ser a oração eucarística, que é o ponto alto de toda a celebração.[45] Muito depende da maneira como o sacerdote recita esta oração[46] e da forma como as crianças dela participam, escutando em silêncio e por meio de aclamações.

A própria disposição de ânimo que este ponto central da celebração requer, a tranqüilidade e reverência com que tudo se executa, devem levar as crianças a manter o máximo de atenção na presença real de Cristo no altar sob as espécies de pão e vinho, no seu oferecimento, na ação de graças por ele,

---

[44] Cf. Conselho Executor da *Constituição sobre a sagrada liturgia*, "Instrução sobre a tradução dos textos litúrgicos para a celebração com o povo", 25 de janeiro de 1969, n. 20: *Notitiae* 5 (1969), p. 7.
[45] Cf. *Instrução geral do Missal Romano*, n. 54.
[46] Cf. nn. 23 e 37.

com ele e nele, e na oblação da Igreja que então se realiza e pela qual os fiéis se oferecem a si mesmos e sua vida inteira com Cristo ao Pai Eterno na unidade do Espírito Santo.

Empregar-se-ão somente as quatro preces eucarísticas aprovadas pela autoridade suprema para as missas com adultos e introduzidas no uso litúrgico, enquanto a Sé Apostólica não dispuser outra coisa para as missas com crianças.

d) Ritos antes da comunhão

Terminada a prece eucarística, segue-se sempre o pai-nosso, a fração do pão e o convite para a comunhão,[47] pois estes elementos são de grande importância na estrutura desta parte da missa.

e) A comunhão e os ritos seguintes

Tudo deve desenrolar-se de tal maneira que as crianças já admitidas à eucaristia, devidamente dispostas, com tranqüilidade e recolhimento, se acerquem da sagrada mesa e participem plenamente do mistério eucarístico. Se for possível, entoar-se-á um canto adequado às crianças durante a procissão da comunhão.[48]

A monição que precede a bênção final[49] é muito importante nas missas com crianças, porque elas necessitam que, antes de despedi-las, se lhes dê, em breves palavras, uma certa repetição e aplicação do que ouviram. É sobretudo neste momento que convém fazê-las compreender o nexo entre a liturgia e a vida.

Pelo menos algumas vezes, por ocasião dos tempos litúrgicos e em certos momentos da vida das crianças, o sacerdote utilizará as formas mais ricas de bênção, porém, conservando sempre a fórmula trinitária com o sinal-da-cruz no fim.[50]

Tudo o que contém este Diretório visa a que as crianças, celebrando a eucaristia, sem dificuldade e com alegria, possam ir unidas ao encontro do Cristo e estar com ele diante do Pai.[51] E assim formadas pela participação consciente e ativa no sacrifício e no banquete eucarístico, aprendam cada vez mais

---

[47]   Cf. n. 23.

[48]   Cf. S. Congregação dos Ritos. Instrução *Musicam sacram*, n. 32, 5 de março de 1967: AAS 59 (1967), p. 309.

[49]   Cf. *Instrução geral do Missal Romano*, n. 11.

[50]   Cf. n. 39.

[51]   Cf. *Missal Romano*, "Prece eucarística II".

a anunciar o Cristo dentro e fora de sua casa, entre seus familiares e companheiros, vivendo a fé que "opera pela caridade" (Gl 5,6).

Este Diretório, preparado pela Sagrada Congregação para o Culto Divino, foi aprovado e confirmado no dia 22 de outubro de 1973 pelo sumo pontífice Paulo VI que ordenou sua publicação.

Da sede da Sagrada Congregação para o Culto Divino, 1º de novembro de 1973, solenidade de Todos os Santos.

Por especial mandato do sumo pontífice
Jean Card. Villot, secretário de Estado
A. Bugnini, arcebispo de Diocleciano, secretário da Sagrada Congregação para o Culto Divino

Pastoral dos Sacramentos da Iniciação Cristã – Pastoral da Eucaristia

Conferência Nacional dos Bispos do Brasil
(26 de novembro de 1974)

APRESENTAÇÃO

A 14ª Assembléia Geral da CNBB, aprovando os documentos sobre pastoral da confirmação e pastoral da eucaristia, completou o trabalho iniciado por ocasião da 13ª Assembléia, quando foi aprovado o documento sobre pastoral do batismo.

Temos agora no Brasil, no campo da pastoral litúrgica, uma orientação oficial do Episcopado sobre a Pastoral dos Sacramentos da Iniciação Cristã, desenvolvendo e adaptando à realidade de nossa pátria as preciosas orientações pastorais contidas nos novos livros litúrgicos, reformados por ordem do Concílio Vaticano II.

Ponderando o valor dos sacramentos da iniciação cristã em si mesmos e em seus efeitos para quem os recebe, vemos que os bispos do Brasil dotaram nossas dioceses com um instrumento de trabalho de primeira ordem para o aprofundamento da vida cristã. O ser do cristão, a irradiação comunitária do cristão, a plenitude de vivência do cristão, alicerçados de modo vital no batismo, na confirmação e na eucaristia, são cultivados por essas orientações pastorais ora publicadas. E quem os aplicar devidamente, colherá sem falta os frutos de seu esforço.

O método seguido para a elaboração destes textos e sua eficiente revisão pela própria Assembléia Geral (quanto ao batismo e à confirmação) ou pela Comissão Episcopal de Pastoral (quanto à eucaristia) fazem com que sejam verdadeiramente fruto de um trabalho comunitário. O leitor encontrará neste livro, pois, não o pensamento de um autor ou de um grupo, mas uma expressão da consciência pastoral comum na Igreja do Brasil. A função da Comissão Nacional de Liturgia foi apenas a de auscultar, colher dados e opiniões, e sistematizar; foi servir, mais que orientar.

Quando se chega a uma publicação deste gênero, após anos de preparação e elaboração, pode-se ter a impressão de ter atingido a meta. Mas agora que o livro está publicado é que se vai iniciar o trabalho, pois uma obra como esta não é para os arquivos e as bibliotecas, nem mesmo para as salas de aulas ou de conferências, mas deve ser companhia permanente de todos os agentes pastorais, sempre ao alcance da mão para consulta e sempre levado ao campo concreto da ação pastoral.

Nova Friburgo, 1º de janeiro de 1975

Clemente José Carlos Isnard, osb, presidente da Comissão Nacional de Liturgia

CONSTITUIÇÃO DA ASSEMBLÉIA EUCARÍSTICA

1. Povo de Deus, vivendo no Espírito Santo

"De toda e qualquer nação, são agradáveis a Deus aqueles que o respeitam e praticam o que é justo" (At 10,35). No entanto, um povo foi constituído e historicamente educado para que servisse ao Senhor em santidade.

Para isso o próprio Deus se manifestou e foi reconhecido através dos acontecimentos da história, até chegar o tempo da plenitude, em que o pacto de amizade estreita entre Deus e os homens se efetivou no Filho que veio, como homem, para reconquistar os filhos dos homens e reconduzi-los para o Pai (cf. LG, n. 9).

Jesus de Nazaré, "entregue por nossos pecados e tornado Senhor para nossa salvação" (Rm 4,25), é constituído Cabeça do povo messiânico. Este povo, habitado e movido pelo Espírito Santo, tem a missão de difundir o anúncio do Reino de Deus e, vivendo no mesmo Espírito, é chamado a concretizar já aqui na terra a comunhão de vida, na caridade, na verdade e na justiça, tornando-se assim sinal e instrumento da salvação universal do mundo (cf. LG, n. 9).

O Senhor Jesus bem conhece a condição peregrina da Igreja que avança em direção à cidade futura e permanente (cf. Hb 13,14); por isso envia o seu Espírito educador das consciências e a cumula de meios aptos para que realize esta união

visível e social, convocando e constituindo todos os seus seguidores como povo, Igreja, sacramento da unidade salvífica (cf. S. Cipriano, Epíst. 69,6 – PL 3,1.142).

Entre os maravilhosos meios de crescimento na unidade com que Cristo dotou sua Igreja, destacamos a eucaristia, sacramento de sua ação salvífica, presença do Cristo glorificado que continua convocando seu povo pela Palavra e alimentando-o na caminhada com seu corpo e seu sangue, oferecidos pela redenção de todos que se unem à sua paixão e morte (Rm 8,1; Cl 1,2; 2Tm 2,11-12; 1Pd 4,3).

É neste sentido que deve ser entendido o sinal do pão e do vinho:

> Eu recebi do Senhor, o que também vos transmiti: Que o Senhor Jesus, na noite em que foi traído, tomou o pão e tendo agradecido a Deus, partiu-o e disse: "Isto é o meu corpo, que é dado por vós; fazei isso em minha memória. Toda vez que comerdes deste pão e beberdes deste cálice, anunciais a morte do Senhor até que ele venha" (1Cor 11,23-26).

É preciso, pois, que, ao celebrar a eucaristia, a comunidade reconheça nos sinais o anúncio da morte e proclame a ressurreição, para que esta seja feita em memória do Senhor.

2. Assembléia, reunião dos convocados

1. Nos escritos da antiga aliança o termo *ekklesia*, corrente na literatura grega, desliga a assembléia do povo, convocada regularmente pela autoridade competente, a fim de tomar decisões ou ratificar as propostas feitas pela autoridade.

O judeu sabia que sua assembléia, convocada pela palavra de Javé, devia tornar-se fonte de união e que a salvação um dia se manifestaria sob a forma de um vasto "assembleamento" do povo.

2. Só uma evangelização que anuncie a Palavra e faça com que os cristãos descubram nela a razão de se reunirem poderá fundamentar a assembléia eclesial e distingui-la das demais reuniões com os mais variados objetos.

3. O Vaticano II reafirma que "aprouve a Deus santificar e salvar os homens não isoladamente, com exclusão de toda relação mútua, mas em povo que o reconhece na verdade para servi-lo santamente" (GS, n. 32; cf. LG, n. 9).

Os profetas (Jr 10,21; Ez 34,5-6) reprovam os que reúnem o povo e que, em vez de lograrem mais união, fomentam a dispersão e separação ou o iludem com ritos vazios.

4. Deus revelou suficientemente seu desígnio de salvar todos os homens para que a assembléia não se reduza a uma reunião de perfeitos (Ez 34,13; 20,34-38.41). No entanto, um ponto permanece essencial: sem iniciação à fé, a assembléia – mesmo sendo reunião cultural – fica reduzida ao nível das assembléias humanas; mais divide e ilude do que constrói. Somente à luz destes princípios a assembléia local se reunirá no Espírito e poderá se tornar, no nível do sinal, anúncio e preparação da assembléia universal. Nem fechamento em elites perfeitas, nem multidão inconsciente em sua fé realiza uma assembléia congregada em nome do Senhor.

3. Diversificação de assembléias

a) O fato pastoral

Na atual situação da Igreja, verificam-se vários tipos de assembléias, dos mais diferentes níveis de consciência cristã conforme as circunstâncias que os levam a se reunir. A eucaristia, como sacramento da unidade, não terá, pois, significação se não houver um real esforço e atenção para a constituição da assembléia.

Não podemos considerar que a carência de iniciação justifique uma atitude drástica como seria a de fechar as portas às pessoas não iniciadas. Faltar-nos-iam, aliás, critérios suficientes para tanto. Mas sabemos também que o sacramento da eucaristia tem exigências quanto à constituição da assembléia; exigências essas que estão a urgir uma pedagogia no amor e na misericórdia, capaz de conduzir à conversão e maior possibilidade de penetração nos sinais que, à luz da fé, são entendidos pela Igreja como atualização do mistério do Cristo morto-ressuscitado.

Para que uma assembléia tenha condições de realizar os sinais do mistério, entender na fé a significação dos mesmos e compromissar-se com suas exigências, é necessário que se distingam os diferentes tipos de assembléia, com suas características peculiares.

b) Caracterização das assembléias

1) As assembléias de freqüentadores assíduos das missas dominicais devem ser mais claramente convocadas pela palavra, isto é, que sua fé, purificada

PASTORAL DOS SACRAMENTOS DA INICIAÇÃO CRISTÃ – PASTORAL DA EUCARISTIA

na evangelização, seja o motivo de sua presença na comunidade dos irmãos, para que se tornem capazes de perceber a significação dos ritos comuns. Com efeito, nas nossas assembléias dominicais, há pessoas que, levadas por motivação evangélica, participam comunitariamente da eucaristia e são comprometidas na comunidade.

Há, porém, pessoas que estão presentes por sentimentos religiosos estranhos à fé evangélica (sincretismo religioso) ou que assistem à celebração eucarística como mero ato de piedade individual. Essas pessoas, em vez de se sentirem chamadas à maior vivência do mistério pascal que os sinais tornam presente, emprestam-lhes um significado que não corresponde ao que a Igreja entende e pretende ao fazê-los. Assistem e até realizam a mesma cerimônia, dando-lhe, porém, uma interpretação que não se fundamenta no ensinamento de Jesus de Nazaré e da Igreja.

Há também os que são trazidos à celebração por motivos os mais variados, como sejam costume, dever familiar, social... pressão moral do preceito (medo) e similares. Estes manifestam mais uma atitude de espectadores do que real desejo de participação. Apesar de certa assiduidade, nunca chegam a se comprometer com a comunidade cristã e não se esclarecem nem aprofundam a própria fé.

Neste caso, um tanto ambíguo com relação à eucaristia, o presidente é liturgo com os primeiros; deve, porém, fazer-se catequista (mistagogo) para os segundos e missionário para os últimos; corre assim o risco de não atender a ninguém. Cabe, pois, ao celebrante e à equipe de celebração identificar a assembléia, distinguir as diferentes necessidades e procurar celebrar de tal forma que cada qual se sinta atingido e motivado a participar de modo mais consciente. O testemunho da equipe de celebração, especialmente do presidente, é que exercerá real influência educadora sobre a comunidade, sem com isso dispensar outras iniciativas.

A eucaristia, mistério da fé, supõe normalmente uma *ekklesia*, reunião de iniciados, capazes de se congregar explicitamente para a celebração do sacramento da unidade, porque guiados pela Palavra que revela o desígnio de Deus aos que se reúnem para ouvi-la.

2) Nas reuniões de assembléias ocasionais (missas de defuntos, casamentos, festas patronais etc.) a liturgia da palavra seja realçada e tome cunho nitidamente missionário. Deve-se ter em vista mover à integração em uma comunidade que persevere na instrução da fé, a fim de possibilitar iniciação adequada e oportuna conversão evangélica.

N.B. Devido às características próprias de tais reuniões, não se pode simplesmente tomar o formulário próprio do dia, proposto para os que freqüentam habitualmente a assembléia. É urgente que se providenciem subsídios catequéticos e mesmo formulários para celebrações mais adequados ao nível cultural e de iniciação dos participantes; não raro, a maioria deles é de pessoas que só têm contato com a Igreja nestas ocasiões especiais.

Reconhecendo que em situações semelhantes a Igreja é procurada mais para atender a uma necessidade religiosa ou por causa do relacionamento social, do que pelo desejo de participar regularmente na vida da comunidade cristã, será preciso ter presente que o efeito da celebração depende de:

- um contato e um acolhimento humanos que façam as pessoas perceber que a Igreja está alerta e atenta a todos os feitos e acontecimentos da vida do homem. Evite-se, pois, toda aparência de rigor e exigências que mais afastam do que atraem;
- um cuidado especial na preparação da celebração a fim de que se sintam à vontade, possam captar a mensagem oportuna à ocasião e assim conservem boa lembrança deste contato com a Igreja;
- uma participação ativa, solicitando-se para isso a colaboração na própria celebração (por ex.: confiando-lhes as leituras, preces, orientando as atitudes a serem tomadas durante a celebração etc.).

4. Pedagogia e ação pastoral

A história nos ensina pistas para o restabelecimento de uma assembléia em que a eucaristia retome sua plena significação de "manifestação da Igreja", de sinal de unidade", de "sacramento para iniciados". Para isso não será suficiente inovar ritos (retocar, inventar ou seguir livros novos); será necessária uma autêntica renovação aculturada, para que os ritos sejam redescobertos em sua significação profunda.

É pastoralmente urgente superar a situação de uma eucaristia colocada para pessoas que se reúnem dispersamente com suposta iniciação, que a fraca participação "ativa, consciente e frutuosa" (SC) na ação litúrgica vem contradizer.

Com efeito, as comunidades eclesiais que estão se formando por um processo mais apurado de iniciação evangelizadora em grupos de base constituem-se em assembléias onde a coesão da fraternidade oferece melhores condições de uma liturgia viva, capaz de unir rito e vida, sinal e realidade de união. A unanimidade na fé e no amor, fundada no mútuo conhecimento e na recíproca ajuda, faz perceber que a reunião foi convocada pela Palavra. O progresso da conversão permite uma assembléia em oração, com participação

PASTORAL DOS SACRAMENTOS DA INICIAÇÃO CRISTÃ – PASTORAL DA EUCARISTIA

mais frutuosa graças ao engajamento vivencial e ao crescimento na fé evangélica que provoca.

É evidente que tais assembléias darão nova vida aos ritos conforme suas necessidades culturais e seu nível de crescimento na fé. Para que os acontecimentos da vida cotidiana possam ocupar lugar explícito nas celebrações, sente-se a necessidade de criar algo que expresse melhor a integração vital no mistério de Cristo; chega-se não raro à conclusão de que é necessário adaptar os ritos propostos que se mostram insuficientes. Diante de iniciativas neste terreno, mera atitude de repressão poderá conduzir tais grupos a agirem à margem da disciplina vigente, com conseqüente prejuízo para a unidade eclesial; por outro lado, a falta de fundamentação histórico-teológica de certos dirigentes (presbíteros ou outros) faz com que algumas celebrações da eucaristia se afastem não apenas das formas oficiais elaboradas para grande público, mas também da unidade eclesial da liturgia.

Diante destes fatos, é urgente que se dê especial atenção pastoral às celebrações que correspondam às necessidades de tais grupos e lhes permitam uma expressão autêntica da fé, no estágio em que se encontram e com modalidades adaptadas à sua cultura e formação. Para isso, deve-se procurar manter a unidade da liturgia da Igreja com a diversificação das formas, em consonância com o espírito de criatividade que tradicionalmente constitui a riqueza da liturgia e tão sabiamente preconizado pelos documentos conciliares e subseqüentes.

N.B. Cf. Instrução sobre missas para grupos particulares, Doc. 19 Prot. 77/69; Encontro dos Presidentes e Secretários das CNL dos Países Latino-Americanos — CELAM, Departamento de Liturgia, Medellín, 1972; Documento dos presbíteros, CNBB 1969, p. 213, proposição 1.7 que obteve maciça votação: "Que se promova uma corajosa aculturação da liturgia"; Diretório das missas com crianças, S. Congregação para o Culto Divino, 1º de novembro de 1973; Instrução *actio pastoralis* de 15 de maio de 1969 da S. S. Congregação para o Culto Divino. Estes documentos são aplicação prática dos números 37-40 da Constituição *Sacrosanctum concilium*.

a) Celebrações com grupos e comunidades paroquiais

O reexame das dimensões da eucaristia das basílicas ou matrizes, ainda hoje em vigor, e suas influências sobre o ritual do culto levar-nos-iam a uma nítida revalorização das celebrações em pequenas comunidades, sem com isso negligenciar a significação das assembléias mais representativas da universalidade da Igreja, nem ceder à tentação de fazer eucaristias para público socialmente reunido, mas não congregado em nome do Senhor (cf. EM, nn 25-27). A história nos ensina que foi essa passagem da eucaristia comunitária (simplicidade doméstica — em dimensões familiares e fraternas) para as celebrações diante de um povo convertido em massa e sem a devida iniciação que levou, pouco a pouco, entre outros motivos culturais, a substituir o altar (uma verdadeira mesa de refeições onde todos tomavam parte) pelo trono que distancia o sacerdote do povo, adotando uma série de etiquetas inspiradas nos protocolos da corte imperial (genuflexões, inclinações, gestos, vestimentas etc.).

A conseqüência foi a progressiva falta de participação do povo nas celebrações litúrgicas, apesar de estarem assistindo às cerimônias. Essa situação chegou a ponto de fazer com que o Concílio do Latrão IV, na Idade Média (1215), impusesse a obrigação de comungar ao menos uma vez por ano, pela Páscoa da ressurreição.

Para que haja progressiva integração entre as celebrações em pequenos grupos e maior autenticidade nas celebrações em ambientes mais abertos a público numeroso (igrejas paroquiais etc.), é necessário que se aprofundem os princípios gerais para a catequese sobre o mistério eucarístico e as normas sobre a celebração do memorial do Senhor conforme a Instrução sobre o culto eucarístico (EM, nn. 5-30).

1) As assembléias de centros urbanos, bem como as celebrações de lugares de convergência turística, exigem especial atenção pastoral por constituírem um fenômeno típico da era das comunicações.

De fato, a facilidade de locomoção e o teor de vida das grandes cidades aumentam as dificuldades de reunir-se de modo assíduo em um mesmo local e até mesmo de se constituírem comunidades estáveis de pessoas. A mobilidade produz o fenômeno dos transeuntes em nossas assembléias de centros urbanos e faz com que as assembléias reúnam pessoas sem grande relacionamento humano, máxime nos locais de turismo (hotéis de veraneio, balneários, cidades turísticas...).

Diante deste fato, é necessário que a pastoral prepare a comunidade e a faça tomar consciência do dever cristão da hospitalidade aos irmãos na fé que vêm se unir a ela na celebração.

O acolhimento e a integração dos transeuntes, a disponibilidade destes para se comunicarem com os membros da comunidade local, são condições indispensáveis para uma autêntica liturgia comunitária. Não se pode supor "comunidade" e começar a celebração sem levar em conta esta realidade.

Iniciativas neste sentido devem ser tomadas para que a assembléia seja realmente sinal de unidade e não apenas uma reunião de pessoas justapostas e isoladas.

PASTORAL DOS SACRAMENTOS DA INICIAÇÃO CRISTÃ – PASTORAL DA EUCARISTIA

2) Quanto à celebração com grupos de famílias, pessoas de relacionamento ambiental ou comunidades de base, a experiência tem mostrado sua eficácia. No entanto, o perigo de se constituírem em "guetos" ou igrejinhas isoladas, perdendo assim o contato com o povo de Deus, também é real.

Por outro lado, o Concílio tem insistido sobre a significação da assembléia paroquial (SC, n. 42) e sua força de expressividade representativa da Igreja.

A Encíclica *Eucharisticum mysterium* já fala da celebração com tais grupos, especialmente durante a semana (EM, n. 17; cf. Diretório das missas com crianças, n. 20).

Portanto, fiéis ao pensamento da Igreja, é preciso que os grupos tomem consciência de sua missão em vista da renovação litúrgica nas assembléias, paróquias, e fundamentem seu "não-fechamento grupista", na significação eclesial das assembléias mais representativas das diferentes categorias de que a Igreja se compõe na realidade.

A presença, nas grandes assembléias, de grupos que tiveram a oportunidade de fazer experiências de liturgia mais viva e comunicativa, sua identificação como grupo e a solicitação para servirem à comunidade, será um testemunho de verdadeira fé que torna os cristãos conscientes, ativos no serviço de acolhimento e animação dos demais irmãos. Apesar de numerosa, a assembléia evitará o perigo — aliás, muito comum — de ser uma massa anônima, graças ao relacionamento pessoal no interior dos grupos e ao entrosamento dos grupos na constituição de uma assembléia comunitária.

b) Celebração doméstica da eucaristia

A consciência do caráter tipicamente doméstico que a eucaristia conservou desde a ceia no Cenáculo até a metade do século III (quando as casas cedidas para a *ekklesia* dos irmãos começaram a se tornar propriedade da comunidade que se encarregou de administrá-las e ampliá-las conforme suas necessidades) deveria fazer com que se desse particular atenção pastoral a tais celebrações.

O aprofundamento do mistério eucarístico e sua exigência essencial de comunidade, hierarquicamente ordenada, levará a uma pastoral que vise prioritariamente à constituição da Igreja em níveis diversos de realização (igreja doméstica, grupos de evangelização, diaconias, paróquias e finalmente diocesana presidida pelo bispo) com os ministérios respectivos para que cresça uma efetiva unidade que se origina do mesmo pão partido entre os irmãos.

O costume de celebrar cotidianamente só na matriz priva da participação eucarística muitas pessoas que se acham impedidas porque os horários não se ajustam aos seus compromissos. Razões pastorais estão a exigir que se reconsidere o atendimento quase exclusivo dos templos e se revejam os horários, atendendo à complexidade da vida moderna, para que se vá ao encontro dos fiéis, a fim de evangelizá-los e com eles celebrar a fé.

Neste sentido, os documentos da Sé Romana encorajam as celebrações eucarísticas com grupos, em suas próprias casas, em dias e horários que mais favoreçam a participação dos membros das famílias.

N.B. Cf EM, n 17; *De sacra communione et de cultu mysterii eucharistici extra missam*, nn. 16 e 18; Diretório das missas com crianças, n. 25. Encontro dos Presidentes e Secretários das CNL, Medellín, 1972.

Procure-se, no entanto, evitar que as celebrações domésticas se reduzam ao simples transplante da missa do templo para as casas. O ambiente familiar favorece maior espontaneidade e possibilita a criatividade (Medellín, 1972, documento n. 5).

Os sacerdotes terão o cuidado de não passarem do atendimento a multidões anônimas para "capelães de guetos". Essas ocasiões são preciosas para maior contato com as famílias, na perspectiva de uma presença evangelizadora em ambiente mais natural, mas não podem perder as dimensões eclesiais do mistério.

É neste contexto que se recoloca o desafio das vocações ministeriais capazes de dar atendimento às novas necessidades da Igreja.

É evidente que não se trata de conceder privilégios por motivos estranhos à fé (como sejam posição social, egoísmo de alguma família, número de um programa festivo da família), mas fazer maior número de pessoas terem experiências de uma celebração eucarística em clima de íntima fraternidade e educar os fiéis para o sentido comunitário da vida eclesial.

c) Celebração com grupos de jovens

Sociologicamente, os jovens se constituem hoje em grupos caracterizados por exigências próprias.

Do ponto de vista religioso, nota-se movimento de busca de Cristo no mundo juvenil.

Atendendo às necessidades específicas desta faixa da população, tem-se procurado promover celebrações que possibilitem à juventude a expressão de sua fé de modo mais adaptado às suas características.

Tenha-se presente que o objetivo destas celebrações não pode reduzir-se à mera atração e ponto de encontro motivados pela apresentação de *shows*, variedades musicais, clima de euforia, sob pena de se tornarem alienantes, mais do que participação no mistério de Cristo e da vida eclesial.

A finalidade é alcançar maior autenticidade na expressão da fé. Para isso, a eucaristia terá que voltá-los para a vida, para o mundo juvenil e para a sociedade em concreto, integrando-os na comunidade e comprometendo-os em tarefas concretas.

Cuide-se para que essas assembléias de jovens não aumentem a tensão entre as gerações, nem venham a cair no "grupismo", com prejuízo para a unidade eclesial na sua totalidade.

A fim de evitar o fechamento desses grupos sobre si mesmos, promovam-se, em certas solenidades e ocasiões (por ex.: Natal, Páscoa, Pentecostes, padroeiro, dias dos pais etc.), assembléias mais representativas de fraternidade universal que reúnam adultos, jovens e crianças em uma única celebração.

É importante que se dê especial atenção à formação de equipes de liturgia de jovens que assumam o preparo do ritual e comentários para suas celebrações, bem como ajudem a assembléia a celebrar com maior consciência.

O canto e os instrumentos usados sejam escolhidos de tal modo que evidenciem claramente a mensagem e favoreçam o clima de oração.

N.B. a) Fatores psicológicos e o respeito pelos direitos autorais não permitem, por exemplo, que se façam adaptações superficiais de textos de músicas compostas para outras situações e não condigam com o momento da oração.

b) Lembramos que a mensagem evangélica faz parte da expressão da fé e não se pode ignorá-la na escolha dos cantos.

c) Uma boa evangelização proporcionará à exuberância dos jovens maiores possibilidades de criar músicas cujo ritmo corresponda às suas justas exigências e cujos textos transmitam a palavra e expressem a fé.

d) Celebrações com a participação de crianças (cf. Diretório das missas com crianças)

1) Faz parte da iniciação cristã das crianças a participação na liturgia (Dir., n. 8) que, graças à sua inata eficácia pedagógica, exerce uma influência ímpar no desenvolvimento da fé e faz descobrir as dimensões e valores próprios da Igreja, desenvolvendo o espírito comunitário (n. 2). É, pois, indispensável que as crianças se sintam dentro de um grupo que celebra sua fé e sejam envolvidas por todo aquele clima de fraternidade que a comunidade cristã deve cultivar, máxime quando se reúne na comunhão com e em Cristo (Dir., n. 8). A presença de adultos, portanto, é sumamente desejável (Dir., n. 24), de modo particular a dos familiares e educadores das crianças (Dir., nn. 10 e 16). No

ORIENTAÇÕES PARA A CELEBRAÇÃO E O CULTO DA EUCARISTIA

caso de os pais não terem vida sacramental, sugerem-se vários tipos de celebrações não eucarísticas, em que pais e crianças sejam educados para aqueles valores humanos que servem de base para a vida familiar, criam condições para uma melhor integração social e, oportunamente, eclesial (cf. Dir., n. 10). Tais celebrações oferecem, para isto, maior liberdade de recursos e meios pedagógicos mais adequados ao nível próprio de iniciação de cada grupo.

Tendo essas reuniões objetivo de educar na fé, deve-se evitar um cunho demasiado didático, pois se trata de levar as crianças a perceberem a significação própria da liturgia em seus variados elementos e não apenas de "ensinar".

A palavra, celebrada com assiduidade, máxime no Advento e Quaresma, despertará, desde cedo, estima e veneração para com a Sagrada Escritura (Dir., n. 13) e educará as crianças para uma vida de autêntica fé evangélica, mais do que para práticas religiosas.

2) A celebração eucarística paroquial reúne os adultos, principalmente nos domingos e dias festivos, para a participação no mistério central da fé cristã (Dir., n. 16).

O valioso testemunho da experiência comunitária não basta para educar as crianças, se essas se sentirem deixadas de lado durante a própria ação litúrgica (Dir., n. 17). Por isso é necessário que se façam as adaptações oportunas, a fim de atender às crianças conforme as necessidades específicas de cada assembléia (cf. SC, n. 38; Dir., n. 3) e evitar que a rotina das cerimônias e a falta de adaptação à mentalidade infantil venham a enfastiar a imaginação viva das crianças, causando possível dano no seu relacionamento com a Igreja (Dir., n. 2).

É urgente que se dê especial atenção pastoral para que a liturgia corresponda às exigências das crianças, tomando em conta a percepção e a vivacidade do seu mundo específico (Dir., nn. 12 e 35). A presença de adultos como companheiros de oração e não como "vigias" (Dir., nn. 21 e 24) é o modo mais completo de iniciar à vida em comunidades, mas é educativo que se celebre, às vezes, com grupos menores, só com crianças, especialmente durante a semana (Dir., nn. 20, 27 e 28). A fim de que possam se expressar mais espontaneamente, leve-se em conta a formação, mais do que a idade.

3) Eis as principais adaptações que o Diretório prevê:
• Quanto ao local de celebração
Mesmo que o templo seja o local normal das celebrações, procure-se reunir as crianças em um espaço que favoreça o recolhimento e as mantenha unidas, evitando o perigo de distração ou dispersão. Caso isto seja difícil, celebre-se em qualquer lugar digno, mesmo fora do recinto do templo (Dir., n. 17).

• Quanto aos ministérios

Que se distribuam as leituras, comentários, preces dos fiéis, cantos, preparação do altar, transporte das oferendas para o altar entre adultos e crianças, de tal modo que se sintam solicitados ao serviço direto na própria cerimônia (Dir., nn. 18, 29, 24, 47, 32, 48, 34, 22).

• Quanto aos instrumentos musicais e ao canto

O canto corresponde melhor ao estilo infantil (Dir., n. 30) e a melodia ajuda a pronunciar e memorizar mais facilmente do que se recitam, sobretudo as aclamações da oração eucarística e demais textos do ordinário. Para isso é possível usar traduções adaptadas, desde que aprovadas pela autoridade competente. (cf. Dir., n. 31).

O uso de instrumentos musicais, sobretudo se tocados pelas crianças, é vivamente recomendado e o critério fundamental será o sentido pastoral, isto é, que conduzam a uma liturgia "festiva, fraterna e recolhida" (cf. Dir., n. 32).

• Os gestos

A natureza própria da liturgia exige que o homem se expresse com todo o seu ser, portanto, é também ação do corpo. Tratando-se de crianças, cuja característica é a manifestação corporal mais do que intelectual, deve-se dar a máxima importância aos gestos, não só do sacerdote, mas à participação efetiva da assembléia.

Embora o texto do Diretório enfatize as procissões, neste campo é urgente que se recorra à ajuda psicopedagógica de educadores especializados, a fim de que a liturgia com crianças possa corresponder às exigências próprias de tais assembléias (SC, n. 38; Dir., nn. 33-34).

É importante que, entre os gestos, se dê particular ênfase à atitude de silêncio, para que não se caia em movimentação externa com prejuízo da participação (cf. Dir., n. 36).

• Recursos visuais

Só o uso de elementos visuais e sonoros, juntamente com gestos significativos, poderá corresponder às crianças e fugir ao risco de fazer da liturgia um momento árido e fatigante.

Além do relevo com que se deve utilizar os símbolos próprios da liturgia (círio, cores, cruz, objetos significativos), é sumamente necessário que se traduza em formas plásticas o conteúdo da Palavra ouvida e do mistério celebrado.

Também aqui os métodos audiovisuais tornam-se subsídio indispensável à participação das crianças na liturgia (cf. Dir., n. 35).

4) Além das várias modalidades e iniciativas, o Diretório afirma que é possível à CNBB propor à Sé Romana outras adaptações que se fizerem pastoralmente úteis e oportunas (Dir., n. 5).

Fiel à estrutura geral da celebração, isto é, à Palavra e sacramento, que constituem um único culto e os ritos de abertura e encerramento (cf. IGMR, n. 8), o Diretório prevê, como necessárias, adaptações no modo de conduzir e realizar a eucaristia com crianças.

Recomenda-se, no entanto, que as "aclamações, respostas comuns e o pai-nosso" sejam conservados intactos para que sejam possíveis celebrações integradas com toda a comunidade eclesial (cf. Dir., nn. 38-39).

N.B. a) Para a liturgia eucarística, todos os que já podem participar do sacramento voltem normalmente a se reunir em única assembléia, significando a força de unidade deste mistério celebrado.

b) Não seria de desejar que as crianças que ainda não fizeram a primeira eucaristia fossem às vezes atendidas por mães (ou outras pessoas e às vezes pelo próprio presbítero) em celebrações e/ou atividades recreativas e educativas?

5. Eucaristia junto aos enfermos e inválidos

N.B. Para uma visão mais completa a respeito da pastoral dos enfermos, é indispensável que se medite o Rito da unção dos enfermos e sua assistência pastoral. Trata-se, com efeito, mais de um manual de orientações do que de um simples rito de celebração.

Que os agentes pastorais proporcionem aos enfermos e inválidos freqüentes ocasiões de acesso à eucaristia, certos de que é o meio mais eficaz para concretizar a aspiração de que os cristãos se reúnam e vivam comunitariamente. Dê-se a máxima importância e valor à participação na eucaristia, mesmo por parte daqueles que se acham legitimamente impedidos de se reunir no mesmo lugar e hora da assembléia, mas que, quando possível, fazem parte da eucaristia. Assim, organizem-se com eficiência a distribuição da eucaristia e a celebração a domicílio para enfermos e inválidos e para os que deles cuidam, ficando impossibilitados de tomarem parte na assembléia.

A missa domiciliar possibilita a comunhão sob as duas espécies, como prevê o ritual, e concretiza a legítima disposição de, quanto possível, comungar na própria celebração da eucaristia (cf. Rito da unção, n. 26).

É sumamente desejável que a caridade cristã preveja a ajuda de irmãos na fé para a oportuna substituição dos familiares de enfermos e inválidos, a fim de que os mesmos irmãos que prestam tal assistência não sejam privados da assembléia por tempo demasiado longo, com conseqüente prejuízo para o crescimento na doutrina dos apóstolos e na convivência com os irmãos que se reúnem no Senhor (cf. Rito da unção, nn. 42-43).

PASTORAL DOS SACRAMENTOS DA INICIAÇÃO CRISTÃ – PASTORAL DA EUCARISTIA

É evidente que tanto a celebração junto aos enfermos e inválidos quanto a distribuição da comunhão fazem parte de toda uma perspectiva muito ampla da pastoral dos enfermos; a comunhão é que deve assumir a missão de envolver os irmãos que sofrem, em um clima de fé e caridade, capaz de sustentá-los em momentos tão importantes e dolorosos, na esperança que ilumina o mistério da dor e da morte com a luz da ressurreição (cf. Rito da unção, nn. 1-4).

Note-se que essa tarefa de solicitude para com os enfermos e pessoas idosas é tão importante que já Hipólito de Roma qualifica o diácono como sendo o "ministro dos doentes e dos pobres" (cf. Trad. Apostólica, nn. 39 e 34).

Recentemente, a Igreja, ao revitalizar a função do acólito, volta a insistir sobre o cuidado que este deve ter na distribuição da eucaristia aos enfermos (cf. *Ministeria quaedam*, VI).

a) Missas exequiais e orientações pastorais

A liturgia das exéquias coloca os pastores diante de uma perplexidade: as missas encomendadas por ocasião de morte, 7º e 30º dias não passam, muitas vezes, de puro ato social a que não se pode recusar; por outro lado, tais situações oferecem excelente ocasião de contato com pessoas que raramente procuram a Igreja. Resta, no entanto, uma perplexidade se os pastores confrontam as exigências do sacramento com as disposições concretas.

1) É indispensável que os presbíteros despertem para uma maior sensibilidade, a fim de não serem os únicos a não se comoverem com o fato que abala toda a assembléia reunida.

Se quem preside não participa dos sentimentos da assembléia, sua celebração, e principalmente a homilia, será desencarnada, não fala de um fato vivido.

2) Para que a celebração do mistério de Cristo por ocasião da morte de um membro da Igreja se torne vivencial, é necessário colher alguns dados sobre a vida da pessoa falecida e travar previamente um mínimo de relação com a família enlutada.

3) Há diferença entre uma celebração feita por um freqüentador assíduo da assembléia eucarística e uma pessoa desligada da Igreja. No entanto, a reunião poderá ser ponto de partida para uma evangelização, sobretudo se a liturgia for celebrada de tal modo que manifeste o esforço da atualização da Igreja em um clima humano de acolhimento e solidariedade.

4) Neste particular, a comunidade eucarística dos assíduos à Igreja tem especial oportunidade de dar testemunho de disponibilidade, serviço e atenção

ORIENTAÇÕES PARA A CELEBRAÇÃO E O CULTO DA EUCARISTIA

às pessoas que ocasionalmente estão presentes a uma celebração, levadas por circunstâncias mais do que por motivação de fé evangélica.

N.B. É necessário superar todo aspecto de comércio, tão explorado, infelizmente, até por empresas funerárias, e fazer a comunidade paroquial cooperar no serviço às pessoas que se reúnem nestas ocasiões.

5) Uma boa equipe paroquial, dedicada à assistência das famílias enlutadas, poderá ajudar na superação da mentalidade matemática (exatamente o 7º e 30º dias) e criar um clima mais eclesial. Por exemplo, se a paróquia oferece uma missa pelos mortos em determinado dia da semana, com a presença desta equipe que procurou tomar contato com as famílias visitadas pela morte.

Nesta celebração a comunidade paroquial poderá cantar, fazer as leituras, acolher as famílias dos recém-falecidos, dando especial destaque a essas intenções no decorrer de toda a celebração.

N.B. Para outras indicações concretas, veja-se o Presbiteral das exéquias, (Petrópolis, Vozes, s.d., pp. 7-9): "Orientação pastoral da Comissão Nacional de Liturgia".

b) Celebrações oficiais

1) O sentido da celebração do memorial do Senhor na comunidade dos fiéis colocará em profundo questionamento as celebrações chamadas "oficiais" dentro de uma sociedade pluralista. De fato, tais celebrações podem não oferecer bases sólidas para classificarmos de "assembléias convocadas e congregadas pela palavra", visto serem atos públicos, mas não comunitários no sentido eclesial, pela ausência de fé comum. Tais eucaristias tornar-se-iam mais um ato sem sentido do que sinal de unidade na fé, na consciência da presença do Senhor.

2) Pastoralmente é necessário que se verifique cada caso e que a autoridade diocesana os controle pessoalmente, para evitar celebrações que não reúnam as condições mínimas que justifiquem a eucaristia. Há outros tipos de celebrações que podem ser mais oportunas conforme as circunstâncias.

3) O mesmo se diga das promoções de caráter prevalentemente social, como formaturas, bênçãos de estabelecimentos e outras em que a celebração eucarística poderia ser mais um número da programação do que uma autêntica celebração eclesial.

c) Liturgia de televisão e rádio

Outro fato pastoral é o alcance dos Meios de Comunicação Social (MCS) e sua influência na formação da mentalidade litúrgica no meio da população.

1) Apesar do escasso uso que a Igreja faz dos MCS, as missas são freqüentemente transmitidas e a quantidade de pessoas que sintonizam tal programa não é indiferente. Esse fato repercute de modo decisivo na renovação litúrgica.

2) Sabendo que a participação está condicionada à transmissão, é de suma importância que se explorem todas as possibilidades, tanto do ponto de vista técnico como litúrgico.

Neste sentido, a preparação técnica de liturgos, como a iniciação litúrgica de técnicos, se faz indispensável.

3) Não é suficiente televisionar ou irradiar uma missa. Os MCS têm exigências tão decisivas, que só uma liturgia preparada adequadamente poderá atingir os objetos a que se propõe um esforço neste campo da ação pastoral.

A liturgia não pode ignorar as chances que os MCS lhe oferecem, mas as exigências próprias deste mundo técnico não devem obscurecer o autêntico sentido da liturgia.

4) Embora haja muita discussão em torno do valor desta "missa de televisão", é bom lembrar que há diferentes graus de participação na oração da Igreja e que, indubitavelmente, essa ação pastoral tem grande poder educativo.

N.B. Para maiores detalhes, reenviamos aos documentos conclusões do 1º Encontro Nacional de Liturgia de Rádio e TV, do projeto 2.16 do plano de atividades da CNBB, Apucarana, julho de 1972; igualmente, o 1º Encontro Latino-Americano sobre o mesmo assunto, Celam – CNBB, Apucarana, julho de 1974.

SIGNIFICAÇÃO TEOLÓGICA DE CADA PARTE DA LITURGIA EUCARÍSTICA CELEBRADA COM O POVO E POSSIBILIDADES PASTORAIS

1. Introdução

É de suma importância que o presidente da assembléia saiba que celebra com o povo e com toda a equipe de celebração e não apenas diante do povo. É preciso que ensine aos fiéis a "exprimir em suas vidas e aos outros a manifestar o mistério de Cristo e a genuína natureza da Igreja" (SC, n. 2). Não há, porém, esperança alguma de que tal possa ocorrer, se os próprios pastores não estiverem antes profundamente imbuídos do espírito e da força da liturgia (SC, n. 14). Por isso, antes de qualquer modificação ritual, cada pastor tome consciência pessoal do sentido verdadeiro e da dimensão eclesial da celebração a que preside, a fim de que "todos sejam levados àquela plena, cônscia e ativa participação nas celebrações litúrgicas, que a própria natureza da liturgia exige" (cf. SC, n. 14)

Na liturgia o essencial de nossa obediência ao mandamento de Cristo não consiste em executarmos gestos exatos e pronunciar bem as fórmulas; anterior à rubrica, há uma realidade vivida a ser celebrada pelo povo. Por isso a celebração eucarística possui um dinamismo interno que arrasta para dentro de si a vida e a presença de toda a assembléia sacerdotal.

É da máxima importância que se insista sobre a presença dos fiéis desde o início, a fim de que percebam a presença especial do Cristo-Senhor: "Onde dois ou três estiverem reunidos em meu nome..." (Mt 18,20).

2. Abertura da celebração

Em clima muito humano de festa pelo reencontro com os irmãos, o rito de abertura visa fazer a unidade da assembléia para que possa receber a palavra em espírito de oração e disponibilidade para a conversão. Esta união deverá ir crescendo no decorrer da celebração, até atingir uma certa plenitude na comunhão dos irmãos no corpo e sangue do Cristo. Então se constituirá o corpo do Senhor, então nascerá a Igreja. O presbítero, colocado à frente da assembléia, não foi constituído para "presidir na caridade" (santo Inácio de Antioquia)? Primeiro dever, pois, é suscitar um clima de mútuo acolhimento no amor, para que se possa falar em comunidade reunida.

Uma equipe de acolhimento é imprescindível, se se quiser criar esse clima de fraternidade.

a) O canto de entrada

É a primeira expressão de alegria dos irmãos que se reencontram. A liturgia é celebrada por um povo, o povo de Deus; cada um e todos participam à medida que desempenham sua função. Compete ao povo manifestar alegria pelo canto de entrada. O coral poderá ajudar a sustentar o canto do povo. Há grande liberdade na escolha do canto de entrada, mas é importante que procure unir os critérios fundamentais:

PASTORAL DOS SACRAMENTOS DA INICIAÇÃO CRISTÃ – PASTORAL DA EUCARISTIA

a) canto que facilite a participação de todo o povo e promova sua união;

b) escolha de um texto que introduza no mistério da liturgia do tempo e da festa;

c) canto que manifeste a alegria de se encontrar o povo reunido para celebrar o Senhor.

É de toda conveniência que se faça uma verdadeira procissão de aproximação do altar, ao menos por parte do presidente e demais ministros (cf. IGMR, nn. 25, 26, 17b, 83). Isto evocará as caminhadas do dia-a-dia na vida concreta, passando pelas ruas, fábricas, hospitais, lazeres... e lembrará uma humanidade em seguimento do Cristo, a "caminho da casa do Pai".

b) Saudação

Depois de venerar o altar — o Cristo, verdadeiro altar do sacrifício e centro da reunião (*ara Christus est*) —, o sacerdote vai à cadeira presidencial, pois é em nome do Senhor que irá dirigir a assembléia em oração.

Feito o sinal da cruz, o presidente saúda a assembléia com uma das fórmulas propostas, tiradas das cartas paulinas. Com esta saudação o povo é despertado para o sentido eclesial do mistério da reunião.

Nessa saudação de cunho bíblico, o presidente toma contato mais pessoal de acolhimento do povo, introduzindo-o na liturgia do dia e tornando explícita a ligação entre a celebração que se inicia e a vida (cf. *Ordo missae*, nn. 28 e 86). A característica desta introdução não é a de uma pequena homilia sobre o tema do dia. Deve, antes, criar uma expectativa da mensagem que será proclamada na Palavra. A forma interrogativa e questionadora, adaptada à assembléia presente, poderá manter a atenção dos participantes e abri-los para a mensagem que será anunciada na liturgia da Palavra.

c) Ato penitencial

É para tornar a assembléia atenta ao apelo de Jesus que diz: "convertei-vos e crede na boa-nova" (Mc 1,15) e para obedecer à ordem de reconciliar os irmãos antes de apresentar a oferenda (Mt 5,24), que a Igreja celebra a penitência ao iniciar sua celebração.

Procure o presidente despertar o sentido pessoal e comunitário da penitência, dando ênfase ao louvor da misericórdia e fazendo um apelo à conversão da Igreja para Cristo.

N.B. Cf. Princípios e orientações para renovação pastoral da penitência — CNBB, 1972).

A gratuidade do perdão é que nos faz "aproximar-nos confiantes do trono da graça" apesar de nos reconhecermos pecadores. Evite-se, pois, todo aspecto moralizante individualista e cuide-se para que o ato penitencial não se reduza a um mero "rito".

É de suma importância que se dê lugar aos momentos de silêncio que o próprio ritual prevê como fazendo parte do ato penitencial (cf. IGMR, n. 23).

Este ato pode tomar formas variadas, como sejam: a de uma confissão geral dos pecados, oração dialogada, súplica à misericórdia ou mesmo a forma de ritualização em memória do batismo, por exemplo, aspersão com a água benta (cf. Missal Romano, apêndice).

Após o ato penitencial, canta-se, ou recita-se, a tradicional aclamação *Kyrie eleison* – Senhor, tende piedade de nós – a não ser que se tenha escolhido o terceiro esquema do ritual, que inclui a mencionada invocação.

Com efeito, *Kyrie eleison* é a antiga fórmula em que se proclama que o Filho se fez um do povo (*eleison*), mas se tornou Senhor (*Kyrie*), vencendo o pecado do mundo (cf. IGMR, n. 30).

Trata-se de uma bela ladainha da comunidade, de uso muito comum na Igreja antiga e até hoje, em certos ritos orientais, assumida na missa.

Termina-se sempre a confissão geral dos fiéis pela absolvição do presidente da assembléia (cf. IGMR, n. 29).

N.B. Esta absolvição do rito penitencial na celebração eucarística não pode ser considerada como "sacramento" na vigente disciplina litúrgica (cf. Princípios e orientações para a renovação pastoral da penitência, CNBB, 1972, item B, III).

d) Glória

Quando for prescrito (cf. IGMR, n. 31), canta-se ou recita-se o *Glória*, também chamado "doxologia maior" em contraposição com a "doxologia menor" que é o *Glória ao Pai*... Trata-se de um hino antiqüíssimo, pelo qual a Igreja reunida no Espírito Santo entoa louvores ao Pai e dirige súplicas ao Filho, Cordeiro e Mediador.

Ornado de preciosos títulos referentes ao Pai e ao Filho, inicia com um texto bíblico (Lc 2,14) que coloca como tema da louvação a mensagem do anúncio e da alegria por ocasião do nascimento do Salvador.

Não foi composto para a celebração eucarística, mas faz parte do conjunto de "salmos não bíblicos", fruto da inspiração poética das comunidades cristãs primitivas, muito usado nas vigílias festivas como canto de ação de graças.

Note-se que é um canto tipicamente do povo e não presidencial ou dos ministros. O coral pode ter função importante no tom solene que deve tomar este hino de louvor.

e) Coleta

É preciso que se faça um real esforço para que a oração seja de fato uma coleta (de *coligere*, recolher, sintetizar, reunir). Os termos oferecidos pela formulação do missal focalizam o mistério do dia, mas o presidente poderá escolher o formulário que melhor convier à vivência de sua comunidade. É a comunidade com sua experiência de vida que está reunida para entrar em comunhão com o seu Deus através da oração comum e pública (cf. IGMR, n. 323).

Às vezes, porém, a liberdade de escolha não é suficiente para responder à expressão da vida da comunidade e à sua experiência religiosa (cf. *Concilium ad exequendam constitutionem de sacra liturgia, Notitiae* 5 [1969], p. 7).

Por isso nada impede que os textos das orações presidenciais, conservando sua inspiração temática original, sejam adaptados à assembléia, principalmente em se tratando de missa com a participação de crianças (Aplicação do princípio de SC, n. 38; Diretório das missas com crianças, n. 51).

Cuide-se, no entanto, para não se cair em formulações ideológicas ou apologéticas, mas se conserve o gênero literário próprio às eucologias.

Isso exigirá especial preparação por parte do celebrante, para que não se façam improvisações nem no que diz respeito ao conteúdo nem quanto à linguagem que deve ser adaptada sem ser banal.

Ao convite do celebrante segue-se um momento de silêncio (IGMR, n. 23) para que cada um apresente seu coração em prece; em seguida, o celebrante fala em nome da Igreja reunida.

3. Liturgia da Palavra

A liturgia da palavra não pode reduzir-se ao simples escutar de algumas leituras com a respectiva explicação. Isso não superaria a dimensão de uma aula de catequese, de exegese ou de teologia. Vejamos, pois, as verdadeiras dimensões desta parte da liturgia.

2.3.1 A Palavra proclamada não só instrui e revela o mistério da redenção e salvação realizado através da história (cf. SC, n. 33), mas torna o Senhor realmente presente no meio do seu povo (SC, n. 7).

ORIENTAÇÕES PARA A CELEBRAÇÃO E O CULTO DA EUCARISTIA

O livro da Palavra é o sinal visível de que não se trata de palavra humana, mas daquela Palavra que a Igreja recebeu e conserva como escrita com especial assistência do Espírito Santo. Daí a importância que se deve dar a um trato digno deste sinal para que possa despertar a atenção da assembléia com relação à palavra proclamada (cf. IGMR, n. 35).

N.B. Não parece corresponder ao respeito devido à Palavra de Deus o manuseio de folhetos ou de vários livros-texto. A mesa da Palavra ou "ambão" é o lugar próprio para se colocar o Livro da Palavra e para onde se dirigem os ministros a fim de proclamar a mensagem para o povo de Deus reunido.

No caso de se usar um folheto para a ação litúrgica, cuide-se de apresentá-lo dentro de um livro ou capa dignos da Palavra de Deus.

Na liturgia da palavra é Deus quem fala a seu povo pela mediação dos ministros. Deve-se compreender claramente que o ofício de proclamar não é presidencial, e sim de outros ministros leitores, diáconos e só excepcionalmente o presidente (cf. IMGR, n. 34).

A homilia, pelo contrário, é própria do bispo ou do presbítero que preside a celebração e, mesmo que outros intervenham com testemunhos, diálogos, reflexões, a responsabilidade de adaptar a mensagem à vida da comunidade é do presidente (Diretório das missas com crianças, n. 48, cf. "Terceira instrução", com nota interpretativa da CNL, CNBB, 1970).

Que os fiéis sejam educados na consciência de que é Deus quem fala a seu povo, revelando-se a si mesmo como aquele que chama à salvação e a realiza efetivamente. A presença de Deus na Palavra dispõe a assembléia à escuta atenta e a provoca ao diálogo com ele. O Cristo, presente no meio dos fiéis, fala pelo seu Evangelho: é o ponto culminante da liturgia da palavra.

A Palavra de Deus proclamada na liturgia é mais do que uma instrução que leva ao conteúdo do texto. Deve conduzir a assembléia a uma verdadeira comunicação orante com a pessoa de Cristo. Eis porque a própria estrutura da liturgia da palavra inclui leituras, salmo responsorial, silêncio, aclamação, Evangelho, homilia, profissão de fé e oração universal para as necessidades de toda a Igreja e do mundo inteiro.

Que o povo acolha a palavra em uma atitude de fé e seja iniciado a dar sua resposta à mensagem ouvida recitando ou cantando o salmo responsorial. A retomada de um refrão simples, intercalado com o canto feito pelo salmista, ajuda o aprofundamento do clima de oração de toda a assembléia participante da liturgia da Palavra (cf. IGMR, nn. 33-39).

a) Salmo responsorial e aclamação

1) Parte integrante da liturgia da palavra, o salmo responsorial pertence ao povo que, por meio do canto, expressa sua atitude de meditação, atenção à revelação de Deus e oração como resposta à proclamação.

O salmo responsorial, ao mesmo tempo resposta da Igreja e proclamação da palavra, tomou importância na reforma litúrgica. Pastoralmente, porém, ainda não é suficientemente revalorizado. Trata-se do texto colocado após a primeira leitura bíblica e retirado da própria Sagrada Escritura, isto é, um salmo.

Para que cumpra sua função litúrgica, não pode ser reduzido a simples leitura. É parte constitutiva da liturgia da palavra e tem exigências musicais, litúrgicas e pastorais.

De cunho lírico, deve normalmente ser cantado, pelo menos o refrão, que neste caso é intercalado com a leitura calma e meditativa do salmo de modo a permitir a assimilação e contemplação do texto.

2) *Aclamação ao Evangelho*. Distinta do salmo responsorial é a aclamação ao Evangelho. É conveniente que um breve silêncio seja feito após o salmo, enquanto o diácono (ou o presbítero) se prepara para anunciar o Evangelho. A seguir, todos se colocam de pé, em sinal de disponibilidade para o seguimento da mensagem de vida, e cantem o "Aleluia e a aclamação" que se caracteriza por ser um canto processional.

b) A homilia

A homilia (etimologicamente: continuação da conversa sobre o mesmo assunto) tem a função específica de cultivar a fé dos iniciados na participação na eucaristia.

Que a homilia (comentário vivencial da mensagem) não se assemelhe a um sermão explicativo, mas tenha a função de fazer o confronto da vida cotidiana da comunidade com os apelos da Palavra.

Cada homilia deve visar à conversão comunitária: que a comunidade como tal se veja questionada pela Palavra e chamada a tomar atitudes mais evangélicas.

A proposta de tarefas para uma revisão leal e um esforço comum será evidentemente um meio pedagógico muito eficaz. Isso permitirá à comunidade dar um testemunho visível de que a liturgia da palavra opera o crescimento e a transformação pascal.

Nos grupos, o conhecimento maior que o presbítero tem da vida dos participantes e o diálogo orientado pelo presidente facilitarão a tarefa de concretizar a aplicação da Palavra à vida, bem como a escolha de tarefas que canalizem os esforços dos fiéis (Diretório das missas com crianças, n. 48, comparar com a "Terceira Instrução", de 5 de setembro de 1970, e as "considerações" sobre a mesma "instrução" — CNL — CNBB).

Nas assembléias mais numerosas, o diálogo torna-se mais difícil, mas a solicitação de testemunhos por parte dos participantes, a conversa em grupos após a missa (ou mesmo durante) para que o povo se expresse sobre as conseqüências que a Palavra ouvida teria para a vida cristã da comunidade, poderia abrir caminhos para efeitos reais e comunitários da Palavra (Diretório das missas com crianças, n. 24).

A preparação da homilia nos grupos de evangelização, ou a retomada do mesmo assunto nas reuniões destes grupos, poderá oferecer dimensões vivenciais à palavra da liturgia dominical. O que não nos pode satisfazer é a simples leitura e comentário da Palavra, feitos no correr da celebração eucarística, sem mais, como, aliás, se tem feito constantemente. Esse hábito tornou-se causa do pouco efeito de conversão eclesial verificado após tantos anos de participação assídua à assembléia dominical (cf. IGMR, nn. 41-42).

Seria desejável que o núcleo da mensagem do dia fosse sintetizado em uma espécie de *slogan*, que, por ser de fácil memorização, permanecesse nos lábios e no coração dos participantes durante toda a semana.

c) "Creio"

1) O "Creio", proclamação da fé eclesial, expressa uma atitude assumida pela comunidade diante da Palavra anunciada e refletida.

É feito em forma de "símbolo", prescrito para certos dias. O "símbolo" tem um valor de tradição, acrescido de uma autêntica manifestação da unidade da Igreja na mesma fé. Por isso, nos dias em que o "Creio" é prescrito (cf. IGMR, nn. 43-44), devemos assumir uma das fórmulas propostas pelo missal, na convicção de que esta é a fé proclamada pela Igreja, em todas as partes do mundo em que ela se reúne. Só uma verdadeira catequese dará suficiente motivação para não substituirmos as fórmulas oficiais por outras, alheias à fé católica.

2) Poder-se-á, no entanto, principalmente para o canto, "adaptar versões populares aceitas pela autoridade competente, ainda que literalmente não esteja de acordo com o texto litúrgico" (cf. Diretório das missas com crianças, n. 31; ver também Instrução *Musicam sacram*, n. 55).

PASTORAL DOS SACRAMENTOS DA INICIAÇÃO CRISTÃ – PASTORAL DA EUCARISTIA

3) Nos dias em que a recitação do credo não for prescrita, poder-se-á fazer eco à mensagem proclamada com expressões mais livremente compostas e que manifestem a fé da comunidade. Deve-se, contudo, ter o cuidado de não fazer uso de fórmulas totalmente alheias à fé, ou que manifestem uma "fé" de cunho exclusivamente humano. A proposta da mensagem e a concretização da mesma na vida da comunidade, feitas na homilia, culminam de modo muito lógico, se o final da homilia faz apelo à afirmação da fé por parte da comunidade.

d) Oração dos fiéis

Parte integrante da liturgia da Palavra, deverá sempre estar presente nas celebrações. Às vezes poderá tomar um tom mais solene, através do canto recitativo; normalmente, porém, esse será o momento da espontaneidade na oração pública da Igreja.

O conteúdo das orações dos fiéis são autênticos termômetros do seu nível de consciência. Não se deve, pois, escamotear a verdade, impedindo que se manifeste esse despreparo no tocante à educação da comunidade para a oração litúrgico-eclesial.

Não bastam ler, em um folheto ou no missal, algumas intenções bem formuladas. É preciso educar os fiéis para as preces da comunidade, a fim de que a espontaneidade de uma assembléia expresse os verdadeiros interesses e necessidades da Igreja, da humanidade e da comunidade local, conforme as circunstâncias (IGMR, nn. 46, 99).

É o exercício do sacerdócio batismal que se expressa nesta forma de participação na oração litúrgica (cf. IGMR, n. 45).

Lembremo-nos de que Deus normalmente age através das causas segundas, que somos nós mesmos. Portanto, suplicar uma "graça" supõe comprometimento de colaboração para que a necessidade seja satisfeita em conformidade com a vontade do Pai. Responder "Amém" à oração pública implica uma atitude de fé-fidelidade à própria vocação enquanto chamado a dar uma resposta realista e confiante ao dom da fé que se apresenta em forma de missão a ser realizada.

4. Liturgia eucarística

A Introdução geral do Missal Romano apresenta a distinção entre "liturgia da palavra e liturgia eucarística". Na realidade, a "liturgia da palavra" também é eucarística porque a palavra é sacramental e o sacramento da comensalidade (refeição, ceia) também é querigmático, anamnético, latrêutico... Palavra e refeição, toda a missa, portanto, é eminentemente "eucarística", constituindo único ato de culto (IGMR, n. 8).

É de suma urgência que se faça perceber, através de uma catequese adequada, a unidade da liturgia eucarística.

A apresentação das ofertas, a oração de ação de graças sacrifical e a comunhão no corpo e sangue do Senhor são três momentos de uma ação dinâmica e globalizadora. Não raro, porém, a comunidade toma uma atitude de espera, até que passem os dois primeiros momentos, a fim de voltar a participar da ação litúrgica pela comunhão. Isso tem como conseqüência uma certa concepção de "receber a comunhão" e não de celebrar o sacrifício, de "fazer comunhão" no sentido forte e pleno de eucaristia como comum-união no corpo e no sangue do Cristo, sacramento da reunificação fraterna dos homens entre si e destes com o Pai por Cristo, medidor e pontífice.

a) Preparação das oferendas

Expressão da *koinonia* — comunhão de pessoas capazes de efetivamente colocar em comum o que são e o que possuem para distribuir conforme as necessidades dos irmãos e para atender às necessidades da própria comunidade (Rm 12,1-2) —, a apresentação das oferendas não pode ser reduzida a um transporte (simples ou mais solene) do pão, do vinho e da água para a mesa do altar (cf. IGMR, n. 49). De quando em quando, deve-se dar largas à criatividade para significar liturgicamente a partilha entre os irmãos, lembrando a advertência de Paulo: "Mal vos pondes à mesa, cada um se apressa a tomar sua própria refeição; e enquanto uns têm fome, outros se fartam..." (1Cor 11,20).

Tão-somente o recolher a "coleta" não educa os fiéis para a dimensão sacrifical da vida na sua totalidade e deste gesto em particular. Promover a entrega de gêneros em benefício dos necessitados e da igreja poderá ser uma forma de despertar a generosidade dos fiéis para com os irmãos e educar para uma consciência eclesial (cf. IGMR, n. 49).

Parte integrante da eucaristia, a oferta tem um sentido profundamente evangélico de ação de graças pelos dons, de generosidade na partilha, de fé confiante na providência, de fraternidade pela atenção às necessidades alheias. Com efeito, a destinação dos bens em benefício das necessidades da comunidade é condição para que a assembléia tenha significação cristã (cf. Ef 4,28).

PASTORAL DOS SACRAMENTOS DA INICIAÇÃO CRISTÃ – PASTORAL DA EUCARISTIA

Por isso, a prestação de contas sobre a aplicação das rendas "da coleta" é um dever para com a comunidade.

Se quisermos que os cristãos compreendam o valor de sua colaboração, uma catequese mistagógica (iniciação à significação dos gestos e ritos) deste momento da celebração se faz necessária. É sobre essas oferendas, expressão da vida fraterna e de fé, que se faz a oração sobre as oferendas.

O canto processional justifica-se quando as oferendas não se encontram sobre o altar desde o início da celebração. Aliás, isto não deve acontecer, sob pena de esvaziar o rito de apresentação das mesmas (IGMR, n. 50).

N.B. É preciso que se reveja o conteúdo dos cantos para evitar que se refiram exclusivamente ao pão e ao vinho e passem a evidenciar o sentido da "coleta" de bens para serem distribuídos entre os irmãos e atender às necessidades do culto.

b) Ação eucarística

1) É pedagogicamente importante que se dê o sentido da "mesa do corpo e sangue" do Cristo, como participação no sacrifício sacramental. Não basta assistir à "oração eucarística" para presenciar ou admirar e até adorar o sacramento. Eucaristia é ceia sacrifical, refeição-sacramental e "felizes os convidados para a ceia do Senhor" (missal). A insistência sobre a participação na comunhão deve sempre ser motivada pelo sentido eclesial do sacramento que significa e realiza a Igreja, mistério e sinal de unidade.

O hábito de assistir sem comungar, participando apenas externamente pelos cantos e diálogos, não satisfaz à exigência fundamental da intenção do Senhor, que é de se entregar como comida e bebida para que tenhamos a vida e a vida eterna (cf. Jo 6,49s; 1Cor 11,23s; cf., também, IGMR, n. 56).

2) Nada impede que se convidem os que vão participar da comunhão a se reunirem em torno da mesa do altar a partir do diálogo que precede o prefácio. Esse gesto manifesta a eficácia unificadora do corpo e do sangue para os que se alimentam de Cristo e corrige a mentalidade de estar presente "assistindo à missa", mas sem participação sacramental.

Neste caso, é preciso que se prepare a comunidade através de adequada catequese e se tenha o cuidado para não impedir a visão dos demais fiéis.

3) O fato de as crianças serem admitidas na assembléia antes de poderem participar da eucaristia (por não terem feito ainda a "primeira comunhão") exerce uma influência no sentido de conceberem a "eucaristia participada sem comungar". Pastoralmente, respeitando as normas canônicas, é preciso encon-

499

trar também outros modos de levar as criancinhas à igreja sem colocá-las na assembléia eucarística da qual não podem ou não querem participar (Diretório das missas com crianças, n. 16).

Mesmo sabendo o efeito positivo do exemplo dos adultos, sobretudo se as crianças não se sentirem preteridas, é recomendável que se lhes dê assistência distinta e adaptada.

Caso sejam atendidas por catequistas ou outras pessoas fora do recinto da celebração eucarística, é bom que sejam apresentadas à comunidade para receberem, juntamente com esta, a bênção final, fomentando-se assim o espírito cristão da família eclesial (cf. Diretório das missas com crianças, nn. 16 e 17).

c) Prefácio

O prefácio faz parte integrante da oração eucarística, desde os diálogos iniciais, que constitui um solene apelo diagonal à assembléia para que se coloque em atitude reverente e faça verdadeiramente sua ação. Até tipograficamente o prefácio está unido ao restante do Cânon.

N.B. Em certas liturgias orientais, o "abraço de paz" precede esse diálogo com uma advertência de que todos devem estar preparados para a ação que está se desenrolando.

O prefácio é tipicamente louvação e ação de graças a Deus por toda a obra da salvação que vai se tornar presente na "ação eucarística", destacando-se os aspectos particulares conforme as variáveis do dia, festa ou tempo litúrgico.

Graças à variedade de textos novos de prefácios, já não se pode defender a rigidez e a invariabilidade das formulações propostas. Inclusive as quatro orações eucarísticas atuais não são tidas como exaustivas ou ponto final. A criatividade relativa e a variabilidade, ordenadamente promovidas, correspondem à mentalidade do pós-Vaticano II e à mais sã tradição litúrgica.

Tratando-se da oração em que a Igreja proclama, de modo o mais solene, sua fé, é preciso que haja uma séria preparação de tais textos e que o conteúdo seja examinado e aprovado pelo magistério que rege a comunidade pelos autênticos caminhos da fé apostólica (cf. Instrução sobre as preces eucarísticas; Diretório das missas com crianças, n. 52).

N.B. É bom lembrar que a "oração eucarística" era muito mais um cânon *actionis* do que a formulação completa de um texto. Temos o testemunho claro de Hipólito (Tradição apostólica, n. 28) e de Justino (Apologia I, n. 67), bem como da história da liturgia até o século IV (cf. Jungmann. *Missarum sollemnia*, passim).

Seria desejável que se pudesse explicar, além dos motivos próprios do tempo litúrgico que reúne a comunidade em ação de graças, o motivo específico de algumas celebrações que ocasionam tal "assembleamento" concreto. Isso fará com que a ação de graças se ligue à experiência de salvação vivida por aquela comunidade (cf. IGMR, n. 55a; mais claro em Diretório das missas com crianças, n. 22, em que se fala de inserir as motivações para a ação de graças antes do diálogo do prefácio).

d) Aclamações

O Santo é a grande aclamação da missa e pode dizer-se que é o primeiro canto em ordem de importância (juntamente com o salmo responsorial). Quanto possível deve ser solene e cantado, pois assim ganhará mais autenticamente sua dimensão de aclamação.

É de toda conveniência que também se dê particular destaque às aclamações após a consagração.

A fim de intensificar a participação de toda a assembléia na solene oração eucarística, é de toda conveniência que se prevejam fórmulas de aclamação que oportunamente façam o povo mais ativo na oração memorial, sem com isso reduzirmos o Cânon a um simples diálogo, à semelhança de um coro falado.

Exatamente neste espírito é que se justifica, e mesmo se faz necessário, propor à Sé Romana as adaptações que se julgarem pastoralmente úteis (cf. SC, n. 40; Diretório das missas com crianças, n. 5; veja também idem, n. 30), e até mesmo textos de orações eucarísticas para situações e circunstâncias que pedem formulários adaptados ao bem da comunidade (por exemplo, aprovação de anáforas para Congresso Eucarístico e preparação de textos para missas com crianças, cf. Diretório, n. 52).

e) Textos presidenciais

A eucaristia, memorial do sacrifício pascal e ceia do Senhor, tem sua culminância na grande oração de ação de graças e de santificação. Toda a comunidade congregada se associa ao Cristo na proclamação das maravilhas de Deus e na oferenda do sacrifício, sob a presidência do bispo (ou do sacerdote), que faz memória dos grandes acontecimentos do mistério da salvação, enquanto o povo intervém com aclamações, respostas e participação ativa.

A oração eucarística é tipicamente presidencial. Não se trata de uma fórmula feita que a assembléia possa recitar juntamente com o presidente, pois isso a faria perder sua característica de memória (evocação de algo conhecido, mas que se escuta com renovada reverência, pois se torna presente eficazmente).

Até o século II esta oração não era escrita e constituía a originalidade de cada celebração. Santo Hipólito de Roma é quem fixa o primeiro esquema dos elementos essenciais de que deve constar a oração eucarística.

N.B. Antes de se pleitear a espontaneidade do presidente na formulação da oração consagratória, temos imenso campo para a imaginação criadora em outras partes da celebração litúrgica (cf. IGMR, nn. 54, 55, 322 – Indicações a respeito do sentido, dinâmica e escolha das orações eucarísticas).

Compete, pois, exclusivamente ao presidente pronunciar em nome da Igreja e da assembléia: a *epiclesis* (invocação do poder do Espírito sobre os dons dos homens, para que se tornem salvíficos), a narração da instituição (repetição de gestos e palavras com que Cristo instituiu o sacramento que perpetua seu mistério na Igreja, de modo visível), a *anamnesis* (memorial do mistério pascal, tornando presente a pessoa do Cristo-Senhor, em todos os fatos salvíficos da sua vida, principalmente em sua paixão, morte, ressurreição e ascensão; a Igreja, com efeito, recebeu do Senhor, através dos apóstolos, o mandato de realizar sua ceia ao longo da história), a oblação (em que a Igreja atual realiza a oferta não só do Cristo presente, mas de si própria na pessoa dos fiéis que se oferecem juntamente com seu Redentor e Senhor ao Pai no Espírito Santo – IGMR, n. 56).

N.B. Isso significa que o presidente deve proclamar, em forma recitativa e com voz clara, do início do Cânon até o "Lembrai-vos". As intervenções do povo são oportunas e se manifestam através de aclamações.

f) Preces de intercessão

É preciso não confundir as "preces de intercessão" que fazem parte da "memória" com as "preces universais" que seguem a homilia e a profissão de fé.

As preces de intercessão incluídas na própria oração eucarística revelam que a Igreja celebra o memorial do Senhor em comunhão com todos os seus membros vivos e defuntos, chamados a participar da salvação adquirida pelo corpo e sangue do Cristo. Não se trata de uma exposição de necessidades da comunidade humana terrestre, mas de uma lembrança da Igreja na universalidade de seus membros, no dizer de Policarpo de Smirna que, em voz alta, rezou "por toda a Igreja Católica, espalhada por todo o orbe" (cf. *Martyrium Policarpi* c. 8,1; 5,1).

N.B. Na liturgia comparada e na história do Cânon, nem sempre as intercessões fizeram parte da oração eucarística. Hoje fazem parte da oração presidencial, mas em sentido menos estrito que as que citamos no item precedente. Com efeito, a memória de nomes nas preces de intercessão era feita pelo próprio presidente ou por outro ministro (cf. Jungmann, *Missarum sollemnia*, passim).

g) Doxologia

Reconhecendo em Cristo o único sacerdote e mediador, é muito importante e oportuno que se dê especial destaque a esse momento litúrgico, conclusivo da grande oração eucarística. Aqui é que se faz a elevação propriamente dita do corpo e do sangue do Senhor, por quem sobe ao Pai todo louvor que a humanidade lhe rende.

N.B. É claro que a elevação continua até que se tenha respondido o *Amém*. A solenidade desta aclamação cristológica pede que evitemos qualquer pressa de passar adiante.

Embora teologicamente nada impedisse que toda a assembléia a proclamasse ou cantasse, chamamos a atenção para a real valorização do *Amém*, que neste momento toma uma dimensão ampla de ratificação, por parte da assembléia, de toda a memória feita pelo presidente, em voz claramente audível. Como está, aliás, a doxologia é mais uma formulação presidencial que pede resposta da assembléia; isso devido à estrutura mesma do Cânon, em que as intervenções da assembléia são as aclamações (IGMR, n. 55h).

N.B. Sabe-se, no entanto, que é difícil obter uma resposta comunitária e solene quando o curto *Amém* é colocado depois de uma longa oração presidencial. É preciso, pois, que se dê maior solenidade e corpo a este *Amém*, envolvendo-o em autênticas aclamações com formulações bíblicas cantáveis (por exemplo, inspiradas em 2Cor 1,20; Ap 3,14; 7,10s).

5. Ritos de comunhão

É importante que a pastoral litúrgica, por meio da catequese e da própria celebração, leve os fiéis a perceberem o sentido unitário dos ritos que precedem e acompanham a recepção sacramental do corpo e sangue de Cristo.

Esse conjunto é que torna vivo o aspecto de refeição pascal. A verdade é que o "sacrifício, como a paixão de Cristo, é oferecido por todos, mas não produz seu efeito senão naqueles que se unem à paixão de Cristo pela fé e caridade" (*Eucharisticum mysterium*, n. 12; Sto. Tomás, III q. 79 a 7 ad 2).

As práticas de piedade com que os fiéis foram acostumados a se preparar para a comunhão e que ainda hoje, não raro, se costuma fazer privada ou coletivamente, não podem comparar-se à riqueza que os próprios ritos encerram.

Destacam-se:

A) O pai-nosso com seu embolismo, que de certo modo sintetiza e expressa sentimentos semelhantes ao da oração eucarística.

B) A paz pedida a Cristo, Senhor da paz, oferecida e recebida entre irmãos, desde que este gesto não venha a ser apenas mais um rito, mas se enriqueça de seu conteúdo profundamente humano e evangélico. Tal gesto deve comprometer os que o fazem a se tornarem artesãos da paz na comunidade humana.

C) A fração do pão soleniza o gesto de repartir o alimento que é destinado a todos que crêem no dom do Senhor e não se recusam recebê-lo. A mistura do fragmento simboliza que a unidade da Igreja Universal se realiza e recebe novo impulso na celebração da única eucaristia, na comunhão de fé e na fraternidade que reanima e consolida o corpo do Senhor pela força do Espírito. Esse gesto ritual é acompanhado pelo canto ou recitação do Cordeiro de Deus por parte dos fiéis.

O comer e o beber do sacramento, alimento espiritual dos cristãos, manifesta que estamos dispostos a partilhar com os irmãos o alimento que recebemos do Pai. O fato de assentarmo-nos à sua mesa não significa apenas o desejo de nos alimentar; o cristão, pela comunhão com Cristo, assume com ele a missão de alimentar outros e, portanto, assume o dever de partilhar com os outros a sua fé e seus bens.

D) Mesmo certos da plena validade da comunhão sob qualquer uma das duas espécies, conforme doutrina do Concílio de Trento (sess. 21, Denz. 1725-1729), não deixemos de patentear aos fiéis que a comunhão tem muito mais sentido de sinal quando é administrada conforme a vontade do Senhor, que selou a aliança nova e eterna no seu corpo e no seu sangue dados sob as espécies de pão e de vinho, onde se vê mais claramente a relação da ceia eucarística com o banquete escatológico do Reino.

É desejável que se admita de preferência esta forma de comunhão, sempre que razões pastorais sérias não venham a dificultá-la. À luz deste princípio, podemos admitir que, mesmo regulamentando a prática, a lista de ocasiões enumeradas não seja exaustiva; com efeito, a própria Sé Romana já tem mais vezes alargado tal costume graças aos frutos verificados e para atender à justa aspiração dos fiéis (cf. IGMR, nn. 241-252 e 76; *Eucharisticum mysterium*, n. 32).

N.B. Quanto à comunhão mais de uma vez por dia, a Sé Romana vem ampliando as faculdades concedidas, a fim de não privar da comunhão eucarística os fiéis que, por circunstâncias especiais, participam de mais de uma celebração.

Não se trata de facilitar a piedade individualista de pessoas que gostariam de comungar várias vezes no mesmo dia. O critério fundamental é que se dá possibilidade de participar sacramentalmente do mistério eucarístico àquelas pessoas que, integrando grupos diferentes, viessem a celebrar a eucaristia como coroamento de sua vivência, mais de uma vez no mesmo dia (cf. *Immensae caritatis*, 29 de março de 1973).

E) É bom lembrar que a matéria da celebração eucarística deve, na medida do possível, ter o aspecto de pão (IGMR, nn. 282-283). Com urgência é preciso providenciar a fabricação de partículas mais espessas, embora sem fermento, conforme o costume introduzido na Igreja latina.

Isso é exigido, diz o Missal Romano (n. 283), em razão do sinal. A fração deveria permitir a distribuição de pedaços do mesmo pão, ao menos, a alguns participantes da eucaristia, manifestando assim a força e a importância da unidade da Igreja em um único pão.

N.B. Quanto ao modo de distribuir a comunhão e ao tratamento a ser dado aos fragmentos na purificação, cf. *De sacra comm. et de cultu euch. Extra missam*, nn. 2-22.

F) O silêncio faz parte da celebração eucarística (IGMR, n. 23) porque se faz Palavra e fonte de palavra quando é profunda comunhão sem ruído nem vazio. É do silêncio que se produzem as palavras de sabedoria, bem como as palavras produzem o silêncio da meditação. O silêncio se faz indispensável para que a oração presidencial brote do coração, a Palavra de Deus se torne eficaz, a eucaristia seja assumida como crescimento de comunicação (cf. Diretório das missas com crianças, nn. 22 e 37; EM, n. 38).

O silêncio é que dará maior sentido e profundidade à oração presidencial do pós-comunhão.

6. Ritos de conclusão

A bênção final, felizmente enriquecida com a oração sobre o povo, e bênçãos solenes em certas festas dão maior determinação às palavras empregadas normalmente. Essas formulações foram adotadas pelo novo missal e retomadas das contribuições vindas dos séculos VI ao X, na liturgia romana.

A) Diante da bondade e beleza das realidades criadas, sobretudo daquelas que são feitas à imagem e semelhança do Criador (Gn 1), o cristão bendiz, glorifica e exalta o Senhor do universo. Bênção que evoca a necessidade de proclamar as maravilhas do Senhor.

B) Há também a bênção descendente, em que Deus confere poder e santidade aos seus servidores — por exemplo, os patriarcas que abençoam seus descendentes, Cristo que abençoa os apóstolos, a Igreja que reserva objetos para o uso do serviço do Senhor. É a oração petitória dos homens em forma de liturgia.

C) É este o momento precioso para um contato bem humano e cordial; mas ao mesmo tempo comprometedor para a vivência durante a semana. Os fiéis devem concluir a assembléia com algo bem concreto a realizar no seu dia-a-dia, sinal da unidade da assembléia que se dispersa, mas permanece unida na construção do Reino.

N.B. Antes da despedida e bênção final é que se deve dar oportunidade aos avisos. Nunca e de modo algum antes, durante ou depois da homilia, nem antes da pós-comunhão. Era este o momento em que os irmãos determinavam o local da reunião seguinte e em que se entendiam sobre o que fazer em conseqüência da assembléia eucarística e da palavra ouvida, fonte de um chamado a um maior compromisso com o "mundo melhor".

7. Dimensões do mistério eucarístico

A) Vivendo do sacramento dado para a vida do mundo, o cristão deve colocar-se a serviço do homem para completar a obra de Cristo, construindo um mundo novo fundado na justiça, na verdade e no amor (cf. Jo 6,51; *Oct. Adv. An.*, nn. 36, 43, 45; Medellín, nn. 11,18; 10,11).

B) Sacramento da libertação do homem, a eucaristia denuncia os egoísmos e privilégios; ela engaja o cristão a lutar contra as injustiças e desigualdades para que cessem os ódios e as diversões (cf. *Evang. Testificatio*, n. 18; *Oct. Adv. An.*, nn. 15, 47, 48; Medellín, nn. 9, 14).

C) Sacramento da unidade do mundo compromete quem dela participa a lutar pela justiça e pela paz e aviva a solidariedade com todos os que trabalham para o desenvolvimento do homem e na criação de um mundo mais fraterno (cf. *Evang. Test.*, nn. 18, 19; *Oct. Adv. An.*, n. 7; *Eucharisticum mysterium*, nn. 6, 7, 18; Medellín, nn. 9, 12).

Na medida em que nos engajamos a viver deste modo o mistério da eucaristia, nossas celebrações encontram seu sentido e testemunham nossa con-

sagração aos homens e ao Cristo (cf. *Oct. Adv. An.*, n. 46; *Nostra aetate*, n. 5; Medellín, nn. 10,12; 8,10; 9, 3, 7).

D) O amor do Cristo e a celebração da eucaristia reúnem os cristãos em comunidades vivas onde todos se amam verdadeiramente.

Disponíveis aos apelos do Espírito e atentas às necessidades dos homens, as comunidades que se reúnem para a eucaristia tornam-se sinal e fermento da unidade que o mundo de hoje, disperso e atormentado pela solidão, procura (cf. *Evang. Test.*, nn. 38, 39; *Eucharisticum mysterium*, n. 18; Medellín, nn. 6, 9, 13; 9, 3; 15, 6).

E) Desse modo, os cristãos devem tomar consciência de que as assembléias e a própria vida do dia-a-dia não podem ser plenamente eucaristia, se não forem consagradas aos homens, procurando servir às pessoas e não às estruturas (cf. *Gaudium et spes*, n. 25).

F) Além disso, a exemplo do Cristo com quem comungamos pelo sacramento, devemos partilhar a vida dos homens e viver na verdade a dimensão humana do Evangelho. No entanto, isto não será possível se a comunidade não se reunir freqüentemente em uma real co-participação nas aspirações e recursos, em um sincero questionamento de sua influência na realização do pleno desenvolvimento das pessoas e da sociedade.

G) Pode-se dizer que a eucaristia tem uma exigência fundamental de transformação do homem, pois "anunciamos a morte do Senhor até que ele venha" (1Cor 11,26). Tanto o seu coração egoísta e pecaminoso quanto as estruturas opressoras e exploradoras devem ser transformados pela eucaristia (Medellín, nn. 1,2; 2,16; 4,3; 10,2.15,1; 1,3.14; 7,19) a fim de que apareça o testemunho a que a liturgia deve levar a Igreja e cada cristão (Medellín, nn. 9,3.7).

A DISTRIBUIÇÃO DA EUCARISTIA

1. A eucaristia, deixada pelo Senhor como penhor da esperança e viático para esta caminhada na comunhão fraterna, é o alimento que faz a Igreja viver o dinamismo pascalizante e transformador (cf. 1Cor 11,20s).

A) É importante que na pastoral se supere a idéia de "alimento para a piedade individual", mas se dê ênfase às dimensões de compromisso comunitário e social deste sacramento, que insere os que dele participam no corpo de Cristo visivelmente presente no mundo (cf. *Pres. Ord.*, n. 5; *De sacra comm.*, n. 15).

B) Em vista destes objetivos, é necessário que se reveja a pastoral da celebração e distribuição da eucaristia, evitando-se uma espécie de rotina para uns poucos privilegiados e privando outros do necessário alimento.

Uma distribuição melhor da eucaristia, que possibilite a maior número de pessoas celebrar e comungar, manifestará mais evidentemente a união eclesial e dinamizará a fraternidade pela freqüente participação sacramental eucarística.

C) O magistério tem sempre incentivado a comunhão freqüente, e sabemos como a regular e assídua participação no sacramento eucarístico contribui para o crescimento na fé e compromete com uma ação comunitária (*De sacra comm.*, n. 14).

N.B. Para facilitar a participação freqüente na eucaristia, deve-se atender às necessidades legítimas dos fiéis, máxime daqueles que não impedidos de se unir fisicamente à assembléia que se reúne em determinado lugar e hora.

Portanto, além de atendimento aos enfermos e idosos, pode-se distribuir a comunhão fora da missa aos que pedirem por estarem legitimamente impedidos no momento da celebração.

Cuide-se, no entanto, de educar essas pessoas para o sentido da íntima ligação que existe entre o "sacramento conservado" e a "ação litúrgica", de modo que sempre comunguem em união com o sacrifício pascal do Cristo e com o seu corpo, que é a comunidade eclesial (cf. *Eucharisticum mysterium* n. 3a; *De Sacra Comm.*, n. 15). Evitem-se os exageros de desligar "comunhão e ação eucarística", mas também a rigidez de negar a participação no sacramento da unidade às pessoas legitimamente impedidas de se reunirem, mas que vivem na comunhão eclesial.

D) A união com Cristo pela eucaristia ajudará o cristão a colocar toda a sua vida sob a moção do Espírito Santo e lhe ensinará a viver dia a dia em ação de graças, produzindo muitos frutos no amor (cf. *De sacra comm.*, n. 25).

Conseqüências práticas

A) É necessário que, através da catequese, se faça perceber que a eucaristia, sacramento da unidade, não se limita à posse do corpo do Cristo em benefício do indivíduo que crê na sua presença; a comunhão pessoal com Cristo eucarístico é raiz e centro da comunidade cristã e educadora do espírito comunitário que significa e realiza a unidade da Igreja (cf. AG, n. 9; PO, n. 6; ver nota 31; CD, n. 30/2; LG, n. 3; Medellín, nn. 6, 9,13; 9,3; 15,6; *De sacra comm.*, n. 3).

B) Cuide-se para que, com freqüência, os grupos que se reúnem no Senhor para meditar o Evangelho e questionar sua vida à luz do exemplo de Jesus de Nazaré tenham facilidade de se alimentarem com a comunhão eucarística, fonte e ápice da vida cristã e de toda a evangelização (cf. LG, n. 11; PO, n. 5).

O mesmo é de se desejar que aconteça nas famílias, quando estas se reúnem por algum motivo particular (festas, datas, acontecimentos) e à luz da fé manifestam uma autêntica dimensão de Igreja doméstica (LG, n. 11).

A celebração doméstica da eucaristia é uma redescoberta preciosa da pastoral e fonte de muitos benefícios, desde que não se torne privilégio de relação amigável e seja autêntica concretização da Igreja no lar. Essa atitude de santificar tais reuniões familiares com a participação sacramental da eucaristia, do Cristo, é apta a manifestar a materna solicitude com que a Igreja se alegra, sofre e vive presente onde seus filhos oferecem o sacrifício espiritual, agradável ao Senhor.

C) É evidente que em nossas extensas paróquias rurais, onde os fiéis são privados da celebração eucarística por diferentes motivos, nem por isso devem ser abandonados à dispersão, mas convocados a se reunirem para o crescimento na evangelização e para o louvor público do Pai, quer na capela que tiverem logrado construir, quer em outro lugar apto a acolher os irmãos.

Nestes casos, a atenção pastoral deve estar particularmente voltada para essas comunidades cristãs que, embora ainda privadas da presença do ministério presbiteral, não podem ser deixadas sem o alimento que contém todo o bem espiritual da Igreja, alimenta a caridade para com Deus e para com os homens, é a fonte de todo apostolado e que fará a Igreja criar raízes, a ponto de fornecer os ministros de que tem necessidade (cf. PO, nn. 5, 14; AG, nn. 39, 19, 15, 16).

D) Igual atenção pastoral deve-se dar aos nossos irmãos que sofrem nos cárceres inocentemente, por causa do Evangelho, ou em reparação dos seus pecados. A eucaristia deverá ser a força libertadora, sobretudo nestes tempos em que se acham tolhidos da liberdade social por que anseiam. Além de a visita dos irmãos na fé os confortar e alimentar, a eucaristia será força purificadora e testemunho de união.

E) É justamente em vista dessas necessidades que se torna urgente a preparação de ministros da palavra e acólitos (ou ministros extraordinários da comunhão eucarística) para que o pão partido seja de fato levado aos membros da comunidade, onde quer que se encontrem realizando sua missão como corpo de Cristo.

N.B. *De sacra comm.*, n. 24, recomenda especial atenção para com os enfermos, idosos e pessoas que destes se ocupam.

Essa tarefa urgente e indispensável de colocar a eucaristia ao alcance de todos os cristãos, evangelizando-os para que integrem o corpo de Cristo que é a comunidade e se alimentem com o sacramento do corpo e do sangue do mesmo Cristo, constitui o núcleo central do ministério presbiteral e é nisso que o mesmo se consuma, já que toda missão apostólica, bem como todos os sacramentos, se liga à eucaristia e a ela se ordena (cf. PO, nn. 2,5)

F) Os acólitos são, de fato, constituídos como ministros extraordinários para responderem às necessidades dos fiéis, e a Igreja prevê que os ordinários podem estender essa faculdade de distribuir a eucaristia a outros fiéis, desde que isso venha a ser útil à comunidade (cf. *Immensae caritatis,* 29 de janeiro de 1973, n. 1, I e II; *Ministeria quaedam,* n. 31; *De sacra comm.,* n. 17).

N.B. a) Convém chamar a atenção para o perigo de constituir ministros extraordinários da comunhão eucarística sem real necessidade pastoral, apenas para facilitação dos serviços nos centros já servidos por outros ministros. Cairíamos na tentação de enriquecer os que já possuem e continuar deixando no abandono os pobres, desprovidos da necessária assistência por parte da Igreja (cf. *Immensae caritatis*).

b) É evidente que a distribuição da eucaristia deve sempre inserir-se em um contexto de vivência e de proclamação da fé que reúne a comunidade. Por isso, salvo impossibilidade real, a celebração da palavra é indispensável ao se distribuir o sacramento (cf. Ritual para a distribuição da comunhão fora da missa. *De sacra comm.,* nn. 26-53).

c) Veja-se a respeito do incentivo à "comunhão freqüente" e à facilitação para a mesma, a Instrução *Immensae caritatis; De sacra comm. passim.*

CULTO EUCARÍSTICO

Sentido do culto eucarístico

Se quisermos que a eucaristia se torne o "coração da vida cristã" (AG, n. 9; PO, n. 6; CD, n. 30), é preciso que compreendamos sempre mais profundamente o sentido da própria celebração e, à sua luz, tomemos consciência de todos os aspectos da vida sacramental da Igreja. Para vivermos plenamente este mistério e revelarmos sua significação, é necessário que procuremos compreender toda a realidade humana à luz do mistério da Páscoa, de que a eucaristia é memorial. Com efeito, os sinais sacramentais manifestam de maneira única e privilegiada a presença do Cristo pascal à sua Igreja, difundindo sua vida em nós, pelo dom do Espírito Santo (cf. Evang. Test., n. 48; *Eucharisticum mysterium,* n. 50; *De sacra comm.,* n. 80).

É justamente por isso que o magistério e a fé da comunidade eclesial, desde há muitos séculos, destacam o valor da oração, tanto particular como

pública, feita perante as sagradas espécies que são conservadas para alimento dos irmãos ausentes quando da reunião da assembléia (cf. *De sacra comm.*, nn. 3, 4 e 70; EM, n. 58).

A participação na celebração litúrgica deverá influenciar toda a vida do comungante e conduzi-lo a uma vida de autêntica oração (cf. *De sacra comm.*, n. 81), sob pena de se tornar um comportamento alienante (cf. PO, n. 6; GS, nn. 41, 43; *Eucharisticum mysterium*, n. 13; Medellín, nn. 9, 3-4).

O culto à presença do Senhor sob as espécies consagradas está bem em harmonia com as afirmações da SC, nn. 9-12, em que se afirma que as ações litúrgicas não esgotam toda a ação da Igreja.

Portanto:

A) incentivar os fiéis a orarem diante do sacramento, a fim de que percebam as exigências da eucaristia, é pastoralmente muito frutuoso e liturgicamente válido (cf. *Eucharisticum mysterium*, 50; Evang. Test., n. 35);

B) Atrair a atenção da comunidade para os sinais eucarísticos, colocando-os em evidência (por ex., pela exposição ou outro meio que responda à sensibilidade cultural de determinado povo ou meio social), para evocar o memorial do sacrifício do Senhor, favorece a comunhão com Cristo, na fé e na caridade, e urge o compromisso de "testemunharem com o próprio comportamento e com toda a sua vida aquilo que receberam pela fé e pelo sacramento" (*Eucharisticum mysterium*, n. 13; cf. *Eucharisticum mysterium*, n. 60).

C) Nos templos ou capelas em que se conserva a santíssima eucaristia, deve-se promover oportunamente o culto público da oração diante do Santíssimo Sacramento, para incentivar a comunidade local à meditação deste mistério que celebra (cf. *De sacra comm.*, n. 86).

Condições para o culto eucarístico

A) É necessário que se cuide muito da formação para a oração, a fim de que tais práticas não venham a se tornar apenas atos exteriores, vazios de ligação com a eucaristia, favorecendo o sentimentalismo, e mais tendentes à solenidade do que à profundidade que ajuda a assimilar o conteúdo próprio do sacramento. Mais importante do que qualquer preocupação com pompas e aparatos externos é criar um clima de recolhida oração em torno das espécies.

N.B. a) Embora uma digna solenidade corresponda à realeza de Cristo glorificado, presente na eucaristia, convém insistir mais sobre o conteúdo e o clima de oração. É importante que se conserve uma real hierarquia de valores, para que a exposição não seja mais destacada do que a própria celebração do sacramento da eucaristia (cf. De *sacra comm.*, n. 85, onde se fala a respeito do uso das velas para a exposição).

b) É bom lembrar que a genuflexão com os dois joelhos (prostração), introduzida em um contexto histórico para testemunhar publicamente a fé na presença, hoje volta à sua expressão tradicional, isto é, à genuflexão simples, com um só joelho mesmo diante do santíssimo sacramento exposto (cf. *De sacra comm.*, n. 84).

B) Não sendo um ato absolutamente desligado e independente, deve manter a relação com a celebração e a comunhão eucarísticas, a elas se subordinar e delas depender, sob pena de perder sua realidade e significação (*De sacra comm.*, n. 80).

C) No silêncio e na paz da oração, torna-se mais fácil compreender toda a realidade humana à luz da eucaristia que nos oferece uma maravilhosa síntese da revelação e do plano de Deus (cf. PP, n. 13).

D) Como o grão de mostarda que não cessa de crescer, assim a Igreja progride no conhecimento das realidades e das palavras que lhe foram transmitidas, máxime da significação do mistério da eucaristia. Provocar tal aprofundamento pela promoção do culto da eucaristia, julgamos sumamente proveitoso à consciência da própria Igreja (*De sacra comm.*, n. 81; EM, n. 13).

Formas do culto

A exemplo do Cristo Jesus, que "veio para fazer a vontade do Pai" e viveu seu mistério pascal como uma contínua oração, também nós descobriremos na celebração da eucaristia uma exigência de oração como meio para interiorizar o engajamento que nos impele ao serviço dos irmãos em um espírito de amor (cf. Jo 13,19; PC, n. 5; *Ecl. Sanct.*, n. 21).

A) A visita ao sacramento, conservado no sacrário ou exposto de modo mais visível, tem como escopo cimentar essa união com o Cristo, fazendo-nos pensar na ação sacrifical da celebração de ontem e de amanhã e nas disposições para o sacrifício, comprometendo-se mais profundamente na promoção da unidade.

Seria, pois, de toda conveniência que os cristãos pudessem encontrar um momento para voltar ao silêncio da meditação, mesmo durante a jornada ou na calada da noite, para deixar que a união eucarística se aprofunde e se enraíze. Assim, o prolongamento da ação de graças levaria os que participam da comunhão eucarística a assumir as conseqüências deste ato comunitário. Essa ação de graças, que já na própria celebração tem seu lugar, não se esgota

PASTORAL DOS SACRAMENTOS DA INICIAÇÃO CRISTÃ – PASTORAL DA EUCARISTIA

nos curtos momentos de uma ação comunitária; por isso é conveniente que na visita ao Santíssimo, também chamada "adoração ao Santíssimo", se tome calmamente o tempo que for necessário para vivenciar as exigências da celebração litúrgica (*Eucharisticum mysterium*, n. 13).

Cuidem, pois, os pastores para que os templos e capelas em que se conserva a santíssima eucaristia fiquem abertos certo número de horas por dia, a fim de facilitar e favorecer a prática da visita para rezar diante do sacramento (cf. *De sacra comm.*, n. 8).

B) Assim, a bênção com o sacramento, desde que não seja uma concorrência com a própria ação eucarística (por exemplo, colocada imediatamente antes ou depois), poderá tornar-se um momento precioso para reviver as dimensões da própria assembléia. Enfeixada em uma celebração da palavra, reúne a comunidade em autêntica contemplação, se for precedida de conveniente catequese e celebrada com espírito pastoral (cf. *Mediator Dei*, AAS 39, 1947, p. 566).

É bom notar que não tem sentido expor o santíssimo sacramento apenas para dar a bênção com as sagradas espécies. Mesmo que não haja possibilidade de prolongar muito a exposição, é necessário que se preveja um tempo suficiente para uma celebração com hinos, cânticos, preces, leituras da Palavra de Deus e meditação do mistério. Em seguida, encerra-se com a bênção (cf. *De sacra comm.*, n. 89).

C) As procissões correspondem a uma especial sensibilidade popular. A pastoral não poderá facilmente inocentar-se de uma falta de respeito ao povo, suprimindo essa forma de devoção.

Deve-se, no entanto, distinguir as procissões de cunho popular, tão amplamente freqüentadas, e a procissão eucarística cujo significado específico supõe uma vivência deste mistério.

1) Lembramos apenas a oportunidade que as procissões populares podem oferecer de uma ação evangelizadora, se forem preparadas e, por meio de adequados aparelhos sonoros, se puser ao alcance de tantas pessoas a Palavra de Deus, hinos, cânticos, preces... entremeados de breves reflexões evangélicas aplicadas à caminhada da vida cotidiana para a casa do Pai.

2) A procissão com o santíssimo sacramento tem um sentido muito próprio, isto é, de demonstrar publicamente a fé e a união de muitas comunidades que celebram e crêem no mesmo sacramento, força de unidade de toda a Igreja. É benéfico fazer pequenas comunidades e/ou as paróquias de uma mesma diocese convergirem para um lugar onde, sob a presidência do bispo, os fiéis proclamem sua unidade a partir da eucaristia.

N.B. Parece não atender à finalidade do solene rito de levar a eucaristia pelas ruas (per vias), a fim de dar testemunho público da fé e piedade da comunidade cristã para com o santíssimo sacramento, as procissões feitas no interior de um campo (cf. *De sacra comm.*, nn. 101 e 107).

3) No entanto, as dificuldades são reais e, não raro, corre-se o risco de promover mais um aglomerado de pessoas do que constituir uma assembléia. Neste caso, a eucaristia tornar-se-ia um testemunho equívoco, pois, ao invés de reunir pessoas que descobriram o sacramento como vínculo de unidade, estaria sendo espetáculo para todos os sentimentos estranhos à fé autenticamente cristã. Cremos que só se poderá evitar um movimento estranho à profunda intimidade do sacramento se, além do emprego de técnicas de comunicação, procurarmos salvaguardar o sentido autêntico do sinal de uma convocação que congrega cristãos de diferentes localidades, mas sem perder a dimensão comunitária da reunião. A grande "massa humana" que costuma comparecer não poderá ser tratada como uma multidão informe, mas deverá manter estrutura de grande grupo organizado em subgrupos onde a fraternidade seria experimentada e manifestada, testemunhando as dimensões de fé comunitária exigida pela eucaristia.

4) Acrescem a estas dificuldades a realidade urbana de muitas de nossas paróquias. Além do aglomerado de pessoas atraídas pela necessidade de movimento, sem, contudo, terem a convocação da fé, o trânsito nas grandes cidades, mesmo com as precauções oficiais, sofre tamanho transtorno, que provoca uma conseqüente irritação contrária ao louvor do Cristo sacramentado.

Também esse fator deverá ser levado em conta, juntamente com o pluralismo religioso, para se decidir sobre a conveniência de se promover ou não a procissão pelas ruas de determinada cidade.

5) No caso de não se poder realizar uma digna procissão, devido às dificuldades locais, máxime nos grandes centros urbanos onde os inconvenientes são mais acentuados, é de grande significado pastoral que se promovam concentrações de comunidades paroquiais para a celebração na catedral ou outras formas públicas de celebração em que a igreja particular reze unida na grande solenidade do sacramento da unidade (cf. *De sacra comm.*, n. 102).

Apêndice: Uma experiência renovadora

Apresentamos uma experiência, cujos efeitos benéficos poderiam ajudar a reflexão.

Um pároco resolveu com seus paroquianos e demais sacerdotes da cidade manifestar o significado de unidade eclesial da eucaristia. No dia da festa, ce-

lebrou-se uma única eucaristia na paróquia. A fim de preparar esta celebração, equipes organizadas percorreram todas as capelas da paróquia. De cada capela viria à celebração da matriz uma comissão representativa.

À hora acertada, estavam na matriz para a concelebração todos os sacerdotes da cidade, o povo da paróquia e os representantes das capelas em que se havia feito a preparação.

O pároco fez a homilia e entregou-a por escrito a seus paroquianos.

Após a comunhão dos presentes, cada ministro recebeu das mãos do pároco o sacramento e, acompanhados pelos fiéis de cada respectiva comunidade (ou capela rural), partiram rumo às suas igrejas.

Ao chegar ao lugar previamente convencionado, a comunidade estava reunida. Daí partia a procissão, tendo à frente o ministro da eucaristia com o santíssimo sacramento, seguido de todo o povo que rezava e cantava. Chegados ao lugar em que a comunidade se reúne normalmente, fez-se uma celebração, foi lida a homilia do pároco e distribuiu-se a comunhão.

1) O mesmo processo é viável em âmbito diocesano, se o bispo preside a eucaristia com representações de todas as paróquias, caso a diocese tenha dimensões geográficas que o permitam fazer.

2) Para que isso tenha realmente efeito de testemunho e sinal, é preciso que se criem nestas ocasiões assembléias diocesanas e/ou paroquiais mesmo que para isso se tenha de suprimir outras celebrações da eucaristia naquele dia.

3) Caso não seja possível esse método, é de toda conveniência que à celebração eucarística compareçam representantes das paróquias, constituídos em grupos comunitários. Que estes recebam das mãos do bispo a comunhão sacramental.

Em seguida, que os fiéis acompanhem o bispo com o santíssimo sacramento até o local em que se guardará a eucaristia (de preferência a catedral). Poder-se-á dar ali a bênção com as sagradas espécies, mas ficará fora de propósito celebrar uma segunda vez a eucaristia, simplesmente para se redistribuir a comunhão, dando a impressão de que a consagração é feita para "distribuir a eucaristia".

4) É importante que se cuide mais da preparação dos fiéis que acompanham a procissão do que da propaganda em vista de avolumar o número dos participantes.

Congressos eucarísticos (diocesanos, nacionais e/ou internacionais)

O que se disse a respeito da procissão eucarística vale, em parte, com relação aos congressos, a fim de que não se tornem simples motivo de um turismo ocasionado por uma promoção religioso-eucarística. O mais importante é que a movimentação se torne oportunidade de evangelização coletiva, capaz de canalizar os esforços.

Os congressos podem ser motivo de uma polarização evangelizadora, como o tem demonstrado a Campanha da Fraternidade, desde que mereçam especial atenção pastoral e assessoramento com oportunos subsídios teológico-catequéticos e não se tornem quase exclusivamente uma atividade de companhias de turismo.

Com efeito, os Congressos Eucarísticos são manifestações por meio das quais uma igreja particular convida outras igrejas (de determinada região, país ou até de todos os continentes) para viverem juntas o mistério da unidade e aprofundá-lo sob um aspecto particular.

Por isso, para que um Congresso seja realmente eucarístico, é necessário que cada igreja particular participe intensamente da preparação e se una às outras delegações representativas, no mesmo vínculo de fé e caridade (cf. *De sacra comm.*, n. 109).

Pastoral da adoração do santíssimo

É preciso que os assim chamados "santuários da adoração" criem melhores condições de educar para uma autêntica vida de oração. Não devem tornar-se um lugar sacralizado, mas inserido na pastoral da diocese, sejam verdadeiros centros de culto e promovam em todas as paróquias e capelas o espírito de adoração ao santíssimo sacramento, onde quer que seja conservado. Os santuários devem se tornar mais centros de incentivo e coordenação do culto eucarístico do que o único local de adoração.

Para que isso aconteça é indispensável que haja um atendimento solícito aos grupos que os freqüentam, a fim de irradiar o espírito que aí se cultiva.

Faz-se, pois, necessário, repensar a função dos santuários na pastoral. As condições de meios de comunicação (trânsito) e os horários de intensa participação em um mundo de trabalho não permitem mais a concretização de um ideal simplista neste sentido, mas exigem um planejamento realista.

Não seria mais eficiente o deslocamento de equipes especializadas para a promoção da educação eucarística nas comunidades paroquiais e aí organizar o culto comunitário, do que atrair pessoas para um "lugar de exposição perpétua", tirando-as das comunidades eclesiais em que vivem e celebram a eucaristia? Não seria esta pelo menos uma meta que os santuários devem ajudar a descobrir?

Em todos os templos e capelas em que a eucaristia é conservada, deve-se dar real destaque a esta dimensão do sacramento (cf. *De sacra comm.*, n. 86), por exemplo, promovendo horas coletivas de oração diante do sacramento, no sentido de fazer reviver as dimensões próprias da celebração e de despertar a atenção dos fiéis para o caráter de permanência da presença sacramental de Cristo em sua Igreja. Sobretudo, os grupos que se reúnem para tardes ou dias de oração e aprofundamento na fé sejam incentivados a orar diante do sacramento. Essa preocupação pastoral terá como resultado centrar a vida cristã no sacramento da unidade.

N.B. Aliás, outros santuários não especificamente eucarísticos também devem orientar sua pastoral para levar os peregrinos à descoberta do sacramento da eucaristia como centro, raiz e fonte de toda evangelização e vida cristã.

A PREPARAÇÃO DE PRESIDENTES E DEMAIS MINISTROS DA ASSEMBLÉIA LITÚRGICA

O princípio da natureza eclesial da liturgia faz, por um lado, que ela se ligue aos ministros competentes – em última instância ao bispo que lha dá cunho apostólico – e ao mesmo tempo, sendo sinal e expressão sincera da fé dos cristãos, deve admitir "variações e adaptações legítimas aos diversos grupos, regiões e povos" (SC, n. 37). A autêntica natureza da própria celebração não pode vincular-se a uma rígida uniformidade ritual contanto que se salve a "unidade substancial" no que respeita à fé e ao bem de toda a comunidade (SC, nn. 37 e 38).

Mesmo reservando algumas questões à Sede Romana, a Instrução Geral sobre o Missal Romano (passim) determina expressamente que possíveis adaptações nos diferentes rituais, inclusive da eucaristia, dependem das Conferências Episcopais e do bispo, moderador dos sacramentos (SC, n. 41; LG, n. 26). A comunidade concreta, dirigida pelo presbítero, também goza de uma margem de adaptabilidade que lhe permita tornar mais viva a celebração. A fim de melhor atender às necessidades de cada grupo ou comunidade e ao mesmo tempo manter-se a unidade eclesial da liturgia, as modificações mais profundas, mesmo as não previstas nos livros litúrgicos, podem e devem ser levadas à Conferência Episcopal, que, por sua vez, proporá à Sede Romana sua petição em vista do bem da Igreja (cf. SC, nn. 40, 63, 65, 77, 79).

N.B. Este trabalho ainda está por ser começado, embora seja da máxima urgência. A pastoral litúrgica no Brasil ressente-se da necessidade de organismos de reflexão litúrgica e de formação de pessoas com mentalidade e capacitação para promover a renovação preconizada pelo Concílio.

De modo geral, a renovação está consistindo na simples adoção de novos ritos e missal, sem uma formação conveniente da consciência do novo enfoque que a liturgia recebeu a partir do tratamento teológico dado ao assunto nos documentos conciliares.

A arte de presidir à celebração

É a partir de uma eclesiologia eucarística que podemos atribuir a presidência normal da eucaristia ao bispo (Cf. Justino, I Apol. 65 e 67; Concilium 71 [1972/1], pp. 18-27).

De fato, santo Inácio de Antioquia enfatiza essa função do bispo, dizendo: "Toda celebração eucarística realiza-se, regra geral, sob a presidência do bispo ou daquele que o substitua" (in *Smyrn* 8,1, cf. Cartas de santo Inácio de Antioquia, Ed. Vozes).

Sob muitos aspectos, o pároco de uma comunidade pode ser equiparado ao bispo, pois de fato exerce em concreto a função de *quasi-episcopus*. O importante é que o sacerdote que preside a assembléia, fazendo as vezes de Cristo (IGMR, n. 60), tenha realmente consciência de sua função específica, que é a de manter a comunidade congregada em um autêntico dinamismo vivencial e libertador, coordenar na unidade as demais funções que os diferentes ministros exercem, explicitando a ministerialidade da Igreja não individualmente, mas em colegiado. É o que deparamos de modo explícito em Paulo quando fala de "bispos" (no plural) e diáconos chefiando a comunidade local. O múnus de presidente (de bispos) pode, pois, teologicamente, ser exercido colegialmente e cada um dos concelebrantes age *in persona Christi* e como "cabeça" da Igreja reunida. A qualquer um deles, e a todos colegialmente, compete pronunciar a oração eucarística sobre o pão e o vinho, tal como, na última ceia, Cristo pronunciou o hino de ação de graças, instituindo a nova aliança no seu sangue. A concelebração mostra publicamente a unidade do ministério eclesial.

N.B. Isso também era aplicado à concelebração, a qual teria sido impossível que o presbítero recitasse em comum a oração eucarística, já que até o século IV a Igreja não possuía nenhum formulário fixado por escrito. Temos o valioso testemunho de são Justino que escreve: "O presidente da assembléia dos irmãos" faz a oração eucarística "da maneira como cada qual puder fazê-la" (I Apol. cap. 67; cf. Didaqué, cap. 10).

Aliás, mesmo nas orações a serem recitadas em comum por todos os concelebrantes, a voz do presidente deve aparecer distintamente e os demais con-

Pastoral dos Sacramentos da Iniciação Cristã – Pastoral da Eucaristia

celebrantes apenas acompanham com voz submissa, quando o ritual o prevê (IGMR, n. 170).

A margem de liberdade deixada aos presidentes não deve prejudicar o bem da comunidade nem lesar a unidade eclesial. Compete, pois, ao pároco, com sua equipe de ministros e em comunhão com o bispo, verificar a oportunidade de uma concelebração, a forma de distribuição da comunhão etc.

No entanto, leve-se em conta que as assembléias são diversificadas e isso condiciona notavelmente a função do presidente. Não se pode agir do mesmo modo com uma assembléia das 7 da manhã e outras com prevalente participação de crianças ou de jovens. Animador da comunidade reunida, o sacerdote deve comunicar-se e fazer com que os gestos, ritos e palavras comuniquem e expressem a fé vivenciada por um povo que participa, isto é, que toma parte no mistério do Cristo – primeiramente por sua vida comprometida evangelicamente e, em seguida, na celebração desta vida de comunhão em Cristo.

A preocupação do presidente da assembléia litúrgica deve ser antes a de servir à comunidade do que a de ser exatamente fiel às rubricas, sobretudo quando estas deixam margem à espontânea criatividade que provém de uma vivência da fé, comunicada e expressa publicamente, superando o mero esteticismo.

A fim de que a celebração não se torne um monopólio do sacerdote, é necessário que a comunidade possa assumir sua função. A liturgia deve redescobrir a arte que lhe é própria se quiser que a leitura transmita verdadeiramente uma mensagem, que o salmo seja uma autêntica resposta à leitura, que as atitudes corporais expressem algo pessoal e comunitário, que os movimentos se revistam de significação, que os ritos se tornem celebração da fé! Não basta executar a seqüência de rubricas preestabelecidas. A *institutio* tenta levar-nos à descoberta do espírito e da tônica artística da celebração.

N.B. Habituado a celebrar para um povo silenciosamente atento, mais inativo, o clero tem muita dificuldade para se tornar animador de uma assembléia em festa. Faz-se urgente uma reeducação e até mesmo um treinamento de expressões corporais.

Ao presidente compete:

A) Introduzir a assembléia em um clima de oração e conservá-la ou reconduzi-la a esta atitude fundamental, por meio de intervenções simples e oportunas;

B) Concluir as diversas partes da celebração com uma oração presidencial (rito de entrada — coleta; celebração da palavra introduzir e concluir — a oração dos fiéis; apresentação das ofertas — oração sobre as oferendas; rito de comunhão — pós-comunhão).

C) a) O prefácio, homilia poética de ação de graças, formal, pública e solene, começa em forma de diálogo, prolonga-se em solene recitação do presidente e conclui pela aclamação hínica, CANTADA por toda a assembléia.

b) Oração eucarística, memória entrecortada pelas aclamações.

N.B. Em certas orações eucarísticas mais longas, seria muito oportuno que se pensasse em novas aclamações para favorecer a participação do povo. A monotonia em que pode cair leva muitos sacerdotes a convidar erroneamente a assembléia a tomar parte na recitação da memória, que é típica e exclusivamente presidencial.

O tom de voz deve colocar em relevo o caráter peculiar de cada texto, e os momentos mais importantes (relato da instituição e doxologia) podem ser ressaltados com o canto.

Os ministérios na celebração

A liturgia é o momento em que "se expressa". em ação essencialmente simbólica, a realidade vital do mistério da Igreja, corpo de Cristo, em que cada membro tem funções e o todo realiza a missão a ela confiada (cf. 1Cor, 12,27; Ef 1,22-23; Cl 1,18-24).

A função da assembléia

Durante os últimos séculos, o povo na liturgia romana não tinha papel específico; simplesmente assistia à celebração, substituído pelo coro eventualmente ou, de modo ordinário, pelo acólito.

Atualmente é explícito na liturgia que o povo "aclama, responde, canta...". Há, no entanto, o perigo de reduzir a participação do povo a uma movimentação exterior e à execução de cantos em certos momentos de celebração, enquanto a própria liturgia é feita só por ministros especializados.

Em virtude do sacerdócio batismal, a assembléia tem funções que lhe são próprias:

a) cantos fundamentais na ação litúrgica são o *Santo*, salmo responsorial, respostas e aclamações diversas, canto de entrada e de comunhão, eventualmente o *Senhor, tende piedade*, o *Cordeiro de Deus*, o *Glória*, o credo, o pai-nosso. Essas partes são a liturgia cantada pelo povo;

b) momentos oportunos para a participação em palavras e gestos vemos na espontaneidade da oração dos fiéis, na apresentação viva de ofertas em benefício

PASTORAL DOS SACRAMENTOS DA INICIAÇÃO CRISTÃ – PASTORAL DA EUCARISTIA

da comunidade, recepção do sacramento e eventualmente na partilha da Palavra de Deus, através de reflexões, perguntas e testemunhos da própria experiência;

c) respondendo, recitando, tomando atitudes corporais e meditando no silêncio oportunamente provocado pela profundidade da palavra ouvida ou pelo gesto feito;

d) criando um ambiente espontâneo e fraterno, no acolhimento dos irmãos que chegam ou que se despedem da assembléia semanal.

N.B. É de suma importância que se promova a recepção dos membros de modo simples e cordial, em cada assembléia, procurando identificá-los. Isso pode ser feito através de um grupo de recepcionistas inicialmente, até que os irmãos despertem para o dever de cada irmão saudar e acolher os outros, sobretudo os que passam eventualmente para participar da eucaristia em uma comunidade que não é a sua habitualmente.

O diácono

N.B. A respeito do diaconato, pode-se ver *Sacrum diaconatus ordinem*, de 18 de junho de 1967; *Ministeria quaedam*, de 15 de agosto de 1972.

Intimamente ligado ao bispo e aos presbíteros, o diácono é ministro da palavra, na proclamação do Evangelho e na homilia, nas monições e avisos oportunamente; é também aquele que prepara as oferendas para o sacrifício, ajuda na distribuição do sacramento, purifica os vasos sagrados, retirando-os do altar após seu uso, e administra o batismo.

Igualmente adverte, ajuda, exorta e solicita a assembléia em todos os momentos em que for necessário. É chefe global da igreja — diaconia.

O acólito

1) A função específica dos acólitos é a de assumir com o diácono os serviços nos atos litúrgicos, distribuir a eucaristia e, oportunamente, fazer a exposição do santíssimo sacramento para a adoração dos fiéis, bem como repô-lo no sacrário, sem porém dar a bênção.

Os acólitos devem cultivar de modo especial o estudo da liturgia, para que possam compreender melhor o significado das suas funções e exercê-las com dignidade e fervor (cf. *Ministeria quaedam*, VI).

2) Os ministros extraordinários da comunhão eucarística são chamados a colaborar na administração do sacramento, levando a eucaristia às suas próprias

comunidades, ainda desprovidas de presbítero, ou a membros da comunidade que, por motivos diversos (já mencionados), estão ausentes da assembléia. Podem ser assimilados aos acólitos, mas não têm função permanente. É de toda conveniência que recebam as sagradas espécies consagradas em uma celebração de que participam e diante de todos os irmãos, quanto possível. Esse gesto faz a comunidade reunida pensar com carinho nos seus irmãos ausentes e, por outro lado, dá ao ministro maior consciência de que serve como enviado pela Igreja.

Mantendo o princípio de que foi constituído ministro em favor de uma comunidade ou de ausentes, nada impede que auxilie o sacerdote, a Igreja-mãe, quer ajudando-o a distribuir a eucaristia nos dias de maior afluência, quer purificando os vasos utilizados na celebração, quer reconduzindo a reserva bem como repartindo oportunamente o pão conservado no sacrário a pessoas que, não tendo participado da assembléia por motivo justo, venham a solicitá-lo em outros momentos do dia (cf. *Immensae caritatis*).

Cuide-se, porém, para que haja sempre o testemunho de mútua comunhão entre os ministros que exercem diferentes funções na Igreja, em favor da comunidade, evitando-se a monopolização por parte de uma "elite" que, em vez de servir, faz da função uma honra pessoal.

O leitor (cf. Minist. Quaedam, *item V).*

1) Sua função se exerce em um rito determinado – a liturgia da palavra. Deve ser cônscio do sentido de seu ministério e procurar exercê-lo de modo tecnicamente especializado. É o ator da comunicação da Palavra pela dignidade na apresentação, pelo tom de voz, pela clareza na dicção, pela humildade e convicção de estar a serviço de Deus na proclamação da Palavra. Pastoralmente não basta indicar um leitor e mostrar-lhe o texto a ser lido. É preciso que se faça uma formação específica que o torne apto a assumir tal tarefa como função litúrgica. Para isso, é importante que o leitor participe da assembléia e se aproxime do livro com fé, a fim de exercer um anúncio para seus irmãos e não execute apenas uma atividade de pessoa que sabe ler.

2) Liturgicamente convém que para cada leitura haja um leitor distinto, pois o ritmo diversificado favorece o movimento próprio, conforme o gênero literário do texto.

A grande novidade, neste sentido, é a faculdade concedida para dramatizar algumas leituras, cujo estilo favoreça este modo de torná-la mais viva, a exemplo do que já se faz há muito tempo na leitura da paixão, durante a Semana Santa (cf. Diretório das missas com crianças, n. 47).

PASTORAL DOS SACRAMENTOS DA INICIAÇÃO CRISTÃ – PASTORAL DA EUCARISTIA

3) Além da proclamação da Palavra na liturgia, compete ao leitor apresentar as intenções das preces dos fiéis, na falta do diácono ou cantor, dirigir o canto e orientar a assembléia na participação da ação litúrgica.

É também próprio do seu ofício iniciar os membros da comunidade à recepção dos sacramentos e preparar outras pessoas para substituí-lo na leitura da Palavra, em caso de necessidade (cf. *Ministeria quaedam*, n. V).

N.B. Um autêntico ato de fé na Palavra exige que os aparelhos de som sejam tecnicamente aptos à acústica de cada ambiente a fim de possibilitar a clara audição da Palavra de Deus.

4) Na proclamação da Palavra compete ao leitor:
- introduzir brevemente o assunto do texto a ser proclamado, situando-o no contexto de onde é tirado para facilitar a percepção da mensagem e prender a atenção da assembléia;
- ler claramente, sem demasiada lentidão ou pressa, e com tom de voz adequado ao ambiente e ao estilo da leitura.
- concluir a leitura de tal modo que solicite uma resposta de aclamação por parte da comunidade.

5) Na proclamação da Palavra compete ao salmista (ou cantor) auxiliar o leitor na proclamação da Palavra:

a) cantando ou recitando
- os versículos do salmo responsorial após a primeira leitura;
- a aclamação antes do Evangelho;
- as intenções da prece dos fiéis;

b) entoando os cânticos durante as celebrações litúrgicas.

N.B. É preciso que o salmista não improvise sua melodia, pois, dada a profundidade do momento, qualquer indecisão prejudica gravemente o clima de meditação.

Convém que o próprio salmista faça uma senha (gesto de mão, por exemplo) à assembléia, para que esta esteja certa do momento de entrar com sua participação.

INICIAÇÃO À VIDA DA COMUNIDADE CRISTÃ POR OCASIÃO DA PRIMEIRA EUCARISTIA

É fato incontestável que um grande número das crianças que fazem a primeira comunhão não persevera por muito tempo na freqüência aos sacramentos durante a adolescência e a pós-adolescência.

523

Além de outros fatores, parece ter influência primordial a ambigüidade existente na própria pastoral da primeira comunhão, que em geral visa mais a uma doutrina e ao dia da cerimônia da primeira comunhão do que a uma autêntica iniciação na vida da comunidade cristã.

Sem entrar aqui na questão do conteúdo da catequese eucarística, queremos sugerir algumas diretrizes de ordem pastoral:

1) É necessário que a preocupação doutrinal ceda o primeiro lugar à autêntica iniciação, isto é, à introdução na vida comunitária, de fraternidade cristã e de participação na missão eclesial. De fato, sem especial cuidado com a constituição de comunidades eucarísticas mais definidas sociologicamente e pela explicitação da fé, será impossível iniciar novos membros (cf. Diretório das missas com crianças, n. 12).

2) Faz-se mister que se dê prioridade à perseverante fidelidade daqueles que já participaram da primeira eucaristia, integrando-os na assembléia eucarística regular, como entrada mais profunda no povo de Deus, que se congrega unanimemente na caridade e que é assíduo às orações públicas para um real crescimento na fé.

3) Também se torna indispensável que se verifiquem as bases familiares dessa perseverança. Neste sentido, o grande trabalho da iniciação deve ser feito junto à família das crianças, mais do que com a própria criança. É bom lembrar que só haverá uma eficaz iniciação quando a família assumir a tarefa de integrar, pelo testemunho vivencial, seus filhos na vida eclesial, assim como os pais responsáveis se preocupam em integrá-los na vida familiar. Somente as famílias assíduas às celebrações poderão iniciar de modo conveniente e eficaz. Catequistas e escola, neste caso, serão uma ajuda de complementação ao trabalho dos pais. Jamais poderão substituí-los.

4) Por isso, os pais habituados a se reunirem em assembléia e comprometidos com a comunidade facilmente integrarão seus filhos no ambiente eclesial (comunidade) que freqüentam com perseverança. Neste caso, a iniciação poderá limitar-se a uma catequese a respeito do significado e do rito da celebração como tal, pois os filhos já percebem a importância e o valor da eucaristia pelo testemunho da própria família.

A) Na explicação da dinâmica própria da celebração, catequistas e/ou escola poderão prestar relevante serviço graças aos meios pedagógicos de que dispõem e mesmo devido à preparação teológica.

B) Para que a iniciação seja percebida pelas crianças como integração eclesial, deverá ser feita na comunidade que os pais freqüentam regularmente. Há um problema que se coloca quanto às primeiras comunhões em colégios e capelas ou santuários, caso estes não sejam o lugar que reúne regularmente os

pais para a eucaristia semanal. Esse tipo de festa no colégio, distante da comunidade regular dos pais, seria mais um ato de solenidade social do colégio do que a culminância de uma iniciação à assembléia eucarística e a conseqüente integração na vida comunitária. Os pais aí compareceriam como espectadores e não como integrantes de uma real comunidade a que pertencem e freqüentam.

Embora o colégio tenha aspectos de comunidade para a criança e não esteja dispensado de dar sua contribuição na catequese da iniciação, esta comunidade é, não raro, tão passageira que não oferece condições para mantê-la na perseverança eucarística. Por isso, o colégio e capelas ou santuários deverão acolher as crianças e dar humildemente sua parte na iniciação eucarística, a menos que criem condições de dar continuidade à assídua freqüência desta assembléia. Aliás, não seria o caso de se pensar pastoralmente em assumir de modo regular a continuidade desses laços comunitários que as famílias criam com o colégio de seus filhos, os santuários ou capelas que freqüentam? O perigo que se deve evitar é o de dar uma atenção passageira sem criar compromisso com a comunidade.

C) Tratando-se de tais famílias assíduas à reunião dos irmãos, as crianças dependentes e ligadas a seus pais devido à idade não voltarão ao colégio, aos domingos, para a eucaristia, mas tendem a acompanhá-los à comunidade com a qual os mesmos pais se acham comprometidos.

D) Neste caso, não importa muito quanto tempo deve durar a preparação. Importa, sim, que a criança receba os rudimentos de compreensão da celebração e já possa ser tranqüilamente admitida à participação eucarística, na certeza de que continuará a aprofundar sua fé, cultivada na Igreja doméstica e na assiduidade à assembléia.

N.B. É necessário pensar mais se a criança está ou não iniciada na vida da comunidade do que na data da primeira comunhão da paróquia.

E) Note-se que a preparação das crianças se fará de modo mais eficaz através de ritualizações à altura da sua percepção infantil do que por longas e completas doutrinas (cf. Diretório das missas com crianças, n. 13).

F) Para as crianças que vêm com seus pais e ainda não comungam, providenciem-se celebrações da Palavra adequadas à sua etapa de iniciação eclesial e psicológica. Estas celebrações podem ser presididas por catequistas ou por mães que se dispusessem a atender as crianças durante o tempo em que outros pais participam da celebração do sacrifício eucarístico.

No caso de as crianças terem uma celebração à parte, pode-se introduzi-las na assembléia dos adultos para receberem a bênção final, a fim de que aumentem sua aspiração de participar de toda a eucaristia (cf. Diretório das missas com crianças, n. 16).

N.B. É indispensável, porém, que às vezes o próprio presbítero presida a fim de criar laços comunitários eclesiais desses candidatos com a assembléia eucarística.

5. As crianças de famílias não iniciadas e cujos pais são descomprometidos oferecem dificuldade bem específica. Com efeito, como iniciar as crianças se estas dependem e convivem com pessoas para as quais a eucaristia é de somenos importâncias?

As aulas de catequese serão insuficientes para fazê-las perceber o valor da participação eucarística. Aliás, os próprios pais, nestes casos, buscam para seus filhos mais o cumprimento de um ato de promoção e satisfação social do que uma verdadeira participação eclesial. Nenhuma doutrinação, por mais completa que seja, suprirá o testemunho do meio social e, sobretudo, das pessoas das quais a criança depende afetiva e psicologicamente.

Neste caso, os pais devem ao menos se comprometer a dar uma educação para os valores humanos, participando de reuniões não eucarísticas com seus filhos (cf. Diretório das missas com crianças, n. 10).

A) O trabalho principal será, pois, a iniciação dos pais ou pelo menos de alguns dos responsáveis pela criança, sem abandonar o cultivo da fé da própria criança. O trabalho com a iniciação da família, em vista de sua integração eclesial, faz-se absolutamente necessário; caso contrário, a criança fará a primeira comunhão de modo incongruente, pois não chega a ingressar de modo pessoal na comunidade eclesial a não ser que os padrinhos possam dar o testemunho e completar a iniciação do neocomungante (cf. Rito de iniciação cristã de adultos, n. 43).

B) Seria o caso, portanto, de adiar a primeira eucaristia, até que se possa ter um mínimo de base sólida e responsável no sentido de que esta não se reduza a um ato passageiro, mas tenha condições de ser o início de uma perseverança na assembléia regular dos cristãos. Isso só se dará quando os pais se comprometerem eles próprios com a comunidade.

C) A iniciação não se verifica pelo grau de conhecimentos doutrinários que a criança possui, tampouco se pode prever um tempo determinado para a iniciação. A própria dificuldade causada pela família dará ocasião para mostrar às crianças que não é possível tomar parte no banquete sem ter decidido pertencer à família eclesial que se reúne para celebrar.

D) Aqui se evidencia o caráter complementário dos catequistas, isto é, de membros da comunidade que assumem as crianças cujos pais trazem para a reunião dos cristãos, iniciando-as na celebração. Não se deve confundir essa ajuda aos pais com um trabalho feito exclusivamente com as crianças, independentemente dos pais.

N.B. Aliás, esse mal não se verifica apenas na catequese, mas se estende à escola que, em vez de complementar a educação familiar, não raro exime ou dá a impressão de eximir os pais da tarefa educacional que lhes é própria e inalienável.

E) Torna-se mais irrefutável a ineficiência da iniciação de crianças sem um trabalho correspondente com as famílias, quando outros filhos maiores, que participaram da primeira eucaristia, já não perseverem no compromisso comunitário à medida de suas possibilidades. Nesta situação, dever-se-á radicalizar ainda mais as exigências com relação à admissão dos filhos menores, sob pena de falta de responsabilidade.

F) Poder-se-ia perguntar: "Como dar continuidade, se a paróquia é desprovida de clubes de grupos jovens, capazes de acolher as crianças"? Iniciar à eucaristia, sem iniciar a comunidades concretas, é simplesmente dar a comunhão e deixar na dispersão da própria boa vontade de comungante que, por ser criança, não é suficiente. Faz-se, pois, necessário que as paróquias ofereçam grupos de jovens e comunidades de adultos capazes de receber os novos iniciados e ajudá-los a perseverar na assiduidade à vida eclesial, bem como de reintegrar os que já estão caminhando para a dispersão.

G) A iniciação de criança cujos pais são freqüentadores ocasionais exige especial atenção para integrar os pais em uma comunidade eclesial de base, capaz de reavivar a fé e levá-los a comprometer-se mais explicitamente com a vida comunitária, que é exigência básica da fé, recebida como dom no batismo, e que somente se desenvolve mediante a evangelização. Em geral, o que falta a tais famílias (ou pessoas) é perceber claramente as implicações missionárias da fé que professam de modo ocasional e individualista.

7. Os adultos que ainda não fizeram a primeira comunhão oferecem especial ocasião à comunidade para iniciá-los de modo mais consciente. Não se tenha pressa em admitir à comunhão, mas se cuide com muito carinho de sua inserção e comprometimento comunitário.

A) O adulto não deve apenas ser conduzido à participação sacramental da eucaristia, mas a assumir a missão de dar testemunho que daí decorre. Por isso, não basta que o adulto saiba que a eucaristia é a presença do sacrifício do Senhor, mas se comprometa com a comunidade eucarística.

B) É importante que, ao participar da eucaristia, o adulto seja solicitado a participar também da missão da Igreja, compromissando-se com algum trabalho apostólico ou ministério litúrgico, conforme suas aptidões.

A celebração da primeira eucaristia

A) Tal celebração deve revestir-se de caráter festivo, seja na sua forma litúrgica, seja no ambiente social. No entanto, trata-se mais de uma festa da família eclesial do que de uma comemoração dirigida à criança, distraindo-a do sentido e do motivo da festa.

B) Dê-se autenticamente à primeira eucaristia o caráter de festa da comunidade paroquial, alegre por receber novos membros-irmãos como participantes de sua mesa. Que também a parte social seja feita de tal modo que a criança perceba que sua Igreja doméstica se insere na família eclesial e festeja o acontecimento de seu ingresso na assembléia eucarística.

C) Evite-se qualquer distinção de família para família, em vista de classes sociais, pois isto destruiria o clima comunitário e colocaria em relevo não a fraternidade cristã, e sim os privilégios de que a criança participa socialmente. A eucaristia deve ser integradora das pessoas na unidade dos irmãos.

D) Qualquer aspecto de luxo e pompa puramente exterior contradiz o espírito de simplicidade e de alegria evangélica que deve permear a comunidade da Igreja, reunião de "pobres".

E) Todos os membros da comunidade são convidados a tomar parte na alegria de ver a assembléia eucarística acrescida de novos irmãos. É uma ocasião muito oportuna para se fazer uma refeição comunitária, incentivando, assim, o espírito de comunhão entre os irmãos, e renová-los no espírito eucarístico.

F) Estes momentos de convivência em "ágape fraterno" deveriam multiplicar-se não só por ocasião da primeira eucaristia, mas para consolidar a fraternidade dos cristãos e tirá-los do individualismo, conforme freqüente recomendação dos padres da Igreja e costume que remonta aos tempos apostólicos.

EXPRESSÕES CORPORAIS E GESTOS NA CELEBRAÇÃO

Situação histórica

A) A partir do século XIII, a liturgia romana foi-se restringindo às formulações dogmáticas, sintéticas e fixas, conservadas até nossos dias. Progressivamente se intelectualizou.

B) O ritualismo da "era rubricista" reduziu a formação litúrgica a uma mera "casuística" de "como fazer", em vez de estudar a significação dos gestos

e palavras. Os inícios do movimento litúrgico foram decisivos para uma volta à espiritualidade litúrgica.

C) Os gestos e atitudes corporais foram sendo reservados ao "celebrante" menos como expressão do que como "observância". Os celebrantes, devido ao tipo de formação recebida, já não presidem uma assembléia em celebração, mas "celebram para uma assembléia"; os celebrantes executam os ritos e o povo é convidado a "unir-se intimamente" a ele. Uma participação apenas intencional e mental não satisfaz às exigências antropológicas de participação. As devoções neste sentido fazem concorrência à própria liturgia.

D) A participação corporal do povo está reduzida quase exclusivamente a movimentos, por exemplo, sentar-se, ficar de joelhos, ficar de pé...

E) Estas e outras situações semelhantes, sobejamente conhecidas e ainda não de todo superadas, transformaram a celebração em uma liturgia intelectualizada e livresca, permitindo uma participação interior, mas não favoreceu a "expressão da comunhão na fé eclesial, visível", já que o corpo – expressões corporais e gestos humanos – fora privado de celebrar.

N.B. É claro que estas anotações são apenas para motivar uma revisão concreta do que se passa em cada localidade e circunstância reais.

A liturgia, oração da pessoa total

A) Fiéis à unidade do ser humano, o corpo não pode ser dissociado da mente em oração. A liturgia não pode reduzir-se a uma pura meditação interior, sob pena de perder sua sacramentalidade e eclesialidade. Por isso, o louvor que reside no coração do homem torna-se celebração quando é proclamado pelos lábios, gestos e atitudes corporais capazes de comunicar a fé, manifestar a comunhão na mesma fé de modo sacramental. A linguagem dos gestos, por sua vez, não apenas comunica e intensifica a atitude interior, mas é apta a provocá-la, dando um caráter comunitário e um valor social à liturgia.

B) A passagem da época de Gutemberg para a era das comunicações em som e imagem deve suscitar uma pesquisa séria e profunda, no sentido de redescobrir os gestos humanos como linguagem própria da liturgia, não se limitando a uma comunicação gráfica e oral, mas visual.

Por outro lado, a revalorização do caráter comunitário da liturgia está a exigir uma renovação que faça da celebração uma autêntica comunicação humana e terrestre do dom divino da fé.

C) É preciso que pouco a pouco se vença a mentalidade de "executar os ritos como prescrição disciplinar" e se dê dimensão simbólica aos gestos humanos que se fizeram na celebração.

Para isso, a busca de sinais expressivos torna-se uma tarefa da reflexão litúrgica, se se pretende que a assembléia possa expressar sua fé, comunicar-se em linguagem atual e adequada à sua cultura.

Temos, neste sentido, a solicitação dos novos ritos que devem ser "adaptados à índole dos povos" conforme exigência do Vaticano II (SC, nn. 38, 40, 44).

Caminhos para chegar a uma nova maneira de celebrar

A) Na atual celebração, já se podem desenvolver atitudes corporais que signifiquem "penitência, alegria, caminhada, paz, reunião em torno da mesa do altar em determinadas circunstâncias, saudação aos irmãos no início e na despedida da celebração". Esses momentos devem superar a simples execução de um rito para se tornarem sinceras e espontâneas manifestações humanas do conteúdo salvífico que encerram.

Para que isso aconteça, far-se-á necessária a catequese e também um pouco de imaginação criadora por parte dos que dirigem a celebração, além de uma revisão da linguagem empregada nos textos (por exemplo, traduções mais adaptadas à diversidade das regiões e tipos de assembléias...).

N.B. Neste sentido, é evidente que jovens e crianças – sem excluir adultos que tenham maior percepção antropológica – se acharão mais à vontade do que aqueles educados em uma rigidez silenciosa durante a liturgia. O clero precisa ser ajudado de modo particular, para que não se passe da rigidez rubrical às inovações descabidas.

B) Mais delicada é a tarefa de encontrar meios de uma participação corporal da assembléia na oração eucarística. Os presidentes já acompanham com gestos as palavras que proclamam, por exemplo, a narração da instituição. No entanto, há certa monotonia nesses gestos demasiado pobres em movimentos, sobretudo em se tratando das orações eucarísticas um pouco mais longas. Quanto ao povo, poder-se-á desenvolver de modo adequado o canto das aclamações, não só as atuais, mas outras oportunidades introduzidas pela competente autoridade em matéria litúrgica; experiências já estão realizadas, mostrando que é possível tirar os fiéis da imobilidade.

N.B. É preciso que se evite fazer o povo simplesmente reproduzir gestos estereotipados; importa também que se encontrem expressões de verdadeira comunicação.

C) A valorização da celebração em sua dimensão de arte cênica está pedindo que se providencie com urgência um treinamento dos presidentes e demais ministros das assembléias (educação das equipes de celebração). Neste sentido, há toda uma reeducação a ser feita, para que se chegue ao uso oportuno de maior liberdade da linguagem corporal, da comunicação vocal... como meios de solenizar a liturgia comunitária.

N.B. É preciso que as "comissões litúrgicas de arte sacra" ultrapassem o campo de "montagem do palco" (arquitetura, ornamentação, vestes etc.) e descubram a arte cênica como campo prioritário na renovação litúrgica.

D) É difícil dar sugestões concretas dentro de um documento de orientações pastorais, mas a colaboração de pessoas especializadas, como educadores em comunicação, possibilitaria uma renovação eficaz da racionalidade em que caiu a liturgia, máxime a ocidental.

N.B. No domínio da música, os esforços feitos são consideráveis; no campo, porém, da arte cênica especificamente, quase nada se criou até o momento. A urgência é máxima devido à influência exercida pelos meios de comunicação audiovisuais na própria psicologia das pessoas.

E) Convém chamar a atenção para as adaptações feitas nas igrejas e capelas quanto à localização dos altares e o modo de distribuir as cadeiras ou bancos para os participantes.

F) Parece que já é tempo de providenciar a fixação do altar da celebração, com critérios mais ou menos justos, desde que se consultem pessoas competentes em arte e em liturgia, por exemplo, as comissões especializadas.

1) Quanto à distribuição dos lugares para os participantes, no espaço dos templos, ainda se vêem poucas iniciativas, devido ao custo que poderia representar a substituição dos bancos. No entanto, é preciso que se dê especial atenção à distribuição do espaço ocupado pela assembléia, a fim de atender às exigências de mútua comunicação.

2) Convém chamar a atenção dos ministros sobre a importância de as vestes corresponderem ao decoro devido à ação litúrgica. Não raro se nota um espetáculo lamentável pela falta total de estética, quando não até de limpeza.

O uso da túnica e estola em substituição aos demais paramentos, além de compor muito bem, quando feitas sob medida, oferece facilidade de conservação e limpeza (cf. XII Assembléia Geral da CNBB, com as respostas da Sagrada Congregação para o Culto Divino).

Diretório para missas com grupos populares

Conferência Nacional dos Bispos do Brasil
(8 a 17 de fevereiro de 1977)

INTRODUÇÃO

A Conferência Nacional dos Bispos do Brasil (CNBB), fiel à missão recebida do Senhor de "anunciar a boa nova aos pobres" (Lc 4,18), alegra-se com o próprio Jesus porque o Pai manifestou seus segredos aos pequeninos, ao povo simples (cf. Lc 10,21).

Pelo Diretório para missas com grupos populares, nós, bispos, nos propomos a facilitar uma penetração mais plena da liturgia no coração desta gente simples, através de uma forma de celebração que seja mais adequada à cultura e às circunstâncias que lhe são próprias.

FUNDAMENTAÇÃO

Ao apresentarmos um Diretório, importa primeiramente expor a quem ele se destina, qual a sua natureza, quais os seus objetivos e as razões que o justificam.

1. O "Diretório" destina-se às missas com grupos populares. Estes são constituídos pelo povo simples.

Entendemos por "povo simples" aquele que não possui cultura letrada, vivendo, porém, a riqueza de uma cultura popular própria. Religiosamente,

o povo que tem um lastro de crenças não as procura justificar racionalmente: vive-as de modo prático, emocional e intuitivo. No relacionamento com o clero, limita-se a receber o que se lhe dá, sem explicitar o que possui como riqueza própria na sua religiosidade de cunho popular. Social e economicamente, constitui-se de pessoas desfavorecidas e dependentes. São multidões de trabalhadores rurais, de operários e assalariados urbanos, que exercem profissões de reduzida qualificação. Na profissão, dentro da situação social, são mais executores do que autores intelectuais de projetos. São os homens do "agir" e do "fazer", para atender a necessidades imediatas. Culturalmente, expressam-se de modo concreto, por símbolos e gestos, contando fatos; têm dificuldade em formular conceitualmente as próprias idéias.

Ao contrário da mentalidade lógica e dialética que moldou uma formação eclesiástica em nossos seminários, o povo simples não inquire tanto o porquê das coisas e dos acontecimentos. Basta-lhe o acontecer, o existencial.

No Brasil, esses grupos populares, assim caracterizados, constituem a maioria da população de todo o país.

2. Do ponto de vista pastoral, o povo simples do Brasil é atendido insuficientemente (alguns só têm uma única missa por ano) ou de modo inadequado – seja por causa das grandes distâncias, seja pela escassez ou má distribuição dos ministros, seja pelo tipo de pastoral e de liturgia adotadas nestes contatos.

3. Para a solução destes problemas, impõe-se uma pastoral global, que não procure apenas oferecer alguns serviços ao povo, mas caminhe com ele, fazendo cada um assumir o seu papel em uma jornada conjunta de todo o povo de Deus, no campo da promoção social, da evangelização e da vida litúrgica.

4. No entanto, sem ignorar a importância dos demais problemas, o presente "Diretório" ocupa-se especificamente de um só aspecto desta pastoral global: adequar a liturgia da missa ao modo de expressar-se, à cultura e à vivência do povo simples, sem, evidentemente, cair em vulgaridade e incorreção de linguagem.

5. É inegável que os textos e ritos da missa, atualmente em vigor, não correspondem ao modo de expressão e à vivência religiosa, próprios do povo acima caracterizado.

E, contudo: "A celebração da missa, como ação de Cristo e do povo de Deus hierarquicamente ordenado, é o centro de toda a vida cristã, tanto para a Igreja universal como local, e também para cada um dos fiéis" (Instrução Geral sobre o Missal Romano 1; cf. SC, n. 10). E "a Igreja ardentemente deseja que todos os fiéis sejam levados àquela plena, cônscia e ativa participação das celebrações litúrgicas, a que o povo cristão, por força do batismo... tem direito e obrigação" (SC, n. 14).

6. Constata-se, assim, um sério impasse: a inadequação das expressões litúrgicas dificulta a participação plena e frutuosa a que o povo tem direito.

O Diretório para missas com crianças já apontava o dano espiritual causado por semelhante situação (DMCr., n. 2). Com efeito, a liturgia "é a primeira e necessária fonte, da qual os fiéis haurem o espírito verdadeiramente cristão" (SC, n. 14).

Urge, por conseguinte, um esforço para harmonizar a celebração litúrgica com a índole e as formas de comunicação próprias de nossa gente, sempre com a preocupação de não prejudicar o conteúdo da fé por causa da linguagem.

7. De fato, o próprio Magistério da Igreja, repetidamente, manifestou a necessidade deste respeito às culturas locais. Assim se lê na Constituição sobre a sagrada liturgia: "A Igreja não deseja impor na liturgia uma forma rígida e única no que não diz respeito à fé ou ao bem de toda a comunidade. Antes, cultiva e desenvolve os valores e os dotes de espírito das várias nações e povos" (SC, n. 37).

"Salva a unidade substancial do rito romano, dê-se lugar a legítimas variações e adaptações para os diversos grupos, regiões e povos...; isso ter-se-á oportunamente diante dos olhos na estruturação dos ritos e na confecção das rubricas" (SC, n. 38).

Segundo o documento papal *Evangelii nuntiandi*, "o conteúdo inalterável da fé católica..." deve ser "revestido pelos símbolos próprios que têm em conta os meios culturais, sociais e até mesmo raciais diversos..." (EN, n. 65).

Os bispos latino-americanos, no Documento de Medellín (1968), julgam necessário, na liturgia, "adaptar-se ao gênio das diversas culturas e encarnar-se nele" (Med., nn. 9.7).

A Igreja, seguindo a lógica destes princípios dela mesma emanados, promulgou, a 1º de novembro de 1973, o "Diretório para missas com crianças".

Dentro do mesmo espírito, a Instrução Geral sobre o Missal Romano determina: "De acordo com o prescrito na Constituição sobre a sagrada liturgia, podem as Conferências Episcopais estabelecer normas para o seu território, que atendam às tradições e índole dos povos, regiões e diversas assembléias" (IGMR, n. 6).

8. A Conferência Nacional dos Bispos do Brasil, dando cumprimento a esta determinação do Missal Romano, considerou conveniente publicar o presente "Diretório para missas com grupos populares", a fim de ajudar as comunidades que procuram uma manifestação melhor de sua oração e encorajar os pastores preocupados com esta questão.

Não se trata de criar um novo rito da missa, nem de querer explicar todo o seu mistério, mas de exprimir o conteúdo inalterável da liturgia eucarística em símbolos e linguagem próprios do povo simples.

9. Uma liturgia da missa deste gênero poderá fazer com que o povo simples, que vive e pratica uma religiosidade condizente com sua mentalidade, explicite a riqueza do Evangelho oculta nesses valores. Esta maneira de celebrar a liturgia, por certo, favorecerá maior crescimento na fé.

10. O Diretório supõe, além de uma esclarecida e suficiente formação litúrgica do celebrante, uma iniciação séria do homem simples à vida eclesial e litúrgica. Somente o confronto dos valores nativos do povo com a riqueza dos conteúdos evangélicos proporcionará um crescimento progressivo na fé que, por sua natureza, nunca é completa e acabada. É preciso também que os fiéis aprendam a compreender a linguagem simbólica, inerente à liturgia (através de catequese e explicações mistagógicas).

Para esse fim, são de grande utilidade as celebrações penitenciais, os círculos bíblicos, as orações espontâneas nas reuniões de grupos e da comunidade, os cantos comunitários etc. Estes diferentes tipos de celebração, além de seu valor próprio, representam um proveitoso aprendizado de elementos que serão reencontrados no rito da missa.

11. O sacerdote inserido na vida e pastoral de sua comunidade verá como é fácil dinamizar a celebração da missa à luz deste "Diretório". Mas um sacerdote que serve a uma comunidade apenas ocasionalmente deverá inteirar-se dos elementos característicos do povo do local, sob pena de não compreender a manifestação de seus traços culturais nem ser compreendido pelas pessoas.

12. O bom uso deste "Diretório" fará com que apareça mais claramente a força pedagógica própria da liturgia (cf. SC, n. 33). No entanto, é preciso ter grande cuidado para não transformar a celebração do louvor a Deus e a oração da comunidade em uma série de instruções "didáticas", áridas e intelectuais (cf. DMCr., n. 13).

13. Cabe ao ordinário julgar da validade e da oportunidade para o seu território, das múltiplas expressões de criatividade que o presente Diretório sugere.

A MISSA EM GERAL

Observações prévias

1. As comunidades eclesiais de base que estão se formando por um processo mais apurado de iniciação evangelizadora e cujo crescimento na conversão leva a maior engajamento vivencial terão mais facilidade em dar nova vida aos

ritos. São, porém, essas mesmas comunidades que sentem necessidade de criar algo capaz de expressar a integração de sua vida concreta no mistério do Cristo.

O presente Diretório, firmado no princípio da unidade essencial da liturgia da Igreja com a diversificação das formas, quer ajudar tais grupos para que suas celebrações correspondam às próprias necessidades e sejam a expressão mais autêntica da fé que vivem (cf. Documentos da CNBB/2ª: Pastoral da eucaristia, n. 1.4.1).

2. O sentido do memorial do Senhor exige certas condições mínimas de iniciação para que se caracterize como celebração da eucaristia por assembléias convocadas e congregadas pela Palavra. Com este Diretório não pretendemos, pois, promover celebrações de missas sem uma séria preparação das comunidades, como se bastasse o povo expressar ritualmente sua própria cultura. Queremos afirmar claramente que a missa é sempre a celebração do mistério de Cristo, pela Igreja, mas em formas, ritos e linguagem que identifiquem o modo de viver e de se expressar de uma comunidade concreta (cf. Pastoral da eucaristia, nn. 1.4.2 e 1.4.8).

3. O povo simples já cultiva, universalmente, a solidariedade quase como virtude espontânea e inata. Uma vez convocado e nutrido pela Palavra de Deus, facilmente se integra em formas comunitárias, sem verdadeira comunhão de vida, de lutas e de compromissos.

A missa, por sua vez, intensifica e consolida o espírito fraterno entre os membros da comunidade, conforme diz o documento conciliar: "Não se edifica nenhuma comunidade cristã se ela não tiver por raiz e centro a celebração da santíssima eucaristia; por ela há de iniciar-se toda a educação do espírito comunitário" (PO, n. 6). Por outro lado, não se deve esquecer aquele imperativo de uma pastoral global para fundar e validar qualquer iniciativa litúrgica. Sem o esforço conjunto e multiforme de edificar uma verdadeira comunidade cristã, pouco valerão ritos mais populares na celebração da missa.

Preparação próxima da celebração eucarística

1. A liturgia renovada pelo Concílio Vaticano II exige, para a celebração de cada missa com o povo, uma cuidadosa preparação próxima. Esta deve ser feita pelo celebrante junto com "os ministros e todos os que exerçam alguma função especial, inclusive os fiéis, naquilo que se refere a eles de modo mais direto" (IGMR, n. 313; cf. idem, n. 73).

2. A eficácia pastoral da celebração aumentará à medida que se respeitar a multiplicidade de funções e de ministros que as devem exercer (cf. SC, n. 28) e se mantiver uma equipe estável de liturgia em cada comunidade.

DIRETÓRIO PARA MISSAS COM GRUPOS POPULARES

3. A mera distribuição de tarefas não é suficiente como preparação: o povo facilmente continuaria confirmado como executor de funções, sem possibilidade de vir a ser verdadeiro agente na ação litúrgica (cf. Fundamentação 1, anterior).

Por isso, é necessário que a comunidade participe da preparação de modo mais amplo e mais ativo, por exemplo, na seleção e ensaio dos cantos e das leituras bíblicas em versões adequadas à sua cultura, na escolha de gestos e ritos expressivos e conforme seus costumes, bem como na formulação das monições e de questionamentos para o ato penitencial. A própria comunidade dê o testemunho e sugestões para a homilia e forneça intenções para a prece dos fiéis (cf. PO, n. 9).

Deste modo, a preparação litúrgica pode tornar-se educativa para uma verdadeira celebração ativa e consciente. E mais: contribuirá, não pouco, para o processo de libertação do povo de sua situação geral de dependência, a começar pelo religioso.

Liturgia e vida

1. Todas as ocorrências da vida dos homens "consagrados a Cristo e ungidos pelo Espírito... tornam-se hóstias espirituais, agradáveis a Deus por Jesus Cristo (1Pd 2,5), hóstias que são piedosamente oferecidas ao Pai com a oblação do Senhor na celebração da eucaristia" (LG, n. 34).

É indispensável explicitar, na celebração da missa com grupos populares, o conteúdo de salvação ou de pecado, individual ou coletivo, contido nos vários acontecimentos de sua vida. Pois todo o seu modo de pensar e expressar-se parte de realidade e fatos concretos (cf. Fundamentação 1, anterior). Ainda mais quando a vida real do povo já é duramente marcada pelo sofrimento e pela luta de sobrevivência: a oferenda para o sacrifício é abundante e precisa ser levada para o altar em gestos de povo. Conseqüentemente, uma liturgia com o povo simples será tanto mais conforme ao seu gosto e capacidade e tanto mais proveitosa quanto mais se encarnar em sua experiência vivencial.

2. As próprias celebrações e expressões litúrgicas não podem fugir a este princípio. O rito da missa do povo simples deve espelhar o caráter popular de sua linguagem, sua religiosidade própria, suas lutas e vitórias, sob pena de não atingir o coração do povo.

3. Mas há uma segunda relação entre liturgia e vida que, no caso do homem simples, é mister acentuar vivamente: celebrar de tal modo que a missa produza frutos no íntimo da pessoa e na vida comunitária dos participantes.

Para que isto aconteça, o primeiro requisito é conseguir que a comunidade ultrapasse, na celebração, a mera realização externa dos ritos e chegue a uma

537

vivência interior dos mistérios celebrados, segundo as palavras da Constituição sobre a sagrada liturgia: "É dever dos pastores vigiar que, na ação litúrgica, não só se observem as leis para a válida e lícita celebração, mas que os fiéis participem dela com conhecimento de causa, ativa e frutuosamente" (SC, n. 11; cf. SC, n. 19). Isto exige, além de uma evangelização prévia, o uso de monições oportunas e a criação de um clima de oração durante o ato litúrgico.

Assim, ao penetrar com maior consciência no significado das ações litúrgicas, a comunidade cresce na sua adesão a Cristo e progride no processo de uma sincera e profunda conversão.

4. Esta atitude interior traduzir-se-á mais facilmente em comportamentos pessoais e comunitários, capazes de manifestar o mistério celebrado. Desta maneira, a missa tornar-se-á poderoso fator de libertação das pessoas e transformação do meio ambiente.

O Documento de Medellín (1968) sintetiza estas considerações do seguinte modo:

> [...] o gesto litúrgico não é autêntico se não implica um compromisso de caridade e um esforço sempre renovado para ter os sentimentos de Cristo Jesus e uma contínua conversão. Esta celebração, para ser sincera e plena, deve conduzir tanto às diversas obras de caridade e ao auxílio mútuo como à ação missionária e às várias formas do testemunho cristão (Med., nn. 9,3; cf. PO, n. 6).

Gestos e símbolos

1. A psicologia do homem simples revela uma preferência pelo "agir" e "fazer" e pelo emprego de símbolos; ao contrário, mostra-se avessa às formulações conceituais e meramente verbais de suas vivências (cf. Fundamentação 1, anterior).

Daí a importância de deixar o povo se exprimir com gestos, símbolos, dramatizações, em uma celebração litúrgica adequada ao seu universo mental. Pois o gesto corporal "exprime e estimula os pensamentos e sentimentos dos participantes" (IGMR, n. 20).

Aqui urge aplicar o que se diz na Constituição sobre a sagrada liturgia: "Para promover uma participação ativa, trate-se de incentivar as aclamações do povo, as respostas, a salmodia, as antífonas e cânticos, bem como as ações ou gestos e o porte do corpo. A seu tempo, seja também guardado o sagrado silêncio" (SC, n. 30; IGMR, nn. 20, 33 e 23).

2. Cuide-se para que os gestos escolhidos não sejam artificiais, mas expressivos e tirados da vida real da comunidade. Neste sentido, a vivência coti-

diana do povo simples oferece uma grande variedade de expressões. Lembremos apenas algumas, à guisa de exemplos: as procissões (com cruz e velas), posições e inclinações do corpo, gestos com as mãos (bater palmas, dar as mãos), entrega simbólica de objetos, oferecimento de donativos (sobretudo em gêneros), preparação e ornamentação da mesa da eucaristia, tocar instrumentos musicais ou marcar o ritmo dos cantos, acender velas, beijar e incensar imagens e o altar, saudação da paz, gesto de perdão ou de cumprimentos.

O canto

1. O canto, segundo declara a Igreja, "faz parte necessária ou integrante da liturgia solene" (SC, n. 112). "O canto popular religioso seja inteligentemente incentivado, de modo que os fiéis possam cantar nos piedosos e sagrados exercícios e nas próprias ações litúrgicas" (SC, n. 118). E na Instrução geral sobre o Missal Romano se diz: "Dê-se grande valor ao uso do canto nas celebrações, tendo em vista a índole dos povos e as possibilidades de cada assembléia" (IGMR, n. 19).

2. O que nestas declarações se determina merece uma consideração especial, em se tratando de missa com povo simples. Para que esse povo possa expressar-se mais a seu modo, é preciso que se deixe liberdade de escolha dos cantos em uso no meio em que vive. Além disso, incentive-se a criação de cantos pela própria comunidade, sem excluir a execução de cantos de outras proveniências. A fim de sustentar o canto e nutrir a meditação da comunidade, sejam utilizados os instrumentos musicais disponíveis em cada local e condizentes com o espírito da liturgia (violão, sanfona, flauta, pandeiro, atabaque, maraca etc.) (cf. MS, n. 55).

3. Para facilitar a participação e maior compreensão dos cantos do Ordinário da missa, tais como o *Senhor, tende piedade*, o *Glória*, o *Creio*, o *Santo*, o *Cordeiro de Deus*, é lícito substituir o texto oficial por formulações populares destes, desde que guardem fidelidade ao espírito e ao sentido do texto litúrgico (cf. DMCr., n. 31; MS, nn. 54 e 55).

Tempo e lugar

1. Na escolha do dia e hora, atenda-se à conveniência do povo, para que o maior número de pessoas possa estar presente à celebração. Ordinariamente, para estas celebrações, necessita-se de mais tempo.

2. Quanto ao local, mesmo que ordinariamente se utilize uma igreja ou capela, em certos casos poderá ser preferível outro recinto mais apropriado. Os critérios para a escolha do local mais conveniente são as circunstâncias peculiares em que vive a comunidade e as melhores condições para escutar a Palavra de Deus e celebrar a eucaristia (cf. IGMR, n. 253; DMCr., n. 26).

3. Na construção de igrejas ou locais de celebração, tenha-se em conta o estilo de vida da gente simples e procure-se assegurar a devida liberdade de uso por parte de todos os membros da comunidade, sem fazer concessões aos interesses de grupos ou pessoas.

AS PARTES DA MISSA

Respeitando a estrutura geral da missa conforme as diversas partes da celebração, sugerem-se as seguintes adaptações, para que o povo simples chegue a expressar o mistério da fé dentro das condições de sua cultura (cf. EN, n. 63).

A conservação de certas fórmulas, porém, como os diálogos, facilita a oração em comum e a integração das pessoas em outras comunidades.

Ritos iniciais

1. Para o homem simples, a multiplicidade de ritos introdutórios, ao invés de criar disposições favoráveis e concentrá-lo "para ouvir atentamente a Palavra de Deus e celebrar dignamente a eucaristia" (IGMR, n. 24), pode desviar sua atenção para pormenores menos importantes.

Por isso, é lícito omitir um ou outro rito inicial e desenvolver mais extensamente um deles, sem nunca eliminar a oração presidencial "coleta". Cuide-se, no entanto, de não omitir invariavelmente o mesmo rito (cf. DMCr., n. 40).

2. Desde o início atente-se para o valor do canto litúrgico como fator importante de integração da comunidade.

3. Com palavras espontâneas e breves, o presidente acolha a comunidade e a introduza no espírito próprio da celebração.

4. Além dos ritos à escolha, propostos pelo Missal Romano para o ato penitencial, permitem-se cantos populares ou outras expressões que se julgarem mais aptas para externar os sentimentos de penitência e conversão.

5. Para a coleta, as orações sobre as oferendas e depois da comunhão, o celebrante escolha, livre e criteriosamente, dentre os textos do Missal Romano, respeitando, no entanto, o tempo litúrgico (cf. DMCr., n. 50).

Nem sempre, porém, estes textos estão formulados de tal modo que expressem a vida do homem simples e sua experiência religiosa.

Por isso, tendo em conta a assembléia concreta e suas condições, o celebrante pode dar uma formulação popular, sem quebrar a fidelidade ao conteúdo substancial destas orações (cf. DMCr., n. 51).

Liturgia da Palavra

1. Se em uma comunidade sem padre a Palavra de Deus for normalmente celebrada de modo adequado à assembléia, pode-se conservar na missa o mesmo estilo, desde que se respeite a natureza própria desta parte da missa.

2. As leituras sejam ordinariamente introduzidas com breves palavras, aptas a prender a atenção dos ouvintes e a facilitar a compreensão do texto.

3. Cuide-se de que a proclamação da Palavra de Deus seja feita da melhor forma: clara, pausada, comunicativa. A repetição, às vezes, agrada e aproveita mais ao povo do que a multiplicidade ou extensão dos textos.

Quanto ao modo de proclamar as leituras, sempre que o gênero literário permitir, distribua-se o texto entre vários leitores ou atores, como se faz, por exemplo, na leitura da paixão.

4. Nunca se omita a proclamação do texto bíblico, embora este possa, a seguir, ser recontado ou parafraseado por um ou mais dos presentes.

5. Por razões pastorais, é lícito escolher apenas uma ou duas das leituras da missa do dia, mantendo-se sempre o texto do Evangelho. É recomendável que o órgão competente da CNBB prepare um lecionário próprio para as missas com grupos populares, incluindo textos para os tempos litúrgicos, para os domingos e para as festas principais. Preveja-se uma seleção de leituras para aqueles locais em que a missa é celebrada com menor freqüência, a fim de focalizar as mensagens centrais do mistério cristão.

6. Além das versões da Bíblia já admitidas para a liturgia, pode-se usar qualquer outra versão aprovada por autoridade eclesiástica e que seja mais adequada à cultura e linguagem dos ouvintes.

7. Entre as leituras, cante-se um salmo que favoreça a meditação da palavra escutada; pode-se também escolher um canto popular apropriado ou o *Aleluia* com algum verso, ou sugerir um silêncio meditativo, ou ainda solicitar reflexões, em voz alta, de alguns dos presentes.

Quando há somente a leitura do Evangelho, o canto pode ser executado depois da homilia.

ORIENTAÇÕES PARA A CELEBRAÇÃO E O CULTO DA EUCARISTIA

8. A homilia, diferente do sermão, é parte integrante de toda a liturgia da Palavra. Ela se torna absolutamente indispensável no caso do povo simples, para que este possa compreender a mensagem bíblica.

Convém que a homilia, quando oportuno, tome a forma de diálogo, em que os fiéis são convidados a dar depoimentos, contar fatos da vida, expressar suas reflexões, sugerir aplicações concretas da Palavra de Deus. Conforme as circunstâncias, poderá haver reflexão em grupos, seguida de um breve plenário e a complementação de quem preside.

9. Em vez da recitação do *Creio*, ou do canto de versão popular do ato de fé (cf. DMCr., n. 31), a comunidade pode professar a fé em forma de perguntas e respostas, à semelhança do que ocorre no rito do batismo e na vigília pascal.

10. Na formulação das intenções da prece dos fiéis, sem negligenciar a abertura para os grandes problemas e acontecimentos da Igreja universal e da humanidade inteira (cf. IGMR, n. 46), dê-se lugar proeminente às necessidades mais sentidas pela comunidade.

Liturgia eucarística

1. A liturgia eucarística tem início ao se transportar para o altar o pão, o vinho e a água. É conveniente que membros da própria assembléia participem da preparação desta mesa, colocando nela toalhas, velas, flores, cálice, Missal, bem como o pão, o vinho e a água para o sacrifício eucarístico.

Em certas ocasiões, este rito tornar-se-á mais expressivo se o povo depositar, em lugar conveniente, donativos em gêneros ou dinheiro para atender às necessidades dos pobres ou da igreja; ou ainda, se levar para junto do altar símbolos alusivos à comemoração realizada naquele dia ou a algum aspecto da vida da comunidade (cf. IGMR, n. 49).

2. Antes de iniciar o diálogo do prefácio, é importante que o presidente da celebração chame a atenção de todos para o acontecimento central da missa, que torna presente o sacrifício de Cristo na ceia eucarística.

Este também pode ser um dos momentos oportunos para convidar a comunidade a dizer os seus motivos de ação de graças e a uni-los à grande ação de graças da Igreja: eucaristia (cf. DMCr., n. 22).

3. Considerando que em sua expressão verbal o povo simples lança mão de um vocabulário restrito, poderão ser usadas com proveito, além das anáforas já em vigor, também as três orações eucarísticas adaptadas à linguagem das crianças.

4. Sendo o prefácio uma solene louvação que culmina com a aclamação do Santo, cantado pelo povo, é conveniente que os órgãos competentes da

CNBB proponham versões em linguagem de fácil compreensão para o povo simples, ao menos para os prefácios das festas principais.

5. Considerando que as aclamações do povo constituem uma forma de participação ativa da comunidade na grande oração eucarística de quem preside, convém proporcionar maior número e variedade de tais aclamações. Para intensificar ainda mais essa participação ativa do povo, as aclamações sejam de preferência cantadas e oportunamente acompanhadas de gestos.

6. O pai-nosso, sobretudo quando cantado, é especialmente apto para estimular o sentimento de fraternidade e solidariedade cristãs. Este sentimento pode, além disso, ser expresso por gestos, desde que se harmonizem com o gesto do povo. Além do pai-nosso, são de grande importância na estrutura desta parte da missa a fração do pão e o convite para a comunhão (cf. DMCr., n. 63).

7. A saudação da paz, como preparação à comunhão, exprime a fraternidade em Cristo, fonte de toda paz. Ocasionalmente, pode também ser dada em outro momento, por exemplo, no início da missa como saudação, no ato penitencial como reconciliação, após a homilia como perdão das ofensas ou propósito de realizar alguma ação em comum, no final da missa como despedida ou cumprimento (pêsames, parabéns).

8. Os sentimentos de alegria e fraternidade que devem animar os comungantes encontrem também no canto a sua adequada expressão. Escolham-se, pois, para a procissão da comunhão, cantos conhecidos e realmente adaptados à comunidade reunida. Em ocasiões mais festivas, a comunhão sob as duas espécies contribuirá para que os fiéis se sintam ainda mais próximos do mistério.

Ritos de conclusão

1. Os avisos que dizem respeito à vida da comunidade sejam dados, de preferência, pelas próprias pessoas que estão ligadas a tais iniciativas. Não se omitam comunicações sobre atividades de outras comunidades e da Igreja universal.

2. No fim da missa, além da bênção, haja uma verdadeira despedida, humana e fraterna, em que se exorte a comunidade a testemunhar pela vida a realidade celebrada.

OBSERVAÇÕES FINAIS

O presente Diretório não tem caráter preceptivo, mas visa apenas oferecer às igrejas particulares pistas que favoreçam a participação popular na liturgia

Orientações para a celebração e o culto da eucaristia

da missa. Os frutos pastorais, que dele se esperam, dependem do cuidado com que suas orientações forem introduzidas, com adequada preparação dos celebrantes e das comunidades populares, observando diligentemente os limites estabelecidos para as adaptações.

Inaestimabile donum — Instrução sobre algumas normas relativas ao culto da santíssima eucaristia

Sagrada Congregação para os Sacramentos e o Culto Divino
(3 de abril de 1980)

PROÊMIO

Em continuidade com a carta dirigida aos bispos e, por intermédio deles, aos sacerdotes, a 24 de fevereiro de 1980, na qual o santo padre João Paulo II novamente tratou do inestimável dom da santíssima eucaristia, a Sagrada Congregação para os Sacramentos e o Culto Divino chama a atenção dos bispos para algumas normas referentes ao culto de tão grande mistério.

Estas indicações não são a síntese de quanto a Santa Sé já disse nos documentos relativos à santíssima eucaristia, promulgados depois do Concílio Vaticano II e que estão em vigor; isso pode-se ver especialmente no *Missale Romanum*[1] e no ritual *De sacra communione et de cultu mysterii eucharistici extra missam;*[2] e nas instruções *Eucharisticum mysterium,*[3] *Memoriale domini,*[4] *Immensae caritatis*[5] e *Liturgicae instaurationes.*[6]

Esta Sagrada Congregação verifica, com alegria, os frutos numerosos e positivos da reforma litúrgica, como sejam: participação mais ativa e mais cons-

---

[1] Ed. Typica altera, Roma, 1975.

[2] Ed. Typica, Roma, 1973.

[3] S. Congregação dos Ritos. 25 de maio de 1967: AAS 59 (1967), pp. 539-573.

[4] S. Congregação para o Culto Divino. 29 de maio de 1969: AAS 61 (1961), pp. 541-545.

[5] S. Congregação para a Disciplina dos Sacramentos. 29 de janeiro de 1973: AAS 65 (1973), pp. 264-271.

[6] S. Congregação para o Culto Divino. 5 de setembro de 1970: AAS 62 (1970), pp. 692-704.

ciente dos fiéis nos mistérios litúrgicos, enriquecimento doutrinal e catequético mediante o uso da língua vulgar e com a abundância das leituras bíblicas, aumento do sentido comunitário da vida litúrgica, esforços bem-sucedidos para eliminar o desacordo existente entre a vida e culto, entre piedade litúrgica e piedade pessoal e entre liturgia e piedade popular.

Mas estes aspectos positivos e animadores não podem encobrir a preocupação com que se observam os mais variados e freqüentes abusos de que chegam informações das diversas regiões do mundo católico: confusão dos múnus, especialmente pelo que se refere ao ministério sacerdotal e ao papel dos leigos (recitação indiscriminada e comum da oração eucarística, homilia feita por leigos, distribuição da comunhão feita por leigos enquanto os sacerdotes se dispensam de fazer isso); crescente perda do sentido do sagrado (abandono das vestes litúrgicas, celebrações da eucaristia fora das igrejas sem verdadeira necessidade, falta de reverência e de respeito para com o santíssimo sacramento etc.); desconhecimento do caráter eclesial da liturgia (uso de textos privados, proliferação de orações eucarísticas não aprovadas e instrumentalização dos textos litúrgicos para fins sociopolíticos). Nestes casos, se está perante uma verdadeira falsificação da liturgia católica: "incorre no erro de falsidade quem apresenta a Deus um culto da parte da Igreja em contradição com as formas, por autoridade divina estabelecidas pela mesma Igreja e que nesta são usuais".[7]

Ora, tudo isso não pode dar bons resultados. As conseqüências são – como não podiam deixar de ser – as fendas da unidade de fé e de culto na Igreja, a insegurança doutrinal, o escândalo e as perplexidades do povo de Deus e, quase inevitavelmente, reações violentas.

Os fiéis têm o direito a uma liturgia verdadeira, que será tal quando se identificar com a que foi querida e estabelecida pela Igreja, a qual também previu as eventuais possibilidades de adaptação, requeridas pelas exigências pastorais nas diversas partes ou pelos diversos grupos de pessoas. Experiências, mudanças e criatividade indevidas desorientam os fiéis. Depois, o uso de textos não autorizados faz com que venha a faltar o nexo necessário entre a *lex orandi* (norma da oração) e a *lex credendi* (norma da fé). Quanto a isso, é bom recordar a advertência do Concílio Vaticano II: "Ninguém mais, absolutamente, mesmo que seja sacerdote, ouse, por sua iniciativa, acrescentar, suprimir ou mudar seja o que for em matéria litúrgica".[8] E o santo padre Paulo VI, de veneranda memória, lembrava: "Quem aproveita da reforma para se entregar a experiências arbitrárias dispersa energias e ofende o sentido eclesial".[9]

---

[7]   S. Tomás de Aquino. *Summa theologica*, 2-2, q. 93, a. 1.

[8]   Concílio Ecumênico Vaticano II. Constituição sobre a sagrada liturgia *Sacrosanctum concilium*, n. 22.

[9]   Paulo PP. VI. Alocução a 22 de agosto de 1973: *L'Osservatore Romano*, 23 de agosto de 1973.

A SANTA MISSA

1. As duas partes que constituem, de algum modo, a missa, isto é, a liturgia da palavra e a liturgia eucarística, estão tão intimamente ligadas entre si que "formam um só ato de culto".[10] Ninguém deve aproximar-se da mesa do pão do Senhor senão depois de ter estado presente à mesa da sua Palavra.[11] É de máxima importância, pois, a Sagrada Escritura na celebração da missa. Por conseguinte, não pode ser transcurado aquilo que a Igreja estabeleceu para que "seja mais abundante, variada e bem adaptada a leitura da Sagrada Escritura nas celebrações litúrgicas".[12] Observem-se as normas estabelecidas no Lecionário, seja quanto ao número das leituras, seja quanto às indicações referentes às circunstâncias especiais. Seria um grave abuso substituir a Palavra de Deus pela palavra do homem, seja este quem for.[13]

2. A leitura da perícope evangélica é reservada ao ministro ordenado, ou seja, ao diácono ou ao sacerdote. As outras leituras, quando isso for possível, sejam confiadas a quem tenha recebido o ministério de leitor ou a outros leigos, preparados espiritual e também tecnicamente. À primeira leitura segue-se um salmo responsorial, que faz parte integrante da liturgia da palavra.[14]

3. A homilia tem por fim explicar aos fiéis a Palavra de Deus, proclamada nas leituras, e atualizar sua mensagem. Compete, portanto, ao sacerdote ou ao diácono fazer a homilia.[15]

4. A proclamação da oração eucarística que, por sua natureza, é como o ponto culminante de toda a celebração, é reservada ao sacerdote, em virtude da sua ordenação. É um abuso, portanto, deixar que algumas partes da oração eucarística sejam ditas pelo diácono, ou por um ministro inferior ou pelos simples fiéis.[16] No entanto, a assembléia não fica passiva e inerte: une-se ao sacerdote na fé e no silêncio e manifesta a sua adesão com as várias intervenções previstas no desenrolar da oração eucarística: as respostas ao diálogo do Prefácio, o *Sanctus*, a aclamação depois da consagração e o *Amém* final, depois do *Per ipsum* ("Por Cristo"), que também é reservado ao sacerdote. Este *Amém*

---

[10]   Concílio Ecumênico Vaticano II. Constituição sobre a sagrada liturgia *Sacrosanctum concilium*, n. 56.

[11]   Cf. ibidem, n. 56; cf. também Concílio Ecumênico Vaticano II. Constituição dogmática sobre a divina revelação *Dei verbum*, n. 21.

[12]   Concílio Ecumênico Vaticano II. Constituição sobre a sagrada liturgia *Sacrosanctum concilium*, n. 35.

[13]   Cf. S. Congregação para o Culto Divino. Instrução *Liturgicae instaurationes*, n. 2, a.

[14]   Cf. *Institutio generalis Missalis Romani*, n. 36.

[15]   S. Congregação para o Culto Divino. Instrução *Liturgicae instaurationes*, n. 2, a.

[16]   Cf. S. Congregação para o Culto Divino. Carta circular *Eucharistiae participationem*, n. 8, 27 de abril de 1973: AAS 65 (1973), pp. 340-347; *Idem*, Instrução *Liturgicae instaurationes*, n. 4.

final, em particular, deveria ser valorizado com o canto, porque é o amém mais importante de toda a missa.

5. Usem-se somente as orações eucarísticas incluídas no Missal Romano ou legitimamente admitidas pela Sé Apostólica, segundo as modalidades e os limites por ela estabelecidos. Modificar as orações eucarísticas aprovadas pela Igreja ou adotar outras diversas de composição privada é abuso gravíssimo.

6. É preciso lembrar sempre que não se devem sobrepor outras orações ou cantos à oração eucarística.[17] Ao proclamar a oração eucarística, o sacerdote pronuncie o texto com clareza, de modo a facilitar aos fiéis a sua compreensão e a favorecer a formação de uma verdadeira assembléia, toda ela aplicada na celebração do memorial do Senhor.

7. *Concelebração*. A concelebração, resposta em prática na liturgia do Ocidente, manifesta de modo privilegiado a unidade do sacerdócio. Por isso, os concelebrantes estejam atentos aos sinais indicativos desta unidade; por exemplo, estejam presentes desde o início da celebração; envergem as vestes sagradas prescritas; ocupem o lugar que compete ao seu ministério de concelebrantes; e observem fielmente as outras normas, para um decoroso desenrolar-se do rito sagrado.[18]

8. *Matéria da eucaristia*. Fiel ao exemplo de Cristo, a Igreja usou constantemente o pão e o vinho com água, para celebrar a ceia do Senhor. O pão para a celebração da eucaristia deve ser, segundo a tradição de toda a Igreja, unicamente de trigo e, segundo a tradição própria da Igreja latina, ázimo. Em razão do sinal, a matéria da celebração eucarística "tem que se apresentar verdadeiramente como alimento". Isto deve entender-se em relação à consistência do pão, e não à sua forma, que permanece a forma que é tradicional. Não podem ser ajuntados outros ingredientes além da farinha de trigo e da água. A preparação do mesmo pão exige um cuidado diligente, de tal maneira que a confecção não venha a redundar em prejuízo da dignidade que convém ao pão eucarístico; torne possível uma decorosa fração, não dê origem a excessivos fragmentos nem choque a sensibilidade dos fiéis no momento de ser tomado. O vinho para a celebração eucarística deve ser extraído "do fruto da videira" (Lc 22,18), natural e genuíno, isto é, não misturado com substâncias estranhas.[19]

9. *A comunhão eucarística*. A comunhão é um dom do Senhor, que é dado aos fiéis por intermédio do ministro deputado para isso. Não se admite que os

---

[17]   Cf. *Institutio generalis Missalis Romani*, n. 12.

[18]   Cf. ibidem, nn. 156 e 161-163.

[19]   Cf. ibidem, nn. 281-284; S. Congregação para o Culto Divino. Instrução *Liturgicae instaurationes*, n. 5; *Notitiae* 6 (1970), p. 37.

INAESTIMABILE DONUM – INSTRUÇÃO SOBRE ALGUMAS NORMAS RELATIVAS AO CULTO DA SANTÍSSIMA EUCARISTIA

fiéis tomem eles próprios o pão consagrado e o cálice sagrado, e muito menos se admite que os fiéis os passem uns aos outros.

10. O fiel, religioso ou leigo, que está devidamente autorizado como ministro extraordinário da eucaristia, poderá distribuir a comunhão somente quando faltarem o sacerdote, o diácono ou o acólito, ou quando o sacerdote estiver impedido por motivo de enfermidade ou por causa da sua idade avançada, ou então quando o número de fiéis que se aproximam da comunhão for tão grande que faça demorar excessivamente a celebração da missa.[20] É de se reprovar, portanto, a atitude daqueles sacerdotes que, embora presentes na celebração, se abstêm de distribuir a comunhão, deixando tal tarefa aos leigos.

11. A Igreja exigiu sempre dos fiéis respeito e reverência para com a santíssima eucaristia, no momento em que a recebem.

Quanto ao modo de se apresentar à comunhão, esta pode ser recebida pelos fiéis tanto de joelhos como de pé, de acordo com as normas estabelecidas pela Conferência Episcopal.

Quando os fiéis receberem a comunhão de joelhos, não se exige da parte deles sinal algum de reverência para com o santíssimo sacramento, uma vez que o próprio ato de se ajoelharem exprime adoração. Quando, pelo contrário, recebem a comunhão de pé, ao aproximarem-se do altar processionalmente, façam um ato de reverência antes de receber o sacramento, no local e de modo adaptado, contanto que não se perturbe o ritmo no suceder-se dos fiéis.[21]

O *Amém* que os fiéis dizem quando recebem a comunhão é um ato de fé pessoal na presença de Cristo.

12. Quanto à comunhão sob as duas espécies, observe-se o que a Igreja determinou, quer por motivo da veneração devida ao mesmo sacramento, quer para a utilidade daqueles que recebem a eucaristia, segundo a diversidade das circunstâncias, dos tempos e dos lugares.[22]

Mesmo as Conferências Episcopais e os ordinários do lugar não ultrapassem neste ponto aquilo que foi estabelecido pela atual disciplina: a concessão da comunhão sob as duas espécies não seja indiscriminada; as celebrações sejam estabelecidas de maneira precisa; depois, os grupos que usufruem desta faculdade sejam bem determinados, disciplinados e homogêneos.[23]

---

[20] CONGREGAÇÃO PARA A DISCIPLINA DOS SACRAMENTOS. Instrução *Immensae caritatis*, n. 1.

[21] S. CONGREGAÇÃO DOS RITOS. Instrução *Eucharisticum mysterium*, n. 34; cf. *Institutio generalis Missalis Romani*, nn. 244, c; 246, b; e 247, b.

[22] Cf. *Institutio generalis Missalis Romani*, nn. 241-242.

[23] Cf. ibidem, n. 242.

ORIENTAÇÕES PARA A CELEBRAÇÃO E O CULTO DA EUCARISTIA

13. O Senhor permanece sob as espécies mesmo depois da comunhão. Portanto, distribuída a comunhão, as partículas consagradas que sobrarem sejam consumidas, ou então levadas pelo ministro competente para o lugar da reserva eucarística.

14. O vinho consagrado, por sua vez, deve ser consumido imediatamente a seguir à comunhão, e não pode ser conservado. Preste-se atenção, pois, para consagrar somente a quantidade de vinho necessária para a comunhão.

15. Observem-se as regras prescritas para a purificação do cálice e dos outros vasos sagrados, que tenham contido as espécies eucarísticas.[24]

16. Deve-se ter particular respeito e cuidado para com os vasos sagrados, tanto para com o cálice como para com a patena usados na celebração da eucaristia, como ainda para com os cibórios que servem na comunhão dos fiéis. A forma dos vasos deve ser adaptada ao uso litúrgico ao qual são destinados. A matéria deve ser nobre, duradoura e em qualquer caso adequada ao uso sacro. Neste campo, o juízo compete à Conferência Episcopal de cada região.

Não podem ser usados simples cestos ou outros recipientes destinados ao uso comum fora das celebrações sagradas, ou de qualidade inferior, ou que careçam de todo e qualquer caráter artístico.

O cálice e as patenas, antes de serem usados, devem ser benzidos pelo bispo ou por um presbítero.[25]

17. Recomende-se aos fiéis que não descuidem, depois da comunhão, de uma justa e indispensável ação de graças, quer na própria celebração — com uns momentos de silêncio e com um hino, ou um salmo, ou ainda um outro cântico de louvor[26] — quer terminada a celebração, permanecendo possivelmente em oração durante um conveniente espaço de tempo.

18. Como é sabido, há várias tarefas que a mulher pode desempenhar na assembléia litúrgica, entre as quais a leitura da Palavra de Deus e a proclamação das intenções na oração dos fiéis. Porém, não são permitidas às mulheres as funções de servir ao altar como acólito.[27]

19. Recomenda-se uma particular vigilância e um especial cuidado quanto às santas missas transmitidas através dos meios de comunicação. Com efeito, dada a vastíssima difusão que podem ter, o seu desenrolar-se deve refletir uma qualidade exemplar.[28]

---

[24] Cf. ibidem, n. 238.

[25] Cf. ibidem, nn. 288, 289, 292 e 295; e ainda, SAGRADA CONGREGAÇÃO PARA O CULTO DIVINO. Instrução *Liturgicae instaurationes*, n. 8; e *Pontificale Romanum, Ordo dedicationis ecclesiae et altaris*, n. 3, p. 125.

[26] Cf. *Institutio generalis Missalis Romani*, n. 56 j.

[27] Cf. S. CONGREGAÇÃO PARA O CULTO DIVINO. Instrução *Liturgicae instaurationes*, n. 7.

[28] Cf. CONCÍLIO ECUMÊNICO VATICANO II. Constituição sobre a sagrada liturgia *Sacrosanctum concilium*, n. 20; PONT. COMISSÃO PARA AS COMUNIDADES SOCIAIS. Instrução *Communio et progressio*, n. 151, 23 de maio de 1971: AAS 63 (1971), pp. 593-656.

Nas celebrações que se fazem em casas privadas, observem-se as normas da Instrução *Actio pastoralis*, de 15 de maio de 1969.[29]

CULTO EUCARÍSTICO FORA DA MISSA

20. É muito recomendada a devoção, tanto pública como privada, para com a santíssima eucaristia, também fora da missa. Com efeito, a presença de Cristo, adorado pelos fiéis no santíssimo sacramento, deriva do sacrifício e visa à comunhão sacramental e espiritual.

21. No predispor os exercícios de piedade eucarística, tenham-se em conta os tempos, de maneira que os mesmos exercícios se harmonizem com a liturgia, nela se inspirem, de algum modo, e para ela encaminhem o povo cristão.[30]

22. Quanto às exposições do santíssimo sacramento, quer prolongadas, quer breves, e quanto às procissões eucarísticas, aos congressos eucarísticos, bem como a toda a ordenação da piedade eucarística, observem-se as indicações pastorais e as disposições dadas pelo Ritual Romano.[31]

23. Não se deve esquecer que "antes da bênção com o santíssimo sacramento, é preciso dedicar um espaço de tempo conveniente à leitura da Palavra de Deus, a cânticos e a preces e a um pouco de oração em silêncio".[32] No final da adoração, canta-se um hino e recita-se ou canta-se uma das orações, que se deve escolher dentre aquelas muitas que para tal fim são apresentadas no Ritual Romano.[33]

24. O sacrário (tabernáculo), onde se conserva a santíssima eucaristia, pode ser colocado em um altar, ou também fora dele, em um lugar da igreja bem visível, verdadeiramente nobre e devidamente ornamentado, ou então em uma capela adaptada para a oração privada e para a adoração dos fiéis.[34]

25. O sacrário deve ser sólido, inviolável e não transparente.[35] Diante dele, em que a presença da santíssima eucaristia deve ser indicada pelo cortinado, ou por outro meio idôneo estabelecido pela autoridade competente, deve arder perenemente uma lâmpada, como sinal de honra prestada ao Senhor.[36]

---

[29] AAS 61 (1969), pp. 806-811.

[30] Cf. *Rituale Romanum. De sacra communione et de cultu mysterii eucharistici extra missam*, nn. 79 e 80.

[31] Cf. ibidem, nn. 82-112.

[32]   Ibidem, n. 89.

[33] Cf. ibidem, n. 97.

[34] Cf. *Institutio generalis Missalis Romani*, n. 276.

[35] Cf. RITUALE ROMANUM. *De sacra communione et de cultu mysterii eucharistici extra missam*, n. 10.

[36] Cf. CONGREGAÇÃO DOS RITOS. Instrução *Eucharisticum mysterium*, n. 57.

Orientações para a celebração e o culto da eucaristia

26. Diante do santíssimo sacramento, fechado no sacrário ou quando está publicamente exposto, mantenha-se a veneranda praxe de genuflectir, em sinal de adoração.[37] Tal ato exige que se lhe dê uma alma. Para que o coração se incline diante de Deus, em profunda reverência, a genuflexão não seja apressada nem desajeitada.

27. Se alguma coisa tiver sido introduzida, que esteja em contraste com estas disposições, deve ser corrigida.

A maior parte das dificuldades encontradas na atuação da reforma da liturgia, sobretudo pelo que se refere à santa missa, provém do fato de alguns sacerdotes e fiéis não terem tido talvez um conhecimento suficiente das razões teológicas e espirituais pelas quais foram feitas as modificações, segundo os princípios estabelecidos pelo último Concílio.

Os sacerdotes devem aprofundar mais o autêntico conceito da Igreja,[38] da qual a celebração litúrgica, sobretudo a santa missa, é expressão viva. Sem uma adequada cultura bíblica, os sacerdotes não poderão apresentar aos fiéis o significado da liturgia como atualização, nos sinais, da história da salvação. O conhecimento da história da liturgia, de igual modo, contribuirá para fazer compreender as modificações introduzidas, não como novidade, mas sim como retomada e adaptação da autêntica e genuína tradição.

A liturgia exige ainda um grande equilíbrio, porque como diz a Constituição *Sacrosanctum concilium*,

> a liturgia [...] contribuirá em sumo grau para que os fiéis exprimam na vida e manifestem uns aos outros o mistério de Cristo e a autêntica natureza da verdadeira Igreja, que tem a característica de ser, ao mesmo tempo, humana e divina, visível e dotada de elementos invisíveis, empenhada na oração e dada à contemplação, presente no mundo e, todavia, peregrina: tudo isto, porém, de tal maneira que aquilo que nela é humano se deve ordenar e subordinar ao divino, o visível ao invisível, a ação à contemplação, e a realidade presente à cidade futura para a qual estamos encaminhados.[39]

Sem um equilíbrio assim, será desfigurada a verdadeira face da liturgia cristã.

Para se alcançarem mais facilmente estes ideais, será necessário favorecer a formação litúrgica nos seminários e nas faculdades eclesiásticas[40] e a

---

[37] Cf. Rituale Romanum. *De sacra communione et de cultu mysterii eucharistici extra missam*, n. 84.

[38] Cf. Concílio Ecumênico Vaticano II. Constituição dogmática sobre a Igreja *Lumen gentium*.

[39] Concílio Ecumênico Vaticano II. Constituição sobre a sagrada liturgia *Sacrosanctum concilium*, n. 2.

[40] Cf. S. Congregação para a Educação Católica. Instrução *De institucione liturgica in seminaris, In ecclesiasticam futurorum sacerdotum formationem*, 3 de junho de 1979.

participação dos sacerdotes em cursos, convênios e encontros ou semanas litúrgicas, em que o estudo e a reflexão devem ser validamente integrados por celebrações exemplificativas. Assim, os sacerdotes poderão aplicar-se a uma ação pastoral mais eficaz, mediante a catequese litúrgica dos fiéis, a organização de grupos de leitores, a formação tanto espiritual como prática daqueles que servem ao altar, a formação de animadores da assembléia, o progressivo enriquecimento de um repertório de cânticos, em suma, mediante todas aquelas iniciativas que possam favorecer um conhecimento cada vez mais profundo da liturgia.

É grande a responsabilidade das comissões nacionais e diocesanas de liturgia, bem como dos institutos e centros litúrgicos, na atuação da reforma litúrgica, sobretudo no trabalho de tradução dos livros litúrgicos e na formação do clero e dos fiéis para o espírito da reforma determinada pelo recente Concílio.

As atividades de tais organismos devem estar a serviço da autoridade eclesiástica, a qual tem que poder contar com a sua colaboração, fiel às normas e às diretrizes da Igreja e que se mantenha afastada de iniciativas arbitrárias e de particularismos, que poderiam comprometer os frutos da renovação litúrgica.

Este Documento chegará às mãos dos ministros de Deus ao completar-se o primeiro decênio de vida do *Missale Romanum*, promulgado pelo santo padre Paulo VI, em atuação das prescrições do Concílio Vaticano II.

Parece oportuno revocar aqui algumas palavras que aquele sumo pontífice pronunciou quanto à fidelidade às normas da celebração da liturgia:

> É um fato muito grave, quando se introduz a divisão naquilo precisamente em que "o amor de Cristo nos congregou na unidade", isto é, na liturgia e no sacrifício eucarístico, recusando o respeito devido às normas estabelecidas em matéria litúrgica. É em nome da tradição que queremos pedir a todos os nossos filhos e a todas as comunidades católicas para celebrarem, com dignidade e com fervor, a liturgia renovada.[41]

Os bispos, enquanto "ordenadores, promotores e guardas da vida litúrgica na Igreja a eles confiada",[42] têm que saber encontrar os caminhos mais aptos para uma criteriosa e firme aplicação destas normas para a glória de Deus e para o maior bem da Igreja.

---

[41] Alocução consistorial a 24 de maio de 1976: AAS 68 (1976), p. 374.

[42] Concílio Ecumênico Vaticano II. Decreto sobre o múnus pastoral dos bispos na Igreja *Christus dominus*, n. 15.

Roma, Sede da Sagrada Congregação para os Sacramentos e o Culto Divino, aos 3 de abril – Quinta-Feira Santa – de 1980.

Esta Instrução, preparada pela Sagrada Congregação para os Sacramentos e o Culto Divino, foi aprovada a 17 de abril de 1980 pelo santo padre João Paulo II, o qual, confirmando-a com a sua autoridade, ordenou que a mesma fosse publicada e observada por todos os interessados.

James R., Cardeal Knox, prefeito

Virgilio Noé, secretário adjunto

Animação da vida litúrgica no Brasil – Elementos de Pastoral Litúrgica

Conferência Nacional dos Bispos Do Brasil
(5 a 14 de abril de 1989)

INTRODUÇÃO

1. Este texto é conseqüência da pesquisa feita pela Linha 4, Dimensão Litúrgica da CNBB, quando se completaram 20 anos da promulgação do *Sacrosanctum concilium* em 1983. O resultado colhido sobre a caminhada da reforma e renovação litúrgicas pós-conciliares foi devolvido às bases através do livro *Estudos da CNBB*, n. 42: *Liturgia, 20 anos de caminhada pós-conciliar*.

2. Tendo a CNBB dedicado esforços especiais às diversas dimensões da vida da Igreja, urge refletir, agora e de modo bem abrangente, sobre a dimensão celebrativa, que tem aspecto profético e transformador e é a alma de todas as outras.[1]

Para unir a dimensão celebrativa à dimensão profética e transformadora, o fundamental é prover de modo positivo e permanente a formação de todos os agentes de pastoral, começando pelos mais responsáveis pela vida litúrgica nas diversas igrejas.

3. Não pretendemos aqui apresentar um manual de liturgia nem um diretório dos sacramentos, mas elementos de pastoral litúrgica. Desejamos contribuir para promover e animar a pastoral litúrgica na formação dos agentes de

---

[1] Cf. SC, n. 10.

pastoral, para dinamizar as celebrações, para a constituição de suas equipes e para impulsionar a adaptação litúrgica conforme os apelos do Espírito na Igreja.

4. Este trabalho contém duas partes:

• Na primeira parte refletimos sobre a caminhada litúrgica pós-conciliar, a natureza da liturgia, sua linguagem e suas múltiplas expressões, a importância da espiritualidade litúrgica e a urgência, tanto da aculturação e inculturação como da formação para a necessária adaptação e criatividade. Esta parte termina com algumas orientações pastorais sobre a liturgia em geral.

• Já na segunda, mais prática, são apresentadas orientações pastorais sobre a celebração eucarística.[2]

SEGUNDA PARTE — ORIENTAÇÕES PASTORAIS SOBRE A CELEBRAÇÃO EUCARÍSTICA

197. Tendo em mente o que vimos na I Parte, vamos agora considerar apenas a missa dominical celebrada com o povo. Esta é a forma de celebração denominada "típica" pela Instrução geral sobre o Missal Romano (cf. nn. 77-78). Eventualmente, pela escassez de padres, pode acontecer, especialmente em ambientes rurais, que esta forma, infelizmente, só deva realizar-se em dias de semana.

198. Estas celebrações da comunidade reunida para a ceia no Dia do Senhor, embora tenham uma unidade fundamental, são muito diferentes, dependendo do lugar e dos grupos de pessoas. Não é o mesmo celebrar no centro da cidade ou na periferia, na capela rural ou em uma catedral, com muitos fiéis ou poucas pessoas em uma CEB. O mesmo se pode dizer de celebrações no Norte, Nordeste ou no Extremo Sul. Não se pode deixar de levar em consideração estas particularidades, em consequência do princípio: o sujeito da celebração é a Igreja reunida em assembléia, com suas particularidades próprias.

199. É com profundo respeito por esta diversidade da Igreja reunida para a celebração que foram elaboradas as orientações que se seguem. Elas hão de contribuir para uma celebração mais ativa, consciente e frutuosa da missa na Igreja no Brasil, que quer dar novo ânimo à vida litúrgica.

200. Estas orientações pastorais não substituem a Instrução geral sobre o Missal Romano e demais diretrizes dos dicastérios romanos ou as orientações do episcopado. Querem, apenas, sublinhar alguns pontos que parecem mais

---

[2] Aqui, apresentamos somente a segunda parte do documento.

ANIMAÇÃO DA VIDA LITÚRGICA NO BRASIL – ELEMENTOS DE PASTORAL LITÚRGICA

importantes, interpretando-os à luz da realidade do nosso povo, simples e sedento da Palavra.

201. Queremos incentivar as comunidades a valorizar ainda mais a celebração da missa e encorajar pastores e equipes de pastoral litúrgica a prosseguirem no esforço de tornar mais evidentes suas riquezas. A celebração da ceia do Senhor é, de fato, o grande momento da ação do Espírito Santo sobre a comunidade. Nela se realiza o verdadeiro encontro celebrativo de irmãos, em um momento comunitário, festivo, participativo e orante, que brota do chão da vida, ao mesmo tempo ponto de partida e de chegada da vida cristã.

202. Primeiramente se trata de alguns elementos que dizem respeito à missa em geral, mas do ponto de vista pastoral, complementando as considerações da I Parte. Em seguida, abordam-se, pormenorizadamente, as diversas partes da missa.

A CELEBRAÇÃO DA EUCARISTIA

Celebração da eucaristia e comunidade

203. Ser cristão é fundamentalmente, pelo batismo, seguir o caminho de Cristo na vida e entrar como Igreja na caminhada pascal do Senhor. A celebração da missa, como toda celebração, é sempre tempo especial, que os batizados tomam para fazer o memorial da ação de Deus em favor de seu povo: o que Deus fez ontem, faz hoje e fará sempre. A vida antecede e sucede à celebração, porque celebrar é um momento de nossa vida, mas diferente da labuta cotidiana. Existência cristã e celebração estão intimamente relacionadas, pois a vida precisa de momentos de celebração para ser vivida em Cristo.

204. Com freqüência, porém, no Brasil como em outras partes, sente-se um anseio para que a relação entre liturgia e vida apareça melhor na celebração. Ora, na eucaristia-Páscoa do Senhor é onde a vida se articula mais com a celebração; pois a missa é que melhor celebra a morte e ressurreição de Cristo, acontecimento fundante não só da liturgia, mas de toda a história.

205. Celebrar o mistério de Cristo é celebrar Cristo em nossa vida e a nossa vida em Cristo. À luz do mistério pascal, a caminhada do continente latino-americano, marcado pelo mal e em busca de uma libertação integral, deve ser interpretada como processo pascal. Portanto, não é alheia à celebração.

206. As comunidades, na sua caminhada, saberão como integrar liturgia e vida. A tradição litúrgica da Igreja lhes apontará outros dois caminhos: a aculturação e a integração dos acontecimentos na celebração.

207. A fidelidade à linguagem litúrgica nos dará segurança no aproveitamento desse terreno novo. Sobretudo na missa, forma mais freqüente e mais freqüentada de liturgia, deve transparecer prevalentemente a ação, e não só longa comunicação verbal. Uma leitura dramatizada, uma procissão em ritmo de dança estão nessa perspectiva.

A missa, que sempre comportou os elementos visuais que ajudam a oração, pode hoje beneficiar-se com os modernos recursos, como *slides*, pôsteres, vídeos e retroprojetores.

208. A recomendação para dar não só valor, mas "grande valor" ao canto e à música nos leva a insistir neste particular.

Fundamental é que a assembléia se expresse a seu modo e, por isso, ela escolha e até, sem excluir outros, componha seus próprios cantos. Para que o povo tenha formação para isso e produza letra e música adequadas à missa e outras celebrações, é preciso educá-lo. Um subsídio, por exemplo, é o Hinário publicado pela CNBB.

209. Além disso, é necessário ampliar a área do canto, hoje ainda um tanto restrita em nosso meio. A oração eucarística, nas partes permitidas ou ao menos o Prefácio e a Narração da Instituição, as leituras ou a sua conclusão são um campo quase inexplorado ainda. E as aclamações, pelo seu valor de diálogo, comunicação e participação dos fiéis, devem ter mais incentivo e ser mais variadas: cantos, palmas ou vivas.

210. Os instrumentos musicais disponíveis em cada região podem ser admitidos no culto divino a juízo e com o consentimento do bispo diocesano, contanto que sejam adequados ao uso litúrgico ou possam a ele se adaptar, condigam com a dignidade do templo e favoreçam realmente a edificação dos fiéis.[3]

Preparação da celebração da eucaristia

211. Todas as recomendações e perspectivas anteriormente lembradas exigem que a missa não seja uma celebração improvisada ou rotineira, mas preparada com esmero.

212. A missa renovada pelo Vaticano II é "ação de Cristo e do povo de Deus hierarquicamente organizado",[4] reunido em assembléia, onde cada um tem o direito e o dever de participar segundo a diversidade de ministérios, funções e ofícios.[5]

---

[3] SC, n. 120.
[4] IGMR, n. 1.
[5] Cf. SC, n. 28.

213. Mas não basta a mera distribuição de tarefas ou a simples escolha de cantos, como muitas vezes ocorre, fazendo o povo ser apenas executor de funções e não verdadeiro agente da ação litúrgica.[6]

214. Por isso, é necessário envolver a comunidade de modo mais amplo e mais ativo, por exemplo, na seleção e ensaio dos cantos e na preparação prévia das leituras bíblicas: na escolha de gestos e ritos expressivos, conforme seus costumes, bem como possa sugerir pistas para monições e introduções. Pode ainda colaborar na escolha do rito penitencial, com eventuais questionamentos ou invocações, propondo intenções para a oração dos fiéis, e até sugestões para a homilia.

215. Sobretudo, nesta busca de uma missa sempre bem preparada, é indispensável ter uma equipe estável de pastoral litúrgica, distinta eventualmente de equipes de celebração. Não há, evidentemente, normas quanto à constituição e ao funcionamento de uma equipe de pastoral litúrgica. As experiências das comunidades são importantes neste ponto. Assim a equipe de pastoral litúrgica é aquela que, de modo estável, se preocupa com a vida litúrgica da comunidade local, que celebra não somente a eucaristia, mas também os outros sacramentos e sacramentais.

216. A equipe há de reunir pessoas que tenham dom e capacidade ou que já exerçam ou gostariam de exercer funções específicas na celebração. O ideal é que ela reflita a assembléia na sua diversificação de idades, sensibilidades e engajamentos nas diversas dimensões da pastoral da Igreja. A renovação periódica dos seus membros, para evitar monopólios, cansaço, rotina e permitir efetivamente a participação da comunidade, é muito importante.

217. Quanto às equipes de celebração, além de estarem abertas à participação para um número maior e mais variável de pessoas, podem ser constituídas por grupos definidos, sob a orientação da equipe de pastoral litúrgica. A paróquia terá então a equipe dos jovens, dos casais, das catequistas, do quarteirão, do bairro ou do movimento, que vão se revezando na animação das missas e dos sacramentos.

218. O padre participará o mais possível da preparação. De qualquer forma, antes da celebração, por exemplo, através de uma folha-roteiro e de um breve encontro, o sacerdote e cada um dos que irão exercer uma função particular saibam quais os textos, cantos, ritos, orações que lhes competem, "pois a boa ordenação da celebração é importante para a participação de todos".[7]

---

[6] Cf. IGMR, nn. 65-69.
[7] Cf. IGMR, n. 313.

219. Haverá certamente muitas maneiras de se preparar uma celebração. Indicamos uma, ao lado de outras possíveis:

220. Primeiro passo: situar a celebração no tempo litúrgico e na vida da comunidade.

1) Situar a celebração no tempo litúrgico: ver o domingo e o tempo litúrgico. Por exemplo: IV domingo da Páscoa, Evangelho do Bom Pastor. No início de um novo tempo litúrgico será útil aprofundar o sentido do tempo, discutir algumas características próprias que darão um estilo à sua celebração. Não se celebra do mesmo jeito na Quaresma ou no Tempo pascal.

221. 2) Situar a celebração na vida da comunidade: auscultar os acontecimentos que marcam a vida de nossa comunidade que passaram ou que vêm: sociais, religiosos; do dia-a-dia, da comunidade, da região; nacionais, internacionais... Para enraizar a celebração no chão da vida, onde nos atinge o mistério de Cristo que celebramos, é bom ver a realidade que marca as nossas vidas.

222. 3) Ver outros acontecimentos que marcam a celebração: por exemplo, uma data especial, Dia da Bíblia, mês de maio, Dia das Mães, aniversário do pároco e outros já citados marcarão a oração dos fiéis, o rito penitencial, a homilia.

223. 4) Ver com quem se vai celebrar: o conhecimento da assembléia com suas características próprias, sem esquecer os grupos minoritários, é importante, também, para situar a celebração no tempo e na história.

224. Segundo passo: aprofundar as leituras.

Neste segundo passo de preparação, lêem-se os textos bíblicos à luz dos acontecimentos da vida e do mistério celebrado (primeiro passo). Convém iniciar pelo Evangelho, que é a leitura principal do mistério de Cristo celebrado; e, a seguir, a primeira leitura, o salmo responsorial e a segunda leitura.

225. Opera-se, então, o confronto entre a Palavra de Deus e a vida, ajudado pelas perguntas: O que dizem as leituras? O que significam para a nossa vida? Como podem orientar o nosso agir? Quais os desafios de nossa realidade hoje? Como a Palavra de Deus ilumina nossa realidade? Como ligamos a Palavra com o mistério celebrado?

226. Terceiro passo: exercício de criatividade.

À luz dos passos anteriores – vida da comunidade, tempo litúrgico, Palavra de Deus – procura-se, em um exercício de criatividade, fazer surgir idéias, mesmo sem ordem, à maneira de uma tempestade mental. Selecionar depois as idéias a respeito de ritos, símbolos, cantos, para os ritos da entrada, o ato penitencial, o gesto da paz, a proclamação das leituras etc.

227. Quarto passo: elaborar o roteiro da celebração, levando em conta os passos anteriores.

Define-se, primeiramente, o tom da celebração, isto é, o estilo global que convém a uma missa de Páscoa, de sétimo dia ou com crianças... A seguir, passando em revista as diversas partes da missa, escolhem-se os cantos, os ritos etc. para cada momento dela, registrando tudo em uma folha-roteiro, que servirá de guia para os diversos ministros.

228. Aí também se distribuem as tarefas e os serviços; anotam-se coisas a fazer antes da celebração, como cartazes decoração, ensaios etc; e também o que deve ser feito durante a celebração: não só o que fazer, mas quem o faz e quando.

AS PARTES DA CELEBRAÇÃO EUCARÍSTICA

229. A missa compõe-se das seguintes partes: A) Ritos iniciais; B) Liturgia da palavra; C) Liturgia eucarística; D) Rito de encerramento.[8] É importante que saibamos reconhecer estas diversas partes, que formam a espinha dorsal da celebração, pois é no interior deste esquema fundamental que serão feitas as escolhas que visam à eficácia pastoral.

230. Ao considerarmos as diversas partes da celebração, sublinhamos apenas aquelas que parecem mais importantes nas circunstâncias pastorais diversificadas da Igreja no Brasil, à luz da caminhada de 25 anos de celebração da eucaristia, desde o Vaticano II.

1. Ritos iniciais da missa: formar assembléia, "entrar no clima da celebração"

231.

> O ESQUEMA RITUAL
> Canto de abertura
> Sinal-da-cruz, saudação, acolhida
> Ato penitencial
> Hino *Glória a Deus*
> Oração do dia
> AMÉM

---

[8] Cf. IGMR, nn. 24-57.

232. As partes que precedem a liturgia da palavra, isto é, introdução eventual à celebração pelo(a) animador(a), "entrada dos ministros, saudação, ato penitencial, Senhor, tende piedade, Glória e oração do dia (coleta) têm caráter de exórdio, introdução, preparação".[9] Por isso mesmo, têm grande importância para uma boa celebração.

233. "Esses ritos têm por finalidade fazer com que os fiéis reunidos constituam a comunidade celebrante, se disponham a ouvir atentamente a Palavra de Deus e celebrar dignamente a eucaristia".[10]

234. Para suscitar estas disposições, poderá ser oportuno, sempre segundo as circunstâncias locais, desenvolver ou sublinhar mais um ou outro elemento inicial, evitando acentuar tudo ao mesmo tempo.

235. O "Diretório para missas com crianças" prevê, para evitar a dispersão, que se possa "omitir um ou outro elemento do rito inicial", exceto a oração do dia (coleta) e sem que nenhum seja sempre desprezado.[11]

236. Em certas circunstâncias tradicionais, o Missal Romano prevê também a omissão parcial ou total dos ritos iniciais, excetuada a oração do dia, quando outros ritos precedem e integram a liturgia do dia, por exemplo, no Domingo de Ramos e da Paixão e na Apresentação do Senhor, após a procissão. Nestes casos, os ritos de bênção e procissão desempenharão também a função dos ritos iniciais, que é a de constituir a assembléia, bastando a oração do dia e o *Glória*, quando previsto. O mesmo poderá dar-se, se oportuno, em certas circunstâncias de nossas comunidades, por exemplo, na Festa do Padroeiro ou encerramento do mês de maio etc., quando a missa segue imediatamente a procissão solene. Também no caso de integração da liturgia das horas com a missa, há substituição de ritos iniciais. Nunca há de faltar, no entanto, a oração do dia (coleta), que é a mais tradicional forma de abertura de uma celebração.

Entrada

237. Nossas celebrações costumam ser precedidas por breves palavras iniciais do(a) animador(a). Mais do que uma exortação ou de uma introdução temática, é preferível situar a celebração deste domingo particular no contexto do tempo litúrgico e das circunstâncias concretas da vida da comunidade; evocar algumas grandes intenções subjacentes à oração, suscitar atitudes de oração e convidar ao início da celebração com o canto da entrada.

---

[9] IGMR, n. 24.
[10] IGMR, n. 24.
[11] DMCr, n. 40.

ANIMAÇÃO DA VIDA LITÚRGICA NO BRASIL – ELEMENTOS DE PASTORAL LITÚRGICA

238. Enquanto o sacerdote entra com os demais ministros, a assembléia é convidada a levantar-se para dar início à celebração com o canto da entrada.

A finalidade deste canto é justamente dar início à celebração, criar o clima que vai promover a união orante da comunidade e introduzir no mistério do tempo litúrgico ou da festa.[12] Por isso, pode ser útil prolongar o tempo deste primeiro canto, para que atinja a sua finalidade.

239. Este canto de abertura acompanha também a entrada do sacerdote e dos ministros.[13] Onde for possível, é conveniente valorizar uma verdadeira procissão de entrada do sacerdote e dos demais ministros que prestarão um serviço específico na celebração: acólitos, ministros extraordinários da comunhão, leitores e outros ministros, como, por exemplo, os que vão ler as intenções da oração dos fiéis, os que vão trazer as oferendas, eventualmente, cantores etc. Esses ministros, oportunamente, tomarão lugar no presbitério.

240. Há possibilidade de uma grande variedade nesta procissão. O Missal Romano[14] prevê, se oportuno, o uso de cruz processional acompanhada de velas acesas, turíbulo já aceso, livro dos Evangelhos ou Lecionário. Outras circunstâncias poderão sugerir novos elementos, como círio pascal, água benta, bandeira do padroeiro em uma festa de santo, ramos, cartazes com dizeres, participação de representantes da comunidade (adultos, jovens, crianças).[15]

241. A introdução da dança litúrgica na procissão de entrada, onde for conveniente e a juízo e consentimento do bispo diocesano, poderá ser de grande proveito para criar o clima de celebração festiva da fé.

242. Não havendo nenhuma possibilidade de procissão de entrada, como ocorre freqüentemente em capelas com muita gente, o sacerdote poderá fazer, primeiramente, a saudação, para convidar, em seguida, o povo a cantar o canto inicial.[16]

Saudação ao povo reunido

243. Para saudar o povo reunido, expressando a presença do Senhor nele e o mistério da igreja,[17] o sacerdote é convidado a usar uma fórmula ritual

---

[12] Cf. IGMR, n. 25.

[13] Cf. IGMR, n. 25.

[14] Cf. IGMR, nn. 82-84.

[15] Cf. DMCr, n. 34.

[16] Podemos encontrar apoio para esta posição no fato de que quando não há canto à entrada, o sacerdote lê a antífona proposta pelo *Missal* após a saudação (cf. IGMR, n. 26).

[17] Cf. IGMR, n. 28.

ORIENTAÇÕES PARA A CELEBRAÇÃO E O CULTO DA EUCARISTIA

de inspiração bíblica à qual o povo responde com uma fórmula conhecida e sempre a mesma.

Eventualmente, a saudação ritual ganhará mais significado se for cantada.

244. É desejável que após esta saudação ritual haja uma palavra mais espontânea de introdução do sacerdote ou de outro ministro idôneo.[18]

Uma sadia criatividade saberá desenvolver com fruto diversas inovações possíveis, como: saudação espontânea aos presentes, em particular aos visitantes ou novos membros da comunidade que se apresentam; as categorias específicas, conforme as circunstâncias (jovens, casais, mães etc.), seguida eventualmente por um breve canto de boas-vindas. A motivação para a celebração pode incluir intenções da assembléia, ou acontecimentos a comemorar à luz do mistério pascal. Oportunamente, gestos da assembléia poderão intervir, por exemplo, acolher-se mutuamente através de saudações aos vizinhos, bater palmas, dar vivas em honra do Cristo Ressuscitado, a Nossa Senhora, ao padroeiro(a) em dia de festa etc.

245. Em tudo isso, trata-se de ajudar a criar um ambiente acolhedor, fraterno e formar uma verdadeira comunhão na fé, usando de discernimento e variedade, conforme as circunstâncias do tempo litúrgico, de lugar e de cultura.

Ato penitencial

246. "Em seguida, o sacerdote convida ao ato penitencial, realizado então por toda a comunidade, por uma confissão geral, sendo concluído com a absolvição geral".[19]

247. Geralmente, entre nós, o ato penitencial é um momento importante da celebração, valorizado por uma sadia criatividade. Muito bem acolhido em nossas comunidades, tem como função preparar a assembléia para "ouvir a Palavra de Deus e celebrar dignamente os santos mistérios".[20]

248. Além de celebrar a misericórdia divina, duas atitudes básicas podem ser sublinhadas: o reconhecer-se pecador, culpado e necessitado de purificação, na atitude do publicano descrita em Lucas 18,9-14, e o reconhecer-se pecador como expressão de "temor" diante da experiência do Deus santo e misericordioso, a exemplo de Pedro, conforme Lucas 5,8 e Isaías 6,1-7. De acordo com as circunstâncias, pode-se acentuar um ou outro aspecto.

---

[18] Cf. IGMR, nn. 29 e 86.
[19] IGMR, n. 29.
[20] Cf. IGMR, n. 24, e Rito Penitencial, n. 3.

249. O Missal Romano prevê o seguinte esquema:

> Introdução do rito pelo sacerdote
> Momento de silêncio
> Fórmulas várias para reconhecer-se pecador:
> a) Confesso a Deus (ato de contrição)
> b) Versículos: "Tende compaixão..."
> c) Forma litânica: invocação à escolha e resposta:
> "Senhor, tende piedade..."
> Conclusão: absolvição geral

250. Temos, pois, os seguintes elementos: a) introdução pelo sacerdote; b) parte central do rito que permite a intervenção de outros ministros que não sejam o sacerdote; c) conclusão com a absolvição geral, na qual o sacerdote também se inclui para deixar claro que não se trata do sacramento da penitência.

Todo o rito, por sua vez, pode ser substituído pelo rito da bênção e aspersão da água.[21]

O ponto central do rito comporta, além de um tempo de silêncio, fórmulas diversas de reconhecer-se pecador: 1) Ato de contrição (Confesso a Deus); 2) Versículos: "Tende compaixão"...; 3) Forma litânica com invocações à escolha e resposta: "Senhor, tende piedade de nós".

251. Este esquema, respeitando o espírito da variedade, poderá ser usado com grande flexibilidade. Um ministro que não seja o sacerdote poderá orientar o momento de silêncio com um exame de consciência para cada um olhar a sua vida e deixar que Deus olhe o seu coração ou orientar as invocações livres do "Senhor, tende piedade".[22]

252. Existe a possibilidade de o rito penitencial integrar ou ser complementado por cantos populares de caráter penitencial, refrões variados, atitudes corporais (inclinar-se, ajoelhar-se, erguer as mãos em súplica, bater no peito, fechar os olhos, colocar a mão no coração etc.), símbolos (objetos ou gestos), bem como de elementos visuais (cartazes, *slides*...) que se julgarem mais aptos para externar os sentimentos de penitência e de conversão.

253. Os tempos penitenciais como a Quaresma e outros, quando não se canta o *Glória*, serão mais propícios para um rito penitencial mais desenvolvido, de acordo com a pedagogia do ano litúrgico, permitindo assim maior variedade.

---

[21] Cf. Missal Romano. Apêndice.
[22] Cf. Missal Romano. Ordinário da Missa, n. 3.

254. Embora se deva educar a consciência moral, cuidar-se-á para não se cair nem no perigo do moralismo nem no de acusação aos outros nem ainda no psicologismo aético; devem ser valorizadas, sobretudo, as dimensões teológicas, experienciais e libertadoras do amor de Deus e da reconciliação.

255. O rito penitencial bem realizado pode tornar-se um lugar importante para o ministério pastoral da educação ao senso do pecado pessoal, comunitário, social e do ministério da reconciliação de toda a Igreja, que encontra o seu ápice de sacramentalidade no batismo e na penitência.

Kyrie eleison – Senhor, tende piedade

256. De vez em quando convém valorizar o "Senhor, tende piedade" em si, sem ser integrado no rito penitencial, como "canto em que os fiéis aclamam o Senhor e imploram a sua misericórdia",[23] a sua atenção. É uma aclamação pela qual podemos louvar o Senhor Jesus pelo perdão, por "olhar por nós" na sua misericórdia.

Glória

257. O *Glória* é um hino antiqüíssimo e venerável, pelo qual a Igreja glorifica a Deus Pai e ao Cordeiro. Não constitui uma aclamação trinitária.

Oração do dia (coleta)

258. "A seguir o sacerdote convida o povo a rezar; todos se conservam em silêncio com o sacerdote por alguns instantes, tomando consciência de que estão na presença de Deus e formulando interiormente os seus pedidos".[24]

259. Se os ritos anteriores tiveram bastante dinamismo, será fácil para o sacerdote motivar com poucas palavras o povo para uma oração silenciosa de alguns instantes. Será um verdadeiro momento de recolhimento profundo, onde se experimentará a presença de Deus que fala nos corações.

260. A oração presidencial, a seguir, rezada pelo sacerdote reassumindo em Cristo toda a oração do povo, exprime em geral a índole da celebração. O

---

[23] IGMR, n. 30.
[24] IGMR, n. 32.

tom de voz e a maneira de rezar, o gesto de mãos abertas, que o povo, eventualmente, poderia acompanhar, uma palavra mais bem explicitada ajudarão a fazer deste momento o lugar de uma verdadeira súplica a Deus Pai, expressão de sua vida e de sua experiência religiosa.[25]

261. A coleção das orações do dia (coletas), as orações sobre as oferendas e depois da comunhão do Missal Romano constituem um acervo de valor teológico inestimável. Nem sempre, no entanto, a sua linguagem e conteúdo correspondem às sensibilidades culturais de nosso tempo. Por isso, na 2ª edição típica do Missal Romano, a ser aprovada pela Sé Apostólica, a CNBB oferece uma tradução mais popular dessas orações dos domingos e uma série de orações do dia alternativas para cada um dos domingos dos anos A, B e C, inspiradas no Evangelho do dia.

Liturgia da Palavra: celebrar a Palavra

262. Resumindo, a liturgia da palavra da missa é constituída a) pelo anúncio da Palavra (organização das leituras, incluindo o Salmo), b) sua atualização na homilia e c) a resposta à Palavra no creio e na oração dos fiéis.

Deus fala, seu povo reunido responde
1ª leitura
Antigo Testamento e Atos dos Apóstolos
<... o salmo
2ª leitura
Epístolas e Apocalipse
.... > Aclamação
Evangelho
<... Aclamação
<.................... homilia ....>
                        Creio
                        Oração dos fiéis
                        AMÉM

A liturgia da Palavra é um diálogo entre Deus e o seu povo.

---

[25] Cf. DMCr, n. 51, nota 44.

O desafio da liturgia da Palavra

263. A experiência nos mostra que celebrar a Palavra de Deus não é fácil. Apesar de o nosso povo gostar da Bíblia, muitas vezes a liturgia da Palavra aparece como uma sucessão enfadonha de leituras e comentários enfileirados um após outros; em conseqüência, cai-se facilmente no discurso catequético, moralizador, doutrinal, ideológico.

264. Além disso, é difícil deixar claro que a Palavra de Deus é antes de tudo um Eu que se dirige ao Tu do seu povo reunido dialogicamente; e mais ainda, que neste diálogo a Palavra é, efetivamente, Palavra eficaz do Deus libertador que cria vida nova.

265. Mas duas experiências bem-sucedidas mostram caminhos possíveis. O primeiro refere-se às CEBs ou outros grupos mais homogêneos, que conseguiram uma maior partilha da Palavra no confronto entre Bíblia e vida das comunidades ou grupos. O segundo caminho, na linha da tradição romana e mais adequado aos grandes grupos, acentua certos ritos, que não são necessários nos grupos anteriores. A liturgia da palavra comporta ações simbólicas como gestos, elementos visuais, música etc.

As leituras

266. "A parte principal da liturgia da palavra é constituída pelas leituras da Sagrada Escritura e pelos cantos que ocorrem entre elas, sendo desenvolvida e concluída pela homilia, a profissão de fé e a oração universal ou dos fiéis".[26]

267. As leituras podem ser introduzidas com breves palavras, aptas a prender a atenção dos ouvintes e a facilitar a compreender o texto. Nunca se substitua a proclamação da Palavra de Deus por qualquer outra leitura.

Quanto ao modo de proclamar as leituras, em textos mais longos, pode-se distribuir entre diversos leitores, tal como para a proclamação da paixão do senhor na Semana Santa.[27] Tenha-se sempre o cuidado de preparar os leitores para que possam desempenhar digna e convenientemente o seu ministério.

268. Nunca se omita a proclamação do texto bíblico, embora este possa, a seguir, ser recontado, parafraseado ou dramatizado por um ou mais dos presentes, sob a responsabilidade de quem preside.

---

[26] IGMR, n. 33.
[27] Cf. DMCr, n. 47.

269. "Para os domingos e solenidades estão marcadas três leituras, isto é, do profeta, do apóstolo e do Evangelho, que levam o povo fiel a compreender a continuidade da obra da salvação, segundo a admirável pedagogia divina. Portanto, é muito desejável que estas três leituras sejam realmente feitas; contudo, por motivos de ordem pastoral e decisão da Conferência Episcopal, pode-se permitir em algumas regiões o uso de apenas duas leituras".[28]

De fato, a CNBB, na XI Assembléia Geral, em 1970, decidiu que, por motivos pastorais, possam ser feitas duas leituras apenas na celebração, mantendo-se sempre o texto do Evangelho. Para a escolha eventual entre as duas primeiras leituras atente-se para o maior fruto dos fiéis. "Jamais se escolha um texto unicamente por ser mais breve ou mais fácil."[29]

270. A proclamação do Evangelho deve aparecer como ponto alto da liturgia da palavra. A tradição romana sempre valorizou com ritos expressivos tanto o Livro dos Evangelhos quanto a sua proclamação: procissão do livro e canto de aclamação, persignação, incensação, leitura ou canto solene, beijo do livro, aclamações antes e depois da leitura.[30]

271. Convém que nas nossas comunidades, conforme as circunstâncias específicas, encontremos, dentro da variedade de gestos possíveis, ritos que permitirão valorizar e realçar o próprio Livro dos Evangelhos e a sua proclamação solene. Por isso, evitar-se-á usar simples folhetos para a proclamação das leituras da Palavra de Deus.

272. Não faltarão, onde for possível, antes da proclamação do Evangelho um verdadeiro canto de aclamação e "após o Evangelho, a aclamação do povo segundo o costume da região",[31] oportunamente cantada e acompanhada de gestos, cantos, vivas etc.

273. Poder-se-ia, em certos lugares, valorizar por uma procissão a busca ou entrada do Livro dos Evangelhos, a não ser que se tenha feito no início da liturgia da palavra ou no rito da entrada.

Salmo responsorial

274. Entre as leituras cante-se um salmo que favoreça a meditação da palavra escutada, sobretudo quando é brevemente salientada esta sua função. Este salmo responsorial, Palavra de Deus, é parte integrante da liturgia da Palavra e

---

[28] Cf. IGMR, n. 318.
[29] IGMR, n. 318.
[30] Cf. IGMR, n. 35.
[31] IGMR, n. 95.

seu texto acha-se diretamente ligado à respectiva leitura.[32] Onde não for oportuno proferir o salmo do dia, sobretudo se cantado, pode-se recorrer a outro salmo adequado. Podem-se cantar refrões de caráter popular apropriados em lugar do refrão do salmo. Dar-se-á sempre preferência à escolha de um salmo em lugar de outro canto de meditação, pois importa superar aos poucos o costume de se cantar aqui outro canto religioso que não seja salmo. A missa é, para os cristãos leigos, quase o único lugar onde podem descobrir a riqueza inesgotável dos salmos.

Homilia

275. Diferente do sermão ou de outras formas de pregação, a homilia (que significa conversa familiar) é parte integrante da liturgia da palavra e, como tal, fica reservada ao sacerdote ou ao diácono.[33] É de desejar que haja homilia também nas celebrações em dia de semana.

276. É função da homilia atualizar a Palavra de Deus, fazendo a ligação da Palavra escutada nas leituras com a vida e a celebração. É importante que se procure mostrar a realização da Palavra de Deus na própria celebração da ceia do Senhor. A homilia procura despertar as atitudes de ação de graças, de sacrifício, de conversão e de compromisso, que encontram sua densidade sacramental máxima na liturgia eucarística.

277. Os fiéis, congregados para formar uma Igreja pascal, a celebrar a festa do Senhor presente no meio deles, esperam muito dessa pregação e dela poderão tirar fruto abundante, contanto que ela seja simples, clara, direta e adaptada, profundamente aderente ao ensinamento evangélico e fiel ao Magistério da Igreja.[34] Para isso é necessário que a homilia seja bem preparada, relativamente curta e procure prender a atenção dos fiéis.

278. Onde for possível, convém que a homilia seja preparada em equipe com a participação de alguns cristãos leigos para que se possa levar em conta não só "o mistério celebrado, como as necessidades particulares dos ouvintes".[35]

279. Onde for oportuno, convém que a homilia procure despertar a participação ativa da assembléia, por meio do diálogo, aclamações, gestos, refrões apropriados. Ainda, segundo as circunstâncias, o sacerdote poderá convidar os

---

[32]   Cf. IGMR, n. 36.
[33]   CIC, cân. 767, §1.
[34]   Cf. DP, nn. 930 e 943.
[35]   Cf. IGMR, n. 41.

fiéis a dar depoimentos, contar fatos de vida, expressar suas reflexões, sugerir aplicações concretas da Palavra de Deus. E, finalmente, fazer algumas perguntas sobre o que falaram as leituras, como elas iluminam a nossa vida; e até que ponto a celebração da eucaristia a realiza.[36]

280. Conforme o caso, a dramatização da Palavra, discreta e permitida pela liturgia, poderá ser excelente complementação da homilia, sobretudo nas comunidades menores e mais simples.

O símbolo ou profissão de fé

281. "O símbolo ou profissão de fé, na missa, tem por objetivo levar o povo a dar o seu assentimento e resposta à Palavra de Deus ouvida nas leituras e na homilia, bem como recordar-lhe a regra da fé antes de iniciar a celebração da eucaristia".[37]

282. Além do símbolo niceno-constantinopolitano, que deveria ser usado mais freqüentemente, é muito útil para as celebrações com o povo o símbolo dos apóstolos na sua forma direta ou, em casos especiais, na forma dialogada, como ocorre no rito do batismo, no dia da crisma e na vigília pascal. Eventualmente, refrões cantados e adequados podem integrar sua recitação. É um abuso substituir o creio por formulações que não expressam a fé como é professada nos símbolos mencionados.

Oração universal ou dos fiéis

283. A oração dos fiéis ou oração universal, de modo geral, tornou-se nas comunidades um momento bom, variado e de bastante participação, "onde o povo, exercendo a sua função sacerdotal, reza por toda a humanidade".[38]

284. Na formulação das intenções, sem negligenciar a abertura para os grandes problemas e acontecimentos da Igreja universal, dar-se-á espaço para as necessidades mais sentidas pela comunidade; convém estimular a formulação de preces diretamente pelo povo, especialmente, em grupos menores. Dar-se-á oportunidade, por exemplo, na última intenção, a que todos possam colocar suas intenções, rezando ao mesmo tempo em silêncio. É bom que se

---

[36] Cf. DMDR, n. 24.
[37] IGMR, n. 43.
[38] IGMR, n. 46.

ORIENTAÇÕES PARA A CELEBRAÇÃO E O CULTO DA EUCARISTIA

eduquem os fiéis sobre o sentido comunitário da oração, evitando-se intenções de caráter meramente pessoal ou em número tão elevado que prejudique o ritmo da celebração.

285. É conveniente uma maior criatividade para as respostas, que serão, oportunamente, cantadas.

Ao sacerdote cabe introduzir e concluir a oração dos fiéis.[39]

Liturgia eucarística: celebrar a ceia pascal

286. Celebrando o memorial do Senhor, a Igreja, na liturgia eucarística, faz o mesmo que Cristo fez na última ceia.

ÚLTIMA CEIA	LITURGIA EUCARÍSTICA
Ele tomou o pão... o cálice	= Preparação das oferendas
deu graças	= Oração eucarística
partiu o pão	= Fração do pão
e deu	= Comunhão

287. De fato:

a) tomou o pão, o cálice. Na preparação das oferendas levam-se à mesa do altar o pão, o vinho e a água, isto é, aqueles elementos que Cristo tomou em suas mãos;

b) deu graças. Na oração eucarística rendem-se graças a Deus por toda a obra salvífica e as oferendas tornam-se corpo e sangue de Cristo;

c) partiu o pão. Pela fração do mesmo pão manifesta-se a unidade dos fiéis;

d) deu. Pela comunhão os fiéis recebem o corpo e o sangue do Senhor como os apóstolos o receberam das mãos do próprio Cristo.[40]

288. Cuidar-se-á, na catequese e na pregação, para que os fiéis possam facilmente reconhecer esta estrutura fundamental da liturgia eucarística.

Preparação das oferendas: ele tomou o pão, ele tomou o cálice

289. "No início da liturgia eucarística são levadas ao altar as oferendas, que se converterão no corpo e sangue de Cristo."[41]

---

[39] Cf. IGMR, n. 47.
[40] Cf. IGMR, n. 56j 48.
[41] IGMR, n. 49.

ANIMAÇÃO DA VIDA LITÚRGICA NO BRASIL – ELEMENTOS DE PASTORAL LITÚRGICA

290. No conjunto da celebração, após a liturgia da Palavra e antes de iniciar-se a oração eucarística, a preparação das oferendas representa um momento de pausa, de descanso para a assembléia, um momento visual. Por isso, convém tomar o tempo necessário de maneira que a oração eucarística, a seguir, tenha um destaque melhor, como retomada do diálogo.

291. Prepara-se a mesa condignamente e trazem-se as oferendas. Neste momento, o sacerdote pode assentar-se. É conveniente que membros da própria assembléia participem da preparação desta mesa e levem em procissão as oferendas do pão e do vinho para o sacrifício eucarístico. "Embora os fiéis já não tragam de casa, como outrora, o pão e o vinho destinados à liturgia, o rito de levá-los ao altar conserva a mesma força e significado espiritual."[42]

292. "Também são recebidos o dinheiro ou outros donativos oferecidos pelos fiéis para os pobres ou para a igreja ou recolhidos no recinto dela; serão, no entanto, colocados em lugar conveniente, fora da mesa eucarística."[43] Onde for possível, pode ser mais expressivo que todos possam aproximar-se para depositar a sua oferta em lugar adequado. As ofertas da assembléia fazem parte da ação litúrgica. Por isso não devem ser abolidas.

293. Em certas ocasiões a procissão tornar-se-á mais expressiva se levar também para junto do altar ofertas simbólicas alusivas à comemoração realizada naquele dia ou a algum aspecto da vida da comunidade. Os cristãos, outrora, para expressar a sua participação no sacrifício eucarístico, eram muito sensíveis à oferta do pão, do vinho e de dádivas para os pobres. Hoje, uma nova sensibilidade simbólica nos faz atentos ao fato de que o pão e o vinho, que o Senhor usou na ceia, são frutos da terra e do trabalho de homens e mulheres.[44] Portanto, outros frutos e instrumentos do mesmo trabalho podem ser aqui apresentados.

294. O ofertório verdadeiro realiza-se na oração eucarística, após a narrativa da instituição ou consagração, no momento da oblação do corpo e sangue de Cristo.

> Por ela a Igreja, em particular, a assembléia reunida oferece ao Pai, no Espírito Santo, a hóstia imaculada; ela deseja, porém, que os fiéis não apenas ofereçam a hóstia imaculada, mas aprendam a oferecer a si próprios e se aperfeiçoem, cada vez mais, pela mediação de Cristo, na união com Deus e com o próximo, para que finalmente Deus seja tudo em todos.[45]

---

[42] IGMR; n. 49; cf. n. 101.

[43] IGMR, n. 49.

[44] Cf. Doc. da CNBB 40, *Igreja: comunhão e missão*, n. 265.

[45] IGMR, n. 55f.

295. A oferta apresentada na hora da apresentação das oferendas é, no nível do simbólico, uma antecipação daquela oblação e deve significar as pessoas entregando-se a Deus através de suas ofertas "em" Cristo. Oferecer os frutos da terra e do trabalho, que de Deus recebemos, é um gesto de amor, uma maneira de reconhecer que ele é nosso Pai.[46]

296. O canto do ofertório, se houver, acompanha a procissão das oferendas e se prolonga pelo menos até que os dons tenham sido colocados sobre o altar.[47] O canto não deve necessariamente falar de ofertas, mas pode recordar a vida do povo de modo condizente com o ato litúrgico ou simplesmente harmonizar-se com a celebração do mistério do dia de acordo com a tradição.

297. O ofertório pode ser momento propício para valorizar gestos da assembléia. Onde expressões corporais forem bem aceitas, poderão ser admitidas na procissão das ofertas.

A oração eucarística: ele deu graças

298. Uma iniciação à eucaristia ajudará a perceber que a oração eucarística forma um todo, que comporta diversos elementos:

> *Estrutura da prece eucarística*
> Diálogo inicial
> Prefácio – SANTO
> Epiclese (invocação do Espírito Santo)
> Narrativa da instituição – Consagração
> Anamnese (memorial) e Oblação
> Epiclese de comunhão
> Intercessões
> Doxologia final
> AMÉM

299. Portanto, esta venerável oração contém:
a) O prefácio (no sentido aqui de proclamação pública) expressa a ação de graças, o louvor a Deus por toda a obra da salvação ou por um de seus aspectos, e termina com b) a aclamação do Santo. c) Seguem, então, a epiclese ou invocação do Espírito Santo sobre os dons, d) a narração da instituição ou consagração, que Cristo encerrou, dizendo: Fazei isto em memória de mim;

---

[46] Cf. *Missal Romano*, Ordinário da Missa, nn. 22-25.
[47] Cf. IGMR, n. 50.

e) por isso, segue a anamnese ou oração da memória de Cristo que leva à
f) oblação pela qual a Igreja reunida, realizando essa memória, oferece ao
Pai, no Espírito Santo, a "hóstia imaculada" e se oferece a si mesma a Cristo;
g) epiclese de comunhão, pois o Espírito é quem congrega na unidade da
Igreja, corpo místico de Cristo; h) vêm, então, as intercessões pelas quais se
expressa que a eucaristia é celebrada em comunhão com toda a Igreja, tanto
celeste como terrestre e por todos os membros vivos e falecidos; i) A doxologia
final (glorificação de Deus) será cantada ou pronunciada só pelo presidente e
confirmada e concluída pelo Amém do povo.[48]

300. Sendo memorial de Cristo, a eucaristia não consiste apenas em renovar os gestos da ceia, mas também em renovar os gestos de Cristo na páscoa de
sua vida, morte e ressurreição: louvor ao Pai a partir das circunstâncias de nossa Igreja caminhante, oferecer o sacramento memorial do sacrifício de Cristo,
mas ao mesmo tempo oferecer-nos a nós mesmos na nossa páscoa, páscoa de
Cristo na páscoa da gente, páscoa da gente na páscoa de Cristo.

301. Antes de iniciar o prefácio, lembrando o que foi anunciado na Palavra, o presidente da celebração pode chamar a atenção de todos para o acontecimento central da missa, que torna presente o sacrifício de Cristo na ceia
eucarística[49] e a participação dos fiéis nela.

Este também pode ser um dos momentos oportunos para recordar os motivos de ação de graças da comunidade e uni-los à grande ação de graças da
Igreja, a eucaristia.[50]

302. Dentre o leque de prefácios e orações eucarísticas constantes do Missal, é importante que sejam escolhidos os que mais se adaptem à celebração
do dia e à comunidade.

303. A oração eucarística é "centro e cume de toda a celebração".[51] Não
basta, porém, afirmá-lo; é preciso que, de fato, no conjunto da missa se reze
de tal modo esta oração que ela apareça como momento alto do santo sacrifício. Além da escolha da prece mais apropriada, é importante o modo de o
presidente proferir a oração, procurando a maior comunicação possível e a
participação da assembléia através das aclamações. Sendo celebração, procu-
rar-se-á valorizar todos os elementos simbólicos que, pela sua natureza, podem contribuir para realçar este momento da celebração: o canto, os gestos, a
voz e as atitudes do sacerdote, dos ministros e da assembléia e, se oportuno, o
uso tradicional de campainhas, sinos, incenso etc.

---

[48]   Cf. IGMR, n. 55.
[49]   Cf. IGMR, n. 11.
[50]   Cf. IGMR, n. 11, e DMCr, n. 22.
[51]   Cf. IGMR, n. 54.

304. Como já notamos, é particularmente importante valorizar o canto, tanto por parte do sacerdote (prefácio, narração da instituição, anamnese, doxologia final) quanto nas partes da assembléia: Santo, aclamações diversas, segundo as orações eucarísticas, aclamação do Amém final.

305. Considerando que as aclamações constituem uma forma de participação ativa da comunidade na grande oração eucarística de quem preside, convém valorizar tais aclamações conforme a índole do povo. Para intensificar essa participação ativa do povo, as aclamações sejam, de preferência, cantadas e oportunamente acompanhadas de gestos.

306. Convém que se valorize da melhor maneira possível, em particular, o Amém conclusivo da oração eucarística, por exemplo, enfatizando-o através do canto, da repetição ou de outro modo.

Os ritos da comunhão: ele partiu o pão e o deu; tomai, comei; tomai, bebei

307.
> Introdução ao
> - PAI-NOSSO
>   Livrai-nos... (embolismo)
>   Vosso é o Reino (doxologia)
>   Oração pela Paz
>   Que a paz do Senhor...
>   Gesto de paz
> - FRAÇÃO DO PÃO
>   + canto: Cordeiro de Deus:
> - CONVITE À COMUNHÃO: Felizes
>   Apresentação: Eis o Cordeiro
>   "Senhor, eu não sou digno..."
>   Comunhão (+ canto)
>   Interiorização
> - ORAÇÃO após a comunhão
>   AMÉM

308. "Terminada a oração eucarística, seguem-se sempre o pai-nosso, a fração do pão e o convite para a comunhão, pois estes elementos são de grande importância na estrutura desta parte da missa."[52]

---

[52] DMCr, n. 42.

Animação da vida litúrgica no Brasil – Elementos de Pastoral Litúrgica

309. Sendo a celebração eucarística a ceia pascal, convém que, segundo a ordem do Senhor, o seu corpo e sangue sejam recebidos como alimento espiritual pelos fiéis, devidamente preparados. "Esta é a finalidade da fração do pão e dos outros ritos preparatórios, pelos quais os fiéis são imediatamente encaminhados à comunhão."[53]

310. O pai-nosso, sobretudo quando cantado, é especialmente apto para estimular o sentimento de fraterna solidariedade cristã. Este sentimento pode, além disso, ser expresso por gestos, desde que se harmonizem com os gostos e costumes do povo. Por ser a Oração que o Senhor nos ensinou, não deve ser nunca substituída por outros cantos, parafraseando o pai-nosso, que poderão, no entanto, ser aproveitados em outros momentos.

311. *O rito da paz.* "Neste rito, os fiéis imploram a paz e a unidade para a Igreja e toda a família humana e exprimem mutuamente a caridade antes de participar do mesmo pão."[54]

312. Espontaneamente as nossas comunidades acolheram e perceberam o rito da saudação da paz como momento de confraternização alegre em Cristo. É momento privilegiado para realçar o compromisso da comunicação da paz a todos indistintamente. Paz recebida como dom.

313. Seria conveniente não realizar o rito da paz sempre da mesma maneira, mas, pelo contrário, usar da criatividade e variar. Por exemplo, a saudação poderá ser simplificada ou omitida por completo nos tempos penitenciais; ela será realçada, pelo contrário, em tempos de festa.

Ocasionalmente, o gesto facultativo da saudação poderá ser realizado em outro momento da celebração: por exemplo nos ritos de entrada da missa, como saudação fraterna; no ato penitencial em sinal de reconciliação; após a homilia ou antes da apresentação das oferendas, também como perdão das ofensas ou, se deixado para o fim da missa, como gesto de despedida ou cumprimento (pêsames, parabéns etc.).

314. "Eles o reconheceram na fração do pão."

O gesto de partir o pão, realizado por Cristo na última ceia, deu nome a toda a ação eucarística na época apostólica; este rito possui não apenas uma razão prática, mas significa que nós, sendo muitos, pela comunhão do único Pão da Vida, que é o Cristo, formamos um único corpo.[55]

315. Para de novo realçar o gesto de partir o pão e o seu significado, é conveniente que a "matéria da celebração eucarística pareça realmente um

---

[53] IGMR, n. 56.
[54] IGMR, n. 56b.
[55] IGMR, n. 56c.

alimento… e que o sacerdote possa, de fato, partir a hóstia em diversas partes e distribuí-la ao menos a alguns fiéis".[56] Na estrutura da ceia, é aqui o lugar próprio da fração como gesto ritual de fazer o que Cristo fez e não durante a narrativa da instituição (consagração).

316. Durante a fração, o povo canta ou diz o Cordeiro de Deus, entoado pela assembléia. A saudação da paz não deve ofuscar a importância deste momento do rito.

317. É conveniente, igualmente, "usar uma única patena de maior dimensão, onde se coloque tanto o pão para o sacerdote como para os ministros e fiéis".[57]

318. "A comunhão realiza plenamente o seu aspecto de sinal quando sob as duas espécies. Sob esta forma manifesta-se mais perfeitamente o sinal do banquete eucarístico e se exprime de modo mais claro a vontade divina de realizar a nova e eterna aliança no sangue do Senhor, assim como a relação entre o banquete eucarístico e o banquete escatológico no reino do Pai."[58]

319. Por isso, dever-se-ia fazer esforço necessário para que "os fiéis recebam o corpo de Cristo em hóstias consagradas na mesma missa enquanto possível e participem do cálice pelo menos nos casos previstos".[59] Seria recomendável que participassem do cálice os "ministros que desempenham uma função na missa",[60] para os casos previstos confira-se a Instrução geral sobre o Missal Romano, n. 242, de 1 a 14, aos quais se acrescenta por lei universal da missa da vigília pascal.[61] É também permitido que os ordinários possam estabelecer casos particulares.[62]

320. A distribuição da comunhão sob duas espécies exige cuidados especiais, conforme as circunstâncias locais. As instruções litúrgicas insistem que apareça claramente, através da pessoa de um ministro que preside a distribuição, o sinal de Cristo que na ceia "dá" a seus discípulos, em comunhão, o seu corpo entregue, o seu sangue derramado.[63] Por isso, a comunhão deve ser sempre recebida da mão do ministro. Os pastores tenham o cuidado de orientar os fiéis sobre a comunhão na mão.

---

[56]   IGMR, n. 283.
[57]   IGMR, n. 293.
[58]   IGMR, n. 240.
[59]   Cf. IGMR, n. 56h.
[60]   Cf. IGMR, n. 242,7.
[61]   Cf. Carta da Congregação para o Culto Divino, *Preparação e celebração das festas pascais*, n. 92, *Doc. Pont.* 224, Vozes, 1989.
[62]   Cf. IGMR, n. 242,14.
[63]   Cf. Instrução *Inaestimabile donum*, n. 9.

ANIMAÇÃO DA VIDA LITÚRGICA NO BRASIL – ELEMENTOS DE PASTORAL LITÚRGICA

321. O sacerdote é o ministro ordinário não só da consagração, mas também, juntamente com o diácono, da distribuição da comunhão.

322. "Enquanto o sacerdote e os fiéis recebem o sacramento, entoa-se o canto da comunhão, que exprime, pela unidade das vozes, a união espiritual dos comungantes, demonstra a alegria dos corações e torna mais fraterna a procissão dos que vão receber o corpo de Cristo. O canto começa quando o sacerdote comunga, prolongando-se oportunamente, enquanto os fiéis recebem o corpo de Cristo."[64] Durante a comunhão há lugar também para um fundo de música instrumental, concluído o canto.

323. Interiorização após a comunhão. "Terminada a distribuição da comunhão, se for oportuno, o sacerdote e os fiéis oram por algum tempo em silêncio, podendo a assembléia entoar ainda um hino ou outro canto de louvor."[65]

324. É particularmente útil deixar espaço após a distribuição da comunhão para um momento de interiorização. Segundo as circunstâncias, será orientado por quem preside ou outro ministro.

325. Este poderá ser nas comunidades outro momento de grande flexibilidade, usado com criatividade: silêncio, meditação, oração, canto, visando a um aprofundamento do mistério celebrado etc. Em geral, as antífonas da comunhão do missal, recebidas da tradição, retomam uma frase central do Evangelho ou do mistério do dia. Elas nos fornecem, assim, uma indicação precisa quanto à maneira como pode ser apresentada e aprofundada a comunhão eucarística à luz da Palavra de Deus.

326. A oração presidencial após a comunhão, na qual se "imploram os frutos do mistério celebrado", aparecerá facilmente como conclusão deste momento de interiorização. "O sacerdote... recita a oração depois da comunhão, que pode ser precedida de um momento de silêncio, a não ser que já se tenha guardado silêncio após a comunhão."[66] A oração depois da comunhão constitui propriamente a conclusão do rito da comunhão e de toda a missa. Por meio dela se estabelece a relação entre a celebração eucarística e a vida eucarística do cristão.

Ritos finais da missa: A despedida

327. "Terminada a oração depois da comunhão, podem ser feitas, se necessário, breves comunicações ao povo."[67]

---

[64] IGMR, n. 56h.
[65] IGMR, n. 56j; cf. tb. n. 121.
[66] Cf. IGMR, nn. 56k e 122.
[67] IGMR, n. 123.

Os avisos que dizem respeito à vida da comunidade serão dados, de preferência, pelas próprias pessoas que estão ligadas a tais iniciativas, sob a responsabilidade de quem preside. Não se omitirão comunicações sobre atividades de outras comunidades e da Igreja universal.

328. Este parece ser também o momento mais adequado para as breves homenagens, que as comunidades gostam de prestar em dias especiais antes de se dispersarem.

329. Eventualmente, antes de encerrar-se a celebração, será útil uma mensagem final, na qual se exorte a comunidade a testemunhar pela vida a realidade celebrada.[68]

330. Um canto final, se parecer oportuno, embora não previsto no Missal, encontrará maior receptividade neste momento do que mais tarde.

331. Nos tempos litúrgicos mais ricos ou em certos momentos especiais da vida das comunidades, a bênção final será enriquecida pelas bênçãos solenes, à escolha, ou orações sobre o povo. Nada impede que no caso de acontecimentos especiais celebrados na missa da comunidade, tais como bodas e jubileus, bem como outras circunstâncias semelhantes, a bênção final inclua uma bênção especial para o casal ou pessoas determinadas.

332. De qualquer modo, haja no fim da missa, na medida do possível, uma verdadeira despedida humana e fraterna.

OBSERVAÇÕES FINAIS

333. As presentes orientações visam oferecer às igrejas locais e suas comunidades pistas que favoreçam a participação do povo na missa, incentivada e proposta pelo Vaticano II.

334. Os frutos pastorais que delas se esperam dependem do cuidado com que estas orientações forem introduzidas. Faz-se necessária uma adequada preparação das comunidades e de seus ministros, observando-se diligentemente o discernimento pastoral quanto à sua oportunidade e conveniência de acordo com a realidade local.

335. Evitar-se-ão os abusos, sempre possíveis, na medida em que formarmos os agentes de pastoral para uma sadia criatividade, fomentando positivamente a liturgia em todas as suas expressões e favorecendo a sua linguagem própria no universo da fé.

---

[68] Cf. IGMR, n. 11; DMCr, n. 54.

Redemptionis sacramentum — Instrução sobre algumas coisas que devem ser observadas e evitadas a respeito da santíssima eucaristia

Congregação para o Culto Divino e a Disciplina dos Sacramentos
(25 de março de 2004)

PROÊMIO

1. Na santíssima eucaristia, a Mãe Igreja reconhece com fé firme, acolhe com alegria, celebra e venera com atitude de adoração o sacramento da redenção,[1] anunciando a morte de Cristo Jesus, proclamando a sua ressurreição, na espera da sua vinda na glória,[2] como Senhor e Soberano invencível, Sacerdote eterno e Rei do universo, para oferecer à majestade divina do Pai onipotente o reino de verdade e de vida.[3]

2. A doutrina da Igreja sobre a santíssima eucaristia, na qual está contido todo o bem espiritual da Igreja, ou seja, o próprio Cristo, nossa Páscoa,[4] fonte e ápice[5] de toda a vida cristã, cujo influxo causal está nas próprias origens da

---

[1] Cf. Missale Romanum. *Ex decreto sacrosancti oecumenici Concilii Vaticani II instauratum, auctoritate Pauli Pp. VI promulgatum, Ioaniis Pauli Pp. II cura recognitum*, editio typica, diei 20 aprilis 2000, Typis Vaticanis, 2002, Missa votiva de *Dei misericordia, oratio super oblata*, p. 1159.

[2] Cf. 1Cor 11,26; Missale Romanum. *Prex eucharistica, acclamatio post consecrationem*, p. 576; João Paulo II. Carta encíclica *Ecclesia de Eucharistia*, nn. 5, 11, 14, 18, 17 de abril de 2003: AAS 95 (2003), pp. 436, 440-441, 442, 445.

[3] Cf. Is 10,33; 51,22; Missale Romanum. *In sollemnitate domini nostri Iesu Christi, universorum Regis, Praefatio*, p. 499.

[4] Cf. 1Cor 5,7; Concílio Vaticano II. Decreto sobre o ministério e a vida sacerdotal *Presbyterorum ordinis*, n. 5, 7 de dezembro de 1965; João Paulo II. Exortação apostólica *Ecclesia in Europa*, n. 75, 28 de junho de 2003: AAS 95 (2003), pp. 649-719, aqui p. 693.

[5] Cf. Concílio Ecumênico Vaticano II. Const. dogm. sobre a Igreja *Lumen gentium*, n. 11, 21 de novembro de 1964.

Igreja,[6] foi exposta com cuidadosa solicitude e grande autoridade durante os séculos nos escritos dos concílios e dos sumos pontífices. Além disso, recentemente, na Carta encíclica *Ecclesia de Eucharistia*, o sumo pontífice João Paulo II expôs novamente sobre o mesmo assunto alguns aspectos de grande importância para o contexto eclesial da nossa época.[7]

Em particular, a fim de que a Igreja salvaguarde devidamente também nos dias de hoje um tão grande mistério na celebração da sagrada liturgia, o sumo pontífice ordenou que esta Congregação para o Culto Divino e a Disciplina dos Sacramentos[8] preparasse, de acordo com a Congregação para a Doutrina da Fé, a presente instrução, na qual fossem tratadas algumas questões a respeito da disciplina do sacramento da eucaristia. Portanto, tudo o que aparece nesta Instrução deve ser lido em continuidade com a citada Carta encíclica *Ecclesia de Eucharistia*.

Entretanto, não há aqui a intenção de oferecer o conjunto das normas relativas à santíssima eucaristia, e sim retomar nesta Instrução alguns elementos que continuam ainda válidos na normativa já exposta e estabelecida, a fim de reforçar o sentido profundo das normas litúrgicas[9] e indicar outros que expliquem e completem os anteriores, esclarecendo-os aos bispos, mas também aos sacerdotes, aos diáconos e a todos os fiéis leigos, para que cada um os coloque em prática segundo o próprio ofício e as suas possibilidades.

3. As normas contidas nesta Instrução devem ser consideradas inerentes à matéria litúrgica no âmbito do rito romano e, com as oportunas variantes, dos outros ritos da Igreja latina juridicamente reconhecidos.

4. "Não há dúvida de que a reforma litúrgica do Concílio trouxe grandes vantagens para uma participação mais consciente, ativa e frutuosa dos fiéis no santo sacrifício do altar."[10] Entretanto, "não faltam sombras".[11] Portanto, não podem passar em silêncio os abusos, inclusive de máxima gravidade, contra a natureza da liturgia e dos sacramentos, assim como contra a tradição e a autoridade da Igreja, que não raramente, hoje em nossos dias, em vários âmbitos eclesiais, comprometem as celebrações litúrgicas. Em alguns lugares, os abusos cometidos em matéria litúrgica são da ordem do dia, o que obviamente não pode ser admitido e deve cessar.

---

6   Cf. João Paulo II. Carta encíclica *Ecclesia de Eucharistia*, n. 21, 17 de abril de 2003: AAS 95 (2003), p. 447.
7   Cf. ibidem: AAS 95 (2003), pp. 433-475.
8   Cf. ibidem, n. 52: AAS 95 (2003), p. 468.
9   Cf. ibidem.
10 Ibidem, n. 10: AAS 95 (2003), p. 439.
11 Ibidem; cf. João Paulo II. Carta apostólica *Vicesimus quintus annus*, nn. 12-13, 4 de dezembro de 1988: AAS 81 (1989), pp. 909-910; cf. também Concílio Ecumênico Vaticano II. Constituição sobre a sagrada liturgia *Sacrosanctum Concilium*, n. 48, 4 de dezembro de 1963.

5. A observância das normas emanadas pela autoridade da Igreja exige conformidade de pensamento e palavra, dos atos externos e da disposição de ânimo. Evidentemente, uma observância meramente exterior das normas contrastaria com a essência da sagrada liturgia, na qual Cristo quer reunir a sua Igreja para que seja com ele "um só corpo e em um só espírito".[12] Portanto, o ato externo deve ser iluminado pela fé e pela caridade que nos unem a Cristo e uns aos outros e geram o amor para com os pobres e os aflitos. Além disso, as palavras e os ritos da liturgia são expressão fiel amadurecida nos séculos dos sentimentos de Cristo e nos ensinam a sentir com ele:[13] conformando a nossa mente com aquelas palavras, elevamos ao Senhor os nossos corações. Tudo o que é dito na presente Instrução procura levar a essa conformidade dos nossos sentimentos com os de Cristo, expressos nas palavras e nos ritos da liturgia.

6. De fato, tais abusos "contribuem para obscurecer a reta fé e a doutrina católica acerca deste admirável sacramento".[14] Desse modo, impede-se também "que os fiéis possam de certo modo reviver a experiência dos dois discípulos de Emaús: 'Abriram-se-lhes os olhos e reconheceram-no'".[15] Diante do poder e da divindade[16] de Deus e do esplendor de sua bondade, particularmente visível no sacramento da eucaristia, de fato se acrescenta que todos os fiéis nutram e manifestem esse sentido da adorável majestade de Deus, que receberam através da paixão salvífica do Filho Unigênito.[17]

7. Os abusos não raramente se alicerçam em um falso conceito de liberdade. Deus, porém, nos concede em Cristo não a ilusória liberdade com base na qual fazemos tudo aquilo que queremos, mas a liberdade por meio da qual podemos fazer aquilo que é digno e justo.[18] Na verdade, isso vale não somente para os preceitos provindos diretamente de Deus, mas também, considerando convenientemente a índole de cada norma, para as leis promulgadas pela Igreja. Daí a necessidade de que todos se conformem com os ordenamentos estabelecidos pela legítima autoridade eclesiástica.

8. Além disso, deve-se notar com grande amargura a presença "aqui e ali de iniciativas ecumênicas que, embora bem-intencionadas, levam a práticas

---

[12] Missale Romanum. *Prex Eucharistica III*, p. 588; cf. 1Cor 12,12-13; Ef 4,4.

[13] Cf. Fl 2,5.

[14] João Paulo II. Carta encíclica *Ecclesia de Eucharistia*, n. 10: AAS 95 (2003), p. 439.

[15] Ibidem, n. 6: AAS 95 (2003), p. 437; cf. Lc 24,31.

[16] Cf. Rm 1,20.

[17] Cf. Missale Romanum. *Praefatio I de Passione Domini*, p. 528.

[18] Cf. João Paulo II. Carta encíclica *Veritatis splendor*, n. 35, 6 de agosto de 1993: AAS 85 (1993), pp. 1161-1162; João Paulo II. Homilia feita em Camden Yards, n. 7, 9 de outubro de 1995. In: *Insegnamenti di Giovanni Paolo II*. Libreria Editrice Vaticana, 1998, XVII, 2 (1995), p. 788.

na eucaristia contrárias à disciplina que serve à Igreja para exprimir a sua fé". Entretanto, "a eucaristia é um dom demasiado grande para suportar ambigüidades e reduções". Portanto, é oportuno corrigir e definir com maior cuidado alguns elementos, de modo que também nesse âmbito "a eucaristia continue a resplandecer em todo o fulgor do seu mistério".[19]

9. Enfim, os abusos muitas vezes se fundamentam na ignorância, pois ao menos se rejeita aquilo do qual não se percebe o sentido mais profundo, nem se conhece a antigüidade. De fato, a própria Sagrada Escritura fornece "inspiração e espírito" de que são "permeados" plenamente "os hinos e orações e dela as ações e os sinais sagrados derivam o seu significado".[20] Quanto aos sinais visíveis, "dos quais a liturgia se serve para manifestar as coisas divinas invisíveis, foram escolhidos por Cristo e pela Igreja".[21] Afinal, as estruturas e as formas das sagradas celebrações, segundo a tradição de cada rito, sejam do Oriente, sejam do Ocidente, estão em sintonia com a Igreja universal também no que diz respeito aos usos universalmente acolhidos pela ininterrupta tradição apostólica,[22] que é função própria da Igreja transmitir fielmente e com diligência às futuras gerações. Tudo isso é conservado e salvaguardado com sabedoria pelas normas litúrgicas.

10. A própria Igreja não tem nenhum poder sobre aquilo que foi estabelecido por Cristo e que constitui parte imutável da liturgia.[23] De fato, se fosse rompida a ligação que os sacramentos têm com o próprio Cristo, que os instituiu, e com os eventos sobre os quais a Igreja foi fundada,[24] isso não seria de nenhum auxílio para os fiéis, mas os prejudicaria gravemente. De fato, a sagrada liturgia está intimamente ligada aos princípios da doutrina[25] e o uso dos

---

[19] Cf. João Paulo II. Carta encíclica *Ecclesia de Eucharistia*, n. 10: AAS 95 (2003), p. 439.

[20] Concílio Ecumênico Vaticano II. Constituição sobre a sagrada liturgia *Sacrosanctum concilium*, n. 24; cf. Congregação para o Culto Divino e a Disciplina dos Sacramentos. Instrução *Varietatis legitimae*, nn. 19 e 23, 25 de janeiro de 1994: AAS 87 (1995), pp. 295-296, 297.

[21] Cf. Concílio Ecumênico Vaticano II. Constituição sobre a sagrada liturgia *Sacrosanctum concilium*, n. 33.

[22] Sto. Irineu. *Adversus Haereses*, III, 2: SCh., 211, 24-31; Sto. Agostinho. *Epistula ad Ianuarium*, 54,1: PL 33,200: "Illa autem quae non scripta, sed tradita custodimus, quae quidem toto terrarum orbe servantur, datur intellegi vel ab ipsis Apostolis, vel plenariis conciliis, quorum est in Ecclesia saluberrima auctoritas, commendata atque statuta retineri"; João Paulo II. Carta encíclica *Redemptoris missio*, nn. 53-54, 7 de dezembro de 1990: AAS 83 (1991), pp. 300-302; Congregação para a Doutrina da Fé. Carta aos bispos da Igreja Católica sobre alguns aspectos da Igreja entendida como comunhão, *Communionis notio*, nn. 7-10, 28 de maio de 1992: AAS 85 (1993), pp. 842-844; Congreg. para o Culto Divino e a Disciplina dos Sacramentos. Instrução *Varietates legitimae*, n. 26: AAS 87 (1995), pp. 298-299.

[23] Concílio Ecumênico Vaticano II. Constituição sobre a sagrada liturgia *Sacrosanctum Concilium*, n. 21.

[24] Cf. Pio XII. Constituição apostólica *Sacramentum Ordinis*, 30 de novembro de 1947: AAS 40 (1948), p. 5; S. Congregação para a Doutrina da Fé. Declaração *Inter insigniores*, parte IV, 15 de outubro de 1976: AAS 69 (1977), pp. 107-108; Congreg. para o Culto Divino e a Disciplina dos Sacramentos. Instrução *Varietates legitimae*, n. 25: AAS 87 (1995), p. 298.

[25] Cf. Pio XII. Carta encíclica *Mediator Dei*, 20 de novembro de 1947: AAS 39 (1947), p. 540.

REDEMPTIONIS SACRAMENTUM — INSTRUÇÃO SOBRE ALGUMAS COISAS QUE DEVEM SER OBSERVADAS E EVITADAS

textos e ritos não aprovados implica, conseqüentemente, que se enfraqueça ou se perca o nexo necessário entre a *lex orandi* e a *lex credendi*.[26]

11. Demasiado grande é o mistério da eucaristia "para que alguém possa permitir-se tratá-lo a seu livre-arbítrio, não respeitando seu caráter sagrado nem sua dimensão universal".[27] Quem, ao contrário, embora sendo sacerdote, age desse modo, seguindo as próprias inclinações, lesa a substancial unidade do rito romano, que deve ser tenazmente salvaguardada,[28] e realiza ações que de modo algum estão de acordo com a fome e a sede do Deus vivo sentidas hoje pelo povo, nem exerce autêntica atividade pastoral ou correta renovação litúrgica, mas priva os fiéis do seu patrimônio e da sua herança. De fato, atos arbitrários não ajudam a uma efetiva renovação,[29] mas lesam o justo direito dos fiéis à ação litúrgica que é expressão da vida da Igreja segundo a sua tradição e a sua disciplina. Além disso, introduzem elementos de deformação e discórdia na própria celebração eucarística que, de modo eminente e por sua natureza, visa comunicar e realizar admiravelmente a comunhão da vida divina e a unidade do povo de Deus.[30] Deles derivam insegurança doutrinal, perplexidade e escândalo do povo de Deus e, quase inevitavelmente, reações ásperas: todos elementos que em nosso tempo, no qual a vida cristã se demonstra muitas vezes particularmente difícil em razão do clima de "secularização", confundem e entristecem notavelmente muitos fiéis.[31]

12. Todos os fiéis, por sua vez, gozam do direito de ter uma liturgia verdadeira e, de modo particular, uma celebração da santa missa que seja assim como a Igreja quis e estabeleceu, como prescrito nos livros litúrgicos e em outras leis e normas. Do mesmo modo, o povo católico tem o direito de que se celebre para ele de modo íntegro o sacrifício da santa missa, em plena conformidade com a doutrina do Magistério da Igreja. Enfim, é direito da comunidade católica que para ela se realize a celebração da santíssima eucaristia de tal modo que se apresente como verdadeiro sacramento de unidade, excluin-

---

[26] Cf. S. CONGREG. PARA O CULTO DIVINO E A DISCIPLINA DOS SACRAMENTOS. Instrução *Inaestimabile donum*, 3 de abril de 1980: AAS 72 (1980), n. 333.

[27] JOÃO PAULO II. Carta encíclica *Ecclesia de Eucharistia*, n. 52: AAS 95 (2003), p. 468.

[28] Cf. CONCÍLIO ECUMÊNICO VATICANO II. Constituição sobre a sagrada liturgia *Sacrosanctum concilium*, nn. 4 e 38; Decreto sobre as Igrejas Orientais Católicas *Orientalium Ecclesiarum*, nn. 1, 2, 6; PAULO VI. Constituição apostólica *Missale Romanum*: AAS 61 (1969), pp. 217-222; *MISSALE ROMANUM*. *Institutio Generalis*, n. 399; CONG. PARA O CULTO DIVINO E A DISCIPLINA DOS SACRAMENTOS. Instrução *Liturgiam authenticam*, n. 4, 28 de março de 2001: AAS 93 (2001), pp. 685-726, aqui p. 686.

[29] Cf. JOÃO PAULO II. Exortação apostólica *Ecclesia in Europa*, n. 72: AAS 95 (2003), p. 692.

[30] JOÃO PAULO II. Carta encíclica *Ecclesia de Eucharistia*, n. 23: AAS 95 (2003), pp. 448-449; SAGRADA CONGREGAÇÃO DOS RITOS. Instrução *Eucharistiam mysterium*, n. 6, 25 de maio de 1967: AAS 59 (1967), p. 545.

[31] Cf. S. CONG. PARA OS SACRAMENTOS E O CULTO DIVINO. Instrução *Inaestimabile donum*: AAS 72 (1980), pp. 332-333.

do completamente todo tipo de defeitos e gestos que possam gerar divisões e facções na Igreja.³²

13. Todas as normas e as admoestações expostas nesta Instrução se ligam, embora de vários modos, com a função da Igreja, à qual cabe vigiar sobre a correta e digna celebração desse grande mistério. O último capítulo da presente Instrução trata dos diversos níveis com que cada uma das normas se relaciona com a lei suprema de todo o direito eclesiástico.³³

A REGULAMENTAÇÃO DA SAGRADA LITURGIA

14. "A regulamentação da liturgia compete unicamente à autoridade da Igreja, isto é, à Sé Apostólica e, segundo a norma do direito, aos bispos."³⁴

15. O romano pontífice, "vigário de Cristo e pastor aqui na terra da Igreja universal, em força do seu ofício tem o poder ordinário, supremo, pleno, imediato e universal sobre a Igreja, que pode sempre exercer livremente"³⁵, inclusive comunicando com os pastores e fiéis.

16. Compete à Sé Apostólica ordenar a sagrada liturgia da Igreja universal, publicar os livros litúrgicos e autorizar suas versões nas línguas correntes, assim como vigiar para que os ordenamentos litúrgicos, especialmente aqueles através dos quais é regulamentada a celebração do santíssimo sacrifício da missa, sejam observados fielmente em todos os lugares.³⁶

17. A Congregação para o Culto Divino e a Disciplina dos Sacramentos

> ocupa-se de tudo aquilo que, salvo a competência da Congregação para a Doutrina da Fé, cabe à Sé Apostólica sobre a regulamentação e a promoção da sagrada liturgia, em primeiro lugar dos sacramentos. Ela incentiva e salvaguarda a disciplina dos sacramentos, especialmente no que diz respeito à válida e lícita celebração destes.

Enfim, "exerce atenta vigilância para que sejam observadas exatamente as disposições litúrgicas, sejam prevenidos abusos e, onde forem descobertos,

---

³² Cf. 1Cor 11,17-34; João Paulo II. Carta encíclica *Ecclesia de Eucharistia*, n. 52: AAS 95 (2003), pp. 467-468.
³³ Cf. *Código de Direito Canônico*, cân. 1752, 25 de janeiro de 1983.
³⁴ Concílio Ecumênico Vaticano II. Constituição sobre a sagrada liturgia *Sacrosanctum concilium*, n. 22, § 1. Cf. *Código de Direito Canônico*, cân. 838, § 1.
³⁵ *Código de Direito Canônico*, cân. 331; cf. Concílio Ecumênico Vaticano II. Constituição dogmática sobre a Igreja *Lumen gentium*, n. 22.
³⁶ *Código de Direito Canônico*, cân. 838, § 2.

sejam eliminados".[37] Nesta matéria, segundo a tradição de toda a Igreja, é predominante a solicitude quanto à celebração da santa missa e ao culto que se tributa à Santíssima eucaristia também fora da missa.

18. Os fiéis têm o direito de que a autoridade eclesiástica regule plena e eficazmente a sagrada liturgia, de modo tal que ela nunca pareça "propriedade privada de alguém, nem do celebrante nem da comunidade na qual se celebram os mistérios".[38]

O bispo diocesano, grande sacerdote do seu rebanho

19. O bispo diocesano, primeiro dispensador dos mistérios de Deus, é moderador, promotor e guarda de toda a vida litúrgica na igreja particular a ele confiada.[39] De fato, "o bispo possui a plenitude do sacramento da ordem. É chamado 'administrador da graça do sacerdócio supremo'[40] especialmente quando oferece ou cuida que seja oferecida a eucaristia,[41] que alimenta e faz crescer continuamente a Igreja".[42]

20. De fato, há uma essencial manifestação da Igreja toda vez que se celebra a missa, especialmente na igreja catedral, na "participação plena e ativa de todo o povo de Deus, [...] na mesma oração e em torno do mesmo altar, sob a presidência do bispo, cercado de seu presbitério e de seus ministros".[43] Além disso, toda "celebração legítima da eucaristia é dirigida pelo bispo, a quem foi confiado o culto da religião cristã, que deve ser prestado a Deus, administrado conforme os preceitos do Senhor e as leis da Igreja, segundo as determinações do bispo, em sua diocese".[44]

---

[37]   João Paulo II. Constituição apostólica *Pastor bonus*, 28 de junho de 1988: AAS 80 (1988), pp. 841-924; aqui arts. 62, 63 e 66, pp. 876-877.

[38]   João Paulo II. Carta encíclica *Ecclesia de Eucharistia*, n. 52: AAS 95 (2003), p. 468

[39]   Cf. Concílio Ecumênico Vaticano II. Decreto sobre a função pastoral dos bispos na Igreja *Christus Dominus*, n. 15, 28 de outubro de 1965; cf. também Constituição sobre a sagrada liturgia *Sacrosanctum concilium*, n. 41; *Código de Direito Canônico*, cân. 387.

[40]   Oração para a consagração episcopal no rito bizantino. In: *Euchologion to mega*. Roma, 1873, p. 139.

[41]   Cf. S. Inácio de Antioquia. *Ad Smyrn.* 8.1: ed. F. X. Funk, I, p. 282.

[42]   Concílio Ecumênico Vaticano II. Constituição dogmática sobre a Igreja *Lumen gentium*, n. 26; cf. S. Congregação Dos Ritos. Instrução *Eucharisticum mysterium*, n. 7: AAS 59 (1967), p. 545; cf. também João Paulo II. Exortação apostólica *Pastores gregis*, nn. 32-41, 16 de outubro de 2003; *L'Osservatore Romano*, pp. 6-8, 16 de outubro de 2003.

[43]   Concílio Ecumênico Vaticano II. Constituição sobre a sagrada liturgia *Sacrosanctum concilium*, n. 41; cf. S. Inácio de Antioquia. *Ad Magn.*, 7; *Ad Philad.*, 4; *Ad Smyrn.*, 8: ed. F. X. Funk, I, pp. 236, 266, 281; Missale Romanum. *Institutio Generalis*, n. 22; cf. também *Código de Direito Canônico*, cân. 389.

[44]   Concílio Ecumênico Vaticano II. Constituição dogmática sobre a Igreja *Lumen gentium*, n. 26.

21. De fato, "compete ao bispo diocesano, na Igreja que lhe foi confiada, dentro dos limites da sua competência, dar normas relativas à liturgia, às quais todos são obrigados".[45] Entretanto, o bispo vigie sempre para que não se tire a liberdade, prevista pelas normas dos livros litúrgicos, de adaptar, de forma inteligente, a celebração quanto ao edifício sagrado, quanto ao grupo de fiéis, quanto às circunstâncias pastorais, de tal modo que todo o rito sagrado seja efetivamente correspondente à sensibilidade das pessoas.[46]

22. O bispo governa a igreja particular a ele confiada[47] e é sua função regulamentar, dirigir, encorajar, às vezes também repreender,[48] cumprindo a sagrada função que recebeu mediante a ordenação episcopal,[49] para a edificação do seu rebanho na verdade e na santidade.[50] Que ele mostre o genuíno sentido dos ritos e dos textos litúrgicos e alimente nos sacerdotes, nos diáconos e nos fiéis o espírito da sagrada liturgia,[51] para que todos sejam levados a uma ativa e frutífera celebração da eucaristia,[52] e assegure igualmente que todo o corpo eclesial caminhe unânime, na unidade da caridade, no plano diocesano, nacional, universal.[53]

23. Os fiéis "devem se unir ao bispo como a Igreja a Jesus Cristo e como Cristo ao Pai, para que todos vivam unidos e cheios da glória de Deus".[54] Todos, inclusive os membros dos institutos de vida consagrada e das sociedades de vida apostólica, e de todas as associações ou movimentos eclesiais de qualquer tipo, estão sujeitos à autoridade do bispo diocesano em tudo o que se refere à matéria litúrgica,[55] salvo os direitos legitimamente concedidos. Portanto, compete ao bispo diocesano o direito e o dever de vigiar e verificar, quanto à matéria litúrgica, as igrejas e os oratórios localizados em seu território, assim como aquelas fundadas ou dirigidas pelos membros dos institutos mencionados acima, se os fiéis a elas acorrem habitualmente.[56]

---

[45] *Código de Direito Canônico*, cân. 838, § 4.

[46] Cf. *Cons. ad exsequ. const. lit., Dubium: Notitiae* 1 (1965), p. 254.

[47] Cf. At 20,28; Concílio Ecumênico Vaticano II. Constituição dogmática sobre a Igreja *Lumen gentium*, nn. 21 e 27; Decreto sobre a função pastoral dos bispos na Igreja *Christus Dominus*, n. 3.

[48] Cf. Cong. para o Culto Divino. Instrução *Liturgicae instaurationes*, 5 de setembro de 1970: AAS 62 (1970), p. 694.

[49] Concílio Ecumênico Vaticano II. Constituição dogmática sobre a Igreja *Lumen gentium*, n. 21; Decreto sobre a função pastoral dos bispos na Igreja *Christus Dominus*, n. 3.

[50] Cf. *Caeremoniale Episcoporum ex decreto sacrosancti Oecumenici Concilii Vaticani II instauratum, auctoritate Ioannis Pauli Pp. II promulgatum*, editio typica, diei 14 septembris 1984, Typis Polyglottis Vaticanis, 1985, n. 10.

[51] Cf. Missale Romanum. *Institutio Generalis*, n. 387.

[52] Cf. ibidem, n. 22.

[53] Cf. S. Cong. para o Culto Divino. Instrução *Liturgicae instaurationes*: AAS 62 (1970), p. 694.

[54] Concílio Ecumênico Vaticano II. Constituição dogmática sobre a Igreja *Lumen gentium*, n. 27; cf. 2Cor 4,15.

[55] Cf. *Código de Direito Canônico*, cân. 397, § 1; cân. 678, § 1.

[56] Cf. ibidem, cân. 683, § 1

24. De sua parte, o povo cristão tem o direito que o bispo diocesano vigie para que não se insinuem abusos na disciplina eclesiástica, especialmente no que se refere ao ministério da Palavra, à celebração dos sacramentos e dos sacramentais, ao culto de Deus e dos santos.[57]

25. As comissões, os conselhos constituídos pelos bispos, para que contribuam "na promoção da liturgia, da música e da arte sacra na diocese", agirão segundo o pensamento e as diretivas do bispo e terão de contar com a sua autoridade e a sua ratificação para exercer convenientemente a própria tarefa[58] e para que seja mantido o efetivo governo do bispo na sua diocese. Quanto a todos esses grupos, aos outros institutos e a qualquer iniciativa relativa à liturgia, os bispos se perguntem, pois já faz tempo que isso se tornou urgente, se até agora foi frutuosa[59] a atividade deles e avaliem atentamente as correções e melhoramentos que devem ser inseridos na estrutura de seu trabalho,[60] a fim de que encontrem novo vigor. Tenha-se sempre presente que os peritos devem ser escolhidos entre aqueles cuja solidez na fé católica e cuja preparação em matéria teológica e cultural sejam reconhecidas.

As Conferências dos Bispos

26. Isso vale também para as comissões atinentes à mesma matéria que, por solicitação do Concílio,[61] são instituídas pela Conferência dos Bispos e cujos membros devem ser bispos e bem distintos dos peritos coadjuvantes. Se o número de membros de uma Conferência Episcopal não é suficiente para que se possa sem dificuldade tirar alguns deles e instituir uma comissão litúrgica, nomeie-se um conselho ou grupo de peritos que, sempre sob a presidência de um bispo, preencha o quanto possível essa tarefa, evitando, porém, o nome de "comissão de liturgia".

---

[57] Cf. ibidem, cân. 392.

[58] Cf. João Paulo II. Carta apostólica *Vicesimus quintus annus*, n. 21: AAS 81 (1989), p. 917; Concílio Ecumênico Vaticano II. Constituição sobre a sagrada liturgia *Sacrosanctum concilium*, nn. 45-46; Pio XII. Carta encíclica *Mediator Dei*: AAS 39 (1947), p. 562.

[59] João Paulo II. Carta apostólica *Vicesimus quintus annus*, n. 20: AAS 81 (1989), p. 916.

[60] Cf. ibidem.

[61] Concílio Ecumênico Vaticano II. Constituição sobre a sagrada liturgia *Sacrosanctum concilium*, n. 44; Congregação para os Bispos. Carta aos presidentes das Conferências dos Bispos enviada também em nome da Congregação para a Evangelização dos Povos, n. 9, 21 de junho de 1999: AAS 91 (1999), p. 999.

27. A Sé Apostólica notificou desde 1970[62] o fim de todas as experiências relativas à celebração da santa missa e insistiu nesse encerramento em 1988.[63] Portanto, cada bispo e suas Conferências não têm nenhuma licença para permitir experiências sobre os textos e sobre qualquer outra coisa que não esteja prescrita nos livros litúrgicos. Para poder fazer, no futuro, tais experiências é necessária a permissão da Congregação para o Culto Divino e a Disciplina dos Sacramentos, dada por escrito e pedida pelas Conferências Episcopais. Tal permissão, porém, não será concedida a não ser por causa grave. Quanto às iniciativas de inculturação em matéria litúrgica, sejam observadas rigorosa e integralmente as normas especificamente estabelecidas.[64]

28. Todas as normas referentes à liturgia, estabelecidas segundo o direito por uma Conferência Episcopal para o próprio território, devem ser submetidas à *recognitio* da Congregação para o Culto Divino e a Disciplina dos Sacramentos, sem a qual não possuem nenhuma força obrigatória.[65]

Os sacerdotes

29. Os sacerdotes, válidos, prudentes e necessários colaboradores da ordem episcopal,[66] chamados a servir ao povo de Deus, formam com o seu bispo um único presbitério,[67] embora destinado a diversas funções. "Associados fiel e generosamente ao bispo, tornam-no de certa maneira presente em todos os lugares em que se reúnem com os fiéis, participam de suas funções e preocupações no exercício cotidiano da pastoral." E "os sacerdotes devem tratar o bispo como sendo realmente pai e a ele obedecer com respeito".[68] Além disso,

---

[62] Cf. Cong. para o Culto Divino. Instrução *Liturgicae instaurationes*, n. 12: AAS 62 (1970), pp. 692-704, aqui p. 703.

[63] Cong. para o Culto Divino. Declaração sobre as orações eucarísticas e as experiências litúrgicas, 21 de março de 1988: *Notitiae* 24 (1988), pp. 234-236.

[64] Cong. para o Culto Divino e a Disciplina dos Sacramentos. Instrução *Varietates legitimae*: AAS 87 (1995), pp. 288-314.

[65] Cf. *Código de Direito Canônico*, cân. 838, § 3; S. Congregação dos Ritos. Instrução *Inter Oecumenici*, n. 31, 26 de setembro de 1964: AAS 56 (1964), p. 883; Cong. para o Culto Divino e a Disciplina dos Sacramentos. Instrução *Liturgiam authenticam*, nn. 79-80: AAS 93 (2001), pp. 711-713.

[66] Cf. Concílio Ecumênico Vaticano II. Decreto sobre o ministério e a vida sacerdotal *Presbiterorum ordinis*, n. 7, 7 de dezembro de 1965; Pontificale Romanum, ed. 1962: *Ordo consecrationis sacerdotalis, in Praefatione*; Pontificale Romanum *ex decreto sacrosancti Oecumenici Concilii Vaticani II renovatum, auctoritate Pauli Pp. VI editum, Ioannis Pauli Pp. II cura recognitum: De Ordinatione Episcopi, presbyterorum et diaconorum*, editio typica altera, diei 29 iunii 1989, Typis Polyglottis Vaticanis, 1990, cap. II, *de Ordin. Presbyterorum, Praenotanda*, n. 101.

[67] S. Inácio de Antioquia. *Ad Philad.*, 4: ed. F. X. Funk, I, p. 266; S. Cornélio I, citado por S. Cipriano. *Epist*. 48, 2: ed. G. Hartel, III, p. 610.

[68] Concílio Ecumênico Vaticano. Constituição dogmática sobre a Igreja *Lumen gentium*, n. 28.

"sempre atentos ao bem dos filhos de Deus, procurem se empenhar no trabalho pastoral de toda a diocese e, até mesmo, de toda a Igreja".[69]

30. É grande a responsabilidade

que têm na celebração eucarística, sobretudo os sacerdotes, aos quais compete presidi-la *in persona Christi*, assegurando um testemunho e um serviço de comunhão não somente para a comunidade que participa diretamente da celebração, mas também para a Igreja universal, sempre mencionada na eucaristia. Infelizmente, é preciso lamentar que, sobretudo a partir dos anos da reforma litúrgica pós-conciliar, devido a ambíguo sentido de criatividade e de adaptação, não faltaram abusos, que foram motivo de sofrimento para muitos.[70]

31. Em coerência com o que prometeram no rito da sagrada ordenação e renovado de ano em ano durante a missa do crisma, os sacerdotes celebrem "devotamente e com fé os mistérios de Cristo em louvor a Deus e santificação do povo cristão, segundo a tradição da Igreja, especialmente no sacrifício da eucaristia e no sacramento da reconciliação".[71] Não esvaziem o significado profundo do próprio ministério, deformando a celebração litúrgica com mudanças, reduções ou acréscimos arbitrários.[72] De fato, como diz santo Ambrósio: "A Igreja não é ferida em si mesma, [...] mas em nós. Portanto, cuidemos para não fazer com que os nossos erros não se transformem em uma ferida para a Igreja".[73] Logo, cuide-se para que a Igreja de Deus não receba ofensa por parte dos sacerdotes, os quais se ofereceram ao ministério com tanta solenidade. Ao contrário, vigiem fielmente sob a autoridade dos bispos, para que tais deformações não sejam cometidas por outros.

32. "Cuide o pároco para que a santíssima eucaristia seja o centro da comunidade paroquial dos fiéis, empenhe-se para que os fiéis se alimentem com a devota celebração dos sacramentos e, de modo especial, que se aproximem freqüentemente do sacramento da santíssima eucaristia e da penitência. Esforce-se também para que sejam levados a fazer oração em família, e participem

---

[69] Cf. ibidem.

[70] João Paulo II. Carta encíclica *Ecclesia de Eucharistia*, n. 52; cf. n. 29: AAS 95 (2003), pp. 467-468; 452-453.

[71] Pontificale Romanum. *De Ordinatione Episcopi, presbyterorum et diaconorum*, editio typica altera: De Ordinatione presbyterorum, n. 124; cf. Missale Romanum. *Feria V in Hebdomada Sancta: ad Missam chrismatis, Renovatio promissionum sacerdotalium*, p. 292.

[72] Concílio Ecumênico de Trento. Sessão VII, 3 de março de 1547; Decreto sobre os sacramentos, cân. 13: DS 1613; Concílio Ecumênico Vaticano II. Constituição sobre a sagrada liturgia *Sacrosanctum concilium*, n. 22; Pio XII. Carta encíclica *Mediator Dei*: AAS 39 (1947), pp. 544, 546-547, 562; *Código de Direito Canônico*, cân. 846, § 1; Missale Romanum. *Institutio Generalis*, n. 24.

[73] S. Ambrósio. *De Virginitate*, n. 48: PL 16,278.

consciente e ativamente da sagrada liturgia. Sob a autoridade do bispo diocesano, o pároco deve dirigir a liturgia em sua paróquia e é obrigado a cuidar para que nela não se introduzam abusos".[74] Embora seja oportuno que na preparação eficaz das celebrações litúrgicas, especialmente da santa missa, ele seja ajudado por vários fiéis, não deve, porém, de modo algum, conceder-lhes prerrogativas em matérias que são próprias do seu ofício.

33. Enfim, "cultivem os sacerdotes a ciência e arte litúrgicas, para que seu ministério junto às comunidades que lhe são confiadas seja cada dia mais perfeito no louvor a Deus Pai, Filho e Espírito Santo".[75] Sobretudo, sejam embebidos daquela maravilha e admiração que a celebração do mistério pascal na eucaristia provoca no coração dos fiéis.[76]

Os diáconos

34. Os diáconos, "os quais recebem a imposição das mãos para o serviço, não para o sacerdócio",[77] homens de boa reputação,[78] devem agir, com a ajuda de Deus, de tal modo que sejam reconhecidos como verdadeiros discípulos daquele[79] "que não veio para ser servido, mas para servir",[80] e esteve entre seus discípulos "como aquele que serve".[81] E fortificados pelo dom do Espírito Santo recebido mediante a imposição das mãos, sirvam ao povo de Deus em comunhão com o bispo e o seu presbitério.[82] Considerem, por isso, o bispo como pai e o auxiliem e ao seu presbitério "no ministério da Palavra, do altar e da caridade".[83]

35. Jamais descuidem de "guardar o mistério da fé, como diz o apóstolo, graças a uma consciência pura[84] para anunciarem tal fé com as palavras e as obras, segundo o Evangelho e a tradição da Igreja",[85] servindo de todo o cora-

---

[74]   *Código de Direito Canônico*, cân. 528, § 2.

[75]   Concílio Ecumênico Vaticano II. Decreto sobre o ministério e a vida sacerdotal *Presbyterorum ordinis*, n. 5.

[76]   João Paulo II. Carta encíclica *Ecclesia de Eucharistia*, n. 5: AAS 95 (2003), p. 436.

[77]   Concílio Ecumênico Vaticano II. Constituição dogmática sobre a Igreja *Lumen gentium*, n. 29; cf. *Constitutiones Ecclesiae Aegypticae*, III, 2: ed. F. X. Funk, *Didascalia*, II, p. 103; *Statuta Ecclesiae Ant.*, 37-41: ed. D. Mansi 3, 954.

[78]   Cf. At 6,3.

[79]   Cf. Jo 13,35.

[80]   Mt 20,28.

[81]   Cf. Lc 22,27.

[82]   Cf. Episcoporum, nn. 9 e 23. Cf. Concílio Ecumênico Vaticano II. Constituição dogmática sobre a Igreja *Lumen gentium*, n. 29.

[83]   Pontificale Romanum. *De Ordinatione Episcopi, presbyterorum et diaconorum*, editio typica altera, cap. III, *De Ordinatione diaconorum*, n. 199.

[84]   1Tm 3,9.

[85]   Pontificale Romanum. *De Ordinatione Episcopi, presbyterorum et diaconorum*, editio typica altera: *De Ordinatione diaconorum*, n. 200.

ção fielmente e com humildade a sagrada liturgia como fonte e ápice da vida da Igreja, a fim de que "todos, como filhos de Deus, pela fé e pelo batismo, se reúnam para louvar a Deus na Igreja, participando do sacrifício e da ceia do Senhor".[86] Portanto, todos os diáconos, no que lhes diz respeito, empenhem-se em fazer com que a sagrada liturgia seja celebrada segundo as normas dos livros litúrgicos devidamente aprovados.

A PARTICIPAÇÃO DOS FIÉIS LEIGOS NA CELEBRAÇÃO DA EUCARISTIA

Uma participação ativa e consciente

36. A celebração da missa, como ação de Cristo e da Igreja, é o centro de toda a vida cristã para a Igreja, tanto universal quanto particular, e para cada um dos fiéis,[87] "interessando a cada um dos membros de maneira diversa, segundo a variedade das ordens, das funções e da participação efetiva.[88] Desse modo, o povo cristão, "gente escolhida, sacerdócio régio, nação santa, povo que Deus conquistou',[89] manifesta a própria coerente e hierárquica ordem".[90]

"Há uma diferença de essência e não apenas de grau entre o sacerdócio comum dos fiéis e o sacerdócio ministerial ou hierárquico. Contudo, ambos participam a seu modo do mesmo sacerdócio de Cristo e mantêm, por isso, estreita relação entre si."[91]

37. Todos os fiéis, libertados dos próprios pecados e incorporados na Igreja através do batismo, pelo caráter impresso neles estão habilitados ao culto da reli-

---

86 Concílio Ecumênico Vaticano II. Constituição sobre a sagrada liturgia *Sacrosanctum concilium*, n. 10.

87 Cf. ibidem, n. 41; Concílio Ecumênico Vaticano II. Constituição dogmática sobre a Igreja *Lumen gentium*, n. 11; Decreto sobre o ministério e a vida sacerdotal *Presbyterorum ordinis*, nn. 2, 5, 6; Decreto sobre a função pastoral dos bispos na Igreja *Christus Dominus*, n. 30; Decreto sobre o ecumenismo *Unitatis redintegratio*, n. 15, 21 de novembro de 1964; S. Congregação dos Ritos. Instrução *Eucharisticum mysterium*, nn. 3 e 6: AAS 59 (1967), pp. 542, 544-545; Missale Romanum. *Institutio Generalis*, n. 16.

88 Cf. Concílio Ecumênico Vaticano II. Constituição sobre a sagrada liturgia *Sacrosanctum Concilium*, n. 26; Missale Romanum. *Institutio Generalis*, n. 91.

89 1Pd 2,9; cf. 2,4-5.

90 Missale Romanum. *Institutio Generalis*, n. 91; cf. Concílio Ecumênico Vaticano II. Constituição sobre a sagrada liturgia *Sacrosanctum concilium*, n. 14.

91 Concílio Ecumênico Vaticano II. Const. dogmática sobre a Igreja *Lumen gentium*, n. 10.

gião cristã,[92] a fim de que, em virtude do seu sacerdócio régio,[93] perseverando na oração e louvando a Deus,[94] se manifestem como vítima viva, santa, agradável a Deus e comprovada em todas as suas ações,[95] dêem em todos os lugares testemunho de Cristo e a quem a pedir dêem razão da própria esperança de vida eterna.[96]

Portanto, também a participação dos fiéis na celebração da eucaristia e dos outros ritos da Igreja não pode ser reduzida a uma mera presença, muito menos passiva, mas deve ser considerada como um verdadeiro exercício da fé e da dignidade batismal.

38. A ininterrupta doutrina da Igreja sobre a natureza não apenas comensal, mas também e sobretudo sacrificial da eucaristia deve ser justamente considerada como um dos principais critérios para uma plena participação de todos os fiéis em um tão grande sacramento.[97] "Despojado de seu valor sacrificial, [o mistério] é vivido como se em nada ultrapassasse o sentido e o valor de um encontro fraterno ao redor da mesa."[98]

39. Para promover e salientar a participação ativa, a recente reforma dos livros litúrgicos incentivou, segundo as intenções do Concílio, as aclamações do povo, as respostas, a salmodia, as antífonas, os cantos, assim como as ações ou os gestos e a atitude do corpo e providenciou para que seja observado no devido tempo o sagrado silêncio, prevendo nas rubricas também as partes que competem aos fiéis.[99] Além disso, é dado amplo espaço a uma apropriada liberdade de adaptação fundamentada no princípio de que toda celebração corresponda às necessidades, à capacidade, à preparação do espírito e à índole dos participantes, segundo as faculdades estabelecidas pelas normas litúrgicas. Na escolha dos cantos, das músicas, das orações e das leituras bíblicas, ao fazer a homilia, ao compor a oração dos fiéis, ao dar os avisos e ao ornamentar conforme os diversos tempos a igreja, há ampla possibilidade de introduzir em cada celebração uma certa variedade que contribua para tornar mais evidente a riqueza da tradição litúrgica e para conferir cuidadosamente uma conotação particular à celebração, levando em conta as exigências pastorais, para que seja favorecida a participação interior. Contudo, recorda-se que a eficácia das ações

---

[92] S. Tomás de Aquino. *Summa Theologica*, III, q. 63, a 2.
[93] Concílio Ecumênico Vaticano II. Constituição dogmática sobre a Igreja *Lumen gentium*, n. 10; cf. João Paulo II. Carta encíclica *Ecclesia de Eucharistia*, n. 28: AAS 95 (2003), pp. 452.
[94] Cf. At 2,42-47.
[95] Cf. Rm 12,1.
[96] Cf. 1Pd 3,15; 2,4-10.
[97] Cf. João Paulo II. Carta encíclica *Ecclesia de Eucharistia*, nn. 12-18: AAS 95 (2003), pp. 441-445; idem. Carta *Dominicae Cenae*, n. 9, 24 de fevereiro de 1980: AAS 72 (1980), pp. 129-133.
[98] João Paulo II. Carta encíclica *Ecclesia de Eucharistia*, n. 10: AAS 95 (2003), p. 439.
[99] Concílio Ecumênico Vaticano II. Const. sobre a sagrada liturgia *Sacrosanctum concilium*, nn. 30-31.

litúrgicas não consiste na contínua modificação dos ritos, mas no aprofundamento da Palavra de Deus e do mistério celebrado.[100]

40. Entretanto, embora a celebração da liturgia possua sem dúvida nenhuma a conotação de participação ativa de todos os fiéis, não se segue daí, como dedução lógica, que todos devam materialmente realizar alguma coisa além dos previstos gestos e comportamentos do corpo, como se cada um tivesse de necessariamente cumprir uma específica tarefa litúrgica. A esse respeito, a formação catequética procure com zelo corrigir noções e usos superficiais difundidos em alguns lugares nos últimos anos e despertar sempre nos fiéis um renovado sentido de grande admiração diante da profundidade desse mistério de fé que é a eucaristia, em cuja celebração a Igreja passa "do velho para o novo" ininterruptamente.[101] De fato, na celebração da eucaristia, como também em toda a vida cristã, que dela tira força e para ela tende, a Igreja, como são Tomé Apóstolo, se prostra em adoração diante do Senhor crucificado, morto, sepultado e ressuscitado "na grandeza do seu divino esplendor e exclama eternamente: 'Meu Senhor e meu Deus!'".[102]

41. Para incentivar, promover e alimentar o sentido interior da participação litúrgica, são particularmente úteis a celebração assídua e extensa da liturgia das horas, o uso dos sacramentais e os exercícios da piedade popular cristã. Tais exercícios que, "embora a rigor de direito não pertençam à sagrada liturgia, são de fato providos de particular importância e dignidade", devem ser considerados, sobretudo quando elogiados e aprovados pelo próprio Magistério,[103] como dotados de alguma ligação com o contexto litúrgico, como o é especialmente a oração do rosário.[104] Além disso, tais obras de piedade orientam o povo cristão à participação dos sacramentos, e de modo particular à eucaristia, "assim como à meditação dos mistérios da nossa redenção e à imitação dos insignes exemplos dos santos no céu, elas então nos tornam participantes do culto litúrgico e são de ajuda à salvação".[105]

42. É preciso compreender que a Igreja não se reúne por vontade humana, mas é convocada por Deus no Espírito Santo e responde através da fé à sua vocação gratuita: o termo *ekklesia*, de fato, remete a *klesis*, que significa "chamado".[106]

---

[100] Cf. S. Cong. para o Culto Divino. Instrução *Liturgicae instaurationes*, n. 1: AAS 62 (1970), p. 695.

[101] Cf. Missale Romanum. *Feria secunda post Dominica V in Quadragesima, Collecta*, p. 258.

[102] João Paulo II. Carta apostólica *Novo Millennio ineunte*, n. 21, 6 de janeiro de 2001: AAS 93 (2001), p. 280; cf. Jo 20,28.

[103] Cf. Pio XII. Carta encíclica *Mediator* Dei: AAS 39 (1947), p. 586; cf. também Concílio Ecumênico Vaticano II. Constituição dogmática sobre a Igreja *Lumen gentium*, n. 67; Paulo VI. Exortação apostólica *Marialis cultus*, n. 24, 11 de fevereiro de 1974: AAS 66 (1974), pp. 113-168, aqui p. 134; Cong. para o Culto Divino e a Disciplina dos Sacramentos. *Diretório sobre a piedade popular e liturgia*, 17 de dezembro de 2001.

[104] Cf. João Paulo II. Carta apostólica *Rosarium Virginis Mariae*, 16 de outubro de 2002: AAS 95 (2003), pp. 5-36.

[105] Pio XII. Carta encíclica *Mediator Dei*: AAS 39 (1947), pp. 586-587.

[106] Cf. Cong. para o Culto Divino e a Disciplina dos Sacramentos. Instrução *Varietates legitimae*, n. 22: AAS 87 (1995), p. 297.

Orientações para a celebração e o culto da eucaristia

O sacrifício eucarístico não deve, portanto, ser considerado como "concelebração" no sentido unívoco do sacerdote juntamente com o povo presente.[107] Ao contrário, a eucaristia celebrada pelos sacerdotes é

> um dom que supera radicalmente o poder da assembléia [...]. A assembléia que se reúne para a celebração da eucaristia necessita absolutamente de um sacerdote ordenado que a presida, para poder ser verdadeiramente uma assembléia eucarística. Por outro lado, a comunidade não é capaz de dotar-se por si só do ministro ordenado.[108]

É absolutamente necessária a vontade comum de evitar qualquer ambigüidade quanto à matéria e fornecer remédio para as dificuldades surgidas nos últimos anos. Portanto, sejam usadas somente com cautela locuções tais como "comunidade celebrante" ou "assembléia celebrante", ou em outras línguas modernas "celebrating assembly", "asamblea celebrante", "assemblée célébrante" e semelhantes.

As funções dos fiéis leigos na celebração da missa

43. É justo e louvável que, para o bem da comunidade e de toda a Igreja de Deus, alguns fiéis leigos exerçam, segundo a tradição, algumas funções referentes à celebração da sagrada liturgia.[109] Convém que sejam várias pessoas que distribuam entre si ou exerçam os diversos ofícios ou as várias partes do mesmo ofício.[110]

44. Além dos ministérios instituídos do acólito e do leitor,[111] entre os citados ofícios particulares há os do acólito[112] e do leitor[113] por encargo temporá-

---

[107] Cf. Pio XII. Carta encíclica *Mediator Dei*: AAS 39 (1947), p. 553.

[108] Pio XII. Carta encíclica *Ecclesia de Eucharistia*, n. 29: AAS 95 (2003), p. 453; cf. Concílio Ecumênico de Latrão IV, cap. I, 11-30 de novembro de 1215: DS 802; Concílio Ecumênico de Trento, Sessão XXIII, 15 de julho de 1563, Doutrinas e cânones sobre a sagrada ordem, cap. 4: DS 1767-1770; Pio XII. Carta encíclica *Mediator Dei*: AAS 39 (1947), p. 553.

[109] Cf. *Código de Direito Canônico*, cân. 230, § 2; cf. também Missale Romanum. *Institutio Generalis*, n. 97.

[110] Cf. também Missale Romanum. *Institutio Generalis*, n. 109.

[111] Cf. Paulo VI. *Motu proprio Ministeria quaedam*, nn. VI-XII, 15 de agosto de 1972; Pontificale Romanum *ex decreto sacrosancti Oecumenici Concilii Vaticani II instaratum, auctoritate Pauli Pp. VI promulgatum. De institutione lectorum et acolythorum, de admissione inter candidatos ad diaconatum et presbyteratum, de sacro caelibatu amplectendo*, editio typica, diei 3 decembris 1972, Typis Polyglottis Vaticanis, 1973, p. 10: AAS 64 (1972), pp. 529-534, aqui pp. 532-533: *Código de Direito Canônico*, cân. 230, § 1; Missale Romanum. *Institutio Generalis*, nn. 98-99 e 187-193.

[112] Missale Romanum. *Institutio Generalis*, nn. 187-190, 193; *Código de Direito Canônico*, cân. 230, §§ 2-3.

[113] Cf. Concílio Ecumênico Vaticano II. Const. sobre a sagrada liturgia *Sacrosanctum concilium*, n. 24. S. Cong. para o Culto Divino e a Disciplina dos Sacramentos. Instrução *Inaestimabile donum*, nn. 2 e 18: AAS 72 (1980), pp. 334 e 338; Missale Romanum. *Institutio Generalis*, nn. 101 e 194-198; *Código de Direito Canônico*, cân. 230, §§ 2-3.

rio, aos quais são adidos outros ofícios descritos no Missal Romano,[114] assim como as funções de preparar as hóstias, de lavar as alfaias e outras coisas semelhantes. Todos, "tanto ministros ordenados como fiéis leigos, exercendo o seu ministério ou ofício, façam somente e tudo aquilo que é da competência deles",[115] e tanto na celebração litúrgica como na sua preparação ajam de tal maneira que a liturgia da Igreja se exerça com dignidade e decoro.

45. Deve-se evitar o risco de toldar a complementaridade entre a ação dos clérigos e a dos leigos, a ponto de submeter a função dos leigos a uma espécie, como se costuma dizer, de "clericalização", enquanto os ministros sagrados assumem indevidamente funções que são próprias da vida e da ação dos fiéis leigos.[116]

46. O fiel leigo chamado a prestar ajuda nas celebrações litúrgicas deve estar devidamente preparado e se distinguir pela vida cristã, fé, conduta e fidelidade ao Magistério da Igreja. É bom que tenha recebido uma côngrua formação litúrgica, segundo sua idade, condição, tipo de vida e cultura religiosa.[117] Não se escolha ninguém cuja designação possa causar espanto entre os fiéis.[118]

47. É verdadeiramente admirável que persista o conhecido costume de se apresentarem crianças ou jovens, chamados comumente de "coroinhas", para prestar serviço junto ao altar à maneira do acólito, e tenham recebido, segundo a capacidade deles, oportuna catequese quanto à sua função.[119] Não se deve esquecer de que entre tais crianças surgiu, durante os séculos, um respeitável número de ministros sacros.[120] Sejam instituídas ou promovidas para eles associações, também com a participação e a ajuda dos pais, com os quais se providencie mais eficazmente a atenção pastoral para com os coroinhas. Quando tais associações assumirem caráter internacional, compete à Congregação para o Culto Divino e a Disciplina dos Sacramentos erigi-las ou examinar e aprovar seus estatutos.[121] Para esse serviço do altar podem ser admitidas

---

[114] Missale Romanum. *Institutio Generalis*, nn. 100-107.

[115] Ibidem, n. 91; cf. Concílio Ecumênico Vaticano II. Constituição sobre a sagrada liturgia *Sacrosanctum concilium*, n. 28.

[116] João Paulo II. Discurso na Conferência dos Bispos das Antilhas, n. 2, 7 de maio de 2002: AAS 94 (2002), pp. 575-577; Exortação apostólica pós-sinodal *Christifideles laici*, n. 23, 30 de dezembro de 1988: AAS 81 (1989), pp. 393-521; aqui pp. 429-431; Cong. para o Clero e Outras. Instrução *Ecclesiae de mysterio*, Princípios teológicos, n. 4, 15 de agosto de 1997: AAS 89 (1997), pp. 860-861.

[117] Cf. Concílio Ecumênico Vaticano II. Constituição sobre a sagrada liturgia *Sacrosanctum concilium*, n. 19.

[118] S. Cong. para o Culto Divino. Instrução *Immensae caritatis*, 29 de janeiro de 1973: AAS 65 (1973), p. 266.

[119] Cf. Cong. dos Ritos. Instrução *De Musica sacra*, n. 93c, 3 de setembro de 1958: AAS 50 (1958), p. 656.

[120] Cf. Pont. Cons. para a Interpretação dos Textos Legislativos. *Responsio ad propositum dubium*, 11 de julho de 1992: AAS 86 (1994), pp. 541-542; Cong. para o Culto Divino e a Disciplina dos Sacramentos. Carta aos presidentes das Conferências dos Bispos sobre o serviço litúrgico dos leigos, 15 de março de 1994: *Notitiae* 30 (1994), pp. 333-335 e 347-348.

[121] Cf. João Paulo II. Const. apostólica *Pastor bonus*, art. 65: AAS 80 (1998), p. 877.

A CORRETA CELEBRAÇÃO DA SANTA MISSA

A matéria da santíssima eucaristia

48. O pão utilizado na celebração do santo sacrifício eucarístico deve ser ázimo, só de trigo e feito recentemente, de modo que não haja perigo algum de deterioração.[123] Portanto, segue-se que aquele feito com outra matéria, mesmo que de cereal, ou aquele ao qual foi misturada matéria diferente do trigo, em tal quantidade a ponto de não se poder dizer, segundo a avaliação comum, pão de trigo, não é matéria válida para a celebração do sacrifício e do sacramento eucarístico.[124] É grave abuso introduzir na confecção do pão da eucaristia outras substâncias, tais como fruta, açúcar ou mel. É evidente que as hóstias devem ser confeccionadas por pessoas que não somente se distinguem por honestidade, mas sejam também experientes em prepará-las, e fornecidas de instrumentos adequados.[125]

49. Em razão do sinal que se expressa, convém que alguma parte do pão eucarístico obtido pela fração seja distribuído ao menos a algum fiel no momento da comunhão. "As hóstias pequenas não são de modo algum excluídas, quando o número dos que vão comungar ou outras razões pastorais o exijam";[126] ou melhor, sejam usadas comumente partículas na maioria pequenas, que não exijam ulterior fração.

50. O vinho utilizado na celebração do santo sacrifício eucarístico deve ser natural, do fruto da videira, genuíno, não deteriorado, nem misturado com substâncias estranhas.[127] Na própria celebração da missa será misturada a ele uma pequena quantidade de água. Com o máximo cuidado procure-se que o

---

[122] Cf. Pont. Cons. para a Interpretação dos Textos Legislativos. *Responsio ad propositum dubium*, 11 de julho de 1992: AAS 86 (1994), pp. 541-542; Cong. para o Culto Divino e a Disciplina dos Sacramentos. Carta aos presidentes das Conferências dos Bispos sobre o serviço litúrgico dos leigos, 15 de março de 1994: *Notitiae* 30 (1994), pp. 333-335 e 347-348; Carta a um bispo, 27 de julho de 2001: *Notitiae* 38 (2002), pp. 46-54.

[123] Cf. *Código de Direito Canônico*, cân. 924, § 2; Missale Romanum. *Institutio Generalis*, n. 320.

[124] Cf. S. Cong. para a Disc. dos Sacramentos. Instrução *Dominus Salvator noster*, n. 1, 26 de março de 1929: AAS 21 (1929), pp. 631-642, aqui p. 632.

[125] Cf. ibidem, n. II: AAS 21 (1929), p. 635.

[126] Cf. Missale Romanum. *Institutio Generalis*, n. 321.

[127] Cf. Lc 22,18; *Código de Direito Canônico*, cân. 924, §§ 1 e 3; Missale Romanum. *Institutio Generalis*, n. 322.

vinho destinado à eucaristia seja conservado em perfeito estado e não se torne azedo.[128] É absolutamente proibido usar vinho cuja pureza e proveniência sejam duvidosas: de fato, a Igreja exige certeza quanto às condições necessárias para a validade dos sacramentos. Portanto, não se admita, sob nenhum pretexto, outras bebidas de qualquer tipo, que não constituem matéria válida.

A oração eucarística

51. Sejam usadas somente as orações eucarísticas que se encontram no Missal Romano ou legitimamente aprovadas pela Sé Apostólica segundo os modos e os termos por ela definidos. "Não se pode tolerar que alguns sacerdotes se arroguem o direito de compor orações eucarísticas"[129] ou modificar o texto daquelas aprovadas pela Igreja, nem adotar outras compostas por particulares.[130]

52. A recitação da oração eucarística, que por sua própria natureza é o ápice de toda a celebração, compete exclusivamente ao sacerdote, em força de sua ordenação. Portanto, é abuso fazer com que algumas partes da oração eucarística sejam recitadas por um diácono, por um ministro leigo ou por um só ou todos os fiéis juntos. A oração eucarística deve, então, ser recitada inteiramente apenas pelo sacerdote.[131]

53. Enquanto o sacerdote celebrante recita a oração eucarística, "não se sobreponham outras orações ou cantos, e o órgão ou outros instrumentos musicais fiquem em silêncio",[132] exceto nas aclamações do povo devidamente aprovadas, sobre as quais se pode conferir mais adiante.

54. Entretanto, o povo toma parte sempre ativamente e nunca de modo meramente passivo: ao sacerdote "associe-se com fé e em silêncio, e também com as intervenções estabelecidas durante a oração eucarística, que são as respostas no diálogo do prefácio, o *Santo*, a aclamação após a consagração e o *Amém* após a doxologia final, e outras aclamações aprovadas pela Conferência dos Bispos e confirmadas pela Santa Sé".[133]

---

[128] Cf. Missale Romanum. *Institutio Generalis*, n. 323.

[129] João Paulo II. Carta apostólica *Vicesimus quintus annus*, n. 13: AAS 81 (1989), p. 910.

[130] S. Cong. para o Culto Div. e a Disc. dos Sacramentos. Instrução *Inaestimabile donum*, n. 5: AAS (1980), p. 335.

[131] Cf. João Paulo II. Carta encíclica *Ecclesia de Eucharistia*, n. 28: AAS 95 (2003), p. 452; Missale Romanum. *Institutio Generalis*, n. 147; S. Cong. para o Culto Divino. Instrução *Liturgicae instaurationes*, n. 4: AAS 62 (1970), p. 698; S. Cong. para o Culto Divino. e a Disc. dos Sacramentos. Instrução *Inaestimabile donum*, n. 4: AAS 72 (1980), p. 334.

[132] Missale Romanum. *Institutio Generalis*, n. 32.

[133] Ibidem, n. 147; cf. João Paulo II. Carta encíclica *Ecclesia de Eucharistia*, n. 28: AAS 95 (2003), p. 452; cf. também Cong. para o Culto Divino e a Disc. dos Sacramentos. Instrução *Inaestimabile donum*, n. 4: AAS 72 (1980), pp. 334-335.

55. Em alguns lugares entrou na moda o abuso segundo o qual o sacerdote parte a hóstia no momento da consagração durante a celebração da santa missa. Tal violação se realiza, porém, contra a tradição da Igreja e deve ser reprovado e corrigido muito urgentemente.

56. Na oração eucarística não se omita a lembrança do nome do sumo pontífice e do bispo diocesano, a fim de preservar uma antiqüíssima tradição e manifestar a comunhão eclesial. De fato, "o próprio fato de a comunidade eucarística se reunir é também comunhão com o próprio bispo e com o romano pontífice".[134]

As outras partes da missa

57. É direito da comunidade dos fiéis que haja regularmente, sobretudo na celebração dominical, uma adequada e idônea música sacra e, sempre, um altar, paramentos e alfaias sagradas que resplandeçam, segundo as normas, em dignidade, decoro e limpeza.

58. Igualmente, todos os fiéis têm o direito de que a celebração da eucaristia seja diligentemente preparada em todas as suas partes, de tal modo que nela seja digna e eficazmente proclamada e comentada a Palavra de Deus; seja exercida cuidadosamente, segundo as normas, a faculdade de escolha dos textos litúrgicos e dos ritos e, na celebração da liturgia, seja devidamente guardada e alimentada a fé dos fiéis por meio das letras dos cantos.

59. Dê-se um fim ao reprovável uso mediante o qual os sacerdotes, os diáconos e também os fiéis mudam e alteram por própria conta, aqui e ali, os textos da sagrada liturgia por eles pronunciados. De fato, assim fazendo, tornam instável a celebração da sagrada liturgia e com freqüência acabam alterando o seu sentido autêntico.

60. Na celebração da missa, a liturgia da Palavra e a liturgia eucarística estão estreitamente ligadas entre si e formam um único ato de culto. Portanto, não é lícito separar uma parte da outra, celebrando-as em tempos e lugares diferentes.[135] Além disso, não é permitido realizar seções da santa missa em momentos diferentes, inclusive em um mesmo dia.

61. Ao escolher as leituras bíblicas a serem proclamadas na celebração da missa, devem ser seguidas as normas que se encontram nos livros litúrgicos,[136] a fim de que "a mesa da Palavra de Deus seja realmente preparada para os

---

[134] João Paulo II. Carta encíclica *Ecclesia de Eucharistia*, n. 39: AAS 95 (2003), p. 459.
[135] Cf. S. Cong. para o Culto Divino. Instrução *Liturgicae instaurationes*, n. 2b: AAS 62 (1970), p. 696.
[136] Cf. Missale Romanum. *Institutio Generalis*, nn. 356-362.

REDEMPTIONIS SACRAMENTUM – INSTRUÇÃO SOBRE ALGUMAS COISAS QUE DEVEM SER OBSERVADAS E EVITADAS

fiéis com maior abundância e para eles sejam abertos mais amplamente os tesouros da Bíblia".[137]

62. Não é permitido omitir ou substituir por iniciativa própria as leituras bíblicas prescritas nem substituir especialmente "as leituras e o salmo responsorial, que contêm a Palavra de Deus, por outros textos não-bíblicos".[138]

63. A leitura do Evangelho, que "constitui o ápice da liturgia da Palavra",[139] é reservada, segundo a tradição da Igreja, na celebração da sagrada liturgia, ao ministro ordenado.[140] Portanto, não é permitido a um leigo, mesmo que religioso, proclamar o Evangelho durante a celebração da santa missa e nem nos outros casos em que as normas não o permitam explicitamente.[141]

64. A homilia, feita durante a celebração da santa missa e que é parte da própria liturgia,[142]

geralmente é feita pelo próprio sacerdote celebrante ou por ele confiada a um sacerdote concelebrante ou, às vezes, segundo a oportunidade, também ao diácono, mas nunca a um leigo.[143] Em casos particulares e por justo motivo, a homilia pode ser feita também por um bispo ou um presbítero que participa da celebração, mesmo que não possa concelebrar.[144]

65. Deve ser lembrado que, com base no que está prescrito no cânone 767, § 1, fica revogada toda norma anterior que tenha permitido a fiéis não-ordenados fazer a homilia durante a celebração eucarística.[145] De fato, tal praxe é reprovada e não pode, portanto, ser concedida em virtude de algum costume.

66. A proibição de admissão dos leigos à pregação durante a celebração da missa vale também para os seminaristas, para os estudantes de disciplinas teo-

---

[137] Cf. CONC. ECUM. VATICANO II. Constituição sobre a sagrada liturgia *Sacrosanctum concilium*, n. 51.

[138] MISSALE ROMANUM. *Institutio Generalis*, n. 57; cf. JOÃO PAULO II. Carta apostólica *Vicesimus quintus annus*, n. 13: AAS 81 (1989), p. 910; CONG. PARA A DOUTRINA DA FÉ. Declaração sobre a unicidade e universalidade salvífica de Cristo e da Igreja *Dominus Iesus*, 6 de agosto de 2000: AAS 92 (2000), pp. 742-765.

[139] MISSALE ROMANUM. *Institutio Generalis*, n. 60.

[140] Cf. ibidem, nn. 59-60.

[141] Cf., por exemplo, RITUALE ROMANUM, *Ex decreto sacrosancti Oecumenici Concilii Vaticani II renovatum, auctoritate Pauli Pp. VI editum Ioannis Pauli Pp. II cura recognitum, Ordo celebrandi Matrimonium*, editio typica altera, diei 19 martii 1990, Typis Polyglottis Vaticanis, 1991, n. 125; RITUALE ROMANUM. *Ex decreto sacrosancti Oecumenici Concilii Vaticani II instauratum, auctoritate Pauli Pp. VI promulgatum, Ordo Unctionis infirmorum eorumque pastoralis curae*, editio typica, diei 7 decembris 1972, Typis Polyglottis Vaticanis, 1972, n. 72.

[142] Cf. *Código de Direito Canônico*, cân. 767, § 1.

[143] Cf. MISSALE ROMANUM. *Institutio Generalis*, n. 66; cf. também *Código de Direito Canônico*, cân. 6, §§ 1 e 2; cân. 767, § 1; quanto a isso se deve ter presente também as prescrições da CONG. PARA O CLERO E OUTRAS. Instrução *Ecclesiae de mysterio*. Disposições práticas, art. 3, § 1: AAS 89 (1997), pp. 864-865.

[144] MISSALE ROMANUM. *Institutio Generalis*, n. 66; cf. também *Código de Direito Canônico*, cân. 767, § 1.

[145] Cf. CONG. PARA O CLERO E OUTRAS. Instrução *Ecclesiae de mysterio*. Disposições práticas, art. 3, § 1: AAS 89 (1997), p. 865; cf. também *Código de Direito Canônico*, cân. 6, §§ 1 e 2; PONT. COM. PARA A INTERP. AUT. DO CÓDIGO DE DIREITO CANÔNICO. *Responsio ad propositum dubium*, 20 de junho de 1987: AAS 79 (1987), p. 1249.

Orientações para a celebração e o culto da eucaristia

lógicas, para aqueles que tenham recebido o encargo de "assistentes pastorais" e para qualquer outro tipo, grupo, comunidade ou associação de leigos.[146]

67. Sobretudo, deve-se prestar muita atenção para que a homilia se concentre estritamente no mistério da salvação, expondo durante o ano litúrgico, com base nas leituras bíblicas e nos textos litúrgicos, os mistérios da fé e as regras da vida cristã e oferecendo um comentário aos textos do Comum ou do Próprio da missa ou de qualquer outro rito da Igreja.[147] É evidente que todas as interpretações da Sagrada Escritura devam ser referidas a Cristo como eixo supremo da economia da salvação, mas isso seja feito levando em conta também o específico contexto da celebração litúrgica. Ao fazer a homilia, cuide-se para irradiar a luz de Cristo sobre os eventos da vida. Isso, porém, seja feito de tal modo que não esvazie o sentido autêntico e genuíno da Palavra de Deus, falando, por exemplo, apenas de política ou de assuntos profanos ou buscando como fonte noções provindas de movimentos pseudo-religiosos difundidos em nossa época.[148]

68. O bispo diocesano esteja atento à homilia,[149] fazendo também circular entre os ministros sacros normas, esquemas e subsídios e promovendo encontros e outras iniciativas apropriadas, a fim de que eles tenham freqüentes ocasiões de refletir com maior diligência sobre a natureza da homilia e encontrem ajuda quanto à sua preparação.

69. Não se admita na santa missa, assim como nas outras celebrações litúrgicas, um credo ou profissão de fé que não esteja inserido nos livros litúrgicos devidamente aprovados.

70. As ofertas que os fiéis costumam apresentar durante a santa missa para a liturgia eucarística não se reduzem necessariamente ao pão e ao vinho para a celebração da eucaristia, mas podem compreender também outras ofertas levadas pelos fiéis sob forma de dinheiro ou outros bens úteis à caridade para com os pobres. As ofertas extras, porém, devem sempre ser expressão visível do verdadeiro dom que o Senhor espera de nós: um coração contrito e o amor a Deus e ao próximo, através do qual somos conformados ao sacrifício de Cristo que se ofereceu a si mesmo por nós. De fato, na eucaristia resplandece em grau máximo o mistério da caridade que Jesus Cristo revelou na última ceia, lavando os pés dos discípulos. Entretanto, a salvaguarda da dignidade

---

[146] Cf. Cong. para o Clero e Outras. Instrução *Ecclesiae de mysterio*. Disposições práticas, art. 3, § 1: AAS 89 (1997), pp. 864-865.

[147] Cf. Conc. Ecum. de Trento. Sessão XXII, 17 de setembro de 1562, O santíssimo sacrifício da missa, cap. 8: DS 1749; Missale Romanum. *Institutio Generalis*, n. 65.

[148] Cf. João Paulo II. Discurso a alguns bispos dos Estados Unidos da América por ocasião da visista "ad limina Apostolorum", n. 2, 28 de maio de 1993: AAS 86 (1994), p. 330.

[149] Cf. *Código de Direito Canônico*, cân. 386, § 1.

REDEMPTIONIS SACRAMENTUM – INSTRUÇÃO SOBRE ALGUMAS COISAS QUE DEVEM SER OBSERVADAS E EVITADAS

da sagrada liturgia implica que as ofertas extras sejam apresentadas de modo adequado. Portanto, o dinheiro como também as outras ofertas para os pobres sejam colocados em um lugar adequado, mas fora da mesa eucarística.[150] Com exceção do dinheiro e, no caso, em razão do sinal, uma pequena parte de outras ofertas forem oferecidas, é preferível que tais ofertas sejam apresentadas fora da celebração da missa.

71. Mantenha-se o uso do rito romano de dar a paz antes da santa comunhão, como estabelecido no rito da missa. De fato, segundo a tradição do rito romano, esse uso não tem conotação nem de reconciliação nem de remissão dos pecados, mas simplesmente a função de manifestar paz, comunhão e caridade antes de receber a santíssima eucaristia.[151] É, por sua vez, o ato penitencial a ser feito no começo da missa, em particular segundo sua primeira fórmula, que tem o caráter de reconciliação entre os irmãos.

72. Convém "que cada um dê a paz somente àqueles que lhe estão mais próximos, de modo sóbrio". "O sacerdote pode dar a paz aos ministros, permanecendo, porém, sempre no presbitério, para não perturbar a celebração. Faça também assim se, por algum motivo razoável, queira dar a paz a alguns fiéis." Nem se execute qualquer canto para dar a paz, mas sem demora se recite o "Cordeiro de Deus". "Quanto ao modo de realizar o próprio gesto de paz, isso é estabelecido pelas Conferências dos Bispos [...] segundo a índole e os costumes dos povos" e confirmado pela Sé Apostólica.[152]

73. Na celebração da santa missa, a fração do pão eucarístico, que deve ser feita somente pelo sacerdote celebrante, com a ajuda, se for o caso, de um diácono ou do concelebrante, mas não de um leigo, começa depois do abraço da paz, enquanto se recita o "Cordeiro de Deus". O gesto da fração do pão, de fato, "realizado por Cristo na última ceia, que desde os tempos apostólicos deu o nome a toda a ação eucarística, significa que os muitos fiéis, na comunhão que deriva do único pão de vida, que é Cristo morto e ressuscitado para a salvação do mundo, constituem um único corpo (1Cor 10,17)".[153] Portanto, o rito deve ser realizado com grande respeito.[154] Contudo, seja breve. Corrija-se com muita urgência o abuso presente em alguns lugares de prolongar sem necessidade tal rito, inclusive com a ajuda de leigos, contrariando as normas, e de atribuir-lhe exagerada importância.[155]

---

[150] Cf. MISSALE ROMANUM. *Institutio Generalis*, n. 73.

[151] Cf. ibidem, n. 154.

[152] Cf. ibidem, nn. 82 e 154.

[153] Cf. MISSALE ROMANUM. *Institutio Generalis*, n. 83.

[154] Cf. SAG. CONG. PARA O CULTO DIVINO. Instrução *Liturgicae instaurationes*, n. 5: AAS 62 (1970), p. 699.

[155] Cf. MISSALE ROMANUM. *Institutio Generalis*, nn. 83, 240, 321.

Orientações para a celebração e o culto da eucaristia

74. Se houver necessidade de fornecer informações ou testemunhos de vida cristã aos fiéis reunidos na igreja, é geralmente preferível que isso aconteça fora da missa. Entretanto, por grave razão, podem ser dadas tais informações ou testemunhos quando o sacerdote já tiver recitado a oração após a comunhão. Contudo, tal uso não se torne costumeiro. Além disso, essas informações e testemunhos não tenham sentido que possa ser confundido com a homilia[156] nem se pode, por causa deles, suprimir totalmente a própria homilia.

A união dos diversos ritos através da celebração da missa

75. Por uma razão teológica inerente à celebração eucarística ou a um rito particular, os livros litúrgicos às vezes prescrevem ou permitem a celebração da santa missa juntamente com outro rito, especialmente dos sacramentos.[157] Entretanto, nos outros casos, a Igreja não admite tal coligação, sobretudo quando se tratar de circunstâncias de índole superficial e vã.

76. Além disso, segundo a antiquíssima tradição da Igreja romana, não é lícito unir o sacramento da penitência à santa missa de tal modo que se torne uma única ação litúrgica. Contudo, isso não impede que sacerdotes, exceto aqueles que celebram ou concelebram a santa missa, ouçam as confissões dos fiéis que assim desejarem, inclusive enquanto se estiver celebrando a missa no mesmo local, para ir ao encontro das necessidades dos fiéis.[158] Todavia, isso seja feito de maneira oportuna.

77. De modo algum se combine a celebração da santa missa com o contexto de uma ceia comum, nem seja colocada em relação com algum parecido tipo de refeição. Salvo em casos de grave necessidade, não se celebre a missa em uma mesa de refeição[159] ou em um refeitório ou local usado para tal finalidade, nem em qualquer sala onde haja comida, nem aqueles que participam

---

[156] Cf. Cong. para o Clero e Outras. Instrução *Ecclesiae de mysterio*. Disposições práticas, art. 3; § 2: AAS 89 (1997), p. 865.

[157] Cf. especialmente *Institutio generalis de Liturgia Horarum*, nn. 93-98; Rituale Romanum. *Ex decreto sacrosancti Oecumenici Concilii Vaticani II instauratum, auctoritate Ioannis Pauli Pp. II promulgatum, De Benedictionibus*, editio typica, diei 31 maii 1984, Typis Polyglottis Vaticanis, 1984, *Praenotanda*, n. 28; *Ordo coronandi imaginem beatae Mariae Virginis*, editio typica, diei 25 martii 1981, Typis Polyglottis Vaticanis, 1981, nn. 10 e 14, pp. 10-11; S. Cong. para o Culto Divino. Instrução sobre as missas nos grupos particulares *Actio pastoralis*, 5 de maio de 1969: AAS 61 (1969), pp. 806-811; Diretório para a missa das crianças *Pueros baptizatos*, 1º de novembro de 1973: AAS 66 (1974), pp. 30-46; Missale Romanum. *Institutio Generalis*, n. 21.

[158] Cf. João Paulo II. *Motu proprio Misericordia Dei*, n. 2, 7 de abril de 2002: AAS 94 (2002), p. 455; cf. Cong. para o Culto Div. e a Disc. dos Sacramentos. *Responsa ad dubia proposita: Notitiae* 37 (2001), pp. 259-260.

[159] Cf. S. Cong. para o Culto Divino. Instrução *Liturgicae instaurationes*, n. 9: AAS 62 (1970), p. 702.

da missa sentem-se à mesa durante a celebração. Se por grave necessidade for preciso celebrar a missa no mesmo lugar em que se deva jantar, seja interposto um claro espaço de tempo entre a conclusão da missa e o início do jantar, e não seja exibido aos fiéis, durante a missa, alimento comum.

78. Não é lícito coligar a celebração da missa com eventos políticos ou mundanos ou com circunstâncias que não correspondam plenamente ao Magistério da Igreja Católica. Além disso, deve-se evitar totalmente celebrar a missa por mero desejo de ostentação ou celebrá-la segundo o estilo de outras cerimônias, tanto mais se forem profanas, para não esvaziar o significado autêntico da eucaristia.

79. Enfim, deve ser considerado da maneira mais severa o abuso de introduzir na celebração da santa missa elementos que contrastam com as prescrições dos livros litúrgicos, tirando-os dos ritos de outras religiões.

A SANTA COMUNHÃO

Disposições para receber a santa comunhão

80. A eucaristia seja proposta aos fiéis também "como antídoto, que nos liberta das culpas cotidianas e nos preserva dos pecados mortais",[160] como é salientado nas diversas partes da missa. O ato penitencial no início da missa tem como finalidade dispor os participantes para que sejam capazes de celebrar dignamente os santos mistérios;[161] entretanto, "não tem a eficácia do sacramento da penitência"[162] e, no que se refere à remissão dos pecados graves, não pode ser considerado como substituto do sacramento da penitência. Os pastores de almas cuidem diligentemente da instrução catequética, de modo que seja transmitido aos fiéis o ensinamento cristão a esse respeito.

81. Além disso, o costume da Igreja afirma a necessidade de que cada um examine bem a fundo a si mesmo,[163] para que, aquele que esteja consciente de estar em pecado grave, não celebre a missa nem comungue o corpo do Senhor

---

[160] Conc. Ecum. de Trento. Sessão XIII, 11 de outubro de 1551, Decreto sobre a S. Eucaristia, cap. 2: DS 1638; cf. Sessão XXII, 17 de setembro de 1562, O s. sacrifício da missa, caps. 1-2: DS 1740, 1743; S. Cong. dos Ritos. Instrução *Eucharisticum mysterium*, n. 35: AAS 59 (1967), p. 560.

[161] Cf. Missale Romanum. *Ordo Missae*, n. 4, p. 505.

[162] Missale Romanum. *Institutio Generalis*, n. 51.

[163] Cf. 1Cor 11,28.

ORIENTAÇÕES PARA A CELEBRAÇÃO E O CULTO DA EUCARISTIA

sem antes ter feito a confissão sacramental, a menos que haja algum motivo grave e não se tenha a oportunidade de confessar; neste caso, lembre-se de que é obrigado a fazer um ato de contrição perfeita, que inclui o propósito de se confessar o quanto antes.[164]

82. Outrossim, "a Igreja estabeleceu normas que visam promover o acesso freqüente e frutuoso dos fiéis à mesa eucarística e simultaneamente determinar condições objetivas nas quais se deve abster de administrar a comunhão".[165]

83. Certamente é melhor que todos aqueles que participam de uma celebração da santa missa e possuem as devidas condições recebam nela a santa comunhão. Entretanto, às vezes acontece que os fiéis se aproximam da sagrada mesa em massa e sem o necessário discernimento. É tarefa dos pastores corrigir com prudência e firmeza tal abuso.

84. Ainda, se se celebra a missa para uma grande multidão ou, por exemplo, nas grandes cidades, é preciso que se preste atenção para que, por falta de conhecimento, não se aproximem da santa comunhão também os não-católicos e até mesmo os não-cristãos, sem levar em conta o Magistério da Igreja em âmbito doutrinal e disciplinar. Cabe aos pastores advertir no momento oportuno os presentes sobre a verdade e sobre a disciplina que deve ser observada rigorosamente.

85. Os ministros católicos administram licitamente os sacramentos somente aos fiéis católicos, os quais também os recebem licitamente somente dos ministros católicos, salvo as disposições do cân. 844, §§ 2, 3 e 4 e do cân. 861, § 2.[166] Além disso, as condições estabelecidas pelo cân. 844, § 4, para as quais não pode ser anulado de modo algum,[167] não devem ser separadas uma das outras; portanto, é necessário que todas sejam sempre exigidas simultaneamente.

86. Os fiéis sejam prudentemente guiados à prática de acesso ao sacramento da penitência fora da celebração da missa, sobretudo nos horários estabelecidos, de modo que a sua administração se exerça com tranqüilidade e para o efetivo proveito deles, sem que sejam impedidos de uma ativa participação na missa. Aqueles que costumam comungar todos os dias ou freqüentemente,

---

[164] Cf. *Código de Direito Canônico*, cân. 916; CONC. ECUM. DE TRENTO. Sessão XIII, 11 de outubro de 1551, Decreto sobre a sagrada eucaristia, cap. 7: DS 1646-1647; JOÃO PAULO II. Carta encíclica *Ecclesia de Eucaristia*, n. 36: AAS 95 (2003), pp. 457-458; S. CONG. DOS RITOS. Instrução *Eucharisticum mysterium*, n. 35: AAS 59 (1967), p. 561.

[165] Cf. JOÃO PAULO II. Carta encíclica *Ecclesia de Eucaristia*, n. 42: AAS 95 (2003), p. 461.

[166] Cf. *Código de Direito Canônico*, cân. 844, § 1; JOÃO PAULO II. Carta encíclica *Ecclesia de Eucaristia*, nn. 45-46: AAS 95 (2003), pp. 463-464; cf. também PONT. CONS. PARA A PROMOÇÃO DA UNIDADE DOS CRISTÃOS. Diretório para a aplicação dos princípios e normas sobre o ecumenismo *La recherche de l'unité*, nn. 130-131, 25 de março de 1993: AAS 85 (1993), pp. 1039-1119, aqui p. 1089.

[167] Cf. JOÃO PAULO II. Carta encíclica *Ecclesia de Eucaristia*, n. 46: AAS 95 (2003), pp. 463-464.

REDEMPTIONIS SACRAMENTUM – INSTRUÇÃO SOBRE ALGUMAS COISAS QUE DEVEM SER OBSERVADAS E EVITADAS

sejam instruídos a se aproximar do sacramento da penitência nos momentos oportunos, segundo a possibilidade de cada um.[168]

87. Antes da primeira comunhão das crianças, faça-se a confissão sacramental e se dê a absolvição.[169] Além disso, a primeira comunhão seja sempre administrada por sacerdote e nunca fora da celebração da missa. Salvo casos excepcionais, não é muito apropriado administrá-la na Quinta-Feira Santa in *Cena Domini*. Escolha-se um outro dia, como os II-VI domingos de Páscoa ou a solenidade do Santíssimo Corpo e Sangue de Cristo ou os domingos comuns, pois o domingo é exatamente considerado como o dia da eucaristia.[170] "Compete [...] ao pároco velar que não se aproximem do sagrado banquete as crianças que ainda não atingiram o uso da razão ou aquelas que ele julgar não estarem suficientemente dispostas."[171] Entretanto, se acontecer que uma criança, totalmente excepcional em relação à sua idade, seja considerada madura para receber o sacramento, não lhe seja recusada a primeira comunhão, com a condição de que tenha sido suficientemente preparada.

A *distribuição da santa comunhão*

88. De modo geral, os fiéis recebam a comunhão sacramental da eucaristia na própria missa e no momento prescrito pelo rito da celebração, isto é, imediatamente após a comunhão do sacerdote celebrante.[172] Cabe ao sacerdote celebrante, eventualmente ajudado por outros sacerdotes ou pelos diáconos, distribuir a comunhão, e a missa só deve continuar quando terminar a comunhão dos fiéis. Somente se a necessidade o exigir, os ministros extraordinários podem, segundo a norma do direito, ajudar o sacerdote celebrante.[173]

---

[168] Cf. SAG. CONG. DOS RITOS. Instrução *Eucharisticum mysterium*, n. 35: AAS 59 (1967), p. 561.

[169] Cf. *Código de Direito Canônico*, cân. 914; S. CONG. PARA A DISC. DOS SACRAMENTOS. Declaração *Sanctus Pontifex*, 24 de maio de 1973: AAS 65 (1973), p. 410; S. CONG. PARA OS SACRAMENTOS E PARA O CULTO DIVINO e S. CONG. PARA O CLERO. Carta aos presidentes das Conferências dos Bispos *In quibusdam*, 31 de março de 1977: *Enchiridion Documentorum Instaurationis Liturgicae*, II, Roma, 1988, pp. 142-144; S. CONG. PARA O CULTO DIV. E A DISC. DOS SACRAMENTOS e S. CONG. PARA O CLERO. *Responsum ad propositum dubium*, 20 de maio de 1977: AAS 69 (1977), p. 427.

[170] Cf. JOÃO PAULO II. Carta apostólica *Dies Domini*, nn. 31-34, 31 de maio de 1998: AAS 90 (1998), pp. 713-766, aqui pp. 731-734.

[171] Cf. *Código de Direito Canônico*, cân. 914.

[172] Cf. CONC. ECUM. VATICANO II. Constituição sobre a sagrada liturgia *Sacrosanctum concilium*, n. 55.

[173] Cf. S. CONG. DOS RITOS. Instrução *Eucharisticum mysterium*, n. 31: AAS 59 (1967), p. 558; PONT. CONS. PARA A INTERPRETAÇÃO DOS TEXTOS LEGISLATIVOS. *Responsio ad propositum dubium*, 1º de junho de 1988: AAS 80 (1988), p. 1373.

89. Para que, até mesmo "por meio de sinais, a comunhão se apresente melhor como participação no sacrifício que se celebra",[174] é preferível que os fiéis possam recebê-la com hóstias consagradas na mesma missa.[175]

90. "Os fiéis comunguem de joelhos ou em pé, de acordo com o que foi estabelecido pela Conferência dos Bispos" e confirmado pela Sé Apostólica. "Quando, porém, comungam em pé, recomenda-se que, antes de receber o sacramento, façam a devida reverência, a ser estabelecida pelas próprias normas."[176]

91. Na distribuição da santa comunhão, recorde-se que "os ministros sagrados não podem negar os sacramentos àqueles que os pedirem oportunamente, que estiverem devidamente dispostos e que pelo direito não forem proibidos de recebê-los".[177] Portanto, todo católico batizado, que não esteja impedido pelo direito, deve ser admitido à sagrada comunhão. Assim sendo, não é lícito negar a santa comunhão a um fiel pela simples razão, por exemplo, de que ele queira receber a eucaristia de joelhos ou em pé.

92. Embora todo fiel tenha sempre o direito de receber, à sua escolha, a santa comunhão na boca,[178] nas regiões onde a Conferência dos Bispos, com a confirmação da Sé Apostólica, permitiu, se um comungante quiser receber o sacramento na mão, seja-lhe distribuída a sagrada hóstia. Entretanto, cuide-se, com especial atenção, para que o comungante tome a hóstia logo, diante do ministro, de tal modo que ninguém se afaste levando na mão as espécies eucarísticas. Se houver perigo de profanação, não seja distribuída a santa comunhão na mão dos fiéis.[179]

93. É preciso que se mantenha o uso da patena para a comunhão dos fiéis, a fim de evitar que a sagrada hóstia ou algum fragmento dela caia.[180]

94. Não é permitido aos fiéis "pegarem por si e muito menos passarem entre eles de mão em mão"[181] a sagrada hóstia ou o cálice sagrado. Além disso, a esse respeito, deve ser abolido o abuso de os esposos durante a missa nupcial distribuírem reciprocamente a santa comunhão.

---

[174] Missale Romanum. *Institutio Generalis*, n. 160.
[175] Cf. Conc. Ecum. Vaticano II. Constituição sobre a sagrada liturgia *Sacrosanctum concilium*, n. 55; S. Cong. dos Ritos. Instrução *Eucharisticum mysterium*, n. 31: AAS 59 (1967), p. 558; Missale Romanum. *Institutio Generalis*, nn. 85, 157, 243.
[176] Cf. Missale Romanum. *Institutio Generalis*, n. 160.
[177] *Código de Direito Canônico*, cân. 843, § 1; cf. cân. 915.
[178] Cf. Missale Romanum. *Institutio Generalis*, n. 161.
[179] Cong. para o Culto Div. e a Disc. dos Sacramentos. Dubium: *Notitiae* 35 (1999), pp. 160-161.
[180] Cf. Missale Romanum. *Institutio Generalis*, n. 118.
[181] Ibidem, n. 160.

95. O fiel leigo "que já recebeu a santíssima eucaristia pode recebê-la novamente no mesmo dia, somente dentro da celebração eucarística de que participa, salvo prescrição do cân. 921, § 2".[182]

96. Deve ser desaprovado o uso de distribuir, contrariamente às prescrições dos livros litúrgicos, à maneira de comunhão, durante a celebração da santa missa ou antes dela, hóstias não-consagradas ou qualquer outro material comestível ou não. De fato, tal uso não se concilia com a tradição do rito romano e traz consigo o risco de gerar confusão entre os fiéis quanto à doutrina eucarística da Igreja. Se em alguns lugares vigora, por concessão, o costume particular de benzer o pão e distribuí-lo após a missa, seja feita com grande cuidado uma correta catequese sobre tal gesto. Por outro lado, não se introduzam costumes semelhantes, nem jamais se utilizem para tal escopo hóstias não-consagradas.

A comunhão dos sacerdotes

97. Toda vez que celebra a santa missa, o sacerdote deve comungar no altar no momento estabelecido pelo missal; os concelebrantes, porém, o façam antes de iniciar a distribuição da comunhão. O sacerdote celebrante ou concelebrante não espere nunca o término da comunhão do povo para comungar.[183]

98. A comunhão dos sacerdotes concelebrantes seja feita segundo as normas prescritas nos livros litúrgicos, usando sempre hóstias consagradas durante a mesma missa,[184] e todos os concelebrantes recebendo a comunhão sob as duas espécies. Note-se que, quando o sacerdote ou o diácono administra a sagrada hóstia ou o cálice aos concelebrantes, não diz nada, isto é, não pronuncia as palavras "O corpo de Cristo" ou "O sangue de Cristo".

99. A comunhão sob as duas espécies é sempre permitida "aos sacerdotes que não podem celebrar ou concelebrar".[185]

---

[182] *Código de Direito Canônico*, cân. 917; cf. Pont. Com. Para a Interpretação Autêntica do Código de Direito Canônico. *Responsio ad propositum dubium*, 11 de julho de 1984: AAS 76 (1984), p. 746.

[183] Cf. Conc. Ecum. Vaticano II. Constituição sobre a sagrada liturgia *Sacrosanctum concilium*, n. 55; Missale Romanum. *Institutio Generalis*, nn. 158-160, 243-244 e 246.

[184] Cf. Missale Romanum. *Institutio Generalis*, nn. 237-249; cf. também nn. 85 e 157.

[185] Cf. ibidem, n. 283 a.

A comunhão sob as duas espécies

100. A fim de manifestar aos fiéis com maior clareza a plenitude do sinal do banquete eucarístico, os fiéis leigos também são admitidos à comunhão sob as duas espécies nos casos citados nos livros litúrgicos, como pressuposto e o incessante acompanhamento de uma devida catequese sobre os princípios dogmáticos fixados pelo Concílio Ecumênico de Trento[186] a respeito do assunto.

101. Para administrar a santa comunhão aos fiéis leigos sob as duas espécies, dever-se-á de forma apropriada levar em conta as circunstâncias, cabendo antes de tudo aos bispos diocesanos fornecer uma avaliação sobre tais circunstâncias. Seja totalmente excluída quando houver o risco, mesmo que mínimo, de profanação das sagradas espécies.[187] Para uma melhor coordenação, é preciso que as Conferências dos Bispos publiquem, com a confirmação por parte da Sé Apostólica, mediante a Congregação para o Culto Divino e a Disciplina dos Sacramentos, as normas relativas sobretudo ao "modo de distribuir aos fiéis a santa comunhão sob as duas espécies e à extensão dessa faculdade".[188]

102. Não se administre aos fiéis leigos o cálice, quando esteja presente um número de comungantes tão grande[189] que se torne difícil avaliar a quantidade de vinho necessário para a eucaristia e houver o risco de "permanecer uma quantidade de sangue de Cristo superior ao necessário e que deveria ser consumido no término da celebração";[190] nem também quando o acesso ao cálice só possa ser regulado com dificuldade, ou seja exigida uma quantidade suficiente de vinho do qual somente com dificuldade se poderia ter garantia da proveniência e qualidade, ou onde não haja adequado número de ministros sagrados nem ministros extraordinários da sagrada comunhão providos de uma apropriada preparação, ou onde parte notável do povo continue, por diversas razões, recusando aproximar-se do cálice, fazendo assim que o sinal da unidade acabe de certo modo deixando de existir.

103. As normas do Missal Romano admitem o princípio que, nos casos em que a comunhão é distribuída sob as duas espécies, "o sangue de Cristo

---

[186] Cf. Conc. Ecum. de Trento. Sessão XXI, 16 de julho de 1562, Decreto sobre a comunhão eucarística, caps. 1-3: DS 1725-1729; Conc. Ecum. Vaticano II. Constituição sobre a sagrada liturgia *Sacrosanctum concilium*, n. 55; Missale Romanum. *Institutio Generalis*, nn. 282-283.
[187] Cf. Missale Romanum. *Institutio Generalis*, n. 283.
[188] Cf. ibidem.
[189] Cf. S. Cong. para o Culto Divino. Instrução *Sacramentali Communione*, 29 de junho de 1970: AAS 62 (1970), p. 665; Instrução *Liturgicae instaurationes*, n. 6a: AAS 62 (1970), p. 669.
[190] Missale Romanum. *Institutio Generalis*, n. 285a.

pode ser bebido diretamente do cálice, por intinção, com a cânula ou com a colher".[191] Quanto à administração da comunhão aos fiéis leigos, os bispos podem excluir a modalidade da comunhão com a cânula ou a colher quando isso não for costume, mas permanecendo sempre atentos à possibilidade de administrar a comunhão por intinção. Se tal modalidade for usada, recorra-se a hóstias que não sejam muito finas nem demasiadamente pequenas, e o comungante receba o sacramento do sacerdote somente na boca.[192]

104. Não seja permitido que o comungante molhe por si mesmo a hóstia no cálice, nem que receba na mão a hóstia molhada. Que a hóstia para a intinção seja feita de matéria válida e seja consagrada, excluindo-se totalmente o uso do pão não-consagrado ou feito de outra matéria.

105. Se não for suficiente apenas um cálice para distribuir a comunhão sob as duas espécies aos sacerdotes concelebrantes ou aos fiéis, nada impede que o sacerdote celebrante use mais cálices.[193] De fato, deve ser lembrado que todos os sacerdotes que celebram a santa missa devem comungar sob as duas espécies. Em razão do sinal, é louvável servir-se de um cálice principal maior juntamente com outros cálices de menores dimensões.

106. Entretanto, abstenha-se de passar o sangue de Cristo de um cálice para outro após a consagração, para evitar qualquer coisa que possa ser desrespeitosa a tão grande mistério. Para receber o sangue do Senhor não se usem em nenhum caso canecas, crateras ou outras vasilhas não integralmente correspondentes às normas estabelecidas.

107. Segundo a norma estabelecida pelos cânones, "quem joga fora as espécies consagradas ou as subtrai ou conserva para fim sacrílego incorre em excomunhão *latae sententiae* reservada à Sé Apostólica; além disso, o clérigo pode ser punido com outra pena, não excluída a demissão do estado clerical".[194] Deve ser considerada pertencente a esse caso qualquer ação voluntária e gravemente voltada para desprezar as sagradas espécies. Portanto, se alguém age contra as supracitadas normas, jogando, por exemplo, as sagradas espécies no sacrário ou em um lugar indigno ou no chão, incorre nas penas estabelecidas.[195] Além disso, tenha-se presente, no final da distribuição da santa comunhão durante a celebração da missa, que devem ser observadas as prescrições do Missal Romano e, sobretudo, que aquilo que restar eventualmente do san-

---

[191] Ibidem, n. 245.

[192] Cf. ibidem, nn. 285b e 287.

[193] Cf. ibidem, nn. 207 e 285a.

[194] Cf. *Código de Direito Canônico*, cân. 1367.

[195] Cf. PONT. CONS. PARA A INTERPRETAÇÃO DOS TEXTOS LEGISLATIVOS. *Responsio ad propositum dubium*, 3 de julho de 1999: AAS 91 (1999), p. 918.

ORIENTAÇÕES PARA A CELEBRAÇÃO E O CULTO DA EUCARISTIA

gue de Cristo deve ser imediata e inteiramente consumido pelo sacerdote ou, segundo as normas, por outro ministro, enquanto as hóstias consagradas que sobrarem devem ser imediatamente consumidas no altar pelo sacerdote ou levadas a um lugar apropriado, destinado para conservar a eucaristia.[196]

OUTROS ASPECTOS REFERENTES À EUCARISTIA

O lugar da celebração da santa missa

108. "A celebração eucarística deve realizar-se em lugar sagrado, a não ser que, em caso particular, a necessidade exija outra coisa; neste caso, deve-se fazer a celebração em lugar decente."[197] Normalmente, é o bispo diocesano quem deve avaliar caso a caso tal necessidade para a própria diocese.

109. Nunca é permitido a um sacerdote celebrar no templo ou lugar sagrado de uma religião não-cristã.

Diversas circunstâncias relativas à santa missa

110. "Lembrando-se sempre de que no mistério do sacrifício eucarístico se exerce continuamente a obra da redenção, os sacerdotes celebrem freqüentemente; e mais, recomenda-se com insistência a celebração cotidiana, a qual, mesmo não se podendo ter a presença de fiéis, é um ato de Cristo e da Igreja, em cuja realização os sacerdotes desempenham seu múnus principal."[198]

111. Um sacerdote seja admitido para celebrar ou concelebrar a eucaristia "mesmo desconhecido do reitor da igreja, contanto que apresente documento de recomendação" do seu Ordinário ou Superior, dado há menos de um ano, ou prudentemente se possa julgar que não esteja impedido de celebrar.[199] Os bispos providenciem para que costumes contrários sejam eliminados.

---

[196] Cf. MISSALE ROMANUM. *Institutio Generalis*, nn. 163 e 284.

[197] *Código de Direito Canônico*, cân. 932, § 1; cf. S. CONG. PARA O CULTO DIVINO. Instrução *Liturgicae instaurationes*, n. 9: AAS 62 (1970), p. 701.

[198] *Código de Direito Canônico*, cân. 904; cf. CONC. ECUM. VATICANO II. Const. dogm. sobre a Igreja *Lumen gentium*, n. 3; Decreto sobre o ministério e a vida sacerdotal *Presbyterorum ordinis*, n. 13; cf. também CONC. ECUM. DE TRENTO, Sessão XXII, 17 de setembro de 1562, O s. sacrifício da missa, cap. 6: DS 1747; PAULO VI. Carta encíclica *Mysterium fidei*, 3 de setembro de 1965: AAS 57 (1965), pp. 753-774, aqui pp. 761-762; cf. JOÃO PAULO II. Carta encíclica *Ecclesia de Eucharistia*, n. 11: AAS 95 (2003), pp. 440-441; S. CONG. DOS RITOS. Instrução *Eucharisticum mysterium*, n. 44: AAS 59 (1967), p. 564; MISSALE ROMANUM. *Institutio Generalis*, n. 19.

[199] Cf. *Código de Direito Canônico*, cân. 903; MISSALE ROMANUM. *Institutio Generalis*, n. 200.

112. A missa celebra-se em língua latina ou em outra língua, desde que se recorram a textos litúrgicos aprovados segundo a norma do direito. Exceto nas celebrações da missa, que devem ser realizadas na língua do povo segundo os horários e os tempos estabelecidos pela autoridade eclesiástica, sempre e em todos os lugares é permitido aos sacerdotes celebrar em latim.[200]

113. Quando a missa é concelebrada por mais sacerdotes, ao rezar a oração eucarística use-se a língua conhecida por todos os sacerdotes ou pelo povo reunido. Se, por acaso, houver entre os sacerdotes alguns que não conheçam a língua da celebração, de tal modo que não consigam pronunciar devidamente as partes da oração eucarística que lhe são próprias, não concelebrem, mas preferivelmente assistam à celebração segundo as normas, usando as vestes corais.[201]

114. "Nas missas dominicais da paróquia, como 'comunidade eucarística', é normal que se reencontrem os diversos grupos, movimentos, associações e as mesmas pequenas comunidades religiosas nela presentes."[202] Embora seja possível, segundo o direito, celebrar a missa para grupos particulares, tais grupos, porém, não são dispensados da fiel observância das normas litúrgicas.[203]

115. Deve ser reprovado o abuso de suspender de modo arbitrário a celebração da santa missa para o povo, contra as normas do Missal Romano e a sã tradição do rito romano, com o pretexto de promover "o jejum eucarístico".

116. Não se multipliquem as missas, contra a norma do direito, e, quanto às ofertas para a intenção da missa, sejam observadas todas as regras vigentes em força do direito.[204]

Os vasos sagrados

117. Os vasos sagrados, destinados a acolher o corpo e o sangue do Senhor, sejam rigorosamente moldados segundo a tradição e os livros litúrgicos.[205] É dada a faculdade às Conferências dos Bispos estabelecer, com a

---

[200] Cf. Conc. Ecum. Vaticano II. Constituição sobre a sagrada liturgia *Sacrosanctum concilium*, n. 36, § 1; *Código de Direito Canônico*, cân. 928.

[201] Cf. Missale Romanum. *Institutio Generalis*, n. 114.

[202] João Paulo II. Carta apostólica *Dies Domini*, n. 36: AAS 90 (1998), pp. 713-766, aqui p. 735; cf. também S. Cong. dos Ritos. Instrução *Eucharisticum mysterium*, n. 27: AAS 59 (1967), p. 556.

[203] João Paulo II. Carta apostólica *Dies Domini*, sobretudo n. 36: AAS 90 (1998), pp. 735-736; S. Cong. para o Culto Divino. Instrução *Actio pastoralis*, 15 de maio de 1969: AAS 61 (1969), pp. 806-811.

[204] Cf. *Código de Direito Canônico*, cân. 905, 945-958; cf. Cong. para o Clero. Decreto *Mos iugiter*, 22 de fevereiro de 1991: AAS 83 (1991), pp. 443-446.

[205] Cf. Missale Romanum. *Institutio Generalis*, nn. 327-333.

Orientações para a celebração e o culto da eucaristia

confirmação da Santa Sé, se for oportuno que os vasos sagrados sejam fabricados também com outros materiais sólidos. Entretanto, exige-se rigorosamente que tais materiais sejam de fato nobres segundo o comum julgamento de cada região,[206] de tal modo que com o uso deles se preste honra ao Senhor e se evite totalmente o risco de reduzir aos olhos dos fiéis a doutrina da presença real de Cristo nas espécies eucarísticas. Portanto, é reprovado qualquer uso segundo o qual se sirva na celebração da missa de vasos comuns ou de má qualidade ou sem qualquer valor artístico, ou de simples cestinhos ou outros vasos de vidro, barro, argila ou outro material que se quebre facilmente. Isso vale também para os metais e outros materiais que se alteram facilmente.[207]

118. Os vasos sagrados, antes de ser usados, devem ser bentos pelo sacerdote segundo os ritos prescritos nos livros litúrgicos.[208] É recomendável que a bênção seja dada pelo bispo diocesano, que avaliará se os vasos são aptos para o uso ao qual são destinados.

119. O sacerdote, tendo voltado ao altar após a distribuição da comunhão, de pé junto ao altar ou a uma mesa, purifica a patena ou o cibório sobre o cálice, segundo as prescrições do missal, e enxuga o cálice com o sanguinho. Se o diácono estiver presente, voltará ao altar juntamente com o sacerdote e purificará os vasos. Contudo, se são muitos os vasos a serem purificados oportunamente, é permitido deixá-los cobertos sobre o altar ou sobre a credência em cima do corporal, e que o sacerdote ou o diácono os purifiquem logo após a missa, depois de ter despedido o povo. Do mesmo modo, o acólito instituído ajudará o sacerdote ou o diácono a purificar e arrumar os vasos sagrados sobre o altar ou sobre a credência. Na ausência do diácono, o acólito instituído levará os vasos sagrados até a credência, os enxugará e os arrumará como de costume.[209]

120. Os pastores cuidem para manter constantemente limpas as alfaias da mesa sagrada e em particular as destinadas a acolher as sagradas espécies, e lavá-las freqüentemente segundo a praxe tradicional. É recomendável que a água da primeira lavada, que deve ser feita manualmente, seja derramada no

---

[206] Cf. ibidem, n. 332.

[207] Cf. Missale Romanum. *Institutio Generalis*, n. 332; S. Cong. para os Sacramentos e o Culto Divino. Instrução *Inaestimabile donum*, n. 16: AAS 72 (1980), p. 338.

[208] Cf. Missale Romanum. *Institutio Generalis*, n. 333; Appendix IV. *Ordo benedictionis calicis et patenae intra Missam adhibendans*, pp. 1255-1257; Pontificale Romanum *ex decreto sacrosancti Oecumenici Concilii Vaticani II instauratum, auctoritate Pauli Pp. VI promulgatum, Ordo Dedicationis ecclesiae et altaris*, editio typica, diei 29 maii 1977, Typis Polyglottis Vaticanis, 1977, cap. VII, pp. 125-132.

[209] Cf. Missale Romanum. *Institutio Generalis*, nn. 163, 183, 192.

sacrário da igreja ou por terra em um lugar apropriado. Sucessivamente, pode-se lavar novamente do modo costumeiro.

As *vestes litúrgicas*

121. "As diferentes cores das vestes litúrgicas visam manifestar, inclusive externamente, o caráter dos mistérios da fé que são celebrados, e também a consciência de uma vida cristã que progride com o desenrolar do ano litúrgico."[210] Na realidade, a diversidade "das tarefas na celebração da sagrada liturgia se manifesta exteriormente pela diferença das vestes sagradas. Convém que as vestes sagradas contribuam para a beleza da ação sagrada".[211]

122. "A alva é cingida à cintura pelo cíngulo, a não ser que seu feitio o dispense. Antes de vestir a alva, põe-se o amicto, caso ela não cubra completamente as vestes comuns que circundam o pescoço."[212]

123. "A não ser que se disponha de outro modo, a veste própria do sacerdote celebrante, tanto na missa como em outras ações sagradas em conexão com ela, é a casula sobre a alva e a estola."[213] Igualmente, o sacerdote que usa a casula segundo as rubricas não deixe de vestir a estola. Todos os Ordinários providenciem para que qualquer uso contrário seja eliminado.

124. O Missal Romano faculta aos sacerdotes que concelebram a missa ao lado do celebrante principal, que sempre deve usar a casula da cor prescrita, de poder omitir, havendo justa causa, como, por exemplo, o elevado número de concelebrantes e a falta de paramentos, "a casula, usando a estola sobre a alva".[214] Entretanto, sendo possível prever essa situação, providencie-se aquilo que for possível. Aqueles que concelebram podem, além do sacerdote principal, vestir, por necessidade, a casula de cor branca. Quanto ao resto, observem-se as normas dos livros litúrgicos.

125. A veste própria do diácono é a dalmática sobre a alva e a estola. A fim de preservar uma insigne tradição da Igreja, é recomendável não se valer da faculdade de omitir a dalmática.[215]

126. É reprovável o abuso segundo o qual os ministros sagrados – inclusive quando participa um só ministro – celebram a santa missa, contrariando

---

[210] Ibidem, n. 345.
[211] Ibidem, n. 335.
[212] Cf. ibidem, n. 336.
[213] Cf. ibidem, n. 337.
[214] Cf. ibidem, n. 209.
[215] Cf. ibidem, n. 338.

as prescrições dos livros litúrgicos, sem as vestes sagradas ou somente a estola sobre a cógula monástica ou o hábito religioso ou uma roupa comum.[216] Os ordinários providenciem para que tais abusos sejam corrigidos quanto antes e para que em todas as igrejas e oratórios sob sua jurisdição haja um suficiente número de vestes litúrgicas confeccionadas segundo as normas.

127. Nos livros litúrgicos se dá especial faculdade de usar nos dias mais solenes as sagradas vestes festivas, ou seja, de maior dignidade, mesmo que não sejam da cor do dia.[217] Essa faculdade, porém, que se refere propriamente a vestes confeccionadas há muito tempo com a finalidade de preservar o patrimônio da Igreja, é impropriamente estendida a inovações de modo tal que, deixando de lado os usos transmitidos, assumam formas e cores segundo gostos subjetivos, reduzindo assim o sentido de tal norma em detrimento da tradição. Em um dia festivo, as vestes sagradas de cor dourada ou prateada podem substituir, segundo a oportunidade, as de outra cor, mas não as vestes roxas e negras.

128. A santa missa e as outras celebrações litúrgicas, que são ações de Cristo e do povo de Deus hierarquicamente constituído, sejam de tal modo ordenadas que os sagrados ministros e os fiéis leigos possam claramente participar delas segundo a própria condição. Portanto,

> é preferível que os presbíteros presentes à concelebração eucarística, se não tiverem uma justa causa, exerçam comumente o ministério da própria ordem e, portanto, participem como concelebrantes, usando as vestes sagradas. Do contrário, usem o próprio hábito coral ou a sobrepeliz com a veste talar.[218]

Não é decoroso que participem da missa, no que se refere ao aspecto externo, à maneira de fiéis leigos.

A CONSERVAÇÃO DA SANTÍSSIMA EUCARISTIA E O SEU CULTO FORA DA MISSA

A conservação da santíssima eucaristia

129. "A celebração da eucaristia no sacrifício da missa é verdadeiramente a origem e o fim do culto eucarístico fora da missa. Após a missa, as espécies

---

[216] Cf. S. Cong. para o Culto Divino. Instrução *Liturgicae instaurationis*, n. 8c: AAS 62 (1970), p. 701.
[217] Cf. Missale Romanum. *Institutio Generalis*, n. 346g.
[218] Ibidem, n. 114; cf. nn. 16-17.

sagradas sejam conservadas sobretudo para que os fiéis, e de modo particular os doentes e os anciãos que não puderem estar presentes na missa, se unam, mediante a comunhão sacramental, a Cristo e ao seu sacrifício, imolado e oferecido na missa."[219] Além disso, tal conservação permite também a prática de adorar esse grande sacramento e prestar a ele culto de latria, que se deve a Deus. Portanto, é preciso que se promovam certas formas cultuais de adoração não apenas privada, mas também pública e comunitária instituídas ou aprovadas validamente pela própria Igreja.[220]

130. "Segundo a estrutura de cada igreja e os legítimos costumes locais, o santíssimo sacramento seja conservado no tabernáculo em uma parte da igreja de particular dignidade, elevada, bem visível e decorosamente ornamentada", sendo ela também "adequada à oração" graças à tranqüilidade do lugar, do espaço diante do tabernáculo e à presença de bancos ou cadeiras e genuflexórios.[221] Além disso, procure-se observar com cuidado todas as prescrições dos livros litúrgicos e as normas do direito,[222] especialmente para evitar o perigo de profanação.[223]

131. Além do prescrito no cân. 934, § 1, é proibido conservar o santíssimo sacramento em um lugar que não esteja sob a segura autoridade do bispo diocesano ou onde exista perigo de profanação. Nesse caso, o bispo diocesano revogue imediatamente a licença de conservação da eucaristia anteriormente concedida.[224]

132. Ninguém leve para casa ou para qualquer outro lugar a santíssima eucaristia, contrariando as normas do direito. Além disso, tenha-se presente que subtrair ou manter para finalidade sacrílega ou jogar fora as espécies consagradas são atos que entram naqueles *graviora delicta*, cuja absolvição é reservada à Congregação para a Doutrina da Fé.[225]

---

[219] S. Cong. para o Culto Divino. Decreto *Eucharistiae sacramentum*, 21 de junho de 1973: AAS 65 (1973), p. 610.

[220] Cf. ibidem.

[221] Cf. S. Cong. dos Ritos, Instrução *Eucharisticum mysterium*, n. 54: AAS 59 (1967), p. 568; Instrução *Inter Oecumenici*, 26 de setembro de 1964, n. 95: AAS 56 (1964), p. 898; Missale Romanum. *Institutio Generalis*, n. 314.

[222] Cf. João Paulo II. Carta *Dominicae Cenae*, n. 3: AAS 72 (1980), pp. 117-119; S. Cong. dos Ritos. Instrução *Eucharisticum mysterium*, n. 53: AAS 59 (1967), p. 568; *Código de Direito Canônico*, cân. 938, § 2; Rituale Romanum. *De sacra Communione et de cultu Mysterii eucharistici extra Missam, Praenotanda*, n. 9; Missale Romanum. *Institutio Generalis*, nn. 314-317.

[223] Cf. *Código de Direito Canônico*, cân. 938, §§ 3-5.

[224] S. Cong. para a Disciplina dos Sacramentos. Instrução *Nullo unquam*, 26 de maio de 1938, n. 10d: AAS 30 (1938), p. 206.

[225] Cf. João Paulo II. *Motu proprio Sacramentorum sanctitatis tutela*, 30 de abril de 2001: AAS 93 (2001), pp. 737-739; Cong. para a Doutrina da Fé. Carta aos bispos da Igreja Católica e aos outros ordinários e hierarcas interessados: sobre os delitos mais graves reservados à própria Congregação para a Doutrina da Fé: AAS 93 (2001), p. 786.

ORIENTAÇÕES PARA A CELEBRAÇÃO E O CULTO DA EUCARISTIA

133. O sacerdote, ou o diácono, ou o ministro extraordinário que, na ausência ou diante de impedimento do ministro ordinário, transporta a santíssima eucaristia para administrar a comunhão a um doente, dirija-se do lugar onde o sacramento é conservado até a casa do enfermo percorrendo um trajeto possivelmente reto e deixando qualquer outra ocupação, de maneira a evitar qualquer risco de profanação e para reservar a máxima reverência ao Corpo de Cristo. Observe-se sempre o rito da administração da comunhão aos doentes como está prescrito no ritual romano.[226]

Algumas formas de culto da santíssima eucaristia fora da missa

134. "O culto prestado à eucaristia fora da missa é de valor inestimável na vida da Igreja, e está ligado intimamente com a celebração do sacrifício eucarístico."[227] Portanto, promova-se com empenho a piedade tanto pública quanto privada para com a santíssima eucaristia também fora da missa, a fim de que os fiéis prestem culto de adoração a Cristo verdadeira e realmente presente,[228] o qual é "sumo sacerdote dos bens futuros"[229] e redentor do universo. "Compete aos pastores, até mesmo pelo testemunho pessoal, estimular o culto eucarístico, de modo particular as exposições do santíssimo sacramento e também as visitas de adoração a Cristo presente sob as espécies eucarísticas."[230]

135. Os fiéis "durante o dia não deixem de fazer visita ao santíssimo sacramento, como prova de gratidão, sinal de amor e dívida de agradecimento a Cristo Senhor aí presente".[231] De fato, a adoração de Jesus presente no santíssimo sacramento, como comunhão de desejo, une fortemente o fiel a Cristo, como fica claro pelo exemplo de muitos santos.[232] "A não ser que obste motivo grave, a igreja em que se conserva a santíssima eucaristia esteja aberta todos os dias aos fiéis, ao menos durante algumas horas, a fim de que eles possam dedicar-se à oração diante do santíssimo sacramento".[233]

---

[226] Cf. RITUALE ROMANUM. *De sacra Communione et de cultu Mysterii eucharistici extra Missam*, nn. 26-78.

[227] João Paulo II. Carta encíclica *Ecclesia de Eucharistia*, n. 25: AAS 95 (2003), pp. 449-450.

[228] Cf. CONC. ECUM. DE TRENTO. Sessão XIII, 11 de outubro de 1551, Decreto sobre a eucaristia, cap. 5: DS 1643; PIO XII. Carta encíclica *Mediator Dei*: AAS 39 (1947), p. 569; PAULO VI. Carta encíclica *Mysterium fidei*: AAS 57 (1965), pp. 769-770; S. CONG. DOS RITOS. Instrução *Eucharisticum mysterium*, n. 3f: AAS 59 (1967), p. 543; S. CONG. PARA O CULTO DIVINO E A DISC. DOS SACRAMENTOS. Instrução *Inaestimabile donum*, n. 20: AAS 72 (1980), p. 339; João Paulo II. Carta encíclica *Ecclesia de Eucharistia*, n. 25: AAS 95 (2003), pp. 449-450.

[229] Cf. Hb 9,11; João Paulo II. Carta encíclica *Ecclesia de Eucharistia*, n. 3: AAS 95 (2003), p. 435.

[230] João Paulo II. Carta encíclica *Ecclesia de Eucharistia*, n. 25: AAS 95 (2003), p. 450.

[231] Paulo VI. Carta encíclica *Mysterium fidei*, 3 de setembro de 1965: AAS 57 (1965), p. 771.

[232] Cf. João Paulo II. Carta encíclica *Ecclesia de Eucharistia*, n. 25: AAS 95 (2003), pp. 449-450.

[233] *Código de Direito Canônico*, cân. 937.

Redemptionis Sacramentum — Instrução sobre algumas coisas que devem ser observadas e evitadas

136. O ordinário encoraje muito vivamente a adoração eucarística, tanto breve como prolongada ou quase contínua, com a participação do povo. De fato, nos últimos anos, "em muitos lugares, é dedicado amplo espaço à adoração do santíssimo sacramento, tornando-se fonte inesgotável de santidade", embora ainda haja lugares "onde se verifica um abandono quase completo do culto de adoração eucarística".[234]

137. A exposição da santíssima eucaristia seja feita sempre segundo as prescrições dos livros litúrgicos.[235] Também não se exclua a recitação do rosário, admirável "em sua simplicidade e grandeza",[236] diante do santíssimo sacramento conservado e exposto. Entretanto, sobretudo quando se faz a exposição, mostre-se o caráter dessa oração como contemplação dos mistérios da vida de Cristo Redentor e do plano de salvação do Pai onipotente, usando principalmente leituras tiradas da Sagrada Escritura.[237]

138. Contudo, o santíssimo sacramento jamais deve permanecer exposto, mesmo que por brevíssimo tempo, sem a guarda suficiente. Portanto, providencie-se para que, em tempos estabelecidos, alguns fiéis estejam presentes, ao menos em turno.

139. Se o bispo diocesano tem ministros sacros ou outros destinados para essa função, é direito dos fiéis fazer muitas vezes visita ao santíssimo sacramento para adoração e, ao menos de vez em quando durante o ano, tomar parte na adoração da santíssima eucaristia exposta.

140. Recomenda-se especialmente que nas cidades, ou ao menos nos municípios maiores, o bispo diocesano designe uma igreja para a adoração perpétua, na qual, porém, se celebre freqüentemente, e se possível diariamente, a santa missa, interrompendo rigorosamente a exposição no momento em que se desenvolve a função.[238] É melhor que a hóstia a ser exposta durante a adoração seja consagrada na missa que precede imediatamente o tempo da adoração e seja colocada no ostensório sobre o altar após a comunhão.[239]

---

[234] João Paulo II. Carta encíclica *Ecclesia de Eucharistia*, n. 10: AAS 95 (2003), p. 439.

[235] Cf. Rituale Romanum. *De sacra Communione et de cultu Mysterii eucharistici extra Missam*, nn. 82-100; Missale Romanum. *Institutio Generalis*, n. 317; *Código de Direito Canônico*, cân. 941, § 2.

[236] João Paulo II. Carta apostólica *Rosarium Virginis Mariae*, 16 de outubro de 2002: AAS 95 (2003), pp. 5-36, aqui n. 2, p. 6.

[237] Cf. Cong. para o Culto Div. e a Disc. dos Sacramentos. Carta da Congregação, 15 de janeiro de 1997: *Notitiae* 34 (1998), pp. 506-510; Penit. Apost. Carta a um sacerdote, 8 de março de 1996: *Notitiae* 343 (1998), p. 511.

[238] Cf. S. Cong. dos Ritos. Instrução *Eucharisticum mysterium*, n. 61: AAS 59 (1967), p. 571; Rituale Romanum. *De sacra Communione et de cultu Mysterii eucharistici extra Missam*, n. 83; Missale Romanum. *Institutio Generalis*, n. 317; *Código de Direito Canônico*, cân. 941, par. 2.

[239] Cf. Rituale Romanum. *De sacra Communione et de cultu Mysterii eucharistici extra Missam*, n. 94.

141. O bispo diocesano reconheça e, segundo as possibilidades, encoraje os fiéis no direito deles de constituir confrarias e associações para a prática da adoração, inclusive perpétua. Se tais associações assumirem caráter internacional, compete à Congregação para o Culto Divino e a Disciplina dos Sacramentos erigi-las ou aprovar seus estatutos.[240]

As procissões e os congressos eucarísticos

142. "Compete ao bispo diocesano estabelecer normas sobre as procissões, assegurando a participação e dignidade delas",[241] e promover a adoração dos fiéis.

143. "Onde for possível, a juízo do bispo diocesano, em testemunho público de veneração para com a santíssima eucaristia, principalmente na solenidade do corpo e sangue de Cristo, haja procissão pelas vias públicas",[242] porque "a devota participação dos fiéis na procissão eucarística da solenidade do corpo e sangue de Cristo é uma graça do Senhor que anualmente enche de alegria quantos dela participam".[243]

144. Embora em alguns lugares isto não seja possível, contudo é preciso que não se perca a tradição de fazer as procissões eucarísticas. Procurem-se, nas circunstâncias atuais, novas maneiras de praticá-las, como, por exemplo, junto aos santuários, dentro de propriedades eclesiásticas ou, com a permissão da autoridade civil, nas praças públicas.

145. Considere-se de grande valor a utilidade pastoral dos congressos eucarísticos, que "devem ser sinal verdadeiro de fé e caridade".[244] Que sejam preparados com cuidado e realizados segundo o estabelecido,[245] para que os fiéis possam venerar os sagrados mistérios do corpo e do sangue do Filho de Deus de modo que sintam em si mesmos incessantemente o fruto da redenção.[246]

---

[240] Cf. João Paulo II. Constituição apostólica *Pastor bonus*, art. 65: AAS 80 (1988), p. 877.
[241] *Código de Direito Canônico*, cân. 944, § 2; cf. Rituale Romanum. *De sacra Communione et de cultu Mysterii eucharistici extra Missam, Praenotanda*, n. 102; Missale Romanum. *Institutio Generalis*, n. 317.
[242] *Código de Direito Canônico*, cân. 944, § 1; cf. Rituale Romanum. *De sacra Communione et de cultu Mysterii eucharistici extra Missam, Praenotanda*, nn. 101-102; Missale Romanum. *Institutio Generalis*, n. 317.
[243] João Paulo II. Carta encíclica *Ecclesia de Eucharistia*, n. 10: AAS 95 (2003), p. 439.
[244] Cf. Rituale Romanum. *De sacra Communione et de cultu Mysterii eucharistici extra Missam, Praenotanda*, n. 109.
[245] Cf. ibidem, nn. 109-112.
[246] Cf. Missale Romanum. *In sollemnitate sanctissimi Corporis et Sanguinis Christi*, Collecta, p. 489.

AS FUNÇÕES EXTRAORDINÁRIAS DOS FIÉIS LEIGOS

146. O sacerdócio ministerial não pode ser de maneira alguma substituído. De fato, se faltar o sacerdote em uma comunidade, ela não possui o exercício da função sacramental de Cristo, Chefe e Pastor, que pertence à própria essência da vida da comunidade.[247] De fato, "somente o sacerdote validamente ordenado é o ministro que, fazendo as vezes de Cristo, é capaz de realizar o sacramento da eucaristia".[248]

147. Entretanto, se a necessidade da Igreja o exigir, na falta dos ministros sagrados, os fiéis leigos podem, segundo a norma do direito, supri-los em algumas funções litúrgicas.[249] Tais fiéis são chamados e delegados a exercer determinadas tarefas, de maior ou menor importância, sustentados pela graça do Senhor. Muitos fiéis leigos já se dedicaram e ainda se dedicam com solicitude a esse serviço, sobretudo em terras de missão, em que a Igreja é pouco difundida ou se acha em condições de perseguição,[250] mas também em outras regiões onde faltam sacerdotes e diáconos.

148. De modo particular, deve ser considerada de grande importância a instituição dos catequistas, que forneceram e fornecem com grande empenho uma ajuda única e absolutamente necessária para a difusão da fé e da Igreja.[251]

149. Em algumas dioceses de evangelização mais antiga, recentemente fiéis leigos receberam a função de "assistentes pastorais"; muitos dos quais sem dúvida contribuíram para o bem da Igreja, cooperando na ação pastoral própria dos bispos, dos sacerdotes e dos diáconos. Contudo, cuide-se para que o perfil dessa tarefa não seja por demais assimilado à forma do ministério pastoral dos clérigos. Isto é, deve-se cuidar para que os "assistentes pastorais" não assumam funções que competem propriamente ao ministério dos sagrados ministros.

---

[247] Cf. Cong. para o Clero e Outras. Instrução *Ecclesiae de mysterio*, Princípios teológicos, n. 3: AAS 89 (1997), p. 859.

[248] *Código de Direito Canônico*, cân. 900, § 1; cf. Conc. Ecum. de Latrão IV. 11-30 de novembro de 1215, cap. 1: DS 802; Clemente VI. Carta a Mekhitar, Catholicon Armeniorum, *Super quibusdam*, 29 de setembro de 1351: DS 1084; Conc. Ecum. de Trento. Sessão XXIII, 15 de julho de 1563, Doutrina e cânones sobre a sagrada ordenação, cap. 4: DS 1767-1770; Pio XII. Carta encíclica *Mediator Dei*: AAS 39 (1947), p. 553.

[249] Cf. *Código de Direito Canônico*, cân. 230, § 3; João Paulo II. Discurso no simpósio sobre a participação dos fiéis leigos no ministério pastoral dos sacerdotes, n. 2, 22 de abril de 1994: *L'Osservatore Romano*, 23 de abril de 1994; Cong. para o Clero e Outras. Instrução *Ecclesiae de mysterio*, Proêmio: AAS 89 (1997), pp. 852-856.

[250] Cf. João Paulo II. Carta encíclica *Redemptoris missio*, nn. 53-54: AAS 83 (1991), pp. 300-302; Cong. para o Clero e Outras. Instrução *Ecclesiae de mysterio*, Proêmio: AAS 89 (1997), pp. 852-856.

[251] Cf. Conc. Ecum. Vaticano II. Decreto sobre a atividade missionária da Igreja *Ad gentes*, n. 17, 7 de dezembro de 1965; João Paulo II. Carta encíclica *Redemptoris missio*, n. 73: AAS 83 (1991), p. 321.

ORIENTAÇÕES PARA A CELEBRAÇÃO E O CULTO DA EUCARISTIA

150. A atividade do assistente pastoral seja dirigida para agilizar o ministério dos sacerdotes e dos diáconos, suscitar vocações ao sacerdócio e ao diaconato e preparar com zelo, segundo a norma do direito, os fiéis leigos a exercer em suas próprias comunidades as várias tarefas litúrgicas, conforme a multiplicidade dos carismas.

151. Somente em caso de verdadeira necessidade dever-se-á recorrer à ajuda dos ministros extraordinários na celebração da liturgia. De fato, isso não está previsto para assegurar uma participação mais plena dos leigos, mas é por sua natureza supletivo e provisório.[252] Além disso, se por necessidade se recorrer aos ofícios dos ministros extraordinários, multipliquem-se as orações especiais e contínuas ao Senhor, a fim de que envie logo um sacerdote para o serviço da comunidade e suscite com abundância as vocações às ordens sagradas.[253]

152. Tais funções meramente substitutivas não se tornem, pois, pretexto para alterar o próprio ministério dos sacerdotes, de tal modo que estes descuidem da celebração da santa missa para o povo a eles confiado, da solicitude pessoal para com os doentes e do zelo de batizar as crianças, assistir aos matrimônios e celebrar as exéquias cristãs, que competem primeiramente aos sacerdotes com a ajuda dos diáconos. Não aconteça, portanto, que os sacerdotes nas paróquias troquem indiferentemente as funções de serviço pastoral com os diáconos ou os leigos, confundindo assim a especificidade de cada um.

153. Além disso, não é permitido aos leigos assumir as funções ou os paramentos do diácono ou do sacerdote, nem outras vestes semelhantes.

O ministro extraordinário da sagrada comunhão

154. Como já foi lembrado, "somente o sacerdote validamente ordenado é o ministro que, fazendo as vezes de Cristo, é capaz de realizar o sacramento da eucaristia".[254] Por isso, o nome de "ministro da eucaristia" cabe propriamente ao sacerdote. Também por motivo da sagrada ordenação, os ministros ordinários da santa comunhão são os bispos, os sacerdotes e os diáconos,[255]

---

[252] Cf. CONG. PARA O CLERO E OUTRAS. Instrução *Ecclesiae de mysterio*, Disposições práticas, art. 8, § 2: AAS 89 (1997), p. 872.

[253] Cf. JOÃO PAULO II. Carta encíclica *Ecclesia de Eucharistia*, n. 32: AAS 95 (2003), p. 455.

[254] *Código de Direito Canônico*, cân. 900, § 1.

[255] Cf. ibidem, cân. 910, § 1; cf. também JOÃO PAULO II. Carta *Dominicae cenae*, n. 11: AAS 72 (1980), p. 142; CONG. PARA O CLERO E OUTRAS. Instrução *Ecclesiae de mysterio*, Disposições práticas, art. 8, § 1: AAS 89 (1997), pp. 870-871.

aos quais compete, portanto, distribuir a santa comunhão aos fiéis leigos na celebração da santa missa. Assim, pois, se manifeste corretamente e em plenitude a função ministerial deles na Igreja e se realize o sinal sacramental.

155. Além dos ministros ordinários, há o acólito instituído, que é por instituição ministro extraordinário da santa comunhão até mesmo fora da celebração da missa. Além disso, se razões de verdadeira necessidade o exigirem, o bispo diocesano poderá delegar para essa finalidade, segundo a norma do direito,[256] um outro fiel leigo como ministro extraordinário, *ad actum* ou *ad tempus*, servindo-se na circunstância da fórmula apropriada de bênção. Esse ato de delegação, porém, não tem necessariamente uma forma litúrgica, e se a possuir não poderá de modo algum ser assimilado a uma sagrada ordenação. Somente em casos particulares e imprevistos o sacerdote que preside a celebração eucarística poderá dar uma permissão[257] *ad actum*.

156. Esse ofício deve ser entendido no sentido estrito conforme a sua denominação de ministro extraordinário da santa comunhão, e não como "ministro especial da santa comunhão" ou "ministro extraordinário da eucaristia" ou "ministro especial da eucaristia", definições que amplificam indevida e impropriamente seu alcance.

157. Se, em geral, ministros sagrados suficientes estão presentes para a distribuição da santa comunhão, os ministros extraordinários da santa comunhão não podem ser delegados para essa tarefa. Em tais circunstâncias, aqueles que foram delegados para esse ministério, não o exerçam. É reprovável a praxe dos sacerdotes que, embora presentes à celebração, não distribuem a comunhão e encarregam os leigos para essa função.[258]

158. De fato, o ministro extraordinário da santa comunhão poderá administrar a comunhão somente quando faltam o sacerdote e o diácono, quando o sacerdote está impedido por doença, velhice ou outro motivo sério, ou quando o número de fiéis que se aproximam da comunhão é tão grande que a celebração da missa se prolongaria por muito tempo.[259] Entretanto, isso deve

---

[256] Cf. *Código de Direito Canônico*, cân. 230, § 3.

[257] Cf. S. Cong. para a Disciplina dos Sacramentos. Instrução *Immensae caritatis*, Proêmio: AAS 65 (1973), p. 264; Paulo VI. *Motu proprio Ministeria quaedam*, 15 de agosto de 1972: AAS 64 (1972), p. 532; Missale Romanum. *Appendix III: Ritus ad deputandum ministrum sacrae Communionis ad actum distribuendae*, p. 1.253; Cong. para o Clero e outras. Instrução *Ecclesiae de mysterio*, Disposições práticas, art. 8, § 1: AAS 89 (1997), p. 871.

[258] Cf. S. Cong. para o Culto Divino e a Disc. dos Sacramentos. Instrução *Inaestimabile donum*, n. 10: AAS 72 (1980), p. 336; cf. Pont. Com. para a Interpretação Autêntica do Código de Direito Canônico. *Responsio ad propositum dubium*, 11 de julho de 1984: AAS 76 (1984), p. 746.

[259] Cf. S. Cong. para a Disc. dos Sacramentos. Instrução *Immensae caritatis*, n. 1: AAS 65 (1973), pp. 264-271, aqui pp. 265-266; Pont. Com. para a Interpretação Autêntica do Código de Direito Canônico, *Responsio ad propositum dubium*, 1º de junho de 1988: AAS 80 (1988), p. 1373; Cong. para o Clero e Outras. Instrução *Ecclesiae de mysterio*, Disposições práticas, art. 8, § 2: AAS 89 (1997), p. 871.

Orientações para a celebração e o culto da eucaristia

ser entendido no sentido que será considerado motivação insuficiente um breve prolongamento, segundo os costumes e a cultura do lugar.

159. De maneira alguma é permitido ao ministro extraordinário da santa comunhão delegar a administração da eucaristia a um outro, como, por exemplo, o pai, o marido ou o filho do doente que vai comungar.

160. O bispo diocesano reexamine a praxe dos últimos anos sobre o assunto e a corrija de acordo com a oportunidade ou a determine com maior clareza. Se, por efetiva necessidade, tais ministros extraordinários forem delegados de maneira mais ampliada, é preciso que o bispo diocesano publique normas particulares, através das quais, levando em conta a tradição da Igreja, estabeleça diretivas, de acordo com o direito, para o exercício dessa função.

A pregação

161. Como já foi dito, a homilia é, por sua importância e natureza, reservada ao sacerdote ou ao diácono durante a missa.[260] Quanto às formas de pregação, se em circunstâncias particulares a necessidade o exigir ou em casos específicos a utilidade o requerer, poder-se-á, segundo a norma do direito, admitir para pregar na igreja ou em um oratório fora da missa, os fiéis leigos.[261] Isso se dará somente na falta de ministros sagrados em alguns lugares, para supri-los, e não pode se transformar de caso absolutamente excepcional em fato corriqueiro, nem deve ser entendido como autêntica promoção do laicato.[262] Além disso, deve-se lembrar que a licença para permitir isso, sempre *ad actum*, compete aos ordinários do lugar e não a outros, nem mesmo aos sacerdotes e diáconos.

As celebrações particulares que são feitas na ausência do sacerdote

162. A Igreja, no dia que recebe o nome de "domingo", reúne-se fielmente para comemorar, de maneira especial, através da celebração da missa, a ressurreição do Senhor e todo o mistério pascal.[263] De fato, "a comunidade cristã se

---

[260] Cf. *Código de Direito Canônico*, cân. 767, § 1.

[261] Cf. ibidem, cân. 766.

[262] Cf. Cong. para o Clero e outras. Instrução *Ecclesiae de mysterio*, Disposições práticas, art. 2, §§ 3-4: AAS 89 (1997), p. 865.

[263] Cf. João Paulo II. Carta apostólica *Dies Domini*, especialmente nn. 31-51: AAS 90 (1998), pp. 713-766, aqui pp. 731-746; João Paulo II. Carta apostólica *Novo Millenio ineunte*, nn. 35-36, 6 de janeiro de 2001: AAS 93 (2001), pp. 290-292; João Paulo II. Carta encíclica *Ecclesia de Eucharistia*, n. 41: AAS 95 (2003), pp. 460-461.

edifica a partir da eucaristia, em que fixa suas raízes e apóia a sua estrutura".[264] Portanto, o povo cristão tem o direito de que a eucaristia seja celebrada em seu favor no domingo, nas festas de preceito, nos outros dias principais de festa e, quanto possível, também diariamente. Portanto, se no domingo em uma paróquia ou outra comunidade de fiéis for difícil celebrar a missa, o bispo diocesano avalie juntamente com o presbitério soluções oportunas.[265] Entre tais soluções, as principais serão: chamar outros sacerdotes para essa finalidade ou solicitar aos fiéis que se dirijam a uma igreja em algum local próximo para participar do mistério eucarístico.[266]

163. Todos os sacerdotes, aos quais foram confiados o sacerdócio e a eucaristia "para o bem" dos outros,[267] tenham em mente que é seu dever oferecer a todos os fiéis a oportunidade de poder satisfazer o preceito de participar da missa aos domingos.[268] De sua parte, os fiéis leigos têm o direito de que nenhum sacerdote, a não ser diante de uma efetiva impossibilidade, jamais se recuse a celebrar a missa para o povo ou não permita que ela seja celebrada por um outro, se não for possível cumprir de outra maneira o preceito de participar da missa aos domingos e nos outros dias estabelecidos.

164. "Por falta de ministro sagrado ou por outra grave causa, se a participação na celebração eucarística se tornar impossível",[269] o povo cristão tem o direito de que o bispo diocesano providencie, segundo as possibilidades, para que seja realizada uma celebração para tal comunidade no domingo, sob sua autoridade e segundo as normas estabelecidas pela Igreja. Portanto, ficará aos cuidados de todos, tanto diáconos como fiéis leigos, para os quais será designada uma função por parte do bispo diocesano dentro dessas celebrações, "manter viva na comunidade uma verdadeira 'fome' da eucaristia que leve a não perder qualquer ocasião de ter a celebração da missa, até mesmo valendo-se da presença eventual de um sacerdote não impedido pelo direito da Igreja de celebrá-la".[270]

---

[264] CONC. ECUM. VATICANO II. Decreto sobre o ministério e a vida sacerdotal *Presbyterorum ordinis*, n. 6; cf. JOÃO PAULO II. Carta encíclica *Ecclesia de Eucharistia*, nn. 22 e 33: AAS 95 (2003), pp. 448 e 455-456.

[265] Cf. S. CONG. DOS RITOS. Instrução *Eucharisticum mysterium*, n. 26: AAS 59 (1967), pp. 555-556; CONG. PARA O CULTO DIVINO. Diretório para as celebrações dominicais na ausência do sacerdote *Christi Ecclesia*, nn. 5 e 25, 2 de junho de 1988: *Notitiae* 24 (1988), pp. 366-378, aqui pp. 367 e 372.

[266] Cf. CONG. PARA O CULTO DIVINO. Diretório para as celebrações dominicais na ausência do sacerdote *Christi Ecclesia*, n. 18, 2 de junho de 1988: *Notitiae* 24 (1988), pp. 366-378, aqui p. 370.

[267] Cf. JOÃO PAULO II. Carta *Dominicae cenae*, n. 2: AAS 72 (1980), p. 116.

[268] Cf. JOÃO PAULO II. Carta apostólica *Dies Domini*, n. 49: AAS 90 (1998), p. 744; Carta encíclica *Ecclesia de Eucharistia*, n. 41: AAS 95 (2003), pp. 460-461; *Código de Direito Canônico*, cân. 1246-1247.

[269] *Código de Direito Canônico*, cân. 1248, § 2; cf. CONG. PARA O CULTO DIVINO. Diretório para as celebrações dominicais na ausência do sacerdote *Christi Ecclesia*, nn. 1-2, 2 de junho de 1988: *Notitiae* 24 (1988), pp. 366-378, aqui p. 366.

[270] JOÃO PAULO II. Carta encíclica *Ecclesia de Eucharistia*, n. 33: AAS 95 (2003), pp. 455-456.

165. É preciso evitar com todo cuidado qualquer forma de confusão entre esse tipo de reuniões e a celebração eucarística.[271] Portanto, os bispos diocesanos avaliem com prudência se nessas reuniões se deva distribuir a santa comunhão. Para uma coordenação mais ampla, a questão seja oportunamente determinada no âmbito da Conferência Episcopal, a fim de se chegar a uma resolução, com a confirmação por parte da Sé Apostólica, mediante a Congregação para o Culto Divino e a Disciplina dos sacramentos. Além disso, seria preferível, na ausência do sacerdote e do diácono, que as várias partes fossem distribuídas entre diversos fiéis e não apenas a um fiel leigo para dirigir toda a celebração. Em nenhum caso é apropriado dizer que um fiel leigo "preside" a celebração.

166. Igualmente, o bispo diocesano, somente ao qual compete resolver a questão, não conceda com facilidade que tais celebrações, sobretudo se nelas se distribui também a santa comunhão, sejam realizadas nos dias comuns e, mormente, em lugares nos quais se celebrou ou se poderá celebrar a missa no domingo anterior ou sucessivo. Os sacerdotes são firmemente rogados a celebrarem, segundo as possibilidades, diariamente a santa missa para o povo em uma das igrejas a eles confiadas.

167. "De igual modo, não se pode pensar em substituir a missa do domingo por celebrações ecumênicas da Palavra, encontros de oração comum com cristãos pertencentes às [...] comunidades eclesiais, ou pela participação no seu serviço litúrgico."[272] Portanto, se o bispo diocesano, coagido pela necessidade, permitiu *ad actum* a participação dos católicos, os pastores cuidem para que entre os fiéis católicos não se gere confusão quanto à necessidade de participar da missa de preceito também nessas ocasiões, em uma outra hora do dia.[273]

Aqueles que foram destituídos do estado clerical

168. "O clérigo que perde o estado clerical, de acordo com o direito, [...] fica proibido de exercer o poder de ordem."[274] Portanto, não lhe é per-

---

[271] Cf. Cong. para o Culto Divino. Diretório para as celebrações dominicais na ausência do sacerdote *Christi Ecclesia*, n. 22, 2 de junho de 1988: *Notitiae* 24 (1988), pp. 366-378, aqui p. 371.

[272] João Paulo II. Carta encíclica *Ecclesia de Eucharistia*, n. 30: AAS 95 (2003), pp. 453-454; cf. também Pont. Cons. para a Promoção da Unidade dos Cristãos. Diretório para a aplicação dos princípios e normas sobre o ecumenismo *La recherche de l'unité*, n. 115: AAS 85 (1993), p. 1085.

[273] Cf. Pont. Cons. para a Promoção da Unidade dos Cristãos. Diretório para a aplicação dos princípios e normas sobre o ecumenismo *La recherche de l'unité*, n. 101: AAS 85 (1993), pp. 1081-1082.

[274] *Código de Direito Canônico*, cân. 292; cf. Pont. Cons. para a Interpretação dos Textos Legislativos. Declaração sobre a reta interpretação do cânon 1335, segunda parte, CIC., n. 3, 15 de maio de 1997: AAS 90 (1998), p. 64.

mitido celebrar os sacramentos sob nenhum pretexto, salvo exclusivamente o caso excepcional previsto pelo direito;[275] nem é permitido aos fiéis recorrer a ele para a celebração, quando não houver justa causa que permita isso de acordo com o cânon 1335.[276] Além disso, tais pessoas não façam a homilia[277] e jamais assumam algum encargo ou tarefa na celebração da sagrada liturgia, de modo que não se gere confusão entre os fiéis e a verdade não fique ofuscada.

OS REMÉDIOS

169. Quando há abuso na celebração da sagrada liturgia, realiza-se uma autêntica contrafação da liturgia católica. Santo Tomás escreveu: "Incorre no vício de falsificação quem em nome da Igreja manifesta a Deus um culto contra a modalidade instituída por autoridade divina da Igreja e que lhe é costumeira".[278]

170. A fim de sanar tais abusos, aquilo "que em grau máximo urge é a formação bíblica e litúrgica do povo de Deus, dos pastores e dos fiéis",[279] de tal modo que a fé e a disciplina da Igreja em relação à sagrada liturgia sejam corretamente apresentadas e compreendidas. Entretanto, se os abusos persistirem, é preciso, de acordo com o direito, providenciar a tutela do patrimônio espiritual e dos direitos da Igreja, recorrendo a todos os meios legítimos.

171. Entre os vários abusos há aqueles que são objetivamente *graviora delicta*, os atos graves e outros que também deverão ser evitados e atentamente corrigidos. Levando em conta tudo aquilo que foi de modo particular tratado no capítulo I desta Instrução, dever-se-á prestar agora atenção ao que se segue.

---

[275] Cf. *Código de Direito Canônico*, cân. 976 e 986, § 2.

[276] Cf. Pont. Cons. para a Interpretação dos Textos Legislativos. Declaração sobre a reta interpretação do cânon 1335, segunda parte, CIC, nn. 1-2, 15 de maio de 1997: AAS 90 (1998), pp. 63-64.

[277] Quanto aos sacerdotes que obtiveram a dispensa do celibato, cf. S. Cong. para a Doutrina da Fé. Normas sobre a dispensa do celibato sacerdotal *Normae substantiales*, art. 5, 14 de outubro de 1980; cf. também Cong. para o Clero e Outras. Instrução *Ecclesiae de mysterio*, Disposições práticas, art. 3, § 5: AAS 89 (1997), p. 865.

[278] S. Tomás de Aquino. *Summa theologica*, II, 2, q. 93. a. 1.

[279] Cf. João Paulo II. Carta apostólica *Vicesimus quintus annus*, n. 15: AAS 81 (1989), p. 911; cf. também Conc. Ecum. Vaticano II. Constituição sobre a sagrada liturgia *Sacrosanctum concilium*, nn. 15-19.

Graviora delicta

172. Os *graviora delicta* contra a santidade do santíssimo sacrifício e o sacramento da eucaristia serão tratados segundo as "Normas relativas aos *graviora delicta* reservados à Congregação para a Doutrina da Fé",[280] isto é:
a) subtrair ou conservar com finalidade sacrílega ou jogar fora as espécies consagradas;[281]
b) tentar ação litúrgica do sacrifício eucarístico ou sua simulação;[282]
c) concelebração proibida do sacrifício eucarístico com ministros de comunidades eclesiais que não possuem a sucessão apostólica, nem reconhecem a dignidade sacramental da ordenação sacerdotal;[283]
d) consagrar com finalidade sacrílega uma matéria sem a outra na celebração eucarística ou também ambas fora da celebração eucarística.[284]

Atos graves

173. Embora o juízo sobre a gravidade da questão deva ser formulado de acordo com a doutrina comum da Igreja e as normas por ela estabelecidas, serão considerados atos sempre objetivamente graves aqueles que colocam em risco a validade e dignidade da santíssima eucaristia, ou aqueles que contrastam com os casos anteriormente apontados nos nn. 48-52, 56, 76-77, 79, 91-92, 94, 96, 101-102, 104, 106, 109, 111, 115, 117, 126, 131-133, 138, 153 e 168. Além disso, deve-se prestar atenção nas prescrições do Código de Direito Canônico e, em particular, em tudo o que está estabelecido pelos cânones 1364, 1369, 1373, 1376, 1380, 1384, 1385, 1386 e 1398.

---

[280] Cf. João Paulo II. *Motu proprio Sacramentorum sanctitatis tutela*, 30 de abril de 2001: AAS 93 (2001), pp. 737-739; Cong. para a Doutrina da Fé. Carta aos bispos da Igreja Católica e aos outros ordinários e hierarcas interessados: sobre os delitos mais graves reservados à Congregação para a Doutrina da Fé: AAS 93 (2001), p. 786.

[281] Cf. *Código de Direito Canônico*, cân. 1367; Pont. Cons. para a Interpretação dos Textos Litúrgicos. *Responsio ad propositum dubium*, 3 de julho de 1999: AAS 91 (1999), p. 918; Cong. para a Doutrina da Fé. Carta aos bispos da Igreja Católica e aos outros ordinários e hierarcas interessados: sobre os delitos mais graves reservados à Congregação para a Doutrina da Fé: AAS 93 (2001), p. 786.

[282] Cf. *Código de Direito Canônico*, cân. 1378, § 2, nn. 1 e 1379; Cong. para a Doutrina da Fé. Carta aos bispos da Igreja Católica e aos outros ordinários e hierarcas interessados: sobre os delitos mais graves reservados à Congregação para a Doutrina da Fé: AAS 93 (2001), p. 786.

[283] Cf. *Código de Direito Canônico*, cân. 908 e 1365; Cong. para a Doutrina da Fé. Carta aos bispos da Igreja Católica e aos outros ordinários e hierarcas interessados: sobre os delitos mais graves reservados à Congregação para a Doutrina da Fé: AAS 93 (2001), p. 786.

[284] Cf. *Código de Direito Canônico*, cân. 927; Cong. para a Doutrina da Fé. Carta aos bispos da Igreja católica e aos outros ordinários e hierarcas interessados: sobre os delitos mais graves reservados à Congregação para a Doutrina da Fé: AAS 93 (2001), p. 786.

Outros abusos

174. Além disso, as ações cometidas contra tais normas, que são tratadas em outros lugares nesta Instrução e nas normas estabelecidas pelo direito, não devem ser consideradas com leviandade, mas sejam arroladas entre os outros abusos a serem evitados e corrigidos com solicitude.

175. Tudo o que foi exposto nesta Instrução, como fica claro, não traz todas as violações contra a Igreja e a sua disciplina, tais como são definidas nos cânones, nas leis litúrgicas e nas outras normas da Igreja segundo a doutrina do magistério ou a sã tradição. Se qualquer erro for cometido, deverá ser corrigido de acordo com o direito.

O bispo diocesano

176. O bispo diocesano, "sendo o principal dispensador dos mistérios de Deus, esforce-se continuamente para que os fiéis confiados a seus cuidados cresçam na graça mediante a celebração dos sacramentos e conheçam e vivam o mistério pascal".[285] Compete a ele, "dentro dos limites de sua competência, dar normas relativas à liturgia, às quais todos estão obrigados".[286]

177. "Devendo defender a unidade da Igreja universal, o bispo é obrigado a promover a disciplina comum a toda a Igreja e, por isso, urgir a observância de todas as leis eclesiásticas. Vigie para que não se introduzam abusos na disciplina eclesiástica, principalmente no ministério da Palavra, na celebração dos sacramentos e sacramentais, no culto de Deus e dos santos".[287]

178. Portanto, toda vez que o ordinário do lugar ou de um instituto religioso ou de uma sociedade de vida apostólica tenha notícia, ao menos verossímil, a respeito de um delito ou de um abuso sobre a santíssima eucaristia, averigúe com cautela, pessoalmente ou mediante um outro clérigo idôneo, as circunstâncias e a imputabilidade.

179. Os delitos contra a fé e os *graviora delicta* cometidos durante a celebração da eucaristia e dos outros sacramentos sejam comunicados sem demora à Congregação para a Doutrina da Fé, que os examinará "e, diante da ocorrência, declarará ou infligirá as sanções canônicas de acordo com o direito, seja comum, seja próprio".[288]

---

[285] *Código de Direito Canônico*, cân. 387.

[286] Ibidem, cân. 838, § 4.

[287] Ibidem, cân. 392.

[288] João Paulo II. Constituição apostólica *Pastor bonus*, art. 52: AAS 80 (1988), p. 874.

180. Diversamente, o ordinário proceda de acordo com os sagrados cânones, aplicando, quando for o caso, as penas canônicas e tendo presente de modo particular o que é estabelecido pelo cânon 1326. Em se tratando de ações graves, informe a Congregação para o Culto Divino e a Disciplina dos Sacramentos.

A Sé Apostólica

181. Toda vez que a Congregação para o Culto Divino e a Disciplina dos Sacramentos tiver notícia, ao menos verossímil, de um delito ou abuso relativo à santíssima eucaristia, informará o ordinário, para que ele averigúe o fato. Se este for grave, o ordinário enviará o mais rápido possível ao mesmo dicastério um exemplar dos atos relativos à averiguação feita e, eventualmente, sobre a pena infligida.

182. Nos casos de maior dificuldade, o ordinário não descuide, para o bem da Igreja universal, de cuja solicitude ele também participa em virtude da sagrada ordenação, de tratar a questão após ter consultado o parecer da Congregação para o Culto Divino e a Disciplina dos Sacramentos. De sua parte, tal Congregação, em virtude das faculdades a ela concedidas pelo romano pontífice, auxiliará o ordinário conforme o caso, concedendo-lhe as necessárias dispensas[289] ou comunicando-lhe instruções e prescrições, às quais ele obedeça com diligência.

Comunicações de abusos em matéria litúrgica

183. De modo absolutamente particular, segundo as possibilidades, todos procurem fazer com que o santíssimo sacramento da eucaristia seja preservado de qualquer forma de irreverência e aberração, e todos os abusos sejam totalmente corrigidos. Essa é tarefa de máxima importância para todos e para cada um, e todos são obrigados a realizar tal obra, sem nenhum favoritismo.

184. Todo católico, seja sacerdote, diácono ou fiel leigo, tem o direito de apresentar queixa contra abuso litúrgico ao bispo diocesano ou ordinário competente àquele equiparado pelo direito ou à Sé Apostólica em virtude do primado do romano pontífice.[290] Entretanto, é bom que a comunicação ou a

---

[289] Cf. ibidem, n. 63: AAS 80 (1988), p. 876.
[290] Cf. *Código de Direito Canônico*, cân. 1417, § 1.

queixa seja, no que for possível, apresentada primeiramente ao bispo diocesano. Faça-se isso sempre em espírito de verdade e caridade.

CONCLUSÃO

185. "Aos germes de desagregação tão enraizados na humanidade por causa do pecado, como demonstra a experiência cotidiana, contrapõe-se a força geradora de unidade do corpo de Cristo. A eucaristia, construindo a Igreja, cria por isso mesmo comunidade entre os homens."[291] Portanto, esta Congregação para o Culto Divino e a Disciplina dos Sacramentos deseja que, também por meio da atenta aplicação de tudo que foi lembrado nesta Instrução, a fragilidade humana impeça o menos possível a ação do santíssimo sacramento da eucaristia e – removida toda irregularidade, evitado qualquer uso reprovado, por intercessão da bem-aventurada Virgem Maria, "mulher eucarística"[292] – a presença salvífica de Cristo no sacramento do seu corpo e do seu sangue resplandeça sobre todos os homens.

186. Todos os fiéis participem, segundo as possibilidades, plena, consciente e ativamente da santíssima eucaristia,[293] a venerem de todo o coração na devoção e na vida. Os bispos, os sacerdotes e os diáconos, no exercício do sagrado ministério, se interroguem em consciência sobre a autenticidade e a fidelidade das ações por eles realizadas em nome de Cristo e da Igreja na celebração da sagrada liturgia. Todo ministro sagrado se interrogue, também na verdade, se respeitou os direitos dos fiéis leigos, que se entregam a si e seus filhos a ele com confiança, na convicção de que todos exercem corretamente em prol dos fiéis as funções que a Igreja, por mandato de Cristo, procura realizar ao celebrar a sagrada liturgia.[294] De fato, cada um lembre-se sempre de que é servidor da sagrada liturgia.[295]

Não obstante qualquer coisa em contrário.

Esta Instrução, redigida, por disposição do sumo pontífice João Paulo II, pela Congregação para o Culto Divino e a Disciplina dos Sacramentos em entendimento com a Congregação para a Doutrina da Fé, foi aprovada pelo mesmo pontífice em 19 de março de 2004, na solenidade de são José, o qual

---

[291]   João Paulo II. Carta encíclica *Ecclesia de Eucharistia*, n. 24: AAS 95 (2003), p. 449.

[292]   Ibidem, nn. 53-58: AAS 95 (2003), pp. 469-472.

[293]   Cf. Conc. Ecum. Vaticano II. Constituição sobre a sagrada liturgia *Sacrosanctum concilium*, n. 14; cf. também nn. 11, 41 e 48.

[294]   Cf. S. Tomás de Aquino. *Summa theologica*, III, q. 64, a. 9 *ad primum*.

[295]   Cf. Missale Romanum. *Institutio Generalis*, n. 24.

decidiu pela sua publicação e imediata observância por parte de todos aqueles aos quais compete.

Roma, Congregação para o Culto Divino e a Disciplina dos Sacramentos, 25 de março de 2004, na solenidade da Anunciação do Senhor.

Francis Card. Arinze, prefeito
Domenico Sorrentino, arcebispo secretário

Código de Direito Canônico

LIVRO IV — DO MÚNUS DE SANTIFICAR DA IGREJA

Primeira Parte — Dos Sacramentos, Título III — Da Santíssima Eucaristia

897. Augustíssimo sacramento é a santíssima Eucaristia, na qual se contém, se oferece e se recebe o próprio Cristo Senhor e pela qual continuamente vive e cresce a Igreja. O Sacrifício eucarístico, memorial da morte e ressurreição do Senhor, em que se perpetua pelos séculos o Sacrifício da cruz, é o ápice e a fonte de todo o culto e da vida cristã, por ele é significada e se realiza a unidade do povo de Deus, e se completa a construção do Corpo de Cristo. Os outros sacramentos e todas as obras de apostolado da Igreja se relacionam intimamente com a santíssima Eucaristia e a ela se ordenam.

898. Os fiéis tenham na máxima honra a santíssima Eucaristia, participando ativamente da celebração do augustíssimo Sacrifício, recebendo devotíssima e freqüentemente esse sacramento e prestando-lhe culto com suprema adoração; os pastores de almas, explicando a doutrina sobre esse sacramento, instruam diligentemente os fiéis sobre essa obrigação.

Capítulo I — Da celebração eucarística

899. § 1. A celebração eucarística é a ação do próprio Cristo e da Igreja, na qual, pelo ministério do sacerdote, o Cristo Senhor, presente sob as espécies de pão e vinho, se oferece a Deus Pai e se dá como alimento espiritual aos fiéis unidos à sua oblação.

Orientações para a celebração e o culto da Eucaristia

§ 2. No Banquete eucarístico, o povo de Deus é chamado a reunir-se sob a presidência do Bispo ou, por sua autoridade, do presbítero, que faz as vezes de Cristo, unem-se na participação todos os fiéis presentes, clérigos ou leigos, cada um a seu modo, segundo a diversidade de ordens e funções litúrgicas.

§ 3. A celebração eucarística se ordene de tal maneira que todos os participantes recebam os muitos frutos, para cuja obtenção Cristo Senhor instituiu o Sacrifício eucarístico.

Artigo 1 — Do ministro da santíssima eucaristia

900. § 1. Somente o sacerdote validamente ordenado é o ministro que, fazendo as vezes de Cristo, é capaz de realizar o sacramento da eucaristia.

§ 2. Celebra licitamente a Eucaristia o sacerdote não impedido por lei canônica, observando-se as prescrições dos cânones seguintes.[1]

901. O sacerdote pode aplicar a missa por quaisquer pessoas, vivas ou defuntas.

902. A não ser que a utilidade dos fiéis requeira ou aconselhe o contrário, os sacerdotes podem concelebrar a Eucaristia; permanece, porém, a liberdade de cada um celebrar a Eucaristia individualmente, não porém durante o tempo em que na mesma igreja ou oratório haja uma concelebração.[2]

903. Seja admitido a celebrar o sacerdote, mesmo desconhecido do reitor da igreja, contanto que apresente documento de recomendação de seu Ordinário ou Superior, dado há menos de um ano, ou prudentemente se possa julgar que não esteja impedido de celebrar.

904. Lembrando-se sempre de que no ministério do sacrifício eucarístico se exerce continuamente a obra da redenção, os sacerdotes celebrem freqüentemente; e mais recomenda-se com insistência a celebração cotidiana, a qual, mesmo não se podendo ter presença de fiéis, é um ato de Cristo e da Igreja, em cuja realização os sacerdotes desempenham seu múnus principal.[3]

---

[1] No projeto preparado pela Comissão, havia um primeiro parágrafo, lembrando a doutrina sobre o sacerdócio comum dos fiéis e seu exercício na Eucaristia.

Lembrem-se, a esse respeito, as palavras do n. 11 da Constituição Dogmática *Lumen gentium*, do Concílio Vaticano II: "Participando do Sacrifício Eucarístico, fonte e ápice de toda a vida cristã, oferecem a Deus a Vítima divina e com Ela a si mesmos. Assim, quer pela oblação, quer pela sagrada comunhão, todos – cada um segundo sua condição – exercem na ação litúrgica a parte que lhes é própria".

[2] O texto deste cânon não coincide exatamente com as normas que estavam em vigor. Em primeiro lugar, apenas se reconhece a faculdade de concelebrar, sem a forte recomendação que se encontrava na Constituição *Sacrosanctum concilium*, na Instrução *Eucharisticum mysterium* e em outros documentos posteriores. Em segundo lugar, a proibição da celebração individual se coloca agora apenas em relação a uma "concelebração simultânea", não a uma outra celebração individual, como no Missal Romano.

[3] Não existe nenhum preceito que obrigue o sacerdote a celebrar, pelo simples fato de estar ordenado. É claro que, como todo fiel cristão, deve participar do sacrifício eucarístico aos domingos e dias santos, e

CÓDIGO DE DIREITO CANÔNICO

905. § 1. Não é lícito ao sacerdote celebrar mais de uma vez ao dia, exceto nos casos em que, de acordo com o direito, é lícito celebrar ou concelebrar a Eucaristia mais vezes no mesmo dia.

§ 2. Se houver falta de sacerdotes, o Ordinário local pode permitir que, por justa causa, os sacerdotes celebrem duas vezes ao dia e até mesmo três vezes nos domingos e festas de preceito, se as necessidades pastorais o exigirem.[4]

906. Salvo por causa justa e razoável, o sacerdote não celebre o Sacrifício eucarístico sem a participação de pelo menos algum fiel.[5]

907. Na celebração eucarística, não é permitido aos diáconos e leigos proferir as orações, especialmente a oração eucarística, ou executar as ações próprias do sacerdote celebrante.

908. É proibido aos sacerdotes católicos concelebrar a Eucaristia junto com sacerdotes ou ministros de Igrejas ou comunidades que não estão em plena comunhão com a Igreja católica.[6]

909. O sacerdote não deixe de se preparar devidamente, pela oração, para a celebração do Sacrifício eucarístico e de agradecer a Deus no final.

910. § 1. Ministro ordinário da sagrada comunhão é o bispo, o presbítero e o diácono.

§ 2. Ministro extraordinário da sagrada comunhão é o acólito ou outro fiel designado de acordo com o cânon 230, § 3.[7]

---

que o modo normal dele participar é celebrando ou concelebrando. Por outro lado, pelo cargo que desempenha, o sacerdote pode ter obrigação, inclusive de justiça, de celebrar, a fim de que a comunidade a ele confiada possa participar do sacrifício eucarístico. Nesta matéria, porém, o que deve contar não é o "preceito", mas a própria natureza das coisas. As recomendações da celebração cotidiana da parte dos últimos Papas (cf., como documentos mais recentes, as Cartas de João Paulo II, com motivo da Quinta-feira Santa) são tão fortes, que não podem ser ignoradas ou tergiversadas.

[4] Apesar das petições em contrário, manteve-se o limite de duas missas nos dias da semana e três nos domingos e dias festivos. Se algum Bispo achar que, em sua diocese, se deveria ultrapassar habitualmente (para casos singulares ele poderia dispensar) esse limite, deverá pedir o correspondente indulto apostólico.

[5] A recomendação em favor da celebração cotidiana é tão forte que se pode considerar como causa justa e razoável para celebrar sem a presença de nenhum fiel o fato de que se assim não fizesse o sacerdote se veria impossibilitado ou lhe seria difícil celebrar nesse dia. Por outro lado, advirta-se que foi omitido o § 2 do antigo cânon 813, onde se proibia severamente que a mulher se aproximasse do altar. Cf. Instrução da Congregação para o Culto Divino e a Disciplina dos Sacramentos, de 15 de março de 1994.

[6] Não há nenhuma exceção para esta lei, porque a Eucaristia é fonte e cume da unidade da Igreja. Além disso, a dificuldade se multiplica quando se trata de ministros cuja ordenação não é reconhecida como válida pela Igreja católica.

[7] A designação dos ministros extraordinários da sagrada comunhão está regulamentada pela Instrução da Sagrada Congregação para a Disciplina dos Sacramentos *Immensae caritatis*, de 29 de janeiro de 1973 (AAS 65, 1973, pp. 264-271). Não se deve esquecer o caráter extraordinário desses ministros.

A esse respeito, a citada Instrução adverte: "Dado que estas faculdades foram concedidas unicamente em vista do bem espiritual dos fiéis e para os casos em que se verifica verdadeira necessidade, tenham os sacerdotes presente que, em virtude das mesmas, não ficam eximidos do dever de distribuir a Santíssima Eucaristia aos fiéis que legitimamente a desejam receber, e, de modo particular, do dever de a levar e ministrar aos doentes".

Orientações para a celebração e o culto da Eucaristia

911. § 1. Têm dever e direito de levar a santíssima Eucaristia como viático aos doentes o pároco e os vigários paroquiais, os capelães, como também o Superior da comunidade nos institutos religiosos clericais ou nas sociedades de vida apostólica, em relação a todos os que se encontram na casa.

§ 2. Em caso de necessidade ou com a licença ao menos presumida do pároco, do capelão ou do Superior, a quem se deve depois informar, deve fazê-lo qualquer sacerdote ou outro ministro da sagrada comunhão.[8]

Artigo 2 — Da participação na santíssima eucaristia

912. Qualquer batizado, não proibido pelo direito, pode e deve ser admitido à sagrada comunhão.

913. § 1. Para que a santíssima Eucaristia possa ser administrada às crianças, requer-se que elas tenham suficiente conhecimento e cuidadosa preparação, de modo que possam compreender o mistério de Cristo, de acordo com sua capacidade, e receber o Corpo do Senhor com fé e devoção.

§ 2. Contudo, pode-se administrar a santíssima Eucaristia às crianças que estiverem em perigo de morte, se puderem discernir o Corpo de Cristo do alimento comum e receber a comunhão com reverência.[9]

914. É dever, primeiramente dos pais ou de quem faz as suas vezes e do pároco, cuidar que as crianças que atingiram o uso da razão se preparem convenientemente e sejam nutridas quanto antes com esse divino alimento, após a confissão sacramental; compete também ao pároco velar que não se aproximem do sagrado Banquete as crianças que ainda não atingiram o uso da razão ou aquelas que ele julgar não estarem suficientemente dispostas.

915. Não sejam admitidos à sagrada comunhão os excomungados e os interditados, depois da imposição ou declaração da pena, e outros que obstinadamene persistem no pecado grave manifesto.[10]

---

[8] Em conformidade com o que foi estabelecido no cânon 530, já não se fala da comunhão ordinária aos doentes (que pode ser dada livremente por qualquer ministro legítimo), mas apenas da Comunhão por Viático, que é uma função confiada especialmente ao pároco.

[9] Por causa do conhecimento e da preparação necessários, não é possível fixar uma idade uniforme para a primeira eucaristia. O Decreto da S.C. dos Sacramentos *Quam singulari*, de 8 de agosto de 1910, fala da "idade da discrição" e fixa "ao redor dos sete anos". O atual Código parece exigir uma preparação que normalmente se atinge um pouco mais tarde. Em muitas regiões do Brasil, parece prevalecer o costume de não admitir à primeira eucaristia senão as crianças que se encontram cursando, pelo menos, o terceiro ano primário. Mais exatamente, o Documento da CNBB "Pastoral da Eucaristia" recomenda: "É necessário que a preocupação doutrinal ceda o primeiro lugar à autêntica 'iniciação', isto é, à introdução na vida eclesial" (n. 6.1).

[10] Sobre a admissão à Eucaristia dos divorciados e desquitados que vivem numa segunda união conjugal de fato, o Papa João Paulo II escreveu, na sua Exortação Apostólica *Familiaris Consortio*, de 22 de novembro de 1981, no n. 84: "A Igreja... reafirma a sua práxis, fundada na Sagrada Escritura, de não admitir à comunhão eucarística os divorciados que contraíram nova união. Não podem ser admitidos, do mo-

Código de Direito Canônico

916. Quem está consciente de pecado grave não celebre a missa nem comungue o Corpo Senhor, sem fazer antes a confissão sacramental, a não ser que exista causa grave e não haja oportunidade para se confessar; nesse caso, porém, lembre-se de que é obrigado a fazer um ato de contrição perfeita, que inclui o propósito de se confessar quanto antes.[11]

917. Quem já recebeu a santíssima Eucaristia pode recebê-la novamente no mesmo dia, somente dentro da celebração eucarística de que participa, salva a prescrição do cânon 921, § 2.[12]

918. Recomenda-se vivamente que os fiéis recebam a sagrada comunhão na própria celebração eucarística; seja-lhes, contudo, administrada fora da missa quando a pedem por justa causa, observando-se os ritos litúrgicos.[13]

919. § 1. Quem vai receber a santíssima Eucaristia abstenha-se de qualquer comida ou bebida, excetuando-se somente água e remédio no espaço de ao menos uma hora antes da sagrada comunhão.

§ 2. O sacerdote que no mesmo dia celebra duas ou três vezes a santíssima Eucaristia pode tomar alguma coisa antes da segunda ou terceira celebração, mesmo que não haja o espaço de uma hora.

§ 3. Pessoas idosas e doentes, bem como as que cuidam delas, podem receber a santíssima Eucaristia, mesmo que tenham tomado alguma coisa na hora que antecede.[14]

---

mento em que o seu estado e condições de vida contradizem objetivamente aquela união de amor entre Cristo e a Igreja significada e realizada na Eucaristia. Há, além disso, um outro e peculiar motivo pastoral: se se admitissem estas pessoas à Eucaristia, os fiéis seriam induzidos em erro e confusão acerca da doutrina da Igreja sobre a indissolubilidade do matrimônio". Cf. também a Carta da Congregação para a Doutrina da Fé, de 14 de setembro de 1994, "a respeito da recepção da comunhão eucarística por fiéis divorciados novamente casados".

[11] Pela própria natureza das coisas, ninguém deve comungar estando em pecado grave (cf. 1Cor 11,27-32). Mas que a recuperação da graça, após ter incorrido no pecado grave, tenha que ser necessariamente através do sacramento da penitência é de preceito eclesiástico. Por isso, admite exceções, em caso de necessidade grave e falta de oportunidade de confessar. Neste cânon, foram sintetizados dois do antigo Código (807 e 856), que davam normas levemente diferentes para o sacerdote e para os fiéis. Agora, a obrigação de confessar "quanto antes" se impõe a todos.

[12] A Comissão Pontifícia para a Interpretação do CDC em resposta do dia 26 de junho de 1984 determinou que os fiéis só podem receber a Santíssima Eucaristia "uma segunda vez", embora isso não seja evidente, nem a partir do texto do cânon, nem das atas da comissão de reforma do Código (cf. *Communicationes* 15, 1983, p. 195).

[13] Para pedir a comunhão fora da missa, não precisa causa grave, basta causa "justa", quer dizer, razoável, como seria a dificuldade de horário para poder participar, nesse dia, da missa.

[14] O jejum eucarístico, que tem sobretudo a finalidade pedagógica de chamar a atenção dos fiéis sobre o ato que vão realizar, está suficientemente exposto neste cânon. É nova a disposição do § 2, permitindo ao sacerdote tomar alguma coisa (mesmo que seja sólida antes da segunda ou terceira missas, assim com a falta de limite de tempo para anciãos, doentes e os que cuidam deles. Também caiu a reserva da dispensa do jejum eucarístico que se encontrava no M.P. *De Episcoporum Muneribus* IX, 20. Agora o bispo diocesano pode dispensar, em casos particulares.

ORIENTAÇÕES PARA A CELEBRAÇÃO E O CULTO DA EUCARISTIA

920. § 1. Todo fiel, depois de ter recebido a santíssima Eucaristia pela primeira vez, tem a obrigação de receber a sagrada comunhão ao menos uma vez por ano.

§ 2. Esse preceito deve ser cumprido no Tempo pascal, a não ser que, por justa causa, se cumpra em outro tempo dentro do ano.[15]

921. § 1. Os fiéis em perigo de morte, proveniente de qualquer causa, sejam confortados com a sagrada comunhão como viático.

§ 2. Mesmo que já tenham comungado nesse dia, recomenda-se vivamente que comunguem de novo aqueles que vierem a ficar em perigo de morte.

§ 3. Persistindo o perigo de morte, recomenda-se que seja administrada a eles a sagrada comunhão mais vezes em dias diferentes.[16]

922. Não se retarde demasiadamente o viático aos doentes; os que têm cura de almas velem cuidadosamente para que os doentes sejam com ele confortados, ainda plenamente lúcidos.

923. Os fiéis podem participar do sacrifício eucarístico e receber a sagrada comunhão em qualquer rito católico, salva a prescrição do cânon 844.

Artigo 3 – Dos ritos e cerimônias da celebração eucarística

924. § 1. O sacrossanto sacrifício eucarístico deve ser celebrado com pão e vinho, e a este se deve misturar um pouco de água.

§ 2. O pão deve ser só de trigo e feito há pouco, de modo que não haja perigo de deterioração.

§ 3. O vinho deve ser natural, do fruto da uva e não deteriorado.[17]

---

[15] Como se vê, continua em vigor o preceito da comunhão pascal. Mas já não se impõe aos que chegaram ao uso da razão, e sim aos que receberam a primeira Eucaristia. Insiste-se, no § 2, no tempo pascal, mas com uma fórmula bastante flexível: qualquer "causa justa" permite a transferência para um outro tempo. Por tempo pascal, no sentido estrito, entende-se o que vai da Quinta-feira Santa (início do "tríduo pascal") até o domingo de Pentecostes inclusive. As Faculdades decenais para os Bispos da América Latina permitiam ampliar o tempo do preceito da comunhão anual, do primeiro domingo de fevereiro até o dia 16 de julho. Como já não se concedem essas faculdades e como a formulação atual da lei permite adaptações, cremos que o comum deveria ser tomar o tempo pascal no seu sentido próprio, deixando os casos especiais para essas adaptações permitidas.

[16] "Viaticum" é uma palavra latina que significa ajuda para o caminho ("via"). Realmente, a comunhão por viático é o sacramento próprio dos que se encontram em perigo de morte, muito mais do que a unção dos enfermos. É o Cristo, dado como companheiro de viagem, nos momentos decisivos. Daí a conveniência de que seja recebido com plena lucidez e que não se adie a sua recepção.

[17] A Congregação para a Doutrina da Fé concede, em caso de necessidade, indulto para poder celebrar missa com mosto, quer dizer, com suco de uvas sem fermentar. Assim faz, por exemplo, no caso de sacerdotes que, por alcoolismo ou outra doença, não podem tomar vinho.
Não há nenhuma exigência de que o vinho seja de uma marca determinada, com garantia de um bispo. Basta que conste que se trata de verdadeiro vinho de uva, sem misturas. Permite-se, porém, a adição de álcool destilado do próprio vinho, a fim de aumentar-lhe a graduação alcoólica e evitar assim a rápida

CÓDIGO DE DIREITO CANÔNICO

925. Distribua-se a sagrada comunhão só sob a espécie de pão ou, de acordo com as leis litúrgicas, sob ambas as espécies; mas, em caso de necessidade, também apenas sob a espécie de vinho.[18]

926. Na celebração eucarística, segundo antiga tradição da Igreja latina, o sacerdote empregue o pão ázimo em qualquer lugar que celebre.

927. Não é lícito, nem mesmo urgindo extrema necessidade, consagrar uma matéria sem a outra, ou mesmo consagrá-las a ambas fora da celebração eucarística.

928. Faça-se a celebração eucarística em língua latina ou outra língua, contanto que os textos litúrgicos tenham sido legitimamente aprovados.

929. Sacerdotes e diáconos, para celebrarem ou administrarem a Eucaristia, se revistam dos paramentos sagrados prescritos pelas rubricas.[19]

930. § 1. O sacerdote doente ou idoso, se não puder manter-se de pé, pode celebrar sentado o sacrifício eucarístico, observando as leis litúrgicas, não porém diante do povo, salvo com licença do Ordinário local.

§ 2. O sacerdote cego ou que padece de outra doença celebra licitamente o sacrifício eucarístico, utilizando qualquer texto dos aprovados para a missa, e assistido, se for o caso, por outro sacerdote ou diácono, ou mesmo por um leigo devidamente instruído, que o auxilie.[20]

Artigo 4 – Do tempo e lugar da celebração eucarística

931. A celebração e distribuição da Eucaristia pode realizar-se em qualquer dia e hora, com exceção dos excluídos pelas leis litúrgicas.[21]

---

corrupção. Também não há inconveniente em que ao vinho se tenham adicionado quantidades muito pequenas de certos produtos químicos comumente usados para purificá-lo.

Pão "recentemente fabricado", conforme as declarações da S. C. dos Sacramentos, significa que não passe mais de um mês desde a fabricação das hóstias até que sejam consumidas.

[18] O n. 242 da Introdução Geral ao Missal Romano estabelece os casos em que, por direito comum, é permitida, a critério do Ordinário, a comunhão sob as duas espécies. A Instrução da Sagrada Congregação para o Culto Divino *Sacramentali Communione*, de 29 de junho de 1970, permitiu que as Conferências Episcopais ampliassem essa faculdade dos Ordinários locais. Em setembro do mesmo ano, a Comissão Central da CNBB decidiu deixar nas mãos dos próprios bispos diocesanos a determinação de novos casos de comunhão sob as duas espécies, "ubi ratio pastoralis suadeat" (= onde o aconselhar uma razão pastoral). Recomendou, porém, que não se usasse essa forma quando os grupos forem muito numerosos ou heterogêneos.

[19] O novo Código já não faz referência à veste talar, mas apenas aos paramentos litúrgicos que se usam sobre a veste comum. Por decisão da 11ª Assembléia Geral da CNBB (1971), foi aprovado, em caráter experimental, o uso de túnica de cor neutra e estola da cor do tempo ou da festa. A S. Congregação para o Culto Divino autorizou, onde houver razão pastoral, o uso de tais vestes litúrgicas, a 31 de maio de 1971.

[20] Estas faculdades podiam ser concedidas, em virtude do M.P. *Pastorale Munus* e do rescrito *Cum admotae*, pelos Ordinários. Agora são faculdades dadas diretamente aos sacerdotes, com as condições descritas neste cânon.

[21] Os únicos dias alitúrgicos no rito latino são a Sexta-feira e o Sábado Santos. Mas nesse último dia se pode antecipar a missa da vigília pascal. Na Quinta-feira Santa, está limitado o número de missas em cada Igreja ou oratório a uma, com algumas exceções (missa do Crisma, missa para os doentes nas comunidades religiosas).

Orientações para a celebração e o culto da Eucaristia

932. § 1. A celebração eucarística deve realizar-se em lugar sagrado, a não ser que, em caso particular, a necessidade exija outra coisa; neste caso, deve-se fazer a celebração em lugar decente.

§ 2. O sacrifício eucarístico deve realizar-se sobre altar dedicado ou benzido; fora do lugar sagrado, pode ser utilizada uma mesa conveniente, mas sempre com toalha e corporal.[22]

933. Por justa causa e com licença expressa do Ordinário local, é lícito ao sacerdote, removido o escândalo, celebrar a Eucaristia em templo de alguma Igreja ou comunidade eclesial que não tenha plena comunhão com a Igreja católica.[23]

Capítulo II — Da conservação e veneração da santíssima eucaristia

934. § 1. A santíssima Eucaristia:

1º — deve-se conservar na igreja catedral ou na igreja a ela equiparada, em todas as igrejas paroquiais e ainda na igreja ou oratório anexo a uma casa de instituto religioso ou de sociedade de vida apostólica;

2º — pode-se conservar na capela do bispo e, com licença do Ordinário local, nas outras igrejas, oratórios e capelas.

§ 2. Nos lugares em que se conserva a santíssima Eucaristia deve sempre haver alguém que cuide dela e, na medida do possível, um sacerdote celebre missa aí, pelo menos duas vezes por mês.[24]

---

[22] A apreciação do caso particular a que se alude no § 1 corresponde ao próprio celebrante, a não ser que o Ordinário local tenha dado normas mais pormenorizadas. Já não há prescrições especiais sobre a celebração em navios ou aviões: entram na norma comum.

[23] Advirta-se que a licença deve ser expressa. Nada se diz, nem aqui nem na parte relativa aos lugares sagrados, sobre a celebração da Santa Ceia num templo católico por um ministro de uma Igreja ou comunidade eclesial que não tem comunhão plena com a Igreja católica.

Trata-se, pois, de uma matéria não regulamentada pelo que deve aplicar-se o disposto nos nn. 137-140 do *Diretório Ecumênico*. Cf. comentário ao cânon 1210.

[24] Conforme o Rito da Sagrada Comunhão e o Culto do Mistério Eucarístico fora da Missa, promulgado pela Sagrada Congregação para o Culto Divino, a 21 de junho de 1973, "a finalidade primária e primordial de conservar a Eucaristia fora da Missa é a administração do Viático; são fins secundários a distribuição da comunhão e a adoração de nosso Senhor Jesus Cristo presente no Sacramento. A conservação das sagradas espécies para os enfermos introduziu o louvável costume de adorar-se este alimento celeste conservado nas igrejas. Este culto de adoração se apoia em fundamentos válidos e firmes, sobretudo porque a fé na presença real do Senhor tende a manifestar-se externa e publicamente" (n. 5). Cf. também a Instrução da mesma Sagrada Congregação *Eucharisticum mysterium*, de 25 de maio de 1967, e a Encíclica de Paulo VI *Mysterium fidei*.

A freqüência obrigatória da celebração nos lugares onde se conserva a Eucaristia baixou de uma vez por semana para uma vez cada quinze dias. Cf. cân. 924, cf. § 2 e o seu comentário, assim como o cânon 939.

CÓDIGO DE DIREITO CANÔNICO

935. A ninguém é lícito conservar a Eucaristia na própria casa ou levá-la consigo em viagens, a não ser urgindo uma necessidade pastoral e observando-se as prescrições do bispo diocesano.[25]

936. Na casa de um instituto religioso ou em outra casa pia, conserve-se a santíssima Eucaristia somente na igreja ou oratório principal anexo à casa; contudo, por justa causa, o Ordinário pode permitir que se conserve também noutro oratório dessa casa.[26]

937. A não ser que obste motivo grave, a igreja em que se conserva a santíssima Eucaristia esteja aberta todos os dias aos fiéis, ao menos durante algumas horas, a fim de que eles possam dedicar-se à oração diante do santíssimo sacramento.[27]

938. § 1. Conserve-se a santíssima eucaristia habitualmente apenas no tabernáculo da igreja ou oratório.

§ 2. O tabernáculo em que se conserva a santíssima Eucaristia esteja colocado em alguma parte da igreja ou oratório que seja distinta, visível, ornada com dignidade e própria para a oração.

§ 3. O tabernáculo em que habitualmente se conserva a santíssima Eucaristia seja inamovível, construído de matéria sólida e não-transparente, e de tal modo fechado, que se evite o mais possível e perigo de profanação.

§ 4. Por motivo grave, é lícito conservar a santíssima Eucaristia, principalmente à noite, em algum lugar mais seguro e digno.

§ 5. Quem tem o cuidado da igreja ou oratório providencie que seja guardada com o máximo cuidado a chave do tabernáculo onde se conserva a santíssima Eucaristia.[28]

939. Conservem-se na píxide ou âmbula hóstias consagradas em quantidade suficiente para as necessidades dos fiéis; renovem-se com freqüência, consumindo-se devidamente as antigas.

940. Diante do tabernáculo em que se conserva a santíssima Eucaristia, brilhe continuamente uma lâmpada especial, com a qual se indique e se reverencie a presença de Cristo.[29]

---

[25] Urge a necessidade pastoral quando se deve levar a Eucaristia aos doentes ou transportá-la para uma igreja ou oratório onde deve ser distribuída.

[26] Nos Institutos religiosos clericais e nas sociedades clericais de vida apostólica de direito pontifício, o Ordinário é o superior maior (cf. cân. 134). Nas outras casas piedosas, é o Ordinário local. Para a existência de várias reservas do santíssimo na mesma casa, pode ser causa justa a existência de várias comunidades sob o mesmo teto, por exemplo, noviços, religiosos idosos etc.

[27] A visita ao santíssimo durante pelo menos meia hora está enriquecida com indulgência plenária, lucrável todos os dias (cf. *Enchiridion Indulgentiarum: Indulgentiae Plenariae*, n. 3).

[28] As prescrições deste cânon e dos seguintes estão contidas mais pormenorizadamente na Introdução Geral ao citado Rito da Sagrada Comunhão e o culto do Mistério Eucarístico fora da Missa, de 21 de junho de 1973.

[29] Não há mais referência, como no velho Código, à cera ou ao azeite para a lâmpada, pois está plenamente permitido que seja de outro tipo, inclusive elétrica, embora o simbolismo do sacrifício fique mais claro com as lâmpadas ardentes, onde se percebe como a cera ou o azeite se consomem.

ORIENTAÇÕES PARA A CELEBRAÇÃO E O CULTO DA EUCARISTIA

941. § 1. Nas igrejas e oratórios onde se conserva a santíssima Eucaristia, podem-se fazer exposições com a píxide ou com o ostensório, observando-se as normas prescritas nos livros litúrgicos.

§ 2. Durante a celebração da missa, não haja exposição do santíssimo Sacramento no mesmo recinto da igreja ou oratório.[30]

942. Recomenda-se que, nessas igrejas e oratórios, se faça todos os anos a exposição do santíssimo sacramento, prolongada por tempo conveniente, mesmo não contínuo, a fim de que a comunidade local medite mais longamente no ministério eucarístico e o adore; essa exposição, porém, só se faça caso se preveja razoável concurso de fiéis e observando-se as normas estabelecidas.

943. Ministro da exposição do santíssimo sacramento e da bênção eucarística é o sacerdote ou diácono; em circunstâncias especiais, apenas da exposição e reposição, mas não da bênção, é o acólito, um ministro extraordinário da sagrada comunhão, ou outra pessoa delegada pelo Ordinário local, observando-se as prescrições do bispo diocesano.

944. § 1. Onde for possível, a juízo do bispo diocesano, em testemunho público de veneração para com a santíssima Eucaristia, principalmente na solenidade do Corpo e Sangue de Cristo, haja procissão pelas vias públicas.

§ 2. Compete ao bispo diocesano estabelecer normas sobre as procissões, assegurando a participação e dignidade delas.[31]

Capítulo III — Das espórtulas para a celebração da missa

945. § 1. Segundo o costume aprovado pela Igreja, a qualquer sacerdote que celebra ou concelebra a missa é permitido receber a espórtula oferecida para que ele aplique a missa segundo determinada intenção.

§ 2. Recomenda-se vivamente aos sacerdotes que, mesmo sem receber nenhuma espórtula, celebrem a missa segundo a intenção dos fiéis, especialmente dos pobres.[32]

---

[30] Normas mais pormenorizadas sobre a exposição da Santíssima Eucaristia se encontram no rito citado no comentário aos cânones anteriores, nn. 82-92.

[31] Também no citado rito, nn. 101-108, se incluem normas sobre as procissões eucarísticas. Já não se conserva a obrigação estrita de participarem da procissão do Corpo de Deus todos clérigos, os religiosos masculinos e as confrarias.

[32] Conforme a doutrina comum, distinguem-se na santa Missa três tipos de frutos:

1) os "gerais" provenientes do fato de o sacerdote celebrar a missa em nome de Cristo e da Igreja. Por isso mesmo, esses frutos se aplicam a toda a Igreja, pois o sacrifício de Cristo é, por essência, universal;

2) os "especiais", porque o sacerdote pode orar, durante a celebração, por algumas intenções próprias. Sendo o sacrifício eucarístico a fonte da graça, essa oração sempre foi tida em grande apreço pela Igreja, que reconhece a sua liceidade;

642

CÓDIGO DE DIREITO CANÔNICO

946. Os fiéis que oferecem espórtula para que a missa seja aplicada segundo suas intenções concorrem, com essa oferta, para o bem da Igreja e participam de seu empenho no sustento de seus ministros e obras.

947. Deve-se afastar completamente das espórtulas de missas até mesmo qualquer aparência de negócio ou comércio.

948. Devem aplicar-se missas distintas na intenção de cada um daqueles pelos quais foi oferecida e aceita uma espórtula, mesmo diminuta.

949. Quem está obrigado a celebrar e aplicar a missa segundo a intenção de quem ofereceu a espórtula, continua com tal obrigação, mesmo que, sem culpa sua, se tenham perdido as espórtulas recebidas.

950. Oferecendo-se determinada soma para aplicação de missas, sem indicar o número de missas que se devem celebrar, este seja calculado segundo a espórtula em vigor no lugar onde reside o ofertante, a não ser que se deva presumir legitimamente que outra tenha sido a sua intenção.

951. § 1. O sacerdote que celebra mais missas no mesmo dia pode aplicar cada uma delas segundo a intenção pela qual foi oferecida a espórtula, mas com a condição de reter para si a espórtula de uma só missa, excetuando o dia do Natal do Senhor, e entregar as outras para os fins determinados pelo Ordinário, admitindo-se alguma retribuição por título extrínseco.

§ 2. O sacerdote que concelebrar no mesmo dia uma segunda missa por nenhum título pode receber espórtula por ela.[33]

952. § 1. Compete ao concílio provincial ou à reunião dos bispos da província determinar por decreto, para toda a província, que espórtula deva ser oferecida pela celebração e aplicação da missa; não é lícito ao sacerdote exigir soma mais elevada. É lícito, porém, a ele aceitar para a aplicação da missa uma espórtula maior, se oferecida espontaneamente; pode também aceitar espórtula menor.

---

3) os "especialíssimos" ou pessoais do celebrante, pois, pelo próprio fato de celebrar em estado de graça e com reta intenção, o sacerdote realiza uma obra agradável a Deus e, assim, impetra também para si pessoalmente a graça divina. Pela própria natureza das coisas, neste capítulo se trata da aplicação apenas dos frutos "especiais", sem que isso vá contra o caráter universal da santa Missa.

É nova a alusão que nesse cânon se faz a concelebração.

[33] Há uma pequena variação no § 1 em relação ao que se costumava determinar nos indultos que regulamentavam a destinação das espórtulas das missas binadas e trinadas. Agora, devem ser aplicados para as finalidades prescritas pelo "Ordinário" (não se diz mais "do lugar"). Portanto, para os sacerdotes pertencentes a um instituto religioso clerical de direito pontifício ou a uma sociedade clerical de vida apostólica igualmente de direito pontifício, corresponde ao superior maior determinar essa destinação das espórtulas. Por outro lado, é completamente nova, e não se compreende bem a sua razão de ser, a norma contida no § 2.

643

§ 2. Onde tal decreto não existe, observe-se o costume vigente na diocese.

§ 3. Também os membros de quaisquer institutos religiosos devem obedecer ao decreto ou costume do lugar, mencionados nos §§ 1 e 2.[34]

953. A ninguém é lícito receber, para aplicar pessoalmente, tantas espórtulas de missas que não possa satisfazer dentro de um ano.

954. Se em determinadas igrejas ou oratórios se pede a celebração de missas em número superior às que aí se podem celebrar, é lícito celebrá-las em outro lugar, salvo vontade contrária dos ofertantes expressamente manifestada.

955. § 1. Quem tenciona confiar a outros a celebração de missas a serem aplicadas deve entregar quanto antes a celebração delas a sacerdotes de sua confiança, contanto que conste estarem eles acima de qualquer suspeita; deve transmitir integralmente a espórtula recebida, a não ser que conste com certeza que o excedente da soma devida na diocese foi dado a título pessoal; tem ainda a obrigação de cuidar da celebração delas até que tenha recebido uma declaração de que foi aceita a obrigação e recebida a espórtula.

§ 2. O prazo, dentro do qual as missas devem ser celebradas, começa a partir do dia em que as recebeu o sacerdote que vai celebrá-las, a não ser que conste o contrário.

§ 3. Quem confia a outros missas a serem celebradas deve sem demora registrar num livro as missas que recebeu e que entregou a outros, anotando também suas espórtulas.

§ 4. Cada sacerdote deve anotar cuidadosamente as missas que recebeu para celebrar e as que já celebrou.

956. Todos e cada um dos administradores das causas pias, ou de algum modo obrigados a cuidar da celebração de missas, sejam clérigos, sejam leigos, entreguem a seus Ordinários os encargos das missas que não tiverem sido satisfeitos dentro de um ano, segundo o modo a ser por estes determinado.

957. O dever e o direito de velar pelo cumprimento dos encargos de missas, nas igrejas do clero secular, competem ao Ordinário local, e nas igrejas de institutos religiosos ou de sociedades de vida apostólica a seus superiores.

---

[34] No antigo Código, a determinação do valor das espórtulas era função do bispo diocesano. Como se pode ver nestes cânones, não se fala nada das chamadas "intenções comunitárias": nem se aprovam nem se reprovam. São, portanto, lícitas, contanto que fique bem claro para os fiéis que oferecem suas esmolas que haverá a inclusão de várias intenções na mesma missa e que não se exija do "conjunto" dos que dão a espórtula uma quantidade maior do que a fixada pelos bispos da província eclesiástica. Cf. a Instrução da Sagrada Penitenciária Apostólica (Prot. n. 456/84), publicada no Comunicado Mensal de 31 de agosto de 1984, p. 728.

958. § 1. O pároco e o reitor de igreja ou de outro lugar pio, em que se costumam receber espórtulas de missas, tenham um livro especial, no qual anotem cuidadosamente o número, a intenção, a espórtula oferecida, bem como a celebração das missas que devem ser celebradas.

§ 2. O Ordinário tem a obrigação de examinar esses livros, todos os anos, por si mesmo ou por outros.

PARTE IV

A Pastoral Eucarística
por ocasião do Ano da Eucaristia

Mane nobiscum Domine –
Carta apostólica para o Ano da Eucaristia – outubro 2004/outubro 2005

João Paulo II
(7 de outubro de 2004)

INTRODUÇÃO

1. "Permanece conosco, Senhor, pois cai a tarde e o dia já declina" (cf. Lc 24,29). Foi este o convite aflito que os dois discípulos que caminhavam para Emaús na tarde do mesmo dia da ressurreição dirigiram ao Caminhante que se havia unido a eles ao longo do caminho. Repletos de tristes pensamentos, não imaginavam que aquele desconhecido fosse justamente seu Mestre, agora ressurgido. Experimentavam, porém, um íntimo "ardor" (cf. v. 32), enquanto ele falava com eles, "explicando" as Escrituras. A luz da Palavra desfazia a dureza de seus corações e "lhes abria os olhos" (cf. v. 31). Entre as sombras do dia em declínio e a escuridão que ameaçava o ânimo, aquele Caminhante era um raio de luz que despertava a esperança e abria suas almas ao desejo da luz plena. "Permanece conosco", suplicaram-lhe. E ele aceitou. Dentro em pouco, o rosto de Jesus desapareceria, mas o Mestre "permaneceria" sob os véus do "pão partido", diante do qual seus olhos se haviam aberto.

2. O ícone dos discípulos de Emaús bem serve para orientar um Ano que verá a Igreja particularmente empenhada em viver o mistério da santa eucaristia. Na estrada de nossas dúvidas e de nossas inquietações, às vezes de nossas ardentes desilusões, o divino Caminhante continua a fazer-se nosso companheiro para nos introduzir, com a interpretação das Escrituras, na compreensão dos mistérios de Deus. Quando o encontro se torna pleno, à luz da

Palavra surge aquela que brota do "pão de vida", com o qual Cristo cumpre de modo máximo sua promessa de "estar conosco todos os dias até o fim do mundo" (cf. Mt 28,20).

3. A "fração do pão" — como, no início, era chamada a eucaristia — está desde sempre no centro da vida da Igreja. Por meio dela, Cristo torna presente, no transcorrer do tempo, o seu mistério de morte e de ressurreição. Nela, ele em pessoa é recebido como "pão vivo descido do céu" (Jo 6,51) e com ele nos é dado o penhor da vida eterna, graças ao qual se antegoza o eterno banquete da Jerusalém celeste. Muitas vezes, e mais recentemente na encíclica *Ecclesia de Eucharistia*, colocando-me na esteira do ensinamento dos padres, dos Concílios Ecumênicos e de meus próprios predecessores, convidei a Igreja a refletir sobre a eucaristia. Não pretendo, pois, neste escrito, repropor o ensinamento já oferecido, ao qual remeto para que seja aprofundado e assimilado. Julguei, porém, que, justamente para tal propósito, poderia ser de grande ajuda um ano inteiramente dedicado a esse admirável sacramento.

4. Como sabido, o Ano da eucaristia ocorrerá de outubro de 2004 a outubro de 2005. A ocasião propícia para tal iniciativa me foi ofertada por dois eventos, que marcam oportunamente seu início e seu fim: o Congresso Eucarístico Internacional, programado para 10 a 17 de outubro de 2004, em Guadalajara (México), e a Assembléia Ordinária do Sínodo dos Bispos, que ocorrerá no Vaticano, de 2 a 29 de outubro de 2005, sobre o tema: "A eucaristia, fonte e cume da vida e da missão da Igreja". Orientando-me nesse passo não faltou, depois, uma outra consideração: ocorre nesse ano a Jornada Mundial da Juventude, que se desenvolverá em Colônia, de 16 a 21 de agosto de 2005. A eucaristia é o centro vital em torno do qual desejo que os jovens se reúnam para alimentar sua fé e seu entusiasmo. O pensamento de tal iniciativa eucarística já estava havia tempos em minha alma: ela constitui, de fato, o natural desenvolvimento da direção pastoral que desejei imprimir à Igreja, especialmente a partir dos anos de preparação do Jubileu, e que depois retomei naqueles que se lhe seguiram.

5. Na presente Carta apostólica, proponho-me a sublinhar essa continuidade de direção, para que se torne mais fácil a todos colher seu alcance espiritual. Quanto à realização concreta do Ano da Eucaristia, conto com a pessoal solicitude dos pastores das igrejas particulares, aos quais a devoção para com tão grande mistério não deixará de sugerir as oportunas intervenções. Aos meus irmãos bispos, além disto, não será difícil perceber como a iniciativa, que segue a pouca distância a conclusão do Ano do Rosário, se coloca em um nível espiritual tão profundo que não vem dificultar de modo algum os programas pastorais das igrejas particulares. Ela, ao contrário, pode eficazmente

iluminá-los, fundando-os, por assim dizer, no mistério que constitui a raiz e o segredo da vida espiritual dos fiéis, como também de toda iniciativa da igreja local. Não peço, pois, que se interrompam os "caminhos" pastorais que as igrejas particulares vão fazendo, mas que se acentuem neles a dimensão eucarística, que é própria de toda a vida cristã. De minha parte, com esta Carta quero oferecer algumas orientações de fundo, na confiança de que o povo de Deus, em seus diversos componentes, queira acolher minha proposta com pronta docilidade e férvido amor.

NA ESTEIRA DO CONCÍLIO E DO JUBILEU

Com o olhar dirigido a Cristo

6. Há dez anos, com a *Tertio millennio adveniente* (10 de novembro de 1994), tive a alegria de indicar à Igreja o caminho de preparação ao Grande Jubileu do Ano 2000. Sentia que essa ocasião histórica se delineava no horizonte como uma grande graça. Não me iludia, por certo, que uma simples passagem cronológica, ainda que sugestiva, pudesse por si mesma comportar grandes mudanças. Os fatos, infelizmente, se encarregaram de pôr em evidência, depois do início do Milênio, uma espécie de crua continuidade dos acontecimentos precedentes e, com freqüência, dos piores entre esses. Veio, assim, se delineando um cenário que, ao lado de perspectivas confortantes, deixa entrever profundas sombras de violência e de sangue que não cessam de nos entristecer. Mas, convidando a Igreja a celebrar o Jubileu dos dois mil anos da encarnação, estava bem convencido — e estou ainda mais que nunca! — de trabalhar para o "longo tempo" da humanidade.

Cristo, de fato, está no centro não apenas da história da Igreja, mas também da história da humanidade. Nele tudo se recapitula (cf. Ef 1,10; Cl 1,15-20). Como não recordar o impulso com o qual o Concílio Ecumênico Vaticano II, citando o papa Paulo VI, confessou que Cristo "é o fim da história humana, o ponto focal dos desejos da história e da civilização, o centro do gênero humano, a alegria de cada coração, a plenitude de suas aspirações"?[1] O ensinamento do Concílio trouxe novos aprofundamentos ao conhecimento da natureza da Igreja, abrindo as almas dos fiéis a uma compreensão mais atenta dos mistérios da fé e das próprias realidades terrestres à luz de Cristo. Nele,

---

[1] Constituição pastoral sobre a Igreja no mundo contemporâneo *Gaudium et spes*, n. 45.

Verbo feito carne, é, de fato, revelado não apenas o mistério de Deus, mas o próprio mistério do homem. Nele o homem encontra redenção e plenitude.[2]

7. Na Encíclica *Redemptor hominis*, no início de meu pontificado, desenvolvi de modo amplo esta temática, que depois retomei em várias outras circunstâncias. O Jubileu foi o momento propício para convergir a atenção dos fiéis sobre essa verdade fundamental. A preparação do grande evento foi toda trinitária e cristocêntrica. Nesta elaboração, não podia, certamente, ser esquecida a eucaristia. Se hoje caminhamos para celebrar um Ano da eucaristia, recordo com prazer que já na *Tertio millennio adveniente* escrevia: "O ano 2000 será um ano intensamente eucarístico: no sacramento da eucaristia o Salvador, encarnado no seio de Maria há vinte séculos, continua a se oferecer à humanidade como fonte de vida divina".[3] O Congresso Eucarístico Internacional, celebrado em Roma, deu concretude a essa conotação do Grande Jubileu. Deve-se recordar também que, em plena preparação do Jubileu, na Carta apostólica *Dies Domini*, propus à meditação dos fiéis o tema do "domingo" como dia do Senhor ressurgido e dia especial da Igreja. Naquela ocasião, convidei todos a redescobrir a celebração eucarística como coração do domingo.[4]

Contemplar com Maria o rosto de Cristo

8. A herança do Grande Jubileu foi de algum modo recolhida na Carta apostólica *Novo millennio ineunte*. Neste documento de caráter programático, sugeria uma perspectiva de empenho pastoral fundado na contemplação do rosto de Cristo, no interior de uma pedagogia eclesial capaz de conduzir à "alta medida" da santidade, perseguida especialmente através da arte da oração.[5] E como poderiam faltar, nesta perspectiva, o empenho litúrgico e, de modo particular, a atenção à vida eucarística? Escrevi então:

> No século XX, especialmente a partir do Concílio, muito cresceu a comunidade cristã no modo de celebrar os sacramentos e sobretudo a eucaristia. É preciso insistir nesta direção, dando particular destaque à eucaristia dominical e ao próprio domingo, sentido como dia especial da fé, dia do Senhor ressurgido e do dom do Espírito, verdadeira Páscoa semanal.[6]

---

[2]   Cf. ibidem, n. 22.
[3]   N. 55: AAS 87 (1995), p. 38.
[4]   Cf. nn. 32-34: AAS 90 (1998), pp. 732-734.
[5]   Cf. nn. 30-32: AAS 93 (2001), pp. 287-289.
[6]   Ibidem, 35, l.c., pp. 290-291.

No contexto da educação para a oração, convidava depois a cultivar a liturgia das horas, mediante a qual a Igreja santifica as diversas horas do dia e a elevação do tempo na articulação própria do ano litúrgico.

9. Sucessivamente, com a indicação do Ano do Rosário e com a publicação da Carta apostólica *Rosarium Virginis Mariae*, retomei o discurso da contemplação do rosto de Cristo a partir da perspectiva mariana, através da reproposta do rosário. Com efeito, essa oração tradicional, tanto recomendada pelo Magistério e tão querida ao povo de Deus, tem uma fisionomia tipicamente bíblica e evangélica, que prevalece centrada no nome e no rosto de Jesus, fixado na contemplação dos mistérios e no repetir-se da ave-maria. Seu andamento repetitivo constitui uma espécie de pedagogia do amor, feita para inflamar a alma com o próprio amor que Maria nutre para com seu Filho. Por isso, conduzindo a ulterior maturação um itinerário plurissecular, quis que essa forma privilegiada de contemplação completasse suas feições de verdadeiro "compêndio do Evangelho", acrescentando os mistérios da luz.[7] E como não colocar no vértice dos mistérios da luz a santa eucaristia?

Do Ano do Rosário ao Ano da Eucaristia

10. Exatamente no coração do Ano do Rosário promulguei a Carta encíclica *Ecclesia de Eucharistia*, com a qual quis ilustrar o mistério da eucaristia em sua relação inseparável e vital com a Igreja. Chamei todos a celebrar o sacrifício eucarístico com o empenho que ele merece, prestando a Jesus presente na eucaristia, mesmo fora da missa, um culto de adoração digno de tão grande mistério. Sobretudo, repropus a exigência de uma espiritualidade eucarística, apontando como modelo Maria, como "mulher eucarística".[8]

O Ano da Eucaristia coloca-se, então, sobre um fundo que foi se enriquecendo ano a ano, mesmo permanecendo sempre bem enraizado no tema de Cristo e da contemplação do seu rosto. Em certo sentido, este se propõe como um ano de síntese, uma espécie de vértice de todo o caminho percorrido. Tantas coisas poderiam ser ditas para viver bem este Ano. Eu me limitarei a indicar algumas perspectivas que possam ajudar todos a convergir para atitudes iluminadas e fecundas.

---

[7] Cf. Carta ap. *Rosarium Virginis Mariae* (16 de outubro de 2002), nn. 19.21: AAS 95 (2003), pp. 18-20.
[8] Carta encíclica *Ecclesia de Eucharistia* (17 de abril de 2003), n. 53: AAS 95 (2003), p. 469.

A EUCARISTIA, MISTÉRIO DE LUZ

"Explicou-lhes em todas as Escrituras o que a ele dizia respeito" (Lc 24,27)

11. A narrativa da aparição de Jesus ressurgido aos dois discípulos de Emaús nos ajuda a focalizar um primeiro aspecto do mistério eucarístico, que deve sempre estar presente na devoção do povo de Deus: a eucaristia mistério de luz! Em que sentido pode-se dizer isto e quais são as implicações que daí derivam para a espiritualidade e para a vida cristã?

Jesus qualificou a si mesmo como "luz do mundo" (Jo 8,12) e esta sua propriedade é bem posta em evidência por aqueles momentos de sua vida, como a transfiguração e a ressurreição, nos quais sua glória divina claramente refulge. Na eucaristia, ao contrário, a glória de Cristo está velada. O sacramento eucarístico é *mysterium fidei* por excelência. No entanto, justamente através do mistério de seu total ocultamento, Cristo se faz mistério de luz, graças ao qual o fiel é introduzido na profundidade da vida divina. Não é sem uma feliz intuição que o célebre ícone da Trindade de Rublëv coloca de modo significativo a eucaristia no centro da vida trinitária.

12. A eucaristia é luz antes de tudo porque em cada missa a liturgia da Palavra de Deus precede a liturgia eucarística, na unidade das duas "mesas", a da Palavra e a do pão. Esta continuidade emerge no discurso eucarístico do evangelho de João, em que o anúncio de Jesus passa da apresentação fundamental de seu mistério à ilustração da dimensão propriamente eucarística: "A minha carne é verdadeira comida e o meu sangue, verdadeira bebida" (Jo 6,55). Sabemos que isto pôs em crise grande parte dos ouvintes, levando Pedro a fazer-se porta-voz da fé dos outros apóstolos e da Igreja de todos os tempos: "Senhor, a quem iremos? Tu tens palavras de vida eterna" (Jo 6,68). Na narrativa dos discípulos de Emaús, Cristo mesmo intervém para mostrar, "começando por Moisés e por todos os profetas", como "todas as Escrituras" levavam ao mistério da sua pessoa (cf. Lc 24,27). Suas palavras fazem "arder" os corações dos discípulos, tiram-nos da escuridão, da tristeza e do desespero, suscitam neles o desejo de permanecer com ele: "Permanece conosco, Senhor" (cf. Lc 24,29).

13. Os padres do Concílio Vaticano II, na Constituição *Sacrosanctum concilium*, quiseram que a "mesa da Palavra" abrisse abundantemente aos fiéis os tesouros da Escritura.[9] Por isso, consentiram que, na celebração litúrgica,

---

[9] Cf. n. 51.

em especial as leituras bíblicas fossem oferecidas na língua por todos compreendida. É Cristo que fala quando, na Igreja, se lê a Sagrada Escritura.[10] Ao mesmo tempo, recomendaram ao celebrante a homilia como parte da mesma liturgia, destinada a ilustrar a Palavra de Deus e a atualizá-la para a vida cristã.[11] Quarenta anos depois do Concílio, o Ano da eucaristia pode constituir uma ocasião importante para que as comunidades cristãs façam uma verificação sobre este ponto. Não basta, de fato, que as passagens bíblicas sejam proclamadas em uma língua compreensível, se a proclamação não ocorre com aquele cuidado, aquela preparação prévia, aquela escuta devota, aquele silêncio meditativo, que são necessários para que a Palavra de Deus toque a vida e a ilumine.

"Reconheceram-no na fração do pão" (Lc 24,35)

14. É significativo que os dois discípulos de Emaús, convenientemente preparados pela palavra do Senhor, o tenham reconhecido enquanto estavam à mesa no gesto simples da "fração do pão". Uma vez que as mentes sejam iluminadas e os corações, aquecidos, os sinais "falam". A eucaristia se desenvolve toda no contexto dinâmico de sinais que trazem em si uma densa e luminosa mensagem. É através dos sinais que o mistério, de algum modo, se abre aos olhos do fiel.

Como sublinhei na encíclica *Ecclesia de Eucharistia*, é importante que nenhuma dimensão desse sacramento seja descuidada. De fato, está sempre presente no homem a tentação de reduzir a eucaristia às próprias dimensões, enquanto, na verdade, é ele quem deve abrir-se à dimensão do mistério. "A eucaristia é um dom muito grande para suportar ambigüidades e reduções."[12]

15. Não há dúvida de que a dimensão mais evidente da eucaristia seja a do banquete. A eucaristia nasceu, na noite da Quinta-Feira Santa, no contexto da ceia pascal. Ela, portanto, traz inscrito na sua estrutura o sentido do convívio: "Tomai e comei [...] Depois pegou o cálice e [...] o deu a eles, dizendo: Bebei todos [...]" (Mt 26,26.27). Este aspecto exprime bem a relação de comunhão que Deus quis estabelecer conosco e que nós mesmos devemos desenvolver mutuamente.

---

[10] Cf. ibidem, n. 7.
[11] Cf. ibidem, n. 52.
[12] Carta encíclica *Ecclesia de Eucharistia* (17 de abril de 2003), n. 10: AAS 95 (2003), p. 439.

Mane nobiscum Domine – Carta apostólica para o Ano da Eucaristia – outubro 2004/outubro 2005

Não se pode, porém, esquecer que o banquete eucarístico tem também um sentido profunda e primariamente sacrifical.[13] Nele Cristo nos reapresenta o sacrifício realizado uma vez por todas no Gólgota. Mesmo estando presente nele ressurgido, ele traz os sinais de sua paixão, da qual cada santa missa é "memorial", como a liturgia nos recorda com a aclamação depois da consagração: "Anunciamos vossa morte, Senhor, proclamamos vossa ressurreição [...]". Ao mesmo tempo, enquanto atualiza o passado, a eucaristia nos projeta rumo ao futuro da última vinda de Cristo, no fim da história. Esse aspecto "escatológico" dá ao sacramento eucarístico um dinamismo comprometedor, que infunde no caminho cristão o passo da esperança.

"Estou convosco todos os dias [...]" (Mt 28,20)

16. Todas essas dimensões da eucaristia se encontram em um aspecto que, mais que todos, põe à prova nossa fé: é o mistério da presença "real". Com toda a tradição da Igreja, nós acreditamos que, sob as espécies eucarísticas, está realmente presente Jesus. Uma presença — como explicou eficazmente o papa Paulo VI — que é dita "real" não por exclusão, quase como se as outras formas de presença não fossem reais, mas por antonomásia, porque, por força dela, Cristo inteiro se faz substancialmente presente na realidade do seu corpo e do seu sangue.[14] Por isso, a fé nos pede que estejamos diante da eucaristia com a consciência de estarmos diante do próprio Cristo. De maneira exata, a sua presença dá às outras dimensões — de banquete, de memorial da Páscoa, de antecipação escatológica — um significado que ultrapassa em muito um mero simbolismo. A eucaristia é mistério de presença, por meio do qual se realiza de modo absoluto a promessa de Jesus de permanecer conosco até o fim do mundo.

Celebrar, adorar, contemplar

17. Grande mistério, a eucaristia! Mistério que deve, antes de tudo, ser bem celebrado. É preciso que a santa missa seja posta no centro da vida cristã e

---

[13] Cf. João Paulo II. Carta encíclica *Ecclesia de Eucharistia* (17 de abril de 2003), n. 10: AAS 95 (2003), p. 439; Congregação para o Culto Divino e a Disciplina dos Sacramentos. Instrução *Redemptionis Sacramentum* sobre algumas coisas que se devem observar e evitar a respeito da santíssima eucaristia (25 de março de 2004), n. 38: *L'Osservatore Romano*, 24 de abril de 2004, supl., p. 3.

[14] Cf. Carta encíclica *Mysterium fidei* (3 de setembro de 1965), n. 39: AAS 57 (1965), p. 764; S. Congregação dos Ritos. Instrução *Eucharisticum mysterium* sobre o culto do mistério eucarístico (25 de maio de 1967), n. 9: AAS 59 (1967), p. 547.

que em cada comunidade se faça de tudo para celebrá-la com decoro, segundo as normas estabelecidas, com a participação do povo, servindo-se dos diversos ministros no exercício das tarefas para eles previstas, e com uma séria atenção também aos aspectos de sacralidade que devem caracterizar o canto e a música litúrgica. Um empenho concreto deste Ano da Eucaristia poderia ser o de estudar a fundo, em cada comunidade paroquial, os princípios e normas para uso do Missal Romano. A via privilegiada para serem introduzidos no mistério da salvação realizada nos santos "sinais" permanece, pois, aquela de seguir com fidelidade o desenrolar do ano litúrgico. Os pastores se empenhem naquela catequese "mistagógica", tão cara aos padres da Igreja, que ajuda a descobrir o valor dos gestos e das palavras da liturgia, ajudando os fiéis a passar dos sinais ao mistério e a comprometer nele sua existência inteira.

18. É preciso, em particular, cultivar, quer na celebração da missa, quer no culto eucarístico fora da missa, a viva consciência da presença real de Cristo, tendo o cuidado de testemunhá-la com o tom da voz, com os gestos, com os movimentos, com todo o conjunto do comportamento. A este propósito, as normas recordam — e eu mesmo tive ocasião recentemente de recordar[15] — o destaque que deve ser dado aos momentos de silêncio, seja na celebração, seja na adoração eucarística. É necessário, em uma palavra, que todo modo de tratar a eucaristia por parte dos ministros e dos fiéis seja marcado por um extremo respeito.[16] A presença de Jesus no tabernáculo deve constituir como que um pólo de atração para um número sempre maior de almas apaixonadas por ele, capazes de ficar longo tempo escutando a voz e quase sentindo o palpitar do coração. "Provai e vede como o Senhor é bom!" (Sl 33[34],9).

A adoração eucarística fora da missa se torne, durante este ano, um empenho especial para cada comunidade paroquial e religiosa. Permaneçamos longamente prostrados diante de Jesus presente na eucaristia, reparando com nossa fé e nosso amor os descuidos, os esquecimentos e até os ultrajes que nosso Salvador deve sofrer em tantas partes do mundo. Aprofundemos na adoração a nossa contemplação pessoal e comunitária, servindo-nos também de subsídios de oração sempre marcados pela Palavra de Deus e pela experiência de tantos místicos antigos e recentes. O próprio rosário, compreendido em seu sentido profundo, bíblico e cristocêntrico, que recomendei na Carta apos-

---

[15] Cf. Mensagem *Spiritus et sponsa*, no XL aniversário da Constituição *Sacrosanctum concilium* sobre a sagrada liturgia (4 de dezembro de 2003), n. 13: AAS 96 (2004), p. 425.

[16] Cf. Congregação para o Culto Divino e a Disciplina dos Sacramentos. Instrução *Redemptionis sacramentum* sobre algumas coisas que se devem observar e evitar a respeito da santíssima eucaristia (25 de março de 2004): *L'Osservatore Romano*, 24 de abril de 2004, supl.

tólica *Rosarium Virginis Mariae*, poderá ser uma via particularmente adaptada à contemplação eucarística, realizada na companhia e na escola de Maria.[17]

Viva-se, neste ano, com particular fervor, a solenidade do *Corpus Domini* por meio da tradicional procissão. A fé no Deus que, encarnando-se, se fez nosso companheiro de viagem seja proclamada em todo lugar e de modo especial em nossas ruas e entre nossas casas, como expressão do nosso grato amor e fonte de inexaurível bênção.

A EUCARISTIA, FONTE E EPIFANIA DE COMUNHÃO

"Permanecei em mim, e eu em vós" (Jo 15,4)

19. Ao pedido dos discípulos de Emaús de que ele permanecesse "com" eles, Jesus respondeu com um dom muito maior: mediante o sacramento da eucaristia encontrou o modo de permanecer neles ("em" eles). Receber a eucaristia é entrar em comunhão profunda com Jesus. "Permanecei em mim, e eu em vós" (Jo 15,4). Tal relação de íntima e recíproca "permanência" nos permite antecipar, de algum modo, o céu na terra. Não é este o maior desejo do homem? Não é isto que Deus se propôs, realizando na história seu projeto de salvação? Ele colocou no coração do homem a "fome" da sua Palavra (cf. Am 8,11), uma fome que se apagará apenas na união plena com ele. A comunhão eucarística nos é dada para "saciar-nos" de Deus nesta terra, na espera da satisfação plena do céu.

Um só pão, um só corpo

20. Mas essa especial intimidade que se realiza na "comunhão" eucarística não pode ser adequadamente compreendida nem plenamente vivida fora da comunhão eclesial. É isto que sublinhei repetidas vezes na Encíclica *Ecclesia de Eucharistia*. A Igreja é o corpo de Cristo: caminha-se "com Cristo" na medida em que se está em relação "com o seu corpo". Para criar e fomentar tal unidade, Cristo provê a efusão do Espírito Santo. E ele mesmo não cessa de promovê-la através de sua presença eucarística. De fato, é justamente o único pão eucarístico que nos faz um só corpo. Afirma o apóstolo Paulo: "Já que há um

---

[17] Cf. ibidem, n. 137, l.c., p. 7.

único pão, nós, embora muitos, somos um só corpo, visto que participamos desse único pão" (1Cor 10,17). No mistério eucarístico, Jesus edifica a Igreja como comunhão, segundo o supremo modelo evocado na oração sacerdotal: "Como tu, Pai, estás em mim e eu em ti, que eles estejam em nós, para que o mundo creia que tu me enviaste" (Jo 17,21).

21. Se a eucaristia é fonte da unidade eclesial, ela é também sua máxima manifestação. A eucaristia é epifania de comunhão. É por isso que a Igreja oferece condições para que se possa tomar parte de modo pleno na celebração eucarística.[18] As várias limitações devem-nos induzir a tomar sempre maior consciência de quanto é exigente a comunhão que Jesus nos pede. É comunhão hierárquica, fundada na consciência dos diversos papéis e ministérios, continuamente reforçada também na oração eucarística através da menção do papa e do bispo diocesano. É comunhão fraterna, cultivada com uma "espiritualidade de comunhão" que nos induz a sentimentos de recíproca abertura, de afeto, de compreensão e de perdão.[19]

"Um só coração e uma só alma" (At 4,32)

22. Em cada santa missa somos chamados a nos comparar com o ideal de comunhão que o livro dos Atos dos Apóstolos traça como modelo para a Igreja de sempre. É a Igreja reunida em torno dos apóstolos, convocada pela Palavra de Deus, capaz de uma partilha que não atinge apenas os bens espirituais, mas mesmo os bens materiais (cf. At 2,42-47; 4,32-35). Neste Ano da Eucaristia, o Senhor convida a nos aproximarmos o máximo possível desse ideal. Vivam-se com particular empenho os momentos já sugeridos pela liturgia para a "missa estacional", a qual o bispo celebra na catedral com seus presbíteros e diáconos e com a participação do povo de Deus e todos os seus componentes. Esta é a principal "manifestação" da Igreja.[20] Mas será louvável individuar outras ocasiões significativas, também em nível paroquial, para que cresça o sentido de comunhão, tirando da celebração eucarística um renovado fervor.

---

[18] Cf. João Paulo II. Carta encíclica *Ecclesia de Eucharistia* (17 de abril de 2003), n. 44: AAS 95 (2003), p. 462; *Código de Direito Canônico*, cân. 908; *Código dos Cânones das Igrejas Orientais*, cân. 702; Pont. Cons. para a Promoção da Unidade dos Cristãos. *Directorium oecumenicum* (25 de março de 1993), nn. 122-125, 129-131: AAS 85 (1993), pp. 1086-1089; Congregação para a Doutrina da Fé. Carta *Ad exsequendam* (18 de maio de 2001): AAS 93 (2001), p. 786.

[19] Cf. João Paulo II. Carta ap. *Novo millennio ineunte* (6 de janeiro de 2001), n. 43: AAS 93 (2001), p. 297.

[20] Cf. Concílio Ecumênico Vaticano II. Constituição sobre a sagrada liturgia *Sacrosanctum concilium*, n. 41.

MANE NOBISCUM DOMINE – CARTA APOSTÓLICA PARA O ANO DA EUCARISTIA – OUTUBRO 2004/OUTUBRO 2005

O Dia do Senhor

23. Em particular, desejo que neste ano haja um empenho especial em redescobrir e viver plenamente o domingo como Dia do Senhor e Dia da Igreja. Ficaria feliz se de novo se meditasse sobre o que escrevi na Carta apostólica *Dies Domini*:

> É justamente na missa dominical, de fato, que os cristãos revivem de modo particularmente intenso a experiência feita pelos apóstolos na tarde da Páscoa, quando o Ressurgido se manifestou a eles reunidos juntos (cf. Jo 20,19). Naquele pequeno núcleo de discípulos, primícias da Igreja, estava de algum modo presente o povo de Deus de todos os tempos.[21]

Os sacerdotes, em seu empenho pastoral, prestem, durante este ano de graça, uma atenção ainda maior à missa dominical, como celebração na qual a comunidade paroquial se reencontra em coro, vendo comumente participantes também os vários grupos, movimentos, associações nela presentes.

A EUCARISTIA, PRINCÍPIO E PROJETO DE "MISSÃO"

"Partiram sem demora" (Lc 24,33)

24. Os dois discípulos de Emaús, depois de terem reconhecido o Senhor, "partiram sem demora" (Lc 24,33) para comunicar aquilo que tinham visto e ouvido. Quando se fez verdadeira experiência do Ressurgido, nutrindo-se do seu corpo e do seu sangue, não se pode ter apenas para si a alegria provada. O encontro com Cristo, aprofundado de modo contínuo na intimidade eucarística, suscita na Igreja e em cada cristão a urgência de testemunhar e de evangelizar. Pude sublinhá-lo justamente na homilia na qual anunciei o Ano da Eucaristia, referindo-me às palavras de Paulo: "Todas as vezes que comeis desse pão e bebeis desse cálice, anunciais a morte do Senhor até que ele venha" (1Cor 11,26). O apóstolo põe em estreita relação o banquete e o anúncio: entrar em comunhão com Cristo no memorial da Páscoa significa, ao mesmo tempo, experimentar o dever de fazer-se missionário do evento que aquele rito atualiza.[22] A despedida no final de cada missa constitui uma ordem, que impele o cristão ao empenho pela propagação do Evangelho e a animação cristã da sociedade.

---

[21] N. 33: AAS 90 (1998), p. 733.

[22] Cf. Homilia na solenidade do *Corpus Domini* (10 de junho de 2004), 1: *L'Osservatore Romano*, 11-12 de junho de 2004, p. 6.

25. Para tal missão, a eucaristia não fornece apenas a força interior, mas também — em certo sentido — o projeto. Ela é, de fato, um modo de ser, que passa de Jesus para o cristão e, através de seu testemunho, tende a irradiar-se na sociedade e na cultura. Para que isto ocorra, é necessário que cada fiel assimile, na meditação pessoal e comunitária, os valores que a eucaristia exprime, as atitudes que ela inspira, os propósitos de vida que suscita. Por que não ver nisto o especial envio que poderia brotar do Ano da Eucaristia?

Render graças

26. Um fundamental elemento deste projeto emerge do significado mesmo da palavra "eucaristia": ação de graças. Em Jesus, no seu sacrifício, no seu "sim" incondicionado à vontade do Pai, há o "sim", o "graças" e o "amém" da humanidade toda. A Igreja é chamada a recordar aos homens esta grande verdade. É urgente que isto seja feito, sobretudo em nossa cultura secularizada, que respira o esquecimento de Deus e cultiva a vã auto-suficiência do homem. Encarnar o projeto eucarístico na vida cotidiana, lá onde se trabalha e se vive — na família, na escola, na fábrica, nas mais diversas condições de vida —, significa, entre outros, testemunhar que a realidade humana não se justifica sem a referência ao Criador: "A criatura, sem o Criador, desaparece".[23] Essa referência transcendente, que nos empenha em um "obrigado" perene — em uma atitude eucarística, portanto — por quanto temos e somos, não compromete a legítima autonomia das realidades terrenas,[24] mas a funda no modo mais verdadeiro, colocando-a, ao mesmo tempo, dentro de seus justos limites.

Neste Ano da Eucaristia haja empenho, por parte dos cristãos, em testemunhar com mais força a presença de Deus no mundo. Não tenhamos medo de falar de Deus e de levar de cabeça erguida os sinais da fé. A "cultura da eucaristia" promove a cultura do diálogo, que nela encontra força e alimento. Nisto se engana o julgar que a referência pública à fé possa afetar a justa autonomia do Estado e das instituições civis, ou mesmo que possa encorajar atitudes de intolerância. Se historicamente não faltaram erros nesse campo também entre os que crêem, como reconheci por ocasião do Jubileu, isto deve ser debitado não às "raízes cristãs", mas à incoerência dos cristãos nos confrontos de suas raízes. Quem aprende a dizer "obrigado" ao modo de Cristo crucificado, poderá ser um mártir, mas não será jamais um algoz.

---

23 Concílio Ecumênico Vaticano II. Const. past. sobre a Igreja no mundo contemporâneo *Gaudium et spes*, n. 36.
24 Cf. ibidem.

A vida da solidariedade

27. A eucaristia não é apenas expressão de comunhão na vida da Igreja; ela também é projeto de solidariedade para a humanidade toda. A Igreja renova continuamente na celebração eucarística a sua consciência de ser "sinal e instrumento" não apenas da íntima união com Deus, mas também da unidade de todo o gênero humano.[25] Toda missa, mesmo quando é celebrada no escondimento e em uma região perdida da terra, leva sempre o sinal da universalidade. O cristão que participa da eucaristia aprende dela a fazer-se promotor de comunhão, de paz, de solidariedade, em todas as circunstâncias da vida. A imagem dilacerada de nosso mundo, que iniciou o novo Milênio com o espectro do terrorismo e da tragédia da guerra, mais que nunca chama os cristãos a viverem a eucaristia como uma grande escola de paz, onde se formam homens e mulheres que, nos vários níveis de responsabilidade na vida social, cultural, política, se fazem construtores de diálogo e de comunhão.

A serviço dos últimos

28. Há ainda um ponto sobre o qual gostaria de chamar a atenção, porque sobre ele recai em grande medida a autenticidade da participação na eucaristia, celebrada na comunidade: é o impulso que ela traz em si por um empenho eficaz na edificação de uma sociedade mais equânime e fraterna. Na eucaristia, nosso Deus manifestou a forma extrema do amor, derrubando todos os critérios de domínio que regem freqüentemente as relações humanas e afirmando de modo radical o critério do serviço: "Se alguém quer ser o primeiro, seja o último de todos e o servo de todos" (Mc 9,35). Não por acaso, no evangelho de João não encontramos a narrativa da instituição eucarística, mas a do "lava-pés" (cf. Jo 13,1-20): inclinando-se para lavar os pés de seus discípulos, Jesus explica de modo inequívoco o sentido da eucaristia. São Paulo, por seu lado, insiste com vigor que não é lícita uma celebração eucarística na qual não refulja a caridade testemunhada pela partilha concreta com os mais pobres (cf. 1Cor 11,17-22.27-34).

Por que, então, não fazer deste Ano da Eucaristia um período no qual as comunidades diocesanas e paroquiais se empenhem de modo especial em ir ao encontro, com fraterna operosidade, de alguma das tantas pobrezas de nosso

---

[25] Cf. Concílio Ecumênico Vaticano II. Constituição dogmática sobre a Igreja *Lumen gentium*, n. 1.

mundo? Penso no drama da fome que atormenta centenas de milhões de seres humanos; penso nas doenças que flagelam os países em via de desenvolvimento, na solidão dos anciãos, nas necessidades dos desempregados, nas travessias dos imigrados. São males, estes, que marcam — embora em medida diversa — mesmo as regiões mais opulentas. Não podemos nos iludir: pelo amor mútuo e, em particular, pela solicitude por quem está necessitado seremos reconhecidos como verdadeiros discípulos de Cristo (cf. Jo 13,35; Mt 25,31-46). É com base neste critério que será comprovada a autenticidade de nossas celebrações eucarísticas.

CONCLUSÃO

29. O *Sacrum Convivium, in quo Christus sumitur!* O Ano da Eucaristia nasce da admiração com a qual a Igreja se coloca diante deste grande mistério. É uma admiração que não cessa de invadir minha alma. Disto brotou a encíclica *Ecclesia de Eucharistia*. Sinto como uma grande graça do vigésimo sétimo ano de ministério petrino, que estou por iniciar, poder chamar agora toda a Igreja a contemplar, a louvar, a adorar em modo especialíssimo este inefável sacramento. O Ano da Eucaristia seja para todos ocasião preciosa para uma renovada consciência do tesouro incomparável que Cristo confiou a sua Igreja. Seja estímulo para uma sua celebração mais viva e sentida, da qual brote uma existência transformada pelo amor.

Tantas iniciativas poderão ser realizadas nessa perspectiva, a juízo dos pastores das igrejas particulares. A Congregação para o Culto Divino e a Disciplina dos Sacramentos não deixará de oferecer, a este respeito, úteis sugestões e propostas. Não peço, porém, que se façam coisas extraordinárias, mas que todas as iniciativas sejam marcadas por profunda interioridade. Mesmo que o fruto deste Ano fosse apenas aquele de reavivar em todas as comunidades cristãs a celebração da missa dominical e de incrementar a adoração eucarística fora da missa, este Ano de graça teria conseguido um resultado significativo. É bom, contudo, olhar longe, não se contentando com medidas medíocres, porque sabemos que podemos contar sempre com a ajuda de Deus.

30. A vós, caros irmãos no episcopado, confio este Ano, seguro de que acolhereis meu convite com todo o vosso ardor apostólico.

Vós, sacerdotes, que todo dia repetis as palavras da consagração e sois testemunhas e anunciadores do grande milagre de amor que ocorre entre vossas mãos, deixai-vos interpelar pela graça deste Ano especial, celebrando cada dia a santa missa com a alegria e o fervor da primeira vez e parando de bom grado em oração diante do tabernáculo.

Seja um Ano de graça para vós, diáconos, que estais de perto comprometidos no ministério da Palavra e no serviço do altar. Também vós, leitores, acólitos, ministros extraordinários da comunhão, tende consciência viva do dom que vos é dado com as tarefas a vós confiadas em vista de uma digna celebração da eucaristia.

Em particular me dirijo a vós, futuros sacerdotes: na vida de seminário, procurai fazer experiência de como é doce não apenas participar cada dia da santa missa, mas demorar longo tempo no diálogo com Jesus Eucaristia.

Vós, consagrados e consagradas, chamados por vossa própria consagração a uma contemplação mais prolongada, recordai que Jesus no tabernáculo vos espera ao lado dele, para derramar nos vossos corações aquela íntima experiência da sua amizade, única, que pode dar sentido e plenitude à vossa vida.

Vós todos, fiéis, redescobri o dom da eucaristia como luz e força para vossa vida cotidiana no mundo, no exercício das respectivas profissões e no contato com as mais diversas situações. Redescobri-o, sobretudo, para viver plenamente a beleza e a missão da família.

Muito, enfim, espero de vós, jovens, enquanto vos renovo o encontro para a Jornada Mundial da Juventude em Colônia. O tema escolhido — "Viemos para adorá-lo (Mt 2,2)" — presta-se de modo particular para sugerir-vos a justa atitude com a qual viver este ano eucarístico. Levai ao encontro com Jesus oculto sob os véus eucarísticos todo o entusiasmo da vossa idade, da vossa esperança, da vossa capacidade de amar.

31. Estão diante de nossos olhos os exemplos dos santos, que na eucaristia encontraram o alimento para seu caminho de perfeição. Quantas vezes eles verteram lágrimas de comoção na experiência de tão grande mistério e viveram indizíveis horas de alegria "esponsal" diante do sacramento do altar. Ajude-nos, sobretudo, a Virgem Santa, que encarnou com toda a sua existência a lógica da eucaristia. "A Igreja, olhando Maria como seu modelo, é chamada a imitá-la também em sua relação com este mistério santíssimo."[26] O pão eucarístico que recebemos é a carne imaculada do Filho: "Ave verum corpus natum de Maria Virgine". Neste Ano de graça, sustentada por Maria, a Igreja encontre novo impulso para a sua missão e reconheça sempre mais na eucaristia a fonte e o vértice de toda a sua vida.

A todos chegue, portadora de graça e de alegria, a minha bênção.

Do Vaticano, 7 de outubro, memória da B. Maria Virgem do Rosário, do ano 2004, vigésimo sexto de pontificado.

Joannes Paulus PP. II

---

[26] João Paulo II. Carta encíclica *Ecclesia de Eucharistia* (17 de abril de 2003), n. 53: AAS 95 (2003), p. 469.

Ano da Eucaristia — Sugestões e propostas

Congregação para o Culto Divino e a Disciplina dos Sacramentos
(15 de outubro de 2004)

INTRODUÇÃO

A um ano apenas do encerramento do Ano do Rosário, eis uma nova iniciativa do santo padre: o Ano da Eucaristia (outubro de 2004 — outubro de 2005). As duas iniciativas estão em continuidade; situam-se, de fato, no quadro da linha pastoral que o papa traçou a toda a Igreja com a Carta apostólica *Novo millennio ineunte*, pondo ao centro do empenho eclesial a contemplação do rosto de Cristo, no sulco do Concílio Vaticano II e do Grande Jubileu (cf. *Mane nobiscum Domine*, cap. I).

Com efeito, na *Rosarium Virginis Mariae*, o papa convidava-nos a contemplar Cristo com o olhar e o coração de Maria. Veio, depois, a Encíclica, que nos conduziu ao que constitui a "fonte" e o "cume" de toda a vida cristã, convidando-nos a um renovado fervor na celebração e adoração da eucaristia. Em ligação com essa encíclica, a Instrução *Redemptionis sacramentum* veio recordar-nos o dever que a todos assiste de garantir uma liturgia eucarística digna de tão grande mistério.

Agora, é o Ano da Eucaristia, introduzido e orientado pela Carta apostólica *Mane nobiscum Domine*, de 7 de outubro de 2004, a oferecer-nos uma importante ocasião pastoral para que toda a comunidade cristã novamente se sensibilize para fazer deste admirável sacrifício e sacramento o coração da própria vida.

Deixando a iniciativa da realização concreta deste Ano às igrejas particulares, o santo padre achou por bem pedir à Congregação para o Culto Divino e

a Disciplina dos Sacramentos que oferecesse algumas "sugestões e propostas" (cf. *Mane nobiscum Domine*, n. 29) que pudessem ser úteis aos pastores e agentes pastorais dos diversos níveis, chamados a dar o seu contributo.

Tal é o caráter do presente subsídio. Não pretende esgotar o tema, mas tão-somente dar sugestões operativas, em um estilo essencial. Por vezes, não faz mais que recordar âmbitos e temas a não esquecer. É de supor que um capítulo de linhas de "espiritualidade" eucarística possa servir, ao menos como estímulo, no quadro de iniciativas de catequese e formação. É realmente importante que a eucaristia seja encarada não só nos seus aspectos celebrativos, mas também como projeto de vida, na base de uma autêntica "espiritualidade eucarística".

Agradecendo o santo padre por mais este "dom", confiamos o sucesso do Ano da Eucaristia à intercessão da Mãe de Deus. Na sua escola de "mulher eucarística", possa renascer a admiração pelo mistério do corpo e do sangue de Cristo, e toda a Igreja possa vivê-lo com maior entusiasmo.

QUADRO DE REFERÊNCIA

1. O horizonte aberto pelo Ano da Eucaristia relembra e promove um dinamismo de vasto alcance, que une as várias dimensões do viver em Cristo na Igreja. A eucaristia, na verdade, não é um "tema" entre tantos, mas é o próprio coração da vida cristã. "A celebração da missa, como ação de Cristo e do povo de Deus hierarquicamente ordenado, é o centro de toda a vida cristã, tanto para a Igreja, quer universal, quer local, como para cada um dos fiéis. Nela culmina toda a ação pela qual Deus, em Cristo, santifica o mundo, e todo o culto pelo qual os homens, por meio de Cristo, Filho de Deus, no Espírito Santo, prestam adoração ao Pai. Nela se comemoram, ao longo do ano, os mistérios da redenção, que, por esta forma, em certo sentido se tornam presentes. Todas as outras ações sagradas e todas as obras da vida cristã, que com ela estão relacionadas, dela derivam e a ela se ordenam" (*Institutio Generalis Missalis Romani* = IGMR, n. 16).

Daí que o acento eucarístico que assinala este Ano especial deva ritmar e permear as atividades fundamentais da vida da Igreja, vista quer no seu conjunto, quer em cada um dos seus membros. O próprio papa sublinhou uma tal chave de leitura, inserindo a iniciativa no plano pastoral global, que em termos cristológico-trinitários propusera à Igreja para os anos de preparação do Grande Jubileu, e ritmando progressivamente os anos sucessivos, na linha da Carta apostólica *Novo millennio ineunte*.

O Ano da Eucaristia coloca-se, pois, em um pano de fundo que, ano após ano, se veio enriquecendo, embora solidamente radicado no tema de Cristo e da contemplação do seu rosto. Em certo sentido, apresenta-se como um ano de síntese, uma espécie de vértice de todo o caminho percorrido (*Mane nobiscum Domine*, n. 10).

Nessa base, a programação de iniciativas ao longo deste ano deveria ter em conta os diversos âmbitos e oferecer estímulos em várias direções. Neste primeiro capítulo, propomo-nos realçar, de forma muita sintética, algumas "perspectivas" teológico-pastorais, que definem uma espécie de "quadro de referência" para as sugestões e propostas que se dão a seguir.

A fé na eucaristia

2. "Mistério da fé" (cf. *Ecclesia de Eucharistia*, cap. I), a eucaristia é compreendida à luz da revelação bíblica e da tradição eclesial. Ao mesmo tempo, a referência a estas últimas é necessária para que a eucaristia possa exprimir sua característica de "mistério de luz" (cf. *Mane nobiscum Domine*, cap. II), permitindo-nos, de certa maneira, voltar a percorrer o "caminho de fé" descrito na narração evangélica dos dois "discípulos de Emaús", que o santo padre escolheu como "ícone" do Ano da Eucaristia. Com efeito, a eucaristia é um mistério de luz, seja enquanto supõe e implica a luz da Palavra de Deus, seja porque a própria "fração do pão" projeta uma luz sobre o mistério de Deus-Trindade: precisamente no acontecimento pascal da morte e ressurreição de Cristo e, por conseqüência, no seu "memorial" eucarístico, Deus se revela em sumo grau como Deus-Amor.

O Ano da Eucaristia propõe-se, portanto, como um período de catequese mais intensa à volta da eucaristia em que a Igreja crê. Tal catequese terá presente:

- a Sacra Escritura: desde os textos que se referem à "preparação" do mistério no Antigo Testamento até os textos do Novo Testamento, relativos tanto à instituição da eucaristia como às suas diversas dimensões (cf., por exemplo, os textos indicados no Lecionário para a missa votiva da santíssima eucaristia);
- a tradição: desde os padres da Igreja ao posterior desenvolvimento teológico-magisterial, com particular atenção ao Concílio de Trento, ao Vaticano II, aos documentos recentes do Magistério. Os itinerários de catequese elaborados pelas igrejas particulares encontrarão, ao longo do ano, um ponto de referência seguro e esclarecido no Catecismo da Igreja Católica;

ANO DA EUCARISTIA – SUGESTÕES E PROPOSTAS

- a mistagogia, ou seja, a introdução aprofundada do mistério celebrado, através da explicação dos ritos e das orações do *Ordo missae* e do *De sacra Communione et de cultu Mysterii eucharistici extra Missam*;
- as riquezas oferecidas pela história da espiritualidade, realçando de modo especial como a eucaristia vivida e celebrada encontrou expressão na vida dos santos (cf. *Ecclesia de Eucharistia*, n. 62);
- a arte sacra, qual testemunho de fé no mistério eucarístico.

A *celebração da eucaristia e o culto eucarístico fora da missa*

3. Recebida de Cristo, que a instituiu, a eucaristia é celebrada pela Igreja na forma por ela estabelecida (cf. IGMR e *Praenotanda* do *Ordo Lectionum Missae*). O culto eucarístico fora da missa é intimamente ligado à celebração eucarística e a ela ordenado.

Um empenho concreto deste Ano da Eucaristia poderia ser o de promover, em cada comunidade paroquial, um estudo profundo da Instrução geral do Missal Romano. Um caminho privilegiado para se introduzir no mistério da salvação que se realiza nos santos "sinais" continua a ser o de observar fielmente o desenrolar do ano litúrgico (*Mane nobiscum Domine*, n. 17).

A título de simples indicação "temática" para os agentes pastorais, indicam-se a seguir os aspectos, à volta dos quais somos este ano convidados a "interrogar-nos" de modo especial, em ordem a uma celebração digna e a uma adoração mais fervorosa do mistério eucarístico. Com os documentos fundamentais antes mencionados, a recente Instrução *Redemptionis sacramentum* poderá ter a sua utilidade. Há que ter presentes:

- os lugares da celebração: igreja, altar, ambão, sede...;
- a assembléia litúrgica: sentido e modalidade da sua participação "plena, consciente, ativa" (cf. SC, n. 14);
- as diversas funções: o sacerdote que atua *in persona Christi*, os diáconos, os outros ministérios e serviços;
- a dinâmica da celebração: desde o pão da Palavra ao pão da eucaristia (cf. *Ordo lectionum missae*, n. 10);
- os tempos da celebração eucarística: domingo, dias feriais, ano litúrgico;
- a relação da eucaristia com os diversos sacramentos, sacramentais, exéquias...
- a participação interior e a exterior: de modo especial, o respeito pelos "momentos" de silêncio;

667

- o canto e a música;
- a observância das normas litúrgicas;
- a comunhão aos doentes e o viático (cf. *De sacra communione*);
- a adoração ao santíssimo sacramento, a oração pessoal;
- as procissões eucarísticas.

Seria extremamente desejável que no Ano da Eucaristia se examinassem tais pontos. Pode ser que na vida pastoral de cada comunidade não se consiga atingir com facilidade as metas mais altas, mas dever-se-ia tentar.

Se o fruto deste Ano fosse apenas o de reavivar em todas as comunidades cristãs a celebração da missa dominical e o de incrementar a adoração eucarística fora da missa, este ano de graça teria alcançado um resultado importante. É bom olhar para o alto, não se contentando com medidas medíocres, pois sabemos que podemos contar sempre com a ajuda de Deus (*Mane nobiscum Domine*, n. 29).

A *espiritualidade eucarística*

4. Na Carta apostólica *Spiritus et Sponsa* para o XL aniversário da Constituição sobre a sacra liturgia, o papa pediu que se criasse na Igreja uma "espiritualidade litúrgica". É a perspectiva de uma liturgia que nutre e orienta a existência, plasmando a vida do crente como um autêntico "culto espiritual" (cf. Rm 12,1). Sem se cultivar uma "espiritualidade litúrgica", a prática da liturgia facilmente se reduz a um "ritualismo" e torna vã a graça que brota da celebração.

Isto vale de modo especial para a eucaristia: "A Igreja vive da eucaristia". Na verdade, a celebração eucarística está em função da vida em Cristo, na Igreja, pelo poder do Espírito Santo. Há que, portanto, cuidar do movimento que vai da eucaristia celebrada à eucaristia vivida: do mistério em que se crê à vida renovada. Por isso, o presente subsídio oferece também um capítulo de linhas de espiritualidade eucarística. Neste quadro inicial de referência, será útil indicar alguns pontos muito significativos:
- a eucaristia é *culmen et fons* da vida espiritual enquanto tal, para além das múltiplas vias da espiritualidade;
- o alimento eucarístico regular sustenta a correspondência à graça de cada uma das vocações e estados de vida (ministros ordenados, esposos e pais; pessoas consagradas...) e ilumina as diversas situações da existência (alegrias e tristezas, problemas e projetos, doenças e provas...);
- a caridade, a concórdia, o amor fraterno são frutos da eucaristia e tornam visível a união com Cristo realizada no sacramento; ao mesmo

ANO DA EUCARISTIA – SUGESTÕES E PROPOSTAS

tempo, a prática da caridade em estado de graça é condição para que se possa celebrar em plenitude a eucaristia: ela é "fonte", mas também "epifania" da comunhão (cf. *Mane nobiscum Domine*, cap. III);

- a presença de Cristo em nós e entre nós suscita o testemunho do viver quotidiano, fermenta a construção da cidade terrena: a eucaristia é princípio e projeto de missão (cf. *Mane nobiscum Domine*, cap. IV).

Maria, ícone da Igreja "eucarística"

5. "Se quisermos descobrir em toda a sua riqueza a relação íntima que liga a Igreja e a eucaristia, não se pode esquecer Maria, Mãe e modelo da Igreja." Assim começa o capítulo VI da Carta encíclica *Ecclesia de Eucharistia*, com que João Paulo II evoca a profunda relação que Maria mantém com a eucaristia e com a Igreja que vive do sacramento do altar. O encontro com o "Deus em nós e para nós" inclui a Virgem Maria.

O Ano da Eucaristia constitui para nós uma ocasião propícia também para aprofundar esse aspecto do mistério. Para viver profundamente o sentido da celebração eucarística e conseguir que ela deixe um sinal na nossa vida, não há nada melhor que se deixar educar por Maria, "mulher eucarística".

Torna-se importante, a este respeito, recordar o que o papa, no n. 15 da *Rosarium Virginis Mariae*, disse sobre o "conformar-se a Cristo com Maria": esta "insere-nos de modo natural na vida de Cristo e leva-nos a 'respirar' os seus sentimentos". Por outro lado — escreve ainda o papa na *Ecclesia de Eucharistia* —, na celebração eucarística, de certo modo recebemos sempre, com o memorial da morte de Cristo, também o dom de Maria, que nos foi dado pelo Crucificado na pessoa de João (Eis a tua Mãe: Jo 19,27):

> Viver na eucaristia o memorial da morte de Cristo implica também receber continuamente esse dom. Significa receber — como João — aquela que todas as vezes nos é dada como Mãe. Significa assumir, ao mesmo tempo, o empenho de conformar-se com Cristo, pondo-nos na escola da Mãe e deixando-nos acompanhar por ela. Maria está presente, com a Igreja e como Mãe da Igreja, em cada uma das nossas celebrações eucarísticas (*Ecclesia de Eucharistia*, n. 57).

São temas que, neste Ano, merecem tornar-se objeto de especial meditação (cf. *Mane nobiscum Domine*, n. 31).

Sobre a celebração da eucaristia em comunhão com Maria, prolongando as atitudes de culto que ela exemplarmente reflete, veja a *Collectio Missarum de Beata Maria Virgine, Praenotanda*, nn. 12-18.

669

Os santos, testemunhas de vida eucarística

6. Na *Mane nobiscum Domine*, n. 30, o papa convida a colocar todo o caminho pastoral da Igreja na perspectiva da "santidade". Não pode isto deixar de valer sobretudo em um Ano inteiramente impregnado de espiritualidade eucarística. A eucaristia torna-nos santos, e não pode existir santidade que não esteja encarnada na vida eucarística. "Quem come a minha carne viverá por mim" (Jo 6,57).

Uma tal verdade é testemunhada pelo *sensus fidei* de todo o povo de Deus. Mas testemunham-no de modo especial os santos, nos quais resplandece o mistério pascal de Cristo. Escreveu João Paulo II na *Ecclesia de Eucharistia*, n. 62: "Coloquemo-nos, caríssimos irmãos e irmãs, na escola dos santos, grandes intérpretes da piedade eucarística. Neles, a teologia da eucaristia alcança todo o esplendor do vivido, 'contagia-nos' e, por assim dizer, 'inflama-nos'". É algo que vale para todos os santos.

Alguns deles viveram essa dimensão com uma intensidade toda especial e com particulares dons do Espírito, inflamando os irmãos no mesmo amor pela eucaristia (cf. *Mane nobiscum Domine*, n. 31). Os exemplos podiam ser muitos: de santo Inácio de Antioquia a santo Ambrósio, de são Bernardo a são Tomás de Aquino, de são Pascoal Bailão a santo Afonso Maria de Ligório, de santa Catarina de Sena a santa Teresa de Jesus, de são Pedro Julião Eymard a são Pio de Pietrelcina; até aos "mártires da eucaristia", antigos e recentes, de são Tarcísio a são Nicolau Pieck e companheiros e a são Pedro Maldonado.

O Ano da Eucaristia será uma ocasião para redescobrir estes "testemunhos", quer os mais conhecidos no âmbito da Igreja universal, quer os lembrados sobretudo nas igrejas particulares. Convém que a própria investigação teológica se ocupe deles, já que a vida dos santos é um significativo *locus theologicus*: nos santos "Deus fala-nos" (cf. *Lumen gentium*, n. 50); a sua experiência espiritual (cf. *Dei verbum*, n. 8), garantida pelo discernimento da Igreja, ilumina o mistério. Caminhando na sua luz e rastro, será mais fácil conseguir que este Ano de graça seja verdadeiramente fecundo.

CONTEXTOS CULTUAIS

7. Situada no coração da economia sacramental, como vértice da iniciação cristã, a eucaristia ilumina os demais sacramentos e é o seu ponto de convergência. A própria forma ritual prevê ou prescreve – exceto para a penitência –

ANO DA EUCARISTIA – SUGESTÕES E PROPOSTAS

que os sacramentos sejam ou possam ser inseridos na celebração da eucaristia (cf. *Praenotanda* dos diversos *Ordines; Redemptionis sacramentum*, nn. 75-76).

A liturgia das horas pode ser harmonizada com a celebração eucarística (cf. IGLH, nn. 93-97).

Também os sacramentais, como a bênção abacial, a profissão religiosa, a consagração das virgens, o conferir dos ministérios instituídos ou extraordinários, as exéquias, encontram o seu contexto normal dentro da missa. A dedicação da igreja e do altar fazem-se na celebração da eucaristia.

Existem também outras bênçãos que podem ser feitas durante a missa (cf. *Ordo coronandi imaginem B. M. Virginis; De Benedictionibus*, n. 28).

Se é verdade que outras bênçãos, atos de culto e práticas devocionais não devem ser integradas na missa (cf. *De Benedictionibus*, n. 28; *De sacra communione*, n. 83; *Redemptionis sacramentum*, nn. 75-79; Diretório, nn. 13, 204), também é verdade que não existe oração cristã sem referência à eucaristia, que é a suprema oração da Igreja, indispensável para os cristãos. As múltiplas formas de oração privada, como as várias expressões de piedade popular, realizam, de fato, o seu sentido genuíno ao disporem para a celebração da eucaristia ou ao prolongarem-lhe os efeitos na vida.

A título de exemplo, referir-nos-emos a alguns dias, tempos e modos de oração com relevância eucarística.

O domingo

8. O domingo é "o principal dia de festa", o "fundamento e centro de todo o ano litúrgico" (SC, n. 106). "Tomado na totalidade dos seus significados e das suas implicações, é de certa forma a síntese da vida cristã e a condição para vivê-la bem" (*Dies Domini*, n. 81).

O domingo é, com efeito, o dia de Cristo ressuscitado e contém a memória daquilo que é o próprio fundamento da fé cristã (cf. 1Cor 15,14-19). "Sendo o domingo o dia da ressurreição, não é apenas a memória de um acontecimento passado, mas é a celebração da presença viva do Ressuscitado no meio aos seus. Para que essa presença seja anunciada e vivida de modo adequado, não basta que os discípulos de Cristo rezem individualmente e recordem interiormente, no segredo do coração, a morte e ressurreição de Cristo. [...] Daí, a importância de se reunirem para exprimir de forma plena a identidade da Igreja, a *ekklesia*, a assembléia convocada pelo Senhor ressuscitado" (*Dies Domini*, n. 31).

A celebração eucarística é, com efeito, o coração do domingo.

671

A relação entre a manifestação do Ressuscitado e a eucaristia é particularmente insinuada no episódio dos discípulos de Emaús (cf. Lc 24,13-35), guiados pelo próprio Cristo para entrarem intimamente no seu mistério através da escuta da sua Palavra e da comunhão do "pão partido" (cf. *Mane nobiscum Domine*). Os gestos que Jesus realizou: "tomou o pão, abençoou-o e deu-lhos" (Lc 24,30) são os mesmos da última ceia e que ele continuamente realiza, através dos sacerdotes, nas nossas eucaristias.

O próprio caráter da missa dominical e a importância desta para a vida cristã exigem que ela seja preparada com especial cuidado, de forma a ser sentida como uma epifania da Igreja (cf. *Dies Domini*, nn. 34-36; *Ecclesia de Eucharistia*, n. 41; *Novo millennio ineunte*, n. 36) e a distinguir-se como celebração alegre e canora, envolvente e participada (cf. *Dies Domini*, nn. 50-51).

O primeiro empenho deste ano especial deveria ser o de reavivar em todas as comunidades a celebração da eucaristia. Se ao menos isso se conseguir, com o complemento da adoração eucarística fora da missa, o Ano da Eucaristia já teria obtido um importante resultado (cf. *Mane nobiscum Domine*, nn. 23 e 29).

A *vigília pascal e a comunhão pascal*

9. A vigília pascal é o coração do ano litúrgico. A celebração da eucaristia que nela se realiza é "o ápice, realizando em plenitude o sacramento da Páscoa, ou seja, o memorial do sacramento da cruz e da presença de Cristo ressuscitado, o complemento da iniciação cristã, a antecipação da Páscoa eterna" (Festas pascais, n. 90).

Ao recomendar que não se celebre à pressa a liturgia eucarística na vigília pascal, mas se procure que todos os ritos e palavras tenham a máxima força de expressão, especialmente a comunhão eucarística, momento de plena participação no mistério celebrado nessa noite santa, seria bom — cabendo aos ordinários do lugar ajuizar sobre a sua oportunidade e circunstâncias, no pleno respeito das normas litúrgicas (cf. *Redemptionis sacramentum*, nn. 100-107) — que se realizasse a plenitude do sinal eucarístico com a comunhão da vigília pascal sob as espécies do pão e do vinho (cf. Festas pascais, nn. 91 e 92).

A oitava da Páscoa, bem como as missas dominicais do Tempo pascal, é de grande significado para os neófitos (cf. *Ordo initiationis christianae adultorum*, nn. 37-40 e 235-239). É costume as crianças fazerem a sua primeira comunhão nesses domingos (cf. Festas pascais, n. 103). Recomenda-se que, sobretudo na oitava da Páscoa, se leve aos enfermos a sagrada comunhão (Festas pascais, n. 104).

Durante o Tempo pascal, recordem os pastores o significado do preceito da Igreja de receber nesse tempo a sagrada comunhão (cf. CDC, cân. 920), de forma que esse preceito não seja depreciado, mas se converta em um ponto firme e imprescindível de uma participação eucarística que deve abarcar todos os aspectos da vida e exprimir-se de modo regular pelo menos todos os domingos.

A Quinta-Feira Santa

10. É conhecido o valor da missa crismal, que por tradição se celebra na Quinta-Feira da Semana Santa (por motivos pastorais, pode-se antecipá-la para um outro dia, desde que perto da Páscoa: cf. *Caeremoniale Episcoporum*, n. 275). Além de se convocarem os presbíteros das diversas partes da diocese para concelebrarem com o bispo, conviria convidar insistentemente também os fiéis a participar dessa missa e a receber o sacramento da eucaristia durante a sua celebração (cf. Festas pascais, n. 35).

Para relembrar, sobretudo aos sacerdotes, o mistério eucarístico da Quinta-Feira Santa, o santo padre João Paulo II, desde o início do seu pontificado, enviou uma Carta aos sacerdotes (em 2003, foi a Carta encíclica *Ecclesia de Eucharistia*).

Pelo especial significado desse dia (cf. *Caeremoniale Episcoporum*, n. 97), deve pôr-se toda a atenção sobretudo nos mistérios que se comemoram na missa da "ceia do Senhor": a instituição da eucaristia, a instituição do sacerdócio ministerial e o mandamento do Senhor sobre a caridade fraterna.

Oportunas indicações celebrativas e pastorais sobre a missa vespertina da Quinta-Feira Santa, sobre a procissão eucarística final e sobre a adoração do santíssimo sacramento encontram-se na citada Carta circular sobre a preparação e a celebração das festas pascais, nn. 44-57, e no Diretório sobre a piedade popular e a liturgia, n. 141.

A solenidade do santíssimo corpo e sangue de Cristo

11. Esta festa,

estendida pelo papa Urbano IV, em 1264, a toda a Igreja Latina, constitui, por um lado, uma resposta de fé e de culto às doutrinas heréticas acerca do mistério da presença real de Cristo na eucaristia e foi, por outro, a coroação de um movimento de grande devoção ao augusto sacramento do altar (Diretório, n. 160).

A festa do *Corpus Christi* inspirou novas formas de piedade eucarística no povo de Deus, que se transmitiram até aos nossos dias (cf. Diretório, nn. 160-163). Entre elas temos a procissão, que representa a forma típica das procissões eucarísticas: prolonga a celebração da eucaristia de modo que o povo cristão "preste um público testemunho de fé e de veneração ao santíssimo sacramento" (*De sacra Communione*, n. 101; cf. CDC, cân. 944). Portanto,

> viva-se este ano com particular fervor a solenidade do *Corpus Christi* com a tradicional procissão. A fé em Deus que, ao encarnar-Se, fez-Se nosso companheiro de viagem, seja proclamada por toda a parte, de modo especial nas nossas estradas e no meio das nossas casas, qual expressão do nosso amor agradecido e fonte de inesgotável bênção (*Mane nobiscum Domine*, n. 18).

Um cunho particularmente eucarístico poderá oportunamente ser dado também à solenidade do Sagrado Coração de Jesus.

A celebração eucarística e a liturgia das horas

12. "A liturgia das horas alarga aos diferentes momentos do dia o louvor e ação de graças, a memória dos mistérios da salvação, as súplicas, o antegozo da glória celeste, contidos no mistério eucarístico, 'centro e vértice de toda a vida da comunidade cristã'. A própria celebração da eucaristia tem na liturgia das horas a sua melhor preparação; porquanto esta suscita e nutre da melhor maneira as disposições necessárias para uma frutuosa celebração da eucaristia, quais são a fé, a esperança, a caridade, a devoção e o desejo de sacrifício" (IGLH, n. 12).

Na celebração comum, quando as circunstâncias o pedirem, pode-se estabelecer uma união mais perfeita entre a missa e uma hora do ofício — laudes, hora média, vésperas — segundo as indicações e as normas em vigor (cf. IGLH, nn. 93-97).

A adoração eucarística

13. A reserva do corpo de Cristo para a comunhão dos enfermos criou entre os fiéis o louvável costume de se recolherem em oração para adorar a Cristo realmente presente no sacramento conservado no sacrário. Recomendada pela Igreja aos pastores e fiéis, a adoração do Santíssimo é uma alta expressão da relação existente entre a celebração do sacrifício do Senhor e a

sua presença permanente na hóstia consagrada (cf. *De sacra communione*, nn. 79-100; *Ecclesia de Eucharistia*, n. 25; *Mysterium fidei*; *Redemptionis sacramentum*, nn. 129-141).

O permanecer em oração diante do Senhor vivo e verdadeiro no santo sacramento amadurece a união com ele: dispõe para a frutuosa celebração da eucaristia e prolonga as atitudes de culto por ela suscitadas.

Segundo a tradição da Igreja, exprime-se de diversas modalidades:

- a simples visita ao santíssimo sacramento, conservado no sacrário: breve encontro com Cristo, sugerido pela fé na sua presença e caracterizado pela oração silenciosa;
- a adoração diante do santíssimo sacramento exposto, segundo as normas litúrgicas, no ostensório ou no cibório, de forma prolongada ou breve;
- a adoração perpétua, a das quarenta horas ou noutras formas, que empenham toda a comunidade religiosa, uma associação eucarística ou uma comunidade paroquial, e que são ocasião de numerosas expressões de piedade eucarística (cf. Diretório, n. 165).

Adoração e Sagrada Escritura

14. "Durante a exposição, ordenem-se de tal modo as orações, os cânticos e as leituras, que os fiéis, entregues à oração, estejam unidos a Cristo Senhor. A fim de alimentar uma oração mais íntima, façam-se leituras da Sagrada Escritura com homilia, ou exortações breves, que levem a uma melhor estima do mistério eucarístico. Convém igualmente que os fiéis respondam à Palavra de Deus com cânticos. É bom que em certos momentos se guarde o silêncio sagrado" (*De sacra Communione*, n. 95).

Adoração e liturgia das horas

15. "Diante do santíssimo sacramento exposto por um tempo prolongado, também pode celebrar-se alguma parte da liturgia das horas, sobretudo as horas principais; com efeito, por meio dela prolongam-se pelas várias horas do dia os louvores e ações de graças que a Deus são dadas na celebração da eucaristia, e dirigem-se a Cristo e, por ele, ao Pai as súplicas da Igreja em nome do mundo inteiro" (*De sacra communione*, n. 96).

Adoração e rosário

16. A Carta apostólica *Rosarium Virginis Mariae* veio dar uma nova ajuda para ultrapassar uma visão do rosário como oração meramente mariana, convidando a valorizar o seu cunho eminentemente cristológico, a contemplar os mistérios de Cristo com os olhos e o coração de Maria, em comunhão com ela e a seu exemplo.

Se é verdade que, durante a exposição do santíssimo sacramento, não devem ser feitas outras práticas devocionais em honra de Nossa Senhora e dos santos (cf. Diretório, n. 165), compreende-se, todavia, a razão pela qual o Magistério não exclui dela o rosário: precisamente por causa desse seu cunho que deve ser sublinhado, e acrescido. Exatamente em vista do Ano da Eucaristia, o santo padre assim se exprimiu: "O próprio rosário, compreendido no seu sentido profundo, bíblico e cristocêntrico, por mim recomendado na Carta apostólica *Rosarium Virginis Mariae*, poderá ser uma via extremamente apta à contemplação eucarística, feita em companhia e na escola de Maria" (*Mane nobiscum Domine*, n. 18; cf. *Redemptionis sacramentum*, n. 137; Diretório, n. 165). Portanto, redescubram-se e promovam-se na prática pastoral os elementos oferecidos pela *Rosarium Virginis Mariae*, cap. III. A escuta de um texto bíblico, o silêncio de meditação, a frase cristológica depois do nome de Jesus no centro da ave-maria, o glória cantado, uma adequada oração conclusiva dirigida a Cristo, mesmo em forma de ladainha, favorecem a índole contemplativa que qualifica a oração diante do santíssimo sacramento conservado no sacrário ou exposto. Recitar o rosário à pressa, sem espaço para a meditação e com insuficiente orientação cristológica, não ajuda ao encontro com Cristo presente no sacramento do altar.

No que diz respeito às ladainhas de Nossa Senhora, que constituem um ato de culto por si não necessariamente ligado ao rosário (cf. Diretório, n. 203), podem ser oportunamente substituídas por ladainhas endereçadas diretamente a Cristo, como, por exemplo, a do coração de Jesus e a do sangue de Cristo.

Bênção eucarística

17. As procissões e adorações eucarísticas terminam normalmente, quando está presente um sacerdote ou um diácono, com a bênção do santíssimo. Os outros ministros ou pessoas encarregadas da exposição reporão, no fim, o sacramento no sacrário (cf. *De sacra communione*, n. 91).

Não sendo a bênção do santíssimo sacramento uma forma de piedade eucarística à parte, terá de ser precedida de uma breve exposição, com um tempo conveniente de oração e silêncio. "Proíbe-se a exposição feita unicamente para dar a bênção" (cf. *De sacra communione*, n. 89).

As procissões eucarísticas

18. A procissão eucarística pelas ruas da cidade terrena ajuda os fiéis a sentirem-se povo de Deus que caminha com o seu Senhor, proclamando a fé no "Deus que está conosco e para nós" (cf. *Redemptionis sacramentum*, nn. 142-144; Diretório, nn. 162-163). Isto vale, sobretudo, para a procissão eucarística por excelência, que é a de *Corpus Christi*.

É necessário que nas procissões se observem as normas aptas a garantir a dignidade e a reverência para com o Santíssimo e a regular o seu desenrolar-se, de forma que os enfeites das ruas, a homenagem floral, os cantos e as orações sejam uma manifestação de fé no Senhor e de louvor a ele (cf. *De sacra communione*, nn. 101-108).

Os congressos eucarísticos

19. Sinal de fé e de caridade, manifestação peculiar do culto eucarístico, os congressos eucarísticos

> devem ser considerados como uma estação — ou seja, uma paragem de empenho e de oração —, para a qual uma comunidade convida toda a igreja local, ou uma igreja local convida as outras Igrejas de uma região ou nação, ou até do mundo todo, a fim de, em conjunto, reconhecerem mais profundamente o mistério da eucaristia, sob algum aspecto, e lhe prestarem um culto público nos laços da caridade e da união (*De sacra communione*, n. 109).

Para um frutuoso sucesso do congresso, respeitem-se as indicações que, no *De sacra communione*, nn. 110-112, foram dadas para a sua preparação e realização.

LINHAS DE ESPIRITUALIDADE EUCARÍSTICA

20. Um discurso de espiritualidade eucarística exigiria muito mais do que se propõe a oferecer nestas páginas. Por isso, limitar-nos-emos a algumas indi-

cações, na esperança de que sejam as igrejas particulares a retomar o discurso, dando estímulos e maior conteúdo às iniciativas específicas de catequese e formação. É importante, de fato, que a eucaristia seja tomada não apenas nos seus aspectos celebrativos, mas também como projeto de vida e que esteja na base de uma autêntica "espiritualidade eucarística".

O Ano da Eucaristia é um tempo propício para ir além dos aspectos tipicamente celebrativos. Precisamente por ser o coração da vida cristã, a eucaristia não se fecha dentro das paredes da igreja, mas exige ser transfundida na vida dos que dela participam. O sacramento do corpo de Cristo é oferecido em vista da edificação do corpo de Cristo, que é a Igreja. Os comportamentos eucarísticos, a que a celebração nos educa, devem ser cultivados na vida espiritual, de acordo com a vocação e o estado de vida de cada um. A eucaristia, na verdade, é um alimento essencial para todos os que crêem em Cristo, sem distinção de idade ou condição.

As considerações que aqui se oferecem indicam algumas pistas de reflexão, a partir de certas expressões da própria liturgia, tiradas do texto latino do Missal. A intenção é de sublinhar como a espiritualidade litúrgica se caracteriza por estar ancorada nos sinais, ritos e palavras da celebração e poder neles encontrar um alimento seguro e abundante.

21. Escuta da Palavra

Verbum Domini

Na conclusão das leituras da Sagrada Escritura, a expressão *Verbum Domini* — Palavra do Senhor! — mostra-nos a importância do que sai da boca de Deus e fá-no-lo sentir não como um texto "distante", embora inspirado, mas como palavra viva, com que Deus nos interpela: encontramo-nos em um contexto de verdadeiro "diálogo de Deus com o seu povo, diálogo em que são proclamadas as maravilhas da salvação e constantemente repropostas as exigências da aliança" (*Dies Domini*, n. 41).

A liturgia da Palavra é parte constitutiva da eucaristia (cf. SC, n. 56; *Dies Domini*, nn. 39-41). Reunimo-nos em assembléia litúrgica para escutar o que o Senhor tem para nos dizer: a todos e a cada um. Ele fala, agora e aqui, a nós que o escutamos com fé, acreditando que só ele tem palavras de vida eterna, que a sua palavra é lâmpada para os nossos passos.

Participar da eucaristia significa escutar o Senhor para pôr em prática o que ele nos manifesta, nos pede e deseja da nossa vida. O fruto da escuta de

Deus que nos fala, quando na Igreja se lêem as Sagradas Escrituras (cf. SC, n. 7), amadurece no dia-a-dia da vida (cf. *Mane nobiscum Domine*, n. 13).

A atitude de escuta está no começo da vida espiritual. Crer em Cristo é escutar a sua palavra e pô-la em prática. É docilidade à voz do Espírito, o Mestre interior que nos guia à verdade plena, não só à verdade que se deve conhecer, mas também à que se deve praticar.

Para escutar realmente o Senhor na liturgia da Palavra, é preciso ter afinado o ouvido do coração. A isso nos prepara a leitura pessoal das Sagradas Escrituras, em tempos e ocasiões programadas, e não nos eventuais tempos que sobram. E para que quanto se ouviu na celebração eucarística não desapareça da mente e do coração ao deixar a igreja, há que encontrar maneiras de prolongar a escuta de Deus, que nos faz ouvir a sua voz de muitas maneiras, através das circunstâncias da vida cotidiana.

22. *Conversão*

> *Agnoscamus peccata nostra ut apti simus ad sacra*
> *mysteria celebranda*
> *Kyrie eleison, Christe eleison*
> *Domine Deus, Agnus Dei, Filius Patris, qui tollis*
> *peccata mundi, miserere nobis*
> *Agnus Dei qui tollis peccata mundi: miserere nobis*
> *Domine non sum dignus ut intres...*

Como se depreende dos textos citados, a dimensão penitencial é muito presente na celebração eucarística. Aparece não só no início, no ato penitencial com as suas diversas formas de invocação da misericórdia, mas também na súplica que se faz a Cristo no canto do *Glória*, no canto do *Agnus Dei*, durante a fração do pão, e na oração que dirigimos ao Senhor antes de participar do banquete eucarístico.

A eucaristia estimula à conversão e purifica o coração penitente, consciente das próprias misérias e desejoso do perdão de Deus, mesmo que não substitua a confissão sacramental, único meio ordinário, para os pecados graves, de receber a reconciliação com Deus e com a Igreja.

Esta atitude de espírito deve prolongar-se durante o dia, alimentada pelo exame de consciência, ou seja, pelo confronto dos pensamentos, palavras, obras e omissões com o Evangelho de Jesus.

Ver com transparência as nossas misérias liberta-nos da autocomplacência, mantém-nos na verdade perante Deus, leva-nos a proclamar a misericórdia do

Pai que está nos céus, mostra-nos o caminho que devemos seguir e conduz-nos ao sacramento da penitência. Abre-nos também ao louvor e à ação de graças. Ajuda-nos, enfim, a ser benévolos com o próximo, a ter compaixão das suas fragilidades e a perdoá-lo. A advertência de Jesus de nos reconciliarmos com o irmão, antes de levar a oferta ao altar (cf. Mt 5,23-24), e o apelo de Paulo a verificar a nossa consciência antes de participar da eucaristia (examine cada qual a si mesmo e depois coma do pão e beba do cálice: 1Cor 11,28) sejam levados a sério. Sem o cultivo dessas atitudes, a eucaristia é despojada de uma sua dimensão profunda.

23. Memória

Memores igitur, Domine, eiusdem Filii tui salutiferae passionis necnon mirabilis resurrectionis et ascensionis in caelum (Oração eucarística III)

Se os cristãos celebram a eucaristia desde as origens e em uma forma que, substancialmente, não mudou através da grande diversidade dos tempos e das liturgias, é para que nos sintamos vinculados ao mandamento que o Senhor deu na véspera da sua paixão: "Fazei isto em memória de mim" (1Cor 11,24-25) (CCE, n. 1356).

A eucaristia é, em sentido específico, "memorial" da morte e ressurreição do Senhor. Celebrando a eucaristia, a Igreja celebra a memória de Cristo, do que ele fez e disse, da sua encarnação, morte, ressurreição e ascensão ao céu. Nele, a Igreja faz memória de toda a história da salvação, prefigurada na antiga aliança.

A Igreja faz memória do que Deus – Pai, Filho e Espírito Santo – fez e faz pela humanidade inteira, desde a criação à "recriação" em Cristo, enquanto aguarda o seu regresso no fim dos tempos para recapitular em si todas as coisas.

O "memorial" eucarístico, passando da celebração às nossas atitudes vitais, leva-nos a fazer agradecida memória de todos os dons recebidos de Deus em Cristo. Daí brota uma vida marcada pela "gratidão", pelo sentido da "gratuidade" e, ao mesmo tempo, pelo sentido da "responsabilidade".

Com efeito, recordar o que Deus fez e faz por nós nutre o caminho espiritual. A oração do pai-nosso lembra-nos de que somos filhos do Pai que está nos céus, irmãos de Jesus, marcados pelo Espírito Santo que foi derramado nos nossos corações.

Recordar os dons da natureza (a vida, a saúde, a família...) mantém vivos o agradecimento e o empenho a valorizá-los.

Recordar os dons da graça (o batismo e demais sacramentos, as virtudes cristãs…) mantém vivo, juntamente com o agradecimento, o empenho de não tornar vãos esses "talentos", mas, antes, fazê-los frutificar.

24. Sacrifício

Hoc est Corpus meum. Hic est calix Sanguinis mei novi
et aeterni testamenti
Te igitur, clementissime Pater, per Iesum Christum,
Filium tuum, Dominum nostrum, supplices rogamus ac
petimus, uti accepta habeas et benedicas haec dona,
haec munera, haec sancta sacrificia illibata
Memento, Domine, … omnium circustantium, quorum
tibi fides cognita est et nota devotio, pro quibus tibi
offerimus: vel qui tibi offerunt hoc sacrificium laudis
Hanc igitur oblationem servitutis nostrae, sed et
cunctae familiae tuae (Oração eucarística I)
Offerimus tibi, gratias referentes, hoc sacrificium vivum et sanctum (Oração eucarística III)

A eucaristia é sacramento do sacrifício pascal de Cristo. Desde a encarnação no seio da Virgem até o último respiro na cruz, a vida de Cristo é um holocausto incessante, um perseverante entregar-se aos desígnios do Pai. O ápice é o sacrifício de Cristo no Calvário: "todas as vezes que o sacrifício da cruz, 'com que Cristo, nosso cordeiro pascal, foi imolado' (1Cor 5,7), é celebrado sobre o altar, realiza-se a obra da nossa redenção" (*Lumen gentium*, 3; CCE, n. 1364).

Este único e eterno sacrifício torna-se realmente presente no sacramento do altar. Na verdade, "o sacrifício de Cristo e o sacrifício da eucaristia são um único sacrifício" (CCE, n. 1367).

A Igreja associa o seu sacrifício ao da eucaristia, para se tornar um só corpo e um só espírito em Cristo, de que é sinal a comunhão sacramental (cf. *Ecclesia de Eucharistia*, nn. 11-16). Participar da eucaristia, obedecer ao Evangelho que escutamos, comer o corpo e beber o sangue do Senhor significa fazer da nossa vida um sacrifício agradável a Deus: por Cristo, com Cristo e em Cristo.

Como a ação ritual da eucaristia é fundada no sacrifício que Cristo ofereceu uma vez por todas nos dias da sua existência terrena (cf. Hb 5,7-9) e o representa de forma sacramental, assim a nossa participação na celebração deve trazer consigo a oferta da nossa existência. Na eucaristia, a Igreja oferece o sacrifício de Cristo, oferecendo-se com ele. (cf. SC, n. 48; IGMR, n. 79f; *Ecclesia de Eucharistia*, n. 13).

A dimensão sacrificial da eucaristia empenha, portanto, a vida. Daí a espiritualidade do sacrifício, do dom de si, da gratuidade, da oblatividade que o viver cristão exige.

No pão e no vinho que levamos ao altar está representada a nossa existência: o sofrimento e o empenho de viver como Cristo e segundo o mandamento dado aos seus discípulos.

Na comunhão do corpo e do sangue de Cristo está representado o nosso "eis-me" para deixar que ele pense, fale e atue em nós.

A espiritualidade eucarística deveria impregnar os nossos dias: o trabalho, as relações, as mil coisas que fazemos; o empenho de viver a vocação de esposos, de pais, filhos; a dedicação ao ministério para quem é bispo, presbítero, diácono; o testemunho das pessoas consagradas, o sentido "cristão" da dor física e do sofrimento moral; a responsabilidade de edificar a cidade terrena, nas várias dimensões que ela comporta, à luz dos valores evangélicos.

25. Ação de graças

Vere dignum et iustum est, aequum et salutare,
nos semper et ubique gratias agere

Na véspera da sua paixão, na noite em que instituiu o sacramento do seu sacrifício pascal, Jesus tomou o pão, deu graças, partiu-o e deu-o aos seus discípulos... A ação de graças de Jesus revive em todas as nossas celebrações eucarísticas.

O termo "eucaristia", que vem do grego, significa, de fato, ação de graças (cf. CCE, n. 1328). É uma dimensão que aparece, em letras claras, no diálogo que introduz a oração eucarística: ao convite do sacerdote "Demos graças ao Senhor, nosso Deus", os fiéis respondem: "É nosso dever, é nossa salvação". O início da oração eucarística é sempre marcado por uma fórmula que dá o sentido da reunião de oração: "Senhor, Pai santo, é verdadeiramente nosso dever, é nossa salvação dar-vos graças, sempre e em toda parte...".

Estas fórmulas codificadas, ao referirem o que se realiza na celebração, exprimem uma atitude que não deveria faltar no espírito dos regenerados em Cristo: agradecer é próprio de quem se sente gratuitamente amado, renovado, perdoado. É justo e necessário agradecer a Deus sempre (tempo) e em toda parte (espaço).

É daqui que irradia a espiritualidade de ação de graças pelos dons recebidos de Deus (a vida, a saúde, a família, a vocação, o batismo etc.).

Agradecer a Deus, não só nas grandes ocasiões, mas "sempre": os santos agradeciam ao Senhor nas provas, na hora do martírio (são Cipriano dá ordem aos seus de dar 25 moedas de ouro ao seu carrasco: Atos do martírio, nn. 3-6, Ofício de Leitura do dia 16 de setembro), pela graça da cruz... Para quem vive o espírito eucarístico, cada circunstância da vida é ocasião apropriada para agradecer a Deus (cf. *Mane nobiscum Domine*, n. 26).

Agradecer sempre e "em toda parte": nos âmbitos da vida cotidiana, da casa, dos locais de trabalho, dos hospitais, das escolas...

A eucaristia educa-nos também a unirmo-nos à ação de graças que sobe dos fiéis em Cristo espalhados por toda a terra, unindo a nossa ação de graças à do próprio Cristo.

26. Presença de Cristo

Dominus vobiscum
Gloria tibi, Domine
Laus, tibi Christe
Mortem tuam annuntiamus, Domine, et tuam
resurrectionem confitemur, donec venias
Ecce Agnus Dei... Domine, non sum dignus...

"Na celebração da missa, os modos principais da presença de Cristo na Igreja manifestam-se gradualmente: primeiro, enquanto está presente na própria comunidade dos fiéis reunidos em seu nome; depois, na sua Palavra, quando na Igreja se lê e se explica a Escritura; igualmente, na pessoa do ministro; e, por fim e de modo eminente, debaixo das espécies eucarísticas. Com efeito, no sacramento da eucaristia está presente, de maneira absolutamente singular, Cristo todo inteiro, Deus e homem, substancialmente e sem interrupção. Esta presença de Cristo debaixo das espécies chama-se real por excelência, não por exclusão, como se as outras não fossem também reais" (*Mysterium fidei*, n. 39) (*De sacra communione*, n. 6).

É necessário, em especial, cultivar, tanto na celebração da missa como no culto eucarístico fora da missa, uma viva consciência da presença real de Cristo, procurando testemunhá-la com o tom de voz, com os gestos, com os movimentos, com todo o conjunto do comportamento (*Mane nobiscum Domine*, n. 18).

Sinal visível de realidade invisível, o sacramento contém o que significa. A eucaristia é, antes de tudo, *opus Dei*: o Senhor fala e atua, agora e aqui, por nós, em virtude do poder do Espírito (cf. CCE, n. 1373). Exprimimos a fé na sua presença real, por exemplo, nos diálogos diretos que dirigimos ao Senhor depois de ter escutado a Palavra: Glória a vós, Senhor, e antes de receber o seu corpo e sangue: Senhor, eu não sou digno de que entreis em minha morada, mas dizei uma palavra e serei salvo.

A celebração da eucaristia deveria levar-nos a exclamar, como os apóstolos depois de terem encontrado o Ressuscitado: "Vimos o Senhor!" (Jo 20,25). A comunhão com o corpo e o sangue de Cristo é comunhão com o Ressuscitado, remédio de imortalidade, penhor da glória futura.

A presença, o calor e a luz do Deus conosco devem permanecer em nós e transparecer em toda a nossa vida. Entrar em comunhão com Cristo ajuda-nos a "ver" os sinais da divina presença no mundo e a "manifestá-los" a quantos viermos a encontrar.

27. Comunhão e caridade

Una voce dicentes
Concede, ut, qui Corpore et Sanguine Filii tui reficimur, Spiritu eius Sancto repleti, unum corpus et unus spiritus inveniamur in Christo (Oração eucarística III)

Populo congregato: com estas palavras, inicia-se o *Ordo Lectionum Missae*. O sinal-da-cruz no início da missa manifesta que a Igreja é o povo de Deus reunido no nome da Trindade.

O congregarem-se todos no mesmo lugar para celebrar os santos mistérios é uma resposta ao Pai celeste que chama os seus filhos, para estreitá-los a si, por Cristo, no amor do Espírito Santo.

A eucaristia não é ação privada, mas ação de Cristo que associa sempre a si a Igreja com um vínculo esponsal indissolúvel (cf. *Mane nobiscum Domine*, cap. III).

Na liturgia da Palavra, escutamos a própria Palavra divina, fonte da comunhão entre todos os que a põem em prática.

Na liturgia eucarística, apresentamos, no pão e no vinho, a oferta da nossa vida: é a "comum" oferta da Igreja que, nos santos mistérios, se dispõe a entrar em comunhão com Cristo.

Em virtude da ação do Espírito Santo, na oferta da Igreja torna-se presente o sacrifício de Cristo ("Olhai benignamente para a oblação da vossa Igreja: vede nela a vítima que nos reconciliou convosco"): uma só oferta espiritual

ANO DA EUCARISTIA – SUGESTÕES E PROPOSTAS

agradável ao Pai, por Cristo, com Cristo e em Cristo. O fruto desta união ao "sacrifício vivo e santo" é representado pela comunhão sacramental: "e fazei que, alimentando-nos do corpo e sangue do vosso Filho, cheios do seu Espírito Santo, sejamos em Cristo um só corpo e um só espírito" (Oração Eucarística III).

Eis a fonte incessante da comunhão eclesial, ilustrada por são João, com a comparação da videira e dos ramos, e por são Paulo, com a do corpo. A eucaristia faz a Igreja (cf. *Ecclesia de Eucharistia*), enchendo-a da caridade de Deus e estimulando-a à caridade. O ato de apresentar, junto com o pão e o vinho, também ofertas em dinheiro ou outros dons para os pobres recorda que a eucaristia é empenho à solidariedade e à partilha. A tal propósito, o santo padre fez um comovente apelo: "Por que não fazer deste Ano da Eucaristia um período em que as comunidades diocesanas e paroquiais se empenhem de modo especial a ir ao encontro, com fraterna solicitude, de uma das tantas situações de pobreza no mundo?" (*Mane nobiscum Domine*, n. 28).

A oração litúrgica, embora envolvendo cada um dos participantes, é sempre formulada com o "nós": é a voz da esposa que louva e suplica, *una voce dicentes*.

Os próprios comportamentos assumidos pelos participantes manifestam a comunhão entre os membros do mesmo organismo. "A atitude comum, a ser observada por todos os que tomam parte na celebração, é sinal de comunidade e unidade da assembléia: exprime e favorece os sentimentos e o ânimo dos fiéis" (IGMR, n. 42).

A partilha do gesto da paz antes da comunhão — ou antes de apresentar os dons ao altar, como no rito ambrosiano — é expressão da "comunhão eclesial" necessária para entrar em comunhão com Cristo. O fruto da comunhão é a edificação da Igreja, reflexo visível da comunhão trinitária. (cf. *Ecclesia de Eucharistia*, n. 34).

Daí a espiritualidade de comunhão (cf. *Novo millennio ineunte*, nn. 43-45), requerida pela eucaristia e suscitada pela celebração eucarística (cf. *Mane nobiscum Domine*, nn. 20-21).

A comunhão entre os esposos é modelada, purificada e alimentada pela participação na eucaristia.

O ministério dos pastores da Igreja e a docilidade dos fiéis ao seu magistério são tonificados pela eucaristia.

A comunhão com o sofrimento de Cristo é selada, para os fiéis que estão doentes, pela participação na eucaristia.

A reconciliação sacramental, após termo-nos "tresmalhados", é coroada com a comunhão eucarística.

685

A comunhão entre os múltiplos carismas, funções, serviços, grupos e movimentos no seio da Igreja é assegurada pelo santo mistério da eucaristia.

A comunhão entre as pessoas empenhadas nas diversas atividades, serviços e associações de uma paróquia é manifestada pela participação na própria eucaristia.

O estabelecimento de relações de paz, de entendimento e de concórdia na cidade terrena é sustentado pelo sacramento de Deus conosco e para nós.

28. Silêncio

Quiesce in Domino et exspecta eum (Sl 37,7)

No ritmo celebrativo, o silêncio é necessário para o recolhimento, para a interiorização e a oração mental (cf. *Mane nobiscum Domine*, n. 18). Não é vazio, ausência, mas sim presença, receptividade, reação perante Deus que, aqui e agora, nos fala e que, aqui e agora, atua para nós. "Permanece em silêncio diante do Senhor", recorda o Salmo 37(36),7.

Na verdade, a oração, com os seus diferentes matizes — louvor, súplica, clamor, grito, lamento, ação de graças —, forma-se a partir do silêncio.

Entre os demais momentos da celebração da eucaristia, assume particular importância o silêncio depois da escuta da Palavra de Deus (cf. *Ordo Lectionum Missae*, nn. 28; IGMR, nn. 128, 130 e 136) e, sobretudo, depois da comunhão do corpo e sangue do Senhor (cf. IGMR, n. 164).

Tais momentos de silêncio são de certa maneira prolongados, fora da celebração, quando permanecemos recolhidos em adoração, oração e contemplação diante do santíssimo sacramento.

O próprio silêncio da tradição monástica, o dos tempos de exercícios espirituais, de dias de retiro não serão talvez um prolongamento dos momentos de silêncio característicos da celebração eucarística, para que a presença do Senhor se possa enraizar em nós e dar frutos?

Há que passar da experiência litúrgica do silêncio (cf. Carta apostólica *Spiritus et sponsa*, n. 13) à espiritualidade do silêncio, à dimensão contemplativa da vida. Se não for ancorada no silêncio, a palavra pode deteriorar-se, transformar-se em barulho, ou mesmo em confusão.

29. Adoração

Procidebant ante sedentem in trono et adorabant viventem in saecula saeculorum (Ap 4,10)

A posição em que nos colocamos diante da celebração da eucaristia – de pé, sentados, de joelhos – leva-nos às disposições do coração. É toda uma série de vibrações que se dá na comunidade orante.

Se o estar em pé manifesta a liberdade filial dada pelo Cristo pascal, que nos libertou da escravidão do pecado, o estar sentado exprime a receptividade cordial de Maria, que, sentada aos pés de Jesus, escutava a sua palavra; o estar de joelhos ou profundamente inclinado mostra que devemos tornar-nos pequenos diante do Altíssimo, diante do Senhor (cf. Fl 2,10).

A genuflexão diante da eucaristia, como fazem o sacerdote e os fiéis (cf. IGMR, n. 43), exprime a fé na presença real do Senhor Jesus no sacramento do altar (cf. CCE, n. 1387).

Refletindo aqui na terra, nos santos sinais, a liturgia celebrada no santuário do céu, imitamos os anciãos que "se prostravam diante daquele que vive pelos séculos dos séculos" (Ap 4,10).

Se na celebração da eucaristia adoramos o Deus que é conosco e para nós, uma tal experiência do espírito deve prolongar-se e refletir-se também em tudo o que fazemos, pensamos e operamos. A tentação, sempre insidiosa, de preocupar-se com as coisas deste mundo pode levar-nos a dobrar os joelhos diante dos ídolos, não já diante de Deus apenas.

As palavras com que Jesus, no deserto, rejeita as idólatras sugestões do demônio devem encontrar eco no nosso falar, pensar e agir cotidianos: "Adorarás o Senhor, teu Deus, e só a ele servirás" (Mt 4,10).

Dobrar os joelhos diante da eucaristia, adorando o Cordeiro que nos permite celebrar a Páscoa com ele, educa-nos a não nos prostrar diante de ídolos construídos por mãos de homem; e estimula-nos a obedecer, com fidelidade, docilidade e veneração, a quem reconhecemos como único Senhor da Igreja e do mundo.

30. Alegria

> *Et ideo, choris angelicis sociati,*
> *te laudamus in gaudio confitentes: Sanctus*
> *Propter quod caelestia tibi atque terrestria*
> *canticum novum concinunt adorando...*
> (Prefácio II da santíssima eucaristia)

"Por essência, a alegria cristã é participação na alegria insondável e, ao mesmo tempo, divina e humana, que se encontra no coração de Cristo glorificado" (*Gaudete in Domino*, II). Ora, essa participação na alegria do Senhor "não se pode desligar da celebração do mistério eucarístico" (idem, IV), de modo especial na eucaristia celebrada no *Dies Domini*.

"O caráter festivo da eucaristia dominical exprime a alegria que Cristo transmite à sua Igreja através do dom do Espírito. A alegria é precisamente um dos frutos do Espírito Santo (cf. Rm 14,17; Gl 5,22)" (*Dies Domini*, n. 56).

São diversos os elementos que na missa realçam a alegria: nas palavras (é o caso do *Glória*, do *Prefácio*), nos gestos (a saudação da paz), no acolhimento inicial, nos arranjos florais e no uso adequado do acompanhamento musical, de acordo com o que é permitido nos tempos litúrgicos.

Uma expressão da alegria do coração é o canto, que não é um adorno exterior da celebração eucarística (cf. IGMR, n. 39; *Dies Domini*, n. 50; Quirógrafo para o centenário do *Motu Proprio Tra le sollicitudini*, sobre a música sacra).

A assembléia celeste, com a qual a eucarística se une ao celebrar os santos mistérios, canta com alegria o louvor do Cordeiro imolado e vivo para sempre, porque com ele não haverá mais luto, nem lágrimas, nem lamentos.

O "cantar a missa", e não simplesmente durante a missa, permite experimentar que o Senhor Jesus vem fazer comunhão conosco "para que a sua alegria esteja em nós e a nossa alegria seja completa" (cf. Jo 15,11; 16,24; 17,13). Encher-nos-ás de alegria, Senhor, com a tua presença!

A alegria da celebração eucarística reflete-se no domingo, ensinando-nos a alegrar-nos no Senhor, sempre. Leva-nos a saborear a alegria do encontro fraterno e da amizade, a compartilhar da alegria recebida como dom (cf. *Dies Domini*, nn. 55-58).

Seria um contratestemunho para quem participa da eucaristia deixar-se dominar pela tristeza. A alegria cristã não nega o sofrimento, a preocupação, a dor; seria uma triste ingenuidade. Nas lágrimas de quem semeia, a eucaristia ensina a entrever a alegria da colheita. No sofrimento da Sexta-Feira Santa faz esperar a alegria da manhã de Páscoa.

A eucaristia ensina a alegrarmo-nos com os outros, sem guardar só para nós a alegria recebida em dom. O Deus-conosco e para nós põe o selo da sua presença nas nossas tristezas, nas nossas dores, em nós que sofremos. Chamando-nos à comunhão com ele, consola-nos em todas as nossas tribulações, para que possamos, também nós, consolar quantos se encontram em qualquer espécie de aflição (cf. 2Cor 1,4).

31. Missão

Oratio universalis
Vere Sanctus es, Domine,
… quia per Filium tuum…

Spiritus Sancti operante virtute,
... populum tibi congregare non desinis,
ut a solis ortu usque ad occasum
oblatio munda offeratur nomini tuo (Oração eucarística IV)
Benedicat vos omnipotens Deus... Ite, missa est.
Formada por fiéis de todas as línguas, povos e nações, a Igreja é fruto da missão que Jesus confiou aos apóstolos e é constantemente investida do mandato missionário (cf. Mt 28,16-20).

> É da perpetuação na eucaristia do sacrifício da cruz e da comunhão do corpo e sangue de Cristo que a Igreja recebe a força espiritual necessária para cumprir a sua missão. Assim, a eucaristia coloca-se como fonte e também ápice de toda a evangelização, porque o seu fim é a comunhão dos homens com Cristo e, nele, com o Pai e com o Espírito Santo (*Ecclesia de Eucharistia*, n. 22).

Na oração universal, na oração eucarística, na oração das missas para diversas necessidades, a intercessão da Igreja, que celebra os santos mistérios, abarca o horizonte do mundo, as alegrias e as tristezas da humanidade, os sofrimentos e o grito dos pobres, os anseios de justiça e de paz que invadem a terra (cf. *Mane nobiscum Domine*, nn. 27-28).

A despedida com que termina a celebração eucarística não é simplesmente a comunicação do fim da ação litúrgica; a bênção, especialmente quando dada nas fórmulas solenes que precedem a despedida, diz-nos que saímos da igreja com o mandato de testemunhar ao mundo que somos "cristãos". Recorda-nos João Paulo II: "A despedida no fim da missa constitui um mandato, que leva o cristão a empenhar-se na propagação do Evangelho e na animação cristã da sociedade" (*Mane nobiscum Domine*, n. 24). O capítulo IV da Carta apostólica *Mane nobiscum Domine* trata exatamente da eucaristia apresentada como princípio e projeto de missão.

O encontro com Cristo não é um talento para enterrar, mas para fazer frutificar em obras e palavras. A evangelização e o testemunho missionário tornam-se, então, forças centrífugas do convite eucarístico (cf. *Dies Domini*, n. 45). A missão é levar Cristo, de forma credível, aos ambientes da vida, do trabalho, do cansaço, do sofrimento, fazendo com que o espírito do Evangelho se torne fermento na história e "projeto" de relações humanas marcadas pela solidariedade e pela paz.

> Poderia a Igreja realizar a própria vocação sem cultivar uma constante relação com a eucaristia, sem se nutrir desse alimento que santifica, sem se apoiar sobre essa base indispensável para a sua ação missionária? Para evangelizar o mundo, precisamos de apóstolos "especialistas" na celebração, adoração e contemplação da eucaristia (João Paulo II, Mensagem para o Dia Mundial das Missões de 2004, n. 3).

Como anunciar Cristo sem voltar regularmente a reconhecê-lo nos santos mistérios?

Como testemunhá-lo sem se alimentar na fonte da comunhão eucarística com ele?

Como participar da missão da Igreja, superando o risco do individualismo, sem cultivar o vínculo eucarístico que nos une a cada irmão na fé, ou melhor, a cada homem?

A eucaristia pode chamar-se também o pão da missão: uma bela "imagem" nesse sentido é o alimento que foi dado a Elias para continuar a realizar a sua missão, sem ceder perante as dificuldades do caminho: "com o vigor daquela comida, andou quarenta dias e quarenta noites até o Horeb, a montanha de Deus" (1Rs 19,8).

INICIATIVAS E EMPENHOS PASTORAIS

32. É de esperar que cada bispo, as Conferências Episcopais e os superiores religiosos não deixem de dar indicações para uma frutuosa vivência do Ano da Eucaristia (cf. *Mane nobiscum Domine*, nn. 5 e 29).

A título de orientação, assinalamos algumas sugestões e propostas.

33. *Conferências Episcopais*

• Preparar oportunos subsídios, sobretudo onde as dioceses não puderem fazê-lo, que realcem o Ano da Eucaristia, favoreçam a reflexão de sacerdotes e fiéis, com o estudo de questões doutrinais e mesmo pastorais particularmente sentidas nas respectivas regiões (falta de padres, pouca estima de alguns sacerdotes pela missa cotidiana, falta de interesse pela missa dominical, abandono do culto eucarístico...).

• Rever a modalidade e qualidade das transmissões televisivas e radiofônicas da celebração eucarística (cf. *Dies Domini*, n. 54), úteis especialmente para quem está impossibilitado de participar da missa (perfeição da imagem, comentários bem-feitos, beleza e dignidade da celebração para não difundir praxes discutíveis, excessivo realce do espetáculo etc.). Cuidar também de outras formas de oração transmitidas por rádio e televisão (favorecer momentos de adoração na igreja, evitando que os fiéis se contentem em acompanhar a adoração teletransmitida).

• Propor iniciativas para a abertura e encerramento do Ano da Eucaristia em cada diocese.

• Convidar universidades, faculdades, institutos de estudo, seminários para aprofundamentos.

• Promover congressos eucarísticos nacionais.

• Interessar e envolver sobretudo os sacerdotes com iniciativas, inclusive em âmbito nacional.

34. Dioceses

• Cuidar da abertura solene e do encerramento oficial do Ano da Eucaristia, dentro dos termos estabelecidos para a Igreja universal, em data útil para cada diocese: aconselha-se uma celebração estacional na catedral, que é o lugar próprio, presidida pelo bispo; se for oportuno, a celebração pode ter início em uma igreja ou em outro lugar perto do local da celebração, a que se aceda em procissão com o canto da ladainha dos santos (cf., por exemplo, *Caeremoniale episcoporum*, n. 261).

• Valorizar, em certos dias e circunstâncias do ano litúrgico, a "missa estacional" presidida pelo bispo, como sinal de comunhão eucarística da igreja particular (cf. *Mane nobiscum Domine*, n. 22).

• Convidar os órgãos e comissões diocesanas de setores pastorais (catequético, litúrgico, arte, música litúrgica, escola, doentes, assuntos sociais, família, clero, vida consagrada, jovens, movimentos…) a promover pelo menos uma iniciativa específica ao longo do ano.

• Promover congressos eucarísticos (tempos de reflexão e de oração).

• Valorizar os encontros do clero (participação na missa crismal, retiros mensais, encontros diocesanos ou de vigararia, exercícios espirituais anuais, formação permanente) para aprofundar temas eucarísticos, também de caráter pastoral e espiritual.

• Dar uma tônica eucarística ao Dia Mundial de Oração para a santificação dos sacerdotes na solenidade do Sagrado Coração de Jesus.

• Promover o conhecimento de santos e santas, sobretudo se em estreita relação com a diocese, e que tenham sobressaído no amor pela eucaristia, pregado o seu mistério ou escrito sobre ele.

• Conhecer o patrimônio de arte diocesana com referência eucarística — pinturas, esculturas, iconografias, altares, sacrários, vasos sagrados… —, conservado nas várias igrejas e nos museus diocesanos; organizar mostras, leituras guiadas e publicações.

• Incrementar a adoração perpétua do santíssimo sacramento, indicando para o efeito igrejas e capelas adequadas, recordando também a presença das já existentes e procurando que estejam abertas sobretudo durante os horários mais apropriados para os fiéis (cf. *Mane nobiscum Domine*, n. 18).

• Os jovens sejam de modo especial solicitados a pôr o tema do XX Dia Mundial da Juventude "Viemos para adorá-lo" (Mt 2,2), em relação com o Ano da Eucaristia (cf. *Mane nobiscum Domine*, n. 30). Seria muito significativo um encontro de adoração eucarística para jovens, em âmbito diocesano, perto do Domingo de Ramos.

• Abrir rubricas de interesse eucarístico em semanários, revistas diocesanas, sites de Internet, transmissões de rádios e de televisões locais.

35. Paróquias

Acolher o convite do santo padre no sentido de fazer o possível, durante este Ano, para dar à eucaristia dominical o posto central que lhe compete na paróquia, chamada justamente "comunidade eucarística" (cf. SC, n. 42; *Mane nobiscum Domine*, n. 23; *Dies Domini*, nn. 35-36; *Eucharisticum mysterium*, n. 26).

Nessa perspectiva, sugerimos algumas pistas:

• Onde for necessário, reordenar ou dar uma sistematização estável aos lugares da celebração (altar, ambão, presbitério) e à reserva da eucaristia (sacrário, capela de adoração); dotar-se dos livros litúrgicos; cuidar da autenticidade e beleza dos sinais (vestes, vasos sagrados, utensílios).

• Incrementar ou constituir a equipe litúrgica paroquial. Cuidar dos ministros instituídos e dos ministros extraordinários da sagrada comunhão, da *schola cantorum* etc.

• Dar especial atenção ao canto litúrgico, tendo em conta as indicações dadas no recente Quirógrafo, de João Paulo II, sobre a música sacra.

• Programar em certos períodos do ano, por exemplo, no Tempo pascal, na Quaresma, encontros formativos específicos sobre a eucaristia na vida da Igreja e do cristão. Uma ocasião muito propícia para adultos e adolescentes poderia ser o tempo de preparação para a primeira comunhão.

• Retomar e dar a conhecer a *Institutio Generalis Missalis Romani* (cf. *Mane nobiscum Domine*, n. 17) e os *Praenotanda* do *Ordo Lectionum Missae*; o *De sacra Communione et de cultu Mysterii eucharistici extra Missam*; a recente Encíclica e a Instrução que lhe seguiu, a *Redemptionis sacramentum*.

• Educar como "comportar-se na igreja": o que fazer quando se entra nela; genuflexão ou inclinação profunda diante do santíssimo sacramento; clima de recolhimento; indicações para favorecer a participação interior durante a missa, especialmente em certos momentos (tempos de silêncio, de oração pessoal

depois da comunhão) e para educar à participação exterior (modo de aclamar ou pronunciar juntos as partes comuns). Para a comunhão sob as duas espécies, ater-se às disposições vigentes (cf. SC, n. 55; IGMR, nn. 281-287; *Redemptionis sacramentum*, nn. 100-107).

• Celebrar convenientemente o aniversário de dedicação da própria igreja.

• Redescobrir a "própria" igreja paroquial, conhecendo o sentido do que habitualmente se vê nela: leitura guiada do altar, ambão, tabernáculo, iconografia, vitrais, portais etc. O visível da igreja favorece a contemplação do invisível.

• Promover, inclusive indicando as modalidades práticas, o culto eucarístico e a oração pessoal diante do Santíssimo (cf. *Mane nobiscum Domine*, n. 18): visita, adoração do Santíssimo e bênção eucarística, quarenta horas, procissões eucarísticas. Valorizar de forma conveniente o prolongar-se da adoração eucarística depois da missa da ceia do Senhor na Quinta-feira Santa (cf. Diretório, n. 141).

• Propor, em circunstâncias especiais, iniciativas específicas (adorações noturnas).

• Verificar a regularidade e dignidade do levar a comunhão aos enfermos.

• Dar a conhecer a doutrina da Igreja sobre o viático.

• Acompanhar a vida espiritual de quem, encontrando-se em situações irregulares e participando da santa missa, não pode receber a comunhão eucarística.

36. Santuários

O Ano da Eucaristia interpela diretamente também os santuários — lugares já por si chamados a oferecer abundantemente aos fiéis os meios da salvação —, anunciando com zelo a Palavra de Deus, favorecendo convenientemente a vida litúrgica, especialmente com a eucaristia e a celebração da penitência, bem como cultivando formas aprovadas de piedade popular (cf. CDC, cân. 1234, § 1; Diretório, nn. 261-278).

Neste Ano, suscitarão especial interesse nos fiéis e peregrinos os santuários erigidos por motivo de prodígios eucarísticos e de piedade eucarística.

• Sendo a celebração eucarística o suporte da múltipla ação dos santuários (evangelização, caridade, cultura), será frutuoso:

- levar os peregrinos — partindo da peculiar devoção do santuário — a um profundo encontro com Cristo;
- cuidar da celebração exemplar da eucaristia;

– promover a participação dos vários grupos na mesma celebração eucarística, devidamente articulada e tendo em atenção, se for o caso, a diversidade das línguas, com a valorização também do canto gregoriano, pelo menos nas suas melodias mais fáceis, sobretudo no Ordinário da missa e, de modo especial, o Símbolo da Fé e a oração do Senhor (cf. Diretório, n. 268).

• Encorajar a prática do sacramento da penitência, assegurando, segundo as possibilidades, a disponibilidade de confessores em horários úteis para as pessoas (cf. Diretório, n. 267).

37. Mosteiros, comunidades religiosas e institutos

Dado o vínculo estreito que existe entre eucaristia e vida consagrada (cf. *Vita consecrata*, n. 95; Congregação para os Institutos de Vida Consagrada e as Sociedades de Vida Apostólica, Partir de Cristo. Um renovado compromisso da vida consagrada no terceiro milénio, n. 26), o ano da eucaristia deve ser mais um estímulo para se ancorar, pessoal e comunitariamente, no coração da própria vocação e missão.

Em todas as regras e constituições é prescrita ou recomendada a devoção eucarística.

• O ano da eucaristia é uma oportunidade para programar tempos de reflexão e de verificação:
  – sobre a qualidade da celebração eucarística na comunidade;
  – sobre a fidelidade às normas litúrgicas;
  – sobre a herança eucarística da tradição do próprio instituto e sobre a situação atual;
  – sobre a devoção eucarística pessoal.

• Redescobrir, na vida e nos escritos dos próprios fundadores ou fundadoras, a piedade eucarística praticada e ensinada.

• Interrogar-se sobre o testemunho de vida eucarística que oferecem as pessoas consagradas empenhadas nas paróquias, hospitais, casas de saúde, instituições educativas e escolásticas, casas de reclusão, centros de espiritualidade, casas de acolhimento, santuários, mosteiros.

• Verificar se se segue a orientação, tantas vezes dada pelo Magistério (cf. *Dies Domini*, n. 36), de participar da missa dominical da paróquia e de sintonizar-se com a pastoral da Igreja diocesana em que se vive.

• Incrementar horas de adoração ao santíssimo sacramento (cf. *Mane nobiscum Domine*, n. 18).

ANO DA EUCARISTIA – SUGESTÕES E PROPOSTAS

38. Seminários e casas de formação

O especial Ano da Eucaristia interpela as comunidades e casas de formação onde se preparam os futuros sacerdotes diocesanos e religiosos, bem como os diáconos (cf. *Mane nobiscum Domine*, n. 30).

A participação na mesa da Palavra e da eucaristia amadurece a resposta vocacional e abre à missão específica que Deus confia aos que ele mesmo escolhe para pastores do seu povo (cf. Congregação para a Educação Católica, Instrução sobre a formação litúrgica nos Seminários, nn. 8-27, e Apêndice, nn. 30-41).

Alimentando o seu cotidiano caminho de formação, a eucaristia mostra aos seminaristas qual é o coração do seu futuro ministério.

Atenções a ter em conta:

• cultivo da ligação entre formação teológica e experiência espiritual do mistério eucarístico para uma sua profunda interiorização;

• cuidado da participação interior e da exterior na celebração da missa;

• conhecimento da teologia litúrgica que promana dos ritos e dos textos da celebração eucarística;

• conhecimento, também prático, de quanto se refere ao rito da missa e sobretudo ao modo adequado de celebrá-la: função do espaço celebrativo; o gênero dos diferentes textos e a maneira de pronunciá-los, as seqüências rituais, as partes do missal, as normas que regulam a celebração eucarística nos dias do ano, as legítimas possibilidades de escolha de fórmulas e formulários;

• utilidade de certa familiaridade com a língua latina e com o canto gregoriano, para que se possa rezar e cantar em latim quando necessário, radicando-se na tradição da Igreja orante;

• incremento da adoração eucarística, tanto pessoal como comunitária, nas suas diversas formas, inclusive a exposição do santíssimo sacramento;

• conveniente colocação do sacrário, de forma a favorecer a oração privada.

39. Associações, movimentos e confrarias

O espírito de comunhão, fraternidade e partilha que motiva a inscrição a uma associação é naturalmente ligado ao mistério eucarístico.

Existem confrarias e associações explicitamente intituladas com a eucaristia, o santíssimo sacramento e a devoção eucarística.

A inserção de associações, grupos e movimentos na Igreja, para cuja edificação e vitalidade contribuem, segundo o próprio carisma, manifesta-se na

695

regular participação nas missas dominicais da paróquia (cf. *Mane nobiscum Domine*, n. 23; *Dies Domini*, n. 36).

O Ano da Eucaristia:

• É um apelo a refletir, verificar, interiorizar e eventualmente atualizar os estatutos tradicionais.

• É uma ocasião para um aprofundamento catequético e mistagógico da eucaristia.

• É um estimulo a dar mais tempo à adoração eucarística, envolvendo também outras pessoas, em uma espécie de "apostolado" eucarístico.

• É um convite a unir oração e empenho de caridade.

ITINERÁRIOS CULTURAIS

40. O presente capítulo é de propósito esquemático, mas não por isso de fraco significado. A sua essencialidade deve-se sobretudo ao fato de que, deslocando-se no âmbito da cultura, depara-se inevitavelmente com a diversidade de situações de tantas igrejas particulares espalhadas pelo mundo, cada qual inserida em um determinado contexto, com as suas riquezas, as suas peculiaridades e a sua história. Compete às igrejas particulares dar corpo a quanto aqui se recorda com a simples menção de temas. Todavia, não é difícil compreender a importância de que a ocasião deste Ano da Eucaristia seja acolhida também como estímulo para descobrir que ela foi capaz, e ainda é, de incidir na cultura humana.

41. Investigação histórica

Abrem-se espaços de investigação para as faculdades teológicas, as universidades católicas e os institutos de estudos superiores. Em particular, sugerimos como pista significativa para as faculdades teológicas a de unir os fundamentos bíblicos e doutrinais da eucaristia com o aprofundamento do viver cristão, sobretudo o dos santos.

42. Edifícios, monumentos, bibliotecas

Catedrais, mosteiros, santuários e não poucas igrejas representam já por si "um bem cultural", caracterizando-se freqüentemente também como centros

ANO DA EUCARISTIA – SUGESTÕES E PROPOSTAS

de irradiação de cultura. Nessa perspectiva, o Ano da Eucaristia pode oferecer um estímulo a realçar a temática eucarística proveniente do patrimônio cultural e artístico, a refletir sobre ela e a promover o seu conhecimento.

Mostras, convênios, publicações de vários tipos podem ser feitos, recorrendo, inclusive, à colaboração de instituições de entes eclesiásticos ou não (universidades, faculdades, centros de estudos, círculos culturais, casas editoras).

43. Arte, música sacra e literatura

Se, por um lado, a arte sacra com temática eucarística é testemunho da fé que se crê, por outro lado, é também transmissão dela ao povo de Deus. Os exemplos poderiam ser muitíssimos, desde as bem conhecidas pinturas que se encontram nas catacumbas romanas às numerosas produções sobre o tema, realizadas ao longo dos séculos, tanto no Oriente como no Ocidente.

O conhecimento da tradição permite tomar consciência das acentuações "eucarísticas" que inspiraram a produção artística das épocas que nos precederam e estabelecer comparações com a produção contemporânea.

Limitamo-nos a evidenciar alguns âmbitos temáticos:

Quanto à arte sacra:

- altares, tabernáculos, capelas;
- afrescos, mosaicos, miniaturas, pinturas, esculturas, tapetes, entalhes;
- vasos sagrados: cálices, cibórios, patenas, ostensórios;
- paramentos: vestes litúrgicas, alfaias, baldaquinos, estandartes;
- manufaturas e carros para as procissões eucarísticas;
- ornamentações especiais para a reposição do Santíssimo Sacramento na Quinta-Feira Santa.

Para a música sacra:

- missas;
- hinos ;
- seqüências ;
- motetos.

Para a literatura, teatro e filmagem:

- poesia;
- narrações;
- romances;
- filmes;
- documentários.

44. Para todos estes âmbitos, os competentes saberão facilmente encontrar os percursos adequados. Seria um grande sucesso do Ano da Eucaristia

697

se as investigações feitas levassem a um maior conhecimento e partilha dos tesouros que pertencem à herança comum do cristianismo nos diversos continentes.

Deve-se tomar, nesta perspectiva, o que o papa diz na *Mane nobiscum Domine*, quando se refere à eucaristia também em termos de um mais forte empenho em testemunhar "a presença de Deus no mundo". Diante de orientações culturais que tendem a marginalizar o contributo cristão, o papa escreve:

> Não tenhamos medo de falar de Deus e de ostentar de cabeça erguida os sinais da fé. A "cultura da eucaristia" promove uma cultura de diálogo, que nela encontra força e alimento. É um erro pensar que a referência pública à fé possa criar dificuldades à justa autonomia do Estado e das instituições civis ou mesmo encorajar atitudes de intolerância. Se historicamente não faltaram erros nessa matéria, também entre os fiéis, como tive de reconhecer durante o Jubileu, não se o deve às "raízes cristãs", mas à incoerência dos cristãos com as suas raízes (*Mane nobiscum Domine*, n. 26).

CONCLUSÃO

Um ano de graça, de fervor, de mistagogia

45. Concluindo estas páginas, ao fim de tantas sugestões e propostas, convém voltar ao que é mais essencial, recordando que o santo padre, na Carta apostólica *Mane nobiscum Domine*, disse tratar-se de um "Ano de Graça". De fato, tudo o que podemos fazer terá sentido se colocado na ótica do dom de Deus. As iniciativas não deverão ser mais que caminhos abertos para que a graça, sempre oferecida pelo Espírito de Deus, corra abundantemente, acolhida por cada um de nós e pelas comunidades. O "Eis-me aqui" da Virgem Santa deverá, mais uma vez, dar o tom ao "Eis-me aqui" da Igreja inteira, que continuamente, com o corpo e o sangue de Cristo, recebe também o dom da maternidade de Maria: "Eis a tua mãe!" (cf. *Ecclesia de Eucharistia*, n. 57).

O sucesso deste Ano dependerá certamente da profundidade da oração. Somos convidados a celebrar a eucaristia, a recebê-la, a adorá-la, com a fé dos santos. Como esquecer, neste dia que a liturgia celebra a memória de santa Teresa de Jesus, o fervor da grande mística espanhola, doutora da Igreja? A propósito da comunhão eucarística, escrevia ela: "Não é preciso ir muito longe para procurar o Senhor. Enquanto o calor natural não consumir os acidentes

do pão, o Bom Jesus está em nós: aproximemo-nos dele!" (Caminho de Perfeição, n. 8).

O Ano da Eucaristia deverá, justamente, ajudar-nos a encontrar Jesus na eucaristia e a viver dele. A isso deverá levar-nos também a catequese "mistagógica", que o santo padre pede aos pastores como particular empenho (*Mane nobiscum Domine*, n. 17). Fazendo eco ao seu apelo, apraz-nos concluir com uma passagem típica da mistagogia do Ocidente, extraída do *De Mysteriis* (n. 54), de santo Ambrósio:

O mesmo Senhor Jesus proclama: "Este é o meu corpo". Antes das palavras celestes da bênção, a palavra indicava um determinado elemento. Depois da consagração, designa agora o corpo e o sangue de Cristo. É ele mesmo que o chama seu sangue. Antes da consagração, chamamo-lo com outro nome. Depois da consagração, diz-se sangue. E tu dizes: "Amém", ou seja, "Assim é". O que a boca pronuncia, afirme-o o espírito; o que a palavra pronuncia, sinta-o o coração.

Da Sede da Congregação para o Culto Divino e a Disciplina dos Sacramentos, 15 de outubro de 2004, memória de santa Teresa de Jesus, virgem e doutora da Igreja.

Francis. Card. Arinze, prefeito
Domenico Sorrentino, arcebispo secretário

PARTE V

Diretório para as celebrações dominicais na ausência do presbítero e orientações da CNBB

Diretório para as celebrações dominicais na ausência do presbítero

Congregação do Culto Divino
(2 de junho de 1988)

O "Diretório para as celebrações dominicais na ausência do presbítero" é uma resposta a diversos fatores convergentes. O primeiro deles é a realidade atual: nem sempre e em toda a parte é possível realizar uma celebração plena do domingo (n. 2). Outro fator é: o pedido de várias Conferências Episcopais, que nos últimos anos solicitaram à Santa Sé orientações para esta situação de fato (n. 7). Em terceiro lugar, o fator experiência: a Santa Sé, através de indicações e orientações gerais, e vários bispos nas suas igrejas particulares ocuparam-se deste assunto. O Diretório beneficiou-se da experiência de todas estas intervenções ao avaliar as vantagens e, ao mesmo tempo, os possíveis limites de tais celebrações.

O pensamento fundamental de todo o Diretório é o de assegurar, da melhor maneira e em cada caso, a celebração cristã do domingo, sem esquecer que a missa permanece a sua celebração própria, mas reconhecendo ao mesmo tempo a presença de elementos importantes, mesmo quando ela não pode ser celebrada.

Este documento não pretende promover e ainda menos facilitar, de maneira desnecessária ou artificial, as assembléias dominicais sem celebração da eucaristia. Ele quer apenas orientar e regulamentar aquilo que convém fazer quando as circunstâncias reais reclamarem uma decisão deste gênero (n. 21,12).

A primeira parte do Diretório é inteiramente dedicada à apresentação, de modo esquemático, do sentido do domingo e toma como ponto de partida o n. 106 da Constituição *Sacrosanctum concilium* (n. 8).

A segunda parte prevê as condições necessárias para decidir destas assembléias na ausência do presbítero, em uma diocese, de maneira habitual. Do ponto de vista orientador e prático, é a parte mais importante do documento. Quanto aos leigos, prevê-se, em tal caso, a sua colaboração. Trata-se de um exemplo das responsabilidades que os pastores podem entregar a membros da sua comunidade.

A terceira parte é uma descrição breve do rito das celebrações dominicais da Palavra com distribuição da eucaristia.

Como em outros documentos semelhantes, a aplicação deste Diretório depende de cada bispo, de acordo com a situação da sua Igreja, e, quando se trata de normas mais amplas, depende da Conferência Episcopal.

O que é importante é assegurar às comunidades que se encontram em tais situações a possibilidade de se reunirem no domingo, tendo a preocupação de inserir estas reuniões na celebração do ano litúrgico (n. 36) e de as relacionar com a parte da comunidade que celebra a eucaristia à volta do próprio pastor (n. 42).

Em todos os casos, o fim pastoral do domingo — segundo as afirmações de Paulo VI (n. 21) e de João Paulo II (n. 50) — continua a ser o de sempre: celebrar e viver o domingo de acordo com a tradição cristã.

Cidade do Vaticano, 2 de junho de 1988.

PROÊMIO

1. A Igreja de Cristo, desde o dia de Pentecostes, após a descida do Espírito Santo, sempre se reuniu fielmente para celebrar o mistério pascal, no dia que foi chamado "domingo", em memória da ressurreição do Senhor. Na assembléia dominical a Igreja lê aquilo que em todas as Escrituras se refere a Cristo[1] e celebra a eucaristia como memorial da morte e ressurreição do Senhor, até que ele venha.

2. Todavia, nem sempre se pode ter uma celebração plena do domingo, pelo que muitos têm sido e ainda são os fiéis aos quais, "por falta do ministro sagrado ou por outra causa grave, se torna impossível participar da celebração eucarística".[2]

3. Em diversas regiões, depois da primeira evangelização, os bispos confiaram aos catequistas o encargo de reunir os fiéis no dia de domingo e de dirigir

---

[1] Cf. Lc 24,27
[2] *Código de Direito Canônico*, cân. 1248, § 2.

a sua oração na forma dos exercícios de piedade. Com efeito, os cristãos, tendo aumentado em número, achavam-se dispersos em muitos lugares, por vezes até afastados, de modo que o sacerdote não podia reuni-los cada domingo.

4. Em outros lugares, por causa da perseguição contra os cristãos, ou por outras severas limitações impostas à liberdade religiosa, é totalmente proibido aos fiéis reunirem-se no domingo. E tal como outrora houve cristãos que se mantiveram fiéis à participação na assembléia dominical até o martírio,[3] assim hoje há os que tudo fazem por se reunir no domingo para orar, em família ou em pequenos grupos, mesmo quando privados da presença do ministro sagrado.

5. Por outro lado, nos nossos dias, em várias regiões, cada paróquia já não pode usufruir da celebração da eucaristia em cada domingo, porque o número dos sacerdotes diminuiu. Além disso, em virtude das circunstâncias sociais e econômicas, muitas paróquias despovoaram-se. Por tal motivo, a muitos presbíteros foi entregue o encargo de celebrar a missa várias vezes no domingo, em igrejas dispersas e distantes entre si. Mas tal costume não parece sempre oportuno, nem para as paróquias privadas de pastor próprio, nem para esses mesmos sacerdotes.

6. Por isso, em algumas igrejas particulares, nas quais se verificam as condições anteriormente referidas, os bispos julgaram necessário estabelecer outras celebrações dominicais, na falta do presbítero, para que a reunião semanal dos cristãos se realize do melhor modo possível e seja assegurada a tradição cristã no domingo.

Não raro, sobretudo em terras de missão, os próprios fiéis, conscientes da importância do domingo, com a cooperação dos catequistas e dos religiosos, reúnem-se para ouvir a Palavra de Deus, para orar e por vezes, também, para receber a sagrada comunhão.

7. Consideradas atentamente todas estas razões, e tidos em conta os documentos promulgados pela Santa Sé,[4] a Congregação para o Culto Divino, secundando, aliás, os desejos das Conferências Episcopais, julga oportuno recordar alguns elementos doutrinais sobre o domingo e estabelecer as condições que tornam legítimas tais celebrações e ainda fornecer algumas indicações para o seu correto desenvolvimento.

Será da competência das Conferências Episcopais, conforme for oportuno, determinar posteriormente as próprias normas e adaptá-las à índole dos diversos povos e às várias circunstâncias, e disso informar a Sé Apostólica.

---

[3] Cf. *Martyrum Bytiniae*, em D. Ruiz Bueno, *Actas de los Martyres*, BAC 75 (Madrid, 1951), p. 973.
[4] Sagrada Congregação dos Ritos e Consilium. Instrução *Inter Oecumenici*, n. 37, 26 de setembro 1964: AAS 56 (1964), pp. 884-885; *Código de Direito Canônico*, cân. 1248, § 2.

O DOMINGO E A SUA SANTIFICAÇÃO

8. "Por tradição apostólica, que nasceu do próprio dia da ressurreição de Cristo, a Igreja celebra o mistério pascal todos os oito dias naquele que se denomina, com muita razão, dia do Senhor ou domingo."[5]

9. Testemunhos da assembléia dos fiéis, no dia que já no Novo Testamento é chamado "domingo",[6] aparecem explicitamente nos antiqüíssimos documentos dos séculos primeiro e segundo,[7] entre os quais se salienta o de são Justino: "No chamado dia do sol, todos, que habitem na cidade ou no campo, se reúnem em um mesmo lugar...".[8] Como o dia em que os cristãos se reuniam não coincidia com os mais festivos do calendário grego e romano, tal fato constituía, mesmo para os outros cidadãos, certo sinal do nome cristão.

10. Desde os primeiros séculos, os pastores nunca cessaram de inculcar nos fiéis a necessidade de se reunirem no domingo: "Não queirais separar-vos da Igreja, pelo fato de não vos reunirdes. Vós sois membros de Cristo... não queirais tornar-vos negligentes, nem separar o Salvador dos seus membros, nem rasgar e desmembrar o seu corpo...".[9] Isso mesmo recordou recentemente o Concílio Vaticano II com as palavras:

> Este dia os fiéis devem reunir-se em assembléia para ouvir a Palavra de Deus e participarem da eucaristia, e assim fazerem memória na paixão, da ressurreição e da glória do Senhor Jesus, e darem graças a Deus que os regenerou na esperança viva pela ressurreição de Jesus Cristo de entre os mortos.[10]

11. A importância da celebração do domingo na vida dos fiéis é assim definida por santo Inácio de Antioquia: "(Os cristãos) já não celebram o sábado, mas vivem segundo o domingo, no qual até mesmo a nossa vida ressurgiu por ele (Cristo) e pela sua morte".[11] O sentido cristão dos fiéis, quer no passado, quer hoje em dia, teve sempre em tão grande honra o domingo, que mesmo nos tempos de perseguição e nas regiões de culturas afastadas ou até opostas à fé cristã, de modo nenhum aceitou substituir o dia do Senhor.

---

[5] Concílio Vaticano II. Constituição sobre a sagrada liturgia *Sacrosanctum concilium*, n. 106. Cf. ibidem. Apêndice. Declaração do Concílio Vaticano II sobre a reforma do calendário.

[6] Cf. Ap 1,10; cf. também Jo 20,19.26; At 20,7-12; 1Cor 16,2; Hb 10,24-25.

[7] *Didaqué* 14, 1; ed. F. X. Funk, *Doctrina duodecim Apostolorum*, p. 42.

[8] S. Justino. *Apologia I*, 67, PG 6, 430.

[9] *Didascália dos apóstolos*, II, 59, 1-3; ed. F. X. Funk 1, p. 170.

[10] Concílio Vaticano II. Constituição sobre a sagrada liturgia *Sacrosanctum Concilium*, n. 106.

[11] S. Inácio de Antioquia. *Carta aos magnésios* 9, 1; ed. F. X. Funk 1, p. 199 (*Cartas de santo Inácio de Antioquia*, intr., trad. e notas de dom Paulo Evaristo Arns. Editora Vozes, 1984(3), p. 53).

12. Os elementos requeridos para haver assembléia dominical são principalmente os seguintes:
a) reunião dos fiéis para manifestar que a Igreja não é uma assembléia formada espontaneamente, mas convocada por Deus, ou seja, o povo de Deus organicamente estruturado, ao qual preside o sacerdote na pessoa de Cristo Chefe;
b) instrução sobre o ministério pascal por meio das Escrituras que são lidas e que o sacerdote ou o diácono explicam;
c) celebração do sacrifício eucarístico, a se realizar pelo sacerdote na pessoa de Cristo e oferecida em nome de todo o povo cristão, pela qual se torna presente o mistério pascal.

13. O cuidado pastoral há de procurar principalmente que o sacrifício da missa seja celebrado cada domingo, pois só por ele se perpetua a Páscoa do Senhor[12] e a Igreja se manifesta plenamente. "O domingo é o principal dia de festa a propor e a inculcar na piedade dos fiéis... Não lhe devem ser antepostas outras celebrações, a não ser que sejam de máxima importância, porque o domingo é o fundamento e o núcleo de todo o ano litúrgico".[13]

14. É necessário que tais princípios sejam inculcados desde o início da formação cristã, para que os fiéis observem voluntariamente o preceito da santificação do dia de festa e compreendam o motivo pelo qual se reúnem cada domingo para celebrar a eucaristia, convocados pela Igreja e não apenas por sua devoção privada. Assim, os fiéis poderão fazer a experiência do domingo como sinal da transcendência de Deus acima do trabalho do homem e não apenas como simples dia de repouso; e poderão, ainda, graças à assembléia dominical, perceber mais profundamente e mostrar exteriormente que são membros da Igreja.[14]

15. Os fiéis devem poder encontrar nas assembléias dominicais, como na vida da comunidade cristã, quer uma participação ativa, quer uma verdadeira fraternidade, e devem ter a oportunidade de se revigorarem espiritualmente conduzidos pelo Espírito. Desse modo, proteger-se-ão também mais facilmente contra os atrativos das seitas, que lhes prometem ajuda no sofrimento da solidão e mais profunda satisfação das suas aspirações religiosas.

16. Por fim, a ação pastoral deve favorecer as iniciativas que visam tornar o domingo "também dia de alegria e de repouso do trabalho",[15] de modo que

---

[12] Cf. Paulo VI. Alocução a alguns bispos da França em visita *ad sacra limina*, 26 de março de 1977: AAS 69 (1977), p. 465: "O objetivo deve continuar a ser a celebração do sacrifício da missa, única e verdadeira realização da Páscoa do Senhor".

[13] Concílio Vaticano II. Constituição sobre a sagrada liturgia *Sacrosanctum concilium*, n. 106.

[14] Cf. Sagrada Congregação dos Ritos. Instrução *Eucharisticum mysterium*, n. 25, 25 de maio de 1967: AAS 59 (1967), p. 555.

DIRETÓRIO PARA AS CELEBRAÇÕES DOMINICAIS NA AUSÊNCIA DO PRESBÍTERO

na sociedade atual a todos ele apareça como sinal de liberdade e, conseqüentemente, como dia instituído para o bem da própria pessoa humana, a qual, sem dúvida, tem mais valor do que os negócios e os processos produtivos.

17. A Palavra de Deus, a eucaristia e o ministério sacerdotal são dons que o Senhor apresenta à Igreja, sua esposa. Devem ser acolhidos e também solicitados como graça de Deus. A Igreja, que possui estes bens sobretudo na assembléia dominical, nela dá graças a Deus,[16] enquanto espera a alegria perfeita do dia do Senhor "diante do trono de Deus e na presença do Cordeiro".[17]

CONDIÇÕES PARA AS CELEBRAÇÕES DOMINICAIS NA AUSÊNCIA DO PRESBÍTERO

18. Quando em alguns lugares não for possível celebrar a missa no domingo, veja-se primeiro se os fiéis não podem deslocar-se à igreja de um lugar mais próximo e participar aí da celebração do mistério eucarístico. Tal solução é de recomendar também nos nossos dias, e até de conservar, quanto possível; isso exige, todavia, que os fiéis sejam devidamente instruídos acerca do sentido pleno da assembléia dominical e aceitem de bom grado as novas situações.

19. É para desejar que, mesmo sem a missa, aos fiéis reunidos em diversas circunstâncias no dia do domingo sejam abertos com largueza os tesouros da Sagrada Escritura e da oração da Igreja, a fim de não serem privados das leituras que são lidas no decurso do ano durante a missa, nem das orações dos tempos litúrgicos.

20. Entre as formas que se encontram na tradição litúrgica, quando a celebração da missa não é possível, é muito recomendada a celebração da Palavra de Deus,[18] que, se for oportuno, pode ser seguida da comunhão eucarística. Desse modo os fiéis podem alimentar-se ao mesmo tempo da Palavra e do corpo de Cristo. "Na verdade, escutando a Palavra de Deus reconhecem que as suas maravilhas, ali anunciadas, atingem a plenitude do mistério pascal, cujo memorial se celebra sacralmente na missa e do qual participa pela comunhão".[19] Além disso, em algumas circunstâncias, pode-se unir a celebração

---

[15] Ibidem; Concílio Vaticano II. Constituição sobre a sagrada liturgia *Sacrosanctum concilium*, n. 106.

[16] Cf. o sentido do domingo em uma sociedade pluralista. Reflexões pastorais da Conferência dos Bispos do Canadá. In *La Documentation Catholique*, n. 1935 (1987), pp. 273-276.

[17] Ap 7,9.

[18] Cf. Concílio Vaticano II. Constituição sobre a sagrada liturgia *Sacrosanctum concilium*, n. 35, 4.

[19] Ritual Romano. A sagrada comunhão e o culto do mistério eucarístico fora da missa, n. 26.

do dia do Senhor e a celebração de alguns sacramentos, e principalmente dos sacramentais, segundo as necessidades de cada comunidade.

21. É necessário que os fiéis percebam com clareza que tais celebrações têm caráter supletivo, e não venham a considerá-las como a melhor solução das novas dificuldades ou concessão feita à comodidade.[20] Por isso as reuniões ou assembléias deste gênero nunca podem realizar-se no domingo naqueles lugares onde a missa já foi ou será celebrada nesse dia, ou foi celebrada na tarde do dia anterior, mesmo em outra língua; e não convém repetir tal assembléia.

22. Evite-se com cuidado qualquer confusão entre as reuniões deste gênero e a celebração eucarística. Tais reuniões não devem diminuir, mas aumentar, nos fiéis, o desejo de participar da celebração eucarística e devem torná-los mais diligentes em freqüentá-la.

23. Compreendam os fiéis que não é possível a celebração do sacrifício eucarístico sem o sacerdote e que a comunhão eucarística, que eles podem receber em tais reuniões, está intimamente unida ao sacrifício da missa. Partindo daqui, pode-se mostrar aos fiéis quão necessário é orar "para que se multipliquem os dispensadores dos mistérios de Deus e sejam perseverantes no seu amor".[21]

24. Compete ao bispo diocesano, ouvindo o parecer do Conselho Presbiteral, estabelecer se na sua diocese devem realizar-se regularmente reuniões dominicais sem a celebração da eucaristia, e definir para elas não só normas gerais, mas também particulares, tendo em conta os lugares e as pessoas. Portanto, não se constituam assembléias deste gênero a não ser por convocação do bispo e sob ministério pastoral do pároco.

25. "Nenhuma comunidade cristã se edifica sem ter a sua raiz e o seu centro na celebração da santíssima eucaristia."[22] Por isso, antes de o bispo estabelecer que se realizem reuniões dominicais sem a celebração eucarística, devem ser examinadas, além do estado das paróquias (cf. n. 5), as possibilidades de recorrer a presbíteros, mesmo religiosos, não diretamente dedicados à cura de almas, e a freqüência às missas celebradas nas diversas igrejas e paróquias.[23] Mantenha-se a primazia da celebração eucarística sobre todas as outras ações pastorais, especialmente no domingo.

---

[20] Cf. Paulo VI. Alocução a alguns bispos de França em visita *ad sacra limina*, 26 de março de 1977, AAS 69 (1977), p. 465: "Avançai com discernimento, mas sem multiplicar este tipo de assembléias, como se fosse a melhor solução e a última oportunidade".

[21] *Missal Romano*, Pelas vocações às ordens sacras, oração sobre as oblatas.

[22] Concílio Vaticano II. Decreto sobre a vida e o ministério dos presbíteros *Presbyterorum ordinis*, n. 6.

[23] Sagrada Congregação dos Ritos. Instrução *Eucharisticum mysterium*, n. 26, 25 de maio de 1967: AAS 59 (1967), p. 555.

26. O bispo, pessoalmente ou por meio de outrem, instruirá a comunidade diocesana com uma catequese oportuna sobre as causas determinadas desta provisão, mostrando a sua gravidade e exortando à co-responsabilidade e à cooperação. Ele designará um delegado ou uma comissão especial que vele pela correta realização das celebrações, escolherá aqueles que as hão de promover e providenciará para que eles próprios sejam devidamente instruídos. Todavia terá sempre a preocupação de que esses fiéis possam participar da celebração eucarística algumas vezes durante o ano.

27. Compete ao pároco informar ao bispo sobre a oportunidade de tais celebrações, a realizar na área da sua jurisdição, preparar os fiéis para elas, visitá-los de vez em quando durante a semana, celebrar-lhes os sacramentos no tempo devido, sobretudo a penitência. Tal comunidade poderá, assim, experimentar verdadeiramente o modo como no dia do domingo se reuniu não "sem o presbítero", mas somente "na sua ausência", ou melhor, "na expectativa da sua vinda".

28. Quando a celebração da missa não for possível, o pároco tomará providências para que a sagrada comunhão possa ser distribuída. Fará as coisas de modo que em cada uma das comunidades se faça a celebração da eucaristia no tempo estabelecido. As hóstias consagradas devem ser renovadas com freqüência e guardadas em um lugar seguro.

29. Para dirigir estas reuniões dominicais chamem-se os diáconos, como primeiros colaboradores dos sacerdotes. Ao diácono, ordenado para apascentar o povo de Deus e para fazê-lo crescer, compete dirigir a oração, proclamar o Evangelho, fazer a homilia e distribuir a eucaristia.[24]

30. Quando estão ausentes, quer o presbítero, quer o diácono, o pároco deve designar leigos, aos quais confiará o cuidado das celebrações, isto é, a responsabilidade da oração, o serviço da Palavra e a distribuição da sagrada comunhão.

Sejam eleitos por ele, em primeiro lugar, os acólitos e os leitores, instituídos para o serviço do altar e da Palavra de Deus. Na falta destes, podem ser designados outros leigos, homens e mulheres, que pela força do batismo e da confirmação podem exercer este múnus.[25] Devem ser escolhidos tendo em atenção as suas qualidades de vida, em consonância com o Evangelho, e tenha-se também em conta que possam ser aceitos pelos fiéis. Habitualmente a designação será feita por um período determinado de tempo e deve ser manifestada publicamente à comunidade. Convém que se faça por eles uma oração a Deus em uma celebração.[26]

---

[24] Cf. Paulo VI. *Motu proprio Ad pascendum*, n. 1, 15 de agosto de 1972: AAS 64 (1972),p. 534.

[25] *Código de Direito Canônico*, cân. 230, § 3.

[26] Ritual Romano. *De Benedictionibus*, cap. II, I, B.

O pároco tenha o cuidado de dar a estes leigos uma formação adaptada e contínua, e prepare com eles celebrações dignas (cf. capítulo III).

31. Os leigos designados devem considerar o múnus que lhes foi confiado não tanto uma honra, mas principalmente um encargo, e em primeiro lugar um serviço em favor dos irmãos, sob a autoridade do pároco. O seu múnus não lhes é próprio, mas supletivo, pois o exercem "quando a necessidade da Igreja o sugere, na falta dos ministros".[27]

"Façam tudo e só o que pertence ao ofício que lhes foi confiado."[28] Exerçam o seu múnus com piedade sincera e com ordem, como convém ao seu ofício e como justamente deles exige o povo de Deus.[29]

32. Se no domingo não for possível fazer a celebração da Palavra de Deus com distribuição da sagrada comunhão, recomenda-se vivamente aos fiéis "que se entreguem durante um tempo razoável, pessoalmente ou em família, ou, segundo as circunstâncias, em grupos de famílias",[30] à oração. Nestes casos, as transmissões televisivas das celebrações sagradas podem ser uma boa ajuda.

33. Tenha-se sobretudo presente a possibilidade de celebrar alguma parte da liturgia das horas, por exemplo, laudes matutinas ou vésperas, nas quais podem inserir-se as leituras do domingo. Com efeito, quando "os fiéis são convocados e se reúnem para celebrar a liturgia das horas, pela união das vozes e dos corações manifestam a Igreja que celebra o mistério de Cristo".[31] No fim desta celebração pode ser distribuída a comunhão eucarística (cf. n. 46).

34. "A graça do Redentor não falta de modo nenhum a cada um dos fiéis ou às comunidades que, por causa das perseguições ou por falta de sacerdotes, se vêem privadas, por muito ou pouco tempo, da celebração da sagrada eucaristia. Com efeito, animados interiormente pelo desejo do sacramento e unidos na oração com toda a Igreja, invocam o Senhor e elevam para ele os seus corações, e assim, pela força do Espírito Santo, participam da comunhão com a Igreja, corpo vivo de Cristo, e com o próprio Senhor... e têm parte, desse modo, no fruto do sacramento".[32]

---

[27] *Código de Direito Canônico*, cân. 230, § 3.
[28] Concílio Vaticano II. Constituição sobre a sagrada liturgia *Sacrosanctum concilium*, n. 28.
[29] Cf. ibidem, n. 29.
[30] *Código de Direito Canônico*, cân. 1248, § 2.
[31] *Instrução geral sobre a liturgia das horas*, n. 22.
[32] Congregação para a Doutrina da Fé. *Carta sobre algumas questões relativas ao ministro da eucaristia*, 6 de agosto de 1983: AAS 75 (1983), p. 1007.

A CELEBRAÇÃO

35. A ordem a observar na reunião do dia dominical, quando não há missa, consta de duas partes, a saber, a celebração da Palavra de Deus e a distribuição da comunhão. Na celebração não deve ser inserido o que é próprio da missa, sobretudo a apresentação dos dons e a oração eucarística. O rito da celebração deve ser organizado de tal modo que favoreça totalmente a oração e dê a imagem de uma assembléia litúrgica e não de uma simples reunião.

36. Os textos das orações e das leituras para cada domingo ou solenidade tomam-se habitualmente do Missal e do Lecionário. Desse modo, os fiéis, seguindo o curso do ano litúrgico, terão possibilidade de orar e de ouvir a Palavra de Deus em comunhão com outras comunidades da Igreja.

37. O pároco, ao preparar a celebração com os leigos designados, pode fazer adaptações, tendo em conta o número dos participantes e a capacidade dos animadores, e relativamente aos instrumentos que servem ao canto e à execução musical.

38. Quando o diácono preside à celebração, comporta-se do modo que é próprio ao seu ministério nas saudações, nas orações, na leitura do Evangelho e na homilia, na distribuição da comunhão e na despedida dos participantes com a bênção. Paramenta-se com as vestes próprias do seu ministério, isto é, a alva com a estola, e, se for oportuno, a dalmática, e utilize a cadeira presidencial.

39. O leigo que orienta a reunião comporta-se como um entre iguais, como sucede na liturgia das horas, quando o ministro é leigo ("O Senhor nos abençoe...", "Bendigamos ao Senhor..."). Não deve usar as palavras que pertencem ao presbítero ou ao diácono, e deve omitir aqueles ritos que de modo mais direto lembram a missa, por exemplo: as saudações, sobretudo "O Senhor esteja convosco" e a forma de despedida, que fariam aparecer o moderador leigo como um ministro sagrado.[33]

40. Deve usar uma veste que não desdiga do ofício que desempenha, ou vestir aquela que o bispo eventualmente tenha estabelecido.[34] Não deve utilizar a cadeira presidencial, mas prepare-se antes uma outra cadeira fora do presbitério.[35] O altar, que é a mesa do sacrifício e do convívio pascal, deve servir apenas para sobre ele colocar o pão consagrado antes da distribuição da eucaristia.

---

[33] Cf. *Instrução geral sobre a liturgia das horas*, n. 258; cf. RITUAL ROMANO. *De Benedictionibus*, nn. 48, 119, 130, 181.

[34] RITUAL ROMANO. A sagrada comunhão e o culto do mistério eucarístico fora da missa, n. 20.

[35] Cf. *Instrução geral sobre a liturgia das horas*, n. 258.

Ao preparar a celebração, cuide-se da conveniente distribuição dos serviços, por exemplo, para as leituras, para os cânticos etc., e da disposição e arranjo dos lugares.

41. O esquema da celebração compõe-se dos seguintes elementos:
a) os ritos iniciais, cuja finalidade é conseguir que os fiéis, quando se reúnem, constituam a comunidade e se disponham dignamente para a celebração;
b) a liturgia da Palavra, na qual o próprio Deus fala ao seu povo, para lhe manifestar o mistério da redenção e da salvação; o povo responde mediante a profissão de fé e a oração universal;
c) a ação de graças, com a qual se bendiz a Deus pela sua imensa glória (cf. n. 45);
d) os ritos da comunhão, pelos quais se exprime e realiza a comunhão com Cristo e com os irmãos, sobretudo com aqueles que, no mesmo dia, participam do sacrifício eucarístico;
e) os ritos da conclusão, através dos quais se indica a relação que existe entre a liturgia e a vida cristã.

A Conferência Episcopal, ou o próprio bispo, tendo em conta as circunstâncias de lugar e de pessoas, pode determinar melhor a própria celebração, com subsídios preparados pela comissão nacional ou diocesana de liturgia. Todavia, este esquema de celebração não se deve modificar sem necessidade.

42. Em aviso inicial, ou em outro momento da celebração, o moderador recorde a comunidade com a qual, naquele domingo, o pároco celebra a eucaristia e exorte os fiéis a unirem-se a ela em espírito.

43. Para que os participantes possam assimilar a palavra de Deus, haja ou uma certa explicação das leituras, ou um silêncio sagrado para meditar sobre o que se ouviu. Como a homilia é reservada ao sacerdote ou ao diácono,[36] é para desejar que o pároco entregue a homilia por ele antecipadamente preparada ao moderador do grupo, para que a leia. Observe-se, porém, aquilo que a Conferência Episcopal tiver estabelecido sobre o assunto.

44. A oração universal faça-se de acordo com a série das intenções estabelecidas.[37] Não se omitam as intenções por toda a diocese eventualmente propostas pelo bispo. De igual modo, proponha-se com freqüência a intenção pelas vocações às ordens sacras, pelo bispo e pelo pároco.

45. A ação de graças faz-se de um dos modos aqui indicados:
a) depois da oração universal ou depois da distribuição da comunhão, o moderador convida à ação de graças pela qual os fiéis exaltam a glória de Deus

---

[36] Cf. *Código de Direito Canônico*, cân. 766-767.
[37] Cf. *Instrução geral do Missal Romano*, nn. 45-47.

e a sua misericórdia. Isto pode ser feito com um salmo (v. g. Salmos 99, 112, 117, 135, 147, 150) ou com um hino ou um cântico (v. g. *Glória a Deus nas alturas, Magnificat...*), ou também com uma prece litânica, que o moderador, de pé com os fiéis, voltado para o altar, diz juntamente com todos eles;

b) antes da oração do pai-nosso, o moderador aproxima-se do sacrário ou do lugar onde se encontra a eucaristia e, feita a genuflexão, depõe a píxide com a sagrada eucaristia sobre o altar; depois, ajoelhado diante do altar, juntamente com os fiéis, canta o hino, o salmo ou a prece litânica que, neste caso, é dirigida a Cristo presente na santíssima eucaristia.

No entanto, esta ação de graças não deve ter, de modo nenhum, a forma de uma oração eucarística. Não se utilizem os textos do prefácio e da oração eucarística propostos no Missal Romano e evite-se todo o perigo de confusão.

46. Para o ordenamento do rito da comunhão, observe-se quando se diz no Ritual Romano da sagrada comunhão fora da missa.[38] Recorde-se com freqüência aos fiéis que eles, mesmo quando recebem a comunhão fora da celebração da missa, estão unidos ao sacrifício eucarístico.

47. Para a comunhão, utilize-se, se for possível, pão sagrado nesse mesmo domingo, na missa celebrada noutro lugar e daí levado pelo diácono ou por um leigo em um recipiente (píxide ou caixa) e reposto no sacrário antes da celebração. Também pode utilizar-se pão sagrado na última missa aí celebrada. Antes da oração do pai-nosso, o moderador aproxima-se do sacrário, ou do lugar onde a eucaristia foi reposta, pega no vaso com o corpo do Senhor, depõe-no sobre a mesa do altar e introduz a oração dominical, a não ser que se faça a ação de graças, da qual se falou no n. 45b).

48. A oração dominical é sempre recitada ou cantada por todos, mesmo quando não se distribui a sagrada comunhão. Pode-se realizar o rito da paz. Depois da distribuição da comunhão, "conforme as circunstâncias, pode-se guardar por algum tempo o silêncio sagrado ou cantar um salmo ou um cântico de louvor".[39] Pode-se também fazer a ação de graças da qual se falou no n. 45a).

49. Antes do fim da reunião, fazem-se os avisos e dão-se as notícias que dizem respeito à vida paroquial ou diocesana.

50. Nunca se dirá suficientemente a importância capital da assembléia do domingo, quer como fonte de vida cristã de cada pessoa e das comunidades, quer como testemunho do projeto de Deus: reunir todos os homens em seu Filho Jesus Cristo.

---

[38] RITUAL ROMANO. A sagrada comunhão e o culto do mistério eucarístico fora da missa, cap. I.

[39] Cf. ibidem, n. 37.

713

Todos os cristãos devem estar convencidos de que não é possível viver a sua fé sem participar, de maneira própria a cada um, da missão universal da Igreja, se não se alimentarem do pão eucarístico. De igual modo, "devem estar convencidos de que a reunião do domingo é sinal para o mundo do mistério da comunhão, que é a eucaristia".[40]

Este Diretório, preparado pela Congregação do Culto Divino, foi aprovado pelo sumo pontífice João Paulo II no dia 21 de maio de 1988, que o mandou publicar.

Sede da Congregação do Culto Divino, 2 de junho de 1988, na solenidade do SS. corpo e sangue de Cristo.

Paulo Agostinho Card. Mayer, osb, prefeito
Virgílio Noé, arcebispo titular de Voncária, secretário

---

[40] João Paulo II. Alocução a alguns bispos de França em visita *ad sacra limina*, no dia 27 de março de 1987.

Orientações para a celebração da Palavra de Deus

Conferência Nacional dos Bispos do Brasil
(13 a 22 de abril de 1994)

INTRODUÇÃO

Há alguns anos, a Linha 4 — Dimensão Litúrgica da CNBB — vem trabalhando o importante tema das celebrações dominicais da Palavra de Deus. Uma pesquisa realizada nos anos de 1989-1990, respondida por 159 dioceses, em uma porcentagem de 65% sobre o total, revelou que esta é uma das formas celebrativas mais freqüentes. Aproximadamente 70% das comunidades reúnem-se e celebram os mistérios da fé ao redor da Palavra de Deus.

A celebração da Palavra de Deus é um ato litúrgico reconhecido e incentivado pela Igreja. Sua reflexão torna-se ainda mais significativa se considerarmos o apreço das comunidades pela leitura e meditação da Sagrada Escritura e a prática da leitura orante.

A Palavra de Deus é acontecimento em que o Pai entra na história, o Filho prolonga o mistério de sua Páscoa e o Espírito atua com sua força. As celebrações da Palavra de Deus, especialmente aos domingos, fundamentam-se no caráter sacerdotal de cada batizado e cada batizada. "Ele fez para nós um Reino de sacerdotes", recorda-nos o Apocalipse. "Ele te unge sacerdote", repetimos em cada celebração batismal. Isto é, cada celebração da Palavra é uma forma de o povo consagrado "proclamar as maravilhas daquele que nos chamou das trevas à luz".

As celebrações da Palavra de Deus não são uma criação das últimas décadas, mas fazem parte da tradição da Igreja. As comunidades primitivas criaram uma estrutura própria de celebração da Palavra — o ofício divino. Hoje existem, nas comunidades católicas do Brasil, diversos roteiros da celebração da Palavra de Deus. A finalidade dessas celebrações é a de assegurar às comunidades cristãs a possibilidade de se reunir aos domingos e nas festas, tendo a preocupação de inserir suas reuniões na celebração do ano litúrgico e de se relacionar com as comunidades que celebram a eucaristia.

O presente texto foi examinado e aprovado de modo geral pelos bispos responsáveis por liturgia, em agosto de 1992 e em março de 1993. Foi depois apresentado na 31ª Assembléia Geral, em 1993, onde se resolveu que voltasse às bases diocesanas para ser aperfeiçoado através do estudo das equipes de liturgia.

Finalmente, na 32ª Assembléia Geral, em 1994, foi aprovado em votação unânime.

A Páscoa do Senhor e a luz de seu Espírito iluminem o discernimento pastoral de todos quantos colaboraram no enriquecimento deste texto.

Dom Clemente José Carlos Isnard, bispo responsável pela Linha 4

PRIMEIRA PARTE — SENTIDO LITÚRGICO DA CELEBRAÇÃO DA PALAVRA DE DEUS

1. "Entre as formas celebrativas que se encontram na tradição litúrgica, é muito recomendada a celebração da Palavra de Deus",[1] para o alimento da fé, da comunhão e do compromisso do povo de Deus.[2] Ela é ação litúrgica reconhecida e incentivada pelo Concílio Vaticano II: "Incentive-se a celebração sagrada da Palavra de Deus nas vigílias das festas mais solenes, em algumas férias do Advento e da Quaresma, como também nos domingos e dias santos, sobretudo naqueles lugares onde falta o padre".[3]

2. Em terras latino-americanas a realidade da "falta de ministros, a dispersão populacional e a situação geográfica do continente fizeram crescer a consciência" da importância das celebrações da Palavra de Deus.[4]

3. Medellín, ao mesmo tempo que realça o valor desta forma celebrativa, sublinha sua relação com as celebrações sacramentais: "Fomentem-se as sagradas celebrações da Palavra, conservando sua relação com os sacramentos nos quais ela alcança sua máxima eficácia, e particularmente com a eucaristia".[5]

---

[1] CONGREGAÇÃO PARA O CULTO DIVINO. *Celebrações dominicais na ausência do presbítero* (CDAP), n. 20.
[2] Cf. CNBB. Doc. 43, n. 95.
[3] SC 35.4.
[4] Puebla, 900.
[5] Medellín 9,14; cf. CNBB, Doc. 26, n. 229.

ORIENTAÇÕES PARA A CELEBRAÇÃO DA PALAVRA DE DEUS

4. Puebla recomenda as celebrações da Palavra presididas por diáconos ou leigos,[6] com ocasiões propícias de evangelização.[7] Estas, "com uma abundante, variada e bem escolhida leitura da Sagrada Escritura, são de muito proveito para a comunidade, sobretudo para a realização da celebração dominical".[8]

5. É nesta celebração que muitas comunidades encontram, habitualmente, o alimento de sua vida cristã. Formadas por gente simples, em luta pela sobrevivência e mais abertas à solidariedade, essas comunidades, espontaneamente, unem a Escritura à vida e, criativamente, integram preciosos elementos da religiosidade popular e de sua cultura.[9]

6. Através da Palavra de Deus, as comunidades celebram o mistério de Cristo em sua vida. Depois dos sacramentos, a celebração da Palavra é a forma mais importante de celebrar.[10] Isto exige de nós uma reflexão teológica mais aprofundada e uma maior atenção pastoral.

7. Nas diferentes formas celebrativas e na diversidade de assembléias das quais os fiéis tomam parte, exprimem-se os múltiplos tesouros da única Palavra de Deus. Isto acontece no transcorrer do ano litúrgico, em que se recorda o mistério de Cristo em seu desenvolvimento, como na celebração dos sacramentos e dos sacramentais da Igreja, e também nas respostas de cada fiel à ação interna do Espírito Santo. Deste modo, a celebração litúrgica converte-se em um acontecimento novo e enriquece a Palavra com uma nova interpretação e eficácia.[11]

Deus fala e age em favor de seu povo

8. A Palavra de Deus está viva e atuante hoje na comunidade eclesial. Deus continua a falar aos seus filhos em Jesus Cristo, pelo Espírito Santo. Vale-se da comunidade dos fiéis que celebra a liturgia, para que a sua Palavra se propague e seja conhecida, e seu nome seja louvado por todas as nações.[12]

9. O mistério da salvação, que a Palavra de Deus não cessa de recordar e prolongar, alcança seu mais pleno significado na ação litúrgica. Assim, a Palavra de Deus é sempre viva,[13] pelo poder do Espírito Santo, e manifesta o

---

[6]   Cf. Puebla, 944.
[7]   Cf. Puebla, 946.
[8]   Puebla, 929.
[9]   Cf. CNBB. Doc. 43, n. 97.
[10] Cf. Ibidem, n. 93.
[11] Cf. *Ordo Lectionum Missae*, n. 3.
[12] Cf. *Ordo Lectionum Missae*, n. 7; cf. CNBB. Doc. 26, n. 71.
[13] Cf. Hb 4,12.

amor ativo do Pai. A Palavra nunca deixa de ser eficaz.[14] Ela contém, realiza e manifesta a aliança que Deus firmou com seu povo.

10. A Palavra de Deus é um "acontecimento" através do qual o próprio Deus entra no mundo, age, cria, intervém na história do seu povo para orientar sua caminhada.

> Ela é como a chuva e a neve que descem do céu e para lá não voltam sem terem regado a terra, tornando-a fecunda e fazendo-a germinar, dando semente ao semeador e pão ao que come. Ela não torna a ele sem ter produzido fruto e sem ter cumprido a sua vontade.[15]

Ela é poder[16] e força criadora de Deus[17] que dirige pessoalmente a cada um, hoje.[18] Nesta perspectiva, as celebrações da Palavra, sob a ação do Espírito Santo, constituem memória reveladora dos acontecimentos maravilhosos da salvação. O testemunho de vida do próprio ministro da Palavra tem sua importância.

Memória e presença de Jesus Cristo

11. O centro e a plenitude de toda a Escritura e de toda a celebração litúrgica é Jesus Cristo, palavra e sinal do amor com que Deus intervém e age para salvar seu povo: presença divina ativa entre nós.[19] Ele é uma presença contínua na Igreja através da eucaristia e dos demais sacramentos, da assembléia e do ministro, da Palavra proclamada e da oração comunitária.[20] "Onde se proclama a sua soberania aí está o Senhor presente",[21] e, realizando o mistério da salvação, nos santifica e presta ao Pai o culto perfeito.[22] A liturgia é a celebração da obra salvífica de Cristo. É ele quem realiza o projeto do Pai.

12. Na proclamação da Palavra, Cristo continua falando a seu povo, como profeta e sacerdote. Os fiéis, escutando a Palavra de Deus, reconhecem que as maravilhas, ali anunciadas, atingem a plenitude no mistério pascal.[23] A exem-

---

[14] Cf. *Ordo Lectionum Missae*, n. 4; cf. CNBB. Doc. 43, n. 77.

[15] Is 55,10-11.

[16] Cf. 2Cor 6,7.

[17] Cf. Salmo 148,5.

[18] Cf. Sto. Agostinho. in *Ioann. Ev.* Tract. 30,7.

[19] Cf. Ef 1,9; 3,9; Cl 1,27; 1Tm 3,16.

[20] Cf. SC 7,33; Mt 18,20; 28,20; Mc 16,19-20; Instrução *Eucharisticum mysterium*, n. 9; IGMR, n. 33; CNBB, Doc. 43, n. 78.

[21] Didaqué, IV. 1; cf. Hb 13,7.

[22] Cf. *Ordo Lectionum Missae*, n. 4.

plo das comunidades primitivas, os irmãos reunidos para a escuta da Palavra na celebração fazem a experiência da presença viva do Ressuscitado.[24] Pois também através da celebração da Palavra de Deus faz-se memória do mistério pascal de Cristo morto e ressuscitado.

Ação e presença do Espírito Santo

13. O ambiente celebrativo da Palavra de Deus evidencia a relação existente entre a Palavra proclamada e celebrada e a ação do Espírito Santo.

> Para que a Palavra de Deus realmente produza nos corações aquilo que se escuta com os ouvidos, requer-se a ação do Espírito, por cuja inspiração a Palavra de Deus se converte em fundamento, em norma e ajuda de toda a vida. A atuação do Espírito Santo não só precede, acompanha e segue toda a ação litúrgica, mas também sugere ao coração de cada um tudo aquilo que, na proclamação da Palavra de Deus, foi dito para toda a comunidade dos fiéis; e, ao mesmo tempo em que consolida a unidade de todos, fomenta também a diversidade de carismas e a multiplicidade de atuações.[25]

14. A acolhida da Palavra, a oração de louvor, de ação de graças e de súplica que ela suscita, é ação do Espírito, "pois não sabemos o que pedir como convém; mas o próprio Espírito intercede por nós com gemidos inefáveis".[26] "Ninguém pode dizer Senhor Jesus, senão pelo Espírito Santo".[27] A escuta da Palavra de Deus torna-se compromisso de fé e de conduta cristã pela força do Espírito Santo. "Tornai-vos praticantes da Palavra e não simples ouvintes."[28] Deste modo, o Espírito de Deus introduz os fiéis na celebração e na experiência cristã da riqueza libertadora da Palavra de Deus e por ele a Palavra se transforma em acontecimento de salvação no coração da história.

15. O Espírito Santo agiu na vida de Cristo, ele está presente e atua na vida dos seguidores do Ressuscitado. Vivifica a ação celebrativa tornando-a frutuosa para a comunidade eclesial, que atualiza o passado e antecipa os definitivos acontecimentos da salvação na esperança da glória futura.[29]

---

[23] Cf. Congregação para o Culto Divino. *Celebrações dominicais na ausência do presbítero*, n. 20.

[24] Cf. Jo 20,19.26; 21,4ss; Lc 24,30-32.

[25] *Ordo Lectionum Missae*, n. 9; cf. Jo 16,15; 14,26.

[26] Rm 8,26; Gl 4,6; cf. *Ordo Lectionum Missae*, n. 6.

[27] 1Cor 13,3.

[28] Tg 1,22; Cf. *Ordo Lectionum Missae*, n. 6.

Ação comunitária da Igreja

16. A liturgia é ação comunitária da Igreja, o novo povo de Deus, que está no mundo vivenciando as alegrias e as esperanças, as tristezas e as angústias com todos os homens e mulheres de hoje, sobretudo com os pobres.[30] A liturgia é o ápice e a fonte da vida eclesial.[31] É a festa da comunhão eclesial, na qual se celebra a ação do Senhor Jesus, que, por seu mistério pascal, assume e liberta o povo de Deus.[32]

17. A Igreja, povo de Deus convocado para o culto, cresce e se constrói ao escutar a Palavra de Deus. Os prodígios que de muitas formas Deus realizou na história da salvação fazem-se presentes, de novo, nos sinais da celebração litúrgica, de um modo misterioso, mas real. Portanto, sempre que a Igreja, na celebração litúrgica, anuncia e proclama a Palavra de Deus, se reconhece a si mesma como o povo da nova aliança.[33]

18. A Igreja continua na liturgia a ação de Jesus Cristo que, como em Emaús, exorta a aprofundar o conjunto das Escrituras.[34] Assim,

> a Igreja perpetua e transmite a todas as gerações tudo o que ela é e tudo o que ela crê, de tal modo que, ao longo dos séculos, vai caminhando continuamente para a plenitude da verdade divina, até que nela mesma se realize completamente a Palavra de Deus.[35]

19. Atenção pastoral merecem as celebrações ecumênicas da Palavra de Deus. Nestas celebrações a primazia recai sobre o espírito de unidade à luz da Palavra de Deus. Para isto, as celebrações ecumênicas devem ser preparadas previamente, com a colaboração e aprovação das partes interessadas, no que diz respeito aos textos bíblicos, cantos, orações, exercício dos ministérios e partilha da Palavra. Na organização do ambiente e dos elementos celebrativos, respeita-se a sensibilidade religiosa dos participantes. Importa ressaltar que o testemunho da unidade entre os cristãos é um imperativo da fé: "para que o mundo creia" (Jo 17,21).

---

[29] Cf. Hb 13,8.
[30] Cf. SC 7; GS 1; 26; CNBB, Doc. 43, n. 53.
[31] Cf. SC 10.
[32] Cf. Puebla 918.
[33] Cf. *Ordo Lectionum Missae*, n. 7. "O povo de Deus congrega-se antes de mais nada pela Palavra do Deus vivo" (PO 4).
[34] Cf. *Ordo Lectionum Missae*, n. 3; cf. Lc 24,27.
[35] *Ordo Lectionum Missae*, n. 9.

Ação simbólica

20. Deus e a pessoa humana exprimem suas relações, através de sinais, símbolos e objetos.[36] A celebração da Palavra, como toda a celebração litúrgica, se faz com "sinais sensíveis".[37] A participação do povo no acontecimento celebrado expressa-se com palavras, gestos, ações e ritos. A expressão simbólica da celebração "exprime e estimula os pensamentos e os sentimentos dos participantes".[38] O gesto corporal revela a fé e a comunhão. Os discípulos, ao verem o Senhor, "prostraram-se diante dele".[39] "O que vimos e ouvimos vo-lo anunciamos para que estejais também em comunhão conosco. E a nossa comunhão é com o Pai e com o seu Filho Jesus Cristo."[40] A Palavra de Deus na liturgia é sinal celebrativo. É sinal enquanto contém e expressa a realidade da salvação. Ela proporciona o encontro da comunidade com o próprio Deus que se comunica e se faz presente em Jesus Cristo.

Ação ministerial

21.A proclamação eclesial e litúrgica da Palavra de Deus é uma realidade ministerial. Por vontade divina, o novo povo de Deus está formado por uma variedade de membros; por esta razão, são também vários os serviços e as funções que correspondem a cada um, no que se refere à Palavra de Deus. Na celebração, cada um tem o direito e o dever de construir com sua participação, de modo diferente segundo a diversidade de função e de ministérios.[41]

A escuta da Palavra gera vida nova

22. Quando Deus comunica a sua Palavra, sempre espera uma resposta, que consiste em escutar e adorar "em espírito e verdade".[42] O Espírito Santo

---

[36] Cf. Puebla 920; CNBB, Doc. 43, nn. 39-40, 84.

[37] SC, n. 7.

[38] IGMR, n. 20. "As atitudes corporais, os gestos e as palavras com que se exprime a ação litúrgica e se manifesta a participação dos fiéis não recebem seu significado unicamente da experiência humana, de onde são tirados, mas também da Palavra de Deus e da economia da salvação, à qual se referem" (*Ordo Lectionum Missae*, n. 6).

[39] Mt 28,17.

[40] 1Jo 1,3.

[41] Cf. IGMR, n. 58; cf. *Ordo Lectionum Missae*, n. 8.

[42] Jo 4,23

age para que a resposta seja eficaz, para que se manifeste na vida o que se escuta na ação litúrgica. Assim, procurem os fiéis que aquilo que celebram na liturgia seja uma realidade em sua vida e costumes e, inversamente, o que fizerem em sua vida se reflita na liturgia.[43]

23. A escuta da Palavra suscita o arrependimento e estimula à conversão. "A Palavra de Deus é viva e eficaz, mais penetrante do que qualquer espada de dois gumes; penetra até dividir alma e espírito, junturas e medulas."[44] Ela põe em crise as situações erradas, provoca uma revisão, suscita o compromisso. "Senhor, eis que eu dou a metade de meus bens aos pobres, e se defraudei a alguém, restituo-lhe o quádruplo."[45]

24. As celebrações da Palavra de Deus atuam e frutificam na medida em que há uma resposta de vida de fé, de esperança e da caridade da parte dos que escutam. A resposta de fé supõe explicação e compreensão da Palavra. "Como é que vou entender se ninguém me explicar?"[46] Daí se pode entender a necessidade do estudo da Sagrada Escritura, a ser planejado de maneira correspondente às necessidades das pastorais e da pastoral de conjunto.

25. Apoiando-se na Palavra de Deus, as pessoas tornam-se mais solidárias e fazem dos momentos celebrativos um encontro festivo e comprometido com o próprio Deus da vida, que é Palavra que ama, salva, transforma e liberta.

Relação entre a Palavra de Deus e a eucaristia

26. A Igreja cresce e se edifica ao escutar a Palavra de Deus e ao celebrar a eucaristia como memorial da morte e ressurreição de Jesus Cristo, até que ele venha.[47] A Palavra de Deus proclamada conduz à plenitude do mistério pascal de Cristo crucificado e ressuscitado. Com efeito, o mistério pascal de Cristo, anunciado nas leituras e na homilia, realiza-se por meio da eucaristia.[48]

27. A Palavra de Deus e o mistério eucarístico foram honrados pela Igreja com a mesma veneração,[49] embora com diferente culto.

---

[43] Cf. *Ordo Lectionum Missae*, n. 6.

[44] Hb 4,12.

[45] Lc 19,8.

[46] At 8,31a.

[47] Cf. Congregação para o Culto Divino. *Celebrações dominicais na ausência do presbítero*, n. 1; cf. *Ordo Lectionum Missae*, n. 44.

[48] *Ordo Lectionum Missae*, n. 24; "Os fiéis, ao escutarem a Palavra de Deus, reconheçam que as maravilhas anunciadas atingem o ponto alto no mistério pascal, cujo memorial é sacramentalmente celebrado na missa. Assim, recebendo a Palavra de Deus e por ela alimentados, os fiéis na ação de graças são levados a uma frutuosa participação nos mistérios da salvação" (Instrução *Eucharisticum mysterium*, n. 10).

[49] "A Igreja sempre venerou as divinas Escrituras, da mesma forma como o próprio Corpo do Senhor" (DV, n. 21; cf. SC, n. 48); "Como Cristo veio escondido no Corpo... assim também toda a Sagrada Escritura é

ORIENTAÇÕES PARA A CELEBRAÇÃO DA PALAVRA DE DEUS

A Igreja sempre quis e determinou que assim fosse, porque, impelida pelo exemplo de seu fundador, nunca deixou de celebrar o mistério pascal de Cristo, reunindo-se para ler todas as passagens da Escritura que a ele se referem e realizando a obra da salvação, por meio do memorial do Senhor.[50]

28. "A Igreja alimenta-se com o Pão da Vida na mesa da Palavra de Deus e do corpo de Cristo."[51] "Na Palavra de Deus se anuncia a aliança divina e na eucaristia se renova essa mesma aliança nova e eterna. Na Palavra, recorda-se a história da salvação, na eucaristia a mesma história se expressa por meio de sinais sacramentais."[52] Portanto, a Palavra conduz à eucaristia. Se, por um lado, a Palavra encontra sua realização na eucaristia, por outro a eucaristia tem, de certo modo, seu fundamento na Palavra.

29. A celebração eucarística é o verdadeiro centro de toda a vida cristã, para a qual convergem e se unem as atividades pastorais, os ministérios eclesiais e os demais sacramentos.[53] "Nenhuma comunidade cristã se edifica sem ter a sua raiz e o seu centro na celebração da santíssima eucaristia."[54]

30. Palavra de Deus e eucaristia são duas formas diferentes da presença de Jesus Cristo no meio do povo da nova aliança. O ideal seria que todas as comunidades cristãs pudessem celebrar a eucaristia, especialmente aos domingos. Todavia, inúmeras razões, como: a falta de ministros,[55] o aumento do número de comunidades cristãs, sua dispersão em lugares afastados e outros motivos, impedem que as comunidades participem da celebração eucarística dominical.[56]

---

sua incorporação" (ORIGINES, Com. Series in Mt 27, CCS 38,45); "Vocês que podiam participar dos santos mistérios, sabem: Quando lhes é dado o Corpo de Cristo, vocês o guardam com todo o cuidado e veneração, para que nada caia no chão e nada se perca do dom sagrado. Porque vocês se sentem culpados, se algo cair por negligência. Se tomam tanto cuidado para guardar o seu Corpo – e têm razão – como podem, então, pensar que seja uma culpa menor desprezar a Palavra de Deus?" (ORIGENES, *Homilias sobre Haxat*. Na Tradução de Rufino, Ex 13,3. CCS 29, 274). "A Palavra de Cristo não é menos do que o Corpo de Cristo" (CESÁRIO DE ARLES, in *Serm*. 78,2); "Bebe-se o Cristo no cálice das Escrituras como no cálice eucarístico" (STO. AGOSTINHO, Enrr. In PS. 1,33); "O verdadeiro Cristo está na sua Palavra e na carne" (STO. AGOSTINHO, In *Ev. Joanis*, Tract. 26,12; CCL. PL 36,266).

50 *Ordo Lectionum Missae*, n. 10.

51 "Na missa se prepara tanto a mesa da Palavra de Deus como a do Corpo de Cristo, para ensinar e alimentar os fiéis" (IGMR, n. 8); "A Igreja alimenta-se com o Pão da vida na mesa da Palavra de Deus e do Corpo de Cristo" (Instrução *Eucharisticum mysterium*, n. 10; cf. DV, n. 21; PO, nn. 4, 18; SC, nn. 48, 51).

52 *Ordo Lectionum Missae*, n. 10.

53 Cf. Instrução *Eucharisticum mysterium*, n. 6.

54 CONGREGAÇÃO PARA O CULTO DIVINO. *Celebrações dominicais na ausência do presbítero*, n. 25; cf. Instrução *Eucharisticum mysterium*, nn. 7 e 8.

55 Ibidem, n. 2.

56 Ibidem, n. 3.

O domingo, dia do Senhor e da comunidade

31. O domingo é uma instituição de origem especificamente cristã.[57] Começou com a reunião dos primeiros cristãos para celebrar a memória da morte e ressurreição de Jesus Cristo que se deu no primeiro dia da semana.[58] A celebração do Senhor ressuscitado e a ação de graças — eucaristia — são os elementos essenciais do domingo cristão.[59] Os irmãos reunidos oravam, escutavam a Palavra e eram alimentados com o alimento divino — fração do pão.[60]

32. O domingo é o dia da Igreja. Dia da comunidade reunida em nome do Senhor. Nesse mesmo dia, o Filho enviou de junto do Pai o Espírito Santo sobre seus discípulos.[61] E os enviou como mensageiros da Boa-Nova.[62] O dia do Senhor devia ser vivido na alegria,[63] dia da grande libertação, sinal profético da reunião universal de todos os eleitos diante do trono de Deus, cantando seus louvores.[64]

33. O domingo era tão significativo para os primeiros cristãos que eles se sentiam verdadeiramente convidados a participar da reunião comunitária. Nem o risco de vida, a prisão ou as torturas os afastavam das celebrações dominicais. Faltar à assembléia dominical era amputar o corpo de Cristo.[65] Reunir-se e tomar parte na liturgia dominical, na escuta da Palavra, na participação no corpo e no sangue do Senhor, era expressão de pertença a Cristo.[66]

---

[57] Cf. At 20,7; Ap 1,10; 1Cor 16,2; "O Dia do Senhor" Didaqué 14,1; S. Justino, *I Apologia* 67,7.

[58] Cf. Mt 28,1; Mc 16,1-2; Lc 24,1-13; Jo 20,1-19; At 4,31; 12,12; 14,27; 15,30; 1Cor 11,17-18.

[59] Cf. 1Cor 11,20; At 20,7; Didaqué 14,1-2; S. Justino, *I Apologia* 67,3-5.

[60] Cf. At 2,42; 20,7-12; "Reuni-vos no dia do Senhor para a fração do pão e agradecei", Didaqué 14,1; "Terminadas as orações... se apresentam ao que preside os irmãos pão e um cálice de água e vinho misturado... os que entre nós são chamados diáconos dão a cada um dos presentes parte do pão, do vinho e da água eucaristizados", S. Justino, I, *Apologia* 65,2-5; 67,5; *Didascalia*, II, 47,1; Tertuliano, *De Oratione*, 9,4; S. Cipriano, *Epist.* 63, 15-16; Sc 106.

[61] Cf. At 2,1-4.

[62] Cf. At 2,4; 1,8; Jo 20,21-23.

[63] Cf. *Didascalia dos apóstolos*, V, 20;

[64] Cf. Ap 7,10-12;

[65] "Não podemos viver sem celebrar o domingo – *sine dominico non possumus* (Ata dos Mártires X, BAC 75, p. 984; cf. Plínio, o Moço, Carta 10,96(7) 7). O sentido cristão dos fiéis, quer no passado, quer hoje em dia, teve sempre em tão grande honra o domingo, que "mesmo nos tempos de perseguição e nas regiões de cultura afastada ou até oposta à fé cristã, de nenhum modo aceitou substituir o dia do Senhor" Congregação para o Culto Divino. *Celebrações dominicais na ausência do presbítero*, n. 11.

[66] Cf. 1Cor 10,16-17; "Em tua pregação, ó bispo, recomenda e persuade o povo a freqüentar a Igreja com assiduidade... e a não mutilar a Igreja, desligando-se dela, e a não amputar de um membro o Corpo de Cristo... Não priveis o Senhor de seus próprios membros. Não dividais o seu Corpo, não dessipeis os seus membros e não prefirais os negócios do século à Palavra Divina..." (*Constituições apostólicas*, Livro II, 59,1-3; *Sources Chrétiennes* 320, p. 325).

Sinal da alegria pela presença do Espírito Santo e pela comunhão com o Senhor glorificado e pela esperança de sua volta.[67]

34. Tomar parte da assembléia litúrgica é um imperativo que brota da fé e da comunhão com a Igreja de todos os tempos, em torno do Ressuscitado. Daí que, para aquele que crê e se sente integrado em uma comunidade de fé, "reunir-se no dia do Senhor", mais que uma obrigação preceitual, é um privilégio.

35. O cuidado pastoral deverá considerar a assembléia dominical como a reunião do povo de Deus convocado para celebrar a Páscoa do Senhor. Desse modo, os fiéis serão, por sua participação ativa na ação litúrgica dominical, fortalecidos em sua fé e no testemunho de sua vida eclesial.[68]

36. O domingo, além de ser o dia do Senhor e da comunidade, é também o dia de alegria e de repouso do trabalho, expressão de liberdade e de convivência fraterna. O repouso dominical é sinal de libertação e proclamação da grandeza da pessoa humana, "que, sem dúvida, tem mais valor do que os negócios e os processos produtivos".[69]

37. A sociedade consumista e secularizada perdeu o sentido religioso do domingo. O mundo do trabalho por turnos, a mentalidade de produção e o regime urbano de vida estão enfatizando outras dimensões. Não tendo tempo disponível durante a semana, as pessoas ocupam o domingo nos afazeres domésticos ou em serviços que possam ajudar na subsistência familiar. Muitas famílias procuram, fora da cidade, a superação da tensão gerada pela vida cotidiana, por vezes em realidades opostas ao sentido cristão do domingo.[70]

A celebração dominical

38. Os fiéis sejam instruídos acerca do significado da assembléia dominical. Onde não for possível a celebração eucarística, possibilitem as comunidades eclesiais a celebração da Palavra de Deus. Deste modo, seus membros,

---

[67] Cf. Didaqué 10,6; "Cada um deve ter a preocupação de ir à assembléia, onde floresce o Espírito Santo" (Tradição Apostólica de Hipólito, p. 64, Petrópolis, 1971).

[68] Cf. CONGREGAÇÃO PARA O CULTO DIVINO. Celebrações dominicais na ausência do presbítero, nn. 15 e 16; Instrução *Eucharisticum mysterium*, n. 25.

[69] CONGREGAÇÃO PARA O CULTO DIVINO. Celebrações dominicais na ausência do presbítero, n. 16; CNBB, Doc. 43, n. 116. O descanso dominical, contudo, não se reduz ao repouso necessário à restauração das energias gastas pelo esforço do trabalho. É muito mais que isso. É, sobretudo, um espaço de exercício da liberdade e da solidariedade. De liberdade, porque torna possíveis as ocupações de livre escolha, as que mais se prestam à afirmação e realização pessoais.

[70] Cf. CNBB, Doc. 43, nn. 117 e 118.

terão acesso aos tesouros da Sagrada Escritura e da oração da Igreja.[71] "A celebração da Palavra, mesmo com a distribuição da comunhão, não deve levar o povo a pensar que se trata do sacrifício da missa."[72]

39. As celebrações dominicais da Palavra de Deus sejam acompanhadas de uma oportuna catequese aos fiéis sobre o seu sentido, e se proporcione uma adequada formação litúrgica aos que nelas desempenham serviços e ministérios.

40. Mesmo tendo presente o valor pastoral e sacramental das celebrações dominicais da Palavra de Deus, não se devem ocultar questões sérias, como a dos ministérios e do direito das comunidades à celebração mais freqüente da eucaristia. O papa João Paulo II lembra que a eucaristia é o centro das formas de oração e o fundamento indispensável para as comunidades cristãs.[73]

41. No ano litúrgico, além do domingo, existem outros momentos importantes na vida da Igreja, que precisam ser celebrados. Neles, revive-se o mistério pascal. São as solenidades relacionadas a Jesus, como o dia de Natal e o corpo e o sangue de Cristo e as festas da Virgem Maria, como o dia da Imaculada Conceição, Santa Mãe de Deus e outros acontecimentos importantes da comunidade e da sociedade.

Equipe de celebração

42. A celebração da Palavra de Deus, como expressão da Igreja reunida, supõe a presença de uma equipe de celebração que a prepare, anime e integre os diversos serviços: do acolhimento fraterno, da presidência, da animação, do canto, da proclamação das leituras e outros. Para seu bom desempenho, requer-se para a equipe a formação litúrgica. Convém que dela participem crianças, jovens, homens e mulheres.

43. No momento de preparar a celebração, a equipe considere os seguintes elementos: situar a celebração no tempo litúrgico e na realidade de vida da comunidade; ler e refletir os textos bíblicos, percebendo sua mensagem central; prever os comentários, as orações, os cantos, os gestos e as expressões simbólicas que a vida da comunidade e a Palavra de Deus sugerem. Após a elaboração do roteiro da celebração, a equipe distribua co-responsavelmente os serviços, visando à participação ativa de toda a assembléia.

---

[71] Cf. CONGREGAÇÃO PARA O CULTO DIVINO. *Celebrações dominicais na ausência do presbítero*, nn. 18-22.
[72] CNBB, Doc. 43, n. 98.
[73] Cf. JOÃO PAULO II. Carta encíclica *Redemptoris missio*, n. 51.

Espaço celebrativo

44. Embora toda terra seja santa, "A Igreja, como família de Deus, precisa de uma casa para reunir-se, dialogar, viver na alegria e na comum-união os grandes momentos de sua vida religiosa".[74] Por isso, o espaço celebrativo seja funcional e significativo, de tal modo que favoreça:

- a participação ativa da assembléia;
- o exercício dos diferentes ministérios. O espaço celebrativo visa suscitar em todos a recordação da presença de Deus que fala a seu povo.

45. Tenha-se cuidado com a disposição e ornamentação do espaço celebrativo. Valorizem-se as expressões da arte local. O bom gosto criará um ambiente religioso, digno, agradável, levando-se em conta a cultura própria da região. A configuração do espaço celebrativo deverá ser tal que ponha em destaque a mesa da Palavra e que os ministros possam facilmente ser vistos e ouvidos pela assembléia.

46. A dignidade da Palavra de Deus requer, no espaço celebrativo, um lugar próprio para a sua proclamação. Convém que a "mesa da Palavra" ocupe lugar central. Nela são proclamadas as leituras bíblicas. Aí o que preside dirige-se à assembléia e profere as orações. Para a "mesa da Palavra" convergem as atenções de todos os presentes.

47. Os livros litúrgicos requerem sejam tratados com cuidado e respeito, pois é deles que se proclama a Palavra de Deus e se profere a oração da Igreja. Por isso, na celebração, os ministros tenham em sua mão livros belos e dignos, quer na apresentação gráfica, quer na encadernação.

48. A acústica e o sistema de som merecem um cuidado especial para permitir a comunicação da Palavra, a escuta e a resposta da assembléia, impregnando o ambiente de nobreza e de religiosidade.

49. A diversidade de ministérios na celebração é significada exteriormente pela diversidade das vestes, que são sinais distintivos da função própria de cada ministro. Na celebração da Palavra, podem-se adotar vestes litúrgicas confeccionadas segundo a sensibilidade e o estilo próprio das culturas locais. Por sua vez, a diversidade de cores tem por finalidade exprimir de modo mais eficaz o caráter dos mistérios da fé que se celebram e o sentido da dinâmica da vida cristã ao longo do ano litúrgico.

---

[74] CNBB, Doc. 43, n. 141.

SEGUNDA PARTE — ELEMENTOS PARA O ROTEIRO DA CELEBRAÇÃO

50. Há entre as comunidades eclesiais uma diversidade de roteiros para a celebração da Palavra de Deus. Será de grande proveito que as equipes de liturgia das comunidades e dioceses dêem sua colaboração na elaboração de roteiros que expressem, de forma inculturada, a riqueza do ministério de Deus na vida do povo.

51. As celebrações dos sacramentos possuem um ritual próprio. No caso da celebração da Palavra de Deus, não existe um ritual específico. Muitas comunidades simplesmente seguem o esquema da celebração eucarística, omitindo algumas partes. Outras comunidades usam o roteiro sugerido por folhetos litúrgicos.

52. Se, por um lado, há certa liberdade na celebração da Palavra, por outro, há uma lógica a ser observada que, no seu conjunto, reflete uma coerência teológico-litúrgica: o Senhor convida e reúne, o povo atende e se apresenta; o Senhor fala, a assembléia responde professando sua fé, suplicando e rezando, louvando e bendizendo. A comunidade com ritos, gestos e símbolos expressa e renova a aliança de Deus com seu povo e deste com Deus. A assembléia é abençoada e enviada em missão na construção de comunidades vivas.

53. É necessário situar a celebração da Palavra de Deus no contexto do tempo litúrgico e na vida da comunidade. Tenha-se presente os acontecimentos e esteja-se atento à realidade das pessoas que vão celebrar.[75] Para garantir o ritmo celebrativo, procure-se integrar de forma harmoniosa, movimento e descanso, gesto e palavra, canto e silêncio, expressão e interiorização, ação dos ministros e participação da comunidade. É preciso levar em conta as exigências da comunicação e da cultura do povo.

54. Na celebração da Palavra sejam devidamente valorizados os seguintes elementos:

1º) reunião em nome do Senhor;
2º) proclamação e atualização da Palavra;
3º) ação de graças;
4º) envio em missão.[76]

55. O roteiro da celebração da Palavra de Deus deve ser organizado de tal modo que favoreça a escuta e a meditação da Palavra de Deus, a oração e o compromisso de vida.[77]

---

[75] Cf. CNBB, Doc. 43, nn. 219ss.
[76] Cf. CNBB, Doc. 43, n. 9; CONGREGAÇÃO PARA O CULTO DIVINO. *Celebrações dominicais na ausência do presbítero*, n. 41.
[77] Cf. CONGREGAÇÃO PARA O CULTO DIVINO. *Celebrações dominicais na ausência do presbítero*, n. 35.

ORIENTAÇÕES PARA A CELEBRAÇÃO DA PALAVRA DE DEUS

56. A celebração possibilite o encontro de comunhão afetivo e efetivo entre Deus e as pessoas e seja capaz de penetrar as dimensões mais profundas da vida. Por isso, a celebração deve respeitar a dinâmica dialogal que tem início em Deus e que provoca a resposta dos fiéis reunidos em assembléia.

Ritos iniciais

57. A celebração comunitária da Palavra, preparada e realizada em um clima de acolhida mútua, de amizade, de simplicidade, de alegria e de espontaneidade, favorece a comunhão e a participação dos fiéis na escuta da Palavra e na oração. "A atitude de amizade e de acolhimento acentua a valorização da pessoa, em um mundo onde a técnica e o progresso nem sempre deixam espaço para a comunicação pessoal."[78] "Por isso, a pessoa precisa ser acolhida na comunidade com abertura e sensibilidade para os diversos aspectos e dimensões de sua identidade e existência."[79]

58. Além do "ministério da acolhida" e da postura acolhedora, alegre, disponível e bem-humorada dos ministros,[80] é importante a apresentação das pessoas que tomam parte pela primeira vez, ou que estão em visita ou de passagem pela comunidade; a lembrança das pessoas ausentes por motivos de enfermidade, de trabalho ou de serviço em favor da comunidade; a recordação dos falecidos e seus familiares enlutados.

59. Nos ritos iniciais e de acolhida são importantes, ainda, para se criar o clima de encontro: o ensaio de cantos, um breve tempo de oração pessoal e silenciosa, a recordação de acontecimentos da semana ligados à vida das pessoas, famílias, comunidades, diocese, país e do mundo, ligando a Páscoa de Jesus Cristo com os acontecimentos da vida.

60. O comentarista, consciente de sua função, orienta a assembléia litúrgica com breves indicações sobre os cânticos, partes e os elementos da celebração.

61. Quem preside a assembléia, com palavras espontâneas e breves, saúda e acolhe a todos e os introduz no espírito próprio da celebração, despertando na assembléia a consciência de que está reunida em nome de Cristo e da Trindade para celebrar.

62. A equipe de liturgia, em conformidade com o tempo litúrgico e os acontecimentos da vida da comunidade, poderá iniciar a celebração com uma procissão, levando a imagem do santo da devoção do povo, bandeiras, estan-

---

[78] CNBB, Doc. 45, n. 179.

[79] Ibidem, n. 180.

[80] Cf. ibidem, n. 177.

dartes, faixas, cartazes e símbolos expressivos da realidade e da vida de fé dos presentes, entronizando a cruz e a Bíblia e, no Tempo pascal, o círio.

63. O rito penitencial é um momento importante na celebração da Palavra. Ele prepara a assembléia à escuta da Palavra e à oração de louvor. Para que a comunidade externe melhor os sentimentos de penitência e de conversão, a equipe de liturgia, de modo criativo, poderá prever cantos populares de caráter penitencial, refrões variados, expressões corporais, gestos, símbolos e elementos audiovisuais que permitam à comunidade e às pessoas externarem melhor os sentimentos de penitência e conversão, o reconhecimento das situações de pecado pessoal e social. Tenha-se o cuidado para não prolongar este rito de modo desproporcional às outras partes da celebração.

64. Aquele que preside concluirá os ritos iniciais com uma oração. Tendo em conta a assembléia e suas condições, quem preside poderá solicitar aos presentes, após uns instantes de orações silenciosas, que proclamem os motivos de sua oração — fatos da vida, aniversários, falecimentos, problemas, alegrias e esperanças — e, depois, concluirá a oração proposta, integrando as intenções no conteúdo e no espírito do tempo litúrgico.

65. Em conformidade com o espírito da festa, a experiência de fé e a sensibilidade cultural da comunidade, poderá ser de grande proveito a inclusão de orações tiradas da piedade popular.[81]

Liturgia da Palavra

66. Deus convoca a assembléia e a ela dirige sua Palavra e a interpela no hoje da história. A liturgia da Palavra compõe-se de leituras tiradas da Sagrada Escritura, salmo responsorial, aclamação ao Evangelho, homilia, profissão de fé e oração universal.[82]

> Nas leituras atualizadas pela homilia Deus fala a seu povo, revela o mistério da redenção e da salvação, e oferece alimento espiritual. O próprio Cristo, por sua palavra, se acha presente no meio dos fiéis. Pelos cantos, o povo se apropria dessa Palavra de Deus e a ela adere pela profissão de fé. Alimentado por essa palavra, reza na oração universal pelas necessidades de toda a Igreja e pela salvação do mundo inteiro.[83]

---

[81] Cf. CNBB, Doc. 45, n. 95.
[82] Cf. CONGREGAÇÃO PARA O CULTO DIVINO. *Celebrações dominicais na ausência do presbítero*, n. 41b; *Ordo Lectionum Missae*, n. 11.
[83] IGMR, n. 33.

ORIENTAÇÕES PARA A CELEBRAÇÃO DA PALAVRA DE DEUS

67. A equipe de liturgia pode escolher os textos bíblicos à luz dos acontecimentos da vida da comunidade. Acontecimentos esses que devem ser refletidos e celebrados pela comunidade, na perspectiva da fé e tendo como ponto de referência a Sagrada Escritura. Isto supõe que a equipe de liturgia esteja familiarizada com a Bíblia para poder escolher a passagem bíblica de acordo com cada realidade.

68. Nos dias de festa e nos domingos dos tempos fortes do ano litúrgico (Advento, Natal, Quaresma, Páscoa e Tempo pascal) é importante que as leituras Bíblicas sejam as indicadas para as celebrações eucarísticas, pois elas muitas vezes parecem ser um providencial "recado" de Deus para a situação concreta da comunidade.

69. A proclamação do Evangelho deve aparecer como ponto alto da liturgia da Palavra, para o qual a assembléia se prepara pela leitura e escuta dos outros textos bíblicos. Entre a primeira leitura e o Evangelho existe uma íntima unidade que evidencia a realização das promessas de Deus no Antigo Testamento e no Novo Testamento.[84]

70. Convém que as comunidades, conforme as circunstâncias específicas, encontrem, dentro da variedade de gestos possíveis, ritos que permitam valorizar e realçar o Livro da Palavra (Bíblia, Lecionário) e a sua proclamação solene. O Livro, sinal da Palavra de Deus, é trazido em procissão, colocado na mesa da Palavra, aclamado antes e depois da leitura e venerado. Não é recomendável que o leitor proclame a Palavra usando o folheto.[85]

71. Faz parte também da liturgia da Palavra um tempo de meditação — silêncio, repetição, partilha — para buscar em comunidade o que o Senhor pede e para acolher a Boa-Nova que sua Palavra comunica. Por isso, evite-se a pressa que impede o recolhimento.[86] Pode-se guardar momentos de silêncio antes da motivação para a liturgia da Palavra, depois da primeira e da segunda leituras e ao concluir a homilia.[87]

72. A Palavra de Deus a ser proclamada e a dimensão comunitária da celebração requerem dos ministros da Palavra uma adequada preparação bíblico-litúrgica e técnica. Por esta razão, leve-se em conta a maneira de ler, a postura

---

[84] Cf. *Ordo Lectionum Missae*, n. 13.

[85] "Os livros de onde são tiradas as leituras da Palavra de Deus, assim como os ministros, as atitudes, os lugares e demais coisas, lembram aos fiéis a presença de Deus que fala a seu povo. Portanto, é preciso procurar que os livros, que são sinais e símbolos das realidades do alto na ação litúrgica, sejam verdadeiramente dignos, decorosos e belos" (*Ordo Lectionum Missae*, n. 35; cf. IGMR, n. 35; *Ordo Lectionum Missae*, nn. 17.36 e 37; CNBB, Doc. 45, nn. 270-271).

[86] "As celebrações sejam menos apressadas e intelectualizadas, proporcionando maiores momentos de silêncio, interiorização e contemplação" (CNBB, Doc. 45, n. 189).

[87] Cf. IGMR, n. 23; *Ordo Lectionum Missae*, n. 28; IGLH, n. 202; CNBB, Doc. 43, n. 82.

Diretório e Orientações da CNBB para as Celebrações Dominicais na ausência do Presbítero

corporal, o tom da voz, o modo de se vestir e a boa comunicação. Proclamar a Palavra é colocar-se a serviço de Jesus Cristo que fala pessoalmente a seu povo reunido.[88]

Salmo responsorial e aclamação

73. O salmo responsorial, Palavra de Deus, é parte integrante da liturgia da Palavra. É resposta orante da assembléia à primeira leitura. Favorece a meditação da Palavra escutada. Em lugar do refrão do mesmo salmo, podem-se cantar refrões adaptados, de caráter popular. Dar-se-á sempre preferência a um salmo em lugar do chamado canto de meditação.

74. O *Aleluia* ou, de acordo com o tempo litúrgico, outro canto de aclamação ao Evangelho, é sinal da alegria com que a assembléia recebe e saúda o Senhor que vai falar e da disponibilidade para o seguimento da mensagem da Boa-Nova proclamada.[89]

Homilia ou partilha da Palavra de Deus

75. A homilia é também parte integrante da liturgia da Palavra. Ela atualiza a Palavra de Deus, de modo a interpelar a realidade da vida pessoal e comunitária, fazendo perceber o sentido dos acontecimentos, à luz do plano de Deus, tendo como referencial a pessoa, a vida, a missão e o mistério pascal de Jesus Cristo. A explicação viva da Palavra de Deus motiva a assembléia a participar da oração de louvor e da vivência da caridade, buscando realizar a ligação entre a Palavra de Deus e a vida, com mensagem que brota dos textos em conjunto e em harmonia entre si, atingindo a problemática do dia-a-dia da comunidade.

76. Quando o diácono preside a celebração da Palavra, a ele compete a homilia.[90] Na sua ausência, a explicação e a partilha comunitária da Palavra de Deus cabem a quem preside a celebração.

77. Quando oportuno, convém que a homilia ou a partilha da Palavra desperte a participação ativa da assembléia, por meio do diálogo, aclamações, gestos, refrões apropriados. Segundo as circunstâncias, quem preside convida

---

[88] O leitor "é o autor da comunicação da Palavra pela dignidade na apresentação, pelo tom de voz, pela clareza na dicção, pela humildade e convicção de estar a serviço de Deus na proclamação da Palavra" (CNBB, Doc. 2a, n. 5.2.4.1).

[89] Cf. IGMR, nn. 37-39; *Ordo Lectionum Missae*, n. 23; CNBB, Doc. 2a, 2.3.2.2.

[90] Cf. Congregação para o Culto Divino. *Celebrações dominicais na ausência do presbítero*, n. 38.

os presentes a dar depoimentos, contar fatos da vida, expressar suas reflexões, sugerir aplicações concretas da Palavra de Deus.[91] Poderá haver troca de idéias em grupo, seguida de uma breve partilha comum e a complementação de quem preside.

78. Conforme o caso, a dramatização da Palavra poderá ser excelente complementação da homilia, sobretudo nas comunidades menores e constituídas pelo povo mais simples, que gosta de se expressar com gestos, símbolos e encenações adequadas ao seu universo mental.[92]

Profissão de fé

79. O *Creio* é uma resposta de fé da comunidade à Palavra de Deus.[93] Exprime a unidade da Igreja na mesma fé e sua adesão ao Senhor. Por isso, é significativo recitar ou cantar a profissão de fé nos domingos e nas solenidades. Existem três fórmulas do *Creio*: o símbolo dos apóstolos, o símbolo niceno-constantinopolitano e a fórmula com perguntas e respostas, como a encontramos na vigília pascal e na celebração do batismo. Eventualmente, podem-se usar refrões cantados e adequados para que a comunidade manifeste a sua adesão de fé eclesial.[94] Fé é adesão incondicional feita somente a Deus e não a pessoas, instituições ou movimentos humanos.

Oração dos fiéis/oração universal

80. A oração dos fiéis ou oração universal, em geral, tornou-se um momento bom, variado e de razoável participação nas comunidades, "onde o povo exerce sua função sacerdotal".[95] Nela, os fiéis pedem a Deus que a salvação proclamada se torne uma realidade para a Igreja e para a humanidade, suplicam pelos que sofrem e pelas necessidades da própria comunidade, da nação, da Igreja e seus ministros,[96] sem excluir os pedidos de interesse particular das pessoas.

---

[91] Cf. CNBB, Doc. 43, n. 279.

[92] Cf. ibidem, n. 280. Alguns roteiros da celebração da Palavra de Deus prevêem, logo após a homilia, um rito penitencial motivado pela proclamação e escuta da Palavra.

[93] Cf. IGMR, n. 43; CONGREGAÇÃO PARA O CULTO DIVINO. *Celebrações dominicais na ausência do presbítero*, n. 41b; CNBB, Doc. 43, n. 281.

[94] Cf. CNBB, Doc. 2a, n. 2.3.4; ibidem, Doc. 43, n. 282.

[95] Cf. IGMR, n. 46; CNBB, Doc. 2a, n. 2.3.5; ibidem, Doc. 43, n. 283.

[96] Cf. IGMR, nn. 45-47; CONGREGAÇÃO PARA O CULTO DIVINO. *Celebrações dominicais na ausência do presbítero*, n. 44.

81. A comunidade reunida eleva ao Senhor sua oração universal com grande simplicidade. Nas comunidades maiores, a equipe de celebração, atenta à realidade local, eclesial e litúrgica, elabora os pedidos. Seria bom que, onde há o ministério das rezadeiras,[97] esse momento fosse, algumas vezes, confiado a elas. É oração que brota do coração da comunidade animada pelo Espírito Santo, pela Palavra ouvida e pela vida. Por isso, não é coerente a simples leitura de intenções de um folheto.

82. Após a oração dos fiéis, pode-se fazer a coleta como expressão de agradecimento a Deus pelos dons recebidos, de co-responsabilidade da manutenção da comunidade e seus servidores e como gesto de partilha dos irmãos necessitados.

Momento do louvor

83. Um dos elementos fundamentais da celebração comunitária é o "rito de louvor", com o qual se bendiz a Deus por sua imensa glória.[98] A comunidade reconhece a ação salvadora de Deus, realizada por Jesus Cristo, e canta seus louvores. "Bendito seja o Deus e Pai de nosso Senhor Jesus Cristo, que nos abençoou com toda a sorte de bênçãos."[99] "Ele nos arrancou do poder das trevas e nos transportou para o Reino do seu Filho amado, no qual temos a redenção — a remissão dos pecados."[100]

84. A comunidade sempre tem muitos motivos para agradecer ao Senhor, seja pela vida nova que brota da ressurreição de Jesus, seja pelos sinais de vida percebidos durante a semana na vida familiar, comunitária e social.

85. O momento da ação de graças ou de louvor pode realizar-se através de salmos, hinos, cânticos, orações litânicas ou ainda benditos e outras expressões orantes inspiradas na piedade popular. Isso pode ser após a oração dos fiéis, a distribuição da comunhão ou, ainda, no final da celebração.[101]

86. O momento de louvor não deve ter, de modo algum, a forma de celebração eucarística. Não faz parte da celebração comunitária da Palavra a apresentação das ofertas de pão e de vinho, a proclamação da oração

---

[97] Por "rezadeiras" entendem-se aquelas pessoas às quais a comunidade reconhece o carisma de rezar e "puxar as orações" em momentos especiais da vida.
[98] Cf. Congregação para o Culto Divino. *Celebrações dominicais na ausência do presbítero*, n. 41c.
[99] Ef 1,3; cf. Ef 5,20; 2Cor 1,3.
[100] Cl 1,13-14.
[101] Cf. Congregação para o Culto Divino. *Celebrações dominicais na ausência do presbítero*, nn. 45a e 48; CNBB, Doc. 43, n. 101.

eucarística própria da missa, o canto do Cordeiro de Deus e a bênção própria dos ministros ordenados.[102] Também nas celebrações da Palavra não se deve substituir o louvor e a ação de graças pela adoração ao Santíssimo Sacramento.

Oração do Senhor — Pai-nosso

87. A oração do pai-nosso, que nunca deverá faltar na celebração da Palavra, pode ser situada em lugares diferentes conforme o roteiro escolhido para a celebração. A oração do Senhor é norma de toda a oração do Cristo, pede o Reino, o pão e a reconciliação, e expressa o sentido da filiação divina e da fraternidade. Evite-se sua substituição por cantos ou orações parafraseados. O pai-nosso pode ser cantado por toda a assembléia.

Abraço da paz

88. O abraço da paz é expressão de alegria por estar junto aos irmãos e irmãs, é expressão da comunhão fraterna, é importante, portanto, que na celebração haja um momento para este gesto. Poderá variar o momento conforme o enfoque da celebração que estamos vivendo. Pode ser no início da celebração, após o ato penitencial, após a homilia, onde se realiza normalmente ou no final da celebração.

A comunhão eucarística

89. Nas comunidades onde se distribui a comunhão durante a celebração da Palavra, o pão eucarístico pode ser colocado sobre o altar antes do momento da ação de graças e do louvor, como sinal da vinda do Cristo, pão vivo que desceu do céu.[103]

90. Compete ao ministro extraordinário da comunhão distribuir a sagrada comunhão todas as vezes que não houver presbítero ou diácono em número

---

[102] Cf. Congregação para o Culto Divino. *Celebrações dominicais na ausência do presbítero*, n. 45b; CNBB, Doc. 43, n. 98.

[103] Cf. Congregação para o Culto Divino. *Celebrações dominicais na ausência do presbítero*, n. 45b.

suficiente e que as necessidades pastorais o exigirem.[104] A comunhão eucarística, de preferência, seja distribuída da mesa (do altar).

Ritos de comunhão • Oração do pai-nosso • Saudação da paz
Oração: Senhor todo-poderoso, criastes todas as coisas e nos destes alimentos que nos sustentam. Concedei-nos crescer na vida espiritual pelo pão da vida que vamos receber. Por Jesus Cristo vosso Filho, na unidade do Espírito Santo.

• O ministro toma a hóstia e, elevando-a, diz em voz alta, voltado para a assembléia:
  Irmãos e irmãs, participemos da comunhão do corpo do Senhor em profunda unidade com nossos irmãos que, neste dia, tomam parte da celebração eucarística, memorial vivo da paixão, morte e ressurreição de Jesus Cristo. O corpo de Cristo será nosso alimento.

Portanto:
  Felizes os convidados para a ceia do Senhor.
  Eis o Cordeiro de Deus, que tira o pecado do mundo.

(ou)
  Eu sou o Pão vivo, que desceu do céu: se alguém comer deste Pão, viverá eternamente.
  Eis o Cordeiro de Deus, que tira o pecado do mundo.

Assembléia:
  Senhor, eu não sou digno de que entreis em minha morada, mas dizei uma palavra e serei salvo.

Se o ministro comungar, reza em silêncio:
  Que o corpo de Cristo me guarde para a vida eterna.

---

[104] Cf. A sagrada comunhão e o culto do mistério eucarístico fora da missa, n. 17: CIC, Cân. 910/2; Cân. 230/3; CONGREGAÇÃO PARA A DISCIPLINA DOS SACRAMENTOS. Instrução *Immensae caritatis*, 1.1s.

ORIENTAÇÕES PARA A CELEBRAÇÃO DA PALAVRA DE DEUS

E diz a cada comungante:
O corpo de Cristo.
Amém!

Durante a distribuição da comunhão a assembléia canta um hino apropriado.

Pode-se guardar durante algum tempo um silêncio ou entoar um salmo ou um cântico de louvor. A seguir, o ministro conclui com a oração:
Restaurados à vossa mesa pelo Pão da vida, nós vos pedimos, ó Deus, que este alimento da caridade fortifique os nossos corações e nos leve a vos servir em nossos irmãos. Por nosso Senhor Jesus Cristo, vosso Filho, na unidade do Espírito Santo.

(ou)
Fortificados por este alimento sagrado, nós vos damos graças, ó Deus, e imploramos vossa misericórdia; fazei que perseverem na sinceridade do vosso amor aqueles que fortalecestes pela infusão do Espírito Santo. Por Cristo nosso Senhor.

(ou)
Alimentados com o mesmo pão, nós vos pedimos, ó Deus que possamos viver uma vida nova e perseverar no vosso amor solidários com vossos filhos e nossos irmãos. Por Cristo nosso Senhor.

Para o Tempo pascal:
Senhor nosso Deus e Pai, pelo mistério da Páscoa que celebramos, fazei crescer em nossos corações e em nossas vidas os frutos da vossa aliança que hoje renovastes conosco. Dai-nos a alegria de vos servir, apesar das muitas dificuldades de cada dia. Por Cristo nosso Senhor.

Avisos:
Ministro invoca a bênção sobre os presentes:
Que o Senhor nos abençoe, guarde-nos de todo o mal e nos conduza à vida eterna.
Amém!

(ou)
O Senhor nos abençoe e nos guarde!
O Senhor faça brilhar sobre nós a sua face e nos seja favorável!

> O Senhor dirija para nós o seu rosto e nos dê a paz.
> Que o Senhor confirme a obra de nossas mãos, agora e para sempre.
> Amém!
>
> Abençoe-nos o Deus todo-poderoso, Pai, Filho e Espírito Santo.
> Amém!
>
> A alegria do Senhor seja nossa força. Vamos em paz e o Senhor nos acompanhe.
>
> (ou)
> Louvado seja nosso Senhor Jesus Cristo. Para sempre seja louvado!

91. Nas comunidades onde não há distribuição de comunhão, este pode ser um bom momento para alguma ação simbólica, como: partilha do pão, recebimento do dízimo, coleta de donativos em vista de ajuda aos necessitados da comunidade. Pode-se realizar também a aspersão com água, sinal do batismo, ou outras expressões simbólicas ligadas à experiência religiosa da comunidade.

Ritos finais – Compromisso

92. Pelos ritos de despedida a assembléia toma consciência de que é enviada a viver e testemunhar a aliança no seu dia-a-dia e nos serviços concretos na edificação do Reino.[105]

93. Antes de se encerrar a celebração, valorizem-se os avisos e as notícias que dizem respeito à vida da comunidade, da paróquia ou da diocese. Esses avisos podem ser uma forma de ligação entre o ato litúrgico e os compromissos da semana.[106]

94. A bênção é um ato de envio para a missão e de despedida com a graça de Deus. É de suma importância que todos retornem às suas casas e ao convívio social, com um compromisso, com esperança, com a experiência de terem crescido na fraternidade e com a decisão de ser testemunhas do Reino.

---

[105] "Os ritos da conclusão indicam a relação que existe entre a liturgia e a vida cristã" (CONGREGAÇÃO PARA O CULTO DIVINO. *Celebrações dominicais na ausência do presbítero*, n. 41e).

[106] Cf. CONGREGAÇÃO PARA O CULTO DIVINO. *Celebrações dominicais na ausência do presbítero*, n. 49.

ORIENTAÇÕES PARA A CELEBRAÇÃO DA PALAVRA DE DEUS

ANEXOS

Apresentamos alguns roteiros de celebração da Palavra dos existentes entre as comunidades.

Roteiro A

Ritos Iniciais:
- Acolhida
- Breve comentário
- Canto e procissão de entrada
- Momento penitencial
- Oração (intenções da comunidade)

Liturgia da Palavra:
- Leituras bíblicas
- Salmo responsorial e aclamação
- Homilia
- Profissão de fé

Momento do Louvor:
- Orações da comunidade (oração dos fiéis)
- Hino de louvor, canto
- Oração em forma de ladainha
- Oração do pai-nosso
- Ritos de comunhão (onde for possível)

Ritos Finais:
- Oração final
- Avisos
- Canto final
- Bênção final

Roteiro B

Ritos Iniciais: DEUS NOS REÚNE
- Canto de entrada
- Procissão de entrada com símbolos
- Motivação
- Suplica de perdão
- Hino de glória (nos dias festivos)
- Oração inicial

Liturgia da Palavra: DEUS NOS FALA
- Acolhida da Bíblia
- Primeira leitura
- Salmo responsorial
- Aclamação ao Evangelho
- Proclamação do Evangelho
- Partilha da Palavra
- Profissão de fé

Momentos do Louvor: DEUS NOS FAZ IRMÃOS
- Prece da comunidade
- Momento de ação de graças
- Canto de louvação
- Pai-nosso
- Abraço da paz

Ritos Finais: DEUS NOS ENVIA
- Oração final
- Notícias e avisos
- Canto final
- Bênção final

Roteiro C

Ritos Iniciais: VAMOS COMEÇAR • Canto de acolhida • Procissão de entrada (cruz, velas, Bíblia) • Comentário e saudação • Hino de louvor e oração • Liturgia da Palavra: VAMOS OUVIR E ACOLHER A PALAVRA • Primeira leitura • Aclamação ao Evangelho • Proclamação do Evangelho • Partilha da Palavra • Profissão de fé
VAMOS LOUVAR E AGRADECER • Orações da comunidade • A comunidade oferece dons (coleta do dízimo)
Ritos da Comunhão: VAMOS PARTICIPAR DA COMUNHÃO
Ritos Finais: • Oração final • Avisos • Canto final

Roteiro D

Ritos Iniciais:
- Procissão de entrada com símbolos
- Acolhida dos irmãos
- Motivação e saudação inicial
- Evocação da misericórdia de Deus

Liturgia da Palavra:
- Procissão da Bíblia
- Primeira leitura
- Salmo responsorial
- Aclamação ao Evangelho
- Proclamação do Evangelho
- Partilha da Palavra
- Profissão de fé

Momento do Louvor:
- Orações e súplicas da comunidade
- Ofertas, gesto concreto de solidariedade
- Pai-nosso

Ritos de comunhão (onde for possível)

Ritos Finais:
- Momento de silêncio
- Oração final
- Avisos e bênção final

ORIENTAÇÕES PARA A CELEBRAÇÃO DA PALAVRA DE DEUS

Roteiro E — Celebração da Palavra lembrando a vigília pascal, para os domingos do Tempo pascal e Tempo comum

Ritos Iniciais: • Entrada com o círio ou velas acesas
Palavra de Deus: • Palavra de Deus   • Leitura bíblica   • Salmo responsorial   • Aclamação ao Evangelho   • Proclamação do Evangelho   • Homilia ou partilha da Palavra
Resposta da Comunidade: • Profissão de fé e aspersão com água   • Louvores e ação de graças   • Oração dos fiéis (ladainha dos santos)   • Pai-nosso   • Abraço da paz   • Partilha fraterna   • Oração final
Ritos Finais: • Avisos   • Bênção, despedida   • Canto a Maria

Roteiro F — Celebração onde são proclamados os sinais de sofrimento, os sinais de vida, de ressurreição e de esperança

Ritos Iniciais: • Canto de entrada • Saudação e motivação • Oração
Partilhando a vida vivida
Comparando a vida com a Bíblia
Rito Penitencial
Orações dos Fiéis: • Pai-nosso • Louvor e ação de graças • Profissão de fé, • Comunhão • Partilha fraterna • Avisos, bênção, despedida, abraço da paz

Roteiro G — Celebração da Palavra e celebração da comunhão (adaptação da missa dos pré-santificados da liturgia bizantina)

Ritos Iniciais: • Entrada e bênção com a Bíblia
Salmos
Procissão da Bíblia até a Estante: • Leituras, aclamação ao Evangelho • Evangelho, homilia
Oração dos fiéis
Oração da paz e abraço de paz
Procissão com o pão consagrado
Oração de louvor
Rito Penitencial, pai-nosso e Vosso é o Reino
Comunhão, silêncio, oração
Avisos, bênção, despedida, canto a Maria

Orientações para a celebração da Palavra de Deus

Roteiro H — Celebração da Palavra com celebração penitencial

Ritos Iniciais: • Motivação • Canto de entrada e procissão com símbolos • Saudação • Aspersão com água: — Entrada da água — Oração de bênção da água — Aspersão e canto
Liturgia da Palavra: Leitura bíblica
Súplica à Misericórdia, Salmos
Homilia ou partilha da Palavra
Momento de reconciliação: • Procissão da cruz, canto • Exame de consciência • Súplica de perdão pelos pecados cometidos • Pai-nosso • Confissão individual (onde for possível) • Escolha de um gesto penitencial
Momento de Ação de Graças • Louvor à misericórdia do Pai, salmo • Abraço da paz
Ritos finais, Bênção e Canto

PARTE VI

Documentos ecumênicos

Guia ecumênico

Conferência Nacional dos Bispos do Brasil[1]
EUCARISTIA — Palavra de origem grega que significa "ação de graças". Emprega-se, sobretudo na Igreja Católica, para designar a celebração do sacramento que comemora e atualiza a última ceia de Jesus. A maior parte das Igrejas evangélicas prefere, porém, a denominação "santa ceia".

A EUCARISTIA, DE ACORDO COM O CONCÍLIO VATICANO II

Na última ceia, na noite em que foi entregue, nosso Salvador instituiu o sacrifício eucarístico de seu corpo e sangue. Por ele, perpetua-se pelos séculos, até que volte, o sacrifício da cruz, confiando destarte à Igreja, sua dileta Esposa, o memorial de sua morte e ressurreição; sacramento de piedade, sinal de unidade, vínculo de caridade, banquete pascal, em que Cristo nos é comunicado em alimento, o espírito é repleto de graça e nos é dado o penhor da futura glória.[2]

Os demais sacramentos, como aliás todos os ministérios eclesiásticos e tarefas apostólicas, ligam-se à eucaristia e a ela se ordenam. Pois a santíssima eucaristia contém todo o bem espiritual da Igreja, a saber, o próprio Cristo, nossa Páscoa e Pão Vivo, dando vida aos homens, através de sua carne vivificada e vivificante, pelo Espírito Santo.[3]

---

[1] CNBB. *Guia ecumênico*. Informações, normas e diretrizes sobre o ecumenismo. 3. ed. São Paulo, Paulus, 2003. pp. 176-182. (Estudos da CNBB 21.)
[2] Concílio Vaticano II. Constituição sobre a sagrada liturgia *Sacrosanctum concilium*, n. 47.
[3] Concílio Vaticano II. Decreto sobre o ministério e a vida sacerdotal *Presbyterorum ordinis*, n. 5.

Participando do sacrifício eucarístico, fonte e ápice de toda a vida cristã, [os fiéis] oferecem a Deus a Vítima divina e com ela a si mesmos. Assim, quer pela oblação, quer pela sagrada comunhão, todos — cada um segundo a sua condição — exercem na ação litúrgica a parte que lhes é própria. Reconfortados pelo corpo de Cristo na sagrada comunhão, mostram de modo concreto a unidade do povo de Deus, apropriadamente significada e maravilhosamente realizada por este augustíssimo sacramento.[4]

EUCARISTIA E DIÁLOGO ECUMÊNICO

Sendo, pois, a eucaristia o ponto central da vida da Igreja, é natural que tenha constituído também uma das matérias mais destacadas do diálogo ecumênico. Como em outros campos dogmáticos, também em relação à eucaristia não é possível ignorar as diferenças que nos separam dos irmãos de outras confissões cristãs, pois aí radicam os obstáculos que impedem uma intercomunhão plena. Mas também é necessário tomar conhecimento das convergências e do caminho percorrido em direção à unidade.

A) *Com as Igrejas orientais não-católicas*. Pode-se dizer que existe uma concordância substancial, sobre a eucaristia, entre os católicos e os orientais que não mantêm comunhão plena com Roma. A essa concordância não se opõem as diferenças existentes a respeito do lugar e da importância da epiclese[5] dentro da oração eucarística. Surgem, porém, certas dificuldades no campo prático. De fato, embora os orientais professem sem restrições a presença permanente de Cristo nas espécies eucarísticas após a celebração, a piedade e o culto eucarístico fora da missa, diferem fundamentalmente em ambas as tradições. Os orientais, mais dados a acentuar o aspecto misterioso, ocultam o Santíssimo Sacramento, sem colocar diante dele lâmpadas e sem fazer exposições ou cultos de adoração. É necessário, pois, ter presente essa diferença de mentalidade, quando o católico penetra em um templo ortodoxo ou vice-versa: o oriental irá procurar, normalmente, em primeiro lugar, a intercessão dos santos, para poder se aproximar do *mysterium tremendum*; o católico, pelo contrário, olhará logo se está acesa a luz do tabernáculo, a fim de fazer diante dele a genuflexão.

B) Com as Igrejas da Reforma, as diferenças doutrinárias a respeito da eucaristia podem fazer referência ao papel que corresponde na celebração ao

---

[4] CONCÍLIO VATICANO II. Constituição dogmática sobre a Igreja *Lumen gentium*, n. 11.

[5] A palavra de origem grega *epiclese* significa invocação. Usa-se na liturgia para indicar a oração de invocação ao Espírito Santo sobre a comunidade e sobre as oferendas eucarísticas, para que sejam transformadas no corpo e no sangue de Cristo. Na oração eucarística I ou Cânon Romano, a epiclese não aparece explicitamente, fato este que deu lugar a acusações de heresia da parte dos gregos contra os latinos.

DOCUMENTOS ECUMÊNICOS

ministro ordenado, ao modo como se produz a presença de Cristo, à relação entre presença e espécies eucarísticas, ao caráter sacrificial da missa, à intervenção da comunidade na celebração, ao culto eucarístico fora da missa etc.

EVOLUÇÃO RECENTE DO DIÁLOGO

Nas últimas décadas, constatou-se um progresso notável na concordância de uma doutrina comum entre as Igrejas a respeito da eucaristia. Viu-se que, em grande parte, as diferenças apontadas eram mais devidas ao modo diverso como essas verdades são expostas do que ao conteúdo propriamente dito dos enunciados. Nesse sentido, são fundamentais quatro documentos do diálogo ecumênico internacional: a "Declaração comum sobre a doutrina eucarística", da Comissão Anglicano-Católica,[6] o "Acordo sobre a eucaristia", do Grupo de Dombes[7], e o "Relatório de Malta"[8] e "A ceia do Senhor",[9] da Comissão Internacional Luterano-Católica.

O diálogo sobre a eucaristia, porém, não se tem limitado a conversações bilaterais, pois o problema da celebração eucarística não é algo que se restrinja a esta ou àquela Igreja. Por isso, a Comissão Fé e Constituição, do Conselho Mundial de Igrejas — à qual pertence, desde 1968, a Igreja Católica —, ocupou-se explicitamente deste tema. Após vários anos de conversações, na reunião de Accra (Gana), em agosto de 1974, foram aprovados três documentos sobre "batismo, eucaristia e ministério".[10] Como a própria comissão advertia: "Não se trata propriamente de um consenso, mas de um resumo daquilo que os teólogos de diversas tradições cristãs puderam dizer em comum sobre esses mistérios". Os documentos em questão foram enviados às diversas Igrejas, pedindo uma apreciação. De 30 de maio a 5 de junho de 1977, quarenta peritos de fé e constituição se reuniram em Crêt-Bérard (Suíça), para fazerem uma síntese das respostas recebidas, em número total de 140. A parte do relatório correspondente à eucaristia indica claramente as convergências e divergências atualmente existentes a esse respeito entre as grandes famílias confessionais:

---

[6]   Tradução portuguesa em *Sedoc* 6 (1973-1974), cc. 1349-1354.

[7]   Tradução portuguesa em *Sedoc* 5 (1972-1973), cc. 683-688.

[8]   Edição brasileira da Comissão Mista Nacional Católico-Luterana, São Leopoldo, 1974. Texto francês em *Comunicado Mensal da CNBB*, n. 249, janeiro de 1973, pp. 751-778.

[9]   Edição brasileira da Comissão Mista Nacional Católico-Luterana, São Leopoldo, 1978. Também em *Comunicado Mensal da CNBB*, n. 308, maio de 1978, pp. 512-538.

[10] Pode-se ver a tradução portuguesa em *Sedoc* 8 (1975-1976), cc. 43-78. Há também uma edição portuguesa em forma de livreto, publicada pelo Conselho Português de Igrejas Cristãs, Coimbra, 1976.

GUIA ECUMÊNICO

Há um acordo implícito crescente sobre o significado central da eucaristia. A maior parte das respostas concorda em dizer que "a eucaristia é o centro da vida da Igreja, que se vai desenvolvendo; que ela exprime o significado vivo e permanente do sacrifício único de Cristo; que a presença real é realizada (*brought about*) pelo Espírito Santo e que o sacrifício cotidiano daqueles que pertencem ao corpo de Cristo e os esforços por representá-lo no mundo são inseparáveis da eucaristia". Sobre estes pontos descobre-se uma linguagem comum. Além disso, os termos "memorial" e "sacrifício" passaram a encontrar uma larga aceitação. O "memorial" (anamnese) é visto como unido à realidade passada da vida e da obra de Jesus Cristo e à glória futura, da qual é penhor. "O sacrifício de Cristo é reapresentado e o sacrifício de nós mesmos é expresso na eucaristia", embora certas Igrejas levantem questionamentos sobre o relacionamento entre ambos. Presta-se maior atenção à epiclese que, junto com o relato da instituição, poderia levar a efeito a eucaristia.

Àqueles que temem uma acentuação do ponto de vista "católico" ou uma depreciação do mesmo, procura-se mostrar que o documento se apóia sobre as doutrinas "altas" e "baixas", para redescobrir a plenitude da eucaristia no Novo Testamento. A questão do modo de presença – tão importante – na celebração como um todo, ou em "certos elementos específicos", continua a ser colocada bastante radicalmente, embora o texto desconheça que o Novo Testamento fala de um "laço explícito e preciso entre a presença eucarística de Cristo e os elementos do pão e do vinho". Embora a fé seja necessária para uma recepção "digna", não é ela a que produz a presença de Cristo. Nota-se, pelo menos, que se deveria procurar "um uso respeitoso" das espécies após a comunhão. Reconhece-se, enfim, que ainda é preciso determinar a relação entre eucaristia e missão.[11]

Na sua reunião plenária de Lima, em janeiro de 1982, a Comissão Fé e Constituição elaborou uma nova redação do documento, sob o título "Batismo, eucaristia, ministério — convergência de fé". O texto foi enviado às Igrejas, para que elas definissem sua posição oficial e remetessem suas respostas até 31 de dezembro de 1984. Da sua parte, o então secretariado e hoje Conselho Pontifício para a Promoção da Unidade dos Cristãos enviou o documento às Conferências Episcopais, solicitando reações até 31 de maio de 1984. A reflexão prossegue em torno das respostas recebidas.

---

[11] Os parágrafos transcritos foram tirados de um resumo do relatório de Crêt-Bérard, publicado em *Irenikon* 50 (1977), pp. 385-386. Há uma edição portuguesa completa desse relatório, publicada pelo Conselho Português de Igrejas Cristãs.

⌐ Católicos e protestantes de acordo sobre a eucaristia

Grupo de Dombes
(6 a 9 de setembro de 1971)

Após vários anos de esforços, o "Grupo de Dombes", assim chamado por ter começado a se reunir na Trapa de Dombes (França) – fundado em 1937 pelo padre Couturier –, chegou a um acordo substancial assinado por 32 teólogos protestantes e católicos.[1]

INTRODUÇÃO

1. Hoje, quando os cristãos celebram a eucaristia e anunciam o Evangelho, eles se sentem cada vez mais irmãos no meio dos homens, com a missão e a impaciência de dar juntos testemunho ao mesmo Cristo, pela palavra, pela ação e pela celebração eucarística. Eis por que, já há alguns anos, o Grupo de Dombes vem examinando o sentido e as condições da abertura eucarística mútua e da celebração comum.

2. Uma condição particularmente importante desta partilha da mesa do Senhor é um acordo substancial sobre o que ela é, apesar das diversidades teológicas.

3. O grupo de Dombes retomou por sua conta o texto do acordo Fé e Constituição (1968), buscando clarificá-lo, adaptá-lo e completá-lo em função da situação interconfessional hoje na França.

---

[1] Traduzido de *Documentation Catholique*, 2 de abril 1972. Serviço de Documentação (Sedoc), n. 5, dezembro de 1972, Petrópolis, Vozes. pp. 683-690.

A EUCARISTIA, REFEIÇÃO DO SENHOR

4. A eucaristia é a refeição sacramental, a nova refeição pascoal do povo de Deus, que Cristo, tendo amado os seus discípulos até o fim, deu-lhes antes de sua morte para que eles o celebrem à luz da ressurreição até que ele venha.

5. Esta refeição é o sinal eficaz do dom que Cristo faz de si próprio como pão de vida através do sacrifício de sua vida e de sua morte, e por sua ressurreição.

6. Na eucaristia, Cristo cumpre de maneira privilegiada sua promessa de se tornar presente àqueles que se reúnem em seu nome.

A EUCARISTIA, AÇÃO DE GRAÇAS AO PAI

7. A eucaristia é a grande ação de graças ao Pai por tudo o que ele realizou na criação e na redenção, por tudo o que cumpre agora na Igreja e no mundo apesar do pecado dos homens, por tudo o que ele quer cumprir pela vida de seu reino. Assim, a eucaristia é a bênção (*berakah*) pela qual a Igreja exprime seu reconhecimento para com Deus por todos estes benefícios.

8. A eucaristia é o grande sacrifício de louvor no qual a Igreja fala em nome de toda a criação. Porque o mundo que Deus reconciliou consigo mesmo está presente no momento de cada eucaristia: no pão e no vinho, na pessoa dos fiéis e nas orações que eles oferecem por todos os homens. Assim, a eucaristia abre ao mundo o caminho de sua transfiguração.

A EUCARISTIA, MEMORIAL DE CRISTO

9. Cristo instituiu a eucaristia como o memorial (anamnese) de toda a sua vida, e sobretudo de sua cruz e de sua ressurreição. Cristo, com tudo o que cumpriu para nós e para toda a criação, está ele próprio presente neste memorial, que é também antegozo de seu Reino. O memorial, em que Cristo age através da celebração alegre de sua Igreja, implica esta reapresentação e esta antecipação. Não se trata, por conseguinte, somente de trazer à memória um acontecimento do passado ou mesmo sua significação. O memorial é a proclamação efetiva pela Igreja da grande obra de Deus. Pela sua comunhão com Cristo, a Igreja participa desta realidade de que ela vive.

10. O memorial, como reapresentação e antecipação, se vive na ação de graças e na intercessão. Cumprindo o memorial da paixão, da ressur-

reição e da ascensão de Cristo, nosso sumo sacerdote e intercessor, a Igreja apresenta ao Pai o sacrifício único e perfeito de seu Filho e lhe pede para atribuir a cada homem o benefício da grande obra da redenção que ela proclama.

11. Assim, unidos a nosso Senhor que se oferece a seu Pai e em comunhão com a Igreja universal no céu e sobre a terra, somos renovados na aliança selada pelo sangue de Cristo e nos oferecemos a nós mesmos em um sacrifício vivo e santo que deve exprimir-se em toda a nossa vida quotidiana.

12. O memorial de Cristo é o conteúdo essencial da Palavra proclamada como eucaristia. Não se celebra a eucaristia sem anunciar a Palavra, porque o ministério da palavra visa à eucaristia e, reciprocamente, esta pressupõe e cumpre a Palavra.

A EUCARISTIA, DOM DO ESPÍRITO

13. O memorial, no sentido forte que lhe demos, supõe a invocação do Espírito (epiclese). Cristo, na sua intercessão celeste, pede ao Pai para enviar seu Espírito a seus filhos. Por esta razão, a Igreja, vivendo na nova aliança, reza com confiança para obter o Espírito, a fim de ser renovada e santificada pelo pão de vida, conduzida em toda a verdade e fortalecida para preencher sua missão no mundo.

14. É o Espírito que, invocado sobre a assembléia, sobre o pão e o vinho, nos torna Cristo realmente presente, no-lo dá e no-lo leva a discernir. O memorial e a invocação do Espírito (anamnese e epiclese), que estão orientados para nossa união a Cristo, não podem ser efetivados independentemente da comunhão.

15. O dom do Espírito Santo na eucaristia é um antegozo do Reino de Deus – a Igreja recebe a vida da nova criação e a garantia da volta do Senhor.

16. Reconhecemos o caráter epiclético de toda a oração eucarística.

PRESENÇA SACRAMENTAL DE CRISTO

17. A ação eucarística é dom da pessoa de Cristo. Com efeito, o Senhor disse: "Tomai e comei, isto é meu corpo entregue por vós". "Bebei todos, porque isto é meu sangue da aliança derramado pela multidão para a remissão dos pecados." Confessamos, pois, unanimemente a presença real, viva e ativa de Cristo neste sacramento.

CATÓLICOS E PROTESTANTES DE ACORDO SOBRE A EUCARISTIA

18. O discernimento do corpo e do sangue de Cristo requer a fé. No entanto, a presença de Cristo à sua Igreja na eucaristia não depende da fé de cada um, porque é o próprio Cristo que liga a si próprio, por suas palavras e no Espírito, ao acontecimento sacramental, sinal de sua presença que nos é dada.

19. O ato de Cristo sendo dom de seu corpo e de seu sangue, isto é, dele próprio, a realidade dada sob os sinais do pão e do vinho é seu corpo e seu sangue.[2] É em virtude da palavra criadora de Cristo e pelo poder do Espírito Santo que o pão e o vinho se tornam sacramento e, por conseguinte, "comunicação do corpo e do sangue" de Cristo (1Cor 10,16). Eles são, doravante, na sua última verdade, sob o sinal exterior, a realidade dada, e o permanecem em vista de sua consumação. O que é dado como corpo e sangue de Cristo permanece dado como corpo e sangue de Cristo, e pede para ser tratado como tal.

20. Constatando a diversidade de prática das Igrejas,[3] mas tirando as conseqüências do acordo precedente, em vista da conversão (metanóia) eclesial que é reconhecida como necessária (cf. tese n. 2 de 1969 e teses de 1970), pedimos:

- que, do lado católico, seja lembrado, sobretudo na catequese e na pregação, que a intenção primeira da reserva eucarística é a distribuição aos doentes e aos ausentes;
- que, do lado protestante, se ponha em prática a melhor maneira de testemunhar o respeito devido aos elementos que serviram para a celebração eucarística, isto é, sua consumação ulterior, sem excluir seu uso para a comunhão dos doentes.

A EUCARISTIA, COMUNHÃO AO CORPO DE CRISTO[4]

21. Dando-se aos que comungam, Cristo os reúne na unidade de seu corpo. É neste sentido que se pode dizer: se a Igreja faz a eucaristia, a eucaristia faz a Igreja. A partilha do mesmo pão e da mesma taça faz a unidade dos que comungam com Cristo todo inteiro, entre eles e com todos os outros comungantes em todos os tempos e todos os lugares. Partilhando o mesmo pão, eles tornam manifesta sua pertença à Igreja em sua catolicidade,

---

[2] Isto não significa nem localização de Cristo no pão e no vinho, nem mudança físico-química destas coisas. Cf. S. Thomas, *Summa Theologica*, III, 76,3 a 5 e III, 77,5 a 8. Calvino, *Instr. Chret.*, I, 11.13 e IV, 14.18.

[3] Certas Igrejas orientais (copta, por exemplo) não praticam a reserva eucarística.

[4] S. Congregação dos Ritos. Instrução *Eucharisticum mysterium*, nn. 49 e 50, 25 de maio de 1967.

o mistério da redenção se revela a seus olhos e o corpo todo inteiro cresce em graça. A comunhão é, assim, a fonte e a força de toda a vida comunitária entre cristãos.

22. Cristo derrubou por sua cruz todos os muros que separavam os homens. Não podemos, por conseguinte, comungar nele na verdade sem trabalhar para que desapareçam, no meio dos conflitos em que nos vemos comprometidos, os muros que se elevam na Igreja entre raças, nacionalidades, línguas, classes, confissões...

23. De acordo com a promessa de Cristo, cada fiel membro de seu corpo recebe na eucaristia a remissão dos próprios pecados e a vida eterna, e é nutrido na fé, na esperança e no amor.

24. A solidariedade na comunhão eucarística ao corpo de Cristo (ágape) e o cuidado que os cristãos têm uns pelos outros e pelo mundo devem poder exprimir-se na liturgia: pelo perdão mútuo dos pecados, pelo beijo da paz, o oferecimento dos dons destinados às refeições comunitárias e à distribuição aos irmãos necessitados, pela acolhida fraterna de todos no pluralismo das posições políticas, sociais e culturais...

A EUCARISTIA, MISSÃO NO MUNDO

25. A missão não é uma simples conseqüência da eucaristia. Cada vez que a Igreja é verdadeiramente Igreja, a missão faz parte de sua vida. Na eucaristia, a Igreja é plenamente ela própria e se encontra unida ao Cristo em sua missão.

26. O mundo já está presente na ação de graças ao Pai, quando a Igreja fala em nome de toda a criação; no memorial em que, unida a Cristo redentor e intercessor, ela reza pelo mundo; na invocação do Espírito, onde ela espera a santificação e a nova criação.

27. Reconciliados na eucaristia, os membros do corpo de Cristo tornam-se servidores da reconciliação entre os homens e testemunhas da alegria da ressurreição. Sua presença no mundo implica a solidariedade no sofrimento e na esperança com todos os homens junto dos quais são chamados a se comprometer para significar o amor de Cristo no serviço e na luta. A celebração da eucaristia, fração de um pão necessário à vida, incita a não consentir na condição dos homens privados de pão, de justiça e de paz.

28. A eucaristia é também a festa da contínua messe apostólica em que a Igreja se alegra pelos dons recebidos no mundo.

A EUCARISTIA, BANQUETE DO REINO[5]

29. É para o tempo situado entre sua ascensão e sua volta que o Senhor instituiu a eucaristia. Este tempo é o tempo da esperança, eis por que a celebração da eucaristia nos orienta para a vinda do Senhor e no-lo torna próximos. Ela é uma alegre antecipação do banquete celeste, quando a redenção estará plenamente cumprida e que toda a criação estará libertada de qualquer servidão.

30. Sendo assim, ao lhe dar a eucaristia, o Senhor permite à Igreja que, na sua fraqueza, viverá até o fim no meio dos sofrimentos e dos combates, retomar coragem e perseverar.

31. Esta Igreja que Cristo nutre ao longo de sua marcha discerne, por cima de todas as divisões que nela persistem, que o encontro escatológico é um encontro ecumênico quando Israel e todas as nações serão reunidas em um só povo.

A PRESIDÊNCIA DA EUCARISTIA

32. Cristo, na eucaristia, reúne e alimenta sua Igreja convidando-a à refeição que ele preside.

33. Esta presidência tem por sinal a de um ministro que ele chamou e enviou. A missão dos ministros tem por origem e por norma a dos apóstolos; ela é transmitida na Igreja pela imposição das mãos com a invocação do Espírito Santo. Esta transmissão implica a continuidade do encargo ministerial, a fidelidade ao ensino apostólico e a conformidade da vida ao Evangelho.[6]

34. O ministro manifesta que a assembléia não é proprietária do gesto que está cumprindo, que ela não é dona da eucaristia: ela a recebe de um outro, Cristo vivo na sua Igreja. Ainda que permanecendo membro da assembléia, o ministro é também este enviado que significa a iniciativa de Deus e o lado da comunidade local com as outras comunidades na Igreja universal.

35. Por suas relações mútuas, a assembléia eucarística e seu presidente vivem a própria dependência para com o único Senhor e Sumo Sacerdote. Na sua relação ao ministro, a assembléia exerce seu sacerdócio de realeza como um dom de Cristo sacerdote. Na sua relação à assembléia, o ministro vive sua presidência como um serviço de Cristo pastor.

---

[5] Cf. *La Cène du Seigneur*, texto adotado pelas Igrejas luteranas e reformadas da França.

[6] Cf. tese n. 2, de 1968.

CONCLUSÃO

36. A esta etapa de nossa busca, damos graças por terem sido afastadas as dificuldades fundamentais que se referem à fé eucarística.

37. Reconhecemos, no entanto, que esclarecimentos se tornam necessários sobre a permanência da presença sacramental e a figura precisa da sucessão apostólica no ministério. Parece-nos que toda participação comum à eucaristia exige um esforço real para sobrepujar estas dificuldades e, eventualmente, de um e outro lados, o abandono de tudo o que traz a marca da polêmica no seio das posições confessionais.

38. O prosseguimento de nossa busca deve enriquecer-nos ainda dos valores espirituais complementares de que vivemos. Não esgotaremos nunca a inteligência de um mistério que sobrepuja toda e qualquer compreensão e nos convida sem cessar a sair de nós mesmos para viver na ação de graças e no encantamento diante deste dom supremo de Cristo à sua Igreja.

RECOMENDAÇÃO

39. Pergunta-se hoje, freqüentemente, qual o grau de acordo na fé requerido para permitir a acolhida de um cristão por uma outra Igreja na sua mesa eucarística. Sem pretender resolver aqui as outras questões em jogo nos diferentes casos de abertura eucarística, pensamos que o acesso à comunhão não deveria ser recusado, por uma razão de fé eucarística, aos cristãos de uma outra confissão que a fé anterior professada.[7]

40. Eis por que pedimos às autoridades de nossa Igreja considerar com atenção a situação nova criada por este acordo eucarístico, no discernimento dos pedidos de hospitalidade que lhes são dirigidos.

---

[7] Estes cristãos nem por isso estão dispensados de examinar se seu pedido é legítimo, em função do valor de seus motivos e da disciplina de sua própria Igreja.

Declaração anglicano-católica sobre a eucaristia

(Windsor, 1 a 8 de setembro de 1971)

A Comissão da Comunhão Anglicana e a Igreja Católica nasceu nos anos de 1967 a 1968 com o nome de "Comissão Mista Preparatória". Transformou-se depois em "Comissão Mista Permanente"; esta já realizou duas reuniões: Windsor, de 9 a 15 de janeiro de 1970, Veneza, de 21 a 28 de setembro de 1970, antes desta última.[1]

INTRODUÇÃO

A seguinte declaração[2] de acordo é fruto do pensamento e da discussão da Comissão Internacional Anglicano-Católica Romana durante os dois úl-

---

[1] SERVIÇO DE DOCUMENTAÇÃO, n. 48, maio de 1972, Petrópolis, Vozes, pp. 1389-1392. Tradução baseada no texto espanhol publicado por *Ecclesia*, de 22 de janeiro de 1972.

[2] A introdução não assinada, que apresentamos a seguir, corresponde ao texto distribuído pelo Secretariado pela União dos Cristãos (cf. *La Documentation Catholique*, de 16 de janeiro de 1972; "Il Regno-Documentazione", de 1º março de 1972). A Comissão Internacional, encarregada pela comunhão anglicana e pela Igreja Católica Romana, durante sua reunião em Windsor em setembro de 1971, redigiu uma declaração comum sobre a doutrina eucarística. O texto foi submetido às autoridades católicas e anglicanas. A declaração foi publicada em janeiro por algumas revistas teológicas. Ela representa o acordo conseguido pelos membros da Comissão e foi publicada sob sua responsabilidade. O fato de ser publicada com o consentimento das autoridades católicas e anglicanas não significa que elas tenham aprovado o documento ou que lhe tenham reconhecido um valor oficial. De fato, este é ainda objeto de estudo. Os membros da Comissão estão conscientes da importância do fato de estarem de acordo, com unanimidade, sobre a doutrina da eucaristia. Contudo, estão também conscientes de que é possível melhorar ainda e aperfeiçoar o que começaram. É por isso que desejam conhecer as reações e receber as observações de ambientes teológicos mais extensos. Se neste acordo o problema do ministério da eucaristia não foi abordado, depende unicamente do fato de que esta é apenas a primeira fase do programa da Comissão Internacional. A segunda fase, que atualmente está em curso, estuda exatamente o ministério na Igreja, como foi declarado após a reunião de Windsor, em setembro de 1971.

timos anos. O resultado foi a convicção dos membros da comissão de que alcançamos uma concordância sobre os pontos principais da doutrina eucarística. Estamos igualmente convencidos de que, mesmo não se procurando apresentar uma exposição completa sobre a questão, não se omitiu nada essencial. O documento aprovado em nosso terceiro encontro, em Windsor, a 7 de setembro de 1971, foi apresentado a nossas autoridades oficiais, mas não pode, evidentemente, ser ratificado por elas até que nossas respectivas Igrejas possam avaliar suas conclusões.

Gostaríamos de assinalar que os membros da comissão que subscrevem esta declaração foram nomeados oficialmente e provêm de vários países, representando uma ampla variedade de pensamentos teológicos. Nossa intenção foi alcançar um acordo em nível de fé, de tal modo que todos nós fôssemos capazes de dizer, dentro dos limites da declaração: esta é a fé cristã sobre a eucaristia (H. R. McAdoo, bispo de Ossory, Alan Clark, bispo auxiliar de Northampton, co-presidentes).

A DECLARAÇÃO

1. Ao longo da história da Igreja se desenvolveram várias tradições a fim de expressar a compreensão da eucaristia. (Por exemplo: vários nomes chegaram a ser habituais como descrições da eucaristia: ceia do Senhor, liturgia, santos mistérios, *synaxis*, missa, santa comunhão. O termo mais universalmente aceito foi eucaristia.) Um acordo substancial no fato e no significado da eucaristia é um passo progressivo importante para uma unidade orgânica. Foi nossa intenção buscar um conhecimento mais profundo da realidade da eucaristia que seja conforme com o ensinamento bíblico e com nossa tradicional herança comum e expressar neste documento o acordo a que chegamos.

2. Através da vida, morte e ressurreição de Jesus Cristo, Deus reconciliou os homens com ele e em Cristo oferece unidade a toda a humanidade. Com sua palavra, Deus nos chama para uma nova relação com ele como nosso Pai e uns com os outros como seus filhos – uma relação inaugurada pelo batismo em Cristo pelo Espírito Santo, nutrida e aprofundada pela eucaristia e expressa na confissão de uma fé de uma vida comum de serviço de amor.

O mistério da eucaristia

3. Quando seu povo está reunido na eucaristia para comemorar seus fatos salvíficos para nossa redenção, Cristo torna reais entre nós os benefícios eter-

Declaração anglicano-católica sobre a eucaristia

nos de sua vitória, provoca e renova nossa resposta de fé, ação de graças e auto-entrega. Cristo, pelo Espírito, edifica na eucaristia a vida da Igreja, robustece sua fraternidade e promove sua missão. A identidade da Igreja como corpo de Cristo é expressa e efetivamente proclamada pelo fato de estar centralizada em seu corpo e sangue e participar deles. O Senhor crucificado e ressuscitado, de acordo com sua promessa, se oferece ele mesmo ao povo em toda a ação da eucaristia em e por sua presença sacramental, dada através do pão e vinho.

4. Na eucaristia proclamamos a morte do Senhor até que volte. Recebendo uma degustação... do Reino que vem, olhamos para trás, com agradecimento, para o que Cristo fez por nós, agradecemos sua presença em nosso meio, esperamos sua última vinda na plenitude de seu Reino. "Quando todas as coisas lhe estiverem submetidas, então também o Filho se submeterá àquele que lhe submeteu todas as coisas, a fim de que Deus seja tudo em todos" (1Cor 15,28). Quando nos reunimos ao redor da mesma mesa nesta comida comunitária por convite do próprio Senhor e quando "compartilhamos do mesmo pão", somos uma só coisa no compromisso não só com Cristo e entre nós, mas também com a missão da Igreja no mundo.

A eucaristia e o sacrifício de Cristo

5. A morte e a ressurreição redentora de Cristo realizaram-se uma vez para sempre. A morte de Cristo na cruz, cume de toda sua vida de obediência, foi único, perfeito e suficiente sacrifício pelos pecados do mundo. Não pode haver repetição nem adição ao que então foi realizado por Cristo uma vez por todas. Toda tentativa de expressar uma conexão entre o sacrifício de Cristo e a eucaristia não deve obscurecer este fato fundamental da fé cristã. (Nota 1: A Igreja antiga usou freqüentemente a linguagem de sacrifício para expressar o significado da morte e ressurreição de Cristo. Para os hebreus, "sacrifício" tinha um significado tradicional de convivência com Deus. A Páscoa, por exemplo, foi uma comida comunitária; o dia da expiação foi essencialmente expiatório e a aliança estabeleceu uma comunhão entre Deus e o homem.) Contudo, Deus entregou a eucaristia à Igreja como um memorial através do qual o fato expiatório de Cristo na cruz é proclamado e realizado realmente na vida da Igreja. A noção de "memorial", entendido como na celebração pascal no tempo de Cristo – isto é, o tornar real no presente um ato do passado –, abriu o caminho para um conhecimento mais claro da relação entre o sacrifício e a eucaristia. O memorial eucarístico não é um mero reviver intelectual de um acontecimento passado ou seu significado, mas a proclamação real, feita pela

Igreja, das atuações poderosas de Deus com ele. Na oração eucarística, a Igreja continua realizando um memorial perpétuo da morte de Cristo e seus membros, unidos a Deus e entre si, dão graças por todos os seus dons, imploram os benefícios de sua paixão para toda a Igreja, participam de seus benefícios e entram no movimento de seu auto-oferecimento.

A presença de Cristo

6. A comunhão com Cristo na eucaristia pressupõe sua verdadeira presença, significante de maneira eficaz pelo pão e vinho, os quais neste mistério se convertem em seu corpo e sangue. (Nota 2: A palavra "transubstanciação" é usada comumente na Igreja Católica Romana para indicar que Deus, agindo na eucaristia, realiza uma mudança na realidade interna dos elementos. O termo deveria ser entendido como a afirmação do "fato" da presença de Cristo e da misteriosa e radical mudança que se realiza. Na teologia romano-católica atual não é tomada como a explicação de "como" se realiza a mudança.) A presença real de seu corpo e sangue, não obstante, só pode ser entendida dentro do contexto da atividade redentora pela qual ele se entrega a si mesmo e para reconciliação, paz e vida de cada um consigo mesmo. Por um lado, a oblação eucarística brota do mistério pascal da morte e ressurreição de Cristo, no qual o propósito salvador de Deus já foi definitivamente realizado. Por outro lado, sua intenção é transmitir a vida de Cristo morto e ressuscitado ao corpo, a Igreja, de modo que seus membros possam estar mais plenamente unidos com Cristo e entre si.

7. Cristo está presente e age de diversos modos na celebração eucarística toda. É o próprio Senhor quem, pela palavra proclamada, convida seu povo para sua mesa, quem pelo ministro preside a mesa e quem se dá a si mesmo sacramentalmente no corpo e sangue de seu sacrifício pascal. É o Senhor presente à direita do Pai, e por isso transcendendo a ordem sacramental, quem assim se oferece à Igreja, nos sinais eucarísticos, a oferta especial de si mesmo.

8. O corpo e o sangue sacramental do Senhor estão presentes como uma oferenda ao crente esperando que volte. Quando esta oferenda é feita com fé, realiza-se um encontro vivificante. Pela fé, a presença de Cristo – que não depende da fé do indivíduo para que seja a real auto-oblação do Senhor à sua Igreja – se converte não só em uma presença "para" o crente, mas também uma presença "com" ele. Deste modo, considerando o mistério da presença eucarística, devemos admitir tanto o sinal sacramental da presença de Cristo como a relação pessoal entre Cristo e a plenitude de fé que surge dessa presença.

Declaração anglicano-católica sobre a eucaristia

9. As palavras do Senhor na última ceia: "Tomai e comei, isto é meu corpo", não nos permitem dissociar o dom da presença e o ato da comida sacramental. Os elementos não são meros sinais; o corpo e o sangue de Cristo tornam-se realmente presentes e são realmente oferecidos. Mas estão realmente presentes e são oferecidos a fim de que, recebendo-os, os crentes possam estar unidos com Cristo, o Senhor.

10. De acordo com a disposição tradicional da literatura, a oração consecratória (anáfora) leva à comunhão da fé. Por esta oração de ação de graças, palavras de fé dirigidas ao Pai, o pão e o vinho convertem-se no corpo e no sangue de Cristo pela ação do Espírito Santo, de tal modo que na comunhão comemos carne de Cristo e bebemos seu sangue.

11. O Senhor, que desta forma vem a seu povo pelo poder do Espírito Santo, é o Senhor da glória. Na celebração eucarística antecipamos as alegrias da era futura. Pela ação transformadora do Espírito de Deus, pão e vinho terrenos convertem-se no maná terreno e no novo vinho, o banquete escatológico para o homem novo: elementos da primeira criação convertem-se em primícias e primeiros frutos do novo céu e nova terra.

CONCLUSÃO

12. Consideramos que conseguimos um acordo substancial sobre a doutrina da eucaristia. Embora todos nós estejamos condicionados pelos caminhos tradicionais nos quais expressamos e praticamos nossa fé eucarística, estamos convencidos de que se existir, contudo, algum ponto de desenvolvimento, pode ser resolvido em base aos princípios aqui estabelecidos. Reconhecemos que existe dentro, de nossas respectivas confissões, uma variedade de concepções teológicas. Contudo, vimos isto como nosso papel para encontrar um caminho comum de avanço além dos desacordos nas doutrinas do passado. É nossa esperança, em vista do acordo a que chegamos sobre a fé eucarística, que esta doutrina não constituirá mais um obstáculo para a unidade que procuramos.

Declaração comum sobre a doutrina do ministério e ordenação

Comissão Internacional Anglicano-Católico-Romana
(Cantuária, 1973)

CARTA DO PRESIDENTE DO SECRETARIADO[1]

Prot. n. 3307/73 — Cidade do Vaticano, 25 de setembro de 1973
Ao presidente da Conferência Episcopal
Excelência:
Anexo a esta encontra-se um exemplar da Declaração sobre a Doutrina do Ministério, que a Comissão Internacional Anglicano-Católico-Romana elaborou durante sua quinta reunião, havida em Cantuária, de 28 de agosto a 6 de setembro deste ano.

No primeiro parágrafo, a comissão fixa claramente sua intenção e a orientação que pensa dar ao documento. Entretanto, dado que esta Declaração não surge repentina e isolada, mas é a etapa mais recente de um trabalho iniciado em 1966, poderá ser útil relembrar aqui certas etapas anteriores.

Em 1966, o papa Paulo VI e o arcebispo de Cantuária anunciaram ambos a intenção de começar "um diálogo sério, fundado nos Evangelhos e nas antigas tradições comuns", esperando que tal diálogo pudesse conduzir à unidade na verdade, unidade pela qual Cristo orou.

No curso de três reuniões, entre dezembro de 1966 e janeiro de 1968, a Comissão Preparatória Mista estabeleceu, a partir dessas bases, um programa de busca comum inserido no documento conhecido com o nome de "Rela-

---

[1] CNBB, Comunicado mensal, n. 252, setembro de 1973, pp. 1354-1360.

tório de Malta".[2] Recordando, com muita gratidão, os longos séculos de herança cristã comum, suas tradições vivas de liturgia, teologia, espiritualidade, estruturas eclesiásticas e atividade missionária (§ 3), o Relatório prossegue declarando: "A teologia do ministério faz parte da teoria da Igreja e como tal deve ser estudada". Acrescenta ainda que um acordo de fé sobre esses pontos cruciais constitui uma exigência fundamental da busca da unidade.

Continuando nas pistas anteriormente estabelecidas, a Comissão Internacional Anglicano-Católico-Romana começou por situar firmemente, nas suas relações com a Igreja, o que lhe pareceu constituir os três grandes problemas de doutrina, sobre os quais anglicanos e católicos romanos pareciam estar em desacordo: a eucaristia, o ministério e a autoridade. Os primeiros contatos fizeram aparecer bem claro que poderia haver uma resposta encorajadora à seguinte questão: Têm anglicanos e católicos romanos a mesma concepção sobre a natureza e o objetivo do ministério em geral, e do ministério ordenado em particular, no interior da comunidade de fé (*koinonia*)?

Durante os trabalhos, a comissão reconheceu o caráter central da fé eucarística e começou intensos estudos que em 1971 resultaram, em Windsor, em uma Declaração Comum sobre a Doutrina Eucarística. O trabalho realizado e os comentários autorizados feitos sobre o assunto ajudaram a manifestar a importância de se proceder a um estudo profundo e análogo sobre o ministério.

Sobre esses dois temas, a comissão aproveitou as críticas e reflexões de teólogos, surgidas com a publicação do relatório provisório conhecido como Relatório de Veneza (1971).

Dois anos separam a Declaração sobre a eucaristia (1971) daquela sobre o Ministério (1973), pois a Reunião de 1972, em Gazzada, ocupou-se exclusivamente em delimitar, nos seus detalhes, os diversos componentes do problema "ministério". Que nos diz o Novo Testamento sobre o ministério ou ministérios? Que nos propõem as testemunhas primitivas? O que é o ministério sacerdotal em sua relação com Cristo e sua Igreja? O que é o ministério apostólico e qual a sua relação com a apostolicidade da Igreja? Que devemos dizer da origem do ministério tripartido: bispo, presbítero e diácono e de sua relação com a prática atual? Que pensamos da ordenação?

Analisando, em Gazzada, essas questões principais, a comissão – composto de pastores, teólogos, historiadores e biblistas – percebeu que a Declaração sobre o ministério seria necessariamente mais longa do que a Declaração sobre a eucaristia e que uma distinção cuidadosa deveria fazer-se entre os setores onde é indispensável um acordo doutrinal e outros setores que não devem ser

---

[2] *Rapport de Malte*. Comunicado mensal da CNBB, pp. 751ss., junho de 1973.

negligenciados, pois esclarecem e enriquecem, para todos nós, a tradição total do ministério, embora admitam interpretações teológicas diferentes e apreciações diversas de dados muitas vezes incompletos.

O documento em pauta é o resultado do trabalho que seguiu essa linha e métodos. Sua conclusão, no parágrafo 17, apresenta cuidadosamente a maneira pela qual a comissão situa esse acordo no contexto de uma reconciliação. Naturalmente, por enquanto o documento é uma simples declaração de conclusões de uma comissão, declaração essa submetida à atenção das Igrejas. É com tal objetivo que envio a V. Ex.ª este documento, esperando que o examine juntamente com seus assessores qualificados.

Aceite, Excelência, a expressão dos meus sentimentos de fraterna caridade em Cristo.

Jean Card. Willebrands, presidente

DECLARAÇÃO

11. A tarefa dos ministros na celebração dos sacramentos não é um acréscimo à sua responsabilidade de ministros da Palavra. É sempre na Palavra e nos sacramentos que os cristãos reencontram a Palavra viva de Deus. A responsabilidade dos ministros na comunidade cristã leva-os a serem não somente aqueles que administram o batismo, mas também aqueles que recebem os convertidos na comunidade dos crentes e reintegram aqueles que haviam desertado. A autoridade de pronunciar o perdão divino do pecado, dada aos bispos e presbíteros na ordenação, é por eles exercida no intuito de conduzir os cristãos, pelo Cristo, a uma comunhão mais íntima com Deus e com os homens, seus irmãos, e confirmá-los na permanência do amor e da misericórdia divina.

12. A proclamação da reconciliação em Jesus Cristo e a manifestação do seu amor reconciliador evidenciam a missão permanente da Igreja. A eucaristia, ato central do culto, é o memorial desta reconciliação e alimenta a vida da Igreja em vista do cumprimento de sua missão. Conseqüentemente, quem preside a celebração eucarística é justo que tenha na Igreja a supervisão e seja o centro de sua unidade. Um testemunho tão antigo como o de Inácio manifesta que, pelo menos em certas comunidades, aquele que exerce a função de supervisão deve presidir a eucaristia e que nenhum outro possa fazê-lo sem o seu consentimento (Carta aos habitantes de Esmirna 8,1).

13. O sacrifício sacerdotal de Jesus foi único, como o é também sua função permanente de Sumo Sacerdote. Embora no Novo Testamento os ministros

jamais sejam denominados "sacerdotes" (hiereus), os cristãos tendiam a considerar que a função sacerdotal do Cristo já se encontrava em seus ministros e passaram a utilizar vocábulos sacerdotais para designá-los. Por ser a eucaristia o memorial do sacrifício de Cristo, a ação realizada pelo ministro que preside, ao pronunciar novamente as palavras de Cristo na última ceia e ao distribuir à assembléia os dons sagrados, é comparada em função sacramental com aquilo que o mesmo Jesus fez ao oferecer o seu próprio sacrifício. Eis por que nossas duas tradições utilizam freqüentemente vocábulos sacerdotais referindo-se aos ministros ordenados. O fato de o sacrifício de Cristo ter sido realizado uma vez por todas, sem admitir acréscimo ou repetição, de nenhum modo contradiz tal maneira de falar. Encontramos na eucaristia um memorial (*anamnesis*) da totalidade da ação reconciliadora de Deus no Cristo que, através do seu ministro, preside a ceia do Senhor e se doa a si mesmo de modo sacramental. Assim, por ser a eucaristia o centro na vida da Igreja, é que a natureza essencial do ministério cristão — seja qual for a maneira pela qual se exprima — é mais claramente percebida em sua celebração. De fato, na eucaristia a ação de graças é dada a Deus, o Evangelho da salvação é proclamado pela Palavra e pelo sacramento, e a comunidade é unificada como um só corpo em Jesus Cristo. Os ministros cristãos são membros desta comunidade remida. Não somente os ministros participam, pelo batismo, do sacerdócio do povo de Deus, mas são — particularmente pela presidência da eucaristia — os representantes de toda a Igreja, cumprindo sua vocação sacerdotal de se oferecerem a Deus como sacrifício vivo (Rm 12,1). Mas o seu ministério não é uma extensão do sacerdócio comum dos fiéis, pois nasce de outra manifestação dos dons do Espírito. Existe para ajudar a Igreja a ser "o sacerdócio régio, a nação santa, o povo que Deus adquiriu, para proclamar os altos feitos daquele que os chamou das trevas à sua luz incomparável" (1Pd 2,9).

Batismo, eucaristia e ministério

Comissão Fé e Constituição
(Accra, 23 de julho a 5 de agosto de 1974)[1]

INTRODUÇÃO

Se as Igrejas separadas pretendem chegar àquela unidade visível que buscam no movimento ecumênico, uma das condições mais importantes é, sem dúvida alguma, que aceitem de comum acordo uma posição concorde a respeito do batismo, da eucaristia e do ministério. Não causa surpresa, portanto, que a Comissão Fé e Constituição tenha sempre dedicado grande parte de sua atenção a esses três temas. Foram bem poucas as suas assembléias em que um ou outro desses assuntos não tenha sido o centro da discussão. Mas quais resultados conseguiram todos esses esforços? Podemos falar de uma mentalidade comum?

Os três relatórios apresentados aqui são uma tentativa de expor sistematicamente os pontos de acordo já alcançados junto ao movimento Fé e Constituição. Eles são o fruto de um processo de busca desenvolvido através de um longo número de anos. Numerosas consultas foram realizadas com o fito de esclarecer alguns específicos.

Os textos que derivaram desse trabalho várias vezes foram discutidos, detalhadamente, pela Comissão Fé e Constituição, e mais recentemente na reunião de Accra, em Gana, no verão de 1974. Esses documentos são apresentados agora às Igrejas para considerações e comentários.

---

[1] Serviço de Documentação (Sedoc), julho-agosto de 1975, pp. 43-45, 51-57, 77-78. Tradução baseada no texto de "Il Regno-Doc", de 1º de março de 1975.

Os que sabem quanto a doutrina e a praxe das Igrejas diferem profundamente terão alguma idéia da importância do acordo alcançado nesses textos. Pois não é um fato a considerar-se óbvio e deduzido que teólogos de tradições tão profundamente diferentes tenham conseguido se expressar de uma forma tão unânime sobre o batismo, a eucaristia e o ministério. Merece destaque especial a circunstância de os teólogos da Igreja Católica Romana, já há alguns anos, terem sido membros de pleno direito da comissão. Quase todas as diversas tradições confessionais eram representadas dentro da comissão, e mesmo assim foi possível expressar-se de forma comum. Foi afirmado, às vezes, que as diferenças entre as Igrejas não foram ainda suficientemente esclarecidas sob o prisma teológico, para concluir que tenha acabado o tempo de sua divisão. Entretanto, será que a dimensão de seu acordo não é superior ao que as Igrejas estão dispostas, realmente, a reconhecer?

O esclarecimento das divergências não foi realizado somente dentro da Comissão Fé e Constituição. Pois os três temas do batismo, eucaristia e ministério, hoje em dia, são abordados em inúmeros encontros e discussões ecumênicas. A comissão procurou, nos seus trabalhos, levar em consideração o mais possível as conclusões desses debates. Com efeito, uma das tarefas da Comissão Fé e Constituição pode ser a avaliação complexiva do resultado final de todas essas tentativas particulares em prol da globalidade do movimento ecumênico, pois — por quanto importantes possam ser os contatos entre as igrejas particulares — o que importa, afinal, é que essas formas de diálogo levem a uma mentalidade comum em todas as Igrejas. Mais importantes que todos os estudos e diálogos oficiais são as mudanças ocorridas na vida das Igrejas nas últimas décadas. Todas elas se encontram na obrigação de fazer frente às novidades e exigências do nosso tempo, sentindo-se na necessidade de revisar as convicções e práticas tradicionais. Como resultado da renovação litúrgica e dos estudos bíblicos, em comum, surgiu uma forma de fraternidade, que agora anima as diversas confissões e na qual as velhas divergências são consideradas, em muitos aspectos, sob um enfoque diferente. Em última análise, a função quase exclusiva do diálogo e dos relacionamentos ecumênicos foi a de demonstrar e reforçar essa fraternidade que já existia.

Os textos apresentados aqui são de cunho especial e seu caráter peculiar merece ser destacado. As anotações que seguem podem ajudar a torná-los ainda mais claros.

Em primeiro lugar, é preciso dizer que estes três relatórios não representam uma posição unânime no sentido literal da expressão. O que eles apresentam é, antes, uma soma de convicções e de perspectivas geralmente aceitas. Seu objetivo é ajudar as Igrejas a entrarem em contato mais estreito entre si.

Sua preocupação dominante é fazer com que elas possam alcançar um reconhecimento mútuo.

O leitor não deve esperar encontrar neles um tratado teológico completo sobre o batismo, a eucaristia e o ministério, pois estes relatórios tratam somente daqueles aspectos que estão, direta ou indiretamente, relacionados com a questão do reconhecimento recíproco.

Para dizer a verdade, a linguagem destes textos parece um tanto antiquada. Muitos consideram isso um grave defeito e, em geral, se admite que seria melhor se as Igrejas conseguissem se pronunciar de maneira unânime sobre o batismo, a eucaristia e o ministério, buscando uma linguagem mais correspondente à situação atual. Por enquanto, o próprio caráter destes relatórios torna inevitável o uso da linguagem tradicional. Pelo fato de as diferenças entre as Igrejas terem sido formuladas na forma lingüística do tempo em que surgiram, o diálogo atual é forçado a aceitar os reflexos daquele período. Os autores estão cientes de que estes relatórios não representam a forma definitiva, sendo preciso traduzi-los em linguagem moderna. Mesmo assim, nós temos a esperança de que o acordo registrado aqui consiga preparar o terreno para uma expressão comum.

Se as Igrejas nunca conseguissem realizar a união, teriam de aceitar e desenvolver intuições que, ou seriam algo de novo para elas, ou não foram realizadas até então nas suas tradições particulares. O movimento ecumênico representa um desafio para todas as Igrejas. A descoberta da fraternidade em Cristo envolve sempre uma auto-análise e uma renovação. Os relatórios devem ser vistos todos nesta luz. Muitos poderiam ser induzidos a examiná-los com o intuito de ver se o que é afirmado neles faz plenamente justiça à peculiaridade de sua própria tradição. Mas a questão a que os relatórios tentam responder é esta: "De que maneira as Igrejas podem estabelecer entre si uma relação fraternal em vista de um recíproco reconhecimento?".

É com esta pergunta que a comissão apresenta às Igrejas estes relatórios. Pois, a essa altura, tem a convicção de que já se tenha alcançado um acordo suficientemente amplo para tornar possíveis novos passos no caminho da união. Ela espera que não faltem observações sobre os relatórios, não somente por parte das Igrejas, mas também dos grupos e dos indivíduos particulares que, dentro das Igrejas, estão empenhados no estudo desta temática. Sobretudo, espera-se que em cada Igreja surja a oportunidade de iniciar uma discussão sobre as possíveis implicações: "Qual mudança e renovação é solicitada à minha Igreja na doutrina, na liturgia e na praxe?".

Por certo espaço de tempo, a comissão deixará de tratar destes assuntos, tendo a convicção de que, agora, cabe às Igrejas fazerem suas próprias observa-

BATISMO, EUCARISTIA E MINISTÉRIO

ções sobre as conclusões da comissão. Uma discussão sucessiva pode tornar-se construtiva e fecunda só se for baseada sobre afirmações que nos façam realmente progredir. Percebemos a necessidade de dialogar sobre novas bases, e esse novo nível de abordagem somente pode ser proporcionado pelas Igrejas, falando cada qual em seu próprio nome.[2]

Todas as observações devem ser enviadas ao Secretariado Fé e Constituição, Conselho Ecumênico das Igrejas.

50 Route de Ferney, 1211

Genebra 20 — Suíça.

Lukas Vischer

A EUCARISTIA

Preâmbulo

1. O batismo, administrado uma única vez e nunca mais repetido, nos insere na vida de culto perene do sacerdócio real e do povo de Deus. Na sagrada eucaristia ou ceia do Senhor, repetida continuamente e constituída sempre pela Palavra e pelo sacramento, proclamamos e celebramos o memorial da obra salvífica do Senhor. O que Deus operou na encarnação, na vida, morte, ressurreição e ascensão de Cristo não é repetido; os eventos são únicos e não podem ser repetidos e prolongados no tempo; o próprio Cristo, no entanto, com tudo o que ele tem realizado por nós e por toda a criação, está presente na eucaristia.[3] Aqui encontramos o centro e o vértice de toda a vida sacramental da Igreja.

2. A eucaristia contém uma grande riqueza e variedade de significados. Indivíduos e tradições eclesiais sustentam pontos de vista amplamente diversificados, de forma que nenhum documento poderia exaustivamente expor todas as componentes da teologia eucarística. Além disso, toda tentativa de falar sobre a eucaristia implica a exigência de tratar em separado de diversos aspectos, mesmo sendo essencialmente um todo unitário. Entretanto, este

---

[2]   Quando não vem indicado de maneira diferente, as notas referem-se ao volume *A documentary history of the faith and order movement*, 1927-1963, ao cuidado de Lukas Vischer (St. Louis, Missouri, The Bethany Press, 1963), que contém as conclusões das mais importantes conferências ecumênicas sobre os problemas de "fé e constituição".

[3]   Cf. Montreal 1963, § 116, p. 73. *New directions in faith and order*, c. 3: The holy eucharist, II, 1, p. 61 (Bristol, 1967).

texto reflete a atual, ampla e crescente convergência que existe sobre muitos aspectos da teologia eucarística.

A instituição da eucaristia

3. A eucaristia é o banquete sacramental, emprestado da Páscoa de Israel, o novo banquete pascal do povo de Deus, que Cristo, tendo amado os seus discípulos até o fim, celebrou com eles antes de morrer, repartiu com eles após a ressurreição e mandou que o repetissem até a sua volta.

4. Este banquete de pão e de vinho é o sacramento, o sinal eficaz e a garantia da presença do próprio Cristo, que sacrificou a sua vida para todos os homens e se oferece a nós como o Pão da Vida; por isso, o banquete eucarístico é o sacramento do corpo e do sangue de Cristo; o sacramento de sua presença real.

5. Na eucaristia, a promessa do Cristo crucificado e ressuscitado é realizada de forma unitária para os crentes, que são santificados e unificados nele, reconciliados no amor, a fim de serem eles próprios ministros da reconciliação no mundo e oferecidos nele como sacrifício vivo. É na eucaristia que a comunidade do povo de Deus é plenamente manifestada.[4]

O significado da eucaristia

A eucaristia: ação de graças ao Pai

6. A eucaristia é a grande ação de graças ao Pai por tudo aquilo que realizou na criação, redenção e santificação, porquanto opera hoje na Igreja e no mundo, apesar dos pecados dos homens, por tudo aquilo que operará a fim de levar a cumprimento o seu Reino. Por isso, a eucaristia é a bênção (*berakah*) com que a Igreja exprime a sua gratidão a Deus por todos os seus bens.[5]

7. A eucaristia é o grande sacrifício de louvor com que a Igreja fala em nome de toda a criação. Por isso, o mundo que Deus reconciliou consigo está presente em cada celebração eucarística: no pão e no vinho, nas pessoas dos fiéis e nas orações que eles oferecem para si mesmos e para todos os homens.

---

[4]   Cf. Lund, 1952, III, A (b), p. 54.
[5]   Cf. Montreal, 1963, § 118b, p. 74.

BATISMO, EUCARISTIA E MINISTÉRIO

Pelo fato de as orações do crente serem unidas à pessoa de nosso Senhor e à sua intercessão, elas são transfiguradas e acolhidas. Desta forma, a eucaristia manifesta ao mundo o que ele deve se tornar.[6]

A eucaristia: anamnesis *ou memorial (representação e antecipação) de Cristo*

8. Cristo instituiu a eucaristia, sacramento do seu corpo e sangue completado na cruz e ressurreição, como *anamnesis* da inteira ação reconciliadora de Deus nele. O próprio Cristo, com tudo aquilo que operou por nós e por toda a criação (na sua encarnação, no serviço, no ministério, no ensaio, na ressurreição, ascensão e Pentecostes), está presente nesta *anamnesis*, como também estão presentes a antecipação da parusia e a realização do Reino. A *anamnesis* na qual Cristo opera através da alegre celebração de sua Igreja inclui, portanto, esta representação e antecipação. Não se trata apenas de evocar na mente um evento passado ou o seu significado. É a proclamação eficaz, por parte da Igreja, da ação poderosa de Deus. Por meio desta comunhão com Cristo a Igreja torna-se participante dessa realidade.

9. A representação e a participação próprias da *anamnesis* realizam-se no agradecimento e na intercessão. A Igreja, proclamando diante de Deus a grande obra da redenção através do agradecimento, implora-lhe a conceder a cada ser humano os benefícios dessas ações. Nesta ação de agradecimento e de intercessão a Igreja está unida ao Filho, seu sumo sacerdote e intercessor.

10. A *anamnesis* de Cristo é o fundamento e a fonte de toda oração cristã. Por este motivo, nossa oração confia e se une à incessante intercessão do Senhor ressuscitado. Na eucaristia, Cristo nos torna capazes de viver com ele e de orar por seu intermédio como pecadores justificados que cumprem a sua vontade alegre e livremente.[7]

11. Com coração contrito, oferecemo-nos em união com nosso Salvador como sacrifício vivo e santo, um sacrifício que deve manifestar-se em toda a nossa vida cotidiana. Por isso, em comunhão com o nosso Deus e com todos os crentes que nos precederam e em fraternidade com a Igreja universal, somos regenerados na aliança sancionada pelo sangue de Cristo.[8]

12. É na perspectiva traçada nos precedentes parágrafos que as controvérsias históricas sobre a noção de sacrifício deveriam ser reconsideradas.

---

6   Cf. Bristol, 1967, 3, III, 2, p. 63.
7   Cf. ibidem, II, 1-3, p. 61; Montreal, 1963, § 117, pp. 73-74.
8   Montreal, 1963, § 117, pp. 73-74.

13. Pelo fato de a *anamnesis* ser o fundamento essencial quer da pregação da Palavra, quer da eucaristia, uma reforça a outra. A eucaristia deveria ser sempre celebrada unida ao ministério da Palavra, porque este é orientado para a eucaristia e realizado nela.[9]

A eucaristia: invocação e dom do Espírito

14. À *anamnesis* segue a *epiclesis*. A Igreja, já guiada pela nova lei, invoca com confiança o Espírito, a fim de ser por ele santificada, renovada e dirigida para a plenitude da verdade e tornada capaz de cumprir a sua missão no mundo. A *anamnesis* e a *epiclesis* não podem ser concebidas fora da comunhão. Além disso, é o Espírito que, na eucaristia, torna Cristo realmente presente, e nos é dado no pão e no vinho, conforme as palavras da instituição.[10]

15. O parágrafo precedente pode ajudar a superar muitas das diferenças de interpretação relacionadas com o uso da expressão "a presença real de Cristo" na eucaristia.[11]

16. O dom do Espírito Santo na eucaristia é uma antecipação do Reino de Deus: a Igreja recebe a vida da nova criação e a garantia da volta do Senhor.

17. A ação eucarística inteira tem caráter "epiclético", isto é, depende da ação do Espírito Santo. Este aspecto da eucaristia deveria encontrar expressão nas palavras do rito litúrgico. Algumas Igrejas exigem uma invocação do Espírito Santo sobre o povo de Deus e sobre a inteira ação eucarística, incluindo as espécies sagradas; outras acham que a invocação do Espírito pode ser feita em outras formas.[12]

18. A maioria das Igrejas acha que a consagração não possa ser limitada a um determinado momento da liturgia. A *epiclesis* com relação às palavras da instituição é colocada de modo diferente nas diversas tradições litúrgicas. Nas liturgias primitivas, no entanto, toda "ação de súplica" era considerada cumprimento da realidade prometida por Cristo. A redescoberta dessa interpretação pode ajudar a superar as nossas dificuldades referentes ao momento específico da consagração.[13]

---

[9] Cf. Bristol, 1967, 3, II, 5a, p. 62.
[10] Cf. ibidem, 3, II, 4, pp. 61-62.
[11] Sobre este último ponto, algumas recomendações apreciáveis foram feitas pelo grupo de Les Dombes, formado por católicos e protestantes franceses. Cf., mais adiante, nota 20.
[12] Cf. Bristol, 1967, Apêndice 4, p. 141.
[13] Cf. ibidem, 3, II, 5c, p. 62.

A eucaristia: comunhão no corpo de Cristo

19. A comunhão eucarística com o Cristo presente, que alimenta a vida da Igreja, é ao mesmo tempo comunhão com o corpo de Cristo que é a Igreja. A participação do mesmo pão e do mesmo cálice, em um determinado lugar, exprime a união dos participantes com o Cristo total e com todos os irmãos em todo lugar e em todo o tempo. Participando do pão comum, eles tornam visível a sua união com a Igreja Católica, é proclamado o mistério da redenção e todo o corpo cresce na graça.[14]

20. Em força de sua catolicidade, a eucaristia é um desafio radical às nossas tendências para o afastamento, a separação e dispersão. A falta de unidade local em uma Igreja ou em uma sociedade constitui um desafio para os cristãos daquele lugar. Pois se insulta a eucaristia quando se permite que os muros da separação destruídos por Cristo sobre a cruz reapareçam na vida da Igreja: os muros entre as raças, as nacionalidades, as línguas e as classes.[15]

21. A solidariedade na comunhão eucarística do corpo de Cristo e o cuidado responsável dos cristãos uns para com os outros e com o mundo deveriam encontrar nos ritos litúrgicos uma forma específica de expressão, por exemplo, o perdão recíproco dos pecados, o beijo da paz, a oferta dos presentes para a refeição comum e para a distribuição aos irmãos pobres, uma oração especial para os indigentes e os sofredores, para os aflitos e aqueles que estão na dúvida, a distribuição da eucaristia aos doentes e aos presos. Todas essas manifestações de amor inspiradas na eucaristia são diretamente relacionadas com o próprio testemunho de Cristo como servo, de cujo serviço os próprios cristãos participam em virtude de sua união com ele. Do jeito que Deus, através de Cristo, assumiu a condição humana, assim a liturgia eucarística deveria ser solidária com as situações concretas e particulares do homem. Na Igreja primitiva o ministério dos diáconos e das diaconisas era incumbido da responsabilidade especial de realizar concretamente esse aspecto da eucaristia. A colocação deste ministério entre a eucaristia e o pobre testemunha precisamente a presença redentora de Cristo no mundo.[16]

22. Segundo a promessa de Jesus, todo crente membro do corpo de Cristo recebe, na eucaristia, o perdão dos pecados e a vida eterna, e cresce na fé, na esperança e na caridade.

---

[14] Cf. ibidem, 3, III, 1, p. 62.
[15] Cf. ibidem, 3, III, 4, p. 63.
[16] Cf. ibidem, 3, IV, 4, p. 64.

CONSEQÜÊNCIAS DA EUCARISTIA

A eucaristia: missão no mundo

23. A missão é mais do que uma conseqüência da eucaristia. Para que a Igreja seja fiel à sua natureza, a missão deve constituir parte de sua vida. Na eucaristia a Igreja é ela mesma em sumo grau e é solidária com Cristo na sua missão.

24. O mundo já está presente na ação de graças ao Pai, onde a Igreja fala em nome de toda a criação; no memorial de Cristo, onde a Igreja, unida ao seu sacerdote e intercessor, reza pelo mundo; na invocação do dom do Espírito, onde a Igreja pede a santificação e uma nova criação.

25. Reconciliados na eucaristia, os membros do corpo de Cristo são chamados a estarem a serviço da reconciliação entre os homens e serem testemunhas da alegria da ressurreição. Uma sua presença autêntica no mundo exige que sejam solidários com os sofrimentos e as esperanças de todos os homens para os quais podem ser sinal do amor de Cristo que sacrificou a si mesmo sobre a cruz para todos os homens e que se doa na eucaristia.

26. A eucaristia é também o banquete em que a Igreja se alegra por todos os dons recebidos no mundo.

A eucaristia: superação das divisões

27. Quando as igrejas locais, por menores que sejam, tomam parte na eucaristia, participam da plenitude da Igreja e revelam-na em sua totalidade: nos seus membros, na sua fé, na sua história e nos seus dons especiais. As celebrações eucarísticas, portanto, estão sempre em relação com toda a Igreja, e a Igreja inteira está presente em cada celebração eucarística. Desde os primeiros tempos, o batismo foi entendido como o sacramento em virtude do qual os crentes são unidos ao corpo de Cristo e são repletos do Espírito Santo. Quando, pois, o direito dos crentes batizados e dos seus ministros de participar e presidir a celebração eucarística em uma Igreja foi posto em discussão por aqueles que presidem e são membros de outras comunidades eucarísticas, a catolicidade da Eucaristia ficou ofuscada. Por outro lado, à medida que uma igreja particular pretenda se colocar como manifestação da Igreja universal, deve reconhecer que a Igreja inteira está envolvida na sua organização pastoral e administrativa.[17]

---

[17] Cf. ibidem, 3, III, 3, p. 63.

Elementos da eucaristia

28. A eucaristia é essencialmente um todo unitário, constituído normalmente pelos seguintes elementos, mesmo dispostos de forma variada:
- proclamação da Palavra de Deus, nas diversas formas;
- intercessão por toda a Igreja e pelo mundo;
- agradecimento pelas maravilhas da criação, da redenção e da santificação (proveniente da tradição hebraica da *berakah*);
- as palavras com que Cristo, segundo a tradição do Novo Testamento, instituiu o sacramento;
- a *anamnesis* ou memorial da grande obra da redenção, paixão, morte, ressurreição, ascensão e Pentecostes, através da qual a Igreja nasce;
- a invocação do Espírito Santo sobre a comunidade e sobre as espécies do pão e do vinho (*epiclesis*, antes das palavras da instituição, ou mesmo depois do memorial), ou outras formas de invocação do Espírito Santo que exprimam de maneira adequada o caráter "epiclético" da eucaristia;
- a oração pela volta do Senhor e a manifestação do seu Reino;
- o "Amém" de toda a assembléia;
- o pai-nosso;
- a fração do pão;
- o comer e beber em comunhão com Cristo e com todos os membros da Igreja;[18]
- uma oração conclusiva de louvor.

Esta lista de momentos litúrgicos não significa que outros sejam excluídos, como, por exemplo, a expressão de contrição, a declaração do perdão dos pecados, a profissão de fé em forma de credo, a celebração da comunhão dos santos, hinos de louvor e de agradecimentos, e a consagração que o crente faz de si mesmo a Deus.[19]

29. O movimento de reforma litúrgica tem unido mais estreitamente as Igrejas no modo de celebrar a ceia do Senhor. De qualquer forma, uma diferenciação litúrgica compatível com a nossa fé eucarística comum deveria ser julgada como elemento positivo e fecundo.

30. As Igrejas deveriam examinar as suas liturgias à luz da convergência, alcançada recentemente sobre a eucaristia.

---

[18]   Cf. Montreal, 1963, § 118, p. 74.
[19]   Cf. ibidem, § 118, p. 74.

Recomendações

31. O caminho melhor para realizar a união na celebração e na comunhão eucarística é uma renovação de sua práxis nas várias Igrejas, sob a perspectiva catequética e litúrgica.

32. A afirmação de uma fé eucarística comum não implica uniformidade na liturgia ou na práxis. Em todo o caso, é evidente que a fé eucarística se aprofunda e se esclarece somente na medida em que se celebra com certa freqüência a ceia do Senhor. Muitas diferenças com relação à teologia, à liturgia ou à praxe nascem da descontinuidade com que se pratica a celebração da comunhão sagrada; pelo contrário, muitas dessas diferenças encontrariam uma justa colocação na unidade da fé, se a eucaristia fosse celebrada com mais freqüência em toda parte.

33. Uma vez que a eucaristia é o novo serviço litúrgico que Cristo deu à Igreja, parece normal que seja celebrada pelo menos todo domingo ou uma vez por semana. E pelo fato de ser o novo banquete sacramental do povo de Deus, parece, outrossim, oportuno que cada cristão receba a comunhão em cada celebração.

34. O modo com que são consideradas as espécies do pão e do vinho exige uma atenção particular. Uma vez que a ação de Cristo consiste na doação do seu corpo e do seu sangue (isto é, de si mesmo), a realidade doada, simbolizada no pão e no vinho, é o seu corpo e o seu sangue. É em virtude da palavra criadora de Cristo e do poder do Espírito Santo que o pão e o vinho tornam-se sacramento e, portanto, "participação do corpo e do sangue de Cristo" (1Cor 10,16). Daquele momento em diante, através do sinal externo, eles são a realidade doada, no sentido mais profundo do termo, e permanecem tais em vista de sua consumação. Isto porque o que é doado como corpo e sangue de Cristo permanece dado como seu corpo e seu sangue, e como tal deve ser tratado.

35. Diante das diferentes praxes das Igrejas, tirando as conseqüências do acordo precedente, se deseja:
- de um lado, que se tenha presente, em particular nas homilias e na catequese, que o motivo principal pelo qual se guardam as espécies sagradas é sua distribuição aos doentes e aos ausentes;
- e, por outro lado, que se reconheça que o modo melhor de respeitar as espécies consagradas, na celebração eucarística, é a sua consumação imediata, sem excluir o seu uso para a comunhão dos enfermos.[20]

---

[20] Grupo de Les Dombes. Towards a Common Eucharistic Faith? In: *Modern Eucharistic Agreement*, London, SPCK, 1973. pp. 51-78; cf. *Regno-Doc.* 9/1972, pp. 258-260.

BATISMO, EUCARISTIA E MINISTÉRIO

36. À medida que as Igrejas, na sua experiência eucarística, souberem crescer atingindo a plena estatura de Cristo, caminhar-se-á também para a solução do problema da intercomunhão.[21]

Propostas a serem apresentadas no reconhecimento recíproco

100. Para que possamos nos aproximar da meta estabelecida pela Declaração de Nova Delhi, são necessárias iniciativas específicas. A discussão pode contribuir para esclarecer os problemas, mas estes não podem ser superados somente pela discussão. As Igrejas devem preparar-se para realizar mudanças reais nos seus relacionamentos e na sua praxe.

101. De acordo com o que dissemos anteriormente, dois elementos são de importância fundamental para o reconhecimento mútuo da praxe da ordenação. Antes de tudo, o rito usado deve expressar a intenção de transmitir o ministério apostólico da Palavra de Deus e dos sacramentos. Em segundo lugar, o rito deve prever uma invocação (*epiclesis*) do Espírito Santo e a imposição das mãos. A invocação do Espírito Santo entende garantir e atestar o que em algumas tradições é chamado de "caráter sacramental" da ordenação.

Para a consecução do reconhecimento mútuo, as diversas Igrejas devem cumprir vários passos:

102. 1) a. As Igrejas que guardaram a sucessão apostólica devem reconhecer o conteúdo real do ministério ordenado que se encontra nas Igrejas que não têm a sucessão episcopal. Apesar da recíproca separação dos dois tipos de Igrejas, Deus — que é sempre fiel às suas promessas — doa às comunidades que carecem da sucessão episcopal, mas que vivem em uma sucessão de fé apostólica, um ministério da Palavra e dos sacramentos cujo valor é atestado pelos frutos. Essas comunidades, em alguns casos, têm também um ministério laical que desempenha um papel vital.

103. b. As Igrejas que carecem da sucessão episcopal devem estar cientes de que as Igrejas que têm o privilégio de tal sucessão conservaram também, através dos séculos, um ministério da Palavra e dos sacramentos; e, se é verdade que não pode faltar-lhes uma sucessão na fé apostólica, elas, porém, não possuem a plenitude do sinal de tal sucessão. Se devemos alcançar uma união plena e visível, a plenitude do sinal da sucessão apostólica deveria ser recuperada.

104. 2) a. As Igrejas que possuem a sucessão episcopal deveriam reafirmar o valor do ministério episcopal, particularmente nos seus aspectos pastorais,

---

[21] Cf. Bristol, 1967, 3, V, pp. 66-68.

fazendo com que as outras possam descobrir o seu significado de sinal vivente da união visível.

105. b. Estas Igrejas deveriam também prestar atenção ao fato de que seria desejável que fossem reconhecidos alguns ministérios ordenados, que existem separadamente da sucessão episcopal, mas que representam uma sucessão de ministros ordenados que unem nos seus ministérios as funções do bispo e as do presbítero. Pode também ser possível o reconhecimento de alguns ministérios que não reinvindicam uma formal sucessão episcopal, ou episcopal-presbiteral, mas que de fato existe, e com a expressa intenção de garantir uma sucessão na fé apostólica.

A Ceia do Senhor

Comissão Mista Nacional Católico-Luterana[1]
(1978)

INTRODUÇÃO

1. Desde 1965 — depois de mais de 400 anos de separação — realizam-se, em nível mundial, conversações entre representantes oficialmente nomeados pela Federação Luterana Mundial e pela Igreja Católica Romana. As autoridades eclesiásticas competentes convocaram uma comissão de estudos, de composição internacional, que deveria discutir, sob o tema "O Evangelho e a Igreja", problemas teológicos, especialmente as controvérsias teológicas tradicionais, à luz de novos conhecimentos. Em 1972 foi publicado um resumo dos resultados dos trabalhos da Comissão de Estudos.[2] Nele se expressam convergências e concordâncias significativas. Porém, de acordo com o que é dito no prefácio da publicação, o tema geral era tão amplo que determinadas questões não puderam ser consideradas e outras careceram de análises mais detalhadas. Entre estas estão também as referentes à eucaristia e ao ministério. A necessidade de uma perscrutação profunda destas questões é enfatizada não

---

[1]   CNBB, Comunicado mensal, n. 308, maio de 1978, pp. 512-538.

[2]   Relato da Comissão de Estudos Evangélico-Luterana/Católica-Romana: *O Evangelho e a Igreja*, com um prefácio do Dr. André Appel, secretário geral da Federação Luterana Mundial, e Johannes Cardeal Willebrands, presidente do Secretariado pela Unidade dos Cristãos (o chamado "Relatório de Malta"), traduzido e editado pela Comissão Mista Nacional Católico-Luterana, São Leopoldo, 1975.

    Ver também em: MEYER H., *Luthertum und katholizismus im Gespraech*. Francfort, 1973. pp. 143-174; GASSMAN, G.; LIENHARD, M.; MEYER, H.; HERNTRICH, H. V. (eds.), *Um Amt und Herrenmahl*. Francfort, 1974. pp. 23-54.

somente pela própria comissão, mormente em conseqüência de repercussão ao Relatório de Malta, mas sua urgência torna-se dolorosamente consciente, sobretudo em face da separação existente na ceia da unidade: da plena unidade dos cristãos faz parte a comunhão eucarística que pressupõe unidade de fé. Por isso, em continuação ao diálogo oficial, a Comissão Mista Católico-Luterana concentrou sua atenção especialmente na eucaristia e apresenta agora o resultado de seus esforços.[3] Está previsto um estudo sobre o ministério eclesial, com especial consideração do ministério episcopal. Nele deverão ser respondidas várias questões relacionadas com a eucaristia.

2. Na elaboração do presente texto, a comissão se esforçou em dar, o quanto possível, um testemunho comum em marcar claramente as questões abertas, bem como aproximá-las de uma resposta. O que cristãos luteranos e católicos podem confessar em comum deve, deste modo, alcançar a vida da Igreja e das comunidades locais.

3. O texto do documento nasceu da reflexão sobre o testemunho da Sagrada Escritura e das tradições eclesiásticas. Em especial, foi incluída nas ponderações a forma litúrgica concreta, uma vez que fazem parte da realidade eucarística: doutrina e vida, confissão e forma litúrgica, piedade e prática. Com gratidão pelo que foi elaborado por outros e em vista de um efeito ecumênico o mais amplo possível, foram aceitos enunciados de documentos ecumênicos já existentes, enquanto correspondem à compreensão luterana e à católica.

4. O texto subdivide-se da seguinte maneira:
- na primeira parte, o "testemunho comum", é enunciado o que cristãos luteranos e católicos podem confessar em comum;
- a segunda parte dedica-se às "tarefas comuns": são circunscritas e estudadas questões controvertidas; são abordadas conseqüências e exigências que dizem respeito à vida e à doutrina das Igrejas e em especial à liturgia;
- em prosseguimento às explanações são exemplificadas a tradição e a prática litúrgica de ambas as Igrejas, através de alguns textos de liturgias eucarísticas;
- em excursos anexos, é relatado, do ponto de vista de um membro luterano e de outro católico da comissão, em alguns tópicos essenciais, até que ponto as questões controvertidas, que separavam as Igrejas no passado, tornam-se equacionáveis através de pesquisas teológicas históricas e da evolução das Igrejas.

---

[3] De acordo com a terminologia divergente, são utilizados os conceitos santa ceia, eucaristia, ceia do Senhor.

A CEIA DO SENHOR

A comissão recolheu, fazendo seus próprios, textos elaborados sob a própria responsabilidade dos seus autores.[4]

5. O presente documento dirige-se a todos os cristãos católicos e luteranos, às direções eclesiais, aos teólogos, aos pastores, às comunidades e, em especial, a todos os grupos engajados no diálogo ecumênico. Contudo, é endereçado não só a cristãos luteranos e católicos: assim como a comissão recebeu com gratidão as sugestões de outros grupos de diálogo, também ela mesma espera que as exposições luterano-católicas acerca da eucaristia possam servir a outros. Por isso, tentou-se dar testemunho, através deste documento, de uma verdade que se destina a todas as pessoas — cristãos e não-cristãos.

PARTE I — TESTEMUNHO COMUM

O legado de Jesus segundo a Escritura

6. Antes de morrer para dar aos homens paz e comunhão com Deus e entre si, Jesus preparou para os seus a sua ceia:

---

[4] Textos de consenso da Comissão para Fé e Constituição:

Eucharistie im ökumenischen Denken (1976), em RAISER K. (ed.), Lovaina, 1971. Suplemento de *Ökumenische Rundschau* 18/19. Stuttgart, 1971. pp. 71-77.

Interkommunion oder Gemeinschaft? (1969); ibidem pp. 53-70; cit.: Lovaina.

Die Eucharistie (1874), em MÜLLER-FAHRENHOLZ, G. (ed.) Accra, 1974m Supl. de *Okumenische Rundschau*, n. 27, Stuttgart, 1975. pp. 101-108; ver, ainda, MÜLLER-FAHRENHOLZ, G. (eds.), *Eine Taufe – Eine Eucharistie – Ein Amt*. Francfort, 1976. pp. 13-20; cit.: Accra.

Textos de consenso do Grupo de Dombes, formado por teólogos católicos luteranos e reformados de língua francesa:

Auf dem Weg zu ein und demselben eucharistischen Glauben? (1971). In: GASMANN, G. et. al. (eds.), *Um Amt und Herrenmahl*, Francfort, 1974, pp. 104-112; cit.: Dombes I.

Die Bedeutung der Eucharistie" (1972), ibidem, pp. 113-116: cit.: Dombes II.

Documento de diálogos bilaterais com a Igreja Anglicana:

Relato sobre as conversações autorizadas pela Conferência de Lambeth e pelo Conselho Luterano Mundial 1970-1972, em GASSMANN, G.; LIENHARD, M.; MEYER H. (eds.), *Vom Dialog zur Gemeinschaft*. Francfort, 1975, pp. 43-80.

Declaração comum sobre a doutrina da eucaristia, elaborada por uma Comissão Internacional Anglicano-Católico-Romana (1971), ibidem, pp. 129-135; cit.: Windsor.

Relato sobre conversações oficiais católico-luteranas:

Die Eucharistie – Eine Lutherisch-römisch-katholische Stellungnahme (USA, 1976), em GASSMANN G. et al. (eds.), *Um Amt und Herrenmahl*. Francfort, 1974, pp. 57-70; cit: USA I.

Eucharistie und Amt – eine lutherisch/römisch-katholische Stellungnahme (USA, 1970), ibidem, pp. 71-102, cit: USA II.

Das Evangelium und die Kirche. Relatório de uma Comissão de Estudos Internacionais Luterano-Católica (1972), ibidem, pp. 23-54; cit.: Malta.

Estando para ser entregue e abraçando livremente a paixão, ele tomou o pão, deu graças e o partiu e deu aos seus discípulos, dizendo: "Tomai e comei, todos vós: isto é o meu corpo, que é dado por vós". Do mesmo modo, ao fim da ceia, ele tomou o cálice em suas mãos, deu graças novamente, e o deu a seus discípulos, dizendo: "Tomai e bebei, todos vós: este é o cálice do meu sangue, o sangue da nova e eterna aliança, que é derramado por vós e por todos os homens, para o perdão dos pecados. Fazei isto para celebrar à minha memória".[5]

Nesta nova ceia pascal o Senhor deu-se a si mesmo como comida aos seus e, desta maneira, os fez participar de sua obra. Paixão e vida, na expectativa de sua glória vindoura (compare Mt 26,26-29; Mc 14,22-25; Lc 22,16-20; 1Cor 11,23-26).

Onde quer que cristãos de todos os tempos celebrem a ceia do Senhor segundo sua vontade, em memória dele, o Senhor proporciona esta comunhão de novo e dá, assim, "remissão dos pecados, vida e salvação".[6]

Mistério da fé

7. A ceia do Senhor é um mistério da fé, no sentido pleno da palavra. Pertence àquele mistério único da salvação, abrangente e incompreensível, e participa do seu caráter secreto: Deus precisa se comunicar para que o homem conheça o mistério, e só na medida em que o Senhor o quer e opera, ele entra em nosso horizonte. A eucaristia, portanto, nos é acessível só pelo dom divino da fé.

8. Antes de tudo, as atitudes e ações exigidas dos comungantes constituem uma causa de fé, e não de empenho próprio. Somente da comunhão de fé causada pelo Espírito Santo nasce a comunhão eucarística de vida e de ação.

9. Visto que a fé cristã se realiza essencialmente como uma fé comum entre todos que crêem, a eucaristia é assunto primeiramente da comunidade e, em decorrência, também um assunto do indivíduo. Assim como a "nova aliança", o "sangue pactual", distribuído na eucaristia (Mt 26,28; Mc 14,24; compare Lc 22,20; 1Cor 11,25), é outorgado ao novo povo de Deus e compartilhado pelos seus membros.

10. Mediante o Senhor que está presente, habita entre nós toda "graça e verdade" (Jo 1,14). Assim, a eucaristia é mistério da fé, também no sentido de que ela abrange as dimensões essenciais da verdade da fé. Em sua realização,

---

[5] *Ordo Missae*, Oração eucarística II, em referência a Hipólito.
[6] LUTERO, M. *Catecismo menor*.

refletem-se fases da história da salvação; somos lembrados da boa criação de Deus, pela qual rendemos graças e louvor; consolação e promessa da Palavra de Deus são novamente enunciadas e recebidas pelo ouvir, obedecer e responder; pão e vinho, coisas do nosso mundo, são envolvidos no processo de redenção e santificação, tão bem como os atos constitutivos da vida humana: comer e beber, celebrar e agir em comum; a reunião com o Senhor e os seus é anúncio e irrompimento do Reino de Deus em nosso meio, bem como promessa da consumação vindoura.

11. Em última análise, o mistério da eucaristia nos liga com o mistério primordial (*Urgeheimnis*), do qual tudo provém, pelo qual tudo se dá e para o qual tudo se volta, o mistério do Deus Triuno: o Pai celeste é a origem e o fim último do evento eucarístico. O Filho de Deus que se fez homem, pelo qual, com o qual e no qual este evento se realiza, é seu centro vivo. O Espírito Santo é o poder incomensurável do amor, que o causa e continua a torná-lo eficaz.

12. No final de várias orações eucarísticas, este mistério mais profundo da eucaristia e da nossa vida é celebrado na glorificação. Em vista do Senhor presente, Jesus Cristo, o texto reza: "Por Cristo, com Cristo e em Cristo, a vós ó Pai todo-poderoso, toda honra e toda glória, agora e para sempre, na unidade do Espírito Santo. Amém".

Com esta glorificação, que juntos fazemos nossa, podemos dar o seguinte testemunho comum:

Por, com e em Cristo

Por Cristo

13. Somente por Jesus Cristo existe a eucaristia. Ele primeiro a celebrou no círculo dos discípulos, deu a ordem de realizá-la sempre de novo em sua memória, até que ele venha. Ele prepara a ceia, ele convida para participar dela. Através dele torna-se possível e real a plena, consciente e ativa participação de todos os fiéis[7] no acontecimento eucarístico. Por ele são chamados os que oficiam a celebração eucarística em seu nome. Seu mistério é uma referência enfática ao fato de que a assembléia não está autorizada a dispor do ato que ela está executando, ela não usurpa o senhorio da eucaristia: ela o recebe de um outro, de Cristo, que vive na sua Igreja.[8]

---

[7]   Concílio Vaticano II. *Constituição sobre a liturgia*, n. 14.

[8]   Dombes I, n. 34.

Com Cristo

14. Por ele podemos celebrar com ele a eucaristia. O milagre de sua presença não se realiza por méritos humanos nem por aptidão humana, mas unicamente em virtude de sua graça. O que a eucaristia significa e efetua só podemos avaliá-lo quando estamos abertos para as diversas maneiras da presença do Senhor.

15. Jesus Cristo cumpre de muitas maneiras a sua promessa: "Eu estou convosco todos os dias até a consumação dos séculos" (Mt 28,20).

> Nós confessamos uma multiforme presença de Cristo, o Verbo Divino e Senhor do mundo. O Senhor crucificado está presente no seu corpo, o povo de Deus, porque ele está presente no lugar onde dois ou três estão reunidos em seu nome (Mt 18,20). Ele está presente no batismo porque é o próprio Cristo que batiza. Ele está presente na leitura da Sagrada Escritura e na proclamação do Evangelho.[9]

> O Senhor está presente nos pobres e necessitados, pois é válida a sua Palavra: "O que fizestes a um dos meus irmãos mais pequeninos, a mim o fizestes" (Mt 25,40).

16. A presença eucarística está relacionada com todos estes fatos e é, ao mesmo tempo, de caráter particular.

> Cristo está de maneira diversa presente e ativo em toda a celebração eucarística. Ele é o mesmo Senhor que, pela Palavra anunciada, convida o seu povo à sua mesa, na qual é o anfitrião do seu servo, e que se oferece a si próprio de modo sacramental no corpo e sangue de seu sacrifício pascal.[10]

> No sacramento da santa ceia, Jesus Cristo, verdadeiro Deus e verdadeiro homem, está pleno e integralmente presente com seu corpo e seu sangue sob o signo do pão e do vinho.

> No decurso dos séculos, os cristãos tentaram descrever com várias formulações esta presença. Nossos documentos confessionais testificam em comum que Jesus Cristo está real, verdadeira e substancialmente presente neste sacramento. Esta espécie de presença dificilmente se deixa expressar em palavras, mas nós testemunhamos a sua presença, porque cremos no poder de Deus e na promessa

---

[9] USA I, II, 1a.
[10] Windsor, n. 7.

de Jesus Cristo: "Isto é o meu corpo... Isto é o meu sangue...". Nossas tradições qualificam esta presença como sendo de caráter "sacramental", "sobrenatural" "espiritual". Estes conceitos têm em ambas as tradições significados distintos, mas ambas se opõem juntas a uma forma espacial ou natural da presença, bem como a uma compreensão puramente comemorativa ou figurativa do sacramento.[11]

17. Cristo institui a eucaristia, o sacramento de seu corpo e sangue, com sua concentração na cruz e na ressurreição, como a anamnese de toda a ação reconciliadora de Deus em sua pessoa. Com tudo o que Cristo fez em favor de nós e de toda a criação (em sua encarnação, em sua humilhação, em seu serviço, em sua doutrina, em sua paixão, em seu sacrifício, em sua ressurreição, ascensão e no Pentecostes), ele está presente nesta anamnese, bem como no antegozo de sua parúsia e da consumação do reino de Deus.[12]

18. O Senhor presente em nosso meio quer nos integrar na dinâmica de sua vida. Aquele que por amor se entregou à morte vive em nós (Gl 2,20). Com ele passamos, por sua graça, "da morte para a vida" (Jo 5,24). Com ele peregrinamos, na participação do sacramento eucarístico, por este mundo para o futuro (*pascha, transitus*). Presenteados e vivificados por seu Espírito, podemos passar adiante o seu amor e desta maneira glorificar o Pai. Quanto menos podemos oferecer por próprio empenho um verdadeiro sacrifício a Deus, tanto mais devemos ser incluídos, pelo poder de Cristo, no seu sacrifício.

"Quando comparecemos na santa ceia com a nossa entrega perante Deus, então o fazemos somente 'por Cristo', quer dizer, em vista de sua entrega. Entregar-se significa, em última instância, abrir-se para recebê-lo."[13]

Assim unidos com o nosso Senhor que se oferece ao Pai e na comunhão com a Igreja universal no céu e na terra, somos renovados no pacto selado com o sangue de Cristo e nos oferecemos a nós mesmos em sacrifício vivo e santo que se deve expressar no dia-a-dia de nossas vidas.[14]

Desta maneira, há de ser realizado, sempre de novo, aquilo que é o sentido permanente da fé cristã: a comunhão que se refere ao Senhor concreto, inclusive o seu destino concreto. Quem se une com ele é chamado a com ele também morrer e ressuscitar.

---

[11]   USA I, II, 1c.

[12]   Accra, n. 8.

[13]   JENTSCH, W.; JETTER, H.; KIESSIG, M.; RELLER, H. (eds.). *Evangelischer Erwachsenenkatechismus*, Gütersloh, 1975. p. 1111.

[14]   Dombes I, n. 11; compare Accra, n. 11.

Em Cristo

19. Este estar-com-Cristo se baseia e culmina no estar-em-Cristo. Sob o signo de pão e vinho o Senhor oferece sua carne e seu sangue dado em favor de todos, isto é, ele dá-se a si mesmo como alimento. Assim ele se revela como "o pão vivo que desce do céu" (Jo 6,51). Se alguém recebe na fé esta comida, este se torna partícipe de uma comunhão com Cristo que é semelhante à comunhão do Filho com o Pai: "Assim como o Pai, que vive, me enviou, e igualmente eu vivo pelo Pai, também quem de mim se alimenta por mim viverá" (Jo 6,57). Cristo quer estar em nós e nós podemos estar em Cristo. "Quem comer a minha carne e beber o meu sangue permanece em mim e eu nele" (Jo 6,56).

Esta comunhão se fundamenta na eternidade e outra vez, transpassando o tempo, volta a ela: "Quem comer este pão viverá eternamente" (Jo 6,58).

20. Cristo, dando-se a si mesmo, reúne a todos que participam de sua ceia: os muitos se tornam "um só corpo" (1Cor 10,17). Por causa do Espírito Santo, eles são edificados como os povos de Deus uno. "O Espírito é o que vivifica" (Jo 6,63). Portanto, a ceia eucarística é a fonte da vida hodiernamente renovada do povo de Deus, que aqui está reunido e conservado na única fé.

Na unidade do Espírito Santo

O Espírito Santo e a eucaristia

21. Tudo o que Jesus fez durante a vida inteira foi no Espírito Santo (cf. Lc 4,1.14.17-21). Foi nele que se ofereceu a si mesmo (cf. Hb 9,14). Mediante o Espírito Santo, ele venceu pecado e morte, ressurgiu da sepultura e vive em meio à sua comunidade pentecostal. Por este Espírito e nele os fiéis devem permanecer unidos com Cristo e continuar a sua obra.

Também o seu agir eucarístico sucede pelo Espírito Santo. Tudo o que o Senhor nos dá, e tudo o que nos capacita a tornar nosso é-nos proporcionado pelo Espírito Santo. Isto se expressa na liturgia, especialmente na invocação do Espírito Santo (epiclese).[15]

22. Rememorando a intercessão de Cristo, seu Sumo Sacerdócio, a Igreja pede confiantemente, por seu Espírito, para que seja renovada e santificada pelas dádivas eucarísticas e fortalecida para a sua missão no mundo. Em virtude

---

[15] Cf. Accra, n. 17u. 18.

do Espírito Santo, pão e vinho tornam-se, pela palavra criadora, corpo e sangue de Cristo. O espírito do amor faz com que o sacramento do amor se torne realidade, no qual o amor divino vai em busca do homem em sua realidade terrestre para novamente levá-lo de volta à sua origem.

23. Unicamente no Espírito Santo a comunidade chega a ter fé, sem a qual ela não pode celebrar a eucaristia. A epiclese, portanto, também é a prece por uma fé viva que nos há de preparar para a celebração da memória da paixão e da ressurreição de Cristo. A eucaristia não é um remédio de efeito automático para a salvação do mundo; ela pressupõe a presença do Espírito Santo naquele que crê.

24. Nos frutos do Espírito Santo, dos quais os fiéis participam de modo especial na eucaristia, no amor, na alegria, na paz, sucede uma antecipação da consumação. Ela é a ceia que é celebrada em vista de sua vinda em glória, para o fortalecimento dos fiéis. A imploração do Espírito Santo é, por conseguinte, uma prece pelo irromper do mundo futuro em nosso presente.

Eucaristia e Igreja

25. Batizados por um só Espírito em um só corpo (cf. 1Cor 12,13), os fiéis — nutridos pelo corpo de Cristo — formam pelo Espírito Santo, sempre mais, um corpo (cf. 1Cor 10,17). A eucaristia e a Igreja estão, portanto, relacionadas de múltiplas maneiras.

26. Ao dar-se Cristo na eucaristia aos seus, sua vida torna-se a vida deles; seu Espírito, o Espírito deles. Do evento da comunhão sacramental com Cristo nasce a forma permanente de vida da comunhão eclesial com Cristo. "A participação no corpo e sangue de Cristo não efetua nada mais do que passamos a ter, o que recebemos."[16] "[...] verdadeiramente também nós somos integrados no corpo espiritual, isto é, na comunhão de Cristo e todos os santos, transformados e investidos por este sacramento em todas as virtudes e graças de Cristo e seus santos."[17] Desta maneira, a eucaristia é, ao mesmo tempo, fonte e ponto culminante da vida eclesial. Sem comunhão eucarística não há plena comunhão eclesial; sem comunhão eclesial não há nenhuma verdadeira comunhão eucarística.

27. Isto é válido, primeiramente, para a comunidade concreta que se reúne em qualquer lugar para a celebração da ceia do Senhor, mas da mesma forma diz respeito a toda a cristandade.

---

[16] Leão Magno. *Sermo* 63,7.

[17] Lutero, M. *Sermão sobre o Corpo de Cristo.* WA 2,749:10.

A participação do pão comum e do cálice comum, em determinado lugar, aponta para o fato de que os participantes são um com o Cristo todo e com os que, junto com eles, participam, em todos os tempos e em todos os lugares. Repartindo o pão comum, eles testificam sua unidade com a Igreja universal.[18]

Até a fronteira da realidade terrestre é ultrapassada quando o Espírito Santo também nos une com aqueles que nos antecederam na fé e que foram chamados à comunhão permanente com Deus.

28. Em face da unidade presenteada por Cristo, torna-se tão sério quando cristãos, sempre de novo, pecam contra esta unidade. Isto acontece quando eles falham na fé e na esperança, mas também quando permitem ou até causam profundas separações intra-humanas, tanto na esfera pessoal quanto na social.

Quem está incluído na comunhão com o Senhor deve com ela investir contra os muros da inimizade que os homens levantam uns contra os outros: muros de inimizade entre tribos, nações, raças, classes, sexos, gerações, confissões e religiões.[19]

Glorificação do Pai

29. A comunhão com Cristo, na qual somos envolvidos na eucaristia, por obra do Espírito Santo, conduz, enfim, para o Pai Eterno. Isto acontece em diversos níveis e de maneiras distintas, porém intimamente ligadas entre si.

Proclamação

30. A eucaristia como um todo, portanto, não só a leitura e pregação, é proclamação da grandeza e da comiseração de Deus. Junto a isto há os elementos individuais que assumem, de acordo com sua natureza, a respectiva significação especial: a confissão de pecados da comunidade reunida compreende sempre também o sim, publicamente manifestado, à ação reconciliadora de Deus.

A leitura e a interpretação da Sagrada Escritura deixam a própria Palavra de Deus pronunciar-se em face de sempre nova situação e, desta maneira, pro-

---

[18] Accra, n. 19.
[19] Cf. Dombes I, n. 22 e Accra, n. 20.

duzir efeito. O testemunho da Sagrada Escritura, bem como a pregação dos grandes feitos de Deus, não apenas evoca a confissão da fé: elas mesmas já são uma função desta confissão.

O orar dos credos da primeira cristandade manifesta tanto a união com a Igreja antiga quanto com todos os que igualmente os confessam. Pão e vinho, "fruto da terra e do trabalho do homem",[20] são em primeiro lugar dádivas do Pai e síntese de sua boa criação. O acontecimento que eles compreendem é uma alusão impressionante à obra conservadora que sustenta todas as coisas a cada momento e as conduz à sua consumação. Sobretudo, é testemunhado em cada ceia eucarística o amor de Deus provado a todos ao dar o seu Filho em favor do mundo (cf. Jo 3,17): "Porque todas as vezes que comerdes este pão e beberdes o cálice, anunciais a morte do Senhor, até que ele venha" (1Cor 11,26).

Ação de graças

31. Segundo sua essência, a proclamação e a ação de graças estão estreitamente relacionadas. Analogicamente, a eucaristia é

a grande ação de graças ao Pai por tudo que ele realizou na criação, redenção e santificação, por tudo que ele realiza agora na Igreja e no mundo, apesar dos pecados dos homens e por tudo que ele realizará quando levar ao cumprimento seu Reino. Assim, a eucaristia é a louvação (*berakah*) pela qual a Igreja agradece a Deus por todos os seus benefícios.[21]

A ação de graças a Deus, o Pai, o criador de todas as boas dádivas, acha na celebração da comunidade não apenas uma expressão verbal, mas também material. A autodoação de Cristo e a promessa do Reino vindouro relativizam todas as riquezas deste mundo e nos fazem conscientes de que Deus é o doador e nós somos os administradores destas dádivas. No oferecimento do pão e do vinho, louvamos a Deus que nos provê, através do nosso trabalho, bens terrestres que são necessários para o sustento da nossa vida. Oferecemo-nos a nós mesmos (Rm 12,1) e repartimos entre nós o que nos foi dado.

---

[20]   *Ordo Missae*, Oração para a preparação dos elementos.
[21]   Accra, n. 6; cf. Dombes I, n.7.

Intercessão

32. Fortalecida pela fé nos benefícios de Deus, a comunidade apresenta, na mesma celebração eucarística, sua intercessão por todos os homens, pelas necessidades do mundo, pelos anseios dos que crêem em Cristo e pelos responsáveis na Igreja e na sociedade. Assim, a Igreja une-se com a intercessão de seu Senhor diante da face do Pai (cf. Hb 7,25) e intercede, por meio dele, pela salvação prometida do mundo, da qual a comunidade já recebeu prova antecipada por sua fé e sua esperança, através do Espírito Santo. O fato que esta confiança na ação salvadora de Deus para com o mundo se expressa novamente, com maior clareza, na celebração de nossas comunidades nos alegra e nos leva compulsoriamente à solidariedade ativa com todos os necessitados.[22]

Louvação

33. "A eucaristia é o grande sacrifício de louvor, pelo qual a Igreja fala por toda a criação."[23] Pela queda do homem no pecado, emudeceu o louvor da humanidade que compete a Deus. Em Cristo ele reviveu.

A criação renovada em Cristo canta sua canção de louvor na comunidade eucarística, especialmente na pregação e na glorificação da santidade de Deus (*Sanctus*). Ela está capacitada a adorar o Pai em Espírito e em verdade (cf. Jo 4,23s).

Entrega

34. No seu corpo, dado em favor dos seus (Lc 22,19; 1Cor 11,24), e no seu sangue, derramado em favor deles (Mt 26,28; Mc 14,24; Lc 22,20), o Senhor está presente em sua entrega. Ele está entre nós como aquele que foi entregue pelo Pai no Espírito Santo e como aquele que se entrega a si mesmo no Espírito Santo pelo Pai e pelos homens. Assim ele se dá e assim ele quer continuar a atuar. Quanto mais a comunidade celebrante é envolvida no evento desta entrega, tanto mais ela vive para a maior glória de Deus. A Igreja que anuncia a morte do Senhor é convidada a unir-se com esta. Ela não apenas deve saber e falar do sacrifício; deve deixar-se envolver por ele. No morrer com o seu Senhor, ela está preparada para o ressuscitar com ele.

---

[22] Cf. Dombes I, n. 27.
[23] Accra, n. 7, Lovaina, n. 73.

A CEIA DO SENHOR

35. A união que Cristo oferece refere-se também ao querer e agir dos seus. "Este é o fruto da santa ceia: que tu te entregues com toda a tua vida, assim como Cristo nestas palavras fez a ti com tudo o que ele é."[24]

36. Quando a Igreja segue a ordem do Senhor: "Fazei isto em memória de mim" (Lc 22,14; 1Cor 11,24s), ela entra sempre de novo em contato com o sacrifício de Cristo; ela recebe nova vida dele e a força para morrer com ele.

A compreensão do fazer em memória ("memorial do Senhor"), como foi entendida na celebração da Páscoa no tempo de Jesus — isto é, a efetivação de um acontecimento passado no presente —, abriu o caminho para uma compreensão clara da relação entre o sacrifício de Cristo e a eucaristia.[25]

Na celebração memorial do povo de Deus acontece mais do que tornar presente para si eventos passados mediante a memória e a fantasia. O decisivo não é que se tragam à memória coisas passadas, mas que o Senhor chame seu povo à sua presença e o confronte com sua ação salvífica. Nesta ação criativa de Deus, o acontecimento salvífico do passado torna-se oferta de salvação para o presente e promessa de salvação para o futuro.

Todos os que celebram a eucaristia em memória dele são incluídos na vida, sofrimento, morte e ressurreição de Cristo. Eles recebem os frutos do sacrifício de vida de Cristo e com isto de toda a ação salvífica reconciliadora de Deus. Na ceia pascal do novo pacto, eles são libertados e unificados com Deus e entre si. Assim, eles agradecem "por todos os dons de graça, pedem pelos benefícios de seu sofrimento para a Igreja inteira, participam destes benefícios e ingressam no movimento de sua autodoação".[26]

Recebendo com fé estas dádivas, eles são envolvidos, como seu corpo, no sacrifício reconciliador que os equipa para o oferecimento de si próprios (Rm 12,1) e os capacita a "oferecer por intermédio de Jesus Cristo sacrifícios espirituais" (1Pd 2,5) a serviço do mundo. Deste modo, pode ser ensaiado na ceia do Senhor o que há de ser exercitado na vida inteira do cristão. "De coração humilde, oferecemo-nos a nós mesmos como sacrifício vivo e santo, sacrifício este que deve encontrar expressão no dia-a-dia de nossas vidas."[27]

37. Concordes, as nossas duas tradições compreendem a eucaristia como sacrifício de louvor. Este não é mero louvor verbal de Deus nem tampouco

---

[24] Lutero, M. *Endoenças* 1524, Wa 15,498.

[25] Windsor, n. 5.

[26] Windsor, n. 5.

[27] USA, I 1b, em cont. de Montreal 1963.

um adicionamento ou complemento que as pessoas acrescentem de modo próprio ao sacrifício de louvor e gratidão que Cristo ofertou ao Pai. O sacrifício eucarístico de louvor só se tornou possível pelo sacrifício de Cristo sobre a cruz; por isso, precisamente, este permanece o conteúdo central do sacrifício de louvor eclesial. Unicamente "por ele, com ele e nele, que é o nosso grande Sumo Sacerdote e Intercessor, nós oferecemos ao Pai, no poder do Espírito Santo, nosso louvor, nossa ação de graças e nossa intercessão".[28]

Pela vida do mundo

38. A vivência de Jesus, orientada para o Pai, na qual ele insere os seus, deve beneficiar a todos. O pão, que Cristo mesmo é e dá, é destinado "para a vida do mundo" (Jo 6,51).

O relacionamento da celebração eucarística com o mundo

39. "O mundo, que Deus reconciliou consigo em Cristo, está presente em cada eucaristia: no pão e no vinho, nos fiéis e nas orações que estes oferecem em favor de todos os homens. Assim, a eucaristia abre ao mundo o caminho para a sua transformação."[29] Ela revela ao mundo o que ele é e o que será.[30] Arraigada no passado, realizada no presente e orientada para o futuro, a eucaristia concentra em si todas as dimensões do processo histórico. Isto evidencia sua profunda relação com o nosso mundo em transformação; contribui para compreendê-lo mais profundamente e colabora com maior responsabilidade na sua organização. Na unidade eucarística está se iniciando a nova unidade da humanidade. Cristo é como a cabeça de sua Igreja, a cabeça de toda a humanidade redimida. Ele dá sua vida à Igreja para desta maneira passá-la a todos.

> Quando a convite do único Senhor nos reunimos, junto a uma só mesa, para esta ceia de comunhão e participamos de um só pão, somos um em nossa entrega não apenas a Cristo e de uns aos outros, mas também em nossa entrega à missão da Igreja do mundo.[31]

---

[28] USA 1, I 1b, em cont. de Montreal, 1963.
[29] Dombes I, n.8.
[30] Cf. Accra, n. 7.
[31] Windsor, n. 4.

A CEIA DO SENHOR

A responsabilidade dos comungantes pelo mundo

40. Não apenas nesta ou naquela parte, mas em todo o seu decorrer, a eucaristia visa à salvação do mundo. Analogicamente, os comungantes são chamados ao serviço do mundo. A comunhão em Cristo capacita e obriga para o engajamento em favor de todos os homens.

41. Reconciliados na eucaristia, os membros do corpo de Cristo tornam-se servos da reconciliação entre os homens e testemunhas da alergia da ressurreição. Sua presença no mundo encerra em si a solidariedade no sofrimento e na esperança com todos os homens pelos quais eles se devem engajar, para tornar visível o amor de Cristo no serviço e na luta. A celebração da eucaristia, o partir do pão indispensável para a vida, estimula a não concordar com as condições de vida das pessoas privadas do pão, da justiça e da paz.[32]

Este engajamento é essencialmente necessário quando surgem dentro da Igreja discriminações sociais, nacionais e raciais (cf. 1Cor 11,18-30). Tais males podem ter os mesmos efeitos funestos das cisões de fé: contrariam a natureza da Igreja, tornam seu testemunho sem efeito e sua celebração sacramental, indigna. Também em relação à eucaristia é válida a Palavra do Senhor: "Vai primeiro reconciliar-te com teu irmão, e, então voltando, faze a tua oferta" (Mt 5,24).

Em vista da glória futura

42. Na eucaristia anunciamos "a morte do Senhor até que ele venha" (1Cor 11,26). Nela é prometida a glória futura já irrompida e transmitida de forma inicial.

Promessa

43. A forma e o efeito da eucaristia são uma promessa da glória eterna que se destina a nós e que é um sinal do novo céu e da nova terra para o que estamos a caminho; "por isso, a celebração da eucaristia nos orienta para o futuro do Senhor e o traz para perto de nós. Ela é uma alegre antecipação da

---

[32] Dombes I, n. 27.

ceia festiva celestial, quando a redenção estará perfeitamente consumada e a criação, libertada de toda a servidão".[33]

"Bem-aventurados aqueles que são chamadas à ceia das bodas do Cordeiro" (Ap 19,9).

Desabrochar

44. A ceia eucarística nos permite compreender a glória futura como a eterna e limitada ceia das bodas para a qual o Senhor nos convida. Como ceia fraternal na qual Cristo nos liberta e une, dirige o nosso olhar para o eterno Reino prometido de ilimitada liberdade e justiça.

A celebração em conjunto exige a conjugação de engajamento pessoal e serviço comunitário. Nisto se apresenta uma indicação para o cumprimento da vida pessoal e social, que pertence à glória de Deus, na qual é-nos concedido participar gratuitamente.

Transmissão

45. Misteriosamente começa o futuro prometido já agora na ceia do Senhor. Quem recebe o pão da vida tem a vida eterna (Jo 6,54). Não em qualquer tempo incerto, mas imediatamente ele é incluído no grande futuro que o Senhor nos abre. A vida não começa mais tarde, mas está presente naquele que se une com o Senhor. O mundo futuro já agora irrompe no nosso mundo presente.

"Assim o Senhor dá à Igreja, juntamente com a dádiva da eucaristia, a possibilidade de recobrar ânimo e perseverar na fraqueza na qual viverá até o fim em sofrimento e lutas";[34] ele dá a força para que a Igreja se empenhe incansavelmente em favor da renovação da vida e das estruturas deste mundo. A prometida vida do mundo vindouro, irrompida e transmitida aos fiéis, deve e tem que se tornar eficaz já neste mundo.

PARTE II — TAREFAS COMUNS

46. O testemunho comum acerca da ceia do Senhor nos confronta com tarefas que deveríamos começar — o quanto possível — juntos.

---

[33] Dombes I, n. 29.
[34] Dombes I, n. 30.

(I) Temos que prestar contas de até que ponto puderam, entrementes, ser aclarados e superados os problemas que outrora romperam a comunhão de fé e eucaristia e, até que ponto, ainda opõem a plena comunhão.

(II) A forma litúrgica concreta da celebração eucarística em nossas comunidades deve corresponder ao que confessamos na fé.

(III) O testemunho da fé não deve se restringir ao setor teórico, nem ao individual; o maior número possível de membros do povo de Deus deveria fazê-lo seu e, de maneira viva, passá-lo adiante (recepção).

Superação de posições opostas

47. Os conhecimentos e as convicções comuns nos enchem de esperança: muito daquilo que no passado dividiu foi removido por ambos os lados, e diferenças ainda remanescentes que se situam dentro de uma esfera de comunhão de fé e de eucaristia precisam ser percebidas, marcadas e focalizadas com precisão para que aquilo que divide seja conhecido e possa ser superado.

Presença eucarística

48. Cristãos católicos e luteranos confessam juntos a presença verdadeira e real do Senhor na eucaristia. Diferenças existem nas afirmações teológicas a respeito da maneira da presença real e de sua duração.

49. Para confessar integralmente a realidade da presença eucarística, a Igreja Católica ensina que "o Cristo todo e íntegro"[35] torna-se presente pela transformação de toda a substância do pão e do vinho na substância do corpo e do sangue de Cristo, enquanto os acidentes (formas de aparência acessíveis a nós) do pão e do vinho continuam inalterados. Esta "mudança maravilhosa e única a Igreja Católica chama, muito acertadamente, de transubstanciação".[36] Geralmente, da parte luterana compreendeu-se esta terminologia como tentativa de explicar racionalizadamente o mistério da presença de Cristo no sacramento; alguns também opinam que, desta maneira, o Senhor presente não seria encarado como pessoa, sugerindo um mal-entendido naturalista.

50. Do lado luterano, expressou-se a realidade da presença eucarística falando-se de uma presença de corpo e sangue de Cristo em, com e sob o pão e o vinho — mas não de uma transubstanciação. Vê-se aqui uma analogia essen-

---

[35] Concílio de Trento. DS 1641.
[36] Concílio de Trento. DS 1652.

cial à humanização do Senhor: assim como em Jesus Cristo se juntam Deus e homem para uma unidade, assim se forma do corpo e sangue de Cristo, por um lado, e do pão e vinho, por outro, uma unidade sacramental. Católicos, por sua vez, consideram esta unidade, bem como a eficácia da Palavra do Senhor "Isto é o meu corpo", insuficientemente testemunhada.

51. A discussão ecumênica demonstrou que essas duas posições não mais precisam ser consideradas contraposições mutuamente excludentes. A tradição luterana consente com a tradição católica na afirmação de que os elementos consagrados não continuam sendo simples pão e vinho, mas em virtude de palavra criativa são distribuídos como corpo e sangue. Neste sentido, também ela pôde falar oportunamente, em conjunto com a tradição grega, de uma mudança.[37] A terminologia da transubstanciação quer, por sua vez, confessar e preservar o caráter misterioso da presença eucarística; ela não quer explicar como se realiza esta transformação[38] (veja os excursos sobre a "presença real" e "a presença de Cristo na eucaristia").

52. Com respeito à duração da presença eucarística, as diferenças também aparecem na prática litúrgica.

Cristãos católicos e luteranos confessam em comum que a presença eucarística do Senhor Jesus Cristo visa ao recebimento do crente, não estando, porém, limitada ao momento do recebimento, e igualmente não dependendo da fé do receptor por mais que ela seja orientada para esta.

53. Segundo a doutrina católica, o Senhor proporciona sua presença eucarística para além da realização do sacramento, enquanto persistem as formas de pão e vinho. Correspondentemente, os fiéis são convidados a "prestar na veneração a este Santíssimo Sacramento aquele culto de latria que é devido ao Deus verdadeiro".[39]

54. O lado luterano escandalizava-se, não raras vezes, com certas formas de piedade eucarística relacionadas com esta convicção, as quais são avaliadas como um distanciamento inadmissível do evento da ceia. Por outro lado, certos usos praticados pela parte luterana com os elementos remanescentes ferem o sentimento católico e indicam uma discrepância ainda não superada (compare o excurso: "A presença de Cristo na eucaristia" 2).

55. Para remediar isso, queira-se

> observar no lado católico, especialmente na catequese e na pregação, que a intenção original da conservação das dádivas eucarísticas consiste em que elas

---

[37] Ver *Apologia Confessionis* X, 2; comp. outrossim USA I, II 2c.
[38] Concílio de Trento. DS 1643.
[39] Concílio de Trento. DS 1643.

sejam distribuídas a enfermos e ausentes; no lado luterano, dever-se-ia proceder de modo mais adequado para prestar aos elementos eucarísticos o respeito que lhes é devido, isto é, que sejam guardados para o recebimento posterior, inclusive para o uso na comunhão de enfermos.[40]

No que diz respeito à adoração eucarística, os católicos deveriam dar atenção a que sua prática não contrarie a convicção comum do caráter de ceia da eucaristia. Outrossim, deveriam estar conscientes de que, por exemplo, nas Igrejas ortodoxas existem outras formas de piedade eucarística sem que tenha sido questionada sua fé eucarística. Os luteranos, por sua vez, deveriam considerar "que a adoração do sacramento reservado" não apenas "tem sido, em alto grau, uma parte da vida católica e uma forma da prática de piedade por muitos séculos"[41], mas que também para eles (os luteranos) "culto, veneração e adoração são adequados tanto tempo quanto Cristo permanece sacramentalmente presente".[42]

Sacrifício eucarístico

56. Cristãos católicos e luteranos confessam juntos que Jesus Cristo está "presente na ceia do Senhor como o crucificado que morreu por nossos pecados e ressuscitou para nossa justificação com um sacrifício que, de uma vez por todas, foi oferecido pelos pecados do mundo".[43]

Este sacrifício não pode ser continuado, nem repetido, nem tampouco substituído ou complementado; mas pode e deve se tornar eficaz, sempre de novo, no meio da comunidade. A respeito do modo e da medida desta eficácia, há entre nós interpretações distintas.

57. Segundo a doutrina católica, em cada eucaristia é oferecido por Cristo "um sacrifício verdadeiro e próprio".[44]

Este sacrifício é um sacrifício verdadeiramente propiciatório, e faz com que nós recebamos misericórdia e achemos graça para auxílio em ocasião oportuna (Hb 4,16) [...] Uma única e mesma é a hóstia (vítima) e aquele que agora é

---

[40] Dombes I, n. 20; Cf. Accra, n. 35 e o posicionamento do Instituto para Pesquisa Ecumênica, Strasbourg, *Hospitalidade eucarística*, n. 27g.

[41] USA I, II, 2 Af, esp. obs. 29.

[42] USA I, II, 2 Ac; Lutero M. Da adoração do sacramento do Santo Corpo de Cristo, 1523.

[43] USA I, I 1a.

[44] CONCÍLIO DE TRENTO. DS 1751.

sacrificado pelo ministério do sacerdote e o mesmo, naquela vez, que se ofereceu a si mesmo na cruz. Apenas o modo do oferecimento é diferente. [...] Por isso, ele é oferecido, com justa razão, segundo a tradição dos apóstolos, não só pelos pecados dos fiéis vivos, pelas suas penas, pelas suas satisfações e outras necessidades, mas também pelos que morreram em Cristo e que ainda não estão inteiramente purificados.[45]

58. Na qualidade de membros do seu corpo, os fiéis são envolvidos no sacrifício de Cristo. Isto acontece de distintas maneiras; nenhuma delas é acrescentada de fora ao sacrifício de Cristo, mas cada uma procede dele e aponta para ele.

Faz parte do sacrifício eucarístico a preparação litúrgica da ceia do Senhor com a oferta do pão e do vinho.

Antes de tudo, são necessários o acompanhamento interior, o conhecimento e a confissão da própria impotência e da total dependência do auxílio do Senhor, a obediência para com sua missão, a fé na sua Palavra e na sua promessa.

Na reapresentação eucarística do Senhor sacrificado e que se sacrifica a si mesmo, os reunidos por ele estão aptos a sacrificar no sentido mais autêntico. Eles oferecem ao Pai celeste uma dádiva que não deixa nascer nenhuma auto-suficiência e autojustificação. Ela é inteiramente dom gratuito do amor de Deus, de modo algum merecido pelos homens; ela é, ao mesmo tempo, profundamente vinculada com os homens, mais do que seria o caso se, fora disso, qualquer outra coisa fosse sacrificada: Cristo tornou-se inteiramente nosso; ele é a nossa cabeça. De nós mesmos nada temos, e por nós nada podemos. Por isso, não apontamos para nós, mas para ele. Por nós não podemos oferecer a Deus louvor, glória e honra, nós ofertamos a Cristo; ele é louvor, glória e honra. Quando a Igreja Católica ousa dizer que não só Cristo se sacrifica pelos homens, mas que também ela o "sacrifica", então ela se refere a esta ação que manifesta a própria impotência, abandona-se inteiramente em Cristo e o apresenta e oferece ao Pai.

> Os membros do corpo de Cristo são por seu intermédio unidos com Deus e entre si, de tal maneira que eles se tornam participantes de sua adoração, de sua auto-entrega, seu sacrifício para o Pai. Através desta união entre Cristo e os cristãos, a comunidade eucarística "sacrifica" a Cristo, consentindo que ele seja ofertado no poder do Espírito Santo, por meio dele, ao Pai. Fora de Cristo não temos dádiva alguma, nenhuma adoração, nenhum sacrifício que poderíamos oferecer da nossa parte a Deus. Não podemos oferecer nada mais do que Cristo, o Cordeiro-sacrifical e a oferta que o próprio Pai nos deu.[46]

---

[45] Concílio de Trento. DS 1743.
[46] USA I, I 2b.

A CEIA DO SENHOR

59. Pela parte evangélica, receava-se que a compreensão da eucaristia como sacrifício expiatório fosse contrária à unicidade e suficiência do sacrifício da cruz e questionasse a mediação salvadora única de Cristo (cf. o excurso "A missa como sacrifício expiatório"). Segundo a compreensão da Reforma luterana, a celebração da ceia do Senhor é totalmente orientada a fim de que o dom do sacrifício presente na cruz seja distribuído como meio eficaz de salvação à comunidade reunida e recebida por ela na fé. Causava escândalo o fato de que, na prática, a comunhão da congregação tivesse passado para um segundo plano. Isto foi atribuído à compreensão da missa como um sacrifício expiatório. Julgava-se que isto tivesse dado lugar a uma idéia que dispensaria a recepção por parte do crente da graça eucarística e atribuída ao sacerdote uma virtude sacrifical autônoma (cf. a polêmica dos reformadores contra a missa como obra *ex opere operato*). Por isso, a tradição luterana evita até hoje falar de "sacrifício de missa".

60. A Reforma luterana, entretanto, afirmou a interpretação da ceia do Senhor como oferta de graça pelo sacrifício da cruz, presente no sacramento. Esta oferta de graça é expressão da fé e acontece de modo

> que nós nos sacrificamos como Cristo, isto é, que nós nos apoiamos em Cristo com firme fé no seu Testamento e que não comparecemos com nossa oração, louvor e sacrifício diante de Deus de outro modo que por ele e através de sua mediação, sem duvidar de que ele seja o nosso pastor e sacerdote no céu diante da face de Deus.[47]

O assim entendido "sacrifício eucarístico",[48] que é ofertado pelos reconciliados na fé, expressa-se em gratidão e louvor, em invocação e confissão de Deus, no sofrimento e em todas as boas obras do fiéis. Estes são os sacrifícios que são particularmente acentuados na doutrina reformatória, seguindo 1Pd 2,5 e Rm 12,1.[49]

61. No diálogo ecumênico, aprendemos a entender melhor as compreensões do parceiro. Nisto se evidenciaram como especialmente prestimosas a análise do contexto histórico da polêmica reformatória e a observância do recente desenvolvimento em ambas as Igrejas. Sempre mais reconhecemos as concepções do outro como interpelação à nossa própria posição e como contribuição para melhorá-la, aprofundá-la e avivá-la.

---

[47] Lutero, M. em: *Um sermão do Novo Testamento, isto é a santa missa*, 1520, em: WA 6, 369,5-9; ver outrossim USA I, I 2b obs. 6.

[48] Sacrificia eucharistica: Apologia Confessionis XXIV, 25.

[49] Cf. esp. *Apologia confessionis* XXIV, 19-26.

Com gratidão podemos constatar uma crescente convergência em muitas questões que até o presente entravam de forma marcante no nosso diálogo:

a) segundo a doutrina católica, a missa é a atualização do sacrifício da cruz. Ela não o repete e não acrescenta nada à sua significação salvífica. Neste sentido, ela é uma testificação e não uma contestação da unicidade e plena suficiência do sacrifício de Cristo na cruz;

b) segundo a doutrina católica, o *ex opere operado* deve testificar, no contexto da doutrina dos sacramentos, a prioridade do agir de Deus. Acentuar essa prioridade também é do interesse luterano;

c) tal entendimento do *opus operatum* não exclui a participação individual nem a de toda a comunidade celebrante: a ação de Deus a possibilita e exige;

d) tampouco é afetada a significação da celebração entre os que crêem, pela convicção de que os fatos da eucaristia ultrapassam o círculo dos celebrantes.

Que Cristo dê sua carne e seu sangue àqueles que o recebem com fé na eucaristia, isto é intransferível. Contudo, podemos esperar que ele faça participar outros do seu auxílio. É totalmente assunto do amor soberano do Senhor se e como isto acontece. Também intercessões e intenções de missa em favor de determinadas pessoas — vivas ou mortas — não pretendem restringir sua liberdade.

Estas compreensões nos proporcionam a confiança na possibilidade de esclarecer também as questões ainda abertas.

Comunhão eucarística

62. Cristãos católicos e luteranos confessam juntos que na eucaristia são realmente recebidos corpo e sangue do Senhor, seja para a salvação, seja para a perdição (cf. 1Cor 11,27-29). Eles confessam que o recebimento em fé do pão e do vinho eucarísticos proporciona a união pessoal com Jesus Cristo, nosso Senhor e Salvador. Também há concordância em que a eficácia do Senhor recebido pelo crente não pode ser avaliada com medidas humanas, mas pertence ao âmbito da livre e indispensável ação de Deus.

63. Luteranos e católicos juntos estão convencidos de que a eucaristia é essencialmente uma ceia comunitária. Segundo a compreensão evangélica, a comunhão da congregação é parte imprescindível da celebração da eucaristia, de acordo com a instituição do Senhor. Por isso, é visto, nas missas sem a participação do povo (chamadas, de modo equívoco e teologicamente ilícito,

A CEIA DO SENHOR

de "missas privadas"), um uso que não corresponde à instituição do Senhor nem à prática da Igreja antiga. Entrementes, teve lugar na prática litúrgica da Igreja Católica, desde o Concílio Vaticano II, uma mudança significativa para a preferência "da celebração comunitária com assistência e participação ativa dos fiéis [...] salvaguardada sempre a natureza pública e social de cada missa".[50] Esta preferência pela celebração comunitária significa uma aproximação importante da nossa práxis eucarística (cf. o excurso "A eucaristia como ceia comunitária").

64. Católicos e luteranos têm a convicção comum de que na forma plena da eucaristia fazem parte pão e vinho. Na celebração eucarística católica é distribuída aos fiéis na comunhão, geralmente, a espécie do pão. Isto acontece, sobretudo, por razões práticas e se baseia na convicção da plena presença de Cristo em cada uma de ambas as espécies, de modo que o recebimento de uma espécie só não significa uma diminuição do efeito. Os reformadores, entretanto, vêem preservada a perfeição e integridade, concordante à instituição do signo sacramental, segundo as palavras da instituição de Cristo, somente lá onde todos recebem também o cálice. A doutrina luterana, todavia, não nega que Cristo esteja inteiramente presente sob cada uma das duas espécies, e a práxis luterana conhece casos pastorais urgentes, nos quais a santa ceia também pode ser recebida sob uma espécie só (cf. o excurso "A eucaristia como ceia comunitária").

As possibilidades para o recebimento da eucaristia, sob ambas as espécies, foram consideravelmente aumentadas no Concílio Vaticano II, tanto em relação às ocasiões quanto também aos comungantes. Mesmo se aqui continuarem existindo, também futuramente, diferenças na doutrina e na práxis, estas não possuem mais nenhum caráter de separação entre as Igrejas.

Ministério eucarístico

65. Cristãos católicos e luteranos estão convictos de que faz parte da eucaristia a direção do ministério investido pela Igreja.

66. Segundo a doutrina católica, toda celebração legítima da eucaristia é "dirigida pelo bispo, a quem foi confiado o dever de oferecer e administrar o culto da religião cristã à Divina Majestade segundo os preceitos do Senhor e as leis da Igreja".[51] "Só é considerada legítima aquela eucaristia que é ministrada

---

[50] Concílio Vaticano II. *Constituição sobre a liturgia*, n. 27; cf. também o Concílio de Trento. DS 1747.
[51] Concílio Vaticano II. *Constituição sobre a Igreja*, n. 26.

pelo bispo ou pelo encarregado por ele."[52] Correspondentemente, a ordenação para bispo ou sacerdote é o pré-requisito indispensável para presidir a ceia do Senhor. Por isso, também em casos excepcionais, não há celebração eucarística sem sacerdote ordenado. Enquanto faltar o sacramento da ordenação, a Igreja Católica, portanto, considera não-preservada "a substância original e plena do ministério eucarístico" entre os separados dela.

67. Também segundo a doutrina luterana, o culto eucarístico é dirigido pelo ministro ordenado.[53] "A função do ministério é anunciar o Evangelho e administrar os sacramentos conforme o Evangelho e de tal maneira que a fé seja despertada e fortalecida."[54] Segundo a compreensão luterana, o ministério eclesial é uma instituição divina, ainda que a ordenação, comumente, não seja chamada de sacramento.[55]

68. O diálogo entre as nossas duas tradições já pode registrar, na questão do ministério, convergências consideráveis. Estas se referem à compreensão do fundamento e da função do ministério, bem como à forma de transmissão do cargo pela imposição das mãos e sob invocação do Espírito Santo.[56] Com base nestas constatações foi proposto "examinar com seriedade" a possibilidade do mútuo reconhecimento dos ministérios eclesiásticos.[57] Na execução desta recomendação, há de se perguntar, entre outras, como é encarada, pelas Igrejas Luteranas, uma eucaristia oficiada sem ministro ordenado. Outrossim, há de se perguntar como a Igreja Católica – face à concepção e práticas luteranas da ordenação – avalia a eucaristia celebrada na Igreja Luterana. Em suma, precisa ser esclarecido como deve ser encarada a valorização e a posição eclesiástica do ministério, e quais as conseqüências que isto tem para a estrutura da Igreja.

Comunidade eucarística

69. Cristãos católicos e luteranos confessam juntos que Jesus Cristo une também entre si a todos os que estão unidos com ele.

70. Segundo a convicção católica, isto também é válido para a comunhão eucarística com Cristo. Por isso, pertencem a ela também aqueles que adorme-

---

[52] Inácio da Antioquia. *Ad Smryrn.* 8,1: PG 5,713.
[53] *Confessio Augustana* XIV.
[54] Malta, n. 61.
[55] USA II, 16; Malta, n. 54.
[56] Cf. Malta, n. 59.
[57] Malta, nn. 63-64.

A CEIA DO SENHOR

ceram na paz do Senhor. Daí fazer parte da celebração eucarística católica a intercessão pelos mortos. A Igreja Católica recorda também aqueles mortos que se tornaram partícipes da bem-aventurança celestial. Ela agradece a Deus pela graça que lhes foi concedida e recomenda-se à sua intercessão e proteção.

71. Igualmente, a celebração eucarística luterana expressa a comunhão da comunidade celeste com a terrena na canção de louvor e na intercessão. A Reforma rejeitou a invocação dos santos, contudo não contestou a intercessão dos santos no céu.[58] Uma atitude doutrinal reservada com relação ao destino dos mortos faz também com que ela seja reservada na comemoração de intercessão pelos finados.

72. A comunidade eucarística exige e promove, segundo a doutrina católica, a comunidade concreta da fé da Igreja. Ela abrange, segundo sua natureza:

- a autoridade de servir, transmitida por Cristo aos seus apóstolos e seguidores, aos bispos com os sacerdotes, de representar sacramentalmente seu ato sacerdotal, pelo qual ele se ofereceu de uma vez por todas ao seu Pai no Espírito Santo e se entregou aos seus fiéis, para que estes sejam um nele;
- a unidade deste mistério, que precisa ser exercida em nome de Cristo, a cabeça da Igreja, e, com isto, dentro da comunidade hierárquica do servo deste mistério;
- a fé da Igreja, que ela confessa na ação eucarística e pela qual ela responde no Espírito Santo ao dom gratuito de Cristo, assim como é na verdade.[59]

Por isso, não pode ser considerada, segundo a oposição do Vaticano II, "a comunhão no culto (*communication in sacris*) como um meio geral e sem distinção (*indiscretim*) válido para a restituição da unidade dos cristãos".[60] Por esta razão, é interdita uma celebração comum de católicos e luteranos; contudo, pode ser permitido "por razões suficientes" o acesso à celebração eucarística católica.[61]

73. Também a Igreja Luterana sabe da união entre comunhão eucarística e eclesial. Não obstante, ela reconhece também, no estado atual da cisão das Igrejas, algumas possibilidades da comunhão na santa ceia. Ela está em condições, segundo seus critérios, de reconhecer a validade da celebração da eucaristia de outros, antes do que a Igreja Católica.

---

[58] *Artigos de Esmacalde* II, 2.
[59] *Instrução do Secretariado pela Unidade dos Cristãos*, 1º de junho de 1972, n. 2ª.
[60] CONCÍLIO VATICANO II. *Decreto de Ecumenismo*, n. 8.
[61] Diretório Ecumênico do Secretariado para a Unidade dos Cristãos I, n. 55.

Com base nos pontos reconhecidamente comuns na compreensão do Evangelho, que possui efeitos decisivos na pregação, na administração dos sacramentos e na prática litúrgica, os luteranos julgam que podem, desde agora, recomendar ocasionais intercâmbios de pregadores e ocasionais celebrações em comum da eucaristia. [...] Do lado luterano, sublinha-se que a prática eucarística das Igrejas separadas deve se orientar para aquilo que o serviço da reconciliação entre os homens exige da Igreja. [...] Uma celebração eucarística na qual fiéis batizados não possam tomar parte sofre de uma contradição interna e, por isso mesmo, não desempenha a função que lhe foi assinalada pelo Senhor já na sua raiz.[62]

Forma litúrgica

74. A verdade sobre a ceia do Senhor afirmada na fé deve determinar o conteúdo e a forma da prática litúrgica. Em boa parte da caminhada, podemos e devemos confrontar-nos juntos a este dever comum; ao mesmo tempo, apresentam-se nas diferentes comunidades, tempos e tradições cada vez diferentes tarefas e pontos de partida.

75. "O melhor caminho para a unidade na celebração e comunhão eucarísticas é a renovação da própria eucaristia nas diversas Igrejas, com relação à doutrina e liturgia."[63] Também na eucaristia são os passos para o centro que nos levam mais próximos uns dos outros. Disso faz parte "que os fiéis se acerquem da sagrada liturgia com disposições de reta intenção, que sintonizem a sua alma com a Palavra e cooperem com a graça do alto, a fim de que não a recebam em vão".[64] A renovação exigida sempre deve visar a duas metas: primeiro, o Senhor, sua Palavra e sua vontade; a seguir, os contemporâneos com suas dificuldades e suas possibilidades: o "pequeno rebanho" dos co-fiéis tão bem como a grei incontável de todos os próximos para cuja salvação a eucaristia é destinada.

O testemunho comum da fé eucarística e a tentativa comum de fazer jus a esta na vida não têm a ver nada com uniformidade. Assim, na teologia e na piedade há na forma litúrgica uma multiplicidade de possibilidades. Estas podem e devem aclarar-se e completar-se mutuamente. Como para toda a vida eclesial, também é válido para as formas litúrgicas o seguinte:

---

[62] Malta, nn. 64 e 72.

[63] Accra, n. 31.

[64] CONCÍLIO VATICANO II. *Constituição sobre a liturgia*, n. 11.

A CEIA DO SENHOR

Assim todos dão, na diversidade, testemunho da maravilhosa unidade no corpo de Cristo; pois justamente a variedade dos dons de graça dos ministérios e atividades une os filhos de Deus, porque um só e o mesmo Espírito realiza todas estas coisas (1Cor 12,11).[65]

76. Sem prejudicar esta diversidade, é preciso aspirar a uma maior comunhão em alguns atos constitutivos. Segundo convicção comum, a celebração eucarística forma um todo que engloba certo número de elementos constitutivos. Destes fazem parte a pregação da Palavra de Deus, a ação de graças pelas obras de Deus na criação e redenção com a memória segundo o testemunho do Novo Testamento, a imploração do Espírito Santo sobre o pão e o vinho e sobre a comunhão, a intercessão pela Igreja e pelo mundo, a oração do Senhor e o comer e beber na comunhão com Cristo e de cada membro da Igreja.[66]

A esses atos constitutivos deveria corresponder a prática litúrgica. Com estas tarefas que nos desafiam juntos, acham-se ligadas outras que se impõem às nossas Igrejas, cada uma de maneira especial. Segundo a convicção luterana, deve-se tentar da parte católica:

1. evitar a missa sem participação do povo;
2. realizar melhor a pregação dentro de cada celebração eucarística;
3. distribuir a santa comunhão sob ambas as espécies.

Segundo a convicção católica, deve ser procurada, da parte dos luteranos:

1. a realização mais freqüente da santa ceia ("Sendo a eucaristia o nosso serviço litúrgico que Cristo deu à Igreja, parece normal que ela fosse celebrada não menos do que cada domingo ou uma vez por semana");[67]
2. uma maior participação de toda a comunidade (em especial das crianças);
3. uma vinculação mais estrita entre a liturgia da Palavra e a liturgia sacramental.

Não deveria passar despercebido que as distintas práticas com isso aludidas estão relacionadas, em parte, com diferenças de compreensão da fé ainda não resolvidas. Sua aclaração e sua superação são nossa incumbência comum.

Recepção

77. Uma doutrina teológica permanece uma teoria só de alguns indivíduos enquanto não for afirmada e apoiada por todo o povo de Deus. Até

---

[65] Cf. Accra, n. 28.
[66] Cf. Accra, n. 28.
[67] Accra, n. 33.

DOCUMENTOS ECUMÊNICOS

enunciados conciliares chegam ao seu pleno efeito quando assumem forma na vida e no pensamento dos fiéis. Analogamente, é imprescindível que o nosso testemunho comum acerca da ceia do Senhor seja respondido e assumido co-responsavelmente por nossos irmãos cristãos.

Dirigimo-nos, por isso, a eles com o pedido de examinar e refletir as nossas ponderações, corrigi-las tanto quanto for necessário e, o quanto possível, fazê-las suas.

Batismo, eucaristia e ministério

Conselho Mundial de Igrejas/Comissão Fé e Constituição
(Lima, 1982)

PREFÁCIO

O Conselho Mundial de Igrejas (CMI) é "uma comunidade fraterna de Igrejas que confessam o Senhor Jesus Cristo como Deus e Salvador segundo as Escrituras e se esforçam a fim de responder em conjunto à sua vocação comum para a glória do único Deus, Pai, Filho e Espírito Santo" (Constituição).

Nessas palavras temos uma definição clara do que é o Conselho Mundial. Ele não é uma autoridade universal fiscalizadora do que os cristãos deveriam crer e fazer. Mas, passados apenas três decênios, ele é já uma comunidade notável de aproximadamente 300 Igrejas. Essas Igrejas representam uma rica diversidade de culturas, de tradições, de liturgia em numerosas línguas, de existência sob todas as espécies de sistemas políticos. Todas elas, contudo, comprometidas em uma estreita colaboração de testemunho cristão e de serviço. Ao mesmo tempo, todas, também, lutando em conjunto para atingir o fim da unidade visível da Igreja.

A Comissão Fé e Constituição do Conselho Mundial assegura apoio teológico aos esforços das Igrejas que tenham em vista a unidade. Com efeito, a comissão foi encarregada, pelos membros do Conselho, de lhes lembrar continuamente a obrigação livremente aceita por elas de trabalharem de modo mais visível para a manifestação do dom de Deus, a unidade da Igreja. Por isso, o objetivo claramente estabelecido pela comissão é o de "proclamar a unidade da Igreja de Jesus Cristo e exortar as Igrejas a tornarem visível esta unidade em uma só fé e em uma só comunidade eucarística, com expressão no culto e na vida comum em Cristo, a fim de que o mundo creia".

Se as Igrejas divididas têm o encargo de chegar à unidade visível que procuram, então uma questão prévia essencial é que se ponham fundamentalmente de acordo sobre o batismo, a eucaristia e o ministério. É compreensível, pois, que a Comissão Fé e Constituição tenha consagrado muita atenção para ultrapassar a divisão doutrinária sobre esses três temas.

Durante os últimos cinqüenta anos, a maior parte dos seus encontros e conferências tem tido algum desses temas no centro das suas discussões.

Os três textos são fruto de um processo de pesquisa de cinqüenta anos que remonta à primeira Conferência de Fé e Constituição, em Lausanne, em 1927. O material foi discutido e revisto pela Comissão Fé e Constituição, em Accra (1974), em Bangalore (1978) e em Lima (1982). Entre um e outro encontro da comissão plenária, a Comissão Permanente e o seu comitê de trabalho sobre batismo, eucaristia e ministério — sob a presidência do irmão Max Thurian, da Comunidade de Taizé — prosseguiram no trabalho e redação.

Estes textos ecumênicos refletem igualmente as consultas sucessivas e a colaboração contínua estabelecidas entre os membros da comissão (aprovados pelas Igrejas) e as próprias igrejas particulares. A Quinta Assembléia do Conselho Mundial (Nairóbi, 1975) tornou possível o envio às Igrejas de um primeiro texto impresso para estudo (série Faith and Order, n. 73). É muito significativo que mais de cem Igrejas, de todas as regiões e de todas as tradições, tenham enviado comentários pormenorizados. Estes foram cuidadosamente analisados durante uma consulta em Crêt-Bérard, em 1977 (série Faith and Order, n. 84).

Conjuntamente, certos problemas particularmente difíceis foram também analisados na altura de consultas ecumênicas especiais realizadas sobre os seguintes temas: "Batismo das crianças e dos adultos", em Louisville, em 1978 (série Faith and Order, n. 97), "Episcopè e Episcopado", em Genebra, em 1979 (série Faith and Order, n. 102). O texto foi igualmente revisto pelos representantes das Igrejas ortodoxas, em Chambéry, em 1979. Finalmente, a Comissão Fé e Constituição foi novamente autorizada pelo Comitê Central do Conselho Mundial, em Dresden (1981), a enviar o documento revisto (o texto de Lima, de 1982) às Igrejas, pedindo-lhes uma resposta oficial, como uma etapa vital em todo este processo ecumênico.

Este trabalho não foi realizado somente por Fé e Constituição. Os três temas do batismo, da eucaristia e do ministério têm sido objeto de pesquisa em muitos diálogos ecumênicos. Os dois principais tipos de conversações entre Igrejas, o tipo bilateral e o tipo multilateral, provaram ser complementares

BATISMO, EUCARISTIA E MINISTÉRIO

e mutuamente benéficos. Os três relatórios do Fórum sobre as conversações bilaterais mostram-no claramente: "Concepções da unidade" (1978), "Consensos sobre textos de acordo" (1979), "Autoridade e recepção" (1980) (série Faith and Order, n. 107). Em conseqüência, a Comissão Fé e Constituição, na sua própria pesquisa multilateral sobre os três temas, tentou construir tanto quanto possível, sobre as descobertas particulares, conversações bilaterais. Com efeito, uma das tarefas da comissão é avaliar o resultado de todos esses esforços particulares em proveito do movimento ecumênico no seu conjunto.

O testemunho das igrejas locais que passaram já pelo processo da união, ultrapassando, assim, as divisões confessionais, foi igualmente importante para o desenvolvimento deste texto. É importante reconhecer que a procura da união das igrejas locais e a procura de um consenso universal estão intimamente ligadas.

Talvez ainda mais influentes que os estudos oficiais sejam as mudanças que ocorrem na vida das próprias Igrejas. Vivemos em um momento crucial na história da humanidade. No seu caminhar para a unidade, as Igrejas interrogam-se acerca da relação existente entre as suas compreensões e práticas do batismo, da eucaristia e do ministério e a sua missão na e para a renovação da comunidade humana, ao procurarem promover a justiça, a paz e a reconciliação. Este texto não pode, pois, ser dissociado da missão redentora e libertadora de Cristo por intermédio das Igrejas no mundo moderno.

Como resultado dos estudos bíblicos e patrísticos, da renovação litúrgica e da necessidade de um testemunho comum, surgiu uma comunhão fraterna ecumênica que transcende freqüentemente as fronteiras confessionais e na qual as antigas diferenças passam a ser vistas sob uma nova luz. Assim, não obstante a linguagem deste texto ser ainda muito clássica no seu esforço de reconciliação das controvérsias históricas, ele tem uma intenção claramente contemporânea e inserida nos contextos modernos. Este espírito estimulará, certamente, muitas reformulações do texto nas linguagens variadas do nosso tempo.

Até onde nos conduziram estes esforços? Como é manifestado no texto de Lima, atingimos, já, um notável grau de acordo. Com certeza não chegamos ainda completamente a um "consenso" (*consentire*), compreendido aqui como a experiência de vida e de expansão da fé necessária para realizar e manter a unidade visível da Igreja. Um tal consenso está enraizado na comunhão fundada sobre Cristo e o testemunho dos apóstolos. Sendo dom do Espírito, ele se realiza como uma experiência partilhada antes de poder ser expresso por palavras, em um esforço combinado. Um consenso completo não pode ser proclamado senão depois de as Igrejas terem atingido o ponto em que elas possam viver e agir em conjunto na unidade.

811

No caminho em direção ao fim da unidade visível, contudo, as Igrejas terão de passar por diversas etapas. Elas têm sido abençoadas de novo pela escuta mútua e o retorno, em conjunto, às fontes originais, isto é, à "Tradição do Evangelho atestada na Escritura, transmitida na e pela Igreja, pelo poder do Espírito Santo" (Conferência Mundial de Fé e Constituição, 1963).

Ao abandonarem as oposições do passado, as Igrejas começaram a descobrir numerosas convergências plenas de promessas em convicções e perspectivas que elas partilham. Essas convergências asseguram-nos de que, não obstante toda a diversidade na expressão teológica, as Igrejas têm muito em comum na sua compreensão da fé. O texto que daí resulta tende a tornar-se parte do reflexo fiel e suficiente da tradição cristã sobre elementos essenciais da comunhão cristã. No processo de um crescimento comum, com uma confiança mútua, as Igrejas devem desenvolver essas convergências doutrinais, etapa por etapa, até serem capazes finalmente de declarar, em conjunto, que vivem em comunhão umas com as outras, na continuidade dos apóstolos e dos ensinos da Igreja universal.

Este texto de Lima representa as convergências teológicas significativas que Fé e Constituição discerniu e formulou. Aqueles que sabem quanto as Igrejas têm divergido na doutrina e prática do batismo, da eucaristia e do ministério podem aperceber-se da importância da medida do acordo aqui registrado. Praticamente todas as confissões tradicionais estão representadas na comissão. Que teólogos de tradições tão profundamente diferentes possam ser capazes de falar com uma tal harmonia sobre batismo, eucaristia e ministério – eis um fato sem precedentes no movimento ecumênico moderno. Note-se, com particular atenção, o fato de que a comissão reúne igualmente entre seus membros de pleno direito, teólogos da Igreja Católica Romana e de outras Igrejas que não pertencem ao Conselho Mundial de Igrejas.

No decurso de uma avaliação crítica, a intenção primeira deste texto ecumênico deve estar bem presente no espírito. O leitor não deve esperar encontrar nele uma exposição teológica completa sobre o batismo, a eucaristia e o ministério. Não seria nem apropriado nem desejável. O texto do acordo concentra-se intencionalmente sobre os aspectos do tema que estão direta ou indiretamente em relação com os problemas do reconhecimento mútuo conducente à unidade. O texto principal mostra os domínios de convergência teológica mais importantes; os comentários que a ele se ajuntam indicam quer diferenças históricas ultrapassadas, quer pontos controversos a exigir ainda pesquisa e reconciliação.

À luz de todos estes desenvolvimentos, a Comissão Fé e Constituição apresenta agora este texto de Lima (1982) às Igrejas. Fazemo-lo com uma con-

BATISMO, EUCARISTIA E MINISTÉRIO

vicção profunda, pois temo-nos tornado cada vez mais conscientes da nossa unidade no corpo de Cristo. Encontramos motivos para nos alegrarmos ao descobrirmos as riquezas de nossa herança comum no Evangelho. Cremos que o Espírito Santo nos conduziu até este tempo, "kairós" do movimento ecumênico, em que as Igrejas infelizmente divididas sentiram-se capazes de chegar a acordos teológicos substanciais. Cremos que numerosos progressos significativos são possíveis se, nas nossas Igrejas, tivermos suficiente coragem e imaginação para acolher o dom da unidade que Deus nos concede.

Como sinal do seu empenho ecumênico, as Igrejas são convidadas a tornar viável o mais amplo empenho do povo de Deus, a todos os níveis da vida da Igreja, no processo espiritual de recepção deste texto. Em apêndice, dão-se algumas sugestões particulares em relação ao uso deste texto no culto, no testemunho e na reflexão das Igrejas.

A Comissão Fé e Constituição convida agora, respeitosamente, todas as Igrejas a prepararem uma resposta oficial a este texto, no mais elevado nível conveniente de autoridade, seja um Conselho, seja um Sínodo, seja uma Conferência, seja uma Assembléia ou qualquer outra instituição. Para ajudar o processo de recepção, a comissão gostaria de conhecer tão precisamente quanto possível:

- até que ponto a sua Igreja pode reconhecer neste texto a fé da Igreja através dos séculos;
- as conseqüências que a sua Igreja pode tirar deste texto para as suas relações e diálogos com outras Igrejas, particularmente com as Igrejas que reconhecem também o texto como uma expressão da fé apostólica;
- as indicações que a sua Igreja pode receber deste texto, no que respeita à sua vida e ao seu testemunho ao nível do culto, da educação, da ética e da espiritualidade;
- as sugestões que a sua Igreja pode dar para a continuidade do trabalho de Fé e Constituição, no que diz respeito à relação entre o material deste texto, sobre o batismo, a eucaristia e o ministério, e o seu projeto de pesquisa no longo prazo, sobre "A expressão comum da fé apostólica hoje".

A nossa intenção é, na oportunidade de uma futura Conferência Mundial de Fé e Constituição, comparar todas as respostas oficiais recebidas, publicar os resultados e analisar as implicações ecumênicas para as Igrejas.

Todas as respostas a estas questões deverão ser enviadas até 31 de dezembro de 1984 ao Secretariado de Fé e Constituição, Conselho Mundial de Igrejas, 150 route de Ferney, 1211 Genève 20, Suisse.

William H. Lazareth, diretor do Secretariado de Fé e Constituição
Nikos Nissiotis, moderador da Comissão Fé e Constituição

APRESENTAÇÕES

Batismo, eucaristia e ministério estão no centro da vida da Igreja de Cristo. Tendo sido freqüentemente causa de rupturas no corpo do Senhor, vêm sendo essas mesmas realidades um lugar privilegiado na longa e paciente caminhada ecumênica dos tempos recentes. Prova disso é o presente relatório final da Comissão Fé e Constituição do Conselho Mundial de Igrejas. Trata-se de um documento de importância singular na construção da plena comunhão dos cristãos. Na sua elaboração participaram teólogos das mais variadas tradições eclesiais, como a anglicana, a católico-romana, a luterana, a metodista, a ortodoxa, a reformada. O consenso a que eles chegaram, até na indicação das dificuldades e divergências ainda existentes, é certamente um passo quase decisivo para os ideais ecumênicos. Por isso, o Relatório foi enviado às diversas Igrejas pelo Conselho Mundial de Igrejas e pelo Secretariado Romano para a União dos Cristãos, para que elas manifestem a sua posição oficial a respeito.

É com emoção e alegria que apresento e recomendo esta edição brasileira do texto, possível graças à tradução feita pelos irmãos de Taizé, da Fraternidade Ecumênica de Alagoinhas, na Bahia, e graças à coragem do Centro Ecumênico de Documentação e Informação, do Rio de Janeiro. Que muitos cristãos leiam e estudem estas páginas, penetrando nas riquezas dessas salvíficas realidades e ajudando suas respectivas Igrejas a dar a elas a resposta desejada pelo Espírito de Cristo.

Santa Maria, 2 de dezembro de 1983
D. Ivo Lorscheiter, Presidente do Conic

" ... para que todos sejam um... a fim de que o mundo creia..." (Jo 17.21)

Ao acolher o oferecimento do Conselho Nacional de Igrejas Cristãs (Conic) para publicar o presente texto, o Cedi (Centro Ecumênico de Documentação e Informação), fiel à sua vocação ecumênica, o fez com a satisfação de poder apresentar aos cristãos brasileiros o resultado dos esforços até aqui despendidos pela Comissão Fé e Constituição do Conselho Mundial de Igrejas.

Esta comissão do CMI, cuja origem antecede a do próprio Conselho, desde sua constituição tem despendido um intenso, paciente e profícuo trabalho de reflexão teológica com o objetivo de buscar as convergências capazes de eliminar as barreiras ideológico-doutrinárias que, a despeito de suas intenções mais fraternas, têm mantido os cristãos separados em suas práticas eclesiais. Seu tema permanente é a "unidade da Igreja de Cristo", unidade que precisa ser construída na história de modo a fazer da Igreja sinal autêntico do Reino já anunciado.

Este livro apresenta os resultados da última conferência promovida por esta comissão, em 1982, na cidade de Lima, Peru. Aliás, primeira reunião da Comissão de Fé e Ordem da América Latina. E os resultados são promissores. O texto destas conclusões apresenta acordos teológicos significativos que revelam o posicionamento acolhedor de várias Igrejas sobre temas tão vitais para a vivência eclesial como batismo, eucaristia e ministério.

Agradecemos ao Conselho Nacional de Igrejas Cristãs a oportunidade de poder veicular estas reflexões e o reconhecimento público de nosso compromisso ecumênico junto às Igrejas em nosso país.

Rev. Zwinglio M. Dias, Secretário do Cedi

EUCARISTIA

A instituição da eucaristia

1. A Igreja recebe a eucaristia como um dom da parte do Senhor. Paulo escreveu: "Eis o que eu recebi do Senhor, o que vos transmiti: o Senhor Jesus, na noite em que foi entregue, tomou o pão, e, depois de ter dado graças, partiu-o e disse: 'Isto é o meu corpo, que é dado a vós, fazei isso em memorial [anamnesis] de mim'" (1Cor 11,23-25; cf. Mt 26,26-29; Mc 14,22-25; Lc 22,14-20).

As refeições que Jesus partilhou durante o seu ministério terrestre, e das quais temos notícia, proclamam e representam a proximidade do Reino: a multiplicação dos pães é disso um sinal. Quando da sua última refeição, a comunhão do Reino foi posta em relação com a perspectiva dos sofrimentos de Jesus. Depois da sua ressurreição, o Senhor manifestou a sua presença e deu-se a conhecer aos seus discípulos no partir do pão. A eucaristia encontra-se, assim, na linha de continuidade dessas refeições de Jesus durante a sua vida terrestre e depois da sua ressurreição, sinais contínuos do Reino. Os cristãos consideram que a eucaristia é prefigurada pelo memorial do livramento na Páscoa de Israel, a libertação do país da servidão; e pela refeição da aliança no monte Sinai (Ex 24). Ela é a nova refeição pascal da Igreja, a refeição da nova aliança que Cristo deu aos seus discípulos como o memorial (*anamnesis*) da sua morte e da sua ressurreição, como a antecipação do banquete do Cordeiro (Ap 19,9); Cristo ordenou aos seus discípulos que fizessem memória dele, encontrando-o assim, nesta refeição sacramental, como povo de Deus peregrino, até a sua volta.

A última refeição celebrada por Jesus foi uma refeição litúrgica que utilizava palavras e gestos simbólicos. Conseqüentemente, a eucaristia é uma refeição sacramental que, através de sinais visíveis, nos comunica o amor de Deus em Jesus Cristo, o amor com que Jesus amou os seus "até o fim" (Jo 13,1). Têm-lhe sido dados diversos nomes, por exemplo: refeição do Senhor, partir do pão, santa ceia, santa comunhão, divina liturgia, missa. A sua celebração é sempre o ato central do culto da Igreja.

A significação da eucaristia

2. A eucaristia é essencialmente o sacramento do dom que Deus nos faz em Cristo, pelo poder do Espírito Santo. Cada cristão recebe esse dom da salvação pela comunhão no corpo e no sangue de Cristo. Na refeição eucarística, no ato de comer o pão e de beber o vinho, Cristo concede a comunhão com ele. Deus mesmo age na eucaristia dando vida ao corpo de Cristo e renovando cada membro deste corpo. Segundo a promessa de Cristo, cada batizado, membro do corpo de Cristo, recebe na eucaristia a segurança da remissão dos pecados (Mt 26,28) e a garantia da vida eterna (Jo 6,51-58). Ainda que a eucaristia seja essencialmente um todo, ela será considerada aqui sob os seguintes aspectos: ação de graças ao Pai, memorial de Cristo, invocação do Espírito, comunhão dos fiéis, refeição do Reino.

A eucaristia como ação de graças ao Pai

3. A eucaristia, que contém sempre simultaneamente a Palavra e o sacramento, é uma proclamação e uma celebração da obra de Deus. A eucaristia é a grande ação de graças ao Pai por tudo o que ele cumpriu na criação, na redenção e na santificação, por tudo o que ele cumpre agora na Igreja e no mundo, não obstante o pecado dos seres humanos, por tudo o que ele cumprirá conduzindo o seu Reino até a plenitude. Deste modo, a eucaristia é a bênção (*berakah*) pela qual a Igreja exprime o seu reconhecimento para com Deus por todos os favores.

4. A eucaristia é o grande sacrifício de louvor, pelo qual a Igreja fala no nome de toda a criação. Com efeito, o mundo que Deus reconciliou consigo mesmo está presente em cada eucaristia: no pão e no vinho, na pessoa dos fiéis e nas orações que eles oferecem por si próprios e por todos os humanos. Cristo une os fiéis à sua pessoa e as orações deles à sua própria intercessão, de modo que os fiéis são transfigurados e as suas orações, aceitas. Este sacrifício de louvor só é possível por Cristo, com ele e nele. O pão e o vinho, frutos da terra e do trabalho dos homens, são apresentados ao Pai na fé e na ação de

BATISMO, EUCARISTIA E MINISTÉRIO

graças. Deste modo, a eucaristia revela ao mundo aquilo em que ele se deve tornar: uma oferta e um louvor ao Criador, uma comunhão universal no corpo de Cristo, um reino de justiça, de amor e de paz no Espírito Santo.

A eucaristia como "anamnese" ou memorial de Cristo

5. A eucaristia é o memorial de Cristo crucificado e ressuscitado, isto é, o sinal vivo e eficaz do seu sacrifício, cumprido uma vez por todas sobre a cruz, e continuamente agindo em favor de toda a humanidade. A concepção bíblica do memorial aplicada à eucaristia exprime esta eficácia atual da obra de Deus quando ela é celebrada pelo seu povo sob a forma de liturgia.

6. O próprio Cristo, com tudo o que ele cumpriu por nós e pela criação inteira (na sua encarnação, condição de servo, ministério, ensino, sofrimento, sacrifício, ressurreição, ascensão e envio do Espírito Santo), está presente neste memorial: ele nos concede a comunhão consigo. A eucaristia é, deste modo, a antecipação da sua volta e do Reino eterno.

7. O memorial, onde Cristo age através da celebração jubilosa da sua Igreja, é, pois, simultaneamente representação e antecipação. O memorial não é somente uma lembrança do passado ou da sua significação; é a proclamação eficaz feita pela Igreja da grande obra de Deus e das suas promessas.

8. O memorial, como representação e antecipação, cumpre-se sob a forma de ação de graças e de intercessão. Proclamando diante de Deus, na ação de graças, a grande obra de redenção, a Igreja intercede junto a ele para que conceda a todos os seres os benefícios desta libertação. Nesta ação de graças e intercessão, a Igreja está unida ao Filho, seu Sumo Sacerdote e Intercessor (Rm 8,34; Hb 7,25). A eucaristia é o sacramento do sacrifício único de Cristo, continuamente vivo para interceder em nosso favor. Ela é o memorial de tudo o que Deus faz pela salvação do mundo. O que Deus quis cumprir na encarnação, vida, morte, ressurreição e ascensão de Cristo, não volta a fazê-lo; esses acontecimentos são únicos, não podem ser nem repetidos nem prolongados. No memorial da eucaristia, porém, a Igreja oferece a sua intercessão, na comunhão de Cristo, nosso Sumo Sacerdote.

Comentário

É à luz desta significação da eucaristia como intercessão que se podem compreender as referências à eucaristia como "sacrifício propiciatório" na teologia católica. Só há uma expiação, a do sacrifício único da cruz tornado ativo na eucaristia e apresentado ao Pai na intercessão de Cristo e da Igreja por toda a humanidade. À luz da concepção bíblica do memorial, todas as Igrejas poderiam rever as velhas controvérsias a propósito da noção de "sacrifício", e aprofundar a sua compreensão das razões pelas quais outras tradições utilizaram ou rejeitaram este termo.

9. O memorial de Cristo é o fundamento e a fonte de toda oração cristã. Nossa oração apóia-se na intercessão contínua do Senhor ressuscitado, está unida a essa intercessão. Na eucaristia, Cristo dá-nos a força para vivermos com ele, sofrermos com ele e orarmos por intermédio dele, como pecadores justificados que cumprem livre e alegremente a sua vontade.

10. Em Cristo oferecemo-nos a nós mesmos em sacrifício vivo e santo em toda a nossa vida quotidiana (Rm 12,1; 1Pd 2,5); este culto espiritual agradável a Deus alimenta-se na eucaristia, onde somos santificados e reconciliados no amor, para sermos servidores da reconciliação no mundo.

11. Unidos ao nosso Senhor e em comunhão com todos os santos e mártires, somos renovados na aliança selada pelo sangue de Cristo.

12. Visto ser a "anamnese" de Cristo o verdadeiro conteúdo da Palavra proclamada, bem como a essência da refeição eucarística, uma reforça a outra. A celebração da eucaristia implica normalmente a proclamação da Palavra.

13. As palavras e gestos de Cristo na instituição da eucaristia estão no coração da celebração: a refeição eucarística é o sacramento do corpo e do sangue de Cristo, o sacramento da sua presença real. Cristo cumpre de modos múltiplos a sua promessa de estar com os seus para sempre até o fim do mundo. Mas o modo da presença de Cristo na eucaristia é único. Jesus disse sobre o pão e o vinho da eucaristia: "Isto é o meu corpo... Isto é o meu sangue...". O que Cristo disse é a verdade e cumpre-se todas as vezes que a eucaristia é celebrada. A Igreja confessa a presença real, viva e ativa de Cristo na eucaristia. Ainda que a presença real de Cristo na eucaristia não dependa da fé dos indivíduos, todos estão de acordo em dizer que o discernimento do corpo e do sangue de Cristo exige a fé.

Comentário

Muitas Igrejas crêem que, pelas palavras de Jesus e pelo poder do Espírito Santo, o pão e o vinho da eucaristia tornam-se, de uma maneira real e no ministério, o corpo e o sangue de Cristo ressuscitado, isto é, do Cristo vivo presente em toda a sua plenitude. Sob os sinais do pão e do vinho, a realidade profunda é o ser total de Cristo, que vem a nós para nos alimentar e transformar todo o nosso ser. Outras Igrejas, embora afirmando a presença real de Cristo na eucaristia, não vinculam essa presença de um modo tão definido aos sinais do pão e do vinho. As Igrejas deverão decidir se essa diferença pode coexistir com a convergência formulada no próprio texto.

A eucaristia como invocação do Espírito

14. O Espírito Santo faz com que Cristo crucificado e ressuscitado esteja realmente presente para nós na refeição eucarística, cumprindo assim a promessa contida nas palavras da instituição. É evidente que a eucaristia está centrada na presença de Cristo e, por conseguinte, que a promessa contida nas palavras da instituição é fundamental para a celebração. O Pai é, contudo, a origem primeira e o cumprimento final do acontecimento eucarístico. O Filho de Deus feito homem, por quem, com quem e em quem esse acontecimento se cumpre, é o seu centro vivo. O Espírito Santo é a incomensurável força de amor que torna isso possível, tornando-o eficaz. Este vínculo da celebração eucarística com o mistério do Deus-Trindade situa o papel do Espírito Santo como o que atualiza e vivifica as palavras históricas de Cristo. Na certeza de ser atendida, em virtude da promessa de Jesus contida nas palavras da instituição, a Igreja pede ao Pai o Espírito Santo para que ele cumpra o acontecimento eucarístico: a presença real de Cristo crucificado e ressuscitado que dá a sua vida por toda a humanidade.

Comentário

Não se trata de uma espiritualização da presença eucarística de Cristo, mas da afirmação de uma união indissolúvel entre o Filho e o Espírito. Esta união proclama que a eucaristia não é um ato mágico e automático, mas sim uma oração que se dirige ao Pai, sublinhando a total dependência da Igreja em relação a ele. As palavras da instituição, promessa de Cristo, e a epiclese, invocação do Espírito, estão, pois, em estreita relação na liturgia. A epiclese aparece situada de modo diferente em relação às palavras da instituição nas diversas tradições litúrgicas. Nas liturgias primitivas, toda "oração eucarística" era concebida como portadora da realidade prometida por Cristo. A invocação do Espírito era feita simultaneamente sobre a comunidade e sobre os elementos do pão e do vinho. Reencontrando esta concepção, poderíamos superar as nossas dificuldades relativas a um momento particular da consagração.

15. É em virtude da palavra viva de Cristo, e pelo poder do Espírito Santo, que o pão e o vinho tornam-se os sinais sacramentais do corpo e do sangue de Cristo. Eles o continuam sendo em vista da comunhão.

Comentário

Na história da Igreja houve diversas tentativas para compreender o mistério da presença real única de Cristo na eucaristia. Alguns se limitam à afirmação pura e simples dessa presença, sem querer explicá-la. Outros consideram necessária a afirmação de uma mudança realizada pelo Espírito Santo e pelas palavras de Cristo, que faz com que não haja mais um pão e um vinho comuns, mas o corpo e o sangue de Cristo. Outros, ainda, elaboraram uma explicação da presença real que não pretende esgotar a significação do mistério, mas quer protegê-la contra as interpretações nocivas.

16. Toda a celebração da eucaristia tem um caráter "epiclético", isto é, está dependente da ação do Espírito Santo. Este aspecto da eucaristia encontra uma expressão variada nas palavras da liturgia.

17. A Igreja, como comunidade da nova aliança, invoca o Espírito com confiança, a fim de ser santificada e renovada, conduzida em toda a justiça, verdade e unidade, e fortalecida para cumprir sua missão no mundo.

18. O Espírito Santo, através da eucaristia, dá uma pregustação do Reino de Deus: a Igreja recebe a vida da nova criação e a segurança da volta do Senhor.

A eucaristia como comunhão dos fiéis

19. A comunhão eucarística com o Cristo presente, que alimenta a vida da Igreja, é ao mesmo tempo comunhão no corpo de Cristo que é a Igreja. A partilha do mesmo pão e do cálice comum, em um dado lugar, manifesta e cumpre a unidade dos participantes com Cristo e com todos os comungantes, em todos os tempos e em todos os lugares. É na eucaristia que a comunidade do povo de Deus é plenamente manifestada. As celebrações eucarísticas estão sempre em relação com a Igreja inteira, e toda a Igreja está implicada em cada celebração eucarística. Na medida em que uma Igreja pretende ser uma manifestação da Igreja universal, deveria preocupar-se em ordenar a sua própria vida segundo vias que tomassem a sério os interesses e preocupações das Igrejas-irmãs.

Comentário

Desde os princípios, o batismo foi concebido como o sacramento pelo qual os crentes são incorporados no corpo de Cristo e cheios do Espírito Santo. Se, pois, uma Igreja, os seus ministros e os seus fiéis contestam as outras Igrejas, aos seus batizados e aos seus ministros, o direito de participar na eucaristia ou de a ela presidir, a catolicidade da eucaristia é menos manifestada. Em muitas Igrejas hoje se discute a questão da admissão das crianças batizadas como comungantes na eucaristia.

20. A eucaristia abarca todos os aspectos da vida. É um ato representativo de ação de graças e de oferta em nome do mundo inteiro. A celebração eucarística pressupõe a reconciliação e a partilha com todos, olhados como irmãos

BATISMO, EUCARISTIA E MINISTÉRIO

e irmãs da única família de Deus; ela é um constante desafio na busca de relações normais no seio da vida social, econômica e política (Mt 5,23ss; 1Cor 10,16ss; 1Cor 11,20-22; Gl 3,28). Quando partilhamos o corpo e o sangue de Cristo, há um desafio radical que é lançado a todas as formas de injustiça, de racismo, de separação e de ausência de liberdade. Através da eucaristia, a graça de Deus, que renova tudo, penetra e restaura a pessoa humana e sua dignidade. A eucaristia envolve o crente no acontecimento central da história do mundo. Como participantes na eucaristia, pois, mostramo-nos inconseqüentes quando não participamos ativamente desta restauração contínua da situação do mundo e da condição humana. A eucaristia mostra-nos que o nosso comportamento é inconsistente em face da presença reconciliadora de Deus na história humana: estamos colocados sob um julgamento contínuo pela persistência de todas as espécies de relações injustas em nossa sociedade, pelas numerosas divisões devidas ao orgulho humano, ao interesse material e às políticas do poder, e, enfim, pela obstinação assumida nas oposições confessionais injustificáveis no seio do corpo de Cristo.

21. A solidariedade no corpo de Cristo, afirmada pela comunhão eucarística, e a responsabilidade dos cristãos entre si e para com o mundo encontram uma expressão particular nas liturgias: o perdão mútuo dos pecados, o sinal da paz, a intercessão por todos, o comer e beber juntos, o levar os elementos eucarísticos aos doentes e aos prisioneiros ou celebrar a eucaristia com eles. Todos esses sinais de amor fraterno na eucaristia estão diretamente ligados ao próprio testemunho do Cristo servo: os cristãos participam eles mesmos na sua condição de servo. Deus, em Cristo, entrou na condição humana; a liturgia eucarística está, assim, próxima das situações concretas e particulares dos homens e das mulheres. Na Igreja primitiva, ao ministério dos diáconos e das diaconisas incumbia a responsabilidade específica de manifestar este aspecto da eucaristia. O exercício de um tal ministério entre a mesa e a miséria humana exprime concretamente a presença libertadora de Cristo no mundo.

A eucaristia como refeição do Reino

22. A eucaristia abre a visão do Reino de Deus, prometido com a renovação final da criação; ela é uma antecipação dessa nova ordem de coisas. Sinais dessa renovação estão presentes no mundo por toda parte onde a graça de Deus se manifesta, e onde os seres humanos trabalham pela justiça, pelo amor e pela paz. A eucaristia é a festa na qual a Igreja dá graças a Deus por esses sinais, celebra e antecipa, na alegria, a vinda do Reino em Cristo (1Co 11,26; Mt 26,29).

23. O mundo prometido para a renovação está presente em toda a celebração eucarística. O mundo está presente na ação de graças ao Pai, quando a Igreja fala em nome da criação inteira: o mundo está presente durante o memorial de Cristo, quando a Igreja está unida ao seu Sumo Sacerdote e Intercessor, na sua oração por toda a humanidade; o mundo está presente no momento da invocação do dom do Espírito, quando a Igreja aspira à santificação e à nova criação.

24. Reconciliados na eucaristia, os membros do corpo de Cristo são chamados a ser servidores da reconciliação no meio de homens e mulheres, e testemunhas da alegria cuja origem é a ressurreição. Tal como Jesus ia ao encontro dos publicanos e dos pecadores e comia com eles durante o seu ministério terrestre, assim também os cristãos são chamados, na eucaristia, a serem solidários aos marginais e a tornarem-se sinais do amor de Cristo, que viveu e se sacrificou por todos, que se dá agora a si mesmo na eucaristia.

25. A celebração da eucaristia é um momento em que a Igreja participa da missão de Deus no mundo. Essa participação toma forma quotidianamente na proclamação do Evangelho, no serviço ao próximo e na presença constante no mundo.

26. Dom total de Deus, a eucaristia oferece a realidade nova que transforma a vida dos cristãos, a fim de fazer deles imagem de Cristo e suas testemunhas eficazes. A eucaristia é, deste modo, um precioso alimento para os missionários, o pão e o vinho dos peregrinos, em vista do seu êxodo apostólico no mundo. A comunidade eucarística é alimentada de maneira a poder confessar, por palavras e ações, que Jesus Cristo é o Senhor que ofereceu sua vida pela salvação do mundo. Ao tornar-se um povo único em torno de uma refeição única, a assembléia eucarística deve inevitavelmente se preocupar com a reunião daqueles que estão para além dos seus limites visíveis, pois foi Cristo quem convidou para o seu banquete todos aqueles pelos quais morreu. O fato de os cristãos não poderem reunir-se em uma plena comunhão à mesma mesa, para comerem o mesmo pão e beberem o mesmo cálice, constitui um enfraquecimento do seu testemunho missionário individual e comum.

A *celebração da eucaristia*

27. A liturgia eucarística é essencialmente um todo, implicando historicamente nos seguintes elementos, que podem apresentar-se em uma ordem diferente e cuja importância não é igual:

BATISMO, EUCARISTIA E MINISTÉRIO

- canto de louvor;
- ato de arrependimento;
- declaração de perdão;
- proclamação de diversos modos da Palavra de Deus;
- confissão de fé;
- intercessão por toda a Igreja e pelo mundo;
- preparação do pão e do vinho;
- ação de graças ao Pai pelas maravilhas da criação, da redenção e da santificação (cuja origem é a *berakah* da tradição judaica);
- palavras de Cristo para a instituição do sacramento, segundo a tradição neotestamentária;
- "anamnese" ou memorial dos grandes atos da redenção: paixão, morte, ressurreição, ascensão de Cristo e Pentecostes que deu existência à Igreja;
- invocação do Espírito Santo sobre a comunidade e sobre os elementos do pão e do vinho (epiclese, seja antes das palavras da instituição, seja depois do memorial, ou antes e depois, ou uma outra referência ao Espírito Santo que exprima adequadamente o caráter "epiclético" da eucaristia);
- consagração dos fiéis a Deus;
- lembrança da comunhão dos santos;
- oração pela vinda do Senhor e pela manifestação definitiva do seu Reino;
- "amém" de toda a comunidade;
- oração dominical;
- sinal de reconciliação e de paz;
- ato de partir o pão;
- comer e beber em comunhão com Cristo e com cada membro da Igreja;
- louvor final;
- bênção e envio em missão.

28. O melhor caminho para a unidade na celebração eucarística e na comunhão reside na própria renovação da eucaristia nas diversas Igrejas, no plano do ensino e da liturgia. As Igrejas deveriam examinar de novo as suas liturgias à luz do crescente acordo eucarístico. O movimento de reforma litúrgica aproximou as Igrejas na sua maneira de celebrar a eucaristia. Reconhece-se, contudo, que uma certa diversidade litúrgica, compatível com a nossa fé eucarística comum, é uma realidade sã e enriquecedora. A afirmação de uma fé comum a propósito da eucaristia não implica uniformidade na liturgia e na prática.

Comentário

Desde a época do Novo Testamento, a Igreja atribui uma grande importância ao uso contínuo dos elementos do pão e do vinho que Jesus empregou na santa ceia. Em certas partes do mundo, onde o pão e o vinho não podem ser facilmente obtidos, pretende-se, por vezes, hoje, que o alimento e a bebida locais sirvam melhor para enraizar a eucaristia na vida de todos os dias. Impõe-se um estudo ulterior no qual se aborde a questão de saber que aspectos da santa ceia são imutáveis por força da instituição de Jesus e que aspectos podem depender da competência e da decisão da Igreja.

29. Na celebração da eucaristia, Cristo congrega, ensina e alimenta a Igreja. É Cristo quem convida à refeição e a ela preside. Ele é o Pastor que conduz o povo de Deus, o Profeta que anuncia a Palavra de Deus, o Sacerdote que celebra o ministério de Deus. Na maior parte das Igrejas, esta presidência de Cristo tem por sinal a de um ministro ordenado. Quem preside à celebração eucarística em nome de Cristo manifesta que a assembléia não é proprietária do gesto que cumpre, que ela não é dona da eucaristia: ela a recebe como um dom do Cristo vivo na sua Igreja. O ministro da eucaristia é o enviado que representa a iniciativa de Deus e exprime a ligação da comunidade local com as outras comunidades na Igreja universal.

30. A fé cristã aprofunda-se na celebração da eucaristia. Por isso a eucaristia deveria ser celebrada freqüentemente. Muitas diferenças de teologia, de liturgia e de prática estão ligadas à freqüência da celebração eucarística.

31. Visto a eucaristia celebrar a ressurreição de Cristo, seria normal que tivesse lugar pelo menos todos os domingos. Visto ser ela a nova refeição sacramental do povo de Deus, dever-se-ia encorajar cada cristão a receber a comunhão freqüentemente.

32. Certas Igrejas insistem na direção da presença de Cristo nos elementos consagrados da eucaristia depois da celebração; outras sublinham antes o ato da celebração em si mesmo e o consumo dos elementos na comunhão. A maneira de tratar os elementos reclama uma atenção particular. No que respeita à reserva dos elementos, cada Igreja deveria respeitar as práticas e a piedade das outras. Dada a diversidade entre as Igrejas, e tida em conta também a situação presente no desenvolvimento das convergências, é útil sugerir:

- que, por um lado, se lembre, nomeadamente na catequese e na pregação, de que a intenção primeira da reserva dos elementos é sua distribuição aos doentes e ausentes;
- e que, por outro lado, se reconheça que a melhor maneira de testemunhar o respeito devido aos elementos que serviram à celebração eucarística é o seu consumo, sem excluir seu uso para a comunhão dos doentes.

33. A crescente compreensão mútua expressa no presente documento pode permitir a certas Igrejas atingirem maior medida de comunhão eucarística entre si e, deste modo, tornarem mais próximo o dia em que o povo de Cristo dividido será reunido visivelmente à volta da mesa do Senhor.

Índice

ESTRUTURA GERAL DA OBRA 7
APRESENTAÇÃO CRONOLÓGICA DOS DOCUMENTOS 9
SIGLAS 13
APRESENTAÇÃO 15
INTRODUÇÃO 17

PARTE I
A TEOLOGIA DA EUCARISTIA A PARTIR DOS DOCUMENTOS DO CONCÍLIO VATICANO II E DO MAGISTÉRIO PONTIFÍCIO

DOCUMENTOS DO CONCÍLIO VATICANO II 22

Lumen gentium — Constituição dogmática sobre a Igreja 22

Unitatis redintegratio — Decreto sobre o ecumenismo 28

Christus Dominus — Decreto sobre o múnus pastoral dos bispos
na Igreja 30

Dei verbum — Constituição dogmática sobre a revelação divina 31

Gaudium et spes — Constituição pastoral sobre a Igreja no mundo
de hoje 32

Presbyterorum ordinis — Decreto sobre o ministério e a vida
dos presbíteros 32

MYSTERIUM FIDEI — CARTA ENCÍCLICA SOBRE O CULTO DA SAGRADA EUCARISTIA 38

Introdução 38

Motivos de solicitude pastoral e de ansiedade 39

A sagrada eucaristia é um mistério de fé 40

O mistério eucarístico realiza-se no sacrifício da missa 43

No sacrifício da missa Cristo torna-se presente sacramentalmente 46

Cristo Senhor nosso está presente no sacramento da eucaristia pela transubstanciação 49

O culto latrêutico devido ao sacramento eucarístico 52

Exortação para que se promova o culto eucarístico................................. 54

DOMINICAE CENAE — CARTA APOSTÓLICA SOBRE O MISTÉRIO E O CULTO
DA SANTÍSSIMA EUCARISTIA 58

O mistério eucarístico na vida da Igreja e do sacerdote.......................... 59

Sacralidade da eucaristia e sacrifício 68

As duas mesas do Senhor e o bem comum da Igreja................................ 74

Conclusão.. 83

SACERDOTIUM MINISTERIALE — CARTA AOS BISPOS DA IGREJA CATÓLICA SOBRE
ALGUMAS QUESTÕES CONCERNENTES AO MINISTRO DA EUCARISTIA...................... 86

Introdução... 86

Opiniões errôneas.. 87

A doutrina da igreja 88

Exortação à vigilância 91

CATECISMO DA IGREJA CATÓLICA 93

Os sete sacramentos da Igreja... 93

O sacramento da eucaristia 93

DIES DOMINI — CARTA APOSTÓLICA SOBRE A SANTIFICAÇÃO DO DOMINGO 118

Dies Domini: A celebração da obra do Criador 122

Dies Christi: O dia do Senhor ressuscitado e do dom do Espírito 129

Dies Ecclesiae: A assembléia eucarística, alma do domingo 136

Dies hominis: O domingo: dia de alegria, repouso e solidariedade........ 153

Dies dierum: O domingo: festa primordial, reveladora do sentido
do tempo... 163

Conclusão 167

ECCLESIA DE EUCHARISTIA — CARTA ENCÍCLICA SOBRE A EUCARISTIA
NA SUA RELAÇÃO COM A IGREJA..171

Introdução...171

Mistério da fé 177

A eucaristia edifica a Igreja 183

A apostolicidade da eucaristia e da Igreja 187

A eucaristia e a comunhão eclesial 191

O decoro da celebração eucarística.. 199

Na escola de Maria, mulher "eucarística"... 203

Conclusão 206

PARTE II
PRINCÍPIOS DA REFORMA DA CELEBRAÇÃO EUCARÍSTICA E AS INTRODUÇÕES RITUAIS

SACROSANCTUM CONCILIUM — CONSTITUIÇÃO SOBRE A SAGRADA LITURGIA 212
Preferência dada à celebração comunitária 212
A vida litúrgica nas dioceses e paróquias...212
A missa, sacrifício e banquete pascal 213
A participação ativa dos fiéis 213
A homilia...214
A "oração dos fiéis" 214
O latim e o vernáculo na missa...214
A comunhão sob as duas espécies...215
A unidade da missa...215
A concelebração 215

INSTRUÇÃO GERAL SOBRE O MISSAL ROMANO 217
Proêmio...217
Importância e dignidade da celebração eucarística...223
Estrutura, elementos e partes da missa...226
Funções e ministérios na missa 243
As diversas formas de celebração da missa 248
Disposição e ornamentação das igrejas para a celebração da eucaristia 277
Requisitos para a celebração da missa...285
A escolha da missa e de suas partes...289
Missas e orações para diversas circunstâncias e missas dos fiéis defuntos...294
Adaptações que competem aos bispos e às suas conferências...297

INTER OECUMENICI — INSTRUÇÃO PARA EXECUTAR RETAMENTE A CONSTITUIÇÃO CONCILIAR DA SAGRADA LITURGIA...302
Introdução...302
Algumas normas gerais...304
O mistério eucarístico...312
A construção das igrejas e dos altares de modo a facilitar a participação ativa dos fiéis 316

TRES ABHINC ANNOS — SEGUNDA INSTRUÇÃO PARA A EXATA APLICAÇÃO DA CONSTITUIÇÃO CONCILIAR SOBRE A LITURGIA 320
I. Escolha do formulário da missa...321
II. As orações da missa...321

III. Variantes no *Ordo Missae* 322
IV. Alguns casos particulares 323
V. Variações na celebração do ofício divino 324
VI. Modificações nos ofícios dos defuntos 324
VII. As vestes sagradas.. 325
VIII. Uso da língua vulgar 325

MEMORIALE DOMINI — INSTRUÇÃO SOBRE O MODO DE DISTRIBUIR A COMUNHÃO 327
I. Instrução 327
II. Carta pastoral 331

ELENCO DAS LEITURAS DA MISSA... 334
Princípios gerais para a celebração litúrgica da Palavra de Deus........... 334
Primeira parte — A Palavra de Deus na celebração da missa 340
Segunda parte — Estrutura do elenco das leituras da missa.................. 352

LITURGICAE INSTAURATIONES — TERCEIRA INSTRUÇÃO PARA A APLICAÇÃO
DA CONSTITUIÇÃO CONCILIAR SOBRE A LITURGIA 376

A SAGRADA COMUNHÃO E O CULTO DO MISTÉRIO EUCARÍSTICO FORA DA MISSA 389
Decreto 389
Introdução geral... 390
A sagrada comunhão fora da missa... 393
As diversas formas de culto à santíssima eucaristia................... 398

PARTE III
ORIENTAÇÕES PARA A CELEBRAÇÃO E O CULTO DA EUCARISTIA

EUCHARISTICUM MYSTERIUM — INSTRUÇÃO SOBRE O CULTO DO MISTÉRIO EUCARÍSTICO 408
Introdução.. 408
Princípios gerais a serem especialmente observados na catequese
do povo sobre o mistério eucarístico 413
A celebração do memorial do Senhor...................................... 418
Culto da santíssima eucaristia como sacramento permanente.............431

SACRAMENTALI COMMUNIONE — INSTRUÇÃO SOBRE A MAIS AMPLA FACULDADE DE PODER
ADMINISTRAR A SAGRADA COMUNHÃO SOB AS DUAS ESPÉCIES 438
Apêndice... 440
A instrução 442
Precedentes.. 444
Explicações necessárias.. 445
Conclusão 448

IMMENSAE CARITATIS — INSTRUÇÃO PARA FACILITAR A COMUNHÃO SACRAMENTAL 449
    Introdução 449
    Os ministros extraordinários da sagrada comunhão 450
    Faculdade de receber a sagrada comunhão duas vezes no mesmo dia .. 452
    O jejum eucarístico: sua mitigação em favor dos doentes
    e das pessoas idosas 454
    Piedade e respeito para com o santíssimo sacramento quando
    o pão eucarístico é deposto na mão dos fiéis 455

DIRETÓRIO PARA MISSAS COM CRIANÇAS 457
    Introdução 457
    Educação das crianças para a celebração eucarística 459
    Missas de adultos das quais também as crianças participam 461
    Missas de crianças das quais somente alguns adultos participam 462

PASTORAL DOS SACRAMENTOS DA INICIAÇÃO CRISTÃ — PASTORAL DA EUCARISTIA 473
    Apresentação 473
    Constituição da assemblélia eucarística 474
    Significação teológica de cada parte da liturgia eucarística celebrada
    com o povo e possibilidades pastorais 489
    A distribuição da eucaristia 507
    Culto eucarístico 510
    A preparação de presidentes e demais ministros
    da assembléia litúrgica 517
    Iniciação à vida da comunidade cristã por ocasião
    da primeira eucaristia 523
    Expressões corporais e gestos na celebração 528

DIRETÓRIO PARA MISSAS COM GRUPOS POPULARES 532
    Introdução 532
    Fundamentação 532
    A missa em geral 535
    As partes da missa 540
    Observações finais 543

INAESTIMABILE DONUM — INSTRUÇÃO SOBRE ALGUMAS NORMAS RELATIVAS
AO CULTO DA SANTÍSSIMA EUCARISTIA 545
    Proêmio 545
    A santa missa 547
    Culto eucarístico fora da missa 551

ANIMAÇÃO DA VIDA LITÚRGICA NO BRASIL — ELEMENTOS DE PASTORAL LITÚRGICA 555
    Introdução 555

Segunda parte — Orientações pastorais sobre a celebração eucarística . 556
A celebração da eucaristia 557
As partes da celebração eucarística 561
Observações finais 580

REDEMPTIONIS SACRAMENTUM — INSTRUÇÃO SOBRE ALGUMAS COISAS QUE DEVEM SER
OBSERVADAS E EVITADAS A RESPEITO DA SANTÍSSIMA EUCARISTIA 581
Proêmio 581
A regulamentação da sagrada liturgia 586
A participação dos fiéis leigos na celebração da eucaristia 593
A correta celebração da santa missa 598
A santa comunhão 605
Outros aspectos referentes à eucaristia 612
A conservação da santíssima eucaristia e o seu culto fora da missa 616
As funções extraordinárias dos fiéis leigos 621
Os remédios 627
Conclusão 631

CÓDIGO DE DIREITO CANÔNICO (Livro IV — Do múnus de santificar da Igreja) .. 633

PARTE IV
A PASTORAL EUCARÍSTICA POR OCASIÃO
DO ANO DA EUCARISTIA

MANE NOBISCUM DOMINE — CARTA APOSTÓLICA PARA O ANO DA EUCARISTIA —
OUTUBRO 2004/OUTUBRO 2005 648
Introdução 648
Na esteira do Concílio e do Jubileu 650
A eucaristia, mistério de luz 653
A eucaristia, fonte e epifania de comunhão 657
A eucaristia, princípio e projeto de "missão" 659
Conclusão 662

ANO DA EUCARISTIA — SUGESTÕES E PROPOSTAS 664
Introdução 664
Quadro de referência 665
Contextos cultuais 670
Linhas de espiritualidade eucarística 677
Iniciativas e empenhos pastorais 690
Itinerários culturais 696
Conclusão 698

PARTE V
DIRETÓRIO PARA AS CELEBRAÇÕES DOMINICAIS NA AUSÊNCIA DO PRESBÍTERO E ORIENTAÇÕES DA CNBB

DIRETÓRIO PARA AS CELEBRAÇÕES DOMINICAIS NA AUSÊNCIA DO PRESBÍTERO 702
Proêmio 703
O domingo e a sua santificação 705
Condições para as celebrações dominicais na ausência do presbítero....707
A celebração 711

ORIENTAÇÕES PARA A CELEBRAÇÃO DA PALAVRA DE DEUS 715
Introdução 715
Primeira parte — Sentido litúrgico da celebração da Palavra de Deus....716
Segunda parte — Elementos para o roteiro da celebração.................... 728
Anexos 739

PARTE VI
DOCUMENTOS ECUMÊNICOS

GUIA ECUMÊNICO 748
A eucaristia, de acordo com o Concílio Vaticano II 748
Eucaristia e diálogo ecumênico 749
Evolução recente do diálogo 750

CATÓLICOS E PROTESTANTES DE ACORDO SOBRE A EUCARISTIA 752
Introdução 752
A eucaristia, refeição do Senhor 753
A eucaristia, ação de graças ao Pai 753
A eucaristia, memorial de Cristo 753
A eucaristia, dom do Espírito 754
Presença sacramental de Cristo 754
A eucaristia, comunhão ao corpo de Cristo 755
A eucaristia, missão no mundo 756
A eucaristia, banquete do Reino 757
A presidência da eucaristia 757
Conclusão 758
Recomendação 758

DECLARAÇÃO ANGLICANO-CATÓLICA SOBRE A EUCARISTIA 759
Introdução 759
A declaração 760
Conclusão 763

DECLARAÇÃO COMUM SOBRE A DOUTRINA DO MINISTÉRIO E ORDENAÇÃO........................ 764
    Carta do presidente do Secretariado.. 764
    Declaração.. 766

BATISMO, EUCARISTIA E MINISTÉRIO (ACCRA, 1974) 768
    Introdução.. 768
    A eucaristia...771
    Conseqüências da eucaristia 776

A CEIA DO SENHOR 781
    Introdução.. 781
    Parte I — Testemunho comum 783
    Parte II — Tarefas comuns.. 796

BATISMO, EUCARISTIA E MINISTÉRIO (LIMA, 1982).. 809
    Prefácio... 809
    Apresentações... 814
    Eucaristia 815

Impresso na gráfica da
Pia Sociedade Filhas de São Paulo
Via Raposo Tavares, km 19,145
05577-300 - São Paulo, SP - Brasil - 2017